ASIE MINEURE

DESCRIPTION

GÉOGRAPHIQUE, HISTORIQUE ET ARCHÉOLOGIQUE

DES PROVINCES ET DES VILLES DE LA CHERSONNÈSE D'ASIE

PAR

CHARLES TEXIER

DE L'INSTITUT

PARIS

FIRMIN DIDOT FRÈRES, FILS ET Cie, ÉDITEURS

IMPRIMEURS DE L'INSTITUT DE FRANCE

RUE JACOB, 56

—

M DCCC LXII

L'UNIVERS

HISTOIRE ET DESCRIPTION
DE TOUS LES PEUPLES

ASIE MINEURE

PARIS,
TYPOGRAPHIE DE FIRMIN DIDOT FRÈRES, FILS ET Cⁱᵉ
RUE JACOB, Nº 56

ASIE MINEURE,

DESCRIPTION

GÉOGRAPHIQUE, HISTORIQUE ET ARCHÉOLOGIQUE,

PAR CHARLES TEXIER,

DE L'INSTITUT.

LIVRE PREMIER.

AVANT-PROPOS. — TRAVAUX DES VOYAGEURS MODERNES. CONSEILS SUR L'ORGANISATION D'UN VOYAGE EN ASIE. — HYGIÈNE.

Divisions politiques et géographiques de l'Asie.
Périple de l'Asie Mineure. — Orographie.

CHAPITRE PREMIER.

Trente années se sont écoulées depuis que l'auteur de ce livre entreprit d'explorer en son entier la presqu'île de l'Asie Mineure. En ce temps-là cette contrée paraissait presque inabordable, et tous les voyageurs qui l'avaient parcourue revenaient en faisant des récits émouvants des dangers qu'ils avaient courus. Les uns, comme Tournefort, racontaient combien de fois les attaques des brigands les avaient forcés de se détourner de leur route; les autres entamaient leur narration comme s'il se fût agi d'une expédition guerrière. Le colonel Leake partait avec une escorte *very well armated;* d'autres ne dormaient que sous la protection de leurs *double-barelled gun* (1). On en vit même qui ne pouvaient dessiner que la carabine d'une main et le crayon de l'autre, position peu commode pour un peintre. De sérieux obstacles s'étaient certainement présentés, qui avaient arrêté l'essor d'explorateurs entreprenants; des attaques soudaines avaient été suivies de conflits dont l'issue fut fatale. Les difficultés presque insurmontables que rencontraient les voyageurs n'étaient pas de nature à encourager ces sortes d'entreprises; des contrées désertes à traverser, la guerre civile, les dissensions intestines entre les diverses autorités, les privations des choses les plus nécessaires, tels étaient les obstacles contre lesquels il fallait lutter. Quiconque voulait visiter l'Asie devait surtout cacher à un peuple défiant l'intention d'observer le pays et d'en étudier les monuments; car dans une opération topographique les populations étaient toujours disposées à soupçonner l'idée

(1) *Fellow's Journal*, p. 195. Arundell, *Seven Churches*, p. 3, etc.

d'une invasion étrangère. Les voyageurs étaient obligés d'emprunter l'habit de simples marchands pour traverser ce pays avec plus de sécurité, et pour obtenir des notions qui étaient accueillies avec avidité par les savants de l'Europe.

Mais grâce à l'énergie du souverain qui avait anéanti les janissaires, et qui voulait fermement modifier l'esprit de son peuple, un heureux changement s'était fait dans les relations des habitants de l'Asie Mineure avec les étrangers qui les visitaient, et, pendant plusieurs années, l'auteur a pu parcourir la contrée, non-seulement sans rencontrer d'opposition de la part des autorités ou des paysans, mais encore c'est à l'aide des renseignements qu'il obtenait, et qui étaient toujours accompagnés des offres de service les plus amicales, qu'il a pu pénétrer dans ces régions presque désertes où les vivres lui eussent manqué sans le concours empressé qu'il trouvait dans ce pays.

Cet état de choses, qui paraissait si nouveau alors, fut bientôt annoncé et publié en Europe. L'auteur s'empressa de le faire connaître, et appela de tous côtés les explorateurs d'un pays sur lequel l'histoire comme les sciences avaient tant à apprendre. C'est à partir de ce jour que les voyages de l'Asie devinrent si nombreux et si fructueux. Si l'on se reporte à la connaissance que les érudits comme les géographes avaient alors de l'Orient, on comprendra les immenses progrès que les sciences et l'histoire ont faits dans cette voie.

L'Angleterre comme l'Allemagne et la Russie ont apporté leur tribut au fonds commun des connaissances de l'Orient, et cependant, malgré ce qui a été fait, on peut dire que cette étude n'est encore qu'à l'état naissant. Nous allons résumer dans ce volume l'état des connaissances historiques et géographiques qui résulte des études déjà faites, et nous signalerons les lacunes qui existent encore et les espérances que fait concevoir cette ardeur de connaître qui est un des cachets saillants de la jeunesse d'aujourd'hui.

CONSEILS AUX VOYAGEURS.

Le premier principe qui doit guider un voyageur dans ces contrées lointaines, c'est la confiance dans les populations qu'il visite. Nous pouvons dire qu'il n'y a pas d'exemple qu'un cavalier arrivant franchement dans une tribu, et y demandant l'abri et les vivres, aucun secours lui ait été refusé. L'hospitalité, l'alfa et la diffa, comme on dit en Afrique, sont toujours dans les mœurs des Orientaux qui ne se sont pas gâtés au contact des villes. Il est cependant une condition importante, c'est de parler tant soit peu la langue du pays et de pouvoir s'exprimer soi-même. C'est déjà différent quand on est à la merci d'un drogman presque toujours élevé dans la crainte des Turcs et de la peste, et disposé néanmoins à vanter ses nombreux exploits contre les brigands. Comme la plupart de ces auxiliaires, qui ont cependant leur degré d'utilité, ne connaissent que médiocrement la langue turque, ils sont exposés à causer au voyageur les plus grands mécomptes, soit sur les routes qu'il veut parcourir, soit sur les ressources qu'il doit rencontrer.

Il est donc de la plus grande importance pour ceux qui veulent entreprendre un long voyage dans ces contrées d'apprendre suffisamment de langue turque pour savoir au moins compter couramment ; cela est nécessaire pour les distances comme pour les dépenses. La connaissance des monnaies et des mesures est des plus faciles à acquérir. On ne compte guère les distances que par heures de marche, *sahat*; un cheval au pas fait six kilomètres dans un sahat; ceci résulte d'un calcul fait pendant plusieurs années. Un voyageur qui veut parcourir l'Asie, nous entendons ici l'Asie depuis Smyrne jusqu'au golfe Persique, car les mœurs sont à peu près les mêmes dans toutes ces contrées, doit avoir soin de se munir, par l'intermédiaire de son ambassade, d'un ferman impérial valable pour les autorités des provinces qu'il veut visiter. Les gouverneurs des grandes villes, comme Smyrne, Broussa, etc., délivrent, à la demande des consuls, des *bouyourdi* ou passeports valables pour le rayon de leur gouvernement; mais ces papiers sont loin d'avoir l'influence des fermans. Enfin pour aller d'un lieu à un autre, il y a encore un papier de route appelé *teskéré*, qui n'est bon que pour avoir des chevaux de poste. L'inconvénient de ces deux dernières pièces, c'est qu'elles ne mettent pas le voyageur à l'abri des visites douanières à tous les lieux de péage, tandis que le porteur du ferman n'y est jamais exposé, soit qu'il aille par terre ou par mer.

Nous donnons ici le modèle d'un ferman délivré sous le règne du sultan Mahmoud à la demande de l'ambassadeur de France.

Traduction d'un ferman adressé à toutes les autorités civiles et militaires des pays situés entre Constantinople et Tarsous.

L'ambassadeur de France, près ma Sublime Porte, amiral baron Roussin, modèle des grands de la nation chrétienne, a dernièrement, dans la note qu'il a présentée, exposé que le gentilhomme français N... se rend de Constantinople à Tarsous pour faire un voyage de curiosité, avec un certain nombre de domestiques francs, et il a demandé que ce gentilhomme, partout sur sa route, depuis Constantinople jusqu'à Tarsous, soit logé convenablement; qu'il n'éprouve aucune difficulté ni pour lui-même, ni pour ses effets et ses montures, que les vivres nécessaires lui soient fournis, qu'on se garde bien de le molester en lui demandant la capitation, ou pour tout autre prétexte, que les règles de l'hospitalité soient observées envers lui, et qu'il jouisse d'une pleine et entière protection, conformément aux capitulations impériales.

Mon ordre est qu'il soit agi ainsi que dessus. Vous donc qui êtes les autorités susdites, vous saurez que ce gentilhomme mérite hospitalité et respect. Dans quelque lieu qu'il débarque, en allant de Constantinople à Tarsous avec un certain nombre de domestiques francs, vous aurez soin qu'il soit logé convenablement, qu'il n'éprouve aucune difficulté ni pour lui-même, ni pour ses effets et ses montures, qu'on ne le moleste pas par la demande de la capitation ou sous quelque autre prétexte, que les vivres nécessaires lui soient fournis, qu'il trouve toujours hospitalité, égards et protection, suivant les capitulations impériales. Tel est l'objet de mon présent ferman; dès sa réception, conformez-vous-y exactement.

Écrit à la fin de la lune de safer 1251 (20 juin 1835).

Traduit par le soussigné, secrétaire interprète du Roi.

Signé : Annibal Dantan.

Pour le personnel que le voyageur veut emmener avec lui, le personnage le plus important est un bon cawass. Un cawass est une espèce de maréchal des logis qui porte le ferman et qui se charge de procurer à la caravane, hommes et chevaux, tout ce dont elle a besoin. Ce cawass est nécessairement un Turc; mais il n'a pas besoin d'être réellement tiré du corps des cawass. Il suffit qu'on lui fasse délivrer une commission par les bureaux de la Porte. Quand un voyageur est assez heureux pour avoir trouvé un bon cawass, il peut partir tranquille; il trouvera toujours sa tente ou son *konac* bien approvisionné, les chevaux bien fournis d'orge et de foin et bonne réception partout. Mais il faut se défier d'un cawass querelleur, qui croit se donner de l'importance en molestant le petit nombre de curieux et d'enfants qui s'arrêtent pour voir passer le *captan*; c'est le nom que les Turcs du peuple et des bazars donnent aux Européens.

Après le cawass vient le cuisinier. On prend ordinairement un jeune Grec qui n'a besoin que de savoir faire le pilaw; il n'est pas même nécessaire qu'il sache plumer des poules, car dans ce pays on se contente de les tremper un moment dans l'eau bouillante, et d'un seul geste on enlève tout, plumes et peau, et quelquefois la viande.

L'interprète vient ensuite; il se présente ordinairement comme parlant « indistinctement » toutes les langues du pays. Il est presque toujours dans le vrai. Son emploi consiste à préparer les bagages et à les surveiller au moment des haltes. Il fait les menues commissions dans les bazars, et accompagne le voyageur dans les visites qu'il fait aux autorités.

L'organisation de la caravane exige beaucoup de soins. Autrefois le service des postes d'Asie, qui était établi depuis Cyrus, fonctionnait assez régulièrement ; le ferman donnait droit à être servi comme agent et au tarif du gouvernement. Le prix était une piastre, 0,25 cent. par cheval et par heure de marche; mais aujourd'hui ce service est presque désorganisé ; de plus les prix ont été considérablement augmentés ; il est mieux de faire un traité avec un caravaneur arménien, un *katergi*, qui se charge, moyennant un contrat passé de gré à gré, de fournir pendant tout le temps du voyage, et sur toute route, le nombre de chevaux requis. Il se charge en outre de la nourriture et de tout le personnel des palefreniers (*surutgi*), et s'engage à remplacer tout cheval qui viendrait à manquer en route. Celui qui désirerait une monture plus fine que les chevaux de caravane, et avoir un cheval à lui, ferait toujours bien de stipuler la nourriture de son cheval par le katergi; sans cela il courrait risque d'être rançonné dans les villages où il s'arrêterait.

Le matériel du voyage se compose de deux paires de cantines, en bois ou en cuir, d'une petite tente, d'un lit pliant avec quelques tapis, enfin d'une cuisine portative, une marmite, des assiettes de fer battu et deux petits tonneaux pour l'eau. Les autres cantines contiennent les livres de voyage, les instruments, tels que boussole, lunettes, et les objets qui servent à la spécialité des recherches que l'on veut faire. Ainsi aujourd'hui, la plupart de ceux qui voyagent pour étudier les monuments ne manqueront pas d'emporter un appareil photographique; mais si l'on veut un bagage plus portatif, il suffit de se munir d'une *camera lucida*, petit instrument qui offre les ressources les plus étendues. Il faut aussi emporter un grand parasol de paysagiste qui sert en même temps pour s'abriter dans les courtes haltes que l'on fait en route.

CHAPITRE II.

HYGIÈNE.

Au nombre des provisions utiles, on doit compter une petite pharmacie contenant les médicaments les plus usuels, comme le sulfate de quinine, du laudanum, de l'ammoniaque, quelques prises de purgatifs, une trousse contenant ciseaux, lancettes, pierre infernale et quelques bandes dans le cas d'un accident. Il est utile d'emporter un scarificateur avec des ventouses à pompe. Ce petit instrument, qui remplace avantageusement les sangsues, peut rendre de grands services. Dans presque toutes les eaux stagnantes de l'Asie l'on trouve des sangsues; mais il faut avoir soin de les faire dégorger pendant quelques jours avant de les employer ; sans cela leur morsure peut être venimeuse et causer des abcès. Une boîte de clysopompe ne devra pas être oubliée, ainsi qu'une pièce de diachylon contre les clous et furoncles que l'excès de la chaleur peut faire naître. Le moindre soin médical que l'on donne à ses gens est toujours du meilleur effet ; ils en sont très-reconnaissants et servent avec plus de zèle.

Il est à peu près inutile d'appeler un des médecins du pays, tant leur ignorance est grande ; mais maintenant dans presque toutes les villes on trouve des médecins européens. Ce sont les barbiers du pays qui se chargent de faire les saignées ; ils saignent ordinairement les malades soit du pied soit de la main, et laissent le membre dans un bassin d'eau chaude. Dans l'ignorance où ils sont de l'anatomie, ils se hasardent rarement à faire une saignée du bras dans la crainte d'un accident. On fera bien du reste, avant d'entreprendre un long voyage, de prendre une consultation écrite de son propre médecin qui donnera des conseils selon le tempérament. Mais en route il ne faut pas négliger les petites indispositions, que la fatigue aggrave promptement, surtout les fièvres et la dyssenterie. Les insolations doivent être soigneusement évitées, en ayant soin de porter un chapeau à large bord et de ne jamais stationner pour dessiner ou écrire qu'à l'abri d'un parasol.

Le régime diététique est des plus simples : se conformer à la manière de vivre du pays. L'usage du vin, du tabac, du café n'a rien de nuisible. Ceux dont l'estomac pourra s'accommoder du laitage sous toutes les formes trouveront une ressource précieuse dans cet aliment. Les fruits sont généralement bons et très-abondants en Asie; mais il faut savoir les choisir dans leur province natale. Les raisins de Smyrne, les poires d'Angora, les melons de Cassaba sont d'un usage salutaire quand on ne les prend pas par excès. Mais il faut s'abtenir autant que possible de toutes les solanées comme tomates mélongènes et des concombres crus, dont les indigènes font un usage immodéré.

Pour tout dire en un mot, le voyageur fera bien de ne pas s'écarter du régime alimentaire qu'il suivait dans son pays. Ceux qui ont l'habitude du thé peuvent en faire usage à toute heure pour boisson habituelle; elle remplace avantageusement le vin, qui est rare et médiocre dans l'intérieur.

Les salaisons ne sont pas un aliment sain; on n'en trouve pas à acheter dans l'intérieur, et celles qu'on emporte ne tardent pas à devenir rances.

Ceux qui ne craignent pas d'augmenter leur bagage pourront emporter quelques boîtes de conserves et de légumes secs; mais il est surtout important de se pourvoir d'un sac de biscuits qu'on appelle à Smyrne *paximada* pour le cas où l'on ne trouverait pas de pain dans les haltes, et cela arrive fréquemment lorsqu'on entre dans les régions des nomades. En effet ces tribus ne cuisent pas de pain, mais préparent au moment du repas des galettes appelées *pita* et qui ne sont autre chose que de la pâte non levée, chauffée pendant quelques minutes sur une plaque de tôle. On est toujours certain de trouver en route à s'approvisionner de viande de mouton, d'œufs et de poules. Celui qui prend goût aux préparations de laitage que font les nomades se trouve assuré contre toute privation; car dans toutes les tribus, comme dans les villages, le lait est abondant. On le consomme doux ou aigri; il prend alors le nom de *youhourt*, et fait pour ainsi dire la base de la nourriture de toutes les populations champêtres. Les mesures hygiéniques à prendre sont des plus simples; excepté quelques cantons marécageux comme Éphèse et quelques embouchures de fleuves, le pays est d'une salubrité complète. Il faut avoir soin de ne jamais dormir la nuit en plein air pour ne pas contracter d'ophtalmies et de ne pas dormir en plein soleil. Les vêtements que l'on doit porter ne diffèrent en rien de ceux que l'on porte en Europe; ceux qui sont habitués aux vêtements de flanelle ne devront pas les quitter à cause de la chaleur; une ceinture de laine est un bon préservatif contre les refroidissements.

Nous devons, avant de terminer cette question d'hygiène, dire un mot d'un fléau qui pendant bien longtemps a été un sujet d'effroi pour les voyageurs européens; nous voulons parler de la peste, puisqu'il faut l'appeler par son nom. Lorsque nous sommes arrivé en Orient, nous venions comme tous les autres dans la persuasion que la fuite seule pourrait mettre à l'abri de l'atteinte de la contagion; que le moindre attouchement, le plus petit contact suffisaient pour faire contracter la peste, et c'est dans ces idées, partagées du reste par une partie de la population franque de l'Orient, que nous traversâmes plusieurs épidémies. Car de 1833 à 1842 la peste se manifesta dans les différentes régions de la Turquie d'Asie sous la forme de plus de trente épidémies dont quelques-unes furent très-meurtrières. Les précautions que nous croyions devoir prendre en voyageant ne nous mettaient pas toujours à l'abri du contact, et nous finîmes par reconnaître que les dangers que peut présenter la peste ont toujours été fort exagérés. Notre expérience personnelle ne suffirait certainement pas pour donner un conseil à ce sujet; mais depuis cette époque les médecins du Caire ont recueilli et publié des observations qui peuvent rassurer ceux que leurs pérégrinations conduiraient dans des contrées où la peste se manifeste. Nous reviendrons plus tard sur ce sujet, qui ne peut être traité d'une manière incidente. La peste d'ailleurs ne se manifeste plus qu'à de rares intervalles et tend à disparaître de l'Orient.

Il est encore un détail important à traiter, c'est la question d'argent et celle du *backchich*, mot turc que les voyageurs apprennent bien vite à connaître, et qui n'a pas d'analogue dans les autres pays. Backchich veut dire à la fois présent, pour boire, bonne main, et ne signifie pas seulement rémunération d'un petit service, c'est une libéralité gratuite que l'on attend de l'étranger. Mais comme le présent se borne ordinairement à quelque menue monnaie, il n'est pas très-onéreux quand on peut le donner sous cette forme ; voilà pourquoi il est très-important d'avoir avec soi une certaine provision de piastres et de demi-piastres.

Pour les fonds que l'on doit emporter avec soi, les banquiers de Smyrne et de Constantinople ont aujourd'hui beaucoup plus de relations qu'autrefois avec les villes de l'intérieur. Il sera donc possible de se procurer des traites sur Smyrne, Angora, Césarée et Alep.

Ainsi organisée, nous conduirons notre caravane dans les régions les plus reculées de la péninsule et lui développerons toutes les beautés de la nature et de l'art qu'elle renferme.

CHAPITRE III.

DIVISION DE L'OUVRAGE.

Les géographes anciens ne paraissent pas avoir adopté de plan fixe dans les descriptions de l'Asie Mineure qui sont parvenues jusqu'à nous. Strabon commence par la province centrale de la Cappadoce, et marche de l'est à l'ouest sans s'attacher à un ordre méthodique. Scylax fait le tour de la presqu'île depuis le Pont jusqu'à la Cilicie ; nous le suivrons dans son périple. Pline et Mela suivent une marche contraire. Les géographes modernes ont adopté plus volontiers, dans la description de la presqu'île d'Asie, l'ordre des provinces du septentrion au midi ; c'est en effet ordinairement par la Bithynie que presque tous les voyageurs qui ont décrit le pays sont entrés dans l'Asie Mineure ; nous adopterons la même marche. Nous étudierons la Bithynie et les provinces centrales pour revenir ensuite au bord de la mer dans la Mysie, l'Æolide et la Carie.

La géographie pure exigerait que nous suivissions l'ordre des bassins des fleuves ; mais cette méthode a l'inconvénient de morceler l'histoire des provinces et de jeter le lecteur dans une sorte de confusion. Nous pensons qu'il vaut mieux étudier chaque province séparément ; les populations qui les ont successivement occupées ont formé des groupes distincts qui seront mieux saisis par cette méthode, et les caractères des monuments et des mœurs présenteront un tableau plus complet.

Entre les œuvres d'art des Grecs de l'Ionie, les monuments taillés dans le roc de la Lycie, et les grottes grossièrement ébauchées de la Cappadoce, entre les villes de marbre bâties par les Grecs et les constructions gigantesques des Lélèges et des Mèdes, la différence ne vient pas seulement des races qui les ont élevés, elle tient aussi à la formation du sol où vécurent ces différentes populations ; le caractère de l'architecture change avec la nature des matériaux que l'on peut mettre en œuvre. Les premiers édifices en brique et en pisé furent bâtis dans les plaines de la Chaldée et de la Babylonie, et le défaut de bois de construction dut conduire les habitants à inventer la voûte pour couvrir leurs monuments. Les contrées montagneuses où la roche est tendre et facile à travailler offrirent aux populations troglodytes des repaires commodes, et les grands rochers calcaires de la Perse et de la Médie furent pris comme le livre impérissable où les conquérants d'alors firent graver leurs exploits.

La fine et précise architecture des Grecs n'aurait jamais orné les villes et les colonies anciennes si d'inépuisables carrières de marbre n'eussent fourni d'abondants et de riches matériaux aux artistes d'Europe ou d'Asie. Si les vallées où coulent de grands fleuves ont souvent servi de frontières aux États, elles ont rarement arrêté l'essor des conquérants : la marche de l'histoire ne doit donc en tenir compte que dans le cas où elles ont réellement formé une barrière entre des races distinctes, comme fit le fleuve

Halys dans la haute antiquité asiatique, entre les races européennes et les races sémitiques.

Les historiens anciens avaient dans leurs écrits implicitement démontré que ce fleuve partagea la population de l'Asie en deux souches bien distinctes; mais cela ressort plutôt de la comparaison des documents qu'ils nous ont laissés que d'un grand fait généralement reconnu et attesté par eux; nous avons cherché il y a longtemps (1) à faire ressortir tout ce que ce fait avait de saillant pour l'étude de la contrée, et nous voyons que depuis ce temps non seulement aucune controverse ne s'est élevée sur ce sujet, de la part des auteurs qui l'ont traité; mais il est regardé aujourd'hui comme acquis à l'histoire (2); ce sont ces deux souches, l'une, appelée par les anciens Leuco-Syriens ou Syriens blancs, issus des races sémitiques qui peuplèrent l'Asie occidentale jusqu'à la Phénicie, et l'autre connue sous le nom générique de Bryges et de Mysiens émigrés de la Thrace, et qui sont par conséquent de race européenne, ou comme d'autres l'ont démontré de race indo-germanique.

Voilà donc une division naturelle dont nous devrons tenir compte, et qui peut s'établir de la manière suivante:

Races indo-germaniques ou européennes :

Les Thraces;
Les Mysiens;
Les Lélèges;
Les Bithyniens;
Les Phrygiens;
Les Paphlagoniens;
Les Grecs;

Races sémitiques :

Les Cappadociens;
Les Ciliciens,
Les Lycaoniens;

Les Cataoniens;
Les Cariens;
Les Lyciens.

Ces derniers se divisent en quatre branches qui sont:
Les Myliens;
Les Solymes;
Les Termiles;
Les Lyciens.

LE NOM D'ASIE.

Il n'est pas surprenant qu'une contrée qui fut morcelée par des populations si différentes de langue et d'origine n'ait jamais été désignée sous un nom unique. Le nom d'Asie ne fut d'abord appliqué qu'à la partie occidentale de la presqu'île, à celle que les Romains appelaient province d'Asie. Quant à l'origine de ce nom, qui de nos jours s'applique au vaste continent oriental, nous lisons dans Hérodote (1) : « On croit néanmoins, d'après ce que rapportent les Grecs, que l'Asie fut ainsi nommée du nom de la femme de Prométhée. Cependant les Lydiens réclament pour eux l'honneur d'avoir donné le nom à l'Asie, et soutiennent qu'il vient non pas de la femme de Prométhée, mais d'Asias, fils de Cotys et petit-fils de Manès, et que la tribu Asiade qui existe à Sardes tire le sien de la même origine. » Néanmoins ce nom d'Asie que se disputaient les peuples de la région occidentale s'est bientôt répandu au delà de ces limites; car Hérodote nous apprend que les régions situées à l'est de l'Euphrate portèrent aussi le nom d'Asie : « Les Assyriens, dit-il, étaient maîtres de toute l'Asie supérieure, depuis cinq cent vingt ans, lorsque les Mèdes commencèrent les premiers à se soustraire à leur domination (2). » On pourrait encore citer un grand nombre de passages où le nom d'Asie est appliqué à tout le continent, témoin ceux-ci : « Cyaxare, fils de Phraorte, soumit toute l'Asie au-dessus de l'Halys (I, 103). Les Scythes demeurèrent maîtres de l'Asie pendant vingt-huit ans (I, 106). Astyage fit passer sous le joug des Perses les Mèdes, qui avaient dominé sur l'Asie au delà du

---

(1) *Asie Mineure*, 1839, introduction, p. 10.
(2) *Voy.* Vivien de Saint-Martin, *Hist. de la déc. géogr.*, etc., etc.

(1) Hérod., IV, 45.
(2) Hérod., I, 95.

fleuve Halys pendant cent vingt-huit ans, non compris le temps de l'invasion des Scythes (I, 130). Les Perses qui s'étaient soustraits à la puissance des Mèdes furent, depuis la défaite d'Astyage, les maîtres de l'Asie (*ibid.*). »

Ces mots, haute et basse Asie, sont employés par Hérodote (1) pour désigner les contrées situées à l'est et à l'ouest de l'Halys. En parlant des campagnes de Cyrus et d'Harpage dans le pays situé entre Sardes et la Lycie, il s'exprime ainsi : « Tandis qu'Harpage subjuguait l'Asie inférieure, Cyrus lui-même portait la guerre dans l'Asie supérieure. » La limite qui séparait ces deux contrées varia à différentes époques; elle fut fixée d'abord au fleuve Sangarius, puis à l'Halys (2). Il ressort de toutes ces citations que si dans la très-haute antiquité la contrée appelée Asie avait porté un autre nom, cette tradition était complétement effacée de la mémoire des hommes, et que déjà six ou sept cents ans avant notre ère ce nom était appliqué à toute la partie connue du continent. Cela ressort des vers du poëte Mimnerme cité par Strabon (3). Cet auteur, parlant de l'expédition des Æoliens qui chassèrent les Lélèges du territoire d'Éphèse, s'exprime ainsi : « Après avoir quitté Pylos.... Nous arrivâmes par mer en Asie, objet de nos désirs »; or le poëte Mimnerme passe pour avoir été contemporain de Solon; il écrivait donc dans le septième siècle avant notre ère. Pausanias, racontant les circonstances du départ des Ioniens sous la conduite de Nilée, fils de Codrus, mentionne les diverses tribus grecques qui l'accompagnèrent; — « ils se rendirent sur des vaisseaux en Asie » (4). — Ces événements se passaient dans le onzième siècle avant notre ère; or si à cette époque l'Asie eût porté un autre nom, l'auteur n'eût pas manqué de le dire, comme il le dit pour les villes et les provinces. Vouloir remonter plus haut dans les antiquités grecques serait se jeter dans des conjectures. Il est possible que les nouveaux colons n'aient pas étendu ce nom à la totalité de l'Asie actuelle; mais comme dans leurs connaissances géographiques ils n'avaient aucune idée bien précise de ce que nous appelons un continent, ils ont étendu le nom d'Asie de proche en proche à mesure qu'ils ont avancé dans l'intérieur. Les Lydiens le connaissaient déjà, et il est probable qu'il leur était venu des peuples de l'Asie moyenne; voilà pour le continent entier. Le nom d'Asie Mineure n'apparaît nulle part dans l'histoire ancienne; sous l'empire romain cette contrée est désignée sous le nom de province d'Asie; elle comprend les pays situés au nord, c'est-à-dire en deçà du Taurus, mais elle n'avait pas d'appellation distincte. Strabon se contente de la nommer La Chersonnèse (1) en opposition avec tout le continent d'Asie.

Le nom d'Asie Mineure n'apparaît dans l'histoire que sous les empereurs byzantins. On disait alors la petite Asie (2). Dans les divisions de cette province en thèmes l'empereur Constantin Porphyrogénète lui fait prendre la dénomination de Thème Anatolique, d'où est venu le nom d'Anatolie et par corruption de Natolie, qui se trouve sur plusieurs cartes. Ces deux derniers noms commencent à tomber en désuétude, et sa dénomination d'Asie Mineure est généralement adoptée pour désigner la Chersonnèse d'Asie.

CHAPITRE IV.

DIVISIONS DE L'ASIE MINEURE A DIFFÉRENTES ÉPOQUES.

Un pays qui a été peuplé et colonisé par tant de tribus de races différentes abordant de tous les points de l'horizon, a dû nécessairement, dans le cours des siècles, subir de nombreuses et importantes modifications dans ses divisions territoriales. Cependant il est un fait attesté par Homère, c'est que, avant la guerre de Troie, les principales provinces étaient déjà constituées en corps d'État, en d'autres termes les grandes migrations thraces venues d'Europe pour s'établir dans la presqu'île avaient eu lieu.

---

(1) Hérod., liv. IV, 45.
(2) Hérodote, I, 72; VI, 43.
(3) XIV, 634.
(4) Pausanias, l. VII, ch. 2.

(1) Strab., XIV, 664.
(2) *Voy.* Paul Orose, l. Ier, ch. II.

Si nous voulons rechercher quelles furent les divisions de la contrée antérieurement à ces migrations, nous en sommes réduits à rassembler quelques faits épars dans les anciens écrivains, qui nous apprennent, il est vrai, que du nord et de l'est de grandes invasions eurent lieu à diverses époques antéhelléniques; mais ces expéditions temporaires ne changèrent rien aux divisions géographiques. L'invasion de Sésostris (1) fut aussi de peu de durée, et les Égyptiens, vainqueurs des tribus asiatiques, n'ont laissé dans le pays aucune trace de leur séjour, à l'exception du monument de Nymphi, cité par Hérodote.

Le cours de l'Halys, qui coupe la presqu'île en deux parties à peu près égales paraît avoir été la base des deux grandes divisions primitives, soit pour les races, soit pour le territoire. La région située à l'est du fleuve et qui dans la haute antiquité était désignée sous le nom de Leucos-Syrie faisait partie de cette dernière contrée. La Cappadoce était déjà constituée en royaume, sans doute sous la suzeraineté des rois d'Assyrie. Tout le territoire situé à l'ouest du fleuve était pour ainsi dire à la merci des tribus errantes, comme les Pélasges, les Lélèges et les habitants des îles qui venaient tour à tour se disputer quelques lambeaux de territoire. Après la guerre de Troie l'invasion des peuples grecs suit un courant régulier, et les grandes et riches colonies ioniennes s'établissent sur la côte orientale, tandis que la monarchie des Perses s'avance au couchant du fleuve frontière, faisant d'abord la guerre aux rois aborigènes de Lydie avant de se mesurer avec les Grecs. C'est à partir de cette époque du sixième au cinquième siècle avant notre ère que nous avons des documents suffisants pour établir une division géographique de l'Asie Mineure qui présente un certain caractère de précision.

Ces provinces sont classées de la manière suivante, d'après leur ordre de position du nord au sud, en deux grandes divisions : la Pontique, l'Asiatique, qui forment vingt-quatre provinces.

(1) Hérod., liv. II, ch. 102.

Au nord :
- La Bithynie.
- La Paphlagonie.
- Le Pont.
- L'Honoriade.
- L'Hellénopont.
- Le Pont Polémoniaque.

Les trois dernières en furent détachées.

A l'occident :
- Les deux Mysies.
- La Troade.
- L'Æolide.
- L'Ionie.
- La Doride.
- La Carie.

Au midi :
- La Lycie.
- La Pamphylie.
- La Cilicie Trachée.
- La Cilicie Champêtre.

Au centre :
- La Galatie.
- La Phrygie épictète.
- La grande Phrygie.
- La Pisidie.
- L'Isaurie.

A l'est :
- La Cappadoce.
- L'Arménie 1re.
- L'Arménie 2e.

Les Romains, faisant abstraction des régions situées au delà du Taurus, donnaient le nom d'Asie propre, *quæ proprie vocatur Asia*, à toute la contrée située au nord de cette chaîne; elle commençait au Golfe de Telmissus (1), et finissait à la presqu'île des Thyniens à l'entrée du Bosphore (2). Agrippa divisa cette Asie propre en deux parties; il donnait à la première pour limites à l'orient la Phrygie et la Lycaonie, au couchant la mer Égée, au midi l'Égypte (3)? au septentrion la Paphlagonie; il lui supposait quatre cent soixante-dix mille pas de long sur trois cent mille pas de large. Il fixait pour limites à la seconde partie de l'Asie propre à l'orient l'Arménie Mineure, à l'occident la Phrygie, la Lycaonie la Pamphylie (4), au septentrion la province pontique, au midi la mer de Pamphylie et faisait sa

(1) Pline, V, ch. 27.
(2) Pline, V, ch. 32.
(3) Pline dit quelques lignes plus haut qu'elle commençait à Telmissu.
(4) Ici les provinces du sud ne font plus partie de l'Asie propre; on est en droit de supposer une faute dans le mot Égypte.

longueur de cinq cent soixante mille pas, sur trois cent vingt-cinq mille pas de largeur. L'Ionie et les prairies asiennes que les Grecs regardaient comme le cœur du pays faisaient partie de cette division; c'est là aussi qu'étaient situées les sept églises d'Asie mentionnées dans l'Écriture. Darius, maître de l'Asie, divisa la contrée en quatre satrapies auxquelles il imposa un tribut. Hérodote (1) donne les différentes divisions de ces gouvernements; nous les mentionnerons en parlant des provinces.

CHAPITRE V.

JURIDICTIONS ROMAINES.

Dès l'origine de la puissance romaine en Asie, la contrée fut divisée en diocèses ou gouvernements, dans lesquels il y avait un tribunal où l'on rendait la justice. Strabon se plaint de la confusion que ce mode de division apportait dans la géographie, les provinces n'étant plus renfermées dans leurs limites respectives et variant selon les caprices des vainqueurs.

« Les pays qui suivent au midi (de la Catacécaumène) jusqu'au mont Taurus sont tellement confondus les uns avec les autres, qu'il est bien difficile de déterminer au juste ce qui appartient à la Phrygie, à la Lydie, à la Carie ou à la Mysie. Ce qui n'a pas peu contribué à cette confusion, c'est que les Romains, dans la distribution de ces pays, n'ont point eu égard à la différence des nations; mais ils les ont divisés en juridictions dont chacune avait une ville principale où les juges s'assemblaient pour tenir les assises (2). »

Nous emprunterons à Pline les détails sur les circonscriptions de ces départements, sur lesquels l'auteur latin nous fournit des documents précieux; néanmoins il ne suit pas d'ordre méthodique dans sa nomenclature, et il en compte plusieurs sans nommer leur chef-lieu d'arrondissement.

Nous en donnons un tableau selon le classement qu'en fait l'auteur (3)

(1) Liv. III, 89.
(2) Strabon, XIII, 629.
(3) Pline, liv. V, passim.

La CIBYRATIQUE, chef-lieu Cibyra, ville de Phrygie; elle compte vingt-cinq cités dans son ressort.

La SYNNADIQUE, chef-lieu Synnada; elle a dans son ressort vingt et un peuples divers dont six seulement sont nommés (1).

L'APAMÉENNE, chef-lieu Apamée de Phrygie; elle compte dans son ressort six villes qui sont nommées et neuf dont le nom est passé sous silence comme n'ayant aucune célébrité.

HALICARNASSE, chef-lieu Halicarnasse; les six villes qui sont sous sa juridiction lui ont été attribuées par Alexandre le Grand.

ALABANDA, cité libre qui donne son nom au ressort dont elle est le chef-lieu. Sous sa juridiction sont dix villes.

La SARDIQUE, chef-lieu Sardes; sa juridiction s'étend par delà le mont Tmolus jusqu'au Méandre; elle comprend dix villes. Pline en nomme cinq et d'autres peu connues (*ignobiles*).

La LYCAONIE, annexée au district de l'Asie propre. Elle a dans son ressort cinq nations. De cette province, fut, de plus, distraite, une tétrarchie qui confine à la Galatie. Cette juridiction commande quatorze villes dont la plus célèbre est Iconium.

SMYRNE, tenant dans son ressort la plupart des villes d'Æolide, les Magnésiens du Sipyle et les Macédoniens Hircaniens.

ÉPHÈSE comprend dans sa juridiction neuf populations diverses au nombre desquelles on comptait ceux d'Hypœpa, ville célèbre par son temple de Diane persique.

ADRAMYTTIUM, avait dans son ressort toute la Troade, et par conséquent étendait son gouvernement jusqu'au fleuve Ésepus.

PERGAME, « la ville la plus célèbre de l'Asie. » Elle avait dans son ressort douze peuples et d'autres cités de marque.

Telles sont les juridictions mentionnées par Pline. Il ne reste qu'une faible lacune pour arriver aux confins de l'Asie propre, c'est-à-dire au Bosphore; c'est la généralité de Bithynie dont il ne donne pas le chef-lieu; mais

(1) Pline, V, 29.

cette lacune est comblée par Pline le Jeune, qui, comme gouverneur de cette province, résidait à Nicomédie.

On voit que dans cette répartition des gouvernements les noms des anciens peuples et les limites des anciennes provinces sont tout à fait laissés de côté, comme si déjà l'empire avait voulu tenter une fusion entre les différentes races. Cet état de division en juridictions ayant chacune son magistrat particulier fut cependant modifié sous le règne de Vespasien, qui sépara une partie de l'Asie pour en faire le gouvernement qu'on appela l'Asie proconsulaire. Une loi de l'empereur Antonin établit en principe que cette modification fut faite à la demande des peuples d'Asie, *ad desideria Asianorum*, et à cette époque on ajouta les îles à l'Asie proconsulaire; la ville d'Éphèse fut déclarée première métropole. Ceci ne paraît pas avoir rien changé aux limites des juridictions, mais augmentait l'autorité du proconsul sur chacun des départements. Avant l'empire d'Alexandre Sévère chaque province eut son préfet particulier; cependant depuis Vespasien jusqu'à Antonin le proconsul d'Asie paraît avoir eu une inspection générale sur toutes les provinces d'Asie et une juridiction plus particulière sur la province proconsulaire et sur les îles de l'Hellespont. Dans la suite le vicaire du diocèse d'Asie partagea cette inspection. Ces divisions de la haute administration politique ne changèrent rien aux anciens chefs-lieux de juridiction civile dans lesquels on continua à rendre la justice. Mais sous Constantin tout le territoire de l'empire fut divisé en quatre diocèses, et l'Orient n'en forma plus qu'un seul. Il y eut plusieurs provinces dans un même diocèse, tandis qu'auparavant le diocèse était borné à une seule juridiction; en d'autres termes, le mot diocèse est en langue grecque synonyme de juridiction (1).

La division de l'empire décrétée par Constantin le Grand dura jusqu'au règne de Constantin Porphyrogénète.

(1) Strabon, XII, 629.

CHAPITRE VI.

ASIE DIVISÉE EN THÈMES.

Le nom de *thème*, qui fut donné à ces divisions territoriales, vient du mot grec qui signifie *position*. Le thème anatolique, qui plus tard donna son nom à toute la contrée, Anatolia, Anatolie, d'où l'on fit par abbréviation Natolie, n'est cependant pas le plus éloigné vers l'orient; mais, comme le fait observer l'empereur Constantin Porphyrogénète, qui a laissé un traité des thèmes de l'empire byzantin, ce nom fut donné à la province eu égard à sa position vis-à-vis de Byzance; mais ce thème est au couchant de la Mésopotamie et des provinces de l'est.

THÈME I ANATOLIQUE.

Le thème anatolique est habité par cinq peuples divers; il commence à la petite ville de Mérus (1) appartenant à la province de Phrygie salutaire. Il se prolonge jusqu'à Iconium et se termine au pays des Isaures vers le Taurus; cette contrée est aussi appelée Lycaonie, où se trouvent les montagnes froides (le Taurus); le versant nord de la Pamphylie en fait aussi partie.

La région intérieure du thème anatolique comprend la Pisidie et la partie de la Phrygie capatienne depuis Acroïnum jusqu'à Amorium. La Carie et la Lycie en forment les limites maritimes.

Ce thème est donc compris dans les limites suivantes. Il commence à Mérus, frontière du thème Obséquium, s'étend en longueur jusqu'aux montagnes de l'Isaurie. En largeur, il a vers sa gauche les frontières du thème des Bucellaires et le commencement de la Cappadoce; à sa droite l'Isaurie et le commencement du thème cibyrrhoétique; ce thème est gouverné par un proconsul qui a sous ses ordres un *magister agminum*, chef des milices et qui plus tard reçut le nom de patrice.

Dans le principe, la répartition n'était pas faite ainsi; le département militaire était divisé en préfectures, qui renfer-

(1) *Voy.* le *Synecdème* d'Hiéroclès.

maient un nombre de troupes indéterminé.

Les cinq nations qui composaient le thème anatolique étaient les Phrygiens, les Lycaoniens, les Isaures, les Pamphyliens et les Pisidiens. Ces peuples, antérieurement à la conquête romaine, formaient ou des républiques ou des monarchies ; les Romains les divisèrent en provinces et en préfectures. Le préfet du prétoire avait l'administration militaire et le préfet urbain le gouvernement civil.

THÈME II ARMÉNIAQUE.

Le thème arméniaque est ainsi nommé parce qu'il est voisin des frontières de l'Arménie. Strabon ni les autres auteurs qui ont traité de la géographie de la contrée ne font aucune mention de ce nom, qui lui fut donné par l'empereur Héraclius. Il comprend presque toute la Cappadoce. Cette dernière province fut divisée en trois parties : la Cataonie, qui commence à Mélitène ; la Taurique, qui s'étend jusqu'au pied du Taurus, et le centre, où est Césarée, métropole. La grande Cappadoce commence à Césarée et s'étend jusqu'au royaume du Pont ; elle est bornée au couchant par l'Halys et à l'orient par la Mélitène.

La petite Cappadoce embrassait une partie de la Cilicie, qui renfermait quatre villes.

Le thème arméniaque contient sept villes, qui sont : Amasée, Ibora, Zalichus, Andrapa, Aminsus, Neocésarée, Sinope.

THÈMES III DES THRACIENS.

Ce thème comprenait ce qu'on appelait primitivement la province d'Asie et qui était sous les ordres du proconsul d'Asie.

Le nom de ce thème lui vient de ce qu'au temps d'Alyatte, roi de Lydie, des colons de Mysie, qui est une contrée de la Thrace d'Europe, vinrent s'établir dans cette région.

Il comprend vingt et une villes, qui sont :

Éphèse, Smyrne, Sardes, Milet, Priène, Colophon, Thyatire, Pergame, Magnésie, Tralles, Hiérapolis, Colossæ (1), Laodicée, Nyssa, Stratonicée, Alabande, Alinda, Myrina, Téos, Lébédus, Philadelphie (2).

THÈME IV OBSEQUIUM.

Le nom d'Obsequium vient d'un mot grec désignant, à la cour de Byzance, le secrétaire des commandements (3) ; aussi le chef du thème Obsequium n'a pas le titre de préteur, mais celui de comte.

L'étendue de ce thème est déterminée ainsi qu'il suit :

Il commence au golfe Astacénus (de Nicomédie) et au promontoire Dascylium ; il s'étend jusqu'à Tritonos aux monts Sigriains, et l'île Proconnèse, et se prolonge jusqu'à Abydos, Cyzique et Parium. Du golfe Astacénus il s'étend jusqu'à l'Olympe mysien à la région des Dagotthéniens et jusqu'à Pruse même où habitent les Bithyniens.

Au sud il comprend une partie de l'Olympe jusqu'au Rhyndacus où habitent les Mysiens sur le littoral, et à Cyzique où habitent les Phrygiens et les Grecs. De ce côté il s'étend jusqu'à Dorylée et Cotyæum, patrie du célèbre Ésope. A l'orient il va jusqu'à la ville de Mérus ; au couchant il finit à Abydos. En largeur il s'étend du fleuve Rhyndacus jusqu'à la ville de Domatere. Les chefs de ce thème avaient dans leurs attributions l'entretien des voies et des édifices et des logements royaux.

Les nations qui habitaient ce thème étaient : les Bithyniens, les Mysiens, les Phrygiens, les Dardaniens que l'on appelle aussi les Troyens. Il contenait les villes suivantes :

Nicée (métropole), Cotyæum, Dorylée, Midæum, Apamée, Myrlée, Lampsaque, Parium, Cyzique, Abydos.

(1) Célèbre par son église de l'Archange Michel.
(2) Il est à remarquer que la position de toutes ces villes est aujourd'hui bien déterminée.
(3) Ordinis tuendi et honoris causa, præeunt.

THÈME V OPTIMATUM.

On ignore par quelle raison ce thème fut appelé Optimatum; les troupes n'y sont point placées en cantonnement et il est commandé par un fonctionnaire qui porte le titre de Domestique, et qui est d'un ordre inférieur au préteur; les peuples qui habitent ce thème sont :

Les Bithyniens, les Tharsiates, les Thyniens, qui sont voisins des Phrygiens.

Les villes remarquables sont :

Nicomédie, métropole, Hélénopolis, Prœnetus, Astacus, Parthenopolis.

Le thème Optimatum est arrosé par le fleuve Sangarius, sur lequel un pont magnifique a été construit par l'empereur Justinien.

Ce pont existe encore; nous en parlerons en décrivant la Bithynie.

THÈME VI DES BUCELLAIRES.

Ce thème n'a pas non plus reçu son nom d'un lieu particulier ou de quelque peuple célèbre, mais tout simplement des bucellaires, qui sont des agents inférieurs chargés de la subsistance des troupes (des vivres, pain, selon l'expression usitée aujourd'hui.) On appelle *bucellus* (1) un petit pain rond et plat; le garde pain s'appelle *cellarius*.

Les peuples qui occupent ce thème sont les Maryandiniens et les Galates. Il commence à la ville de Modrena, confronte l'Optimatum, remonte vers la métropole d'Ancyre et s'étend jusqu'aux confins de la Cappadoce et au château de Saniana; tout ce territoire est occupé par les Galates.

Les Galates, colonie des Francs, arrivèrent en Asie du temps d'Attale, roi de Pergame et de Nicomède, fils de Zipœtès; ils occupèrent le pays jusqu'au royaume de Pont et jusqu'à la ville d'Héraclée et au fleuve Parthénius. Dans les terres ils s'étendent jusqu'au fleuve Halys.

Les villes de ce thème sont :

Ancyre, métropole des Galates, Claudiopolis, métropole des Maryandiniens, Héraclée, Pruse (sur l'Hypius), Teium.

(1) Littér. *bouchée*.

Les nations sont les Galates, les Bithyniens, les Maryandiniens.

THÈME VII DE PAPHLAGONIE.

Les Paphlagoniens étaient regardés dans l'antiquité comme la nation la plus stupide, la plus impudente et la plus détestable qu'on pût rencontrer. Homère les cite pourtant au nombre des peuples qui vinrent au secours de Priam, et déjà à cette époque la Paphlagonie était célèbre par la race de ses mules.

Les Paphlagoniens passaient pour être de race égyptienne, conduits par Phinée, qui le premier habita la Paphlagonie; il fut père de Paphlagon, qui donna son nom au pays.

Les villes principales sont : Amastra, Sinope et Teium (1).

La Paphlagonie est bornée à l'orient par l'Halys et au couchant par le Billœus.

THÈME VIII CHALDIA.

Ce thème est ainsi nommé des anciens Perses venus de la Chaldée. La métropole est Trébizonde, ville grecque ainsi que l'atteste Xénophon. Dans l'intérieur sont compris des pays appartenant à l'Arménie Mineure, comme le prouvent les noms seuls des contrées. La Celtzène, les Syspérites et Gœzanum, dont il est fait mention dans l'Écriture au quatrième livre des Rois. Les Assyriens ayant réduit en servitude les habitants de Samarie les transportèrent près du fleuve Gœzanum. Le pays fut appelé Chaldée par les Perses pour se rappeler leur contrée natale, d'où ils ont été appelés Chaldéens (2).

THÈME XI DE SÉBASTE.

Le thème de Sébaste commence à la petite Arménie; il prit son nom de Sébaste (César), qui honora du même titre plusieurs villes de l'Asie.

Il n'en est donné ni la nomenclature des villes ni celle des frontières.

(1) Déjà nommée dans l'autre thème.
(2) Les thèmes IX. de Mésopotamie et X. Colonea ne font point partie de la presqu'île.

THÈME XII DE LYCANDUS.

Lycandus ne commença à être comptée au nombre des thèmes et des villes que sous le règne de l'empereur Léon; antérieurement la ville était sans aucune population, tant Lycandus que Izamondus et toute la région frontière de l'Arménie.

Cependant un Arménien de distinction, haut comme un colosse, gendre de Lœcastria, homme à la main longue et ambidextre, appelé en langue arménienne Azotus, vint soit comme transfuge, soit comme ami, trouver l'empereur Léon, et ayant reçu le commandement des troupes, sous le titre de *præfectus agminis*, s'en alla faire la guerre aux Bulgares. Mais il fut battu et disparut ainsi que Théodose, le protovestiaire de l'empereur.

L'Arménien avait avec lui un ami nommé Mélias, qui s'échappa sain et sauf du combat, et comme il était fait à la vie d'aventures, il rassembla une poignée d'Arméniens, alla s'emparer de Lycandus, rebâtit la citadelle et restaura les ruines de la ville. La contrée, rétablie dans son ancien état, fut rendue aux Arméniens. Comme elle était fertile et admirablement pourvue de bons pâturages, elle fut classée parmi les thèmes et devint une des belles prétures par les soins et le courage de Mélias. Le nom de la ville est d'origine arménienne. On raconte que l'empereur Justinien, parcourant les provinces de l'Asie Mineure arriva à Lycandus. Le procœcus de la ville, magistrat municipal, était si riche en bétail, qu'il offrit à titre d'hommage à Justinien dix troupeaux de mille brebis variés de couleur et divisés de la sorte :

Mille noires, mille blanches, mille grises, mille mélangées, mille rousses, mille couleur de belette, mille jaunâtres, mille marquées de noir, mille rouges et mille dorées, qui rappelaient, au dire des Grecs, la célèbre toison d'or. L'empereur accepta avec joie, et fit inscrire sur la porte de Lycandus une inscription qui est une sorte de jeu de mots.

L'auteur grec ne donne pas les noms des villes principales du thème de Lycandus.

THÈME XIII DE SELEUCIE.

Le thème de Séleucie est cette partie de l'Isaurie bornée au couchant par le mont Taurus, à l'orient par les montagnes de la Cilicie où sont les villes maritimes.

Les villes principales sont :

Séleucie, Corycus, l'antre de Corycus et la plaine qui produit le safran, les villes de Soli, Ægée, Pompéiopolis, Aphrodisias, Issus avec le golfe de même nom, dans le voisinage duquel est la ville de Tarse, patrie de l'apôtre Paul.

Séleucie n'eut d'abord ni le titre de thème, ni même celui de préfecture; c'était un simple château avec une vedette pour surveiller les incursions des Sarrasins qui possédaient Tarse; mais l'empereur Romanus, qui augmenta les frontières de l'empire, en fit une préfecture.

Cette ville reçut son nom de son fondateur Séleucus Nicanor. Ce district fut aussi appelé Décapole, parce que, outre Séleucie, il contenait dix villes, savoir :

Germanicopolis, Titiopolis, Dométiopolis, Zénopolis, Néapolis, Claudiopolis, Irenopolis, Césarée, Lauzadus, Dalisandus.

Dans cette dernière ville on conserve le bouclier du saint martyr Théodore, suspendu à la voûte du temple.

THÈME XIV DE CIBYRRHA.

Le thème de Cibyrrha commence à Séleucie, située sur la mer Orientale, et finit au couchant dans les parages de Milet, de Jassus et du golfe de Bargylia. Il s'étend chez les Andaniens où est située Mylasa, ville très-célèbre, la ville de Bargylia, Myndus, Strobelus, Halicarnasse, patrie d'Hérodote, où l'on voit le tombeau de Mausole.

En marchant vers l'orient on trouve le golfe Céramique et la ville du même nom. A l'extrémité du rivage est la ville de Cnide; en continuant vers l'orient on trouve le golfe Œdemus, le port de Laryma, situé en face de l'île de Symé. La région maritime appartient aux Rhodiens, qui possèdent des arsenaux. En traversant de l'autre côté, on trouve la célèbre ville de Telmissus, ensuite Patare et Xanthus, patrie du peintre Protogène, puis cette ville de Lycie exhalant l'odeur des parfums, c'est Myra, la ville du bienheureux saint Nicolas dont le corps laisse exhaler des parfums comme l'indique le nom de la ville (1). De là on voit le fleuve Phœnix et la ville du même nom, puis Phaselis, ville célèbre et Attalia, fondée par Attale Philadelphe.

Ensuite Sylæum puis Perga, ville célèbre, Sidé repaire des pirates et Selgé, colonie de Lacédémone.

La montagne et le château d'Anemurium, ensuite Antioche seconde, et Cibyrrha, la ville dont le thème a pris son nom vulgaire et sans renommée. On trouve ensuite Selinus, petite ville avec un fleuve de même nom, puis le port vieux et Séleucie elle-même. Voilà les villes qui sont soumises à l'administration du préteur de Cibyrrha.

Dans l'intérieur des terres, sur les frontières du thème Thracien, le thème de Cibyrrha commence à Milet, passe à Stratonicée. Ce qu'on appelle Mogola, la ville de Pysie, il traverse la région Haghia et Tauropolis. Il s'étend jusqu'à Tlos et OEnoanda, et traverse Phileta, Podalia, le lieu dit Anomatichos et arrive à Sagalassus pour finir dans les régions du Taurus où demeurent les Isaures. Telle est l'étendue du thème de Cibyrrha dont les habitants se sont souvent montrés rebelles aux ordres des empereurs. L'île de Rhodes est située au voisinage de ce thème qui, regardant en même temps le nord et le midi affecte la forme triangulaire d'un Δ. Il est peuplé par une colonie dorienne venue du Péloponnèse et qui se prétend de la race d'Hercule.

DIVISION DE L'ASIE SOUS LA DOMINATION OTTOMANE.

Après la chute de l'empire byzantin, les princes seldjoukides se partagèrent les différentes provinces et chacun d'eux donna son nom à celle qui lui échut en partage. Ce sont ces noms qui sont encore usités parmi les Turcs, et les anciennes conscriptions territoriales sont à peu de chose près celles des pachalik d'aujourd'hui. Chaque division territoriale porte le nom de sandjak.

Le sandjak de Broussa avait reçu d'Othman le nom de Khodawenkiar. La division moderne de l'Asie Mineure est donc aujourd'hui classée ainsi qu'il suit :

La Bithynie, sandjak de Khodawenkiar.

La Mysie,	Kara-si.
La Lydie,	Saruk Khan.
Mæonie,	Aïdin.
Carie,	Mentesche.
La Lycie,	Tekké.
La Pamphylie,	
Pisidie,	Hamid.
Isaurie,	
Lycaonie,	Caraman.
Cappadoce,	
Cappadoce,	Iconium.
Phrygie,	Kermian.
Paphlagonie,	Kastamouni.
Pont.	Amasia.

CHAPITRE VII.

COUP D'ŒIL SUR LA FORME GÉNÉRALE DE LA PRESQU'ÎLE.

Il suffit de jeter les yeux sur la carte des continents pour être frappé de la particularité que présente la forme de l'Asie Mineure. Toutes les grandes presqu'îles du globe, tous les grands caps sont en effet tournés vers le pôle sud, le cap de Bonne-Espérance, comme le cap Horn, l'Italie comme la Grèce ou la presqu'île indienne. L'Asie Mineure seule se détache du continent en se dirigeant de l'est à l'ouest. Ses côtes sont baignées par les eaux de trois mers qui diffèrent entre elles autant par leur étendue que par leur caractère physique ; enfin le relief de la presqu'île, la forme et la direction de ses montagnes, viennent pour ainsi dire se grouper pour faire de cette partie de l'Asie une terre exceptionnelle.

La presqu'île que nous connaissons aujourd'hui sous le nom d'Asie Mineure ou d'Anatolie est cette partie du

---

(1) Les saints dont le corps exhale des huiles parfumées étaient appelés Myrobletés ; — il y a une sorte de jeu de mots sur le nom de la ville de Myra.

grand continent asiatique renfermée entre le 24° 35′ et le 55ᵉ degré de longitude orientale. Les côtes de la partie nord appartenant à l'empire ottoman se prolongent jusqu'au 39ᵉ degré.

En latitude, le cap Anemour, qui est la terre le plus sud, passe par le 36ᵉ degré, et au nord, le promontoire de Sinope passe par le 42ᵉ degré 8 minutes. Elle est baignée au nord par le Pont-Euxin, le Bosphore et la Propontide; la mer Égée baigne ses côtes occidentales; la région du sud est limitée par cette partie de la Méditerranée que les anciens appelaient mer de Rhodes ou de Cilicie.

Du côté de l'orient, les limites de l'Asie Mineure ont été très-variables et sont moins faciles à déterminer. Strabon et Apollodore inclinent à penser que tout le territoire qui est à l'orient de la ligne tirée d'Amisus à Issus, ou de Samsoun à Scandéroun, doit être regardé comme n'appartenant pas à la presqu'île. Trébizonde et son territoire en seraient alors exclus. La distance qui sépare ces deux points, d'après Ératosthène, a trois mille stades de 700 au degré, soit 554 kilomètres, 865 mèt.; cette mesure est loin d'être exacte.

Les géographes modernes ont étendu le territoire de l'Asie Mineure à l'orient de l'Halys; c'est le cours de l'Euphrate qui en forme la limite à l'orient, jusqu'à la hauteur de Malatia et d'Éguine; ensuite la frontière s'incline à l'est pour venir rencontrer la mer Noire à l'est de Trébizonde. L'erreur des anciens sur la forme réelle de l'Asie Mineure est d'ailleurs bien excusable; car il n'y a guère que soixante ans que les observations de Beauchamp et celles du commandant Beaufort ont donné à l'Asie Mineure sa véritable forme en l'élargissant d'un degré. Danville avait bien senti la difficulté, mais n'avait pu la résoudre. Strabon compte 3,500 stades de Chalcédoine à Sinope, soit 647 ᵏ· 34, tandis qu'en réalité il n'y en a que 520. Il compte 5,000 stades de Rhodes à Issus, soit 554 ᵏ· 865, tandis qu'il n'y a que 125 milles géographiques. Il fait cependant la remarque très-exacte que Amisus et Issus se trouvent sur le même méridien. L'erreur des anciens géographes provient sans doute de ce qu'ils ne se rendaient pas bien compte de la courbe qui ferme la côte de la Lycie, et prenaient leurs mesures en suivant les sinuosités de cette côte. La forme générale de la presqu'île est certainement la conséquence des nombreux soulèvements des montagnes qui ont surgi à différents âges géologiques; mais l'action des feux souterrains a eu aussi une part énorme dans la constitution de régions entières.

Néanmoins, malgré l'effet des terribles tremblements de terre dont nous voyons de nos jours l'action désastreuse, nous persistons, malgré l'opinion de quelques géologues, basée du reste sur une tradition de l'antiquité, nous persistons à croire au synchronisme des bassins des mers. Ainsi pour nous le Bosphore comme les Dardanelles et le détroit de Gibraltar appartiennent, comme les éléments constitutifs, à la période géologique actuelle. Nous pouvons même affirmer, que si, depuis notre époque géologique, la forme du Bosphore a été modifiée, ce canal a été plutôt rétréci qu'élargi, car tout le terrain qui avoisine les îles Cyanées d'Europe et celles d'Asie, est formé par des terrains de trachytes qui se sont épanchés dans la mer. Les bassins des mers conserveraient selon nous depuis cette époque leurs limites respectives si leurs rivages n'étaient soumis à une loi géologique appartenant à la troisième période; nous voulons parler de la loi des atterrissements.

ALLUVIONS DES FLEUVES.

Si l'on examine la tradition conservée par quelques historiens, on ne manquera pas d'exemples pour prouver l'irruption ou la retraite des eaux marines sur certaines côtes; mais partout où nous avons été à même de vérifier cette assertion, nous avons reconnu l'effet normal des alluvions. Pour mettre cette vérité en évidence, nous nous contenterons de prendre pour exemples quelques ports fondés sur les bords de la Méditerranée qui nous permettront d'établir avec certitude le mouvement de retrait, et en même temps les causes de la retraite des eaux de la mer.

Les ports de Cymé, de Milet, de

Pompéiopolis, sur la côte d'Asie, Hippone et Carthage sur la côte d'Afrique, nous donnent des jalons pour mesurer la marche des alluvions sur ces côtes, et nous pouvons constater d'autre part que les ports situés loin des embouchures des fleuves ont continué d'être fréquentés par les navires.

Les hommes des premiers âges, les Babyloniens, les Égyptiens, les Assyriens, qui avaient, plus que nous, conservé une impression profonde des temps diluviens, s'étant établis sur les bords des grands fleuves de l'Asie ou de l'Afrique, avaient pris toutes les précautions imaginables pour se mettre à l'abri des inondations. Les travaux qu'ils exécutèrent dans ce but étonnent notre imagination, et nous serions tentés de les regarder comme fabuleux, si, chaque jour, les études faites sur ces contrées n'apportaient la preuve la plus évidente de la véracité des historiens de l'antiquité, et si l'on n'était souvent à même de vérifier, sur le sol même, la réalité des travaux entrepris et menés à leur fin.

Le golfe d'Alexandrette, qui était dans l'antiquité un port aussi salubre que commode, n'offre plus sur son rivage que des marais pestilentiels; l'effet naturel des vagues apportant nécessairement sur cette côte tous les détritus que contiennent les eaux a suffi en quelques siècles pour opérer cette métamorphose.

La province voisine, que les anciens appelaient la Cilicie champêtre, est une immense étendue de terrains d'atterrissement qui sont couverts de la plus abondante végétation. Plusieurs rivières, le Sarus, le Pyramus, le Cydnus, arrosent ces contrées et continuent de l'accroître en étendue. Ce mouvement des terres est déjà apparent dans l'antiquité. Entre la ville d'Adana et la mer, sont de vastes maremmes qui se sont formées depuis cette époque. La ville de Tarsous, qui était maritime dans l'antiquité, ne reçoit plus maintenant de navires, et le fond de la mer s'est tellement exhaussé que les navires sont obligés de mouiller à Mersine, à deux lieues de Tarsous.

A l'ouest de Tarsous, il y avait un port romain, dans la ville de Pompéiopolis; ce port est aujourd'hui entièrement comblé. Ici, les eaux douces ont une propriété incrustante qu'on remarque dans presque toutes les rivières de la côte. Ainsi, le port de Pompéiopolis est rempli par une véritable roche, et les blocs de colonnes ou autres débris qui sont épars dans cette masse, sont noyés comme dans une espèce de ciment.

La rivière de Douden, que les anciens appelaient Catarrhactès, parce qu'elle se précipite dans la mer d'une grande hauteur, jouit au plus haut degré de cette propriété incrustante. Tout le territoire de son parcours est converti en véritable rocher qui englobe les plantes, les restes d'animaux, et les couvre d'une couche calcaire.

En continuant le périple vers l'ouest, on arrive dans la province de Lycie qui offre d'immenses et magnifiques ports dans un état parfait pour le mouillage des navires : le port de Marmarice, celui de Macri; les ports de Myra, Phellus Antiphilo : c'est qu'ici le Taurus domine la côte presque verticalement et les eaux n'ont pu charrier de limon dans ces ports.

Nous avons souvent entendu les marins et les géographes se demander pourquoi la côte d'Asie et la côte du nord de la Méditerranée étaient si riches en excellents ports, tandis que dans tout son parcours la côte d'Afrique n'en offrait pas un seul digne de ce nom. Voci la véritable raison : le continent Africain a été dans l'origine aussi échancré que le continent d'Asie; mais sous l'influence des atterrissements et surtout, car ceci est une cause majeure, sous l'influence des vents du Nord qui règnent sur cette côte pendant huit mois de l'année, le mouvement de la mer loin d'enlever la moindre parcelle de sable, les accumule sans cesse sur le rivage. Tout ce qui existait de ports, golfes ou échancrures, a été peu à peu comblé, tandis que la côte d'Asie, abritée par ses hautes montagnes est restée dans l'état où elle fut créée.

Si nous remontons vers le Nord en suivant la côte, nous trouvons un des exemples les plus curieux de la puissance des atterrissements pour changer la surface d'un pays. Nous voulons parler de la ville de Milet, une des places maritimes les plus célèbres de l'antiquité. Milet avait quatre ports, dont un seul pouvait contenir une flotte entière; elle fut fondée onze cents ans avant J.-C., et sous Alexandre elle jouissait encore de son pouvoir maritime. Mais Milet était située à l'embouchure du Méandre, et ce petit fleuve, dont le sinueux parcours est devenu proverbial, a suffi pour anéantir complètement cette mère de quatre-vingts colonies. Il y a un fait remarquable, qui paraît avoir été oublié : c'est que les sinuosités du Méandre sont essentiellement variables. Dans l'espace de deux ou trois ans, la direction des eaux change plusieurs fois, et, sans abandonner positivement la ligne générale de son parcours, le fleuve se pratique à droite et à gauche d'innombrables lacets qui finissent par former des lits nouveaux.

Toutefois Strabon (1) mentionne un usage des Ioniens qui prouve que cette observation avait déjà été faite par les riverains du fleuve. On raconte, dit-il, qu'on intente des procès au Méandre toutes les fois qu'il change les limites des champs en rongeant les angles de ses rives, et que s'il en est convaincu, on le condamne à des amendes qui sont prises sur les péages.

Le Méandre coule depuis la ville de Yéni-Cheher jusqu'à la mer, dans une masse de terrain meuble dont la puissance n'est pas connue, mais qui dépasse de beaucoup la profondeur de son lit. Dans les grandes crues, quand le courant est devenu rapide, les eaux ravinent peu à peu le rivage, qui, presque partout, forme une falaise verticale. Dans les endroits où il y a un remous, la falaise ruinée peu à peu, s'écroule, et le fleuve s'enfonce dans un coude qu'il creuse incessamment. Ce mouvement des ondes va ensuite frapper la rive opposée qui est ravinée de la même manière, de sorte que les eaux se creusent un lit en zigzag qui a donné à ce cours d'eau un caractère particulier. Mais l'action des eaux sur les rives étant incessante, les terres sont peu à peu entraînées dans le lit du fleuve, les coudes se comblent pour se reformer sur de nouveaux dessins, et il n'est pas rare, comme la vallée a très-peu de pente, de voir les eaux prendre une direction en sens inverse du cours du fleuve et former des nœuds qu'il est impossible de déterminer exactement parce qu'ils sont toujours variables. La nature du terrain, qui est composé d'un sable argileux, se prête à ces jeux de la nature, et comme le sol de la vallée du Méandre est presque entièrement couvert de prairies, d'herbes fines, le cours de la rivière s'y dessine d'une manière saisissante qui a frappé tous ceux qui ont parcouru ces rives. Une autre ville, Priène, située dans le voisinage du fleuve, et enfin Héraclée du Latmus, placée au fond d'un golfe du même nom, participaient aux privilèges des villes maritimes. Le Méandre, en charriant des sables, a peu à peu comblé le port de Priène, celui de Milet, et a fermé l'entrée du golfe de Latmus, de manière à en former un lac qu'on appelle aujourd'hui Oufa-Bafi. Milet est à plus de deux lieues dans les terres, et une île, l'île de Lade, assez éloignée jadis du continent, a été englobée dans les atterrissements, et ne se retrouve plus aujourd'hui.

La ville maritime d'Éphèse a eu le même sort que Milet. Son port est aujourd'hui comblé par les alluvions du Caystre.

Un autre fleuve de l'Asie Mineure, l'Hermus, qui se jette dans le golfe de Smyrne, joue à l'égard de cette ville le même rôle que le Méandre à l'égard de Milet. Les masses énormes de limon qu'il charrie ont formé une large bande de terrain sur laquelle est assise la ville de Ménimen; mais, de plus, il forme à l'entrée du golfe de Smyrne un banc dont l'étendue augmente de jour en jour, et, si des travaux de dragage ne sont pas exécutés dans un bref délai, on peut prédire le moment assez rapproché où les vaisseaux ne pourront plus aller mouiller à Smyrne. Bien plus, on peut être assuré que dans un temps donné le golfe de Smyrne deviendra un lac, comme le golfe de Milet.

En dehors du golfe de Smyrne, vers le nord, était une autre ville célèbre, la ville de Cyme, avec un port maritime et un port de commerce. Les alluvions du Caïque ont tellement changé l'aspect de cette côte, que l'on cherche en vain

(1) XII, 580.

l'ancien rivage; les jetées de l'ancien port se voient à près d'une lieue dans les terres, au milieu de marécages qui portent dans le pays le nom de *Touzla cazleu*, la Saline-aux-Oies. On comprend dans quelle perplexité se sont trouvés les géographes qui voulaient retrouver les vestiges du monde ancien, avant que ces observations eussent été faites. Les fleuves de la Troade, qui ont changé leurs cours et mêlé leurs eaux, mettaient nos devanciers dans un embarras inextricable.

Cette action évidente des alluvions, qui ont formé de vastes territoires sur les côtes d'Afrique et dont le delta du Nil est le plus célèbre exemple, a lieu également sur la côte nord de l'Asie Mineure. Les vents du nord et du nord-ouest étant ceux qui règnent le plus régulièrement dans ces régions, tous les sables charriés par les rivières si petites qu'elles soient sont rejetés sur la côte et ont converti les moindres criques en pâturages. Si l'on jette les yeux sur la côte opposée, la presqu'île de Crimée offre les magnifiques ports de Sébastopol, Balaklava et plusieurs autres mouillages. Sur la côte d'Asie, il n'y a que la presqu'île de Sinope, qui, abritant la côte des vents du large, a préservé le port des ensablements. Dans la Propontide, l'exemple n'est pas moins frappant; sur toute la côte de Thrace, il n'y a aucun port, tandis que sur la côte opposée on voit encore le port de Cyzique qui pourrait s'ouvrir pour abriter une flotte. Suivons un moment la même loi sur tout le littoral sud de la Méditerranée; nous trouvons partout des mouillages forains, excepté dans la baie d'Oran; tandis que sur la côte nord, nous comptons la Spezzia, Gênes, Villefranche, Toulon, Marseille et d'autres encore jusqu'à Gibraltar. Ceci n'est certainement pas l'effet du hasard.

La côte occidentale de l'Asie Mineure, étant fortement accentuée, présente en même temps l'un et l'autre des deux phénomènes, c'est-à-dire des golfes larges et profonds comme ceux de Smyrne, de Jassus et d'Halicarnasse, et en même temps des golfes comblés comme ceux de Latmos et de Cymé.

CHAPITRE VIII.

PÉRIPLE DE L'ASIE MINEURE. — CÔTE SEPTENTRIONALE.

Après cet exposé des causes qui ont produit la forme actuelle de la presqu'île, nous suivrons le contour des côtes et nous verrons jusqu'à quel point ces considérations générales sont justifiées.

Trébizonde, située à l'origine de la courbure que forme la partie extrême de la mer Noire par 37° 20′ environ de longitude, offre le premier point de la côte qui ait l'apparence d'un mouillage; quelques rochers volcaniques, traces d'une coulée de laves qui s'est épanchée dans la mer, ont servi de base à un môle qui y fut fait dans le sixième siècle, mais qui est aujourd'hui détruit. Les navires sont mouillés aux parages de Platana, où ils sont abrités du vent de l'ouest et du nord-ouest; mais le seul véritable port de Trébizonde est la côte même où les habitants ont l'habitude de tirer les barques exactement comme du temps de Xénophon.

A partir de ce point la côte s'infléchit au nord en formant une dentelure peu accusée. Les terres sont élevées et abruptes, s'ouvrant pour donner passage à des vallées verdoyantes. Peu à peu les côtes s'aplanissent et l'on arrive aux alluvions du Yechil Irmak.

Toute la plaine qui forme le bassin inférieur des fleuves est basse et marécageuse. Cette pointe sablonneuse et le delta des Kizil Irmak forment les deux pointes extrêmes de la baie de Samsoun, sur le golfe d'Amisus, à laquelle les anciens donnaient une étendue exagérée. C'est la partie la plus saillante au nord et la plus accidentée de toute la côte; un autre golfe plus large et non moins profond suit immédiatement celui d'Amisus; c'est la baie de Sinope dont la pointe ouest très-saillante est formée par une presqu'île rocheuse Bouz tépé bouroun qui engendre l'excellent mouillage de Sinope, le seul port de toute la côte.

A partir de Sinope jusqu'au mouillage d'Éregli, la côte s'infléchit au sud en décrivant un arc de cercle. Le cap

Kérembé autrefois Carambis est le point le plus saillant de cette courbe ; ensuite vient Amassera, située à la pointe d'une sinuosité du rivage, et enfin Bender Érégli, l'ancienne Héraclée, avec une presqu'île peu saillante.

La côte forme ensuite une courbure en sens contraire, c'est-à-dire dont la concavité est tournée au nord. On ne saurait donner le nom de golfe à cet espace de mer, ouvert à tous les ouragans du nord ; ici il n'y a aucun mouillage ; les atterrissements de la Sakkaria et de l'Hypius, deux fleuves importants pour la contrée, ont comblé toute cette baie qui autrefois était profonde, et converti en pâturages des terrains autrefois inondés. A partir de ce point, la côte commence à s'exhausser et devient de plus en plus rocheuse, jusqu'à l'entrée du Bosphore, où l'on rencontre les îles Cyanées d'Europe, et celles d'Asie ; ce sont plusieurs groupes d'îlots très-abruptes, leurs flancs étant toujours assaillis par les vagues. Ils sont de nature volcanique, comme les deux côtes qui les avoisinent ; leur composition est très-variée ; on y distingue au milieu de rognons de trachytes, des couches de cendres volcaniques avec du pyroxène et des fragments de chalcédoine altérée.

Tel est le rivage nord de la presqu'île, semblable, comme nous l'avons dit, pour l'uniformité des lignes, à ceux des autres continents qui présentent leur front au nord.

Le Bosphore, cet admirable et singulier canal des deux mers, dont la formation a toujours été pour les populations riveraines le sujet d'un si grand étonnement qu'on en est venu à supposer des phénomènes impossibles pour expliquer son existence, le Bosphore, qui est à lui seul un port magnifique de six lieues de long, balaye constamment de ses ondes mugissantes les côtes d'Europe et d'Asie, et ne laisse aucune alluvion se former sur ses rives. Son courant de droite entre dans le port de la Corne-d'Or et enlève les sables que charrient constamment le Cyndaris et le Barbyzes, et empêche tout ensablement.

Ici le tableau des côtes d'Asie change d'aspect ; la mer de Marmara dont l'étendue surpasse à peine celle des grands lacs africains ne peut agir avec autant de puissance sur la côte. Aussi voyons-nous de grands golfes, le golfe de Nicomédie, celui de Cius ou de Moudania entrer profondément dans les terres et rester, comme aux époques des premiers âges, vierges de tous les détritus que charrient les eaux marines. Les îles nombreuses, la grande île de marbre de Marmara donnent de la variété à cette mer, tandis que les forêts ombreuses de la côte reflètent leur verdure dans ces ondes toujours pures.

L'aspect des côtes des Dardanelles ne présente aucune particularité digne d'être notée. Le courant violent du Bosphore a perdu de sa puissance en traversant la mer de Marmara et les eaux de la mer Noire s'épanchent avec une sorte de tranquillité dans l'Hellespont. La côte asiatique des Dardanelles est basse et peu accidentée ; les châteaux d'Asie, le cap Sigée qui signale l'entrée du détroit sont des terres basses et sans mouvement. Cet aspect est aussi celui de la Troade. La chaîne de l'Ida qui s'élève loin de la côte laisse entre elle et la mer ce vaste territoire qu'on appelle la plaine de Troie, terrain où l'on rencontre des bancs de coquilles marines pétrifiées et dont les espèces sont les mêmes que celles qui vivent encore dans ces mers. Les eaux tombant de l'Ida ont, bien avant que les hommes soient venus habiter ces régions, formé cette plaine qui devait être si célèbre.

L'île de Ténédos en face de la Troade arrête l'effet des vents du large et permet aux navires de mouiller avec sûreté sur cette côte dont le nom est devenu à son tour historique sous le nom de baie de Bézica. Le petit port antique d'Alexandria Troas, avec un môle ensablé était le seul mouillage que les anciens eussent sur cette côte, qui à partir de ce point devient roide et inhospitalière pour les navires. Le continent forme ici un groupe montagneux nommé le cap Baba ; c'est l'ancien promontoire d'Assos formant la corne septentrionale du golfe d'Adramytte ; ici la côte s'infléchit tout à coup à l'est ; elle est abrupte et sans la moindre baie ; ce n'est qu'en approchant du fond du golfe que les terres s'abaissent et donnent passage à quelques ruisseaux. Tout ce groupe de montagnes est entièrement volcanique ; ce sont les laves en s'épanchant dans la mer qui ont formé cette côte.

CHAPITRE IX.

CÔTE OCCIDENTALE.

L'autre corne du golfe d'Adramytte est loin de ressembler à la précédente. Un groupe d'îles que les Grecs appellent Mosco Nisi (les îles aux Veaux) découpent les abords du continent comme une denteture au milieu de laquelle les barques comme les gros navires trouvent un abri. En continuant le périple au sud, le golfe de Tchanderli, autrefois de Pitane, *Elaïtikos Kolpos*, succède à celui d'Adramytte ; c'était l'ancien port de Pergame et ici la côte n'a pas changé de physionomie depuis l'antiquité. Il n'en est pas de même des parages qui suivent : tout ce qui fut autrefois le golfe de Cymé toutes les terres sur lesquelles s'élevaient les villes de Myrrhina Néontichos et d'Ægé ont tellement changé de physionomie qu'il est impossible à l'observateur de suivre sur le terrain aucune description ancienne de ces parages, les alluvions ont tout modifié.

Les petites baies de Phokia, ainsi appelées aujourd'hui de l'ancienne et de la nouvelle Phocée, sont les derniers mouillages que présente cette côte jusqu'au golfe de Smyrne. L'effet des alluvions ne s'est pas fait sentir jusque-là et la mer a conservé sa profondeur.

Deux groupes montagneux signalent l'entrée du golfe de Smyrne ; celui du nord est appelé Kizil bournou à cause de la couleur rouge des terres. L'autre Kara bournou (le cap Noir), ainsi nommé de sa couleur noire qui avait déjà frappé les anciens. Aussi avait-il reçu le nom de cap Mélas. L'entrée du golfe de Smyrne est dirigée vers le nord-ouest ; elle est abritée des vents et de la mer du large par la grande île de Métélin ; la ligne des côtes suit d'ailleurs un contour sinueux qui s'infléchit d'abord à l'est, ensuite au nord-est ; de sorte que les eaux du golfe ne peuvent être agitées que par des tempêtes locales peu redoutables pour les navires.

Nous n'avons aucune donnée pour établir jusqu'à quel point la physionomie de la côte nord du golfe de Smyrne a pu changer depuis l'antiquité ; mais les alluvions de l'Hermus sont si abondantes qu'elles modifient presque à vue d'œil les lignes de la côte en formant un delta qui s'avance incessamment vers la côte opposée. Cette grande plaine où l'Hermus traîne ses ondes tranquilles a dû à une période reculée être une annexe du golfe de Smyrne ; et il fut un temps où le groupe accidenté de Phokia se présentait comme une île ; mais cette forme des terres a dû précéder de beaucoup tous les âges historiques. La côte sud du golfe est aussi accentuée que celle du nord est plane. Le cap Melas est composé de roches volcaniques et de laves noires ; plus loin ce sont des trachytes rougeâtres qui ont valu son nom à la ville d'Erythræ, la ville Rouge. En avançant dans le golfe on aperçoit deux pitons jumeaux d'une forme régulière que les Turcs appellent Iki kardach (les deux Frères) et qui sont bien connus des navigateurs français sous le nom des Mamelles. Un certain nombre de petites îles, et notamment la grande et la petite Ourlac, longent cette côte du golfe et contribuent à en faire un des plus beaux et des plus importants mouillages de l'Asie Mineure. A la hauteur des Mamelles, la presqu'île qui forme la côte sud subit un étranglement qui la réduit aux proportions d'un isthme. La côte occidentale fait face à l'île de Chio et au milieu des découpures sans nombre forme la baie de Tchesmé. Au sud de l'isthme les navires trouvent encore la baie de Sighadjik, qui était l'ancien port de Téos. Quelle richesse de bons mouillages et comme on comprend bien que les nations actives et intelligentes venues de l'Occident s'établir dans ces parages ont dû rapidement s'élever à une prospérité commerciale inouïe. Les villes de Claros, Colophon, Lebedus brillaient sur cette côte dans des situations heureuses et bien choisies. Éphèse seule, fondée à l'embouchure du Caystre, eut dès ses premiers temps à lutter contre l'envahissement des alluvions ; des lagunes se formaient, qui ont engendré les étangs sélinusiens ; les rois Attales faisaient en vain jeter des môles pour donner de la rapidité aux eaux des fleuves ; les sables gagnaient toujours et en même temps, par un phénomène encore inexpliqué, la mer gagnait d'autres parties du rivage ; de sorte qu'on voit aujourd'hui le singulier spectacle d'un pont situé en pleine mer là où fut dans le moyen âge l'embouchure du Caystre.

Nous avons parlé plus haut des atterrissements du Méandre ; c'est à cette latitude que finit l'action des grandes alluvions. Le cap Arbora, peu accentué, indique l'entrée du golfe de Jassus, dans lequel nous finîmes par rencontrer, après tant de vaines recherches de nos prédécesseurs, le golfe de Bargylia, que l'on croyait comblé. A la nouvelle de cette découverte, l'amirauté anglaise envoya le navire *Beacon* pour faire le relèvement de ce port si singulièrement perdu. On explique du reste comment le golfe de Bargylia est resté longtemps ignoré des rares navigateurs qui remontent le golfe de Jassus ou Hassem alé si. Car ces parages sont à peu près déserts et ne sont fréquentés que par quelques barques du pays ; l'entrée du golfe de Bargylia, qui lui-même est une annexe de celui de Jassus, est masquée par une grande île ; de sorte qu'elle n'est pas aperçue du large. C'est en nous dirigeant par terre d'Halicarnasse vers Jassus que nous retrouvâmes ce golfe.

Le cap Krio, si célèbre dans l'antiquité sous le nom de Triopium promontorium, forme la corne méridionale des terres du golfe de Cos qui prend son nom de l'île voisine. De nombreuses baies s'ouvrent de part et d'autre, parmi lesquelles il faut compter la baie de Boudroum ou d'Halicarnasse. Les terres du cap Krio sont tellement échancrées que tout autour de l'isthme dorique les navires trouvent des abris ; il en est de même du golfe de Symé. Aussi les anciens Cariens étaient-ils de hardis navigateurs et des pirates redoutables.

CHAPITRE X.

CÔTE MÉRIDIONALE.

Au fond du golfe de Symé s'élève une haute montagne dont les acrotères descendent dans la mer par des pentes rapides ; c'est le mont Phœnix avec la presqu'île du même nom, connue aujourd'hui sous le nom peu poétique de Barba Nicolo, que porte aussi une petite île voisine. Le groupe montagneux du mont Phœnix engendre une baie profonde et singulière, qui s'appelle aujourd'hui baie de Mermeridjé et en français de Marmarice. Cette baie, d'une forme presque circulaire, a son entrée tournée vers le sud. Un îlot, qui a été naturellement rejoint au continent par une bande de sable, défend l'entrée des lames du large ; et à gauche de l'îlot une passe assez profonde pour que les plus gros navires puissent la franchir donne entrée dans le port, qui est le plus sûr de la côte. Il est vrai que cet avantage est balancé par un immense inconvénient ; un seul navire mouillé à l'entrée peut bloquer le port, et dans ces dernières années la flotte ottomane, qui avait eu l'imprudence de se retirer à Marmarice fut bloquée par un vaisseau de Mehemet-Ali qui gardait la passe.

Après Marmarice s'ouvre le vaste et magnifique golfe de Macri, qui fut une possession des chevaliers de Rhodes. Un grand nombre d'îles en défendent l'entrée contre les vents et la mer. Une île longue, qu'on appelle encore aujourd'hui l'île des Chevaliers, le sépare pour ainsi dire en deux bassins ; celui qui est le plus avancé dans les terres est l'ancien Glaucus Sinus sur le bord duquel était la ville de Telmissus. Ici nous retrouvons le phénomène terrestre des alluvions sous un aspect nouveau, c'est-à-dire que non-seulement la vallée qui s'étend à plusieurs kilomètres dans les terres a été entièrement comblée par les alluvions ; mais les monuments antiques comme les tombeaux et les magasins qui étaient jadis au bord de la mer, sont aujourd'hui baignés par les flots et enfoncés à une certaine profondeur. Ce mouvement ne peut être dû à un exhaussement des eaux de la mer ; car il se retrouverait marqué sur toute la côte, il faut donc l'attribuer à un abaissement local du terrain. Nous remarquerons plus à l'est le même phénomène, tandis qu'au port de Wathi près d'Antiphellus les monuments antiques occupent encore près du rivage leur position primitive.

Toute la côte depuis Macri jusqu'à l'île de Kastellorizo forme une suite non interrompue de saillies et de retraites motivées par les contreforts ou acrotères du Taurus qui descendent jusque dans la mer. Il faut noter dans ce nombre la saillie appelée Yédi bouroun par les Turcs, Hepta Kavi par les Grecs ou en français les Sept-Caps. On arrive ensuite à la grande vallée du Xanthus, à l'embouchure de laquelle était la ville et le port de Patare. Toute la physionomie de ce territoire a tellement changé que l'on a peine à reconnaître les descriptions des anciens. Les atterrissements ont comblé le port de Patare, et les eaux du Xanthus forment une plage qui gagne toujours sur la mer. A six milles environ à l'est, la baie de Kalamaki, le Phœnicus portus des Romains, offre encore aux navires un mouillage aussi sain que tranquille; c'est comme un bassin d'eau limpide au milieu d'une nature vierge et austère. Une fois que le bâtiment est mouillé à Kalamaki, on perd de vue l'entrée, et les marins comparent ce mouillage à une cuvette. Malheureusement l'eau douce y manque et il est d'autant moins fréquenté que ses rives ne sont que des montagnes abruptes et sont complètement inhabitées. Un groupe de petites îles, les îles Volo et Okendra, sont comme la tête d'un petit archipel dont l'île de Kastellorizo est le centre. Cette dernière est placée juste dans le méridien du port Sévédo où fut la ville d'Antiphellus; le port Sévédo excellent mouillage est divisé en deux parties par une langue de terre rocheuse; l'autre petite crique porte le nom de port Vathy (profond); elle n'est bonne que pour les barques; on mouille au fond du port Sévédo par sept ou huit brasses.

La baie Hassar, qui suit celle de Sévédo, est ouverte aux vents du sud-ouest et n'est intéressante à aucun point de vue. Il n'en est pas de même des parages de l'île Kakava l'ancienne Dolichiste. Cette île longue et rocheuse est séparée du continent par un canal qui n'a pas un kilomètre de large; le continent lui-même est découpé en une dentelure profonde qui engendre plusieurs petits ports, notamment le port Tristomo, dont le nom antique est inconnu. Le canal de Kakava offre le plus beau mouillage du monde pour une flotte entière; le fond est de roche et partout on atteint le fond par douze ou quinze brasses. Les nombreuses constructions antiques s'élèvent tant sur l'île que sur le rivage et offrent, bien plus accusé, le singulier phénomène que nous avons déjà signalé à Macri, c'est-à-dire que les habitations comme les tombeaux sont envahis par les eaux. Tout le reste du littoral environnant n'ayant pas changé de niveau, il faut en conclure à un abaissement de plusieurs mètres du massif de l'île de Kakava et du fond du détroit qui sépare l'île de la terre ferme.

Les découpures du rivage engendrent encore une autre baie profonde à l'est de l'île de Kakava; c'est la baie Andraki, non loin de laquelle est la ville de Myra. Toute la plaine de Myra est formée par les alluvions d'une rivière appelée Demeri.

La baie de Phinéca reçoit les eaux de plusieurs rivières, dont la plus considérable est le Allaghir tchaï, qui ont formé un vaste dépôt alluvionnaire dont l'âge ne paraît pas très-ancien; car dans toute cette plaine on ne trouve aucune trace de ville antique. La ville de Limyra, qui est la plus voisine, est assise sur les collines qui appartiennent aux pentes inférieures du Taurus.

Le cap Chélidonia, qui forme la pointe sud-est de la Lycie, est aussi la terre la plus avancée vers le sud; ensuite la côte tourne brusquement dans la direction du nord. Elle est partout de nature rocheuse, ne reçoit aucun cours d'eau important et se prolonge ainsi dans une longueur de quarante milles, et forme la branche occidentale du golfe d'Adalia. Une infinité de petites criques découpent cette côte, où florissaient plusieurs villes anciennes.

La situation d'Adalia marque le fond du golfe de même nom formé par la côte de la Pamphylie. Toute cette terre, dans la longueur de plus de quatre-vingts kilomètres, est formée par les alluvions de trois rivières dont les noms anciens sont le Catarrhactès, le Cestrus et l'Eurymédon. Ici le travail des alluvions se manifeste avec une puissance dont le reste de la côte n'offre pas d'exemple. A part quelques collines de roche tendre et qui elles-mêmes sont composées d'une espèce de travertin, c'est-à-dire de formation d'eau douce, tout le territoire compris entre Adalia et Sidé est formé de terrains de transport. Les villes anciennes qui peuplaient cette contrée sont assises sur les contreforts inférieurs du Taurus. Non-seulement la côte gagne en étendue sur la mer qui la baigne, mais dans les parages d'Adalia elle gagne aussi en hauteur par la vertu incrustante des eaux du Catarrhactès. Nous avons une preuve palpable des importantes modifications que cette côte a subies par les témoignages des auteurs anciens qui mentionnent un grand lac, le lac Capria, au centre de la Pamphylie, et que nous n'avons plus retrouvé. Ceux qui comme nous ont visité le pays dans ces dernières années n'ont pu que constater la disparition de ce lac, qui a certainement été comblé par les atterrissements.

L'embouchure des fleuves s'est aussi sensiblement modifiée. Ces rivières de Pamphylie étaient pour la marine des Grecs comme autant de ports où les flottes trouvaient un abri. Aujourd'hui des barres formées par les sables n'en permettent l'accès qu'à de faibles barques, et encore dans la saison des hautes eaux.

On voit par le nombre infini de mouillages, de criques et d'îlots dont la côte de l'ancienne Lycie est hérissée combien cette contrée était favorable à la piraterie. Des grottes naturelles creusées dans les rochers, une montagne presque infranchissable qui descend jusqu'à la côte étaient des retraites sûres pour le brigandage. La vue de ce pays explique comment la puissance romaine a été forcée de compter avec les pirates et quelquefois de capituler avec eux avant d'en purger les mers.

Le fleuve Melas qui marquait la frontière orientale de la Pamphylie est aussi la limite du pays de plaines. Au delà la côte reprend son aspect varié tantôt rocheux, tantôt agreste; c'est la Cilicie Trachée des Grecs. Les géographes comptent toute cette plage comme faisant partie du golfe d'Adalia. Jusqu'au cap Anémour il n'y a pas un seul mouillage sur tout le long de la côte; car celui d'Alaya est ouvert au sud-ouest.

Les bâtiments des indigènes, qui connaissent bien ces parages, ont l'habitude de mouiller en pleine côte et tout près du rivage; ils se considèrent ainsi comme à l'abri des vents du sud, qui cependant donnent en plein dans le golfe; mais par suite de la proximité des montagnes qui forment comme un vaste écran, la côte, selon l'expression des marins, refuse le vent, et les plus fortes bourrasques du sud causent rarement des sinistres aux bâtiments mouillés en pleine côte. Nous avons même vu des bâtiments de guerre de la marine égyptienne rester en station à l'ancre à l'abri de ce mouillage précaire.

En jetant un coup d'œil sur la carte, on voit que la côte sud de l'Asie Mineure est pour ainsi dire composée de deux golfes, celui d'Adalia et celui de Tarsous, séparés par un large promontoire dont le cap Anemour forme la pointe la plus avancée. Toute la partie est de ce promontoire est de nature rocheuse et forme par conséquent, par sa rencontre avec les eaux de la mer, un certain nombre de petites criques, parmi lesquelles le Lessan el Kalpé, petit cap protégé par un îlot, l'Ilot Provençal peut mériter le titre de véritable port; mais c'est le dernier de la côte; car depuis ce point jusqu'au golfe d'Alexandrette nous retrouvons les plages alluvionnaires formées par les nombreux cours d'eau du Taurus, parmi lesquels le Cydnus à Tarsous, le Sarus à Adana, et le Pyramus à Ayas jouent le principal rôle. Dans le premier siècle de notre ère un témoignage non équivoque d'un auteur contemporain atteste que la ville de Tarsous était située près d'un lac qui servait en même temps de port et d'arsenal (1). Aujourd'hui on ne trouve plus vestige de ce lac.

Le delta formé par les fleuves Sarus et Pyramus change de jour en jour

(1) Strab., XIV, 672.

la physionomie de la côte. Ce phénomène était tellement appréciable du temps même des Grecs qu'on prévoyait déjà le jour où la mer de Chypre serait comblée, et on prêtait à l'oracle la prédiction suivante : Un temps viendra où la postérité verra le vaste et rapide Pyramus atteindre l'île sacrée de Chypre à force de reculer la côte de la terre ferme (1). On sait que les anciens étaient fort prodigues de faits semblables, soit pour réunir, soit pour séparer les îles et les continents; mais il n'en est pas moins vrai que toute cette contrée gagne à vue d'œil sur la mer, et les barres formées à l'embouchure des fleuves engendrent ces étangs qui sont comblés à leur tour.

Le Pyramus, après avoir charrié des monceaux de sable qui ont obstrué son embouchure, a pris son cours plus à l'est et s'est creusé un nouveau lit qui s'ouvre près du cap Karatasch. Sur toute cette côte les navires ne sauraient trouver un mouillage, tant elle est hérissée de bas-fonds sablonneux.

Nous devons dire aussi que le long de cette côte, et notamment au mouillage de Mersyn, près de Tarsous, ce qui a contribué le plus à gâter le mouillage, c'est l'habitude séculaire des marins qui viennent sur lest pour faire des chargements sur cette côte et qui jettent leur lest dans la mer. En effet, des sondages opérés par un marin français ont ramené des pierres travaillées, des briques et une quantité de produits hétérogènes qui prouvent que le fond sur cette côte n'est rien moins que naturel. L'ancien lit du Pyramus est en communication avec un vaste étang marin de peu de profondeur; la nouvelle embouchure a déjà formé un delta considérable, et les vents modifient à leur gré les sinuosités du rivage en rassemblant tantôt le sable en collines et en falaises, tantôt en formant des barres à fleur d'eau ou sous-marines. La nouvelle embouchure du Pyramus se trouve maintenant à l'ouest du cap Karatasch, et par conséquent dans le golfe même d'Alexandrette.

La baie d'Ayas, qui fut autrefois un excellent mouillage, est maintenant obstruée par les sables. Le vent de mer, qu'on appelle dans ce pays *imbat*, pousse dans le golfe une partie des sables charriés par les fleuves et contribue à son envasement. Aujourd'hui le mouillage d'Alexandrette est le seul qui soit praticable pour les gros navires.

Les caps Karatasch, à l'ouest, et Kanzir, à l'est, limitent les rivages du golfe d'Alexandrette ou de Scanderoun; il s'avance dans les terres dans une profondeur d'environ 0°40′, soit quinze lieues selon la direction nord-est. La ville de Scanderoun est située sur la côte orientale, au sud d'une petite anse; le mouillage est abrité des vents du large par les terres environnantes. C'est au cap Kanzir que se termine le périple de l'Asie Mineure; tout le reste du littoral appartient à la Syrie.

Ce rapide coup d'œil jeté sur les côtes de la presqu'île montre jusqu'à quel point le profil de son littoral a été modifié non-seulement par les grands phénomènes géologiques qui ont précédé l'arrivée des premiers habitants, mais encore par l'effet du travail des alluvions. Depuis les époques historiques, plusieurs lacs, des golfes, ont été comblés par les terres amoncelées et sont devenus des terres habitables. Un calcul a été fait duquel il résulte que l'Asie Mineure, depuis l'époque de Strabon, s'est augmentée d'une surface égale à la moitié d'un département de la France. Il sera donc toujours important pour ceux qui voudront s'occuper de questions de géographie ancienne, de tenir compte de ces modifications.

CHAPITRE XI.

MONT TAURUS.

Montagnes de la Lycie.

Nous avons déjà exposé un des caractères qui distinguent la presqu'île d'Asie des autres contrées de l'Europe ; mais il en est un plus frappant encore, c'est le haut relief de ses terres qui surgissent du sein des mers comme une pyramide tronquée dont le sommet forme les plateaux intérieurs. Ces hau-

(1) Strab., XII, 536.

tes terres ne s'abaissent jamais à moins de six ou huit cents mètres au-dessus des mers, et forment, pour ainsi dire, le niveau moyen de l'Asie occidentale; car l'Arménie et la Perse restent, dans leurs régions, à six cents mètres au-dessus de la mer.

Il y a peu d'années que l'invention du baromètre portatif a permis aux observateurs de mesurer avec une exactitude suffisante l'altitude des contrées qu'ils parcouraient, et les récits des premiers voyageurs furent accueillis avec la plus grande incrédulité. Nous ne saurions croire, disait un rédacteur du *Journal des Savants*, que la ville d'Erzéroum soit aussi élevée que le col du petit Saint-Bernard. C'est pourtant ce qui a lieu, et les vérifications réitérées des mêmes altitudes, si elles ne concordent pas à quelques mètres près, offrent cependant un moyen de contrôle suffisant pour qu'on puisse dès aujourd'hui tracer le profil de toute cette partie du continent asiatique. On pourrait dire, non sans quelque apparence de raison, que l'Asie Mineure n'est pas une contrée sillonnée par des chaînes de montagnes, mais qu'elle est à elle seule une montagne dont les chaînes ne sont que les dentelures. En effet, vues de la mer, les côtes se présentent comme une suite à peine interrompue de montagnes rocheuses et abruptes; vues du côté de la terre, les sourcilleux sommets ne sont plus que des collines, dont l'ascension est des plus faciles.

Cette manière d'envisager la contrée n'est pas nouvelle; car le géographe Ératosthène estime la largeur de la chaîne du Taurus égale à celle de toute la presqu'île (1). Les anciens avaient déjà remarqué que la conséquence de cette conformation n'était pas des plus heureuses pour en faire une région homogène. Les eaux y sont trop dispersées, les rivières maigres et torrentueuses, les terres en pentes trop rapides; de là ces immenses alluvions dont nous avons tracé un tableau dans le chapitre précédent.

Cette forme du relief des terres que révèle l'étude barométrique du continent d'Asie échappe en grande partie à l'habitant, qui, s'en rapportant seulement au témoignage de ses yeux, voit de grandes montagnes dans ce qui n'est en réalité que les contreforts des terres élevées du centre. Mais toutes ces montagnes secondaires ont eu un nom qui se rattache à des événements historiques : leurs ondulations ont formé les limites de provinces et de royaumes ; elles sont donc pour l'étude de la presqu'île aussi importantes à connaître sous le point de vue historique que sous celui de la géographie.

Du peu de mots que nous avons dit de la distribution des eaux sur cette partie du continent on ne doit rien conclure de défavorable à la contrée.

L'incomparable beauté du climat, la richesse de la végétation feront toujours de ce pays une terre privilégiée où le travail intelligent de l'homme recevrait au centuple la récompense de ses soins.

Du côté du sud le plateau central de l'Asie Mineure est soutenu par une grande chaîne qui suit les ondulations de la côte et qui se prolonge dans toute la longueur de la presqu'île. Cette chaîne, appelée par les anciens Taurus, du mot syrien Tor (montagne) est une de celles qui ont été le mieux étudiées par les géographes anciens ; ils en faisaient la base de tout le système géographique de l'Asie.

Le mont Taurus est comparé par Ératosthène à un baudrier qui couperait le continent en deux parties, l'une septentrionale, l'autre méridionale. Ces deux parties sont, relativement aux Grecs, en deçà et au delà du Taurus, et la chaîne elle-même était regardée comme la plus considérable de la terre habitée. Elle était considérée comme prenant naissance aux colonnes d'Hercule, passant le détroit de Sicile, longeant les extrémités méridionales du Péloponnèse et de l'Attique, et s'étendant jusqu'à Rhodes et au golfe d'Issus. Du golfe d'Issus elle remonte vers le nord, va joindre la grande chaîne de l'Imaüs dans l'Inde, et se prolonge jusqu'à la mer des Indes dans une longueur de quarante-cinq mille stades soit 835 myriamètres. Mais dans tout ce parcours il change tant de fois de nom qu'on a peine à reconnaître la

(1) Strabon, liv. XI, 490.

même chaîne. Pline (1) ne lui en donne pas moins de vingt différents, parmi lesquels les plus connus sont l'Imaüs, le Paropamisus, le Pariadrès, le Caucase. Strabon le divise en cinq groupes parmi lesquels il compte le mont Zagros de Perse. Ammien Marcelin et Paul Orose lui donnent cinq noms qui diffèrent de ceux des autres géographes. Ptolémée ne lui en donne pas moins de vingt-deux dans l'étendue de son parcours et Pomponius Méla dit sagement que les Grecs avaient l'habitude d'appeler ces montagnes les monts Cérauniens.

Depuis que la géographie de ces contrées est mieux étudiée, on a reconnu que cette longue suite de montagnes n'appartenait pas à la même chaîne; mais pour les anciens c'était toujours le Taurus, c'est-à-dire le pays montagneux par excellence, et sous ce rapport ils étaient dans le vrai.

Pour le continent qui nous occupe, le mont Taurus prend naissance dans la province de Lycie au sud ouest de l'Asie, c'est-à-dire dans le groupe de Cragus qui domine la baie de Telmissus, et qui, de nos jours, porte le nom de Akdagh (la montagne Blanche). Le mont Massicytus s'élève à l'ouest de cette montagne et fait partie intégrante du groupe. Des vallées presque inextricables se croisent en tous sens dans ces hautes régions; la plus longue et la mieux dessinée est celle du fleuve Xanthus que les habitants appellent Kodja tchaï, la maîtresse rivière. On sait combien, dans ces régions, les nomenclatures géographiques données par les habitants sont arbitraires et incertaines; les montagnes changent de nom presque dans chaque district; les fleuves dix fois dans leur parcours. Ce sont presque toujours des dénominations prises de la couleur des roches ou des eaux : la montagne blanche, rouge, jaune ; aucun souvenir des noms historiques n'est resté dans le pays ; et il n'est pas rare que les habitants d'un même village n'aient plusieurs noms pour désigner la même montagne. Aussi serait-il à désirer que les géographes européens conservassent autant que possible les dénominations anciennes qui ont beaucoup plus de précision. Le nom même du Taurus est aujourd'hui complétement oublié, et chaque groupe porte un nom particulier.

CRAGUS.

Ak dagh.

A l'ouest de la vallée du Xanthus s'élève le massif gigantesque de l Ak dagh, le Cragus, qui domine toute la Lycie et dont la hauteur atteint 3,000 mètres. Son sommet est presque toujours couvert de neige et ses rameaux s'étendent dans une direction diagonale selon le nord-ouest et le sud-est. Au nord il fait sa jonction avec le mont Cadmus au moyen d'un plateau qui n'a pas moins de 600 mètres au-dessus du niveau de la mer. Il se relie, à l'ouest, avec le mont Massicytus qui domine la baie de Telmissus ou de Macri, et ses acrotères méridionaux forment les caps de Phinéca et de Chélidonia.

Pour bien classer ce groupe lycien d'après l'ancienne géographie, nous éprouvons une certaine difficulté, précisément à cause des documents variés que nous ont laissés les géographes. Ainsi Strabon (1), Pline (2), Sénèque (3) n'hésitent pas à placer le mont Chimère dans le Cragus même et dans le mont Solyme, qui en est proche.

D'après la description de Strabon, il faudrait donner le nom de Cragus à tout le massif qui est à l'est du fleuve Xanthus, et toutes les autres montagnes qu'il nomme ne seraient que des différentes régions du groupe principal. Toute la région qui est à l'ouest du golfe de Macri appartenait aux Rhodiens; c'est la région appelée Peræa et que Scylax appelle le *pays des Rhodiens*.

La ville et le mont Dædala appartenaient aux Rhodiens (4); mais la montagne faisait partie de la Lycie, c'est-à-dire qu'elle est regardée comme appartenant au Taurus.

(1) V, 27.

(1) Strabon, XIV, 665.
(2) Pline, V, 27.
(3) Sénèque, ep. 79.
(4) Strab., XIV, 664.

« Après le mont Dædala vient l'Anti-Cragus, montagne coupée à pic, puis le mont Cragus avec ses huit cimes et une ville de même nom. C'est dans ces montagnes que la fable place la Chimère, et l'on voit à peu de distance une vallée nommée Chimæra et dont l'ouverture commence dès le rivage de la mer (1). » Cette description embrasse donc toute la largeur de la Lycie puisque nous sommes arrivés à la côte orientale. Strabon nomme en effet les îles chélidoniennes qui terminent cette côte; ce qui ne l'empêche pas de mettre dans la même région le mont Olympus ou Phœnicus, et tout à fait au même endroit le mont Solyma (2), près de Phasélis, dont la position est bien connue, et toujours dans la même région le mont Climax (échelle), qu'Alexandre franchit avec difficulté, et dans ce nombre nous devons encore trouver place pour le mont Massicytus (3), avec une ville du même nom. Pour faire concorder cette topographie avec l'état du pays il est clair que nous devons restreindre les différents groupes et les faire rentrer l'un dans l'autre. Aussi l'Anti-Cragus est la montagne qui s'élève à l'est du golfe de Macri, et qui projette sept promontoires dans la mer; on donne aujourd'hui à ce massif le nom turc de Yedi houroun. Ce groupe est limité à l'est par la vallée du Xanthus, Kodja tchaï. Le massif suivant, qui est limité à l'est par la courte et abrupte vallée de Phinéca, est le mont Massicytus, aujourd'hui Ak dagh. Il comprend un certain nombre de sommets notamment le Sousous dagh (montagne sans eau); ensuite vient la Solyma mons appelé tantôt Almaludagh du nom de la ville voisine, tantôt Yalynizdagh (montagne solitaire).

Le versant oriental du mont Solyma donne naissance à la vallée d'Alaghir tchaï, qui forme la limite entre la côte orientale et le dernier groupe; enfin la bande montagneuse comprise entre cette vallée et la mer est divisée en deux par le cap Avova. La région sud est le mont Olympus avec la ville du même nom. On l'appelle aujourd'hui Taktalu (montagne des planches), parce qu'il y a une scierie pour débiter les bois.

La région nord, dont les cimes s'échelonnent parallèlement à la mer, est le mont Climax, qui descend jusqu'au rivage. Lorsque du port d'Adalia on est témoin du coucher du soleil derrière ces montagnes, le spectacle est des plus majestueux. Chaque plan de montagne, chaque sommet se dessine dans la vapeur bleue, et l'on peut à loisir compter les échelons du mont Climax, qui se présente comme un escalier gigantesque pour atteindre les hauteurs de la Lycie. Voilà selon nous le groupe qui doit porter les noms de Cragus et d'Anti-Cragus. Ce dernier était ainsi nommé parce qu'il se présentait d'abord aux navigateurs qui venaient de l'ouest

Si nous reprenons les définitions des auteurs grecs et latins, nous trouverons qu'elles sont toutes d'accord pour attribuer le Cragus à la Lycie et non la chaîne qui court plus vers l'est. Étienne de Byzance le désigne comme montagne de Lycie qui prit son nom d'un fils de Trémilus et de la nymphe Praxidice. Il s'y trouvait des grottes consacrées aux dieux champêtres. (Steph. Byz. v. Cragus): Ovide (1) nomme ensemble le Cragus, les villes de Xanthus et de Lymira, qui en étaient voisines. Pline (2) ne mentionne le Cragus que comme un promontoire; mais il le met dans la Lycie près du mont Massycitus.

Une seule autorité a pu porter quelques géographes à supposer que le nom de Cragus était donné à quelque chaîne de la Cilicie; c'est la mention faite par Ptolémée de la ville d'Antiochia ad Cragum qui appartenait à la Cilicie; ce qui est confirmé par les médailles. Mais Strabon donne l'explication de cette difficulté (3) en mentionnant sur la côte de Cilicie un écueil qui avait aussi le nom de Cragus. « Puis Cragus, rocher (Petra) voisin de la mer, escarpé de tous côtés. » On voit que ce n'est pas le nom d'une montagne. Selon Bochart le nom de Cragus serait, comme celui de Taurus, d'origine sémitique, et viendrait du

---

(1) Strabon, XIV, p. 665.
(2) Ibid., 666.
(3) Plin., V, 27.

(1) Métam., IX, 645.
(2) V, 27.
(3) Strab., XIV, 669.

mot *Crac*, qui en langue syriaque signifie une roche.

Tout le massif lycien est composé de roches qui se rapportent à l'âge du calcaire alpin, c'est-à-dire de formation secondaire.

La base des montagnes qui entourent le golfe de Telmissus est une brèche calcaire tendre dans laquelle on a pu facilement creuser les monuments dont nous parlerons dans la suite. Ce genre de conglomérat forme des montagnes entières dans tout le pourtour de la Lycie. La masse des montagnes, même des plus élevées est d'une formation crétacée; c'est un calcaire blanc compacte souvent marneux et dont l'âge est déterminé par la présence de fossiles de cette époque; mais généralement ces fossiles sont très-rares sur la côte de Lycie; on rencontre seulement une formation assez puissante de nummulites au port Tristomo, à l'île de Kakava.

Le calcaire qui compose la plus grande partie des montagnes de la Lycie est blanc de lait, sonore, très-facile à travailler et a tous les caractères d'une roche métamorphique; c'est une question que les géologues auront à décider. Il est remarquable en ce qu'il présente dans sa contexture des sortes d'excavations qui ont souvent la forme de longs tubes; d'autres fois de géodes remplies de sable rouge.

La vallée du Xanthus, toute d'alluvion, présente sur ses flancs quelques bancs de grès vert, et surtout des dépôts d'eau douce; la vallée de Myra est d'une même époque géologique, et ses monuments sont taillés dans une roche blanche compacte et d'un travail facile. C'est l'abondance des roches calcaires qui a porté le peuple de la Lycie à pratiquer un art dans lequel il a excellé à l'égal des Perses, l'art de tailler les monuments dans le roc.

Toutes ces montagnes sont encore aujourd'hui couvertes d'épaisses forêts, et rien ne saurait peindre la beauté de ces vallées inextricables au fond desquelles roulent les eaux des torrents; mais la nature tendre de leur formation et surtout les lits de marne qui sont intercalés dans les bancs plus solides sont des causes incessantes d'éboulements qui changent peu à peu la forme des montagnes et des vallées. Ce sont ces roches brisées et entraînées dans les bas fonds par la fonte des neiges qui ont formé par la suite des siècles ces grandes collines de brèches et de conglomérats qui composent presque toute la ceinture de la Lycie. Nous avons déjà dit quelques mots de ce mouvement insensible des rivages manifesté par l'exhaussement ou l'enfoncement des monuments antiques; on le reconnaît dans presque tout le pourtour de la Lycie. Le port de Caunus est aujourd'hui converti en un lac d'eau douce qui s'épanche dans la mer, et les antiques constructions de la ville sont à trois kilomètres du rivage; leur niveau actuel indique un exhaussement successif du sol. Déjà dans l'antiquité le territoire de Caunus passait pour malsain. Strabon parle du teint hâve et maladif de ses habitants et rappelle le mot d'un plaisant qui disait : on ne saurait appeler malsain un endroit où les morts mêmes marchent (1) L'ensemble du massif lycien paraît être contemporain de la formation crétacée, qui se reconnaît dans toutes les îles de l'archipel et sur la côte du Péloponnèse. Il y a donc peu d'espoir d'y trouver des dépôts métalliques, et, en effet, jamais il n'en a été fait mention dans la contrée. Plus au nord dans la province de Cibyratis les habitants étaient renommés par leur habileté à travailler le fer; mais il ne paraît pas que ces mines aient jamais été très-considérables; elles sont aujourd'hui complètement ignorées ou épuisées.

TAURUS DE PAMPHYLIE ET DE CILICIE.

Toute la côte orientale de la Lycie, qui se termine au cap Chélidonia par cinq petites îles qu'on appelait les îles Chélidoniennes (des hyrondelles) forme, comme nous l'avons dit, une crête montagneuse qui se dirige au nord. Elle quitte le bord de la mer et remonte dans les terres en laissant sur la côte la grande plaine d'Adalia.

Ce massif montagneux dans lequel se trouvaient plusieurs villes anciennes se

(1) Strabon, XIV, 651.

nomme Sousous dagh ; on lui donnait autrefois le nom de Sagalassus. L'épaisseur de ce massif est d'environ quarante kilomètres ; il forme le contrefort méridional du lac d'Egdir et s'ouvre pour laisser passer les eaux de la rivière Douden ; une des passes se trouve au sud d'Aglasoun (Sagalassus) ; c'est l'ancienne passe de Termessus qu'Alexandre a enlevée avec peine. Le caractère de ces montagnes se présente de la même manière dans tout le parcours de la côte. Du côté du sud, ce sont de hautes cimes qui s'élèvent de quinze cents à deux mille mètres au-dessus de la mer. Vues du côté du nord, ce ne sont plus que des collines, tant le plateau intérieur conserve de hauteur, de huit à neuf cents mètres.

CHAPITRE XII.

MONTAGNES DE LA PAMPHYLIE ET DE LA CILICIE.

A la plaine d'Adalia commence la région de Pamphylie, qui est bordée au nord par la chaîne du Taurus, dans lequel s'ouvre un autre passage qui donnait accès dans la Pisidie ; tout ce massif porte aujourd'hui le nom de Despoïras dagh. Il s'étend jusqu'aux lacs d'Egdir et de Beychéri. Des pics nombreux et d'une élévation considérable dominent le parcours de la chaîne et forment un dédale de vallées qui constituaient la province sauvage de Pisidie ; les eaux de ces montagnes se déversent dans la Méditerranée par trois rivières principales qui sont le Cestrus, Acsou, l'Eurymédon, le Keuprisou et le Mélas Manafgatsou.

Après la Despoïrasdagh, la montagne prend le nom de Baoulo et se rapproche de la côte vers son extrémité orientale ; une autre chaîne, celle du Bouzbouroundagh, court parallèlement à la première. Au nord, jusqu'aux plaines de Konieh, sont plusieurs massifs, et notamment le Karadagh, près de Karaman, qui appartiennent au Taurus topographiquement, mais qui en diffèrent comme formation ; car ce sont des montagnes volcaniques. C'est au fleuve Mélas ou Manafgat que les anciens faisaient commencer la Cilicie Trachée c'est-à-dire rocheuse. La chaîne du Taurus qui la limite au nord prend en effet un aspect plus sauvage et plus alpestre que dans la région de l'ouest. Sa largeur est aussi plus considérable ; il constitue presque en entier le sol de la province de Pisidie ; mais pour l'analyse géographique sommaire que nous faisons, nous sommes contraint de nous en rapporter uniquement aux noms anciens ; car les noms modernes ne sont que confusion.

Dès que le Taurus a donné passage au fleuve Mélas, il se rapproche de la mer et constitue pendant une longueur de près de cent cinquante kilomètres le rivage même de la mer, dans laquelle il vient plonger en grandes falaises abruptes. Il est impossible de jouir d'un spectacle plus grandiose et plus saisissant lorsqu'on navigue en rangeant les terres de la Cilicie. Le point culminant de cette chaîne est la montagne que l'on nomme aujourd'hui Gœukdagh (la montagne céleste) (1) et représente à n'en pas douter le mont Andriclus (*oros Andriclos*) la seule montagne que nomme Strabon dans ces parages. Le Gœukdagh est de nature calcaire comme tout le reste de la chaîne. Dès les premiers jours de décembre, ses sommets se couvrent de neige.

Le fleuve Selinus nous donne un repère pour déterminer le rocher du Cragus placé à l'ouest du cap Anemour. Nous avons déjà fait observer (2) que ce nom de Cragus était tout à fait local et n'appartenait pas à une chaîne ; c'est donc introduire une grave erreur en géographie que d'appliquer le nom de Cragus à cette partie du Taurus ; il n'y a rien d'étonnant du reste de retrouver le même nom appliqué à deux localités différentes ; il y a en Asie une quantité de fleuves Lycus, plusieurs Mélas et non moins d'Olympe. Le rocher d'Anemurium, qu'on appelle encore aujourd'hui Anemour, est le point le plus saillant de la côte tant en hauteur qu'en latitude ; c'est le point où le continent se rapproche le plus de Chypre (3).

Le fleuve Calycadnus, qu'on appelle

---

(1) Gœuk veut dire littéralement bleu céleste.
(2) Voy. plus haut, p. 28, col. 2.
(3) Strab., XIV, 669.

aujourd'hui Sélefké tchaï, est encore un repère pour reconnaître quelques détails de la région montagneuse; c'est à l'est de cette rivière que se trouvait la roche nommée Pœcile avec une route des échelles taillée dans le roc pour aller de la côte à Séleucie. Ici Strabon emploie encore le mot *petra* pour désigner ce rocher, comme il l'a fait pour le rocher Cragus de Cilicie. Pour le mont Andriclus qui selon nous forme la frontière septentrionale de la Cilicie, le géographe grec emploie le mot *oros* qui s'applique aux chaînes aussi bien qu'aux montagnes isolées. Il y a dans Strabon une sorte de confusion dans la nomenclature des montagnes de cette côte. Après avoir fait parcourir à son lecteur toutes les côtes et les montagnes de la Cilicie, il ajoute « Aux extrémités du Taurus est le mont Olympus... d'où l'on voit toute la Lycie, la Pamphylie et la Pisidie, et qui servit de retraite au pirate Zineticus (1) ». Il est clair que c'est la même montagne qu'il a mentionnée en Lycie (2); il était hors de propos d'en parler ici.

Il nous reste à placer une chaîne cilicienne appartenant au Taurus et dont Strabon n'a pas parlé, c'est le mont Imbarus, que Pline indique au nord de Séleucie (3); ce serait alors l'ancienne dénomination de toute cette partie du Taurus qui confine à la Cilicie champêtre jusqu'à la chaîne qu'on appelait Anti-Taurus, et qui commence au delà du fleuve Pyramus.

C'est dans la région orientale de l'Imbarus ou du Taurus de Cilicie que se trouvent les célèbres portes ciliciennes appelées aujourd'hui Kulek Boghaz (le défilé du moucheron). On ne saurait se faire une idée de la confusion de montagnes qui existent en cet endroit, tantôt des précipices qu'il faut tourner en longeant des corniches de rochers glissants, tantôt des pentes si rapides qu'on ne saurait les franchir à cheval si le chemin n'eût été rendu praticable en couvrant le rocher avec des troncs d'arbres qui forment une espèce d'escalier.

Après avoir escaladé ce défilé, on arrive sur un plateau d'où partent en diverses directions des vallées qui conduisent au nord, à l'est et à l'ouest. De notre temps c'était Samour-bey, devoué à Méhémet-Ali, qui occupait ce Yaëla, c'est-à-dire que le pacha d'Égypte était de fait maître de l'Asie Mineure. D'épaisses forêts d'essences d'arbres verts et des cèdres couvrent ces montagnes, et la nature des roches prouve qu'elles appartiennent à une formation bien antérieure à celle du Taurus; le sommet offre de nombreux fossiles qui ne se rencontrent que dans les couches inférieures du terrain secondaire; le pied de ces montagnes est couvert par des formations plus récentes, et nous y avons recueilli une espèce d'huître, la plus grande espèce connue, et qui n'a pas encore reçu de nom des géologues; elle a plus de cinquante centimètres de longueur (1). Le versant oriental de ces montagnes donne passage au fleuve Sarus, qui coule au milieu des forêts de cèdres. Ici les habitants divisent les montagnes en deux groupes, l'un appelé Buyuk Phyrat (le grand Phyrat) et l'autre Kutchuk Phyrat. Ces deux montagnes sont calcaires et séparent le bassin du Sarus de celui du Pyramus. Ici l'Anti-Taurus remonte au nord pour former un des contreforts de la vallée où coule l'Euphrate, qu'on appelle aussi Phyrat tchaï. Ces montagnes ont été longtemps au pouvoir des princes chrétiens, et les ruines de nombreux châteaux du moyen âge, attestent que ces passages étaient vigoureusement défendus. Ici la largeur du Taurus, selon Pline (2), est de douze mille pas. Pendant qu'il traverse le Taurus, l'Euphrate perdait son nom pour prendre le nom d'Ommas. Après avoir franchi les rapides de la montagne, il reprend son nom d'Euphrate (3). L'Anti-Taurus ou grand Phyrat a abandonné la direction de l'ouest à l'est pour prendre celle du nord. Ici, nous retrouvons dans sa contexture les mêmes bouleversements, on pourrait dire les mêmes

(1) Strab., XIV, 671.
(2) XIV, 666.
(3) Liv. V, ch. 27.

(1) Plusieurs échantillons sont déposés dans les galeries du Jardin des plantes.
(2) Liv. V, ch. 24.
(3) Pline, *ibid.*

aberrations que dans la branche parallèle à la mer; mais la formation des montagnes est des plus variées et très-difficile à définir : ce n'est plus le calcaire alpin dont l'âge est bien connu des géologues, c'est un mélange de schistes, d'argiles de diverses époques et de roches qui ne sont pas encore étudiées; mais nulle part on ne voit apparaître le granit ni les rochers à base de feldspath; les terrains volcaniques y sont très-peu étendus; ce sont les schistes irisés et des roches d'un noir de jais qui au premier aspect ont l'apparence de houille; mais hélas on est bien vite détrompé. L'Anti-Taurus après avoir formé comme une barrière que l'Euphrate franchit en écumant depuis la latitude de Malatia jusqu'à celle de Bir ou de Biradjik, l'Anti-Taurus file sur la rive droite du fleuve pour aller regagner les montagnes de l'Arménie. Alors il n'est plus de notre domaine. Nous pouvons donc résumer ainsi les diverses branches de cette longue chaîne.

CHAÎNE DU TAURUS.

1ᵉʳ *Groupe Cragus, comprenant :*

Anti-Cragus, Yedi Bouroun dagh,
Massicytus, Ak dagh,
Solyma, Bey dagh,
Climax-Chimæra, Tactalu dagh.

2ᵉ *Groupe Taurus pamphylien :*

Pas de Termessus,
Sousous dagh,
Sagalassus,
Aglasoun dagh, Baoulo.

3ᵉ *Groupe Andriclus de la Cilicie Trachée.*

Kara dagh,
Despoïras dagh.

4ᵉ *Groupe Imbarus de Cilicie champêtre.*

Ala dagh,
Kulek boghaz.

5ᵉ *Groupe Anti-Taurus.*

Buyuk Phyrat,
Kutchuk Phyrat.

MONT AMANUS ET MONT RHOSUS BEÏLAN DAGH.

La chaîne de montagnes qui borne à l'est le golfe d'Alexandrette se compose du mont Rhosus et du mont Amanus, connu aujourd'hui sous le nom de Beïlan dagh. Cette chaîne court dans la direction du sud au nord; elle forme avec le Taurus un angle aigu dans lequel s'enfonce le golfe d'Alexandrette.

Le mont Rhosus occupe la partie méridionale de la chaîne. La hauteur ne dépasse pas dix-huit cents mètres. Il se termine au sud par un grand promontoire qui est marqué sur les cartes sous le nom de Raz el kanzyr (le cap du Cochon); entre l'Amanus et le Rhosus, il y a une dépression qui donne accès dans l'intérieur; la ville de Beïlan est située à l'entrée de ce défilé, qui était connu sous le nom du passage de l'Amanus.

La chaîne du Rhosus s'étend jusqu'à la latitude de la ville de Skanderoun; là se trouve un autre passage qu'on appelle aujourd'hui Beli Boghaz.

Ce mot Beli, qui se trouve assez fréquemment dans les noms de lieux, dans ces régions signifie *beau, joli*; il est fréquemment employé dans la conversation pour dire *très-bien*.

Pour suivre l'opinion des géographes anciens qui ont donné des montagnes d'Asie une description plus méthodique, nous devons rattacher au système du Taurus une grande partie du plateau et des montagnes de la Cappadoce, c'est-à-dire les monts Kara dagh qui s'élèvent le long du revers septentrional du Taurus, dans les régions de la ville de Karaman et les montagnes de la Pisidie et quelques-unes de celles de la Carie, notamment le mont Cadmus qu'on appelle aujourd'hui Baba dagh.

Il en serait de même du plus grand et du plus célèbre volcan de l'Asie Mineure, du rival de l'Ararat; en un mot du mont Argée qui domine la ville de Césarée de Cappadoce; mais en donnant une description abstraite de ces montagnes et surtout avec les noms modernes qui, comme nous l'avons déjà dit, sont si variables, nous ne présenterions au lecteur que des idées confuses ou insaisissables, il est préférable de donner la description de ces groupes isolés avec celle des provinces dont ils font partie. Nous nous bornerons, dans cet aperçu orographique, à donner une idée des grandes chaînes dont la position et la dénomination sont bien admises et constatées, et qui servent à déterminer les limites des provinces. Le mont Taurus, à ce point de vue, doit fixer d'abord l'attention de tous ceux qui veulent se rendre compte de la géographie de la presqu'île d'Asie, puisqu'il sert de base à cette grande division d'Asie au delà du Taurus et d'Asie en deçà du Taurus qui a été admise dans tout le cours de l'antiquité.

CHAPITRE XIII.

CHAÎNES DE L'INTÉRIEUR.

Il est important de faire remarquer combien les anciens ont cherché à mettre de méthode dans la définition des montagnes qui sillonnent la presqu'île de l'Asie Mineure; et malgré l'extrême difficulté de classer ces chaînes qui se coupent en divers sens, ils ont saisi la physionomie de la contrée aussi bien que pourraient le faire les géographes modernes; il faut faire la part des difficultés qui se présentaient en foule par faute d'instruments de précision, la boussole et le baromètre. On reconnaît dans le tableau orographique de l'Asie Mineure trois grandes chaînes principales et qui sont à peu près parallèles entre elles dans la direction de l'est à l'ouest, au sud le Taurus qui est le contrefort sud du plateau central, au nord le mont Ida et au centre le mont Tmolus. Deux chaînes intermédiaires, le Sipylus et le Messogis, ont moins d'importance, mais viennent toutes deux s'amortir au plateau central de la Phrygie et en forment comme les contreforts occidentaux.

Cette formation, qui au premier abord ferait concevoir l'existence de longues vallées transversales, est interrompue par des ramifications qui s'étendent en diverses directions et ne laissent passage qu'à deux grands cours d'eau, le Méandre et le Caystre.

L'Hermus, qui descend des plateaux de la Phrygie, apporte à la mer de Smyrne le tribut des eaux des montagnes du nord.

Pour suivre selon leur position la description de ces montagnes, nous continuerons de remonter du sud au nord depuis les versants du Taurus.

La Lycie, dont le groupe montagneux est si remarquable, forme comme le coin sud-ouest de la presqu'île. Nous avons dit, d'après l'autorité des anciens géographes, que tout ce qui était à l'occident de ce groupe n'appartenait pas au Taurus. Cette division pouvait être considérée comme arbitraire; car les ramifications de cette grande chaîne se prolongent vers le nord et forment plusieurs bassins lacustres. Mais la division politique de la presqu'île demandait ce partage pour conserver les régions distinctes d'Asie en deçà du Taurus et d'Asie au delà du Taurus (1).

MONT PHŒNIX.

La contrée qui s'étend à l'ouest du golfe de Macri appartenait à la Carie; mais comme elle avait été longtemps la propriété des Rhodiens, elle conservait le nom de Peræa et finissait au mont Phœnix. L'étude de cette dernière montagne exigerait de plus longs développements que ceux que nous pouvons y consacrer dans ce tableau sommaire. Elle domine un des plus remarquables golfes de la côte, le golfe de Marmarice ou Phiscus (2). Aujourd'hui elle est sans nom local. Au sommet on reconnaît encore les vestiges du célèbre fort dont les défenseurs ont résisté jusqu'à la mort aux attaques d'Alexandre.

La variété des marbres précieux dont se composent différentes parties de cette montagne lui a valu le nom qu'elle porte aujourd'hui. Le fort Phœnix est situé sur un mamelon, à 1,200 mètres environ au-dessus de la mer, et est dominé par un pic beaucoup plus élevé. Le golfe, dont la forme est un triangle amort aux angles forme comme le centre de nombreuses vallées qui

(1) Strab., XIV, 651.
(2) Strab., XIV, 663.

viennent en rayonnant se réunir presque en un point central du golfe. Une presqu'île rocheuse de calcaire blanc sert d'assiette à la petite ville de Marmarice. On pourrait dire que ce soulèvement est d'une date presque historique ; car au sommet des roches, à plus de dix mètres au-dessus de la mer, on trouve le rocher percé par les pholades, et nous avons encore trouvé des coquilles en place. Ce fait doit se rattacher au mouvement extraordinaire que nous signalons sur toute la côte de Lycie, mouvement d'ascension d'une part et d'abaissement de l'autre, qui mérite une sérieuse attention de la part des géologues et qui doit ouvrir des points de vue nouveaux sur la physique du globe.

Cette presqu'île rocheuse est entourée par une grande plaine d'alluvion sur laquelle s'élèvent trois îlots de roche. Il est clair qu'à une certaine époque toute cette plaine faisait partie du golfe et que les alluvions apportées par deux petites rivières ont comblé la partie haute.

Une autre singularité à signaler, c'est l'entrée du golfe même, qui est barrée par une grande île, et à gauche les montagnes viennent se profiler de manière à cacher complétement l'entrée du canal. A droite, c'est-à-dire à l'est, il semble qu'il y a une passe ouverte dans laquelle le navire n'a qu'à se lancer ; mais c'est là qu'est le danger pour ceux qui ignorent ces lieux ; car une barre de sable ferme tout à fait ce passage. Il faut donc pour entrer dans la baie de Marmarice louvoyer entre la grande île et l'îlot (1) et toujours ranger la côte ouest. La constitution géologique de ces montagnes paraît d'une époque antérieure à celle du mont Taurus. On y reconnaît des marbres saccharoïdes de différentes couleurs, des serpentines en couches assez puissantes et des roches calcaires avec des pénétrations d'autres roches siliceuses dont nous ne saurions déterminer l'âge.

Le revers septentrional du mont Phœnix se rattache aux montagnes de la Carie, qui ne constituent pas de chaînes très-élevées, mais qui forment des pays très-accidentés où se trouvaient les villes de Stratonicée, Mylasa, Jassus, Halicarnasse et Cnide. Toute cette contrée est d'une richesse incroyable en carrières de marbre blanc et veiné. La montagne sur laquelle est bâtie Jassus est d'un marbre de médiocre qualité, avec des bancs schisteux qui se débitent en tablettes. Mais les murs de la ville sont du plus beau marbre blanc, tiré des environs ; le temple d'Apollon est également de marbre blanc. Nous parlerons de la richesse des monuments de Cnide. Toutes ces carrières sont loin d'être connues ; d'autres générations y puiseront des matériaux pour les monuments de l'avenir. Strabon n'oublie pas de mentionner ces carrières (1) : « Mylasa est située dans une plaine très-fertile ; elle est dominée par une montagne où il y a une carrière de fort beau marbre blanc. »

Les montagnes qui dominent Halicarnasse s'abaissent dans la mer en formant plusieurs caps, parmi lesquels il faut remarquer le cap Triopæum où était située Cnide. Ici la roche est composée d'un poudingue calcaire dans un ciment sablonneux rougeâtre, qui n'est propre à aucun emploi.

On pourrait considérer ce pays montagneux comme un des contreforts septentrionaux du Taurus qui se rattache au mont Cadmus, le Baba dagh d'aujourd'hui, qui s'élève à 1,850 mètres au-dessus du niveau de la mer. Cette montagne, composée de calcaire, tantôt compacte, tantôt marneux, pourrait appartenir aux terrains de l'âge de la craie et du calcaire compacte qui compose le Taurus et la plupart des îles de l'archipel. Ses ramifications s'étendent vers le sud, où nous avons franchi un col au sud de la ville de Denizly qui est à 1277 m. de hauteur absolue.

Le versant nord du Baba dagh donne naissance au Lycus et nous transporte dans les plaines du Méandre. Mais nous avons encore à étudier deux chaînes qui forment le flanc méridional de cette vallée, le mont Latmus et le mont Grius (2).

(1) XIV, 658.
(2) Strab., XIV, 635.

(1) Voir la carte.

MONT LATMUS.

La chaîne du Latmus commence à se détacher doucement du Baba dagh (Père des montagnes) et se dirige vers l'ouest en donnant, par diverses dépressions qui paraissent tout à fait des vallées d'érosion, passage à plusieurs petits affluents du Méandre, notamment la Tchina et l'Arpas tchaï. Toute la composition de cette montagne est d'un schiste micacé qui nous annonce des terrains très-anciens et de première formation. La montagne de Arpas, qui tire son nom de l'ancienne ville de Harpasa, forme un des renflements principaux de la montagne, qui continue de filer vers l'ouest en présentant des sommets peu accidentés; enfin elle se termine par le massif de Bech parmak dagh (les Cinq-Doigts), qui est l'ancien et le célèbre Latmus, dont la mer baignait jadis la base. Toute cette montagne est granitique ou formée de roches à base de feldspath; c'est donc une des plus anciennes formations de la contrée, contemporaine du mont Tmolus, et qui vit autour d'elle surgir toutes les montagnes que nous avons déjà visitées. Aujourd'hui, comme nous l'avons déjà dit, le pic du mont Latmus se baigne dans un lac marécageux qu'on appelle Oufa-Bafi, dont les eaux jadis marines, adoucies par les pluies, ne sont plus que saumâtres. Un fait assez curieux, c'est que ce lac contient des mulets et autres poissons de mer qui furent enfermés lorsque le Méandre eut bouché l'entrée du golfe et qui s'y sont perpétués.

Le mont Latmus est entouré d'une ceinture de forêts qui sont célèbres dans la fable. On y montrait dans une grotte voisine d'un ruisseau le tombeau d'Endymion. Le sommet de la montagne, complétement dépouillé de verdure, se compose de cinq pitons granitiques qui lui ont valu son nom de montagne des Cinq-Doigts. C'est une des plus élevées de la chaîne; mais si l'on en juge par la fonte rapide des neiges au printemps, son altitude ne doit pas dépasser quinze cents mètres.

De l'autre côté du lac court une chaîne d'un ordre secondaire et qui formait autrefois la rive occidentale du golfe de Milet. C'est le mont Grius ou Ghazokleudagh, dont les sommets mamelonnés sont couverts d'une épaisse forêt. La chaîne du Grius est aussi composée de schistes micacés et de gneiss, qui la placent dans le cadre de la formation primitive. Cette chaîne s'étend jusqu'à Mendelia (Euromus) (1). Elle finit par s'élargir vers le sud et forme entre Euromus et Mylasa un rempart dans lequel sont des carrières de marbre cristallin.

Le Méandre, qui forme la limite entre l'Ionie et la Carie, coule de l'est, à l'ouest devant la chaîne du Latmus. Le versant septentrional de la vallée est formé par une chaîne longue et continue que les anciens appelaient le mont Messogis (*Mesoghis*); or pour une oreille grecque ce nom peut signifier le milieu de la terre, comme s'il divisait la région en deux parties égales.

MONT MESSOGIS.

Le mont Messogis, que l'on nomme aujourd'hui Kestenous dagh (la montagne des Châtaigniers), s'étend sur une longueur de plus de vingt myriamètres, depuis le plateau de la Phrygie où était située Célænæ, aujourd'hui Dinaire, jusqu'à la mer, où il vient s'amortir en formant le groupe du Mycale. Du côté du sud, le mont Messogis se présente sous un aspect verdoyant et fertile. Les sommets sont arrondis et plusieurs vallées s'ouvrent pour donner cours à de petites rivières qui viennent se jeter dans le Méandre. La formation du Messogis diffère complétement de la chaîne du Latmus, qui lui fait face au sud. La majeure partie du groupe de Kestenous est composée de cailloux roulés et de terrains d'alluvion charriés sans doute par le Méandre à une époque très-reculée. Ces terrains sont d'une fertilité sans égale et étaient dans l'antiquité peuplés de villes nombreuses. Le Messogis du côté de l'est offre une assez faible élévation, parce que la vallée du Méandre s'élève insensiblement jusqu'au plateau de la Phrygie.

La plus importante des villes qui oc-

---

(1) Strabon, XIV, 635.

cupent les pentes est Tralles, aujourd'hui Aïdin qui est à l'entrée d'une vallee profonde, coupant la montagne dans la direction du nord au sud. Ensuite vient la région fertile qu'on appelle le marché aux figues, Nosly bazar. C'est cette province qui fournit les figues connues sous le nom de figues de Smyrne. La beauté du pays a bien sa contre-partie dans les affreux tremblements de terre qui ont ravagé la contrée à différentes époques. Pourtant dans ces régions on n'observe aucune trace de terrains volcaniques. Le mont Messogis vient s'amortir à la côte en formant une montagne élevée et arrondie; c'est le mont Mycale, si célèbre dans l'antiquité. On l'appelle aujourd'hui Samsoun dagh; c'est aussi le nom du reste de la chaîne qui descend jusqu'au Méandre.

MONT MYCALE.

Le mont Mycale se présente du côté de la mer comme un cône régulier à sommet tronqué. Ses ramifications descendent du côté du nord et forment le mouillage de Scala Nova et les ondulations montagneuses qui entourent le détroit de Samos. Strabon (1) décrit en ces termes le mont Mycale : « Après l'embouchure du Méandre vient le rivage au-dessus duquel sont la ville de Priène et le mont Mycale. Cette montagne, qui est couverte de bois et abondante en gibier, s'incline vers l'île de Samos, et forme au delà du cap Trogilium un détroit d'environ sept stades (1.308 mètres). » Cette distance est trop petite; mais le reste de la description peut encore s'appliquer au mont Samsoun. Le mont Messogis, selon le géographe Théopompe (2), s'étend depuis Celænæ jusqu'à Mycale; en sorte que cette montagne, celle qui avoisine Celænæ et Apamée, est habitée par les Phrygiens, une autre partie par des Mysi et des Lydiens, le reste par des Cariens et des Ioniens.

Le revers nord est plus abrupte et plus accidenté que le versant sud. Il est sillonné par des vallées plus profondes, qui donnent naissance à de petites rivières autrefois célèbres, comme le Lethæus, qui coulait à Magnésie, et l'Eudon, qui coulait à Tralles.

Une branche occidentale du mont Messogis se détache dans la direction du nord et donne naissance à la chaîne du mont Pactyas, qui contient les chaînes secondaires, le mont Prion et le mont Thorax (1).

Le mont Pactyas est la chaîne que l'on franchit pour aller de Smyrne à Éphèse; c'est sur le versant nord de cette montagne que l'on trouve les ruines de Métropolis.

MONT PRION.

La chaîne du mont Prion court parallèlement au mont Pactyas et forme la côte méridionale de l'ancien golfe d'Éphèse, aujourd'hui comblé. Les crêtes dénudées et rocheuses de cette montagne qui se détachent sur le ciel en profondes dentelures qui lui donnent l'apparence d'une scie, πρίων en grec. Pausanias (2) lui donne le nom de mont *Pion*, ainsi nommé, dit-il, à cause de la fertilité de son sol, du mot grec πίων, gras, fertile. Mais tous ceux qui ont vu cette montagne conviendront que la dénomination de Strabon lui est bien plus applicable, car ses sommets se présentent aux yeux comme une falaise déchirée. Nous devons ajouter cependant que Pline donne également le nom de Pion à la montagne sur laquelle Éphèse était bâtie, « *attollitur monte Pione* (3). »

Le revers méridional du mont Prion, composé de nombreuses vallées bien arrosées, va se rattacher au mont Thorax, qui domine la vallée du fleuve Lethæus où était située Magnésie du Méandre. Le mont Thorax se présente du côté du sud comme un cône arrondi à son sommet. Ses flancs renferment de belles carrières de marbre qui ont servi à bâtir la ville de Magnésie et plusieurs monuments d'Éphèse. La position des monts Pactyas et Thorax est fixée par Strabon (4) de la manière suivante. « Le premier lieu que l'on rencontre en sortant d'Éphèse est Magnésie sur le

---

(1) XIV, 636.
(2) Strab., XIII, 629.

(1) Strab., XIV, 633.
(2) L. 7, ch. V.
(3) Liv. V, ch. 29.
(4) **XIV**, 646.

Méandre; on l'appelle ainsi parce qu'elle est située près de ce fleuve ; mais elle est encore plus près du Lethæus, qui vient du mont Pactyas des Éphésiens. Magnésie est située dans une plaine au pied du mont Thorax, où fut crucifié le grammairien Daphytas. »

Le revers septentrional de la montagne n'offre pas un caractère aussi tranché ; il s'abaisse rapidement vers la grande vallée transversale où coule le Caystre.

CHAPITRE XIV.

MONT TMOLUS.

Le mont Tmolus est la chaîne qui forme le revers septentrional de la vallée du Caystre. Il se rattache, à l'orient, au mont Messogis par des ondulations, qui se prolongent jusqu'au mont Cadmus ; de sorte que cette montagne forme comme le nœud où se réunissent plusieurs chaînes ; c'est peut-être à cause de cela que les Turcs lui ont donné le nom de Baba dagh (le Père des montagnes).

Le mont Tmolus était célèbre dans l'antiquité par ses excellents vignobles, dont il ne reste plus aujourd'hui que de faibles traces dans les villes de Baindir et de Tapöe (1). Strabon le dépeint comme étant couvert de forêts (2) dont il ne reste plus que le souvenir. On voit encore sur les flancs de ses vallées des restes de forêts de chênes qui ont été incendiées et dont les troncs charbonnés restent comme les tristes témoins du passé. Le mont Tmolus est appelé aujourd'hui Bouz dagh (montagne de la Neige), parce que c'est sur ses sommets que la ville de Smyrne et les villages environnants viennent s'approvisionner de neige. Il s'étend de l'est à l'ouest dans une longueur de cent vingt kilomètres environ. Aussi la phrase que les traducteurs français prêtent à Strabon (3) : « Le mont Tmolus est assez ramassé », ne nous paraît pas exacte. Le Tmolus du côté du sud ne donne naissance à aucune rivière notable ; mais c'est de ses flancs nord que sort le Pactole, qui déjà du temps des Romains avait perdu de son antique renommée. Nous nous étendrons dans la partie historique sur les recherches que nous avons faites sur le régime de ce fleuve. Un petit lac, situé presque au sommet de la montagne, en forme la source et les rochers de gneiss et de micaschiste fournissent encore aujourd'hui à ses ondes les parcelles de mica qui donnent au sable cet aspect brillant.

Le mont Tmolus est à nos yeux le premier noyau, l'ossature de toute la presqu'île ; c'est cette chaîne qui, d'après la théorie géologique aujourd'hui généralement admise, a dû surgir la première du sein de la terre, alors que le géant du Taurus était encore englouti dans les abîmes terrestres. Le Tmolus est en effet composé de granit et de roches primordiales ; c'est une rareté en Asie Mineure que nous ne retrouverons guères qu'à l'Ida et à l'Olympe. L'aspect de la montagne offre tout le cachet, séduisant pour le peintre, des contours accidentés que présentent les rochers granitiques. Peut-être dans quelques-unes de ses ramifications pourrait-on signaler quelques lambeaux calcaires ; mais nous n'en avons pas rencontré. Dans les regions de la ville de Tapöe, l'ancienne Hypoepa, le granit passe tout à fait au schiste micacé. Le versant nord commande la plaine de Sardes, où coule le fleuve Hermus. Tous les contreforts de ce côté sont composés d'agglomérats de cailloux roulés, de fragments de gneiss et de sable ; c'est à un de ces contreforts qu'appartient le massif sur lequel s'élevait la citadelle de Sardes. Le Tmolus ou Bouz dagh commence à se déprimer en s'approchant de la mer et laisse entre lui et le mont Pagus une large vallée qui conduit dans la vallée du Caystre. Au nord, le long de la chaîne, s'étend la vallée de Bournabat, à l'entrée de laquelle est située la ville de Smyrne.

Nous devons mentionner aussi un pays montagneux qui forme la barrière nord de la vallée de Bournabat. Cette chaîne, dont l'altitude atteint à peine la hauteur de quinze cents mètres, appartient en entier au système crétacé ; c'est dans les rochers qui dominent la ville de Bournabat que les touristes vont visiter

---

(1) Pline, liv. V, ch. 29.
(2) XIII, 629.
(3) XIII, 629.

des excavations appelées, sans aucune espèce d'autorité, les Grottes d'Homère. Cette tradition a pour base un passage de Pausanias (1) qui a été faussement appliqué à cette localité. « Les Smyrnéens ont dans leur pays le fleuve Mélès dont les eaux sont excellentes; près de sa source est une grotte où Homère, dit-on, composait ses poëmes. » Les grottes que l'on montre aujourd'hui ne sont pas à la source du fleuve, ce sont des excavations peu profondes dans la roche calcaire, et qui n'ont rien de remarquable. Le versant oriental de ce rameau du Tmolus est couvert d'une forêt assez touffue dans laquelle est le célèbre rocher où se trouve gravé le portrait de Sésostris. La jolie ville de Nymphi, célèbre par ses plants de cerisiers, est située au pied de cette montagne. Ces différentes chaînes nous ont conduit jusqu'au bord de la mer au golfe de Smyrne. Nous avons à examiner les groupes montagneux qui l'entourent et qui ont servi d'asile aux premières colonies ioniennes qui vinrent s'établir en Asie.

L'étude de ces montagnes offrirait un puissant intérêt au géologue, attendu que sous un cadre restreint il pourrait trouver des formations de tous les âges, depuis les granits jusqu'aux roches volcaniques du terrain tertiaire. La forme de ces montagnes se présente sous des traits grandioses et saisissants, qui se gravent facilement dans la mémoire du navigateur.

Nous suivrons pour notre étude la ligne de la chaîne du Tmolus. La montagne qui domine la ville de Smyrne est le mont Pagus près duquel Alexandre est censé avoir eu une vision (2). Pline (3) lui donne le nom de Martusie. Dans cette même contrée on trouve le mont Martusie adossé à Smyrne (*a tergo Smyrnæ*), et dont les racines vont joindre celles du mont Olympe. Tout cela n'est pas très-exact; car entre les montagnes de Smyrne et l'Olympe, il y a de grandes vallées sans compter celle du Mélès dont l'auteur vient de parler dans le même chapitre. Le mont Pagus ou Martusie est presque conique; il est entièrement composé de trachytes et de roches de nature volcanique, et a cela de particulier que c'est une formation isolée au milieu des montagnes calcaires. Les Turcs l'appellent Kizil dagh (la montagne Rouge). Au sud sont les montagnes de Téos, de Claros et de Colophon en calcaire gris qui approche du marbre, et au nord la vallée de Bournabat.

CHAPITRE XV.

MONT MIMAS.

Le groupe qui forme la rive méridionale du golfe de Smyrne est remarquable par deux montagnes coniques, égales de forme et de dimension que les navigateurs français appellent les deux Mamelles et les Turcs Iki Kardach (*les Deux Frères*). Au pied de ces montagnes sont situées les sources chaudes mentionnées par Strabon (1) et par Pausanias (2). « Les Clazoméniens, dit-il, ont une source chaude où ils rendent une espèce de culte à Agamemnon. »

Les ruines de Clazomènes sont en effet situées dans le voisinage. Pausanias donne le nom de Macria au promontoire voisin de Téos; ce serait alors la pointe du port de Sighadjik.

Pline (3) attribue au mont Mimas toute l'étendue de cette presqu'île et lui donne deux cent cinquante mille pas d'étendue. Il ne mentionne pas les Mamelles, qui sont cependant fort remarquables.

A l'ouest de ces montagnes il y a entre les golfes de Smyrne et de Téos ou de Sighadjik un abaissement de terrain qui avait donné à Alexandre le Grand la velléité de faire couper l'isthme, dont la longueur est de sept milles romains (4). Il voulait ainsi faire une île de la presqu'île d'Érythrée et du mont Mimas. Mais ce projet n'a pas même eu de commencement; du moins il n'en reste aucune trace. Il s'est con-

(1) Liv. VII, ch. V.
(2) Paus., ach. 5.
(3) Liv. V, ch. 29.

(1) XIV, 645.
(2) L. VII, ch. 4.
(3) Liv. V, ch. 29.
(4) Pline, liv. V, ch. 29.

tenté de faire réunir au continent l'île de Clazomènes.

Ces projets de couper les isthmes furent souvent entrepris dans l'antiquité, mais jamais n'aboutirent. Hérodote raconte au sujet des Cnidiens une anecdote assez plaisante. Le massif sur lequel est bâti la ville de Cnide est réuni au continent par un isthme de la largeur de cinq stades (740^m). Les Cnidiens qui avaient voulu le couper, rencontrant une foule d'obstacles, envoyèrent consulter l'oracle de Delphes, qui leur répondit ingénuement : « Ne vous donnez pas tant de peine. Si Jupiter avait voulu que votre territoire fût une île, il n'aurait pas eu besoin de vous pour cela. » Les Cnidiens se le tinrent pour dit (1).

Darius voulut couper l'isthme du mont Athos, Néron l'isthme de Corinthe; tous ces projets sont toujours restés inachevés.

C'est aux montagnes des Mamelles et à la hauteur des îles d'Ourlak que s'arrête la formation calcaire. Le grand cap qui forme la corne méridionale du golfe de Smyrne s'appelle aujourd'hui Kara bournou. C'était autrefois le cap Mélas; l'un et l'autre nom signifie le cap Noir ainsi nommé de la roche volcanique noire dont il est composé, et dont on fait des meules de moulin. C'est cette montagne que les Grecs appelaient Mimas. Tout le reste du promontoire où sont les ruines d'Érythræ est composé de trachytes rouges; c'est, je pense, en dépit des autres étymologies de ce nom, ce qui a motivé le nom d'Érythræ, la ville Rouge. Au sud du mont Mimas et du golfe d'Érythræ sont les collines qui dominent Tchesme, composées de tuf volcanique blanc. Toutes ces couleurs des côtes qui s'harmonisent avec le bleu intense du ciel donnent à la côte d'Ionie un aspect particulier qui se grave dans le souvenir de tous ceux qui ont visité ces parages. Les îles Arginusses, aujourd'hui Spalmadores, appartiennent aussi aux terrains plutoniens, tandis que l'île voisine de Chio rentre dans la grande famille des îles de l'archipel qui sont, moins deux ou trois îlots, du système crétacé.

(1) Hérodote, I, 174.

CHAPITRE XVI.

MONT SIPYLUS ET SES EMBRANCHEMENTS.

Sur la rive droite du golfe de Smyrne et non loin de l'embouchure du Mélès s'élève une montagne conique dont les ramifications forment le groupe du Maniser dagh (montagne de Magnésie). C'est le mont Sipylus, un des plus célèbres de la Phrygie. Cette montagne se présente plutôt sous la forme d'un massif que d'une chaîne; elle doit son origine à de très-anciens volcans dont les éruptions ont couvert la contrée à des époques antérieures aux temps historiques, et doivent être rangés dans l'ordre des volcans anciens. Les roches qui les composent sont des trachytes rouges et bleus; mais à une époque plus récente des laves se sont fait jour sur les flancs de cette montagne, et ont donné naissance à des coulées qui sont en tout semblables à celles des volcans de l'Auvergne. Le groupe du Sipylus s'étend à l'est jusqu'à la ville de Magnésie et est séparé par une dépression assez forte des montagnes calcaires de Bournabat et de Nymphi; au nord sa base est baignée par les eaux de l'Hermus que les Turcs appellent Sarabat ou Kediz tchaï et qui va se jeter dans le golfe de Smyrne, à l'ouest de la montagne. Au nord-est, le Sipylus se rattache par des ondulations presque insensibles au Mourad dagh le mont Dindymène, une des montagnes importantes de la Phrygie centrale.

L'importance du mont Sipylus étant beaucoup plus grande sous le rapport historique qu'au point de vue géographique, nous compléterons l'étude de cette montagne lorsque nous nous occuperons des villes situées sur son territoire.

Le reste de la côte nord du golfe est formé d'alluvions qui s'étendent jusqu'aux rochers de Phokia, l'ancienne Phocée placée à l'entrée du golfe.

Depuis la plaine de l'Hermus jusqu'à Pergame et sur la côte jusqu'au golfe d'Adramytte le pays est composé de plaines peu accidentées dans lesquelles coule le fleuve Caïque et l'un de ses affluents, le Selinus.

Ici le terrain commence à présenter un aspect nouveau; la région purement calcaire a cessé et les roches schisteuses avec des filons de quartz commencent à surgir, mais souvent entrecoupés par des épanchements trachytiques. Chaque montagne, chaque colline de cette région porte un nom moderne, mais qui ne se rattache en rien aux souvenirs historiques. Le groupe méridional est toujours le Maniser dagh, et le massif entier est le Kodja dagh, (la maîtresse montagne). Plus on avance vers le nord, plus le terrain primitif se développe. Au-dessus de la ville de Pergame on entre en plein dans le système granitique ou de micaschiste qui constitue l'ensemble du mont Ida. Les différents torrents qui descendent de ces montagnes témoignent que les sommets sont de même nature que la base; car tous les cailloux roulés qu'on ramasse dans leurs lits sont de syénite, de gneiss et de micaschiste. M. Tchihatcheff, qui a bien observé ces parages, cite une localité curieuse dans le Madara dagh, au nord de Pergame; c'est un chaos de blocs de syénite accumulés comme par suite d'un tremblement de terre et dans lesquels on observe la roche depuis l'état sain et compacte jusqu'à celui de la plus complète désagrégation. Là, un petit village du nom de Tchamoglou s'est installé au milieu de ce désordre de la nature. Les maisons sont en partie établies, sous les blocs suspendus, et forment des habitations moitié cavernes moitié maisons. Chaque fissure, chaque crevasse a pour ainsi dire été utilisée pour y établir une demeure, et quelques murailles de pierres sèches couvertes de branchages ont complété l'habitation.

Cette montagne du Madara dagh, qui selon toute apparence est restée dans tout le cours de l'antiquité sans autres habitants que quelques Lélèges Troglodites (1), est peu visitée de nos jours, et l'on doit savoir gré à M. Tchihatchef de l'avoir si bien décrite, au prix de beaucoup de fatigues (2).

(1) Ét. Byz. V. Gargara.
(2) *Asie Mineure*, t. I, p. 480.

CHAPITRE XVII.

MONT IDA.

Il serait difficile de dire laquelle des deux montagnes de l'Ida ou de l'Olympe passait dans l'opinion des anciens pour avoir la plus grande célébrité; mais il en est peu qui aient été le sujet de commentaires plus variés et plus nombreux. Le voisinage de la Troade, toutes les traditions mythologiques dont le mont Ida fut le théâtre donnent un intérêt particulier à l'étude de cette montagne. Nous n'avons aujourd'hui à notre disposition que des fragments tronqués de Démétrius de Scepsis que Strabon nous a conservés; mais ces fragments sont précieux pour nous guider dans la connaissance de cette chaîne dont l'étude est des plus compliquées.

Nous pouvons faire au sujet du mont Ida la même observation que nous avons faite au sujet du Taurus; c'est que ce nom était donné dans l'antiquité non pas à une seule chaîne, mais à un système montagneux qui coupait toute la Troade depuis le golfe d'Adramytte jusqu'à l'Hellespont, et la séparait pour ainsi dire du reste de la Mysie. C'est sous ce point de vue qu'il faut accepter la définition de Strabon; car on éprouverait quelque déception si l'on voulait suivre une seule et unique chaîne dans tout le parcours qu'il lui assigne. Aussi les anciens et surtout Homère ont-ils l'habitude de nommer le mont Ida au pluriel.

Classemque sub ipsâ
Antandro et Phrygiæ moliunur montibus Idæ.
(Virg., *Æn.*, lib. III, v. 5.)

Les différents passages des anciens auteurs qui ont fait mention de cette chaîne offrent trop d'intérêt pour ne pas être recueillis ici; ils nous serviront comme point de comparaison avec l'état moderne, tel que l'on peut l'observer aujourd'hui.

Nous commencerons par les extraits de Strabon, qui a puisé dans les écrits de Démétrius de Scepsis, et qui s'attache plus particulièrement aux détails topographiques.

La meilleure idée topographique de

ce qu'on appelle véritablement la Troade doit être prise de la position de l'Ida. Cette haute montagne se dirige vers le couchant et la mer occidentale, en se repliant aussi un peu vers le nord et vers la côte septentrionale qui est celle de la Propontide, depuis le détroit d'Abydos jusqu'à l'Æsepus et à la Cyzicène.

L'Ida a plusieurs extrémités qui s'avancent en forme de pieds qui lui donnent la figure d'un scolopendre ; les deux dernières sont du côté du septentrion, les hauteurs près de Zéléia, et du côté du midi le cap Lectum. Les premières se terminent dans les terres un peu au-dessus de la Cyzicène, à laquelle Zéléia même appartient aujourd'hui ; mais le cap Lectum s'avance jusqu'à cette partie de la mer Égée qu'on traverse pour aller de Ténédos à Lesbos. Il parle (Homère) ici fort à propos du Lectum en le considérant comme une portion de l'Ida et comme le premier lieu où l'on arrive de la mer pour se rendre à cette montagne.

Ce poëte distingue fort bien aussi de ses extrémités le sommet de la montagne sous le nom Gargarum ; car encore aujourd'hui l'on montre sur les parties élevées de cette montagne un lieu nommé Gargarum et dont Gargara, ville actuelle des Æoliens, tire son nom.

En doublant le cap Lectum, on trouve un vaste golfe formé par l'Ida qui se retire du Lectum pour avancer dans l'intérieur des terres et par Canæ, autre cap opposé au Lectum ; quelques-uns l'appellent golfe de l'Ida ; d'autres lui donnent le nom de golfe d'Adramytte (1). Deux montagnes s'élèvent au-dessus de la Propontide, l'Olympe de Mysie et l'Ida. Au-dessous de la première est la Bithynie, et entre l'Ida et la mer est la Troade (2).

Selon Démétrius de Scepsis, des parties du mont Ida voisines de la Cébrénie se détachent deux bras qui s'avancent vers la mer, l'un dans la direction de Rhœtium, l'autre dans celle de Sigeum, et forment comme un demi-cercle dont les extrémités se terminent dans la plaine, à la même distance que l'*Ilium recens*, située entre ces extrémités, tandis que l'ancienne Ilium était placée au lieu où commencent ces bras. Ce demi-cercle renferme la plaine simoïsienne, que traverse le Simoïs et la plaine scamandrienne, où coule le Scamandre. Ces deux plaines sont séparées l'une de l'autre par un long col qui, s'étendant en ligne droite depuis l'Ilium actuelle, adossée à ce même col, jusqu'à la Cébrénie, forme avec les deux bras ci-dessus décrits la figure de la lettre є (1).

Le mont Ida a été qualifié par Homère de montagne abondante en sources à cause de la quantité de fleuves qui en sortent.

Une colline dépendante du mont Ida et nommée Cotylus, est à environ 120 stades au-dessus de Scepsis ; de cette colline sortent le Scamandre, le Granique et l'Æsepus (1).

Étienne de Byzance cite en ces termes le mont et la ville de Gargara : « C'est, dit il, une ville de Troade située sur le sommet du mont Ida ; on l'appelle aussi Palægargara. » Strabon l'attribue aux Æoliens. Le mont Gargara était habité par les Lélèges. Gargara était, dit-il, fondée par les habitants d'Assos. Selon Éphore, cité par Macrobe, ces deux villes étaient très-voisines, et Gargara fut ainsi nommée de Gargare, fils de Jupiter, qui vint de Larisse de Thessalie. Le grammairien Diotime, natif d'Adramytte, y tint une école ; c'est de lui qu'Aratus dit en deux vers : « Je pleure sur Diotime qui s'asseoit sur les rochers pour enseigner l'alphabet aux enfants de Gargara (2). » On donnait aussi ce nom à un promontoire ; mais nous croyons qu'il faut l'identifier avec le cap Lectum, car il n'y en a pas deux dans ces parages.

Étienne de Byzance nous apprend de plus, d'après Lycophron, que le sommet chauve et dénudé de l'Ida portait le nom de Phalacræ. Ce mot, dit-il, désigne le sommet de l'Ida, ne produisant aucune plante à cause de la neige et de la glace, mais qui est tout à fait dépouillé. Toutes les montagnes privées

---

(1) XIII, 583.
(2) XII, 574.

(1) XIII, 597.
(2) XIII, 602.

de végétation portent le nom de Phalacræ. Selon Diodore de Sicile, la montagne de l'Ida tire son nom d'Ida, fille de Melissée, roi de Crète; c'est la plus haute de celles qui dominent l'Hellespont; on y remarque, au milieu, un antre où l'on dit que les trois deesses furent jugées par Pâris. — On prétend aussi que ce fut dans l'Ida que les dactyles idéens étaient établis, et que, instruits par la mère des dieux, ils furent les premiers à travailler le fer; enfin on observe dans cette montagne un phénomène qui lui est propre. Ici Diodore décrit un phénomène d'optique causé par le lever du soleil, et qui de nos jours peut encore être observé dans ces splendides matinées caniculaires, quand les brumes de la montagne se dorent des rayons du soleil naissant (1). Pomponius Mela rapporte les mêmes phénomènes en les exagérant (2).

Nous pouvons maintenant parcourir cette longue chaîne recherchant à identifier les noms modernes avec les noms anciens. L'extrémité de la chaîne de l'Ida vient s'amortir dans la mer au cap Baba, qui est l'ancien *promontorium Lectum*. On peut mouiller sous les terres du cap, abrité par une jetée qui s'avance d'une vingtaine de mètres dans la mer; elle est formée de grosses pierres accumulées sans beaucoup d'art et ne peut défendre les navires contre les vents de l'ouest. Le petit village de Baba se présente à mi-côte; on y remarque un pauvre caravansérail et une petite mosquée, et un petit fort est bâti sur une pointe qui s'avance dans la mer. Les montagnes qui forment le cap Baba sont dénudées à leur sommet et se présentent sous des contours très-accentués; la roche nue de couleur jaunâtre sort de terre en forme de pic; la partie moyenne est couverte de quelques broussailles. Ce cap forme la corne septentrionale du golfe d'Adramytte. Toute la côte court dans une direction est et ouest.

Les terrains calcaires que l'on observe au cap Baba font bientôt place aux terrains volcaniques qui s'étendent sur la côte dans une longueur de dix ou douze kilomètres. C'est sur le penchant de ces pitons qu'est située l'ancienne ville d'Assos. Toute la montagne est formée de trachytes rouges très-durs et qui ont presque l'apparence du porphyre. C'est de ces carrières inépuisables que les Grecs ont tiré les matériaux des monuments d'Assos; la solidité de cette roche est à toute épreuve; mais le ton, d'un violet foncé, est triste à la vue, et sa dureté, jointe à sa nature cristalline, empêche de donner à la pierre aucun poli. On remarque autour de la ville de très-grands amas de scories de fer; d'où viennent ces scories? ce n'est certainement pas la pauvre population du village de Beyram qui a jamais exploité des mines. Il est plus probable que ce sont les vestiges des exploitations antiques commencées par les Lélèges et continuées par les Grecs. Les scories sont très-riches en fer, et forment des rognons agglomérés épars sur le sol.

La formation volcanique s'appuie à l'est et au nord sur le terrain granitique. Derrière ce premier étage de la montagne s'élève la belle chaîne du Gargara, jadis séjour des dieux, appelée aujourd'hui Kaz dagh (la montagne de l'Oie). Les Turcs sont très-portés à dépoétiser les noms.

Le Gargara se rattache à une autre chaîne orientale dont les sommets forment un demi-cercle, et la courbure de cette chaîne est tournée vers l'ouest, c'est-à-dire vers la plaine de Troie. Les contreforts de ce grand cirque de montagnes s'abaissent insensiblement vers la plaine, et tout ce relief topographique rappelle assez bien la forme que nous avons représentée plus haut. Les magnifiques forêts de chênes qui couvrent le flanc de ces montagnes et qui donnent naissance à ces minces ruisseaux jadis si renommés font de ces vallées un séjour plein de charmes pour le voyageur qui attache quelque prix aux souvenirs de l'antiquité.

La seconde chaîne que nous avons mentionnée, et qui se rattache au Gargara, était le mont Cotylus, qui enclavait la plaine de Cébrènie; c'est dans ces vallées qu'étaient situées les villes de Scamandrie et de Scepsis et les mines d'argent qui étaient exploitées dans

---

(1) Diodore, XVII 7.
(2) Liv. I, c. 18.

haute antiquité. La nature géologique du terrain ne s'oppose nullement à l'existence de mines d'argent dans ces parages, parce que les roches sont de la nature du gneiss, du quartz et des micaschistes, qui souvent servent de gangue au minerai d'argent.

Le massif qui compose la chaîne de l'Ida ne vient pas s'abaisser dans la plaine selon une ligne de circonvallation, mais il est entouré d'un cercle de montagnes inférieures qui circonscrivent la plaine de Troie, et au nombre desquelles se trouve la célèbre éminence du Pergama. Au sud elles se rapprochent de la mer, et le pays depuis les ruines d'Alexandria Troas jusqu'au cap Baba va toujours en s'élevant au-dessus de la mer.

Au nord, au contraire, le massif montagneux intermédiaire laisse entre lui et la mer toute la plaine de la Troade, le cap Sigée ou Janissaire, et se courbe selon la ligne des Dardanelles. Tous ces groupes secondaires sont généralement de calcaire marneux et par conséquent d'une constitution beaucoup plus récente que la grande chaîne de l'Ida.

Le massif granitique reparaît sur la côte de l'Hellespont dans la presqu'île de Cyzique où il forme le mont Dindymène, aujourd'hui Kapou dagh (la montagne de la Porte.) Cette montagne est conique; elle se rattache au continent par la presqu'île de Cyzique qui est basse et sablonneuse; mais autrefois elle formait une île (1).

Son flanc occidental se prolonge en un cap qui forme la presqu'île d'Artaki (2), avec un îlot du même nom et qui est de nature calcaire, marbre grisâtre; c'est une amorce de la grande île de Procconèse ou de Marmara qui donne son nom à toute cette mer qu'on appelait autrefois Propontide. C'est la limite que les anciens assignaient à la chaîne de l'Ida; elle se rattache au massif de l'Olympe de Mysie par des ramifications de médiocre hauteur qui donnent passage à plusieurs fleuves et forment un certain nombre de bassins lacustres d'une certaine importance qui donnent à la province de Bithynie cet aspect si riant et si fertile.

Au nombre des lacs que renfermait la région de l'Olympe, les anciens citent souvent le lac Dascylitis, qui était aux environs de Cyzique (1). Rien n'a pu nous mettre sur les traces de ce lac, qui passait cependant pour un des plus importants de la contrée, et aucun des voyageurs qui ont consacré quelques pages à la description de la Bithynie ne paraît s'être souvenu de son nom; nous devons en conclure ou qu'il s'est desséché, ou que ce nom s'est confondu dans celui d'un des autres lacs d'Apollonias ou de Milétopolis. Cependant Strabon (2) les nomme tous les trois simultanément. C'est une question curieuse de géographie, qui n'est pas encore résolue.

Un si grand nombre de villes anciennes peuplaient les vallées et les plateaux formés par ces montagnes, que leur nomenclature trouvera mieux sa place dans les chapitres consacrés à ces villes. Nous mentionnerons encore le Katerli dagh (montagne des Mulets), qui est un des acrotères de l'Olympe projeté vers le nord et forme le cap de Bouz bouroun dans la mer de Marmara.

Ici finit le système de l'Ida et commence celui de l'Olympe Mysien; mais nous devons le laisser pour le moment, afin de suivre dans toute son étendue le rempart montagneux qui soutient les plateaux du centre à partir du golfe de Nicomédie.

La constitution de ces montagnes est des plus variées et n'appartient plus à une nature homogène comme la plupart de celles que nous avons décrites.

Nicomédie et ses alentours offrent seuls un tableau varié des terrains de sédiment de plusieurs âges géologiques parmi lesquels le grès rouge paraît former un noyau considérable, puisqu'on le retrouve à plusieurs stations tant sur le bord du Sangarius que dans les villes de Géivéh et d'Akseraï.

Toute la chaîne, d'une élévation médiocre, qui forme un des côtés du bassin du lac de Sabandja, court à une distance moyenne de quinze kilomètres de la côte. Elle s'ouvre pour donner passage

---

(1) Strab., XII, 575.
(2) Id., XII, 576.

(1) Strabon, XII, 575.
(2) Ibid.

au fleuve Sangarius aujourd'hui Sakkaria l'un des plus longs de l'Asie Mineure et dont le volume d'eau paraît avoir singulièrement diminué, si l'on s'en rapporte aux descriptions des historiens (1).

Les ondulations de terrain qui se manifestent entre ces montagnes et la mer sont bien définies par les Turcs, qui ne leur donnent pas le nom de *dagh*, montagne, mais celui de *tépé*, butte. Toute la côte sud du Bosphore de Thrace est généralement basse et peu ondulée : il n'y a que la montagne du Géant (temple de Jupiter Urius), qui s'élève en face du golfe de Buyukdéré et qui présente une masse assez importante; mais il faut penser que sa base baigne dans les eaux de la mer. Son revers méridional est déjà beaucoup moins abrupte; sa hauteur absolue n'atteint pas cinq cents mètres. Ainsi les plaines de l'intérieur, situées immédiatement au sud de cette montagne, dépassent de quatre ou cinq fois en hauteur le sommet même de la montagne, puisque leur hauteur moyenne est de 800 à 1,000 mètres.

Kara bournou est le cap qui indique l'entrée du Bosphore. De là jusqu'à l'embouchure du Sangarius le pays est plat, se relève aux environs de Chilé; mais l'aspect des montagnes est des plus uniformes; elles se composent de sommets arrondis et couverts de verdure, s'abaissant pour donner passage aux fleuves et se relevant ensuite mais sans changer de physionomie. On peut dire que les plateaux inférieurs viennent ici s'amortir par échelons bien déterminés sans former ces grands profils montagneux que l'on remarque dans le sud et dans l'ouest. Ajoutez à cela que ces montagnes de la Paphlagonie et du royaume de Pont n'offrent que peu de souvenirs historiques; leur étude détaillée n'aurait pour le lecteur qu'un intérêt tout à fait abstrait, une nomenclature de noms turcs qui ne se rattache à aucun nom antique; c'est tout le profit qu'en pourrait tirer le lecteur. Nous nous bornerons à faire observer que toute cette chaîne portait autrefois le nom de monts Ogassus, et qu'elle se rattachait à la hauteur de Trébizonde avec les monts Thechès. Ce que nous pourrons en dire trouvera mieux sa place dans la description des provinces qu'ils traversent.

CHAÎNES DU CENTRE.

Si l'on voulait établir une théorie des montagnes du centre comme les anciens géographes l'ont fait du mont Taurus, on pourrait dire que l'Olympe de Mysie joue au nord le même rôle que le mont Cragus de Lycie au sud; c'est-à-dire qu'il forme comme la souche de toutes les chaînes qui sillonnent la partie centrale de la presqu'île.

A l'ouest il se rattache au mont Ida par une suite de soulèvements continus. Il se dirige au sud par le Toumandji dagh jusqu'au centre de la Phrygie, et à l'ouest il se rattache à l'Elma dagh, qui n'est que la continuation des monts Ala dagh. Il est une particularité bien plus commune en Asie que dans les régions d'Europe, c'est que les cours des différents fleuves ne suivent que rarement la pente des montagnes, mais viennent au contraire les couper à angle droit et s'ouvrent un passage là où l'on ne croirait pas qu'une rivière dût passer. Pline dépeint d'une manière très-animée la lutte de l'Euphrate avec le mont Taurus (1) lorsque le fleuve rencontre le géant des montagnes d'Asie. Mais ce fleuve n'est pas le seul qui semble prendre à tâche de se détourner de son cours pour aller chercher des issues impossibles. L'Halys, après avoir longé les montagnes de la Cappadoce, tourne brusquement au nord et va se jeter sur les montagnes du royaume du Pont qu'il franchit dans les défilés de Songourlou.

Le Rhyndacus, qui se rend dans la mer de Marmara, l'Hermus prenant sa source dans la même région, et qui suit un cours tout à fait opposé, présentent le même caractère, et cependant ces défilés étroits qu'ils franchissent ne sont pas des vallées d'érosion creusées par les eaux, ce sont comme des fentes ouvertes dans les chaînes et qui sont contemporaines de la formation. La

---

(1) Procope, *De Ædif.*, l. V, c. 3.

(1) Pline, liv. V, ch. 24.

lupart des petits fleuves de la côte sud se composent d'une manière analogue. On peut dire qu'il n'y a que le Méandre et le Caystre qui coulent régulièrement dans leurs vallées respectives en longeant tranquillement les montagnes qui dirigent leurs cours. Ainsi le passage d'un fleuve du continent à la mer n'est-il pas le moins du monde l'indication d'une vallée supérieure. Il suffit de jeter les yeux sur la carte d'Asie pour voir combien le cours des rivières est tourmenté et par conséquent combien le relief du terrain est difficile à peindre d'une manière intelligible. La chaîne ou plutôt le massif de l'Olympe mysien s'élève rapidement à peu de distance de la mer de Marmara, et c'est du côté du nord qu'il présente le plus imposant aspect. L'histoire de l'Olympe est tellement liée à celle de la ville de Broussa que ce serait rompre l'unité du tableau que de les séparer l'une de l'autre. Nous nous contenterons ici de grouper les chaînes qui se rattachent au massif de l'Olympe et qui contribuent à former le relief de la contrée. Toute la région méridionale de l'Olympe règne à une hauteur de mille à onze cents mètres au-dessus du niveau de la mer, et quoique les ondulations des montagnes qui la sillonnent ne paraissent que de peu d'importance, elles ne laissent pas que d'avoir une altitude absolue considérable. La chaîne qui se détache de l'Olympe du côté du sud s'étend jusqu'à Kutayah et s'abaisse vers cette ville en formant divers plateaux. Celui de l'est est arrosé par le Poursak ou Thymbrius, qui va se jeter dans le Sangarius. Le plateau de l'ouest, au centre duquel est située la ville d'Aizani, est arrosé par le Rhyndacus, qui se rend directement à la mer, en traversant le lac d'Apollonias. Ce plateau d'Aizani, appelé aujourd'hui Tchafder hissar (le Château de seigle) est comme le point de partage des eaux entre la Propontide et la mer Ionienne. A très-peu de distance d'Aizani, un autre fleuve l'Hermus prend sa source et coule vers le sud.

Une grande chaîne courant est et ouest donne passage à ce cours d'eau. Elle porte aujourd'hui le nom de Mourad dagh. C'est le mont Dindymène. Le massif de l'Olympe est granitique; mais toutes les montagnes qui viennent s'appuyer sur ses flancs appartiennent au système calcaire et à l'argile. Aussi la contrée située entre Broussa et Kutayah se présente-t-elle sous des traits uniformes et monotones. La ville même de Kutayah est dominée par une montagne crayeuse. Toute la plaine environnante est dépourvue de végétation.

Le Mourad dagh offre un tableau tout différent. Ses pics, hardiment découpés, se dessinent sur l'horizon. De vastes forêts et des vallées profondes offrent aux nombreuses populations nomades des retraites d'été appelées *yaéla* aussi fraîches que salubres. Le Mourad dagh, vu des hauteurs de Kédiz, grand yaéla qui est situé à 1,100 mètres au-dessus de la mer, se dessine comme une chaîne courant de l'est à l'ouest. Mais du côté du sud ses contreforts descendent en suivant le cours de l'Hermus presque jusque dans les parages de Koula. De nombreuses villes de la Phrygie Épictète se cachent dans les replis du terrain, et sont aujourd'hui de pauvres villages. Au delà du Mourad et vers le sud-ouest court le Gouroun dagh, dont les sommets restent couverts de neige une partie de l'été. Mais toutes ces montagnes, dont les noms anciens sont ignorés, ne présentent, au point de vue historique, qu'un médiocre intérêt, et dans l'état incertain de la nomenclature turque il est difficile d'en donner une description satisfaisante, puisqu'elles changent de nom, presque à chaque village, comme les cours d'eau qui les arrosent. Ainsi l'Hermus s'appelle à sa source Kediz tchaï; plus loin vers la plaine de Sardes c'est le Sarabat.

Une autre chaîne un peu mieux caractérisée, partant du mont Olympe, sépare la Bythinie de la Phrygie Épictète. C'est l'Ak dagh dont les ramifications s'étendent jusqu'à Angora; cette chaîne appartient presque tout entière à la formation granitique. Elle est arrosée par le fleuve Sangarius, et s'abaisse vers le sud pour former le vaste plateau de la ville de Sevri hissar. Mais le revers sud est bordé par une chaîne secondaire offrant des soulèvements de syénite très-remarquables. C'est au pied d'une de ces montagnes qu'est située la ville de Pessinunte, et par conséquent la montagne est le mont Dindymène cité par Strabon, mais différent de la chaîne que nous venons de nommer. C'est la dernière montagne historique de ces régions.

Au sud s'étendent les terrains accidentés de la Phrygie, qui sont presque tous le produit de feux souterrains.

Le système calcaire se montre de nouveau à l'est et s'étend jusqu'à la plaine de Kara hissar; c'est dans ces montagnes que se trouvent les célèbres carrières de marbre de Synnada et les grands épanchements trachytiques qui ont valu son nom à Kara hissar (le Château Noir).

L'Ak dagh, changeant de nom, se prolonge toujours à l'est. Il donne passage au fleuve Halys et va se rattacher aux montagnes d'Amasie.

Au sud de cette chaîne, qui se décompose en plusieurs ramifications parallèles qui traversent la province de Haimanah, commence la région des plateaux, qui, rarement interrompus par des ondulations de terrain, s'étendent jusqu'au delà de Césarée. Ces plateaux contiennent plusieurs lacs, notamment le grand lac Salé et plusieurs autres lacs, appuyés aux versants septentrionaux du Taurus. Puis viennent les terrains volcaniques d'Urgub appartenant à la formation plutonienne dont le mont Argée est le point saillant.

Du côté de l'ouest une autre région, appelée la Catacécaumène ou pays brûlé, est aussi le produit des feux souterrains. La description de ces contrées sera mieux placée à côté de celle des villes qu'elles renferment. On se fait mieux une idée des traits généraux du pays.

On voit par le tableau très-succinct que nous avons fait du relief de la presqu'île, qu'on peut la considérer comme un vaste plateau soutenu au nord et au sud par des contreforts montagneux qui ne sont autres que le Taurus et le mont Olgassus. Dans sa partie ouest, les chaînes de montagnes viennent s'amortir au bord de la mer; c'est ce qui forme ces golfes si nombreux et si profonds qui sont presque tous parallèles entre eux.

LIVRE II.

LA BITHYNIE.

CHAPITRE PREMIER.

PREMIERS COLONS DE LA BITHYNIE.
LIMITES DE LA CONTRÉE.

La grande et fertile contrée qui est située sur les bords de la mer Noire, du Bosphore et de la Propontide, et que les Grecs et les Romains ont appelée Bithynie, était, dans l'origine, occupée par le peuple des Bébryces (1), et portait le nom de Bébrycie (2). Lorsque les Argonautes remontèrent dans la Propontide, les Bébryces étaient gouvernés par le roi Amycus, fils de Neptune et de la nymphe Bithynis (3). Mais ce nom paraît apocryphe, car les autres auteurs anciens se taisent sur ce point; Pline et Strabon déclarent formellement que la Bithynie reçut ce nom après l'invasion des Thraces, nommés Bithyniens et Thyniens.

Tout ce qui est relatif à l'histoire primitive de cette contrée est tellement obscur, que les historiens anciens eux-mêmes sont loin d'être d'accord sur le petit nombre de faits qui nous sont parvenus. D'après un scoliaste d'Apollonius de Rhodes, les Bébryces n'occupaient pas tout le pays qui fut depuis la Bithynie, mais ils s'étendaient au couchant fort au delà de ses limites. « Amycus était roi des Bébryces dans la Bithynie, et possédait principalement le pays vers les côtes (4). » Charon prétend que l'on donnait anciennement le nom de Bébrycie au pays des Lampsaciens. Le territoire de Lampsaque se trouvait hors de la Bithynie ancienne (1).

Étienne de Byzance fait descendre cette peuplade des Bébryciens de Bébryce ou de Bébrycée, sans indiquer qu'elle ait aucune communauté d'origine avec les Bébryciens d'Espagne (2). Ce qui paraît certain, c'est que la nation des Bithyniens ne descend pas de celle des Bébryces, car celle-ci fut exterminée par la guerre (3). Si les Bébryces ne sont pas cités par Homère dans le recensement, c'est que, selon la remarque d'Apollodore, ils sont compris sous le nom des Phrygiens avec les Dolions. Et quoique Strabon dise positivement que les Bébryces sont originaires de Thrace (4), il est certain qu'ils sont venus s'établir en Asie longtemps avant la guerre de Troie.

Tous ces faits épars dans les historiens concourent à nous prouver que les peuples qui occupaient l'Asie Mineure dans les derniers siècles avant notre ère, étaient tous étrangers à la contrée. Nous verrons, en étudiant les autres provinces et en cherchant à débrouiller le chaos de tribus et de peuplades qui se sont succédé depuis le quatorzième siècle av. J.-C., que la majorité des peuples qui ont occupé la partie de la presqu'île située à l'occident de l'Halys, était originaire d'Europe. C'est la Thrace qui a fourni le plus fort contingent de population à la partie septentrionale de l'Asie Mineure. Les Dryopes, qui se mêlèrent avec les Bébryces, avaient émigré avec les Athé-

___

(1) Servius, Comment. sur l'Énéide, liv. V, p. 373.
(2) *Proxima Bebricii panduntur limina regni*, Valer. Flaccus, liv. IV, p. 99.
(3) Apollod. Bibl., liv. I, ch. VIII, § 20.
(4) Scholiasta Parisensia ad Apollon. Rhodiensem. Argon., liv. II, ch. II, p. 118. Schæfer.

(1) Les Bébryces et les Dryopes occupaient les environs d'Abydos. Strabon, liv. XIII, p. 586; Hérodote, liv. I, ch. CXLVI.
(2) Verbo Βεβρύκων.
(3) Ératosthènes cité par Pline, Hist. natur., liv. V, ch. XXX; Apollonius de Rhod., Argon., liv. II, ch. II, p. 118. Schæfer.
(4) Strabon, liv. XIII, p. 586; Hérod., liv. I, ch. CXLVI.

niens et les Ioniens; ceux-ci se fixèrent dans la région occidentale de l'Asie Mineure, et les Dryopes vinrent dans la Bébrycie et s'établirent sur les rives de la Propontide. Quant aux limites des territoires occupés par ces différentes peuplades, il serait superflu de vouloir les déterminer d'une manière positive, car Strabon remarquait qu'elles ont subi tant de variations, et que la Bithynie a été occupée par des peuples si différents, que les géographes déjà renonçaient à l'éclaircissement de cette question si difficile.

Après la mort d'Amycus, roi des Bébryces, tué par Pollux (1), les Argonautes bâtirent un temple en l'honneur du dieu qui leur avait donné la victoire (2). De leur côté, les Bébryces élevèrent à la mémoire d'Amycus un temple qui n'était éloigné que de cinq stades du Nymphéon de Chalcédoine. Un laurier d'une grandeur extraordinaire avait crû près de ce temple. Il avait la vertu de rendre invincibles au jeu du ceste ceux qui avaient mâché de ses feuilles (3).

La race d'Amycus régna encore quelque temps sur les Bébryces. Étienne de Byzance mentionne Mucaporis comme roi de Bithynie et Mandron, qui régnait à Lampsaque, lorsque les Phocéens s'en emparèrent (4). C'est vers cette époque que les Cimmériens pénétrèrent dans la Bébrycie et s'en rendirent maîtres. Une partie des Bébryces fut exterminée; mais les Cimmériens ne purent former d'établissement durable, et furent à leur tour chassés par les Thraces bithyniens (5).

Quoiqu'il soit très-difficile de fixer positivement l'époque où les tribus européennes qui occupaient la Thrace et la Macédoine se sont transportées dans l'Asie Mineure, il paraît certain que ce fut avant la guerre de Troie. Ces tribus, qui ont émigré à différentes époques, étaient les Phrygiens, les Mysiens et les Thyniens. Homère, dans son dénombrement, ne fait mention ni des Bithyniens, ni des Thyniens, dont la puissance s'est accrue dans la contrée au point d'absorber tous les autres peuples. Hérodote affirme que les Bithyniens sont Thraces d'origine; qu'ils sont venus des bords du fleuve Strymon, qu'ils ont été chassés de leur pays par les Teucriens et les Mysiens, et que ces derniers envoyèrent eux-mêmes une colonie en Asie (1).

Cette invasion des peuples de la famille thrace dure pendant plusieurs siècles. Les Phrygiens paraissent avoir été les premiers, puisqu'ils ont pénétré plus avant dans l'intérieur du pays. C'est en transportant le nom de la mère patrie dans la nouvelle contrée qu'ils venaient occuper, que les différentes familles de colons ont jeté une grande confusion dans la géographie de ces contrées. On trouve des Phrygiens, des Mysiens, des Bithyniens, des Thyniens et des Thraces en Europe et en Asie. Le scoliaste d'Apollonius de Rhodes dit : Il faut observer qu'il y a deux Bithynies : l'une, en Europe, aux environs de Salmydessus, c'est un lieu de la Thrace; l'autre en Asie, jusqu'au Bosphore (2). La majeure partie des Bithyniens est originaire de la Thrace, mais s'est accrue par l'émigration de Grecs du continent qui sont venus s'établir dans cette contrée. Pausanias va plus loin; il regarde tous les Bithyniens comme originaires du continent de la Grèce. Les Bithyniens, dit-il, sont originaires de l'Arcadie et de Mantinée (3). Néanmoins, Strabon avait dit, avant lui : La plupart des auteurs s'accordent à regarder les Bithyniens comme originaires de la Mysie. Ils ont reçu leur nom des Bithyniens et des Thyniens, deux peuples de la Thrace qui vinrent s'établir parmi eux. Les preuves qu'on en donne par rapport au peuple des Bithyniens, c'est qu'il existe de nos jours dans la Thrace une peuplade nommée Bithyniens, et par rapport aux Thyniens, c'est que la côte près d'Apollonie et de Salmydessus porte le nom de Thynias. Un passage d'Hérodote,

(1) Théocrite, Idyl. XXII.
(2) Niceph., Hist. eccl. liv. VII, ch. L.
(3) Pline, liv. XVI, ch. XLIV; Dyon., p. 20.
(4) Charon. Hellenica, 6, éd. Müller.
(5) Arr. apud Eust., p. 58, in Dionysium.

(1) Hérod., liv. VII, ch. LXXV.
(2) II, vers 177.
(3) Pausanias, liv. VIII, ch. IX.

que nous avons cité plus haut, atteste les mêmes faits.

Ce fut seulement sous les rois de Bithynie que la contrée eut des limites bien déterminées. Leurs possessions étaient comprises entre le Sangarius à l'orient, et le Rhyndacus au couchant. Anciennement, les Bithyniens possédaient le pays depuis le Bosphore jusqu'au fleuve Rhébas. Le pays montagneux qui suit était habité par les Thyniens jusqu'à la rivière de Calès, de manière que les Bithyniens et les Thyniens étaient limitrophes (1).

Du côté du sud, il est beaucoup plus difficile de déterminer les limites de la Bithynie, même sous les rois. Leurs conquêtes se sont étendues jusque dans l'intérieur de la Phrygie, et ils possédèrent la Phrygie Hellespontique ou Épictète (2). Le royaume de Bithynie se composait donc des peuples suivants :

1° Les Mariandyniens; la langue et les usages de ce peuple ne diffèrent pas de ceux des Bithyniens. Il est probable que c'est un peuple thrace (3). Les Mariandyniens possédaient la partie la plus orientale de la Bithynie, et donnaient leur nom au golfe où tombe le Sangarius (4). Étienne de Byzance nomme Μαριανδυνία χώρα le pays qu'ils habitaient. Il pense avec Eustathe (5) que ce peuple prenait son nom d'un homme d'Æolie, nommé Mariandynus. Mais Strabon, sur l'autorité de Théopompe (6), dit que ce Mariandynus était maître d'une partie de la Paphlagonie, envahit ce canton sur les Bébryces, et lui donna son nom après la conquête. Lorsque les Argonautes eurent quitté la Bébrycie, ils s'arrêtèrent chez les Mariandyniens, sur lesquels régnait Lycus, qui les reçut favorablement, parce qu'il était Grec d'origine et de la race de Pélops (7). Xénophon nous apprend quelle fut la fin de cette peuplade. Les Milésiens ayant bâti Héraclée, soumirent les Mariandyniens, anciens habitants de cette contrée, et les vendirent comme esclaves, mais sans les envoyer hors du pays (1). Ainsi, dit Eustathe, leur condition ressemblait beaucoup à celle des Ilotes. Etienne de Byzance nomme aussi, d'après Théopompe, les Ladepsi et les Tranipsi comme faisant partie des peuples de la Bithynie; mais il ne dit pas en quelles régions ils étaient établis (2).

2° Les Caucones. Cette peuplade occupait une enclave du pays des Mariandyniens vers les bords de la mer, jusqu'au fleuve Parthénius, qui prend sa source dans la Paphlagonie même. Il y a, dit Eustathe, un peuple en Arcadie nommé Caucones, qui, se croyant originaire de la Paphlagonie, prêta du secours aux Troyens. C'est dans cette partie de la Bithynie qu'existe encore une peuplade nommée Cauconiate, voisine des Mariandyniens (3). Ils sont cités par Homère dans le dénombrement. Vers la mer, dit-il, sont cantonnés les Cariens et les Péoniens, célèbres tireurs d'arc, les Lelèges, les Caucones et les nobles Pélasges (4).

Ces Caucones étaient des tribus errantes, répandues en Grèce et en Asie. Eustathe nous a conservé une note très-curieuse et fort positive à ce sujet. Il mentionne les Caucones du Péloponnèse. On sait, dit-il, que les Caucones sont un peuple nomade, et qu'il y avait non-seulement des Caucones en Arcadie, mais aussi dans la Paphlagonie. Ils étaient voisins des Mariandyniens et habitaient la côte jusqu'au fleuve Parthénius (5). Il n'est pas étonnant de trouver dans ces contrées des peuples nomades, car les Scythes qui, sous la conduite de Madiès, s'étaient emparés de l'Asie, en poursuivant les Cimmériens chassés d'Europe (6), et qui, après la défaite des Mèdes, la réduisirent tout entière sous leur domination (7),

---

(1) Eustathe, ad Dion.
(2) Strabon, liv. XII, p. 543.
(3) Strabon, liv. XII, p. 542.
(4) Pline, *Hist. nat.*, liv. VI, ch. I.
(5) Apud Dionys., liv. V, p. 288.
(6) Théop., p. 312, éd. Müller.
(7) Biblioth. d'Apollod., liv. I, ch. VIII, § 23.

(1) Xénoph., *Exp. Cyr.*, liv. VI.
(2) Théop., *Fragm.*, lib. VIII, p. 280, éd. Müller. Et. Byz. v. Ladepsi.
(3) Eustathe, ad Hom., *Iliad.*, 363.
(4) Eustathe, ad Hom., *Iliad.*, 362.
(5) Eustathe, *Odyss.*, liv. III, v. 366.
(6) Hérodote, liv. I, ch. CIII.
(7) Hérodote, liv. I, ch. CVI.

durent, chassés à leur tour par les Mèdes, laisser quelques tribus vagabondes au milieu des montagnes de la Paphlagonie et du Pont, c'est-à-dire des monts Paryadres et Orminius (1). Cette supposition est confirmée par Strabon. « Quant aux Caucones, dit-il, qui, selon quelques auteurs, occupaient la côte à l'est des Mariandyniens jusqu'au fleuve Parthénius, et qui possédaient la ville de Tieium, les uns leur donnent une origine scythe, les autres les regardent comme une peuplade sortie de la Macédoine, d'autres encore comme des Pélasges. On prétend aussi qu'ils avaient leur demeure dans le pays qui s'étend depuis Héraclée et les Mariandyniens jusqu'aux Leucosyriens que nous nommons Cappadociens. On trouve le peuple des Caucones aux environs de Tieium, qui s'étendent jusqu'au fleuve Parthénius et celui des Hénètes de l'autre côté, à qui appartient la ville de Cytorus. Encore de nos jours, on voit aux environs de ce fleuve une peuplade qui porte le nom de Cauconides. »

3° Les Thyniens qui occupaient la presqu'île formée par le Pont-Euxin, le Bosphore et le golfe de Nicomédie. Ces Thyniens, comme nous l'avons vu, étaient Thraces et sortaient des États du roi Phynée.

4° Les Bébryces dont nous avons parlé.

5° Les Mysiens qui occupaient le mont Olympe et qui sont venus de la Thrace vers la même époque que les Phrygiens. Ces tribus, qui se sont étendues vers la Troade, ont donné leur nom à cette province. Quant à ceux qui s'étaient établis près du lac Ascanius et dans l'Olympe, quoique cette montagne ait conservé de tout temps le nom d'Olympe Mysien, pour la distinguer des autres du même nom, ils se sont confondus avec les Bithyniens (2).

(1) Ptolémée, *Geog.*, V.
(2) Apollodore nous apprend que du temps d'Amycus, roi des Bébryces, la Mysie était gouvernée par Lycus, fils de Dascylus, qui fut secouru par Hercule contre Amycus. Dans cette guerre, Hercule tua Mygdon, frère d'Amycus et roi d'une portion de la Bébrycie, qui reçut de lui le nom de Mygdonie. (Bibl. Apoll., liv. II, ch. V, § 9.)

Nous croyons que ces documents sur les anciens peuples qui ont occupé la Bithynie sont les seuls qu'on doive regarder comme positifs. Strabon lui-même a éprouvé tant de difficulté à bien faire connaître leur origine, qu'il termine sa description en disant : Telle était donc la disposition de ces lieux et de ces peuples. Elle ne ressemblait guère à celle que l'on voit aujourd'hui. Il faut chercher cette différence dans les diverses révolutions qui ont tantôt séparé, tantôt confondu les peuples, suivant la volonté des maîtres, qui n'ont pas toujours été les mêmes ; car, après la prise de Troie, ces pays passèrent successivement sous la domination des Phrygiens, des Mysiens, des Lydiens, des Éoliens, des Ioniens, des Perses et des Macédoniens, et en dernier lieu des Romains, sous lesquels la plupart de ces peuples ont perdu jusqu'à leur langage et leur nom.

Peu de temps après l'établissement des Bithyniens dans cette contrée, ils furent soumis par Crésus (1). A la destruction de l'empire de Lydie, ils passèrent sous la domination de la Perse, et leur territoire forma une satrapie connue sous le nom de Dascylium ou d'Hellespontique.

Des colonies grecques étaient déjà venues s'établir sur les côtes de la Propontide et avaient repeuplé un pays depuis longtemps ravagé par la guerre. Mais cet état de prospérité ne fut pas de longue durée ; les républiques de Byzance et de Chalcédoine firent plusieurs invasions dans la Bithynie, saccagèrent différentes villes de cette province et en massacrèrent les habitants (2). Les Bithyniens eurent aussi à souffrir du passage de l'armée de Xénophon. Une rencontre eut lieu près de Calpé ; ils furent vaincus, et l'armée des dix mille arriva à Chrysopolis (3).

Ces défaites successives n'affaiblirent cependant pas le courage des Bithyniens, qui tentèrent constamment de s'affranchir de la domination des Perses, et malgré les embarras continuels que le satrape Pharnabaze leur suscita

(1) Hérodote, liv. I, ch. CXXVIII.
(2) Diodore, liv. I, ch. LXXXII.
(3) Xénoph., *Hist.*, liv. III, ch. II.

au dehors, le Bithynien Dédalsès, en s'emparant d'Astacus, fonda une sorte de gouvernement monarchique. C'est ce prince que l'on peut regarder comme le fondateur du royaume de Bithynie, quoique Memnon (1) ne le désigne lui et ses descendants que par le titre d'éparques.

Cet état de choses dura jusqu'au moment où Alexandre anéantit la puissance des Perses en Asie Mineure. C'est alors que la Bithynie devint un royaume sur lequel les historiens anciens nous ont laissé quelques renseignements.

CHAPITRE II.

ROIS DE BITHYNIE.

Étienne de Byzance nous donne le tableau chronologique du règne des huit rois qui ont gouverné la Bithynie depuis sa constitution en royaume jusqu'à sa réduction en province romaine.

Botyras, fils de Dédalsès, se trouva maître de la Bithynie à la mort de son père : il défendit Astacus contre les entreprises de Denys, tyran d'Héraclée, qui vint l'assiéger avec une armée nombreuse. Son fils Bias, qui hérita de son pouvoir et de ses États, eut à soutenir de nombreuses guerres avec ses voisins pour maintenir ses droits (378 à 328 av. J.-C.). Il résista avec avantage à Caranus (2), lieutenant d'Alexandre, qui commandait en Phrygie et qui avait formé le projet de rendre la liberté aux villes grecques tombées au pouvoir des Bithyniens.

La mort d'Alexandre délivra pour toujours Bias de cet adversaire dangereux ; c'est alors qu'il prit le titre de roi que sa postérité conserva pendant trois siècles. Son fils et successeur Zipœtès dut aussi affermir par les armes son pouvoir sur des provinces dont la possession lui était contestée. Les républiques grecques, jalouses de voir un royaume naissant qui menaçait incessamment leur liberté, se liguèrent entre elles pour faire la guerre à Zipœtès, qui, dans le commencement, faillit être accablé par les forces de Ptolémée, général d'Antigone, envoyé au secours des Grecs, combinées avec celles de Chalcédoine. Mais les discussions qui éclataient entre les généraux d'Alexandre les forcèrent bientôt à veiller à leurs propres intérêts (1), et les nouvelles républiques se trouvèrent exposées à la vengeance des rois de Bithynie. Chalcédoine, qui avait voulu continuer seule la guerre, vit son armée taillée en pièces, et toute la ville sur le point d'être pillée ; mais la république de Byzance, qui avait toujours tenu secrètement pour les Grecs, se porta médiatrice entre les Bithyniens et les habitants de Chalcédoine.

Le règne de Zipœtès ne fut qu'une suite de guerres heureuses. En vain les lieutenants d'Alexandre, convoitant ses riches provinces, lui cherchaient des ennemis dans l'Asie et dans la Thrace (2). Les princes d'Héraclée se souvenaient encore des succès des rois de Bithynie et s'étaient liés avec Lysimaque contre Zipœtès, qui résolut de marcher droit contre Héraclée, pour soumettre à jamais une ville avec laquelle il ne pouvait vivre en paix. Cette partie de la Bithynie, située au delà du Sangarius, qui avait été occupée par les Mariandyniens, était un pays presque désert, et les peuples qui l'habitaient, obéissant à l'instinct nomade, vivaient dans des huttes construites à la hâte, et n'avaient aucune ville. Ces habitudes se conservent encore parmi les peuples du plateau septentrional de l'Asie Mineure, au delà de l'Halys. Mais les Bithyniens, originaires d'Europe, et habitués à des demeures fixes, sentaient le besoin de créer des villes dans tous les lieux de leur domination. Pendant cette campagne, qui traîna en longueur, Zipœtès fonda la ville de Zipœtium, au delà du Sangarius, près du mont Lypérus. Elle n'est mentionnée que par Memnon et Étienne de Byzance (3). Le silence des historiens d'un temps postérieur donne lieu de penser qu'elle changea de nom ou qu'elle ne subsista pas longtemps.

---

(1) Apud Phot., p. 722.
(2) Diodore, p. 492.

(1) Conf. Diod. de Sicile.
(2) Memnon, ap. Phot., ch. XXI.
(3) Conf. Tit. Liv., liv. XXXVIII, ch. XVI.

NICOMÈDE Ier.

Zipœtès mourut après un règne de quarante-sept ans, en laissant son fils Nicomède 1er possesseur de ses États. Ce prince signala son avénement au trône par un crime trop commun dans les annales de l'Orient. Il fit massacrer ses frères, dans la crainte que leur ambition n'amenât le démembrement d'un royaume encore mal affermi. Le plus jeune d'entre eux, Zibéas ou Zipœtès, fut assez heureux pour échapper à la mort. Retiré dans la partie orientale de la Bithynie, il rassembla des partisans, et marcha contre son frère.

Nicomède s'était ainsi suscité le danger qu'il redoutait le plus. Effrayé des progrès que faisait son ennemi, il demanda l'alliance des habitants d'Héraclée, anciens ennemis de la Bithynie, mais depuis longtemps fatigués de la guerre. Chalcédoine avait été tellement maltraitée qu'elle vit avec joie une proposition qui était propre à amener la cessation des troubles dont elle avait tant souffert. Byzance suivit la fortune de Chalcédoine. Mais, d'un autre côté, Antiochus, roi de Syrie, qui songeait depuis longtemps à réduire sous sa domination les provinces de l'Asie Mineure situées en deçà du Taurus, était venu offrir des secours à Zipœtès. C'est alors que Nicomède, pour faire face à un ennemi si puissant, eut l'idée d'appeler à son secours des alliés dont la renommée avait déjà traversé l'Hellespont, et qui seuls pouvaient contre-balancer la puissance d'Antiochus. On vit paraître sur les bords de la Propontide les plus hardis compagnons de Brennus, qui avaient laissé au loin derrière eux la Grèce et la Macédoine, et qui campaient aux portes de Byzance comme des alliés menaçants. Il est probable que le traité que Nicomède avait signé avec les Byzantins ne fut pas sans influence sur la détermination du roi, et que les Byzantins furent heureux, en lui prêtant secours, de se débarrasser d'une amitié onéreuse. En ouvrant les portes de l'Asie à une poignée d'hommes qui arrivaient pour fonder un empire, Nicomède fit preuve d'une politique sage. Déjà les émissaires des Gaulois avaient fait une descente sur les côtes de la Troade dans le but d'y former un établissement (1).

Il valait mieux les appeler comme des amis que d'attendre qu'ils vinssent, les armes à la main, réclamer un pays pour s'établir. Lorsque nous nous occuperons de l'invasion des Gaulois en Galatie, nous examinerons en détail les circonstances qui ont précédé leur arrivée. Nicomède signa avec eux un traité qui nous a été conservé par Photius (2). Les intérêts de Byzance sont ménagés dans ce traité, ainsi que ceux des autres villes alliées de Nicomède. Les Gaulois devaient se déclarer ennemis de tous ceux qui entreraient, les armes à la main, dans les diverses terres dépendantes de cette république.

LES GAULOIS PASSENT EN ASIE.

L'arrivée des Gaulois en Asie changea la face des affaires. Bien qu'Antiochus, Grec de nation, eût toutes les sympathies des républiques de la Bithynie, elles restèrent fidèles à Nicomède. Héraclée fournit même des vaisseaux pour défendre les côtes. Les Gaulois marchèrent contre l'armée d'Antiochus et la forcèrent de repasser le Taurus. Nicomède, pour récompenser la valeur de ses nouveaux alliés, leur céda quelques terres au delà du Sangarius (3). C'est là que nous les retrouverons plus tard, imposant des lois à toute l'Asie centrale.

Délivré de tous ses ennemis, en bonne harmonie avec ses voisins, Nicomède put donner ses soins aux intérêts de son royaume. Astacus, la principale ville de Bithynie, avait si longtemps souffert des ravages de la guerre, qu'elle était presque démantelée. Il songea à fonder une capitale, et choisit pour l'établir la position la plus heureuse de toute la côte de Bithynie. Nicomède s'était allié à une princesse phrygienne nommée Kosingis (4), dont il eut trois enfants. A la mort de Kosingis, il épousa une femme nommée Étazéta, qui traita les enfants du premier lit avec

(1) Strab., liv. XII, ch. IV.
(2) Memnon, apud Photium, p. 720.
(3) 281 à 246 av. J.-C.
(4) Memnon, apud Phot., p. 724.

tant de dureté, que Ziélas, l'aîné, fut contraint de se retirer près du roi d'Arménie. La fin du règne de Nicomède fut constamment heureuse. Les tentatives des rois de Syrie, pour lui susciter des ennemis, n'eurent aucun succès; il mourut après un règne de trente-cinq ans, en déshéritant ses enfants du premier lit, au profit de Prusias, fils aîné de sa seconde femme.

ZIÉLAS ROI.

Mais Ziélas, en apprenant la mort de son père, vint à la tête d'un certain nombre de partisans revendiquer ses droits à la couronne. Il trouva un appui inattendu dans la nation des Gaulois tectosages (1) qui se souvenait de l'alliance qu'elle avait contractée avec son père, et qui en même temps accueillait avec joie l'occasion de faire la guerre. Avant d'être arrivé aux frontières de la Bithynie, il avait déjà rassemblé une armée nombreuse; mais ceux d'Héraclée et de Tium avaient pris le parti de la reine. Ziélas, du reste, s'en vengea en excitant contre eux les Gaulois, qui ravagèrent le territoire d'Héraclée. Si nous devons nous en rapporter à Étienne de Byzance (2), et croire que Ziélas a fondé la ville de Zéla dans le royaume de Pont, il faudrait supposer qu'il a donné son nom aux lieux où il s'était retiré pendant son exil, sans s'arrêter à la difficulté que présenteraient d'autres auteurs qui placent cette ville indistinctement dans le Pont, dans l'Arménie ou dans la Cappadoce, car les frontières de cette province ont si souvent varié, que la ville de Zéla peut avoir été comprise tantôt dans l'une, tantôt dans l'autre de ces provinces. Les dissensions de Ziélas et de sa belle-mère eurent pour résultat le partage de la Bithynie, et un accommodement eut lieu sous les auspices de la république d'Héraclée. Ziélas s'établit dans la partie orientale de la province. C'est peut-être à cette époque que remonte la division en première et deuxième Bithynie, qui ne fut pas cependant très-usitée.

(1) Memn., apud Phot., p. 724.
(2) Verbo Ζῆλα.

PRUSIAS ROI.

L'autre fils de Nicomède, Prusias, régnait sur la partie occidentale du royaume; mais, constamment occupé dans les guerres civiles, il ne continua pas les entreprises de son père Nicomède, et les travaux commencés pour fonder et embellir les villes restèrent suspendus.

PRUSIAS Ier.

A la mort de Ziélas, son fils Prusias, qui est généralement regardé comme le premier roi de ce nom, parvint à réunir à son royaume les provinces que gouvernait son oncle Prusias. Ce fut le sujet de la première guerre suscitée entre les rois de Bithynie et ceux de Pergame. Les deux partis trouvaient facilement des alliés parmi les princes grecs et les petites républiques, qui espéraient les uns et les autres quelques agrandissements comme fruit de la victoire. Attale s'étant ligué avec la république de Byzance, Prusias, pour mieux lui résister, fit alliance avec Philippe, roi de Macédoine. Ce prince avait déjà eu plusieurs occasions de porter la guerre en Asie, et saisissait avec empressement de nouveaux motifs de s'immiscer plus avant dans les querelles des rois de cette contrée. Sous les plus frivoles prétextes, il attaquait les villes de la côte, choisissant le moment où leurs alliés étaient engagés dans des entreprises lointaines. Une des places les plus importantes de la Propontide, dont l'origine remontait à une haute antiquité, puisqu'elle était regardée comme fondée par un Argonaute (1) qui lui avait laissé son nom, la ville de Cius (2), ayant fait alliance avec les Étoliens, s'attira ainsi la colère de Philippe, qui l'attaqua, la prit, et en fit vendre les habitants, après l'avoir ruinée de fond en comble (3). La

(1) Hérodote, liv. V, chap. CXXII.
(2) Suivant Apollodore (Biblioth., lib. II), la ville de Cius fut fondée par l'Argonaute Polyphème, qui, à son retour de Colchide, descendit à terre avec Hercule. Se trouvant abandonné sur la côte, il fonda la ville de Cius, et s'en fit roi.
(3) Polybe, 709.

ville de Myrlée, fondée par Myrlus, chef des Colophoniens, fut également saccagée par Philippe. Les Rhodiens, alliés de ces deux villes, se liguèrent avec Attale Ier, et déclarèrent la guerre au roi de Macédoine. Prusias, qui avait épousé Apamée, fille de ce prince, reçut en présent le territoire des villes conquises ; il rebâtit Cius, et lui donna son nom. La ville fut appelée Prusiade, et, pour la distinguer de la ville du même nom, située au pied de l'Olympe, on l'appela Pruse sur mer. La ville de Myrlée prit le nom d'Apamée, reine de Bithynie et femme de Prusias. Ce fut, suivant Étienne de Byzance (1), Nicomède Épiphane qui donna à la ville de Myrlée le nom de sa mère Apamée.

Lorsque les Romains déclarèrent la guerre à Philippe, Prusias ne soutint pas son allié, et laissa le roi de Pergame passer en Grèce pour porter du secours aux Romains. Profitant des dissensions suscitées entre des États qui pouvaient voir d'un œil jaloux l'agrandissement de la Bithynie, Prusias résolut d'étendre ses frontières du côté de l'Orient. Il entreprit le siège d'Héraclée, l'une des principales places de la Paphlagonie, et qui fut annexée au royaume de Pont par Mithridate. Blessé pendant le siège, il renonça aux conquêtes, et finit tranquillement sa vie, après un règne de quarante ans, laissant la couronne (2) à un fils qui portait son nom.

PRUSIAS II.

Ce Prusias, surnommé *Cynægus*, le chasseur, monta sur le trône de Bithynie vers 192 avant J.-C. L'alliance qui avait existé entre son père et les princes de Macédoine subsistait toujours, malgré la conduite équivoque de Prusias envers Philippe. Le roi de Bithynie épousa une des sœurs de Persée, et prit une part active aux intrigues que ce prince entretenait avec tous les ennemis des Romains en Orient. Eumène, allié de la république, et jaloux de la puissance des rois de Bithynie, se plaignit aux Romains de la perfidie de Persée, qui avait tenté de l'assassiner ; la guerre fut décrétée, et Prusias employa, mais en vain, son influence auprès des envoyés de Rome pour détourner la république d'un pareil projet. (170 av. J.-C.) Pour rendre son intervention plus utile à son beau-frère, Prusias attaqua Eumène, et porta la guerre dans les États du roi de Pergame, qui fut ainsi contraint de rester en Asie. Mais ces événements servaient mieux la politique de Rome que n'aurait pu faire une guerre directe. Les Romains attendaient que les rois d'Asie se fussent suffisamment affaiblis les uns par les autres, pour les attaquer ensuite ouvertement.

Les armées de Prusias remportèrent sur celles d'Eumène de nombreux avantages ; elles durent ces succès moins à l'habileté de leurs généraux qu'aux conseils d'Annibal, qui, errant et proscrit, s'était retiré à la cour de Prusias, père de Cynægus. Le général carthaginois combattit lui-même la flotte d'Eumène (1) et mit ses vaisseaux en fuite. Des services aussi éclatants ne purent cependant détourner Prusias de la plus lâche trahison. Eumène s'était plaint aux Romains de la conduite de ce prince ; déjà la république était l'arbitre suprême auquel se soumettaient les monarques d'Asie, quand la voie des armes n'était pas assez prompte.

Quintius Flaminius, envoyé du sénat, arriva en Bithynie avec la mission avouée de rétablir la concorde entre les deux rois. En apprenant que l'implacable ennemi des Romains vivait en Bithynie comme l'hôte et l'ami de Prusias, Flaminius ne dissimula pas que le peuple romain ne consentirait jamais à recevoir pour allié un ami d'Annibal. C'est alors que le roi de Bithynie ne rougit pas de solliciter la protection de Rome, en promettant de livrer son hôte ; mais celui-ci, averti à temps du complot tramé contre lui, avait préparé du poison, qu'il prit au moment où les gardes du roi venaient l'arrêter. Il fut enterré à Libyssa, village qui était au bord de la mer (2).

(1) Verbo Μυρλέα.
(2) Tit. Liv., XXXII, ch. 34 ; XXXVII, ch. 3o.

(1) Plutarque, Vie d'Annibal.
(2) « Fuit et Libyssa oppidum, ubi nunc Hannibalis tantum tumulus... » Plinii Natural. Histor., lib. V, cap. XXXII.

Prusias, obligé de rendre à Eumène les provinces conquises, entreprit le voyage de Rome, pour tâcher de se concilier, par sa présence, les intérêts du sénat. Mais l'attitude suppliante qu'il prit en abordant le Capitole, la bassesse de ses supplications, lui furent plus défavorables auprès des fiers républicains que la conduite hardie qu'il avait tenue en attaquant leurs alliés. Renvoyé avec mépris, il revint en Bithynie pour se venger sur les rois de Pergame, et déclara de nouveau la guerre à Attale II, successeur d'Eumène; il le vainquit, et s'empara de sa capitale; mais les Romains le forcèrent de nouveau à restituer cette ville à son souverain légitime. Des soulèvements survenus en Bithynie forcèrent Prusias à s'enfuir à Nicomédie; son fils Nicomède vint l'attaquer, à la tête des révoltés, dans son dernier refuge. Après l'avoir fait assassiner, il fut proclamé roi, et reçut le surnom de Philopator. Les premières années de son règne se passèrent dans une paix profonde.

NICOMÈDE II.

L'alliance de ces monarques avec les rois grecs, et leurs relations continuelles avec les princes asiatiques les plus renommés par leur faste, donnent lieu de croire que la cour des rois de Bithynie n'était pas moins brillante que celle des Attale et des Séleucides. Mais la Bithynie a été trop souvent envahie et saccagée, pour qu'on puisse espérer d'y retrouver quelque monument important qui date de l'époque où elle n'était pas soumise à la domination étrangère.

NICOMÈDE III.

L'alliance que contracta Nicomède avec Mithridate lui attira la haine des Romains, mais ne l'empêcha pas de conquérir la Cappadoce et la Paphlagonie, qu'il partagea avec son allié. Les Romains, appelés pour arbitres dans un différend qui s'éleva entre eux, s'emparèrent de la Cappadoce pour venger le roi Ariarathe assassiné par Mithridate (1). Le même sort ne tarda pas à atteindre Nicomède, qui laissa cependant son trône à un fils du même nom. Ce prince, sous le nom de Nicomède III, soutint d'abord une guerre contre son frère Socrate, protégé par Mithridate; ce motif seul lui valut l'alliance des Romains, qui le rétablirent plusieurs fois sur son trône. Depuis ce moment la Bithynie fut acquise aux Romains, et, quelques années plus tard, Nicomède, en mourant, les institua ses héritiers. Cependant, ils n'entrèrent pas sans combattre en possession de leur héritage, et Mithridate mit une nombreuse armée en campagne pour défendre la Bithynie, qui fut soumise, malgré ses efforts, par Silanus, Lucullus et Cotta. Ce dernier avait établi son quartier général à Chalcédoine, pendant que Lucullus assiégeait Apamée et Pruse: cerné dans la ville par Mithridate, qui avait armé une flotte nombreuse, il fut secouru à temps par son collègue (1).

La dynastie des rois de Bithynie doit donc être établie de la manière suivante:

		avant J.-C.
Bias,	régna de	378 à 328
Zipœtès,	—	328 à 281
Nicomède Ier,	—	281 à 246
Prusias (Zelas)	—	246 à 232
Prusias Ier,	—	232 à 192
Prusias II,	—	192 à 149
Nicomède II,	—	149 à 92
Nicomède III,	—	92 à 75

LA BITHYNIE RÉDUITE EN PROVINCE ROMAINE.

Dès lors, ce pays, converti en province romaine, tombe sous le gouvernement des proconsuls et des préteurs, et rentre dans l'administration générale de l'empire. Décrétée province du peuple romain (2), la Bithynie fut gouvernée par des proconsuls tirés au sort. Plusieurs empereurs la visitèrent, et souvent son territoire devint le champ de bataille où les prétendants à l'empire firent valoir leurs droits.

(1) 71 av. J.-C.
(2) Pline, ép. IV, 9; V, 20; VI, 5; VII, 6 et 10.

(1) Appian., Bell. Mithr., c. 7-20.

EMPEREURS BYZANTINS.

De tous les combats qu'excitèrent les guerres civiles, il n'en est pas de plus important que celui qui décida du sort de l'empire entre Licinius et Constantin. La flotte du premier avait été battue devant les murs de Byzance; presque tous ses vaisseaux et cinq mille soldats avaient péri. Il passa secrètement à Chalcédoine, et eut bientôt réuni autour de lui une armée de cinquante mille hommes; mais Constantin, sans lui donner le temps d'assembler des forces plus considérables, traversa le Bosphore et engagea la bataille, qui se donna sur les hauteurs de Chrysopolis, aujourd'hui Scutari; tout le champ de bataille est occupé aujourd'hui par le vaste cimetière des musulmans, qui s'étend depuis la ville jusqu'au pied du mont Boulgourlou.

Pendant les règnes suivants, l'empire, balancé entre des victoires et des revers, soutint presque constamment des guerres lointaines, et la Bithynie, ainsi que les provinces limitrophes, jouirent d'une sorte de tranquillité, que des soulèvements partiels ne parvinrent pas à troubler. Julien, à peine monté sur le trône, se fit gloire de réparer les édifices des principales villes qui avaient été endommagées par des tremblements de terre. Partant de Nicomédie, il traversa l'Asie pour aller faire la guerre aux Perses. Son successeur, Jovien, couronné dans Ancyre, ne vit pas même comme empereur les murailles de Constantinople. Valentinien, l'un de ses tribuns, avait été appelé d'Ancyre en Bithynie par un parti puissant qui, d'accord avec l'armée, l'élut empereur dans la ville de Nicée. A peine investi de cette dignité, il se rendit à Nicomédie, et associa son frère Valens à l'empire. Le grand concours de partisans qui s'étaient réunis autour des nouveaux empereurs ne put cependant étouffer les prétentions de Procope, allié à la famille impériale. Malgré la présence de l'empereur, il s'empara de Nicée et de Chalcédoine. La mort de Valentinien, survenue sur ces entrefaites, fit passer l'empire sans partage entre les mains de Valens, dont le premier soin fut de poursuivre avec vigueur les rebelles, en mettant le siége devant les villes qu'ils occupaient. Les soldats de Procope, qui étaient à Nicée, purent néanmoins faire une sortie, et vinrent inquiéter l'armée de Valens qui entourait Chalcédoine. La fuite seule mit l'empereur à l'abri de leurs poursuites; il se sauva par le lac de Sophon, qu'Ammien Marcellin (1) nomme lac de Sunon. Il est clair que l'auteur latin ne veut pas parler du lac Ascanius : car tout le territoire de Nicée était occupé par les ennemis, tandis que Nicomédie tenait pour l'empereur. Cet événement, qui augmenta le nombre des partisans de Procope, lui donna les moyens de poursuivre le siége de Cyzique, mais ne lui ouvrit pas pour cela le chemin de l'empire. Attaquée par Valens dans la plaine de Nacolia, en Phrygie, son armée fut vaincue, et le général lui-même, arrêté dans sa fuite, eut la tête tranchée par ordre de l'empereur, dont la vengeance ne s'arrêta pas là, car plusieurs des villes qui avaient pris le parti de Procope eurent leurs murailles rasées. Aussi, lorsque les Perses, sous la conduite de Chosroès, firent une invasion en Bithynie, il leur fut facile de s'emparer des villes ainsi démantelées. Aux irruptions des Perses succédèrent celles des Goths et des Scythes, qui n'avaient pas pour usage de faire une guerre en règle, mais dont le seul but était de descendre sur la côte pour piller les habitants et brûler ce qu'ils ne pouvaient emporter.

Malgré la persécution qu'elle avait éprouvée sous les règnes des empereurs Dèce et Dioclétien, la religion chrétienne se répandit avec rapidité en Bithynie; du moment qu'elle trouva une protection près du trône, les fidèles couvrirent de monastères et d'églises les environs des villes et les penchants des montagnes. Toutes les vallées de l'Olympe virent arriver des anachorètes qui formaient des disciples fervents et dévoués.

DOMINATION MUSULMANE.

Les autres parties de l'Asie Mineure étaient depuis longtemps tombées entre

(1) Lib. XXVI, c. 8.

les mains de la race musulmane, qui avait formé des royaumes et des principautés indépendantes; mais la vigilance des empereurs byzantins avait éloigné jusque-là des frontières de la Bithynie les hordes des émirs et des califes. Haroun-al-Rachyd, qui s'était emparé d'Angora, et dont l'avant-garde était venue presque à Héraclée, s'était retiré, par suite d'un traité signé avec l'empereur (1). Les Seldjoukides, d'ailleurs constamment en guerre avec d'autres princes musulmans, avaient mollement attaqué la Bithynie, lorsque Toghrul, le chef de la dynastie d'Osman, voulant aussi conquérir un empire pour les siens, marcha droit vers l'ouest, et vint mourir sur les bords du Sangarius, en montrant à son fils Orkhan les hauteurs de Broussa. Ala-Eddin, sultan seldjoukide, lui avait donné en apanage toutes les terres qu'il pourrait conquérir au delà du Sangarius. La prise de Broussa, dont les Osmanlis firent leur capitale en Asie, amena la chute du pouvoir des empereurs en Bithynie. Des guerres infructueuses, un pouvoir précaire, ne peuvent être considérés comme la marque d'une domination. Plus tard, lorsque les armées des croisés vinrent occuper ces contrées, les Osmanlis, quoique vaincus, ne furent jamais complétement chassés, et la prise de Constantinople, en couronnant les efforts de deux siècles, cimenta pour jamais la domination musulmane.

Lorsque le sultan Orkhan détermina les limites de la province nouvellement conquise, il donna les noms de ses lieutenants aux principaux districts dont ils s'étaient emparés. Ainsi, le pays des Thyniens fut appelé Khodja-Ili, et la partie occidentale de la province reçut le nom de Khodawenkiar; les fiefs que l'émir s'était réservés autour de l'Olympe furent appelés Sultan-OEni. Mais le sultan ne gardait pas pour lui seul les terres conquises, et les plus braves de ses émirs recevaient des portions de territoire qui devaient au trésor public, outre une redevance en argent, un certain nombre d'hommes armés; le gouvernement de ces districts leur était dévolu à eux et à leurs descendants. C'est là l'origine de la puissance des dérébeys (1), dont le gouvernement, tout à fait féodal, fut pendant plusieurs siècles d'un si grand secours à la puissance des sultans. Quelques-uns de ces fiefs, donnés pour un certain nombre d'années, rentraient, à l'extinction du titre, sous le pouvoir de la Porte. Les guerres particulières que se livrèrent ces beys, les vexations de toute espèce dont ils accablèrent non-seulement les chrétiens, mais encore les différentes tribus musulmanes qui venaient camper dans leurs districts, contribuèrent à anéantir les derniers éléments de civilisation et de commerce dans cette contrée. Un des grands principes de la politique du sultan Mahmoud était de réunir sous un principe unique et absolu le gouvernement de l'empire. La puissance des dérébeys fut attaquée, et ceux qui étaient dans le voisinage de Constantinople furent obligés de se soumettre. Aujourd'hui, la Bithynie est gouvernée par des pachas, qui reçoivent tous les ans l'investiture à l'époque du Beyram. On n'entend plus parler de ces soulèvements hardis qui mettaient en feu des provinces entières, et maintenant Turcs et chrétiens, courbés sous le même niveau, jouissent, de la part des autorités, sinon de la même bienveillance, du moins d'une tranquillité relative.

CHAPITRE III.

FRONTIÈRES DE LA BITHYNIE.

Le royaume de Bithynie, formé du démembrement de plusieurs peuples, eut naturellement des frontières variables; néanmoins, du côté de l'ouest, les limites furent constamment fixées par le Rhyndacus. Du côté de l'est, il fut longtemps borné par le cours du Sangarius (2); mais après l'adjonction du pays des Mariandyniens, il s'étendit jusqu'à Héraclée, et même jusqu'au Parthénius, c'est-à-dire, jusqu'à la limite extrême du territoire de Caucones. Cette Thrace qui est en Asie,

---

(1) De Hammer, *Histoire de l'empire ottoman*, tome I.

(1) Dérébey, bey des vallées.
(2) Strabon, liv. XII, p. 541.

dit Xénophon, commence à l'embouchure du Pont-Euxin et s'étend jusqu'à Héraclée. Elle est à droite de ceux qui naviguent vers le Pont; de Byzance à Héraclée il y a une journée de navigation pour une trirème dans les plus longs jours (1).

Les frontières déterminées par Strabon sont un peu différentes. « La Bithynie est bornée à l'orient par les Paphlagoniens et les Mariandyniens, et par quelques-uns des Épictètes ; au septentrion par le Pont-Euxin, depuis l'embouchure du Sangarius jusqu'au Bosphore qui sépare Byzance de Chalcédoine; à l'occident, par la Propontide, et au midi, par la Mysie et la Phrygie surnommée Épictète, laquelle est aussi appelée Phrygie Hellespontique (2). »

Sous la domination des Romains, les limites de la Bithynie furent un peu changées. Toute la côte, dit Strabon (la partie droite du Pont-Euxin), était soumise à Mithridate, depuis la Colchide jusqu'à Héraclée. Mais le territoire situé au delà de cette ville jusqu'à l'embouchure du Pont-Euxin et jusqu'à Chalcédoine, était resté sous la dépendance du roi de Bithynie. Après la chute des rois de ce pays, les Romains conservèrent les mêmes limites, de sorte qu'Héraclée appartenait au Pont; mais le pays qui est au delà de cette ville appartenait à la Bithynie (3). La détermination de Ptolémée est différente. La Bithynie, dit-il, est bornée, au midi, par l'Asie propre, comme le montre la ligne tirée depuis le fleuve Rhyndacus jusqu'à la frontière ; à l'orient, par la Galatie et la Paphlagonie, d'après la ligne tirée depuis la limite mentionnée jusqu'à Cytorus, ville du Pont.

Néanmoins, tous les auteurs modernes qui ont traité de la Bithynie ancienne se sont accordés avec Étienne de Byzance et Arrien (4), pour en fixer les limites au Parthénius du côté de l'orient. Au sud, les frontières sont déterminées par la chaîne de l'Olympe, qui est presque parallèle à la côte de l'Euxin, et qui étend ses ramifications dans la Paphlagonie jusqu'au Pont et au fleuve Halys.

HONORIADE.

Vers le cinquième siècle, Théodose II détacha de la Bithynie une vaste portion dont il forma un gouvernement particulier qui fut appelé Honoriade, du nom de son oncle Honorius. Héraclée reçut le titre de métropole et devint le lieu de résidence du gouverneur (1).

PARAGES DU BOSPHORE.

La partie de la Bithynie qui est baignée par la mer a été de tout temps la mieux connue et la plus peuplée. Les vastes ports que forment les sinuosités de la côte attiraient, avant la fondation de Byzance, le commerce de la Grèce et les colonies de l'Europe.

Depuis l'embouchure du Rhyndacus dans la Propontide jusqu'à l'embouchure du fleuve Cius, la côte est peu élevée. Toute cette plaine est riche en oliviers et en pâturages. Le fleuve Cius, qui sort du lac Ascanius, vient se jeter dans un golfe profond qui prenait son nom de la ville la plus importante construite sur ses bords. Au reste, on n'est pas d'accord sur cette dénomination; Pomponius Méla s'exprime ainsi : « Il y a au delà de Dascylium deux golfes de moyenne grandeur; l'un, qui n'a point de nom, baigne la ville de Cius (2). »

CAP POSIDIUM.

Le promontoire de Cius, qui fut appelé aussi le cap Posidium (3), est formé par un prolongement du mont Arganthonius, sur le penchant duquel était bâtie la ville de Cius. Ce cap est sans doute le *Neptuni fanum* de Pomponius Méla. Il est couvert de forêts : c'est en en ce lieu que la fable place l'aventure d'Hylas enlevé par les nymphes.

---

(1) Xénoph., *Exp. Cyri*, liv. V, ch. III, n. 1.
(2) Strabon XII, 563.
(3) Strabon, liv. XII, p. 541.
(4) *Périp.*, liv. I, p. 14, 15.

(1) Jean Malala, *Chronog.*, liv. XIV, p. 69, 6, éd. Oxon.
(2) Méla, liv. I, ch. XIX.
(3) Ptolomée, liv. V, ch. I.

En remontant vers le nord, et après avoir doublé le cap Posidium, on entre immédiatement dans un autre golfe qui s'étend de l'est à l'ouest, dont la partie sud est formée par le mont Arganthonius, et la côte nord par la partie sud de la presqu'île des Thyniens.

GOLFE D'ASTACUS OU DE NICOMÉDIE.

Ce golfe, prenant son nom des villes les plus importantes construites sur ses bords, est appelé tantôt Olbianus de la ville d'Olbia (1), tantôt Astacenus de la ville d'Astacus (2).

Plus tard, la ville de Nicomédie ayant remplacé la ville d'Olbia, ce golfe prit le nom de golfe de Nicomédie, qu'il a conservé jusqu'à nos jours. La côte sud de la presqu'île des Thyniens se prolonge du nord-ouest au sud-est, depuis le cap de Chalcédoine jusqu'à la partie la plus étroite du golfe. A ce point, les terres se rapprochent, forment une sorte de détroit, qui, arrêtant l'impétuosité des vagues, fait du golfe de Nicomédie un vaste et tranquille port.

PORT HERÆUS.

Le cap de Chalcédoine, nommé aussi Héræus, est bordé d'une quantité de rochers. Au dedans de ce promontoire, la mer forme un golfe, qui, à le voir, semble être partout d'une égale profondeur. Cependant il n'y a qu'autant d'eau qu'il en faut pour couvrir le terrain (3). Justinien fit réparer ce port Héræus (4). Il fit faire un nouveau port dans le même endroit; comme l'ancien était exposé à la violence des vents et des tempêtes, il y remédia en faisant jeter quantité de caisses dans la mer, et il éleva par ce moyen deux môles jusqu'à la surface de l'eau, au-dessus desquels il posa des roches pour résister à l'impétuosité des vagues. Ainsi, il rendit ce port extrêmement sûr même pendant l'hiver et durant les plus furieuses tempêtes.

Depuis Chalcédoine jusqu'à l'embouchure du Pont-Euxin, la partie de la côte d'Asie qui est baignée par les eaux du Bosphore se prolonge du nord au sud sans former de golfes profonds; les bâtiments peuvent cependant mouiller à Scutari, dont le port était autrefois très-fréquenté, mais qui a été comblé pendant les guerres civiles. Pierre Gilles en vit détruire les derniers vestiges, lorsque la fille du sultan Soliman fit bâtir une mosquée sur la côte d'Asie. On voit encore dans la mer quelques pierres qui ont appartenu à l'ancien môle, dont la construction avait pour but d'arrêter les efforts du courant.

PORT CALPÉ.

La côte baignée par les eaux du Pont-Euxin n'offre aucun abri aux navires depuis l'entrée du Bosphore jusqu'au port Calpé, situé près de la rivière de ce nom. Étienne de Byzance nous apprend qu'il y avait également une ville de Calpé; Xénophon (1) nous a fait une description de ce port : il est ouvert à l'abri d'un rocher escarpé qui s'avance dans la mer, et qui a vingt aunes de haut à l'endroit le plus bas; et au-dessus un espace d'environ quatre cents pieds de large capable de loger dix mille hommes. Au-dessous est le port, vers l'occident, avec une source qui ne tarit jamais et qui coule le long de la mer.

Le cap qui forme le port Calpé s'abaisse du côté de l'est, et la côte est plate et sans accident. Le fleuve Sangarius, qui se jette dans la mer un peu plus à l'est, servait aussi de port pour les barques. Mais, en réalité, après le port de Calpé, il n'y avait que celui d'Héraclée qui offrît un abri certain aux navires.

Tels sont les principaux traits de la géographie et de l'histoire d'un pays qui, à différentes époques, a appelé l'attention des peuples les plus civilisés de l'Europe et la convoitise des hordes incultes de l'Asie. De cette monarchie bithynienne qui fut l'alliée des plus illustres rois grecs, et dont la république romaine, à l'époque de sa puissance, envia l'héritage, il ne reste pas un monument qui puisse faire juger quels

---

(1) Méla, id. ibid.
(2) Strabon, liv. XII, p. 563.
(3) Démosth. de Bithynie, liv. IV. apud Stephanum Byzant, verbo Ἡραία.
(4) Procope, De Ædificiis, Liv. 1ᵉʳ ch. XI.

(1) Exp. Cyri., liv. VI, ch. IV.

principes avaient dirigé les artistes de ce pays. Il n'est pas probable que le style de l'architecture phrygienne, dont on retrouve quelques exemples, ait été pratiqué longtemps par les Bithyniens, qui, voisins des côtes de la mer, et en relations constantes avec les colonies grecques, durent suivre dans leurs arts l'impression que donnait aux peuples d'Asie le génie hellénique.

Tous les monuments de l'antiquité que l'on rencontre en Bithynie sont de l'époque romaine. Presque tout ce que les princes byzantins avaient bâti avec une rapidité qui témoignait plutôt du désir de jouir vite que de faire des choses durables, a été anéanti par suite des guerres, des tremblements de terre et des renouvellements qu'a motivés une domination nouvelle. Les débris épars de ces temps reculés, devenus plus rares de jour en jour, acquièrent encore plus de prix aux yeux de l'historien qui les conserve avec respect, comme les derniers témoins d'une brillante époque. Les contrées moins favorisées de la nature, dont les sites sauvages, hérissés de rochers, ont été dédaignés par les populations modernes, nous offriront une plus ample moisson d'antiquités; mais nous avons cru devoir recueillir scrupuleusement les monuments byzantins de Bithynie, qui ne brillent pas par la perfection du style, mais qui se rattachent par des liens précieux à notre histoire nationale.

CHAPITRE IV.

NICOMÉDIE MÉTROPOLE.
ASTACUS. OLBIA.

Lorsque les premiers colons grecs arrivèrent sur les côtes d'Asie, ils choisirent les sites les plus favorables pour le développement du commerce et de l'agriculture. Les Mégariens remontèrent la Propontide et s'établirent au fond d'un vaste golfe situé à l'entrée du Bosphore de Thrace.

ASTACUS.

Tous ces lieux étaient alors sans nom; le chef de la colonie, nommé Astacus, fils d'Olbia, qui en sa qualité de navigateur fut déclaré fils de Neptune, fonda une ville à laquelle il donna son nom, et le golfe lui-même prit le nom de la ville. Les Mégariens arrivèrent en Asie vers le commencement de la dix-septième olympiade, c'est-à-dire sept cent douze ans avant J.-C. Memnon (1) rapporte le passage suivant : « Astacus était habitée par une colonie de Mégariens au commencement de la dix-septième olympiade; ils donnèrent à la ville le nom d'Astacus pour obéir à l'oracle, en mémoire d'un certain Astacus, l'un des Spartes habitant de Thèbes. » Si en effet la ville d'Astacus fut détruite par Lysimaque, elle ne dura que pendant une période de quatre cents ans, et les habitants furent transportés à Nicomédie par le fondateur de cette nouvelle ville (2). La prospérité de la colonie naissante ne tarda pas à porter ombrage aux chefs indigènes, qui attaquèrent et soumirent les nouveaux colons. Dédalsès, le chef de la dynastie bithynienne, incorpora dans ses États les deux villes grecques, et Astacus tomba sous les coups de Lysimaque pendant la guerre que ce prince livra à Zipœtès. Cet événement doit être placé entre 328 et 324 av. J.-C., cette dernière date étant celle de la mort de Lysimaque. Le successeur de Zipœtès, Nicomède Ier, appela dans la nouvelle capitale qu'il venait de fonder les débris de la population d'Astacus; ce qui n'empêcha pas cette ville de se relever en partie de ses ruines, tout en laissant à Nicomédie la suprématie qu'elle avait conquise.

Pausanias (3), en décrivant les objets d'art conservés dans l'enceinte d'Olympie, mentionne une statue d'ivoire de Nicomède Ier, roi de Bithynie « qui a donné son nom à la plus grande ville de ce royaume, car Nicomédie s'appelait anciennement Astacus ».

C'est du moins l'opinion de Strabon; mais il n'en est pas moins vrai que longtemps après cette époque Astacus est mentionnée par plusieurs auteurs comme existant sur le rivage du golfe Astacène concurremment avec Nicomédie; ce fait est facile à expliquer en

---
(1) Memnon apud Photium, ch. XXI.
(2) Strabon, XII, 563.
(3) Liv. V, ch. 12.

disant qu'Astacus s'est relevée de ses ruines après la mort de Lysimaque.

Du temps de Constantin Porphyrogénète, Astacus est mentionnée parmi les villes encore existantes: 1º Nicomédie métropole...; 4º Astacus. Pomponius Méla, après avoir décrit le golfe de Cius, poursuit en ces termes: « L'autre golfe, qu'on appelle Olbianus, porte sur son promontoire un temple de Neptune, et dans son enfoncement Astacus, fondée par les Mégariens. » Ce promontoire est le cap Posidium, aujourd'hui Bouz bouroun (le cap de la Glace), ainsi appelé non pas parce qu'il y fait plus froid que dans le voisinage, mais parce que c'est en ce lieu qu'on embarquait pour Constantinople les provisions de neige recueillies dans l'Olympe; c'est donc dans le voisinage de ce cap qu'il faut chercher l'emplacement encore inconnu de l'ancienne Astacus, et sur cette côte aucune localité ne paraît avoir mieux convenu à l'assiette d'une ville antique que le site de Kara Moursal.

OLBIA.

Une autre ville du nom d'Olbia fut également fondée par les Mégariens; elle prit son nom de la mère de leur chef, et le golfe fut indifféremment désigné par les Grecs sous les noms de golfe d'Olbia ou d'Astacus. L'examen attentif de ces côtes ne saurait conduire à reconnaître le site de la ville; car ce golfe attira, pendant tout le cours de l'empire byzantin, une population nombreuse, et un nombre considérable de villes, de forteresses et de châteaux couvrirent ses rivages.

Scylax ne fait aucune mention d'Astacus et ne parle que de la ville d'Olbia et du golfe Olbianus. On peut inférer des documents épars qui nous restent sur ces deux cités qu'Astacus, fondée par les Mégariens, vit bientôt sa population s'augmenter par l'arrivée de colons athéniens qui se fondirent dans la population bithynienne en allant s'établir à Nicomédie.

Ammien Marcellin (1) est du nombre des historiens qui ne font d'Astacus et de Nicomédie qu'une seule et même ville. Ptolémée (1) fait aussi une distinction entre Astacus et Olbia. Nous devons en conclure que, malgré les assertions contraires des historiens romains, il y eut dans le golfe Astacène trois villes qui chacune à son tour acquirent une certaine renommée et dont les populations vinrent se fondre dans celle de Nicomédie qui resta seule en possession de donner son nom au vaste golfe dont elle occupe l'extrémité.

Le cap Posidium formait la pointe sud du golfe Astacène; le cap Acritas formait la pointe nord : c'est là que commence le Bosphore. Ce cap s'appelle aujourd'hui Fanar Baghtchési (le fanal du Jardin); il y a un petit phare pour signaler l'entrée du golfe.

NICOMÉDIE.

Le titre de fondateur d'une ville était tellement recherché que le premier soin d'un prince vainqueur ou puissant était de supprimer le nom des villes déjà existantes et de le remplacer par le sien propre. Le même sort est arrivé à Nicomédie, fondée par le Thrace Zipœtès, père de Nicomède. Ce dernier prince, avant de faire une seconde dédicace de la nouvelle capitale de son royaume, offrit un sacrifice pour se rendre les dieux favorables, et les prêtres lui annoncèrent, d'après les présages des victimes, que la ville dont il allait jeter les fondements serait une des plus grandes et des plus florissantes de l'Asie, et que la durée en serait éternelle (2). Une statue d'ivoire, représentant Nicomède, fut élevée sur la place principale; c'est cette même statue que Trajan transporta à Rome (3).

Suivant l'usage presque général dans l'antiquité, de placer les villes sur des hauteurs, Nicomédie fut bâtie sur une des collines qui entourent le golfe. On voit encore dans la partie la plus élevée une suite de murailles flanquées de tours, qui paraissent avoir appartenu à l'ancienne cité, et qui plus tard servirent d'acropole à la ville bithynienne,

---

(1) Liv. XXII et Trebell. Pollio in *Hist. Aug.*

(1) Liv. V, ch. 1.
(2) Libanius, t. II.
(3) Pausanias, lib. V, ch. 12.

lorsqu'elle fut arrivée au plus haut degré de prospérité. Une grande portion de ces murailles s'élève à plus de deux mètres au-dessus du sol. Les tours, demi-circulaires, sont construites en pierres de petit appareil, qui indiquent évidemment un ouvrage romain; mais les soubassements sont formés d'énormes blocs de pierre calcaire, restes de la construction primitive. Ces murailles descendent dans l'intérieur de la ville moderne. On les reconnaît facilement au milieu des maisons; Nicomédie étant fondée sur une colline de de grès, elles ne peuvent se confondre avec les roches naturelles.

En descendant du côté ouest de la colline principale, les murailles se perdent bientôt au milieu des jardins et des groupes de maisons. Cependant, de distance en distance, on remarque des murs de soutènement construits en grands blocs, qui formaient sans doute de magnifiques terrasses sur lesquelles étaient situées les habitations. Le dernier mur de ce genre est au pied de la colline de l'ouest. Il était à cette époque situé au bord de la mer; il est bâti de briques, et soutenu, de trois mètres en trois mètres, par de grands contre-forts de pierre, entre lesquels s'ouvraient les égouts, qui étaient aussi au bord de la mer. Ces égouts sont encore en parfait état de conservation, et annoncent les débris d'une opulente et vaste cité. Ce sont de grands canaux dans lesquels un homme peut marcher debout. Ils pénètrent horizontalement dans l'intérieur des terres. On conçoit, pour la ville de Nicomédie, la nécessité d'avoir eu des égouts nombreux et bien entretenus. Située sur la pente d'une colline rapide, sur un terrain très-ondulé, elle eût été exposée aux ravages des eaux pluviales, comme on le remarque aujourd'hui dans la ville moderne.

Par la seule observation de ses murailles et des rares débris de l'ancienne ville, on peut rapporter les ruines de Nicomédie à trois époques différentes, l'époque de la Bithynie indépendante, l'époque romaine et l'époque byzantine. Nicomédie ne resta pas longtemps au haut de la colline; ses habitants se portèrent naturellement vers la mer où les appelaient le commerce et la navigation.

Près des égouts et dans le terrain qui est occupé aujourd'hui par l'arsenal, on voit les débris d'un môle qui, semblable à celui de Pouzzoles, était formé d'arcades comme un pont. Cette invention des Romains avait pour but de laisser un passage aux courants sous-marins qui, entraînant avec eux du sable et du limon, auraient bientôt comblé les ports exposés à leur action. Ce môle était bâti de briques et couronné de larges assises de pierre. Les piles des arches suffisaient pour rompre l'impétuosité des vagues. Les débris de cette construction sont encore baignés par les eaux de la mer; mais la portion la plus considérable se trouve au milieu d'un terrain qui n'existait pas du temps de l'ancienne Nicomédie. En effet, le golfe d'Astacus est soumis aux mêmes lois que tous les autres golfes qui communiquent avec des plaines. Des atterrissements considérables ont été formés par les eaux des torrents, qui ont charrié les terres sur lesquelles sont bâtis maintenant les arsenaux de la ville turque.

Non loin du môle, et sur la dernière terrasse, se trouve une construction dont la destination n'est pas facile à expliquer. C'est une plate-forme dont l'élévation varie de cinq à deux mètres, sur la pente du terrain. Elle est bâtie en grands blocs de pierre, appareillés avec le plus grand soin, et forme un carré de vingt et un mètres cinquante centimètres de côté, sur trois desquels sont placés des avant-corps carrés. On ne voit aucune trace de porte ni d'escalier autour de ce massif qui est assez bien conservé. Le couronnement est formé de grosses pierres portant une moulure et percées d'un trou carré, comme si elles avaient dû supporter une grille. Sa situation dominant la baie conviendrait beaucoup à un temple; mais ce terre-plein paraît avoir été primitivement inaccessible de tous côtés. Était-ce le piédestal de quelque colosse ou de quelque trophée, c'est ce qu'il est impossible de décider.

La ville de Nicomédie fut richement dotée par les rois de Bithynie (1). Nico-

(1) Ammien Marcellin lui donne le titre de mère des villes de Bithynie (liv. XVII,

mède l'orna de monuments somptueux et l'éclat de sa cour attira dans ses États non-seulement les princes ses voisins, mais séduisit le plus illustre des Romains, qui dut regretter plus d'une fois le trop long séjour qu'il fit chez Nicomède.

Les empereurs romains, maîtres de la Bithynie, traitèrent les habitants plutôt en alliés qu'en peuples conquis. Des routes somptueuses furent ouvertes dans toutes les directions, des ports furent creusés, des canaux même entrepris pour mettre les provinces en rapport direct avec les villes maritimes. L'exploitation des forêts qui couvraient la Bithynie fut un des points qui attirèrent le plus l'attention des préteurs. Le luxe des constructions commençait à se répandre dans Rome, et l'Europe ne suffisait plus à fournir les matériaux précieux dont les patriciens embellissaient leurs riches villas. L'île de Proconnèse offrait une mine inépuisable de marbre blanc; mais la passion des roches précieuses et rares augmentait à mesure qu'elle se trouvait satisfaite. Les arsenaux de Nicomédie, riches en matières premières, fournissaient des navires qui transportaient jusqu'en Italie les marbres de prix, les jaspes colorés et les métaux qui servaient pour la décoration. Nicomédie profitait, pour ses constructions, du voisinage de tant de carrières magnifiques : le mont Dindymène de Cyzique lui fournissait des granits, la vallée du Sangarius des jaspes, les terrains volcaniques de Lybissa des matériaux plus grossiers, mais non moins solides. La pierre calcaire employée dans les constructions était tirée des montagnes qui sont en face, de l'autre côté du golfe, car le sol de la ville et les environs ne sont composés que de grès.

Pline, nommé préteur de Bithynie sous le règne de Trajan, parle avec les plus grands éloges de Nicomédie (1),

qui avait reçu des embellissements considérables, et l'on voit dans ses lettres à l'empereur quelle était sa sollicitude pour le bien-être de la province qu'il administrait. Parmi les projets de travaux publics que le préteur de Bithynie soumettait à Trajan, il en est un qui est exposé en détail dans une de ses lettres à l'empereur (1). Pline songeait à joindre à la mer par un canal le lac de Sabandja, éloigné de Nicomédie d'une distance d'environ trente kilomètres; d'autre part ce lac aurait pu être joint au fleuve Sangarius, et la navigation aurait pu se faire directement entre la mer Noire et le golfe de Nicomédie sans avoir à passer le Bosphore. Le chemin était abrégé de tout le circuit de la presqu'île des Thyniens. Ce projet avait reçu de la part d'un roi de Bithynie un commencement d'exécution; mais il paraît, malgré l'approbation que Trajan envoie à Pline (2), qu'aucun travail ne fut exécuté.

Pendant que Pline visitait quelques villes de son gouvernement, un violent incendie éclata à Nicomédie et détruisit non-seulement plusieurs maisons particulières, mais encore deux édifices publics, le temple d'Isis et la Gérousie ou palais du sénat. A cette occasion Pline propose à Trajan d'établir une communauté de surveillants pour prévenir les incendies; mais l'empereur, auquel les conférences des chrétiens étaient déjà suspectes, refuse l'autorisation, en faisant remarquer combien cette province à déjà été troublée par des sociétés de ce genre (3). En effet, à peine les premiers chrétiens eurent-ils prêché la doctrine du Christ dans ces contrées, que de nombreux adeptes se réunirent à eux. Pline, qui résidait à Nicomédie, usa avec modération du pouvoir que lui donnait l'empereur pour poursuivre les sectateurs de la nouvelle doctrine.

Il mentionne dans ses lettres les bains, les aqueducs, les forums et les temples qu'elle renfermait. C'est à cette époque que Nicomédie fut ravagée par le terrible incendie qui détruisit ses monuments publics. Soit par flatterie,

---

ch. XIII), et Pline l'appelle la ville illustre (liv. V, *in fine*).

(1) Lorsque la Bithynie fut réduite en province romaine, Nicomédie devint le siège des gouverneurs, dont quelques-uns lui procurèrent de grands avantages. Pline l'orna d'une place publique et y construisit un aqueduc. Lettres 16, 40, 42, 50.

(1) Pline le Jeune, liv. X, *let.* L.
(2) Ibid., *let.* LI.
(3) Plin. liv. X, *lett.* XLII, XLIII.

soit par reconnaissance, c'était un usage répandu dans toutes les villes de l'Asie Mineure d'élever des temples en l'honneur des empereurs. Nicomédie obéit au mouvement général; mais le sénat, pour donner plus de prix à une pareille faveur, ne l'accordait qu'avec une extrême réserve. Aussi Dion (1) fait-il remarquer comme une preuve du grand crédit de Soater, natif de Nicomédie et favori de Commode, la permission qu'il obtint pour sa ville natale de faire élever un temple à l'empereur, et de fonder des jeux et des combats en son honneur. Sur un morceau de frise richement orné, on lit encore quelques lettres qui semblent être la fin du mot ANTONINUS. Il serait possible que ce fût un débris du temple de Commode. Ce prince a reçu, en effet, dans plusieurs capitales de l'empire les honneurs divins.

Dans la lutte qui s'engagea entre Septime-Sévère et Niger, la ville prit parti pour le premier. Elle resta toujours fidèle à l'empereur, et parmi les monuments de son règne on trouve une portion d'inscription qui doit avoir appartenu à une statue élevée en l'honneur de ce prince par ordre de son fils Caracalla; elle est gravée sur un piédestal dont la partie inférieure manque; mais on peut la restituer d'après une inscription identique qui existe dans les ruines de Synnada. Ces monuments sont postérieurs à la prise de Ctésiphon par Sévère.

A la bonne Fortune, la ville (honore) l'empereur César Marc Aurèle Antonin Auguste, pieux, sébaste, la 11ᵉ année de sa puissance tribunitienne, consul, sous l'empereur César Septime Sévère, pieux, Pertinax, auguste, vainqueur de l'Arabie, de l'Adiabène, des Parthes, très-puissant et maître de la terre et de la mer.

Cette inscription est de l'an 202 de notre ère, l'année du premier consulat de Caracalla, et la onzième depuis que son père l'avait associé à l'empire.

Héliogabale (218) partant d'Antioche pour se rendre à Rome s'arrêta à Nicomédie, où il passa l'hiver qui suivit son élection.

Nicomédie fut le séjour favori de

(1) *In Commodo.*

Dioclétien, qui songeait déjà sérieusement à créer en Orient une seconde métropole; mais l'activité qu'il déploya pour augmenter et embellir cette ville, se changea bientôt en vexations, que sa cupidité rendait encore plus intolérables. Lactance s'est plu à recueillir tous les actes odieux reprochés à Dioclétien à cause de son goût désordonné pour des constructions faites sans but et sans projet arrêté; car chaque jour il donnait l'ordre de démolir des édifices construits ou à peine achevés pour les remplacer par d'autres. Le goût des jeux du cirque s'était répandu au point que pas une ville ne voulait être privée de cette jouissance. Dioclétien fit bâtir un hippodrome somptueux qui n'existe plus de nos jours, parce que de tout temps cette ville ayant été florissante, les matériaux de marbre des monuments furent taillés à nouveau pour être employés dans d'autres édifices. Un hôtel des monnaies, un arsenal, des fabriques d'armes, des palais pour sa femme et pour sa fille, furent élevés par ses ordres, et les habitants, appelés par corvée, travaillaient à leurs frais à ces constructions gigantesques, qui ne s'élevaient qu'aux dépens des habitations de la ville. Tous ces édifices, construits à la hâte, ne résistèrent pas à l'effort des siècles. Il est même probable que, pour la plupart, ils ne furent pas achevés. Dioclétien, en quittant la résidence de Nicomédie, coupa court à une fortune aussi imprévue. La cérémonie de son abdication eut lieu l'an 305 de J.-C., dans la grande plaine située à l'est de Nicomédie. Il monta immédiatement en litière, et se retira à Salone pour y finir ses jours.

Ce fut à Nicomédie, en 303, que commença la persécution contre les chrétiens. Galerius vint trouver l'empereur dans cette ville, et obtint, par ses instances, que les moyens les plus rigoureux seraient mis en usage pour forcer les fidèles à abandonner leur foi. L'église cathédrale fut le premier édifice qui supporta la fureur du peuple: on enfonça les portes, on livra au pillage tous les meubles et les livres qu'il contenait, et peu s'en fallut qu'il ne fût incendié; la crainte de voir le feu se propager au delà de l'enceinte de l'édifice sacré put seule empêcher l'empereur d'exécuter son dessein. L'évêque saint Anthyme eut la tête tranchée. On trouve dans une église grecque de la Mysie une inscription que nous rapporterons quand nous examinerons cette province, et dans laquelle est mentionné un évêque du même nom qui administrait le diocèse de Scamandria.

Engagée dans la guerre entre les Romains et les Perses, Nicomédie souffrit des maux inouïs lorsque les derniers vinrent assiéger Chalcédoine (1). Quelques années plus tard, les Goths, arrivant par le canal du Bosphore, s'emparèrent de Chalcédoine (2), et cette conquête inattendue leur fournit des armes et des provisions de toute espèce. De là ils marchent sur Nicomédie, et, guidés par un transfuge, ils parviennent à se rendre maîtres de la place. Tout ce que cette ville renfermait de richesses tomba en leur pouvoir; les monuments publics furent livrés aux flammes, et ce que le feu ne détruisit pas fut rasé quelque temps après, lorsque les barbares se trouvèrent obligés de lever le siége de Cyzique.

Cependant tous ces désastres étaient facilement réparés; car, malgré les expressions exagérées des historiens, il est probable que les villes dont ils mentionnent la destruction n'étaient pas complétement ruinées; mais lorsque les phénomènes naturels se joignirent à tant d'invasions et de revers, Nicomédie vit sa fin approcher, et tout le luxe de ses édifices disparut en un seul jour, anéanti par un terrible tremblement de terre. En examinant la nature de la contrée, on est d'autant plus étonné de voir qu'elle ait souffert de si violentes secousses, que rien, dans ses environs, ne décèle une grande force des feux souterrains, à peine si l'on voit près de la mer quelques affleurements de terrains volcaniques. Ce fut dans le quatrième siècle que la ville eut à souffrir les plus rudes atteintes; tous les écrivains du temps ont parlé de cette catastrophe dans les termes les plus lamentables; Libanius et Ephrem composèrent des poëmes pour chanter les derniers jours de Nicomédie.

Libanius, dans sa Monodie, écrite vers l'an 354 (1), chante ainsi la ruine de Nicomédie : « Nicomédie, naguère encore une ville, mais aujourd'hui rentrée dans la poussière, doit être pleurée par moi en silence. Tant d'édifices publics et privés qui faisaient l'ornement de la ville croulèrent les uns sur les autres! depuis la citadelle jusqu'aux jardins, tout s'abîma; les prétoires et les tribunaux, la multitude de temples, la masse des thermes, le magnifique palais, et le théâtre, qui suffisait pour illustrer la ville.

« Le soleil était à peine arrivé à son midi. A ce moment les dieux gardiens de la ville avaient abandonné les temples, et la ville sombrait comme un navire sans pilote; les murs tombaient sur les murs, les colonnes sur les colonnes, les toits sur les toits, les fondements même étaient détruits; le théâtre s'écroula le premier avec fracas. Alors l'incendie commence; les toitures propagent les flammes; le Cirque lui-même, plus solide que les murs de Babylone, est détruit; les animaux affamés errent à l'aventure; les portiques, les musées, le temple des Grâces et des Nymphes et le grand bain qui portait le nom de l'empereur (2) tous ces édifices disparaissent, et le peuple au milieu de ces désastres erre comme des fantômes. »

La relation d'Ammien Marcellin, dans sa description du tremblement de terre qu'éprouva Nicomédie, nous fait connaître un grand nombre d'édifices qui seraient ignorés sans lui. « Dans ces jours de désolation, dit-il, d'horribles tremblements de terre ont ravagé la Macédoine, l'Asie et le Pont, et par leurs secousses répétées ont anéanti un grand nombre de villes et de montagnes. Et au milieu de tant d'affreuses calamités, nous devons rappeler la ruine de Nicomédie, métropole de la Bithynie, dont je vais donner un vrai et succinct récit :

« Le 24 août, à la pointe du jour, d'épais nuages s'étant rassemblés, couvrirent la surface du ciel, et la lumière

---

(1) Nicéphore Calliste, VII.
(2) Ammien Marcellin, liv. XXII, ch. IX.

(1) Libanii Monodia de Nicomedia, in oper. ed. Morell., II, 1675.
(2) Sans doute les thermes d'Antonin.

du soleil, disparut au point qu'on ne distinguait pas les objets les plus voisins; puis, comme si un dieu eût lancé la foudre et excité les vents des quatre coins du monde, on entendit le bruit effrayant des tempêtes et le fracas des flots débordés; à cela se joignirent des tourbillons et des torrents de vapeurs enflammées, avec d'affreux tremblements de terre qui renversèrent de fond en comble et la ville et les faubourgs. La plupart des maisons qui se trouvèrent sur le penchant des collines tombèrent les unes sur les autres, et les échos portèrent de tous côtés le bruit de cet horrible désastre. Les sommets des montagnes renvoyaient les cris plaintifs de ceux qui cherchaient leurs épouses, leurs enfants et leurs proches; enfin, longtemps avant la troisième heure du jour, les ténèbres étant dissipées et l'air devenu plus serein, on découvrit toute l'étendue de ces ravages.

« Quelques malheureux, accablés par les décombres, périrent écrasés; d'autres, ensevelis jusqu'aux épaules, expirèrent faute de secours; ceux-ci se trouvèrent suspendus à de hautes poutres sur lesquelles ils étaient tombés; on vit alors confondus les cadavres d'un grand nombre d'habitants que le même coup avait détruits; quelques-uns moururent de crainte et de disette dans leurs maisons ruinées. Ce fut ainsi que termina misérablement ses jours Aristenète, qui avait recherché la place de vicaire du diocèse créé par Constance pour honorer la piété de sa femme Eusébie...... On aurait pu sauver une grande partie des temples, des maisons et des habitants, si l'ardeur des flammes, qui se répandirent aussitôt, n'eût pas, pendant cinquante jours et cinquante nuits, achevé de ruiner tout (1). »

C'est à cette époque que tout ce qui restait de l'art ancien dans la ville fut entièrement détruit. On pourrait dire que Nicomédie renferme encore les preuves de ce tremblement de terre; car ses rues et ses cimetières sont jonchés de colonnes, de débris d'architraves et de fragments informes.

Ce ne fut guère que sous le règne de Justinien, vers le milieu du sixième siècle, que Nicomédie vit renaître une partie de sa prospérité passée (1). Procope s'étend avec complaisance sur les nombreux monuments dont l'empereur dota cette ville : c'étaient encore des bains, des aqueducs et des églises; mais aucun de ces édifices n'a subsisté jusqu'à nous, et nous devons chercher au milieu des jardins de la ville turque les débris d'une cité qui fut si puissante.

Sous le rapport de l'antiquité, on ne saurait espérer faire de grandes découvertes dans une ville qui a supporté de si déplorables catastrophes. Il ne reste plus rien de ces temples, de ces portiques si nombreux. A l'orient de la ville, vers le quartier appelé *Zeïtoun*, *Mahallé-si*, et dans le lieu nommé *Imbaher*, au milieu des terrains du cimetière juif, se trouvent les ruines d'une grande citerne qui fournissait de l'eau à l'ancienne ville. Elle est composée de trente-six piliers portant des arcades surmontées de voûtes en pendentifs. Toute la construction est de briques : les impostes seules sont d'une espèce de grès volcanique. La surface de cette citerne est de deux cent cinquante mètres carrés; elle contenait quinze cents mètres cubes d'eau. Pline avait trouvé une source considérable qu'il proposait à l'empereur d'utiliser pour l'usage des habitants, en la conduisant à la ville au moyen d'un ouvrage voûté (*arcuato opere*), et il tenait particulièrement à maintenir le niveau de la source, afin que les quartiers élevés pussent en profiter également. Il proposait, pour cela, de restaurer un aqueduc qui avait coûté aux habitants trois millions trois cent vingt-neuf mille sesterces (644,993 francs), et qui était resté imparfait (2). On ne voit plus de traces de ce monument; mais la position de cette citerne, à mi-côte, donne lieu de penser qu'elle a reçu les eaux de la source aujourd'hui perdue. L'intérieur était revêtu d'un enduit composé de trois couches différentes : la première, appliquée immédiatement

---

(1) Amm. Marcell., lib. XVII, cap. VII.

(1) Procope, *De Ædif.*, liv. **V**.
(2) *Epist.* XIV, lib. **X**.

sur les briques, était un blocage composé de chaux et de ciment; la deuxième, un mélange de charbon pilé et de chaux; et la troisième était un stuc fort dur, formé de pierres pilées, de chaux et d'huile.

C'est de ce lieu, qui domine une vallée profonde, qu'on jouit du plus beau coup d'œil de la ville et du golfe. Les minarets qui s'élèvent au milieu des masses de verdure, et les nombreux jardins de Nicomédie, lui donnent cet aspect de fraîcheur et de richesse particulier aux villes de Bithynie.

Après avoir suivi la fortune de la capitale de l'empire d'Orient, Nicomédie tomba entre les mains des Turcs en l'an 727 de l'hégire, ou 1326 de notre ère, après les efforts inutiles que fit Kaloioannès, frère de Marie Paléologue, pour défendre cette place. Après la prise de Constantinople par les Latins, les princes Comnènes vinrent résider à Nicomédie.

Presque toutes les églises furent converties en mosquées par le sultan Orkhan. Néanmoins, Nicomédie conserva toujours dans l'Église grecque les priviléges et l'importance d'un siége épiscopal; et dans les grandes fêtes de l'Église de Constantinople, l'évêque de Nicomédie marche à côté de celui de Nicée, immédiatement après le patriarche. On conserve dans l'église de Nicomédie plusieurs reliques, parmi lesquelles on remarque le bras de saint Basile renfermé dans une châsse d'argent, qui a la forme d'un bras et qui est richement ornée de rubis et de perles.

La moderne Nicomédie est appelée par les Turcs *Isnikmid*, par suite de cette corruption de langage qui a altéré les noms des anciennes cités. Isnikmid n'est qu'une portion de ces mots grecs : εἰς Νικομήδειαν.

Le grand vizir Kouprulí a fait établir à Nicomédie des arsenaux maritimes qui ont longtemps fourni les galères et les caravelles les plus estimées de Constantinople. Tous les armements importants se font à Constantinople, mais on construit encore à Nicomédie quelques bâtiments de guerre. Cette ville doit à son heureuse position, à son voisinage des forêts, et à l'activité de ses habitants, de n'avoir pas déchu du rang qu'elle occupait. Elle est toujours une des villes les plus importantes de l'Asie Mineure; sa population peut être évaluée à 30,000 âmes, réparties de la manière suivante :

Turcs . . . . 2,500 familles.
Grecs . . . . 1,200 id.
Arméniens . . . . 800 id.
Juifs . . . . 500 id.

Mais on sait combien il est difficile d'obtenir des renseignements exacts sur la population réelle des villes musulmanes; car tout le monde, les gouverneurs comme les habitants, ont intérêt à en dissimuler le chiffre. Quelque confiance que l'on inspire aux rayas, ils croiront toujours utile de diminuer le nombre de leurs coreligionnaires, parce que le karatch ou capitation étant établi par tête, et recueilli par les tchorbadji, ou primats de chaque nation, on parvient ainsi, en divisant l'impôt sur un plus grand nombre de têtes, à en alléger le poids, et les gouverneurs devant remettre au trésor le montant des impôts établis sur un nombre donné d'habitants, sont enclins à donner un chiffre moindre pour qu'il reste une partie notable de l'impôt perçu, dans leurs caisses.

Le principal commerce de Nicomédie est le bois et le sel. On a utilisé les vastes marais qui sont au fond du golfe, pour établir des salines qui sont d'un grand produit. La fabrication du sel est entre les mains des particuliers; le gouvernement se réserve la dîme du sel fabriqué. Le commerce de bois est libre, à la charge de vendre au gouvernement les échantillons de choix qui peuvent être utiles à la marine. Mais cette liberté est chèrement achetée par les charges qui pèsent sur les habitants; car les Rayas comme les Turcs, qui s'occupent du commerce des bois, doivent fournir en corvées les ouvriers nécessaires au service de la marine. Le gouvernement alloue une journée de cinq piastres pour les ouvriers de ces chantiers; mais cette somme est rarement payée intégralement, et nul n'oserait la réclamer du gouverneur. Les Arméniens se livrent volontiers à la fabrication du maroquin, qui s'exporte à Constantinople.

La ville moderne de Nicomédie est composée de vingt-trois quartiers, dont dix-neuf sont habités par les Turcs, trois par les chrétiens et un par les juifs.

5.

La plus ancienne mosquée était autrefois une église grecque qui fut consacrée par le sultan Orkhan au culte de l'Islam. Le plus grand temple musulman a été bâti par Pertew pacha, grand vizir du sultan Soliman le Grand, et qui resta pendant sept ans à Nicomédie comme gouverneur. Cette mosquée est près du port à l'entrée de l'arsenal : Sinam, qui en fut l'architecte, imita dans de moindres proportions la mosquée que le sultan faisait bâtir à la même époque à Constantinople, et qui porte le nom de Soliman. Le même architecte construisit des bains et un caravansérai. Ces monuments, en rapport avec le commerce et la population de la ville, n'offrent cependant rien de remarquable comme œuvre d'art. Il n'y a plus de traces du magnifique palais que le sultan Mourad IV fit bâtir à Nicomédie, et qui était entouré de jardins splendides. Les palais que les premiers sultans firent construire en Asie Mineure, celui de Broussa et celui de Magnésie du Sipylus, ne sont plus que des amas de décombres.

L'arsenal impérial d'où sortirent jadis les vaillantes galères qui tinrent en échec les marines de Gênes et de Venise, aujourd'hui désert et ruiné, ne peut plus servir à la construction des bâtiments d'un fort tonnage ; car les atterrissements formés peu à peu au fond du golfe, ont comblé la darse et rendu le mouillage impraticable pour les grands vaisseaux.

Si les ruines de Nicomédie, examinées en détail, ne sont plus pour l'antiquaire qu'un souvenir vague et confus d'une civilisation effacée ; si l'artiste ne trouve rien qu'un sentiment pittoresque dans les constructions élevées par les Osmanlis, la nature s'y montre toujours vivace, grande et majestueuse ; les collines ombragées de térébinthes, les vigoureux et noirs cyprès qui entourent les demeures des morts, les jardins verdoyants qui embellissent chaque maison, donnent à la ville un aspect général de richesse et de gaieté qui s'évanouit quand on entre dans l'intérieur. Les nombreux cimetières placés près des mosquées renferment quelques monuments qui datent de l'époque où l'art des Turcs puisait ses inspirations dans l'école arabe. La décadence du style turc primitif date du règne du sultan Osman, qui envoya en Italie des artistes pour étudier les monuments de l'Occident : c'était l'époque où l'école du Bernin était à son apogée.

A leur retour, ils introduisirent dans les constructions les modèles d'un art italien déjà dégénéré, et encore abâtardi en passant dans des mains qui ne le comprenaient pas. Le faible reflet de l'art des Arabes fut totalement éclipsé, et l'art des Turcs tomba au degré où nous le voyons aujourd'hui.

CONSTITUTION DU SOL AUX ENVIRONS DE NICOMÉDIE.

Les collines sur lesquelles est bâtie la ville de Nicomédie sont un embranchement de la chaîne qui forme la côte nord du golfe et dont le mont Maltépé est le point culminant ; au nord elles se rattachent au mont Sophon ou de Sabandja.

Le terrain calcaire bleu qui constitue le sol de Scutari cesse bientôt pour faire place à des roches à base de quartz, et le grès rouge finit par dominer. Cette nature de roche s'étend jusqu'au bassin du Sangarius. Dans l'intérieur de la ville, il se présente sous la forme de stratifications bien distinctes inclinées de 30 degrés à l'est, les couches ont environ deux mètres d'épaisseur. Elles sont séparées par des lits de cailloux de quartz et de jaspe qui dans la partie supérieure de la colline ont à peine la grosseur d'un pois, et en descendant les couches intercalaires et les cailloux augmentent d'épaisseur, de sorte qu'à la base de la colline elles forment avec la roche même un poudingue à gros noyaux ; bientôt le grès rouge disparaît et le terrain est entièrement composé de cailloux.

La base du terrain des deux autres collines est également de grès rouge ; mais dans la partie supérieure il est stratifié par un calcaire marneux à cassures conchoïdes d'une désagrégation facile. Ces couches sont recouvertes par une véritable marne, qui s'étend indéfiniment vers l'est. Nous avons donc ici l'origine du terrain de grès rouge qui forme une partie du sol de la province.

CHAPITRE V.

PÉRIPLE DU GOLFE DE NICOMÉDIE.

Pour entreprendre le périple du golfe de Nicomédie, il faut retourner à cette ville et suivre la côte nord. Il est bien important pour les voyageurs qui s'occupent de recherches d'antiquité de ne jamais traverser un ancien cimetière sans examiner avec soin les pierres tumulaires; car on peut presque toujours y recueillir des inscriptions; les stèles et les colonnes votives étant d'un transport facile, les habitants les emploient volontiers pour décorer les tombes.

La route de caravane entre Nicomédie et Constantinople suit la côte nord du golfe. Après cinq heures de marche, on arrive à Yarimdjé, et on couche au khan de Héréké. On distingue sur la route les ruines d'un château byzantin qui domine la montagne voisine et qui descendent jusqu'à la mer. Héréké paraît occuper la place de l'ancienne Ancyron, petite ville des environs de Nicomédie, où Constantin avait une villa et où il est mort; ce qui explique pourquoi les uns placent le lieu de sa mort à Nicomédie, les autres à Ancyron. En effet cette place pouvait être regardée comme un faubourg de la capitale. Toute cette côte était jadis occupée par des villas des patriciens de Byzance.

Bouz bouroun forme le point de séparation entre le golfe de Nicomédie et celui de Cius ou de Moudania. Pour se rendre à Nicée en droite ligne, on peut descendre au village de Samanli, et de là se diriger par la rive sud du lac en passant par Kurla.

Un peu plus à l'ouest est le village de Yalovatch qui marque la position de Drépanon appelé ensuite Hélénopolis. Il faut chercher de ce côté les bains chauds où la princesse Hélène aurait fait faire de grandes constructions. Ces bains étaient fréquentés par les habitants de l'ancienne Byzance, comme aujourd'hui par ceux de Constantinople, qui les préfèrent à ceux de Broussa à cause de la proximité de la capitale. Leur situation dans une vallée ombreuse en fait un lieu des plus agréables dans la saison d'été. La cure est ordinairement de quinze jours; on profite de la saison des cerises; l'usage de ce fruit aide, dit-on, singulièrement l'action des eaux.

Les coupoles qui couvrent le bain sont, dit-on, celles qui furent construites par l'impératrice Hélène. Non loin de là sont quelques ruines qui appartenaient sans doute à l'hospice et au palais d'Hélène et de Constantin (1). C'est à son retour de Jérusalem qu'Hélène fit construire ces édifices sur l'emplacement de l'ancienne Drépanon, et Constantin, pour honorer sa mère, éleva le bourg au rang de ville, et lui donna le nom de Hélénopolis; lui-même, aux derniers temps de sa vie, s'y rendit quelquefois et mourut dans sa villa d'Ancyron, petite place voisine de Nicomédie.

C'est à Hélénopolis que se retira l'armée des croisés commandée par Pierre l'Ermite et Gauthier sans Avoir, lorsqu'elle abandonna Nicée pour se mettre en communication avec la côte, et pour renforcer l'armée dans le but d'attaquer Nicée. Après le malheureux combat contre les Sarrazins, ces derniers élevèrent une pyramide avec les ossements des Francs tombés sur le champ de bataille; ils étaient au nombre de vingt-cinq mille, si l'on en croit Alexis Comnène.

Entre Yalovatch et Hersek coule un petit ruisseau dont les eaux forment mille détours; on l'appelle aujourd'hui *Kirk ghetchid*; c'est l'ancien fleuve Draco, auquel ses détours sans nombre avaient valu cette dénomination. Il prend sa source dans les montagnes qui séparent le lac de Nicée de la mer (2). Ce petit fleuve formait la limite entre l'empire des Byzantins et celui des Seldjoukides, quand Alexis Comnène, menacé du côté de l'ouest par le duc de Normandie, et du côté de l'est par Soliman, fut obligé de conclure la paix; il abandonna à ce dernier toutes les terres qu'il avait conquises depuis Nicée jusqu'au fleuve Draco, et il ne resta plus au prince grec que l'étroit territoire compris entre le fleuve et la mer. Le village de Hersek est bâti sur un pro-

---

(1) Procope, *De Ædif.*, V, 2.
(2) Procope, *De Ædif.*, loc. cit.

montoire qui se trouve directement en face de celui de Dil ; de sorte qu'en ce point le golfe de Nicomédie est tellement resserré que sa largeur n'a pas plus de six kilomètres. Ce village tient son nom du grand visir Hersek Ahmed pacha, qui en 1457 fit bâtir une mosquée et un caravansérai. Non loin de Hersek est le village de Kara Moursal dont le nom rappelle la première victoire du sultan Osman. Moursal, un des compagnons d'armes de Aghidjé Kodja, ayant pris le nom de Kara Moursal (le Noir), s'empara de la partie méridionale du golfe de Nicomédie, qui lui fut donnée en fief à condition qu'il entretiendrait des barques armées pour veiller à la conservation de sa conquête (1326). Un château qu'il fit construire dans la partie sud du golfe porte encore son nom et est devenu le centre d'un village; c'est en cet endroit que fut sans doute fondée Astacus « en face de Nicomédie ». A quelques lieues de cet endroit se trouvent les bains chauds de Yalovatch, l'ancienne Drépanon, qui prit ensuite le nom de Hélénopolis. Comme nous avons dit plus haut.

Le village que l'on rencontre en suivant la côte porte le nom d'Erégli, qui paraît occuper la place de Eribolon. Cette même ville est mentionnée par Ptolémée sous le nom d'Eribæa. Giaour Erégli, village situé sur la montagne voisine, est occupé par les familles grecques chassées du bord de la mer.

Tous ces rivages étaient couverts de riches villas byzantines ; aussi trouve-t-on à chaque pas des vestiges d'anciennes murailles; mais il n'existe aucun édifice complet.

TAOUCHANDIL.

La Langue de Lièvre. Un gros village du même nom s'élève sur le dos de la colline ; c'est sans contredit le plus considérable et le plus pittoresque de toute la côte. Il est célèbre par des sources minérales qui coulent à trois kilomètres du village, et qui sont le but de nombreux pèlerinages pendant toute la belle saison, mais surtout dans le mois d'avril. A cette époque les malades de toute classe arrivent de Constantinople; on prend les eaux de Taouchandil avant d'aller terminer sa cure à Yalovatch. Pendant trois jours on s'abstient de tout mets salé et de toute espèce de viande; le quatrième jour on commence à prendre le matin une grande tasse d'eau et l'on se tient chaudement. Cela dure trois jours ; les trois jours suivants on boit de l'eau trois fois par jour et l'on ne mange que du poulet au riz non salé. Quand on s'est purgé dix ou quinze fois, on prend de la limonade ou de la soupe acidulée avec un citron qui procure des évacuations. Pendant le temps de la cure, le nazir ou directeur des eaux y fait sa résidence pour maintenir l'ordre public. Souvent au lieu de faire succéder à cette première cure l'usage des bains de Yalovatch, on le remplace par des bains de sable, et alors on continue le régime de volailles et de riz. La plupart des buveurs d'eau sont installés sous des tentes autour de la source ; d'autres demeurent dans le village. Cette époque de la saison des eaux rassemble à Taouchandil une foule de marchands, de baladins, de *cafédji* qui préparent le sorbet ; c'est un tableau des plus animés. Les femmes turques se dispensent de la règle qui leur défend de paraître sans voile hors du logis.

En continuant de cotoyer le golfe, on arrive après une heure et demie de marche à une langue de terre sablonneuse que l'on appelle Dil, c'est-à-dire langue. La pointe de Dil est placée exactement en face de celle de Hersek ; c'est ce qui forme l'étranglement du golfe de Nicomédie et en fait un excellent mouillage en empêchant la mer du large d'y entrer. Cette terre est si basse et paraît si peu tenir au continent que les habitants du pays racontent qu'elle a été faite par un derviche qui voulait traverser le golfe et n'avait pas de quoi payer son passage; les bateliers du voisinage, craignant de voir l'entrée du golfe comblée, s'empressèrent de lui offrir leurs barques; et comme dans ces sortes de récits il y a toujours une preuve à l'appui, on montre dans le voisinage le tombeau d'un derviche qui s'appelait Dil Baba (le père de la langue). Il y a à Dil un petit khan et une fontaine qui furent construits en 1638 par Mustapha Bostandji, chef des jardiniers du sultan Mourad III.

On arrive après une heure de marche au village nommé Mahallé-ul-Alime (le quartier des almées) qui n'offre rien de remarquable.

Guébizé, dont le nom n'est autre qu'une altération de Lybissa, est située à six kilomètres de Taouchandil ; c'est en ce lieu que mourut Annibal. Il y a, dit Plutarque (1), en Bithynie un village sur le rivage de la mer, que ceux du pays appellent Lybissa duquel on dit qu'il se trouvait un oracle tout commun en cette sorte :

Terre Lybisse engloutira le corps
De Annibal, quand l'âme en sera hors.

Annibal, retiré à Lybissa, avait fait creuser des souterrains autour de sa maison pour prendre la fuite dans le cas où il serait poursuivi. Mais sa retraite ayant été cernée par des gardes, il se décida à mourir pour ne pas tomber entre les mains des Romains. Plutarque rapporte qu'il s'empoisonna en buvant du sang de taureau. Cette croyance, généralement répandue dans l'antiquité, n'est basée sur aucun fait réel ; le sang de taureau n'est pas plus malfaisant que celui de tout autre animal. Il faut donc s'en tenir à l'autre version rapportée également par Plutarque que le général carthaginois mourut en buvant un poison qu'il portait toujours avec lui. Le monument ou plutôt la colline qu'on regarde comme le tombeau d'Annibal est un tumulus qui est aujourd'hui couvert de gazon et qui ne présente au dehors aucune trace de construction ; c'est un emplacement vierge pour les futurs faiseurs de fouilles.

Pline parle de Libyssa comme d'une ville qui n'existait plus de son temps (2). « On y voyait la ville de Libyssa, dont il ne reste plus que le tombeau d'Annibal. »

Étienne de Byzance (3) ne la cite pas moins comme une ville maritime ; tout cela s'explique, attendu qu'elle était très-voisine de la mer. Ptolémée la place dans les terres (1), Pierre Gilles donne au village moderne le nom de Dacibyssa.

Tous les itinéraires mentionnent cette ville comme lieu d'étape ; ce qui prouve qu'elle existait encore sous l'empire byzantin. L'itinéraire d'Antonin place Libyssa entre Chalcédoine et Nicomédie de cette manière :

ANTONIN.

Chalcedonia.
Pantichium. . . . M. P. XV.
Libyssam. . . . . M. P. XXIV.
Nicomediam . . . M. P. XXII.

Tables de Peutinger.

Calcedonia.
Liuissa . . . . . . XXXVII.
Nicomédia . . . . XXIII.

Itinéraire de Bordeaux.

Chalcedonia.
Nassete. . . . . . M. P. VII.
Pandicia . . . . . M. P. VII.
Pontamus. . . . . M. P. XIII.
Libyssa. . . . . . M. P. IX.
Ibi positus est rex Annibalianus qui fuit Afrorum.
Brunga. . . . . . M. P. XII.
Nicomédia . . . . M. P. XIII.

Le Port de Guébizé était autrefois défendu par un château fort de construction byzantine dont il ne reste que quelques vestiges. Sous le règne de Soliman le Grand, une mosquée fut construite à Guébizé par Tchoban Mustapha pacha ; cette place était au nombre des conquêtes du sultan Orkhan.

En quittant Guébizé pour suivre la route de Constantinople, on commence à entrer dans l'intérieur du pays ; mais on ne perd jamais la mer de vue. Daridjé, petit village, est situé sur le rivage ; c'était du temps des Byzantins un château fort qui fut pris par Mahomet II en 1423. Il y a aussi à Daridjé comme à Taouchandil une source minérale qui est fréquentée par les Grecs comme la première l'est par les Turcs. Pendik, l'ancienne Pantichium est située à six kilomètres de Guébizé et à égale distance de Kartal ; c'est la pre-

(1) Annibal, in fine; Amyot.
(2) Liv. V, 32.
(3) V. Libyssa.

(1) Liv. V, ch. 1.

mière étape après Constantinople. Ici le rivage est très-accidenté et se découpe en une infinité de promontoires. On arrive enfin au pied d'une montagne d'où la vue s'étend sur toute la capitale; c'est le Maltépé, c'est-à-dire la colline du trésor. On raconte que bien des recherches inutiles ont été faites à sa base pour retrouver des trésors imaginaires; c'est le point culminant d'une petite chaîne de collines qui va aboutir à la mer. Maltépé est à seize kilomètres de Scutari et à douze de Chalcédoine; ce lieu paraît marquer l'emplacement de Pélékanon; mais ce n'est qu'une conjecture, car il ne reste aucun indice suffisant pour s'assurer de cette position.

CHAPITRE VI.

CHALCÉDOINE.

L'ancienne Chalcédoine est située entre Scutari et Kadi-Keuï, dans la plaine qu'on appelle Doghandjilar meïdani (la place des Fauconniers). C'est aujourd'hui le champ de manœuvres des troupes cantonnées à Scutari. Au fond d'une petite baie formée par la pointe de Kadi-Keuï se trouve le jardin de Haïder Pacha avec une fontaine ombragée par un magnifique platane. Dans l'antiquité cette fontaine portait le nom de source d'Hermagoras.

Kadi-Keuï, c'est-à-dire le village du juge, s'élève sur l'emplacement de l'ancienne Chalcédoine dont les ruines même ont disparu, et qui ne vit plus que dans les souvenirs historiques.

Chalcédoine fut fondée l'an 675 avant J.-C. par Archias, qui conduisait une colonie de Mégariens. Elle prit son nom du fleuve Chalcédon, qui arrose la plaine voisine, et qui lui-même tenait son nom soit d'un fils de Saturne, soit du fils du devin Chalcas. Les autres traditions découlent probablement de l'oracle local, qui avait une grande célébrité. Il était placé dans le temple d'Apollon et n'avait pas moins d'autorité que l'oracle de Delphes.

Cette ville reçut aussi les noms de Procérastis et de Colpusa, sans doute à cause de sa position devant la Corne d'or, qui est le *golfe* de Byzance. Elle était, selon Pline, éloignée de soixante-deux mille cinq cent pas de Nicomédie (1).

Les fondateurs de Byzance ayant été consulter l'oracle pour lui demander en quel lieu ils devaient fonder une ville : Allez, leur répondit-il, établissez-vous devant la ville des aveugles. Cette satyre contre les habitants de Chalcédoine fut répétée par Mégabyze (2), général perse. Ces gens-là, dit-il, étaient donc aveugles pour avoir été choisir un territoire si ingrat lorsqu'ils avaient devant eux une contrée si magnifique. Byzance en effet fut fondée dix-sept ans après Chalcédoine.

Sous le règne de Darius Chalcédoine fut soumise au pouvoir des Perses. Pharnabase s'empara de la ville, et après avoir réduit tous les jeunes gens à l'état d'eunuques, il les envoya à Darius.

Polyen raconte la manière dont les Perses s'emparèrent de la ville (3). Ils creusèrent un souterrain de quinze stades qui avait son entrée sur le flanc d'une colline et qui pénétrait sous les murailles jusqu'à la place du marché. Une nuit que les assiégés étaient dans la plus grande quiétude, les Perses entrèrent par le souterrain et la ville fut prise.

Pendant la guerre entre les rois Prusias et Philippe, les Rhodiens, d'abord alliés des Étoliens ensuite de Philippe, s'emparèrent de Lysimachie, ville de Troade, ensuite de Cius et enfin de Chalcédoine.

Dans la guerre contre Mithridate, cette dernière ville fut prise par le préteur Aurélius Cotta, 76 ans avant J.-C. Lorsque Mithridate devint de nouveau maître de la Bithynie, il marcha contre Chalcédoine; Cotta se retira dans la place, et laissa Nudus, le commandant de la flotte, occuper la plaine devant la ville. Chassé de cette position, ce dernier voulait se retirer vers les portes; mais dans le tumulte de la retraite, il perdit beaucoup de monde (4).

La garde des portes fit descendre du haut des murailles un panier dans

(1) Pline, l. V, c. XXXII.
(2) Hérod., IV, 144.
(3) Polyanus, *Stratag.*, VII, XI, 5, ap. Hammer.
(4) Appien, *Bell. Mithr.*

lequel furent hissés Nudus et quelques officiers; le reste fut mis en déroute. Mithridate, qui ne perdait aucune occasion, vint le même jour se placer avec sa flotte devant l'entrée du port, brisa les chaînes qui le fermaient, brûla quatre vaisseaux ennemis, amarra le reste, au nombre de soixante, à la suite des siens, tandis que Cotta et Nudus qui se trouvaient dans la ville ne pouvaient opposer aucune résistance; dans cette action, Mithridate ne perdit que peu de monde.

Pierre Gilles emprunte à Denys de Byzance un récit qui montre à quelles fourberies avaient recours les devins de Chalcédoine pour attirer la foule à leurs prétendues révélations.

Un faux devin, nommé Alexandre, s'étant associé à Byzance avec un chronographe diffamé nommé Cocconas, avaient remarqué que les trésors pleuvaient dans les temples de Delphes, Claros, Delos, et que l'art de la divination donnait de grands profits; ils entreprirent de fonder eux aussi un oracle. Cocconas préférait Chalcédoine comme un lieu fréquenté par les marchands. Alexandre penchait pour une ville de Paphlagonie nommée Aboni Teichos (les murs d'Abon), et son avis l'emporta. Ils partirent donc pour Chalcédoine, et imaginèrent de faire déterrer près du temple d'Apollon des tables de bronze portant une inscription dont le sens était : que bientôt Esculape avec son père Apollon arriverait dans le royaume de Pont, et s'établirait dans la ville d'Aboni Teichos. La fraude fut assez bien concertée pour que le bruit de cet événement se répandit rapidement dans la Bithynie et arrivât jusqu'à la ville, qui s'empressa de faire bâtir un temple à Apollon. Cocconas resta à Chalcédoine, distribuant les oracles avec succès. On pense, ajoute Pierre Gilles, qui rapporte ce fait d'après Lucien, que les tables de bronze trouvées dans les fondations des murs de Chalcédoine, quand Valens les fit démolir, remontent à cette époque. Elles contenaient quelques vers hexamètres annonçant à Byzance des événements sinistres.

Chalcédoine fut assiégée par Alcibiade pendant la guerre du Péloponnèse et en partie ruinée; mais l'invasion des Scythes dans le courant du troisième siècle, sous le règne de l'empereur Gallien, porta le comble à ses malheurs; la ville fut entièrement rasée.

Constantinople venait à peine d'être fondée, quand les Goths firent une irruption dont les ravages furent réparés par Cornelius Avitus.

Dans la vingt et unième année de son règne, le 28 juin 326, jour de la Saint-Pierre, Constantin fit détruire les temples de Chalcédoine, ou les convertit en églises. L'oracle d'Apollon fut englouti sous les décombres, et le temple de Vénus fut transformé en église de Sainte-Euphémie. Cette église était située dans le faubourg du Chêne (Drys).

C'était le plus brillant quartier de Chalcédoine; c'est là que Rufin, le ministre favori d'Arcadius, possesseur de richesses immenses, avait fait construire une splendide villa, qui englobait tellement les constructions environnantes que tout le quartier était appelé Rufinopolis; elle s'élevait sur la colline qui avait favorisé la prise de la ville par les Perses. Ses colonnes de marbre précieux se miraient dans les eaux du Bosphore. L'or et les mosaïques ornaient de somptueux appartements, et Rufin, quoique non baptisé, avait fait bâtir une église sous l'invocation des apôtres Pierre et Paul. Tout ce luxe et ces démonstrations religieuses plaisaient à Théodose, défenseur ardent de la foi orthodoxe. L'empire d'Orient était infecté d'arianisme depuis Valens; les ariens triomphaient; le désordre était dans l'Église; chaque église avait sa règle, et les évêques se lançaient mutuellement des anathèmes. Le polythéisme profitait de ces dissensions, et les sacrifices païens se multipliaient. Rufin, n'étant encore que néophyte, s'était déclaré avec vigueur pour le clergé orthodoxe; mais il ne pouvait rester plus longtemps sans entrer dans le giron de l'Église, et le jour où le monastère et le temple qu'il avait fait bâtir furent achevés, la dédicace en fut faite avec une splendeur inusitée, et Rufin reçut le baptême le 24 septembre 394. Les évêques furent mandés des divers diocèses de l'Asie; un concile de dix-neuf prélats procéda à la dédicace et au baptême. Les anachorètes de la Thébaïde et de l'Égypte avaient été appelés; ils étaient arrivés sous la conduite de leurs abbés couverts de peaux de chèvres, d'autres presque nus, les cheveux et la barbe en désordre; ils rappelaient les Bosci ou anachorètes broutans, qui vivaient dans les montagnes de Césarée. La cuve baptismale était entourée d'un rideau de pourpre, et Rufin y descendit soutenu par Ammonius, le célèbre solitaire du Pont.

Trois fois on lui plongea la tête dans l'eau baptismale, et au sortir des fonts, Ammonius lui donna l'accolade. De riches eulogies (les présents baptismaux) furent envoyées aux principaux habitants de Chalcédoine. Cette cérémonie fut illustrée par l'homélie de Grégoire de Nysse, plus que par la pompe théâtrale qui l'accompagnait. Ce fut pour ainsi dire le dernier éclat de la splendeur de Chalcédoine (1).

Sur le promontoire Herœon s'élevait un somptueux palais qui appartenait à Théodose; ce lieu était célèbre chez les Byzantins. C'est là que Théodose écrivit aux chefs des ariens de Constantinople, qu'ils eussent à rentrer dans la communion de Nicée ou à abandonner les églises dont ils étaient en possession. Une assemblée de ces sectaires ayant eu lieu, les ariens se soumirent à la sentence de Théodose et quittèrent les édifices qu'ils possédaient dans la ville, pour s'installer dans ceux du faubourg. D'après cette maxime qu'ils avaient adoptée : Si vous êtes persécutés dans une ville, retirez-vous dans une autre.

L'église de Sainte-Euphémie, décrite par Évagrius (2), fondée comme nous avons dit par Constantin, était distante de deux stades (368 m.) du Bosphore, sur le penchant d'une colline dépendant d'un faubourg de Chalcédoine. On avait voulu que les fidèles qui se rendaient à l'église pussent en même temps jouir du spectacle de la nature, du murmure des flots et de la verdure de la campagne. Son plus bel ornement, ajoute l'écrivain, était l'admirable tableau que présentait la vue de Constantinople qui s'élevait directement en face. L'ensemble des constructions se composait de l'église et de deux vastes monastères avec des portiques et des promenoirs. C'est là qu'en l'année 451 se tint le concile contre l'hérésie d'Eutycnès et qui prit son nom de la ville où il eut lieu. Hiéroclès classe Chalcédoine parmi les villes de la *Pontica prima*, et lui assigne le premier rang parmi les évêchés de la province.

Dans la seconde année du règne de Justinien, en 569, le 21 mars, le général sarrasin Almunzar s'empara d'un faubourg de Chalcédoine, et le réduisit en cendres. C'est de ce moment qu'une croyance s'établit dans Chalcédoine que le vingt et unième jour du mois était un jour malheureux. On se rappelait de sinistres événements arrivés à cette même date.

L'invasion des Perses suivit à peu près la même marche que celle des Sarrasins; ils se présentèrent devant Chalcédoine, la cinquième année du règne d'Héraclius, en 715, et comme ils ne pouvaient pas s'en rendre maîtres immédiatement, ils laissèrent un corps d'observation, et l'année d'après ils l'emportèrent (1). Enfin la ville étant tombée entre les mains des Turcs peu de temps avant la prise de Constantinople, ils détruisirent les derniers vestiges de ses riches monuments pour bâtir dans leur nouvelle capitale des mosquées et des bains. Aujourd'hui on cherche en vain l'emplacement de ses murs et de ses édifices; mais la fontaine d'Hermagoras continue de rafraîchir le sol; et le petit fleuve Chalcédon, sous le nom peu poétique de Kadi-Keui-Souiou, porte toujours ses eaux à la mer après avoir arrosé quelques jardins.

Pierre Gilles vit détruire les derniers vestiges du palais de Rufin, qui fut plus tard occupé par Bélisaire. Les pierres de taille étaient transportées à Constantinople pour construire la mosquée de Soliman le Grand. Cette destinée des pierres de Chalcédoine inspire au savant écrivain de Hammer une triste monodie dans le genre de celles de Libanius sur Nicomédie! « Ah si ces pierres

(1) Améd. Thierry, *frag.*, 1860.
(2) Gillius, *De B. . Thrac.*, lib. III.

(1) Théophane, ans 6 et 7 de Héraclius.

pouvaient parler, s'écrie-t-il, elles nous rediraient les hymnes chantés dans les fêtes nocturnes de Vénus, les psaumes qui retentirent dans l'église de Sainte-Euphémie; aujourd'hui, au lieu des exhortations des Pères de l'Église, elles n'entendent plus que la voix du mollah qui leur crie cinq fois par jour : *Il n'est d'autre Dieu que Dieu, et Mahomet est son prophète....* Jusqu'à ce qu'un tremblement de terre ou une révolution inattendue leur donne une autre destination ! »

Les anciens écrivains attestent que les habitants de Chalcédoine ne se distinguèrent jamais dans les lettres; mais ils s'adonnaient avec ardeur à la pêche des thons et des pélamides, et étaient devenus très-adroits dans l'art de fabriquer et de tendre les filets. Les poissons du genre scombre sont en effet très-nombreux dans le Bosphore; à certaines saisons ils remontent le courant pour aller frayer dans la mer Noire, et redescendent ensuite pour gagner la Méditerranée et continuer leur pérégrination autour du globe. La ville de Chalcédoine avait deux ports formés par deux promontoires; l'un, nommé Acritas, portait à son extrémité un temple de Vénus Marine; l'autre, qui s'appelle aujourd'hui Fanar bouroun, est regardé par Pierre Gilles comme l'ancien *Hœreum promontorium*. Le grand port fut défendu par un môle, ouvrage du questeur et protospathaire Eutrope, qui lui donna son nom. L'autre port plus au nord s'ouvrait sur le Bosphore, Justinien y fit faire quelques ouvrages et notamment des casemates pour les barques que l'on tirait à sec sur le rivage. Cet usage est encore suivi à Constantinople, et ces sortes de remises sont appelées *Kaïk-Hané*, maisons de bateaux. Justinien fit construire un palais non loin du promontoire Hœreon, nous avons dit que Théodose en possédait déjà un au même lieu. On y voyait aussi une église de Saint-Jean; et comme le rivage était couvert de plantes marines, on appelait cette plage Calamotum. Procope nous apprend que par les ordres de Justinien un môle, supporté par des arcades, fut construit dans le but de rendre le grand port plus sûr. De nombreuses constructions en ornèrent les abords.

Lorsque les habitants du moderne village de Kadi-Keui font quelques fouilles pour planter des arbres ou élever quelque muraille, il est rare qu'ils ne tombent pas sur d'antiques fondations. Tous les fragments qu'on a mis à découvert datent des temps byzantins; il y a longtemps que le dernier vestige de la ville grecque a disparu. Les médailles qu'on exhume à de rares intervalles sont aussi du bas empire; il est même difficile de s'en procurer.

LA FONTAINE ZARETA.

Il y aurait aux environs de Chalcédoine une curiosité archéologique et naturelle à rechercher : c'est la fontaine Zaréta, citée par plusieurs écrivains anciens et qui nourrissait de petits crocodiles.

Étienne de Byzance la mentionne en ces termes (1) : « Il y a une fontaine au-dessus de la mer de Chalcédoine nourrissant de petits crocodiles, » et Strabon (2), « on trouve dans la Bithynie la ville de Chalcédoine..., le bourg de Chrysopolis et le temple chalcédonien; au-dessus de ces lieux et non loin de la mer la fontaine Azarétia, qui nourrit de petits crocodiles. » D'autres écrivains, notamment Stace (3) et Antigonus de Caryste (4), parlent aussi de ces animaux; le premier les appelle des lézards byzantins (*Byzantiacos lacertos*). C'était sans doute une espèce de salamandre et non pas de lézards (5), car ces animaux ne vivent pas dans l'eau.

Le faubourg de Drys à Chalcédoine avait pris l'accroissement d'une ville; aussi est il désigné par les écrivains du temps comme une ville et un port de mer (6). Cédrénus n'en parle que comme d'un faubourg qu'on nommait de son temps Rufiniana. Du temps de N. Caliste, il gardait encore le nom de Rufin.

(1) V. Zareta.
(2) XII, 563.
(3) Liv. 4.
(4) *Histor. Mirab.*, cap. 164.
(5) *Voy.* Strabon, traduction française, tom. 4, p. 79.
(6) Socrat., *Hist. eccles.*, l. VI, ch. 14.

Le faubourg de Drys ou du Chêne avait pris son nom d'un chêne gigantesque qui en faisait l'ornement. On disait alors le faubourg de Ruphin.

CHAPITRE VII.

CHRYSOPOLIS. — SCUTARI. — USKUDAR.

A dix stades environ de Chalcédoine et dans le territoire appelé Chalcedonia (1) se trouvait l'arsenal des Chalcédoniens, qu'on appelait Chrysopolis, et dont l'emplacement est occupé par la ville moderne de Scutari, nommée Uskudar par les Turcs. La ville s'élève sur une pente douce au pied du mont Boulgourlou, du haut duquel on jouit du plus magnifique panorama qu'il soit possible d'imaginer ; en aucun lieu de la côte la vue du Bosphore et de Constantinople ne se développe d'une manière aussi splendide.

L'antique Chrysopolis était, sous l'empire des Perses, le lieu où se versaient les tributs levés sur les peuples de la presqu'île ; c'est de là que lui vint le nom de la ville d'Or. Etienne de Byzance, qui rapporte les traditions des Grecs, nous les montre fidèles à leur habitude de faire dériver tous les noms des villes et des peuples de quelque héros de leur race ; selon cet auteur Chrysès, fils de Chryseis et d'Agamemnon, fuyant la persécution d'Ægiste et de Clytemnestre, se retira en Asie, et mourut en ce lieu, où il eut sa sépulture. En commémoration de ce fait, la ville fut appelée Chrysopolis. Quoique le voisinage de Byzance ait toujours été un obstacle à l'accroissement de cette ville, comme elle se trouve être le point de l'Asie le plus avancé du côté de l'Europe, elle fut toujours un lieu de transit assez fréquenté. Les Dix mille, après avoir quitté Trébizonde, s'arrêtèrent pendant sept jours à Chrysopolis pour y vendre leur butin (2). Les Athéniens s'étant emparés de Chrysopolis, l'entourèrent d'une muraille, et en firent une place où se versait l'argent provenant des dîmes perçues sur tous les navires qui traversaient le Bosphore en venant du Pont-Euxin. Une flotte de trente voiles sous deux commandants veillait à la sûreté du port. Une partie de ce port fut comblée, lorsque la ville de Chalcédoine fut détruite, et l'autre partie, sous les empereurs byzantins, pour empêcher les barbares d'y trouver un refuge. Les derniers vestiges de ce port disparurent au commencement du seizième siècle lorsque la fille du sultan Soliman fit bâtir la mosquée qui porte son nom. Quelle que fut son importance commerciale du temps des Grecs, Chrysopolis ne subit aucun accroissement pendant le règne des rois de Bithynie. Strabon ne la mentionne que comme un village dépendant de Chalcédoine. Son nom acquit quelque célébrité, parce que c'est dans le voisinage de Chrysopolis que Licinius fut vaincu par Constantin en l'an 324, et la dix-neuvième année de son règne. Licinius, prisonnier, fut conduit à Thessalonique, où il eut la tête tranchée. Le nom de Scutari, qu'on ne trouve pas dans les auteurs anciens, vient sans doute de ce que cette ville renfermait un corps des *scutarii*, porte-boucliers, *equites primi scutarii*, créé avec les *sagittarii* par l'empereur Valens. Ils précédaient le corps des seconds scutaires et se trouvaient sous les ordres du maître des milices pour l'Orient (1). Selon M. de Hammer, le nom uskudar est perse et correspond au mot de astandar, que Xénophon emploie pour désigner les courriers impériaux, les angari des Perses.

LES COURRIERS EN ORIENT DANS L'ANTIQUITÉ ET DE NOS JOURS.

Les Perses avaient établi à Chrysopolis une station de courriers qui portaient les ordres dans tout l'empire, et cette institution fut soigneusement conservée par l'empire romain. Auguste imita les Perses en établissant une corporation de *reredarii* ou courriers qui avaient des stations tous les cinquante milles. Là on trouvait non-seulement des chevaux de rechange, mais encore des voitures à deux et à quatre roues qui pouvaient porter jusqu'à mille livres.

---

(1) Xénophon, *Anab.*, VI, 6, 36.
(2) Xénoph., l. 6.

(1) Notice de l'Empire, p. 59.

Le nombre des animaux, chevaux ou mulets, qui devaient être attelés était fixé par des règlements (1); les voitures à deux roues ne pouvaient porter que cinq cents; le cheval de poste ne portait qu'un excédant de trente livres; l'été on attelait huit mules et l'hiver dix; les voitures à deux roues étaient attelées de trois mules. Valentinien défendit de se mettre plus de trois personnes dans ces dernières voitures (2). Outre ces transports, il y avait des chevaux de course appelés *veredi* qui franchissaient rapidement de grandes distances (3). La selle et la bride ne devaient pas excéder le poids de soixante livres sous peine d'amende. Chaque station devait être garnie de vingt chevaux et jamais elle ne devait être vide. Les patriciens affichaient un grand luxe dans l'équipage de leurs montures; les mors et souvent les brides étaient dorés; enfin un vétérinaire payé par la commune était attaché à l'établissement.

Chaque année le nombre des chevaux était renouvelé par quart, et c'était la province qui avait la charge de les remplacer. Par le moyen de ces courriers, les nouvelles se répandaient avec la plus grande célérité; des esclaves se tenaient constamment prêts pour seller les chevaux; des greniers bien approvisionnés servaient non-seulement aux chevaux de poste, mais encore aux cavaliers qui voyageaient par détachement. Les empereurs eux-mêmes faisaient usage de ce moyen de transport. Titus tomba malade dans une maison de poste.

Les particuliers pouvaient faire usage des postes impériales moyennant une permission du præfectus prætorio, qui délivrait des diplômes. Pline, préteur de Bithynie, paraît avoir été très-difficile pour délivrer ces permis de poste, et il écrit à Trajan qu'il n'en donne que dans le cas d'absolue nécessité. Lui-même, lorsqu'il parcourait sa province, ne voyageait pas à cheval mais dans des voitures; c'est ainsi qu'il se rendit d'Éphèse à Pergame. Mais ce voyage le fatigua beaucoup, et il se rembarqua à Pitane, le port de Pergame pour se rendre en Bithynie (1). Cette institution des angari ou des postes publiques commençait à dégénérer sous l'empire byzantin, les aubergistes, par faveur ou à prix d'argent, obtenaient la faculté de servir les courriers, et ils louaient leurs chevaux à tout venant. Le mauvais entretien des routes rendait inutile l'emploi des chariots; le désordre se mettait dans l'administration quand les Turcs se sont rendus maîtres du pays. En leur qualité de peuples cavaliers et nomades, leurs princes n'ont pas laissé tomber en désuétude une institution dans laquelle le cheval joue le principal rôle. Aux *mansiones* romaines succédèrent les mensil-hané, que le sultan Soliman organisa d'une manière régulière. Les *diploma* délivrés par le préfet du prétoire furent remplacés par des bouyourdi délivrés par le pacha, et les agents seuls du gouvernement avaient le droit de se servir des chevaux. Mais dans cette institution des transports, le commerce n'était pas oublié; les routes, mal entretenues, il est vrai, autant par incurie que comme question de défense, ne pouvaient plus servir aux voitures, et la *rheda* des Latins, dont les Turcs ont fait le mot *araba*, la voiture, finit par devenir en Asie un objet de curiosité. Mais en revanche ils ont mis un grand soin à fonder des établissements magnifiques sous le nom de caravansérai, c'est-à-dire palais des caravanes. Ces établissements contiennent au rez-de-chaussée de vastes écuries, des magasins pour les marchandises et au premier étage des chambres pour les voyageurs. Il y a ordinairement une dotation attachée à l'établissement pour défrayer le personnel, et les caravanes sont reçues moyennant une très-minime redevance. Les caravansérais sont classés parmi les fondations pieuses, comme les fontaines et les hospices, et la création d'un tel édifice dispense un musulman du voyage de la Mecque.

Aux *angari* des Persans, aux *veredarii* des Romains a succédé chez les Turcs une corporation qui tenait de près à celle des janissaires et qui cependant existe encore, c'est le corps des *tatars*, qui sont considérés comme courriers de cabinet pour porter les ordres de la Porte.

(1) L. 8, Cod. Th.
(2) L. 17, 30, Cod. Theod.
(3) Procop., *De Bello Pers.*, lib. 2.

(1) Pline, liv. X, *lett.* XVIII.

Non-seulement ils ont le droit de prendre dans chaque mensil hané les chevaux qui leur sont nécessaires; mais dans les villages ou même sur les routes nul cavalier n'oserait refuser de troquer son cheval contre celui d'un Tatar en mission, quitte à retrouver sa monture dans la maison de poste prochaine. Les tatars sont reconnaissables à leur costume particulier; ils portent un grand béniche, sorte de robe rouge avec le fez, et tout l'attirail de campagne ne les quitte jamais; nous voulons parler des armes de toute sorte et des accessoires de la pipe.

TÉLÉGRAPHIE CHEZ LES BYZANTINS.

Indépendemment de cette transmission terrestre des ordres impériaux, les souverains de Byzance avaient établi une ligne de télégraphie aérienne nocturne entre Tarsus et la ville de Scutari. La première station était placée sur le mont Boulgourlou. Ce système de signaux correspondait avec Constantinople, soit à la tour des vedettes (1), soit à la tour du centenier voisine du palais. L'invention de ces signaux remonte aux plus anciens temps historiques. La prise de Troie fut annoncée à la Grèce par des signaux nocturnes qui se répétèrent de proche en proche sur les sommets de toutes les montagnes (2). Les Gaulois connaissaient le même moyen de correspondance; mais l'organisation régulière des signaux télégraphiques ne date que du neuvième siècle de notre ère. Ils furent perfectionnés sous le règne de Théophile par Léon le Philosophe, évêque de Thessalonique. La nécessité de connaître les mouvements des Sarrasins avait fait organiser ce service; les feux étaient disposés de manière à former des chiffres qui correspondaient à des phrases; huit stations étaient établies entre Tarsus et la capitale. La première à Kula dans le voisinage de Tarsus (sans doute Kulek-Boghaz)(3), une seconde sur les hauteurs du mont Argée (4). Les autres stations étaient sur les sommets Isamos, Ægylos, Mamas, Kyrizos, Mokilas (1), et la dernière sur le sommet du mont Auxent (Boulgourlou), où était le monastère des Acœmites (qui ne dorment pas). Ce dernier point correspondait directement avec le palais. Il est fait mention de cette télégraphie dans l'histoire byzantine au sujet de l'empereur Michel III en 842. Ce prince, abandonnant les soins de l'empire, se livrait avec emportement aux jeux du cirque. Un courrier du palais vint au moment des courses lui annoncer que les Sarrasins venaient d'envahir une des provinces de l'empire. Il fit écarter cet importun et ordonna d'éteindre les feux qui dans les temps d'alarme avertissaient tous les pays situés entre Constantinople et Tarsus (2).

Le promontoire de Scutari forme la véritable limite entre le Bosphore et la Propontide; c'est à cette place que, selon la tradition des Grecs, la vache Io aurait traversé la mer; aussi le cap de Scutari était-il appelé Damalis ou le cap de la Vache. Si l'on veut chercher une source historique à ce nom de Damalis, il faut franchir plusieurs siècles et arriver à l'époque d'Alexandre. Philippe de Macédoine assiégeait Byzance, qui était défendu par Charès, général athénien. Sa femme Damalis étant morte pendant le siége, les Byzantins, pour reconnaître les services que leur avait rendus Charès, élevèrent un tombeau à Damalis sur le cap de Scutari et dressèrent une colonne portant la figure emblématique d'une vache (3).

Scutari est du petit nombre des villes d'Asie qui n'ont pas vu leur prospérité déchoir avec la domination musulmane. Faubourg de Constantinople comme elle l'était de Chalcédoine, c'est toujours le lieu de casernement des principales troupes réunies autour de la capitale, et de magnifiques casernes, qui s'augmentent tous les jours, peuvent recevoir des corps d'artillerie et de cavalerie.

Autant par esprit de religion que

(1) Cohortes vigilium.
(2) Eschyle, *Agamemnon*, v. 281, 285.
(3) Voyez page 31.
(4) Continuator Theophanis, IV, § 35, ap Hammer, loc. cit.

(1) Aujourd'hui inconnus.
(2) Gibbon, règne de Michel.
(3) Codin d'après Denys de Byzance (Damalis).

pour plaire aux troupes cantonnées à Scutari, la plupart des sultans ont contribué à embellir Scutari de plusieurs monuments remarquables ; les fontaines y sont décorées avec goût et de nombreuses mosquées rompent, par la forme élégante de leurs coupoles et la multiplicité de leurs minarets, l'uniformité des lignes du paysage. Moins voisine de Constantinople, Scutari passerait pour une ville remarquable.

MOSQUÉE DU SULTAN SOLIMAN.

Le sultan Soliman, fils de Sélim, fit bâtir en 1547, en l'honneur de sa fille Mihrma sultane, une mosquée qui est restée la plus belle de la ville. Elle est située au bord de la mer ; les nombreuses coupoles de son avant-cour (harem) sont couvertes de plomb et soutenues par des colonnes de marbre.

La mosquée bâtie par la mère du sultan Mahomet III est située dans la partie sud de la ville ; elle fut bâtie en 1597, et est imitée d'une église grecque de Constantinople qu'on appelle Kilicé-Djami-si. La grande coupole est entourée de six autres demi-coupoles disposées en polygone et quatre autres s'élèvent dans les quatre angles. Cet édifice est situé sur une éminence non loin du marché aux chevaux (at bazari) et domine presque toute la ville.

Différentes sultanes et princesses ont suivi le même exemple et ont orné la ville de Scutari d'édifices religieux, de tekkès ou couvents de derviches et d'hospices pour les pauvres. Tous ces monuments ont été bâtis à une époque où l'architecture turque abandonnait l'école arabe, dont elle avait été un reflet original, pour se jeter dans l'architecture bâtarde qui n'est ni musulmane ni chrétienne. La mosquée de Sélim III en est un exemple déplorable. Quoique bâtie en marbre et décorée avec un certain luxe, on ne trouve ni dans son ensemble ni dans les détails de ses ornements rien qui rappelle plutôt l'orient que l'occident ; c'est un style qui n'a pas même pour lui l'originalité de la barbarie. Les princes musulmans qui ont doté la ville de Scutari de tant de monuments religieux n'ont pas oublié d'y joindre ceux qui, bien que se rapportant à la vie civile, n'en sont pas moins regardés comme des fondations pieuses. Nous voulons parler des bains et des caravansérais. Ces derniers édifices sont dignes d'une ville qui est la première place de transit entre l'Asie et l'Europe, ils sont nombreux et largement installés. On est toujours certain d'y rencontrer des caravaneurs arméniens pour des voyages de long cours ; ils sont aussi disposés à partir pour la Perse et l'Afganistan que pour les environs de Smyrne ; mais pour tout ce qui concerne l'équipement du voyage, c'est à Constantinople seulement qu'on peut se les procurer.

La ville de Scutari est entourée d'un immense champ des morts planté de cyprès séculaires, qui font de ce lieu un des sites les plus remarquables des environs de la capitale. Il n'y a pas en Asie d'autres jardins publics que les cimetières. Ce sont des lieux de promenade aussi bien que de recueillement. La mort n'est pas envisagée par les musulmans sous le même point de vue que par les chrétiens, et l'idée d'une autre vie leur cause plutôt un sentiment de quiétude que de tristesse. La terre d'Asie étant la patrie commune de tous les Osmanlis, les principaux habitants de Constantinople attachent un certain prix à l'idée d'aller reposer où reposent leurs ancêtres, et font transporter leur dépouille mortelle à Scutari. Cependant le grand cimetière n'est pas décoré de monuments somptueux, de chapelles sépulcrales ou *Turbéh*, comme on en voit un grand nombre à Constantinople. Autrefois la dignité du mort était indiquée sur sa tombe par la forme du turban qui couronnait la pierre tumulaire ; aujourd'hui c'est le simple fez qui indique la sépulture des grands comme des marchands. Les tombeaux des femmes sont décorés d'une simple inscription au milieu de laquelle est sculpté un cyprès la tête penchée ; c'est le symbole de l'âme qui s'est envolée au ciel. Une fois le mort déposé dans la tombe, la famille vient quelquefois rendre visite à la sépulture ; mais le tombeau reste sans gardien sous la protection de la piété publique, sans que jamais on songe à sa réparation ou à son entretien. Aussi quoique le cimetière de Scutari date de l'établissement des Turcs à Constantinople, on y découvre à peine un seul tombeau qui remonte au delà d'un siècle. Les nombreuses inscriptions peuvent cependant offrir quelque intérêt à l'orientaliste; il y trouvera toujours le sentiment religieux exprimé sans emphase, et quelquefois des extraits des poëtes persans ou arabes les plus aimés des musulmans.

Le mont BOULGOURLOU est l'ancien Damatrys; les environs étaient couverts de jardins et de maisons de plaisance. L'Anonyme de Constantinople, dans sa nomenclature des palais et des monastères construits au delà du Bosphore (1), cite le palais de Bryas, ainsi nommé, dit-il, parce que le dernier des empereurs byzantins, fuyant sa capitale pour se retirer à Jérusalem, pourra dans son palais de Bryas entendre les cris de désespoir des habitants.

Il fut construit par les empereurs Tibère et Maurice, qui bâtirent aussi le palais de Damatrys, où se trouvait le bois de Constantin l'Aveugle, fils d'Irène.

Le port d'Eutrope, ainsi nommé du protospathaire de l'empereur Constantin, qui le fit construire, était voisin de ces lieux.

Les princes byzantins avaient pris les mœurs des Orientaux avec lesquels ils étaient en communication constante, et le goût des jardins appelés *Paradis* chez les Perses, s'était introduit chez les Grecs; ils étaient établis de préférence sur la côte d'Asie; le palais de Damatrys était entouré d'un vaste parc rempli de gibier, où les empereurs et les princes leurs fils allaient se livrer à l'exercice de la chasse. Tous ces palais ont disparu; mais les fontaines qui les arrosaient circulent encore au milieu des jardins des Turcs.

LA TOUR DE LÉANDRE.

A quelques encablures du rivage, dans le voisinage de Scutari, s'élève une tour de construction moderne, que les Turcs appellent Kiz-Koulé-si (la Tour de la Fille), et qui est connue des Européens sous le nom de Tour de Léandre. Elle est bâtie sur un écueil à fleur d'eau.

(1) Anonymi, Pars III, liv. III, p. 59, ap Banduri.

L'ancienne tour était un ouvrage de l'empereur Manuel; c'est en ce point qu'était attachée la grande chaîne qui fermait l'entrée du Bosphore et dont l'autre extrémité était reliée au continent d'Europe. L'ancienne tour, dont il reste quelques dessins, était un bâtiment massif, couronné de créneaux et couvert par un toit pyramidal. Une jetée sous-marine reliait cet écueil au continent d'Asie. L'édifice byzantin que P. Gilles a vu et décrit a été démoli au commencement de ce siècle, et remplacé par un pavillon dans le goût moderne et dont la coupole est surmontée d'un fanal. Il est entouré de quelques corps de garde où stationne un poste. Déjà du temps de P. Gilles on croyait que l'intérieur de ce petit fort était alimenté par une source d'eau vive; mais il est constant qu'il n'y a qu'une citerne qui reçoit les eaux pluviales. Les Turcs racontent au sujet du nom de l'édifice, la Tour de la Fille, une histoire romanesque d'une princesse qui y fut détenue; c'est sans doute ce conte qui a motivé de la part des Européens le nom de Tour de Léandre, quoiqu'elle n'ait rien de commun avec l'événement poétique dont Sestos fut le théâtre.

CHAPITRE VIII.

LES ILES DES PRINCES, DAIMONISI.

Les Iles des Princes forment un petit archipel peu éloigné de la côte de Bithynie et à l'entrée du golfe de Nicomédie; les Grecs les appelaient Daimonisi (les Iles des Génies). Il est assez difficile d'identifier avec les noms modernes les nombreuses îles qui sont mentionnées par Pline (1) sur toute la surface de la Propontide; nous ne pouvons reconnaître que l'île Proconnèse ou de Marmara, l'île de Besbicus ou Calolimno, et le groupe des Iles des Princes. Ces dernières sont mentionnées sous les noms suivants: Élée, les deux Rhodusse, Érébinthe, Mégalé, Chalcite et Pityode.

Le caractère de chacune de ces îles, leur position respective, permettent de se reconnaître dans cette sèche nomenclature.

(1) Pline, liv. V, ch. XXXII.

Comme ces îles sont nommées, d'après leur position à l'égard de Chalcédoine, Élée s'identifie avec Proté ou la première. Étienne de Byzance (1) cite ce passage d'Artémidore. « En partant du cap Acritas, après avoir navigué cent dix stades (2), on arrive au cap Hyris. Il y a dans ce voisinage l'île Pityode, une autre île nommée Chalcitis, célèbre par ses mines de cuivre, et une autre île nommée Prota ; de là à la ville de Chalcitis il y a quarante stades (sept kilomètres et demi). Les deux Rhodusse sont aujourd'hui Rhobito et Anti-Rhobito, très-voisines l'une de l'autre ; Chalcitis n'a pas changé de nom ; c'est l'île de Chalki. Pityode est Pita ; Érébinthe est alors Antigone ; car l'île de Megalé, la plus grande de toutes, est certainement l'île du Prince, qui a donné son nom à tout le groupe. La distance donnée par Artémidore sert à fixer les positions du cap Acritas, qu'il faut placer dans le voisinage de Scutari. »

Les noms turcs diffèrent complétement de ceux donnés par les Grecs ; les difficultés que nous avons signalées pour la nomenclature des fleuves et des montagnes se retrouvent encore dans celles des villes. Il en est plusieurs qui, même aujourd'hui, portent plusieurs noms, les uns turcs, les autres grecs, et d'autres donnés par les marins étrangers. L'archipel des Princes est connu des Turcs sous le nom de Kizil Adalar (les îles Rouges). C'est aussi le nom de l'île Prinkipo, la plus grande du groupe. Elles doivent donc être classées d'après la nomenclature suivante (3) :

PROTA.	*Proté.* Sans signification.	Kinali ada si.
MEGALÉ.	*Prinkipo.* L'île Rouge.	Kizil ada si.
EREBENTHUS.	*Antigone.* L'île du Détroit.	Boghazli ada si.
CHALCITIS.	*Chalki.* L'île Renflée.	Heibeli ada si.
RHODUSSE Ire.	*Rhobito.* L'île des Lièvres.	Taouchan ada si.
RHODUSSE IIe.	*Anti Rhobito.* L'île des Coquilles.	Sadef ada si.

(1) V. Chalcitis.
(2) Vingt kilomètres.
(3) Le premier nom est en romain, le second en grec moderne, le troisième en turc.

Les îles « des Princes » furent ainsi nommées par les Byzantins, parce que durant toute la période de cet empire elles furent couvertes d'églises et de monastères qui servirent de lieux de retraite forcée ou volontaire à un grand nombre de princes détrônés ou chassés de la cour.

PROTÉ.

L'empereur Romain Diogène, qui fut prisonnier de Alp-Arslan, recouvra sa liberté moyennant trois cent soixante mille pièces d'or, pour venir expirer comme prisonnier religieux dans un monastère de l'île de Proté, qu'il avait fondé (1). Cent trente ans auparavant l'empereur Romain Ier avait éprouvé un sort semblable. Renfermé par ses fils dans un monastère, il y finit ses jours.

Le plus ancien cloître de l'île de Proté fut bâti dans la première année du neuvième siècle ; c'était une prison d'État aussi bien qu'une maison religieuse, et chaque révolution accomplie dans Constantinople fournissait un contingent au personnel des moines du couvent. Les successeurs de Nicéphore furent rasés et renfermés dans le couvent de cette île ; il arrivait quelquefois que ceux des reclus qui n'avaient pas eu les yeux crevés ou arrachés trouvaient moyen, à l'occasion de quelque révolution de palais, de jeter de côté la haire pour reprendre la cuirasse.

ANTIGONE.

Du temps des empereurs byzantins Antigone avait reçu le nom de Panormus ; on y avait bâti un château formidable dont l'anonyme de Constantinople (2) fait une description romanesque de laquelle il ressort que Chosroës assiégea cette place avant d'attaquer Chalcédoine. Outre ses hautes murailles, le château était protégé par un buste de femme à deux têtes qui était placé dans la tour du nord au-dessus de la porte

(1) Voyez Hammer, *Constantinopolis und der Bosphoros*, p. 361. Brunet de Presle, *La Grèce*, p. 209.
(2) Anonyme de C. P., liv. V, p. 83

d'entrée. Le feu ayant été mis au château, et toute la place réduite en cendres, la tour seule subsistait encore grâce à la vertu de la statue bicéphale qui écartait les flammes de quinze aunes des murailles. Chosroès emporta cette statue en Perse, où elle fut l'objet d'un culte.

Les ruines du château de Panormus existent encore au bord de la mer près du port; on les appelle Bourghaz; les ruines de citernes et de murailles que l'on découvre au sommet de la colline appartiennent au monastère, prison d'État dont il est souvent fait mention.

C'est là que Méthodius, avant d'être élevé au patriarcat de Constantinople, souffrit un long et cruel supplice. Renfermé dans un cachot obscur avec deux brigands, l'un d'eux vint à mourir, et on laissa le cadavre infect avec le prisonnier. Ce supplice dura sept ans, à la suite desquels Méthodius fut tiré de sa prison par Michel, fils de Théophile, et nommé patriarche.

CHALCITIS.

Chalcitis prit son nom des anciennes mines de cuivre qu'on y exploitait; on reconnaît encore quelques traces des anciens travaux dans les environs du port. Elle est couverte d'une magnifique végétation, abondamment arrosée, et s'élève comme un cône de verdure au milieu du groupe d'îles dont elle fait presque le centre.

Elle paraît avoir été dès les plus anciens temps un séjour de paix et de tranquillité, étrangère à toutes les catastrophes politiques qui retentissaient dans les îles voisines. Le cuivre de ses mines était des plus estimés et était surtout employé pour fabriquer les statues des dieux. C'est de l'airain de Chalcitis qu'avait été faite la statue d'Apollon à Sicyone. L'île produisait outre le cuivre du lapis lazuli et du borax ou chrysocolle. Aristote lui-même mentionne ces îles comme dignes de remarque. L'île entière affecte la forme triangulaire; vue du côté du sud, elle se présente sous la forme d'un cône unique; mais vue en travers on y découvre trois sommets couronnés tous trois par des monastères, celui de Saint-Georges, celui de la Vierge et le troisième dédié à la sainte Trinité, où l'on est conduit par une allée de cyprès séculaires.

PRINKIPO.

Il y a toute apparence que l'île appelée aujourd'hui Prinkipo doit être identifiée avec celle que Pline appelle Mégalé; c'est la plus considérable du groupe. Les Turcs lui donnent le nom de Kizil ada si, c'est-à-dire l'île Rouge, à cause de la couleur de ses montagnes. Chalki et Prinkipo sont placées vis-à-vis l'une de l'autre et ne sont séparées que par un étroit canal. Son étendue ne dépasse pas cinq kilomètres; elle est allongée dans la direction nord-est sud-ouest, et traversée par une ligne de petites collines.

La nature du sol est calcaire et quartzeuse; elle renferme des traces de fer oxydé. A la pointe nord est situé le grand village qui porte le même nom que l'île; il renferme trois monastères; l'un bâti dans la plaine et deux autres sur une colline. Le village est entouré de vergers, d'oliviers, et de riches cultures; les bois de cyprès et d'arbres fruitiers donnent à ce petit coin de l'île un aspect de fraîcheur bien rare aux environs de la capitale. Du côté du nord on trouve au contraire une contrée sauvage et aride qui contraste avec la fertilité des jardins du village. Il ne reste en fait de ruines des anciennes constructions byzantines que quelques pans de murailles ayant appartenu à des monastères.

A la pointe sud de l'île se trouve le monastère de Saint-Georges. Du haut de la colline voisine on jouit du magnifique panorama de toute l'île. Deux belles sources ombragées par des platanes coulent non loin du chemin; c'est le lieu de rendez-vous des habitants de Constantinople, principalement des Grecs qui s'y rendent le dimanche en caïk.

Une si heureuse situation fut appréciée par les princes byzantins qui élevèrent à l'envi des villas et des monastères dans les vallées de l'île. Justinien y fit bâtir un palais dont les ruines sont peut-être celles que l'on observe près du couvent de Saint-Nicolas, et c'est sans doute du règne de cet empereur que Mégalé a pris le nom de l'île du Prince (1). Cette île fut, comme les autres, le théâtre de ces revers de fortune si communs au moment de la chute de Byzance, et il semblait que les princes et les impératrices ne fissent bâtir des monastères que dans la prévision de leur chute. L'impératrice Irène, dont le règne jeta un si vif éclat, termina ses jours dans un monastère de Prinkipo, et l'impératrice Zoé, forcée de prendre le voile, fut un moment renfermée dans cette île par Michel Calafate. Mais elle en sortit bientôt pour remonter sur le trône. L'usurpateur fut privé de la vue et renfermé à son tour dans le monastère de Sergius.

Aujourd'hui ce petit archipel a perdu toute son importance stratégique au point de vue de l'attaque et de la défense de la capitale; mais à l'époque byzantine il vit plus d'une fois les flottes des Perses et des Turcs se glisser au milieu du dédale des îles pour fondre sur Constantinople.

L'île de Platée est tout à fait nue et désolée; elle servit de lieu d'exil à Michel Rhangabé, qui, au commencement du neuvième siècle, y fut renfermé dans un monastère et forcé de prendre la tonsure avec son fils. Il y vécut encore trente-deux ans sous le nom d'Athanase. Ses deux fils, dans la fleur de l'âge, furent privés de leur virilité; le premier, Eustratius, mourut peu de temps après, et fut enterré du côté gauche de l'église, et le tombeau du père fut placé à droite. Le second fils, Ignatius, arriva à la dignité de patriarche et devint le fondateur du monastère de Satyrus, qui fut bâti sur le mont Maltépé; c'est là qu'il eut sa sépulture.

A cinq kilomètres de Pandik, sur la route de Chalcédoine et à douze kilomètres de Scutari, se trouve le port de Kartal dans le voisinage duquel s'élevait le palais de Bryas et le monastère Satyrus; ils se trouvaient entre le port et le mont Maltépé qui en est peu éloigné. On y voit en effet quelques ruines qui ont pu appartenir à un palais. Le palais de Bryas fut construit par les empereurs Maurice et Tibère; le monastère de Satyrus fut construit par le patriarche Ignatius.

La petite île d'Oxeia est voisine de Platée. Son nom, qui signifie, rude âpre, est bien d'accord avec son aspect désolé. Les autres îlots, ne sont que des rochers où séjournent pendant la belle saison quelques familles de pêcheurs.

CHAPITRE IX.

PARAGES DE LA MER NOIRE. LE MONT GÉANT.

La montagne située sur la côte d'Asie immédiatement en face du golfe de Buyukdéré est connue de tous les navigateurs qui traversent le Bosphore. Les Turcs lui donnent le nom de Yorus dagh; on l'appelle aussi quelquefois Juscha dagh (la montagne de Josué). Les indigènes prétendent que c'est là que fut enterré le prophète des Hébreux. Au haut de la montagne on trouve une enceinte carrée, entourée d'un mur de pierres sèches. Ce lieu correspond au site appelé le lit d'Hercule. Un marabout avec quelques arbustes auxquels sont suspendus des chiffons marquent le degré de superstition que les indigènes ont au sujet de certaines pierres ou de certains arbres; cette croyance des musulmans répandue sur toute la terre de l'islam mérite quelques développements que nous donnerons en parlant des lieux de pèlerinages célèbres.

LE TEMPLE DE JUPITER URIUS.

Ce temple fut bâti par Phryxus. Il était situé à l'entrée du Bosphore, dans la partie la plus étroite du canal, au point où la chaîne de l'Olympe Mysien vient rencontrer le rivage; cet endroit fut dès les temps les plus reculés regardé comme le plus important pour la défense de la côte d'Asie; et dans les derniers siècles il devint la possession des Génois qui y bâtirent un château aujourd'hui en ruines, mais qui porte encore le nom de Djinévise kalé si (le château génois). Ce lieu est généralement désigné par les auteurs anciens sous le nom de Hiéron ou de temple de Jupiter. Jason, à son retour de la Colchide, y consacra un autel aux douze dieux : les navigateurs du Pont-

(1) Hammer, *Constantinopolis und des Bosphoros*, t. II, 376.

Euxin étaient dans l'usage d'y consacrer des offrandes. La possession de ce territoire fut longtemps un objet de contestation entre les Byzantins et les habitants de Chalcédoine. Prusias finit par s'en rendre maître et s'y fortifia ; mais il fut contraint de le rendre aux Byzantins avec tous les objets qu'il avait enlevés du temple, les bois, les tuiles, et les caissons.

D'après la tradition conservée par Diodore de Sicile, les Argonautes revenant de Colchos, étant arrivés à l'embouchure du Bosphore, y sacrifièrent aux douze dieux. Le temple paraît avoir alors été consacré à Jupiter et à Neptune ; car l'un et l'autre dieu étaient honorés dans l'Hiéron du Bosphore (1). Pausanias, vainqueur de Mardonius à Platée, consacra une coupe d'airain à Neptune Sauveur, et fit élever une statue à ce dieu avec le concours des habitants de Chalcédoine. Cicéron fait mention d'une statue de Jupiter Urius qui existait également dans ce lieu sacré.

Pierre Gilles décrit ainsi le château fort tel qu'il existait de son temps ; les Grecs lui donnent encore le nom de Hiéron. C'est un petit fort défendu aussi bien par la nature que par l'art, placé sur la pointe la plus avancée du promontoire qui est formé de plusieurs éminences, séparées par des vallées boisées. Il restait encore à cette époque quelques débris des anciens édifices composés de grandes pierres de taille que les Turcs enlevaient pour les porter à Constantinople.

Ce rempart de Byzance ne put arrêter les invasions des barbares. En 248 de J.-C. les Hérules firent une descente au moyen d'une flotte de cinq cents barques, et vinrent assiéger Chrysopolis ; mais après un combat naval ils furent obligés de battre en retraite jusqu'au Hiéron. Vers la même époque, en 268, les Goths firent une invasion en Bithynie et ravagèrent le pays jusqu'à Nicomédie ; ils s'emparèrent du fort de Hiéron où ils déposèrent leur butin. Une garnison de Chalcédoine gardait les abords du château et du temple de Jupiter ; les Grecs étaient supérieurs aux barbares ; mais ils s'enfuirent à l'arrivée des Goths et livrèrent Chalcédoine qui fut mise au pillage.

La première apparition des Russes dans le Bosphore eut lieu en 866 ; ils s'avancèrent jusqu'au Hiéron. Ils revinrent une seconde fois en 942, dans la vingt-troisième année du règne de l'empereur Romanus, brûlèrent Sténia, la flotte grecque, et s'emparèrent de Hiéron ; enfin ils arrivèrent jusqu'à Byzance.

Les Génois, maîtres de Galata, s'emparèrent du Hiéron, et y construisirent le château dont on voit encore aujourd'hui les ruines. L'écusson de la république de Gênes subsiste au-dessus de la porte d'entrée.

Au delà de ce château jusqu'à l'embouchure de la mer Noire, il y avait plusieurs autres places qui ne sont plus connues que de nom ; mais que P. Gilles, d'après Denys de Byzance, place dans l'ordre suivant : Chelæ, c'est-à-dire les échelles qui sont situées entre le fanum Jovis et Pantichium ; aujourd'hui ce lieu est complètement sauvage et désert, les montagnes couvertes de verdure descendent jusque dans la mer.

Pantichium, différent de celui qui était sur le golfe d'Astacus, est ainsi nommé des fortifications qui l'entouraient. Le cap Coracium, aujourd'hui le fort Poirus, est entouré de rochers arides où les corbeaux ont l'habitude de venir nicher ; c'est à cause de ce fait que les Grecs lui ont donné le nom de cap des Corbeaux.

Après ce cap vient la tour de Médée qui se présente sous la forme d'un rocher arrondi et dans le voisinage sont les Cyanées d'Asie qui sont loin de présenter l'aspect singulier des Cyanées d'Europe. Strabon estime à vingt stades la distance entre ces deux écueils.

Vient ensuite le promontoire Ancyræum où Jason prit une ancre de pierre qu'il abandonna plus tard. On arrive enfin au fleuve Rhebas dont l'embouchure est située à quatre-vingt-dix stades du Hiéron ; ce cours d'eau forme la limite de la presqu'île des Thyniens, et marque, selon les Byzantins, l'entrée du Bosphore. Il porte encore le nom de Riva ; un petit fort ou kavak est bâti à l'embouchure pour surveiller les côtes.

---

(1) P. Gilles, *de Bosph. Thracico*, liv. III, ch. V.

CHAPITRE X.

HONORIADE. DUSÆ PROS OLYMPUM. PRUSE SUR L'HYPIUS.

Dans le principe, le cours du Sangarius formait la frontière orientale de la Bithynie ; mais le roi Prusias, s'étant emparé de la côte d'Héraclée, annexa tout ce territoire à ses États et en porta la frontière jusqu'à cette dernière ville (1). Voilà pourquoi dans la même page du géographe grec on trouve deux limites différentes assignées à ce royaume. Nous avons dit que la province d'Honoriade fut détachée de la Bithynie par l'empereur Théodose qui voulut créer un nouveau département de l'empire en l'honneur de son oncle Honorius. Toute cette contrée fut dans l'origine détachée de la Paphlagonie, et cette dernière province réunie au royaume de Pont n'eut plus même d'administration particulière. La province de l'Honoriade est portée dans le synecdème de Hiéroclès comme contenant six villes : Prusias, Héraclée, Tium, Claudiopolis, Hadrianopolis et Cratia. Les trois premières sur la côte, les trois autres dans l'intérieur des terres. Les noms d'Héraclée (Heraclea Pontica) et de Tium sont trop intimement liés à l'histoire du royaume de Pont pour en être détachés ; nous nous occuperons de l'histoire de ces villes quand nous étudierons cet ancien royaume.

DUSTCHÉ.

Après avoir franchi le Sangarius, on arrive au village de Tchandak où se trouve une maison de poste. On rencontre çà et là quelques vestiges d'antiquité qui prouvent qu'on se tient toujours sur la grande voie romaine qui conduisait dans l'est ; on traverse ensuite une plaine découverte et assez bien cultivée, et l'on arrive au village de Dustché, dont le nom rappelle celui de Dusæ Pros Olympum, petite ville plus connue par les cartes itinéraires que par l'histoire. Otter, dans ses voyages, est le premier qui ait identifié la ville antique avec le petit village, et les observations faites depuis lors n'ont fait que confirmer son opinion. Quelques restes d'antiquité prouvent qu'en effet ce village est situé sur une station antique. En continuant vers l'est, on arrive au bord d'une petite rivière nommée Milan sou, qui n'est autre que le fleuve Hypius, dont le cours n'a pas une grande étendue. Il se jette dans la mer à cent quatre-vingts stades de l'embouchure du Sangarius. On ne peut douter qu'il ne soit identique avec la rivière nommée Milan tchaï par les Turcs. Dans l'antiquité l'embouchure de l'Hypius offrait un assez bon mouillage aux navires, et la flotte de Mithridate y trouva un refuge momentané pendant une violente tempête.

La rivière prend sa source dans les montagnes voisines de Boli, qui sont appelées indistinctement mont Liperus et mont Hypius (1). Elle traverse un petit lac, et après avoir contourné une colline boisée, va se jeter à la mer après un cours de trentre kilomètres environ. Tout ce territoire fut conquis sur les Maryandiniens par les Bebryces, qui s'avancèrent jusqu'au fleuve Hypius, et l'on bâtit en ce lieu une ville qui fut nommée Hypia (2).

La dynastie des Prusias regardait comme une gloire d'attacher à la fondation d'une ville un nom qui devait rester à jamais célèbre. Après deux villes de Pruse fondées l'une au pied de l'Olympe et l'autre au bord de la mer, Prusias IV voulut créer une ville de son nom dans la province qu'il avait récemment conquise et fut le fondateur de Pruse sur l'Hypius, épithète qui lui fut donnée pour la distinguer des autres villes du même nom. Comme les historiens ne font plus aucune mention de la ville d'Hypia, il est à croire que le nom de Pruse fut donné à cette ville d'Hypia et qu'on créa Prusa ad Hypium. Cette ville est connue par ses médailles ; elle est mentionnée par Ptolémée, et un de ses évêques, nommé Hesychius de Pruse sur l'Hypius, faisait partie du concile de Nicée.

Les ruines de Pruse sur l'Hypius ont été retrouvées sur l'emplacement même de la petite ville de Eski bagh, que les

---

(1) Strabon, XII, 543.

(1) Pline, V, ch. 32.
(2) Schol. Apoll., l. II, v. 797.

habitants prononcent Uskubi. Eski bagh signifie ancien jardin, rappelant sans doute un de ces grands parcs de plaisance nommés paradis, dans lesquels les princes d'Orient se livraient aux plaisirs de la chasse.

La ville turque s'élève au milieu des jardins sur le penchant d'une colline qui était couronnée par l'acropole de Pruse; c'est encore la résidence de l'agha. Les murailles de l'ancienne ville, encore conservées, se prolongent en partie sur la colline et en partie dans la plaine. Elles sont de diverses époques et l'on observe même quelques parties qui sont faites avec des débris de monuments antiques. Une des portes attire surtout l'attention; elle est composée d'énormes pierres, et l'architrave qui la couronne est d'une seule pièce et n'a pas moins de quatre mètres de long; mais les fortes dimensions des pierres ne suffisent pas pour donner le cachet de la haute antiquité; cette porte ne paraît pas antérieure aux murailles romaines.

A l'exception du théâtre, dont la *cavéa* ou salle, creusée dans le flanc de la colline, est assez bien conservée. Il ne reste que des débris des autres monuments; les gradins du théâtre sont encore en partie à leur place; le proscenium est détruit et l'on ne peut le restituer que par conjecture. Les buissons qui couvrent le sol, les hautes herbes qui envahissent les monuments antiques sont un obstacle à des recherches superficielles; mais il est certain que des fouilles entreprises en cet endroit qui n'a jamais été exploité comme carrière donnerait lieu à des découvertes intéressantes. Il ne faut pas oublier que moins une ville a eu d'importance dans les temps modernes, plus on doit espérer d'y faire des découvertes d'antiquités.

M. Boré, dans sa correspondance, fait mention d'une ancienne statue de la Vierge qu'il aurait découverte dans un jardin. Il est à croire qu'il aura confondu quelque statue antique avec la représentation de la Vierge; car non-seulement ce n'est pas dans l'usage de l'Église d'Orient d'avoir des figures de ronde bosse, mais on peut dire que bien peu de bas-reliefs chrétiens ont résisté à la fureur des iconoclastes (1).

Les habitants de tous ces districts paraissent mener une vie assez heureuse. Le pays est extrêmement fertile, et de belles forêts, qui appartiennent toujours au pays boisé de l'Olympe (la mer des arbres), couronnent les montagnes. L'exploitation des bois est une source incessante de travail, et de nombreuses immunités sont accordées aux paysans bûcherons en compensation des charges que leur impose le gouvernement. Le bétail est nombreux; mais dans ces pays trop humides, le mouton ne prospère pas aussi bien que dans la région des hauts plateaux. La nature sylvestre est peu différente de celle de l'Italie, mais infiniment plus belle et plus abondante que celle des côtes de Provence. Le goût de la marine n'est pas très-répandu dans les villages d'alentour, et les Turcs paraissent plus disposés à se livrer aux travaux des champs.

CHAPITRE XI.

ITINÉRAIRE DE NICOMÉDIE AU LAC DE SABANDJA (SOPHON).

La route de Nicomédie à Sabandja se dirige vers l'est. On côtoie d'abord les salines, qui peuvent avoir deux kilomètres de long sur huit de large. Ici les collines cessent de suivre les contours de la baie pour se diriger vers le nord, et forment ainsi une large vallée qui a environ huit kilomètres d'étendue et dont la culture est riche et variée. Après six kilomètres de marche, on traverse sur un pont la petite rivière Kérès, qui va se jeter dans le golfe. Pendant les vingt-quatre kilomètres que l'on parcourt de Nicomédie à Sabandja on ne quitte pas cette vallée, on marche toujours sur le terrain d'alluvion qui renferme peu de cailloux; il est arrosé par un certain nombre de ruisseaux qui descendent des montagnes du nord; de là sa grande fertilité. Tout porte à croire que dans la haute antiquité, le régime des eaux de ces régions était tout à fait différent. Le Sangarius, dont le cours moyen est de l'est à l'ouest, devait suivre la ligne des montagnes de Sabandja et

(1) E. Boré, *Correspond.*, 197-200.

venir déboucher dans le golfe de Nicomédie en traversant la dépression du lac de Sabandja, comme le Rhyndacus traverse le lac Apollonias (1). Les alluvions ayant exhaussé le terrain entre le lac et le golfe, le fleuve fut forcé de prendre la direction qu'il suit aujourd'hui, et le Sangarius alla se jeter dans la mer Noire, en laissant des marécages qui marquent son ancien lit.

A droite de la route de Nicomédie à Sabandja, la chaîne de collines s'élève insensiblement et se couvre de taillis qui plus loin deviennent une véritable forêt appartenant à cette région de l'Olympe que les indigènes appellent *Agatch dénisi* (la Mer des arbres).

On arrive après six heures de marche à Sabandja, située dans la partie sud du lac, mais non pas sur la rive immédiate, dont elle est séparée par des jardins et des cultures.

Sabandja n'est qu'une ville de transit; elle doit son existence aux nombreuses caravanes qui la traversent en venant de l'est ou du sud de la presqu'île. On y compte de cinq à six cents maisons, une mosquée de chétive apparence, et des khans pour les voyageurs. Aucun monument de l'ancienne ville ne subsiste plus, on trouve çà et là dans les rues des fragments d'architecture qui sont presque tous de l'époque du Bas-Empire.

LE LAC DE SOPHON.

A défaut d'autres renseignements, la présence du lac suffirait pour permettre d'identifier Sabandja avec l'ancienne Sophon (1). Le lac de Sophon a reçu dans le Bas-Empire différentes dénominations; Ammien Marcellin l'appelle le lac de Sunon, Sunonensis lacus (2); Anne Comnène lui donne le nom de Baana (3). Il est séparé de la ville par des jardins assez étendus. Sa longueur est d'environ dix kilomètres, et sa largeur n'en a pas plus de six. Du côté de Sabandja, c'est-à-dire de la grande vallée, c'est une plage sablonneuse; mais du côté du nord et du sud, le lac est encaissé dans une chaîne de montagnes boisées qui descendent jusqu'au bord de l'eau. La circonférence du lac est estimée par Otter à quinze milles, soit vingt-sept kilomètres et demi. Tchihatcheff estime son pourtour à trente-six kilomètres: Les eaux sont douces et potables.

Il est une loi générale sur les lacs, c'est que leurs eaux sont douces toutes les fois qu'ils sont en communication avec la mer; du moment qu'ils sont sans communication, ils deviennent de petites mers intérieures: leurs eaux sont saumâtres ou salées.

La pensée d'utiliser les eaux de ce lac pour créer un canal de navigation entre ce pays et le golfe de Nicomédie a souvent été agitée dans l'antiquité et examinée de nos jours. M. de Hammer (4) a fait, au point de vue historique, une étude approfondie de la question; mais le projet proposé par Pline le Jeune à Trajan ne paraît pas avoir reçu un commencement d'exécution, du moins il n'en existe aucune trace (5).

Pour se rendre au pont du Sangarius, qu'on appelle dans le pays Bech-Kouprou (les Cinq ponts), on commence à côtoyer le lac; mais bientôt les collines abruptes venant jusque dans les eaux, on est obligé de marcher pendant plus d'une heure dans le lac même sur un fond de sable; dans quelques endroits les chevaux ont de l'eau jusqu'aux sangles. Les collines sont composées de roches quartzeuses avec du sable rou-

---

(1) Sollte Texiers Angabe richtig sein, dass die ganze Einsenkung vom Nicomedia Golf ostwärts zum Sabandscha-See nur aus aufgeschwemmtem Land von Sand und Kieselschutt bestände, so wäre es nicht unwarscheinlich, das der Sangarius einst dort seine Ausladung zum Meere hatte,... und sein Bette nordwärts erst einem jüngern Durchbruche verdankte. Carl. Ritter : Erdkunde, 18 part. 3° vol., pag. 676.

Nous ne pouvons développer plus longuement un sujet qui demanderait un mémoire spécial; nous recommandons cette question aux voyageurs géologues qui visiteront cette province.

(1) Cédrénus, II, p. 628, *Hist. mêlée*.
(2) Ammien Marcellin, liv. XXVI, ch. VIII.
(3) X, 282.
(4) Unblick auf einer Reise nach Broussa.
(5) Pline, *lett.*, liv. X, lett. 4.

geâtre qui contient du fer hydraté. Les eaux du lac en minant constamment la base des collines ont causé des éboulements qui ont taillé presque à pic le terrain de la rive; cependant de distance en distance s'ouvrent de petites vallées dont la verdure contraste agréablement avec ce sable aride.

Bientôt on abandonne les bords du lac pour entrer dans des terrains marécageux mais cultivés; ce n'est qu'au bout d'une heure que l'on rencontre la petite rivière qui sort du lac de Sabandja et qu'on appelle Kilissou; elle passe sous un pont romain d'une seule arche, et tourne ensuite vers le sud. A peu de distance de là, on franchit une colline de grès rouge, et l'on arrive au pont, monument d'une rare magnificence et qui mérite tous les éloges qu'en ont fait les contemporains.

CHAPITRE XII.

PONT DE JUSTINIEN SUR LE SANGARIUS.

L'empereur Justinien, pour faciliter les communications d'un bout à l'autre de l'empire, songea particulièrement, dans les travaux qu'il entreprit, à établir de grandes routes et à restaurer celles qui existaient déjà. La plus importante était celle qui conduisait de Nicomédie aux confins de la Syrie en traversant la Phrygie et la Cappadoce. Cette route était coupée à peu de distance de Sophon par le fleuve Sangarius; c'est là que l'empereur entreprit de construire le pont monumental qui existe encore. Il fut sans doute commencé vers l'an 553, lorsque Justinien fit la paix avec les Perses. Il n'était pas encore achevé lorsque Procope écrivait son livre *Des Édifices*. « Le Sangarius, dit l'historien de Justinien, ce fleuve dont le cours est si rapide, dont la profondeur est un abîme et dont la largeur ne peut être comparée qu'à l'étendue de l'Océan, n'avait jamais souffert de pont. Ceux qui étaient assez hardis pour le traverser attachaient ensemble plusieurs bateaux et passaient dessus; mais cela ne se faisait pas sans danger, car le fleuve, rompant les cordages, dispersait les bateaux et noyait les hommes. Justinien a commencé d'y faire un pont, et il s'applique avec une telle ardeur à cet ouvrage, que je ne doute pas qu'il ne l'achève en peu de temps (1). »

L'ouvrage fut en effet terminé dans la trente-quatrième année du règne de Justinien, c'est-à-dire en 561 de J.-C. D'après Paul Diacre, on détourna le Sangarius de son lit pour exécuter la fondation des piles.

Constantin Porphyrogénète rappelle en ces termes la construction de ce monument. « Le thème Optimatum est traversé par le fleuve Sangarius, dont les rives sont jointes par un pont digne d'être vu. Il fut bâti par l'empereur Justinien, qui ne sera jamais assez glorifié. Sur une des pierres du pont est placée l'inscription suivante :

Toi aussi, comme l'orgueilleuse Hespérie, les peuples médiques et toutes les hordes barbares, Sangarius, dont le cours impétueux est rompu par ces voûtes, tu coules maintenant esclave d'un travail souverain, jadis rebelle aux navires, jadis indompté, maintenant tu gis sous les entraves d'une pierre inflexible (2).

Cette inscription n'existe plus, mais le monument est presque intact. Il est composé de huit arches et a quatre cent vingt-neuf mètres de longueur. L'ouverture des grandes arches est de vingt-trois mètres, et la longueur des piles de six mètres cinquante centimètres. Il est bâti en grands blocs de pierre calcaire; les arches sont à plein cintre et s'élèvent toutes à la même hauteur, de sorte que le tablier du pont est parfaitement horizontal. Au niveau du pont sont ménagées sur chaque pile des héxèdres exactement comme au Pont-Neuf à Paris.

A l'extrémité du côté du lac est une grande porte en forme d'arc de triomphe renfermant un escalier en hélice pour monter au sommet.

A l'autre extrémité est une grande niche de la même dimension que l'arc; c'était un lieu de repos pour les voyageurs.

En ce point la route se bifurque; une branche se dirige vers le nord pour en-

(1) Procope, *De Ædif.*, liv. V, ch. III.
(2) C. Porphyrogénète, *De Them.*, V.

trer dans la Paphlagonie ; l'autre embranchement tournait vers le sud pour conduire en Phrygie.

Une chose curieuse, c'est que le fleuve Sangarius, si rudement traité dans l'inscription de Justinien, n'a pas consenti à se soumettre à l'éternel esclavage dont il était menacé ; peu à peu son cours s'est porté à l'est, et aujourd'hui il ne passe plus sous ce pont qu'un mince ruisseau marécageux : le grand courant s'est transporté à l'est ; ceci tendrait à prouver qu'en effet le pont de Justinien fut établi sur un lit factice qui s'est peu à peu trouvé encombré par le limon du fleuve.

Ces mouvements des rivières de l'Asie ne sont pas sans exemple ; on peut en citer plusieurs qui se sont ouvert de nouvelles embouchures depuis les temps historiques.

Lorsque l'empire byzantin se vit menacé par tous les peuples de l'Islam, les Perses, les Mongols et les Tartares, qui, des régions de l'est, se ruaient sur Constantinople, le cours du Sangarius devint une ligne de défense bien plus importante qu'auparavant. Aussi les Comnènes eurent-ils soin de faire construire sur ses rives des châteaux pour surveiller les ennemis. Les abords du pont furent laissés dans l'abandon ; les marécages commencèrent à se former et le fleuve peu à peu changea la direction de son lit.

Les culées du pont sont assises de part et d'autre sur des collines de grès rouge dont l'inclinaison concorde. Du côté du lac elles forment un éperon qui resserre le défilé par où les eaux s'échappent pour aller au Sangarius.

Attenant à la culée orientale du pont, on remarque une construction, encore bien conservée, qui se compose d'un certain nombre de salles voûtées ; tout est bâti en pierres de grand appareil comme le reste de l'édifice. Il y a lieu de regarder cette annexe comme une station de veredarii, ou une de ces maisons de poste qui jalonnaient cette grande voie jusqu'aux confins de la Cilicie.

Après avoir traversé le pont, on rejoint la route qui se dirige au nord-est, et l'on arrive au petit village de Adabazari (le Bazar de l'île), ainsi nommé d'un îlot formé par deux branches du Sangarius. Ce village est situé sur la rive gauche du fleuve, qui en cet endroit a une largeur d'environ cent mètres, et se divise ensuite en deux branches qui forment ce qu'on appelle l'île. Pendant l'été, ces deux branches sont presque à sec ; ce qui explique le nom de Xérobates que les anciens donnaient quelquefois au Sangarius (1).

Les deux branches du fleuve sont réunies par un double pont que l'on nomme Uzun-kouprou, et la route se continue vers l'est jusqu'à ce qu'on rencontre un autre petit fleuve nommé Milan sou, l'ancien Hypius.

CHAPITRE XIII.

ITINÉRAIRE DE SABANDJA A GEÏVEH (2), L'ANCIENNE TOTTOEUM, ET A NICÉE.

En sortant de Sabandja, on suit la grande route de caravane qui traverse obliquement l'Asie, et l'on fait quelques kilomètres dans la direction de l'est. Le terrain que l'on parcourt est très-accidenté. Il est presque entièrement composé d'argile plastique entremêlée de marnes verdâtres contournées, talqueuses, qui paraissent servir de lit à l'argile.

La nature des cailloux roulés par les torrents indique que ces terrains ne s'étendent pas fort loin ; car les ruisseaux charient de nombreux fragments de quartz et de serpentine.

Après neuf kilomètres de marche, on se retrouve sur le terrain de grès rouge de la même formation que les collines du pont de Sabandja, et sans doute le même que l'on retrouve à Nicomédie. Après avoir franchi cette colline, la nature du terrain et du pays change subitement ; on descend dans une vallée profonde enclavée dans des montagnes presque à pic, composées d'un poudingue dans lequel il entre des cailloux de quartz et de jaspe, et d'une roche blanche analogue à la baryte sulfatée. Le ciment naturel qui unit ces différentes natures de roche n'offre aucune solidité, de sorte qu'elle se désagrège facilement, et ses parties constituantes vont se répandre dans le lit des torrents.

(1) Plutarch., *de Fluviis*, l. II, p. 24.
(2) Prononcez Ghéiveh.

Le cours du fleuve qui arrose cette vallée, grossi par les eaux et la fonte des neiges, vient chaque année ronger peu à peu la base des falaises, qui s'écroulent en élargissant la vallée. Il n'est pas difficile de trouver au milieu des cailloux qui encombrent le lit des ruisseaux des fragments de jaspe rubané rouge et vert d'une grande beauté; les parties polies par les eaux laissent voir les plus brillantes couleurs.

En continuant la route, on se trouve sur une formation schisteuse qui engendre des rocs pointus et des formes très-tourmentées; on arrive ensuite à une vallée transversale qui est un des affluents du Sangarius; c'est une rivière rapide, dont les eaux sont jaunâtres et charrient beaucoup de sable; elle coule au milieu d'une formation de poudingue très-dur, qui s'étend presque jusqu'à Nicée.

La ville de Geïveh est située sur la rive droite du Sangarius; on traverse le fleuve sur un pont musulman de six arches, ouvrage du sultan Bayazid. La vallée a environ quatre kilomètres de large. Geïveh est dans la plaine, et du côté du sud la vue est bornée par la ligne des montagnes du Toumandji dagh, qui fait partie de la chaîne de l'Olympe. De nombreuses cultures de mûrier et des jardins bien arrosés couvrent les environs. Les melons et les fruits de Geïveh sont célèbres dans la contrée; mais la difficulté de transport qui existe dans toute la Turquie d'Asie force de les consommer presque sur place; on en porte cependant jusqu'à Broussa. Geïveh était autrefois une ville assez considérable; elle avait au delà de trois cents maisons; elle fut totalement ruinée par une inondation du Sangarius qui la rasa presque entièrement sous le règne de Mourad IV (1640); jamais elle ne s'est relevée de cet échec. Les maisons construites depuis cette époque paraissent avoir été bâties en prévision d'une autre inondation; elles sont pour la plupart élevées sur de grands piliers de bois et bâties en terre battue.

Il y a plusieurs caravansérails et une chétive mosquée; autrefois elle avait plusieurs écoles et des mosquées, qui ont disparu.

On trouve à Geïveh assez de vestiges d'antiquité pour être certain qu'elle occupe la situation d'une ville antique; il y a sur la grande place plusieurs débris de sarcophages, et un autel orné de palmettes sur lequel on lit en grands caractères le nom ΑΧΙΛΛΕΥΣ; un autre fragment de cippe en marbre porte sur sa partie supérieure la trace de deux pieds qui appartenaient à une statue de grandeur naturelle.

En jetant les yeux sur les itinéraires anciens, on reconnaît une ville de Tottœum, située sur la route de Constantinople à Antioche, entre Oriens Medio et Dablis, à vingt-huit milles de la première et à égale distance de l'autre.

Tottœum se trouve également sur la route de Nicée à Ancyre, et dans la vallée du Sangarius elle est marquée à quarante milles de Nicée, distance qui convient parfaitement à Geïveh (1); Dablæ est à vingt-huit milles, et Dadastana, où mourut l'empereur Jovien (2), à quarante-cinq milles. La table de Peutinger est aussi d'accord avec ces distances. Dadastana est marquée par Ammien Marcellin comme étant sur la frontière de la Bithynie et de la Galatie. Il y a sept heures de marche ou vingt-huit kilomètres entre Sabandja et Geïveh.

Ak seraï, la Maison blanche (douze kilomètres de Geïveh), petite ville sans importance, est située sur la rive gauche du Sangarius, que l'on traverse sur un bac en venant de Geïveh; les fragments d'architrave et de colonnes que l'on peut trouver dans Ak seraï proviennent de Lefké, l'ancienne Leucæ, qui en est distante de huit kilomètres; mais elle n'est pas sur la route directe de Nicée.

LEUCÆ.

La ville de Leucæ est située sur une petite rivière appelée Lefké sou que le colonel Leake et d'autres géographes ont démontré être la même que le fleuve Gallus, qui, selon Strabon, prenait sa source dans la Phrygie Hellespontique (3) et allait se jeter dans le Sangarius à trois cents stades de Nicomédie;

---
(1) *Itinér. Ant.*, p. 141.
(2) Ammien Marc., l. XXV, ch. x.
(3) Strabon, XII, 543.

nous pensons cependant qu'il est différent du fleuve Gallus cité par Pline (1), duquel les Galles, prêtres de Cybèle, avaient pris leur nom ; ce dernier fleuve doit couler aux environs de Pessinunte.

Le Gallus qu'on appelle Lefké sou prend sa source dans le versant orientale de l'Olympe ; on l'appelle Bedrè tchaï, il coule vers l'est, rassemblant tous les cours d'eau secondaires et notamment celui qui s'échappe du lac d'Aineh gheul (le Lac du Miroir), voisin de la petite ville du même nom dont le site répond à celui d'Angelocomé des Byzantins ; enfin il va se jeter dans le Sangarius à l'est de Lefké. Dans leur habitude de confondre ensemble tous les cours d'eau, les Turcs, donnent aussi à cette rivière le nom de Sakkaria (le Sangarius), ce qui a pendant longtemps apporté beaucoup de confusion dans l'hydrographie de cette province.

Aineh gheul est une ville de trois mille habitants dont la principale industrie consiste dans l'exploitation des forêts. Ils cultivent aussi de la soie, qui se vend sous le titre de soie de Broussa. Sa situation sur la grande route de Constantinople à Kutayah la rend assez florissante.

De Geïvch à Nicée en ligne directe on compte quarante-huit kilomètres, on laisse Lefké au sud. La première poste est à Ak seraï, douze kilomètres, la vallée du Sangarius qui s'étend à perte de vue est peuplée de nombreux villages composés chacun de quinze ou vingt maisons. On fait une courte halte à Mécridjé, huit kilomètres. A partir de ce point on abandonne le bassin du Sangarius pour entrer dans celui du lac Ascanius ou de Nicée. En sortant de Mécridjé, on franchit un col élevé ; le terrain de grès rouge que l'on n'a pas quitté jusqu'à Ak seraï fait place à une nature de roches schisteuses et de micaschiste.

Arrivé au haut de la montagne, un splendide spectacle se déroule aux regards. Le lac de Nicée étend à l'horizon sa nappe argentée ; de loin en loin, des groupes d'arbres indiquant des villages ombragent le tableau, et les troupeaux nombreux disséminés sur les collines vertes animent le paysage, dont le fond se compose des sommets resplendissants de l'Olympe. Tant de silence et de solitude ont succédé aux marches guerrières des nations. Cet amas rouge de briques, c'est Nicée où se sont battus avec acharnement presque tous les anciens possesseurs du sol, les Romains comme les Byzantins, les musulmans et les croisés, et maintenant à peine l'habitant de ces lieux sait-il le nom de cette ville qui fut si chèrement disputée. En descendant dans la vallée du lac, on arrive, après une heure de marche, à un ancien camp retranché en ruines. C'est une enceinte carrée flanquée de tours ; l'endroit paraît abandonné. Les habitants donnent à cet endroit le nom de Kara eddin (la Religion noire). C'est un des anciens camps construits par les croisés pendant qu'ils assiégeaient Nicée.

CHAPITRE XIV.

NICÉE.

Nicée, l'ancienne capitale de la Bithynie, célèbre à tant de titres dans les annales des chrétiens, aujourd'hui doublement déchue du rang qu'elle occupait comme place de guerre et comme métropole, n'offre plus dans son enceinte que les débris épars de la cité byzantine ; mais l'importance et la conservation parfaite de son système de défense en font un des lieux les plus intéressants à étudier, pour l'intelligence de la poliorcétique ancienne, et des sièges nombreux que cette ville a soutenus contre les Arabes, les Grecs et les Latins.

Comme point stratégique, Nicée commande la grande vallée dans laquelle est situé le lac Ascanius, l'un des plus grands de l'Asie Mineure, et défend le col qui sépare le bassin du Sangarius du bassin de la Propontide. Aussi les premiers peuples qui, venant de la Thrace, se sont établis dans la Bithynie, ont dû nécessairement choisir de préférence un point si important et si facile à défendre. Séparé au nord du golfe de Nicomédie par la chaîne du mont Arganthonius, et défendu au sud par

(1) Liv. V, ch. 3.

les contre-forts inférieurs de l'Olympe, le bassin du lac a été de tout temps célèbre par sa fertilité; mais les anciens avaient déjà remarqué que la pureté de l'air ne répondait pas à la beauté du pays, et que les habitants alors, comme aujourd'hui, achetaient par des maladies épidémiques les avantages du climat (1). Suivant Étienne de Byzance (2), elle fut dans l'origine colonisée par les Bottæi, qui lui donnèrent le nom d'Ancora (Ἀγκύρη). Mais on a peu de documents sur cette ville du temps de la Bithynie indépendante; il n'est pas même bien certain qu'elle ait existé à cette époque; car, selon Strabon, son origine est moins ancienne. Elle a été fondée par Antigone, fils de Philippe, qui la nomma *Antigonia*; ce qui ferait remonter son origine à l'an 315 avant J.-C., époque où Antigone devint maître de toute cette partie de l'Asie, après la mort d'Eumène. Après la chute d'Antigone, la ville tomba entre les mains de Lysimaque, qui l'appela Nicée, du nom de sa femme, fille d'Antipater.

Voilà à peu près tout ce que nous savons de l'origine de la Nicée grecque, dont l'histoire avait été écrite par Ménécratès, cité par Plutarque dans la vie de Thésée. Quoique Strabon donne à Nicée le titre de métropole, Nicomédie lui contesta toujours ce privilège, et l'antipathie qui existait entre ces deux villes se manifesta dans plusieurs occasions; ainsi, dans la lutte entre Niger et Sévère, Nicomédie s'étant déclarée pour ce dernier, Nicée, par haine pour les Nicomédiens, embrassa le parti de son adversaire, et les deux villes prirent les armes pour soutenir les chefs qu'elles avaient choisis (3). Les rois de Bithynie habitèrent constamment cette dernière ville, dans laquelle se trouvait leur palais. Dans les médailles frappées sous les empereurs, Nicée n'est point désignée comme métropole; cependant plusieurs inscriptions tracées sur les portes semblent attester qu'elle prenait ce titre sur ses monuments publics.

Il paraîtrait que Nicée conserva cette qualification pendant plus d'un siècle, puisqu'elle la portait encore vers l'an 120 de J.-C. A cette époque, elle était le lieu de résidence des proconsuls; sous Néron, Caius Pétronius (1); sous Hadrien, Sévère, qui depuis fut empereur; sous Trajan, Servilius Calvus, y exercèrent cette dignité. Constantin, en témoignage du respect pour le premier concile général qui s'y était assemblé (2), affranchit Nicée de la juridiction de Nicomédie. Mais l'empereur Valens, qui persécuta les chrétiens de cette contrée, lui enleva le titre de métropole pour le rendre définitivement à Nicomédie. C'est sans doute alors qu'elle dut l'effacer de ses monuments, comme nous l'avons vu dans les inscriptions citées plus haut.

Les tremblements de terre qui ravagèrent cette partie de l'Asie, à différentes époques, n'épargnèrent pas la ville de Nicée. L'empereur Hadrien, vers 120 de J.-C. (3), rebâtit les murailles, et fit construire les deux portes de marbre blanc qui existent encore au nord et à l'est.

Sous le règne de Valérien, en 259, les Scythes, qui avaient fait invasion en Bithynie, prirent et pillèrent Nicée; de là, ils se dirigèrent vers Cyzique, mais furent arrêtés par le fleuve Rhyndacus, subitement grossi par les pluies; ils brûlèrent Nicomédie et Nicée, qu'ils s'étaient d'abord contentés de ravager. Le séjour de ces barbares en Bithynie ne fut pas de longue durée, et les villes qui avaient souffert de leurs invasions se relevèrent bientôt de leurs ruines. On employa dans la construction des murs les débris des édifices que les Scythes avaient renversés; les plus beaux fragments d'architecture, les stèles et les piédestaux qui contenaient les actes publics de la ville et qui mentionnaient les services rendus par les citoyens, furent employés pêle-mêle avec les matériaux bruts. Les colonnes des temples, couchées comme des pièces de bois, servirent à affermir les fondations des tours ébranlées par les machines. Peu à peu, tout ce qui restait de l'ancienne Nicée disparut de son enceinte et fut remplacé par des édifices bâtis à la hâte, qui ne

---

(1) Strabon, liv. XII, p. 565.
(2) Voce Nicæa.
(3) Cf. Hérodien, liv. III, ch. 2.

(1) Tacite, lib. XVI, 18.
(2) Dion Chrysostome, Orat. XXXVIII.
(3) Eusèbe, *Chronicon*.

rappelaient, ni par leur goût ni par la solidité de leur construction, les monuments élevés à la belle époque de l'art.

L'empereur Claude II, trente ans plus tard, éleva les deux portes qui existent aujourd'hui au sud de la ville et à l'ouest du côté du lac ; les inscriptions qu'on lit encore sur les architraves lui attribuent la reconstruction des murailles.

L'époque brillante de la ville de Nicée est celle où la religion chrétienne, protégée par l'empereur, prit son essor et sortit victorieuse des persécutions du paganisme que les chrétiens dissidents tentaient de renouveler. Le premier concile œcuménique, dans lequel trois cent dix-huit évêques déterminèrent les actes de la foi catholique, fixèrent le temps de Pâques, posèrent les bases de la discipline ecclésiastique, et condamnèrent l'hérésie d'Arius ; ce célèbre concile se tint, non pas dans une église, mais dans le palais impérial.

Sous le règne de Valens, la ville souffrit encore des atteintes d'un tremblement de terre qui endommagea ses édifices publics ; ils furent reconstruits par la libéralité de l'empereur (1).

Sous le règne de Justinien, la ville reçut des embellissements considérables, et les temples détruits furent remplacés par des églises et des monastères. Procope nous apprend que cet empereur fonda plusieurs établissements religieux pour les hommes et pour les femmes. Il restaura le palais qui avait été presque entièrement détruit, et rétablit un aqueduc mis hors d'usage par la vétusté ; c'est probablement celui qui apporte encore aujourd'hui ses eaux dans la ville par la porte de Lefké. Nous savons, par le même auteur, que Justinien fit construire des thermes près de l'hôtellerie des courriers (2). L'importance de cet établissement ressortait du grand nombre de routes qui, de tous les points de l'empire, venaient converger vers cette ville.

(1) *Chronicon Paschale*, page 557, éd. de Bonne.
(2) *Veredariorum Diversorio.....* Procope, de Ædificiis.

Il n'existe plus rien des thermes de Justinien, et les grands bains bâtis par les sultans, abandonnés à la dévastation et à l'incurie, ne sont plus que des ruines ajoutées à celles qui jonchent le sol de Nicée.

La célébrité que Nicée s'était acquise par les deux conciles qui se tinrent dans son enceinte, la plaça toujours au premier rang des métropoles ecclésiastiques. Favorisée de toutes les manières par les empereurs grecs, elle devint le principal objet des attaques des conquérants arabes, qui, arrivés comme chefs de tribus errantes dans le sud de l'Asie Mineure, avaient en peu de temps fondé un État dont la puissance devint redoutable au vieil empire de Byzance. Sous les premiers califes, les Arabes s'avancèrent en vainqueurs jusqu'à Héraclée de Bithynie, et ne se retirèrent qu'après avoir signé avec les empereurs byzantins des traités qui accordaient aux musulmans de grands avantages. Mais la paix ne fut pas de longue durée, et leurs armes victorieuses vinrent se briser contre les remparts de Nicée, qui, malgré les échecs réitérés qu'elle avait éprouvés, était encore la place forte la plus redoutable de toute la contrée. Les empereurs Léon le Philosophe et Constantin Porphyrogénète, son fils, qu'il avait eu de Zoé, sa troisième femme, élevèrent les murailles de marbre avec les tours qui se voient au nord-est de la ville, et constatèrent par une inscription leur victoire sur les Arabes, vers 912.

Ces succès éloignèrent pour quelque temps les entreprises des Arabes ; mais vers le milieu du onzième siècle (1074), Soliman le Seldjoukide, sultan d'Iconium, conquit Nicée, qui lui fut cédée en toute propriété par l'empereur grec, Nicéphore Botoniates ; il y établit sa résidence. Les deux fils de Soliman, s'étant, à la mort de leur père, échappés de la prison où ils étaient retenus, se rendirent à Nicée, où ils furent reçus avec tous les honneurs dus au sang des sultans, et le gouverneur de la ville la remit entre leurs mains, comme un bien qui leur appartenait par droit de naissance. Kilidj-Arslan, l'aîné des deux frères, voulant augmenter la population de la ville et lui rendre son ancienne importance, fit rassembler les femmes et les enfants des hommes qui étaient en garnison dans Nicée, et leur ordonna de venir habiter la ville (1). C'était un usage qui se perpétuait depuis les anciens conquérants, de transporter par une simple ordonnance les populations d'un district dans un autre. Les sultans dépeuplèrent ainsi Mélitène, qui, sous Justinien, était une des plus grandes villes de la seconde Arménie, et en transportèrent les habitants à Constantinople. C'est depuis ce temps que la nation arménienne est devenue si nombreuse dans cette capitale.

Nicée se ressentit bientôt du goût pour les arts qui distinguait les princes seldjoukides, et elle commença à voir fleurir dans ses murs une ère nouvelle de civilisation arabe. Rivaux des califes de Bagdad et de Cordoue, ces princes rassemblaient à leur cour tous les hommes distingués dans les arts et dans les sciences. L'élan qu'ils donnèrent à l'art de construire ouvrit bientôt une phase nouvelle et une route inconnue où se jetèrent les artistes orientaux. Ils avaient appelé de l'Arabie et de la Perse les astronomes et les poëtes. Ce fut aussi à cette contrée qu'ils demandèrent des artistes pour élever les élégants édifices ornés d'émaux dont l'antique empire de la Chine avait répandu peu à peu le goût dans l'Asie occidentale. Ils marchaient, empruntant toujours aux peuples chez lesquels ils s'établissaient quelque chose de leurs arts et de leurs usages, mais conservant comme par instinct le type d'ornementation créé par les Arabes et fondé uniquement sur les règles de la géométrie.

L'art d'émailler la faïence, si utile pour orner des monuments construits dans les plaines de la Cappadoce, où le marbre et la pierre à bâtir sont très-rares, fut transporté à Nicée. Cette fabrique donna quelques produits qui furent employés à la décoration des monuments. Nicée et Broussa en ont conservé des traces; mais la Bithynie était trop riche en matériaux de toute espèce, en marbres blancs et veinés, en riches débris de monuments anciens épars sur le sol, pour que cet art, créé dans le but de suppléer à la disette de matériaux destinés à l'ornement, pût subsister dans cette contrée. La fabrique de Nicée fournit également de ses produits à Constantinople, et un poëte persan était attaché à l'établissement pour composer les inscriptions reproduites sur les émaux (1).

Nous arrivons maintenant à l'époque où l'histoire de Nicée efface celle des autres villes de l'Asie, par le rôle important qu'elle joue dans les annales du christianisme.

L'arrivée des croisés en Bithynie, en 1095, fut signalée par la malheureuse expédition de Pierre l'Ermite et de Gauthier sans Avoir. A son départ de Constantinople, l'armée s'embarqua sur des vaisseaux que lui avait fournis l'empereur grec, et se dirigea vers Nicomédie, où elle séjourna peu de temps. Elle alla ensuite dresser son camp aux environs de Kemlik, l'ancienne Cius, appelée Civitot par les historiens des croisades, et que les Grecs appellent aujourd'hui *Ghio*. C'est de ce point que l'armée, parcourant les bords du lac, exerça ses déprédations sur le territoire de Nicée. Les soldats enlevaient le gros et le menu bétail appartenant à des Grecs serviteurs des Turcs. Le pays était gouverné alors par Soliman le Jeune, surnommé Kilidj-Arslan (1).

Le succès des Latins encouragea les Teutons à tenter une entreprise semblable; s'étant rassemblés au nombre de trois mille hommes d'infanterie, ils prirent la route de Nicée, et vinrent attaquer une ville située au pied d'une montagne, à quatre milles environ de Nicée. Guillaume de Tyr ne nomme point cette place, mais il atteste que c'était un point fortifié et capable de résister à une attaque; en effet, il fallut toute l'impétuosité des Teutons pour vaincre les efforts des habitants, qui furent presque tous massacrés. Soliman, apprenant le succès des chrétiens, rassemble quinze mille hommes, et revient à Nicée pour chasser les

---

(1) Alexiade, lib. VI, cap. II.

(1) Mouradgea-D'Ohsson, t. III.
(2) Guillaume de Tyr, liv. I, p. 66.

Teutons du fort qu'ils occupaient (1). Les prodiges de courage de ceux-ci ne peuvent éloigner les Turcs, qui finissent par mettre le feu à la porte du château et par entrer dans la place. Les hardis auteurs du coup de main sont massacrés sans pitié; deux cents jeunes gens sont conservés pour l'esclavage, et tout le reste périt par le glaive.

Sur la route directe de Nicée à Ghio on ne trouve aucune trace du château mentionné dans Guillaume de Tyr; mais, en remontant à quatre milles à l'est dans la grande vallée qui conduit au Sangarius, on reconnaît près du village Kara eddin un vaste camp retranché ou *cassaba*, de forme carrée, que nous avons décrit plus haut. Il y a lieu de croire que les Teutons, dans leurs excursions, avaient tourné la ville de Nicée, et étaient venus s'emparer de cette position (2).

Toutes les communications entre les contrées de l'est et la ville de Nicée se sont toujours faites par la rive sud du lac. A cette époque, la grande voie romaine, restaurée par Néron, qui conduisait de Nicée à Apamée, devait être bien plus praticable que de nos jours; d'ailleurs, la rive sud du lac suit une ligne presque droite de l'est à l'ouest, tandis que du côté du nord la côte est bien plus sinueuse et les montagnes plus escarpées.

La nouvelle de la défaite des Teutons arriva cependant au camp de Civitot, et plongea les pèlerins dans la consternation; mais bientôt le désespoir fit place à la soif de la vengeance, et une multitude sans ordre vint assaillir la tente de Gauthier-sans-Avoir, qui résista longtemps, mais finit par se mettre à la tête des siens, et marcha avec deux cent cinquante mille hommes sur Nicée pour surprendre Soliman. Le sultan, averti par ses espions, sort de la ville et se cache dans les défilés des montagnes formant les contreforts du mont Olympe. Surpris par les Turcs, les croisés sont massacrés, et un petit nombre de pèlerins parvint seul à s'échapper, et se retira dans une forteresse ruinée qui se trouvait près de Civitot. C'est dans cette malheureuse affaire que périt Gauthier-sans-Avoir, qui tomba percé de sept flèches.

Deux ans après l'expédition de Gauthier, la grande armée des croisés, composée de sept cent mille hommes, vint, sous la conduite de Godefroi de Bouillon, de Tancrède et de Bohémond, faire le siége de Nicée. Soliman Kilidj-Arslan, sultan d'Iconium, l'un des plus célèbres princes seldjoukides, étendait alors son pouvoir sur la majeure partie de l'Asie Mineure. Au moment où il avait été informé de la marche des croisés, il s'était rendu chez les princes ses voisins, et leur avait persuadé que sa cause était celle de tout l'islamisme. Il en avait obtenu des renforts considérables (1) et des secours en argent et en matèriel. Mais, avec une grande intelligence de la stratégie, il avait compris que son action serait beaucoup plus efficace s'il se tenait hors de la ville, au lieu de s'enfermer dans les murailles. En conséquence, il se retira dans les défilés de l'Olympe avec une troupe d'environ cinquante mille soldats sur lesquels il comptait pour attaquer à dos les chrétiens. Il mit d'ailleurs tous ses soins à prémunir Nicée contre un long siége. Toutes les fortifications élevées

(1) Albert d'Aix, liv. I, p. 26.
(2) Les historiens des croisades n'ont pas laissé assez de documents pour que l'on puisse déterminer d'une manière positive la position du château appelé Exerogorgum par le moine Robert, Exorogorgum par Guibert de Nogent, et Xerigordon par Anne Comnène. La distance de quatre journées de Nicomédie n'est pas une donnée suffisante, puisque nous ignorons quel chemin suivaient les croisés, et qu'ils peuvent avoir employé quatre jours s'ils ont passé par Sabandja et Ak-Seraï pour gagner la grande vallée de Nicée. Cette route est plus longue, mais il n'y a pas de montagne à franchir. Guillaume de Tyr, en rapportant la défaite des Teutons dans ce château, n'en donne point le nom; mais il dit qu'il était situé au pied d'une montagne à quatre milles environ de Nicée. Il parait que ce passage a échappé à M. de Hammer quand il a discuté la position d'Exorogorgum, qu'il place à Ak-Sou, ville située sur le versant nord-est de l'Olympe, et séparée du bassin de Nicée par une chaîne de montagnes d'un accès difficile.

(1) Guillaume de Tyr, liv. II, p. 128.

par les empereurs grecs avaient été mises en bon état, et la triple ligne de circonvallation qui défendait son enceinte fit l'admiration des croisés, et, loin de les intimider, redoubla leur courage. Un large fossé communiquant avec le lac était toujours rempli d'eau, et le revers du côté de la place était défendu par un *agger* flanqué de tours, formant un chemin couvert de seize mètres de large en avant du rempart, lequel avait dix mètres de hauteur sur une épaisseur de quatre mètres. De distance en distance, des tours de dix-neuf mètres de hauteur et de dix mètres de diamètre protégeaient la muraille et le chemin de ronde qui circulait tout au tour de la ville.

La forme de la ville est irrégulière, et son grand axe se dirige du nord au sud; toute la partie sud est défendue par le lac, sur lequel il n'y avait pas d'embarcations. La porte du Nord conduisait vers le mont Arganthonius, dont les collines sont boisées et couvertes de jardins. La porte de l'est s'ouvre sur la grande vallée qui forme le prolongement du bassin du lac, et la porte du sud communique avec la route qui conduit à Broussa par la montagne. Toutes ces portes étaient défendues par un double rang de tours et par des chemins tortueux que formaient les ressauts de l'agger, et qui forçaient l'assaillant de passer immédiatement sous les traits de la place. Telle était la ville que les chrétiens vinrent assiéger au nombre de six cent mille fantassins et cent mille cavaliers cuirassés. Le duc Godefroi se chargea d'attaquer l'est de la ville, c'est-à-dire, la porte de Lefké et les remparts qui la défendaient. Bohémond et Tancrède occupèrent la position du nord. L'ouest de la ville fut bloqué avec difficulté par Hugues le Grand et l'évêque Adhémar. Le valeureux comte de Toulouse, arrivé depuis peu, défendit la position du sud; ce fut ce corps d'armée qui eut à soutenir le premier engagement avec les Sarrasins. Soliman, qui était en embuscade dans les défilés situés au sud du lac (il occupait probablement le territoire de Yenicheher), voulant dégager les abords de Nicée occupés par les chrétiens, s'élance sur la troupe de Raymond de Saint-Gilles, et est repoussé après des prodiges de valeur. Les chrétiens, non moins barbares que leurs ennemis, coupèrent les têtes des morts, et les jetèrent dans la ville à l'aide de leurs machines.

La ville était investie de trois côtés, et les chrétiens veillaient jour et nuit à ce qu'aucun convoi de vivres ou de munitions ne pût être introduit dans Nicée. Mais à l'ouest les murs étaient baignés par les eaux du lac Ascanius, qui offraient une communication facile avec le dehors. Les chrétiens, n'ayant à leur disposition ni barques ni bateaux, se trouvaient dans l'impossibilité de réduire la ville par la famine. Soliman lui-même prenait souvent la voie du lac pour aller voir sa femme et son fils, qu'il laissait dans la place pour mieux encourager les assiégés à résister aux croisés.

Plusieurs semaines s'étaient écoulées sans que les croisés eussent tenté un assaut; chaque jour on inventait des machines pour renverser les murailles. Parmi les princes les uns dirigeaient les balistes, les autres fabriquaient des béliers de fer pour battre en brèche les remparts, mais le génie des Sarrasins ne le cédait pas à celui des Francs. Les portes avaient été fermées avec soin par des herses de fer glissant dans des rainures, et les murailles garnies de machines de toutes sortes écrasaient les assiégeants sous des quartiers de roche, ou enlevaient avec des crochets de fer les combattants qui s'approchaient trop près des murailles, et les laissaient retomber morts ou mutilés. Les têtes des vaincus servaient de part et d'autre de projectiles, et chaque fois que les Sarrasins effectuaient une sortie, les têtes de ceux qui succombaient étaient coupées et portées à l'empereur de Constantinople, comme un sanglant trophée. En récompense, Alexis envoyait aux croisés des vivres et des chariots chargés d'armes, de munitions et d'habillements.

Les chefs de l'armée, fermement résolus à s'emparer de Nicée, pour ne pas laisser entre les mains de leurs ennemis une place aussi importante, se décidèrent à pousser le siége avec vigueur. Deux seigneurs croisés, Henri de Hache et le comte Herman, firent construire une machine appelée le *Renard*, faite en bois de chêne, et recouverte de claies d'osier et de cuir. Cet appareil, qui pouvait contenir vingt hommes, devait être approché des murailles pour en saper les fondements; mais, pendant qu'on le traînait, tous les bois s'affaissèrent et écrasèrent les hommes qui s'y étaient renfermés. Quoique les murailles ne fussent bâties que de briques, les machines des Francs étaient si imparfaites, qu'ils purent à peine entamer le ciment qui les reliait. Cependant, à force d'attaques réitérées, ils parvinrent à pratiquer quelques fentes dans les murs. La résistance désespérée des Turcs arrêtait l'élan des chrétiens, et dès qu'une muraille était entamée, on en rebâtissait une autre derrière. Ils combattaient du haut de leurs remparts avec un zèle infatigable, et lançaient sur les chrétiens de la poix, de l'huile, des torches enflammées, et toutes les matières propres à incendier les machines des assiégeants.

En voyant les efforts de courage déployés dans ce siège mémorable, en comptant le nombre des assiégeants, qui devait s'élever au moins à quatre cent mille hommes effectifs, il y a lieu de s'étonner qu'une place comme Nicée n'ait pas été enlevée: car située en plaine, elle n'est défendue que par des ouvrages d'art, sans que la disposition des lieux vienne ajouter à la difficulté de l'attaque. Elle a été néanmoins regardée par les historiens des croisades comme la place la plus forte de toute l'Anatolie. Robert le moine regarde la reddition de Nicée comme une preuve de la protection divine: « Car, dit-il, nulle force humaine n'aurait pu l'emporter sans le secours de Dieu, et il était bien juste que cette ville, qui avait vu sanctionner tous les dogmes de l'Église catholique, fût enlevée aux ennemis de notre sainte foi et réconciliée au Seigneur, et qu'elle rentrât dans le sein de notre sainte mère Église comme un de ses membres. » Malheureusement, la croix ne brilla pas longtemps sur les églises de Nicée, car peu d'années après, elle retomba entre les mains des Ottomans.

Cependant les chrétiens, voyant que la ville était constamment ravitaillée par les navires, jugèrent qu'elle ne tomberait jamais entre leurs mains, s'ils ne parvenaient à fermer cette voie. En conséquence, ils s'adressèrent à l'empereur pour qu'il leur fût donné des barques, qui furent transportées sur des traîneaux tirés par des chevaux et par des hommes, du port de Civitot jusqu'au lac de Nicée, dans une longueur de sept milles; les bâtiments étaient assez grands pour contenir jusqu'à cent combattants. Cette entreprise fut achevée dans l'espace d'une nuit.

L'histoire mentionne plusieurs faits de ce genre. Au siége de Tarente, les Romains, maîtres de la citadelle, investis de tous côtés par l'armée d'Annibal, avaient cependant la mer libre, et reçurent de Métaponte assez de renforts pour détruire les ouvrages avancés des Carthaginois. Annibal, pour intercepter toute communication entre la citadelle et la mer, fit fabriquer des machines pour traîner les galères, qui furent transportées à travers la ville, du port jusqu'à la pleine mer (1). Dans la guerre contre Mithridate, Lucullus étant venu pour délivrer Cyzique, bloquée par l'armée de ce prince, fit prendre sur le lac Dascylitis une grande barque qu'il fit traîner sur un chariot jusque dans la mer, et ayant embarqué des soldats, il l'introduisit dans la ville (2). Plus tard, au siége de Constantinople par Mahomet II, les Ottomans, voulant s'emparer du port, dont l'entrée était fermée par des chaînes, firent passer sur des chariots des barques armées en guerre, depuis le point du Bosphore appelé aujourd'hui Château d'Europe (3), jusqu'à la partie supérieure de la Corne d'Or. Mais de toutes ces entreprises, celle des croisés fut la plus difficile, puisqu'en une nuit les barques parcoururent sept milles de chemin par terre. Ils suivirent probablement la vallée d'écoulement du lac au pied des collines, où coulait la rivière appelée par les anciens fleuve Ascanius.

(1) Tite-Live, II, chap. III.
(2) Plutarch., *in Lucullo*.
(3) Roumili-Hissar. Hammer, *Hist. des Ottomans*, tom. II.

Cette flottille était sous les ordres du capitaine Butumites, que les historiens des croisades appellent *Tatin*, et qui était particulièrement attaché à la personne de l'empereur. Lorsque les musulmans virent les murailles du côté du lac cernées par les barques des chrétiens, leur courage commença à les abandonner. Du côté des chrétiens, au contraire, l'attaque fut poussée plus vigoureusement ; le côté du midi, c'est-à dire de la porte de Yéni cheher, où commandait le comte de Toulouse, était remarquable par une tour d'une grande élévation ; près de là se trouvait le palais des sultans, qu'Anne Comnène nomme *sultanikon*, et où demeuraient la femme et la sœur de Soliman. Ce palais était sans doute le même que celui qui fut construit par les empereurs grecs et restauré par Justinien. Tous les efforts des croisés se tournèrent vers ce point, et les machines les plus puissantes furent approchées pour battre en brèche et renverser la tour. Ils parvinrent, à l'aide d'un bélier très-solide, traîné à force de bras, à faire dans la muraille une ouverture assez grande pour que deux hommes pussent y passer. La nuit ayant mis un terme aux travaux du siége, les chrétiens s'aperçurent avec découragement que les Turcs avaient profité de leur repos pour réparer tous les dommages de la veille. Un des assaillants, Lombard de naissance, propose enfin de construire une machine au moyen de laquelle la muraille sera sapée sans danger pour les assaillants. Les chefs des croisés lui fournissent l'argent et les matériaux nécessaires, et bientôt les Turcs voient une tour de bois, dont la hauteur égale celle des remparts, s'avancer lentement, et venir s'appliquer contre la muraille, sans que les combattants qu'elle contient soient exposés aux traits de la ville. La muraille est minée ; les pierres de la base sont remplacées par des pièces de bois, et bientôt le feu, consumant ces supports, amène la chute du rempart, qui s'écroule en entraînant la tour, objet d'une attaque si bien combinée. Cet événement acheva de démoraliser les assiégés, d'autant plus que la femme de Soliman, voyant sa retraite menacée par la chute de la tour, fit une tentative pour fuir par le lac ; mais elle fut arrêtée avec son fils, et livrée aux princes croisés. C'est alors que les musulmans envoyèrent des députés à Godefroi pour traiter de la reddition de la place ; Butumites, qui avait reçu des instructions secrètes de l'empereur Alexis, pénètre dans la ville, et décide les Ottomans à rendre de préférence la ville à l'empereur. Cette proposition fut acceptée, et les princes croisés virent sans envie une trahison qui les privait du fruit de leur victoire. Mais, sous le rapport politique, ils avaient atteint leur but : car, devant s'enfoncer dans l'intérieur, ils étaient sûrs de ne pas laisser sur leurs derrières un ennemi redoutable.

En 1106, la ville de Nicée fut remise par l'empereur Alexis aux princes seldjoukides. A la mort du jeune Alexis, Andronic Comnène, peu de temps après son avénement à l'empire, en 1183, se présenta devant les villes de Pruse et de Nicée, qui lui refusaient l'obéissance ; Nicée ayant été réduite, fut saccagée par les troupes impériales, qui y commirent des cruautés inouïes (1) ; mais elle revint aux Comnènes, au moment de la prise de Constantinople par les Latins, et l'empereur Théodore Lascaris, qui s'y fit couronner en 1203, y établit le siége de *l'empire de Nicée*.

A la chute de l'empire des Seldjoukides, les Osmanlis s'emparèrent rapidement de leurs anciennes provinces. Orkhan eut d'abord à se rendre maître des places de Broussa et de Nicée, dont son père avait préparé la conquête. A cette époque, Andronic le Jeune régnait à Constantinople (1330). La prise de Nicée n'offrit pas à l'armée ottomane moins de difficultés qu'à celle des croisés, et la marche du siége fut exactement la même. Orkhan s'empara des petits forts construits dans les plaines environnantes, et bloqua la place assez étroitement pour que les habitants, pressés par la famine, songeassent à lui ouvrir leurs portes. Il s'empara du fort de Karatekin, voisin de Nicée, ce qui acheva d'intercepter toute communication avec le dehors. Enfin, les habitants, épuisés par des assauts multipliés et par un blocus de plusieurs années,

(1) Art de vérifier les dates, p. 445.

traitèrent de leur reddition, dont les conditions furent acceptées par le sultan. La garnison pouvait sortir avec ses bagages, et se retirer à Constantinople, près de l'empereur, et les habitants qui resteraient à Nicée, en acceptant la loi du vainqueur, conservaient la liberté de pratiquer leur religion. Ces conditions acceptées, les habitants se portèrent en foule au-devant du sultan, qui fit son entrée triomphale par la porte de Yéni cheher.

La première pensée d'Orkhan fut d'élever des mosquées et d'établir des écoles religieuses. Plusieurs églises appartenant aux Grecs furent converties en mosquées; on remarque encore aujourd'hui les ruines de l'église appelée Aghia-Sophia, qui était, comme la métropole de Constantinople, consacrée à la sagesse du Verbe incarné. Toutes les peintures et les mosaïques représentant des sujets religieux, tous les versets des livres saints inscrits sur les murailles furent détruits et recouverts de chaux, et on leur substitua des sentences du Coran, dont il reste encore aujourd'hui de nombreux vestiges; mais depuis plus d'un siècle, depuis la déchéance complète de la ville de Nicée, cette mosquée même est abandonnée; la coupole s'est écroulée, et tout le quartier environnant n'est plus qu'un amas de décombres.

ÉGLISE DE SAINTE SOPHIE.

Les voyageurs ont souvent cherché les traces de l'église illustrée par le grand concile œcuménique qui détermina les actes de la foi catholique, et posa les bases de la discipline ecclésiastique. Paul Lucas avait cru reconnaître cette église dans les ruines du théâtre romain que l'on observe encore dans la partie sud-ouest de la ville. Cette opinion n'a pas besoin d'être discutée. M. de Hammer croit que l'église d'Aghia-Sophia est la même que celle où se tint ce premier concile. Mais pour ceux qui ont suivi les phases de l'architecture byzantine depuis Constantin jusqu'à la chute de Constantinople, il est facile de déterminer les limites chronologiques des différents styles d'architecture. Jusqu'à l'époque où Justinien fit construire la grande église de Sainte-Sophie, à Constantinople, en 538, toutes les grandes églises reçurent la forme d'une basilique. On peut citer, à l'appui de cette opinion, le monastère de Saint-Jean-Studius, qui subsiste encore dans cette ville, et l'église de Bethléem, bâtie par l'impératrice Hélène, mère de Constantin, deux monuments dont la date est certaine. Ces églises sont formées par deux rangs de colonnes intérieures, supportant une toiture en charpente. Au fond de l'église est l'hémicycle (τὸ βῆμα), où était placé l'autel. Cette forme primitive a été imitée de la basilique des anciens, où se tenaient les assemblées (ἐκκλησίαι). Plusieurs de ces églises de premier style n'étaient que d'anciens temples, dont l'intérieur avait été élargi en entourant d'une muraille la colonnade du péristyle. Ce ne fut qu'à l'imitation du chef-d'œuvre d'Anthémius que les architectes d'une époque postérieure à Justinien construisirent des églises à coupole. L'église de Sainte-Sophie est un monument trop peu connu et trop peu étudié, car c'est de sa création que date une ère nouvelle pour l'architecture byzantine. L'église d'Aghia-Sophia à Nicée était couverte par un dôme en pendentif sur un plan carré. Ce caractère seul indique qu'elle est plus récente que la seconde moitié du sixième siècle. Nous pensons donc que l'église qui existait à l'époque du premier concile devait être, comme toutes les autres, en forme de basilique. Il nous reste trop peu d'éléments pour baser une opinion sur l'étendue et la position de cette église, mais il ne faut pas la chercher parmi celles qui subsistent encore. Il n'est pas certain d'ailleurs, que le premier concile général, qui s'assembla le 19 juin 325, se soit tenu dans une église; l'empereur Constantin, qui le présida en personne, n'était pas encore baptisé. Selon l'*Histoire des conciles* (1), le saint synode se tint dans le palais impérial. L'empereur, pour honorer les évêques, prit sa place au milieu d'eux sur un siège d'or fort bas. Ce palais devait être le même qu'occupaient les préteurs romains et les empereurs grecs, et qui

---

(1) Tome I, page 203.

était au centre de la ville. Mais les caractères de l'église d'Aghia-Sophia se rapportent parfaitement à ceux des monuments du huitième siècle, et, par conséquent, il ne serait pas impossible que le second concile, qui se tint en 787, s'y fût rassemblé.

Orkhan fit élever à Nicée le premier imaret (hospice pour les pauvres) que les Ottomans aient construit dans cette partie de l'Asie; mais les sultans seldjoukides avaient déjà créé, dans la partie orientale de l'Asie Mineure, de ces fondations pieuses où l'on distribuait aux pauvres et aux vieux soldats des vivres et des secours. Ces monuments recevaient toujours de la piété du fondateur, ou des donations particulières, un revenu en immeubles destiné à l'entretien de l'établissement. Ces biens, désignés sous le nom de *vakouf*, consistaient en terres conquises sur les chrétiens, en bazars et en bains, dont la location revenait à la mosquée de laquelle les imarets dépendaient généralement.

Un des soins du sultan Orkhan après la conquête de Nicée fut d'organiser l'administration, et de déterminer les limites ou sandjaks nouvellement conquis. Nicée fut déclarée capitale du sandjak de Kodjà-Illi; mais, sous Mahomet II, le chef-lieu fut transporté à Nicomédie, et ce fut le signal de l'anéantissement de Nicée.

Aujourd'hui la ville de Nicée est gouvernée par un mutzellim ressortissant au pachalik de Broussa.

La ville moderne, appelée par les Turcs Isnik, corruption des mots grecs εἰς Νικαίαν, occupe la partie centrale de la cité byzantine. En entrant par la porte de Lefké, on parcourt un grand espace planté en jardins, avant d'arriver à la ville moderne, dont les maisons bâties d'argile offrent l'aspect le plus misérable ; la rue principale, formant le bazar, est la seule dont l'aspect soit un peu vivant. La population grecque ne dépasse pas douze à quinze cents âmes, et habite un quartier séparé, voisin de l'église actuelle, dont le métropolitain tient sous sa juridiction tout le pays environnant, depuis Ak-séraï, à l'est, jusqu'à Ghio, à l'ouest, et jusqu'à Yéni cheher, au sud. Mais l'air de Nicée est tellement malsain pendant l'été, que le métropolitain est autorisé à habiter la ville de Ghio. Les habitants n'ont d'autre industrie qu'un peu de jardinage et la récolte de la soie. Quelques familles grecques fabriquent des tissus qui se confondent dans le commerce avec ceux de Broussa.

CHAPITRE XV.

LES MURS.

Tant de maîtres divers, tant de siéges et de catastrophes, ont apporté trop de changements dans la forme de l'enceinte de Nicée, pour qu'on puisse espérer d'y rien rencontrer qui date de la Nicée de Lysimaque, ni même de celle d'Hadrien. Du temps de Strabon, la ville avait seize stades ou deux mille neuf cent quarante-quatre mètres de circuit; le pied de ses murailles était baigné par les eaux du lac, qui la défendaient du côté de l'ouest. Le géographe grec remarque, en outre, que ses quatre portes pouvaient être aperçues d'une pierre située au milieu du gymnase. Ce gymnase avait été commencé un peu avant l'arrivée de Pline en Bithynie, pour remplacer l'ancien édifice que le feu avait détruit. On le reconstruisait sur un plan beaucoup plus vaste, mais Pline blâme beaucoup l'architecte. Il trouve que l'édifice est irrégulier, et que les parties en sont mal ordonnées, et, d'après l'avis d'un architecte, il pense que les murs ne pourront soutenir la charge qu'on leur destine, quoiqu'ils aient vingt-deux pieds de large, dimension prodigieuse pour un monument de cette espèce (1). Le peu de solidité des édifices de Nicée tenait particulièrement à la mauvaise qualité du terrain, qui, composé d'atterrissements, n'a pas la solidité nécessaire pour soutenir de lourdes masses.

Au premier coup d'œil, on serait tenté de croire que les murailles n'ont pas changé de forme, car les portes se trouvent encore aujourd'hui aux extrémités de deux axes qui se coupent à angles droits. Mais, ainsi que nous l'a-

(1) Plin., *Epist.*, lib. X, lettre XLVIII.

vons observé, les remparts sont beaucoup plus modernes, et renferment de nombreux débris de monuments anciens; le système de défense, un des plus complets et des mieux conservés de toutes les villes de l'Asie Mineure, est encore presque entier; il se compose d'une enceinte fortifiée, flanquée de tours demi-circulaires, c'était le *mœnium* ou rempart des Latins. En avant du mœnium et à une distance de seize mètres s'élève une deuxième enceinte également flanquée de tours, disposées en échiquier devant celles du rempart, et qui défendaient les abords du fossé. C'était l'*agger* des fortifications anciennes qui, dans le principe, était tout simplement composé des terres du fossé rejetées du côté de la ville. Plus tard, l'agger fut une fortification construite, défendue par des tours qui correspondaient aux intervalles des tours du mœnium. Enfin, le fossé, *vallum*, dont la largeur est aujourd'hui indéterminée par suite des éboulements, complétait la défense de la ville. Des canaux communiquant avec le lac servaient à inonder le fossé dans les cas d'attaque. Les tours et les murailles de l'agger sont moins élevées que celles du mœnium, afin que les machines placées sur le sommet des tours du mœnium puissent agir aussi près que possible de l'enceinte des murailles. Les tours de Nicée, engagées dans le rempart de la largeur d'un diamètre, ont une saillie égale à ce même diamètre, c'est-à-dire qu'elles sont formées par un cercle tangent aux murailles et relié par deux plans perpendiculaires. Ces tours ne sont cependant pas toutes égales ou semblables, car on en voit quelques-unes qui n'ont de saillie que les deux tiers d'un diamètre, et d'autres qui sont carrées; mais ces dernières sont d'une époque plus récente. Elles ne sont pas également espacées; il y en a qui n'ont que dix mètres d'intervalle d'axe en axe, d'autres ont jusqu'à vingt-cinq mètres.

La construction générale des murailles est en briques, qui ont de trente à quarante centimètres de longueur sur une largeur de vingt-cinq à trente. Le ciment qui les relie est très-épais; le lit de mortier a de deux à trois centimètres de largeur, et l'intérieur des murailles est un béton composé de gros sable et de cailloux. Généralement, l'appareil des murailles est en assises réglées; mais, soit caprice des ouvriers, soit pour donner plus de solidité à certaines tours, on en remarque quelques-unes dont les assises sont ajustées obliquement pour former une espèce d'épi ou d'ajustement bizarre. Dans plusieurs endroits, la muraille est appareillée avec trois assises de moellons et deux assises de briques alternant. Il n'existe point d'inscription qui nous apprenne à quel règne remonte la construction des murailles, mais le système général de défense est tellement semblable à celui de Constantinople, qu'on doit penser que ces deux villes ont été fortifiées à la même époque, c'est-à-dire, dans le courant du quatrième siècle.

Du côté de l'orient, les murs suivent une ligne droite, dirigée du nord au sud, depuis l'angle sud jusqu'à la porte principale, qu'on appelle encore aujourd'hui porte de Lefké ou de Leucæ. Cette muraille est défendue par vingt et une tours.

La tour de l'angle sud-est est fendue dans toute sa hauteur; elle ne porte néanmoins à l'extérieur aucune trace de l'effet des machines. A la hauteur du rempart elle contient une grande chambre voûtée et éclairée sur la ville. On peut facilement cheminer sur le parapet dans toute la longeur des murailles. Le chemin de ronde est pavé de grandes dalles de marbre, extraites des monuments anciens. On remarque surtout un grand nombre de piédestaux de 1^m,19 de hauteur sur 0,86 de large, et qui portent tous des bases de colonne attenant au même bloc, et, de part et d'autre, des arrachements de marches. Il est évident que tous ces piédestaux ont appartenu à un même monument, qui devait être construit dans la forme d'une basilique. On compte soixante-quatre piédestaux d'égale dimension, qui proviennent évidemment du même lieu. Les autres blocs sont des morceaux d'architrave, des stèles sépulcrales et d'autres débris sculptés. Sur ce chemin de ronde était placé le parapet avec les créneaux. Une des tours de cette muraille est surtout remarquable ; la grande chambre avait été murée il y a plusieurs siècles, et n'a été ouverte que vers l'année 1834. Elle offrait dans toute leur intégrité les dispositions intérieures et la décoration. Dans la partie inférieure de la tour est une rotonde voûtée, qui servait sans doute de magasin pour les machines. On arrive sur le rempart, par un escalier extérieur, dans une salle des gardes de plain-pied avec le chemin de ronde, et également circulaire et voûtée. Elle est éclairée par deux fenêtres fort étroites ou barbacanes, qui communiquent avec deux cellules ménagées dans l'intérieur des murs (1). Chacune de ces cellules a deux niches avec un banc pour les vedettes. Ce qui donne à cette tour un intérêt tout particulier, ce sont les peintures qui décorent la salle des gardes ; elles sont exécutées à l'encaustique sur le stuc qui recouvre les briques. Ces peintures représentent des prêtres ou des saints, dont la tête est ornée d'un nimbe d'or, et qui portent des costumes en usage dans l'ancienne liturgie. Quelques-uns avaient leurs noms écrits, selon l'usage byzantin, en colonne verticale. Une grande figure de saint George, monté sur un cheval gris, était trop endommagée pour qu'il soit possible de la retracer ; le cheval portait aux jambes des anneaux ornés de pierreries. La voûte de la salle est peinte en bleu avec des étoiles en rouge. Ces peintures portent tous les caractères de l'art du douzième siècle ; mais on sait que les peintres byzantins ont plus que tous les autres cherché à conserver un type déterminé dans leurs figures religieuses, et que même à notre époque les tableaux des Grecs sont copiés sur ceux du moyen âge. Il serait donc difficile de dire positivement à quelle époque remontent ces peintures. A peine cette tour fut-elle ouverte, que les Grecs s'y transportèrent en foule, et couvrirent les murailles d'inscriptions qui détruisaient ces curieuses peintures ; il est à craindre que d'ici à quelques années elles ne deviennent tout à fait méconnaissables.

(1) Voyez Asie Mineure, t. Ier, planche X.

On arrive à la plate-forme supérieure de la tour par un escalier pratiqué dans l'intérieur de la muraille. Cette plate-forme est défendue par des créneaux qui subsistent encore. Au dehors, les tours de Nicée sont complétement unies, sans ressaut ni mâchicoulis. La ligne qui joint la porte de Leucæ à la porte du Nord ou de Constantinople (Stamboul-Kapou-Sou) suit une ligne sinueuse, dont la direction générale est nord-est et sud-ouest. Il y a dix-neuf tours dans cette partie, et une poterne de marbre donne accès dans l'intérieur de la ville. Vers la pointe nord on remarque une longue portion de muraille dans une longueur de deux cent quatre-vingt-quatorze mètres, toute bâtie en marbre blanc. Elle est défendue par trois tours carrées également en marbre, et ornées d'une corniche à denticules. La muraille porte onze assises de 0^m,50 de hauteur, et la tour vingt assises. La hauteur de la corniche est de 0^m,56, et supporte un rang de créneaux. L'appareil de cette construction est fait avec soin, aussi quelques voyageurs ont-ils regardé cette portion des murs comme un reste de la Nicée de Lysimaque ; mais du côté de la ville cet appareil est infiniment moins soigné ; on voit une inscription dont les caractères taillés en relief à la manière des inscriptions arabes, attestent une époque de décadence ; elle est tracée en cinq lignes sur une table de marbre de 1^m,80 de longueur, et placée à sept ou huit mètres au-dessus du sol. Un jardin nouvellement planté et entouré de murs attenant aux remparts intercepte la circulation sur le chemin de ronde intérieur. Il faut entrer dans le jardin pour voir l'inscription.

Ici est le trophée de mort des ennemis et des Sarrasins couverts de honte ;

Ici nos empereurs fidèles au Christ, Léon et Constantin,

Ont réparé la ville, et, à cause du mauvais état de l'ouvrage,

Ont élevé depuis les fondements la tour des Centeniers,

Qu'ils ont achevée dans l'espace de sept ans. Panéus, fils du patrice Flavius Kuropalate, a (présidé).

De la porte de Constantinople à celle

du Lac, la ligne des murailles se dirige au sud-ouest; il y a seize tours, dont quelques-unes sont carrées. La porte de Constantinople se trouve donc au sommet d'une espèce de grand triangle. Depuis la porte du Lac jusqu'à celle de Yeni cheher, au sud, les murailles suivent une série d'angles rentrants et saillants qui donnent une grande force à la défense. C'est le côté le plus fort de la place. Vers la porte de Yeni cheher, elles enveloppent, en formant une saillie rectangulaire, une enceinte assez étendue. Cette enceinte rappelle parfaitement le Castrum ou camp des soldats qu'on observe dans les murailles de Rome. Les fouilles que l'on fait dans les champs qui occupent une partie de l'intérieur de Nicée mettent souvent à découvert les fondations de divers édifices. Les débris qu'on trouve en ce lieu, uniquement composés de briques de différentes sortes, indiquent que les constructions qui l'occupaient étaient faites dans un but d'utilité plutôt que de luxe.

Depuis la porte du Lac jusqu'à l'angle sud-est de la ville, la muraille est défendue par vingt-trois tours, et ouverte par deux poternes. La tour de l'angle sud-ouest est carrée, et forme une saillie considérable, tant en dedans qu'au dehors des murs. A la hauteur du chemin de ronde, il y a une grande chambre voûtée, dont les murs sont presque entièrement construits avec des fragments antiques. Une tour voisine, dont la construction n'a rien de remarquable, porte sur une tablette de marbre l'inscription suivante :

Tour de Michel
le grand roi,
empereur en Jésus-Christ.

Depuis la porte de Yeni cheher jusqu'à l'angle sud-est de la ville, la muraille suit une ligne qui est à peu près dans la direction du nord-est. Elle est défendue par quinze tours dont la construction ne diffère en rien de celles de l'est.

On compte aujourd'hui aux murailles du Mœnium cent huit tours et à l'Agger cent trente, qui sont disposées ainsi :

Au nord. 42
A l'est. 58
Au sud. 74
A l'ouest. 64
Total. . . 238 tours.

Quant à la disposition indiquée par Strabon, bien que les quatre portes se trouvent encore placées vers les quatre points cardinaux, on ne saurait retrouver ni la forme carrée, ni la mesure du périmètre qu'il a indiquée; en effet, Strabon donnant seize stades au périmètre, on trouve, en mesurant le pourtour des murailles (1) :

De la porte du Sud ou de Yeni cheher à celle de Lefké. . . 1125 m.
De la porte de l'Est ou de Lefké à celle du nord. . . 1119
De la porte du Nord ou de Stamboul à celle du Lac. . 1119
De la porte du Lac à celle de Yeni cheher. 1064
Total pour le pourtour de la ville. 4427

Les seize stades de Strabon équivalent à deux mille neuf cent cinquante-neuf mètres. Ainsi, la circonférence actuelle de la ville, qui est presque de vingt-quatre stades, est de moitié plus grande que celle indiquée par Strabon, c'est-à-dire que pour arriver à la mesure de Strabon, il faudrait prendre le carré formé par les lignes qui joindraient les quatres portes deux à deux; ce qui donne un carré de trois mille deux cents mètres de pourtour, ou dix-sept stades et demi. Mais, en examinant les portes, nous verrons qu'elles ont été construites après l'époque où Strabon écrivait, et nous devons en conclure que la ville a été augmentée sous les empereurs Hadrien, Claude II et Léon

CHAPITRE XVI.

LES PORTES.

Les quatre portes principales de la ville de Nicée subsistent encore dans un état de conservation suffisant pour qu'on

(1) Voyez *Desc. de l'Asie Mineure*, planches V et VI.

puisse juger de leur ancienne disposition. Mais, lorsqu'on a construit les murailles actuelles, on a cru devoir renforcer les portes antiques par des ouvrages qui, au premier coup d'œil, en altèrent les proportions. Deux tours massives ont été ajoutées à droite et à gauche de chacune de ces portes, et sur l'attique de marbre on a construit une salle communiquant avec le chemin de ronde supérieur, et servant de corps de garde aux vedettes. Toutes ces annexes étant de briques, se distinguent parfaitement de la construction romaine, qui est de marbre. La porte de Lefké et celle de Stamboul sont tout à fait semblables. Nous nous contenterons d'en examiner une en détail.

En entrant dans la ville du côté de l'orient, on franchit d'abord une porte de peu d'apparence, flanquée de deux tours, et près de laquelle sont encastrés quelques bas-reliefs mutilés ; c'était la porte de l'Agger. On passe ensuite dans une petite cour qui se trouve à droite et à gauche sur le prolongement du chemin couvert, dont la communication est interceptée par deux fortes murailles. Un arc de triomphe en marbre, engagé entre deux tours, et écrasé par une massive construction de briques, sépare cette cour d'une seconde porte de construction byzantine qui donne accès dans la ville. A droite et à gauche de cette porte, du côté de la ville, étaient deux tours massives en briques et en pierres, dont l'appareil est formé de différents dessins (1). La tour de gauche communique avec un château d'eau, dépendant probablement de l'aqueduc construit par l'empereur Justinien. L'arc de triomphe se compose d'une grande arcade de 4^m,23 d'ouverture ; à droite et à gauche étaient deux petites portes carrées qui donnaient passage aux piétons. Au-dessus de ces portes sont deux niches construites sur un plan circulaire, et dont la partie supérieure est cintrée. L'entablement de l'arc de triomphe est soutenu par deux pilastres doriques de peu d'importance. L'archivolte du grand arc ne vient pas poser d'aplomb sur les supports (2),

(1) Voyez planche 40.
(2) Voyez les planches 38 et 39.

mais chaque membre se pourtourne pour venir former sur le chapiteau du pied-droit une espèce d'architrave. Le couronnement des portes latérales est orné de denticules ; l'entablement est d'ordre dorique, et la frise porte une inscription ; il n'a pas été possible de déterminer les dimensions de l'attique ; il y a même lieu de croire qu'il a été démoli. Dans la frise et dans l'architrave qui regarde l'extérieur de la ville on voit une longue inscription qui est assez fruste, et dont les caractères de bronze étaient incrustés dans le marbre. On ne peut donc lire aujourd'hui que d'après la trace des crampons et d'après les entailles très-peu profondes qui avaient été faites pour maintenir les caractères.

A la maison impériale et à l'empereur César Hadrien la très-illustre métropole de Nicée a élevé ces murailles, sous la surveillance et la direction de Cassius Chrestus.

Et sur l'architrave :

A l'empereur César, fils du divin Hadrien, petit-fils du divin Trajan, à Titus Ælius Hadrien, auguste, l'année..... de sa puissance tribunitienne, la ville a élevé cette porte en conséquence des fonds donnés par le trésor des empereurs.

Ce monument, élevé par l'empereur Hadrien, remonte probablement à l'année 120 de J.-C. Il est remarquable en ce que, contrairement au caractère imprimés à l'architecture de cette époque, sa structure est excessivement simple. Les moulures sont d'un bon style, et se ressentent de la finesse du ciseau grec. Les deux niches placées à droite et à gauche du grand arc ne font pas un bon effet, parce qu'elles écrasent les proportions des petites portes. Du côté droit, l'archivolte et la partie sphérique de la niche sont d'un seul bloc de marbre.

L'inscription placée sur la porte de Stamboul était également de bronze, mais on n'avait pas eu soin d'entailler le marbre pour incruster les caractères ; il s'ensuit qu'elle est devenue à peu près illisible.

La partie supérieure de l'arcade est ouverte pour donner passage à la herse, qui servait, en tombant, à fermer une porte à deux ventaux, en madriers de chêne et garnie de fer; ce système de clôture était fort usité dans les fortifications romaines. On en voit des traces nombreuses en France et en Italie.

PORTE DE CONSTANTINOPLE.

A la porte du Nord, indépendamment de la double clôture qui existe à l'est, on voit encore les traces d'une enceinte de dix-neuf mètres de long sur vingt mètres de large, et qui communique avec la ville par trois portes qui sont à moitié ruinées. Les pilastres sont en marbre.

L'empereur César Marc-Aurèle Claude, pieux, heureux, auguste,
Grand pontife, la seconde année de sa puissance tribunitienne, consul, père de la patrie,
Proconsul (a fait élever) les murs de la très-illustre Nicée, sous la direction de Vellius Macrinus, très-illustre légat consulaire et propréteur de l'empereur, et de Sallius Antonius, le très-illustre logiste.

Marcus-Aurelius Claudius, qui est plus généralement connu sous le nom de Claude II, fut appelé à l'empire l'an 268 de J.-C. Il devint consul l'année suivante, et mourut l'an 270. Cette inscription a donc été placée l'année de sa mort.

PORTE DE YENI CHEHER.

Au sud de la ville, il existe une troisième porte souvent réparée par les Ottomans, car c'est celle qui a souffert les plus nombreux assauts. C'est par là que les musulmans introduisirent les troupes d'Alexis, plutôt que de rendre la ville aux croisés, et par là encore que le sultan Orkhan entra en triomphateur dans Nicée. Il paraît que quelques indices avaient fait comprendre aux ingénieurs qui ont construit les remparts que ce point devait être principalement en butte aux attaques des ennemis, car il est fortifié d'une manière toute particulière. Deux énormes tours, se rattachant à un avant-corps quadrangulaire, sont construites obliquement en avant du rempart. Ces tours ont $10^m,03$ de diamètre et sont séparées par un espace de 11^m65. Les murailles de l'agger forment en ce lieu des angles rentrants et saillants qui défendent d'abord l'entrée du chemin couvert, car il faut passer entre deux tours très-rapprochées de l'agger pour arriver à la première porte, laquelle ne se trouve pas dans l'axe de la grande porte de la ville, mais s'ouvre perpendiculairement sous les traits de la tour de l'Ouest. Ce passage franchi, on devait encore traverser une porte fermée par une forte herse, et on se trouvait dans une espèce de cour carrée, semblable à celle de la porte de Stamboul; cette cour communiquait par trois portes avec la ville.

Les murailles de l'agger avaient dans l'intérieur de grandes casemates, mais qui sont trop ruinées pour qu'on puisse en lever le plan. Ces ouvrages étaient de briques comme les grandes tours du rempart, et l'intérieur était en béton. Les fondations des grandes tours sont faites avec des blocs de marbre enlevés aux anciens monuments, et avec des colonnes couchées horizontalement comme des morceaux de bois dans un chantier. L'architecture de la porte ne présente rien de remarquable; mais du côté de la ville, des deux pilastres qui fermaient la cour carrée, il y en a encore un qui existe dans toute sa hauteur, et qui porte dans sa partie supérieure un morceau d'architrave sur lequel on lit un fragment d'inscription. Plusieurs pierres éparses sur le sol portent également des fragments d'inscriptions que des voyageurs ont copiées à différentes époques, et qu'on a reconnues au bout d'un siècle seulement appartenir à l'inscription du pilastre.

La très-illustre, très-grande, et très-noble ville de Nicée a élevé les murailles et les a consacrées à l'empereur César Marc-Aurèle, Claude, pieux, heureux, auguste, la seconde année de sa puissance tribunitienne, proconsul, père de la patrie, et au sacré sénat et peuple romain, sous la direction de l'illustre Vellius Macrinus, légat consulaire et propréteur de l'empereur, et de Sallius Antoninus, le très-illustre logiste.

Quoique cette inscription soit de la même année que celle de la porte du Lac, elle semble devoir être postérieure de quelques mois, puisque l'empereur

Claude n'y est pas nommé en qualité de consul. Ce sont les mêmes magistrats qui ont présidé à l'érection de ces deux portes, qui n'avaient rien de remarquable sous le rapport de l'architecture.

INTÉRIEUR DE LA VILLE.

En entrant dans l'intérieur de la ville, on est frappé de l'aspect de tristesse et de désolation répandu sur ces lieux. L'espace compris entre la porte de Yeni cheher et le bourg moderne d'Is-nik est occupé par des jardins, du milieu desquels s'élèvent çà et là quelques masures appartenant à d'anciennes constructions turques. En se dirigeant un peu vers le sud, on aperçoit quelques arcades élevées sur un tertre entouré de broussailles. Ce sont les ruines d'un théâtre antique qui est aujourd'hui presque entièrement enfoui sous terre. Il est du petit nombre des théâtres de l'Asie qui ne sont pas adossés à une montagne; aussi, la *cavea* que forment les gradins, n'étant soutenue que par des voûtes, s'est-elle affaissée en plusieurs endroits. La courbure du théâtre regarde le nord; la scène a soixante-dix-neuf mètres de diamètre; mais il ne reste plus rien de cette partie de l'édifice. Les vomitoires, dont la voûte supportait les gradins, sont bâtis en gros blocs de pierre calcaire, unis sans ciment, et paraissent remonter à une époque assez reculée. Dans ce qui reste de la construction générale de cet édifice, on n'observe rien qui ne rentre dans les dispositions connues. Aussi, dans un pays où les théâtres antiques sont si nombreux et si bien conservés, celui-ci mériterait-il peu d'attention, s'il ne rappelait des souvenirs historiques, car il est probable que le théâtre dont nous voyons les ruines est le même que celui qui fut commencé par les habitants de Nicée pendant que Pline était préteur de Bithynie, et qu'il demanda l'autorisation de réparer ou d'achever. Il est certain que si ce n'est pas le même édifice, l'emplacement, du moins, n'a pas changé. Pline s'exprime en ces termes dans sa lettre à Trajan (1) : « Le théâtre de Nicée, bâti en très-

(1) C. Plinii Epist., lib. X, XLVIII.

grande partie, et cependant inachevé, a déjà absorbé, m'a-t-on dit, plus de dix millions de sesterces (1,937,500 francs); et je crains que cette dépense ne soit inutile. De grandes fentes se sont manifestées par suite des affaissements, soit à cause du terrain qui est humide et mou, soit à cause de la mauvaise qualité de la pierre, qui est mince et sans consistance. Il y a lieu de délibérer si on l'abandonnera, ou même s'il faut le détruire, car les appuis et les constructions dont on l'étaye de temps en temps me paraissent peu solides et fort coûteux. Des particuliers ont promis nombre d'utiles accessoires, des basiliques autour du théâtre et des galeries dans la partie supérieure (*porticus supra caveam*); mais ces travaux sont ajournés depuis qu'on a suspendu la construction du théâtre. » L'empereur répond à Pline : « C'est à vous qui êtes sur les lieux d'examiner et de régler ce qu'il convient de faire relativement au théâtre de Nicée..... Le théâtre achevé, n'oubliez pas de réclamer des particuliers les accessoires qu'ils ont promis. » Ce n'est pas se jeter dans des conjectures très-hasardées que de regarder les ruines qui existent comme celles du théâtre bâti par les soins de Pline. L'appareil étant en pierre de taille, il est à croire que l'ancienne construction a été démolie pour faire place à celle que nous voyons.

MONUMENTS MUSULMANS.

Le sultan Orkhan, pour répandre et affermir les principes de l'islamisme, avait fait construire dans la ville plusieurs édifices religieux, que nous nous sommes contentés de mentionner, parce qu'ils sont ruinés et ne présentent que peu d'intérêt sous le rapport de l'art. Pour imiter l'exemple du sultan, plusieurs de ses lieutenants établirent aussi des fondations pieuses, et créèrent des wakoufs pour leur entretien. Chacun croyait faire une action agréable à Dieu en consacrant une part du butin, soit au culte de l'islam, soit au soulagement des pauvres. Ainsi, outre les *médrécés* (écoles religieuses), où les jeunes gens étaient instruits gratuitement ou moyennant une faible redevance, il y avait des cuisines publiques (imarets) et des bains entretenus aux frais d'un fondateur, qui étaient ouverts aux pauvres à certains jours et à certaines heures. Ce zèle religieux ne se ralentit pas sous les successeurs d'Orkhan ; la ville de Broussa fut richement dotée de monuments publics par le sultan Mourad. Nicée ne fut pas oubliée par les lieutenants de ce prince, et le plus gracieux monument d'architecture arabe, qui existe encore à Nicée, le temple appelé vulgairement la Mosquée verte (*Yechil-Djamy*,) est une des fondations de Khayr-Eddin pacha, grand vizir de Mourad Ier. Ce ministre, célèbre dans l'histoire ottomane par la prise de Salonique, dont il s'empara après un siége sanglant, laissa dans l'histoire une brillante réputation de sagesse et de bravoure. Il mourut à Yeni cheher, en Europe, en 1386, peu de temps après la prise de Salonique.

L'obligation où sont tous les musulmans de faire au moins une fois dans leur vie le pèlerinage de la Mecque peut être rachetée par des aumônes proportionnées au rang et à la fortune des croyants. C'est pour payer leur dette de pèlerinage que les sultans ont élevé dans Constantinople ces mosquées qui font l'ornement de la ville. Le grand vizir Khayr-Eddin, constamment engagé dans des guerres qui ne lui laissèrent pas le loisir d'accomplir ce pieux devoir, fonda la mosquée de Nicée, conformément à cette sentence du *Coran* : « Celui qui élève une mosquée en l'honneur du Seigneur notre maître, Dieu lui élève une maison dans le Paradis. » L'édifice que nous décrivons a cela de remarquable qu'il doit être regardé, non comme une œuvre des artistes turcs, mais comme le dernier vestige des arts des Seldjoukides dans l'occident de l'Asie Mineure.

L'édifice est quadrangulaire; il a 26 mètres de long sur 12^m,74 de large. En avant du temple, il existe un porche en marbre blanc composé, sur la façade, de trois arcades ogivales, portées par deux colonnes de granit rouge, et en retour de deux arcades que sépare une seule colonne. Les deux arcades latérales sont formées par des barrières de marbre, découpées à jour avec une délicatesse extrême. Au-dessus de la porte, on lit cette inscription, dont les caractères sont gravés en relief, selon l'usage des musulmans :

Au nom du Dieu clément et miséricordieux, ce noble imaret a été bâti et consacré dans un esprit de piété sous le règne du grand prince Cheub-Eddin Mourad Ier, fils d'Ourkhan.... Khayr-Eddin, fils d'Ali Aldjindéré, que Dieu fasse miséricorde à tous deux, dans l'année sept cent quatre-vingt. Louange au Dieu unique.

Sur la porte du portique on lit cette autre inscription, tracée sur une seule ligne :
« Cette mosquée, asile des oulémas, a été bâtie par le vizir Khayr-Eddin-Pacha, l'an 775 (1373-1378). » La différence de ces deux dates indique sans doute l'époque de la fondation et l'époque de la consécration. Quant au mot imaret employé dans la première, il est usité chez les Arabes pour désigner indistinctement toute fondation pieuse. Chez les Turcs, il désigne un hospice où les pauvres reçoivent chaque jour une distribution de vivres.

Dans l'intérieur d'un des gros murs est pratiqué un escalier qui conduit au minaret. Au fond du sanctuaire se trouve la niche vers laquelle tout musulman doit se tourner en faisant sa prière, et qui indique la direction de la Mecque; c'est ce qu'on appelle le *Mirhab*. Près de là, à la droite de l'assistant, se trouve une chaire, dont la forme est la même dans toutes les mosquées musulmanes, et qui consiste en un escalier très-rapide, conduisant à une espèce de pavillon, où se place le mollah pour les instructions religieuses; cette chaire porte le nom de *Minnber*.

ÉGLISE GRECQUE.

Malgré tous les efforts des musulmans, ils ne parvinrent pas à anéantir la religion chrétienne dans la ville de Nicée. La nation grecque s'y est perpétuée fidèle à son culte, et entretient de ses offrandes l'unique église que les vainqueurs ombrageux leur aient laissée. Elle est située dans la partie méridionale du quartier grec, et, malgré les nombreuses réparations qu'elle a subies, il est facile de voir que sa construction remonte au delà du douzième siècle. La nef est couverte par une coupole qui était ornée de mosaïques, aujourd'hui en partie détruites; mais l'hémicyle du fond conserve encore toute sa décoration primitive. Dans la demi-coupole qui le couronne, on voit une figure de la Vierge portant l'enfant Jésus; de part et d'autre sont des anges revêtus d'un riche costume orné de pierreries et de perles, et qui portent un étendard.

Le premier vestibule ou *narthex* conserve aussi quelques tableaux en mosaïque. Au-dessus de la porte principale, on remarque une figure de la Vierge, les mains étendues, et vêtue d'un manteau bleu. Cette mosaïque est à fond d'or, et dans le champ du tableau on lit ces mots :

Seigneur, secours ton serviteur Nicéphore, patrice, préposé au vestiaire, et grand étériarque.

On sait que la charge de *vestiarius*, qui correspond à celle de chambellan, était une des hautes fonctions de la cour de Byzance. La charge d'étériarque, qui s'exprime en latin par *comitum dux*, appartenait aussi à un des grands officiers du palais. Le nom de Nicéphore, inscrit sur la principale porte de l'église, est probablement celui du fondateur; mais on a négligé d'inscrire la date de la construction.

On remarque dans l'église de Nicée un sarcophage très-précieux en pierre spéculaire, et dont la face antérieure est décorée d'ornements dans le goût byzantin, d'une bonne exécution. Ce monument ne porte pas d'inscription. On peut supposer, d'après le caractère de la sculpture, qu'il remonte au quatrième siècle. En mettant des cierges allumés dans l'intérieur, la pierre laisse passer une lumière douce et uniforme, et les ornements se découpent en noir sur le fond qui est plus éclairé. Cette pierre se tirait de Galatie.

VOIE ROMAINE.

En sortant par la porte de Yeni cheher, et en suivant la rive méridionale du lac, on se trouve sur l'ancienne voie qui traversait toute l'Asie, et allait des côtes de la Propontide aux confins de la Syrie. Cette route franchissait le Sangarius sur le grand pont de Sabandja; elle passait par Pessinunte, et de là s'inclinait au sud pour aller gagner la Pisidie, en traversant la Cappadoce. C'est encore la voie la plus fréquentée par les caravanes qui viennent de Bagdad et de la Syrie; mais depuis longtemps on ne songe plus à l'entretenir ou à la réparer. L'état de dégradation où se trouvent les routes de l'empire ottoman est une des marques les plus évidentes de l'incurie et de l'imprévoyance de l'administration des provinces, qui se trouvent forcées de consommer sur place leurs produits, et ne peuvent tirer qu'à grands frais les denrées du dehors. C'est surtout en voyant le soin que mettaient les anciens à ouvrir des communications faciles et directes entre tous les points de l'empire, que l'on peut juger du contraste entre les deux époques et de la déchéance où ce pays est tombé. Dès les premiers temps de la conquête, les Romains ouvrirent une voie de communication entre les villes d'Apamée et de Cius, places maritimes assez importantes et l'intérieur du pays. Elle fut réparée par Néron, qui fit trancher un rocher dont le prolongement interceptait la route. Ce rocher est connu des habitants sous le nom de Sari-Kaïa (la pierre jaune); c'est un calcaire jurassique, jaunâtre à la surface, mais gris à l'intérieur. Il se présente en plusieurs mamelons, et appartient à l'un des contreforts des montagnes qui encaissent le lac.

La base des collines est composée de grès rouges, mais dans la partie supérieure on retrouve le calcaire jurassique avec ces roches abruptes qui surgissent du sol en formant des pitons aux flancs déchirés. Cette formation se continue pendant trois heures de route, jusqu'à un vallon environné de rochers qui s'avancent jusque dans le lac. C'est là que les travaux ont été les plus considérables.

Une inscription bilingue, tracée en grands caractères, atteste que ces travaux sont dus à l'empereur Néron, qui les fit faire la quatrième année de sa puissance tribunitienne, par conséquent l'an de J.-C. 68 ou 69. Voici cette inscription :

Néron Claude, fils du divin Claude, petit-fils de Germanicus César, arrière-petit-fils de Tibère César Auguste, arrière-petit-fils du divin César Auguste, César Auguste Germanicus, grand pontife, la quatrième année de sa puissance tribunitienne, empereur pour la deuxième fois, consul pour la troisième fois, a fait réparer la route de Nicée à Apamée, détruite par le temps, par les soins de Caïus Julius Aquila, procurateur impérial.

CHAPITRE XVII.

LA PYRAMIDE DE CASSIUS ASCLÉPIODOTUS.

Les environs de Nicée, aujourd'hui presque déserts, étaient certainement, dans les premiers siècles de notre ère, couverts de nombreux villages et de maisons de campagne ; tout cela a disparu, ruiné par les siéges et les guerres civiles. On ne reconnaît aucun vestige de la nécropole. Il existe cependant au nord, et à quatre kilomètres de la ville, un monument qui date du règne de Trajan et qui mérite d'être vu ; c'est la pyramide de Cassius, connue dans le pays sous le nom de Bech tasch (les Cinq pierres). On trouve facilement à Nicée des guides qui connaissent ce monument.

La route suit d'abord les rives du lac et se rapproche des collines qui bornent l'horizon du côté du nord-est. Elles sont de formation jurassique, entrecoupées par les lits de schiste ; la roche est un calcaire gris blanc compacte et un peu cristallin ; elle se présente en masses non stratifiées, s'élevant en falaises presque verticales. C'est la même formation que l'on rencontre déjà à Ak seraï et qui paraît se prolonger sur toute la côte nord du lac.

On a employé cette roche qui est presque aussi belle et plus dure que le marbre dans presque tous les monuments anciens de la ville.

A une demi-heure de distance hors des murs, sur les flancs de la colline, se trouve un sarcophage antique de grande dimension ; il a 2^m 60 de large et 4^m 35 de longueur et est taillé dans un seul bloc de pierre calcaire. Sa forme est celle d'un ædicule ; la façade se compose d'un fronton soutenu aux angles par deux pilastres d'ordre dorique, la corniche est ornée de denticules. Dans l'intérieur sont taillées, à droite et à gauche, deux banquettes pour déposer les corps. La forme et la dimension de ce mausolée ont déjà attiré l'attention de quelques observateurs. Pococke a cru reconnaître sur l'une de ses faces une inscription hébraïque dont il n'y a pas de vestiges ; car on ne peut prendre pour tels quelques traits informes dus au caprice des passants. Les alternatives des saisons ont déjà contribué à la ruine de ce monument ; des fissures se sont ouvertes et l'ont fendu dans toute sa hauteur.

Il est certain que cette masse de pierre, qui présente un volume de près de dix-huit mètres cubes, a été transportée à cet endroit ; car le sol sur lequel elle repose est de toute autre nature ; c'est un banc de schiste.

La route de Bech tasch quitte les collines pour se diriger au milieu des cultures de vignes et de mûriers ; la végétation est magnifique dans cette région comme dans tous les environs de Nicée.

Bientôt on retrouve les montagnes, mais arides et pelées. Un grand soubassement sur lequel on arrive par un escalier de quatorze marches est entièrement taillé dans le roc ; c'était sans doute l'emplacement de quelque petit temple ou d'un autel de carrefour.

En cet endroit la montagne est composée de roches de marbre blanc, mais d'une qualité médiocre ; il est imprégné de particules cuivreuses qui forment des taches verdâtres. On arrive bientôt dans une grande plaine au milieu de laquelle est la pyramide, ou plutôt l'obélisque de Cassius. Ce monument est construit en calcaire gris de la contrée. Il se compose d'un soubassement carré, couronné par une corniche, sur lequel s'élève l'obélisque, de forme triangulaire ; ce qui n'est pas d'un goût très-pur. La base porte une moulure dans le style attique. L'obélisque était composé de six blocs de pierre ; mais le couronnement est tombé ; il ne reste plus que cinq assises.

Voilà pourquoi les Turcs appellent ce monument Bech tasch.

Le côté qui regarde le couchant est parallèle à la face du piédestal, au-dessus de la plinthe de l'obélisque, on lit la courte inscription suivante :

C. Cassius, fils d'Asclépiodotus, a vécu quatre-vingt-trois ans.

Asclépiodote de Bithynie était ami intime du poëte Valérius Soranus qui vivait du temps de Cicéron et de César. Lorsque ce poëte fut mis en accusation, Asclépiodote lui témoigna toujours le même attachement; ses biens furent confisqués et lui-même envoyé en exil; Soranus fut condamné à mort (1). Si l'on ajoute à la date de ces faits les quatre-vingt-trois ans de la vie de Cassius, on arrive à la fin du premier siècle, c'est-à-dire au temps où Pline était préteur de Bithynie. On est donc à peu près certain de la date de ce monument.

CHAPITRE XVIII.

ROUTE DE NICÉE A CIUS, GHIO, PAR LA RIVE SUD DU LAC. LE LAC ASCANIUS. PYTHOPOLIS.

Nicée se trouve en communication avec la mer par deux routes, la première que nous avons indiquée plus haut (2) par Hélénopolis et la vallée du fleuve Draco, la seconde par la rive méridionale du lac et le port de Cius; c'est cette route que nous allons suivre.

LE LAC ASCANIUS.

Les murailles de Nicée du côté de l'ouest plongent dans les eaux mêmes du lac, qui s'étend dans une direction moyenne de l'est à l'ouest, et dont le grand axe a environ vingt-deux kilomètres de longueur, tandis que le petit axe nord et sud n'en a pas plus de dix. Il est encaissé entre deux chaînes de montagnes; celle du nord, qui n'est autre que le mont Arganthonius, aujourd'hui Katerli dagh, offre des lignes assez uniformes. La chaîne du sud, qui est comme la première ceinture d'un des plateaux de l'Olympe, est couverte d'une végétation abondante et alpestre qui donne à cette région un aspect des plus riants. Le lac Ascanius, d'après les anciens géographes, appartenait à la Mysie et fut ainsi nommé de la région Ascania dont il faisait partie. Le bourg d'Ascanie était bâti sur les bords du lac dont les eaux s'épanchaient dans la mer en formant le fleuve Ascanius. La contrée était aussi appelée Dolionide (1). La situation et la raison d'être de ce lac sont parfaitement indiquées par la nature même du pays. La grande vallée courant est et ouest et qui se termine à l'est par les montagnes de Ak seraï (2), deux chaînes parallèles au nord et au sud, et enfin à l'ouest une barrière de collines peu élevées qui donne passage au trop plein des eaux du lac.

Toutes les eaux pluviales ne pourraient cependant suffire à l'entretien, à l'évaporation et à l'épanchement de cette nappe d'eau; il faut de plus supposer des sources souterraines qui entretiennent son niveau.

Si l'on examine bien la rive nord, on verra que de ce côté les eaux tendent à se retirer. Ce n'est que la conséquence des atterrissements formés par les pentes du mont Katerli. Les eaux du lac sont très-saumâtres. Aristote attribue cette particularité au nitre qu'elles tiennent en dissolution et non pas au sel marin (3). Les eaux du lac nourrissent plusieurs espèces de poissons qui ne sont pas encore étudiés; il y en a qui ont plus de soixante centimètres de longueur et qui ressemblent au sterlet; mais il est très-difficile de s'en procurer; à peine peut-on trouver un bateau sur le lac de Nicée. Toute la partie d'histoire naturelle du lac, coquilles mollusques et poissons, est encore à étudier.

Peu de plantes aquatiques croissent sur ses bords, qui sont néanmoins fréquentés par de nombreuses troupes d'oiseaux, parmi lesquels on remarque

---

(1) Tacit., *Annal.*, XVI, ch. 33.
(2) Voy. page 69.

(1) Strabon, XIV, 681; XII, 564. Homère, *Il.*, b. 862, n. 792.
(2) Voy. pl. haut.
(3) Aristote, *de Mirab.*, ch. 54.

les hérons, les cigognes et les pélicans appelés par les Turcs *Saka Kouch* (l'Oiseau porteur d'eau). Un grand nombre d'échassiers, l'avocette, la spatule prennent leurs ébats sur la plage, sans s'effrayer de la présence de l'homme, qui les laisse jouir en paix de cette nature sauvage. La végétation des collines n'est pas moins intéressante que la faune; les arbres des pays méridionaux, l'arbousier, le myrte, le laurier, atteignent des proportions inconnues dans nos contrées. L'agnus castus, arbuste jadis consacré à Junon, commence à faire son apparition; il couvre des régions entières dans le sud et dans l'ouest de la province. Sa petite fleur bleue et d'une odeur de poivre sert à purifier l'atmosphère; les anciens lui donnaient le nom d'agnus castus, parce qu'ils croyaient que ses petits fruits, pris en infusion, entretenaient la chasteté. Les branches servaient pour fouetter les enfants.

On traverse de temps à autre de grandes plantations de mûriers et d'oliviers; plus loin c'est un vallon planté en haute fûtaie de châtaigniers et de platanes; les sentiers serpentent sous les arbres.

Mais les villages ne paraissent pas; ils sont situés loin de la route et à mi-côte; c'est tout le contraire de l'Europe où les habitations se rapprochent le plus possible des voies fréquentées.

Le lac paraît encaissé dans un bassin de poudingue dont les couches, peu inclinées, plongent sous les eaux. Avec moins d'attention on pourrait se croire sur la trace de quelque voie romaine; c'était en effet la ligne qu'elle suivait. Les montagnes s'avancent peu à peu jusqu'au bord du lac; c'est là que des travaux furent exécutés par ordre de l'empereur Néron pour ouvrir un passage; la roche est dure et compacte comme dans les montagnes de l'est.

Après vingt kilomètres de route, la chaîne qui encaisse le lac s'en éloigne; les eaux ont moins de profondeur et commencent à laisser croître des joncs et d'autres plantes aquatiques. Le terrain est uni et marécageux; mais comme le sol est composé d'un sable fin, la route est encore praticable même au milieu des eaux stagnantes. Dans tout ce long parcours à peine traverse-t-on quelques ruisseaux qui portent au lac un maigre tribut. Bientôt cependant on rencontre un cours d'eau qui va se jeter dans l'ancien fleuve Ascanius, qui sans ce supplément courrait risque d'être à sec une partie de l'année; en effet, d'après les renseignements fournis par les habitants, le fleuve qui sort du lac, autrement dit la rivière de décharge, ne coule qu'à certaines époques, environ six mois de l'année, quand les pluies ont exhaussé la surface du lac. Cela se conçoit vu la rareté des affluents qui sont sur la rive sud.

On l'a vu rester à sec pendant plus d'une année. Voilà pourquoi il n'y a pas de moulins sur ses bords quoique son cours soit assez rapide.

Ces deux cours d'eau peuvent être facilement identifiés avec leurs anciennes dénominations. La rivière du lac est sans aucun doute le fleuve Ascanius et l'autre serait le fleuve Cius, ce qui donnerait raison à Pline (1) qui fait des fleuves Cius et Ascanius deux cours d'eau différents.

PYTHOPOLIS.

C'est dans cette région d'Ascanie qu'il faut placer la ville de Pythopolis, fondée par Thésée; mais il est difficile d'en déterminer la position à moins qu'on ne la mette sur l'emplacement même de Nicée qui n'existait pas encore. Si l'on s'en rapporte à Plutarque (2), qui emprunte ce fait à Ménécrate, historien de Nicée, Pythopolis aurait été fondée par Thésée dans le voisinage du lac Ascanius dans les circonstances suivantes : Soloïs, ami de Thésée, s'étant jeté dans la rivière voisine par suite d'un désespoir amoureux, Thésée désespéré donna au fleuve le nom de Soloïs; c'est le fleuve Ascanius. De plus, pour obéir aux conseils de la Pythie, il fonda en cet endroit une ville qu'il nomma Pythopolis. D'après ce récit il faudrait chercher cette ville dans le voisinage du lac. Pline (3) la met au nombre

---

(1) Liv. V, ch. 32.
(2) Plutarque, *Vie de Thésée*.
(3) V, 32.

des villes détruites. « Les villes de Pythopolis, Parthénopolis, et Coryphaute ont péri. » On doit en conclure que cette ville et celle que les historiens byzantins nomment Pythia sont deux places tout à fait différentes. Nous parlerons de cette dernière au sujet des bains de Broussa.

Étienne de Byzance, qui mentionne les deux places (1), Therma et Pythopolis, en fait deux villes différentes, puisqu'il place cette dernière dans la Mysie. Ce canton appartint en effet primitivement à la Mysie.

CHAPITRE XIX.

CIUS, GHIO.

La petite ville de Ghio, l'ancienne Cius, est située au bord de la mer sur le revers oriental d'une colline dépendant du mont Katerli; elle n'occupe qu'une très-petite partie de la ville antique; l'ancien port est aujourd'hui comblé et converti en jardins; mais le port moderne offre un excellent mouillage et contient un arsenal où l'on construit de grands navires.

Cius est une des plus anciennes villes de la contrée, puisqu'elle passe pour avoir été fondée par Cius, l'un des Argonautes à son retour de Colchide (2). Cette ville, placée à l'entrée d'un golfe bien abrité, en communication avec le lac Ascanius par la rivière du même nom, devint bientôt un lieu d'entrepôt considérable, attira dans son sein de nombreux colons grecs. C'est pour cette raison qu'elle fut aussi regardée comme une colonie des Milésiens. On connaît peu de chose de l'histoire ancienne de Cius qui paraît n'avoir jamais été qu'une place de commerce. Philippe, fils de Démétrius, après avoir détruit Cius et Myrléa, ville voisine, les donna toutes deux à Prusias, fils de Zélas qui rebâtit la ville et lui donna le nom de Pruse. Pour la distinguer de celle qui existait au pied de l'Olympe, on l'appela Pruse sur mer *Prusa ad mare*. Les habitants de Prusiade vécurent en paix avec les Romains et en reçurent quelques priviléges.

Cependant le nom de Cius subsista toujours, et l'on peut dire que c'est celui qui a prévalu; car le nom moderne de la ville que les Grecs appellent Ghio n'est que l'altération de l'ancien nom Kios. Les croisés, qui avaient fait de ce port leur principal point de débarquement en Asie, lui donnaient le nom de Civitot, et pour compléter la multitude de noms que cette petite ville a reçus depuis l'antiquité, les Turcs l'appellent Guemlek, ce qui veut dire chemise, parce que c'est de cette ville que viennent par transit les chemises de soie que l'on fabrique à Broussa.

La position de la moderne Cius est des plus heureuses; le beau golfe de Moudania développe ses flots bleus devant les maisons bâties en amphithéâtre, et derrière la ville s'élève le mont Arganthonius, célèbre dans l'antiquité par la fable du jeune Hylas, favori d'Hercule, qui, au moment où la flotte des Argonautes était mouillée dans le port, descendit à terre pour puiser de l'eau et fut enlevé par les nymphes. Nous avons rapporté la tradition conservée par Apollodore qui attribue à Polyphème la fondation de Cius; celle de Strabon est différente; c'est l'Argonaute Cius, autre compagnon de Jason, qui, revenant de la Colchide, s'arrêta dans ce port et fonda la ville à laquelle il a donné son nom (1). Les Grecs aimaient beaucoup cette fable d'Hylas (2), et le souvenir de cet événement se perpétua parmi les habitants de Cius, qui instituèrent une fête nocturne appelée Oribasie, pendant laquelle on courait par la montagne en portant des flambeaux et en appelant Hylas.

Le nom d'Hylas fut donné à la source et au ruisseau près duquel on suppose que le jeune Argonaute avait disparu. Ce cours d'eau, qui est qualifié fleuve par la plupart des géographes anciens, est encore ignoré aujourd'hui (3).

Le mont Arganthonius qui domine la ville fut ainsi appelé d'Arganthonis, femme de Rhésus (4); c'est une montagne, boisée et découpée par de longues

---

(1) Et. Byz., V. Therma, Pythopolis.
(2) Strab., XII, 563.

(1) Strab., XII, loc. cit.
(2) Virg., *Ecl.*, 6.
(3) Pline, V, 32. Strab., loc. cit.
(4) Et. Byz., *Arganthonis*.

vallées, qui s'étend le long de la Propontide. La rivière de Ghio forme une ligne de séparation bien tranchée entre les deux natures de roches qui constituent ces montagnes; celle qui domine la ville de Ghio offre de nombreux gisements de serpentine et de marbre cipolin dont on faisait des colonnes.

Les restes d'antiquité les plus remarquables dans l'ancienne Cius sont les murailles, qui datent certainement de la fondation de la première ville; elles s'étendent depuis l'acropole, où est aujourd'hui la demeure de l'agha, jusqu'à la basse ville; leur construction en blocs assemblés à joints irréguliers dans le style pélasgique est des plus remarquables. Les dimensions de chaque pierre ne dépassent pas un mètre carré; la face de la pierre est à bossage et les joints sont régulièrement aplanis au ciseau.

On doit faire observer que cet appareil seul n'est pas une condition de très-haute antiquité, car il a été pratiqué par les Romains; mais de leur temps l'intérieur du mur était rempli en blocage uni avec du mortier; tandis que dans la haute antiquité il n'y a jamais de mortier employé dans la construction des murailles. Pour nous conformer à l'expression reçue, nous appellerons pélasgiques les constructions à joints irréguliers que nous aurons à décrire, mais sans attacher à cette expression une autre idée que celle de la forme des pierres et non pas d'antiquité.

Les monuments romains sont presque tous détruits. C'est ce qui a lieu dans toutes les villes qui ont conservé leur population. Mais les fouilles faites pour la construction des maisons mettent souvent à découvert des fragments d'architecture. On a retrouvé dans un jardin en dehors de la ville moderne l'emplacement d'un temple dont les colonnes entières mais couchées sur le sol sont en marbre cipolin; elles ont 6^m 64 de longueur; les chapiteaux corinthiens sont en marbre blanc. Malheureusement les habitants s'empressent d'utiliser dans leurs constructions tous les fragments d'architecture qu'ils rencontrent. Voilà pourquoi les inscriptions sont si rares à Cius.

ROUTE DE GHIO A BROUSSA.

La route de Ghio à Broussa se dirige droit vers le sud; du moment qu'on a passé la rivière, on commence à monter et l'on ne quitte plus le pays montagneux. La route est belle et très-praticable, parce qu'elle est fréquentée par les chars qui portent des bois de l'Olympe à l'arsenal de Ghio. Le transport se fait au moyen d'attelages de quatorze à seize bœufs; lorsqu'on emploie les buffles on n'en met que six. Ces animaux sont en Asie beaucoup plus grands et plus forts qu'en Italie; leurs cornes sont un objet de commerce considérable à Constantinople.

Sur toute cette partie de la route, la nature est tout à fait à l'état sauvage. On franchit des collines rocheuses couvertes de végétation. A dix kilomètres environ de la ville, on descend dans un vallon qui était autrefois coupé par une énorme muraille d'appareil pélasgique; le milieu a été démoli pour faire passer la route; cette muraille se prolonge à droite et à gauche jusqu'au sommet de chaque colline; elle est bâtie en pierres de grande dimension assemblées à joints irréguliers, et porte tout le cachet d'une haute antiquité. Placée ainsi loin de toute ville, on ne peut que supposer qu'elle a été élevée pour séparer deux peuplades, peut-être les Doliones et les Mysi. Ces murs frontières, *fines* ou *closuræ*, sont assez dans les habitudes de ces temps, et la muraille qui existe en cet endroit ne paraît pas avoir eu d'autre destination. Il serait intéressant de savoir où sont les points d'attache; peut-être en suivant son parcours serait-on conduit à quelque découverte. Après avoir franchi un second col, on descend dans la vallée du Niloufer, que l'on passe sur un pont de bois. Les sommets de l'Olympe se développent à la vue dans toute leur majesté; le paysage de Broussa, vu du côté du nord, est des plus magnifiques qu'on puisse imaginer.

ROUTE DE MOUDANIA A BROUSSA. APAMEA MYRLEA.

Myrlea était située au fond du golfe du même nom et à peu de distance à l'ouest de Cius; c'était une colonie de Colophon qui prospéra pendant quelques années comme ville indépendante. Mais elle fut prise et détruite par Philippe, roi de Macédoine, fils de Démétrius, père de Persée, et qui donna son territoire à Prusias, roi de Bithynie, son gendre. Ce prince la rétablit et lui donna le nom d'Apamée, sa femme.

Myrléa prit son nom de Myrlus, chef de la colonie des Colophoniens; enfin Étienne de Byzance (1) dit que c'était le nom d'une amazone. Le nom d'Apamée fut le seul qui subsista pendant la période romaine.

Les habitants conservèrent le droit d'administrer leurs affaires (2); dans quelques circonstances seulement ils le remettaient entre les mains du proconsul.

La ville de Moudania, qui occupe l'emplacement de l'ancienne Apamée, est située au bord de la mer. Ses maisons blanches s'élèvent sur le penchant d'une colline et sont entourées de jardins d'oliviers et de vignes. On ne trouve aucun vestige d'antiquité, et l'ancien port est complétement détruit. Moudania est le principal point de débarquement des navires qui font le transit entre Broussa et Constantinople; il est préféré à celui de Ghio parce que la route qui conduit à Broussa est plus praticable.

Les principales ressources de Moudania consistent en huile, blés et fruits; il n'y a aucune industrie.

Les bâtiments mouillent pour ainsi dire en pleine côte; le golfe, qui fut successivement appelé de Cius, de Myrléa, portait dans le moyen âge le nom de golfe de Polimeur; il est difficile de savoir pourquoi, car aucune ville de ce nom n'a jamais existé.

Un peu à l'ouest de Moudania, sur la côte, se trouve le village de Siki (des figues), ainsi nommé à cause des nombreuses plantations de figuiers qui l'entourent. C'était jadis une petite ville avec une église grecque dédiée à saint Michel. Près du rivage est une belle source qui arrose quelques jardins. Sur les cartes anciennes ce nom est défiguré sous celui de Seguino comme celui de Moudania sous celui de Montagnac.

On trouve à Moudania une maison de poste assez mal administrée, où l'on peut prendre des chevaux pour se rendre à Broussa; la route n'est que de vingt kilomètres. On commence à monter au milieu des jardins qui bordent la côte; le pays n'est pas très-accidenté, et quoique la terre paraisse propre à toute sorte de culture, le pays est à peu près désert et la terre en friche. En descendant la dernière colline, on arrive au bord de la rivière Niloufer, qui sépare la plaine de Broussa des terres des Apaméens.

La rivière Niloufer, qui traverse la plaine de Broussa, prend sa source sur le versant est de l'Olympe et entoure comme d'une ceinture tout le pied de la montagne, recevant tous les cours d'eau qui en descendent, et notamment le Gœuk déré, qui est le plus considérable (1). Le cours de cette rivière est très-encaissé et souvent dangereux; elle va se jeter dans le Rhyndacus, à huit kilomètres au-dessus de son embouchure en longeant au sud le lac Apollonias. Nous ne connaissons le nom de cette rivière qu'à partir du quatorzième siècle, et nous en sommes réduits aux conjectures sur son nom ancien. Cependant les géographes modernes sont assez d'accord pour l'identifier avec le fleuve Odryssès, d'après ce passage de Strabon (2) tiré d'Hécatée. « Après la ville d'Alazia est le fleuve Odrysses. Il vient de l'occident, du lac Duscylitis, traverse la plaine de Mygdonie et va se jeter dans le Rhyndacus. »

De tout ce passage le Niloufer ne remplit réellement qu'une seule condition, c'est de se jeter dans le Rhyndacus. « Il vient de l'occident » est

---

(1) V. Myrlœa.
(2) Pline, *Ep.*, liv. XLVI.

(1) La belle Niloufer, femme du commandant de Biledjik, tomba au pouvoir d'Osman, qui s'était emparé de ce château. Dans le partage du butin la captive fut donnée par le sultan à son fils Orkhan, lequel, charmé de sa beauté, l'épousa, et en eut un fils, qui fut Mourad Ier. En souvenir de ce mariage, les compagnons d'Osman donnèrent le nom de Niloufer (Nénuphar) au petit fleuve qui traverse la plaine de Broussa, et son nom byzantin est resté ignoré.

(2) Strab., XII, 550.

une expression vague qui n'est que relative; mais surtout il ne sort pas du lac Dascylitis puisqu'il descend de l'Olympe. Cependant comme aucun cours d'eau notable ne vient dans ces parages se jeter dans le Rhyndacus, tout en considérant le passage de Strabon comme peu exact, on s'est accordé pour donner le nom d'Odryssès au Niloufer d'aujourd'hui.

Nous traiterons cette question plus en détail en parlant du lac Dascylitis.

CHAPITRE XX.

BROUSSA. PRUSA AD OLYMPUM.

PRUSE ROMAINE. Nous ne saurions trouver dans les anciens vestiges de la ville de Broussa aucun monument qui nous permette de suppléer aux lacunes que présente l'histoire de la capitale de la Bithynie. Précisément parce que cette ville arriva, pendant la période du moyen âge, à un haut degré de splendeur et de développement, les édifices qui pouvaient subsister à cette époque furent détruits pour faire place à des constructions nouvelles. Pour l'histoire de l'ancienne ville, nous en sommes donc réduits à nous en rapporter aux laconiques mentions qu'en font deux ou trois écrivains romains.

L'assiette de cette ville sur le penchant du mont Olympe, dominant une vaste plaine et commandant d'importantes vallées comme celles du Rhyndacus et du Macestus, devait lui donner une importance qui n'a été comprise qu'au moment où les tribus turques sont venues attaquer l'empire byzantin. Pendant la période romaine, l'ancienne Prusa joua toujours un rôle secondaire; la ville de Cyzique était alors le point militaire le plus important de la contrée.

Les rois de Bithynie du nom de Prusias fondèrent dans différentes régions de leurs États trois villes, auxquelles ils donnèrent leur nom. Prusa, surnommée *ad Olympum*, fut, selon Strabon (1), fondée par un roi du nom de Prusias, qui fut contemporain de Crésus; ce qui ferait remonter l'origine de cette ville à cinq cent cinquante ans environ avant notre ère. Ce document a été contesté non sans raison par tous les écrivains modernes qui ont traité cette question. Il est ainsi conçu. « La ville de Prusa, située au-dessous de l'Olympe en Mysie, aux frontières de cette contrée et de la Phrygie a été fondée par Prusias, qui fit la guerre contre Crésus. C'est une ville bien gouvernée » Étienne de Byzance attribue la fondation de Prusa à un roi du même nom qui fut contemporain de Cyrus, ce qui ne diminuerait en rien l'antiquité de la ville de Pruse.

Pline lui assigne une autre origine. Selon cet écrivain, elle fut fondée par Annibal, lorsque, vaincu et fugitif, ce général se retira à la cour de Prusias. La fondation de Prusa ne remonterait, selon cette tradition, qu'à deux cent cinquante ans environ avant notre ère. Nous pouvons avoir une idée de l'ancienne capitale de la Bithynie en voyant l'enceinte du château de Broussa, qui occupe évidemment l'emplacement de l'ancienne ville.

On choisissait alors pour établir une ville un lieu élevé et d'une facile défense; s'il était dominé de loin par quelque hauteur, on s'en inquiétait peu, les projectiles d'alors n'ayant qu'une portée très-limitée. L'antique Prusa était de forme carrée et abondamment pourvue d'eaux excellentes. Elle ne jouit pas longtemps de son autonomie, car lorsque Lucullus eut battu Mithridate à Cyzique, Prusa fut assiégée et prise par Triarius. Elle devint possession romaine, et dans l'organisation des provinces, elle fut soumise à la juridiction de Nicomédie. L'influence de Prusa sur les affaires de Bithynie était si peu importante que Tite Live n'en fait pas même mention dans la campagne de Manlius contre les Gaulois. Sous le règne de Trajan, Prusa jouissait encore d'une apparence de droits municipaux; elle était en possession d'un sénat dont les décisions, si l'on en juge par la lettre de Pline le Jeune à Trajan (1), étaient subordonnées à celles du gouverneur romain.

Pendant le règne de cet empereur,

---

(1) XII, 564.

(1) X, 85.

Prusa paraît avoir atteint le plus haut degré de prospérité, grâce à la bonne administration du gouverneur de la Province, qui n'était autre que Pline le Jeune. Il était assisté dans l'exécution de ses grands projets par Nymphydius Rufus le primipilaire (1), son ami et son ancien compagnon d'armes. Tous les soins du gouverneur, après avoir réglé les affaires d'administration et de finance, avaient pour but de faire construire des édifices somptueux et d'utilité publique. Nous avons au sujet d'un bain construit à Prusa une suite de lettres intéressantes de Pline à Trajan, qui peuvent donner une idée des précautions prises par le gouvernement au sujet de la construction des édifices municipaux.

« Les Prusiens, écrit Pline à Trajan, ont un bain vieux et en mauvais état. Ils voudraient le rétablir, si vous le permettez. Je crois, après examen, qu'il est nécessaire d'en construire un nouveau, et il me semble que vous pouvez leur accorder leur demande. Les fonds pour le construire se composeront, d'abord : des sommes que j'ai obligé les particuliers à restituer, et puis de l'argent qu'ils avaient coutume d'employer à l'huile du bain, et qu'ils ont résolu de consacrer à la construction. C'est ce que, d'ailleurs, semblent demander, et la beauté de la ville, et la splendeur de votre règne. Trajan accorda la permission de rebâtir le bain, pourvu que cet ouvrage n'imposât aucune charge nouvelle aux habitants. Dans une autre lettre (2) Pline annonce à l'empereur qu'il a choisi pour rebâtir l'ancien bain l'emplacement d'une maison qui avait été léguée à l'empereur Claude dans le but de construire à cet empereur un temple environné de portiques. Ce monument n'ayant pas été exécuté, Pline écrit à Trajan : « Si vous daignez, seigneur, ou donner la maison ou la faire vendre aux Prusiens, ils en seront reconnaissants. Je me propose de construire le bain sur le même terrain, et de l'entourer de portiques et d'exèdres ou de sièges. Cet ouvrage sera, par sa magnificence, digne de la splendeur de votre règne. » Trajan accorde enfin la permission, à condition toutefois que le terrain n'ait pas reçu la consécration religieuse à laquelle il était destiné.

Il résulte de cette correspondance qu'il n'est nullement question des eaux thermales, dont les sources sortent de terre assez loin de la ville. Il faut arriver à l'époque byzantine pour en trouver la première mention dans les écrivains anciens.

Il ressort des lettres de Pline, que la ville de Prusa était décorée de tous les monuments qu'on retrouve habituellement dans les ruines des villes romaines d'Asie, un gymnase, des thermes, un agora, et des portiques publics. Par une autre lettre (1) nous apprenons que la ville possédait une bibliothèque renfermant la statue de Trajan, placée probablement au milieu d'un portique.

A partir de cette époque, il existe une lacune de six cents ans dans l'histoire de Broussa.

PYTHIA.

Si les eaux thermales paraissent avoir été négligées par les Romains, elles attirèrent l'attention des souverains de Byzance, et une petite ville du nom de Pythia fut fondée dans leur voisinage immédiat. C'est au village de Tchékirguéh qu'il faudrait placer l'ancienne Pythia. Étienne de Byzance en fait mention en parlant des eaux chaudes de l'Asie en même temps que de Dorylée (2). « Il y a également un Therma en Bithynie qu'on appelle aussi Pythia; ce sont les bains royaux de Pruse. »

Procope mentionne en ces termes la ville de Pythia sans dire quelle était sa position à l'égard de Prusa : « Dans un endroit de la Bithynie qui s'appelle Pythia, il y a des sources d'eau chaude dont plusieurs personnes et principalement les habitants de Constantinople tirent un notable soulagement dans leurs maladies. Justinien a laissé en cet endroit des marques d'une magnificence toute royale en y faisant bâtir un superbe palais et un bain pour l'usage du public; de plus il y a fait conduire par un ca-

(1) X, 19.
(2) X, 75.

(1) X, 85.
(2) V. Therma.

al des eaux fraîches afin de tempérer la chaleur des autres. »

Du temps de Constantin Porphyrogénète Pythia avait pris le nom de Soropolis (la ville du Sauveur).

Selon Zonare, c'est là que Constantin est tombé malade : il se fit transporter dans sa ville d'Ancyron, où il mourut.

Les souverains comme les patriciens de Byzance continuèrent dans la suite de fréquenter les eaux thermales, et ces voyages étaient pour eux l'occasion de déployer tout le luxe de leurs équipages. L'impératrice Théodora, femme de Justinien, alla, en l'année 525, prendre les eaux chaudes de Pruse avec une suite de quatre mille serviteurs.

BROUSSA BYZANTINE.

Mais les années s'écoulaient. Au luxe et à l'indolence des Byzantins devait bientôt succéder le bruit des armes, les cris de guerre ; une nation dédaignée et presque ignorée de ses maîtres superbes avait vu naître un homme qui devait changer la face de l'Asie romaine.

Mahomet, vainqueur des empereurs byzantins en Arabie et sur l'Euphrate, avait révélé à tant de tribus insoumises le secret de leur force. Chaque ville prise était pour ses guerriers l'occasion du partage d'un butin considérable. Il n'en fallait pas davantage pour appeler autour du nouveau prophète toutes ces peuplades disséminées dans les steppes de l'Asie antérieure. Aux Arabes qui avaient ravagé l'Osrhoëne et la Mésopotamie succédèrent les tribus turques, dont le nom était à peine connu des Byzantins. C'est alors que commença le duel de trois siècles qui devait finir par l'anéantissement de l'empire de Byzance.

CHAPITRE XXI.

INVASION MUSULMANE.

Dans la série d'événements qui s'accomplirent pendant la période du sixième au quinzième siècle, nous ne mentionnerons que ceux qui se rattachent directement à l'histoire de Broussa. Dès le troisième siècle de l'hégire, les princes de la dynastie seldjoukide avaient envahi plusieurs provinces de l'empire grec. Toghrul bey, petit-fils de Seldjouk, contracta une alliance avec le calife successeur de Mahmoud le Ghaznévide, et mourut en laissant le pouvoir à son neveu Alp Arslan, qui, le premier, étendit au delà de l'Euphrate la renommée des tribus turcomanes.

L'empereur Romain Diogène régnait à Byzance, lorsque les Turcs se ruèrent pour la première fois sur les villes de l'Asie Mineure. Césarée fut prise et pillée, et l'avant-garde des futurs possesseurs du Bosphore s'avança jusqu'au mont Olympe. Seïfed Dewlet, prince de la dynastie de Hamadan, assiégea Broussa en 924, la prit par capitulation, et la fit démanteler, mais non pas raser entièrement ; car plusieurs tours et une grande partie des murailles portent le caractère d'une époque antérieure.

Une heureuse expédition, entreprise pendant le règne d'Alexis Comnène en 1097, amena de nouveau les musulmans sous les murs de Broussa, qui fut prise et pillée ; mais les musulmans se retirèrent de nouveau.

Lorsque les Latins se furent emparés de Constantinople, les princes byzantins, pour repousser ces nouveaux ennemis, n'hésitèrent pas à faire alliance avec les princes musulmans. Théodore Lascaris, despote de Romanie, s'étant lié avec le sultan d'Iconium, s'empara de Broussa, qui fut en vain assiégée par les Latins.

Le château, qui passait alors pour une place imprenable résista à toutes les attaques, et la place resta entre les mains des Grecs jusqu'à la paix en 1214.

La mollesse que les habitants avaient montrée dans leur défense contre les musulmans excita la colère de l'empereur Andronic. Il punit les principaux habitants en livrant leurs biens au pillage, et fit périr ou exiler un grand nombre d'entre eux. C'est par ces moyens violents qu'il se maintint à Broussa jusqu'à ce qu'il eût reconquis son empire sur les Latins.

Nous sommes arrivés aux derniers jours de la Prusa byzantine. Les musulmans vainqueurs vont régner en maîtés sur la plus belle ville de la contrée, et en faire la base de leurs attaques contre la capitale des Byzantins.

Vers l'an 1300, Erthogrul laissa le gouvernement entre les mains de son fils Osman, qui ne perdit pas de vue les grandes destinées de sa race. A peine eut-il mis ses troupes en état d'entreprendre de nouvelles expéditions, qu'il reprit avec vigueur le siége de la ville (1307). Deux de ses généraux, Ak Timour, qui était le propre neveu du sultan, et Balaban, reçurent l'ordre d'élever deux forts dans la plaine pour intercepter les communications de la place avec la mer. Ak Timour établit le sien du côté des bains, c'est-à-dire vers l'ouest ; Balaban occupa les bords de la rivière Niloufer, qui coule dans la plaine. Pendant près de dix années, les garnisons de ces forts se bornèrent à intercepter tout commerce entre la ville et la mer, jusqu'à ce qu'enfin Osman, devenant vieux, résolut de diriger toutes ses forces contre Broussa.

Il s'empara en 1317 de la ville d'Édrenos, la démantela, et alla placer son camp à Bounar bachi, en resserrant la ligne du blocus.

Le commandant de la ville se préparait à une vigoureuse résistance, lorsque l'empereur Andronic lui envoya l'ordre de capituler. Il obtint un sauf-conduit pour les habitants, qui se rendirent à Ghio, une autre Prusa, qui devait aussi devenir la proie des musulmans.

Osman, le fondateur de la dynastie des Osmanlis, ne jouit pas longtemps du fruit de sa victoire; il mourut en apprenant l'entrée de son fils Orkhan dans les murs de Brussa en 1326. Le corps du premier sultan fut déposé dans la chapelle de l'ancien château de Broussa, qui fut convertie au culte de l'islam. Il avait reçu du sultan Ala Eddyn l'investiture de la principauté de Karadja hissar, et mourut sultan des Ottomans.

A l'ouest des thermes de Kaplidja, on voit encore le monastère et le tombeau de santon Abd-ul-Mousa qui avait accompagné Orkan dans toutes ses expéditions. Lalaschin, un des meilleurs généraux du sultan, et qui servit sous Mourad Ier, fonda en 1330 un autre monastère auquel il donna son nom.

Orkhan, une fois maître du trône songea à poursuivre ses conquêtes ; c'est alors qu'il entreprit la campagne contre Nicée et Nicomédie. Son zèle religieux s'accroissant en proportion de ses victoires, il ordonna la construction de plusieurs mosquées, et appela dans son nouvel État des artistes persans qui introduisirent à Broussa la fabrication des faïences émaillées. A la mort du sultan son corps fut déposé dans la chapelle funèbre où reposait son père ; la voûte, décorée de lames d'argent, était désignée sous le nom de Gumuschli Koubbé.

Mourad Ier, successeur d'Orkhan, fut déclaré sultan en 1360. Il se montra aussi zélé que ses prédécesseurs à élever des monuments publics.

Le palais qu'il fit construire sur la colline qui domine la plaine de Broussa est aujourd'hui complétement ruiné. Mais au milieu des décombres on peut encore reconnaître les dispositions premières. Les habitations n'étaient pas groupées en un seul corps de bâtiments ; c'était une suite de kiosks plus ou moins étendus disséminés dans des jardins. Le palais du sultan Sélim à Andrinople est disposé de la même manière, et lorsqu'on visite le palais des schah de Perse à Téhéran et à Ispahan, on ne peut s'empêcher d'établir une comparaison avec l'ensemble du palais de Darius à Persépolis, et de conclure que, chez les monarques d'Orient, la coutume d'avoir des habitations clair-semées dans des jardins est restée la même depuis l'antiquité. De somptueux jardins arrosés d'eaux courantes, dont il ne reste plus que les rigoles desséchées, entouraient les élégantes habitations du palais de Mourad. Les historiens ottomans nous ont laissé les plus brillantes descriptions de cette résidence, que les successeurs de Mourad se sont plu à embellir et à augmenter.

En 1380 eurent lieu dans ce palais les noces de Bayazid Ildirim, fils de Mourad avec la fille du prince de Kermian. Les ambassadeurs de tous les princes de Aïdin, Mentesche, Castamouni, Karaman apportèrent à la jeune mariée de riches présents en châles et en chevaux. Édrenos bey, rénégat grec, offrit cent esclaves grecs des deux sexes, les plus beaux de sa nation. Dix d'entre eux portaient des assiettes d'or remplies de ducats, des vases de parfums, des aiguières d'or d'un travail précieux. La jeune mariée apportait en dot les clefs des villes d'Erzingham, Taouchanli, Simaul et Kutayah.

Le fils de Mourad, étant monté sur le trône en 1389, fit entourer la ville de Broussa de nouvelles fortifications; mais la suite de son règne fut loin d'être d'accord avec ses brillants débuts. Après la bataille d'Angora, Broussa fut envahie, en 1402, par les troupes de Timour; les écoles et les mosquées furent saccagées, et lorsque les généraux eurent partagé les trésors qu'ils avaient trouvés dans la ville, ils la livrèrent aux flammes. A la prise de la ville les trésors de Bayazid furent distribués aux soldats; les objets précieux étaient innombrables; les soldats mesuraient au boisseau les perles et les pierres précieuses.

Après la mort de Bayazid, Mohammed, fils de ce sultan, qui régna dans la suite sous le nom de Mahomet Ier, quitta la ville de Tocat, et vint prendre possession de Broussa en 1404. Isa bey, un de ses frères et son compétiteur, se présenta devant Broussa, et somma les habitants de lui ouvrir les portes; mais le plus grand nombre se retira dans le château et se défendit avec tant de fermeté, qu'Isa bey, ne pouvant l'emporter de vive force, se retira après avoir fait brûler la ville, qui venait à peine d'être rebâtie.

Broussa fut encore exposée aux attaques du Karaman, sultan d'Iconium, qui la prit et la pilla en 1413. Il fit déterrer les os de Bayazid et les fit brûler publiquement pour se venger de ce que ce prince avait fait couper la tête à son père. Ce siège désastreux fut le dernier que Broussa eut à souffrir; mais les incendies qui y éclatèrent à plusieurs époques, et notamment le grand désastre qui ravagea les vingt-cinq régions de la ville en 1490, ainsi qu'un incendie non moins considérable qui éclata en 1804, et qui n'épargna ni les mosquées, ni les tombeaux des sultans, ont été aussi funestes à Broussa que plusieurs sièges consécutifs. A la mort du sultan Mourad, Djem, frère du sultan Bayazid, se déclara comme un compétiteur au trône des Osmanlis. Bayazid était en Europe, et le prince Djem, aidé de quelques partisans, put facilement s'emparer de Broussa. Le sultan ne daigna pas marcher en personne contre son frère rebelle. Une faible armée attaqua les troupes de Djem dans les plaines du Yéni cheher et les mit en déroute. Pendant ce temps les janissaires se livraient au pillage de Broussa. Djem, poursuivi par Bayazid, alla demander asile au prince d'Iconium; mais, ne se trouvant pas assez en sûreté dans cette ville, il se retira près du grand maître de Rhodes. La suite des aventures du prince Djem est étrangère aux événements de l'Asie; il mourut à Naples en 1495. Une ambassade ottomane fut envoyée à Naples pour demander les restes mortels du prince Djem; ils furent apportés à Broussa et déposés dans un tombeau situé dans l'enceinte des souverains. Ce monument existe encore intact, et donne une idée du luxe bizarre des monuments funèbres de cette époque. L'autre sépulture, voisine de celle de Djem, est, dit-on, celle d'Isa bey, son frère, qui ne fut pas plus heureux dans sa révolte contre Bayazid.

CHAPITRE XXII.

BROUSSA MUSULMANE.

L'ensemble de la ville de Broussa se compose de la ville proprement dite, du château et des faubourgs; le tout forme une suite de constructions ayant en longueur quatre kilomètres environ et en largeur un kilomètre, placée sur un des penchants de l'Olympe, dont les sommets encadrent un riche et majestueux paysage. Les faubourgs s'étendent à droite et à gauche, et le château, solidement assis sur une roche élevée, domine la ville, et forme une enceinte crénelée flanquée de tours massives.

Trois portes donnent accès dans la ville, celle du nord, appelée Tabak Capousi (la Porte des assiettes), celle de l'est, Yer Capou si (la Porte de terre), et celle de l'ouest Kaplidja Capou si (la Porte des bains).

Deux autres petites portes, appelées l'une Sindan Capou si (la Porte de la prison), et l'autre Sou Capou si (la Porte de l'eau), conduisent du château sur les penchants de l'Olympe; mais ne sont fréquentées que par un petit nombre d'habitants de la campagne qui apportent des provisions. L'ancienne ville, qui est encore entourée de murs, est établie sur un rocher à pic du côté du nord. Les portes sont bâties de briques et revêtues de dalles de marbre. Pococke cite une inscription qui mentionne l'empereur Théodore Lascaris comme un des constructeurs de ces murailles.

Du côté de l'ouest, le soubassement des murs est antique; il est construit en grands blocs de travertin posés en parement et en boutisse. Le chemin qui conduit de cette porte à la vallée voisine est taillé au ciseau dans le roc et paraît remonter à une haute antiquité. La côte du sud, c'est-à-dire dans la partie qui fait face à la montagne, la ville est défendue par une fortification complète, la muraille l'Agger et un large fossé. Les tours sont espacées d'environ vingt mètres; elles sont carrées et construites en travertin et en blocs de marbre provenant en grande partie de monuments détruits. On remarque quelques fragments de sculpture d'un bon style.

Au delà des murailles sont les cimetières, plantés de hauts et magnifiques cyprès. Les fossés sont occupés maintenant par des plantations de mûriers. Cette enceinte paraît occuper l'assiette de l'ancienne Pruse, qui, au dire des auteurs contemporains, était une ville de peu d'importance. Cette partie de la ville est habitée uniquement par les Turcs; les habitants chrétiens, arméniens et juifs résident dans les faubourgs. Du côté du sud il existe trois portes, mais toutes du moyen âge. Près de celle du milieu, il existe une ancienne prison, remarquable par un puits carré, large et profond, dans lequel on renfermait autrefois les prisonniers. Le rocher sur lequel la ville est bâtie est un tuf calcaire déposé par les nombreuses sources, et qui forme un véritable travertin. Le faubourg de Émir sultan est situé sur la route de Nicée; celui de Tchékirguéh est traversé par la route de Moudania; c'est de ce côté que surgissent les nombreuses et intarissables sources thermales qui ont une si grande célébrité dans tout l'Orient. Deux magnifiques mosquées forment le centre de chacun de ces faubourgs et paraissent avoir motivé leur création; celle de l'est a été bâtie par le sultan Bayazid, et celle de l'ouest par le sultan Mourad. Entourées l'une et l'autre par des bosquets de cyprès et de platanes, elles restent encore aujourd'hui comme le lieu de pèlerinage et de promenade le plus fréquenté par les habitants. Dans d'autres quartiers, et surtout dans celui des eaux chaudes, de nombreuses plantations, disposées d'une manière pittoresque, forment d'agréables promenades qui contribuent à faire de Broussa une ville délicieuse entre toutes celles de la contrée. On distingue surtout la promenade du Tchamlidja dont les sapins séculaires offrent une ombre impénétrable; la nature seule fait les frais des embellissements de ces lieux champêtres; il faut cependant en excepter le kiosk d'Abdoul-Mumin, qui s'élève à l'entrée d'une des gorges de l'Olympe. Un café, placé près d'un ruisseau, réunit, les jours de fête, une foule nombreuse; mais là, comme partout ailleurs, chaque classe, chaque religion, a sa place choisie. Les Grecs ne se mêlent pas aux Turcs, les Arméniens aux Grecs. La pipe et le cherbet sont les délices que l'on vient chercher dans ce paradis, que parfois les lazzis d'un bouffon turc rendent plus bruyant que de coutume.

Les voyageurs devront aussi faire une excursion à la source appelée Aïn-Assa, située à une demi-heure de la ville sur le penchant de l'Olympe; c'est un bois de vieux châtaigniers dont les fruits sont célèbres par leur grosseur; une source abondante et limpide coule sous les ombrages au milieu des rochers de granit. Ce lieu est aimé des musulmans parce que le vieux derviche Émir sultan venait souvent s'y asseoir et méditer. Il avait l'habitude de rester longtemps appuyé sur son bâton de derviche. C'est en souvenir de ce fait que la source a pris le nom de Aïn-Assa (la Source du bâton). L'autre forêt de châtaigners, non moins célèbre à Broussa, porte le nom de Sobran. Là il n'y a ni kiosque ni légende; mais une admirable nature, dans toute sa sauvage majesté, dédommage amplement celui qui a tenté cette excursion.

Les habitants jouissent avec calme mais avec un plaisir extrême de toutes les beautés que la nature a répandues autour de la ville. Il n'est pas un des versants de l'Olympe qui n'offre aux yeux quelque point de vue enchanteur. Toutes les essences de la plaine et de la montagne, les cèdres et les cyprès, le chêne et le platane, le châtaigner et le hêtre s'y multiplient avec une abondance et une sève incroyables. Il est rare de voir des forêts présenter réunis tant d'arbres d'une si belle venue, et chaque pas que l'on fait donne lieu à une surprise nouvelle à la vue d'arbres gigantesques qui portent plusieurs siècles sur leurs cimes altières. Le pied de ces forêts est entouré d'une large ceinture de verdure plus sombre et plus épaisse; ici ce n'est plus la nature seule, c'est l'agriculture et l'industrie qui veillent à la production de ces arbres exotiques.

CHAPITRE XXIII.

ÉTAT MODERNE. — INDUSTRIE. — COMMERCE.

Les maisons de Broussa sont bâties dans le genre de celles de Constantinople, c'est-à-dire que le bois domine dans la construction. Les rez-de-chaussée sont ordinairement bâtis en moellon et en brique; mais les façades sont extrêmement simples. L'intérieur se compose d'un vestibule donnant accès à un escalier ordinairement de marbre; c'est au premier étage que sont les appartements d'habitation; ils donnent tous sur un vestibule ouvert appelé kayat, sorte de salon d'été où se tient la famille pendant les beaux jours. Au milieu est un bassin d'eau vive, la ville étant en pente vers le nord. Quelle que soit la direction dans laquelle s'ouvre la grande fenêtre du vestibule, les maisons de Broussa jouissent toutes d'une vue magnifique, soit des gorges sauvages de la montagne, soit des vastes horizons de la plaine.

Le quartier des chrétiens occupe la région de l'est. Les Arméniens et les Grecs sont placés sous la juridiction d'un métropolitain de leur culte qui est subordonné au patriarche de Constantinople. Le sort de l'Église chrétienne à Broussa est des plus misérables. Privés de tous les monuments religieux qui avaient été construits par leurs ancêtres, les chrétiens ne jouissent aujourd'hui que de pauvres églises qui au dehors se distinguent à peine des maisons particulières.

Le quartier turc occupe la partie centrale de la ville; c'est là que sont situés les caravansérais, le bezestein et les bazars.

Tout le versant inférieur de l'Olympe est couvert d'épaisses plantations de mûriers qui servent à la nourriture des vers à soie; c'est là surtout le mûrier multicaule qui est préféré. Les habitants regardent sa feuille comme plus nourrissante et ils signalent cet avantage particulier, c'est que pour la nourriture des vers, on n'arrache pas la feuille, qui arrive toujours un peu flétrie dans la magnanerie; mais on coupe les jeunes tiges qui atteignent quelquefois la longueur de deux ou trois mètres. La feuille arrive alors fraîche et intacte, avec toute sa sève et tout son parfum; elle nourrit mieux le ver, et lorsqu'il est prêt à monter, il trouve dans la tige qui lui a servi de nourriture un appui tout prêt pour y établir son travail.

On ne compte pas moins de sept espèces de mûriers dont un botaniste seul pourrait faire la distinction; toutes ces variétés prospèrent également aux environs de Broussa. Les mûriers couvrent de leur ombre les bords des ruisseaux, et forment les haies du chemin. Ils semblent avoir retrouvé là leur climat natal; aussi, par la beauté et l'abondance de ses soies, Broussa est-elle devenue une ville renommée dans le monde entier. Les soieries qu'elle fabrique se répandent dans tout l'empire turc, mais sont peu connues en Europe. Les velours de soie forment aussi une branche importante d'industrie que la concurrence d'Europe finira bientôt par anéantir.

L'industrie des soies, qui a rendu Broussa si célèbre, n'occupe aucune grande manufacture; les ouvriers, comme ceux de Lyon, travaillent en chambre. Les fabricants leur donnent un poids donné de soie, qu'ils doivent rendre ouvrée, avec la différence que comporte le tissage. On fabrique aussi une étoffe de soie que nous connaissons sous le nom de brocard ; c'est un magnifique tissu orné de fleurs d'or. Les Turcs l'appellent du sélymieh parce qu'il fut inventé du temps du sultan Sélim. Il ne se vend guère que pour l'usage des harem de Constantinople. On sait qu'il n'y a pas de nation au monde qui fasse plus de dépenses pour le luxe de leurs femmes.

Ces étoffes de soie blanche, alternativement rayées de bandes opaques et claires et qui sont assez répandues à Paris maintenant, sont aussi de la fabrique de Broussa. Elles servent pour faire les chemises des femmes, et des gandoura ou chemises pour la sortie du bain. Les coussins pour les sofas sont aussi l'objet d'une industrie considérable ; on peut en avoir une idée en songeant que dans tout l'empire musulman le sofa est le seul meuble en usage ; c'est la chaise, la table et le lit des Orientaux.

Les soieries de Broussa sont peu connues en France, où elles ont été longtemps prohibées ; elles jouissent de cet avantage qu'elles peuvent se laver comme des foulards. Le dessin est assez uniforme ; il consiste en grandes bandes de diverses couleurs entremêlées de petites guirlandes de fleurs. La rayure est le fond du dessin le plus goûté en Orient ; c'est ce qu'on appelle pour les étoffes Tchiboukleu (en bâtons) ; on n'aime pas les jeux de fond comme nos fabricants ont l'habitude d'en faire ; dès longtemps cette observation a été faite à la chambre de commerce de Lyon, qui s'étonnait du peu de débit des étoffes de Lyon en Orient. Depuis que les fabricants ont adopté les dessins orientaux pour leurs cotonnades comme pour leurs soieries, le débit en est plus considérable. Pour les châles de l'Inde, le dessin rayé est aussi très-goûté ; on appelle ces châles Fermaïch ; les châles Fermaïch sont très-connus à Paris ; on les confond pour le nom avec les châles de Cachemire.

La soie brute fut de tout temps l'objet d'un grand commerce d'exportation. On estime à plus de trois mille quintaux métriques la quotité de la récolte. Déjà, il y a cinquante ans, on remarquait une hausse considérable dans le prix des soies ; aujourd'hui, malgré la concurrence des soies de Lyon et de celles de Chine, les prix se maintiennent. On estime à cent mille pièces le montant de l'exportation de la soie ouvrée.

Il y a aussi à Broussa quelques fabriques d'étoffes de coton, et notamment de serviettes et de peignoirs pour le bain. Les serviettes sont d'un tissu de peluche extrêmement commode pour sécher la peau ; les foutha ou serviettes bleues dont on s'entoure le corps sont composées de larges bandes de soie rouge et jaune sur un tissu de coton. L'usage des bains est si général en Orient que ces deux seuls articles sont l'objet d'un commerce considérable.

CHAPITRE XXIV.

LES EAUX.

Un des caractères les plus saisissants de la ville, celui qui frappe d'abord le nouvel arrivant, c'est la variété et l'abondance extrême des eaux qui surgissent de toutes parts, eaux froides, eaux tièdes, eaux glacées de l'Olympe, eaux bouillantes des sources minérales. Les possesseurs byzantins comme leurs successeurs les musulmans se sont plu à les aménager de la manière la plus agréable pour l'usage des habitants. Les fontaines ne se comptent pas et chaque maison a dans son vestibule un bassin avec un jet d'eau courante et limpide pour l'usage de la famille. Ce n'est pas seulement pour les usages domestiques que les eaux de l'Olympe fournissent aux habitants le cristal de leurs ondes, les ruisseaux descendant de la montagne sont divisés en mille canaux divers dans les jardins de la ville et contribuent à leur donner cet aspect verdoyant et riche qui frappe d'abord les regards. Malheureusement, de nos jours, l'entretien de ces canaux laisse à désirer, et les eaux se répandent sur les routes et dans les parties déclives du sol et forment souvent des lagunes marécageuses.

On compte à Broussa trois cours d'eau principaux ; c'est plus que des ruisseaux, ce ne sont pas des rivières.

Le premier s'appelle Bounar bachi (la tête de la source), le second Ghœuk déré (la vallée céleste), et le ruisseau de Akts chaghlan.

Bounar bachi est situé dans le voisinage immédiat de la vieille ville. Les eaux sortent de terre avec assez d'abondance pour former un ruisseau rapide qui coule dans un bassin entouré de platanes et de hêtres. C'est le lieu de rendez-vous le plus fréquenté pendant la belle saison; plusieurs échoppes de café étalent à l'entour leurs divans de nattes et leurs escabeaux bariolés, où les habitants viennent s'asseoir pour savourer la pipe et le narguileh; les bouffons de toute sorte, les jongleurs de toutes les nations font de ce lieu le théâtre de leurs tours, et à certains jours, le soir, la promenade s'illumine, et aux réjouissances du matin succède les représentations théâtrales, c'est-à-dire des marionnettes dont le langage plus que libre n'effraye cependant pas la grave société qui les écoute.

Les eaux du Bounar bachi étaient, du temps de la splendeur de Broussa, conduites par des canaux souterrains dans le palais du sultan Mourad, et là, rendues à la lumière, elles circulaient dans des canaux de marbre au milieu de jardins enchanteurs dont il ne reste plus que le souvenir.

Un grand pilier de maçonnerie, situé non loin du palais, est regardé par les habitants comme le premier Sou-Térazi qui ait été construit en Turquie. Cette méthode de conduire les eaux a été, selon leur opinion, transportée d'Égypte où les Arabes la pratiquent de temps immémorial. Les eaux sont conduites par des tuyaux de poterie jusqu'en haut de ces piliers, qui sont creux, et elle reprend alors une nouvelle impulsion pour arriver à son but (1). Malgré l'état d'abandon et de ruine où se trouvent aujourd'hui la plupart des édifices publics, le système d'hydraulique est le seul qui paraisse intéresser la ville et le seul qui soit encore bien entretenu.

Le ruisseau de Ghœuk déré prend sa source dans les hautes régions de l'Olympe, et coule vers la ville par une large vallée, la seule de la montagne qui ait son ouverture vers le nord-est. Il forme de nombreuses et abondantes cascades qui, au moment de la fonte des neiges, présentent un spectacle pittoresque et imposant. Un pont d'une seule arche, et surmonté d'une galerie couverte comme certains ponts de la Suisse, est jeté sur la vallée, et joint le quartier arménien au quartier turc. (Voy. pl. 41.)

CHAPITRE XXV.

LES EAUX THERMALES.

Toutes les eaux thermales auxquelles Broussa doit sa renommée surgissent d'un des contreforts inférieurs de l'Olympe dans la région occidentale de la ville. Le terrain dans lequel elles prennent naissance est composé de calcaire de schiste et de grès tertiaire. Rien à la surface du sol n'annonce qu'à aucune époque des phénomènes volcaniques se soient manifestés dans cette région; mais aujourd'hui l'on sait que la chaleur interne du globe est la seule cause de la haute température de certaines eaux, et les sources qui sont conduites entre les couches géologiques à une certaine profondeur dans le sein de la terre en sortent infailliblement à une température élevée sans que pour cela la contrée où elles apparaissent ait jamais présenté un caractère volcanique. Si quelques sources thermales d'Auvergne et d'autres contrées ne sont pas dans ce dernier cas, on peut en citer une infinité d'autres qui surgissent de terrains crayeux ou calcaires dont la formation n'est nullement due aux terrains volcaniques. On compte à Broussa sept sources principales, quatre dans la plaine au pied de l'Olympe, et trois sur le dernier contrefort de la montagne. Les quatre premières sont: Eski Kaplidja (l'ancien bain chaud), Yeni Kaplidja (le nouveau bain chaud), Keukurdli (le bain sulfureux), et celui de Kara Mustafa qui porte le nom de son fondateur.

Les thermes sont divisés en trois parties; la première, qui sert de salle d'entrée dans laquelle on quitte ses vêtements et l'on se prépare au bain, s'appelle Djamégan; la seconde, qui est la

---

(1) Ce système d'hydraulique a été décrit en détail par le général Andréossy (*Constantinople ancienne et moderne*).

salle tiède où l'on stationne avant d'entrer dans l'étuve pour ne pas être fatigué par la trop grande chaleur; enfin le bain proprement dit, où se trouve la source principale, qui répand la chaleur dans tout l'édifice. Autour de cette salle sont disposés des cabinets ou cellules dans lesquelles on peut prendre son bain en particulier; mais la généralité des baigneurs se tient dans la grande salle. La salle d'entrée forme un grand carré couvert par une voûte en pendentif, éclairée par de nombreuses fenêtres Au milieu une fontaine de marbre composée de plusieurs coupes répand une nappe d'eau fraîche à l'usage des baigneurs. C'est un des charmes de ces établissements de trouver l'une à côté de l'autre et avec la même abondance l'eau chaude et l'eau froide sortant presque des mêmes tuyaux, et les nouveaux arrivés, qui ne se rendent pas bien compte de la nature des eaux thermales, s'étonnent d'un phénomène dont l'explication est si simple.

Dans l'avant-salle le baigneur ne manque pas de trouver, comme en tous les lieux de réunion en Orient, le cafédji, qui lui présente à son arrivée sa pipe et le café, et à sa sortie le miroir incrusté de nacre dans lequel le tchilébi, l'élégant Turc, donne un dernier coup d'œil à sa toilette. C'est sur le miroir que le baigneur dépose la modeste rétribution que touchent les baigneurs; car les bains sont dotés d'une fondation pour que le public en puisse jouir gratuitement.

Tout autour de la salle sont disposées des estrades garnies de rideaux et de coussins sur lesquels s'installent les baigneurs; et il est curieux de voir le calme, le silence et le recueillement qui règnent dans cette enceinte où les baigneurs se réunissent souvent par centaines.

La salle tiède est aussi de forme carrée; elle est chauffée par des tuyaux souterrains qui portent au dehors les eaux de la source principale. Au milieu est une estrade de marbre sur laquelle s'asseoit le baigneur avant d'entrer dans l'étuve. La troisième salle, dans laquelle sont les sources chaudes, est couverte par une coupole éclairée par un grand nombre de polygones fermés par des verres convexes. Un robinet de bronze, placé en face de l'entrée, donne issue aux eaux chaudes; d'autres robinets sont placés dans les murailles autour de la salle pour l'usage des baigneurs.

Tout l'intérieur de l'édifice est décoré de plaques de marbre de diverses couleurs. Les niches sont surmontées de coupoles sculptées dans le goût oriental.

Le bain de Eski Kaplidja, le plus ancien de tous, est certainement celui qui est mentionné par Étienne de Byzance comme un des bains royaux de la Bythynie. Les eaux sortent de terre à la température de 80 degrés; elles sont renommées par leurs vertus curatives. Le grand dôme est un ouvrage du sultan Mourad Ier, qui embellit la ville de Broussa de tant de monuments magnifiques.

Sous la grande salle sont des souterrains voûtés par lesquels les eaux sont distribuées dans les différentes parties de l'édifice.

Elles arrivent dans la grande salle par des canaux qui les déversent dans des coquilles de marbre et de la circulent pour l'usage des baigneurs Dans chacun des angles de la salle sont des cellules destinées aux baigneurs de distinction.

Le bain de Yéni Kaplidja ou le nouveau bain est le plus riche et le plus remarquable de tous; il est situé sur la pente inférieure de la montagne entre la ville et l'ancien bain. Les salles sont couvertes par des coupoles recouvertes de plomb. Toutes les voûtes intérieures sont revêtues de faïences et de plaques de marbre percées de polygones qui laissent tomber dans l'intérieur une lumière douce et uniforme. Une inscription tracée sur une plaque émaillée apprend que ce bain a été construit par le grand vizir de Soliman le Grand, qui éprouva le bienfait de ces eaux. Il serait oiseux de rapporter tous les contes qui se débitent au sujet des cures opérées dans les thermes de Broussa; mais nous ne pouvons nous empêcher de mentionner un fait curieux dont nous fûmes témoin. Le bain de Yéni Kaplidja possédait, au dire des Turcs, la pierre à renfoncer les douleurs; c'était un bloc de trente centimètres environ de diamètre en pierre de serpentine, et ayant à peu près la forme ovale d'une demi-pastèque. Il était plat en dessous et bombé en dessus. Sur la partie convexe était un trou avec un reste de scellement de plomb. Pour ceux qui ont vu des poids antiques dans les collections, nul doute que cette pierre n'ait servi à cet usage. Les Turcs étaient persuadés que cette pierre placée sur une partie du corps affectée d'une douleur quelconque, avait la vertu de la dissiper; aussi chaque baigneur entrant dans le bain avait-il soin de s'inscrire, pour ainsi dire, afin de jouir du bienfait de la pierre merveilleuse; il n'y aurait là qu'une croyance en un remède chimérique, comme nous en voyons journellement en Europe; mais les habitants avaient soin d'ajouter, qu'un jour, cette pierre ayant été dérobée par une main inconnue, elle était revenue d'elle-même se réintégrer dans le bain.

On dit que le milieu de la grande salle était autrefois décoré de figures de lions en marbre qui répandaient l'eau par des conduits placés dans leur gueule; mais cette imitation de la fontaine des lions de l'Al-Hambra est aujourd'hui détruite.

Le bain de Keurkurdli est d'une chaleur intense (90° centigr.) et ses eaux sont essentiellement chargées de sulfates alcalins. Il est surtout fréquenté pour la guérison des maladies de peau. Les autres bains sont situés à mi-côte dans le petit village de Tchékirgué, dont les eaux atteignent jusqu'à 50° centigrades. Ils sont divisés en cellules destinées aux malades qui veulent se soigner loin du tumulte des grands bains. Des baignoires de marbre sans aucun ornement sont placées dans chaque cabinet ou kiosque, qui avec un petit jardin composent l'ensemble de l'établissement, dont un médecin du pays est le directeur. Les eaux sont ainsi dispersées dans le village, où un grand nombre de maisons jouissent du privilége d'avoir des bains particuliers qui sont à la disposition des malades moyennant une très-modique redevance.

Il n'y a autour des grands bains qui sont dans la plaine aucun vestige d'ancienne ville. Mais le village de Tchékirgué, situé sur la hauteur voisine, est abondamment pourvu de sources chaudes, et forme pour ainsi dire le centre de toute la population agglomérée autour des bains; c'est là qu'il paraît convenable de placer l'ancienne Pythia. Ce qui prouve que dans les temps byzantins cette petite ville avait une certaine importance, c'est que le sultan Mourad y fit bâtir une mosquée impériale, ce que les sultans ne font que dans les lieux où ils ont résidé.

CHAPITRE XXVI.

LES MOSQUÉES DE BROUSSA.

Si l'on s'en rapportait au dire des habitants, la ville de Broussa compterait au delà de trois cents mosquées; mais dans ce nombre ils comprennent les petites chapelles ou mesjid, les sébilkhan, où résident des derviches. Il n'y a pas en réalité plus de douze grandes mosquées qui aient un caractère monumental; elles sont toutes l'ouvrage des sultans de Broussa, et depuis la prise de Constantinople, aucun nouvel édifice religieux n'a été construit.

CARACTÈRE DE LA MOSQUÉE TURQUE.

Il y a longtemps qu'on l'a dit; les Osmanlis n'ont pas d'architecture particulière à leur nation; tribus de la tente, ils sont restés étrangers à l'art de bâtir, et leurs édifices publics sont l'ouvrage d'étrangers, d'architectes arabes ou persans d'abord, et d'architectes grecs ensuite. Aucun genre d'édifice ne peut mieux que les monuments du culte donner la preuve de ce fait.

Mahomet, qui dans son livre a réglé les plus intimes détails de la vie publique ou privée, n'a, pour les monuments religieux, rien prescrit que la condition de se tourner vers la Mecque en faisant sa prière, et l'ablution avant de la commencer. Tout lieu qui offrira de l'eau dans son voisinage et qui permettra de se tourner vers la Mecque pourra donc être un lieu convenable pour la prière. Le minaret, qui se présente comme le type le plus connu de l'édifice religieux musulman, n'est pas de prescription rigoureuse, et l'iman peut remplir son emploi même sur la place publique. Seulement, comme les chrétiens avaient pour usage d'appeler aux offices au moyen d'instruments de bois ou de bronze, il voulut que la voix humaine fût seule employée pour convoquer ses croyants.

Les premiers lieux de prière chez les Arabes furent simplement des enceintes carrées sur un côté desquelles était une pierre debout qui indiquait de quel côté il fallait se tourner pour faire une prière valable. Lorsque les Arabes, devenus maîtres des villes, voulurent construire des Djami (lieu d'assemblée), ils firent de vastes portiques entourés de pilastres ou de colonnes; au milieu était une cour qu'on appela harem, c'est-à-dire lieu fermé. La niche qui indiquait la direction de la Mecque fut appelée mihrab. Ils imitaient ainsi les portiques des temples de l'Égypte et les agora, qui étaient nombreux dans les villes romaines ou byzantines. L'imam ou plutôt le muezzin montait sur la terrasse et convoquait le peuple aux heures de la prière.

Un grand nombre de mosquées arabes et turques, bâties sur ce plan, subsistent encore dans le monde musulman. Les mosquées du Caire, celles d'Adana, de Tarsous, la grande mosquée d'Alger, celle de Tlemcen en sont des exemples. Toutes sont antérieures à la prise de Constantinople. Plus tard, les Arabes ayant converti en édifices religieux quelques églises byzantines, on construisit des mosquées sur le modèle de ces églises, c'est-à-dire que la grande salle de prière fut couverte d'une coupole et le harem forma une cour en avant de l'édifice. Dans les mosquées de cette époque, qui commence avec l'empire des Seljoukides, le pendentif n'est pas encore bien accusé. La coupole est basse et n'est pas éclairée par des fenêtres, et les ornements sont encore de style arabe. On peut citer comme exemples de ce genre d'édifice quelques mosquées d'Iconium, la mosquée du sultan Mourad et celle du sultan Bayazid à Broussa. Chose curieuse, la ville de Constantinople ne contient pas un seul modèle de ce genre. Mais lorsque la capitale de l'empire byzantin tomba entre les mains des Osmanlis, Mahomet II, comme l'on sait, convertit au culte de l'islam la cathédrale de Sainte-Sophie. Dès ce jour toutes les mosquées qui furent construites dans l'empire Ottoman furent imitées de l'église de Sainte-Sophie, ou plutôt prirent le type de l'Église grecque de l'époque de Justinien, c'est-à-dire une salle quadrangulaire décorée ou non de colonnes à l'intérieur, mais toujours couverte par une voûte ou pendentif éclairée par de nombreuses fenêtres. Le harem précède la mosquée, et les nombreuses fontaines coulent aux alentours de l'édifice pour l'usage des croyants.

Cette loi de l'architecture musulmane est générale et absolue, et on ne peut citer aucune mosquée postérieure à la prise de Constantinople qui soit bâtie en portiques; et réciproquement toute mosquée dont le dôme est éclairé par des fenêtres est certainement bâtie après 1453.

Le minaret, cette haute tour qui s'élève devant la mosquée et qui donne aux villes d'Orient un cachet si original, n'a rien dans sa construction ni dans sa forme qui permette d'établir sur l'édifice auquel il appartient aucune donnée chronologique.

Les plus anciens minarets, ceux du Caire, ont la forme des tours carrées diminuant d'étage en étage; ceux du Maroc et de l'Algérie sont aussi des tours carrées sans aucun ornement. Il faut aller vers l'Orient pour rencontrer les premiers minarets en forme de colonne ronde et élancée comme ceux qui accompagnent les mosquées de Constantinople. Cette forme paraît avoir été importée chez les Turcs par les architectes persans qui eux-mêmes l'avaient imitée des minarets de l'Inde. C'est, disent les Thaleb, Mahmoud le Ghaznévide qui est l'inventeur de cette forme de minaret. Les Mongols et le prince Djihan schah, qui bâtit à Tabriz cette magnifique mosquée émaillée, l'ont transportée en Perse, où elle est d'un goût général. En effet rien n'est plus élégant que ces colonnes surmontées d'un léger kiosque, qui coupent les lignes horizontales des villes musulmanes. Cette forme de minaret a si bien été adoptée par les Turcs qu'ils n'en ont jamais bâti que sur ce modèle; quelques minarets des mosquées de Tarsous et d'Adana sont des imitations de ceux du Caire.

Telle est la règle générale qui peut permettre à l'observateur de classer au premier coup d'œil un monument religieux des musulmans. Nous pourrions entrer dans d'autres détails sur la forme de l'arc et la décoration, mais ce serait étranger au sujet de ce livre.

Nous devons cependant faire cette remarque pour ceux qui s'attachent à l'étude des monuments orientaux, c'est que l'arc aigu des Turcs, n'est pas une ogive comme nous l'entendons, c'est-à-dire formée par deux arcs de cercle, mais c'est un arc plein cintre dont la partie aiguë est formée par deux tangentes.

Il est une dernière observation à faire sur l'architecture des Turcs, c'est qu'ils ont rejeté complétement l'arc en fer à cheval, c'est-à-dire à centre surhaussé qui fut pratiqué par les Byzantins et adopté par les Arabes, parce que cette forme d'arc manque de solidité. Tous ceux qui ont étudié les monuments de l'Espagne et du Maroc savent combien cette forme d'arc a été généralement employée.

OULOU DJAMI.

La grande mosquée, Oulou Djami, est élevée, sur le plateau central de la ville; elle domine tous les quartiers environnants, et forme comme le centre de perspective du tableau pittoresque que présente l'ancienne capitale des Osmanlis.

Les mosquées sont ordinairement désignées par le nom de leur fondateur; mais celle-ci ayant été construite par trois sultans n'a reçu que l'appellation vague de Oulou Djami.

Elle fut fondée par le sultan Mourad Ier, continuée par Bayazid, fils de Mourad, et terminée par Mohammed Ier, neveu de ce dernier prince, ce qui ne les a pas empêchés de bâtir en leur propre nom trois mosquées qui subsistent encore. Oulou Djami forme un large quadrilatère d'environ cent mètres de côté, divisé à l'intérieur en vingt-cinq compartiments, formés par autant de piliers. Chacun de ces compartiments est couvert par une coupole, à l'exception de celui du milieu, qui reste à ciel ouvert pour donner de l'air et de la lumière à tout l'intérieur. C'est ce qui représente, dans les anciens édifices de ce genre, l'hypètre ou harem. Au milieu de cette petite cour intérieure s'élève à hauteur d'appui un bassin de marbre alimenté par une fontaine perpétuelle, et des poissons privés nagent avec sécurité dans cette eau limpide. Pour empêcher les oiseaux d'entrer dans le temple, l'hypètre est couvert par une grille de bronze. Les murailles du pourtour sont percées, à hauteur d'imposte, de fenêtres qui correspondent à chaque travée; elles sont également fermées par des grillages.

La forme générale de l'édifice est, comme on le voit, d'une grande simplicité et dénote un art tout primitif. La niche appelée mihrab est tournée du côté du sud-sud-est, puisque c'est dans cette direction que se trouve la Mecque.

Les mollahs parlent avec admiration de la décoration première de l'intérieur de ce temple; tous les piliers étaient, disent-ils, dorés jusqu'à l'imposte, et sur cette dorure serpentaient des arabesques entrelaçant les sura (chapitres) les plus renommés du Koran. La chaire à prêcher, que l'on appelle minnber, était l'œuvre d'un sculpteur arabe très-renommé. Aujourd'hui ce luxe a disparu; un badigeon blanc recouvre tous les pilastres et des chiffres formés de lettres mystérieuses, qui représentent les diverses vertus d'Allah, sont les seuls ornements qui peuvent distraire l'œil du dévot musulman.

Deux grands minarets s'élèvent à droite et à gauche de la porte principale; ils ont la forme de colonnes cannelées; le chapiteau est remplacé par une balustrade à laquelle on arrive par un escalier intérieur. On voit encore sur la balustrade du minaret de droite le syphon qui, partant du penchant de l'Olympe, amenait les eaux jusqu'à cette plate-forme pour l'épancher ensuite en gerbes dans l'intérieur du temple.

Outre la porte principale, la mosquée a deux autres portes, celle qui est destinée au sultan quand il vient faire sa prière, et celle qui porte le nom de Mékéméh Capou si (la porte du tribunal).

CHAPITRE XXVII

MOSQUÉE DU SULTAN BAYAZID.

La mosquée du sultan Ildirim Bayazid est située dans le faubourg oriental au milieu d'un bosquet de cyprès et de platanes; elle est remarquable par la masse de sa structure autant que par la simplicité de sa forme. L'entrée est précédée d'un vestibule couvert par une toiture de charpente. On entre ensuite dans une avant-salle peu éclairée, à droite et à gauche de laquelle sont des cellules pour les lampes et les différents ustensiles de la mosquée. Il n'y a qu'un seul minaret d'une forme extrêmement simple.

Cette mosquée se contruisait en même temps que la grande mosquée impériale; aussi les travaux furent-ils souvent interrompus. Sur ces entrefaites, le sultan lui-même tomba entre les mains de Timour à la bataille d'Angora, et l'édifice religieux resta inachevé. Cependant la grande nef couverte par une coupole et deux salles contiguës ont été entièrement terminées et sont consacrées au culte. Le plan de cette mosquée est tracé dans le style de transition dont nous avons parlé, c'est-à-dire que la coupole repose sur le plan carré de la nef et n'est pas éclairée par des fenêtres.

Près de la mosquée on a élevé le tombeau du sultan Bayazid. Ce monument rappelle aussi la simplicité des premières constructions des Osmanlis; il contient deux grands et deux petits sarcophages; l'un d'eux renferme le corps du sultan dont la destinée se termina d'une manière si lamentable.

MOSQUÉE DE MOURAD Ier A TCHÉKIRGUÉ.

Outre la mosquée qui porte son nom, le sultan Mourad fit encore bâtir dans le faubourg de Tchékirgué une mosquée appelée Ghazi Unkiar Djami si (mosquée du conquérant). Cet édifice diffère tellement par ses dispositions générales et surtout par le caractère de sa façade des autres monuments des Osmanlis, qu'on est tenté au premier abord de le prendre pour une ancienne église byzantine. La façade a un certain rapport avec celle du vieux palais à Venise. Au rez-de-chaussée cinq arcades ogivales donnent accès à un long portique ou narthex. Des barrières de marbre sculptées à jour ferment les quatre arcades latérales.

Le premier étage, qui s'ouvre également sur un portique est aussi éclairé par cinq grands arcs en ogive divisés par des fenêtres géminées dont les arcs sont supportés par une colonne unique. Le chapiteau est dans le goût byzantin; les ornements des frises sont sculptés en feuilles de vigne et de lierre qui rappellent tout à fait le ciseau grec.

L'intérieur de la mosquée présente une disposition unique en Orient. On arrive dans la nef par un vestibule obscur; de sorte que l'on est frappé de la lumière qui règne dans l'intérieur. Le centre de la nef est couronné par une coupole surbaissée. Le vestibule d'entrée donne par un double escalier accès au premier étage, où sont disposées des cellules pour les desservants et les étudiants de la mosquée. Le même édifice sert ainsi de temple et d'école.

Le plein cintre est employé concurremment avec l'ogive dans l'intérieur du monument; tout enfin y dénote un rudiment de l'art byzantin.

Les historiens du temps, et notamment Khatib Tchelébi, rapportent en effet que le sultan Mourad employait des ouvriers et des artistes chrétiens à la construction des nombreux monuments qu'il fit élever dans sa nouvelle capitale.

LA MOSQUÉE DE MOHAMMED Ier.

Au point de vue de la perfection du travail et du soin avec lequel tous les ornements sont sculptés, cette mosquée est sans contredit la plus remarquable de la ville et peut être citée comme un des monuments les plus parfaits de l'art osmanli; mais on doit ajouter que c'est une imitation des édifices de l'Inde musulmane.

Le harem ou l'avant-cour qui devait précéder l'édifice n'a pas été achevée; elle est remplacée par un perron en marbre blanc qui conduit directement à l'entrée.

Les marbres les plus variés, refouillés avec une délicatesse sans égale, ornent les murailles extérieures. La porte est entourée d'une longue inscription mêlée d'entrelacs et de feuillages qui contient le premier sura du Koran. Trois années entières ont été employées à la sculpture de cette porte; chaque lettre est en haut relief et la plupart des caractères et des rinceaux sont entièrement détachés du fond.

Une inscription qui fait partie des ornements de cette frise rappelle en ces termes le nom du fondateur: Sultan Mohammed Ier, fils du sultan Bayazid Ier, fils du sultan Mourad Ier.

L'intérieur du monument se compose d'une double nef couronnée par deux coupoles. Les murs sont revêtus de faïences émaillées qui donnent beaucoup d'éclat et de richesse à cet ensemble dont les lignes sont cependant fort simples. L'ameublement d'une mosquée ne comporte que la chaire de l'imam à laquelle on arrive par un eslier de douze marches ; c'est le minnber, la tribune du muezzin ou mahfil, sorte d'estrade supportée par des colonnettes; le mihrab ou niche centrale est en marbre rouge entourée d'une frise sculptée. Dans chaque mosquée turque, on remarque à droite et à gauche du mihrab deux énormes chandeliers de bronze supportant des cierges d'une grosseur et d'une hauteur exceptionnelles. Le grand soin des imams est de conserver ces cierges (tout en les allumant le vendredi) depuis l'époque de la fondation de la mosquée; aussi dès qu'ils sont brûlés jusqu'au tiers inférieur, on refond la cire qui reste avec d'autre cire pour en fabriquer un nouveau cierge avant que le précédent n'ait été entièrement consumé ; c'est ainsi que se perpétue le flambeau qui fut allumé par le premier fondateur.

Du sommet de la coupole pendent des chaînes de bronze qui soutiennent des lustres de différentes formes et des œufs d'autruche rapportés par des pèlerins de la Mecque. Le luminaire est des plus simples ; il consiste en godets de verre dans lesquels l'imam entretient une mèche avec un peu d'huile.

La mosquée de Mohammed Ier est généralement désignée, par les habitants, sous le nom de Yechil Djami (la mosquée verte), à cause de la couleur verte des faïences qui la décorent. Jadis le minaret et la coupole brillaient aussi des couleurs de l'émeraude ; mais le temps et le manque d'entretien ont effacé peu à peu cette brillante parure, et là, comme dans tous les édifices musulmans, la décadence et la ruine semblent présager à l'Orient de nouvelles destinées.

CHAPITRE XXVIII.

TOMBEAUX DES SULTANS.

Dans le quartier de l'ouest, près de la mosquée du sultan Mourad, se trouve l'enceinte consacrée à la sépulture des premiers sultans osmanlis. Ce sont des chapelles sépulcrales construites sur un plan carré, octogone ou hexagone et généralement couvertes de coupoles. Elles sont au nombre de huit, et renferment les dépouilles mortelles du sultan Mourad, Mehemet Mouradi Sounni Mourad Ier (1389). C'est un monument fort simple dont la coupole est soutenue par quatre colonnes byzantines. Les mollahs chargés de la garde du tombeau montrent encore avec orgueil son casque de bataille, entouré d'une mousseline en forme de turban, et dont le poids est tel que bien peu d'hommes pourraient le conserver longtemps sur la tête. Le seul signe extérieur qui indique la sépulture est une grande bière de marbre ouverte et remplie de terre, aux quatre coins de laquelle sont placés quatre cierges de cire d'une hauteur remarquable et entretenus religieusement.

Le sultan Mourad fit aussi construire un médrécé ou école avec une fondation pour entretenir un certain nombre de docteurs.

La même enceinte renferme aussi les cendres de Djem sultan, plus connu sous le nom de Zizim, les peintures de cette chapelle et les étendards qui décorent la sépulture du fils de Bayazid, sont soigneusement conservés. L'autre sépulture, renfermée dans le même tombeau, est celle du sultan Moussa, qui disputa le trône à son frère.

Les autres chapelles sépulcrales sont consacrées à Aïnischa et à Gourlou, deux filles de Bayazid, et au sultan Moustafa.

Dans le fond de l'enceinte sont les tombeaux du derviche Kaïgourlou, d'une princesse Mariam, fille d'un sultan, et de deux filles de Moussa. Le sultan Mahomet II et ses successeurs sont enterrés à Constantinople.

TOMBEAU D'OSMAN.

Le tombeau d'Osman, appelé par les Turcs Daoud Monastir (le monastère de David), est une ancienne église grecque dédiée à saint Élie. L'édifice est circulaire comme tous les monuments consacrés à saint Élie. La nef centrale est surmontée d'une coupole soutenue par quatre colonnes de marbre gris. Un narthex formant galerie précède la nef; toute la décoration intérieure consiste en revêtements de marbre gris séparés par des filets denticulés. L'emplacement de l'autel est éclairé par trois fenêtres divisées chacune par des meneaux de marbre gris formant des petites colonnes dont les chapiteaux portent des croix.

On entre par une porte latérale; car le narthex de l'église a été converti en salle sépulcrale renfermant les tombeaux de princes et princesses aujourd'hui inconnus. Le grand incendie qui a détruit une partie de la ville, en 1804, a considérablement endommagé ce monument. La coupole s'est écroulée et a été réparée depuis; mais aucune des inscriptions qui faisaient connaître ces tombeaux n'a été conservée. Il y a une chapelle attenante au monastère qui renferme aussi les tombeaux de plusieurs personnages. Elle a 8, 30 de largeur et est divisée en huit parties par huit niches circulaires qui sont séparées par une couple de colonnettes adossées à la muraille.

C'est dans ce tombeau qu'étaient déposés les symboles d'investiture du premier sultan des Osmanlis qui lui avaient été envoyés par Ala-Eddin, sultan d'Iconium; ils consistaient en un tambour et un chapelet, tous deux de dimension peu ordinaires. Ces reliques turques ont été consumées dans l'incendie de 1804.

CHAPITRE XXIX.

L'OLYMPE DE MYSIE.

Pour l'étranger qui arrive par mer sur les côtes de la Bithynie, le mont Olympe présente le plus imposant spectacle. Couvert de neige une grande partie de l'année, entouré d'une ceinture de forêts sombres et séculaires, cette montagne apparaît comme un colosse qui écrase le pays d'alentour; aussi les anciens n'en ont-ils jamais parlé qu'avec une sorte d'admiration respectueuse. Il est généralement désigné, par les écrivains grecs et romains, sous le nom d'Olympe de Mysie. Du côté du nord, c'est-à-dire de la mer, il se présente comme une montagne à double sommet. Sa hauteur, qui paraît considérable, ne dépasse pas en réalité 2,235 mètres d'altitude absolue. Le plateau de la ville est à 305 mètres au-dessus de la mer. Le sommet de l'Olympe n'est qu'à 1,930 mètres au-dessus de la ville.

Sur le revers sud, les acrotères de la montagne forment de nombreux plateaux dont l'altitude atteint jusqu'à 800 mètres; on conçoit qu'elle perde beaucoup de son aspect imposant, d'autant plus que ses ramifications se rattachent, à l'ouest, à la chaîne de l'Ida et, à l'est, au Katerli dagh, qui est le mont Arganthonius.

Si l'on ne jugeait la constitution géologique de l'Olympe que par les nombreuses sources chaudes qui sortent de ses contreforts inférieurs, on croirait que la nature volcanique domine dans sa formation; il n'en est rien, et la masse de la montagne est principalement formée de granit, de gneiss et d'autres roches à base de feldspath. Sur cette masse primordiale s'appuient des formations géologiques plus récentes; ainsi dans les vallées de l'ouest, on remarque de grands gisements de marbre blanc, et un géologue a observé ce singulier phénomène au sommet de la montagne; il a reconnu le granit recouvrant la formation calcaire de marbre blanc. Ce qui au premier coup d'œil lui parut une anomalie géologique, lui fut bientôt expliqué par un examen des terrains environnants. Il reconnut qu'à une époque très-ancienne, ces terrains avaient été bouleversés par quelque commotion souterraine et que le granit qui recouvrait la formation calcaire n'était autre chose qu'une masse énorme déplacée par ce tremblement de terre. Les vallées orientales de la montagne sont en partie granitiques et en partie composées de trapps, dont les formations acquièrent une grande étendue. Du côté de l'ouest on reconnaît, surtout aux abords des eaux chaudes, des grès rouges tertiaires dont quelques-uns offrent des teintes entremêlées de veines plus pâles, et qui pourraient être employés dans les constructions, s'ils étaient susceptibles d'acquérir un certain poli. En somme cette masse énorme ne présente que très-peu de ressources comme carrière de pierres à bâtir. Les pierres employées dans la construction des mosquées sont apportées du bord de la mer; le sol n'offre qu'un travertin de qualité médiocre, qui est employé pour les remplissages des murs, et il est peu d'édifices publics pour lesquels on n'ait emprunté le secours de la brique, comme offrant plus de durée et sans doute plus d'économie que toutes les pierres que produit le pays.

Le marbre même qui a servi à la construction de plusieurs mosquées n'est pas tiré des vallées de l'Olympe; il est apporté de l'île de Marmara, carrière inépuisable qui a servi déjà à bâtir plusieurs villes et qui servira encore pendant plusieurs siècles.

La forme générale de l'Olympe se présente topographiquement comme un cône à base elliptique couronné par un double sommet.

Du côté du sud, les contreforts s'aplanissent pour former de vastes plateaux où se réunissent les eaux de tous ces versants, pour former deux fleuves et plusieurs lacs. De ce côté, les acrotères de la montagne sont beaucoup plus prononcés; la nature avait besoin de soutenir cette immense masse granitique; ce sont autant de petites chaînes qui descendent du sommet dans la plaine et forment dans leur intervalle des vallées arrosées par des cours d'eau perpétuels, dont la source est dans les neiges de l'Olympe. Couvrez ce sol vierge de l'humus des végétaux accumulés pendant des milliers de siècles, vous pourrez imaginer de quelle fertilité doivent être les vallées, et comment les forêts peuvent s'y multiplier avec une luxuriante majesté.

Aussi on peut dire que peu de forêts peuvent être comparées à celles de l'Olympe pour la richesse des essences et la belle venue des arbres. Le chêne et le hêtre y acquièrent des proportions inusitées; le châtaignier y réussit moins bien quoiqu'il se multiplie avec abondance. Mais le hêtre offre à chaque pas au voyageur qui veut s'aventurer dans ces solitudes presque impraticables des sujets d'une merveilleuse beauté. Ce fait est très-remarquable au point de vue de la persévérance des espèces végétales dans les régions qui leur sont propices. En effet il y a deux mille ans déjà que c'était une observation antique : on prétendait que les Mysiens qui étaient venus s'établir en Bithynie, alors terre phrygienne, avaient donné à la contrée le nom de Mysie, parce qu'en leur langue *mysos* signifiait un hêtre.

Parcourons maintenant la montagne; visitons ses vallées, ses pâturages et ses sauvages habitants.

Broussa étant située sur le penchant même de l'Olympe, on ne peut sortir de la ville du côté du sud sans se trouver immédiatement dans une des vallées, qui remonte presque jusqu'au sommet. Cependant il n'y a qu'une seule route fréquentée pour arriver au sommet de la montagne, c'est celle de Gœuk-déré (le vallon céleste), qui coupe la ville en deux parties du côté de l'est.

Après être sorti de ce côté, à peine a-t-on fait une demi-heure de marche, qu'on se trouve au milieu d'un majestueux amphithéâtre de rochers caché par l'ombre épaisse d'arbres séculaires, parmi lesquels on distingue le noyer, le châtaignier, le hêtre, et le chêne. Le chemin serpente le long d'un ravin profond et dangereux; c'est la dépression supérieure du Gœuk-déré, la vallée la plus célèbre de l'Olympe, celle dont l'aspect est le plus grandiose, surtout au moment de la fonte des neiges lorsque les torrents roulent avec les blocs de granit les troncs des arbres déracinés. En continuant à monter environ une heure, on arrive à un plateau ouvert de trois côtés, et dominé au sud

9.

par une immense muraille de rochers. De ce point on peut d'un coup d'œil compter les vallées de l'Olympe ; à droite le Gœuk-déré ; à gauche, dans une profondeur incalculable, les contreforts qui s'étendent jusqu'au mont Arganthonius, et au loin la mer, qui forme l'horizon du tableau.

CHAPITRE XXX.

LES NOMADES DE L'OLYMPE.

C'est sur ce plateau que commencent les habitations d'été des Turcomans appelées yaëla. Le yaëla joue un grand rôle dans la vie des nomades d'Asie ; chaque tribu a sa demeure d'été déterminée, et aucune autre ne viendrait l'en déposséder. Ce sont des pâturages placés sur les versants des montagnes, dans des endroits frais et bien arrosés. Chacun s'y bâtit une hutte, ou y dresse une tente. L'hiver on descend dans les régions chaudes, ou guermesir. Chacun cultive un petit coin de terre et fait paître ses troupeaux. Nous avons vu dans diverses régions de l'Asie un bien grand nombre de ces tribus turcomanes, et nous pouvons affirmer que partout nous avons trouvé l'aisance et le contentement. Aussi quelle sérénité sur ces visages, quel accueil sympathique est fait à l'étranger qui arrive. Ils ne connaissent d'autre autorité que celle de leur Ak-sakal (barbe blanche) ou ancien ; ils payent très-peu de chose au gouvernement, et l'on peut dire que pas un d'entre eux ne changerait sa tente pour la plus belle habitation de la ville. Ces tribus turcomanes sont très respectées des Turcs des villes, parce qu'elles sortent de la noble souche de la tribu du mouton noir, dont faisaient partie les princes seldjoukides, tandis que les Turcs Osmanlis sont de la tribu du mouton blanc, qui fut longtemps feudataire des Seldjoukides.

Les Yourouks, c'est-à-dire Turcomans nomades, se construisent au yaëla des cabanes de bois et de branchages. C'est ce que les Algériens appellent des gourbis ; ils ont aussi deux sortes de tentes, les unes en laine noire, faites de poil de chèvre ou de laine de mouton ; celle-ci se plante au moyen de piquets comme nos tentes d'Europe ; les autres présentent l'aspect des huttes des Indiens ; elles sont rondes et couvertes par un toit bombé comme une coupole. Ces dernières sont couvertes de peaux de chèvres ou de vaches ; elles sont parfaitement closes, mais d'un transport difficile. La muraille est faite d'un treillis de roseaux qui se replie sur lui-même et se roule ; la calotte est d'un grand embarras pour les changements de yaëla ; elle s'emporte tout d'une pièce.

La première station que l'on fait sur le plateau de l'Olympe a lieu chez le kéhaya ou chef des Turcomans ; il est là au centre de ses administrés, qui occupent les différents versants de la montagne. Chaque yaëla se compose d'une vingtaine de familles, qui ont leurs troupeaux en commun. Le chef de tous ces nomades, qui porte le titre de Yuruk Agha-si (l'agha des nomades), fait sa résidence à Muhalitch, où il vit entouré de ses rustiques courtisans.

Ces nomades habitent la région moyenne de la montagne depuis les forêts de hêtres jusqu'à la région des sapins. Ils s'élèvent rarement au-dessus de ce niveau quoique la montagne soit couverte d'un gazon fin comme le velours ; ces pâturages ne paraissent pas convenir à leurs troupeaux. Cette population, qui anime le paysage pittoresque et sauvage de l'Olympe, ne laisse pas de causer des dégâts notables que l'incurie du gouvernement de Broussa ne songe pas à empêcher. L'exploitation des bois se fait sans aucune méthode, et pour abattre un arbre les bûcherons en détruisent plus de dix. Quant aux nomades, comme ils jouissent du droit d'usage, de pacage, d'abattage sans aucune restriction, on les voit couper à plaisir les plus beaux troncs pour en tirer un profit minime ; de plus cette habitude, invétérée chez la plupart des montagnards non-seulement de la Turquie mais du monde entier, d'incendier les jeunes plants pour récolter du gazon l'année suivante, fait qu'une partie notable des forêts de l'Olympe a subi l'épreuve du feu, et alors les arbres qui ont été sauvés végètent rabougris et chétifs. Les troncs carbonisés, au contraire, résistent à tout agent naturel de destruction, et l'on parcourt de vastes

ASIE MINEURE.

espaces couverts de ces pieux noirs et charbonnés qui ont un aspect lugubre.

L'exploitation régulière des bois se fait de préférence sur les pentes orientales de l'Olympe, qui sont moins abruptes, et où les transports sont relativement plus faciles ; mais quelle industrie primitive ! Des chars dont les roues sont des ais mal joints, et à peine arrondis, crient sur des essieux de bois auxquels tient un timon d'une longueur démesurée. Dix à douze paires de bœufs tirent avec lenteur une bille de hêtre qui demande cinq ou six jours pour être descendue dans le pays plat. Les fondrières formées par les roues et les pieds des animaux arrêtent journellement la marche du convoi.

Ces bois sont généralement transportés jusqu'à Nicomédie, où on les embarque pour Constantinople. Cependant, sur la pente occidentale, il s'est fait une grande exploitation ; mais les forêts de ce côté sont fort appauvries. Le seul souvenir de ces travaux subsiste dans le nom d'un village qui s'appelle Odunli keui, c'est-à-dire le village du bois ; c'était l'entrepôt des bois coupés dans les forêts.

La région des prairies qui succède à celle des sapins n'a rien qui la distingue des sommets alpins des autres montagnes. Une quantité de ruisseaux, alimentés par la fonte des neiges, tracent leurs méandres sur le gazon ténu. Les habitants appellent ces ruisseaux Kerk bounar (les quarante sources). Déjà à cette hauteur la neige reste dans les anfractuosités pendant la plus grande partie de l'été.

Les rochers verticaux qui semblent supporter le sommet de la montagne affectent les formes les plus bizarres. Ce sont de hautes falaises de granit qui se dessinent en murs crénelés, en colonnes prismatiques qui présentent la silhouette de murs écroulés et de châteaux en ruine.

Ici commence l'ascension du dernier mamelon de la montagne ; partout la neige remplit les crevasses ; mais le chemin ne présente aucun danger. C'est ordinairement au pied du dernier pic que les guides turcomans font arrêter les voyageurs qui tentent l'ascension de la montagne. On laisse les chevaux paître en liberté ; car on peut facilement arriver à cheval jusqu'à cette hauteur. Des broussailles de pin et de genévrier que les guides ont apportées servent à allumer le feu où se prépare le repas champêtre qui doit précéder l'ascension. Il ne faut pas plus d'une heure pour arriver au sommet, et si l'on a été favorisé par un ciel serein, la majesté du spectacle qui se déroule aux regards suffit pour faire oublier les fatigues de la journée. Une grande partie de la carte de l'Asie Mineure se développe sous les yeux du spectateur ; la vue s'étend au sud jusqu'aux vallées supérieures du Rhyndacus, à l'ouest jusqu'à la Troade, et au nord l'azur de la mer découpe la côte en mille golfes profonds dont les échancrures sont rendues encore plus sensibles par la perspective. Les îles de Marmara, de Besbicus se dessinent comme des points dorés sur le bleu de la mer, et à l'horizon du tableau on aperçoit à l'aide d'une lunette les dômes et les minarets de Constantinople.

Ceux qui ne voudraient pas organiser une caravane spéciale pour faire l'ascension de la montagne pourraient se joindre aux convois qui partent presque toutes les nuits de la ville pour aller chercher la neige au sommet. La neige est coupée en grands blocs dont deux font la charge d'un mulet, et le convoi redescend en ville vers neuf heures du matin.

Le sommet de l'Olympe se divise, comme nous l'avons dit, en deux pitons qui forment un plateau de plusieurs hectares d'étendue.

Sur celui de l'est, on voit les ruines d'un édifice en pierres sèches qui paraît avoir été une chapelle ou un monastère ; mais rien dans sa construction ne permet de lui assigner une époque déterminée.

Du temps des empereurs byzantins, les vallées de l'Olympe devinrent le refuge d'une foule d'anachorètes qui fuyaient le tumulte de la capitale. Là, comme au mont Athos, les cellules accompagnées de chapelles se multiplièrent à l'infini. L'empereur Constantin Porphyrogénète fit un pèlerinage à l'Olympe, et y répandit d'abondantes largesses. On citait parmi les plus célèbres monastères l'abbaye de Medice, fondée sous Constantin Copronyme par l'abbé saint Nicéphore sous l'invocation de saint Serge et sous la règle des Acœmites (qui ne dorment point). Ce monastère devint le refuge de plusieurs prélats orthodoxes durant les persécutions des iconoclastes.

Moins heureux que leurs frères du mont Athos, les moines de l'Olympe furent chassés ou exterminés par les Turcs, qui s'emparèrent de Broussa. Néanmoins la montagne conserva le souvenir de ses anachorètes et encore aujourd'hui le fier Olympe est connu des Turcs sous le modeste nom de Chéchich dagh (la montagne du Moine). Lorsque l'islamisme se fut établi dans la contrée, les dévots musulmans reprirent les traditions des cénobites chrétiens et fondèrent dans la montagne des santons qui attirèrent de nombreux visiteurs.

Le sultan Orkhan bâtit au lieu appelé Gœuk binar un couvent pour le derviche appelé Keïkli Baba (le père du cerf). Cette retraite, encore très-fréquentée par les pèlerins, s'élève à l'est de la ville.

Plusieurs sultans ne dédaignèrent pas d'aller en personne y faire un pèlerinage et la tradition cite de prétendues prédictions faites par de célèbres derviches qui se seraient accomplies de point en point. Là comme dans bien d'autres lieux de l'Asie les religions adoptent les endroits célèbres des religions ennemies. Le christianisme remplaça par des églises les temples des païens, et l'islamisme planta son croissant sur les ruines chrétiennes. Partout le culte nouveau cherche à remplacer le culte aboli. L'antiquité n'eut pas moins de respect pour la reine des montagnes d'Asie; cependant le mont Ida était plus spécialement désigné pour y placer le séjour des dieux.

L'Olympe passait alors pour être habité par des tribus féroces et des animaux redoutables. C'est dans les vallées du sud que le sanglier mysien, célèbre dans l'histoire de Lydie, avait son repaire; c'est là que s'accomplit la tragédie de la mort d'Atys, fils de Crésus, tué par Adraste, neveu du roi Midas. Le récit d'Hérodote (1) semble indiquer que les habitants de l'Olympe, qui vinrent demander du secours à Crésus contre les ravages du sanglier, étaient des pasteurs comme ceux que nous voyons aujourd'hui. Si l'on s'en tient au récit de Strabon (1), les brigands de l'Olympe n'étaient pas gens de peu ; ils avaient des châteaux forts situés au milieu d'épaisses forêts, et les Romains eurent plus d'une fois à compter avec eux, témoin ce Cléon qui, de son village natal, Gordiu Côme, faisait une ville sous le nom de Juliopolis en l'honneur de son ami Jules César. Il possédait dans l'Olympe un château nommé Callydium et son pouvoir était assez étendu pour faire pencher la victoire du côté du parti qu'il embrassait. Il quitta fort à propos le parti d'Antoine pour se mettre dans celui d'Auguste qui l'en récompensa en lui donnant la grande prêtrise de Comana, et l'investiture du gouvernement de la province de Morena dépendant de l'Olympe et de la Mysie Abrettene.

Dans aucune des vallées de la montagne on ne trouve de vestiges de haute antiquité ; les seules ruines que l'on observe sont des temps byzantins. Les sangliers descendant du sanglier mysien errent en paix au milieu des forêts où ils trouvent une nourriture abondante dans les châtaignes, les faînes et les glands qui jonchent le sol, et comme les musulmans n'ont garde de les toucher ni même de les chasser, ils mènent dans ces lieux la vie la plus paisible. On ne cite aucun animal féroce faisant son séjour dans l'Olympe; quelques chats sauvages, le loup cervier fort rare et un petit léopard que les Turcs appellent Caplan, sont les seuls animaux destructeurs dont il soit fait mention ; aussi le gibier abonde-t-il dans les vallées.

Le bétail de l'Olympe comme celui de bien d'autres pays montagneux offre un aspect peu satisfaisant. Nous voulons parler des bœufs, car les moutons s'y reproduisent avec une grande abondance et leur chair est d'une excellente qualité. La laine est fine et sert à fabriquer ces tapis célèbres en Europe sous le nom de tapis de Smyrne, quoiqu'on

---

(1) L. XII.

(1) Strab., XII, 575.

n'en fabrique pas un seul en cette ville. La plupart des voyageurs célèbres qui visitèrent Broussa dans les deux derniers siècles ont effectué l'ascension de l'Olympe. Voici la relation qu'en fait Tournefort ; nous la reproduisons ici parce que, comme botaniste éminent, il fait connaître en peu de mots la flore de la montagne (1).

« Nous laissâmes tout ce jour-là le mont Olympe à notre gauche. C'est une horrible chaîne de montagnes sur le sommet desquelles il ne paraissait encore que de la vieille neige et en fort grande quantité. En approchant du mont Olympe, on ne voit que des chênes, des pins, du thym de Crète, du cyste à laudanum et une autre belle espèce de cyste à larges feuilles. L'aune, l'ièble, le cornouiller mâle et femelle, la digitale à dent ferruginée, le pissenlit, la chicorée, le petit houx, la ronce sont communs aux environs du mont Olympe. La montée de cette montagne est assez douce ; mais après trois heures de marche à cheval, nous ne trouvâmes que des sapins et de la neige ; de sorte que nous fûmes obligés de nous arrêter près d'un petit lac dans un lieu fort élevé pour aller de là au sommet de la montagne qui est une des plus grandes de l'Asie; semblable aux Alpes et aux Pyrénées, il faudrait que les neiges fussent fondues et marcher encore pendant toute une journée. Les hêtres, les charmes, les trembles, les noisetiers n'y sont pas rares. Les sapins ne diffèrent pas des nôtres. »

C'est près du mont Olympe que les Gaulois furent défaits par Manlius, qui, sous prétexte qu'ils avaient suivi le parti d'Antiochus, voulut se venger sur eux des maux que leurs pères avaient faits en Italie. Les Grecs ont autrefois donné à l'Olympe le nom de montagne des Caloyers parce que plusieurs solitaires s'y étaient retirés. Cette montagne était célèbre au huitième siècle par divers monastères où la discipline se trouvait dans un état florissant.

(1) *Voy. du Levant*, t. II, p. 186.

CHAPITRE XXXI.

L'ÎLE DE BESBICUS (Calolimno).

Le fleuve Rhyndacus qui traverse le lac Apollonias forme la limite occidentale de la Bithynie ; tout le pays situé sur la rive gauche appartenait aux habitants de Cyzique et antérieurement aux Doliones.

A quatorze milles (1) du rivage et dans le méridien de l'embouchure du fleuve s'élève un îlot qui porte aujourd'hui le nom de Calolimno (2) ; c'est l'ancienne île de Besbicus. Pline (3) lui donne dix-huit milles de circuit ; Étienne de Byzance l'indique comme étant voisine de Cyzique ; il rapporte cette fable touchant son origine. « Les géants, dit-il, arrachant de gros blocs du rivage, les jetaient dans la mer et tâchaient ainsi de fermer l'embouchure du Rhyndacus ; mais Proserpine, craignant pour l'île de Cyzique, affermit ces rochers et en fit une île qui fut ensuite nommée Besbicos par un des Pélasges qui l'habitèrent ; Hercule y détruisit le reste de ces géants. » Selon Apollonius, on voyait en ce lieu le tombeau du géant Ægœon (4). Pline croyait qu'anciennement Besbicus n'était pas une île ; mais elle tenait au continent et en fut détachée par un tremblement de terre.

Cet îlot partageait avec les îles des Princes le privilège de servir de lieu de délassement aux seigneurs de Byzance. Besbicus, dit Pachymère (5), célèbre par sa fécondité et la beauté de ses campagnes, fut exposée aux ravages des Turcs qui arrivaient avec trente vaisseaux et dévastèrent le pays. Les habitants furent massacrés à l'exception d'un petit nombre qui se jeta dans la forteresse ; d'autres s'embarquèrent avec leurs familles et firent naufrage devant l'île de Skyros (Syra).

Besbicos faisait partie du territoire de Kété (6) ; elle fut conquise en 1308 par

(1) 26 kilom.
(2) Le bon port.
(3) Liv. V, ch. XXXII.
(4) Apoll., *Arg.*, I, 1164.
(5) Liv. VI, 17.
(6) Κατοιχία de Pachymère, t. II, liv. V, ch. 21, p. 287.

Kara Ali, fils d'Aïgouldap. Osman donna en mariage au vainqueur une fille grecque qui faisait partie du butin de Calolimno.

On mouille dans la petite baie de Calolimno par dix brasses de fond; les rivages de l'île sont en effet très-accores et plongent rapidement sous les eaux. La région nord est formée par une montagne escarpée qui se relie à celle du sud par une crête très-étroite. La majeure partie des terrains est formée d'argile sableuse dans laquelle sont intercalés des couches de grès friable.

Le village du même nom que l'île est assis sur la corne nord d'une baie peu étendue; il a un aspect de propreté et d'aisance peu ordinaires dans les villes d'Orient; les maisons sont blanchies à la chaux et bâties en pierre; l'îlot ne produit d'autre bois que quelques oliviers.

Le terrain de l'île se compose de couches de calcaire argileux verdâtre, inclinées de 37° à 45° et courant de l'est à l'ouest; cette roche au sommet des montagnes est fortement colorée en rose. Le calcaire est recouvert par une couche de grès d'une décomposition facile.

Une crête aiguë traverse l'île dans toute sa longueur et forme deux pentes de falaises élevées dues à l'érosion de la mer; elles plongent rapidement sous les eaux; aussi ne trouve-t-on de mouillage qu'en deux points: à l'est près de Calolimno et au sud-ouest près du bourg de Vagnitis abandonné aujourd'hui. On trouve dix brasses à une encablure de terre.

L'île a vingt-huit kilomètres de longueur sur environ quatre kilomètres de large; elle renferme une population de deux mille âmes tous Grecs.

L'examen des terrains de cette île, comparés avec ceux du continent, prouve qu'il n'y a aucune concordance et qu'il faut la considérer comme étant dans l'état où nous la voyons depuis la période géologique actuelle.

Dans la manie qu'avaient les navigateurs de donner aux lieux d'Orient des noms de leur invention, ils avaient appelé Besbicus l'île de Maignine, située, disaient ils, dans le golfe de Polimeur. Aucun de ces deux noms n'est connu aujourd'hui; on ignore d'où ils ont été tirés (1); peut-être en cherchant bien trouverait-on que Maignine est la corruption de Vagnitis, village qui est situé à la pointe sud de l'île.

CHAPITRE XXXII.

LA VILLE DE DASCYLIUM ET LE LAC DASCYLITIS.

Il y a dans la détermination positive du lac et de la ville de Dascylium un curieux problème de géographie et d'histoire à résoudre. Les écrivains de l'antiquité n'ont laissé qu'un cahos dans les documents qu'ils ont recueillis sur ces lieux; l'examen du pays n'a encore mis aucun observateur moderne sur la trace de la vérité. On ne peut cependant douter que la ville de Dascylium n'ait existé puisqu'elle était le chef-lieu d'une grande satrapie sous l'empire de Darius. Quant au lac, il est mentionné tant de fois par les historiens de l'époque romaine qu'on ne peut douter de son existence. A-t-il disparu ou faut-il le confondre avec le lac d'Apollonias, c'est la question à résoudre. Dans l'état des connaissances géographiques de la contrée, il n'y a que deux lacs, celui d'Aboullonia et celui de Manyas. Si le lac Dascylitis a disparu, on doit trouver au moins sa place; nous allons résumer les renseignements que les anciens nous ont laissés sur la ville et le lac de Dascylium (2).

La satrapie de ce nom comprenait la Mysie et la Bithynie. Du temps de Cyrus, Mitrobate, satrape de Dascylium, fut mis à mort par ordre d'Oretès, gouverneur de Sardes, pour lui avoir fait des reproches de l'enlèvement de Polycrate (3). Plus tard, après la soumission de l'Ionie, Dascylium était gouvernée par OEbarès, fils de Mégabize, l'auteur du bon mot contre les Chalcédoniens (4). Hérodote lui donne le titre d'éparque. C'est entre les mains d'OEbarès que les habitants de Cyzique vinrent faire leur

---

(1) Voy. Baudrand en 1705.
(2) Voy. plus haut p. 50.
(3) Hérod., liv. III, ch. 120-126.
(4) Voyez page 72.

soumission avant l'arrivée de la flotte des Phéniciens, qui s'emparèrent de toutes les villes de la Chersonnèse (1), à l'exception de celle de Cardie (2). Cette dernière ville était voisine de Dascylium et célèbre par ses eaux chaudes qui étaient aussi douces que du lait (3). Or Pausanias donne à cette dernière ville le titre de κώμη, c'est-à-dire de bourg, de village ; ce qui prouve qu'elle était bien déchue de son temps. De son côté, Étienne de Byzance (4) mentionne la ville de Bryllis « dans le territoire de laquelle était la petite ville de Dascylium » ; il est, de plus, disposé à identifier Bryllis avec la ville de Cius. Tout ceci peut mettre sur la voie de l'emplacement de Dascylium. Cette ville était sur la rive droite du Rhyndacus et, d'après Méla, colonie des Colophoniens comme Myrléa. On connaît une médaille portant l'inscription Δασκυλίτων. S'il n'était question que de la ville, il n'y aurait rien de surprenant qu'elle ait été ruinée de fond en comble et qu'elle eût disparu de la surface du sol ; mais le lac dont il est si souvent question dans les auteurs ne peut avoir eu le même sort sans laisser de traces.

Nous rassemblons ici les principaux passages des auteurs anciens qui traitent de ce lac ; peut-être une exploration plus assidue de la province pourrat-elle conduire à débrouiller l'obscurité qui l'environne.

Strabon en parlant des Aphnéens dit : « Ils sont nommés Aphnéens, nom qui vient du lac Aphnitis, car c'est ainsi qu'on appelle le lac Dascylitis (5) ». Si nous prenons le texte d'Étienne de Byzance (6), nous y lisons : « Aphneion, ville de Phrygie près de Cyzique et de Miletopolis. Le lac aux environs de Cyzique s'appelle Aphnitis ; il portait auparavant le nom d'Artynia. »

Pline ajoute encore à la confusion, puisque suivant lui le Rhyndacus sort du lac Artynia (1). Or comme ce fleuve traverse le lac d'Aboullonia, on serait tenté de conclure, en suivant fidèlement les textes, que le lac d'Apollonias (Aboullonia) n'est autre chose que le lac Dascylitis.

Cependant un passage de Strabon (2), citant en même temps trois grands lacs de la Bithynie et de la Mysie, nomme le lac Dascylitis le lac Apollonias et le lac Miletopolis. « Au-dessus du lac Dascylitis il y a deux autres lacs considérables : on nomme l'un Apolloniatis, l'autre Miletopolis.

« Près du lac Dascylitis est la ville de Dascylium ; près du Miletopolis celle de Miletopolis et près de l'Apolloniatis est la ville d'Apollonia sur le Rhyndacus. »

Voici un autre passage de Strabon (3) qui augmente encore la difficulté ; après avoir dit quelques mots du siége de Cyzique, il ajoute que les Cyzicéniens possédaient « une partie du lac Dascylitis, dont le reste appartient aux habitants de Byzance, une portion du pays des Doliones *jusqu'aux lacs Miletopolis et Apolloniatis* ». Il n'y a donc pas moyen de supposer que l'un des deux lacs eût jamais eu deux noms ; de plus, le lac Dascylitis était assez étendu pour avoir été partagé entre deux peuples différents.

Maintenant, si nous reprenons le passage d'Hécatée que nous avons cité plus haut (4), le fleuve Odryssès, que l'on regarde comme le Niloufer actuel, viendrait du lac Dascylitis ; or ce petit fleuve, comme nous l'avons dit, ne sort d'aucun lac. Le passage d'Hécatée, qui rappelle le culte particulier rendu à Apollon par les habitants de cette partie de la contrée, serait en faveur de l'opinion de ceux qui veulent assimiler les deux lacs sans la difficulté que présente le texte de Strabon. Un passage de Plutarque, dans la vie de Lucullus (5), n'est pas propre à éclaircir la question. « Il y a assez près de la ville de Cyzique un lac qui s'appelle Dascylitis, et qui est

---

(1) Hérodote, comme Strabon, voy. plus haut page 8, ne connaît l'Asie Mineure que sous le nom de Chersonnèse.
(2) Hérodote, liv. VI, ch. 33.
(3) Pausanias, liv. IV, ch. 35.
(4) Verbo *Bryllium*.
(5) Strab., liv. XIII, 587.
(6) Verb. *Aphneium*.

(1) Liv. V, ch. XXXII.
(2) Liv. XII, p. 575.
(3) Strabon, XII, 576.
(4) Voy. page 114.
(5) Siége de Cyzique, *Vie de Lucullus*.

navigable à d'assez grands bateaux. Lucullus fit tirer à terre un des plus grands, et le fit traîner sur un chariot jusqu'à la mer et y fit embarquer des soldats, etc. » Ce lac ne communiquait donc pas avec la mer. Un autre passage prouve que tous ces événements se passaient sur la rive gauche du Rhyndacus, c'est-à-dire en Mysie. Un corps de troupes de Mithridate, qui était sorti pour faire des vivres (1), fut surpris par Lucullus et taillé en pièce. « Lucullus les atteignit près de la rivière du Rhyndacus et en fit un tel carnage que les femmes même de la ville d'Apollonia sortirent et allèrent dépouiller ceux qui revenaient chargés de vivres. Les deux villes et les deux lacs sont donc parfaitement distincts.

La ville de Dascylium a cependant subsisté sous l'empire byzantin; elle était épiscopale sous l'archevêque d'Apamée; voilà tout ce qu'on en sait. Ce qui a été écrit sur ce sujet dans les temps modernes n'est qu'un tissu d'erreurs. Selon Baudrand (2), cette ville existe encore sous le nom de Diaschilo; « elle est assez bien entretenue par les Turcs et située sur un cap du même nom entre Pruse à l'orient et Cyzique à l'occident ». Enfin une note de M. Gosselin, l'un des traducteurs de Strabon, ajoute à la confusion (3). « Dascylitis, dit-il, est une langue à l'embouchure du Nénufar (le Niloufer); elle conserve le nom de Diaskillo. » Cette note a été copiée par tous ceux qui dans ces derniers temps se sont occupés de la géographie de cette province; mais il n'y a aucun endroit moderne du nom de Diaskillo, et l'emplacement de la ville et son lac sont encore à retrouver.

CHAPITRE XXXIII.

LA VILLE ET LE LAC D'APOLLONIAS (ABOULLONIA). — LE RHYNDACUS.

Le lac d'Apollonias est situé entre la Propontide et les pentes septentrionales de l'Olympe, à environ quinze kilomètres de la mer. Sa forme est triangulaire et son pourtour estimé de trente-sept à quarante kilomètres. La côte sud-est accuse une ligne assez régulière, c'est celle qui regarde la montagne, et le terrain est formé des alluvions charriées par les eaux. La côte nord, au contraire, est fortement découpée et remarquable par une presqu'île rocheuse devant laquelle est assise la ville d'Aboullonia, l'ancienne Apollonias.

La partie occidentale du lac reçoit une rivière qui n'est autre que le fleuve Rhyndacus et qui en sort pour aller se jeter dans la Propontide.

Le lac est en outre alimenté par les fontes des neiges de l'Olympe qui au printemps inondent tout le territoire d'alentour. Il est à remarquer que le courant qui entre dans le lac en sort presque avec le même volume d'eau, ce qui semble indiquer que le fond du lac n'est pas alimenté par des sources abondantes.

Une exploration hydrographique du fleuve et du lac fut faite en avril 1835 par la goëlette de l'État la Mésange qui vint mouiller au port de Calolimno dans la petite île voisine. Une fois le bâtiment en sûreté, le commandant fit armer un grand canot, et en compagnie de quelques officiers, nous nous apprêtâmes à remonter le fleuve dont le cours à cette époque était à peu près inconnu.

Le fleuve débouche dans la mer par une belle vallée qui forme une solution de continuité dans la chaîne de montagnes de la Mysie : cette vallée a cinq cents mètres environ de large; les bâtiments d'un fort tonnage peuvent remonter à environ dix kilomètres dans l'intérieur et stationnent à un village qu'on appelle Iskélé (l'Échelle); c'est là qu'est établi le bureau de péage. Des balises placées de distance en distance indiquent les bancs mobiles dans lesquels les bâtiments pourraient s'engager. Après avoir remonté environ six kilomètres, on laisse sur la rive droite (orientale) l'embouchure du Niloufer qui n'a pas plus de quarante mètres de large. Le fleuve se resserre bientôt entre deux chaînes de

---

(1) Cf. Strab., XII, 763.
(2) Ed. 1682.
(3) Strabon, traduction française, t. V, p. 125.

montagnes et son cours devient plus rapide. Nos matelots mirent pied à terre pour haler la barque, et nous arrivâmes le soir même au village d'Iskelé. Il est situé à la base d'une montagne de marbre gris ; cette roche paraît constituer la chaîne qui court de l'embouchure du fleuve jusqu'à Cyzique. Notre intention était d'entrer dans le lac d'Apollonias en remontant le Rhyndacus ; nous naviguions toujours poussés par une forte brise du nord, et loin de trouver aucun confluent, le fleuve nous paraissait s'élargir toujours ; enfin nous aperçûmes, sur une hauteur, la ville de Mihalitch. Nous avions navigué plus de trente kilomètres sans savoir sur quelle nappe d'eau nous étions ; le courant qui se confondait avec ce prétendu lac, était souvent embarrassé par des lianes et des troncs d'arbres ; nous n'apercevions la trace d'aucun être humain ; lorsqu'enfin nous pûmes mettre pied à terre et envoyer aux renseignements vers quelques indigènes que nous aperçûmes. Nous apprîmes que nous avions depuis longtemps dépassé le cours du Rhyndacus et que nous naviguions sur le Sou sougherlé (la rivière des buffles) qui vient de Simaul.

Il n'est pas rare de voir cette vaste inondation se reproduire au printemps au moment de la fonte des neiges de L'Olympe, et les habitants la regardent comme le signe d'une année d'abondance. L'inondation couvrait tout le terrain de la plaine de Mihalitch et confondait les rives du lac avec celles du Sou sougherlé, de sorte que la petite ville de Loupad se trouvait presque cernée par les eaux.

Après un court séjour à Mihalitch, nous redescendîmes le fleuve sous la conduite d'un homme du pays, et nous allâmes mouiller sous les murs de Loupad.

Le lendemain, après avoir reconnu le pont qui indique l'entrée du lac, nous allâmes mouiller dans les environs d'Aboullonia.

Notre guide nous avait quittés à l'embouchure du Rhyndacus pour rejoindre un convoi de paysans qui paraissaient étrangers au pays ; ils avaient le costume des Russes, un bonnet de fourrure et une grande veste de peau, de longues bottes leur montant jusqu'aux genoux. Ces hommes nous apprirent qu'en effet ils étaient Russes. Établis depuis plus de cent ans en Asie, ils avaient formé une petite colonie qui vivait en bonne intelligence avec les Turcs et jouissant de quelques immunités, notamment de pratiquer sans contrainte leur religion. Ils sont adonnés à la pêche, et se rendaient à l'embouchure du fleuve pour pêcher l'esturgeon, dont ils fabriquent le caviar. Ce genre de poisson est en effet très-abondant dans ces parages, à tel point qu'on n'utilise que les œufs et que la chair est délaissée. Ces Russes habitent un village qu'on appelle Kosak keui, et qui est situé près du lac de Manyas. Ils possèdent quelques bateaux longs qu'ils placent sur un train de quatre roues, mettent dedans leurs enfants et leurs ustensiles de pêche, et vont ainsi, selon la saison, pêcher dans les différents lacs et cours d'eau de la contrée. Ils ignorent à quelle occasion ils sont venus dans ce pays ; les Turcs disent qu'ils se recrutent de déserteurs et de matelots russes qui viennent à Constantinople. Sont-ce d'anciens prisonniers amenés dans ces parages par les Turcs ? ceci est plus probable.

Le lac d'Apollonias fut aussi appelé lac Artynia ; mais il finit par prendre le nom de la ville principale, construite sur ses bords et qui devint célèbre par le culte que l'on rendait à Apollon.

Le Rhyndacus portait aussi le nom de Lycus, que les Grecs donnaient à tous les fleuves sujets aux débordements.

L'année précédente nous avions exploré le cours supérieur du Rhyndacus, dont nous donnerons ici une courte description pour n'avoir plus à nous occuper du régime de ce fleuve.

Le Rhyndacus prend sa source dans le voisinage de la ville d'Aizani (1), aujourd'hui nommée Tchafder hissar (le château du seigle). Ce territoire faisait partie de la Phrygie Épictète. Il sort d'une montagne calcaire appartenant au groupe du mont Dindymène à une hauteur de 1,085 mètres au-dessus

(1) Strab., XII, 576.

de la mer, traverse la plaine d'Aizani dans la direction du sud au nord et après une course de vingt kilomètres, contourne un col peu élevé près de Sofon keui, qui sépare la plaine de Tchafdèr de celle de Taouchanli (la ville des lièvres), petite ville assez populeuse adossée au revers méridional du Toumandji dagh, un des contreforts sud-est de l'Olympe. La plaine de Taouchanli est bien cultivée et renferme plusieurs villages. En traversant cette plaine le fleuve prend son cours vers l'ouest et le nord-ouest, pour contourner le massif de l'Olympe, débouche dans la plaine aux environs du village de Kirmasli, et va se jeter dans le lac Apollonias vers l'angle sud-ouest. Pendant la saison des hautes eaux où nous nous trouvions, il ne nous fut pas possible de reconnaître dans le lac aucune espèce de courant ; mais l'inondation étant causée par la fonte des neiges, le volume du fleuve n'en était pas augmenté dans son cours supérieur.

L'accumulation des neiges dans ces régions et les rudes hivers de la Bithynie se représentent assez fréquemment ; aussi les orangers et les plantes des contrées méridionales ne croissent-ils pas dans cette province. Plutarque (1) rapporte que pendant le siége de Cyzique Lucullus ayant fait une sortie pour se mettre à la poursuite des soldats de Mithridate « trouva les neiges si abondantes, le froid si âpre et le temps si rude que plusieurs des soldats, ne pouvant le supporter, moururent par le chemin ».

Nous n'avons, cependant, aucune preuve historique d'un froid continu de dix degrés centigrades qui eût infailliblement gelé le lac d'Apollonias ; de mémoire d'homme la surface du lac n'a été entièrement gelée.

Mais l'inondation dont nous fûmes témoin, et qui au dire des habitants se renouvelle fréquemment, fut terrible en l'année 268. Les Goths, qui faisaient le siége de Cyzique, furent surpris par un débordement des lacs et des fleuves ; une partie de l'armée fut engloutie et le reste fut obligé de battre en retraite.

(1) *Vie de Lucullus.*

Cet événement se passait sous le règne de Claude le Gothique (1).

Dans toute l'étendue de son parcours, depuis sa source jusqu'à sa sortie du lac, le fleuve ne reçoit aucun affluent qui porte un nom historique ; mais, dans son cours inférieur, il reçoit de l'ouest une rivière considérable qui s'appelait Megistus ou Macestus, et aujourd'hui Sou sougherlé. Nous n'avons pas parlé du nom moderne du Rhyndacus ; on peut à peine dire qu'il en a un, c'est-à-dire qu'il en change à chaque village. Dans les hauts plateaux on l'appelle rivière de Tbafdère ; plus loin c'est la rivière de Taouchanli ; enfin au petit bourg d'Edrenos le Rhyndacus prend le nom d'Edrenos tchaï jusqu'au lac Apollonias.

Ce n'est pas tout. A sa sortie du lac, les habitants le confondent avec le Macestus et l'appellent, jusqu'à la mer, Sou sougher li (la rivière des buffles ou des bœufs d'eau). Il faudrait dire littéralement sou segher li, *segher*, bœuf, *sou segher*, bœuf d'eau, sou segher li tchaï, la rivière des bœufs d'eau ; voilà pourquoi la géographie des Turcs est un cahos.

Celui qui n'a pas quelques notions de la langue ne saurait s'y reconnaître ; il y a cependant un avantage, c'est que tous les noms de ville, de montagne ou de fleuve ont une signification prise de leur caractère saillant et cela se fixe très-bien dans la mémoire.

LE MACESTUS SOU SOUGHERLE TCHAÏ.

« Le Rhyndacus prend sa source dans l'Aizanitide, après s'être grossi des eaux de plusieurs fleuves de la Mysie Abrettène, entre autres de celles du Macestus, qui vient d'Ancyra de l'Abasitide, se décharge dans la Propontide près de l'île de Besbicus (2). » Ce court passage de Strabon, d'une exactitude parfaite, nous a aidé à retrouver les sources du Rhyndacus et nous permettra de suivre sans difficulté le cours du Macestus, qui porta aussi le nom de Megistus (3), sans

(1) Zonare, XII, 137.
(2) Strab., XII, 576.
(3) Pline, liv. V, ch. 32.

doute parce qu'il était le cours d'eau le plus considérable de la Mysie Abrettène.

Le Macestus prend sa source dans le lac de Simaul, près du village du même nom et dans le voisinage duquel M. Hamilton a déterminé la position d'Ancyre de Phrygie; ce qui constate l'exactitude de Strabon, le lac est alimenté par des sources abondantes. Au nord du village de Kilissé keui se trouve une gorge étroite par laquelle l'eau du lac s'échappe avec impétuosité et forme une cascade au milieu des rochers. Ce ruisseau est la source du Macestus. Dans toute cette région, il porte le nom de Simaul tchaï, arrose les plaines volcaniques où sont situés de nombreux villages. En passant près de la petite ville de Sou sougherlé, il en prend le nom, qu'il conserve jusqu'à Muhalitch; enfin de cette ville à la mer, après la jonction des deux rivières, le fleuve prend les noms de Muhalitch tchaï et de Sou sougherlé.

Tout le territoire arrosé par le Macestus appartenant à la Mysie Abrettène et à la Phrygie Épictète, nous les décrirons en même temps que cette dernière province.

APOLLONIAS.

La petite île sur laquelle la ville est bâtie est située dans la partie nord-est du lac; elle a environ cinq kilomètres de circonférence. On y arrive au moyen d'un pont de bois en mauvais état. La ville, quoique séparée du continent, était défendue par une forte muraille flanquée de tours dont quelques spécimens restent encore en place; mais toutes ces constructions ne datent pas de la période hellénique; on peut reconnaître certaines parties construites avec des matériaux antiques et qui datent de la période byzantine. Il ne reste dans l'intérieur de cette bourgade, qui a remplacé l'ancienne Apollonias, aucun monument digne d'être observé; ce fut un lieu de refuge, pendant le temps de l'invasion musulmane, pour les malheureuses populations chrétiennes chassées de Pruse ou d'Apamée.

Au nombre des petites îles qui émaillent la surface du lac, il en est une qui porte des traces évidentes de constructions helléniques; elle est entourée d'un quai en solide maçonnerie qui s'élève de plus d'un mètre au-dessus de l'eau; la forme de l'îlot est un rectangle terminé par un hémicycle. Les restes qu'on remarque dans son enceinte se composent de colonnes et de pans de murailles qui ont sans doute appartenu au temple d'Apollon ou peut-être de Diane; l'îlot s'appelle aujourd'hui Kiz-Ada si (l'îlot de la fille ou de la vierge). Est-ce un souvenir de la divinité grecque?

On cite un grand nombre de médailles de cette ville, tant autonomes qu'impériales; le revers porte quelquefois la figure du fleuve Rhyndacus couché et appuyé sur une urne; c'est le symbole d'*Apollonia ad Rhyndacum*, épithète donnée à cette ville pour la distinguer des autres du même nom. D'autres médailles portent au revers la figure d'Apollon près duquel est un trépied. Le temple d'Apollon dont nous avons parlé est représenté sur une médaille de Caracalla; il est à quatre colonnes, ce qui s'accorderait assez bien avec la nature des ruines que l'on observe dans l'île.

Il faut que les habitants de la ville moderne se soient attachés à détruire les inscriptions; car les anciens Apolloniates mettaient le plus grand soin à confier au marbre les faits notables de leur cité. Dans plusieurs villes d'Asie et notamment à Éphèse on observe des inscriptions votives dédiées par les habitants d'Apollonie sur le Rhyndacus; et Arundell cite une inscription de cette ville copiée à Dinaire l'ancienne Colossæ, votée par les Apolloniates.

« Le peuple des Apolloniates sur le
« Rhyndacus honore Tibérius Claudius,
« fils de Tibérius Cyréna Mithridate,
« grand prêtre d'Asie, leur protecteur
« et leur bienfaiteur, et en reconnais-
« sance de ses services lui ont élevé
« une statue par les soins d'Apollo-
« nius, le plus distingué de leurs con-
« citoyens (1). »

Du temps des empereurs romains, tout ce territoire appartenait à Cyzique (2). A l'époque byzantine, la ville était épiscopale sous la métropole de

(1) Arundell, *Seven churches*.
(2) Strab., XII, 575.

Nicomédie; ce privilége a maintenant passé à Ghio. Il n'y a à Apollonie qu'une pauvre église à peu près abandonnée.

CHAPITRE XXXIV.

LOUPADIUM. — LOUPAD.

La route d'Apollonias à Loupadium suit la côte nord du lac à travers une contrée déserte et marécageuse. Les oiseaux aquatiques abondent dans ces parages qui sont fréquentés à de rares intervalles par des pasteurs nomades. Le seul édifice que l'on rencontre sur cette route est un vieux khan abandonné appelé Kirsiz khan, le caravansérai des voleurs ; c'est une construction du moyen âge, mais un ouvrage turc.

On franchit le Rhyndacus sur un pont de bois en très-mauvais état pour arriver à la petite place de Loupad, bâtie sur la rive gauche du fleuve, et juste à son point de sortie du lac.

Loupadium fut bâtie par Alexis Comnène pour défendre les abords de Broussa contre les Sarrasins. C'est plutôt une forteresse qu'une ville ; elle reçut cependant un contingent de population qui a pu s'élever à deux mille âmes dans le temps de sa plus grande prospérité. Loupadium est bâtie en forme de rectangle, selon l'usage des Byzantins; la muraille est de briques parmi lesquelles on a mêlé une foule de fragments antiques et de débris de colonnes. De dix mètres en dix mètres, la muraille est flanquée de tours rondes et poligonales. Nicétas Choniates, qui écrivait dans le treizième siècle, appelle cette ville Loupadium (1); elle est également citée par Anne Comnène (2). Loupad défendait l'entrée du lac Apollonias aux barques des Sarrasins et commandait en même temps le cours du Macestus ; de sorte que comme point stratégique, sa construction est assez bien entendue. Loupad tomba entre les mains des Turcs en 1330. Orkhan, s'étant ligué avec l'émir Toursoun pour aller attaquer le prince de Karasi, en-leva cette place, qui ne fut jamais reprise par les Byzantins.

Il ne paraît pas que dans l'antiquité romaine il y ait jamais eu en ce lieu quelque ville importante; les voyageurs du dernier siècle (1) citent un assez grand nombre de ruines entre cette ville et Muhalitch ; elles ont dû appartenir à Miletopolis, qui était dans le voisinage. Aujourd'hui la population a presque totalement abandonné Loupad à cause de la *mal aria* qui devient de plus en plus redoutable. On n'y trouve plus pour habitants que quelques familles grecques et un monastère abandonné, où vit avec sa famille un pauvre *papas* qui fait le service religieux des chrétiens de Loupad.

HADRIANI ÉDRÉNOS DANS LA VALLÉE DU RHYNDACUS.

Le cours du Rhyndacus, à travers les défilés de l'Olympe, offre des alternatives de défilés et de plaines qui renfermaient quelques villes importantes et qui aujourd'hui sont peuplés de nombreux villages. Tous ces districts ont été à l'époque byzantine le théâtre des luttes entre les Sarrasins et les Grecs. Aussi les passages des vallées étaient-ils défendus par de nombreux châteaux dont on voit encore les ruines, mais dont les noms ne peuvent être restitués que par conjecture, car les inscriptions monumentales de cette époque sont extrêmement rares.

En remontant le Rhyndacus à partir de son entrée dans le lac Apollonias, on arrive, après douze heures de marche, au petit bourg d'Édrénos qui conserve encore les vestiges de l'ancien nom de la ville dont il occupe la place. Hadriani, ville fondée par l'empereur Hadrien, était en effet située sur le bord du Rhyndacus ; c'était la place la plus considérable de la province. Pour la distinguer d'une autre ville du même nom, située dans le centre de la province, on l'appelait Hadriani près de l'Olympe. Du temps de l'empire byzantin elle devint épiscopale et était comprise dans la province de l'Hellespont. L'emplacement d'Hadriani fut dé-

---

(1) Nic. Chon., p. 186.
(2) Ann. Comn., p. 177.

(1) Lucas, t. I, 179.

terminé d'abord par Sestini au village d'Édrénos, et les ruines de cette ville antique ont été décrites par M. Hamilton.

La route de Broussa à Édrénos remonte la vallée du Rhyndacus depuis le point où il entre dans le lac Apollonias. On arrive après vingt-quatre kilomètres de marche à la petite ville de Kermasli, dans le voisinage de laquelle s'élève un château byzantin. Kirmasli est bâtie sur les deux rives du fleuve et contient environ huit cents maisons dont la majeure partie est habitée par des Turcs. Les roches qui environnent la ville sont de nature volcanique, entrecoupées par les marnes calcaires. A huit ou dix milles de Kirmasli, on passe une rivière qui va se jeter dans le Rhyndacus et qui formait la limite de la Mysie Abrettène. On fait encore vingt-quatre kilomètres de Kirmasli jusqu'à Kesterlek, petit village de quarante ou cinquante maisons. Peu de temps après avoir quitté ce village, on remarque un château byzantin dont les murailles sont bâties de briques et de pierres; cette construction paraît être du même âge que le château de Loupad.

La route se prolonge ensuite à travers une contrée boisée et presque déserte; on passe plusieurs petits cours d'eau qui vont se jeter dans le Rhyndacus, et l'on arrive, après huit heures de marche ou quarante-huit kilomètres, au village d'Édrénos, situé dans le voisinage des ruines d'Hadriani.

Le bord de la rivière est défendu par un ancien château byzantin; mais les ruines d'Hadriani sont à deux milles plus loin.

L'édifice qui frappe d'abord les regards, est une ancienne porte de ville composée de trois arcades; mais on ne trouve aucune trace de murailles; l'architecture de cette porte est d'un style assez médiocre. Un peu plus loin sont les ruines d'un édifice considérable qui, avec tous les débris d'architecture qui l'entourent, indiquent parfaitement l'emplacement d'une ancienne ville, et la concordance des noms ne permet pas de douter que ce ne soient les ruines d'Hadriani.

Les habitants ont fait bien des tentatives pour arracher du sol les fragments qui s'y trouvent et qui nuisent à leurs cultures, et ils ont accumulé près des murailles existantes une quantité de corniches et de colonnes brisées d'une belle exécution.

Le grand édifice dont les ruines sont encore conservées paraît avoir été un gymnase; les murs de fondation peuvent encore être parfaitement distingués. C'était un édifice carré d'environ soixante-six mètres de large; sur quarante-huit mètres de profondeur; mais à l'exception du côté sud-ouest, les murs ne s'élèvent pas à plus de trois ou quatre pieds au-dessus du sol; les murailles de l'ouest ont environ vingt mètres de hauteur et peuvent être aperçues d'une très-grande distance; elles sont magnifiquement construites en grandes assises de marbre; l'épaisseur du mur est d'environ un mètre et toute la construction est appareillée sans ciment; ce qui montre avec quel soin l'édifice a été construit.

Les fondations des pièces de l'intérieur sont seules visibles, et il est difficile de connaître leur disposition.

Près du gymnase sont les vestiges de deux autres édifices qui, si l'on en juge par les colonnes brisées qui sont dans le voisinage, paraissent avoir été des temples, l'un d'ordre dorique, l'autre ionique. De belles volutes et des fragments de corniche sont là gisant à terre. Trois colonnes de petite dimension et encore en place indiquent sans doute l'emplacement d'un portique; et les murailles voisines sont remplies de fragments de toute sorte. Les inscriptions sont rares à Hadriani; mais on en découvre quelques-unes au village de Beyik; elles paraissent avoir été transportées de la ville.

La ville d'Hadriani est le lieu de naissance de l'orateur Aristide, qui dans ses écrits a laissé quelques passages relatifs à son pays natal. On comptait cent soixante stades (1) entre Hadriani et Pœmaninus et deux jours de marche entre Cyzique et la première de ces deux villes.

Au-dessus du village d'Édrénos le fleuve se trouve de plus en plus res-

(1) Vingt-neuf kilomètres et demi.

serré par les défilés que forme le Toumandji dagh; mais on rencontre de distance en distance quelques villages bâtis sur les pentes. Enfin l'on arrive à un ruisseau qui va se jeter dans le Rhyndacus en venant de l'est et qu'on appelle Toumandji sou; c'est la limite entre la Phrygie et la Bithynie.

YÉNI CHEHER, SUGHUD ET QUELQUES VILLES DE L'INTÉRIEUR.

Les versants est et sud de l'Olympe, quoique moins peuplés que le versant nord, renferment cependant quelques villes qui méritent d'être mentionnées. La région est forme un bassin particulier au centre duquel est un petit lac qui porte le nom de Yéni cheher comme la ville bâtie sur sa rive; il est alimenté par quelques sources et par les eaux de la montagne. Son canal d'écoulement se rend dans la rivière d'Ak sou qui va au Sangarius en se joignant au Déré tchai qui prend aussi le nom de Bédré tchai; c'est la rivière de Lefké. La ville de Yéni cheher (nouvelle ville) est regardée comme de fondation musulmane; elle était autrefois le lieu de cantonnement d'une orta de janissaires; on sait que cette milice fut créée à Broussa et composée de jeunes chrétiens convertis à l'islamisme. Si l'on compare son état actuel avec le tableau qu'en fait un ancien voyageur, on doit convenir qu'elle est bien déchue aujourd'hui, car le lac n'est plus qu'un marais et les maisons tombent en ruine.

Paul Lucas décrit en ces termes la route qu'il fit pour se rendre à Yéni cheher. « Nous partîmes de Nicée le 25 au matin; nous eûmes le lac à main droite et nous le cotoyâmes pendant une bonne heure et demie; ensuite nous commençâmes à monter de fort hautes montagnes; le chemin nous en parut des plus rudes et nous dura près de deux heures; au plus haut sommet nous nous reposâmes environ une heure dans un village appelé Derbent (le défilé) qui n'est habité que par des Grecs; enfin nous descendîmes par une pente fort douce dans une plaine des plus agréables, et après y avoir marché pendant deux heures et demie, nous arrivâmes à Yéni cheher. La ville est petite mais jolie; tous les vendredis il s'y tient un grand bazar; on y vend presque de tout; mais le principal commerce est celui des chevaux que les Tartares y amènent (1). » Yéni cheher était le centre des opérations de Soliman lorsqu'il attaquait Nicée. Bilédzik, autre village à l'est de Yéni cheher, est regardé comme l'ancienne Belecoma; on n'y remarque aucune ruine intéressante.

A la jonction de la rivière Poursak et du Sangarius se trouve la ville de Sughud, qui a joué un grand rôle dans l'histoire ottomane, puisque c'est le premier fief que posséda le chef des tribus turques lorsqu'elles arrivèrent en Asie Mineure. Auparavant elles n'avaient été que des hordes à la solde des sultans d'Iconium. Ala Eddin fit présent de ce territoire à Ertoghrul, qui fit de ce lieu le centre de ses opérations contre Broussa. Le site de Sughud, dont le nom turc signifie l'*osier*, correspond, selon Hammer, à celui de Thebazion, ville byzantine de peu d'importance; mais aujourd'hui on n'y observe aucune ruine antique. Elle est célèbre parmi les Turcs, comme le lieu de sépulture du sultan Ertoghrul, dont le tombeau s'élève aux environs de la ville qui elle-même est située à l'entrée d'une vallée et entourée de nombreuses plantations de mûriers.

Le tombeau du sultan est une chapelle sépulcrale dans le genre de celles qui furent depuis construites à Broussa, et que les Turcs appellent Turbé. Ce genre de sépulture, qui n'est ni romain ni chrétien, a été importé dans l'Asie Mineure par les Seldjoukides qui eux-mêmes en avaient pris le modèle chez les Mongols. Le tombeau du chah Koda Benda à Sultanieh, en Perse, en est un des plus beaux exemples. Dans la plaine de Césarée et aux environs d'Iconium on observe un certain nombre de ces tombeaux du temps des Seldjoukides et qui sont comme le type des Turbés des Turcs. Le tombeau d'Ertoghrul s'élève au milieu d'une plantation de cyprès et de platanes et offre

(1) Lucas, t. I, p. 72.

un tableau pittoresque des sépultures de l'Orient.

Un autre fief fut donné à Ertoghrul par le prince des Seldjoukides après une grande victoire remportée contre les Grecs. Ala Eddin fit présent à Ertoghrul pour lui et ses descendants de tout le territoire situé au confluent du Poursak et de la Sakkaria (le Sangarius); il voulait ainsi fortifier ses frontières de l'ouest contre son plus grand ennemi, l'empereur de Byzance. Ce territoire fut appelé Sultan œuni (le front du sultan), et cette possession s'étendait jusqu'au pied de l'Olympe et dans le Toumandji dagh, qui est un de ses embranchements.

La nature du terrain, qui, entre Nicée et Lefké, est de grès et de calcaire, change complètement dans les parages de Sultan œuni. On commence à rencontrer les roches volcaniques qui annoncent le pays brûlé de la Catacecaumène.

CHAPITRE XXXV.

LES TURCS S'ÉTABLISSENT EN ASIE.

Boghra Khan, chef des tribus de la grande Bucharie, fit alliance avec les tribus turkomanes, et leur permit de s'établir sur son territoire. Leur chef, du nom de Seldjouk, s'appliqua pendant une période de trente années à introduire l'organisation militaire parmi ces peuples qui étaient primitivement pasteurs. Ils s'engagèrent sous les ordres de plusieurs princes de l'Asie centrale, et contribuèrent à de nombreuses expéditions jusqu'à ce qu'ils se sentissent assez forts pour tenter par eux-mêmes la conquête des régions de l'occident déchirées par des dissensions intestines.

Cet esprit de conquêtes fut soigneusement entretenu par les dynasties seldjoukides, qui pendant un siècle acquirent successivement les contrées du Fars, de Damas et d'Alep et y répandirent la religion de Mahomet.

Toghrul-bey, petit-fils de Seldjouk, contracta une double union avec le calife successeur de Mahmoud le Ghaznévide, et mourut en laissant le pouvoir à son neveu. Alp Arslan, qui le premier étendit au delà de l'Euphrate la renommée des tribus turkomanes.

L'empereur Romain Diogène régnait à Byzance lorsque les Turkomans se ruèrent pour la première fois sur les villes de l'Asie Mineure. Ils passèrent l'Euphrate et s'emparèrent de la ville de Césarée, capitale de la Cappadoce; l'église de Saint-Basile fut mise au pillage. Le trésor renfermait les offrandes, accumulées pendant plusieurs siècles, des princes fils de Constantin et des innombrables fidèles venus de toutes les contrées de l'empire pour honorer les reliques du saint; c'était le but de l'expédition des tribus turkomanes : toutes ces richesses tombèrent entre leurs mains. Les portes enrichies de perles du reliquaire furent enlevées : c'est toujours chez les peuples orientaux le symbole de la conquête.

L'empereur byzantin s'avança jusqu'au centre de la Phrygie pour repousser au delà du fleuve ces hordes qui menaçaient d'envahir ses États. Les Grecs, qui menaient avec eux comme auxiliaires plusieurs corps de troupes étrangères, remportèrent des avantages marqués; ils reconquirent plusieurs places fortes déjà occupées par les Turkomans. L'armée, qui comptait plus de cent mille hommes, n'avait à combattre que des tribus qui connaissaient à peine la discipline, mais chez lesquelles le courage indomptable tenait lieu de toute tactique. La victoire fût sans doute restée du côté des Byzantins, si les corps auxiliaires n'eussent commencé à faire défection. Alp Arslan accourut lui-même au secours de ses tribus menacées, et se précipita à la tête de quarante mille cavaliers sur l'armée byzantine, qui éprouva une défaite complète. L'empereur Romain Diogène fut fait prisonnier, et racheta sa liberté par une rançon de cent mille pièces d'or et la promesse d'un tribut de cent soixante mille livres d'or.

C'est ainsi que les Turcs apparurent en Asie Mineure en conquérants avides, portant partout le carnage et la destruction et ne songeant au peuple qui habitait ces riches contrées que pour le réduire en esclavage.

Alp Arslan mourut en laissant le pouvoir à son fils Melek-Schah. Ce prince abandonna à son cousin Suleiman, arrière-petit-fils de Seldjouk, la domination de tous les pays situés au delà d'Antioche, c'est-à-dire le pays de Roum ou l'Asie Mineure. C'est de ce moment que s'établit une séparation entre les Seldjoukides de Perse et ceux de l'Asie Mineure. La race des premiers s'éteignit en la personne de Sandjar, petit-fils de Alp Arslan.

Les fils de Suleiman, Daoud et Kilidji Arslan, fondèrent à Iconium le siège d'une souveraineté indépendante, qui conserva pendant deux siècles la suprématie sur tous les autres petits États musulmans.

Kilidji Arslan enleva aux princes voisins la Cappadoce et la Karamanie (1171), et reconquit Nicée sur les croisés, qui s'en étaient emparés depuis dix ans. Le successeur de ce prince, Azeddin Kilidji Arslan, reconquit les provinces qui avaient été enlevées à son frère, mais bientôt après, partagea son empire entre ses nombreux enfants, et par cette mesure prépara le triomphe des armées chrétiennes qui, sous la conduite de Frédéric Barberousse, traversaient l'Asie Mineure. Le prince croisé s'empara d'Iconium et de Tarsous.

Les villes grecques de Phrygie et de Cilicie, attaquées par les musulmans, réclamèrent les secours des croisés, mais ne pouvant s'accorder avec ces auxiliaires, préférèrent se soumettre aux musulmans; c'est ainsi que la place d'Adalia fut incorporée à l'empire seldjoukide d'Iconium; cependant cette ville ne resta pas longtemps entre les mains des musulmans; elle fut prise par les Francs de Chypre qui la gardèrent jusqu'en 1214. Attaquée par le sultan Kéïkaous, la ville fut définitivement réunie au domaine des princes d'Iconium.

La puissance seldjoukide touchait à sa fin; les beys turkomans du nom de Karaman, Kermian, et Mentesche s'étaient emparés des provinces qui portent encore leur nom aujourd'hui. Au nord les armées mongoles démembraient, par leurs conquêtes, cet empire chancelant, et les tribus turkomanes étendaient leurs puissances sur toutes les provinces dédaignées par les Mongoles. La mort d'Ala Eddin III, vaincu et tué par le sultan mongole Ghazan, mit fin à l'empire d'Iconium en 1307.

Les anciennes provinces de l'Asie Mineure, réduites sous la domination ottomane, perdirent leur nom. Byzance n'avait plus de possession au delà des versants de l'Olympe, et tout le reste de la presqu'île était divisé en autant de gouvernements qu'il y avait eu d'émirs pour attaquer Ala Eddin. La Bithynie restait encore aux empereurs de Byzance avec une partie de la Troade.

La Mysie devint l'apanage et prit le nom du prince Karasi, Sarou-Khan eut la Mœonie, l'émir Aïdin prit possession des rives du Méandre, et la ville de Tralles perdit son ancien nom pour prendre celui de son nouveau maître. La Carie échut à Mentesche. La Lycie et la Pamphylie furent réunies sous la domination de Tekké. La Pisidie et l'Isaurie échurent à l'émir Hamid, qui donna son nom à ces deux provinces.

La Caramanie reçut le nom de Karaman, qui avait fondé un État indépendant dont le chef-lieu, placé à Laranda, fut dans la suite transféré à Konieh, l'ancienne capitale des Seldjoukides.

La Phrygie septentrionale perdit son nom pour prendre celui d'une ville du second ordre qui s'appelait Forum Ceramorum, et devint la province de Kermian.

Les provinces limitrophes de la mer Noire, l'ancienne Paphlagonie et le royaume de Pont restèrent sous la domination de Gazi Tchélébi, dernier prince de la race seldjoukide.

Pendant que les princes ottomans se disputaient les débris de l'empire des Seldjoukides, l'organisation de toutes les tribus turques en corps de peuple prenait de jour en jour plus de puissance, et au commencement du treizième siècle, l'empire ottoman fut définitivement fondé.

Ertoghrul, chef des tribus turques, avait obtenu du sultan seldjoukide Ala Eddin un territoire étendu aux environs d'Angora. A peine en possession de cette contrée, Ertoghrul entreprit contre les Grecs habitant les provinces voisines plusieurs expéditions heureuses. Il reconnaissait alors la suprématie des sultans d'Iconium, et ces premiers combats furent plutôt livrés à titre d'auxiliaires des sultans pour défendre leurs frontières. Les Turcs s'avançaient rapidement vers l'ouest, c'esta-dire vers la capitale de l'empire byzantin. Tout le territoire conquis par Ertoghrul aux environs de Broussa, les plaines de Yeni cheher, d'Aineh gheul et de Soghud lui furent données en fief par le sultan. Ce fut le berceau de la puissance ottomane. Ertoghrul ne poussa pas plus loin ses conquêtes, et mourut en laissant le pouvoir à son fils Osman.

A cette époque l'empire byzantin avait perdu la plus grande partie de l'Asie Mineure; il possédait encore les provinces occidentales et quelques villes isolées de la côte sud. L'empire seldjoukide s'étendait dans tout le centre de l'Asie jusqu'à l'Euphrate, et une partie des provinces de la mer Noire etaient sous le pouvoir de Ghazi Tchélébi, un des derniers rejetons de la race de Seldjouk.

Pendant un demi-siècle la puissance d'Ertoghrul ne fit que s'affermir sans s'étendre ni diminuer; les châteaux et les petites places des environs de l'Olympe et des rives de la Propontide furent prises et reprises plusieurs fois par les Byzantins et par les Turcs.

Le fils aîné d'Ertoghrul, le jeune Osman, préludait dans ces expéditions aux grandes entreprises qu'il lui était donné d'accomplir. Combattant tantôt pour défendre les possessions de son suzerain Ala Eddin, tantôt pour étendre les conquêtes de son père, on le voyait toujours à la tête de ses troupes et au plus fort du danger. Les Scheik et les Santons qui accompagnaient l'armée proclamaient déjà sa grandeur future annoncée par les songes et les prophéties.

Ala Eddin confirma la puissance d'Osman en lui envoyant les insignes du pouvoir suprême (1289).

Pendant qu'avaient lieu tous ces événements, dont l'influence devait être si fatale aux destinées de la chrétienté, l'Europe, fatiguée de luttes sans issue, restait inattentive aux dernières angoisses de l'empire byzantin; bien plus, on voyait des États chrétiens faire alliance avec les musulmans contre les princes grecs. Cette lutte de l'Asie contre l'Europe que l'instinct national des Grecs avait soulevée et résolue en faveur de l'Occident, deux mille ans auparavant, ce conflit que la valeur et la profonde politique d'Alexandre avait ressuscité et rendu impossible, cette lutte entre deux races rivales renaissait avec plus d'acharnement et allait se résoudre cette fois en faveur des tribus asiatiques; la question posée à la guerre de Troie dure encore et les générations présentes ne la verront pas finir.

CHAPITRE XXXVI.

BOLI ET SES ENVIRONS. — CLAUDIOPOLIS. — MODRENÆ. — CRATIA.

Indépendamment de la voie militaire qui passait au pont de Sabandja et qui desservait les régions du littoral, la partie orientale de la Bythinie était traversée par une autre voie romaine qui franchissait le Sangarius à Leucæ, Lefké et se dirigeait vers la Phrygie Épictète. Tout le territoire compris entre ces deux routes avait une forme presque triangulaire dont la ville de Dadastana formait le sommet vers le sud. Cette dernière ville était située, selon Zonare, à une journée de chemin d'Ancyre, et d'après Ammien Marcellin (1) était sur la frontière de la Bithynie et de la Galatie. Son nom moderne est inconnu.

Dadastana n'a d'autre célébrité dans l'histoire que d'avoir été témoin de la mort subite de l'empereur Jovien, qui fut enseveli en toute hâte et transporté à Constantinople pour être déposé dans le tombeau des Augustes, pendant que Valentinien marchait sur Nicée pour se faire élire empereur (2).

Le territoire situé à l'est du Sangarius appartenait primitivement aux Caucones (3). Cette province est arrosée par deux petits fleuves, l'Hypius près duquel était la ville de Pruse, et le Billœus, le Billis de Pline (4) qui porte aujourd'hui le nom de Filias tchaï. Ce fleuve, après avoir fertilisé le territoire de plusieurs villes antiques, sort des frontières de la Bithynie et va se jeter dans la mer Noire près de Tium. Il prend sa source dans la chaîne de montagnes qui, de l'Olympe mysien, se dirige vers

(1) Liv. XXV, ch. X.
(2) En février 364.
(3) Voyez page 49.
(4) Liv. V, ch. XXXII.

l'est, et forme les groupes dont les noms modernes sont : El'nalu dagh et Karmalu dagh. Cette chaîne secondaire correspond au mont Orminius de Ptolémée (1). Le Billœus, dans son cours supérieur, se compose de deux branches principales; l'une, qui prend sa source à l'est de la ville de Boli, est appelée Boli sou jusqu'à son embranchement avec le cours oriental, appelé Soghanli sou (la rivière des oignons). Cette dernière branche prend sa source dans les montagnes de la Galatie.

MODRENÆ, MUDURLU.

L'ancienne voie militaire franchissait la montagne dans le voisinage de la ville de Tourbali, sur le versant occidental du Tchourounlou dagh (2), à peu de distance de la petite ville de Mudurlu, qui occupe l'emplacement de l'ancienne Modrenæ. Cette ville, qui faisait partie du thème des Bucellaires était épiscopale; elle est ordinairement mentionnée sur les cartes et dans les dictionnaires géographiques (3) avec le surnom de Comopolis : *Comopolis sive Modrenæ* ; cette erreur provient d'un ancien contresens du traducteur des thèmes, qui a pris Comopolis pour un nom de ville, tandis que c'est tout simplement l'union de deux mots grecs (4) qui signifient ville-bourg, petite ville (5); c'est précisément l'épithète que M. Tchihatcheff (6) donne à la ville de Mudurlu, qui a pris la place de l'ancienne Modrenæ. On voit que depuis C. Porphyrogénète, cette ville n'a ni augmenté ni diminué. Toutes ces régions ont bien peu attiré, jusqu'à ce jour, les voyageurs archéologues, attendu que les anciennes villes ne présentent que des ruines éparses; mais il y aurait encore de bien curieuses recherches à faire sur l'étendue et l'assiette de ces mêmes villes, dont le nom seul est aujourd'hui consigné dans la géographie comparée.

(1) Liv. V, 1, 17.
(2) Tchihatcheff, *Asie Mineure*, p. 157.
(3) Lapie, *Asie Mineure ancienne*, 1838. Lamartinière, V, Comopolis.
(4) Κώμη, bourg, πόλις, ville.
(5) *Const. Porph. ap Banduri*, t. I, p. 10.
(6) *Asie Mineure*, loc. cit.

Tout ce pays est couvert de forêts épaisses. Le petit village de Khan dagh est situé au milieu des jardins et des arbres forestiers; la route qui conduit à Dutché (1) passe au milieu de la forêt et laisse de côté un aqueduc qui portait sans doute l'eau à cette ville. De Sabandja à Khan dagh on compte vingt-quatre kilomètres et de cette dernière à Dutché vingt-huit. Boli est située à vingt-quatre kilomètres de Dutché; la route est des plus pittoresques, entrecoupée de monticules et de ravins; tout ce pays est couvert d'une abondante végétation, mais est très-peu peuplé.

BOLI.

Boli a remplacé l'ancienne ville de Bithynium qui fut depuis appelée Claudiopolis; c'est la dernière syllabe de ce nom qui a formé celui de Boli. Strabon fait mention de Bithynium et dit qu'elle est située au-dessus de Tium; ce renseignement n'est pas inutile, les deux villes étant situées sur la même rivière. Pausanias nous apprend que les habitants de Bithynium étaient des colons d'Arcadie et Mantinéens d'origine, et lorsqu'Hadrien eut divinisé son favori Antinoüs, natif de Bithynium, les habitants de Mantinée s'empressèrent de lui élever un temple comme à l'un de leurs compatriotes, et instituèrent en son honneur des jeux qui se célébraient tous les cinq ans (2). Nombre de statues étaient élevées en mémoire du jeune Bithynien; il n'est pas surprenant qu'il s'en trouve aujourd'hui dans presque tous les musées de l'Europe. Sous les empereurs le nom de Bithynium fut remplacé par celui de Claudiopolis, et cette ville continua d'être placée au nombre des plus florissantes de la province. Elle reçut d'Hadrien des priviléges non moins grands que Mantinée; et plus tard Théodose en fit la capitale de la province d'Honoriade. Mais un de ces terribles tremblements de terre qui ravagèrent si souvent la contrée fut fatal à Bithynium; elle fut presque entièrement détruite et un grand nombre de ses habitants perdirent la vie.

(1) Voy. chapit. X.
(2) Pausanias, liv. VIII, ch. IX.

Bithynium était située dans le canton de Salone, dont le chef-lieu était une petite ville appelée Salonia par Étienne de Byzance (1). Ce pays était célèbre par ses excellents pâturages, qui nourrissaient quantité de gros bétail; il produisait une espèce de fromage que l'on expédiait jusqu'à Rome. Pline (2) nous fait connaître les qualités qui le distinguaient; il se conservait longtemps et acquérait un goût salé qui se passait quand on le faisait tremper dans du vinaigre avec du thym. Il reprenait alors le goût qu'il avait étant frais.

Aujourd'hui on ne prépare en ces contrées d'autre fromage qu'une espèce de caillé appelé misitra, qui se conserve dans la saumure. L'usage du fromage sec est presque inconnu des populations.

Les ruines de Bithynium ne sont pas précisément sur l'emplacement de la ville moderne de Boli, mais dans un lieu distant de trois ou quatre kilomètres vers l'est, qui porte le nom de Eski hissar. Il n'y a aucun monument antique debout; mais on y a découvert un certain nombre d'inscriptions et des fragments d'architecture.

La ville moderne de Boli est située au milieu de cette plaine qui est toujours riche et fertile, entourée de montagnes du côté du nord et de l'est. Elle ne contient aucun monument remarquable: quatre ou cinq mosquées à minaret et quelques caravansaraï. Mais on cite ses sources chaudes comme jouissant de propriétés curatives. Elles sont situées au sud de la ville et portent le nom de Illidja.

Boli renferme une population d'environ vingt-cinq mille âmes répandue dans des quartiers entourés de jardins; elle n'a jamais été une place de guerre ni une *cassaba*; il n'y a pas de château, et ses murailles, s'il y en a eu, sont complètement détruites. Comme ville de transit entre Constantinople et Angora, Boli fait un assez grand trafic au moment de la récolte des laines et de la graine jaune pour teinture (3), les caravanes se succèdent sans interruption. Le commerce avec la Perse, qui jadis passait par l'intérieur, prend maintenant la voie de mer par Trébizonde, depuis l'établissement des bateaux à vapeur.

Non loin de la ville il y a un petit lac et deux sources qui jouissent de vertus toutes différentes. L'une a la propriété incrustante au plus haut degré; l'autre au contraire dissout les pierres de telle sorte qu'on ne peut la conserver que dans des auges de bois. Ce dernier fait aurait besoin d'être vérifié.

CRATIA, GHÉRÉDEH.

De Boli à Ghérédeh on compte vingt-cinq à trente kilomètres; la route est magnifique et passe au milieu des forêts et des vallées. Ghérédeh, qui a conservé quelques rudiments de son ancien nom, est l'ancienne Cratia, qui s'appela ensuite Flaviopolis, sans doute comme une distinction accordée par l'empereur Constantin. Ptolémée (1) lui conserve les deux noms, la plupart des médailles également. Sous les empereurs byzantins elle était épiscopale et comptait parmi les principales villes de la province; elle était soumise à la juridiction du patriarche de Constantinople. Épiphane, évêque de Cratia, assista au concile d'Éphèse. Cette annexion au diocèse de Constantinople quand Cratia était bien plus voisine de Nicomédie, qui était aussi le siège d'un patriarche, prouve que ces répartitions étaient tout à fait arbitraires.

La division de l'Asie en patriarcats ne fut d'abord soumise à aucune autorité politique. Les évêques qui gouvernaient les chrétiens répandus dans l'empire s'en tinrent longtemps aux circonscriptions déterminées par les premiers apôtres. Mais le concile de Nicée, en approuvant la discipline ecclésiastique de l'évêque d'Alexandrie, constitua d'une manière régulière les patriarcats de l'Asie. Ces prélats, qui, sous le nom de patriarches, gouvernaient l'Eglise d'Orient, étaient supérieurs aux métropolitains qui résidaient dans chaque ville importante, et un patriarche avait la plupart du temps plusieurs métropolitains sous ses ordres. La limite des

---

(1) V. Salonia.
(2) Liv. V, ch. XLII.
(3) Rhamnus tinctorius.

(1) Liv. V, ch. Ier.

provinces, encore moins celle des diocèses politiques, n'avait rien de commun avec celle des patriarcats, et cette division du pays resta longtemps renfermée dans les limites du pouvoir ecclésiastique. Mais l'empereur Andronic Paléologue, ayant donné une déclaration pour régler le rang des métropoles soumises au patriarcat de Constantinople, établit entre les villes une sorte de hiérarchie qui subsista jusqu'à la ruine complète du pouvoir chrétien en Orient. Les écrivains ecclésiastiques ont soigneusement conservé les noms des évêques, des métropolitains et des patriarches qui ont régi l'Église sous l'empire de Byzance; et les documents qu'ils nous ont transmis sur les villes d'Asie sont d'un grand secours pour la géographie de cette époque.

La déclaration de l'empereur Andronic est conservée dans l'ouvrage de Codin, et nous aurons occasion d'y recourir quand nous décrirons les anciennes villes.

Les neuf premières métropoles d'Asie étaient :

Césarée,
Éphèse,
Nicomédie,
Nicée,
Héraclée,
Ancyre,
Cyzique,
Sardes,
Chalcédoine.

La moderne ville de Ghérédeh offre le tableau d'une assez grande activité industrielle et commerciale. Le grand nombre de troupeaux de chèvres qui sont nourris dans la province lui fournissent la matière première du maroquin, qui s'exporte en quantité notable; la mégisserie des peaux de mouton est aussi assez active. La ville est entourée de jardins et se trouve toujours comprise dans ce territoire boisé qui serait si magnifique si l'on y perçait des routes.

Une rivière du nom de Oulou sou, et qui est la branche orientale du fleuve Billœus, arrose le territoire de Ghérédeh; il y a en outre deux petits lacs; l'un est salé et s'appelle Touzla Gheul; l'autre porte le nom de Kara Gheul. Les ruines que l'on observe aux environs consistent plutôt en fragments épars qu'en monuments; c'est le sort des antiquités dans les pays qui n'ont pas été complétement abandonnés.

Cette partie orientale de la Bithynie ne le cède à l'autre ni en fertilité ni en beauté du territoire; les forêts n'en sont pas le seul ornement; les arbres fruitiers, les innombrables vergers qui entourent les villes et les villages produisent une heureuse diversité. Tous les fruits de l'Europe y réussissent à merveille, et quelques fruits des climats plus chauds, comme le pistachier, sont cultivés dans les jardins, mais tous les arbres de ce genre, qui bordent les chemins et les collines, peuvent tromper un œil peu attentif; c'est le faux pistachier, qui se multiplie à l'infini dans presque toutes les régions de l'Asie Mineure.

La hauteur moyenne de tous ces plateaux, qui varient entre cinq cents et mille mètres au-dessus de la mer, n'est pas favorable à la végétation de l'oranger ni du citronnier. L'olivier ne s'y montre qu'à un état peu prospère; mais la pêche, la poire, l'abricot et la cerise prouvent par leur belle venue qu'ils sentent l'air de leur pays natal.

Les frontières de l'ancienne Bithynie passaient entre le Billœus et le Parthenius. Si l'on continuait sa route vers l'est, on arriverait à la ville des Hammamlu (des bains), située sur ce dernier fleuve. Nous étudierons la partie orientale de l'Honoriade quand nous parcourrons le royaume de Pont.

SYNECDÈME DE HIÉROCLÈS.

La section du synecdème de Hiéroclès, comprenant la Bithynie Pontique, sous le gouvernement d'un consulaire, contient seize villes, classées de la manière suivante :

1. Chalcédoine,
2. Nicomédie,
3. Prænetus,
4. Helenopolis,
5. Nicée,
6. Basilinopolis,
7. Cius,
8. Apamée,
9. Pruse,
10. Cæsarée,
11. Apollonias,
12. Dascylion,
13. Neocæsarée,
14. Hadriani,
15. Regetatæos,
16. Regoduviæ.

Sur ce nombre il y en a six dont l'emplacement reste à déterminer : Prænetus, qui était située sur le golfe de Nicomédie, non loin du cap Posidium et à vingt-huit milles de Nicée. Cette ville est souvent mentionnée par les écrivains byzantins. Étienne de Byzance la regarde comme une colonie phénicienne. Elle fut renversée par un tremblement de terre et il n'en est plus question depuis cette catastrophe (1). Basilinopolis, qui était sur le versant méridional de l'Olympe et qui occupait peut-être l'emplacement de Biledjik ou Belecome.

Cæsarée et Neocæsarée sont deux surnoms honorifiques donnés à un si grand nombre de villes qu'on ne saurait en retrouver la trace quand elles ne sont pas autrement distinguées par les auteurs.

Nous avons appelé l'attention des futurs observateurs sur le site de Dascylium qui a toujours été déterminé d'une manière conjecturale; Regodoviæ n'est cité que par Hiéroclès et reste tout à fait inconnue; quant à la ville de Regetatæos, nous n'hésitons pas à l'identifier avec la Totæum de l'étinéraire d'Antonin.

Ce préfixe Rege, qui dans Hiéroclès précède les noms d'un grand nombre de villes comme Regesalamara (1), Regemnezus, Regemauricium, Regetrochada (2), Regedoara (3), etc., est un annexe qui ne s'explique par aucun mot grec et dont les auteurs antérieurs aux byzantins n'ont point connaissance. Il faut le regarder comme une altération du mot Regio que les copistes grecs ont confondu avec le nom de la ville.

(1) Cedrenus, 457.

(1) Pamphylie.
(2) Galatie.
(3) Cappadoce.

LIVRE III.

MYSIE.

CHAPITRE PREMIER.

ARRIVÉE DES MYSIENS EN ASIE. — LIMITES DE LA PROVINCE.

La province qui du temps des Romains portait encore le nom de Mysie, n'était qu'une faible parcelle du vaste territoire acquis dans l'origine par les tribus mysiennes venues des bords du fleuve Strymon pour s'établir dans la Chersonnèse d'Asie. Nous pouvons avoir une idée de l'époque où ces migrations eurent lieu par ce passage d'Hérodote (1), rappelant, à propos de l'expédition de Xerxès, les grandes invasions qui eurent lieu antérieurement, celles des Cimmériens ; celles des Scythes, et l'entreprise accomplie avant la fondation de Troie (2) par les Mysiens confédérés avec les Teucriens, qui passèrent en Europe en franchissant le Bosphore, allèrent soumettre tous les Thraces, descendirent jusqu'à la mer Ionienne, et s'avancèrent au midi jusqu'au fleuve Pénée.

Ainsi voilà une population partie de la Thrace pour s'établir en Asie, et qui a eu le temps de devenir assez puissante pour revenir sur ses pas et soumettre la contrée d'où elle était sortie, et tous ces événements se passaient longtemps avant la guerre de Troie.

Les Thraces, qui étaient passés en Asie, qui furent appelés Bithyniens (3), et qui de leur propre aveu devaient s'appeler Strymoniens parce qu'ils venaient des bords du fleuve Strymon, avaient été chassés de leurs demeures par les Teucriens et les Mysiens. Cette dernière nation était donc devenue assez puissante pour faire la loi à la Thrace, d'où elle était sortie. Elle était maîtresse de la Bithynie ; la région Ascanie et tout le versant de l'Olympe étaient en sa possession, et le détroit entre Byzance et Chalcédoine était alors appelé le Bosphore Mysien (1).

A l'ouest, la Mysie s'étendait jusqu'au fleuve Caïcus ; elle occupait la Teuthranie et l'Elaïtide, deux régions qui en furent ensuite détachées. Mais les invasions des Bithyniens et des Phrygiens forcèrent dans la suite les premiers occupants à leur céder des terres, et sous les rois de Bithynie la Mysie en était réduite au territoire borné par le Rhyndacus à l'est et le fleuve Æsepus à l'ouest. En largeur elle était comprise entre la mer et les versants de l'Olympe.

La souche principale des Mysiens est restée en Europe, et sous l'empire romain elle formait sous le nom de Mœsi une grande nation qui s'étendait jusqu'au Danube.

La confraternité des Mysiens avec les peuples d'Asie n'est pas moins étendue ; ils sont alliés avec leurs puissants voisins les Lydiens, et plus au sud avec la nation demi-barbare des Cariens. Hérodote ne met pas ce fait en doute (2).

« Les Cariens et les Mysiens ont une origine commune avec les Lydiens ; car Lydus et Mysus étaient frères de Carès ; tous ces peuples parlaient la même langue. » Strabon confirme le fait recueilli par Hérodote en rappelant que le temple de Jupiter Carien près de Mylasa était commun aux trois peuples, à cause du lien de fraternité qui les unissait ; cependant jamais les Cariens n'ont passé pour un peuple thrace. Ils avaient plus de rapport avec les Lélèges et les Pélasges ; ces deux derniers peuples s'étaient aussi établis dans le pays

---

(1) Hérod., liv. VII, c. XX.
(2) Πρὸ τῶν Τρωϊκῶν.
(3) Hérodote, liv. VII, LXXV. — *Voy.* plus haut, p. 50.

(1) Strabon, XII, 566.
(2) Liv. I, c. CLXXI.

des Teucriens sur les penchants de l'Ida et du Gargare, et s'ils ne sont plus nommés dans les traditions plus récentes, c'est qu'ils se sont confondus avec les populations plus nombreuses.

Voilà tout ce qu'on peut recueillir de probable sur les Mysiens primitifs. Il n'est pas certain qu'ils aient bâti des villes, au moins n'en est-il pas fait mention durant toute la période où ils sont les seuls maîtres du pays. Autant les Pélasges et les Lélèges étaient constructeurs hardis et actifs, autant les Mysiens paraissaient-ils peu disposés à s'enfermer dans l'enceinte des murailles. Leur costume sauvage consistait en un bonnet de peau de renard et en une tunique recouverte d'une espèce de surcot, appelé zeïra, les jambes garnies de bottes de peau de daim, une courte sagaie et une lance à la main, pour arme défensive, un petit bouclier, tel est le tableau qu'en fait Hérodote (1). On y reconnaît plutôt le type du guerrier nomade que celui d'un cultivateur et d'un colon sédentaire.

Le Mysien s'est mélangé avec les races habitant avant lui la Chersonnèse d'Asie. Le peuple lydien, confondu sous le nom de Méones ou Mœones avec les Mysiens, finit par acquérir la suprématie sur cette race inculte, et par la soumettre à sa domination. Sous le règne d'Alyatte, père de Crésus, la puissance lydienne s'étendait sur la Mysie, et du temps de Gygès, les rois de Lydie régnaient sur le territoire de Troie. Si nous devons assigner une date à la première invasion mysienne en Asie Mineure, nous avons pour base la colonie conduite par Teucer, qui vint s'établir dans la Troade vers le commencement du quinzième siècle avant notre ère, et qui fit alliance avec les Mysiens pour aller subjuguer la Thrace.

Antérieurement à cette époque, cette partie de la presqu'île soumise de nom aux rois d'Assyrie, était de fait ouverte aux incursions de tous les peuples voisins et notamment des Scythes, qui la parcouraient avec leurs femmes et leurs troupeaux, exerçant leurs déprédations sur les peuplades sans défense, mais ne fondant aucune ville et aucun centre de population.

Nous avions sous les yeux un tableau de ce genre de vie nomade des peuples du Nord, lorsque nous rencontrâmes cette tribu russe établie aux bords du Rhyndacus (1). Cette existence se comprend dans une contrée abondante en pâturages, couverte de forêts, fournissant avec abondance le gibier et le poisson. Il faut qu'en définitive cette contrée soit bien propice à la vie nomade pour qu'elle y reparaisse après dix siècles de domination grecque ou romaine. Si les Turcs demeurent dans des villes, c'est qu'ils les ont trouvées toutes faites; mais toutes leurs aspirations sont pour le grand air et la vie de la tente. Avec quelle joie les voit-on aux approches de la belle saison abandonner les villes pour aller s'installer au bord des fleuves sous la verdure des arbres et vivre là au milieu de leurs chevaux et de leurs moutons, tantôt sous des tentes de peaux, tantôt sous des huttes construites à la hâte, mais qu'ils préfèrent aux habitations des villes. Le yaela, la demeure fraîche, est le temps heureux de la vie du Turc. L'étranger qui arrive dans une ville pendant cette saison croit entrer dans une nécropole; toutes les maisons, tous les bazars sont fermés; à peine trouve-t-on un seul individu auquel est confié la garde de la ville. Cela n'a pas lieu sur le littoral où le commerce retient la population; mais plusieurs villes de l'intérieur et surtout le plus grand nombre des villages ont conservé cette habitude. Il n'y a pas tant de changement qu'on le croit entre la haute antiquité et les temps actuels de l'Asie; la civilisation grecque y a porté l'éclair de son génie, ses arts et sa poésie, la puissance romaine sous sa main de fer y a maintenu une sorte de gouvernement à la surface; mais l'Asiatique de pur sang dédaignait toutes ces splendeurs et n'aspirait qu'à vivre en contact avec la nature sauvage et superbe, sans autre souci qu'une indépendance de fait qu'il a conservée sous le despotisme de ses beys ou de ses sultans.

(1) Voy. ch. XXXIV.

(1) Lib. VII, cap. LXXV.

CHAPITRE II.

TOPOGRAPHIE ANCIENNE.

Pour étudier la Mysie telle que les Romains la trouvèrent constituée, nous suivrons les indications du géographe grec; nous ne considérerons comme Mysie proprement dite que le pays compris entre les deux fleuves Rhyndacus et Æsepus; la contrée qui suit à l'est conservera le nom de Troade; la Mysie Pergamène et l'Elaïtide formeront le royaume de Pergame. Le territoire conquis par les colonies æoliennes, qui fut aussi détaché de la Mysie, conservera le nom d'Æolide. Dans la haute antiquité tout ce territoire était soumis aux monarques troyens; car Homère fait commencer la Troade au fleuve Æsepus, et la prolonge jusqu'au Caïcus (1); cette région s'appelait aussi la grande Mysie (2), et subsista dans cet état jusqu'à l'arrivée des Æoliens en Asie (3).

L'Æolide s'étant formée d'un démembrement de la Mysie, cette dernière province se trouva resserrée dans les bornes que lui donne Strabon.

A la chute de la monarchie lydienne, les Perses s'emparèrent de la Mysie, et Darius la fit entrer dans la troisième satrapie, qui comprenait les Hellespontiens, les Phrygiens, les Thraces d'Asie, les Paphlagoniens, les Maryandiniens et les Lydiens; ils payaient soixante talents. Dans la division de la Mysie sous les rois asiatiques, la Mysie hellespontique échut à Antiochus et fut annexée à l'empire de Syrie; après les guerres entre les rois de Bithynie et ceux de Pergame, les Romains firent remettre à ces derniers princes toute la région occidentale; enfin sous l'empire elle fit partie de l'Asie proconsulaire. Du temps d'Héraclius, elle fit partie du thème Optimatum et fut soumise au métropolitain de Cyzique.

A la chute de l'empire seldjoukide, Orkhan, vainqueur en Bithynie, attaqua le fils du prince de Karasi, Turcoman, qui régnait en Mysie. Partant de l'Olympe, les troupes d'Orkhan s'emparèrent de neuf principautés appartenant aux sultans d'Iconium. L'un des fils de Karasi, nommé Aldjan-bey, régnait en Mysie; l'autre, nommé Tourtoum, se ligua avec Orkhan, à condition que celui-ci lui donnerait le canton d'Adramytte; cette convention fut conclue. C'est ainsi que la Mysie tomba sous le joug ottoman.

Les îles de la Propontide qui appartiennent à cette province ne tardèrent pas à subir le même sort, et les Byzantins se trouvèrent complétement expulsés de ces parages.

Si l'on fait exception de Cyzique, la province de Mysie ne posséda sur le continent aucune ville remarquable, et dans les temps modernes les habitants ne se distinguent par aucune industrie particulière. La vigne, comme au temps des Romains, est toujours la culture privilégiée parmi les habitants. L'olivier ne réussit que médiocrement sur les côtes, et sa culture est à peu près nulle dans l'intérieur; les pâturages nombreux et variés sont la plus grande ressource des tribus; c'est là que commence à se développer cette belle race de moutons à large queue, indigène en Asie, et qui fournit avec une extrême abondance la laine, la graisse et la chair. Cette queue est comme un appendice de la peau du dos; elle se compose d'une masse de graisse qui pèse plusieurs kilos. Elle est employée en concurrence avec le beurre pour préparer les aliments. On a soin de la battre dans l'eau courante, et d'en ôter les filaments charnus; elle prend tout à fait l'aspect du beurre.

MONTAGNES ET FLEUVES.

Toutes les chaînes de montagnes qui traversent cette province vont se rattacher au groupe principal de l'Ida (Kaz dagh), qui donne naissance aux nombreux cours d'eau de la Mysie. Les fleuves Æsépus et Granique descendent du mont Cotylus qui appartient au système de l'Ida, et qui est situé à cent vingt stades au-dessus de Scepsis. L'Æsepus doit être, par conséquent, le premier fleuve que l'on rencontre à l'ouest de la presqu'île de Cyzique. Il est souvent cité par Strabon lorsqu'il s'agit de

---

(1) Strabon, XIII, 582.
(2) Ptol., liv. V, ch. 2.
(3) Pomp. Mela., liv. I, 18. — Pline, liv. V, ch. XXX.

déterminer les limites des États de la Troade ou de la Mysie. Homère est le premier qui indique l'Æsepus comme frontière de cette dernière province (1).

De nos jours le mont Cotylus est confondu par les indigènes avec l'ensemble de l'Ida; le nom moderne du fleuve Æsepus est Kaz dagh sou; la situation de ses sources est très-bien déterminée par Strabon, ainsi que la longueur de son parcours. Démétrius de Scepsis (2) fait la remarque fort exacte que les fleuves Granique et Æsepus sont produits par plusieurs sources, et prennent leur cours vers le nord.

La branche occidentale du fleuve Æsepus sort d'une montagne granitique appelée At Kaïa si (la Roche du cheval). Plusieurs sources pareilles se réunissent pour former un cours d'eau d'un volume assez variable; pendant la saison d'été, il est presque complétement à sec. Il faut que son régime ait bien changé depuis l'antiquité, car aujourd'hui Homère, ne pourrait plus dire : « Les Troyens aphnéens... qui buvaient les eaux profondes de l'Æsepus.... (3) »

La branche orientale du fleuve prend naissance dans la montagne de Adjeul Diran dagh, et près du village de Tchaouch Keui. Il passait aux environs de la ville de Scepsis. Son parcours est estimé à cinq cents stades, ce qui équivaut à quatre-vingt-douze kilomètres ou vingt-trois lieues de France; c'est la même longueur de parcours, déterminée par M. Tchihatcheff (4); cet accord entre les deux géographes est remarquable (5).

Les écrivains byzantins ont laissé très-peu de documents touchant cette contrée. Le fleuve Varenus venant du mont Ibis, mentionné par Anne Comnène (6), ne peut être que l'Æsepus sortant du mont Ida, et qui prend sa source vers le nord.

(1) Ap Strabon, XII, 565.
(2) Strabon, XIII, 602.
(3) Iliad. II, v. 824, 827.
(4) *Asie Mineure*, p. 211.
(5) Cf. Strab., XII, 565, 581; XIII 602.
(6) Anne Comnène, XIV, 439.

LE GRANIQUE, DÉMOTICO, KODJA TCHAÏ.

Le Granique arrosait la plaine d'Adrastée, ainsi nommée d'une petite ville qui, selon la tradition (1), avait été bâtie par Adraste fils de Mérops, qui lui donna son nom et fit élever un temple à Némésis. Elle était située entre Priapus et Parium, et était voisine de la mer (2).

Le nom moderne du fleuve Granique est, comme celui de presque toutes les autres rivières du pays, très-difficile à déterminer; il s'est appelé longtemps Démotico tchaï, du nom de la principale ville de la contrée. Ce nom paraît oublié aujourd'hui et ce fleuve s'appelle Kodja tchaï, la maîtresse rivière (3), c'est-à-dire le bras principal du fleuve. Le Granique se compose de trois affluents qui ont été observés par M. Tchihatcheff. La branche principale prend sa source dans cette partie de l'Ida qu'on appelle Aghy dagh, et qui doit nécessairement faire partie du mont Cotylus et n'être pas éloigné de l'At Kaïa si dagh. Cette branche coule directement du sud au nord après avoir traversé la plaine de Tchan, qui n'est autre que la plaine Adrastée.

La seconde branche, qui s'appelle Eltchi tchaï (la rivière de l'ambassadeur), se jette dans le Khodja-tchaï, environ six kilomètres au nord de la petite ville de Biga. Le pays est entrecoupé de plaines et de montagnes trachytiques, au milieu desquelles les eaux se sont tracé un lit sinueux.

Le beau pont antique de trois arches, mentionné par plusieurs voyageurs, était sur la route de Démotico à Gunedgé et sur le cours de l'Eltchi tchaï, non pas sur la branche principale du fleuve.

La branche orientale qui porte le nom de Kirk agatch tchaï (la rivière des quarante arbres), va se jeter dans le Kodja tchaï, quatre kilomètres environ avant son embouchure dans la mer.

Le travail des alluvions s'est fait à l'embouchure du Granique comme à celui de plusieurs autres fleuves dont

(1) Strab., XIII, 588.
(2) Plutarque, *Vie de Lucullus*.
(3) Le Xanthus en Lycie s'appelle aussi Kodja tchaï, voy. page 28.

le cours manque de rapidité. Pline constate qu'il s'est opéré un changement notable dans la direction du fleuve (1).

« Le Granique, s'écartant aujourd'hui de son ancien cours, va se jeter dans la Propontide. »

De tous les récits qui nous sont restés de la première victoire d'Alexandre au passage du Granique, il n'en est pas un qui nous mette à même de déterminer l'emplacement de cet événement mémorable; les rives du fleuve sont tantôt plates, tantôt escarpées; les historiens ne font aucune mention des trois branches qui concourent à former le Kodja tchaï. Ce point de géographie historique reste donc indéterminé.

La ville de Biga est un peu plus considérable que Démotico; elle était autrefois le centre d'un grand commerce de transit; mais aujourd'hui elle est dans un état complet de décadence et de ruine. L'élève du bétail et la culture des céréales et de quelques champs d'opium sont la seule occupation des habitants, qui n'exercent aucune industrie particulière.

Biga est citée par Anne Comnène sous le nom de Pigas (les sources); c'est dans la plaine de Biga qu'eut lieu une terrible bataille, dans laquelle une armée tartare fut taillée en pièces par les troupes d'Ala Eddin; le nombre des morts fut si considérable, que le farouche vainqueur fit faire des tentes avec les peaux d's ennemis tués (2).

CHAPITRE III.

LA CYZICÈNE. — MILÉTOPOLIS. — MUHALITCH.

La ville de Muhalitch est située sur une hauteur voisine de la rivière Sou Sougherlé; elle se distingue par un air d'aisance qui est la conséquence de l'activité industrielle et commerciale de ses habitants; il est vrai de dire que la majorité appartient aux communions chrétiennes des Grecs et des Arméniens; mais cet exemple n'est pas sans influence sur la nation turque, qui se livre aussi au commerce et à la production de la soie.

La ville se compose de quinze cents maisons, ce qui peut former une population de neuf mille âmes; il y a plusieurs mosquées à minarets et des caravanseraïs avec un bezestein pour la vente des soies.

On ne trouve à Muhalitch aucun vestige d'antiquité; mais d'après son voisinage du lac de Manyas et sa distance du fleuve, on ne peut douter qu'elle occupe sinon l'emplacement immédiat, du moins le territoire de l'ancienne Miletopolis, dont aucun vestige n'apparaît ailleurs dans le canton; on sait aussi que tous les débris d'architecture ancienne qui sont employés dans les murs de Loupadium ont été apportés des environs de Muhalitch; c'est sur ces seules données que l'on peut identifier les deux places.

Une des preuves de l'état florissant de Muhalitch sous les règnes des anciens sultans nous est donnée par le grand nombre de travaux publics qui ont été faits pour le bien-être de la ville. Ce genre de conduite d'eau particulier à l'Orient et qu'on appelle Sou térazi, y rivalise presque avec celles de Constantinople. Les environs sont couverts de vignobles et d'arbres fruitiers, et les cimetières entourés de hauts cyprès qui contribuent avec les minarets à donner aux villes d'Orient leur cachet original.

Les maisons, comme celles de Constantinople, sont généralement peintes en ocre rouge; cette couleur est réservée aux musulmans; les Grecs et les Arméniens sont autorisés à peindre leurs maisons en ocre jaune ou en brun.

Il y a quelques années le gouvernement turc voulut faire de Muhalitch une sorte de chef-lieu de division militaire, en y réunissant plusieurs corps du Nizam Djedid (les troupes régulières) et le Rédifi-Mansouré (la garde nationale); des casernes et un parc d'artillerie étaient sur le point d'être installés sous l'autorité d'un mouchir (général de division). Toutes ces inovations marchent ordinairement très-lentement; la création des mouchirats ou divisions militaires paraît être restée en cours d'exécution.

---

(1) Pline, l. V, ch. XXX.
(2) Hammer, *Hist. ottom.*, t. Ier.

LAC MANYAS. — FLEUVE TARSIUS.

Le lac de Miletopolis, qui portait aussi le nom d'Aphnitis, appartenait au pays des Aphnéens; il est situé dans l'intérieur des terres et à plus de douze kilomètres de la mer. Nous avons vu qu'il ne peut être assimilé avec le lac de Dascylium. Il reçoit les eaux d'une petite rivière venant de la vallée de Kara déré et qui peut être assimilée avec l'ancien Tarsius. En effet cette rivière ne pouvait se rendre à la mer puisque tous les cours d'eau qui se jettent dans la Propontide sont connus et identifiés avec leurs noms antiques. On pourrait peut-être considérer le Tarsius comme une ancienne branche du Granique. Son cours était extrêmement tortueux. Strabon remarque en effet qu'on le passait jusqu'à vingt fois sur la même route; il le compare au fleuve Draco qui arrose le territoire de Nicée (1). Toute cette partie de la Mysie n'offre pas un aspect aussi riche que la contrée voisine. Mais les grandes plaines couvertes de gazon sont particulièrement fréquentées par des tribus nomades qui nourrissent de grandes quantités de bestiaux. Les collines sont généralement boisées, et si les essences n'ont pas la merveilleuse beauté des forêts de l'Olympe, leur exploitation n'en est pas moins fructueuse, et la marine turque y recherche les bois courbes que produisent différentes variétés de chênes et surtout le chêne à Valonée (2), qui est répandu dans les vallées du mont Ida.

La petite ville de Sou Sougherlé, qui donne son nom à la branche occidentale du Macestus, est tombée aujourd'hui à l'état de simple village. On peut encore y admirer les ruines de deux belles constructions seldjoukides; ce sont des caravansérails dans le genre de ceux qui jalonnaient les routes du temps des princes d'Iconium.

La route qui conduit de Sou Sougherlé à Mandragora passe par un défilé autrefois défendu par un ancien château byzantin. La route est tellement étroite que deux cavaliers peuvent à peine y passer de front, ce passage est appelé Tasch kapou (la porte de pierre); on lui donne aussi le nom de Demir kapou (la porte de fer). Ce nom est extrêmement répandu dans les pays musulmans. On le retrouve en Algérie comme dans le Taurus ou dans les Balkans.

PŒMANINUS, MANYAS.

Le village de Manyas occupe le site d'une ancienne ville qui paraît, d'après les judicieuses observations de M. Hamilton, être l'ancienne Pœmaninus. Cette dernière ville est en effet portée sur la carte de Peutinger sous le nom altéré de Phemenio, lequel a été converti en Manyas d'après l'habitude qu'ont les Turcs de tronquer les noms anciens. La situation s'accorde également avec les itinéraires qui placent Pœmaninus sur la route directe entre Cyzique et Pergame; ce qui convient à cette localité.

L'acropole de la ville antique est située sur une colline qui se rattache par un col fortifié aux collines voisines, une forte muraille dont la construction ne peut être antérieure à l'époque byzantine défend les approches du côté du sud; les murs sont composés d'une quantité de débris antiques de piédestaux et d'architraves. On voit des colonnes placées horizontalement comme dans les murs de Nicée. Cette disposition en effet très-remarquable, suffit pour mériter à cette place le titre de ville très-bien défendue que lui donnent les Byzantins.

Le pays environnant s'appelait comme la ville Pœmaninum (1); elle est mentionnée comme ville de garnison. Le culte d'Esculape, qui dans toutes ces régions était pratiqué simultanément avec celui d'Apollon (2), était surtout en honneur à Pœmaninus. L'orateur Aristide mentionne le temple d'Esculape comme un des édifices remarquables de la ville. Pœmaninus devint épiscopale; son évêque est nommé dans le sixième concile de Constantinople sous le nom de *Pœmanetinus*.

Toutes les notices géographiques et le

---

(1) Strabon, XIII, 587. Voy. p. 69.
(2) Quercus ægilops.

(1) Et Byz., *Pœmaninum*.
(2) Voy. liv. II, ch. 32.

catalogue des villes donné par Pline (1) citent la ville de Pœmaninus. Sous les premiers sultans, ce territoire faisait partie des domaines du prince de Karasi, et Manyas paraît avoir sous son gouvernement joui d'une certaine importance. Une mosquée et un ancien couvent de derviches existent encore dans un état d'abandon; ces deux édifices ont été construits avec les matériaux de monuments plus anciens. Les débris de murailles et quelques fragments d'inscriptions sont les seuls vestiges de l'ancienne cité.

LES SOURCES CHAUDES.

La petite ville de Singherli est voisine de sources thermales remarquables et par leur volume et par leur chaleur exceptionnelle; elles se trouvent à la latitude du lac Manyas et sur la route d'Edrenos à Cyzique. On ne saurait douter que ce ne soient les mêmes sources mentionnées par l'orateur Aristide (2). Lorsque le pays est couvert de neige, la vapeur d'eau s'élève en colonne blanche, et le sol d'alentour tranche par sa couleur noire avec les terrains environnants.

Les Turcs appellent ces sources Illidja; c'est un nom qu'ils donnent assez communément aux eaux thermales. Un petit bain creusé dans le sol et une salle de construction rustique composent tout l'établissement. Les eaux sont amenées d'une distance de près d'un kilomètre par un canal de dérivation qui circule le long des flancs de la vallée et qui est assez considérable pour faire tourner plusieurs moulins.

Les sources sortent de terre en plusieurs points et forment une atmosphère de vapeurs qui aide facilement à les trouver. Les eaux, douces au toucher et légèrement salées et piquantes, renferment des principes de magnésie et surtout un excès d'acide carbonique qui s'évapore au contact de l'air et laisse à nu les parties calcaires qu'il tenait en dissolution. Aussi les sources d'Illidja, comme celles de Broussa, de Hierapolis et de Hammam Meskoutim

(1) Liv. V, ch. 32.
(2) Aristid., *Sacr. Orat.*, IV, p. 569.

en Afrique, forment-elles des dépôts considérables de concrétions calcaires. Les indigènes n'en font point usage pour boisson; ils se contentent de se tremper dans ce bain rustique qu'on a bâti loin de la source, car la chaleur de ces eaux est très-voisine de l'eau bouillante et elles sortent de terre avec une extrême abondance et en formant plusieurs jets au-dessus du sol. Les dépôts calcaires augmentent en hauteur et en étendue, à mesure que les eaux s'élèvent; le pont naturel comme celui de Saint-Allyre et celui de Hierapolis n'a pas manqué de se former par-dessus le cours d'eau produit d'une autre source encore plus abondante. La formation de ces phénomènes naturels est facile à comprendre : à mesure que les concrétions calcaires s'avancent au bord de l'eau, le courant emporte toutes celles qu'il peut atteindre, tandis que les concrétions supérieures s'avancent insensiblement pour atteindre l'autre rive.

Les montagnes d'où sortent ces sources bouillantes sont de formation volcanique, mais d'une époque voisine des trachytes, c'est-à-dire de première période. Cette petite rivière minérale, après avoir circulé autour de ses nombreuses collines, prend son cours vers l'ouest et va se jeter dans le fleuve Æsepus.

CHAPITRE IV.

L'ÎLE DE PROCONNÈSE.

Les observations des géologues modernes ont suffisamment prouvé que cette tradition qui attribue l'ouverture du Bosphore et des Dardanelles à l'action des eaux de la mer Noire est entièrement dénuée de fondement; nous avons parcouru dans toute leur étendue ces deux célèbres détroits, et nous avons reconnu que l'apparition des roches volcaniques à l'embouchure de la mer Noire a plutôt contribué à rétrécir l'entrée du Bosphore. La constitution des îles de la Propontide que nous venons d'observer, et celle de la presqu'île de Cyzique, dont nous parlerons bientôt, démontrent que ces terrains sont contemporains des premières révolutions du globe; enfin, dans les roches tertiaires et crayeuses qui constituent les bords du détroit des Dardanelles, on ne reconnaît aucune trace de rupture apparente qui permette de supposer que ces terrains ont jamais été réunis. C'était une sorte de manie chez les anciens de supposer des catastrophes de ce genre, pour expliquer la présence des îles dans les environs des continents, et par conséquent la formation des détroits : la même cause est assignée aux détroits de Gibraltar et de Messine, et, comme nous l'avons vu plus haut (1), à la formation de l'îlot de Besbicus. Les observations du général Andréossi (2) sont parfaitement d'accord avec l'état actuel des connaissances géologiques; on ne peut expliquer le récit de Diodore de Sicile que par cet amour du merveilleux qui dominait toujours dans les traditions des anciens.

L'Hellespont, aujourd'hui détroit des Dardanelles, a dû son nom à la fille d'Athamas; Hellé, qui se rendait en Colchide avec son frère Phryxus, périt dans les flots. La longueur de l'Hellespont est de douze lieues marines, et dans sa partie la plus étroite il n'a pas plus de quatorze cents mètres. Toute la côte d'Asie qui est baignée par ses eaux appartient à la petite Mysie, et a reçu des Grecs le nom de province de l'Hellespont. Des villes nombreuses et riches peuplaient ses rivages, et l'entreprise de Xerxès, qui le traversa sur un pont de bateaux, est à jamais célèbre dans les fastes de l'antiquité.

L'île de Proconnèse, la plus grande de la Propontide, est située au nord-est de la presqu'île de Cyzique et dans le méridien du fleuve Æsepus; connu d'abord sous le nom d'Elaphonnesus, l'île des Cerfs, elle fut colonisée par les Phéniciens; les Grecs, qui vinrent ensuite s'y établir, distinguèrent deux îles du même nom, l'ancienne et la nouvelle Proconnèse. La plus grande de ces îles est celle qu'on appelle aujourd'hui Marmara, et la plus petite porte le nom de Rabbi; la nouvelle Proconnèse était signalée comme ayant un bon port (3). Pline se contente de donner la nomenclature des îles et îlots qui entouraient la grande Proconnèse (1). « Les îles devant Cyzique sont d'abord Elaphonnesus, nommée aussi Neuris et Proconnèse, d'où se tire le marbre de Cyzique, ensuite les îles Ophiusa (des Serpents), Acanthus, Phœbe, Scopele, Porphyriones, Halone, avec un château, Delphacie, Polydore; Artacæon avec une ville; » cette dernière n'appartient pas à l'archipel de Marmara, mais est voisine de la presqu'île de Cyzique.

Il est impossible de pouvoir identifier toutes ces îles, dont quelques-unes ne sont que des rochers nus, avec les noms donnés par l'auteur latin. Trois îles seulement sont aujourd'hui habitées. La grande île de Marmara, l'île de Rabbi, et la troisième, qu'on appelle Pacha liman, le port du Pacha.

Pour expliquer le passage de Strabon, il faut supposer que l'ancienne Proconnèse est l'île de Rabbi, et la nouvelle, la grande île de Marmara, qui s'appelait d'abord Elaphonnèse. « Dans celle-ci, on trouve une ville et une vaste carrière qui fournit du marbre blanc fort estimé, car les plus beaux monuments de ce pays, surtout ceux de Cyzique, sont faits de ce marbre. » Il en est en effet transporté sur tous les points de la côte où existaient des villes grecques. Les Milésiens qui avaient établi une colonie dans cette île (2) étaient sans doute en possession de ces exploitations fructueuses.

Nous savons par Vitruve (3) que le palais de Mausole à Halicarnasse était construit en briques et revêtu de dalles de marbre de Proconnèse. Les débris du tombeau de ce prince qui ont été découverts récemment et qui sont aujourd'hui déposés au musée britannique, sont en marbre blanc qui nous paraît identique avec celui de Marmara. Les frises représentant des combats d'amazones qui sont restées longtemps encastrées dans les murs du château de Boudroum sont aussi du même marbre.

C'est par erreur que les écrivains qui se sont occupés de lithologie ancienne ont signalé le marbre de Proconnèse

---

(1) Voy. chap. XXXI.
(2) *Constantinople et le Bosphore*, Introduction.
(3) Scylax., *Périple*, p. 35.

(1) Liv. V, chap. 32.
(2) Strabon, XIII, 587.
(3) Liv. II, ch. VII.

comme étant blanc veiné de noir (1) : ce marbre est d'une blancheur éclatante qui le dispute aux marbres athéniens.

Du temps d'Hérodote, il existait déjà dans l'île une ville du nom de Proconnèse, qui fut la patrie du poëte Aristéas, auteur des Arimaspées. Elle fut brûlée par une flotte phénicienne qui agissait sous les ordres de Darius. Plus tard, cette île fut conquise par les habitants de Cyzique, qui forcèrent la population de venir demeurer dans leur ville, et enlevèrent une statue de la mère des dieux qui était à Proconnèse (2). On a peu de détails sur l'organisation intérieure de l'île du temps des Romains : il est probable qu'elle fut la résidence d'un procurateur impérial chargé de surveiller l'exploitation des carrières, car les marbres en œuvre devaient payer au fisc un dixième de leur valeur, d'après la loi Julia; il est possible que l'effet de cette loi ait été un moment suspendu, car Cicéron (3) écrivait à son ami : « Je pense que je ne « vous dois rien pour les colonnes, car « il me semble avoir entendu dire que « cette loi a été abolie. » Sous l'empire, le goût des ouvrages de marbre se répandit tellement, que les écrivains se faisaient une sorte de point d'honneur de déplorer les excès de ce luxe, qui menaçait de ruiner les familles (4). Plusieurs lois furent promulguées à ce sujet, tant pour régler le sort des ouvriers (5) que pour établir les droits du trésor. Mais la plus dure de toutes ces conditions était celle qui assujettissait les ouvriers carriers à rester éternellement attachés à la carrière (6). Une loi de l'empereur Théodose disait : Les ouvriers carriers, hommes et femmes, qui abandonneront le pays qui les a vus naître, et auront émigré sous quelque prétexte que ce soit, seront reconduits dans leurs foyers, ensemble avec leurs enfants, sans qu'il soit permis d'invoquer la prescription en leur faveur.

Indépendamment des granits, qui sont très-abondants sur ces rivages, les îles de la Propontide et de l'Hellespont fournissaient un grand nombre de marbres de qualité supérieure, et dont l'exploitation pourrait être facilement reprise de nos jours.

Dans le courant d'avril 1835, nous fîmes une exploration de cette île avec la goëlette de l'État *la Mésange*. A cette époque les cartes étaient si incomplètes que le commandant hésitait à s'approcher de l'île pendant la nuit; le jour venu nous mouillâmes au port de Galimi, au S.-O. de l'île, après avoir opéré plusieurs sondages.

L'aspect de cette île est des plus sauvages. Les montagnes s'entrecoupent sans ordre, et ne forment, pour ainsi dire, qu'un seul mont à plusieurs sommets; les bois sont rares, et le sol, grisâtre et sans verdure, offre le plus triste tableau. Cette île sera cependant à jamais célèbre pour avoir fourni des matériaux à toutes les villes de la Propontide et de l'Hellespont depuis les temps les plus reculés.

Le calcaire marbre cristallin, d'un blanc éclatant, constitue la majeure partie de l'île. Le granit gris ne se montre que dans la montagne qui domine le port de Galimi. Les couches de marbre sont bien accusées, plongeant à 24° N. sous un angle de 37°. Le cap le plus N.-O. est une dépendance de la petite chaîne granitique sur laquelle s'appuie toute la formation calcaire de l'île.

Cependant le système général d'inclinaison des couches n'est pas uniforme. Dans quelques endroits on voit une épaisseur de huit ou dix mètres sans aucune trace de lit ou de fissure; et sur la côte orientale, où sont établies les carrières modernes, les couches de marbre sont généralement horizontales.

Galimi est un village d'une cinquantaine de maisons. Les côtes environnantes sont très-accores. Nous mouillâmes par quinze brasses à deux encablures de terre. Une encablure plus au large, on sonda à vingt-huit brasses sans trouver de fond.

Nous prîmes des mulets à Galimi avec quatre guides pour faire le tour

---

(1) Blasius Cariophyllus, *De Marm. antiq.* Corsi, *Delle pietie antiche.*

(2) Pausanias, II, 46.

(3) Ad Atticum, lib. XIII, epist., VI.

(4) Ovid. De art. amandi, lib. II, 125; Pline, Hist., lib. XXVI, ch. VI.

(5) Cod. Justin., lib. VI; Cod., de Metallariis, lib. II, t. VI.

(6) Loc. cit.

de l'île. Nous gravîmes la montagne; dans la direction N.-O. elle forme une croupe E.-O. entièrement granitique depuis son sommet jusqu'à sa base; mais arrivés à 250 mètres environ de hauteur, nous commençâmes à apercevoir les couches inférieures du calcaire marbre, qui présentent la tranche. A ce point il existe une fontaine qui sort à l'intersection du marbre et du granit.

Ayant franchi le sommet, nous descendîmes dans une vallée qu'on appelle Kodran ova-si (la vallée du Goudron), parce qu'on avait établi des fabriques au milieu d'une forêt qui existait alors. Aujourd'hui cette forêt est presque entièrement détruite.

Sur le flanc de cette vallée, on trouve un lambeau de terrain de transport, cailloux calcaires dans du sable jaunâtre. Il repose sur le calcaire grossier excavé par des grottes peu profondes. Je n'y ai point aperçu de coquilles. Cette roche ne se montre que dans la vallée de Kodran. A la naissance du vallon, il sort une fontaine qui forme une petite rivière dont les eaux, même dans cette saison, vont jusqu'à la mer; des platanes nains couvrent ses bords. Une multitude de plantes et d'arbustes en fleur donnent quelque agrément à cette vallée, dans laquelle, cependant, il n'y a pas d'habitation.

Sur le sommet d'une montagne conique qui domine la vallée, on aperçoit un château fort. Aucun des guides n'avait jamais pensé à monter jusque-là. Nous étant assuré, au moyen de la longue-vue, que ce n'était qu'une construction du moyen âge, nous renonçâmes à cette course. A l'embouchure de la rivière, nous trouvâmes des fours à chaux qui s'alimentent des recoupes des anciennes carrières. C'est en ce lieu qu'on commence à apercevoir les premières exploitations antiques. Le marbre est tranché par bancs de cinq à six mètres de longueur, sur un mètre de hauteur. On voit des espèces d'emmarchements qui sont les dernières traces de l'exploitation antique. Nous gravîmes dans la direction S.-E. une autre montagne très-haute et très-escarpée, toute couverte de blocs de marbre éboulés. On aperçoit çà et là d'autres blocs de calcaire spathique, qui se casse en prismes quadrangulaires; mais ceci ne paraît être qu'un accident de la roche.

CHAPITRE V.

LES CARRIÈRES DE MARBRE.

Après plus d'une heure de marche, nous pûmes jouir, en arrivant au sommet, de l'aspect de la plus grande partie de l'île. Aussi loin que la vue peut s'étendre, on voit le terrain couvert de monticules composés uniquement de recoupes de marbre. Plus de mille carrières partielles ont été ouvertes à différentes époques. On saurait difficilement dire quelles sont celles qui datent du temps des Grecs et des Romains, car le même système d'exploitation a été suivi, et il est encore en usage aujourd'hui.

Ce n'est pas l'aspect imposant des carrières de Synnada, dont les flancs sont taillés à pic dans une hauteur de plus de cent mètres, comme un mur d'une seule pièce, et la montagne divisée en vastes salles, où l'écho se joue de mille façons. Ici chaque carrière ne paraît pas avoir fourni plus de vingt à trente mètres cubes, après quoi elle était abandonnée; et cependant, depuis les temps les plus reculés, cette île est en exploitation. Nous fîmes une lieue au milieu des pierres tranchantes et des anciennes carrières; tantôt le marbre a été tiré des flancs de la colline, tantôt ce sont de grands trous à fleur de terre, d'où la pierre a été extraite.

La côte de l'île est peu accidentée. Une langue de roches et quelques îlots plus au large forment une espèce de port à la pointe N.-E.; mais du haut de la montagne où nous étions, les eaux nous paraissaient trop profondes pour qu'on pût y mouiller. Nous redescendîmes sur la côte E. de l'île, dans un village appelé Palatia, sans doute à cause d'un antique édifice qui est encore debout. Je suis porté à croire que ce village est sur l'emplacement de la nouvelle Proconnèse, résidence habituelle du procureur impérial. Le monument antique de Palatia se compose de deux épaisses murailles construites en moellons de marbre, avec plusieurs rangs de briques intercalées (1). Une seule fenêtre, dont le cintre est en briques, existe encore. On n'y voit aucun ornement sculpté. Il est difficile de dire si c'est un palais ou une forteresse. De grands radeaux attachés sur la plage servent à embarquer les marbres que l'on porte à Constantinople.

En continuant la route vers le sud, on arrive aux carrières que l'on exploite actuellement : elles sont entourées de collines de recoupes, au milieu desquelles sont établies quelques cabanes de forgerons, qui font et réparent les outils des ouvriers. Ces carrières sont situées à 140 mètres environ au-dessus du niveau de la mer; on a établi une grande pente avec des débris de marbre. Les blocs sont portés jusque-là sur des rouleaux, après quoi on les abandonne à leur propre poids. On y exploite en ce moment des blocs peu considérables, des dalles et des pierres de tombeaux pour Constantinople. Le marbre est d'un blanc éclatant, saccharoïde, à cassure franche et sonore. On détache au ciseau le bloc de la montagne, après quoi on l'enlève de son lit par le moyen de coins de fer.

Les îlots qui entourent l'île de Marmara appartiennent tous au même système de terrain de transition, calcaire-marbre, reposant à nu sur le granit; mais les côtes sont beaucoup plus découpées, et offrent d'assez bons mouillages aux barques; celui que l'on appelle Pacha-liman appartient à l'île Élaphonnesus. Ce nom paraît usurpé, car l'îlot est trop découvert et en même temps trop exigu pour avoir pu nourrir des cerfs; peut-être y trouvait-on des chèvres sauvages et des mouflons, ou de ces moutons sauvages semblables à ceux que l'on voit dans plusieurs îles de l'Archipel, comme Antimilo, Nicaria et Lipsi. Dans tous les cas, je regarde cette question des deux Proconnèse comme étant encore inexpliquée. Les anciens exploitaient encore des marbres dans d'autres îles du voisinage.

L'île de Thasos fournissait un marbre statuaire dont les carrières furent découvertes par les Phéniciens (2), et le marbre fut appelé par les anciens : *Marmor Thasium*. Pline (1) dit que le marbre de Thasos était d'une couleur moins bleuâtre que celui de Lesbos; les sarcophages que j'ai observés en grand nombre dans l'île de Thasos sont d'un marbre statuaire blanc, d'excellente qualité, moins pailleté que celui de Marmara, et ressemblant à celui que les antiquaires sont convenus d'appeler *grechetto*, expression qui n'offre aucun sens : la pâte de la roche est assez compacte. Il est certain que ce marbre était en grande estime chez les Romains, puisqu'il est souvent cité par les auteurs (2). Pausanias (3) assure qu'il n'avait pas moins de prix aux yeux des Athéniens qui en firent faire deux statues en l'honneur de l'empereur Hadrien, et les placèrent dans le temple de Jupiter Olympien.

Le marbre de Lesbos, *marmor Lesbium*, était d'une couleur plus plombée que celui de Thasos. Les carrières doivent être cherchées dans la partie sud de l'île, vers le lieu appelé *port Olivier* ; c'est là que se trouvent les gisements calcaires : tout le reste de l'île est volcanique. Philostrate (4) observe que la couleur de ce marbre est la plus obscure de tous les marbres blancs ; les anciens en firent un grand usage pour la construction des tombeaux, et les statuaires l'employèrent avec succès, car on cite comme étant de ce marbre la statue de Julia Pia et la Vénus du Capitole.

CHAPITRE VI.

ITINÉRAIRE DE MUHALITCH A CYZIQUE.

Quoique le cabotage de la mer de Marmara soit aujourd'hui réduit à très-peu de chose, il est toujours possible de louer une barque pontée pour aller visiter les ruines de Cyzique; on peut relâcher dans les différentes îles de la

---

(1) Voyez la planche 43.
(2) « J'ai vu moi-même ces carrières, et j'ai surtout admiré celles qui furent découvertes par les Phéniciens. » (Hérodote, liv. VI, 47.)
(1) Pline, liv. VI, ch. VI.
(2) Senec., *Epist.* LXVIII.
(3) Liv. Ier, ch. 18.
(4) Vies des Sophistes, lib. II.

Propontide, et aller mouiller à Artaki, petite ville située sur la côte sud-ouest de l'île de Cyzique. Quand on veut s'y rendre par terre, il faut remonter jusqu'à Muhalitch et de là faire route vers le sud.

La petite ville de Aïdindjik est éloignée de huit heures de marche de Muhalitch ; on commence à descendre le Macestus jusqu'à sa jonction avec le Rhyndacus ; la route se dirige d'abord ouest-nord-ouest à travers une riche plaine couverte de plantations de mûriers ; on traverse ensuite sur un bac une petite rivière assez profonde mais peu rapide, appelée Kara déré sou qui sort du lac Manyas, éloigné d'environ quatre heures de marche. Le petit village de Kara-Keui est situé sur la rive droite de la rivière ; le coup d'œil de cette plaine est champêtre et pittoresque et offre le tableau d'une riche végétation. La vigne sauvage est suspendue en festons aux branches des arbres et le sol est couvert des fleurs les plus variées.

La route continue dans cette direction jusqu'à ce qu'on rencontre une ligne de collines, après avoir franchi quelques cours d'eau descendant des montagnes boisées qui sont dans l'éloignement. On traverse ensuite une vallée étroite qui s'étend au loin à droite, et l'on arrive au village appelé Doughan hissar, (le château du faucon). Une tour construite sur une éminence s'élève au milieu du village. En continuant dans la même direction, on traverse une autre ligne de monticules qui forment la côte orientale du lac Manyas.

Un cimetière turc, qui se trouve sur la droite, contient quelques fûts de colonnes brisées. La route passe sous un arc surbaissé, construit en pierre, et l'on observe quelques restes d'une chaussée qui indique le passage d'une ancienne route. Les collines jusqu'à Acha bounar sont généralement dénudées et stériles. Le village d'Acha bounar contient une vingtaine de maisons, et autour de la fontaine on remarque un amas de marbres brisés et quelques belles corniches. Six kilomètres plus loin, au pied d'une autre ligne de collines se trouve le village de Deblé keui, dans le voisinage duquel on traverse un ruisseau qui coule du nord au milieu d'un terrain accidenté et se précipite par une gorge rocheuse dans le lac Manyas. Ce cours d'eau prend sans doute naissance dans les collines qui bordent la mer de Marmara, qui font face à l'extrémité orientale de la presqu'île de Cyzique.

Dès qu'on a quitté Deblé keui, la route prend une direction plus nord. On continue de monter graduellement sur un terrain couvert de gazon, dont la pente est au sud. De hautes collines s'élèvent du côté du nord et du nord-ouest, au-dessus desquelles on aperçoit les montagnes de Cyzique. Bientôt la nature des roches change ; on a abandonné le terrain volcanique, et l'on arrive sur le terrain de marbre cristallin qui compose les collines de droite, mais qui est recouvert par plusieurs bancs d'argile diversement colorée.

On arrive enfin, après huit heures de marche, dans les jardins et les vergers d'Aïdinjik et l'on entre dans une vallée bien cultivée qui descend doucement vers la mer dans la direction du nord-nord-ouest.

Aïdinjik est situé sur les collines de l'est et contient environ cinq cents maisons presque toutes turques. C'était autrefois le chef-lieu d'un district appartenant à un des émirs compagnons de Toursoun. Cette petite ville avait à cette époque une certaine importance. On y voit encore six mosquées et des bains publics. Dans presque tous ces édifices on a employé comme matériaux bruts des fragments d'architecture tirés des ruines de Cyzique. Aujourd'hui les transactions commerciales et surtout le trafic avec l'intérieur ayant pris une autre direction, cette petite ville est tombée dans un état d'abandon et de pauvreté.

Un village appelé Erméni keui est situé tout à fait sur la côte, et dans le voisinage de l'isthme se trouve le village de Panormo. Mais ces deux endroits n'offrent aucune ressource et les étrangers sont obligés d'aller demeurer dans la petite ville d'Artaki, située sur la côte occidentale de l'île de Cyzique.

La route d'Aïdinjik à Artaki longe les bords de la mer. Toute cette région est couverte de vignobles et de grands arbres fruitiers. On traverse ensuite l'isthme sablonneux qui joint Cyzique au continent, et en remontant vers le nord on entre dans le territoire de l'île. Tous les versants des montagnes sont cultivés en vignobles et produisent le vin d'Artaki, qui s'exporte à Constantinople. La fertilité de ce territoire est due à la nature granitique du sol qui renferme une notable quantité de feldspath décomposé. La vigne est soignée avec beaucoup d'intelligence; elle est taillée chaque année contrairement aux usages de presque tous les pays méridionaux, qui laissent pendre la vigne en festons le long des arbres et chaque taille du cep est couverte par une petite couche de bitume tiède qui empêche l'évaporation des sucs de la plante; mais la qualité du vin ne répond pas à celle du raisin, les habitants n'usant que de procédés imparfaits, les tonneaux sont presque inconnus et la récolte est vendue l'année même de la production.

ARTACE. CYZIQUE.

L'île de Cyzique appartient au petit archipel qui occupe le milieu sud de la mer de Marmara. Toutes ces îles ont été formées dans la même période géologique. Le soulèvement du granit a fait surgir le marbre blanc, et en quelques endroits le calcaire schisteux; c'est-à-dire que ce soulèvement appartient à l'époque de transition. Le granit et le calcaire se retrouvent dans les montagnes de la côte, et paraissent se rattacher aux contre-forts inférieurs du mont Ida. Les versants septentrionaux de cette montagne sont de gneiss et de micaschiste; les volcans n'apparaissent que sur son revers sud. Mais ces crêtes sont la limite du terrain primordial, car toute la côte de l'Hellespont, ainsi que les terrains de la plaine de Troie jusqu'au promontoire Lectum (Baba), appartiennent au système tertiaire très-récent; il en est de même des atterrissements considérables qui ont changé la forme des côtes, et qui peuvent être rangés parmi les terrains contemporains. Le détroit qui séparait du continent l'île de Cyzique a d'abord été assez considérable; mais peu à peu les terres charriées des montagnes de part et d'autre ont rétréci cet espace, de manière que les Grecs ont pu y jeter un pont, et plus tard les remous des deux golfes ont amoncelé des algues et des galets qui ont fini par combler ce détroit, et par le changer en un isthme qui a aujourd'hui un mille et demi de large.

Strabon (1) paraît insister singulièrement sur cette particularité que la montagne qui forme le centre de l'île n'a qu'un sommet. Vue du côté de la ville, elle se présente en effet comme un cône légèrement aplati sur ses flancs; mais, dans son travers, ce cône se divise en plusieurs groupes, dont l'un domine la ville d'Artaki. Le sommet de la montagne est couvert de bois, ou plutôt de broussailles, parmi lesquelles se remarque l'arbousier, le térébinthe, le chêne, le laurier et l'olivier sauvage. Nous avons vainement parcouru les vallons supérieurs, et questionné tous les bergers que nous avons rencontrés; nous n'avons obtenu aucun indice de ruines qui auraient pu exister dans les lieux élevés de la montagne, où les anciens plaçaient le temple de la Mère des dieux. Partout nous avons retrouvé le granit comme base du sol; le marbre calcaire gris n'apparaît que dans les contre-forts du côté du village d'Artaki, et compose presque entièrement les deux rochers, dont l'un porte spécialement le nom de l'île d'Artaki.

Indépendamment des deux grands ports formés par le golfe d'Artaki et celui de Panormo, à l'est et à l'ouest du nouvel isthme, l'île de Cyzique en a deux autres, l'un appelé Tarrhodia, ou plutôt Rhodia (τὰ Ῥωδιὰ) (les Grenades), où peuvent se réfugier les petits bâtiments pendant les orages, si fréquents sur la Propontide. Nous y avons mouillé avec *la Mésange* pendant les coups de vent de l'équinoxe de 1835. Le fond est de bonne tenue; mais les cartes marines étaient alors fort inexactes; on ne pouvait trouver ce port qu'à l'aide d'un bon pilote. L'autre port, situé à l'est de la presqu'île, portait anciennement le nom de Panormo, qui lui est commun avec un grand nombre d'autres ports en Asie et en Europe. Aujourd'hui les bâtiments n'y mouillent plus. Le nouveau village

---

(1) XII, 575

porte le nom de Erméni keui; on y trouve quelques antiquités.

Artaki, l'ancienne Artace, est voisine de Cyzique, et en était comme l'avant-port; cette ville remonte à une très-grande antiquité; elle est mentionnée deux fois par Hérodote (1), et notamment dans la guerre des Perses. Les Phéniciens, dit-il, après avoir mis le feu dans tous les lieux qui avaient été abandonnés par leurs habitants, se portèrent sur Proconnèse et Artace, et brûlèrent ces deux villes (2). La montagne qui domine le port et l'îlot voisin portaient aussi le nom d'Artace (3). C'était, dit-il, une colonie des Milésiens; elle était distante d'un stade de Cyzique (4). Cette distance est trop courte : nous comptons sur notre carte du golfe 9,375 mètres jusqu'à la pointe de Cyzique appelée Bal Kiz.

La ville d'Artace était sur un cap s'avançant vers le sud-ouest, et l'îlot du même nom n'en est séparé que par un étroit canal. Pline (5) mentionne en même temps cette ville et ce port, mais comme n'existant plus de son temps. Il est possible qu'à une certaine période, la prospérité de Cyzique ait absorbé complétement ces petits postes, qui avaient dû souffrir horriblement pendant la guerre de Mithridate. Cependant sous les empereurs byzantins, et même avant cette époque, Artace acquit une certaine importance, et pouvait présenter quelques monuments de marbre. Les fortifications qui sont dans l'île, et qui ont été décrites par Pococke et Lucas comme des restes magnifiques d'ouvrages grecs, ne sont que des tours byzantines, si ce n'est génoises, faites avec de riches débris d'architecture provenant sans doute de Cyzique. On y voit des colonnes cannelées à la grecque, des blocs de corniches encore intactes, employées comme matériaux bruts. Les tours sont à bossages, et ont bien résisté; mais les courtines sont en démolition complète, et plus d'un musée pourrait s'enrichir des débris qu'on en tirerait.

Dans une vigne qui domine la petite ville moderne, on peut observer un beau mur en blocs irréguliers et bâti tout en marbre blanc; ce vestige peut être considéré comme un des plus beaux restes de l'ancienne Artace, peut-être antérieur à l'invasion des Phéniciens. Il paraît dès lors constaté que cette ville était bien dans l'île même de Cyzique, mais non pas dans l'îlot qui commandait la rade, et qui d'ailleurs est seulement capable de contenir un château.

Dans un autre îlot, qui n'est à vrai dire qu'un rocher, il y a une source vénérée des Grecs, qui lui attribuent différentes vertus; on l'appelle *Ayasma* (la Fontaine sainte). Il est question dans quelque auteur ancien d'une fontaine de l'île de Cyzique, qui avait une certaine célébrité (1); peut-être est-ce l'origine de la renommée que celle-ci a conservé jusqu'à nos jours parmi les Grecs superstitieux.

Le golfe d'Artaki est aujourd'hui complétement abandonné de nos navires, qui ne trouvent plus aucune sorte de chargement à faire dans cette contrée déserte.

En suivant les sinuosités de la côte, on traverse plusieurs petits cours d'eau qui descendent de la montagne sur le penchant de laquelle est bâtie Cyzique, et que les Grecs appelaient Arcton-Oros (la Montagne aux Ours), peut-être avec autant de vérité que le rocher Elaphonnesus.

CHAPITRE VII.

RUINES DE CYZIQUE.

Les ruines de Cyzique sont aujourd'hui tout à fait inhabitées; au dela des murailles et sur la hauteur, il existe un village d'une douzaine de maisons, appelé Hammamli, qui possède en communal la totalité de l'enceinte de la ville. On peut suivre le pourtour des murailles depuis la grande tour octogone, située à l'angle sud-ouest, jusqu'à l'extrémité orientale, qui est très-voisine

---

(1) Liv. IV, ch. XIV.
(2) Liv. VI, ch. XXXIII.
(3) Strabon, XII, 576.
(4) Steph. Byz. V. Artace.
(5) Liv. V, ch. XXXII.

(1) Fons Cupinidinis, Pline, liv. XXXI, ch. II.

de l'isthme. Une source limpide et de très-bonne eau sort de dessous un mur antique; un platane l'ombrage de ses rameaux vigoureux : c'est l'endroit que les indigènes appellent Bal-Kiz-Séraï (le Palais de la Fille du Miel). Ce nom de Bal-Kiz est fort répandu en Asie; il paraît que les légendes musulmanes appellent ainsi la reine de Saba. On le retrouve à Aspendus, à Sagalassus et dans d'autres lieux encore.

On reconnaît, près de la tour de Bal-Kiz, les vestiges d'une porte; toutes les murailles sont faites en grands blocs de granit posés alternativement de front et en parpaing, et ornés de bossages; les parpaings ne traversent pas toute la muraille. L'intervalle des deux parements est composé d'un blocage, de recoupes de granit, de sable marin, de chaux et de ciment; la hauteur des assises est de 0^m52, et la longueur des blocs varie entre 1^m20 et 1^m28. On ne trouve aucune partie des murailles complétement conservée; mais on peut les suivre dans tout leur développement, et la plupart des soubassements sont intacts. Les tours sont carrées; elles sont placées à des espaces inégaux, qui varient de 30^m à 50^m; elles ont 10^m de front, et le mur 4^m d'épaisseur. Il est hors de doute que cette même muraille a dû défendre Cyzique des attaques de l'armée de Mithridate, et qu'elle fut témoin des efforts désespérés du roi de Pont pour s'emparer de la clef de la Propontide. C'est le seul monument de l'Asie encore existant qui ait pesé d'une manière puissante et directe sur les destinées de ce noble ennemi des Romains; et, comme telles, ces vénérables ruines produisent sur le spectateur une impression profonde. L'isthme, qui rappelle un grand ouvrage d'Alexandre, a disparu sous les terrains récents. Ces vastes remises, où l'on renfermait les galères (Νεόσοικοι), toutes les constructions maritimes qui pouvaient dater de la ville grecque, n'ont pas laissé de vestiges; il faut nous en tenir à la description des monuments romains, ou plutôt chercher à les retrouver dans les débris informes qu'ils présentent aujourd'hui aux yeux attristés.

Le territoire de Cyzique fut dans l'origine habité par les Dolions, qui s'étendaient jusqu'au fleuve Æsepus; l'île portait alors le nom de Dolionis. Lorsque les Argonautes y abordèrent (1), Cyzicus en était roi; il possédait la contrée située entre les fleuves Æsepus et Rhyndacus jusqu'au pays des Dascyliens. Ce prince avait donné son nom à l'île et à la ville; il était fils de Cyzicus, venu de Thessalie (2), et avait épousé Ænète, fille d'Euphorus, roi de Thrace. Cyzicus fut tué par Jason. Une autre tradition fait de Cyzique une colonie de Milésiens; elle est citée avec Artace au nombre des villes fondées par les habitants de Milet (3); mais comme les auteurs anciens sont d'accord pour admettre que les premiers habitants furent des Pélasges, on doit croire que les Dolions appartenaient à cette race.

Les Argonautes construisirent sur le mont Dindyme un temple à la grande mère Idaïque, qu'on adorait à Cyzique comme à Pessinunte. Le Scythe Anacharsis arriva à Cyzique au moment où l'on célébrait les mystères, et fit vœu, s'il retournait heureusement dans sa patrie, d'établir une veillée religieuse en l'honneur de la déesse Cybèle. Proserpine et Jupiter avaient aussi des autels à Cyzique; d'après une tradition fabuleuse, ce dernier dieu passait pour avoir donné en dot à l'épouse de Pluton la ville de Cyzique.

Les Phéniciens, qui avaient ravagé ces côtes, ne se portèrent à aucune hostilité contre Cyzique, parce que, avant leur arrivée, les Cyzicéniens avaient traité des conditions de leur soumission avec Œbarès, fils de Mégabaze, satrape de Dascylium (4).

Dans les révolutions qui suivirent la bataille de Mycale et les désastres des Athéniens en Sicile, Cyzique partagea la bonne et la mauvaise fortune des villes de l'Hellespont, tantôt tributaire d'Athènes, tantôt soumise aux Lacédémoniens ou aux Perses. Après la victoire du Granique, Alexandre s'empara de Cyzique, et joignit l'île à la terre ferme par deux ponts (5).

(1) Appollodore, liv. II.
(2) Pline, liv. V; ch. xxxii.
(3) Strabon, XIV, 635.
(4) Hérodote, liv. VI, ch. xxxiv.
(5) Pline, liv. V, ch. xxxii.

Le gouvernement de cette ville était pour les anciens un objet de constante admiration : le luxe de ses édifices, la richesse de ses ports la plaçaient au premier rang des métropoles de l'Asie. Cyzique, ville noble par sa citadelle, ses murailles, son port et ses tours de marbre, fait honneur à la côte d'Asie (1). Son administration ressemblait à celle des Rhodiens et des Marseillais; le soin de ses principaux bâtiments était remis entre les mains de trois architectes qui avaient l'intendance des armes, des machines et des greniers. Après la mort d'Alexandre, elle tomba sous le pouvoir des rois de Pergame; mais elle conserva ses priviléges et son gouvernement, et les marbres nombreux qui sont parvenus jusqu'à nous nous font connaître en détail toutes les magistratures qui composaient son administration. Le gouvernement était entre les mains du sénat et du peuple; et pour suivre les coutumes d'Athènes, première métropole des Cyzicéniens, le peuple s'était divisé en six tribus, dont quatre portaient les noms des tribus athéniennes, les Géléontes, les OEnopes, les Argades, les Hoplètes, les Ægicores et les Bores; elles parvenaient successivement, dans des temps réglés, au gouvernement et à la Prytanie (2).

Dans le principe, les habitants de Cyzique supputèrent le temps d'après l'année ionienne, divisée en mois lunaires; un peu plus tard ils prirent l'année macédonienne, et finirent par adopter l'année solaire des Romains. On remarque dans leurs mois plusieurs noms identiques avec les noms des mois athéniens. On pense que l'année des Grecs asiatiques commençait à l'équinoxe d'automne. L'année civile de Cyzique était composée de mois ioniens, athéniens et macédoniens, et de quelques autres qui lui étaient particuliers.

Indépendamment des corps du sénat et du peuple, la ville de Cyzique avait plusieurs magistrats dont les noms étaient communs avec plusieurs autres villes de l'Asie. Les fastes se comptaient à partir de l'époque de leur entrée en charge ; ces magistrats étaient les Prytanes, dont le collége était de six cents membres élus à tour de rôle dans toutes les tribus qui, dans le cours de l'année, arrivaient successivement à la Prytanie. On sait, d'après une inscription, que cinquante Prytanes étaient en fonctions dans un mois. En sortant de ce collége, les Prytanes passaient dans celui des Callies, magistrature qui est particulière à la ville de Cyzique. Les Callies étaient aussi au nombre de six cents. Chaque collége était présidé par un archonte qui prenait le titre d'Épistate, et quelquefois de Boularque, ainsi que le témoigne une inscription. Les Phylarques, présidents de tribus; l'Asiarque, chargé de présider aux jeux communs de l'Asie; le Grammateus ou chancelier, étaient des charges que l'on retrouve dans les monuments de la plupart des villes asiatiques. Mais ici les souvenirs d'Athènes sont plus nombreux que dans aucune autre colonie. Tel était le système d'administration au moment où éclata la guerre de Mithridate.

Ce prince attachait une importance extrême à se rendre maître d'une ville et d'un port qui commandaient l'Hellespont et tout le pays mysien. Il arriva à l'improviste devant la ville avec une armée de cent cinquante mille fantassins et une nombreuse cavalerie, et occupa d'abord la montagne Adrastée, située en face de la ville, là où est situé le temple d'Adrastée (1). Ce monument est également mentionné par Strabon (2), et d'après ses paroles on pourrait croire qu'il était, sinon dans la ville même, du moins dans le faubourg. Il est probable que Mithridate occupa les collines qui s'étendent parallèlement à la côte sur le continent.

Les Grecs avaient déjà perdu trois mille hommes et dix galères dans une rencontre qu'ils avaient eue devant Chalcédoine (3). Mithridate, voulant profiter de sa victoire, divisa son armée en dix camps, et bloqua la ville par terre et par mer. C'est alors que Lucul-

---

(1) Florus, III, 5.
(2) Caylus, *marbres de Cyzique*, t. II, 241.

(1) Plutarch. in Lucullo.
(2) XIII, 258.
(3) Voy. page 73.

lus transporta des barques du lac Dascylitis dans la Propontide, et parvint à faire entrer quelques soldats dans la ville pour soutenir le courage des assiégés. Mithridate avait fait construire des balistes et des tours mobiles pour attaquer les remparts. Les péripéties de ce siége ont une ressemblance frappante avec celui que soutint Nicée dix siècles plus tard.

Une violente tempête s'étant élevée, détruisit tous les apprêts de l'assaut, et notamment une tour de cent coudées de hauteur, qui était l'ouvrage d'un Thessalien nommé Niconides : néanmoins ces pertes ne décidèrent pas Mithridate à lever le siége. On chercha à pratiquer des mines, dans l'une desquelles Mithridate lui-même faillit périr. La prévoyance de Lucullus paraît à toutes les éventualités : son armée était bien approvisionnée, tandis que la famine exerçait ses ravages dans celle de Mithridate. Plusieurs tentatives malheureuses finirent par épuiser sa patience, et Lucullus le força de lever le siége et de se retirer dans le royaume de Pont.

La conséquence de ces événements fut une alliance durable et sincère entre les Romains et les habitants de Cyzique. Tous les monuments qui sont parvenus jusqu'à nous attestent que pas une ville de l'Asie ne reçut de la part des empereurs des marques plus constantes d'amitié et de protection. Elle conserva sa liberté et son autonomie, et reçut dans le continent une adjonction importante de territoire, non-seulement une partie de ce lac Dascylitis dont il est si souvent fait mention dans l'histoire de cette ville, mais encore une portion considérable de la Troade et du pays mysien, jusqu'au lac de Milétopolis (Manyas) et Apolloniatis (1). Dans ce passage de Strabon, le lac Dascylitis est nommé encore une fois avec les deux autres lacs de la Bithynie. Ou il faut supposer que le premier a disparu, ou qu'il y a quelque grave erreur chez les géographes anciens touchant ces lacs. Nous avons déjà traité cette question plus haut.

Cependant Cyzique eut à passer quelques moments terribles sous le règne de Tibère. Ayant négligé le service du temple d'Auguste, et condamné aux ceps quelques citoyens romains, elle fut dépouillée de ses priviléges (1); mais sous le règne suivant, ils lui furent restitués; elle fut nommée Néocore Hadrienne Olympienne, et les grands jeux de l'Asie furent célébrés dans son enceinte. Le titre de Néocore n'apparaît pas sur les monuments de Cyzique avant le règne d'Hadrien : une inscription de Thyatire fait mention d'un Arignotus, néocore de la très-illustre métropole de Cyzique. Le second néocorat lui fut décerné par l'empereur Marc-Aurèle Antonin Caracalla ; elle prit alors le titre de Philosébaste. La ville était dotée d'un prytanée, d'un gymnase, d'un théâtre, de plusieurs temples, parmi lesquels s'élevait le temple bâti en l'honneur de l'empereur Hadrien, et qui passait pour un des plus vastes temples de l'Asie ; les colonnes avaient quatre aunes de circuit et cinquante de hauteur (2); il portait pour inscription : Au dieu Hadrien ; et est mentionné sur les marbres sous le nom de Ναὸς τῆς Ἀσίας. Xiphilin le décrit comme le plus beau de tous les temples ; ses colonnes étaient d'un seul bloc de marbre. On ne sait pas précisément comment finit cet édifice : les uns prétendent qu'il fut renversé par un tremblement de terre sous le règne d'Antonin Pie ; suivant Malala, le tremblement de terre arriva sous le règne d'Hadrien, avant la construction du temple. Le rhéteur Aristide en parle comme d'un monument prodigieux, qui, par sa hauteur, servait de phare aux pilotes qui voulaient aborder à Cyzique. Ceci prouve que, l'an 167 de J.-C., le monument existait encore. Il est probable que les colonnes mentionnées par les historiens ont été transportées à Constantinople pour servir à l'édification de la mosquée du sultan Soliman, en 1515.

Parmi les monuments qui sont encore conservés, on distingue un vaste amphithéâtre, monument très-rare en

---

(1) Strabon, XII, 576.

(1) Tacit., *Annal.*, liv. IV, ch. 36.
(2) Dion Cassius, *Vie d'Hadrien*.

Asie, où les peuples se piquaient d'aimer les jeux plus littéraires. Il n'existe que deux amphithéâtres en Asie, l'un à Cyzique, et l'autre à Pergame. Marc-Antoine faisait exercer dans la première de ces villes une troupe de gladiateurs qu'il se flattait d'offrir en spectacle à Rome aux jeux de la victoire. Après la victoire d'Octave, ces gladiateurs restèrent attachés au parti d'Antoine ; ils se retirèrent en Syrie, où ils périrent tous (1). Diverses inscriptions mentionnent des troupes de gladiateurs qui combattaient dans les jeux de Cyzique (2). Nous savons que de semblables fêtes furent célébrées à la dédicace du temple d'Auguste à Ancyre.

Nous voyons bientôt ces usages disparaître par l'introduction du christianisme. Constantin, en arrivant à Byzance, fait enlever de Cyzique la statue de la Mère des dieux, et la fait transporter dans le Forum de Constantinople, pour être livrée à la risée des nouveaux chrétiens. Des édits de Théodose et de Justinien ordonnaient la démolition des temples du paganisme. Sous le règne de Gallien, les Hérules pillèrent Cyzique ; plus tard, les Scythes et les Goths y exercèrent leurs ravages.

Après la division des grandes provinces, faite par Dioclétien, Cyzique fut métropole de la province d'Hellespont, qui comprenait trente-trois villes. Les empereurs de Constantinople y établirent un hôtel et une fabrique de monnaies. Mais en 943 elle fut presque entièrement détruite par un tremblement de terre. Cependant elle conserva encore un certain nombre d'habitants.

Le fils du sultan Orkhan, gouverneur de la province de Karasi, l'ancienne Mysie, fut saisi d'admiration à l'aspect des ruines de Cyzique. Les colonnes brisées, les marbres épars sur le gazon lui rappelèrent les débris du palais de la reine de Saba, Bal-Kiz (3), élevé par Salomon, et les restes d'Istakar et de Tadmor. S'étant endormi dans ces ruines, il eut un songe à la suite duquel il se décida à entreprendre une campagne en Europe.

CHAPITRE VIII.

ÉTAT ACTUEL DES RUINES.

La grande tour de Bal-Kiz paraît avoir commandé la tête d'un des ponts qui étaient jetés sur l'étroit canal de Cyzique ; on remarque un grand mur qui se rattache à la tour, et qui se dirige à angle droit vers l'est. Il ne paraît pas que les murailles se soient étendues le long de l'isthme ; on n'en trouve du moins aucune trace. La ville étant assise partie sur le penchant de la montagne, qui forme trois mamelons, partie dans la plaine, c'est là qu'on retrouve le plus grand nombre d'édifices. Une rivière, qui prend sa source dans un des acrotères du Dindymon, forme à l'ouest une vallée assez profonde, sur laquelle est placé l'amphithéâtre, qui s'appuie sur les deux mamelons inférieurs. Il n'est guère possible que dans l'antiquité ce ruisseau ait eu un autre cours ; par conséquent, il passait sous l'arène de l'amphithéâtre, ce qui me porte à penser qu'elle était construite en bois. Les découvertes nouvelles justifient chaque jour cette opinion, et l'on finira par reconnaître que les arènes ont toutes été construites de la sorte.

Les vomitoires sont au nombre de trente-deux ; la plupart de ceux du rez-de-chaussée sont encore conservés ; ils sont construits en blocs de granit à bossage ; mais cet ouvrage est très-peu soigné, et annoncerait plutôt l'époque de Gallien que celle des Antonins. Tous les massifs des voûtes sont faits en blocage ; les impostes sont à peine indiquées par des pierres en encorbellement ; en un mot, cet édifice est indigne de la renommée de Cyzique. Il n'y avait pas de portique extérieur ; les vomitoires conduisaient directement aux précinctions. S'il reste encore quelques vestiges de ce monument, comme des murailles, on doit l'attribuer uniquement à la nature des matériaux, qui n'étaient pas propres à être utilisés, soit pour les constructions modernes, soit pour fabriquer des boulets.

---

(1) Dion Cassius, lib. LI, p. 447.
(2) Caylus, *Antiquités*, tome II, 219.
(3) Hammer, *Histoire de l'empire ottoman*, tom. I.

En descendant le vallon de l'amphithéâtre, on aperçoit bientôt, au milieu d'un massif inextricable de lauriers et de térébinthes, l'emplacement du théâtre, ce monument paraît être de la même époque que l'amphithéâtre; deux ou trois gradins de marbre sont encore en place, mais le proscenium a presque entièrement disparu; il était bâti en blocage, avec des revêtements de marbre; son diamètre était de cent mètres; les murs qui soutenaient la cavea étaient parallèles au proscenium. Comme il était appuyé sur le penchant d'une colline, il n'avait pas été nécessaire de construire des murs de soutènement pour appuyer les gradins.

On ne peut juger de la richesse de l'architecture de cet édifice par les ruines toutes rustiques qui subsistent encore, les colonnes et les moindres débris de marbre ont été enlevés pour être employés dans des constructions modernes; mais d'après une inscription qui a échappé à cette destruction méthodique, le théâtre de Cyzique ne le cédait pas en magnificence à ceux des autres villes de l'Asie, et selon l'usage presque général dans les villes grecques les sculptures décoratives étaient dues à la munificence des magistrats ou de quelque citoyen opulent; l'inscription suivante en est la preuve:

La ville honore Cyzicus, le constructeur, sous les archontes collègues de Julius Seleucus, fils du grand prêtre, qui ont présidé à l'exécution et à l'établissement des statues et des ornements du théâtre sous l'archontat de Julius Seleucus et d'Aurelius Pacidianus, fils d'Agathomerus.

D'après la disposition du théâtre, cet édifice devait se rattacher à un grand ensemble comprenant l'Agora, un portique et un temple avec son enceinte. Le temple était bâti en blocage revêtu de dalles de marbre, les colonnes étaient de marbre blanc veiné de violet, les fûts des colonnes de l'enceinte étaient en marbre rouge. Il est probable que nous retrouvons dans ces tristes restes le forum et le temple mentionnés par l'orateur Aristide, qui a laissé de ces monuments une magnifique description. Le temple, dit-il, occupait un espace immense et s'élevait sur de vastes galeries souterraines. Ce monument a passé parmi les écrivains du temps pour une des merveilles de l'architecture romaine. Il est bien difficile de juger aujourd'hui de l'ensemble des constructions; mais, d'après les débris épars de corniches et de chapiteaux, on peut être assuré que la finesse de la sculpture ne répondait pas à la majesté de l'ensemble; ce temple était dédié à l'empereur Hadrien, qui avait accordé aux habitants de Cyzique différentes immunités, mais ce qui fut le plus fatal aux ruines de Cyzique ce fut le voisinage de Constantinople, qui convertit l'ancienne colonie des Milésiens en une carrière d'où l'on tirait tout faits les colonnes et les entablements; cet enlèvement méthodique n'a cessé que lorsqu'il n'est plus resté dans l'enceinte de la ville un seul débris de marbre. Les voyageurs du dernier siècle ont encore décrit comme subsistant de leur temps plusieurs édifices dont il ne reste plus de trace.

Au nombre des curiosités que renfermait la ville de Cyzique, Pline cite l'écho de la Porte Trachia, qu'il compare aux plus remarquables échos connus de son temps; il cite aussi la pierre fuyante qui retournait d'elle-même à sa place toutes les fois qu'on la dérangeait; elle avait été laissée par les Argonautes, et pour la conserver les habitants de Cyzique avaient été obligés de la sceller avec du plomb.

Il est curieux de voir cette croyance fabuleuse, rapportée par Pline (1), se renouveler de nos jours au sujet d'une pierre antique conservée dans les bains de Broussa (2): on pourrait presque y voir une continuation de la même légende (3).

Comme place de guerre et comme ville de commerce Cyzique continua de jouir, sous les derniers empereurs, de tous les avantages de sa position. Elle devint épiscopale et fut déclarée métropole de la province d'Hellespont (Hiéroclès, *Synecdème*); enfin une dernière catastrophe dont elle ne s'est

(1) Pline, liv. XXXVI, ch. 15.
(2) Voy. pag. 24.
(3) Sur les manœuvres d'Aristée à Cyzique, voy. Hérodote, liv. IV, 14.

pas relevée, un tremblement de terre plus terrible que les autres, qui eut lieu au milieu du dixième siècle, la réduisit en l'état où nous la voyons aujourd'hui.

Au point de vue de l'histoire de l'art et de l'architecture, Cyzique ne remplit pas les espérances que faisait naître sa renommée, il n'existe dans ses ruines aucune trace de monuments antérieurs à la conquête romaine, et les monuments romains eux-mêmes attirent peu l'attention dans un pays si riche en ruines de tous les âges.

La population actuelle de la presqu'île de Cyzique est composée de Turcs et de Grecs. Les premiers habitent les villages disséminés dans l'intérieur; mais la population grecque, plus active et plus commerçante, occupe exclusivement les villes et villages de la côte. Artaki, petite ville de dix-huit cents à deux mille âmes, peut être considérée comme la capitale de ce district. Le mutzellim y réside ; il a pour toute garde quelques cawas. Les habitants sont presque tous propriétaires de biens ruraux, et la culture de la vigne y est poussée à une perfection rare. A la fin de l'hiver, lorsque les sarments sont coupés, on a soin d'entourer, avec un pinceau, le pied de la vigne d'un cercle de bitume chaud, pour empêcher les insectes d'y monter. Il paraît que jamais les propriétaires n'ont eu à souffrir des ravages de la pyrale et des autres ennemis de la vigne. Le vin d'Artaki est blanc et léger. Pendant le séjour de la flotte russe à Constantinople, un industriel eut l'idée de fabriquer, avec les raisins d'Artaki, du vin de champagne, dont le débit eut assez de succès pour enrichir l'inventeur. Cette industrie, qui aurait pu devenir profitable à la population, a été abandonnée quand l'auteur s'est retiré. Les Grecs n'osent pas se livrer à des spéculations qui pourraient les faire passer pour riches.

La fabrication du vin n'est pas facultative dans les États du sultan ; il faut préalablement obtenir de l'autorité une permission spéciale qu'on appelle Bérat, et qui détermine la quantité d'oques (1$^{llt.}$, 250) qu'il est permis de fabriquer.

Toutes les entraves mises à l'agriculture sont pour un État une mauvaise mesure ; l'intérêt du gouvernement turc serait, au contraire, d'appeler du dehors des cultivateurs pour suppléer à la population qui manque ; mais, avant tout, il faudrait abolir cette loi qui interdit à l'étranger le droit de posséder des biens fonds en Turquie.

CHAPITRE IX.

RUINES DE CYZIQUE D'APRÈS D'ANCIENNES DESCRIPTIONS (1).

Au milieu des ruines s'élève un magnifique platane qui ombrage une fontaine limpide qui est peut-être la fontaine de l'oubli *fons Cupidinis*, mentionnée par Pline, qui avait pour vertu de guérir les tourments de l'amour (2). Cette fontaine est voisine de deux tours massives entre les murailles et un terrain marécageux qui formait autrefois le port occidental. A deux cents mètres vers le nord-ouest et dans un fourré d'arbustes se trouvent quelques passages souterrains en partie obstrués ; mais avec le secours d'un flambeau ils peuvent être parcourus dans une longueur d'une trentaine de mètres en ligne droite ; ils communiquent les uns avec les autres, et semblent être les substructions d'un grand édifice, peut-être des greniers publics ou des magasins pour lesquels Cyzique était célèbre avant comme après la domination romaine. La construction est presque toute hellénique ; mais en certains endroits les murs sont en blocage de pierre. Au sommet d'une des voûtes il y a une ouverture carrée fermée dans une seule pierre qui forme une espèce de clef. Tout cela fait partie de la construction primitive. D'un autre côté, on observe un passage étroit qui monte dans l'intérieur de la muraille ; c'était sans doute l'entrée du souterrain. Peut-être faut-il voir dans ces ruines les substructions du temple décrit par Aristides (3), qui mentionne les souterrains du temple comme aussi dignes d'admiration que le reste.

(1) Sestini, Pococke, Hamilton, etc.
(2) Pline, l. 3o, ch. 16.
(3) Aristid., 4 orat. Cyz

Cet orateur vivait sous le règne d'Hadrien ; il a laissé un discours composé uniquement en l'honneur de la ville de Cyzique, et ses expressions peuvent donner la plus haute idée de la richesse et de la prospérité de cette ville.

« Son étendue, dit-il, pouvait suffire non seulement pour une ville mais encore pour une nation. — Les rivières, les lacs, les étangs qui couvrent son territoire sont si nombreux que si l'on voulait s'établir sur leur rivage, on n'aurait pas moins de villes sur les bords des lacs que sur le rivage de la mer et dans l'intérieur des terres. »

Le forum était consacré à tous les dieux, et au milieu s'élevait un temple qui paraît avoir été un des plus magnifiques édifices de l'antiquité. L'orateur continue ainsi : « Ce temple s'élève au-dessus des bâtiments d'alentour, et il n'est besoin ni de phares ni de signaux pour guider les navires qui entrent dans nos ports. Ce monument, qui absorbe toute l'attention, montre en même temps la richesse de la ville et le noble esprit de ses habitants. On peut dire que chaque pierre dont il est bâti est égale à un temple et que le temple lui-même avec son péribole est égal à une ville.

« Les constructions qui sont au-dessous du sol sont aussi dignes d'être admirées que le reste ; il y a des souterrains avec des galeries qui circulent tout autour de l'édifice et qui font partie de ce bel ensemble. »

Pline (1) fait mention d'un temple de Cyzique dont les joints des pierres étaient tous ornés d'une couronne d'or, et un mince filet d'or cachait la jonction des blocs de marbre. Un tremblement de terre a renversé tous ces édifices dont il reste à peine aujourd'hui quelques vestiges.

L'amphithéâtre est situé au nord de ces substructions, à cheval sur une vallée boisée au nord de la plaine où sont les principales ruines de la ville. Un certain nombre des piliers et des contreforts a cédé sous l'action du temps ; mais il y en a encore sept ou huit debout à l'ouest de la vallée. La forme elliptique de l'édifice est encore bien dessinée. Un petit cours d'eau coule dans l'axe de l'arène. D'après le caractère des constructions supérieures aussi bien que de la direction des eaux, on peut naturellement conclure que cet édifice a été dans certaines circonstances converti en naumachie. Les fondations de l'amphithéâtre sont faites avec des matériaux presque bruts ; mais il reste sur les murailles plusieurs traces qui indiquent qu'elles étaient revêtues de plaques de marbre.

Le village de Hammamli (des bains) est situé dans l'angle supérieur de l'ancienne ville ; la plupart des maisons sont construites avec des blocs de marbre et des fûts de colonnes arrachés aux édifices antiques.

En descendant du côté de l'est, on suit pendant quelque temps la ligne des murailles ; mais il est difficile d'en reconnaître le pourtour exact. Enfin, par une route tortueuse et difficile, on arrive aux ruines du théâtre, presque entièrement couvertes par des arbustes et des broussailles qui forment des masses de verdure. Cet édifice, selon toute apparence de construction grecque, est dans un tel état de destruction que l'emplacement du proscenium, la forme de la cavea et quelques substructions informes sont seuls visibles ; il ne reste pas un seul bloc de marbre en place. On reconnaît çà et là de longues murailles et des fondations diverses ; mais tout cela est tellement caché par les broussailles qu'il est impossible de déterminer leur forme primitive.

Le terrain, composé d'alluvions, qui joint l'île au continent est bas et marécageux ; la lagune couverte de roseaux qui s'étend à l'est occupe probablement l'emplacement du principal port de Cyzique, séparé du bord de la mer par une ligne de collines de sable accumulées par les efforts combinés des vents et des vagues. A son extrémité nord il y a un long fossé dirigé de l'est à l'ouest et rempli d'eau, et un mur de construction très-solide fortifié avec des tours sur sa face nord.

La communication avec la mer est interceptée par des sables accumulés ; il est à croire que c'était là l'entrée des galères qui devaient être conduites dans le port intérieur. Immédiatement au nord de ce port, il y a une masse de

---

(1) Liv. XXXVI, ch. 15.

ruines qui sont probablement les vestiges d'édifices publics.

On reconnaît les traces d'un aqueduc entre les collines inférieures et l'extrémité sud de l'isthme et de la ville ; le petit ruisseau qui coule dans la vallée de l'amphithéâtre était insuffisant pour les besoins de la population. Les collines granitiques sont de nature à fournir peu de sources, et les habitants ont été contraints d'aller chercher celles qui sortent des terrains calcaires, la végétation ne pouvant être entretenue que par d'abondantes irrigations.

Lorsque Pocoke visita les ruines de Cyzique, il reconnut encore l'emplacement de l'Agora ; c'était une place de cent pas de large et de quatre cents pas de long. On y voyait les ruines d'un grand édifice avec un portique d'ordre corinthien et plusieurs galeries souterraines. Toutes ces constructions sont aujourd'hui dépouillées de leurs marbres.

Cette destruction méthodique qui a étonné presque tous ceux qui ont visité les ruines des villes de l'Hellespont est due à une ancienne habitude du gouvernement turc, qui approvisionnait avec des boulets de marbre les châteaux des Dardanelles. Les batteries des châteaux d'Europe et d'Asie sont armées d'énormes pièces de canon dans lesquelles un homme peut entrer. On les appelle *Bal-yemez* (qui ne mange pas de miel) ; les bal-yemez étaient chargés avec des boulets de marbre de plus de soixante-dix centimètres de diamètre ; les pièces d'un moindre calibre étaient également approvisionnées de boulets de marbre. Pour suffire à une pareille consommation, des ateliers étaient établis dans les ruines de presque toutes les villes anciennes de la côte ; on voit encore à Alexandria Troas des boulets qui ont été abandonnés comme défectueux, au milieu des masses de recoupes de marbre. Peut-être s'étonnera-t-on que ces ateliers n'aient pas été établis dans l'île de Marmara, qui aurait pu fournir du marbre à tous les canons du Bosphore ; mais les Turcs préféraient utiliser de *vieilles ruines inutiles* et ménager leurs carrières pour les constructions de la capitale.

Il ne faut pas s'étonner après cela si les villes de l'Hellespont sont tout à fait dépouillées et si elles sont moins visitées par les voyageurs archéologues que celles du littoral est et sud de la presqu'île.

CHAPITRE X.

CÔTES DE L'HELLESPONT.

Non loin de l'embouchure de l'Æsépus, il y a une colline au sommet de laquelle s'élevait le tombeau de Memnon, et dans le voisinage était le bourg de Memnon. Les faits relatifs à ce héros étaient déjà controversés par les écrivains de l'époque romaine ; les uns le font venir d'Égypte, les autres de Perse. Pausanias (1) semble vouloir accorder les deux opinions en disant qu'en effet Memnon était de race éthiopienne, mais qu'il vint au secours de Troie en partant de Suse après avoir soumis toutes les nations qui étaient sur sa route. Hérodote fait évidemment allusion à ces événements lorsqu'il dit à propos du monument de Nymphi (2) : « Il y en a qui considèrent ces monuments comme des portraits de Memnon, mais ils se trompent étrangement. » Memnon, qualifié de fils de l'Aurore, n'était autre qu'un prince assyrien qui vint au secours de Troie et ne put arriver que vers la fin du siège.

Les oiseaux de Memnon qui, selon la fable, venaient tous les ans donner des soins au tombeau de Memnon et l'arroser avec leurs ailes après les avoir trempées dans les eaux de l'Æsépus, les oiseaux de Memnon continuent de voler le long des rivages de l'Hellespont. A une certaine époque de l'année, des troupes d'une espèce d'alcyon parcourent avec la rapidité de la flèche l'Hellespont et le Bosphore. Jamais on ne les a vus se poser ni sur terre, ni sur les eaux ; les marins et les habitants du rivage appellent ces oiseaux *les âmes en peine*.

La ville de Priapus était située à quinze milles environ de la presqu'île de Cyzique et à l'ouest de l'embouchure du fleuve Granique ; elle fut fondée par les Milésiens ou selon d'autres témoi-

(1) Liv. X, ch. 31.
(2) Liv. II, 106.

gnages par les habitants de Cyzique.

Priapus était renommée comme station navale (1); elle se rendit à Alexandre après la bataille du Granique (2). Un village du nom de Karaboga occupe le site de l'ancienne ville; mais on n'y rencontre aucun vestige d'antiquité. Le cap Karaboga abrite le port contre les vents du nord, et la presqu'île le défend du côté de l'est. Le dieu des jardins, Priape, dont le culte fut transporté d'Ornéæ, ville voisine de Corinthe, donna son nom à la ville asiatique.

Si la ville de Priapus n'a pas subsisté jusqu'à nos jours, nous pouvons du moins nous faire une idée de la fertilité de son territoire et de la richesse de ses campagnes; car toute la côte depuis Cyzique jusqu'à Lampsaque est cultivée en vignobles qui pourraient donner un vin excellent; mais les Grecs et les Israélites, qui ont conservé le privilége de la fabrication, emploient des procédés tellement imparfaits qu'il n'est pas possible d'en obtenir de bons produits; ce sont les vignes de Priapus qui avaient été données en usufruit à Thémistocle pour l'usage de sa maison (3). La première cause de la décadence de Priapus doit être attribuée à la prospérité de Parium, qui fut colonisée par les habitants de Milet, d'Erythræ et de Paros (4).

Pline (5) pense que la ville de Parium est la même que celle qu'Homère nomme Adrastée. Strabon place cette ville sur le promontoire qui sépare Priapus et Parium. Lorsque les rois de Pergame obtinrent du peuple romain cette partie de la Mysie, en dédommagement des conquêtes que les rois de Bithynie avaient faites sur eux, ils prirent soin de fortifier le port, qui était plus vaste que celui de Priapus, et les habitants de cette dernière ville furent transférés à Parium. Deux inscriptions recueillies par Spon donnent à cette ville le titre de colonie romaine (6). L'empereur Marc-Aurèle y fit de grands travaux; ce qui lui valut le titre de fondateur souvent décerné dans les inscriptions à des proconsuls ou à d'autres magistrats. On admirait à Parium un autel d'une forme singulière, dont chaque côté était long d'une stade; il était du genre appelé *Bomos*, c'est-à-dire en forme pyramidale. C'était l'ouvrage d'Hermocréon, qui avait décoré ce monument avec magnificence. Aujourd'hui il n'en paraît pas de vestiges; mais peut-être des recherches attentives mettraient-elles à même de reconnaître l'emplacement de ce monument unique.

Les ruines de Parium se reconnaissent encore au lieu nommé Kamarès (les Voûtes); les murs étaient construits en blocs de marbre sans mortier. Un grand nombre d'édifices enfouis, des restes d'aqueducs et de citernes témoignent qu'elle jouit d'une certaine importance jusqu'à la chute de l'empire.

CHAPITRE XI.

LAMPSAQUE. ABYDOS.

Lampsaque commandait l'entrée de l'Hellespont; elle était pourvue d'un bon port et renommée par la fertilité de son territoire. La fondation de Lampsaque remonte aux temps fabuleux antérieurs aux premières migrations européennes; son premier nom était Pityæssa. Les deux frères Phobus et Blepsus, nés à Phocée et descendants de Codrus, pendant leur séjour à Parium, rendirent service au roi Mandron, qui régnait à Pityæssa. Ce prince engagea les deux frères à envoyer dans ses États une colonie grecque, qui vint en effet s'établir sous la conduite de Phobus. Menacés d'une trahison de la part des Bebryces, ils furent sauvés par Lampsacé, fille du roi, et en reconnaissance de cet événement, ils donnèrent à la ville de Pityæssa, dont ils s'étaient rendus maîtres, le nom de Lampsaque (1). La population de cette ville s'était augmentée des ruines de Pœsus, située entre Lampsaque et Parium. Le culte du dieu Priape y était aussi répandu qu'à Priapus même; et, en effet, toutes ces villes jouissaient de l'abondance des fruits de la terre. Les

---

(1) Thucyd., VIII, 107; Strab., XIII, 587.
(2) Arrien, *Exp. Alex.*, I, 13.
(3) Strab., *loc. cit.*
(4) Strabon, XIII, 588.
(5) Liv. V, ch. 32.
(6) Spon, *Voyages*, I, p. 173.

(1) Plutarch., *de Virt. mul.*, 18.

coteaux étaient couverts de vignobles, et cette culture s'est perpétuée jusqu'à nos jours. Le soulèvement des Ioniens attira sur Lampsaque la vengeance des Perses; conquise par Crésus, elle parvint à conserver sous ses descendants une sorte d'autonomie. Après la bataille de Mycale, elle devint tributaire d'Athènes, et malgré les tentatives de ses habitants pour recouvrer leur indépendance, elle resta en cet état jusqu'au moment où Alexandre vint attaquer l'empire des Perses. Son heureuse situation lui permit de conserver un rang distingué parmi les villes d'Asie jusqu'au déclin de l'empire.

Le territoire situé entre Parium et Lampsaque était possédé par plusieurs petites villes dont le sort fut toujours soumis aux événements qui marquèrent les dernières années de l'indépendance de la Grèce ancienne; elles se gouvernaient par leurs propres lois; mais cet état prospère était souvent troublé par les attaques du dehors ou par des séditions intestines qui mettaient le pouvoir entre les mains de quelque tyran improvisé. C'est l'histoire de toutes les villes de ces parages, de Lampsaque comme d'Abydos ou d'Assos.

Presque toujours ces maîtres d'un jour finissaient par tomber dans quelque piège tendu par les partis ennemis, et la ville retrouvait son indépendance. C'est ainsi qu'Herméias, tyran d'Assos, Évagon, tyran de Lampsaque, terminèrent leur carrière,

La mort d'Alexandre, protecteur de Lampsaque, livra cette ville aux attaques d'Antiochus; elle finit par obtenir l'alliance des Romains et suivit le sort des villes de l'Hellespont quand elles furent réunies à l'empire romain.

Pendant toute la période du moyen âge, cette contrée resta dans l'oubli; les événements militaires étaient concentrés autour de Constantinople. Mais à mesure que la marine des États chrétiens prenait de l'extension, les Turcs, maîtres de l'Hellespont, comprirent la nécessité de fortifier le détroit.

Les châteaux d'Europe et d'Asie furent armés d'une artillerie formidable qui arrêtait au passage les caravelles et les navires des Vénitiens ou des Génois. Mais sous le règne d'Achmet II, en 1656, le détroit des Dardanelles fut témoin de la plus grande défaite qu'ait souffert la flotte ottomane depuis la bataille de Lépante. Le grand amiral Kénaan-Pacha, à la tête d'une flotte de soixante-dix-neuf voiles, voulut s'opposer à l'entrée de la flotte vénitienne; le commencement du combat fut en faveur des Turcs; les vaisseaux ottomans brûlèrent deux des plus fortes galères vénitiennes; l'amiral Moncénigo ne tarda pas à rétablir l'avantage du côté des chrétiens; toute la flotte turque fut détruite; plus de cinquante bâtiments furent brûlés ou pris, et Moncénigo amena triomphalement à Venise un nombre considérable de prisonniers turcs. La flotte vénitienne, quittant les Dardanelles, s'empara des îles de Ténédos, de Lemnos et de Samothrace. La nouvelle de cette défaite apportée à Constantinople par quelques navires qui avaient échappé au désastre y répandit la consternation.

Cependant le gouvernement turc ne songea pas à faire augmenter les fortifications des Dardanelles; ce grand ouvrage ne fut entrepris qu'en 1659, sous le grand visir Kœupruli. Il est vrai que la sultane Validé, mère de Mahomet IV, avait déjà songé à ces nouveaux moyens de défense; mais elle n'avait pu réussir à se procurer les fonds nécessaires. Les réclamations des villages environnants, qui redoutaient le voisinage des garnisons furent le prétexte que l'on mit en avant pour ne rien changer à l'ancien état de choses. Mais les derniers événements avaient tardivement ouvert les yeux du grand visir, qui donna l'ordre à la flotte d'hiverner aux Dardanelles. Des ouvriers furent mis en réquisition et travaillèrent sous les ordres de l'architecte Mustafa-Aga et sous l'inspection de Frenk Ahmed Pacha commandant des Dardanelles. Les deux châteaux furent élevés sur le plan d'un quadrilatère régulier de trois cents archines (460 mètres) carrés, et reçurent les noms de Kilidol Bahr (la clef de la mer) et de Seddol Bahr (la digue de la mer). Koum Kalé, le château du Sable, est un ouvrage de Mahomet II. Presque tous ces travaux furent exécutés par des corvées imposées aux riverains ; les plus mauvais traitements forçaient les habitants à aller travailler aux tranchées; le sultan vint souvent les visiter ; enfin les redevances de plusieurs émirs qui tenaient leurs fiefs des anciens sultans furent modifiées et ils se trouvèrent chargés de fournir les garnisons de ces nouveaux châteaux.

On a cherché en vain dans la moderne Lampsaki quelque monument qui attestât son ancienne magnificence. Dans le commencement du dernier siècle, on y voyait cependant encore quelques antiquités, et Wheler a observé des ruines qui n'existent plus de nos jours ; il trouva plusieurs colonnes de marbre et des inscriptions qui dataient du temps des Antonins. L'usage de faire des boulets de marbre, qui s'est perpétué pendant trois siècles chez les Turcs, a été plus pernicieux pour les villes de la Propontide que tous les ravages qu'elles avaient subis antérieurement. Aujourd'hui, depuis Moudania, l'ancienne Apamée, jusques y compris Alexandria Troas, il n'existe pas un bloc de marbre ancien. Cependant les Turcs avaient sous la main l'île de Marmara et ses inépuisables carrières; on ne comprend pas qu'ils aient préféré établir avec beaucoup de peine des ateliers partiels dans vingt localités différentes.

En suivant sur la côte la nomenclature des villes donnée par Strabon, nous devons rencontrer au nord de Lampsaque le port et la ville de Pœsus, déjà citée dans l'Iliade (1). Ces deux villes étant l'une et l'autre colonies de Milet finirent par réunir leurs populations et Pœsus disparut. Colonæ, petite ville située dans l'intérieur des terres, était aussi colonie ionienne.

Le territoire situé au sud de Lampsaque appartenait à la ville de Gergitha, fondation des anciens Teucriens (2). Elle était bien fortifiée et l'acropole construite sur une éminence dominait la ville au milieu de laquelle s'élevait le temple d'Apollon Gergithien.

Gergitha fut prise et détruite par Attale, roi de Pergame, qui construisit aux sources du Caïque une autre ville du même nom pour y établir les anciens Gergithiens.

L'ancienne ville des Teucriens était située dans l'intérieur des terres et sur les pentes du mont Ida (1) ; cela résulte du récit d'Hérodote : lorsque Xerxès marchait de Pergame sur Abydos, il avait à sa gauche les villes de Rhœtée et de Dardania et à sa droite les Teucriens Gergithiens.

Percote, mentionnée plusieurs fois par Homère, était située sur le fleuve Practius et à trois cents stades de Parium ; elle était voisine de la mer, et paraît avoir subsisté jusqu'aux dernières années de l'empire romain. On identifie l'ancienne Percote avec la petite ville turque de Bergan Kalé si.

La ville d'Arisbé était au sud de Percote ; elle appartenait aux Mityléniens (2) ; mais il est à croire qu'elle doit sa fondation aux anciens Dardaniens ; car elle était déjà florissante au temps de la guerre de Troie. Deux vers de l'Iliade réunissent les noms de ces villes autrefois célèbres. « Les guerriers qui cultivaient les champs de Percote et du Practius, qui habitaient Sestos Abydos et la noble Arisbé suivent (3) Asius, le fils d'Hyrtacès. » Cette ville, dont l'emplacement est aujourd'hui inconnu, subsista jusqu'à la fin de l'empire romain ; elle est mentionnée par Pline, qui la place sur la côte (4). « En dehors du golfe s'étend la côte de Rhœtée où sont les villes de Rhœtée, Dardanie et d'Arisbé. »

Abydos, la plus célèbre de toutes les villes de ces parages, ne subsiste plus ; mais on est autorisé, d'après les détails topographiques donnés par divers auteurs, à placer cette ville près de Boghaz hissar sur le cap qui s'avance dans le détroit.

La position d'Abydos relativement à Sestos est bien déterminée par ce passage de Strabon (5) : « La distance qui

---

(1) *Il.*, V, 612.
(2) Hérodote, liv. V, 122.

(1) Hérodote, liv. VII, 43.
(2) Et. Byz. V. Arisbé.
(3) *Il.*, II. 835.
(4) Pline, liv. V, ch. 32.
(5) Strab., liv. XIII, 591.

sépare ces deux villes d'un port à l'autre est d'environ trente stades (5,520 mèt.), le zeugma (passage) est du côté de la Propontide (au nord) par rapport à Abydos, et du côté opposé (au sud) par rapport à Sestos. Près de cette dernière, il y a un lieu nommé *Apobathra* où était attachée l'une des extrémités du pont.

Si l'on s'en rapporte à l'opinion de Strabon, Abydos a été fondée par les Milésiens, du consentement de Gygès, roi de Lydie, qui était maître de tout le pays; mais on ne doit entendre par là qu'une reconstruction de la ville, puisqu'elle existait déjà du temps de la guerre de Troie. Abydos était à égale distance entre Ilion et Lampsaque, éloignée de cent soixante-dix stades, environ 31 kilom., de l'une ou de l'autre de ces deux villes.

Lorsque Xerxès passa d'Asie en Europe, il choisit Abydos comme le lieu le plus rapproché du continent européen. Cette distance n'étant que de sept stades, le point de jonction fut désigné dans la suite sous le nom de Heptastadium et le passage sous celui de Zeugma.

Xerxès, voulant contempler l'ensemble de son armée, fit élever par les habitants d'Abydos un tertre sur lequel on plaça un trône de marbre. Du haut de cette éminence, le roi de Perse assista à un combat naval dans lequel les Phéniciens de Sidon remportèrent la victoire (1).

Nous devons faire remarquer ici l'usage répandu chez les princes et les rois de l'Orient de faire élever des tertres pour indiquer le centre de leurs camps, faire planter leurs étendards et comme dans la circonstance présente, pour passer la revue de leurs troupes. Ces éminences, qui sont assez communes en Assyrie et en Perse, sont connues des habitants sous le nom de trône (Tact); les Turcs les nomment tépé. Nous les appelons tumulus d'après la dénomination romaine. Le fait que nous signalons ici prouve que tous les tumulus que l'on observe en Asie n'ont pas été des tombeaux et parmi ceux qui sont répandus dans la plaine de Troie, il s'en trouve certainement quelques-uns qui n'ont pas une destination funèbre.

L'armée perse mit sept jours et sept nuits à franchir le détroit; ce tableau de l'invasion des Perses en Europe, conservé par Hérodote, fait passer sous nos yeux toutes les populations de l'Asie occidentale avec leurs noms, leur costume et les détails les plus précis sur leur origine; c'est sans contredit un des plus brillants passages et un des plus instructifs que nous ait transmis ce père de l'histoire (1).

Abydos eut grandement à souffrir de l'avantage de sa position dans le voisinage de l'Europe; Darius, de retour de son expédition contre les Scythes, fit brûler cette ville en même temps que quelques autres villes de l'Hellespont, de crainte que ces peuples ne fissent à leur tour une expédition en Asie et ne profitassent des avantages que ces villes auraient pu leur offrir comme base d'opérations (2).

Peut-être faut-il accueillir avec réserve ce fait mentionné par Strabon et qu'Hérodote passe sous silence. L'incendie d'Abydos aurait dû avoir lieu au retour de Darius dans la Chersonnèse d'Asie; or, au moment de la révolte des Ioniens, Dercylidas de Sparte, avec un faible contingent d'infanterie, fut envoyé dans la province d'Hellespont pour engager les Abydéniens à faire défection (3); mais il fut devancé par Daurisès, lieutenant de Darius, qui, avec une promptitude peu habituelle aux Perses, se rendit maître des villes de Dardanie, Abydos, Percote, Lampsaque et de Pœsus; chacune de ces villes fut prise en un jour (4).

La possession d'Abydos, constamment disputée pendant les guerres entre les Perses et les Grecs, échut tantôt aux Athéniens tantôt aux Lacédémoniens; mais cette ville résista avec énergie aux forces de Philippe, fils de Démétrius, qui ravagea les côtes de la Propontide et incendia la plupart des villes qui refusèrent de se soumettre. Les plus terribles me-

---

(1) Hérodote, l. VII, 44.

(1) Hérod., l. VII, 60.
(2) Strabon, XIII, 591.
(3) Thucidide, liv. VIII.
(4) Hérodote, l. V, 117.

naces ne purent décider les habitants d'Abydos à ouvrir leurs portes à l'ennemi déclaré des colonies grecques, et ils préférèrent périr jusqu'au dernier plutôt que de se rendre.

Les femmes et les enfants furent massacrés chacun dans un genre de mort différent, « vario mortis genere occiderunt », dit Tite-Live (1). Cette conduite ne prouverait pas, comme le dit Étienne de Byzance, que les habitants d'Abydos étaient des gens efféminés et de mœurs dissolues (2).

Tant de catastrophes n'empêchèrent pas Abydos de subsister jusqu'au temps des empereurs byzantins; elle était épiscopale dès le cinquième siècle. Hermeias, son évêque, souscrivit au concile de Chalcédoine et à la lettre synodale de la province de Cyzique à l'empereur Léon. Depuis ce moment les destinées de cette ville restent à peu près ignorées; elle ne participa en rien aux grands événements qui signalèrent le commencement du douzième siècle; il est probable qu'elle s'éteignit obscurément sous les gouvernements des émirs, qui ravagèrent les côtes de la Propontide et formèrent des principautés éphémères qui se fondirent dans l'empire des sultans (3).

CHAPITRE XII.

TROADE. — ÉLÉMENTS DES POPULATIONS PRIMITIVES.

Pour ceux qui cherchent à porter quelque lumière dans la confusion des origines des nations, l'histoire n'offre que des éléments qu'il s'agit de mettre ensuite en œuvre par la comparaison raisonnée des différentes populations qui ont contribué à faire entrer une contrée dans le cycle historique. Cela ne peut avoir lieu que lorsque ces familles humaines ont pris une physionomie particulière, qu'elles ont su se distinguer des peuplades voisines par quelque caractère spécial, mais nul ne peut compter combien de périodes de siècles se sont écoulées avant que ce moment soit arrivé. De tous les signes propres à faire reconnaître la parenté des diverses familles humaines, l'étude des langues est celui qui offre les moyens de contrôle le plus rationnel, et celui qui dans ces derniers temps paraît avoir acquis chez les hommes d'observation le plus grand degré de probabilité pour reconstituer les rapports de parenté entre les peuples qui ne sont liés par aucune tradition historique.

Ainsi la langue grecque étant reconnue comme appartenant à la famille des langues indo germaniques ou ariennes, on s'est cru autorisé à regarder les peuples qui en font usage comme une branche de cette grande nation qui, à une époque inconnue, habitait les plateaux de la haute Asie, et d'où sortirent les Indiens, les Perses, les Grecs, les peuples italiques, les Allemands, et les Celtes.

Cette souche arienne ne s'est pas tout à coup séparée en différentes tribus; mais, prenant, comme les branches d'un même tronc, un développement idiosyncrasique, chaque peuplade en se détachant du centre prit son courant vers les contrées les plus propres à favoriser son développement et son établissement en corps de nation.

Ce n'est pas sans raison qu'on a pensé que les Celtes, qui se sont le plus avancés vers l'ouest, sont les premiers qui ont quitté les hauts plateaux asiatiques pour se diriger vers l'Europe. Les Celtes, les Germains et les Slaves forment en effet le fond de la population du nord de l'Europe et parlent une langue de même souche (1).

Il y eut un second courant de population qui dans des temps moins anciens prit sa direction vers les côtes de la Méditerranée, tandis que les Médo-perses et la famille indienne, restant

---

(1) Tite-Live, liv. XXX, ch. 17. *Voyez* aussi Polybe. *Histor.*, liv. XV.
(2) Step. Byz., V. Abydi.
(3) *Voy.* aussi sur *Abydos* Tournefort, *Lett.* XI; Lucas, *Troisième Voyage*, tome Ier, p. 15; Charles de Saint-Paul, *Geogr. Sacrée*, p. 229.

(1) Voy. Curtius *Griesische Gesichte*, tome Ier. *Les Gaulois en Asie*, par Texier, *Revue des Deux Mondes*, août 1841. Carl. Ritter, *Erdkunde*, tome IX, 18e partie (*Die Gallier in Kleinasien*, dans lequel cet article est traduit et développé.)

étrangers aux influences de l'Occident, s'enfonçaient dans les régions de l'Asie centrale.

Les deux principales branches de cette race, qui sont venues s'établir sur les côtes de la Méditerranée et qui, eu égard à la proximité de leurs établissements, se sent de nouveau confondues à l'origine des temps historiques, les Hellènes et les Italiques, si l'on en juge par la conformité de leurs langues et par l'intime rapport qu'elles ont entre elles, se sont si bien mêlés que nous pouvons les considérer comme formant une même race qui a toujours conservé le sentiment instinctif de son origine asiatique et par conséquent son droit naturel à l'occupation totale ou partielle des terres de l'Asie.

Si les Grecs n'avaient conservé aucune tradition au sujet de leur premier établissement dans la contrée à laquelle ils ont donné leur nom, il ne leur restait non plus aucune notion de leur séjour dans un autre pays; bien plus, ils se regardaient comme autochtones, tout en admettant que leurs prédécesseurs avaient commencé par défricher les forêts, détruit les bêtes féroces et desséché leurs marais. Ces prédécesseurs ils les appelaient Pélasges; c'étaient les premiers habitants de la Grèce; il n'y avait aucun lieu du continent ou des îles où le nom des Pélasges ne fût prononcé comme celui du premier peuple venu dans ces parages; or les Hellènes se trouvaient liés à leurs prédécesseurs autant par leurs croyances que par leurs mœurs. S'il n'est pas possible de démontrer cette parenté à l'aide de documents historiques, toutes les traditions conduisent cependant à regarder les Grecs comme une branche de cette race qui s'étendit à l'occident dans l'Italie et la Sicile et à l'orient sur toutes les côtes et dans les îles de la Chersonnèse d'Asie. Ce que les Grecs disaient des Pélasges se lie tellement aux origines de leur propre race qu'on peut considérer l'une et l'autre nation comme une seule famille et non pas comme deux races distinctes. En effet il n'y a aucune tradition pélasgique, aucune divinité pélasgique que l'on puisse mettre en opposition avec les traditions helléniques. Le Jupiter, le Zeus pélasgique est invoqué par les héros grecs, et le centre pélasgique de Dodone peut être considéré comme le berceau de la Hellade (1).

Les Pélasges ne sont pas un peuple nomade et chasseur; c'est une nation qui se livre à l'agriculture et construit les premières demeures fixes pour les hommes et des lieux de refuge pour la communauté. Les sommets des montagnes sont les lieux sacrés réservés pour le séjour de la divinité que les hommes n'abordent qu'avec une religieuse terreur. Cette tradition se perpétue chez les Grecs; les sommets de l'Ida, l'Olympe, et les nombreuses montagnes qui portent le nom de Dyndimène sont consacrés aux divinités que les Grecs aussi bien que les Pélasges ont honorées comme dieux nationaux. Les fils des Pélasges se sont établis en Attique en même temps qu'ils occupaient les côtes de la Chersonnèse d'Asie; rien ne s'oppose donc à ce que l'on considère les Pélasges et les Grecs comme un seul et unique peuple, comme une même famille sous deux noms différents; mais le côté saillant du caractère des Pélasges, cette activité qui les pousse à former des établissements dans tous les lieux où leur race peut se développer, finit par s'effacer sous l'influence purement hellénique, et lorsque l'histoire commence à recueillir quelque tradition, les écrivains grecs ne trouvent qu'un jeu de mots pour nous peindre cette race puissante, ils ne nous laissent pour tout renseignement que ce mot : « Nous les appelons Pélasges parce qu'ils sont errants comme les Pélargues (2) ».

C'est cependant cette race d'origine arienne qu'il faut regarder comme les ancêtres des Grecs. Partout où les Pélasges se sont établis en Asie comme en Europe nous voyons la race grecque s'asseoir et prospérer; leurs migrations commencent pour ainsi dire avant l'origine des sociétés et avant que les peuples se soient formés en nations distinctes. Les terres d'Asie étaient livrées au premier occupant; aussi dès les premiers temps les Pélasges vont-ils occuper la Thrace, les rivages de la Pro-

(1) Strabon, liv. V, 221.
(2) Cigognes. Strabon, l. V, p. 221 et liv. IX, 337.

pontide et les côtes de l'Asie Mineure. Ils s'attachent à la terre par le labourage et l'élève des troupeaux, construisent des villes et deviennent les ancêtres de cette race d'où sortirent les trois branches de la famille hellénique.

Les Pélasges, comme leurs ancêtres ariens, rendaient un culte à une divinité incorporelle sans temple et sans statues; ils l'appelaient Zeus et la regardaient comme habitant les sommets des montagnes. Quand ils voulaient la représenter en rapport avec les hommes, elle recevait le nom de Dyopatros ou Jupiter, et le Jupiter pélasgique inspirant une sainte terreur était honoré dans les forêts et faisait sa demeure dans un chêne sacré. Ce premier vestige du culte des nations ariennes se répand aussi bien dans les forêts de la Germanie que dans celles de la Grèce; le chêne des druides est de même souche que celui de Dodone. Le mont Ida et les hauts sommets des montagnes de la Crête deviennent des centres religieux autour desquels se réunissent les peuplades disséminées; mais leurs relations avec les autres races qui apparaissaient sur ces rivages leur apprirent à rendre sensible l'image de leur divinité, et ils ne tardèrent pas à adopter celles des peuples sémitiques établis sur les côtes méridionales de l'Asie et dans l'île de Crête. Là il y avait une population kenanite ou syrienne qui adorait la reine du ciel sous le nom d'Astarté et le Jupiter Pélasgique sous le nom de Baal; cette race syrienne n'était jamais parvenue à chasser ni à s'incorporer complétement la population non sémitique de la Crête; ce mélange forma la souche des populations non helléniques qui s'établirent dans les régions sud-ouest de l'Asie, et dont les Cariens forment le type le plus saillant.

Avec la famille pélasgique on remarquait sur ces côtes les tribus actives qui, sous le nom de Gergéthiens et de Cébrenniens, exploitaient les mines et les forêts de l'Ida, et vénéraient la grande mère Idéenne. Les Dactyles étaient leurs maîtres dans cet art qui passait pour surhumain; entre ces populations, on distinguait la belle race des Dardaniens, qui racontait avec orgueil comment, sous la conduite de son chef Dardanus, et sous la protection du Zeus pélasgique, elle avait fondé la ville de Dardanie.

L'époque de l'arrivée de Dardanus sur les côtes d'Asie est trop reculée pour qu'il soit possible de la déterminer d'une manière tant soit peu probable. Homère (1) estime qu'il s'était écoulé cinq générations entre Dardanus et Priam, et Platon marquait l'arrivée des Dardaniens dans la seconde période après le déluge (2), lorsque la race humaine commençait à peupler les sommets élevés des montagnes, faisant ses demeures dans les cavernes des rochers et dans les antres creusés par les Cyclopes. Dardanie fut bâtie « lorsqu'Ilion avec son peuple immense n'était pas encore, et qu'on habitait au pied de l'Ida arrosé de sources (3) ».

CHAPITRE XIII.

PHÉNICIENS.

Une partie de ces Dardaniens s'était établie dans le haut pays, l'autre habitait la côte, qui, bien que privée de ports, offrait encore des retraites suffisantes aux faibles barques qui venaient aborder dans ces parages. Elles appartenaient à un peuple navigateur et commerçant qui de temps à autre venait apporter sur ces côtes les produits de son industrie; ce peuple innommé était connu des autres nations sous une désignation vague et arbitraire.

Les Assyriens les connaissaient sous le nom de *Aharri*, c'est-à-dire « gens du pays de derrière (4), eu égard à leur position à l'occident de l'Assyrie et comprenant les pays de Tyr et de Sidon. Les Aharrites étaient partis de l'Asie trans-Euphratienne et s'étaient avancés par l'Arabie jusqu'à la mer Rouge où ils résidèrent pendant plusieurs générations (5). Les Phéniciens, dit Hérodote, sont ceux qui autrefois habitaient vers la mer Rouge; ils sont venus de là s'établir sur les rivages maritimes de la Syrie jusqu'à l'Égypte. » C'est-à-dire qu'ils occupaient la région ap-

---

(1) *Il.*, V, 230.
(2) Ap Strab., liv. XIII, 592.
(3) *Iliad.*, XX, 215.
(4) J. Menant et Oppert, *Insc. cunéif.*
(5) Hérodote, VII, 89.

pelée le pays des dattes. Chez les peuples de l'ouest, ces marchands navigateurs, qui apportaient sur les marchés les fruits du dattier et surtout le vin de palme récoltés dans leur pays, étaient généralement appelés « les hommes du pays des dattes ». — Les Pélasges et les Hellènes, qui connaissaient le palmier sous le nom de Phœnix, ont donné le nom de Phéniciens à ce peuple qui vendait des dattes, et qui venait du pays des dattiers. Cette dénomination est devenue générale et est restée en usage chez les Romains et chez les modernes, elle est purement grecque, et n'a rien de sémitique. Quelques historiens modernes assimilent le nom des Phéniciens à celui de Philistins, et vont jusqu'à les confondre avec les Pélasges, en faisant dériver l'un et l'autre nom du sanscrit *Valaksha* (hommes) blancs (1). Le langage comme les mœurs des Phéniciens prouvent d'une manière évidente qu'ils étaient de race sémitique; ils avaient puisé les éléments de leur civilisation dans le pays de Babel et d'Assur et lorsqu'ils atteignirent les rivages de la Méditerranée, ils étaient déjà initiés aux premiers éléments de la navigation, connaissant, d'après les Chaldéens, la position de l'étoile polaire, ils avaient parcouru en tous sens cette mer sur laquelle ils ne rencontraient pas de rivaux; mais en abordant dans les îles et sur les côtes, ils trouvaient là une population agglomérée avec laquelle ils établissaient des relations commerciales.

Resserrés dans leur pays entre la mer et la côte, les Phéniciens n'avaient trouvé d'autre développement de territoire que dans les contrées d'outre mer ; ils avaient bâti Byblos, Sidon et Tyr ; c'étaient leurs dépôts de marchandises et le siége de leurs fabriques; mais des rivages de la Phénicie on apercevait les sommets des montagnes de Chypre, et dans la belle saison le trajet était facile avec leurs barques légères qu'ils appelaient leurs chevaux (2). Chypre, où ils avaient porté leurs dieux et leur commerce, devint comme le centre de leurs expéditions vers les pays de l'ouest;

ils s'établirent dans la Cilicie, et, tantôt comme pirates, tantôt comme trafiquants, ils s'emparèrent de plusieurs ports de la Lycie. Il en résulta dans cette contrée une population mélangée de deux races qui, sous le nom de Solymes, apparaît aux premiers âges de la poésie épique.

Sans s'étonner de voir les îles et les côtes occupées par une race blanche, les Phéniciens lièrent avec ces inconnus des relations commerciales, et en échange de cette amitié, ils obtenaient la faculté d'établir sur les côtes des pêcheries du coquillage qui fournit la pourpre. On peut faire remonter l'origine de ce commerce aux temps les plus reculés.

Hérodote commence son histoire par un vivant tableau des origines d'Argos (1), où les navires étrangers apportaient les produits des manufactures phéniciennes, assyriennes, et de la basse Égypte; les marchandises étaient exposées sur la place pendant cinq ou six jours ; c'était la semaine du marché, qui était clos le septième jour selon les habitudes des peuples sémitiques. Mais aux relations pacifiques se mêlaient souvent des faits de piraterie qui excitaient des troubles passagers. Les Phéniciens n'avaient pas tardé à comprendre que le bénéfice le plus clair qu'ils pouvaient rapporter des marchés, de l'Orient, les marchandises de retour, comme on dit aujourd'hui, consistait dans le trafic des esclaves, des jeunes gens et des jeunes filles amenées du pays des races blanches. Aussi, au commerce licite de cette nature ils ajoutaient quelquefois la ruse et la violence. Les marchandises exposées sur le tillac des barques attiraient à bord les curieuses filles des îles, et le bateau faisant force de rames s'éloignait de la côte.

Cependant l'arrivée des marchands de dattes était pour les peuples de la Chersonnèse le signal d'un grand mouvement commercial; ils livraient le produit de leur sol, les métaux exploités dans les mines de l'Ida par les mystérieux Dactyles, les fers du Gargare, l'airain de Tautalis, les noix de teinture, la valonnée dont abondent les forêts de

---

(1) Cf. Schœmann, *Griechische Alterthumer*, tome Iᵉʳ, p. 4.
(2) Hippi, Strabon.

(1) Hérod., liv. I, ch. 1.

l'Ida, le rhamnus dont la graine donne la teinture jaune. En compensation, les marchands phéniciens échangeaient les produits manufacturés de l'Égypte et de la Phénicie les vêtements de pourpre qui ont conservé le nom de « couleur phénicienne », les casques à aigrettes qui plaisaient tant aux Dardaniens, les boucliers et les cnémides ouvrages des Cariens et des Cabalès ; on leur concédait en outre le droit de pêche sur la côte, et par suite le droit de fonder des factoreries, qui devinrent des villes phéniciennes. C'est ainsi qu'ils fondèrent Pronectus dans le golfe Astacène, convoitant déjà les heureuses situations de Proconnèse et de Cyzique, qu'ils ravagèrent plus tard quand la guerre fut déclarée entre les Perses et les Grecs. Avec le goût du luxe et des vêtements de pourpre, les Phéniciens transportaient sur ces rivages le culte de leurs dieux. L'Hercule phénicien est parent de l'Hercule grec, et le culte d'Apollon Lycien, institué d'abord à Patare, est pratiqué sur les côtes de la Propontide avec le concours des populations des deux races.

L'exploitation des forêts de l'Ida et de l'Olympe attirait toujours un concours nouveau de navigateurs ; ils trouvaient dans les forêts de la Chersonnèse des éléments qui leur manquaient dans toutes les autres colonies pour l'entretien de leur marine. Tout en trafiquant avec les peuples non-sémitiques, non-seulement il ne s'opérait aucune fusion entre les deux races, mais des inimitiés s'accumulaient qui devaient dans les âges suivants se manifester par des hostilités ouvertes. Partout, pendant la guerre des Perses, on voit les Phéniciens les plus actifs auxiliaires des ennemis des races grecques, et leur marine innombrable est mise au service de Darius pour ravager les villes des côtes (1), jusqu'à ce qu'enfin les victoires d'Alexandre délivrent les colonies grecques de la tyrannie des villes phéniciennes.

La race des Teucriens, établie en Asie par leur chef éponyme Teucer, est confondue par Virgile avec celle des Troyens, mais n'est pas mentionnée par Homère. Ils étaient originaires de Thrace, et leur première invasion est antérieure à celle des Dardaniens, puisque ces derniers n'arrivèrent dans la Chersonnèse que deux cents ans environ avant la fondation de Troie. Les Teucriens sont les ancêtres des Pœoniens, tribu nombreuse répandue sur une grande partie des deux continents ; ils ont occupé les bords du Pont-Euxin et les côtes de la Chersonnèse d'Asie, l'Illyrie, la Macédoine, où on les désignait sous le nom de Macédoniens Pœoniens ; ils furent au nombre des alliés de Priam, mais ne furent pas soumis à son empire ; ils appartenaient à cette grande nation thrace ou pélasge qui fournit à l'Asie mineure toute sa population non-sémitique. Aussi peut-on regarder les Teucriens et les Dardaniens comme appartenant à ces tribus des bords du Danube qui, venues séparément s'établir en Asie, se sont retrouvées et réunies plus tard. Les Teucriens ont précédé les Dardaniens en Asie, et lorsque ces derniers arrivèrent, il se forma une alliance intime des deux races qui retournèrent en Europe pour y faire les expéditions dont Hérodote nous a conservé le souvenir.

CHAPITRE XIV.

CARIENS. — LÉLÉGES — LYCIENS.

Les Cariens, peuple mélangé, étaient navigateurs et pirates comme les Phéniciens ; ils se rattachaient par eux aux familles sémitiques de la Crète et par leur parenté avec les Pélasges et les Léléges ; ils tenaient aux races établies dans l'ouest, les Mysiens et les Lydiens. De ce mélange était résulté une langue barbare, qui n'était pas comprise des Grecs, et qui s'était répandue dans la presqu'île de Lycie. Chez les Grecs des âges suivants, les Cariens passaient pour autochtones. Ils pratiquaient le culte de Jupiter, qui était celui des Pélasges, et le culte d'Apollon, auquel ils se disaient redevables de leur existence en corps de peuple et même de leur langue. Les Grecs de l'occident confondaient les Cariens avec une race qui se montre dans le monde hellénique contemporaine des Pélasges ; ce sont les Léléges, qui comme ces derniers colonisent les vallées de l'Ida et les pentes du Gar-

---

(1) Hérodote, liv. VI, 33.

gare et se retrouvent sur les rivages de la Carie et de la Doride, où les restes de leurs constructions colossales font l'étonnement des écrivains de l'âge romain. Les Léléges jouent un rôle important dans le monde héroïque; ils apparaissent à Troie comme en Lycie ils occupent le pays où devait se construire Milet et Éphèse et sont unis de parenté avec les monarques troyens. Priam prend pour épouse une femme lélége, et sur le continent de la Grèce ce nom n'est pas moins répandu; mais à l'encontre des Pélasges, qui ont marché de l'ouest à l'est, les Léléges sont censés partir de la Carie et de la Crète et se répandirent dans le nord et dans l'ouest. Les Grecs, qui rapportent toute origine à leur propre nation, les personifient dans le héros Lelex, premier roi de Lacédémone, qui régna dans le dix-huitième siècle avant notre ère. Ces peuples finirent par se fondre dans la colonisation ionienne qui vers le même temps commence à se répandre sur les côtes de la Chersonnèse d'Asie.

De cette puissante race pélasgique qui couvrit toutes les côtes de l'Asie Mineure de la Thrace et de la presqu'île hellénique sortirent presque tous les peuples non-sémitiques de la Chersonnèse d'Asie. C'est de cette période qui précède encore de plusieurs siècles les temps historiques que date l'introduction dans la famille grecque des dieux de l'Orient sémite mêlés aux traditions légendaires qu'ils allaient recueillir sur toutes les côtes où les Phéniciens étaient établis. De la période carienne et lélége date l'introduction du culte de Poséidon et du grand centre religieux des Branchydes. C'est de cette époque de transition entre la civilisation pélasgique ou lélége et l'état hellénique que datent les premières notions de géographie, presque toutes basées sur les traditions légendaires. La plupart des fleuves et des montagnes reçoivent leurs noms de quelque divinité typique ou d'un caractère saillant reconnu de tous. Les premières migrations des peuples hellènes sur les côtes d'Asie n'ont pas eu pour résultat immédiat la fondation de villes et de centres de population. Pendant bien longtemps ils se sont établis dans les conditions de colons temporaires, et ce n'est qu'après avoir formé un noyau de population qu'un chef se présentait pour les réunir en société politique.

Quand les écrivains grecs nous disent que telle ville fut fondée, ils expriment seulement que la communauté qui existait déjà s'est trouvée assez nombreuse et assez forte pour se donner un chef et des lois. La métropole participait à ces créations d'outre-mer en créant avec la nouvelle colonie des relations commerciales qui faisaient pour ses marchands un comptoir de plus. La plupart de ces établissements se formaient sur les côtes ou à peu de distance de la mer; l'intérieur du pays, placé sous le pouvoir plutôt nominal que réel des rois d'Assyrie et parcouru par des tribus de race sémitique, n'offrait aux colons isolés qu'un séjour plein de dangers; mais l'établissement de la monarchie phrygienne, qui précède de plusieurs siècles les temps historiques, créa une barrière entre les sémites et les races occidentales; les premiers acceptèrent le fleuve Halys comme limites de leur territoire. Dès ce jour l'inimitié entre les deux races fut jurée de part et d'autre, et trente siècles ne l'ont pas vue s'affaiblir.

Les Phrygiens appartenaient à la race thracique et avaient apporté en Asie les éléments de civilisation des Pélasges. Le peu de mots que l'on connaît de leur langue suffit pour faire reconnaître qu'elle appartient à la souche arienne; leurs caractères sont les mêmes que les caractères Grecs les plus anciens, et ils avaient l'habitude d'écrire successivement de gauche à droite et de droite à gauche, méthode appelée Boustrophédon, que les plus anciens Grecs pratiquaient à l'origine de l'écriture et qui a toujours été ignorée des peuples sémitiques; cela suffirait pour faire établir la parenté entre les deux races. La monarchie phrygienne devint avant la fondation de Troie une des plus puissantes de l'Asie occidentale, et déjà à l'origine de l'histoire grecque la Phrygie avait des traditions qui attestaient une grande individualité passée. Elle avait eu ses rois indigènes; son culte, qui était conforme à celui des autres nations pélasgiques, était organisé d'une manière puissante ; c'était de cette souche que devait sortir la nation troyenne destinée à subir le premier choc armé de l'Occident. Les Troyens, en effet, se regardaient comme Phrygiens. Lorsque dans l'*Hécube* d'Euripide Agamemnon parle de ses ennemis vaincus et de leur ville détruite, il les désigne sous le nom de Phrygiens. « Si nous savions que les tours des Phrygiens sont tombées sous nos coups, ce bruit étrange nous eût remplis de frayeur. Misérables Phrygiennes! ô monstres! quelle retraite les dérobe à ma fureur? s'écrie Polymestor aveuglé par les Troyennes. » Il y a pour le peuple troyen une double parenté avec les Phrygiens et les Dardaniens. La famille de Tros forme une nouvelle branche par les frères Ilus et Assaracus. Capys, le fils d'Assaracus, porte un nom phrygien ainsi que Dymas, un des gendres de Priam. C'est par cette alliance des peuples déjà établis dans la Chersonnèse d'Asie que la puissance des Dardaniens se développe, et le royaume de Troie s'étend sur les contrées où les Phrygiens, les Pélasges, les Assyriens, les Phéniciens et les Hellènes s'étaient tour à tour établis. Si l'on compte les peuples alliés ou tributaires de Troie, on voit que le pouvoir d'Ilion s'étend sur toute la côte occidentale.

Le peuple lycien, dont l'origine remonte aux temps primitifs de la Grèce, était aussi uni aux Troyens par une étroite parenté. Aussi les noms de villes et les dieux de la Lycie se retrouvent en Troade comme si ces deux États n'en eussent formé qu'un seul.

Les Phéniciens, maîtres du Taurus comme de la Cilicie et les peuples sémitiques venus de Syrie, s'étaient répandus dans la presqu'île de Lycie, et avaient formé la population des Solymes.

D'un autre côté, les tribus crétoises appelées Termiles ou Tramiles honoraient Sarpédon comme leur héros, s'avançaient de la mer jusque dans le haut pays, fondaient leurs places fortes, et, retranchées derrière leurs solides murailles, donnaient un puissant essor à l'esprit guerrier qu'elles avaient puisé chez les Crétois (1).

Les Lyciens Crétois s'étaient étendus des bouches du Xanthus jusque dans l'intérieur du pays, et le culte d'Apollon, qu'ils avaient établi, se répand rapidement sur la côte d'Asie, est transporté en Grèce, et la légende du jeune Ion, fils d'Apollon, auquel la pithye présage une race illustre sur les terres d'Asie, cette tradition montre l'intime parenté qu'il y avait entre les primitifs Hellènes et ces races envahissantes des Lyciens et des Crétois « au temps marqué par la destinée, leurs enfants peupleront les îles des Cyclades et les côtes voisines, de villes riches et florissantes qui feront la puissance de mon peuple. Ils s'étendront au loin sur les deux continents opposés de l'Europe et de l'Asie et celui-ci prendra le nom de l'Ionie en mémoire du fils d'Apollon ». C'est ainsi que Minerve révèle au jeune Ion les destinées futures de sa race; Ion lui-même est le fils du dieu de la Lycie (1). Dans la ville de Patare s'élevait le premier grand temple et l'oracle d'Apollon Lycien qui reçut dans la ville même d'Athènes le culte le plus suivi.

Ainsi se formait en Lycie comme en Troade une puissante alliance de peuples de races diverses, qui, excitées les unes par les autres, voyaient s'éveiller en elles le génie de la civilisation et de la religion ; mais l'esprit historique n'était pas encore né ; les oracles des dieux et les mythes religieux absorbaient toute autre tradition.

Le culte rendu au fils de Latone avait fait naître chez le peuple lycien un respect de la femme qui n'existait pas chez les autres races pélasgiques. De jeunes prêtresses attachées aux autels d'Apollon paraissaient comme les organes de la volonté du dieu, et la race des matrones était si honorée que c'est à leur nom que s'attachaient les titres de famille. Après l'art de la guerre, le génie des Lyciens s'est surtout développé dans la science des constructions, et la Grèce elle-même demande aux enfants de Ly-

---

(1) Hérodote, liv. VII, 92. Les Lyciens, originaires de Crète appelés jadis Termiles, prirent ensuite leur nom de Lycus, fils de l'Athénien Pandion.

(1) Euripide, *Ion* à la fin.

caon des artistes pour élever les monuments les plus sacrés. Les villes de Lycie formaient autant d'États confédérés, et c'est dans le développement de cette science politique que se manifeste le mieux l'esprit du peuple lycien.

La conformité des noms lyciens que l'on rencontre à chaque pas dans le territoire de la Troade et dans les récits de la grande épopée troyenne vient encore fournir la dernière preuve de la parenté intime qui existe entre les Troyens et les Lyciens. Les deux pays sont liés par une commune origine ; ils honorent les mêmes dieux comme Zeus Triopas et Apollon, les mêmes héros comme Pandarus et Bellérophon ; ils ont les mêmes fleuves, les mêmes noms de montagnes ; une partie de la Troade portait le nom de Lycie, pris du nom de ses habitants ; de même les Lyciens dans leur propre pays portaient le nom de Troyens. Cela ne peut dater de la dispersion de la nation troyenne, mais avait déjà lieu du temps de la splendeur du royaume de Priam. Cette parenté date des temps antéhistoriques ; elle s'unit avec celle des Crétois par la famille de Sarpédon, ce frère de Minos qui le premier alla coloniser la Lycie avec les Crétois et marcha au secours de Troie. Vaincu et tué par Patrocle, son corps est enlevé du champ de bataille par les soins d'Apollon lui-même, qui le fait reporter en Lycie, où il reçoit sa sépulture.

Il résulte donc de cette concordance des faits qu'à l'époque primitive de l'établissement des Européens sur cette terre d'Asie, les Pélasges d'abord, puis les Phéniciens formèrent un noyau de population qui s'augmenta des Dardaniens venus de Mysie et des Crétois venus des îles, et forma avec le concours de la Phrygie ce peuple troyen qui le premier ouvre le cycle des faits historiques.

La création du royaume de Priam réunit en une seule nation les tribus déjà puissantes qui s'étaient établies sur les côtes ; mais il ressort du récit même d'Homère et de toutes les traditions qui avaient cours dans la haute antiquité, qu'avant la formation de ce royaume il avait existé au centre de l'Asie un empire florissant qui se confondit avec le royaume de Priam.

Cet empire c'est la Phrygie, dont les traditions religieuses et historiques se perdaient dans les obscurités du passé ; aussi les historiens grecs regardaient-ils les Phrygiens comme la plus ancienne nation de l'Asie. L'*Iliade*, le premier livre qui réunisse les traditions recueillies dans l'esprit et au point de vue hellénique, nous montre Dardanus, le chef des Dardaniens, comme un fils de Jupiter, c'est-à-dire de la famille des Pélasges ; d'autres traditions mythiques le faisaient passer pour originaire de Samothrace (1). La tradition troyenne le représentait comme fondateur de Dardanie, dans les hautes régions de l'Ida ; cette contrée devient le berceau de la race troyenne. Tros donne son nom aux Troyens. Il est père d'Ilus qui fonda Ilion aux rives du Scamandre.

Laomédon, fils d'Ilus, bâtit la citadelle du Pergama avec le secours d'Apollon et de Neptune, dieux lyciens, qui fut détruite une première fois par Hercule, dieu phénicien.

Priam, fils de Laomédon, réunit dans son alliance tous les peuples de l'occident de l'Asie jusqu'à la Lycie, les Phrygiens et les Mysiens, Lesbos et l'Hellespont. Il est également l'allié des monarques d'Assyrie puisque l'Assyrien Memnon vient au secours d'Ilion et meurt avant d'avoir pu effectuer son retour.

Il ressort de ces traditions quelques faits très-intelligibles lorsqu'on les compare aux récits qui avaient cours dans la haute antiquité asiatique. Le nom d'Ilion paraît n'avoir qu'une signification toute locale, tandis que le nom de Troie représente la capitale ou plutôt le berceau de la race des Troyens, des Dardaniens et des autres branches, comme celles des Teucriens et des Lyciens, qui n'ont formé qu'un même peuple. Les Lyciens de Pandarus ne font qu'un corps de nation avec les Troyens d'Ilion.

Assaracus, père de Capys (2) et grand-père d'Anchyse, porte un nom assy-

(1) Pausanias, VII, ch. 8.
(2) *Il.*, XX, 239.

rien et le nom de Capys a un caractère phrygien ; Hécube, la fille de Dymas, est née en Phrygie aux rives du Sangarius, et le nom même d'Hector paraît n'être qu'une traduction du nom phrygien de Darius. C'est du moins l'opinion d'Hesychius : « Darius, chez les Perses, signifie homme prudent, chez les Phrygiens il signifie Hector. »

Toute la Phrygie, le pays des Léléges, la Teuthranie, l'Æolide et la Lycie ne formaient qu'une seule confédération dans laquelle les Cariens étaient enclavés. On conçoit que les premiers colons grecs n'avaient d'autre choix que de se soumettre aux lois des Troyens ou de combattre cette puissance, qui devenait formidable. Aux alliés asiatiques de Priam il faut encore joindre ses alliés d'Europe et surtout la Thrace, qui à cette époque regorgeait de population. Déjà les premiers Brygès, sous la conduite de Midas, avaient franchi le détroit, et d'autres tribus étaient toujours prêtes à entreprendre des expéditions à la solde de ceux qui pourraient les nourrir ; les Teucriens étaient de ce nombre. Il faut aussi compter les anciennes alliances des Minyens avec Lemnos, ceux des Thébains Cadmiens avec la Samothrace, et par-dessus tout l'alliance de Persée, fils de Danaé, prince d'Argos et de Corinthe, avec la Lycie, pour comprendre les intérêts variés et contraires qui agitaient ces populations.

Aussi profondément qu'on peut pénétrer dans les origines de l'histoire du peuple grec, on acquiert la conviction que la différence entre les temps pélasgiques et helléniques résulte de ce fait : les premiers sont dominés par les influences extérieures et ne savent pas résister à l'absorption ; lorsque la nation grecque commence à se constituer, l'esprit d'individualité et d'autonomie devient tellement dominant que les Grecs se plaisent à croire que le monde entier sort de leur race et n'existe, pour ainsi dire, que par leur bon plaisir ; c'est alors qu'ils cherchent à secouer toute influence étrangère et tout pouvoir qui n'émane pas d'eux-mêmes ; ce qui ne peut se faire sans des luttes incessantes et de sanglants combats. C'est alors qu'on voit se dessiner dans l'histoire les noms nouveaux des Achéens, des Æoliens, des Ioniens et des Doriens, parmi lesquels les Achéens, au temps d'Homère, étaient les dominateurs et les chefs aussi bien dans la Hellade que dans le Peloponnèse. Tant qu'ils peuvent se développer sur leur territoire européen, ils restent en relations pacifiques avec les Asiatiques ; mais l'heure de l'expansion étant venue, l'ère des colonies asiatiques commence. Les Æoliens sont les premiers qui aient imprimé ce mouvement ; ils sont les plus anciens entre ceux qui ont occupé les côtes d'Asie ; ils se sont établis dans les contrées mêmes où florissait le royaume de Priam et sont partis sous la conduite de chefs qui se regardaient comme les descendants de Ménélas et d'Agamemnon.

On a déjà remarqué que cette grande épopée troyenne résumait l'histoire de ces établissements des Grecs sur les ruines de l'empire de Priam, et que la chute d'Ilion doit être considérée bien moins comme un fait local que comme le résumé d'une grande tradition historique.

La ruine de Troie arriva avant l'établissement des colonies ioniennes ; cependant il y avait bien longtemps que les Ioniens étaient en relation de commerce et de politique avec les Phéniciens et les Égyptiens ; mais ils n'avaient sur les côtes d'Asie que des établissements précaires. Le développement que prit la race grecque donna naissance aux profondes inimitiés qui existèrent de tout temps entre les Grecs et les Asiatiques ; les premiers de pacifiques Pélasges sont devenus les belliqueux Hellènes et les envahisseurs de l'Asie Mineure. Le souvenir de la guerre de Troie entretient chez eux cet esprit de conquête, et le récit des hauts faits de leurs ancêtres ravive d'âge en âge le sentiment de leur valeur personnelle et de leur autonomie.

Quoi de plus grandiose que ce tableau de la chute de Troie, qui aux traditions les plus vivaces réunit les beautés tragiques les plus émouvantes. Puissance, gloire et richesse se réunissaient dans cette race dardanienne dont l'origine remontait à Jupiter. Quel spectacle d'une royauté patriarcale que ce Priam, avec ses nombreux enfants, ses trésors remplis et ses mines inépuisables qui faisaient l'envie de tous les peuples, et près de lui la féconde mère Hécube, l'enfant béni des plaines de la Phrygie, dont l'époux dans sa jeunesse avait combattu les Amazones, et parmi ses enfants le noble et valeureux Hector, chéri d'Apollon entre tous les héros. Tout s'est évanoui et changé en désert quand les dieux ont détourné leurs regards de cet empire florissant; lorsque les Achéens, conduits par les Atrides et les Grecs par Achille, ont posé leurs pieds sur la terre d'Ilion.

CHAPITRE XV.

TROADE. — TOPOGRAPHIE ANCIENNE ET MODERNE.

Lorsqu'à la renaissance des lettres les savants de l'Europe voulurent retrouver sur les rivages de l'Asie le théâtre des hauts faits de l'*Iliade*, il leur restait un jalon pour les guider dans ces recherches. L'île de Ténédos avait conservé son nom, et la plaine de Troie se développait sur le continent voisin aux regards du voyageur archéologue. Les ruines imposantes d'Alexandria Troas, qui, au seizième siècle, étaient encore mieux conservées qu'aujourd'hui, attirèrent d'abord l'attention des navigateurs; les capitaines génois et vénitiens avaient donné le nom de palais de Priam à l'édifice qui dominait la vaste étendue des ruines. L'incertitude sur la position réelle de la ville de Troie subsista jusqu'à ce qu'un voyageur français eût déterminé d'une manière positive l'emplacement de Pergama et des autres monuments dont le souvenir se rattache à l'épopée homérique. Les sources du Scamandre furent également reconnues et les découvertes de Lechevalier forment la base du travail le plus complet qui ait été fait sur les ruines de Troie. On peut être assuré aujourd'hui que tout commentaire des textes anciens, toute recherche géographique ne pourront apporter aucune modification notable aux conclusions des travaux antérieurs.

L'emplacement de la citadelle troyenne étant une fois bien déterminé, le cours des fleuves, les collines célèbres, et enfin le camp des Grecs se sont joints comme un corollaire à cette première découverte, dont la gloire revient au savant Lechevalier; et ses travaux ont fait ressortir ce fait bien curieux et aujourd'hui généralement admis, que les écrivains grecs et romains ont commis de graves erreurs sur la topographie homérique. On doit en conclure que, lorsque la ville fut ruinée, les peuplades æoliennes perdirent complétement la tradition de ces événements. Les noms des fleuves furent confondus, et la place même d'Ilion resta ignorée.

Lorsque les vaisseaux des Grecs arrivèrent sur les côtes de Troie, ils vinrent mouiller dans un golfe de l'Hellespont situé entre deux caps. Les eaux réunies du Simoïs et du Scamandre venaient se jeter à la mer en cet endroit, et fournissaient aux Grecs l'eau douce qui leur était nécessaire. Les vaisseaux furent tirés à terre, rangés sur une double ligne; Achille commandait une des extrémités, et Ajax avait le commandement de l'autre.

Aujourd'hui le golfe n'existe plus; mais le travail des atterrissements, que nous avons démontré être plus actif sur les côtes d'Asie que sur aucune partie du continent européen, a suffi pour combler ce golfe, et la petite ville turque qui s'est élevée sur ces terrains récents a été appelée Koum-Kalé (le Château du Sable), comme pour perpétuer le souvenir de ce fait géologique. Aucun des voyageurs qui ont examiné la côte n'en a contesté la possibilité, et le colonel Leake, dans son *Essai sur la plaine de Troie*, a établi, par une esquisse topographique, la surface des atterrissements qui ont pu se former depuis trente siècles.

Les deux caps qui formaient les extrémités du golfe ont été appelés par les Grecs cap Sigée et cap Rhœtée (Ῥοίτειον), des deux villes qui furent fondées plus tard dans leur voisinage. Ce lieu est désigné par les auteurs grecs sous le nom de Naustathmus (1).

---

(1) Strabon, XIII, 595.

Lechevalier a reconnu que la distance entre ces deux caps était de six mille mètres ou trente-deux stades, mesure conforme au texte de Pline, mais qui est double dans Strabon. C'est une erreur du géographe. Déjà les atterrissements étaient sensibles du temps d'Hérodote, car il les compare à ceux du Delta d'Égypte. « La majeure partie du Delta est une conquête que les Égyptiens ont faite sur les eaux. L'espace entre les montagnes qui dominent Memphis paraît avoir été un golfe de la mer, à peu près comme a pu l'être le pays qui existe entre Ilium, Teuthrania, Éphèse et les campagnes du Méandre (1). »

A la pointe sud de l'embouchure de l'Hellespont, dans la mer Égée, s'élève un cap qui fut dans l'antiquité occupé par la ville de Sigée, cité æolienne fondée après la ruine de Troie par Archæanax de Mitylène. Les nouveaux colons prirent les pierres de l'ancienne Troie pour construire leur ville, et allèrent chercher leur marbre dans l'île de Proconnèse, qui était déjà peuplée et puissante. Peu de temps après leur établissement, les Mytiléniens furent chassés par les Athéniens conduits par Phrynon. Les Sigéens étaient commandés par Pittacus, l'un des sept sages de la Grèce. Les deux peuples terminèrent la guerre en prenant pour arbitre Périandre de Corinthe (2). Les Athéniens s'étant de nouveau emparés de Sigée, Pisistrate en donna le gouvernement à son fils Hégésistrate. Cette ville était célèbre par un temple de Minerve qui subsista longtemps, quoiqu'elle eût été abandonnée de ses habitants : *In promontorio quondam Sigeum oppidum* (3). Il est à croire que cette destruction doit se rapporter au temps de Lysimaque, qui voulut donner à la nouvelle Ilium une population nombreuse.

Les voyageurs Chandler et Revett trouvèrent encore à Sigée de nombreux débris du temple, et copièrent l'inscription du pilastre (4), qui passe pour un des plus anciens monuments épigraphiques de la langue grecque. Aujourd'hui tous ces débris sont dispersés, et il est difficile de reconnaître même l'emplacement du temple.

La ville d'Achilleum était située dans le voisinage de Sigée, et non loin sans doute du lieu où fut enterré le héros qui lui donna son nom.

Le tombeau d'Achille, ou plutôt le tertre que d'un commun accord les anciens ont regardé comme tel, s'élève sur le cap Sigée, à l'endroit indiqué par Homère, et le tombeau d'Ajax est placé à la pointe opposée sur le cap Rhœtée. Si l'opinion de quelques antiquaires tend à ranger ces deux monuments dans la classe des constructions æoliennes, il n'en est pas moins vrai qu'ils occupent la place des tombeaux et que dans les anciennes traditions ils sont toujours considérés comme couvrant les cendres des héros de l'*Iliade*(1).

L'embouchure du Simoïs, qui forme aujourd'hui une lagune marécageuse, séparait autrefois le golfe en deux parties. Dix stades environ avant d'arriver à la mer, ce petit fleuve recevait les eaux du Scamandre, dont les sources étaient voisines des portes de la ville.

Les traits bien accentués de cette topographie n'ont pas suffi pour conserver intacts les souvenirs des lieux. Le cours du Scamandre a été détourné, et ses eaux vont aujourd'hui, par un canal creusé de main d'homme, se jeter dans la mer Égée. Son nom fut transporté au Simoïs. Il en résulta une confusion inextricable dans les traditions et dans la topographie de cette contrée.

Cependant, en remontant le cours du plus grand de ces fleuves, on reconnaît l'exactitude de la peinture du poëte et l'erreur des écrivains romains qui ont copié Démétrius de Scepsis. Les marais qui existent encore dans la plaine, et qui sont formés par les eaux du Mendéré, les hauts rochers de trachyte dont il baigne la base, les vallées profondes et ascendantes qui conduisent jusqu'à ses sources, tout révéla à la sagacité des

---

(1) Hérodote, liv. II, chap. 10.
(2) Strabon, liv. XII, 599.
(3) Pline, liv. V, chap. 30.
(4) Chishull, *Inscriptiones antiquæ*.

(1) *Voyez* Lechevalier, tome II; Choiseul Gouffier, *Voyage de la Grèce*, tome II.

voyageurs Chandler et Lechevalier que ce petit fleuve ne pouvait pas être le Scamandre, malgré la conformité de son nom moderne Mendéré avec le célèbre fleuve troyen.

CHAPITRE XVI.

PLAINE DE TROIE. ILIUM RECENS.

Avant d'entrer dans la plaine de Troie, où son cours forme de nombreuses sinuosités, le Simoïs se trouve resserré entre deux collines escarpées. Sur le versant ouest de l'une d'elles est bâti le village de Bounar-Bachi. Ce défilé communique à une autre plaine dans laquelle sont de nombreux villages, qui, selon les géographes de la Troade, occupent presque tous des positions antiques. Au delà de cette plaine sont les contre-forts inférieurs de l'Ida et le mont Cotylus, dont les noires forêts de pins ombragent les sources du Simoïs.

En remontant le cours du véritable Scamandre, on ne tarde pas à arriver aux sources du fleuve, situées au pied de la colline de Bounar-Bachi, dans un bouquet de bois de tamaris, de figuiers et de saules. Les eaux sortent d'une masse de poudingue calcaire, et forment un bassin dont les bords sont entourés de fragments de granit et de marbre. Ces eaux sont chaudes en hiver, et exhalent une épaisse fumée. Il ne peut exister aucune incertitude sur l'identité de ces sources avec celles décrites par Homère; elles déterminent parfaitement l'emplacement d'Ilion, et les observations faites sur la colline de Bounar-Bachi n'ont fait que confirmer l'exactitude du poëte.

Les eaux, sortant du rocher par une multitude de filets, ont été retenues dans leur parcours par un mur élevé de trois pieds. Il est revêtu d'un enduit très-dur, mais qui n'a pas le caractère d'une haute antiquité (il a toute l'apparence du mortier de Koraçan, employé par les fonteniers turcs). En longeant ce canal, les eaux se réunissent en un bassin. La position de ces sources, leur température au-dessus de 16 degrés, le ruisseau qu'elles forment et qui allait se joindre au grand cours d'eau de la plaine, avant qu'il eût été détourné dans un canal, toutes ces circonstances concourent à prouver que ce sont bien les sources du Scamandre décrites par Homère, et près desquelles se réunissaient les dames troyennes.

Le Scamandre se jetait dans le Simoïs à peu de distance de la ville d'Ilium Recens, et dans l'antiquité cette place n'était éloignée de la mer que de douze stades; on reconnaît encore aujourd'hui le point de jonction des deux fleuves à un affaissement de terrain assez sensible; bien plus, des voyageurs attestent que dans la saison pluvieuse le nouveau canal déverse une partie de ses eaux dans l'ancien lit du Scamandre. Quelques auteurs se sont appuyés sur un passage de Pline, qui cite le vieux Scamandre (Palæ-Scamander), pour supposer que ce canal était antérieur à l'époque romaine, et font remonter à la séparation des deux affluents la transposition de noms qui a trompé les écrivains de l'antiquité. Hérodote lui-même semble avoir confondu les deux fleuves en parlant du passage de Xerxès et de son armée dans la plaine de Troie. La plupart des critiques conviennent que tout ce qui est relatif à ce passage se rapporte à la ville d'Ilium Recens, et non pas à l'ancienne Troie, qui était ruinée et déserte (1).

A partir des sources du Scamandre, la colline sur laquelle est bâti le village de Bounar-Bachi s'élève par une pente rapide jusqu'à une hauteur de plus de cent mètres au-dessus du cours du Simoïs. Les rochers sont à pic du côté de la vallée, et forment une défense naturelle. Voilà l'emplacement d'Ilion, reconnu d'un commun accord par tous les critiques. Il n'est aucune partie de ce terrain accidenté qui ne réponde parfaitement à toutes les descriptions d'Homère. Cette découverte de Lechevalier, la plus importante sans contredit de toutes celles que les voyageurs européens aient pu faire sur le continent de l'Asie Mineure, a été complétée quelques années plus tard; on a retrouvé sur le Pergama des vestiges importants de murailles et d'escaliers. Plusieurs assises de murailles subsistent encore, et sont appareillées dans le style que les Grecs appelaient *pseudisodomon*,

---

(1) Hérodote, liv. VII, 43.

c'est-à-dire dont les lits étaient horizontaux et les joints obliques. Le même appareil a été employé dans les ruines de Sipylus, qui appartiennent à la même période archaïque.

La connaissance du bassin des sources permet de déterminer la situation de la colline Érinéos et des parties basses de la ville, qui se trouvait assise sur une déclivité regardant le nord-ouest.

En suivant le contour du rocher du côté de l'est et du sud-est, il existe encore environ cent mètres de fondations de murs ayant trois ou quatre assises de hauteur, et quelques-unes de trente ou quarante centimètres. Plus loin, sur une sorte d'éperon formé par le rocher, une rampe pratiquée dans la roche descend en serpentant jusqu'au bord du fleuve. Cette partie du système de défense, qui n'a point encore disparu, est tout à fait conforme à ce qu'on observe dans les fortifications des plus anciennes villes. Indépendamment des portes principales, on retrouve les traces des poternes, qui permettaient d'introduire dans la ville ou d'en faire sortir des denrées ou des émissaires.

La première découverte de ces vestiges du Pergama est due à M. Amb. Firmin-Didot, qui visitait les ruines de Troie en 1817 (1). Il remarqua deux assises de grosses pierres posées les unes sur les autres à la manière des constructions appelées cyclopéennes ou pelasgiques; en creusant le sol il aperçut une troisième assise. Ces vestiges se trouvent à l'extrémité du Pergama vers la partie qui fait face à l'ouest. Un peu plus bas il rencontra une muraille à ras de terre au sud-ouest de la citadelle, et non loin de là se voient plusieurs pierres taillées qui indiquent positivement un ancien escalier.

En suivant le cours du Scamandre on arrive, après deux heures de marche, au village de Udjek-Keui, situé sur une colline, et de là on aperçoit un des plus grands tumulus de la plaine, désigné par les Turcs sous le nom de Udjek-Tepé. C'est là que M. de Choiseul place le tombeau d'Ilus, et par conséquent le Throsmos, colline célèbre dans l'Iliade. Lechevalier opine pour transporter plus au nord la colline et le tombeau ; mais puisqu'on est obligé d'admettre, à l'époque troyenne, un golfe près du cap Sigée, en suivant son hypothèse, le tombeau et la colline auraient été tout à fait sur le rivage de la mer.

La ville d'Ilium Recens, qui a hérité de la gloire et des priviléges de l'ancienne Troie, fut bâtie à trente stades de cette dernière, et un peu au-dessus du confluent des deux fleuves, par les Astypalæens, qui s'étaient d'abord retirés près du cap Rhœtée, et avaient bâti un bourg qu'ils nommèrent Polium. Cependant la nouvelle Ilion n'acquit pas une grande importance. Les habitants avaient soin de propager la croyance qu'elle occupait l'emplacement de l'ancienne Troie. Ces prétentions s'affermirent avec le temps, et dans la suite nul ne songea à les leur contester; bien plus, les rois de Lydie les couvraient de leur protection; et lorsque Alexandre arriva en Asie, il se rendit dans le bourg d'Ilium, qui n'était alors composé que de quelques maisons entourant un temple de Minerve. Il offrit un sacrifice à la déesse, et voulut élever cette petite place au rang d'une ville (1). Il institua des fêtes en l'honneur de Minerve ; mais la mort le surprit avant que ses autres projets fussent mis à exécution. Cependant Lysimaque voulut accomplir les volontés d'Alexandre : il entoura la ville d'un mur de quarante stades, et augmenta la population en appelant dans son enceinte les habitants des bourgs voisins. Tous les princes grecs et les généraux romains qui mettent le pied dans la Troade veulent signaler leur arrivée par un pèlerinage à ce temple, qui avait usurpé la renommée du temple troyen (2). C'est là que furent reçus par les Romains les députés des villes d'Élée, de Dardanie et de Rhœtée. Une amitié sincère s'établit entre les Romains et les Iliens. Les plus grands priviléges leur furent accordés ; mais aucun de ces avantages ne put donner à cette ville les éléments d'une prospérité durable. Elle commença de nouveau à

---

(1) *Notes d'un voyage fait dans le Levant en 1816 et 1817*; Paris, Firmin Didot, in-8°, p. 121.

(1) Strabon, XIII, 593.
(2) Tite-Live, liv. XXXVI, ch. 43; XXXVII, ch. 9.

déchoir; ses murailles s'écroulèrent, et elle fut dédaignée par les Gaulois. Malgré la création d'une autre ville voisine et rivale, elle n'en subsista pas moins jusqu'à la chute de l'empire. Démétrius de Scepsis, qui la visita, en parle comme d'un endroit peu prospère. Cependant les murailles furent relevées, et la citadelle mise en état de défense à l'époque de la guerre civile entre Sylla et Cinna. Fimbria l'assiégea, la prit, et les habitants furent cruellement traités.

Par suite des vicissitudes de la guerre, ils trouvèrent dans Sylla un protecteur zélé, qui adoucit leurs malheurs et effaça les traces du siége (1). Lucullus, après avoir délivré Cyzique, vint aussi rendre visite aux Iliens; enfin le plus célèbre des Romains vint payer son tribut aux souvenirs de la triste Ilion, en comblant de faveurs ceux qui se disaient ses enfants. Déjà les Iliens avaient reçu un accroissement de territoire à l'occasion du traité de paix entre le roi Antiochus et les Romains. Les villes de Rhœtée et de Gergetha leur avaient été concédées. Jules César les exempta de toutes les charges des travaux publics, et leur conserva l'autonomie. Ces faveurs excitèrent dans Rome une inquiétude générale, et le bruit se répandit que le dictateur voulait transporter en Asie le siége de l'empire (2). Sous le règne de Tibère, Ilium concourut avec plusieurs autres villes de l'Asie pour avoir l'honneur d'élever un temple à Tibère. Du temps de Trajan, elle jouissait encore d'une certaine célébrité, et plus tard Constantin songea sérieusement à y transporter le siége de l'empire.

« Arrivé dans un lieu situé entre Troas et l'ancienne Ilion, qui lui parut propre à ses desseins, il jeta les fondements de cette ville, et éleva jusqu'à une certaine hauteur cette partie des murailles que peuvent encore apercevoir aujourd'hui ceux qui naviguent vers l'Hellespont; mais bientôt il changea d'avis et se rendit à Byzance dont la position le frappa d'admiration (3). Les restes de murailles que l'on observe aux alentours ont été regardés par quelques voyageurs, non comme les murs de Lysimaque, mais comme un commencement d'exécution du projet de Constantin (1). Quoiqu'elle n'ait pas été appelée à prendre le rang de seconde capitale du monde romain, elle n'en conserva pas moins une certaine importance sous les empereurs byzantins, et fut érigée en évêché de la province d'Hellespont, avec Abydos, Troas (Alexandria), Dardanum et Assos. Quoique la ville de Scamandria ne soit pas nommée dans cette liste, elle reçut aussi un métropolitain. D'après la position qui lui est assignée par les géographes, on reconnaît les ruines d'Ilium près du village de Tchiblak, au lieu appelé par les Turcs Eski Kalafatli. Elle était éloignée de cent soixante-dix stades d'Abydos et de douze du port des Achéens.

En descendant vers le cap Lectum, on arrivait à la ville de Chrysa, dans laquelle était le temple d'Apollon Sminthien. La statue était l'ouvrage de Scopas, le dieu étant représenté le pied posé sur un rat. Strabon (2) raconte que les Teucriens, partis de l'île de Crète, s'établirent dans ce pays d'après l'avis de l'oracle. Ce sont eux qui ont donné à la montagne voisine le nom d'Ida qui est celui d'une montagne de Crète.

Le temple d'Apollon Sminthien était d'ordre dorique; les ruines de ce monument furent découvertes, il y a quelques années, non loin du village de Baba.

La ville de Chrysa était bâtie sur une éminence à peu de distance de la mer. Sous Tibère, ce territoire appartenait aux habitants d'Alexandria Troas, qui avaient élevé dans leur ville un autel à l'Apollon de Chrysa, car j'ai trouvé l'inscription suivante dans les ruines d'Alexandrie :

A la bonne fortune !
A. Claudius Phloronius Macrinus a élevé de ses propres deniers cet autel, et l'a dédié à Apollon Sminthien, à Esculape sauveur et aux Moxynites.

(1) Sozomène, II, ch. 5.
(2) Liv., XIII, p. 604.

(1) Strabon, liv. XIII, 594.
(2) Suétone, *Vie de César*.
(3) Zosime, l. II, § 38.

CHAPITRE XVII.

TOPOGRAPHIE ANCIENNE DE LA TROADE.

Le théâtre de l'Iliade, communément appelé la plaine de Troie, se compose du territoire compris entre le cap Sigée ou Jénitzer et le promontoire de Lectos, aujourd'hui cap Baba; en largeur il s'étend jusqu'aux versants inférieurs du mont Ida.

Nous allons résumer ici les observations de tous les voyageurs qui depuis un siècle ont étudié cette plaine célèbre; les seuls documents nouveaux que l'on pourrait espérer ne peuvent être que le résultat de fouilles méthodiques entreprises, soit sur l'emplacement même de la ville, soit dans les nombreux tumulus qui couvrent cette plaine. Mais pour ce qui touche à la topographie d'Ilion et de ses alentours, le sujet nous paraît aussi clairement interprété qu'il est possible de l'espérer (1).

Entre les deux caps Sigée et Rhœtée s'étendait une plage unie où débarquèrent les Grecs à leur arrivée sur les rivages de l'Hellespont; c'est là qu'ils établirent leur camp en communication avec la mer.

La ville de Troie était au sud-est du cap Sigée et construite sur une éminence entourée de rochers. Elle n'était attaquable que du côté de l'Erinéos ou de la colline des figuiers sauvages. Près de cette colline on voyait les jardins de Priam et les sources du Scamandre dont l'une était chaude et fumante et dont l'autre était froide en été. Le Pergama était un lieu élevé dans la ville et qui dominait sur la plaine. Le tombeau d'Hector, couvert de pierres, devait se trouver dans l'enceinte ou dans les environs de la ville; celui de Myrina était en face et tout près des murailles; celui d'Æsietès était à quelque distance de la ville, et assez à portée du camp des Grecs pour que de son sommet on pût en distinguer les mouvements. Le tombeau d'Ilus se trouvait sur la route qui conduisait du camp à la ville : le tombeau commun des Grecs était proche du camp; ceux d'Achille, de Patrocle et d'Antiloque étaient sur le haut rivage de l'Hellespont; celui d'Ajax était dans la plaine de Troie. Le Throsmos, qui était sans doute aussi quelque ancien tombeau, était près des ruisseaux; la vallée de Thymbra, où les alliés des Troyens étaient campés pendant qu'Hector tenait conseil sur le tombeau d'Ilus, ne pouvait pas être fort éloignée de ce tombeau et était par conséquent située entre les ruisseaux et la ville. La colline appelée Callicoloné s'étendait en face de la ville sur les bords du Simoïs.

La plaine dans laquelle on voyait tous ces objets remarquables s'élevait par degrés depuis le rivage de la mer jusqu'à la ville, et elle était arrosée par le Simoïs et le Scamandre; le premier de ces deux fleuves était un torrent impétueux; les rives de l'autre étaient claires et limpides comme du cristal. Ces deux fleuves embrassaient la plaine dans toute son étendue et réunissaient leurs eaux vers la partie inférieure. Le chemin qui conduisait des portes Scées ou des portes du couchant au rivage de la mer passait près de l'Erinéos, des sources du Scamandre et du tombeau d'Ilus; il fallait nécessairement traverser le Scamandre pour aller de la ville au camp des Grecs et pour en revenir (1).

CHAPITRE XVIII.

ITINÉRAIRE DE LA PLAINE DE TROIE.

Pour faire l'exploration complète de la plaine de Troie, il convient d'organiser son excursion dans la ville des Dardanelles, résidence des consuls; on peut y trouver facilement des guides et des chevaux.

Cette ville, que l'on assimile à l'ancienne Dardania, a complétement perdu son ancien nom chez les indigènes; les Turcs l'appellent Tchanak Kalési (le château des assiettes), à cause d'une fabrique de poteries assez renommée dont les produits s'exportent dans presque toutes les îles. Ils se distinguent par la forme et par le

---

(1) Voy. Lechevalier, *Voyage de la Troade.* Choiseul Gouffier, *Voyage pittoresque de la Grèce.* Leake, *Geogr. of Asia Minor,* etc.

(1) Lechevalier, *Voy. de la Troade,* t. II, 63.

vernis ; il y a des modèles qui ne manquent pas d'élégance.

Halil Elly, premier village où l'on fait halte, est éloigné d'environ trente-sept kilomètres des Dardanelles. Il est situé au milieu d'une plaine couverte de débris d'antiquités ; mais aucun édifice n'est debout. La distance entre Halil Elly et Enaï est de quarante-trois kilomètres ; on passe par le village de Giaour Keui, et l'on arrive à Tchiblac.

Tchiblac, gros bourg éloigné d'environ treize kilomètres de ce dernier village, est sur la rive droite du Scamandre ; il passe généralement pour être situé sur l'emplacement d'Ilium Recens.

Au milieu d'un terrain boisé sont dispersés de nombreux vestiges de monuments, des colonnes et des ruines de temples.

Les murailles, dont on suit facilement le pourtour, sont regardées comme des ouvrages de Constantin. Dans le cimetière turc se rencontrent de nombreux fragments d'architecture, mais aucune inscription. Le tumulus qui s'élève dans le voisinage du bourg est regardé comme le tombeau d'Ilus. De Tchiblac on se rend à Enaï, grand village de deux cents maisons où l'on trouve des bains, un caravanseraï, et une mosquée.

Enaï occupe la position de l'ancienne Neandria, colonie æolienne dont le territoire renfermait la plaine de Samonium. Cette ville était située entre l'Hamaxitus et la nouvelle Ilion, ce qui s'accorde bien avec la position d'Enaï. Au sud de ce village et sur la rive gauche du Mendéré se trouvent les ruines d'un château que les indigènes appellent Tchigri ; il occupe l'emplacement de la ville de Cenchreæ, où l'on croit qu'Homère séjourna pour étudier la topographie de la Troade. La forteresse Cenchreæ fut destinée par les empereurs byzantins à renfermer les prisonniers d'État ; elle fut prise par l'émir Toursoun et réunie aux domaines de ce compagnon d'Orkhan. On voit encore les ruines de ce château.

Pour se rendre à Bounar-Bachi on passe le Scamandre sur un pont de bois, et après avoir visité le site de l'ancienne Troie, on va faire halte à Beyrhamitch, résidence d'un mutzellim.

Cette petite ville est située sur une colline qui domine une vaste plaine bien cultivée au milieu de laquelle serpente le Scamandre.

En remontant le cours du fleuve, on arrive au village de Eïvadjik, situé sur les pentes de l'Ida. Les sources du Scamandre sont à une distance d'environ dix kilomètres de ce village ; l'eau surgit avec impétuosité d'une ouverture carrée que présente le rocher, et forme une cascade au milieu des blocs éboulés. D'autres sources, qui sortent de terre dans le voisinage, viennent encore augmenter le volume des eaux. Cette partie du mont Ida n'offre pas les beautés sévères de l'Olympe de Mysie, mais elle mérite cependant d'être visitée. De ces plateaux élevés on aperçoit d'un seul coup d'œil toute la contrée et les îles voisines ; il n'est pas d'autre lieu d'où l'on puisse si bien se rendre compte de cette topographie de la plaine de Troie.

La formation volcanique dominante sur toute la côte sud de la Troade commence à se montrer sur les pentes de l'Ida, et se prolonge presque dans la plaine. Au village de Arabler Keui et de Sarmousaktchi Keupri, on remarque des piliers de basalte de formes très-régulières ; les indigènes emploient ces colonnes naturelles pour faire des pierres tumulaires.

Le mont Gargare, qui s'étend au sud-est de la chaîne de l'Ida, renfermait dans ses nombreuses vallées quelques villes anciennes qui ne sont pas encore bien déterminées.

Cette partie de la montagne s'appelait région cébrenienne ; la ville de Cébrène était la capitale. Le fleuve Scamandre formait la limite entre ce territoire et celui de Scepsis.

Sur un des contreforts du mont Gargare, appelé Kourchounlou tépé (colline de plomb), on retrouve les ruines d'une grande ville qui est dominée par un ancien hiéron, lieu sacré, formé par une enceinte rectangulaire, composée de grosses pierres assemblées sans ciment et sans le secours du ciseau. Un cercle de pierres brutes rappelle les monuments druidiques de l'ancienne Gaule, et des chênes séculaires qui ombragent ces vénérables restes de l'antique religion font penser à la similititude du culte qui unissait tous ces peuples primitifs. Cette enceinte était sans doute consacrée à la grande-mère idéenne si vénérée dans ces régions. Les vestiges de la ville, situéeà mi-côte du tépé, datent presque tous de l'époque romaine; on y remarque d'anciens bains et plusieurs salles couvertes de stucs assez bien conservées. Des fragments d'architecture et une foule de débris de poteries, de tuiles et de terres cuites couvrent le sol. Cette ville est-elle l'antique Cébrène? Aucune inscription n'est encore venue en donner la certitude.

Nous savons par Xénophon que cette place était très-bien fortifiée, et qu'elle résista à l'attaque de Dercillydas, général lacédémonien. Une petite rivière, nommée Cébrénia, allait se jeter dans le Scamandre. C'est sans doute le Kaz dagh tchaï qui coule au pied de ce mamelon.

On peut ensuite redescendre le mont Ida par Chetme et se rendre à Adramytte; cette excursion exige un peu plus de quatre jours.

Les limites de la Cébrénie sont assez difficiles à déterminer d'après les anciens géographes; car les uns la bornent au Scamandre, les autres l'étendent jusqu'à la Dardanie. Si l'on s'en rapporte à Pline (1), la ville d'Alexandria Troas aurait fait partie de la Cébrénie. Il est préférable de s'en tenir à la circonscription donnée par Strabon (2). La Cébrénie commençait au-dessous de la Dardanie et s'étendait jusqu'à la Scepsie, c'est-à-dire jusqu'au mont Cotylus (3), dont elle est séparée par le fleuve Scamandre. Les Cébréniens furent en guerre perpétuelle avec les Scepsiens jusqu'à ce qu'Antigone les établit les uns et les autres à Alexandrie de Troade. Palæcepsis était située au-dessus de Cébrène près de Polichna « vers la plus haute partie de l'Ida (1). » Cébrène n'était donc pas en plaine; voilà pourquoi l'on peut supposer que les ruines de cette ville peuvent se trouver dans le Kourchounlou tépé.

(1) Pline, liv. V, ch. 30.
(2) Strabon, liv. XIII, p. 596.
(3) Voyez page.

CHAPITRE XIX.

ALEXANDRIA TROAS. ESKI STAMBOUL (2).

Les successeurs d'Alexandre voulurent à l'envi répondre à l'enthousiasme de leur prince, et imiter sa générosité à l'égard des descendants des Troyens. Antigone, à l'exemple de Lysimaque, fonda une ville dans la Troade, au bord de la mer Égée, et l'appela Antigonia (3); mais, au partage de l'empire d'Alexandre, Lysimaque lui donna le nom d'Alexandria, et elle reçut le surnom de Troas, pour la distinguer des autres villes qui portaient le nom d'Alexandrie. Selon l'usage des anciens fondateurs des villes, on peupla la nouvelle colonie avec les habitants de Néandria (4), de Cébrène (5), Sigée (6) et autres villes de la plaine de Troie. Lysimaque y transporta les habitants de Ténédos, qui demandèrent ce changement comme une faveur (7). Dans la guerre d'Antiochus, elle se distingua par sa fidélité aux Romains, qui lui accordèrent tous les priviléges dont jouissaient les villes d'Italie, et elle devint une des plus florissantes colonies de l'Asie Mineure (8). Les villes de la Troade se convertirent de bonne heure au christianisme, sous l'influence directe de la parole de saint Paul, qui visita presque toutes les places importantes de la Mysie. Cette ville est désignée dans l'Écriture sous le nom de Troas (9). Saint Paul, étant venu à Troas en l'an 52 de l'ère vulgaire, eut une vision pendant la nuit : un homme lui apparut, et le supplia de venir se-

(1) Strabon, XIII, 607.
(2) L'ancienne Constantinople.
(3) Pline, liv. V, ch. 30.
(4) Enaï.
(5) Kourchounlou tépé.
(6) Jénitzer.
(7) Pausanias, liv. X, ch. 14.
(8) Strabon, liv. XIII, p. 593.
(9) *Act. Ap.*, XX, 5, 6.

courir les chrétiens de Macédoine. Saint Paul s'embarqua donc à Troas, et passa dans cette province. Il avait demeuré sept jours à Alexandrie, et y avait signalé sa présence par la résurrection d'Eutychus. A son départ, il avait laissé chez un nommé Carpe quelques habits et quelques livres qu'il pria Timothée de lui apporter à Rome en l'an 65. La mort de saint Paul arriva en 66 (1).

Il est peu de villes anciennes qui aient été aussi souvent visitées par des voyageurs européens, et c'est pour ainsi dire la première sur laquelle se soit exercée la sagacité des antiquaires. Pierre Belon la visita dans le seizième siècle, et Pietro della Valle le suivit de près. Ces deux célèbres voyageurs observèrent une grande quantité de colonnes brisées et de revêtements de marbre qui ont disparu. On remarquait alors, près du port, le mur d'un portique aujourd'hui entièrement ruiné. « Un peu plus bas, on voyait une grande et épaisse muraille sur la côte; elle était sans doute ornée de plusieurs colonnes de marbre qui sont à présent toutes brisées sur la terre, et dont les pieds, qui restent autour, font juger que le circuit du port était d'environ quinze cents pas (2). » Un peu au delà du port, les voyageurs virent divers tombeaux de marbre, avec la tête d'Apollon sur quelques-uns, et sur les autres des boucliers.

Le sultan ottoman Mahomet IV (1693) fit enlever d'Alexandrie une grande quantité de colonnes pour orner la cour intérieure de la mosquée de Validé sultane, sa mère. On y remarque les marbres les plus précieux, entre autres ce jaspe varié qui est appelé par les lapidaires brèche universelle d'Égypte. Ces deux colonnes, d'un prix inestimable, sont placées à droite et à gauche de l'entrée de la mosquée. Il est probable que c'est à cette époque qu'on a traîné près du port les deux grandes colonnes de granit de dix mètres de fût. L'une est parfaitement intacte; mais l'autre est brisée en trois morceaux. Il semble que la rupture d'une des deux colonnes a motivé l'abandon de l'autre; cette dernière attire les regards de tous les voyageurs. Il est fâcheux de voir un si beau monument enseveli sous les buissons, quand on pourrait à peu de frais en faire l'ornement d'une place publique.

Les carrières d'où ont été tirées les colonnes d'Alexandrie sont situées à huit kilomètres de cette ville et dans le voisinage du village de Gaïkli. Au milieu d'une vallée sauvage on reconnaît encore les traces des anciennes exploitations, et l'on voit gisant sur le sol sept colonnes de la même dimension que celles que nous avons signalées dans le voisinage du port; le diamètre à la base est de 1^{m}65 et la longueur du fût est de dix mètres.

Pendant plus de vingt années, les marbriers turcs ont été installés dans ces ruines, pour fabriquer des boulets de marbre : aussi ne reste-t-il plus un seul morceau de cette matière.

Spon et Wheler ont observé un canal long, étroit et profond, par lequel les barques étaient conduites jusqu'à la ville. Aujourd'hui il n'y a plus d'apparence de cet ouvrage. Ils y observèrent un théâtre, des fondements de temples et de palais, et un petit temple rond avec une corniche de marbre en dedans. Ils recueillirent quelques inscriptions romaines. Les monuments de l'époque grecque, et surtout des successeurs d'Alexandre, commençaient à devenir rares.

Le 25 février 1835, je vins pour la troisième fois mouiller sur la côte de Troie, pour observer en détail les ruines d'Alexandria Troas, et tenter de lever un plan général de la ville.

La goëlette *la Mésange* mouilla dans le voisinage de l'ancien port; mais cette station, exposée à tous les vents du large, ne pouvait être que de peu de durée.

CHAPITRE XX.

INTÉRIEUR DE LA VILLE.

Nous nous hâtâmes de descendre à terre, et nous pûmes nous assurer que les difficultés qu'ont rencontrées les autres voyageurs pour lever le plan de la ville ne sont point exagérées. Une forêt de chênes occupe toute l'étendue

---

(1) *Act.*, XVI, 8.
(2) Spon et Wheler, *Voyages*.

des ruines; des arbres vigoureux croissent dans les interstices des pierres, et des buissons inextricables couvrent toute l'étendue du sol.

Le port, vers lequel je me dirigeai d'abord, était composé de deux bassins, l'un pour les bâtiments, l'autre pour le radoub. Les dispositions de cet établissement maritime m'ont paru avoir été prises avec un certain art, comme dans la plupart des ports romains. Deux môles, dont les vestiges existent encore, s'étendaient vers le large; ils étaient couverts de portiques, et l'on voit encore les demi-colonnes destinées à amarrer les navires. Ces môles sont en blocage; les revêtements ont sans doute disparu. Au fond de ce premier bassin est une large ouverture qui conduisait dans la darse; mais les broussailles épaisses qui l'entourent ne permettent pas de reconnaître les traces des remises des galères, des magasins et des autres dispositions usitées dans les ports anciens.

Pour entrer dans la ville, nous suivîmes la ligne des murailles, qui sont construites en grands blocs de calcaire coquillier avec des blocages de béton dans l'intérieur. De distance en distance, il y avait des tours carrées de même construction; mais elles sont presque toutes ruinées jusqu'au niveau du sol.

Le terrain de la ville s'élève en forme d'amphithéâtre, et vers le milieu de l'enceinte on remarque une ligne transversale de murs qui forme terrasse, et qui est également défendue par des tours carrées. Nous nous dirigeâmes vers une fouille nouvellement faite par les indigènes; elle avait mis à découvert trois fûts de colonnes cannelées qui sont encore en place. Ils sont de pierre, et paraissent avoir appartenu à des colonnes d'ordre dorique grec.

Les substructions du théâtre existent encore. Cet édifice était appuyé sur le versant de la colline; mais il ne nous offrit aucune particularité digne d'intérêt. Toutes les constructions particulières sont faites en moellon calcaire de moyenne dimension; les revêtements et stucs de toute espèce ont complétement disparu. Les appareils des édifices publics étaient faits sans mortier ni liens quelconques; de sorte qu'il a suffi de l'action de la végétation pour renverser les plus épaisses murailles.

Le monument qui attire le plus les regards s'élève au-dessus des ruines de la ville, et présente de loin l'aspect d'une arcade immense; mais, en approchant, on reconnaît que ce n'est qu'une petite partie d'un édifice considérable, sur la destination duquel les antiquaires sont partagés: les uns le regardent comme des thermes, les autres comme un gymnase. Il me semble que les uns et les autres peuvent facilement être mis d'accord; car un gymnase renferme nécessairement un *apodyterium*, un *hypocaustum*, des salles chaudes et tièdes, enfin tout ce qui constitue un bain (1). Les eaux jouaient un grand rôle dans les exercices de la jeunesse romaine, et quelle que fût sa destination, cet édifice devait recevoir une dérivation de l'aqueduc.

L'entrée principale paraît avoir été tournée du côté de l'est, c'est-à-dire vers la terre. Une vaste galerie occupe toute la longueur du bâtiment; elle est d'un côté garnie de pilastres, devant lesquels j'ai supposé des colonnes, pour régulariser l'ordonnance. Cette salle était voûtée en berceau; elle communique, à droite et à gauche, à deux autres galeries en équerre: l'une était au sud, et l'autre au nord. Les exercices du corps pouvaient avoir lieu dans ces trois salles.

Les ruines qui sont au centre appartiennent à quatre salles intérieures, qui étaient décorées de colonnes et de corniches de marbre. Une arcade de $10^m 15$ de largeur conduisait dans une salle carrée qui était couverte par une voûte en pendentif.

Du côté de la mer, il y avait aussi une entrée; c'est à gauche de cette entrée que s'élève la grande arcade qui domine toutes ces ruines; elle a $5^m,40$ de large. La grande ligne des arcades de l'aqueduc vient joindre cet édifice à son angle nord-est. La salle du nord est ainsi fermée par un portique d'arcades à jour qui n'a pas son parallèle de l'autre côté; mais là on ne trouve qu'une masse de décombres qui ne permet pas de recon-

(1) Vitruve, liv. V, ch. 11 des Xystes.

naître la disposition primitive (1). Les Turcs désignent ce palais sous le nom de Bal-Kiz-Seraï. J'ai déjà eu occasion de dire mon avis sur ce mot en parlant des ruines de Cyzique. Toutes les ruines qui portent ce nom sont attribuées par les indigènes à Bal-Kiz, reine de Saba.

Il serait intéressant de reconnaître la prise d'eau de l'aqueduc qui vient du pied de l'Ida, en franchissant une distance de plusieurs milles. Les habitants en durent la construction à la générosité d'Hérode Atticus, gouverneur des villes libres d'Asie, qui, ayant reçu de l'empereur Hadrien une somme de trois millions de drachmes pour amener les eaux dans la ville, fit faire cet ouvrage avec une telle magnificence, que la dépense se trouva monter à plus du double ; il voulut contribuer par ses propres trésors au surplus de la dépense. Les écrivains de cette époque ont eu à signaler des actes semblables de la part de ce riche citoyen, non-seulement en Asie, mais à Athènes même. On attribuait l'origine de sa fortune à la découverte qu'il avait faite d'un trésor dans sa maison, et dont l'empereur Nerva lui avait abandonné la jouissance entière. La plupart des monuments d'Alexandria Troas paraissent dater de la même époque ; on y voit peu de ruines byzantines, et nuls vestiges d'églises ; cependant elle est portée au nombre des évêchés dans le Synecdème.

A trois milles au sud-est des ruines, il y a une source thermale qui jouit d'une assez grande célébrité dans le pays. Nous franchîmes plusieurs collines qui sont toutes couvertes de débris et occupées par une végétation vigoureuse ; et après une heure de marche, nous arrivâmes sur le penchant d'une vallée au fond de laquelle coule un ruisseau dont les rives sont incrustées de dépôts salins. Les sources thermales sortent d'un rocher de serpentine ; leur température est de 54 degrés 1/10 ; elles sont ferrugineuses, et contiennent une quantité notable de sulfate de magnésie. Les Turcs font usage de ces eaux en bains et en boisson ; elles sont très-purgatives.

Le bain consiste en un trou creusé dans la terre, et revêtu de maçonnerie grossière ; la cabane est couverte de feuillage. Près de là est un autre bain un peu mieux établi, dans lequel nous n'entrâmes pas, parce qu'il était occupé par des femmes. La serpentine, qui constitue toutes ces collines, passe sous le calcaire tertiaire de la plaine de Troie, et va s'appuyer sur les contre-forts granitiques de l'Ida. Il sort plusieurs sources de ces rochers ; mais deux seulement sont utilisées. En descendant la vallée, on voit quelques ruines antiques d'une construction grossière, qui paraissent avoir appartenu à d'anciens bains. Le Simoïs coule derrière ces collines, après avoir traversé la plaine où est située la petite ville d'Énaï. La ville de Scamandria, qui a été épiscopale sous la métropole de Nicomédie, était située dans cette plaine. Son évêque Anthemius résidait à Assos, où il a bâti une église qui subsiste encore.

En descendant vers le sud, on rencontre un ruisseau qui va se jeter directement dans la mer, après avoir arrosé la plaine qui est au nord d'Assos, et qui porte le nom de plaine de Baïramitch. Le ruisseau est appelé par les Turcs Touzla-Tchaï (rivière salée). Les géographes modernes sont d'accord pour placer à l'embouchure de cette rivière, non loin du cap Baba (Lectum), les salines Tragasées (*Tragasææ salinæ*) (1), exploitées par les habitants de la Troade. Le sel s'y formait naturellement pendant les vents étésiens. Sur le cap même, on voyait un autel des douze dieux. Le commerce du sel était libre pour les habitants de la Troade (2) ; mais Lysimaque l'ayant frappé d'un impôt, le sel cessa de se former. Ce changement ayant étonné Lysimaque, il abolit l'impôt, et le sel commença à se former de nouveau. On peut expliquer ce fait sans admettre un prodige : les habitants de la côte auront su y pourvoir adroitement.

(1) Strabon, XIII, 605. Steph. Byz., Τραγάσαι-Τραγασάιος.
(2) Pline, liv. XXXI, ch. 7.

(1) Cf. Chandler, *Voyage en Asie*, t. I, ch. 4.

CHAPITRE XXI.

LE GOLFE D'ADRAMYTTIUM.

Le promontoire de Lectos et la crête de l'Ida qui vient y aboutir forment la limite naturelle entre la Troade proprement dite et les provinces du sud qui ont été soumises aux Troyens du temps de leur puissance, mais qui, depuis la chute de leur capitale, ont été considérées comme incorporées à l'Æolide.

Avant l'arrivée des colonies grecques, ce pays appartenait aux Léleges, peuple sur lequel les écrivains anciens nous ont laissé assez de documents pour exciter vivement la curiosité; mais malheureusement ces notions sont si incomplètes, qu'on peut à peine suivre ces peuplades guerrières dans leurs nombreuses migrations. Pausanias (1) nous apprend qu'un prince du nom de Lelex régna sur la Laconie à une époque très-reculée; il est considéré comme enfant de la Terre, autrement dit autochthone. C'est lui qui donna son nom aux peuplades léléges, qui apparaissent à différentes époques de l'histoire, tantôt en Thrace, tantôt en Troade, et sur les autres points de la côte d'Asie. Hésiode, cité par Strabon (2), attribue à Locrus la gloire d'avoir réuni en une peuplade les Léléges, « que la sagesse infinie de Jupiter tira du sein de la terre pour en faire les sujets de Deucalion ». Ces tribus errantes sont assimilées par Strabon aux Caucones, dont l'origine remonte également aux premiers temps de l'histoire asiatique.

Aristote (3) avait écrit sur les migrations de ces peuples, sur leurs mélanges avec les Cariens; il est d'accord avec Pausanias pour admettre qu'ils ont habité pendant quelque temps le continent de la Grèce européenne; cependant Strabon, précisément dans le même passage, nous fait connaître que dans l'antiquité certains auteurs ont regardé les Léléges comme le même peuple que les Cariens. Hérodote n'est pas du même avis; car selon son opinion les Cariens sont autochthones. Ce serait vainement qu'on voudrait tirer de tous ces récits une conclusion qui ne fût pas démentie par d'autres faits. Un mot de Strabon me mit sur la voie de recherches à faire en Carie, qui ont été couronnées, je crois, d'un plein succès : aussi, dans la description de cette province, aurai-je à revenir sur les établissements que les Léléges ont formés en Asie, et dont les vestiges auraient subsisté jusqu'à nos jours.

Tout belliqueux et barbares que les anciens Léléges aient apparu aux premiers colons grecs, il n'en ressort pas moins de leurs traditions que ces peuples ont construit des villes et des châteaux redoutables, et que ces constructions remontaient à la plus haute antiquité.

Le canton qu'ils habitaient à l'époque de la guerre de Troie était situé sur les versants de l'Ida. Leur ville principale, nommée Pédasus, s'élevait sur les bords du fleuve Satnioeis, qui paraît être le même que le Touzla-Tchaï (1). Elle était déserte au temps de Strabon, et son emplacement même était ignoré. On sait cependant qu'elle était dans les hautes régions de l'Ida. « Il habitait la ville élevée de Pédasus, sur les rives du beau Satnioeis (2). » En suivant littéralement la géographie d'Homère, on doit placer les Léléges immédiatement après le cap Lectos.

On donne aussi au golfe d'Adramyttium le nom de golfe d'Ida, parce que la colline qui remonte du cap Lectos vers le mont Ida se trouve au-dessus du commencement de ce golfe, où, suivant Homère, habitaient d'abord les Léléges. Cette topographie est très-exacte. Les Ciliciens auraient été plus reculés vers l'intérieur du golfe, s'ils ont en effet habité la ville d'Antandros, place d'une certaine importance, située sur la côte, et dont l'origine est incertaine (3). Elle aurait été fondée par les Pélasges ou par les Æoliens. Elle a été, suivant d'autres historiens,

---

(1) Liv. X, ch. 1.
(2) Liv. VII, p. 322.
(3) Strabon, *ubi supra*.

(1) Strab., XIII, p. 605.
(2) *Iliad.*, liv. XIV, vers 442-445.
(3) Hérodote, liv. VII, 42.

occupée pendant cent ans par les Cimmériens, d'où elle prit le nom de Cimmeris (1). Cette ville a été un siége épiscopal, et Zosime, son évêque, souscrivit au concile de Constantinople, sous Agapit et Ménas. Pline (2) nous apprend qu'elle fut primitivement appelée Édonis. *Antandros, Edonis prius vocata, deinde Cimmeris.*

Le port Aspaneus était dans le voisinage ; c'est là qu'on apportait les bois de la montagne pour la construction des navires (3). Les ruines d'Antandros se trouvent dans l'angle nord-est du golfe ; on y a découvert plusieurs inscriptions (4). Toute la côte nord du golfe d'Adramytte est presque en ligne droite ; à peine avons-nous trouvé un mouillage pour *la Mésange* ; il n'y a pas d'apparence d'ancien port ni d'arsenal pour y placer Aspaneus ; rien n'indique Astyra, bois et temple de Diane. Bien plus, Adramyttium, qui, selon Strabon, est placé tout près de ce lieu : πλησίον δ' εὐθὺς 'Ἀδραμύττιον, avec un port et un arsenal, est bien loin dans les terres. Tous ces terrains ont changé d'aspect, sans doute par suite des atterrissements du fond du golfe ; maintenant les navires mouillent en pleine côte, et l'Adramytte moderne est située à plus d'une lieue dans l'intérieur.

Après avoir parcouru toute la longueur du golfe pour bien reconnaître la topographie générale, *la Mésange* vint mouiller dans une petite crique appelée Sivridji Liman. La côte est tellement accore, que le capitaine fut obligé d'envoyer une amarre à terre ; il n'est pas probable que le port d'Assos, dont il est souvent fait mention, ait été situé en ce lieu. Nous étions à l'ouest de la montagne d'Assos, et je descendis à terre avec les officiers, pour me rendre à cette ville, qui dominait le petit port à plus de trois cents mètres.

Les versants méridionaux de l'Ida se divisent en plusieurs groupes de montagnes, dont les caractères sont parfaitement tranchés. Le plus célèbre et le plus important est le mont Gargare, situé immédiatement au-dessus de Lectos. Nous avons vu les terrains volcaniques commencer aux sources chaudes de la Troade ; l'action des feux souterrains a soulevé toute la côte du golfe. Partout ce sont des scories et des dépôts de laves très-abondants, recouvrant les terrains ignés plus anciens, les trachytes et les porphyres. Ces études appellent encore l'attention du géologue : il est intéressant de déterminer quel est le centre de ces épanchements qui s'étendent depuis ce cap jusqu'au centre de l'Asie Mineure, et dont on retrouve des traces dans tout le nord de l'île de Métélin.

La minéralogie de cette contrée fut dans l'antiquité l'objet de recherches importantes et variées. Sans parler des mines d'or d'Astyra, dont le gisement était déjà perdu du temps des Romains, on trouvait dans les environs d'Assos une pierre qui était particulièrement employée pour faire les cercueils, et qui avait la propriété de consumer les chairs, d'où on lui donna le nom de pierre sarcophage. Il était bien naturel de penser que parmi les tombeaux antiques, qui sont nombreux aux environs de la ville, j'aurais retrouvé un échantillon de cette pierre. Or tous les tombeaux d'Assos sont en pierre volcanique, et particulièrement en trachyte. Il existe, en effet, certaines laves imprégnées de substances salines, qui pourraient avoir une action sur les corps qu'elles renfermeraient. J'ai observé à Milo des laves contenant une notable quantité d'alun (sulfate d'alumine) ; mais la vertu de ce sel est précisément de conserver les chairs plutôt que de les anéantir. Les sels vitrioliques et arsénicaux ont la même propriété ; je ne puis reconnaître dans les trachytes des tombeaux d'Assos la pierre sarcophage, et j'avoue qui sur ce sujet mes recherches n'ont eu aucun résultat satisfaisant, car l'observation me conduit à un résultat diamétralement opposé, savoir, la conservation des corps dans des pierres volcaniques imprégnées d'alun.

---

(1) Cf. Ptol., liv. V, ch. 2.
(2) Liv. II, ch. 96.
(3) Virgile, *Æn.*, III, 5. Strabon, XIII, 606.
(4) *Voy.* Choiseul, *Voyage de la Grèce*, tome II, p. 79. Boeckh, *Corpus Inscriptionum*, tome III (*Addenda*).

J'ai observé, sur le plateau de la citadelle d'Assos, de grandes quantités de scories ferrugineuses dont j'ai rapporté de nombreux échantillons. Il est clair qu'à une époque inconnue il a été établi en ce lieu des fourneaux de forge. J'avais d'abord pensé que ces nomades connus sous la dénomination générique de Tchinganeh, Zingari, ou bohémiens, et qui parcourent l'Asie en faisant le métier de forgerons, avaient pu s'établir en ce lieu et exploiter quelques minerais de fer trouvés dans les environs; mais le passage de Strabon éveilla mon attention, et je cherchai à en donner une explication satisfaisante. Voici le passage de la traduction française (1).

« Aux environs d'Andira on trouve une espèce de pierre qui se change en fer par l'action du feu. Ce fer, mis en fusion avec une certaine terre, produit le zinc ; du mélange de ce dernier avec du cuivre résulte ce métal qu'on appelle orichalcum. » Les lois de la chimie ne sont nullement observées dans ce passage. J'aurais voulu rencontrer dans les environs quelques gisements de calamine ou seulement de fer pyriteux; mais le terrain volcanique de fusion et d'épanchement se montre partout, au bord de la mer et sur le versant de l'Ida. On rencontre la serpentine avant d'arriver aux micaschistes, qui forment les régions supérieures.

La montagne d'Assos, plateau détaché de la chaîne principale, est formée par différentes natures de laves, qui lui donnent un aspect sombre et sévère. Les dentelures des ruines qui la couronnent se dessinent sur l'azur du ciel ; il est peu de tableaux qui puissent donner une idée plus grandiose de ces villes æoliennes, dont la fondation touche à l'époque héroïque.

Le chemin que l'on suit pour arriver au sommet du plateau est tracé au milieu des blocs de trachyte éboulés et couverts de verdure. De temps à autre j'aperçus des fondrières dont les parois sont soutenues par des blocs de basalte verticaux, qui tendent à la forme prismatique.

J'arrivai bientôt à un grand chemin pavé, qui n'est autre chose qu'une des nombreuses voies antiques qui existent encore à Assos. Les longues et belles murailles de la ville se découvrent à nos regards ; il nous semble voir des ouvrages commencés plutôt que des ruines, tant la netteté des lignes est parfaite. En arrivant au sommet, il faut bien répéter, avec tous les voyageurs qui ont escaladé cette montagne, le vers de Stratonicus :

Si tu veux avancer le moment de ta mort, es-
[saye de monter à Assos (1).

Strabon dit que le port est formé par un grand môle; mais qu'elles qu'aient été nos recherches le long de la côte, nous ne pûmes reconnaître même l'emplacement du port; partout la profondeur de l'eau est telle, qu'on ne peut jeter l'ancre ; il faut s'amarrer au rivage.

CHAPITRE XXII.

ASSOS.

Assos passe pour avoir été fondée par les habitants de Méthymne. Éphore place cette ville dans le voisinage de Gargara. Elle reçut une colonie æolienne, et posséda une grande partie de la contrée environnante; on connaît peu de chose sur l'histoire primitive de cette ville. Lorsque la Mysie fut soumise aux rois de Lydie ἦν δὲ ὑπὸ Λυδοῖς Μυσία, elle devint la place la plus forte et la plus importante de la Troade. Lorsque la province fut tombée sous le pouvoir des Perses, ces princes désignèrent le territoire d'Assos pour la fourniture de leur blé; leur vin était apporté de Syrie, et l'eau de l'Eulée. Strabon (2) nous a conservé l'histoire curieuse, mais non sans

(1) Strabon, livre XIII, page 610. Ἔστι δὲ λίθος περὶ τὰ Ἄνδειρα, ὃς καιόμενος σίδηρος γίνεται εἶτα μετὰ γῆς τινος καμινευθεὶς ἀποστάζει ψευδάργυρον, ἢ προσλαβοῦσα χαλκὸν τὸ καλούμενον γίνεται κρᾶμα ὃ τινες ὀρείχαλκον καλοῦσι.

(1) Parodie d'un vers de l'*Iliad.*, liv. VI, 143.
(2) XIII, 610.

exemple, de l'eunuque Hermias, qui exerça pendant quelque temps le pouvoir suprême dans Assos. Il était attaché à la maison d'un banquier. Dans un voyage qu'il fit à Athènes, il suivit les leçons d'Aristote et de Platon. A son retour, il s'associa à son maître, qui venait de s'emparer par force d'Assos et d'Atarnée, et lui succéda dans la possession de ces lieux. Il fit venir près de lui Aristote et Xénocrate, et eut pour eux les plus grands égards; il donna même en mariage, à Aristote, une fille de son frère; mais Memnon le Rhodien, général au service des Perses, feignit de l'amitié pour Hermias, et l'attira chez lui. Dès qu'il fut maître de sa personne, il l'envoya au roi de Perse, qui le fit mourir. Quelques années plus tard, l'eunuque Philetère devint de la même manière maître de la ville de Pergame. Plus habile qu'Hermias, dont sans doute l'exemple lui avait profité, il sut conserver son pouvoir, et devint chef de dynastie, en laissant sa couronne à Eumène, son neveu. Si Hermias fût mort sur le trône, son neveu Aristote avait de grandes chances pour lui succéder et pour devenir, lui aussi, chef d'une maison royale; mais le philosophe et son ami Xénocrate quittèrent prudemment Assos et l'Atarnée, et les Perses y rentrèrent en vainqueurs.

Assos suivit la destinée de toutes les villes de ces parages : du gouvernement de Lysimaque, elle passa sous celui des rois de Pergame, et les Romains en prirent possession à la mort d'Attale III. Cette ville a produit quelques hommes célèbres dans les lettres; Strabon nous a conservé leurs noms. A côté de la statue d'Aristote, on montrait dans le temple d'Olympie la statue de Sodamas, citoyen d'Assos, le premier des Æoliens, dit Pausanias (1), qui ait été couronné aux jeux olympiques.

Assos reçut la visite de saint Paul et de saint Luc, lorsque ces apôtres vinrent prêcher dans la Troade. Une église des premiers siècles atteste que le christianisme s'y établit de bonne heure. Assos devint une ville épiscopale, et son évêque Maximus assista en 431 au concile d'Éphèse. Les constructions militaires qui ont remplacé sur l'acropolis les anciennes tours æoliennes attestent que dans le moyen âge cette place ne cessa pas d'être un poste important. Du plateau de la citadelle on domine, en effet, tout le golfe d'Adramytte, le canal de Métélin, et la vue s'étend en mer presque jusqu'à Chio. Aucun navire ne peut approcher de la côte sans qu'il soit signalé du haut de la montagne; malheureusement, comme je l'ai dit, les mouillages sont très-périlleux.

Aujourd'hui, le village qui a succédé à cette importante cité porte le nom de Beyrham keui. C'est sans doute le nom de quelque émir qui aura régné sur cette petite partie de la Troade. Tous les noms turcs des provinces ont été pris des émirs, compagnons d'Orkhan, qui ont établi leurs fiefs sur les débris de l'empire de Byzance.

CHAPITRE XXIII.

LES MURS.

J'ai souvent eu occasion de regretter, en décrivant les ruines des villes, que les ouvrages des premiers habitants aient été défigurés ou remplacés par des constructions mesquines des temps postérieurs. La ville d'Assos n'offre pas ce désavantage, et l'on peut étudier dans ses murailles le plus bel exemple de construction hellénique que les siècles nous aient conservé. La perfection de cet ouvrage est telle, comme art et comme génie militaire ancien, que les Romains n'ont rien trouvé à y ajouter ou à en retrancher.

Tous les murs sont construits en grands blocs de trachyte, sans mortier ni ciment (1).

(1) Liv. VI, ch. 4.

(1) Je parle souvent du trachyte dans la description des villes. Je dois dire aux personnes étrangères à la géologie que le trachyte est une roche semblable au porphyre; elle en a l'aspect et la dureté, et ne s'en distingue que par des caractères minéralogiques peu apparents. Il n'y a pas longtemps que les géologues ont séparé les trachytes et les porphyres.

En commençant le tour des murailles par l'angle nord, on observe d'abord un petit bastion carré d'une construction différente des murs. Il est bâti, partie à joints irréguliers (cyclopéens), partie en assises régulières, mais en gros blocs à bossages; il a 6^m,60 de large sur 11^m,10 de long. La tour qui en est voisine est demi-circulaire; son diamètre intérieur est de 7^m,20, et le mur est épais de 1^m,54. L'appareil de ces murailles est unique dans l'antiquité. Elles sont composées de deux parements reliés par des parpaings; mais l'intervalle entre les deux parements est creux. L'entrée de la tour est une arcade en plein cintre, qui paraît un ouvrage tout à fait romain. C'est la seule qui soit demi-circulaire; toutes les autres sont carrées.

Le piton de l'acropole forme en ce lieu une croupe autour de laquelle on a fait tourner les murailles. Toutes les tours sont construites dans le même système; un fortin domine l'angle nord-est de la ville; ensuite les murailles reviennent vers le sud jusqu'à la poterne.

Le grand chemin qui est tracé le long de ce mur est le seul qui soit sur un plan horizontal : aussi a-t-il été choisi pour y placer les tombeaux. De nombreux sarcophages, tous du style grec, c'est-à-dire avec un couvercle à oreillettes, sont encore en place. Ils ont tous été ouverts; mais les couvercles rompus sont restés sur place.

Les murailles forment en ce lieu un angle rentrant très-prononcé, au fond duquel est une petite poterne. La grande porte de la ville est à l'extrémité de la voie des tombeaux. Je la décrirai plus bas.

A partir de ce point, le terrain commence à descendre rapidement; mais partout les murs sont construits avec le même soin, et sont presque partout conservés, excepté dans la partie basse de la ville, où l'action incessante des eaux de la montagne les a emportés. Un autre fortin, diagonalement opposé au premier, mais plus étendu, défend la pointe sud de la ville. J'ignore s'il existait des portes de ce côté; je n'en ai pas retrouvé de traces. On remonte vers le nord, jusqu'à une porte encore assez bien conservée, mais qui n'avait ni le luxe ni l'importance de la première. Cette porte est aussi placée au fond d'un angle rentrant; ce qui prouve que cette disposition a été prise par système, et en effet cela s'explique.

Les murailles du nord-est ont complétement disparu; je pense qu'elles auront été employées dans la construction des tours du moyen âge qui couronnent la citadelle.

Un mur, d'une épaisseur moindre que les remparts extérieurs, joint le pied de l'acropolis et l'angle rentrant de l'ouest du côté de la grande porte. Il avait sans doute pour but de diviser la ville en deux quartiers distincts. C'était un usage chez les Perses, qui se retrouve encore dans les villes persanes modernes. Il y a certaines parties de la ville où les remparts forment terrasse. Ils sont alors percés de distance en distance de canaux de 1^m,30 de hauteur et de 0^m,20 de largeur, pour donner issue aux eaux. Toutes les pierres sont à bossages et appareillées avec le plus grand soin.

La longueur totale du périmètre de la ville est de 3,103 mètres.

Les mesures sont prises à partir de l'angle nord-ouest de la ville, à la brèche qui se voit dans le rempart.

CHAPITRE XXIV.

LES PORTES.

Le système de défense des portes de villes a peu varié chez les anciens. Tantôt les portes étaient au fond d'une enceinte carrée ou circulaire, dont les cornes étaient défendues; tantôt la muraille se trouvait de front avec la porte, et les tours faisaient saillie sur la ligne des murs; c'est ainsi que sont disposées les portes d'Assos. La porte principale est au nord-ouest de la ville; elle se compose, en plan, de deux tours carrées formant une saillie égale à leur épaisseur, entre lesquelles s'ouvre la baie de la porte. Une petite enceinte, dont le mur ne s'élève que de quelques mètres, existe encore du côté de la ville. On remarque dans la baie que le chambranle n'a pas de feuillure; de sorte que la porte venait tout simplement battre contre le parement (1).

En élévation, la partie du mur en saillie est couronnée, en dehors de la ville, par un arc en ogive, dont les pierres sont appareillées en encorbellement, c'est-à-dire par assises horizontales formant saillie les unes sur les autres. La baie de la porte est carrée, couronnée par une architrave composée de deux pierres. Aux angles des pilastres sont deux coussinets sculptés en cul-de-lampe.

Du côté de la place, la baie de la porte est couronnée par une arcade en plein cintre, mais dont l'appareil est le même que celui de l'ogive, c'est-à-dire en assises horizontales. C'est, sans contredit, le cachet d'une haute antiquité, et on doit penser qu'à cette époque l'appareil en voussoirs tendant au centre était encore inconnu aux Grecs.

La forme ogivale, qui a été si peu employée par les Romains, se retrouve en Asie, du huitième au cinquième siècle avant Jésus-Christ, tant dans ces constructions que dans celle du tombeau du Tantale et dans les tombeaux lyciens. On estime que les colonies æoliennes sont venues s'établir dans la Troade peu de temps après la guerre de Troie. Plusieurs autres migrations eurent lieu de la Grèce en Asie; mais lorsque les Perses vinrent conquérir ce pays, les Æoliens étaient fort répandus, et leur gouvernement avait déjà subi plusieurs révolutions. Quelques bas-reliefs d'Assos, que nous aurons l'occasion d'examiner, ont un caractère plus égyptien que grec. C'est tout ce qu'on peut dire sur la date de ces monuments, car les fondateurs ont été assez avares d'inscriptions, sans doute à cause de la nature rebelle de la pierre. Supposer que ces murailles ne remontent pas au delà du cinquième siècle avant Jésus-Christ, c'est leur assigner la limite la plus rapprochée qu'il soit possible.

Pour expliquer la singularité de construction des murailles, j'ai pensé qu'on les avait ainsi disposées pour résister aux efforts du bélier, qui ne portaient ainsi que sur un seul parement du mur.

A côté de la grande porte, on voit une poterne d'une conservation parfaite. La voussure de la baie est faite en encorbellement, et une pierre de de 3^m de long couronne la petite porte. On voit très-bien les trous de scellement et des gonds du vantail.

La troisième porte est située tout à fait à l'est de la ville; le couronnement en est ruiné; elle ne présente pas d'autres caractères que ceux que j'ai décrits. On remarquera que les tours, dont la face est à bossages, sont en appareil lisse et sans refends sur les parties latérales.

L'ACROPOLIS. LE TEMPLE.

L'acropolis occupe tout le sommet d'un rocher élevé et inaccessible qui domine l'enceinte de la ville. Il est composé de grands prismes basaltiques dont les parois sont verticales. On y arrive du côté du sud par un sentier tracé au milieu des roches; du côté du nord il forme un véritable précipice qui défendait la ville contre toute surprise.

Au centre de l'acropolis s'élevait un temple d'ordre dorique grec qui, par son caractère archaïque, se distingue de tous les temples de même style connus, et dont les ruines subsistent encore en Italie, en Sicile ou en Grèce; ses colonnes courtes et massives n'ont pas sept diamètres de hauteur.

La hauteur de la colonne étant de 4^{m}70, l'entrecolonnement est de 2^{m}45; les entrecolonnements d'angle sont de 2^{m}20; les colonnes très-galbées sont ornées de dix cannelures; le chapiteau, dont on peut voir un spécimen au musée du Louvre, est très-évasé.

Le temple d'Assos était hexastyle et avait treize colonnes sur le côté; il résulte de cette disposition que la cella était fort étroite. La couverture était en tuiles à rebord dont on a retrouvé quelques fragments dans les fouilles.

Ce qui distinguait ce temple entre tous les autres temples grecs, c'est que l'architrave, qui est ordinairement lisse dans les édifices de ce genre était décorée

(1) Voyez la planche 17.

d'une suite de bas-reliefs qui se sont retrouvés presque intacts dans les ruines; ils ont été en grande partie transportés au musée du Louvre à Paris. Ces bas-reliefs, formant une longue bande, représentent différents sujets du plus ancien style et dont quelques-uns sont très-faciles à expliquer; les deux extrémités de la façade étaient ornées de deux couples de taureaux dans l'attitude du combat. Au milieu de l'architrave était un groupe de sphinx couchés et opposés face à face.

L'un des bas-reliefs représente la lutte de Ménélas et de Protée sur les rivages de l'Égypte. Ce sujet tout troyen rappelle les anciens rapports entre les rois d'Égypte et ceux de la Troade. Hérodote a conservé le souvenir de cette aventure de Ménélas. « Le successeur de Phéron, fils de Sésostris, fut un citoyen de Memphis dont le nom dans la langue des Grecs est Protée (1). Hélène, fuyant de Sparte avec Pâris, se rendit à Troie, lorsque les vents contraires la portèrent en Égypte, où elle vécut près de Protée. » Ménélas vint lui-même à la cour de ce prince pour redemander Hélène. On reconnaît Ménélas à son carquois et à son casque. Protée tente en vain de se dérober à la poursuite de Ménélas; les nymphes de la mer semblent fuir le lieu du combat (2).

Le sujet d'un autre bas-relief représente les noces de Pirithoüs; les convives, couchés et appuyés sur des coussins, reçoivent dans des coupes le vin qui leur est versé par des esclaves; tout ces bas-reliefs sont traités avec un sentiment tout primitif. On peut les comparer aux plus anciennes peintures retrouvées dans les tombeaux de l'Étrurie. Cette conformité n'a rien d'anormal; car il est aujourd'hui un fait généralement admis que les Étrusques sont originaires d'Asie. Le récit d'Hérodote, dont on avait contesté le témoignage, est aujourd'hui regardé comme très-véridique.

La frise du temple est décorée de triglyphes, et les métopes sculptées représentent des centaures, des harpies et un sanglier.

Rien ne manque pour restituer ce temple dans son état primitif; car on trouve parmi les décombres plusieurs pièces appartenant au fronton.

Le temple est bâti avec la pierre volcanique qui forme le sol de la ville; on ne trouve nulle part un seul fragment de marbre, et tous les édifices qui subsistent encore portent le cachet de la plus haute antiquité.

A une époque inconnue, mais qui paraît voisine des temps byzantins, il a été élevé dans l'acropole d'Assos une forteresse composée de plusieurs tours massives qui subsistent encore et pour lesquelles on a pris la plus grande partie des matériaux du temple. Le petit village de Beyrham s'est construit à l'abri de ces fortifications; il se compose d'une vingtaine de familles turques.

En dehors de l'acropole et sur la première terrasse de la ville s'élève un vaste théâtre dont les siéges sont encore en place; mais le proscenium est en grande partie écroulé. Non loin de là est un petit temple, et les ruines d'autres édifices complétement écroulés jonchent le sol. Il est probable qu'en écartant ces décombres on ferait des découvertes intéressantes. Les inscriptions sont rares à Assos; la pierre volcanique se prête peu à l'épigraphie; on a retrouvé un fragment qui prouve que dans la ville d'Assos il existait un temple d'Auguste semblable à celui d'Ancyre; cette inscription incomplète est ainsi conçue :

A César Auguste et au peuple (romain). Le prêtre du Dieu César Auguste et lui-même descendant des rois de sa patrie, et le prêtre Jupiter qui préside à la concorde, et le gymnasiarque Quintus...

La petite église byzantine qui existe encore dans l'acropolis n'a rien de remarquable que l'inscription de la dédicace. Elle a été élevée par Anthimus, évêque de Scamandria; ce qui prouve que cette ville existait encore entre le huitième et le neuvième siècle.

CHAPITRE XXV.

ADRAMYTTIUM.

Adramyttium, qui a donné son nom au golfe voisin, est au petit nombre des villes qui depuis la plus haute anti-

---

(1) Hérodote, liv. II, ch. 92.
(2) Voyez les planches 15, 16 et 48.

quité ont conservé et leur nom et une population nombreuse.

La moderne Adramytte compte encore aujourd'hui plus de huit mille habitants ; elle est le chef-lieu d'un sandjak et fait un commerce considérable avec les autres villes et les îles voisines. Son territoire, largement arrosé par des sources et de nombreux cours d'eau, produit de l'huile, du blé, des figues, de la soie, des laines et du tabac. Les familles grecques et turques y sont dans des proportions à peu près égales. La ville est située en plaine ; elle n'a point de murailles ; les maisons sont bâties en bois selon la mode de Constantinople et de Smyrne et sont presque toutes situées au milieu de jardins où la vigne se mêle aux autres arbres fruitiers. Des oliviers d'une hauteur prodigieuse bordent le chemin qui conduit de la ville à la mer et donnent à tout le pays l'aspect le plus champêtre. Adramytte n'offre aucun vestige de monument ancien ni moderne, les mosquées s'y distinguent à peine des autres habitations ; en un mot de tous les souvenirs des temps passés Adramytte n'a conservé que son nom ; elle passa dans une obscurité profonde toute la période du moyen âge, et n'éprouva qu'un léger contre-coup des événements sinistres qui désolèrent cette côte au moment de la révolution grecque.

La fondation de la ville d'Adramyttium remonte à une antiquité très-reculée, et selon la tradition conservée par Pline (1), elle serait antérieure à celle de Troie, si en effet on doit l'identifier avec l'ancienne Pedasus, ville des Léléges. Lorsque tout ce territoire fut soumis aux rois de Lydie, un frère de Crésus, nommé Adramys, l'embellit de monuments et lui donna son nom. C'est ainsi qu'elle passa pour avoir été fondée par les Lydiens. Adramytte reçut une colonie d'Athènes et resta dans l'alliance des villes de la Propontide, dont elle suivit presque toujours la fortune. Les Athéniens y transportèrent les habitants de Délos lorsque cette île fut soumise à la purification. Mais la révolte d'Athènes attira sur les nouveaux venus la vengeance des Perses ; ils furent tous massacrés par Arsace, lieutenant de Tissapherne (1). Les rois de Pergame héritèrent du territoire d'Adramyttium qui leur fut concédé par les Romains après la défaite d'Antiochus. Adramyttium, de gré ou de force, s'attacha au parti de Mithridate, et pour obéir à l'ordre qu'il avait donné, dans un accès de démence, d'égorger tous les citoyens romains, son lieutenant Diodore fit assassiner tout le sénat des Adramyttiens, et pour éviter la vengeance des Romains finit par se laisser mourir de faim dans la ville d'Amasie. Les Adramyttiens, accusés d'avoir trempé dans ce crime, envoyèrent à Rome Xénoclès, un de leurs plus célèbres orateurs, pour plaider leur cause devant le sénat (2).

Quoique la ville d'Adramyttium n'ait jamais été citée comme place de guerre, elle avait néanmoins, du temps des Romains, un port et un arsenal dont il ne reste plus de vestige. Il est à croire qu'à cette époque elle était beaucoup plus voisine de la mer qu'elle ne l'est aujourd'hui ; les torrents et les alluvions ont formé une partie du territoire qui la sépare de la côte. Une petite rivière appelée Ak-sou charrie une quantité de limon qui se dépose sur le rivage. Si en effet Adramyttium occupe l'emplacement de l'ancienne Pédasus, cette rivière représente le Satnoëis souvent mentionné par Homère (3).

Dans le fond du golfe et non loin d'Adramyttium nous devons mentionner la ville d'Astyra avec un temple de Diane Astyrène situé dans un bois sacré et propriété des habitants d'Antandros. Ce lieu est aujourd'hui inconnu ; on pourrait en retrouver l'emplacement sur la côte nord du golfe. Près d'Astyra il y avait un lac nommé Sapra plein de gouffres et dont les eaux se déchargeaient dans un endroit du rivage bordé de rochers ; toutes ces indications permettraient de retrouver le site d'Astyra (4).

Le promontoire de Pyrrha opposé à Lectum formait la corne sud du golfe

(1) Pline, V, 32.

(1) Pausanias, V, 27.
(2) Strab., XIII, p. 614.
(3) Il., XXI, 86.
(4) Strab., l. XIII, 613-614.

d'Adramyttium; il était éloigné de cent vingt stades ou vingt-deux kilomètres de ce dernier cap et se distinguait par un temple de Vénus. Le cap Canæ ou Ægæ, qui donna son nom à la mer Égée, formait la limite du golfe Elaïtique. Canæ était une petite ville des Locriens; elle était située au pied d'une montagne entourée au midi et au couchant par la mer (1).

La côte du golfe Elaïtique était connue sous le nom de Acté (rivage) des Mityléniens, la plupart des villes de cette région ayant été fondées par les habitants de cette île.

Pline mentionne plusieurs autres rivières qui des hauteurs du Gargara se jettent dans le golfe d'Adramytte notamment les rivières Astron, Carmalus, Eryannus, etc.; mais il est impossible, à défaut d'autres renseignements, d'en déterminer la position exacte. Il en est de même du fleuve Evenus qui fournissait de l'eau aux habitants d'Adramyttium (2), et sur les bords duquel était située l'antique ville de Lyrnessus, détruite pendant le siège de Troie; ce dernier fleuve venait du sud, puisqu'il coulait près de l'ancienne Pitane.

Le territoire d'Adramyttium était habité par les Ciliciens, sujets d'Éétion, père d'Andromaque, qui possédait la ville de Thébé, au pied du mont Plancus, et qui fut ruinée par Achille, « Éétion qui habita Thébé dans la verte Hypoplacée et gouverna les Ciliciens » (3); telle était la puissance de la poésie homérique sur l'esprit des peuples grecs, que le nom de ces deux villes resta toujours attaché au territoire qu'elles ont occupé, et ces contrées ne furent jamais désignées que sous le nom des plaines de Thébé et de Lyrnessus. Strabon croyait que de son temps il existait encore quelques vestiges de ces deux villes; il place la première à soixante stades au nord et la seconde à quatrevingts stades au midi d'Adramyttium.

Selon Strabon, les deux villes de Chrysa et de Cilla étaient situées dans le voisinage immédiat d'Adramyttium;

(1) Strab., XIII, 615.
(2) Strab., XIII, 614.
(3) Il., VI, 415.

tout ce pays fut le théâtre des premières expéditions d'Achille.

CHAPITRE XXVI.

HÉCATONNÈSE. PITANE.

Dans le détroit entre Lesbos et le continent il y a un petit archipel qui offre un excellent mouillage; on l'appelait dans l'antiquité Hécatonnèse qui est interprété de deux manières par les écrivains anciens. Il tenait son nom d'Apollon Hécateus, ou ce nom signifiait tout simplement les cent îles. Il est connu des marins modernes sous le nom de Mosco Nisi (les îles aux veaux). Atarnée, dont l'emplacement est aujourd'hui inconnu, donnait son nom à un territoire étendu dont la fertilité était proverbiale. Cette ville a conservé quelque célébrité parce qu'elle fut le lieu de résidence d'Aristote pendant que son oncle Hermias gouvernait le pays. Elle fut ensuite donnée aux habitants de Chio pour les récompenser de leur trahison envers Pactyas, qui fut livré par eux entre les mains de Cyrus. Il est vrai que dans la suite ces insulaires eurent horreur de leur action; l'orge et le blé de l'Atarnée étaient proscrits des cérémonies religieuses; tout ce qui naissait dans ce territoire était maudit (1). Cependant cette malédiction n'arrêta pas Hystiée, tyran de Milet, qui, étant à Lesbos, passa sur le continent pour faire des vivres et enlever les moissons de l'Atarnée; mais ce pays était occupé par Harpagus, général perse, qui livra un combat dans lequel Hystiée fut pris et mis à mort dans la ville de Sardes (2). Malène, qui fut témoin de la défaite de ce général, était située au sud d'Atarnée et sur la rive droite du Caïque. Ici s'ouvre une grande vallée courant de l'est à l'ouest qui sépare la Mysie de l'Æolide. Toutes les villes placées au nord du fleuve appartiennent à la première de ces provinces; mais sous le règne des rois de Pergame ces frontières furent confondues; nous conserverons l'ancienne expression géographique.

Un peu au nord de l'embouchure

(1) Hérodote, liv. I, ch. 16c.
(2) Hérodote, liv. VI, ch. 28.

du Caïque et abrité par l'archipel de Mosco-Nisi et par l'île de Lesbos s'ouvre le golfe de Tchanderli qui est le premier mouillage que l'on rencontre en allant vers le sud. On y reconnaît l'emplacement de l'ancienne Pitane à des caractères non équivoques, mais qui tiennent plutôt à la topographie qu'à des restes d'antiquité.

Pitane, ville æolienne, avait deux ports, elle était située sur une langue de terre devant laquelle s'élèvent quelques îlots volcaniques. Le fleuve Evenus, qui va se jeter dans le golfe d'Élée, coule à quelque distance. L'aqueduc qui portait les eaux à Adramyttium prenait naissance dans le voisinage. Il ne paraît pas que dans l'antiquité les deux ports de Pitane aient reçu le moindre système de défense, car on les retrouve dans l'état de pure nature. Les îlots qui les protégent sont composés d'une roche grise et compacte. On fabriquait à Pitane des briques qui avaient la propriété de surnager sur l'eau (1). C'était sans doute quelque terre à base de ponce que fournissaient les terrains volcaniques. On tirait de l'île de Rhodes des briques d'une nature semblable qui furent employées dans la construction de la coupole de Sainte-Sophie (2).

La petite ville de Tchanderli, qui a remplacé l'ancienne Pitane, fut à son tour renversée de fond en comble en représailles des atrocités que les Turcs avaient commises à Kidonia; les Psariotes vinrent avec des corsaires débarquer dans le port, massacrèrent les Turcs et incendièrent les habitations.

Ces mouvements étaient le prélude de la révolution qui devait détacher la Grèce du joug des Ottomans. Lesbos et Chio, qui ont payé de leur sang ces premières tentatives d'affranchissement, attendent encore l'heure de leur délivrance.

Kidonia, dont le nom turc est Aïvali (la ville des Coings), fut fondée dans l'île voisine, mais à une époque inconnue. Les habitants, presque tous Grecs, se transportèrent sur le continent et bâtirent une ville du même nom. Adonnés à la marine et au commerce, ils ne tardèrent pas à voir leurs entreprises prospérer, et la population de Kidonia dépassait vingt-cinq mille habitants. Les primats de la ville, parmi lesquels il faut citer au premier rang Jean Œconomos, fondèrent des écoles et des établissements publics, autour desquels se groupait la jeunesse des îles et du continent de la Grèce; aussi dès les premiers symptômes du soulèvement de la nation grecque, les Cydoniates prirent-ils les armes pour s'opposer à l'action des Turcs. Cernés dans leur ville par des forces supérieures, ils furent presque tous massacrés en juin 1821, et la ville de Kidonia fut livrée aux flammes.

Aujourd'hui elle n'est plus qu'un amas de décombres habité par quelques familles de marins qui échappèrent au massacre.

TEUTHRANIE, CAÏQUE.

La grande vallée arrosée par le fleuve Caïque faisait partie de la région de Teuthranie, qui reçut son nom de Teuthras, fils de Téléphe, qui régna sur les Ciliciens. La ville de Teuthrania, aujourd'hui inconnue, était à soixante-dix stades (environ 13 kilom.) des villes de Pitane et de Pergame. Trois fleuves arrosent la plaine de Teuthranie. Le Caïque, qui se jette dans la mer aux environs du port d'Élée, à trente stades environ du sud de la ville de Pitane, prend sa source dans le mont Temnus, un des embranchements sud de l'Ida et près du village de Bakir. Le Caïque porte aujourd'hui plusieurs noms : à sa source c'est le Bakir tchaï (rivière de cuivre); on l'appelle ensuite Ak sou (l'eau blanche) et après avoir reçu les eaux du fleuve Sélinus qui vient du mont Pindasus et passe à Pergame, on l'appelle Bergamo tchaï. Il reçoit encore les eaux de deux petites rivières, le Mysius venant des montagnes au nord de Pergame et le Cetius qui prit son nom des Cétiens, sujets de Téléphe (1). Une partie du bassin inférieur du Caïque portait le nom de plaine Apia, célèbre autrefois par sa fertilité. La route de Pitane (Tchanderli) à Pergame suit les bords du Caïque; elle est bornée au nord par une

---

(1) Strab., XIII, 614.
(2) Banduri, *Anonyme de Const.*; t. Ier.

(1) Strabon, XIII, 615.

chaîne trachytique qui forme les derniers échelons du mont Gargare; la distance entre Tchanderli et Pergame est de vingt kilom. La montagne du château domine toute la vallée et s'aperçoit d'une distance de plus de vingt kilomètres.

CHAPITRE XXVII.

PERGAME.

A l'entrée de la ville de Pergame s'élèvent deux monticules couverts de verdure et qu'au premier coup d'œil on reconnaît pour être deux tumulus élevés de main d'homme. Ils sont en tout semblables à ceux de la plaine de Troie; ils n'offrent à l'extérieur aucune trace de construction. L'un d'eux porte le nom de Maltépé; il a environ soixante mètres de haut et cent quarante mètres de diamètre; l'autre est d'une dimension un peu moindre. Ces monuments, qui datent de l'âge héroïque, nous paraissent avoir été clairement désignés par Pausanias et se rattacher au nom et à la fondation de Pergame.

Après la mort d'Hermione, Pyrrhus épousa Andromaque, dont il eut trois fils (1). Après la mort de Pyrrhus, ses fils se séparèrent. « Pergamus, accompagné de sa mère Andromaque, alla chercher fortune en Asie, et s'étant arrêté dans la Teuthranie, où régnait Arius, il tua ce prince dans un combat singulier, se mit à sa place et donna son nom à la ville. On voit encore, car Andromaque l'avait accompagné, leurs tombeaux dans la ville. » Le même auteur (2) fait aussi mention du tombeau d'Augé, mère de Télèphe, qui se voyait à Pergame. La description qu'en fait l'auteur grec est aussi explicite que possible et se rapporte parfaitement au tumulus qui s'élève à l'entrée de la ville. « Et encore aujourd'hui le tombeau d'Augé se voit à Pergame, qui est au-dessus du Caïque; c'est une butte de terre (χῶμα γῆς) entourée d'un soubassement de pierre. » Ce sont presque les mêmes paroles qu'Hérodote emploie pour décrire le tombeau d'Alyatte et en effet les deux monuments ont une ressemblance frappante. Nous croyons donc sans forcer en rien les traditions historiques que ces deux tumulus doivent être considérés comme les tombeaux d'Augé et d'Andromaque. C'est une tout autre question de savoir si en réalité ces deux héroïnes ont reçu leur sépulture en ce lieu; nous voulons seulement dire que ces deux tertres sont ceux que du temps de Pausanias on considérait comme leurs tombeaux.

Si l'on s'en rapporte à la citation de Pausanias, Pergame a été fondée par le héros, fils d'Andromaque, nommé Pergamus, et la veuve d'Hector retrouva dans ce nom un souvenir de la citadelle troyenne. Nous pouvons croire cependant que ce nom de Pergame a une racine étrangère à la langue grecque, *Perg* ou *Berg*, qui signifie montagne. Il se retrouve aussi dans le nom de Perga, ville de Pamphylie qui est située exactement de la même manière que le Pergama de Troie, et la ville de Pergame. Bien longtemps avant que le site de Perga fût retrouvé, un critique avait soupçonné que cette ville devait occuper un lieu élevé, et cette conjecture s'est vérifiée (1). Les premiers siècles de l'existence de Pergame se perdent dans les ténèbres de l'antiquité; la première mention, qui remonte aux temps historiques, se trouve consignée dans le récit de Xénophon (2). Ce général trouva chez les frères Gorgion et Gougyle une généreuse hospitalité, et partit de Pergame pour faire une excursion chez les Perses, maîtres de la contrée.

CHAPITRE XXVIII.

ORIGINE DU ROYAUME DE PERGAME. — PHILÉTÈRE. — EUMÈNE.

La position formidable du château de Pergame avait été remarquée par Lysimaque, qui le choisit pour y déposer ses trésors, estimés 9,000 talents ou 47,000,000 de francs; il en confia la garde à Philétère de Tium en Paphlagonie (3). Ce personnage, qui d'un poste

---

(1) Pausanias, liv. I, chap. 10.
(2) Pausanias, liv. VIII, ch. 4.

(1) Voy. Pline, éd. de 1770, trad. de Poinsinet, liv. V, ch. 32.
(2) Anab., VII, 8, 4.
(3) Strabon, XIII, 613, dit qu'il naquit à Tyana en Cappadoce.

subalterne devait bientôt s'élever à la souveraine puissance, était fils d'une danseuse et courtisane nommée Boa. Il avait éprouvé dans son enfance un accident à la suite duquel il était resté eunuque; cependant, guidé et protégé par Docime, officier de l'armée d'Antigone, il commença à prendre part aux affaires publiques. Docime étant passé au service de Lysimaque emmena avec lui Philétère, qui captiva Lysimaque par son esprit d'ordre et d'économie, et ce prince le choisit pour son trésorier et lui donna le commandement du château de Pergame, où était renfermé le précieux dépôt. Pendant quelque temps le prince grec n'eut qu'à se louer de la fidélité de son intendant; mais ce dernier, menacé d'une disgrâce prochaine par suite des intrigues d'Arsinoé, femme de Lysimaque, n'imagina d'autre moyen de se sauver que de se rendre indépendant. Tout dessein de ce genre trouvait infailliblement un appui parmi les princes grecs rivaux ou jaloux les uns des autres. Séleucus appuya les projets ambitieux du ministre de Lysimaque, et ce prince ayant péri dans une bataille qu'il livrait à Séleucus aux environs de Sardes, Philétère se vit en possession du rang suprême, sans avoir eu à combattre ses ennemis autrement que par le moyen d'intrigues habilement ourdies, et qui lui permirent de jouir pendant vingt ans d'un pouvoir peu contesté. Le traité passé avec Séleucus pour lui restituer les trésors de Lysimaque n'avait pas été observé, et les deux alliés étaient devenus des ennemis irréconciliables; mais le sort fut encore favorable à Philétère; car après sept mois d'hostilités Séleucus mourut victime de la trahison de Ptolémée Céraunus.

Le maître de Pergame était trop politique pour laisser de nouvelles inimitiés se développer autour de lui; il fit redemander le corps de Séleucus et après lui avoir rendu les honneurs funèbres, il le renvoya à Antiochus, fils et successeur de ce prince. A partir de ce moment Philétère put jouir tranquillement du gouvernement de l'État qu'il avait constitué; il contracta des alliances avec les princes voisins et put réunir sous son pouvoir le gouvernement d'une grande partie de l'Æolide (1).

Plus heureux qu'Hermias le maître d'Assos, Philétère légua le gouvernement de Pergame à son neveu Eumène, et ce prince, qui brillait par des qualités solides, sut défendre vigoureusement l'héritage qu'il venait d'acquérir. Antiochus exigeait toujours l'exécution du traité signé par Philétère; les deux princes finirent par se déclarer la guerre, et les environs de Sardes furent encore le champ de bataille où se décida le sort du futur royaume de Pergame. Antiochus fut vaincu et mourut peu de temps après sa défaite. Eumène régna vingt-deux ans et mourut l'an 241 avant notre ère.

ATTALE Ier.

Attale Ier, cousin et successeur d'Eumène, était fils d'Attale et d'Antiochide, fille d'Achæus. C'est lui qui fut le premier proclamé roi, après une grande victoire qu'il remporta sur les Galates (2). Aucun prince n'était venu à son secours; les Gaulois, dont le nom seul était un épouvantail pour les peuples de l'Asie, marchaient sur Pergame, et l'armée d'Attale était glacée de terreur; c'est alors que le prince s'avisa d'un stratagème qui a été regardé de nos jours comme la première tentative d'un art qui ne devait se produire que bien des siècles plus tard; il écrivit à l'envers sur le creux de sa main le mot *Nika* (victoire) et l'imprimant sur le foie d'une victime que l'on immolait, il montra aux soldats étonnés le viscère portant lisiblement le nom de la victoire. Les soldats, convaincus de la protection des dieux, reprirent courage; un combat acharné eut lieu, et les Gaulois furent mis en fuite. Cette victoire, remportée sur un peuple que l'on avait regardé jusqu'alors comme invincible, excita dans toute l'Asie un enthousiasme indicible; des tableaux représentant cette bataille furent exécutés et déposés dans les temples, l'un à Pergame, l'autre à Athènes (3).

(1) Strabon, XIII, 623.
(2) Strab., XIII, 624.
(3) Polyœn., Strab., Pausanias, liv. V, ch. 9.

La puissance d'Attale, accrue par cette victoire, le mit à même de se mesurer de nouveau avec les rois de Syrie, ses ennemis naturels. Séleucus Céraunus marcha contre le roi de Pergame; mais ce dernier sut adroitement se défaire de ce nouvel ennemi. Séleucus mourut assassiné dans les défilés du Taurus, et dans le même temps les Pisidiens soulevés firent une irruption en Syrie et forcèrent Achæus, qui marchait contre Pergame, de revenir sur ses pas. Dans ces conjonctures la plupart des villes de l'Æolide et de la Mysie firent leur soumission; les habitants de Téos et de Colophon envoyèrent les clefs de leurs villes; Cymé, Smyrne et Phocée furent annexées au nouvel État, et le prince Attale fut proclamé roi. Il fit alliance avec la république de Byzance, et sut également acquérir l'amitié des Rhodiens. Cette ligue des deux républiques avec le nouveau roi avait pour but de s'opposer à la tyrannie des princes grecs, qui s'emparaient de toutes les côtes et imposaient des charges intolérables au commerce maritime. Les rois de Bithynie avaient pris part dans ce conflit, et remportèrent d'abord quelques avantages sur le roi de Pergame; mais comme ce dernier avait fait alliance avec les Romains contre Philippe de Macédoine (1), il se trouva en mesure de résister à tant d'ennemis, et put se faire restituer les provinces qui lui avaient été enlevées.

Philippe, qui faisait la guerre en barbare plutôt qu'en prince civilisé, dirigea un corps d'armée contre Pergame. Tous ses efforts dans l'attaque de cette ville ayant été inutiles, il tourna sa rage contre les dieux; il ne se contentait pas de brûler les temples, il brisait les statues, renversait les autels et arrachait jusqu'aux pierres des fondements. Les Ætoliens ayant fait la paix avec Philippe, ce prince retourna en Macédoine, et le roi Attale accomplit en paix un règne de quarante-quatre ans. Il réunit sous ses lois tout le territoire qui s'étend jusqu'à Adramyttium et jeta les premiers fondements de la bibliothèque de Pergame.

(1) Voyez les rois de Bythinie. p. 31.

EUMÈNE II.

Eumène II, fils d'Attale et d'Apollonis de Cyzique, succéda à son père, et demeura l'allié des Romains dans la guerre contre Antiochus et contre Persée. A chaque victoire il recevait du peuple romain un accroissement de territoire; il reçut de plus d'Antiochus la somme de quatre cents talents tant pour ce qui lui était dû que pour le blé qu'il avait fourni aux rois de Syrie. Mais tant de prospérité finit par faire naître le soupçon de la part de ceux mêmes qui avaient comblé de faveurs le roi de Pergame; il fut accusé de favoriser en secret l'ennemi des Romains, et comme on n'avait aucune preuve certaine, on envoya Tib. Gracchus en Asie comme commissaire pour examiner la conduite de ce prince. Aucune charge ne s'étant élevée contre lui, sur le témoignage favorable que le commissaire Gracchus adressa au sénat, les Romains rendirent à Eumène leur ancienne amitié.

Les mauvaises dispositions de la république avaient motivé un décret du sénat en vertu duquel toutes les statues de ce roi seraient enlevées de la place qu'elles occupaient dans les lieux publics. Attale, frère du roi, fit un voyage à Rome, et obtint la révocation du décret. Sous le règne de ce prince une ambassade du peuple romain débarqua au port d'Élée, et se rendit à Pergame dans le but d'obtenir la permission de transporter à Rome la statue de la mère des dieux, qui se trouvait à Pessinunte.

La ville de Pergame dut à Eumène un accroissement considérable; il répara les ravages des dernières guerres, et construisit des monuments magnifiques, qui existaient encore du temps de Strabon; il fit planter et décorer le Nicéphorium bâti par Attale. Polybe (1) et Strabon (2) se contentent de mentionner ce lieu comme un ensemble de temples, de statues et de portiques sans dire quelle était sa destination. Une inscription que nous avons retrouvée sur le penchant de l'acropole de Pergame nous fait connaître que le Nicéphorium était un temple consacré à Minerve Po-

(1) Liv. XVI, ch. 1er.
(2) Liv. XIII, 624.

liade et Nicéphore, auquel était attaché un collège de prêtresses (1). Nous pouvons présumer que cette inscription se trouvait sur l'emplacement même de l'enceinte sacrée qui par conséquent dépendait de l'Acropolis.

Eumène fut réellement le fondateur de cette bibliothèque de deux cent mille volumes dont la perte est depuis tant de siècles regrettée de tous ceux qui aiment les lettres (2). Afin de donner aux copistes les moyens les plus faciles pour reproduire les œuvres littéraires, il créa des fabriques de peaux préparées pour recevoir l'écriture, et qui depuis ce temps-là ont conservé le nom de la ville où cette industrie a pris naissance, *Pergamenæ chartæ*, dont nous avons fait le mot parchemin. Le papyrus, dont on avait fait usage jusque-là, était cher et d'une fabrication difficile. Les princes grecs, maîtres de l'Égypte, qui produisait seule cette plante, mettaient des obstacles sans nombre à la sortie d'un produit dont la consommation allait toujours grandissant; la fabrication du parchemin acquit en peu de temps un développement considérable et aujourd'hui encore la ville de Pergame se distingue par l'habileté de ses maroquiniers. Les bords du Selinus sont couverts de fabriques de tanneries et de mégisseries, et cette modeste industrie, qui dans le principe fut si utile aux lettres, pourrait plus qu'aucune autre réclamer des titres de noblesse, eu égard à l'antiquité de son origine et à un exercice non interrompu pendant plus de vingt siècles.

On voyait encore il y a quelques années à Constantinople le bazar des copistes, qui pouvait donner une idée de cette industrie dans l'antiquité et faire comprendre comment un livre en renom pouvait être reproduit avec une rapidité relative assez grande. Les copistes du Coran étaient si bien habitués au caractère et au format de ce livre que pas une ligne, pas un mot ne dépassait la page.

Le livre écrit brut passait entre les mains du satineur, de là entre celles du miniaturiste, qui mettait les titres, les ornements et les arabesques; le corps des copistes turcs, appartenant à la classe des oulémas, s'est opposé longtemps à la propagation des livres imprimés. C'est une erreur de croire que le Coran contienne rien qui soit contraire à l'adoption de l'imprimerie.

Il est singulier que les Romains, qui ont connu l'emploi des cylindres, des sceaux, et des tessères gravées, n'aient jamais eu l'idée de la reproduction mécanique de l'écriture; le manque de papier les a arrêtés dans cette voie plus que toute autre cause.

ATTALE II.

Eumène mourut après un règne de quarante-neuf ans, laissant la régence à son frère et le trône à son jeune fils, qui régna sous le nom d'Attale III. Il était fils de Stratonice, fille d'Ariarathe, roi de Cappadoce. Attale II, Philadelphe, frère d'Eumène, exerça en réalité le pouvoir suprême, mais peu s'en fallut qu'il ne fût chassé du trône par Prusias, roi de Bithynie. Ce prince s'était emparé de Pergame et avait renouvelé les scènes de destruction qui avaient eu lieu du temps de Philippe. Mais les Romains forcèrent Prusias à faire la paix avec le roi de Pergame et à réparer tous les dommages qu'il avait fait souffrir à la ville.

Attale, pour se venger de cet ennemi implacable, suscita contre lui son propre fils Nicomède, qui le tua.

Attale devint alors assez puissant pour rétablir sur son trône (1) Ariarathe, son beau-père, roi de Cappadoce. Il fut maître de la Phrygie et de la Pamphylie, et bâtit les villes d'Attalia et de Philadelphie, auxquelles il donna son double nom d'Attale Philadelphe. Dans sa vieillesse il négligea les affaires publiques, s'en rapportant à son favori Philopœmen. Il finit par mourir empoisonné par son neveu Attale Philométor.

ATTALE III.

Le règne de ce prince n'est qu'une suite de cruautés et d'extravagances; il

---

(1) Voy. *Description de l'Asie Mineure*, t. II, p. 220.
(2) Strabon, XIII, 624.

(1) Strabon, XIII, p. 624.

fit avec le secours et la protection des Romains quelques guerres heureuses à ses ennemis, les Bithyniens, et vainquit Nicomède, qui ne fit plus aucune tentative contre le royaume de Pergame.

Attale II passa la fin de son règne dans une retraite souvent troublée par le remords, et avant de mourir fit un testament signé par tous les rois de l'Asie, en vertu duquel il instituait le peuple romain son légataire universel *Populus romanus bonorum meorum hæres esto*. A ce moment le royaume de Pergame, qui avait commencé par le territoire d'une ville, comprenait toutes les provinces centrales de l'Asie jusqu'au mont Taurus.

Cependant la puissante république n'entra pas sans combat en possession de son héritage : Aristonic, fils naturel du dernier des Attales, prit les armes pour reconquérir le trône de son père. Deux consuls entrèrent successivement en campagne contre lui, et pendant trois années la guerre se prolongea sans relâche ; plusieurs villes se déclarèrent en faveur du prétendant. Ce dernier se vit bientôt à la tête d'une armée qui remporta d'abord de grands avantages. Thyatire et Apollonis furent prises, et le danger parut assez grand aux Romains pour qu'ils jugeassent nécessaire de donner le commandement de l'armée à un personnage consulaire. Publius Crassus, qui entra le premier en campagne, fut tué à Leucœ, place d'armes d'Aristonic située aux environs de Smyrne ; il eut pour successeur M. Perperna, qui mit fin à la guerre, mais qui mourut au moment où il terminait la seconde campagne. Aristonic, vaincu et prisonnier, fut traîné à Rome où il trouva la mort pour prix de l'audace qu'il avait eue de disputer cette riche proie à l'avarice des alliés de son père (1). Tous les trésors des rois furent emportés à Rome, et un proconsul vint prendre possession du territoire au nom du peuple romain.

La dynastie des rois de Pergame donnée par Strabon est comprise dans la période suivante : Av. J.-C.

Philétère l'eunuque. . . 283 — 263
Eumène Ier, premier roi. 263 — 241
Attale Ier. . . . . 241 — 198
Eumène II. . . . . . . 198 — 157
Attale II Philadelphe. . **157** — **137**
Attale III Philométor. . 137 — 132
Aristonic prétendant. . . 132 — 129

L'ancien royaume de Pergame, réduit en province de l'empire romain, forma le département qui fut particulièrement désigné sous le nom de province d'Asie, et l'administration du pays fut subordonnée aux lois de la métropole. On laissa cependant subsister cette apparence de libertés municipales dont ces anciennes villes étaient si jalouses, et sous le nom de communautés des villes d'Asie (1) elles conservèrent certains priviléges. Les cérémonies religieuses et les jeux publics furent présidés par un magistrat qui portait le titre d'Asiarque, et les personnages les plus puissants briguèrent cet emploi. Des temples furent élevés en l'honneur de cette communauté ; on les appelait les temples de l'Asie (2) et la plupart des villes ne tardèrent pas à suivre cet exemple ; car ils étaient dédiés en même temps à l'empereur régnant. Les jeux publics étant presque toujours donnés à l'occasion de panégyries étaient présidés par l'Asiarque et le temple était placé sous la juridiction du grand prêtre. Une inscription mentionne Diadochus comme grand pontife des temples de l'Asie à Pergame (3). Les villes de Sardes, Smyrne, Cyzique eurent aussi des temples de l'Asie, et les jeux publics prenaient le nom de jeux d'Asie.

Dans le concours qui eut lieu entre onze villes d'Asie qui briguaient l'honneur d'élever un temple à Tibère, les prétentions de Pergame furent écartées parce qu'elle devait être satisfaite d'avoir déjà dans ses murs un temple d'Auguste et de Rome ; des jeux sacrés avaient été institués en l'honneur de l'empereur. *Divus Augustus sibi atque urbi Romæ templum apud Pergamum sisti non prohibuit*, disait Tibère au sénat (4). Le gouvernement de Pergame

---

(1) Strabon, XIV. 646.

(1) Κοίνον Ἀσίας.
(2) Ναοὶ τῆς Ἀσίας.
(3) Wheler, t. Ier, 240, ap. Caylus, *Antiq.*, t. II.
(4) Tacit., *Annal.*, l. IX, ch. 37.

avait aussi élevé un temple en l'honneur de l'empereur Claude.

Parmi tant de divinités auxquelles les habitants de Pergame rendaient hommage la plus vénérée était sans contredit Esculape, précisément parce qu'elle était plus souvent en rapport avec les mortels. Son culte avait été apporté en Asie par Archias, fils d'Aristechmus, et son temple avait droit d'asile. La grande célébrité de ce temple était due aux cures merveilleuses qui s'accomplissaient sous les auspices d'Esculape; les malades étaient admis à coucher la nuit sous les portiques, et ils apprenaient en songe l'usage des remèdes qui devaient les guérir. On remarquait dans l'enceinte un trépied orné de trois statues en or, celle d'Esculape, de Coronis et de Télesphore.

Le temple était situé hors la ville, dans le quartier de l'ouest et près du théâtre (1). L'emplacement de ce dernier édifice étant connu, il serait possible de retrouver celui du temple. Prusias II, roi de Bithynie, forcé d'abandonner le siège de Pergame, dépouilla le temple de ses plus riches ornements. L'asile d'Esculape était célèbre dans toute l'Asie et ouvert à toutes les infortunes; mais dans les temps de trouble il ne fut pas toujours respecté; plusieurs citoyens romains s'y réfugièrent pendant la persécution ordonnée par Mithridate et furent néanmoins massacrés au pied des autels. Caius Fimbria, proconsul, abandonné de ses troupes et voyant dans Sylla un ennemi irréconciliable, se réfugia à Pergame, et, désespérant d'échapper à Sylla, entra dans le temple d'Esculape et se perça de son épée.

Les empereurs romains firent de Pergame la capitale et la plus belle ville de leur nouvelle province d'Asie; elle reçut en outre le titre de Néocore (gardienne des temples), qui est inscrit sur un grand nombre de médailles impériales. La célébrité du temple d'Esculape ne souffrit aucun préjudice du nouveau gouvernement, et des empereurs vinrent en personne demander la santé au fils d'Apollon. Cette confiance dans la puissance du dieu subsista jusqu'aux temps chrétiens; elle eut cependant un effet réel, ce fut de créer à Pergame une école de médecins dont Claude Galien est l'expression la plus célèbre. Leur principale étude consistait à recueillir toutes les observations consignées dans les archives du temple et à les réunir en corps de doctrine.

Pergame fut une des premières villes d'où partit la lumière de l'Évangile pour s'étendre sur toute l'Asie. C'est ainsi qu'il faut entendre le titre d'une des sept églises d'Asie qui lui est donné dans l'Apocalypse. Elle devint ensuite le siège d'un évêché qui fut suffragant de Smyrne, mais qui plus tard prit le titre de métropole. Dans la division des provinces faite par Constantin Porphyrogénète, Pergame fit partie du thème *Obsequium*. Cette ville échappa pour toujours aux Grecs en 1306, lorsque les Seldjoukides firent une irruption dans l'ouest de l'Asie. L'émir de Karasi devint maître de la province, et lui donna le nom de Karasi Ili. Quelques années plus tard, en 1336, Karasi fut assiégé dans Pergame par le sultan des Turcs, Orkhan. La ville fut prise, et Karasi fut assassiné: c'est ainsi que les Osmanlis s'établirent à Pergame. Le fils d'Orkhan, nommé Soliman, aimait les lettres et les arts; il admirait ces ruines merveilleuses qui embellissaient sa nouvelle conquête; il avait épousé une belle Grecque, fille de Jean Vatatzès; mais le sultan mourut d'une chute de cheval en 1360, et les monuments anciens continuèrent à être livrés à la destruction (1). Orkhan, en mourant, donna le gouvernement de Pergame à Suleiman-Pacha; depuis ce temps, elle fait partie du sandjak de Khodawenkiar.

CHAPITRE XXIX.

INTÉRIEUR DE LA VILLE, LES MURS. L'ACROPOLE.

La description de Strabon suffit pour apprendre que, sous les rois grecs, la ville de Pergame ne sortait pas de l'enceinte qui devint plus tard l'acropolis.

---

(1) Aristid., *Orat. sacr.*, III.

(1) Hammer, *Histoire des Ottomans*, tom. I. Lechevalier, *Troade*, tom. II.

Défendue au nord par un rocher infranchissable, à droite et à gauche par deux ruisseaux torrentueux, elle n'était accessible que du côté du midi. Des chemins pavés de larges blocs de lave conduisaient aux Propylées, et le temple de Minerve Poliade s'élevait majestueusement au-dessus de remparts qui ne furent jamais pris d'assaut.

Presque tous les murs qui entourent d'un double circuit le sommet de la citadelle datent des rois grecs, et sont de la plus belle époque de l'art. La matière n'est pas épargnée, et l'appareil est exécuté avec une magnificence toute royale.

En commençant l'ascension de l'acropole, le premier édifice qui frappe les regards est une sorte de palais dont les murailles sont dépouillées d'ornements; elles sont construites en petits moellons; on voit encore une enceinte percée de fenêtres, et deux niches qui se correspondent. Cet édifice était entouré des portiques à colonnes d'ordre dorique grec; mais les décombres sont tellement accumulés, qu'il est difficile de reconnaître la première disposition. A partir de cet endroit, le chemin de l'acropole subsiste encore en entier; il est pavé en grandes dalles de lave, et de part et d'autre on aperçoit les soubassements des édifices qui le décoraient. On suit ce chemin, dans une longueur de 600 mètres, jusqu'à la porte du château; construction du moyen âge, dont les murailles et les tours sont uniquement composées de colonnes de différents diamètres, presque toutes de marbre. Quelques-unes sont à cannelures demi-cylindriques, comme les pratiquaient les Romains; d'autres sont cannelées à la grecque; d'autres enfin ne sont que des cylindres à pans coupés, tant les cannelures sont peu évidées. A côté de l'entrée est un four à chaux, gouffre où ont été s'engloutir les derniers débris des temples et des palais qui ornaient l'acropolis; car le sol de Pergame est volcanique, et la pierre à chaux rare aux environs.

Le château de Lysimaque (1) occupait le point culminant. Toutes les fondations existent encore, et dans certaines parties on voit encore des murs de soutènement d'une admirable construction. L'un d'eux est légèrement en talus; chaque assise est en retraite sur l'assise inférieure. Le mur tourné au sud-ouest est à bossages; il formait le soubassement du grand temple. On voit encore des voûtes qui viennent s'appuyer sur la face principale, et qui empêchaient tout affaissement.

Le grand temple s'élevait au milieu d'une aréa magnifique, et dominait majestueusement toute la vallée du Caïque; comme le Parthénon et le temple d'Assos, signalait au loin la situation de la ville. Les colonnes cannelées avaient 1m,42 de diamètre; elles étaient corinthiennes et de marbre blanc. Le voyageur anglais Dallaway, qui visitait Pergame il y a soixante ans, trouva ce temple assez bien conservé pour pouvoir en donner les dimensions, et nous sommes d'accord sur la seule partie que j'aie été à même de mesurer (2).

Tout ce que j'ai pu retrouver n'a fait que confirmer les conclusions de ce bon observateur. En descendant du côté du sud-ouest, on voit plusieurs murs de soutènement que l'on ne peut se lasser d'admirer. Tant d'art et de luxe employés dans des travaux de simple terrassement doivent donner la plus haute idée des monuments qui décoraient Pergame. Mais tous les murs de l'acropolis ne datent pas de la même époque; les Romains y ont ajouté des ouvrages qui sont remarquables par l'alliance de la pierre et du marbre, dans des bâtiments purement militaires. Du côté de l'ouest, les murs des tours et les portes sont bâtis en pierres de petit appareil, alternant avec de grandes assises régulières, de marbre blanc. L'identité de construction avec l'édifice que j'appelle la basilique, et dont je

(1) Strabon, liv. XIII, p. 624.

(2) The whole length of the Cell was thirty-four feet, of the complete ground plan forty-nine, and of the Portico twenty, the Pillars of which were four feet in diameter. It is, however, worthy of remark, that the tori of the columns are sculptured with wreaths of laurel, and the Frizes have deep festoons of the same, with eagles, a mode of decoration characterising many edifices erected in the days of Trajan, who, it is therefore a fair supposition, was honoured by this edifice.

parlerai bientôt, me prouve que tous ces ouvrages sont de la même époque. Les citernes sont aussi de construction romaine; elles sont vastes et bien conservées. Dans tout le quartier qui était appuyé à la pente de la montagne, du côté du sud-ouest, on trouve de grandes voûtes bâties en pierres de taille, qui ont certainement servi à établir les nivellements des rues, et des ponts solidement construits joignaient les deux rives du Selinus. Mais, du côté du sud, on ne trouve point de traces de murailles; il est même assez difficile de dire comment le théâtre et l'amphithéâtre avaient été reliés à l'ancienne ville. Une église byzantine d'ancien style, c'est-à-dire antérieure au règne de Justinien, s'élève sur la rive droite du Selinus. Elle a été convertie en mosquée par les Turcs, mais conserve toujours son nom de Sainte-Sophie (Aia Sophia). Elle se compose d'une nef à deux coupoles, divisée par un grand arc, le tout en pierres de taille bien appareillées; mais il n'y a aucun ornement ni aucune sculpture qui puisse guider sur l'époque de la fondation de cet édifice. Sur la rive gauche du Selinus, et dans l'alignement du pont appelé *Mouslouk kouprou sou*, sont les ruines d'un grand palais byzantin, ou qui du moins ne remonte pas au delà du règne de Gallien. Tout un côté de la rue est occupé par la façade, qui est percée de fenêtres, et décorée de pilastres de marbre incrustés dans la maçonnerie. Un portique y attenait, et les colonnes sont encore couchées çà et là le long de la rue. Quelques colonnes étaient engagées dans la muraille; on voit par les arrachements des chapiteaux qu'elles étaient d'ordre corinthien. Plusieurs revêtements des fenêtres, les corniches et un petit entablement dorique sont encore en place. Un Grec, qui a quelque notion des anciens édifices de la ville, regarde ce palais comme ayant appartenu à l'agora.

LE SELINUS. LES PONTS.

Il n'est rien qui puisse mieux prouver combien les anciens étaient complets dans leurs constructions, que ces ouvrages d'utilité publique qui étaient pour la plupart cachés à tous les yeux, et qui cependant sont exécutés avec le même soin que les plus beaux édifices; les quais de Pergame méritent sous ce rapport une mention spéciale, et les ponts qui les relient, d'un caractère moins pur et moins sévère, offrent sans contredit plus de grandiose et d'originalité.

Le Selinus traverse la ville dans un lit fort encaissé; et comme il est sujet à des débordements considérables, on a exhaussé les quais pour contenir les eaux. Tous ces ouvrages sont faits en grandes pierres de taille à bossage, et, de distance en distance, des égouts s'ouvrent pour donner issue aux eaux de la ville.

Le parcours du Selinus dans la ville de Pergame est de 867 mètres. On le traverse sur cinq ponts, tous de construction romaine. Le pont qui est en amont de la ville a été réparé à différentes époques; sa construction paraît postérieure à celle des autres.

Le pont appelé pont du Mouslouk (de l'abreuvoir) est un ouvrage romain sur des fondations grecques. Il se compose de deux arches fort inégales, l'une de $9^m,10$, et l'autre de $12^m,60$ de diamètre. La rive gauche du Selinus étant beaucoup plus élevée que la droite, tous les ponts vont racheter ces deux niveaux. Le pont de Mouslouk était décoré à son extrémité sud de deux colonnes de marbre, dont l'une est encore couchée près du quai.

A côté de ce pont est un ouvrage des plus remarquables; c'est un véritable *tunnel* de 196 mètres de longueur, construit sur la rivière. Quel était le but de cet ouvrage? Sans nul doute c'était pour former le terre-plein d'un quartier de la ville. Deux voûtes parallèles, ayant l'une $12^m,10$ et l'autre $12^m,42$ de diamètre, ont été construites sur la rivière. Elles existent encore dans leur entier, et un vaste édifice antique occupe une partie du terre-plein qu'elles forment; cet emplacement est couvert par des maisons très-serrées. Ce quartier s'appelle *Né Yerdé wé né Goeukdé* (ni sur terre ni dans le ciel); les murs de soutènement de ces voûtes sont construits en grands blocs de trachyte, appareillés avec soin, et posés alternativement de front et en boutisse. Les parpaings de l'assise supérieure, qui forme imposte, sont composés de deux pierres, et ressortent en corbeaux ou consoles. Les voûtes sont en blocage, reliées de sept mètres en sept mètres par des arcs de pierre de taille. La voûte qui se trouve sur la rive droite du Selinus a été percée dans son centre, et la lumière, pénétrant au milieu des capillaires et des scolopendres, produit un tableau d'un agréable effet.

CHAPITRE XXX.

LA BASILIQUE.

A l'extrémité sud du tunnel construit sur le Selinus s'élève un vaste monument qui attire les regards de tout voyageur entrant dans la ville. De hautes murailles de brique avec des assises de marbre intercalées, des fûts de colonnes de différents marbres couchés dans le voisinage, tout indique un des monuments les plus importants de l'ancienne Pergame. D'après une tradition que le docteur Spon trouva établie parmi les Grecs, cet édifice était l'ancienne église de Saint-Jean, qu'ils appellent Aghios Theologos, et qui fut ruinée par les Turcs. Tous les écrivains qui ont parlé de Pergame ont accepté sans contrôle la tradition grecque, et pas un n'a eu l'idée de tracer sur le papier le plan de l'édifice, pour voir si, en effet, il a été primitivement construit pour en faire une église.

Cet édifice se compose d'un grand rectangle de 56^m de long sur 26^m de large hors œuvre. Une porte de 7^m,55 donne accès dans l'intérieur; à droite et à gauche de l'entrée, il y a une niche de 3^m,38 de large.

La nef, dont la longueur totale est de 42 mètres jusqu'à la naissance de l'hémicycle, est divisée en deux parties dans sa longueur. La première partie est décorée, à droite et à gauche, de cinq niches carrées, semblables à celles du mur de face. A 15 mètres de distance de l'hémicycle, on voit sur le terrain la trace d'un soubassement, et le mur n'est pas orné de niches. Vient ensuite l'hémicycle, de 10^m,52 de diamètre, et complétement ouvert dans le fond, à droite et à gauche duquel sont deux cages d'escalier qui conduisaient dans les parties supérieures du bâtiment. Les niches latérales sont répétées au premier étage par des fenêtres exactement de même forme; et des arrachements de marbre, qui se voient encore, indiquent que devant ces niches il existait, à droite et à gauche, un portique de huit colonnes, dont l'entablement formait tribune au premier étage. Deux petits massifs de maçonnerie, qui se trouvent au-devant de l'entrée, et un arrachement vertical qui paraît dans le mur latéral, prouvent que ce portique se pourtournait devant l'entrée.

Dans la partie du mur latéral plus voisine de l'hémicycle, on voit des arrachements de marbre, au premier étage comme au rez-de-chaussée; la restitution de cet intérieur est donc des plus faciles. C'étaient deux étages de portiques l'un au-dessus de l'autre. Celui qui occupait la partie antérieure (voisine de la porte) était éclairé au premier, l'autre ne l'était pas.

Au milieu de l'hémicycle était un massif sur lequel était placé une tribune. En dehors du mur latéral on voit aussi quelques arrachements qui paraissent provenir d'un portique extérieur, et plusieurs colonnes de marbre cipolin sont encore couchées aux environs Les fenêtres du premier étage sont décorées d'assises de marbre; mais tout ce qui est sculpture, ornements frises ou architecture, a complétement disparu. On ne peut juger de l'époque de la construction que par les matériaux et l'appareil, qui sont aussi bons que possible.

Sans pousser plus loin la description de cet édifice, il est évident qu'il n'a pas été construit pour en faire une église. On n'y trouve point les dispositions usitées chez les premiers chrétiens, quand ils élevaient une église. Si l'on compare, au contraire, ce plan avec la description de la basilique par Vitruve, on y trouve une convenance parfaite de toutes les parties.

La largeur de la basilique, dit-il (1), doit être au moins de la troisième

---

(1) Vitruve, liv. V, chap. I.

partie de sa longueur, ou de la moitié tout au plus. Nous avons ici 42^m de long sur 21^m,40 de large. Le fond de la nef est occupé par un massif qui supportait le chalcidique ; les deux étages de colonnes, l'escalier qui dessert les tribunes, tout est d'accord avec les exigences de Vitruve.

Mais la description que nous venons de donner n'est pas complète, et la grande nef n'était qu'une partie d'un tout que l'on retrouve avec un peu d'attention. Sur la plate-forme qui est de chaque côté du chevet de la basilique s'élève un édifice circulaire, ayant 11^m,72 de diamètre, et des murailles d'une épaisseur de 2^m,50 environ. Ces deux salles sont également bien conservées ; elles sont faites identiquement sur le même plan. Au fond de la rotonde est une retraite quadrangulaire de même dimension que la porte d'entrée, et deux autres portes de 2^m,60 de largeur sont percées sur l'axe perpendiculaire à l'entrée. Une coupole en maçonnerie couronne cette salle, dont la hauteur totale est de 15^m,82 jusqu'à la naissance des voûtes. Il ne paraît pas que dans l'intérieur il y ait jamais eu de plafond pour diviser la salle en deux étages. Les portes principales sont terminées en voûte qu'on appelle *anse de panier*, et des blocs de marbre, encastrés dans le pourtour extérieur, semblent accuser une décoration qui a disparu. (1)

A la naissance des voûtes, en dehors, était une ligne de modillons, et la saillie qui apparaît au-dessous est un tore de marbre orné d'entrelacs. La rotonde de gauche, la plus voisine du fleuve, communique avec une salle souterraine, par le moyen d'un escalier en hélice. Cette salle est soutenue par des piliers carrés ; était-ce une prison ou une citerne ?

On pourrait hasarder des conjectures sans nombre sur la destination de ces deux rotondes ; mais leurs plans sont tellement en dehors des édifices connus, qu'il est impossible d'en trouver une seule tout à fait satisfaisante. Les Grecs de Pergame appellent ces édifices ΟΙ ΒΩΜΟΙ, les autels ; ce sont peut-être

(1) Voyez la planche 30.

deux petits temples circulaires dédiés aux divinités protectrices du commerce, ou deux temples d'Esculape et d'Hygie. Le culte de ce dieu était très-répandu à Pergame ; mais il faut reconnaître qu'aucune indication ne peut appuyer ces conjectures. Ce qui est évident, c'est que 1° l'édifice appelé église d'Aghios Theologos faisait partie d'un ensemble qui est parfaitement déterminé dans le plan : les deux rotondes en sont incontestablement des annexes ; 2° toutes les dispositions exigées par Vitruve pour les basiliques romaines sont parfaitement observées dans le plan de celui-ci ; 3° il est possible que les chrétiens et les musulmans l'aient, à une certaine époque, converti en un temple de leur religion ; mais sa construction, sinon antérieure aux temps chrétiens, est faite du moins pour une destination toute romaine.

CHAPITRE XXX.

L'AMPHITHÉATRE.

Dans la partie ouest et en dehors de la ville actuelle, il existe une ruine étendue que les habitants appellent *Gun-ghel-mess* (le jour n'y vient point), à cause des galeries souterraines, dans lesquelles on peut encore pénétrer. Ce monument, qui est souvent décrit comme un cirque, est un amphithéâtre dont les dispositions méritent d'être étudiées.

Il est établi sur un ravin profond, dans lequel coule un ruisseau qui forme un des affluents du Selinus ; et toutes les dispositions que l'on observe encore dans l'édifice prouvent que, dans certaines circonstances, les eaux du ruisseau étaient arrêtées, et que l'arène de l'amphithéâtre était subitement convertie en un vaste bassin.

Dans toute l'Asie Mineure on ne trouve que deux ruines d'amphithéâtre, l'une à Cyzique, et l'autre à Pergame. Il n'en existe pas une seule dans le Péloponèse, et Athènes se refusa toujours à élever un semblable édifice. Si l'on met en parallèle les ruines de théâtres qui se retrouvent dans chaque ville ancienne, on sera convaincu que les

Romains ont trouvé partout une répulsion extrême pour ces sortes de divertissements. Les stades, assez nombreux en Asie, suffisaient pour les spectacles qui exigent de l'agilité, de l'adresse et du courage. Mais ce qu'on aura de la peine à comprendre, c'est que ces mêmes peuples, qui repoussaient les jeux de l'amphithéâtre, ne se faisaient pas scrupule de former des gladiateurs pour aller les vendre aux Romains. On appelait ces troupes : familles de combattants. Marc-Antoine en fit exercer avant de les envoyer à Rome, où il voulait les faire combattre aux jeux de la victoire πρὸς τοὺς ἐπινίκιους ἀγῶνας. Une inscription de l'île de Cos fait mention de la troupe de gladiateurs qui avait paru aux spectacles, sous l'archontat de Lucius Paconianus. Antérieurement à l'établissement de la puissance romaine en Asie, existait-il des confréries de gladiateurs qui faisaient leurs exercices aux funérailles ou aux panégyries, ou bien les Romains ont-ils transporté en Asie ces jeux qui faisaient partie de toutes les grandes cérémonies (1)? On ne peut répondre à ces questions que par des conjectures; mais tous les documents fournis par les historiens tendent à prouver que les premiers amphithéâtres de pierre sont des ouvrages tout romains, et dont l'origine ne remonte pas beaucoup au delà du règne de Titus. Auguste avait eu le projet de faire construire un amphithéâtre en pierre (2); mais ce projet ne fut jamais exécuté. Nous savons, au contraire, que plusieurs amphithéâtres de bois s'écroulèrent ou furent incendiés, et causèrent de nombreuses catastrophes.

La construction des théâtres, au contraire, remonte presque aux temps héroïques. Du moment que les combats d'athlètes furent organisés, la construction d'un édifice pour jouir de ce spectacle fut la conséquence de celle des théâtres; il n'est pas étonnant qu'aucun auteur n'ait pensé à signaler cette innovation. Les rois d'Asie, allant en amis ou en suppliant réclamer des secours du peuple romain, étaient toujours conviés à ce spectacle ; et l'on vit un roi d'Arménie, Tiridate, descendre lui-même dans l'arène, et tuer de sa main, en présence de Néron, deux taureaux furieux (1).

Il est aujourd'hui démontré que tous les amphithéâtres de pierre sont postérieurs au règne des Césars, et on pourrait aller même plus loin, et dire que le plus grand nombre de ces édifices a été construit dans une période assez limitée, et que l'on pourrait renfermer en trois siècles.

Le système d'appareil est le seul moyen de juger l'époque de la construction d'un édifice sur lequel il n'existe aucun autre renseignement; et dans toutes les provinces de l'empire romain, les amphithéâtres offrent entre eux une plus grande ressemblance qu'aucun autre genre d'édifice.

En comparant un grand nombre d'amphithéâtres, notamment ceux de Nîmes et de Fréjus, de Cimiez (Cemenelium), l'amphithéâtre Castrense de Rome, et celui de Rusicada en Afrique, on verra que les dispositions générales sont partout les mêmes, et la construction n'indique pas une différence d'un siècle entre eux.

L'amphithéâtre de Pergame peut être rangé dans la même catégorie; et quoiqu'il soit en grande partie détruit, il en reste suffisamment pour qu'on en retrouve toutes les dispositions.

S'il est une chose qui prouve combien les combats de gladiateurs étaient peu goûtés en Asie, c'est la petite dimension de cet amphithéâtre, dont l'arène a les mêmes proportions que celle de Cimiez, petite ville ignorée de la Ligurie. Plusieurs auteurs, et notamment Tacite (2), disent néanmoins que les Romains ont pris des Étrusques les combats de gladiateurs. Il ne reste en Asie aucun monument écrit ou figuré qui prouve que ces jeux aient été en usage avant l'invasion romaine.

L'amphithéâtre de Pergame est dans une position qui mérite d'être étudiée,

---

(1) *Voy.* l'inscr. de la dédicace du temple d'Auguste à Ancyre, *Asie Mineure*, t. 1er.

(2) Suétone, *in Vespasiano*, cap. X.

(1) Dion Cassius.
(2) *Annales*, liv. XIV, ch. 20.

parce qu'il concourt à prouver que les spectacles aquatiques faisaient nécessairement partie des divertissements que l'on offrait au peuple avec les chasses et les luttes d'hommes et d'animaux.

Le grand axe de l'arène a seulement 51 mètres de longueur, et le petit axe 37 mètres. L'épaisseur des constructions est partout de 43 mètres de large, ce qui donne 136 mètres et 128 pour les axes extérieurs. La différence n'étant que de 8 mètres, le monument devait paraître circulaire ; et le grand nombre de gradins, qui, déduction faite des précinctions, devaient s'élever au moins à trente, diminuait encore pour l'œil les dimensions de l'arène.

Les constructions du portique d'enceinte sont extrêmement massives, et les galeries se trouvent hors de proportion avec les épaisseurs des pilastres. La galerie du grand axe offre au contraire un développement inaccoutumé, tant dans sa longueur que dans sa largeur. Cet axe est orienté, à peu de chose près, nord et sud ; la galerie du nord (celle qui est à droite) se trouve pour ainsi dire suspendue sur l'abîme. Un ravin très-encaissé, et dont les rives sont à pic, se prolonge dans toute la direction de l'axe, il est indubitable que ce large fossé était couvert par un plancher de bois, car il n'existe aucun arrachement de maçonnerie.

En pénétrant avec beaucoup de difficulté sous le sol de cette galerie, on arrive à une porte qui donne dans le vide. Il fallait encore là un système d'escaliers ou de plans inclinés en bois. Il est probable que les gradins étaient de même matière.

La largeur des arcades est égale à celle des piliers, ce qui donnait à l'édifice un aspect assez lourd. Toute la première précinction était en contre-bas du sol extérieur ; les galeries communiquaient de deux en deux à cette précinction. Les autres arcades donnaient accès aux escaliers qui conduisaient dans la partie supérieure. Il y avait dans le pourtour de l'édifice quarante arcades, plus celles qui communiquaient aux axes ; mais les arcades du petit axe n'étaient aucunement distinguées des autres. On remarquera dans le plan que les galeries du grand axe ne sont pas semblables. Ce qui prouve que ces galeries ont donné de tout temps issue au ruisseau, c'est qu'il existait à droite et à gauche de chacune d'elles des couloirs qui conduisaient dans l'arène. Il n'est pas possible que cette arène, convertie en naumachie, ait présenté assez de surface pour y donner des joûtes ; on devait se contenter d'y faire combattre des animaux amphibies, des crocodiles, des hippopotames, que d'habiles nageurs allaient attaquer au milieu des eaux. Quelquefois des troupes de nymphes, jouant de la conque marine, venaient varier les exercices nautiques.

LE CRATÈRE DE MARBRE.

On conservait dans la grande salle d'un bain turc un vase de marbre de grande dimension dont les sculptures avaient de tout temps attiré l'attention des voyageurs. Spon est un des premiers qui aient signalé ce monument. Nous le retrouvâmes en 1837 et vers cette époque le sultan Mahmoud fit hommage de ce vase au gouvernement français ; il est aujourd'hui conservé dans une des galeries du Louvre. Ce vase est de forme ovoïde sans base ni col ; il est entouré d'un bandeau sur lequel sont sculptés douze cavaliers courant au galop. Des cannelures et des entrelacs complètent la décoration, qui ne manque pas de grâce. Les opinions se sont partagées sur la destination autant que sur la forme première de ce monument. On voit sur certaines médailles de Pergame un vase d'une forme presque sphérique contenant des palmes destinées aux vainqueurs des jeux. On a pensé que tel avait été l'usage du vase de Pergame. D'autres ont imaginé que le monument était incomplet et qu'il avait autrefois une base, un col et des anses ; en un mot que c'était un véritable cratère monumental comme les anciens avaient l'habitude d'en dédier dans les temples ou d'en offrir en présent comme symbole d'une alliance contractée. Les Lacédémoniens, ayant accepté l'alliance proposée par Crésus, firent faire un cratère d'airain orné jusque sur les bords de figures sculptées, et voulurent en faire présent à Crésus (1). Ces vases étaient destinés à mêler l'eau au vin dans les sacrifices et les festins ; leur dimension est à peu près invariable ; ils ont la contenance de six amphores.

Le vase de Pergame fut découvert en 1350 par un descendant du prince de Karasi, nommé Kara Osman Oglou, qui vivait exilé dans un fief des environs de Pergame. Deux autres vases de marbre furent découverts en même temps, et comme ils étaient d'une dimension peu commune et faits d'un seul bloc de marbre, Kara Osman en fit présent au sultan, qui les plaça dans la mosquée de Sainte-Sophie, où on les voit encore aujourd'hui. Le cratère de marbre étant couvert de figures ne put être affecté à un usage religieux et fut placé dans le bain, où il resta jusqu'en 1837.

(1) Hérodote, liv. I, ch. 70 ; ibid., liv. I, ch. 51.

Indépendamment des vases de forme ovoïde gravés sur les médailles, on peut citer un monument de même forme conservé dans le musée de Munich et qui fut découvert dans l'île de Rhodes ; il est décoré d'un bandeau sur lequel sont représentés des dauphins et des néréides ; c'est un ouvrage grec. Cet exemple peut donner raison à ceux qui pensent que le vase de Pergame est complet.

Le pays situé au sud du Caïque et au sud-ouest de Pergame a été regardé par quelques géographes anciens comme faisant partie de la Mysie jusqu'à Thyatire, qui, selon Strabon, « était considérée, par quelques-uns, comme la dernière ville de la Mysie ; » mais la vallée du Caïque, formant une limite géographique naturelle, les villes situées au sud du fleuve seront mieux placées dans l'Æolide et la Lydie.

LIVRE IV.

ÆOLIDE — LYDIE.

CHAPITRE PREMIER.

ÉTABLISSEMENT DES ÆOLIENS SUR LA CÔTE D'ASIE.

« Les Æoliens à leur arrivée en Asie possédaient les terres qui entourent le golfe jusqu'à la montagne sur laquelle Smyrne est assise ; et à cette époque le golfe était appelé golfe de l'Hermus. » Ce passage de la vie d'Homère (1) par Hérodote détermine clairement les limites sud du territoire de l'Æolide ; il s'étendait au-delà du fleuve Hermus et comprenait la montagne du Sipyle. Au nord l'Æolide était bornée par la Teuthranie ; elle était limitrophe de la Lydie du côté de l'est. Tout ce pays était occupé par les Pélasges, maîtres du pays depuis le mont Mycale jusqu'au golfe d'Adramyttium. Ce peuple avait aussi occupé les îles de Lesbos et de Chio.

Depuis la chute de Troie toute cette contrée était exposée à des guerres continuelles. Les fils de Tantale, chassés de Sipyle, avaient passé en Grèce et avaient appris aux populations du Péloponnèse qu'il existait non loin de leurs côtes un pays accessible aux tribus aventurières. Les compagnons d'Agamemnon n'étaient pas tous retournés en Grèce après la ruine de Troie, après avoir erré sur ces côtes inconnues, ils avaient fondé plusieurs villes ; Muesthée et les Athéniens qui l'avaient suivi sur la côte d'Asie avaient fondé la ville d'Éléc. Les Æoliens, chassés de leur pays par les Thessaliens venus de Thesprotie (2), n'arrivaient donc pas dans un pays tout à fait étranger. Leur première migration remonte à soixante ans après la guerre de Troie ; elle est contemporaine du retour des Héraclides dans le Péloponnèse. Le pouvoir des rois de Lydie ayant succédé à celui des princes troyens dans toute la contrée qui avait été ravagée par les Grecs, il est à croire que les nouvelles colonies s'établirent avec le consentement des monarques lydiens, ou que du moins leurs comptoirs furent tolérés par ces princes, qui n'avaient pas la marine en grande estime. Quelques familles æoliennes avaient remonté l'Hellespont et s'étaient arrêtées dans le territoire de Cyzique ; les Phéniciens occupaient déjà plusieurs comptoirs sur ces côtes. D'autres familles s'étaient fixées à Ténédos et dans la grande Hécatonnèse (1). Mais ce fut surtout l'île de Lesbos qui devint le siège de la puissance æolienne. Elle étendait sa protection sur les différents centres de population épars sur la côte d'Asie sans avoir rien à redouter des peuplades barbares et inhabiles à la navigation, les Trères et les Léléges, qui occupaient aussi ces rivages. Mais à la faveur d'une communauté d'origine (2), les nouveaux colons obtinrent de la nation pélasge quelques districts situés entre le Caïque et l'Hermus ; ces derniers possédaient des châteaux et des villes fortifiés, notamment Larissa ; mais ils avaient été fort affaiblis par la guerre de Troie (3). Les Grecs parvinrent à les dominer, et les incorporèrent dans leurs nouveaux centres de population. Les écrivains grecs remarquent que le peuple pélasge finit par disparaître à l'époque où les Æoliens et les Ioniens vinrent s'établir en Asie. Nous devons en conclure qu'il s'opéra une fusion entre les peuples de même race. Les Léléges, au contraire, furent repoussés vers le sud, et s'établirent sur les frontières de la Carie, où on les retrouve dans les siècles suivants.

---

(1) Hérodote, *Vita Homeri*.
(2) Hérodote, VII, 176.

(1) Hérodote, liv. I, ch. 151.
(2) Hérodote, VIII, 176. Strabon, XIII, 603.
(3) Strabon, XIII, 522.

Les premiers Æoliens qui s'aventurèrent sur les côtes étaient conduits par Penthile, fils d'Oreste, roi d'Argos. Ils s'établirent dans l'île de Lesbos, et cette île fut considérée comme la capitale des villes æoliennes (1). Les autres Grecs arrivèrent quelques années plus tard sous la conduite de Gras, petit-fils de Penthile (2) et s'établirent sur cette partie du continent située entre l'Ionie et la Mysie, à laquelle ils donnèrent le nom d'Æolide.

Dans le dénombrement des villes æoliennes donné par Hérodote (3), il en y a une seule, Pitane, qui est au nord du Caïque, c'est-à-dire en dehors du territoire de l'Æolide; les douze villes æoliennes sont: Cymé, Larisse, Néontychos, Temnos, Cella, Notium, Ægiroëssa, Pitane, Ægæe, Myrina et Grynium. Une seule ville, Smyrne, fut détachée de la ligne æolienne pour être jointe à l'Ionie; aussi ces deux pays furent-ils en hostilité jusqu'au moment où les Perses firent une irruption dans les États de Crésus. Alors les peuples grecs se réunirent; les Æoliens et les Ioniens envoyèrent à Sardes des députés pour offrir à Cyrus de se reconnaître ses sujets aux mêmes conditions que les Lydiens (4).

Le pays occupé par la confédération æolienne était en réalité renfermé entre l'Hermus et le Caïque, et comprenait certain nombre de petites villes issues de la population de Cymé. Strabon en porte le nombre jusqu'à trente; mais déjà de son temps elles étaient pour la plupart réduites à l'état de village.

Les côtes de l'Æolide, qui présentent aujourd'hui une ligne de plages marécageuses, étaient alors pourvues de ports excellents; aussi le commerce maritime s'y était-il développé avec une grande activité. Le plus sûr revenu des villes æoliennes consistait dans les droits perçus à l'entrée et à la sortie des navires. Les habitants de Cymé suivaient des règlements contraires; chez eux le commerce était libre, et aucun droit ne grevait les navires à l'entrée ou à la sortie du port. Ce premier essai de libre échange, tenté il y a plus de deux mille ans, n'était pas du goût des autres villes grecques. Aussi les Cyméens, loin de trouver des imitateurs, étaient-ils taxés de bêtise et d'ignorance par leurs voisins, et on inventait sur leur compte cent histoires absurdes. Les Grecs railleurs allaient jusqu'à dire qu'ils ne connaissaient pas un âne, et que la voix de cet animal retentissant pour la première fois avait fait fuir les habitants de Cymé (1). Cet état de liberté du commerce maritime n'en dura pas moins pendant trois cents ans. Les frais nécessités par les guerres le firent sans doute modifier.

Le sol de l'Æolide était d'une fertilité extrême; les auteurs anciens vantent aussi le sol de la plaine Apia ou de Pergame; mais le climat était moins sain que celui de l'Ionie, sans doute à cause des nombreux marécages qui se formaient déjà et qui ont été l'objet des remarques des historiens (2).

La soumission volontaire des Æoliens à l'empire des Perses épargna à leur contrée les désastres que souffrirent à la même époque plusieurs villes des côtes.

Ils furent compris dans la première satrapie dite hellespontine et contribuaient pour leur part aux quatre cents talents que payaient les sept peuples réunis sous ce gouvernement. A la chute de la monarchie perse, les Æoliens furent soumis à Antiochus, et après la chute de ce prince, ils furent annexés aux possessions d'Eumène et suivirent en tout point le sort du royaume de Pergame.

CHAPITRE II.

VILLES DE L'ÆOLIDE. — ÉLÉE.

La ville d'Élée était située à douze stades au sud de l'embouchure du Caïque; c'était déjà une mauvaise condition topographique. En effet tous les ports de mer placés à l'embouchure des

---

(1) Strabon, XIII, 616. Pausanias, l. V, ch. IV.
(2) Pausanias, liv. III, ch. 11.
(3) Hérodote, liv. I, ch. 149.
(4) Hérodote, liv. I, ch. 141.

(1) Strabon, XIII, 622.
(2) Id., XIII, 622.

rivières sont sujets à l'ensablement. Élée était le port et l'arsenal de Pergame ; lorsque nous visitâmes ces côtes, leur ancien état était tellement changé que nous eûmes de la peine à pénétrer au milieu des marais jusqu'aux lagunes qui formaient autrefois le port. Les alluvions du Caïque se sont avancées de plusieurs milles dans la mer. Une barre de sable encombre l'entrée du fleuve. Toute cette côte est absolument déserte, sans doute à cause de l'air pestilentiel qui émane de ces marais. Il est difficile de se peindre l'aspect de ruine et de désolation que présente cette côte de l'Æolide; pas un bâtiment ne vient mouiller dans ces parages.

Jugeant impossible d'aborder par mer, nous nous rendîmes à Pitane et là nous prîmes des chevaux pour aborder du côté de la terre.

Une ferme turque où nous ne trouvâmes que deux ou trois habitants, qui même n'y passent pas la nuit, est la seule construction de la moderne Élée ; des forêts de joncs et de souchets servent d'abri à une multitude d'oiseaux aquatiques des races les plus variées.

Il fallait pourtant fixer le nom moderne de cette ville, qui vit si souvent les vaisseaux romains apporter d'innombrables légions, qui fut témoin de la richesse des Attales et de la lutte désespérée de Mithridate. C'est à Élée que Scipion, resté malade au moment où il entreprenait la guerre contre Antiochus, reçut de ce roi un présent bien cher, la liberté de son jeune fils qui avait été fait prisonnier en naviguant dans les mers d'Eubée.

Tout souvenir de ces temps s'est évanoui. Élée s'appelle aujourd'hui *Touzla Kazleu* (la saline aux oies). Quelques pignons de murs sont les seuls vestiges visibles de l'ancienne ville. Nous découvrîmes cependant au milieu des joncs un bloc de marbre grisâtre sur lequel nous lûmes cette inscription :

Le sénat et le peuple ont honoré Titus Julius Quadratus, consul, proconsul de Crète et de Cyrène, envoyé de l'empereur dans la province de Cappadoce, envoyé de l'empereur et lieutenant général de Lycie et de Pamphylie, envoyé en Asie pour la seconde fois, envoyé dans le Pont et la Bithynie; Euphratus Marcellus Epulon (honore) le bienfaiteur et le constructeur de la ville.

Dans la conviction où étaient les Éléens que le nom de leur ville ne périrait jamais, on a négligé de l'inscrire sur ce marbre. C'est le seul monument épigraphique que nous ait offert la Saline aux oies.

Les Éléens croyaient que l'air du pays était tout à fait impropre à la production des mulets ; ils envoyaient leurs juments dans un autre district pour les faire féconder par des ânes (1). A défaut d'autre raison, on attribuait ce fait à une malédiction particulière ; car, selon la remarque d'Hérodote, il n'y avait aucune cause apparente ni dans la température ni dans aucune autre circonstance locale.

Kitché keui, le village le plus voisin d'Élée, est abondamment pourvu de sources et de fontaines ; mais les montagnes environnantes sont arides et peu peuplées ; les habitants se procurent de l'eau au moyen de puits et de citernes.

A une lieue au sud de Kitché keui on passe une rivière appelée Kondoura tchaï dont le lit a environ cent cinquante mètres de large ; il prend certainement sa source dans la contrée volcanique de la Lydie ; car les cailloux qu'il roule dans son cours sont de nature volcanique ; il nourrit une grande quantité de tortues aquatiques. Ce cours d'eau ne peut être que le fleuve Xanthus à l'embouchure duquel était située l'ancienne Myrina.

La topographie des villes de l'Æolide est exactement déterminée par Strabon (2) ; on peut la résumer dans le tableau suivant :

	Stad.	Kilom.
de Pitane, embouchure du Caïque.	30	5,520
Élée.	12	4,208
Grynium.	30	5,520
Myrina.	40	8,360
Cymé.	40	8,360
Néontychos.	30	5,520
Larisse.	70	12,880

(1) Hérodote, liv. IV, 30.
(2) XIII, 614-622.

La ville de Grynium fut d'abord fondée dans une île qui s'est trouvée par la suite réunie au continent. Elle était célèbre par un temple d'Apollon bâti en marbre blanc et qui jouissait du privilége d'avoir un oracle, comme la plupart des sanctuaires de ce dieu. Le temple d'Apollon Grynéen était célèbre dans tout le monde grec; il est cité par Virgile en deux passages différents (1). La ville de Grynium appartenait aux habitants de Myrina, et du temps de Pline, elle était déjà déserte. Xénophon nous apprend que le roi de Perse Artaxerxès fit présent de ces deux villes à Gongyle Eréthrien qui avait été banni de son pays pour avoir favorisé les intérêts du roi de Perse (2); ce même Gongyle était déjà maître de Pergame.

Grynium fut prise par Parménion, et depuis ce temps échappa à la domination des Perses.

Les ruines de cette ville ont complétement disparu de la surface du sol; mais il y a quelques années les Grecs de Ménimen, qui construisaient une église, entreprirent des fouilles sur l'emplacement du temple et parvinrent à extraire de grands blocs de marbre blanc qui furent employés dans la construction nouvelle.

L'emplacement de Grynium est aujourd'hui un terrain vague et sans nom; il est situé sur la route directe de Pergame à Smyrne; les distances sont données par le tableau précédent.

Si l'on doit s'en rapporter à une note insérée dans la traduction française de Strabon (3), les ruines de ce temple étaient encore visibles au commencement du dernier siècle. Une inscription copiée sur la porte est ainsi conçue. « A Apollon Fatidique, Philætère fils d'Attale. » Ceci concorderait avec les faits consignés dans Hérodote que les anciens temples de l'Asie furent brûlés par Xerxès; on ne peut donc y rencontrer à peu d'exceptions près que des monuments religieux postérieurs à Alexandre. Si le temple d'Assos fait exception, c'est que cette ville est presque toujours restée au pouvoir des Perses.

La ville maritime de Myrina avait un port et un arsenal dont les vestiges ont disparu sous les alluvions. Selon P. Mela cette ville a été fondée par Myrinus, un des premiers chefs de colons qui arrivèrent sur cette côte. Strabon, plus attaché aux traditions homériques (1), prétend qu'elle fut fondée par l'Amazone Myrina, qui est enterrée dans la plaine de Troie. Elle prit le surnom de Sebastopolis (2), sans doute parce qu'elle fut reconstruite par la libéralité de Tibère (3) après le grand tremblement de terre qui ravagea douze villes d'Asie et principalement celles de l'Æolide. Il a été remarqué qu'aucune médaille ne mentionne ce surnom.

Non loin de Myrina se trouvait un autre mouillage appelé Portus Archivorum, près duquel était un autel de douze dieux.

La table de Peutinger marque douze milles pour la distance entre ces deux villes, soit 17 kil. 748. Ce qui s'accorde avec les distances données par Strabon.

CHAPITRE III.

CYMÉ.

Deux chefs æoliens, Clévas et Malaüs, étaient partis en même temps que Penthile pour aller s'établir sur les côtes d'Asie. Ils fondèrent Cymé, qui devint la plus célèbre et la principale ville de la confédération, et pour se rappeler leur ancienne patrie, ils donnèrent à la nouvelle ville le surnom de Phriconis, du mont Phricium en Locride (4). Suivant Strabon et Méla, le nom de Cymé lui fut donné par une Amazone (5). A cette époque, la tradition mythique des Amazones était dans toute son expansion, et un grand nombre des villes de ces côtes, Smyrne, Éphèse, Myrina, sont censées avoir reçu leur nom de quelques-unes de ces héroïnes. Cymé fut fondée vingt ans

---

(1) Virg., *Ecl.*, VI, 72. *Æn.*, IV, 345.
(2) Xénophon, *Hell.*, III, 1, 4.
(3) T. IV, pag. 236.

(1) XIII, 623.
(2) Pline, V, 32.
(3) Tacit., *Annal.*, II, 47.
(4) Strab., XIII, 620.
(5) Méla, I, 18.

après que les Æoliens furent établis à Lesbos, et Smyrne fut bâtie dix-huit ans plus tard. Le commerce que faisaient les peuples pélasges avec les Phéniciens profita aux nouveaux colons, qui étendirent leurs possessions au delà des limites de l'Æolide. Ils allèrent exploiter les mines de fer du mont Ida et fondèrent Cébrène (1). Les Cyméens étaient principalement adonnés au commerce et se rangèrent volontairement sous l'autorité des rois de Perse. Ils trouvaient dans cette nouvelle position de grands avantages à se faire les courtiers du commerce intérieur de l'Asie avec les contrées de l'Occident.

Cette soumission à la Perse ne les empêchait pas de conserver une certaine indépendance dont les Cyméens donnèrent la preuve dans une circonstance importante. Le Lydien Pactyas, poursuivi par le satrape Mazarès, après la prise de Sardes, vint chercher un refuge à Cymé : Mazarès fit demander le fugitif; mais après avoir consulté l'oracle des Branchydes, les habitans refusèrent de livrer leur hôte, et lui facilitèrent les moyens de passer à Mitylène et de là à Chio; c'est dans cette île que Pactyas fut livré aux Perses, après avoir été arraché de l'asile qu'il avait cherché dans le temple de Minerve Poliade.

Sous le règne de Darius Cymé fut complétement incorporée à la satrapie hellespontique et gouvernée tyranniquement par des satrapes. Pendant les troubles fomentés par Aristagoras, fils d'Héraclide, tyran de Milet, les Cyméens, satisfaits de l'indépendance dont ils jouissaient, se contentèrent de déposer Aristagoras et de l'envoyer en exil.

Les Æoliens prirent une part indirecte à la révolte d'Aristagoras, et les vaisseaux lesbiens, au nombre de soixante-dix, se trouvaient en ligne de bataille devant l'île de Ladé. Ils pouvaient faire pencher la victoire du côté des Grecs; mais au premier engagement ils prirent la fuite et rentrèrent à Lesbos. Cette velléité d'indépendance fut remarquée par les Perses, et le satrape de Lydie Artapherne marcha sur l'Æolide et soumit toutes les villes (1). Cette campagne était surtout entreprise contre Hystiée, qui avec ses Lesbiens faisait des descentes sur les côtes de l'Æolide pour se procurer des vivres. Cymé resta soumise aux Perses jusqu'à la chute de Darius, et c'est dans son port que se retira le reste de la flotte de Xerxès après la bataille de Salamine (2). Pendant toute la période qui suivit les sanglantes batailles contre les Perses, jusqu'au moment où la résistance de Mithridate et le soulèvement d'Aristonic suscitèrent de nouvelles guerres, « les Cyméens restèrent tranquilles (3). » Ce mot de l'historien Éphore, rapporté par Strabon comme une raillerie, montre la grande différence qui existait entre le caractère des Æoliens et celui de leurs voisins les Ioniens.

Successivement soumise aux rois de Syrie et à ceux de Pergame, Cymé passa sous la domination romaine avec ce dernier royaume; mais elle conserva toujours une apparence de liberté. Le tremblement de terre qui ravagea l'Æolide, sous le règne de Tibère, se fit également sentir à Cymé; elle fut restaurée par la libéralité de l'empereur. Après la division des provinces faite par Dioclétien, elle fut comprise dans la province d'Asie sous la métropole d'Éphèse (4). Quelques inscriptions, tirées des ruines de Cymé, attestent qu'elle était organisée administrativement comme la plupart des villes d'Asie; elle avait les conseils du sénat et du peuple, et les magistratures secondaires. Les temples, le gymnase, les portiques sont mentionnés dans ces inscriptions. Au cinquième siècle elle avait le titre de ville épiscopale. Maximus, son évêque, assista au concile d'Éphèse. Le voisinage de Phocée et surtout de Phocée-la-Neuve, bâtie par les Génois, fut aussi fatal à la ville de Cymé que les alluvions qui comblaient peu à peu son port. Le commerce de transit, qui pendant plusieurs siècles s'é-

(1) Hérodote, Vie d'Homère, 20.

(1) Hérodote, VI, 14-30.
(2) Hérodote, VIII, 130.
(3) Strabon, XIII, 623.
(4) Hiéroclès Wesseling, p. 661.

tait fait par cette voie, avait pris une nouvelle direction. Cependant on sait que Cymé jouissait encore au commencement du quinzième siècle d'une certaine prospérité ; elle était tombée entre les mains de Djounéïd, émir rebelle, qui s'était emparé de la plus grande partie de l'Æolide, et qui faisait la guerre à Mahomet Ier. Le sultan vint assiéger Cymé en 1413, s'empara d'assaut de la forteresse, qui fut démantelée ; la garnison fut égorgée, mais le vainqueur laissa la liberté aux habitants, qui se répandirent dans les villes voisines. Le commandant était un Albanais, qui se retira près de Djounéïd pour continuer la guerre. Mahomet Ier le poursuivit, s'empara de Ménimen et de Nymphæum, et annexa toutes ces villes aux possessions ottomanes. Depuis cette époque la ville de Cymé est demeurée complétement oubliée. La population, chassée par le mauvais air que répandent les marais environnants, s'est éloignée peu à peu, et ce qui restait debout de l'ancienne ville a fini par tomber en ruine.

On cite parmi les hommes célèbres qui naquirent à Cymé le père du poëte Hésiode et Mélanopus, père de Crithéis, qui fut la mère d'Homère. Hérodote rapporte que le nom du grand poëte est tiré de la langue des Cyméens, chez lesquels le mot *Homéros* signifiait aveugle (1). L'historien Ephore, disciple d'Isocrate, était aussi natif de Cymé.

Tout le territoire de cette ville et les contours de l'ancien golfe de Cymé ont été tellement modifiés par les alluvions, qu'il est impossible aujourd'hui de se rendre compte ni de la disposition du port ni de la position de la ville. On ne peut avoir cependant aucune incertitude sur son emplacement, attendu que les terrains qui avoisinent une pointe de terre près du village de Namourt ont fourni plusieurs inscriptions et des décrets des habitants de Cymé. Il est probable que le voisinage de la mer a facilité l'enlèvement des ruines. Les habitants du pays sont encore dans l'usage de considérer les anciennes villes comme des carrières ouvertes pour leurs constructions.

(1) Hérodote, *Vie d'Homère*, 20.

LARISSA. — TEMNOS.

Plusieurs villes de l'Æolide situées dans l'intérieur des terres n'ont pas laissé de vestiges appréciables ; nous devons seulement chercher à déterminer leur emplacement. La plus célèbre de ces villes, Larissa, fondée par les Pélasges, était à 70 stades à l'est de Cymé. Les Æoliens s'en emparèrent aussitôt après leur débarquement, et cantonnèrent dans le pays nouvellement conquis les Pélasges qui avaient survécu à la prise de Larissa. Cette dernière ville reçut comme Cymé et pour la même raison le surnom de Phriconis.

Larissa prise, les Pélasges n'étaient pas encore soumis, et les Æoliens construisirent à mi chemin de Cymé la ville de Neontychos, destinée à mettre la côte à l'abri des incursions des Pélasges. Ces deux places étaient bien fortifiées, et en observant avec quelque attention le pays tel qu'il est aujourd'hui, on peut retrouver l'emplacement de Larissa dans les montagnes au nord de Guzel hissar. On ne doit pas y découvrir de ruines romaines, car sous le règne de Tibère cette ville était déserte.

Ces deux villes étaient situées sur la route qui mène de Cymé à Smyrne ; c'est celle qui fut suivie par Homère dans son voyage à Cymé (1). Aujourd'hui on ne suit plus cette route ; on continue au bord de la mer par Guzel hissar et Menimen.

Après avoir franchi le Kondoura Tchaï, on aperçoit dans l'éloignement le village de Guzel hissar, bâti au sommet d'une colline rocheuse. Tout ce terrain est bien arrosé ; aussi est-il fréquenté par les tribus nomades. Une de ses fontaines est située près d'une enceinte consacrée à la prière des musulmans ; on y trouve plusieurs fragments d'architecture en marbre blanc et quelques débris d'inscriptions ; l'une d'elles rappelle la consécration d'un autel par la prêtresse Anthis ; de grands blocs de pierre équarris sont les indices de constructions plus importantes élevées en cet endroit. Il convient d'y re-

(1) Hérodote, ibid.

connaître la place de la ville d'Ægæ (Αἰγαὶ) qui était dans la partie montagneuse de l'Æolide, et située sur la route de Cymé à Smyrne.

Temnos, la dernière des villes de la confédération æolienne, était située, d'après la table de Peutinger, à trente-trois milles de Cymé, c'est-à-dire à 48 kil. 807. Cette distance nous mènerait au delà de Ménimen; il est à croire qu'elle est exagérée. Le village de Guzel hissar, près duquel on trouve différents vestiges d'antiquité, et qui est placé sur une colline escarpée, répond bien à l'idée qu'on doit se faire de la ville de Temnos. Strabon nous donne à ce sujet une indication topographique qu'on peut regarder comme décisive pour l'emplacement de Temnos et d'Ægæ. « Ces deux villes, dit-il (1), sont situées sur la hauteur qui domine le territoire de Cymé, celui des Phocéens et celui des Smyrnéens, et le long de laquelle coule l'Hermus. » Il est donc impossible de songer à mettre Temnos sur l'emplacement de Menimen, puisque cette dernière ville est sur la rive gauche du fleuve. L'indication de Pausanias n'est pas moins positive; il part de Smyrne en décrivant la côte et ajoute : « Quand on a passé l'Hermus, on voit une statue de Vénus à Temnos (2). » Les Temnites, c'est ainsi que les nomme Etienne de Byzance, avaient certains droits sans doute de péage sur le fleuve Hermus, car il est figuré sur leurs médailles avec ces mots ΤΗΜΝΕΙΤΩΝ ΕΡΜΟΣ, l'Hermus des Temnites. Il faut bien distinguer cette ville de la montagne du même nom qui se trouve dans la Teuthranie et dans laquelle le Caïque prend sa source. Cette chaîne prend naissance aux versants nord du mont Sipylus et forme la limite orientale de l'ancien royaume de Pergame. Au nord le mont Temnos se rattachait à l'Olympe Mysien.

(1) Liv. III, 621.
(2) Pausanias, liv. V, ch. 13.

CHAPITRE IV.

SIPYLUS TANTALIS.

Si nous avons fixé le fleuve Hermus comme limite méridionale de l'Æolide pour nous conformer à la géographie romaine, nous savons cependant par Hérodote que l'ancien territoire s'étendait jusqu'à Smyrne, et que cette dernière ville fit même partie de la confédération. Nous devons donc regarder le versant du mont Sipylus comme compris dans l'ancienne Æolide, d'autant plus que les ruines qu'on y rencontre appartiennent toutes à l'époque archaïque et sont même antérieures à l'arrivée des Æoliens.

La partie du mont Sipylus dont nous nous occupons est bornée au nord et à l'ouest par le cours de l'Hermus, à l'est par la rivière de Kara sou, qui passe à Nymphio et va se jeter dans le fleuve, et au sud par la mer et par la grande vallée de Bournabat, qui est le prolongement du golfe de Smyrne. Sur le versant sud de cette montagne, dans la partie qui domine le fond du golfe, s'élèvent d'antiques murailles qui ont appartenu à une ville importante; elles offrent le caractère le plus archaïque, et rien dans ces ruines ne présente la moindre trace de la civilisation hellénique. On y reconnaît au contraire tout le style de cet art asiatique dont on retrouve les vestiges dans les plus anciennes villes de la Cappadoce et de la Phrygie. Des tombeaux en forme de tumulus sont irrégulièrement placés sur les pentes de la montagne, dont le sommet est couronné par une acropole et sillonné par les anciens remparts.

Parmi les tumulus que l'on observe encore, il en est un qui a depuis longtemps attiré l'attention des antiquaires. Une tradition qui a fini par s'accréditer le signale comme le tombeau de Tantale, cité par Pausanias, et l'examen des lieux aussi bien que la comparaison des textes n'ont fait que confirmer cette opinion.

Strabon (1) est le premier auteur qui parle des tremblements de terre de Si-

(1) Liv. I, p. 58.

pylus et du lac qui surgit à sa place. « Et Sypilus fut englouti sous le règne de Tantale, et les marais ont formé des lacs. » Il revient sur ce sujet une seconde fois (1), et dit qu'il ne faut pas regarder comme une fable ce qu'on raconte du mont Sipylus et de son bouleversement. Pline (2) fait allusion aux mêmes événements en ces termes : « Ont été englouties les villes de Daphnus et d'Hermésia, et Sipylus, qui s'appelait autrefois Tantalis, capitale de la Mœonie. C'est là que se trouve aujourd'hui l'étang Salé. » Il est à remarquer que Pline vient de décrire le golfe de Smyrne et Clazomène ; ces lieux n'en étaient donc pas éloignés, et c'est de là qu'il reprend la suite de sa description : « En revenant de douze milles en arrière... »

Dans un autre passage (3), il revient sur ces phénomènes géologiques : « La terre en s'affaissant a englouti la haute montagne de Cibotus avec la ville de Curis, Sipylus dans la Magnésie, et antérieurement, dans le même endroit, la célèbre ville qu'on appelait Tantalis. » Le territoire de Magnésie s'étendait en effet jusqu'au Sipyle (4).

Pausanias donne plus de détails sur la topographie de Sipylus, et ces détails sont tout à fait conformes à celle de la ville ruinée qui domine le golfe de Smyrne (5). « Il y a plusieurs preuves du séjour de Tantale et de Pélops dans notre pays ; on voit le port (λιμήν) de Tantale, qui a reçu le nom de ce roi, et son tombeau, qui est remarquable. On voit aussi le trône de Pélops dans le mont Sipylus ; sur le sommet d'une montagne est le temple (ἱερόν) consacré à la mère des dieux, Plastène. En passant le fleuve Hermus, on voit à Temnos une statue de Vénus... » etc.

La description de Pausanias est des plus conformes, non-seulement à la topographie des lieux, mais encore à la carte générale ; car de ce point, en suivant la carte, on va droit sur Temnos,

(1) Liv. XII, p. 579.
(2) Liv. V, ch. 29.
(3) Liv. II, ch. 41.
(4) Strabon, XII, p. 571.
(5) Liv. V, ch. 13.

soit que l'on place cette ville à Menimen où à Guzel hissar, comme je l'ai proposé plus haut.

L'emplacement du Hiéron est on ne peut mieux déterminé, « sur le sommet de la montagne ; » enfin le lieu dit « le trône de Pélops » se reconnaît dans une localité voisine.

Pausanias (1) revient encore sur le sujet de la sépulture de Tantale, fils de Jupiter, en visitant les tombeaux d'Argos. « J'ose assurer, dit-il, que ce tombeau n'est pas celui de Tantale, fils de Jupiter ; car j'ai vu son tombeau au mont Sipylus, et c'est un monument remarquable (θεᾶς ἄξιον). » C'est presque la même expression dont se sert Hérodote en parlant du tombeau d'Alyatte, qui était aussi un tumulus.

Le tremblement de terre de Sipylus et le lac qui s'est formé sur l'emplacement de la ville sont des faits trop généralement attestés, pour qu'il soit possible de les révoquer en doute. Pline (2) dit que l'étang (*stagnum*, bien différent de *lacus*) avait été nommé Salé. Pausanias, après avoir développé sa théorie des tremblements de terre (3), ajoute : Idée, ville située sur le mont Sipylus, fut abîmée de la sorte ; l'eau qui sortit de la montagne engloutit la ville, et forma un lac (λίμνη) que l'on nomme Saloë.

Il est une autre observation à faire sur le texte de ce passage. Pour désigner le lac Saloë, Pausanias se sert du mot Λίμνη, c'est le marais dont parle Strabon ; c'est aussi le lac Salé de Pline. Ne doit-on pas en conclure que dans un passage précédemment cité Pausanias a voulu parler d'autre chose que du *stagnum Sale*. Gédoyn a traduit *le port* de Tantale. En effet, dans tous les lexiques, le mot λιμήν signifie un port ; c'est le mot λίμνη qui veut dire un étang, un lac. On ne concevrait pas pourquoi Pausanias se serait servi de deux mots qui ont un sens si différent, pour désigner la même chose. D'ailleurs l'étang s'appelle *stagnum Sale* ou *Saloë*, mais non pas *stagnum Tantali*. En disant Λιμήν Ταν-

(1) Liv. II, ch. 22.
(2) Liv. V, ch. 29.
(3) Pausanias, Liv. VII, ch. 24.

τάλου, Pausanias a donc voulu, en effet, parler d'un port de mer : l'inspection seule de la carte suffit pour en convaincre. Le port de Tantale était placé entre les deux caps qui s'avancent au sud. N'est-il pas évident, pour tous ceux qui ont la moindre notion de la langue grecque, que le même auteur, en disant Ταντάλου λιμήν, et Λίμνη Σαλόη, a voulu parler de deux choses différentes? Je crois donc, d'après l'inspection des lieux, comme d'après le texte de Pausanias, qu'il faut traduire : *le port de Tantale*. La position de Tantalis sur la rive nord du golfe de Smyrne expliquerait naturellement pourquoi Pline, dans son chapitre 29, si souvent cité, après avoir mentionné Clazomène et les villes de la rive sud, passe immédiatement à la description de Tantalis.

CHAPITRE V.

TOPOGRAPHIE DE SIPYLUS.

Pococke est le premier voyageur qui ait parlé des ruines de cette ville et des tombeaux qui l'avoisinent. Chandler les mentionne d'après lui, mais ne leur a pas restitué le nom de Tantalis. Le tombeau de Tantale est cité par M. de Sainte-Croix [1], qui rapporte ce fait d'après Athénée : « Les tumulus ont été transportés en Grèce par les Phrygiens qui avaient accompagné Pélops [2]. » Est-il étonnant de trouver tant de tombeaux de ce genre dans la ville de Pélops? Un trait de plus distingue ces tumulus de ceux des Grecs : c'est que les Grecs brûlaient les corps; les Phrygiens, suivant la mode égyptienne, les mettaient dans des sarcophages.

Vers la fin de novembre 1835, l'amiral Massieu de Clerval, commandant la station, mit à ma disposition vingt matelots du vaisseau *le Suffren*, avec des instruments et tous les apparaux nécessaires pour faire des fouilles complètes, et pour lever la carte de l'ancienne ville, distante de trois kilomètres environ des dernières maisons de Smyrne. Le tombeau principal se voit de tous les points des quais, sur le mamelon inférieur de Sipylus; le plus haut mamelon porte l'acropole.

Nous débarquâmes au nord du golfe, relevant au sud la pointe du Moulin (marquée sur toutes les cartes). Je commençai à monter sur des collines en pente douce, voyant déjà à fleur de terre des traces de murailles. Cette première colline s'avance dans la plaine de Bournabat, et formait un cap avant que les atterrissements eussent comblé le golfe. Près de cette colline, au sud, s'élève dans la plaine une petite montagne oblongue, jadis un îlot, qui fermait le port du côté de l'est. Tous ces terrains sont encore marécageux, mais se dessèchent chaque année davantage. En nous dirigeant au nord, nous perdons bientôt les traces des murailles au milieu des rochers. Nous faisons un demi-mille toujours en montant, et nous arrivons sur un plateau où nous trouvons les deux premiers tumulus.

Le tumulus n° 1 est à fleur de terre, entouré d'une assise circulaire de pierres brutes de $0^m,80$ de longueur sur $0^m,60$ de hauteur ; quelques-unes sont en saillie dans l'intérieur, et forment boutisse en dehors. Le diamètre est de 18 mètres, il a été fouillé à une époque reculée ; au centre, une dépression de terrain indique la place de la chambre.

Le tumulus n° 2, 12 degrés à l'est du précédent. Une assise à fleur de terre en pierres brutes à joints réguliers. Dans l'intérieur, un amas de petites pierres ; dépression au centre ; diamètre, 9^m.

Le tumulus n° 3, à 110 mètres à l'est du précédent. Il est sur le rocher nu. L'intérieur, rempli de terre, s'élève à 3 mètres environ. Une assise en pierres brutes. Il est relié au suivant par un mur en pierres sèches. Diamètre, 17^m.

Le tumulus n° 4, semblable au précédent ; diamètre, 17^m.

Nous cheminons avec peine, au milieu des rochers éboulés, pour arriver à un plateau supérieur ; nous y voyons trois tumulus de différents diamètres.

Tumulus n° 5, assis sur le rocher.

---

[1] *Mém. de l'Acad. des Inscr.*, t. II, p. 532.
[2] Athénée, *Deipnos.*, lib. XIV, p. 625. *M. Acad.*, t. II, p. 531.

J'ai fait déblayer l'intérieur jusqu'à la roche, dans laquelle un sarcophage a été taillé. Diamètre, 21 mètres.

Tumulus n° 6. Deux assises en joints réguliers, parfaitement appareillées; il reste des traces de la porte et du couloir qui conduisait à la chambre : celle-ci était voûtée en ogive, et faite de petites pierres longues posées à sec. Diamètre, 16 mètres.

Tumulus n° 7. Il est entouré d'un double revêtement qui, d'un côté, a sept assises régulières. Ce revêtement paraît complet. Nous trouvons au pied des morceaux d'une doucine peu évidée, qui servait au couronnement du soubassement (χρηπῖδος) sur lequel repose le tumulus (τὸ χῶμα). La pointe était couronnée par une pierre en forme de pomme de pin (ou par un phallus, selon quelques antiquaires). Le diamètre est de $13^m,80$.

Tumulus n° 8. Il est d'une construction différente; il n'a pas de soubassement : c'est un monceau tout composé de petites pierres arrondies et jetées seulement les unes sur les autres. Le centre est creux, parce qu'il a été fouillé. La porte de la chambre subsiste encore; elle est d'une seule pierre. Diamètre, 32 mètres.

Tumulus n° 9. Il a une enceinte solide à double revêtement (j'appelle ainsi deux murs circulaires appliqués l'un sur l'autre et parementés, sans liaison entre eux). La chambre a 5 mètres de longueur sur 2 mètres de large; le tertre a $2^m,60$ de haut. Diamètre extérieur, 28 mètres; diamètre du revêtement intérieur, $21^m,50$.

Tumulus n° 10. Soubassement de trois assises. Diamètre, 9 mètres. Nous suivons un chemin taillé dans le roc; il traversait toute la nécropole; dans quelques endroits il est soutenu par un perré; il nous conduit à un autre tombeau.

Tumulus n° 11. Trois assises, d'appareil pélasgique, du côté de la porte; cinq assises du côté du levant. Les pierres sont à léger bossage, les joints faits avec soin; le couloir qui conduit à la chambre a cinq mètres de longueur; les revêtements du couloir sont en appareil régulier, composé de cinq pierres, deux en boutisse, et deux de front; preuve irrécusable que l'appareil *isodomon* était employé dans la haute antiquité, en même temps que l'appareil en joints irréguliers. La chambre est à petites pierres. Diamètre du tumulus, $13^m,40$.

Tumulus n° 12, voisin du premier, d'une construction analogue. Au milieu de la chambre est un sarcophage creusé dans le roc. Diamètre, 11 mètres.

CHAPITRE VI.

TOMBEAU DE TANTALE (1).

Enfin, à deux milles et demi du point de débarquement et à moitié de la hauteur de la montagne, nous arrivons sur un plateau couvert de débris de constructions : ce sont des amas de pierres formant différentes lignes qui ont sans doute appartenu aux murailles et à quelques autres édifices. Une éminence qui domine ce plateau porte deux tombeaux; ce sont les plus considérables du lieu. Le plus grand et le mieux conservé est connu sous le nom de tombeau de Tantale; ce tumulus forme un cercle parfait; il a $33^m,60$ de diamètre, et par conséquent $105^m,537$ de circonférence : c'est donc un monument important, οὐκ ἀφανὴς τάφος; il est construit tout en pierres sèches de moyenne dimension. Au centre est une chambre rectangulaire de $3^m,55$ de long sur $2^m,17$ de large, et $2^m,85$ de hauteur sous la voûte. Cette chambre est voûtée en ogive, dans le genre de la porte d'Assos; les assises des côtés sont horizontales; les murs en retour ne sont pas reliés avec ceux des grands côtés; il n'y a pas de clef à la voûte; la pierre supérieure soutient tout l'appareil. Ce tombeau diffère des autres en ce qu'il n'y a pas de couloir pour entrer dans la chambre; elle était parfaitement close. Cette chambre est au centre d'un ouvrage en pierres sèches de $3^m,50$ de rayon. Huit murs, formant un octogone, relient cette partie circulaire avec un autre mur plus excentrique; leur longueur est de $2^m,70$. Le mur circulaire est composé de deux parements de pierres sèches avec remplis-

(1) Voyez la planche 13.

sage ; son épaisseur est de 2m,70. Seize murs, rayonnant du centre à la circonférence, relient ce second mur circulaire à un troisième, dont l'épaisseur totale est de 3m.70, et qui forme le revêtement du monument. Pour plus de solidité, ce mur est composé de deux parties, l'une intérieure, de 1m,40 d'épaisseur, paremenlée des deux côtés, et l'autre de 2m,30, composée de pierres d'un plus fort échantillon, dont le parement extérieur forme le soubassement de l'édifice. Cette chambre est orientée nord et sud ; toutes les autres sont orientées est et ouest.

Il est impossible d'imaginer une construction mieux entendue pour résister à l'action des siècles. Le dehors du cône était en grande partie conservé quand j'ai commencé mes opérations. J'ai été obligé de le démolir, ainsi que la majeure partie du soubassement, pour bien saisir ce système ingénieux de construction. Tous les murs dont j'ai parlé sont noyés dans un remplissage en petites pierres, toutes à peu près de la même dimension et parfaitement réunies, quoiqu'elles n'aient aucun ciment. Ayant la direction de la pente et le diamètre, il m'a été facile de déterminer la hauteur, et j'ai trouvé 27m,60 pour la hauteur totale. Ce monument sépulcral est certainement un des plus considérables de tous ceux de l'Asie Mineure ; il ne le cède qu'à celui d'Alyatte, qu'Hérodote comparait aux pyramides.

A partir de ce tombeau jusqu'à la mer, on suit une longue muraille qui se prolonge en serpentant par tous les détours des rochers. Elle est composée de deux parements en grosses pierres posées à sec, avec un remplissage en petites pierres ; elle n'a que 1m,16 d'épaisseur : c'était peut-être l'enceinte de la nécropole. L'Acropolis est au couchant, sur un rocher presque à pic, et qui forme à peu près le tiers de la hauteur totale de la montagne.

Au milieu d'une petite plaine qui domine le tombeau de Tantale se trouve un lac qui a environ 100 mètres de diamètre, et qui paraît alimenté par des sources sortant de divers endroits du rocher ; tout le reste de la montagne est d'une aridité extrême. Ce serait là l'étang Saloë, bien diminué, il est vrai, par les atterrissements ; mais il en a tant d'autres plus grands qui ont complètement disparu.

Nous gravissons, pour arriver à l'Acropole, des rochers volcaniques verticaux et aigus. Nous avons toujours marché au nord-ouest. Cette enceinte, bâtie de pierres sèches de petit volume, s'appuie au sud sur une crête de rochers à pic ; elle a 5 mètres de hauteur. A 100 mètres de là, toujours en montant, on arrive aux propylées de la citadelle ; c'est la partie la mieux conservée de l'édifice. La porte a été entièrement dégagée par les matelots ; elle a 1m,30 dans la partie inférieure ; elle est inclinée en pylône. Les quatre assises qui restent ont 2m,35 de hauteur. L'architrave, d'une seule pierre, a 2m,20 de long ; l'épaisseur du rempart est de 3 mètres ; il est composé de deux parements de 1m,30 d'épaisseur chacun. Après avoir passé la porte, on arrive dans un couloir oblique, au fond duquel était sans doute un escalier pour monter sur l'esplanade ; mais de grosses pierres éboulées empêchent de voir cet endroit. Ce couloir était couvert par un plafond de pierre. Dans une partie obscure, on aperçoit un puits, sans doute le puits de quelque oracle.

L'esplanade de l'Acropolis est un rocher uni de 50 mètres en tous sens ; c'est le point culminant de la montagne. On trouve dans les fouilles un grand nombre de fragments de tuiles à rebord, mais aucun ouvrage d'art.

On voit encore en place un soubassement rectangulaire de 30 mètres de côté, composé d'une assise de pierres bien appareillées et taillées à bossage qui a dû former le soubassement d'un temple. Ces assises sont régulièrement orientées ; tout porte à penser qu'elles ont fait partie du temple de Cybèle, de la mère Plastène. De l'autre côté de l'Acropolis, le rocher a été taillé en talus rapide, et un large fossé a été creusé pour défendre les abords du lieu sacré.

Il serait difficile de réunir en un même lieu tant d'éléments divers : un lac, un tombeau, une citadelle sur le sommet d'une montagne, éléments qui concordent trop bien avec les textes grecs pour que ces lieux ne soient pas les mêmes qui ont été décrits par les auteurs cités plus haut.

Pausanias les a vus; ce n'est pas par ouï dire qu'il en parle, et il est impossible de trouver plus d'accord entre la description et la réalité.

Indépendamment des ruines que nous venons d'observer, il existe encore des traces de murailles toutes bâties sans ciment et qui paraissent avoir appartenu à des édifices publics et à des maisons d'habitation. Dans toutes ces enceintes les angles sont arrondis et les murs semblent disposés de manière à pouvoir être couverts en pierres et former des voûtes comme dans les anciens monuments phéniciens de Malte.

Dans toute l'enceinte de cette ancienne cité on ne trouve pas un seul fragment qui ait pu appartenir au second âge de l'antiquité grecque; c'est encore une preuve que cette ville est restée inhabitée depuis la catastrophe qui l'a ruinée.

CHAPITRE VII.

LYDIE. — MÆONIE. — MIGRATIONS DES LYDIENS EN ASIE. — TRIBUS MÆONIENNES.

Lorsque les tribus thraces passèrent le détroit pour aller s'établir dans la Chersonnèse d'Asie, ces hordes, alors sans nom se distinguèrent entre elles par quelque caractère saillant tiré, soit de leur langage (1), soit de leur campement primitif (2), soit enfin du nom de leurs chefs (3). Ceux des Thraces qui furent dans la suite appelés Lydiens arrivèrent en Asie avec les Mysi, et comme ils étaient sous la conduite d'un chef du nom de Mæon, on les appela Mæoniens. Ils parlaient la même langue que les Mysi; laissant ces derniers s'établir sur la côte, les Mæoniens pénétrèrent plus avant dans l'intérieur du pays, et s'installèrent dans un canton fertile entre les fleuves Hermus et Méandre. Ce canton prit le nom des nouveaux habitants et fut appelé Mæonie.

Strabon, qui expose la marche des Mæoniens en Asie, n'oublie pas de dire qu'il a puisé ces traditions chez les écrivains nationaux, Xanthus de Lydie, et Ménécrate d'Elée, dont le témoignage est d'un grand poids; il s'ensuit que la souche de la nation lydienne est originaire d'Europe.

Ces migrations eurent lieu longtemps avant la guerre de Troie, et d'après la marche ordinaire de ces migrations, on doit penser que les Mæoniens ont précédé les Mysiens dans leur installation sur le continent d'Asie. A défaut de renseignements plus précis sur l'arrivée des Mæoniens, les chronologistes placent cette migration dans la première moitié du seizième siècle avant notre ère. Déjà les Pélasges et les Lélèges occupaient certaines parties de la côte occidentale, et les régions du sud étaient habitées par des familles de race phénicienne qui étaient venues dans l'intérieur par les ports de la Lycie.

Les Cariens, sujets de Minos, étaient maîtres du sud-ouest de la presqu'île. Il se fit une fusion de ces diverses populations, qui, n'ayant pas d'intérêts opposés, vécurent en bonne intelligence; unis par une communauté de religion, ils finirent par se regarder comme de même race. Les Cariens étaient cependant venus de la Crète, mais cette migration était si ancienne que du temps d'Hérodote ils se regardaient comme autochthones.

Au nombre des tribus qui s'allièrent avec les Mæoniens il faut compter les Cabalès, qui ont occupé la région nord de la Lycie, à laquelle ils ont laissé le nom de Cabalie. Ces Cabalès étaient originaires d'Afrique; Hérodote (1) les décrit ainsi : « Les Cabalès demeurent vers le pays des Auschises : ils s'étendent sur les côtes de la mer vers Tauschires, ville du territoire de Barka. » Les Mæoniens s'unirent avec ces peuplades, qui furent appelées Cabalès-Mæoniens, ou Lazoniens; on les retrouve sous ce nom dans le dénombrement de l'armée de Xerxès (2). Ces faits, qui ne sont contestés par aucun des écrivains anciens, servent à faire comprendre l'alliance intime qui existait entre les peu-

---

(1) Strabon, XIV, 662.
(2) Id., XII, 572.
(3) Hérodote, VII, 74.

(1) Hérodote, IV, 171.
(2) Hérodote, VII, 77.

ples de la Carie et ceux de la Lydie, et quelle influence cette alliance eut sur le sort des villes ioniennes lorsque l'empire de Lydie échut à la race des Mermnades.

Du temps d'Hérodote la Cabalie était habitée par ces Méoniens Cabalès, qui se distinguaient, par quelque différence de langage, des Lydiens et des Cariens, desquels ils étaient limitrophes (1).

Strabon, qui mentionne aussi le petit district de Cabalie, identifie ces habitants avec les Solymes d'Homère (2) : c'est assez dire qu'il les considère comme de race phénicienne. La langue dont usaient les Méoniens est sans aucun doute d'origine thracique ; on lui donnait aussi le nom de langue mysienne ; elle était parlée par les Lydiens (3) ; les Cibyrates Cabaliens parlaient la langue lydienne (4) : ils faisaient aussi usage de la langue grecque et de celle des Solymes (qui était sans doute d'origine sémitique). « Les Méoniens « possédaient aussi la ville de Termessus, « habitée, dit-on, par les descendants « de ces Lydiens qui vinrent occuper Ca- « balis (5). »

La partie occidentale de la région qui fut dans la suite appelée Lydie était située dans le voisinage de la côte. A cette époque les colonies ioniennes n'étaient pas arrivées, les Pélasges et les Léléges y possédaient quelques villes. On ne saurait cependant assigner de limites positives à cette province ; les historiens anciens se taisent sur ce sujet. On peut cependant être certain que le nom des Lydiens était inconnu du temps de la guerre de Troie, car Homère ne fait jamais mention de ce peuple, mais compte les Méoniens au nombre des alliés de Priam. « Les fils de Pylémène, Antiphus et Mesthlès, qui reçurent le jour près du lac Gygée, guident les Méoniens, nés au pied du Tmolus (6). » Cette région est celle qui plus tard forma le cœur de la Lydie, et on voit d'après ce passage que le lac Gygée, qui fut appelé ensuite Coloé, existait au temps de la guerre de Troie : il ne peut donc avoir reçu son nom de Gygès, le premier roi Mermnade, qui vivait à la fin du huitième siècle avant notre ère. Aux fils des Pylémène s'était joint un autre chef de Méoniens, Iphition, fils d'Otrynthe, né « dans la ville opulente d'Hyda, au pied du Tmolus, couvert de neige (1) ; » (cette épithète homérique est conservée par les Turcs au mont Tmolus, qu'ils appellent Bouz-dagh, la montagne de la glace). Il avait vu le jour près du lac Gygée, aux bords du poissonneux Hyllus et de l'Hermus impétueux.

La Méonie était donc bornée au sud par le mont Tmolus ; elle s'étendait à l'est jusqu'aux montagnes de la Catacécaumène, au nord jusqu'au Caystre, et à l'ouest elle était bornée par les possessions des Pélasges, où s'établirent les Æoliens et les Ioniens. A l'époque de l'invasion des Cimmériens, la Méonie portait aussi le nom d'Asie (2), qui selon quelques écrivains aurait été donné par les Grecs à tout le continent.

La Méonie s'étendait au sud jusqu'au Caystre, « dans la prairie asienne près des bords du Caystre ; » au nord elle était baignée par le fleuve Cogamus. La ville de Méonia, capitale du pays, était, selon Pline (3), près de ce fleuve, puisque les *Mæonii* étaient voisins des *Tripolitani*, dont la position est connue.

CHAPITRE VIII.

DYNASTIES LYDIENNES.

Méon passe pour être fils de Jupiter et de Tellus, c'est-à-dire que son origine est inconnue ; il institua en Méonie le culte de Cybèle qui fut commun aux Lydiens et aux Phrygiens.

Méon ou Manès (4) fut le père de Cotys et l'aïeul d'Atys, roi des Méoniens, et fut chef de la dynastie des Atyades, qui régna pendant trois siècles ; Atys était frère de Lydus, qui donna son nom aux Lydiens. « Sardes fut la résidence de ces

---

(1) Hérodote, III, 90 ; VII, 77.
(2) Strabon, XIII, 630.
(3) Strabon, XII, 572.
(4) Strabon, XII, 631.
(5) Strabon, XIII, 630.
(6) Homère, *Iliad.*, II, 864.

(1) Hom., *Iliad.*, XX, 385.
(2) Démétrius de Scepsis. — Strabon, XII, 627.
(3) Pline, liv. V, 39.
(4) Hérodote, liv. Ier, 94.

rois lydiens qu'Homère appelle Méonès, et auxquels ceux qui sont venus après lui donnent le nom de Mæonès ; « les uns pensent que ces Méonès et les Lydiens sont la même nation ; d'autres en font deux peuples différents : la première opinion me paraît la meilleure (1) » Un autre fils d'Atys, nommé Car, soumit et gouverna les Léléges et les Cariens : c'est ainsi qu'on explique ce mot d'Hérodote, « à cause de l'affinité qui existe entre les Lydiens et les Cariens (2) ». Comme chaque règne qui finissait donnait un dieu nouveau à ces peuples, nous voyons Car, le fils d'Atys, adoré sous le nom du dieu Carus et associé au culte du dieu Men, dans la ville de Caroura, sous le nom de Men Carus (3). La ville de Caroura était située sur les frontières de la Carie et de la Lydie, et fut célèbre sous les Romains par son école de médecine.

Sous le règne d'Atys une grande famine, qui dura plusieurs années, affligea la Lydie, et une partie de la nation se décida à s'expatrier. On tira au sort par ordre du roi, et ceux qui furent destinés à quitter le pays partirent sous la conduite de Tyrrhénus, troisième fils d'Atys (4); ils allèrent aborder sur les côtes d'Italie, et prirent le nom de Tyrrhéniens : c'est l'origine de la nation étrusque. Cette parenté entre les Lydiens et les Italiques fut revendiquée devant le sénat, lorsque les villes d'Asie sollicitèrent l'honneur d'élever un temple à Tibère (5). Ce fait est aussi attesté par Timée. Les Lydiens, dit-il, ayant passé d'Asie en Europe s'établirent dans l'Étrurie. On ne doit donc pas être surpris de retrouver dans l'un et l'autre pays une certaine analogie dans les monuments des arts ; les tumulus de Corneto sont des imitations de ceux de la plaine de Sardes, et les sculptures du temple d'Assos représentent des sujets qui se trouvent reproduits dans les peintures des monuments de l'Étrurie.

Le roi Manès eut un fils, nommé Acmon, qui bâtit la ville d'Acmonia, dont les ruines se voient encore au nord-est de la Phrygie ; Adramys, un des fils d'Alyatte, père de Crésus, fonda la ville d'Adramyttium. Pylémène, le dernier souverain de cette dynastie, régna vers l'an 1290 avant notre ère ; il est contemporain de la guerre de Troie et est cité par Homère dans l'Iliade (1).

Hérodote est le seul historien de la Lydie qui soit arrivé jusqu'à nous ; Xanthus et Ménécrate ne nous sont connus que par des fragments épars dans les écrivains moins anciens, et nous pouvons les considérer comme véridiques, tant qu'ils ne sont pas en désaccord avec la marche naturelle des événements historiques ; mais souvent la fable se mêle aux récits du père de l'histoire, et nous en sommes réduits à enregistrer les faits qu'il mentionne sans pouvoir discerner la plupart du temps ce qui est caché sous le voile de la mythologie.

Les relations d'Hercule avec la Lydie sont au nombre des événements qu'il nous est impossible de contrôler, mais qui certainement se rapportent à des relations antérieures entre les Lydiens et les peuples de l'Asie centrale, les Assyriens, et sans doute aussi les Phéniciens.

Sous le règne de Jardanus, un des princes atyades, Hercule fut amené captif en Lydie et vendu à la reine Omphale, par ordre de l'oracle. Ce héros rapporta de son expédition contre les Amazones une hache à deux tranchants qu'il avait conquise sur Hippolythe, et la légua à ses descendants, qui la conservèrent comme un signe de puissance. Ce symbole passa après la mort de Candaule entre les mains des Mermnades, Cariens d'origine, et on le retrouve sculpté sur les monuments de la Carie, et surtout sur le temple de Jupiter, Labrandéus, comme le signe de la fraternité qui unissait les Cariens et les Lydiens.

Hercule eut d'une esclave de Jardanus un fils nommé Alcée, dont les descendants régnèrent sous les Lydiens, par ordre de l'oracle, et furent la souche de la dynastie des Héraclides, qui régna sur la Lydie pendant vingt-deux générations, dans l'espace de cinq cent cinq ans. Agron, fils de Ninus, petit-fils de Bélus,

---

(1) Strabon, XIII, 625.
(2) Hérodote, liv. I, 175.
(3) Strabon, XII, 580.
(4) Hérodote, ibid.
(5) Tacite, *Annales*, IV, 55.

(1) Homère, *Iliad.*, XX, 335.

arrière-petit-fils d'Alcée, fut le premier roi des Héraclides. Le dernier fut Candaule, qui régna de 735 jusqu'à 708 avant notre ère.

Tmolus, époux d'Omphale, ayant été tué par un taureau, fut enterré dans la montagne voisine, à laquelle il donna son nom. Celui de Sipylus autre prince héraclide fut donné à la montagne qui domine le golfe de Smyrne.

Ce n'est pas sans raison que les écrivains modernes qui se sont occupés de l'histoire de Lydie ont témoigné leur étonnement de voir les noms des rois assyriens Bélus et Ninus à la tête de la dynastie des rois de cet empire. Hérodote étant le seul historien qui en fasse mention, nous en sommes réduits à supposer que dans ces temps reculés la Lydie et l'Assyrie formaient deux parties d'un vaste empire, qui s'étendait depuis les rives du Tigre jusqu'aux limites occidentales de l'Asie Mineure.

Quelques fragments épars dans les historiens postérieurs à Hérodote, puisés dans des livres perdus pour nous, nous montrent les Lydiens en relation avec les peuples sémitiques et fondant des villes dans la Syrie, la Palestine, précisément dans un temps où la puissance assyrienne était dans tout son développement.

Quelques écrivains, se basant sur les traditions orientales, de préférence à celles des Grecs, ont supposé que les Lydiens, enfants de Lud, sont sortis de la Mésopotamie pour venir s'établir dans la presqu'île ; c'est dans leurs rapports avec les Égyptiens qu'ils auraient puisé l'idée d'honorer les grands hommes en élevant des monuments comparables aux pyramides : cette opinion ne saurait être soutenue du moment que les Grecs sont d'accord pour regarder la langue lydienne comme étant d'origine européenne ; mais on ne saurait nier que dans leurs rapports avec les peuples sémitiques les Lydiens n'aient subi une influence orientale, qui par la dépravation des mœurs les assimile aux Babyloniens. Chez eux les jeunes filles étaient autorisées à faire le métier de courtisanes pour se procurer une dot, et le continuaient jusqu'à ce qu'elles trouvassent à se marier : cet usage si étranger aux peuples de race européenne

se trouvait en vigueur sur les rives de l'Euphrate, chez les Babyloniens (1).

CHAPITRE IX.

ÉTENDUE. — FRONTIÈRES DU ROYAUME DE LYDIE. — MONTAGNES. — FLEUVES.

Au temps de leur plus grande puissance, les rois de Lydie ont possédé toute l'Asie en deçà du fleuve Halys. Le royaume de Phrygie était anéanti, et tous ces peuples, autrefois divisés, obéissaient au pouvoir de Crésus : il faut en excepter cependant les Lyciens et les Ciliciens.

Nous ne devons considérer ici le royaume de Lydie qu'à son point de vue géographique, et ne tenir compte que du territoire qu'il a occupé, soit à son origine, soit même comme province romaine. Pline est l'auteur qui détermine le plus clairement les limites de la Lydie sous l'empire romain. Il tient compte du territoire de l'Ionie, qui sous les rois lydiens était complétement incorporé à leur empire.

La Lydie est au-dessus de l'Ionie : elle est arrosée par le Méandre ; ses bornes à l'est sont, la Phrygie ; au nord, la Mysie ; au sud, la Carie. On l'appelait jadis Méonie : elle est traversée par le mont Tmolus ou Timolus, couvert de vignobles, qui donne naissance au Pactocle. (2). Le mont Messogis, parallèle au Tmolus, fait aussi partie de la Lydie : il forme le revers nord de la vallée du Méandre. » Du côté de l'est, nous savons avec certitude que la province s'étendait jusqu'au fleuve Lycus, qui coulait à l'ouest de Colosses et formait les limites communes de la Lydie, de la Phrygie et de la Carie (3). Il faut peut-être y comprendre les villes de Nysa, de Tralles et de Magnésie sur Méandre ; mais les auteurs ne sont pas d'accord sur ce point. La Lydie est traversée de l'est à l'ouest par le cours de l'Hermus, qui reçoit le fleuve Hyllus, appelé aussi Phrygius. La province de laquelle sort l'Hermus et qui, à cause de sa nature volcanique, reçut le

(1) Hérod., I, 93.
(2) Pline, V, 39.
(3) Hérodote, VII, 31.

nom de Catacécaumène, est considérée comme ayant fait partie de la Phrygie Épictète. Strabon (1) exprime son embarras pour s'expliquer à ce sujet : « Vient ensuite le pays connu sous le nom de Catacécaumène, soit qu'il appartienne à la Mysie, soit qu'il dépende de la Méonie, car ces deux opinions ont leurs partisans. » Toute la Lydie était traversée de l'est à l'ouest par une grande route qui conduisait de la côte jusqu'à Suze ; elle était divisée en stations, à chacune desquelles on trouvait des maisons royales et des lieux de repos à l'usage des voyageurs ; ces établissements existent encore dans toute l'Asie et la Perse, sous le nom de caravansérai (palais des caravanes) : les voyageurs y sont reçus gratuitement. La route passait continuellement par des lieux habités ; on comptait pour traverser la Lydie et la Phrygie jusqu'aux rives du fleuve Halys vingt stations, qui comprenaient quatre-vingt-quatre parasanges et demi de trente stades chacun, ce qui fait deux mille cinq cent trente-cinq stades ; mais on n'est pas d'accord sur la mesure du stade employé, les uns l'estiment à cent quarante-sept mètres soixante-dix-huit, Le stade olympique étant de cent quatre-vingt-quatre mètres quatre-vingt-quinze cent.

Le territoire de la Lydie est d'une extrême fertilité, et la réputation de la contrée se soutient encore malgré l'état de décadence où est tombée l'agriculture. Les vallées du Méandre produisent presque toutes les figues qui sous le nom de figues de Smyrne paraissent sur tous les marchés du monde, et si les vignes du Tmolus ne fournissent plus les vins qui faisaient les délices du roi Phanæus (2), les raisins secs de Lydie sont aussi un objet d'exportation considérable. Le coton des plaines de Kirk Agatch, les huiles d'olive et de sésame sont aussi des objets de commerce qui, joints aux articles de droguerie et de teinture, faisaient de la ville de Smyrne une des places de commerce les plus importantes de l'Orient.

(1) Strabon, XIII, 638.
(2) Virg., *Géorg.*, II, 97.

CHAPITRE X.

MONUMENTS.

Malgré la renommée de puissance et de richesse qui s'est attachée au souvenir des rois de Lydie, cette province n'offre pas à l'étude de l'archéologie des monuments aussi nombreux et aussi remarquables que la province voisine, l'Ionie. On ne saurait aujourd'hui citer un seul monument qui fût évidemment l'ouvrage d'un prince lydien : il faut cependant en excepter les tombeaux de la plaine de Sardes ; mais, jusqu'à ce que ces monuments aient été soumis à une investigation spéciale, ils se présentent à nos yeux comme des tertres naturels.

La destruction des monuments de la Lydie s'explique facilement par les guerres acharnées et incessantes qui ravagèrent ce pays. C'est en effet sur ce plateau central que se sont décidées la plupart des grandes batailles d'où dépendait le sort de ces contrées. La bataille de Thymbrée, comme celles d'Ipsus et de Magnésie, et, dans le moyen âge, celle de Dorylée entre les croisés et les Musulmans.

La constitution du pays, composé de larges vallées et de montagnes granitiques, n'offrit jamais aux Lydiens les éléments de ces constructions gigantesques ou de ces ouvrages taillés dans le roc par lesquels se distinguèrent d'autres peuples. La brique était l'élément principal employé dans les constructions. Hérodote, qui ne manque pas d'observer les monuments des arts dans les pays qu'il décrit, dit à propos de ce royaume (1) : « La Lydie n'offre pas, comme certains autres pays, des merveilles qui méritent place dans l'histoire, sinon les paillettes détachées du Tmolus par le Pactole. » Il semble que le génie artiste des Lydiens s'est plutôt porté sur l'exécution des objets fabriqués en matières précieuses. Les étoffes et les bijoux, les trônes et les cratères d'or étaient le luxe qu'ils affichaient le plus volontiers ; mais pour contenir ces somptueux mobiliers le palais de Crésus était bâti de briques recouvertes de dalles de marbre, et les maisons des habitants de Sardes étaient

(1) Hérodote, I, 93.

couvertes de chaume. Il faut cependant rendre justice à ce peuple, qui eut une influence marquée sur les progrès que les Grecs firent dans les arts : c'est chez les Lydiens que les artistes grecs trouvèrent à étudier et à pratiquer leur art. La disposition naturelle des premiers pour l'art de la musique fut tellement appréciée par les Grecs, que la musique lydienne fut introduite non-seulement dans les représentations scéniques, mais accompagnait aussi les cérémonies religieuses.

Hérodote, qui se plait souvent à donner une tournure dramatique à ses enseignements historiques, nous montre les Lydiens inventant les jeux dans le but de se soustraire aux ennuis d'une famine qui dura pendant dix-huit ans : de nos jours on aurait peut-être pensé à cultiver la terre avec plus de soin. Ils inventent les dés, les osselets, et la paume (1). Les Romains paraissent avoir ratifié le mot d'Hérodote, puisque à ces divertissements ils donnèrent le nom de Ludi (Lydi). Le vêtement des Lydiens, qui se rapprochait des modes orientales, n'était pas du goût des Grecs, qui ont toujours regardé les peuples de la Lydie comme efféminés : ils eurent cependant à compter avec eux lorsque les Mermnades pensèrent à envahir l'Ionie; mais ces princes avaient dans leurs armées les contingents des Cariens, qui de leur côté passaient pour le peuple le plus guerrier de la Péninsule. Ils combattaient principalement à cheval, armés de lances très-longues, et excellaient dans la cavalerie (2). Mais à la suite d'une révolte contre Cyrus il fut enjoint aux jeunes gens de cesser de porter des armes, de se revêtir de longs manteaux et de chausser des cothurnes. Chez les Lydiens le costume royal consistait dans le diadème, le sceptre et le manteau de pourpre (3) : c'est ainsi que les Grecs ont représenté Crésus sur son bûcher.

La musique et la danse remplacèrent alors l'exercice des armes, et l'éducation de la jeunesse fut plus spécialement portée vers l'étude des arts. Les roseaux de Celænæ fournissaient des flûtes mélodieuses, et Orphée lui-même ne dédaigna pas de chanter sur le mode lydien. Marsyas, Amphion, Mélampide sont les compositeurs les plus célèbres dont l'antiquité nous ait conservé les noms. La musique lydienne charma les peuples d'Ionie pendant toute la période hellénique.

Les intérêts et les goûts des Lydiens les portaient principalement à tourner leurs vues du côté de l'Asie centrale. Ils n'attachaient aucun prix aux affaires maritimes ; ce n'était cependant pas l'intelligence du commerce qui leur manquait si on leur doit l'invention des monnaies d'or et d'argent et l'ouverture des premiers bazars (1), institution commerciale qui fleurit encore en Asie après trois mille ans, et que l'Europe ne s'est jamais assimilée que par exception.

Les premiers navigateurs hellènes qui abordèrent sur les côtes d'Asie ne trouvèrent que des tribus éparses, au milieu desquelles ils s'établirent sans peine ; c'est ainsi qu'ils avaient occupé la plupart des îles de la Méditerranée. Tant qu'ils ne portèrent point ombrage aux États constitués qui existaient dans l'intérieur de la presqu'île, ils purent développer sans contrainte leur commerce et étendre leurs possessions territoriales. Mais cet état de liberté ne pouvait durer longtemps. Les peuples d'Asie finirent par reconnaître que tout le profit du commerce maritime était entre les mains des étrangers. Cet état de choses ne tarda pas à donner naissance à un antagonisme qui dura pendant plusieurs générations et qui finit par une guerre dans laquelle l'Europe et l'Orient engagèrent toutes leurs forces.

Les Lydiens, cernés de tous côtés par des contrées montagneuses, n'avaient pas senti encore le besoin de s'étendre vers la mer ; leurs plus grands intérêts les portaient vers l'Orient, et le commerce des caravanes les mettait en relation avec les pays d'Assyrie, de Babylone et de l'Inde. La navigation de l'Euphrate et les rapports maritimes avec les pays limitrophes du golfe Persique étaient entre les mains des indigènes ; mais tout

---

(1) Hérodote, I, 94.
(2) Ibid., 93, 154.
(3) Dion. Halic., III. 195.

(1) Hérod., I, 94.

le commerce d'exportation de l'Occident se faisait par l'intermédiaire d'étrangers, les Phéniciens et les Hellènes, qui en retiraient un profit considérable.

Les Lydiens avaient laissé ces derniers peuples fonder des comptoirs sur la côte d'Asie, leur avaient laissé acquérir de l'importance; les colons de race hellénique s'étaient réunis en confédération; ils avaient ouvert des relations avec les États voisins; ils visitaient les marchés, achetaient les produits et s'installaient au milieu des indigènes pour transporter les marchandises sur les marchés de la côte.

L'ancien peuple phrygien avait été repoussé par l'invasion sémitique qui venait du sud-est en Asie Mineure et qui s'établissait sous l'autorité des rois d'Assyrie; il fut soumis à Ninus et dans la suite aux rois de Lydie.

Les Lydiens, malgré leur origine européenne, étaient plus étrangers aux Grecs des côtes que les Phrygiens; mais chez eux la culture des arts était bien plus avancée que chez ce dernier peuple: aussi les Grecs encore ignorants et incultes puisaient chez les peuples d'Orient le germe de leur civilisation.

Les Lydiens, qui avaient reçu de la nature des dispositions remarquables pour la poésie lyrique, enseignaient aux Grecs ces mélodies populaires qui furent l'origine de l'élégie grecque, et le mode mélodieux de la musique lydienne fut transporté à Delphes et dans le reste de la Grèce.

L'influence de la civilisation lydienne sur celle des Grecs se fit sentir dès le temps des Héraclides, qui régnaient depuis Agron, fils de Ninus, petit-fils de Bélus. Les Orientaux étaient déjà, comme ils le sont encore, très-experts dans l'art de fabriquer les étoffes, de tisser la laine et de travailler les métaux; la fabrique des armes de luxe, les broderies à l'aiguille étaient dès les temps les plus reculés l'occupation principale des hommes et des femmes d'Orient; mais la découverte de mines de métaux précieux donna à l'industrie des Lydiens une impulsion inconnue avant eux.

Les trépieds et les cratères d'or et de bronze sortis des ateliers de la Lydie allaient faire les ornements des temples les plus renommés de la Grèce, à une époque où les Grecs ne savaient encore fabriquer que de grossiers ouvrages de bronze.

Dans le huitième siècle avant notre ère, Gygès envoyait à Delphes six cratères d'or, du poids de trente talents. D'autres offrandes en argent furent envoyées par le même prince, et les Delphiens les appelaient les Gygéades, du nom de celui qui les avait consacrées. Les artistes grecs initiés à la fabrication des objets en métal savaient donner à leurs produits un caractère plus délicat; mais c'est, à n'en pas douter, dans leurs rapports avec la nation lydienne qu'ils puisèrent les premiers éléments d'un art dans lequel ils ont excellé.

On est même en droit de supposer que les Grecs ont emprunté quelques-unes de leurs lois à l'empire de Lydie. Hérodote constate que les Lydiens étaient gouvernés par des lois qui différaient peu de celles des Grecs; il n'est pas probable que le grand empire de Lydie, qui florissait dans un temps où la Grèce était encore plongée dans la barbarie, ait emprunté des lois à une nation qu'il connaissait à peine.

CHAPITRE XI.

CHUTE DES ROIS HÉRACLIDES DE LYDIE. — AVENEMENT DES MERMNADES.

Pendant les premières années de la dynastie des Héraclides la puissance assyrienne n'avait fait que s'accroître, et sous les descendants de Ninus et de Bélus la Lydie était sinon tributaire, du moins une alliée fidèle de cet empire. L'influence des Assyriens sur les royaumes de l'Occident, de l'Asie Mineure s'était manifestée au moment de la prise de Troie, puisqu'ils avaient envoyé le prince Memnon au secours du roi Priam. Les rois de Lydie, autant pour se mettre en garde contre les Assyriens que pour veiller à leur sûreté personnelle, appelaient à leur service les Grecs, qui commençaient à devenir nombreux sur les côtes d'Asie, et ces derniers savaient profiter de leur position dans le royaume pour gagner une influence qui mettait entre les mains de leurs chefs tous les ressorts du gouvernement. Les Cariens étaient puissants à la cour de Candaule, et Gygès, fils de Dascylus, Carien d'origine, commandait les troupes les plus aguerries.

Les récits d'Hérodote nous montrent la chute de Candaule, motivée par une vengeance de sa femme, la reine Nysida. Mais l'historien veut être fidèle aux prémisses de son récit; il veut que dans les principaux événements de l'histoire une figure de femme soit toujours là pour dominer les événements. Si la chute de Candaule n'eût pas déjà été arrêtée dans les conseils des gardes cariennes, la révolte de Nysida contre l'étrange idée du roi Candaule n'aurait pas eu pour résultat de changer la dynastie des rois de Lydie, et le chef des milices sans autre appui que celui de la reine ne serait pas monté sur le trône. Ce qui irrita « les Lydiens mécontents » (1), ce fut surtout l'attitude des Cariens et le secours que le nouveau roi attendait de sa nation. Avec Gygès les Cariens avaient le pied sur les marches du trône de Lydie, et la double hache, symbole de la puissance des Héraclides, fut aussi l'emblème adopté en Carie. La puissance lydienne s'étendit alors jusqu'à la côte occupée par les Grecs.

Mais la haine des Cariens contre les Ioniens subsistait toujours, et dès que les princes d'origine carienne furent montés sur le trône de Lydie, la pensée de soumettre l'Ionie devint le point de mire de toute la politique lydienne. Du côté du nord, le pouvoir de ces rois s'étendait jusqu'à la Propontide; plusieurs villes avaient été fondées par des princes lydiens, et portaient leur nom. Le souvenir d'une origine commune avec les Mysiens avait facilité l'union de ces provinces; une communauté religieuse resserrait encore ces liens; on voyait donc d'un côté la ligue des trois peuples, les Mysiens, les Lydiens et les Cariens contre les peuples grecs de la côte; ces derniers possédaient, il est vrai, plusieurs places fortes, des villes maritimes dont la prospérité faisait envie à leurs ennemis, ils avaient pour soutien Athènes, dont l'alliance pouvait leur être d'un grand secours en cas d'une guerre déclarée; et sur le continent d'Asie, le temple de Didyme, qui était commun aux Éoliens et aux Ioniens, complétait, comme centre religieux, le panionium de Mycale, et réunissait sous ses portiques les alliés des Ioniens, comme le centre religieux de Labranda, portant à son frontispice la double hache d'Hercule, réunissait les confédérés lydiens, cariens et mysiens.

L'antagonisme entre les Ioniens et les Cariens ne venait pas seulement du souvenir des cruautés que les Ioniens avaient exercées en Carie, en assassinant les hommes pour enlever leurs veuves. Il y avait encore une rivalité d'intérêt qui avait pris naissance sur les bords du Nil, où les deux peuples avaient formé des établissements sous la protection des rois d'Égypte. Pendant tout le temps que les peuples de Carie furent exclus de la participation aux affaires publiques, ils s'appliquaient à la fabrication et au métier des armes; leurs mercenaires allaient servir chez les princes étrangers; leurs négociants faisaient connaissance avec les rivages inconnus, et comprenaient tout ce que les entreprises maritimes pouvaient assurer de jouissance à un État; aussi dès qu'un soldat carien fut devenu roi de Lydie, toutes ces pensées se formulèrent autour du nouveau roi, et les villes ioniennes comprirent aussitôt que leur liberté et leur existence même se trouvaient menacées par la nouvelle politique des Mermnades.

En effet toutes les aspirations des rois de Lydie les portaient à créer une nouvelle puissance maritime carienne et lydienne, et à incorporer par la conquête les villes florissantes des Ioniens dans les limites de leur royaume.

C'est ainsi que la chute de Candaule fut pour les Grecs d'Asie le signal d'une guerre prochaine, qui devait ruiner pour longtemps leur commerce et leur puissance, et finalement les réduire sous le joug des rois de Lydie. Ces princes étaient maîtres de toute la Mysie jusqu'au Rhyndacus. La riche principauté de Dascylium les mettait en communication avec la Propontide et l'Hellespont, mais du côté de l'ouest le territoire ionien les séparait de la mer, les Grecs étaient maîtres de l'embouchure des fleuves de la Lydie. Smyrne commandait l'Hermus, Éphèse le Caystre,

(1) Hérodote, Ier, XIII.

Milet le Méandre, et les troupeaux des Milésiens allaient paître sur le territoire des Cariens. D'autre part les moyens de défense des Ioniens étaient en partie paralysés par la jalousie qui divisait les principales villes. Éphèse et Milet suspendaient toute action commune ; les éléments divers de population dont se composaient ces villes formaient des partis hostiles, qui penchaient les uns pour la soumission, les autres pour la résistance. Dans de pareilles circonstances il était impossible de songer à former une armée, les petites villes contenaient des habitants de races diverses, Pélasges, Lélèges et Cariens qui ne faisaient pas cause commune avec les Grecs.

La race carienne dominait dans les villes situées à l'embouchure du Méandre Milet, Priène et Myus. Les Lydiens étaient mêlés aux Grecs dans les villes de la côte depuis Éphèse jusqu'à Phocée. Chio et Érythræ formaient un autre groupe, dont les citoyens se reconnaissaient au dialecte, toutes ces populations étaient loin de vivre en parfait accord, et les hostilités s'étaient souvent manifestées par de sanglantes guerres civiles, soit au sujet de l'élection de magistrats, soit par des tentatives de tyrannie que voulaient imposer les partis puissants. Les alliances que les Grecs avaient contractées avec leurs nationaux du continent, n'avaient aucune valeur dans cette occurrence, et l'Ionie resserrée dans ses étroites limites sur le bord de la mer ne devait compter que sur le courage de ses vaillants colons. Les villes doriennes, resserrées par les Cariens, ne pouvaient donner aucun subside ; c'est dans des circonstances aussi défavorables pour la liberté des Ioniens que Gygès entra en campagne, il marcha contre Smyrne, la ville la plus détestée des Cariens ; mais le courage de ses habitants sut faire face à un aussi pressant danger, et les Lydiens furent repoussés. Colophon fut plus maltraitée, la ville tomba au pouvoir de l'ennemi, et les habitants ne conservèrent que la citadelle.

L'expédition contre Milet n'était qu'à son début lorsque Gygès mourut. Ardys son successeur (670) continua la guerre et s'empara de Priène, après une résistance héroïque. La chute de cette place portait un coup mortel à la ligue ionienne, et la contrée tout entière fut tombée au pouvoir des rois de Lydie s'ils n'eussent été obligés eux-mêmes de veiller à la sûreté de leurs propres provinces en résistant à l'invasion des Cimmériens.

CHAPITRE XII.

INVASION DES CIMMÉRIENS.

Déjà ces hordes nomades parties des bords de la mer Caspienne avaient entrepris des expéditions sur les côtes de la mer Noire. Elles s'étaient emparées de Sinope et avaient fait une irruption en Lydie. Leurs troupes arrivaient à l'improviste au milieu des campagnes, livraient tout au pillage, et se retiraient au milieu des camps retranchés qu'ils avaient établis au moyen de leurs chariots ; une autre troupe de nomades, les Trères, accompagnait les Cimmériens : les premiers ont laissé dans la mémoire des écrivains anciens une réputation de férocité incomparablement plus grande que les Cimmériens ; ils ont traversé la Lydie, et ont ravagé de fond en comble la ville de Magnésie sur le Méandre (1) ; leur apparition en Asie causait chez les populations une profonde terreur, et à peine osait-on leur résister. Les Cimmériens s'emparèrent de la ville de Sardes ; mais incapables de se rendre maîtres de la citadelle, ils abandonnèrent leur conquête. Quelques voix cependant s'élevaient pour conseiller la résistance ; Callinus à Éphèse composa des hymnes pour réveiller le courage des citoyens. Au même moment les Cimmériens faisaient irruption dans la ville ; mais, par la protection de la déesse, le temple fut préservé. Les Orientaux donnaient le nom de Sakai aux tribus scythes qui habitaient les montagnes (Kôh) de la Crimée, et ces hordes étaient connues sous le nom de Kôh-Sakai, Scythes des montagnes, d'où les peuples moscovites ont fait le nom de Kosaques.

Les Cimmériens arrivés en Asie sous le règne d'Ardys y séjournèrent pendant les douze années du règne de Sa-

(1) Strabon, XVI, 647.

dyatte, ils furent expulsés par Alyatte, père de Crésus, vers l'année 606 avant notre ère. Sadyatte, fils d'Ardys, monta sur le trône en 621, il régna douze années. Pendant toute cette période l'histoire ne mentionne aucun fait remarquable, c'est assez dire qu'il conserva les conquêtes faites par ses prédécesseurs, la Phrygie jusqu'au fleuve Halys était au pouvoir des Lydiens, et déjà on pouvait écrire : *Halys amnis qui Lydiam terminat* (1).

Lorsque Alyatte fils, de Sadyatte, monta sur le trône, la ligue ionienne était pour ainsi dire rompue; Milet restait seule, mais sa puissance était telle que les Lydiens, inhabiles à la mer, ne pouvaient s'en rendre maîtres. Fidèles aux vues de ses prédécesseurs, Alyatte recommença la guerre contre les Ioniens, s'empara de Smyrne, et entreprit la conquête de Milet.

Pendant onze années consécutives Milet sut résister aux attaques des rois de Lydie; enfin un secours inattendu arrivait aux Grecs, et forçait les Lydiens de faire la paix avec eux.

L'apparition des Mèdes en deçà du fleuve Halys mettait en danger l'existence même de l'empire de Lydie. Les Mèdes étaient maîtres de toute la haute Asie, Ninive était tombée en leur pouvoir. En 606 Cyaxare, fils de Phraorte et petit-fils de Déjocès, avait fait alliance avec Nabonassar, roi de Babylone, et les princes d'Ecbatane se regardaient comme les successeurs des rois d'Assyrie; la Cappadoce était devenue vassale de la Médie et, sous prétexte de réclamer quelques scythes transfuges, Cyaxare avait déclaré la guerre à Alyatte. Mais le royaume de Lydie, qui s'étendait de la Mysie au Taurus, pouvait opposer aux Mèdes des peuples aguerris : ces derniers avaient pour alliés les peuples de l'Iran et de la Mésopotamie. Le prince de Cilicie Syennesis, le roi de Babylone Labynete étaient au nombre des alliés, tous d'accord pour abaisser la puissance lydienne. Alyatte avait son armée composée des Mysiens et des troupes éoliennes, et surtout de ces audacieux Cariens, dont la vie était un perpétuel combat; la guerre se prolongea pendant cinq années, et finit par un événement qui a eu un grand retentissement dans l'histoire, et qui a causé bien des soucis aux savants et aux astronomes. Au commencement de la sixième année, au moment où les deux armées étaient au plus fort de la mêlée, une éclipse de soleil vint changer en nuit la lumière du jour, les Mèdes frappés de terreur, suspendirent le combat. C'était un usage chez ces peuples de ne combattre qu'en plein jour; effrayés, par ce qu'ils regardaient comme un prodige, les Mèdes songèrent à conclure la paix ; les princes de Mésopotamie furent chargés de la négociation, et Alyatte en garantie du traité donna sa fille Arienis en mariage à Cyaxare (1).

L'éclipse de soleil qui donna lieu à la paix entre les deux peuples a été le sujet des observations de plusieurs savants qui ne sont pas tombés d'accord. Il doit en ressortir une date précise, qui fixerait astronomiquement le règne d'Alyatte et celui des princes qui ont concouru au combat; elle avait été prédite par Thalès de Milet. Pline place cette éclipse dans la quatrième année de la quarante-huitième olympiade, soit, selon Curtius (2), le 28 mai 585 avant notre ère : alors Thalès aurait été dans sa cinquante-quatrième année; mais comme Cyaxare est mort en 595, il faudrait supposer que le roi des Mèdes était alors Astyage et non pas Cyaxare, et que le roi de Babylone était Nabucodonosor. Les chronologistes modernes hésitent entre le 3 février 625 et 603 avant notre ère, mais alors se présentent d'autres difficultés, qui n'ont pas encore été résolues (3).

Alyatte avait épousé deux femmes, l'une de race carienne, l'autre de race ionienne : il eut plusieurs enfants. Crésus, fils de la carienne, avait été élevé dans les honneurs du commandement. Il avait été nommé gouverneur de la Mysie ; ce fut lui qu'Alyatte désigna pour son héritier. Alyatte avait eu de sa femme

---

(1) Lettre de Darius à Alexandre, ap. Q. Curt., liv. IV, 11.

(1) Hérodote, *ibid*.
(2) Curtius, griechische Geschichte, t. I, p. 473.
(3) *Voy*. Hérodote, trad. de Miot, t. I; p. 192, 193.

ionienne un autre fils, nommé Pantaléon; à peine arrivé sur le trône, Crésus le fit mettre à mort avec ses partisans : ainsi se perpétuait dans la famille royale cette haine des deux races qui fut la perte des Grecs de l'Asie.

Alyatte mourut après un règne de cinquante-sept ans. Il laissait un royaume florissant, dont la richesse surpassait celle de tous les peuples voisins. Le peuple lui éleva un tombeau et chaque classe de la population y concourut : à cette œuvre les courtisanes lydiennes y apportèrent la plus grande part. Le tombeau d'Alyatte fut élevé en forme de tumulus; ce monument existe encore : nous l'examinerons en étudiant la plaine de Sardes.

CHAPITRE XIII.

RÈGNE DE CRÉSUS.

Crésus succéda à son père Alyatte; ce prince avait laissé cinq enfants : Ariénis, sa première fille, mariée à Cyaxare; la seconde était mariée à un des premiers citoyens d'Éphèse, nommé Mélas. Un de ses fils, Adramys, fondateur de la ville d'Adramyttium, et dont il n'est plus fait mention dans l'histoire; et enfin deux fils, issus de deux femmes d'Alyatte; le premier, Pantaléon, était fils de la femme ionienne; déjà du vivant de son père il avait réuni autour de lui un parti qui le portait vers le trône : Crésus, fils de la femme carienne, fut désigné par Alyatte pour lui succéder. Porté par le parti carien, il renversa facilement son compétiteur, et le premier acte du nouveau roi fut d'anéantir le parti ionien et de confisquer les biens des principaux conspirateurs. Pour effacer l'impression fâcheuse que cette vengeance avait produite, il envoya de riches présents dans les principaux centres religieux, et rétablit plusieurs colonnes du temple d'Éphèse, qui avait souffert du temps des Scythes. Il consacra des taureaux d'or, monuments dont nous pouvons avoir une idée en voyant les taureaux de Persépolis et de Ninive. La beauté et la richesse de ces offrandes donnent la plus haute idée des progrès des arts dans cet empire de Lydie.

Le temple ionien des Branchydes ne fut pas oublié dans cette profusion d'offrandes; le temples de Delphes et d'autres oracles fameux avaient dans ces libéralités une part proportionnelle à la superstition du nouveau roi. Orgueilleux et craintif, comme les despotes d'Orient, Crésus étourdissait les oracles de ses questions réitérées; à peine avait-il exercé quelque vengeance qu'il en demandait pardon à toutes les divinités, même à celles dont il savait à peine le nom : cette faiblesse de caractère devait le conduire à sa perte. Les villes grecques avaient vu d'un œil tranquille l'avènement du prince lydien; l'or de ses mines s'écoulait lentement, mais sûrement, entre les mains des Grecs, maîtres de tout le commerce de ces régions. Éphèse étant arrivée au plus haut degré de prospérité, l'alliance royale de Mélas attirait sur elle la faveur du monarque. Pandarus, son neveu, était l'homme le plus influent dans les conseils de la ville : mais cette ville étant toujours libre, elle traitait d'égal à égal avec Crésus. Sa soumission pacifique étant devenue impossible, Crésus pour soumettre les fiers Éphésiens n'eut plus de ressource que dans la guerre.

L'expédition contre les Grecs d'Éphèse fut la première entreprise de Crésus; malgré les partisans qu'il avait dans la ville, il fut obligé de l'assiéger, et déjà les murailles cédaient sous l'effort du bélier, lorsque Pandarus eut la pensée de mettre la ville sous la protection de Diane, en reliant par une longue corde le temple avec la partie de la ville contre laquelle l'attaque était dirigée : cette distance était de sept stades. La ville n'en fut pas moins prise et Crésus se contenta d'emporter un large tribut, mais laissa les Éphésiens se gouverner par leurs lois. Toutes les autres villes ioniennes tombèrent successivement au pouvoir de Crésus; mais, loin de leur faire sentir un joug pesant, le prince lydien s'efforçait d'éteindre les anciennes haines entre les différents peuples. Les artistes grecs étaient appelés à sa cour et travaillaient les métaux précieux, que les mines du Tmolus et d'Astyra lui fournissaient avec abondance; ce court moment du règne de Crésus fut la plus brillante période de l'Asie Mineure; les villes grecques étaient soumises, le commerce avec l'intérieur s'étendait jusqu'aux confins de la Babylonie et de la Perse; toutes les richesses naturelles du pays étaient mises en valeur, et les Grecs profitaient de tout ce concours de circonstances pour faire leur éducation de peuple intelligent; les arts de la musique et de la poésie puisaient à la source asiatique des inspirations nouvelles et sur les rives du Marsyas on disait toujours : C'est ici que le roi Midas a inventé l'élégie.

Crésus par sa politique autant que par ses présents habilement distribués avait su mettre fin à l'antipathie qui existait entre les Grecs et les nations de l'est qu'ils appelaient barbares. Lacédémone avait été sensible au présent fait par le roi de l'or nécessaire pour élever la statue d'Apollon : aussi la proposition d'alliance faite à cette république fut-elle accueillie avec sympathie.

Crésus, maître de l'Asie d'une mer à l'autre jusqu'aux rives de l'Halys, avait fondé un royaume plus vaste et plus glorieux que celui de Priam. Les villes d'Ionie, actives, élégantes et industrieuses, formaient comme sa couronne maritime; mais cette loi fatale qui veut que rien ne reste stable dans les institutions humaines poussait Crésus, depuis qu'il possédait une marine, à convoiter les pays d'outre-mer. Chypre, qui avait échappé à la puissance assyrienne, était alors au pouvoir des Phéniciens : enfin, entre l'Halys et l'Euphrate il y avait un vaste pays, qu'on appelle la Cappadoce, et qui était sous la suzeraineté de la Perse : le roi de Lydie songeait à conquérir l'une et l'autre contrée et l'on criait dans Sardes : « A Mazaca avec Crésus. »

Les oracles interrogés s'étaient bien gardés de faire une réponse négative à une question accompagnée de si riches présents. Crésus conçut le projet d'envahir la Perse, et en trouva facilement le prétexte dans le désir de délivrer son parent, Astyage, retenu captif par Cyrus.

Crésus songea d'abord à se créer des alliés; il pouvait compter sur le secours des Babyloniens avec lesquels son père Alyatte était déjà en bons rapports d'amitié; il avait aussi recherché l'alliance d'Amasis, roi d'Égypte, qui comme le dernier des Mermnades était monté sur le trône à la suite d'une révolution soutenue par les troupes grecques. Ces trois États comprenaient déjà que l'empire de Perse prenait une attitude menaçante à leur égard : une ligue offensive et défensive pouvait seule les sauver. Les Perses n'étaient pas seulement les ennemis politiques de ces trois royaumes, et Cyrus ne s'annonçait pas seulement comme un conquérant, mais comme un réformateur religieux. Les Perses ne reconnaissaient qu'un dieu unique et invisible; ils sacrifiaient à Jupiter sur les sommets élevés des montagnes (1) comme faisaient les Pélasges, mais n'élevaient ni temples ni statues; ils avaient autant d'horreur que de mépris pour le culte anthropomorphique des nations de l'ouest, et la destruction des idoles était pour eux un acte méritoire : voilà pourquoi dans la suite de cette guerre de la Perse contre l'Asie grecque Xerxès déploya sa rage autant contre les temples des Grecs que contre les libertés des villes.

L'alliance de ces trois peuples aidée de celles des Lacédémoniens aurait peut-être suffi pour arrêter le torrent des peuples de l'Iran, si Crésus dans son orgueil n'eût commis une faute irréparable motivée par la réponse ambigue de l'oracle.

Nous arrivons ici au dénouement de cette histoire de Lydie, qui, malgré les lacunes qu'elle présente, nous offre encore le tableau réuni de tout ce qui peut faire la gloire d'un peuple, richesse, puissance et poésie.

Crésus, persuadé qu'il aurait bon marché de l'armée perse, marcha contre Cyrus avec son armée lydienne et ses contingents de Grecs d'Asie. Parvenu aux rives de l'Halys, il traverse ce fleuve avec son armée soit sur des ponts, comme le croit Hérodote, soit en divisant le fleuve en plusieurs canaux faciles à passer à gué. La marche qu'il suivait en partant de Sardes était le nord-est; il arriva au bord du fleuve en longeant les montagnes qui furent plus tard les limites sud de la Galatie dans la région où l'Halys forme un grand coude pour couler de l'ouest au nord, et l'armée gagna la vallée du fleuve d'aval en amont; c'est ainsi

(1) Hérodote, I, 131.

qu'il faut entendre les mots d'Hérodote (1). Thalès imagina de détourner sur la droite de l'armée le fleuve qui coulait à sa gauche. L'Halys franchi, l'armée lydienne se trouva dans la région appelée Ptérie, pays montagneux qui s'étend jusqu'à Sinope. On reconnaît sans peine le district situé entre la ville moderne de Youzgatt et les rives du fleuve, et dans lequel le village de Boghaz keui, le village du défilé, forme le point culminant. Crésus s'y établit, ravagea les terres des Syriens (Cappadociens), et s'empara de la capitale des Ptériens, dont il fit les habitants esclaves. Hérodote ne dit pas le nom de cette capitale, mais Étienne de Byzance la nomme Ptérium, ville des Mèdes (2), c'est bien la capitale de la Ptérie. Crésus prit de même toutes les villes de l'intérieur et de la frontière, et finit par transporter en entier la nation syrienne. Voilà donc la ville de Ptérium située sur la rive droite de l'Halys, dans un pays montagneux, ruinée, dépeuplée et complétement abandonnée. Depuis cette époque aucun historien ancien ne fait plus mention de Ptérium ; néanmoins, dans la table de Peutinger on trouve une ville du nom de Ptérami, située entre Néocésarée (Niksar) et Tavium (Nefes keui), précisément à la place qu'occupait Ptérium ; Hiéroclès mentionne cette même ville sous le nom de Pteamaris, il est permis d'y voir le nom corrompu de Ptérium. On doit ajouter que si les ruines de cette ville existent encore, il ne doit s'y trouver aucun monument postérieur à cette époque reculée, mais que tous au contraire doivent porter le cachet de l'art oriental. Nous avons retrouvé ces ruines dans le territoire du village de Boghaz keui, et nous les décrirons quand nous serons arrivés dans la Cappadoce (3).

Cyrus après avoir rassemblé son armée envoya des émissaires dans l'Ionie, pour essayer de la détacher de l'obéissance de Crésus ; mais les Ioniens se refusèrent à ses propositions : les deux armées en vinrent aux mains aux environs de Ptérium (ἐν τῇ πετρίῃ χώρῃ),

comme dit Hérodote, et non pas *dans les champs* de la Ptérie, car cette région montagneuse n'offre pas de plaine où puisse se développer une armée.

Le combat fut sanglant, mais sans résultat, et les deux armées se retirèrent chacune dans ses cantonnements.

Crésus rentré à Sardes licencia ses troupes, et songea à réclamer le secours de ses alliés pour la campagne prochaine ; mais, par une marche rapide, Cyrus fit entrer son armée en Lydie, et la capitale même était menacée avant que les Lydiens fussent rassemblés sous les armes.

Crésus, obligé de résister avec les seules troupes disponibles, et dont la cavalerie formait la majeure partie, marcha contre les Perses ; les deux armées se rencontrèrent dans la vaste plaine de l'Hermus, non loin d'une petite ville appelée Thymbrée : et peut-être la cavalerie lydienne eut-elle dispersé l'armée de Cyrus, sans un stratagême qui est resté célèbre.

Harpagus, général mède, sachant combien la vue et l'odeur des chameaux inspire d'effroi aux chevaux, fit placer au premier rang de l'armée perse, une troupe de chameaux montée par des cavaliers. L'effet de cette tactique ne se fit pas attendre ; les chevaux de la cavalerie lydienne, effrayés à l'aspect des chameaux, se ruèrent en désordre les uns sur les autres, et prirent la fuite : l'armée lydienne malgré des prodiges de courage fut obligée de battre en retraite, et se retira dans les murs de Sardes.

L'armée victorieuse investit la ville, qui fut prise après quatorze jours de siége, et Crésus tomba prisonnier entre les mains du vainqueur.

C'est ainsi que s'écroula l'empire de Lydie, après une seule bataille perdue ; les peuples divers qui le composaient ne firent aucune tentative pour s'opposer à la domination perse ; loin de là, les Éoliens et les Ioniens, à la première nouvelle des victoires de Cyrus, s'empressèrent d'envoyer à Sardes des députés, pour offrir au roi de se reconnaître ses sujets, aux mêmes conditions que leur avait accordées Crésus ; mais le roi de Perse refusa, et les villes se préparèrent à la guerre pour défendre leur propre liberté.

---

(1) Hérodote, liv. Ier, 75.
(2) *Steph. Byz.*, voyez Ptérion.
(3) *Voy.* Ptérium et Boghaz keui.

CHAPITRE XIV.

FIN DE L'EMPIRE DE LYDIE.

La chute de Sardes fut un événement terrible pour le peuple grec. Sous la domination pacifique du dernier roi de Lydie, il s'était fait une fusion entre les différentes races; les haines de peuple à peuple s'étaient assoupies. Les Grecs étaient au milieu des Lydiens, comme leurs compatriotes, et les ateliers royaux de Sardes étaient ouverts aux artistes grecs, dont les œuvres décoraient les temples et les palais du royaume. La domination des Perses renversait cet état florissant; un grand nombre de familles, et surtout celles des artistes, étaient forcées de s'expatrier, et rentraient en Europe, où elles portaient le goût et les connaissances qu'elles possédaient dans les différents arts. L'émigration se répandit en Grèce, dans les îles, en Italie, et jusque dans les Gaules.

La Lydie devint une satrapie ou département du vaste empire de Perse, et désormais nous n'avons plus à enregistrer que l'histoire de son territoire.

Dans la division de l'empire faite par Darius, la Lydie et la Mysie furent comprises dans la seconde satrapie, et payaient au trésor royal cinq cents talents. Sardes fut le lieu de résidence du satrape, qui était plutôt un lieutenant du roi qu'un simple gouverneur. Alexandre, maître de Sardes, laissa aux habitants les priviléges dont ils jouissaient encore après la mort de ce prince.

La Lydie tomba sous le pouvoir d'Antiochus, et après la bataille de Magnésie, elle fut annexée au royaume de Pergame, et finalement devint une province romaine quand les États d'Eumène furent légués au peuple romain.

Pendant toute la période de l'empire romain et de l'empire de Byzance, la Lydie fit partie de la province proconsulaire; elle fut enfin conquise par les hordes musulmanes.

Ala Eddin III fit une expédition en Lydie, et la capitale fut soumise pendant quelque temps, moitié aux Grecs, moitié aux Musulmans, jusqu'à ce que la garnison turque fut expulsée par les Grecs, avec le secours des troupes de Roger, gendre de l'empereur de Byzance.

En 1310 elle tomba en partage au prince seldjoukide Sarou-Khan, qui lui donna son nom; la région sud appartint à l'émir Aïdin : c'est la province qu'on appelle encore aujourd'hui Aïdin Guzel Hissar, le beau château d'Aïdin.

Sous le règne de Mahomet Ier, le rebelle Djounéid s'était emparé de toute la Lydie, et avait établi à Pergame le siége de son gouvernement. Mahomet, qui avait été retenu en Europe par d'autres expéditions, fit sommer l'émir rebelle de rendre les places qu'il avait prises. Sur son refus, le sultan entra lui-même en campagne; après s'être emparé de Cymé, il marcha sur Nymphæum, commandé par l'Albanais Adulas, gendre de l'émir; cette petite ville fut prise après une courte résistance, et Mahomet se présenta devant Smyrne, que Djounéid avait fait fortifier.

Le grand maître de Rhodes, qui possédait le château des chevaliers, vint se présenter au sultan pour concourir à la prise de la ville. En effet, après dix jours de siége, Smyrne lui fut remise. Mahomet fit raser les tours et les murs, et la tour même que le grand maître avait fait bâtir à l'entrée du port fut rasée en une nuit. Le sultan motivait cet acte d'hostilité, sur ce fait que les chevaliers favorisaient la fuite des esclaves des Musulmans. Mais il assigna aux chevaliers un autre territoire dans la province de Mentesche pour y construire une autre forteresse (1403).

Djounéid ne s'en maintint pas moins dans le pouvoir qu'il avait usurpé, possédant plusieurs villes importantes dans l'intérieur des terres, et notamment Thyatire, dont il avait augmenté la défense. Attaqué de nouveau, en 1424, par le sultan Mourad, il leva une armée qu'il n'eut pas le temps d'équiper, pour opposer une résistance suffisante aux forces du sultan. Les deux armées en vinrent aux mains dans les plaines de Thyatire. Battu dans cette rencontre, Djounéid se retira dans le château fort d'Hypsili Hissar, sur la côte d'Ionie, en face de Samos : les ruines de ce fort existent encore, et portent toujours le même nom.

Le général ottoman Chalil traversa

l'Hermus, s'empara de nouveau de Nymphæum, et rétablit sous l'autorité du sultan toutes les villes de la côte, jusqu'à Éphèse. La défense d'Hysili Hissar était confiée à Bayazid, père de Djounéid ; pendant ce temps le bey rebelle était allé solliciter le secours du prince de Karamanie, qui ne lui accorda que cinq cents hommes, avec lesquels il revint dans sa forteresse, alors assiégée par Hamsa-bey. Les troupes ottomanes étaient hors d'état de livrer un assaut, la place étant constamment ravitaillée par mer ; c'est alors que le sultan Mourad sollicita le secours des Génois de Phocée, qui vinrent bloquer la place avec trois navires. Djounéid, à bout de ressources, consentit à une capitulation avec Chalil, qui lui garantit la vie sauve ; mais à peine se fut-il livré entre les mains des Ottomans, qu'il fut étranglé avec toute sa famille par les ordres de Hamsa-bey. Djounéid avait tenu sous son pouvoir, pendant vingt ans, toute la Lydie et l'Ionie. Il avait su, par la ruse et par la force des armes, tenir en échec les armées des sultans. Ce nom, presque oublié aujourd'hui, faisait trembler toute l'Anatolie, et les autres émirs étaient devant lui comme de simples vassaux ; enfin il périt en 1425, et tout le pays resta désormais soumis au pouvoir des sultans.

CHAPITRE XV.

ROUTE A TRAVERS LE TMOLUS. — VILLE D'HYPÆPA. — TAPOE. — SOURCES DU PACTOLE.

Le territoire de la Lydie, quoique fertile et bien arrosé, était néanmoins dépourvu de forêts et de grands arbres ; aussi les satrapes avaient-ils choisi de préférence les versants de l'Olympe, à Dascylium, les bords du Méandre à Célænes, pour y établir leurs maisons de plaisance. Le mont Tmolus, qui forme la principale chaîne de la Lydie pouvait cependant faire exception : ses jardins étaient renommés, ses vignes produisaient un vin estimé.

Dans la région supérieure du mont Tmolus, habitait une population que Pline (1) désigne sous le nom de Me-

(1) Pline, liv. V, 29.

sotmolitæ : la ville portait le nom de Mesotmolus ; elle est mentionnée dans la notice de Hiéroclès ; son emplacement est inconnu. Sur un des sommets de la montagne, Strabon signale comme un monument digne d'être vu une vedette ou corps de garde en marbre blanc (1), avec une exhèdre, sorte de galerie pour s'asseoir. C'était un ouvrage des Perses. De cet endroit on découvrait les plaines d'alentour, et surtout celles du Caystre. Strabon détermine si bien la position de ce poste avancé, il est si probable qu'il fut élevé après l'invasion ionienne et sur la route suivie par les Grecs qui vinrent attaquer Sardes, qu'on peut espérer de découvrir les vestiges de ce monument. L'armée ionienne avait pris des guides à Éphèse, et remontant le Caystre elle franchit le Tmolus et vint tomber sur Sardes (2) : le poste d'observation aura été construit après cette expédition pour garder le passage de la montagne ; il aura dû par sa position élevée se trouver garanti d'une destruction complète.

Nous entreprîmes sans succès de retrouver ce monument en franchissant la montagne dans le méridien de Sardes ; cette course nous conduisit aux sources du Pactole, qui n'avaient pas encore été observées, et sur le versant sud du Tmolus nous visitâmes les ruines encore ignorées de la ville d'Hypæpa.

En quittant la ville de Smyrne nous fîmes route au sud pour gagner la vallée du Caystre, et nous fîmes notre première halte au village de Fortouna, et le lendemain nous partîmes pour Baindèr afin de gagner le haut Caystre. Cette partie de la plaine est inculte, sans ondulations, et couverte de buissons. De distance en distance sont élevés de petits corps de garde couverts de feuillage composés de deux chambres, la première sert ordinairement d'abri pour les voyageurs ; ils sont confiés à la garde de quelques zéïbeks, milice irrégulière. A un kilomètre de la ville s'étend un vaste cimetière turc, dans lequel se trouvent de nombreux fragments de marbres antiques ; un grand sarcophage trouvé dans ce lieu a été porté à Baïndir. Aucune inscription n'a fait connaître encore le

(1) Strabon, XIII, 625
(2) Hérodote, V, 100.

nom de la ville dont ces ruines sont extraites : on peut supposer que ce sont celles de Larissa, qui était à vingt-deux milles d'Éphèse dans la plaine du Caystre. Cette ville était célèbre par un d'Apollon Larissæus.

La ville de Baïndir est toute moderne; elle s'élève dans une situation pittoresque, sur la partie sud d'un des versants du Tmolus; les maisons sont bâties en argile rouge et en bois. Il y a environ dix mosquées, mais deux surtout seulement sont toutes en pierre; la plus importante est couverte en dôme et entourée d'un portique qui se détache sur un rideau de cyprès. De nombreuses fontaines arrosent les rues. Le quartier turc est le plus populeux : il compte plus de sept mille maisons; les Grecs sont au nombre de quatre cents familles : il y a aussi quelques Arméniens et peu de Juifs. Le commerce des matières premières, du grain, de l'huile, des peaux, y est assez florissant.

Le coton est la principale culture qui occupe les habitants de Baïndir. Cette même année, ils en envoyaient au marché de Smyrne cent quarante-cinq balles, l'agha ou mutzellim en ayant prélevé la dixième partie comme impôt. Cet impôt se perçoit sur place : l'agha envoie dans les champs des agents qui estiment la quotité des produits. Le quintal, qui pèse cinquante-deux oques, ou soixante-cinq kilos, se payait brut soixante-cinq piastres, c'est-à-dire 0,25^c le kilo. La récolte du coton se fait en octobre; il se sème en mai; il faut pour sa réussite des terres légères et faciles à arroser. Baïndir envoie aussi à Smyrne de la soie, des figues et un peu de laine.

Nous apercevons enfin une petite rivière couverte de roseaux : c'est le Caystre. Les anciens appelaient cet endroit la plaine Cilbiane; elle passait pour très-fertile, et en effet de nos jours elle n'a pas perdu sa réputation (1);

elle donne encore d'abondantes moissons et des produits variés. Un peu plus haut était la prairie Asienne mentionnée par Homère (1). C'est là que le héros Asius était honoré (2).

Un peu avant d'arriver au fleuve, que nous laissons toujours à notre droite, on aperçoit quelques ruines : ce sont des constructions byzantines qui ont appartenu à une église et à un monastère. La petite église a la forme d'une basilique, ce qui caractérise les constructions antérieures à Justinien.

Le bourg de Caloé lieu de naissance de l'historien byzantin Léon le Diacre, était situé dans le voisinage d'Hypæpa, et l'auteur grec le décrit comme une admirable résidence, au pied du mont Tmolus.

Léon le Diacre était né en 930, et fut l'historiographe de l'empereur Basile II. On peut, sans craindre de se tromper grandement, identifier avec Caloé cette localité, dont nous n'avons pu savoir le nom moderne; ces ruines ne sont pas éloignées de Yaka keui. Caloe a dû être embellie de monuments religieux d'une certaine importance : c'était un siége épiscopal, et les noms de plusieurs évêques sont mentionnés dans les actes des conciles. Hiéroclès mentionne cette petite ville sous le nom de Colose : après avoir traversé le village de Yaka keui, on arrive à celui de Bouroundjik.

La plaine du Caystre tourne ensuite légèrement au nord; nous franchissons un des petits acrotères du Tmolus : ce sont des roches de gneiss très-micacé; le mica y est mêlé de parcelles très-menues. Nous arrivons enfin à Demich, grande ville éloignée de six lieues E.-N.-E. de Baïndir. Demich contient un peu plus de huit mille habitants; il y a douze cents maisons turques, sept cents maisons grecques, et une quarantaine de maisons arméniennes. D'après cette

---

(1) Eustathe, dans son commentaire, vers 839, p. 149, édition d'Oxford, sur Denys le Périégète.

Pline (V, ch. 29) met les sources du Caystre dans les montagnes qu'il appelle Cilbiana Juga, et le même auteur nomme *Cilbiani* le peuple qui habitait aux environs. On le distinguait en *Cilbiani inferiores* et *superiores*. Il parle encore ailleurs des *Cilbiani Agri*. Strabon (liv. XIII, p. 629) dit que la plaine Cilbiane (τὸ Κιλβιανὸν πεδίον) était entre le Tmolus et le Caystre. C'est dans cette région qu'étaient situées les mines de cinabre qui appartenaient aux Éphésiens (Vitruve, liv. VII, ch. 8).

(1) Iliade, liv. II, 461.
(2) Strabon, liv. XIII, p. 627.

estimation, elle est égale en étendue à celle de Baïndir. Un grand torrent descendant du Tmolus traverse la ville dans toute sa largeur, et sert à l'irrigation des rues. En 1840 on a bâti une grande église grecque, d'une assez belle apparence; une cotisation de 500,000 piastres, produite par la nation grecque, pourvoyait aux principaux frais. La plus grande partie des matériaux étaient tirés de la ville d'Hypæpa, qui n'en est éloignée que d'une lieue. Les Grecs donnaient une partie de leur temps pour l'extraction des matériaux; l'argent ne servait que pour payer la décoration, une partie des bois et les ouvriers venus du dehors. Aussi l'aspect de l'édifice annonce-t-il une dépense plus forte que celle qui a été faite en réalité.

Les ruines d'Hypæpa eurent beaucoup à souffrir de ces constructions nouvelles, car ce qui restait d'édifices antiques fut complètement dépouillé de ses marbres pour décorer la nouvelle église; et tout ce qui n'a pu être transporté, soit à cause de son poids, soit à cause de sa forme, a été brisé ou converti en chaux, attendu que Demich est sur un terrain de gneiss, et que la pierre calcaire y est fort rare. Toutes les inscriptions d'Hypæpa ont été employées comme dallage et comme revêtement, et aucun des prêtres n'a eu la curiosité d'en copier une seule.

On trouva dans les fouilles une statue de Vénus, qui a été transportée à Demich, et qui sert à soutenir l'escalier de l'école grecque. Ce morceau de sculpture date des beaux temps de l'art. La tête et le cou manquent, et l'on voit par la coupe des épaules que la tête avait été rapportée. Dans une muraille voisine, on lit deux inscriptions qui viennent aussi d'Hypæpa; ce sont les deux seules qui n'ont pas été dénaturées :

Nicopolis, fille d'Artémidore, avec son mari Hermolaüs, a élevé ce monument à sa fille Aphia.

Cette autre inscription est des temps chrétiens; elle sert de dallage dans la cuisine de l'école :

Martyrius le très-notable scholastique et le plus illustre des légats, reconnaissant de la bonne inspiration de saint Théodore, a fait embellir cet ouvrage.

CHAPITRE XVI.

HYPÆPA.

La ville moderne qui remplace l'ancienne Hypæpa est appelée par les Turcs Tapoë; mais les Grecs lui ont conservé son nom, et l'appellent aujourd'hui selon leur prononciation Hypipa.

On ne saurait du reste avoir de doute sur sa situation, car elle est bien déterminée par Strabon (1). Il dit qu'en descendant du Tmolus vers la plaine du Caystre, on trouve la ville d'Hypæpa. Cette petite ville est à une lieue N.-O. de Demich. Elle est souvent citée par les auteurs anciens, qui lui donnent toujours l'épithète de petite.

« Le Tmolus, escarpé et d'une ascen-
« sion pénible, s'abaisse en deux ver-
« sants; d'un côté vers Sardes, de l'autre
« il se termine à la petite Hypæpa. »
Ovid., Métam., XI, 150.

Hypæpa était célèbre par la beauté de ses femmes, qui se distinguaient surtout entre les Lydiennes par la grâce de leurs danses (2). Le culte de Diane persique ou d'Astarté s'y était perpétué, même du temps des Romains. Pausanias raconte avec étonnement la jonglerie d'un mage (3), qui allumait sur un autel du menu bois sans le secours du feu. Parmi les habitants d'Hypæpa il y avait une tribu qu'on appelait les Lydiens persiques, sans doute à cause du culte qu'ils avaient embrassé. Toutes les invocations se faisaient en langue barbare et inconnue aux Grecs. Hypæpa est placée sur la pente du Tmolus, aux abords d'une plaine élevée et entourée de montagnes; son enceinte est coupée par un ravin profond, dans lequel il n'y a de l'eau qu'une partie de l'année. Cinq ponts antiques étaient jetés sur ce ravin; on en voit trois qui subsistent encore. En suivant la pente de la montagne du côté du nord, on reconnaît une grande partie des murailles; elles sont construites en petits moellons de gneiss, et ne paraissent pas remonter à une haute antiquité. La ville d'Hypæpa a été florissante, même sous l'empire

(1) Strabon, liv. XIII, p. 627.
(2) Étienne de Byzance, sub. voc. *Hipæpa*.
(3) Pausanias, liv. V, chap. XXXVII.

byzantin. On trouve quelques débris d'architecture chrétienne; et l'inscription citée plus haut prouve qu'il y avait des monuments assez importants. Pour examiner la ville, je partis du pont qui se trouve au milieu du village de Tapoè; c'est le plus large et le mieux construit. Il n'a qu'une seule arche, tant soit peu ogivale. Le parapet est de marbre blanc. D'un côté du pont, on voit par terre un chapiteau corinthien d'un travail ordinaire; de l'autre est un torse de marbre qui paraît avoir appartenu à une Muse. Cette statue est d'un travail analogue à celui de la Vénus.

Dans le voisinage du pont, on remarque l'entrée d'un souterrain taillé dans le roc, qui conduisait sans doute hors des murs; mais aujourd'hui les éboulements empêchent de le parcourir dans toute son étendue. Je remontai le ravin jusqu'au second pont, que je traversai, et j'entrai dans un vaste champ planté d'oliviers d'une grosseur prodigieuse. C'est dans cet endroit que l'année précédente on avait opéré des fouilles pour l'extraction des marbres; en effet, un des plus grands édifices de la ville se trouvait placé en ce lieu. Il existe encore une longue galerie souterraine, et qui, par sa construction, paraît avoir appartenu à un grand temple. J'y pénétrai avec quelque difficulté, et j'observai avec étonnement un genre de construction qui paraît tout à fait étranger à l'art romain. Cette galerie se compose de deux corridors parallèles de $4^m,30$ de largeur; le mur de séparation a $1^m,70$ d'épaisseur, renfermant dans sa construction plusieurs fûts de colonnes de granit. Leur diamètre est de $1^m,20$; ils sont bruts à la surface et espacés de $3^m,92$. Ces fûts de colonnes sont reliés par une muraille également en granit, mais faite de petits moellons avec des arcs de décharge formant une sorte de niche; les colonnes entrent dans le sol, qui est couvert de décombres, et pénètrent par le haut dans l'épaisseur des voûtes de la galerie. C'est évidemment la substruction d'un portique dont les colonnes correspondaient aux fûts qui sont dans la galerie; D'après la disposition du lieu, il est à croire que cette galerie appartenait à un temple, mais d'une construction différente de ceux des Romains; l'espacement des colonnes et le soubassement sont tout à fait en dehors des règles de leur architecture. C'est peut-être là que se trouvait le temple dédié à une divinité persique, et dont Pausanias a parlé.

Ce temple avait été fondé par Artaxerxe; les Lydiens s'en firent toujours honneur comme d'un des principaux centres de la religion des mages, et réclamèrent à ce sujet des immunités au peuple romain. La Lydie ayant été souvent désolée par des tremblements de terre, il serait possible que les arcs de décharge dont la construction paraît postérieure à celle des colonnes, aient été établis pour consolider l'édifice.

Le théâtre est situé sur la colline de l'autre côté du pont. La scène n'a que 65^m de diamètre; les gradins, qui étaient de marbre, ont été enlevés, et les restes d'un four à chaux attestent que les Grecs ont employé jusqu'aux derniers débris de cet édifice; il ne subsiste aujourd'hui que le mur de soutènement des gradins qui étaient en petits moellons de granit. Les ruines du proscénium ont fourni environ vingt voitures de marbre pour l'église des Grecs. La statue de la Vénus a été trouvée dans l'angle à droite de l'orchestre. Les ruines d'un édifice composé de plusieurs salles existent encore au bas de la colline. Plus loin, on aperçoit un soubassement de bonne construction, sur lequel était un petit temple dont les colonnes sont cannelées en spirale; les murailles sont bien conservées. Dans cette partie, on aperçoit encore une petite poterne. L'étendue de la ville d'Hypæpa ne m'a pas paru différer beaucoup de celle d'un grand nombre de villes anciennes; il faut croire qu'elle a été beaucoup augmentée depuis le temps d'Ovide. Je quittai ces ruines avec le regret de ne pas les avoir visitées une année plus tôt, car j'aurais trouvé ces édifices d'un meilleur état de conservation.

Comme les voyageurs qui ont exploré cette région avaient toujours supposé que Birghé était l'ancienne Hypæpa, je voulus visiter cette ville, éloignée de deux lieues à l'est de Tapoè, afin de m'enquérir si elle n'était pas en effet sur le site de quelque antique cité.

Les ruines d'Hypæpa ont aussi fourni

à Birghé des colonnes, des chapiteaux et d'autres fragments de sculpture qui sont employés dans les édifices publics. Mais la ville de Birghé ne renferme aucune construction antique; elle est située sur un torrent qui descend rapidement du Tmolus. Un pont d'une structure pittoresque réunit les deux parties de la ville; de beaux arbres ombragent ses rues; et ses maisons, peintes de diverses couleurs, lui donnent un aspect de richesse et de gaieté que n'ont pas communément les villes musulmanes. La grande mosquée est couverte par une coupole de plomb; elle a un portique avec des colonnes de granit, dont les bases sont des chapiteaux antiques. Un voyageur anglais a pensé que le nom de Birghé avait été donné à cette ville à cause des tours (πύργοι) qui s'y trouvaient; mais il n'existe autour de la ville aucune trace de fortification.

Le 4 octobre, je quittai la ville pour franchir le Tmolus. L'agha de Birghé m'envoya des chevaux et mit à ma disposition plusieurs hommes de sa maison pour m'enseigner la route, car ces passages sont peu fréquentés, et passent dans le pays pour offrir peu de sécurité aux voyageurs.

CHAPITRE XVII.

PASSAGE DU MONT TMOLUS.

Nous nous dirigions au nord, en suivant le cours du torrent qui traverse Birghé. Outre le grand pont de pierre, on a établi plusieurs petits ponts de bois qui s'enlèvent lorsque les eaux sont trop fortes. Les montagnes qui dominent la ville sont plantées de noyers et de châtaigniers. Les cailloux du torrent sont des blocs de gneiss détachés de la première montagne, qui n'est composée que de terrains d'atterrissements, de sable rougeâtre et de cailloux de gneiss. Nous tournons à droite dans un vallon qui sépare cette première montagne du mont Tmolus, et nous commençons à monter rapidement. Des fontaines abondantes et nombreuses coulent de tous côtés. Après une heure et demie de marche, nous faisons notre première halte sous un énorme platane, dont le pied a douze mètres de circonférence à hauteur d'homme. Cet arbre est, il est vrai, beaucoup plus jeune que celui de Cos, mais il est infiniment plus beau; tout le corps du bois est sain, et ses branches s'élèvent à une hauteur prodigieuse.

Le gneiss se présente en rocs volumineux; le quartz est très-abondant: on en rencontre de nombreux morceaux épars sur la montagne. Après avoir monté encore une heure, nous nous arrêtons près d'un café abandonné. La chaleur est très-forte, malgré la saison avancée.

Le paysage que nous avons devant les yeux est des plus magnifiques; tout le Caystre se déploie à nos regards. Les nombreux villages de la plaine sont cachés sous des bois d'oliviers, et de l'autre côté la chaîne du Messogis, qui commence à prendre une teinte violâtre, termine l'horizon.

Les beaux arbres du mont Tmolus forment un premier plan d'une riche couleur. Nous restons longtemps à contempler ce magnifique tableau; mais la crainte de nous trouver de nuit dans la montagne nous fait presser le pas. Nous sommes dominés par un sommet conique et dépouillé de verdure; de l'autre côté, la crête de la montagne, également aride, se prolonge jusqu'à perte de vue. Je promène en vain ma lunette sur tous ces sommets; c'est pourtant en ces lieux que devait se trouver cette vedette de marbre blanc bâtie par les Perses. Strabon indique assez bien sa position, en disant que de ce point on jouit du coup d'œil de la plaine de Sardes, et principalement de celle du Caystre.

Après avoir monté pendant une lieue, nous arrivons sur un plateau formant un col de deux lieues de tour N.-S., sur lequel est situé le village de Téké; nous sommes arrivés au point de partage des eaux du Caystre et de l'Hermus. Le faible ruisseau qui arrose cette haute vallée roule ses eaux sur un sable mêlé de mica, qui ressemble à des paillettes métalliques. Des sources coulent de tous côtés, portant leur tribut à ce ruisseau ignoré aujourd'hui, et dont les richesses ont été bien souvent convoitées. Nous sommes aux sources du Pactole, qui avant d'aller arroser la capitale de la Lydie donne la fertilité à toutes les campagnes environnantes et anime un paysage sévère et majestueux. Nous avons fait peu de chemin, que déjà le ruisseau devient abondant, et peut fournir de l'eau à des moulins dans un parcours de deux lieues. Jusqu'au bout du col de Téké, j'ai compté douze sources ou ruisseaux qui arrivent dans le lit du Pactole; tous ont de l'eau, même en été; pendant l'hiver et le printemps, ce petit fleuve doit former un torrent considérable.

En quittant la plaine de Téké, il commence à tomber en cascade sur des blocs de granit, et s'enfonce rapidement au fond d'un ravin étroit et profond. La route quitte ici le lit du fleuve, et monte en serpentant sur le flanc de la montagne. Les deux pentes de la vallée portent encore les dernières traces des forêts qui couvraient jadis la montagne; ce sont des chênes antiques, presque dépouillés de feuillage et clair-semés au milieu des rochers. Ce sont les seuls indices de végétation qui subsistent dans ces lieux, car les rochers sont dépouillés de mousse et de broussailles. Derrière la crête que nous avons au nord se trouve un petit lac qu'on appelle Gazocleu, lac aux oies; il donne naissance à un ruisseau qui va se joindre au Pactole.

Toute la structure de la montagne que nous avons parcourue est de gneiss et de granit, mais la formation de gneiss occupe la plus grande partie du versant méridional.

La constitution géologique du Tmolus n'est pas en désaccord avec la tradition de l'existence des mines d'or dans ces parages. En effet, tout le versant septentrional de la montagne est composé de terrains d'atterrissements formés d'éléments primitifs, le quartz et le gneiss qui servent de gangue à l'or. En suivant le cours de la rivière, j'ai examiné s'il ne restait pas quelques traces de ces anciens gisements, et j'ai consulté les paysans pour savoir s'ils n'avaient jamais découvert quelque pépite métallique; mais j'ai descendu la montagne, convaincu que ces mines du Tmolus sont complétement épuisées, et qu'un hasard inattendu pourrait seul mettre sur la trace d'un nouveau dépôt aurifère.

La nuit était tout à fait arrivée, nous ne pouvions songer à nous rendre à Sardes ce jour-là; nous avions encore à traverser une vallée E.-O., formée par une suite d'acrotères parallèles à la chaîne du Tmolus et tous formés de terrains d'atterrissements. La lumière de la lune ne pouvait pénétrer l'épaisseur du feuillage; nous marchions dans une obscurité complète. Enfin nous nous trouvons au bas du Tmolus; nous traversons un petit ruisseau qui va se jeter dans le Pactole, dont les eaux bruissant au loin troublent seules le silence de ces solitudes.

Nous arrivons à Alectiane, hameau de quinze maisons. Les poutres qui servent de plafond à notre chaumière sont noires comme de l'ébène. Nous allumons un cierge de cire jaune, seul luminaire dont nous nous soyons pourvus à l'église grecque de Baïndir. Les habitants sont meuniers et bûcherons; ils vont travailler à Smyrne et à Magnésie. Cet endroit a toute la fraîcheur des hameaux de la Suisse. Nous étions encore à mille mètres environ au-dessus de la plaine, qui était séparée de nous par une chaîne inférieure parallèle au Tmolus, et toute composée de terrains d'atterrissements formés de sable rouge et de cailloux de quartz. Cette montagne secondaire est complétement dépouillée de verdure. Nous la franchissons avec une certaine difficulté, et nous nous trouvons enfin sur le versant qui domine la plaine de Sardes. Une partie détachée de cette montagne forme un cône isolé sur lequel sont encore des constructions antiques. Les Turcs donnent à cet endroit le nom de Kiz-koulé-si (la tour de la fille). On sait qu'il ne faut attacher aucune importance à cette dénomination, qui se trouve appliquée à un nombre infini de vieux édifices. Ces ruines appartiennent à la citadelle de Sardes, qui pouvait en effet paraître imprenable à une époque où l'art de la balistique était encore si peu avancé. En tournant le mamelon du côté de l'Est, nous rejoignons le cours du Pactole, qui a repris sa tranquillité première et coule lentement jusqu'à l'Hermus. Il faut que le cours de ce dernier fleuve se soit considérablement rapproché de la ville de Sardes, car Strabon estime qu'il en était séparé par une distance de vingt stades, tandis qu'aujourd'hui il n'y a pas trois kilomètres.

CHAPITRE XVIII.

SARDES.

Lorsque nous descendions les pentes du Tmolus, éclairées par un resplendissant soleil d'automne, nous avions devant les yeux une plaine vaste et nue, sans ondulations, sans la moindre culture, et de loin en loin quelque pan de mur, quelque monceau de ruines venait seul rompre la stérile uniformité du sol. C'était l'emplacement de la ville de Sardes. Aucune ville, à l'exception de Babylone, ne peut offrir un plus triste tableau de l'anéantissement de toute puissance humaine. On a peine à comprendre que de tant d'édifices somptueux, de tant de murailles amoncelées pour défendre cette ville qui passait pour la reine de l'Asie, il ne reste que quelques pierres. Les différentes dominations qui ont succédé aux Lydiens n'ont pas laissé plus de vestiges; on se reporte involontairement aux menaces faites par l'ange des chrétiens aux habitants de la ville de Sardes, et l'on est forcé de se dire que jamais prophétie ne fut mieux accomplie.

L'époque de la fondation de Sardes est restée ignorée; selon Strabon elle est postérieure à celle de Troie; mais avant la création de Sardes il existait au pied du Tmolus et sur le même emplacement une ville nommée Hydée : c'est du moins ce qu'on peut conjecturer du passage de Strabon, aussi bien que des citations empruntées à Homère et à Pline. Le premier de ces auteurs (1), après avoir cité les vers d'Homère ajoute : Il n'existe point de lieu nommé Hyda chez les Lydiens, et quelques lignes plus bas : il y en a qui pensent qu'Hyda est Sardes même, d'autres que c'était la citadelle de cette ville qui se nommait Hyda. Pline (2) ne met pas en doute que Sardes et Hyda ne soient la même ville; ceci du reste est d'accord avec le passage d'Homère, puisque, selon le poëte, Hyda était au pied du Tmolus et voisine du lac Gygée.

Étienne de Byzance (1) confirme le même fait; d'après Apollonius, historien de la Carie, Hyda était la résidence d'Omphale, reine des Lydiens et fille de Jordanus ; mais, poursuit cet auteur, Léandre, surnommé Nicanor, lui donne le nom de Sardes.

La citadelle occupe une colline d'un accès difficile, mais dont nous ne pouvons aujourd'hui connaître la forme primitive : c'est une branche avancée des contreforts du Tmolus, toute composée des terrains de transport, cailloux et sable, d'une désaggrégation facile. On doit attribuer à cette circonstance la démolition complète de la citadelle, dont il reste à peine quelques vestiges appréciables; encore sont-ils postérieurs à l'époque des rois de Lydie.

Le roi Mélès, qui passe pour être prédécesseur de Candaule, bâtit la citadelle sur un rocher inaccessible, qui commandait la vallée de l'Hermus. Non content de l'avoir entourée de fortes murailles, il voulut encore consulter les devins de Telmissus; les prêtres lui annoncèrent que la ville ne serait jamais prise si l'on promenait autour des murailles un monstre à tête de lion qui avait été engendré par une de ses femmes. Mélès avait exécuté ce que les devins prescrivaient pour toute l'enceinte, à l'exception de ce côté de la citadelle, en face du Tmolus et qu'il avait négligé, comme naturellement défendu.

L'ascension à l'acropole ne peut être facilement exécutée que du côté du sud-ouest, les terres friables des autres côtés rendant les chemins assez difficiles ; on n'y trouve du reste que quelques murailles, mais aucune disposition spéciale ; les autres explorateurs qui avant comme après nous ont tenté cette ascension n'ont pas eu à constater d'autres résultats. Hamilton (2), qui a donné à ces observations un coup d'œil de géologue, constate que « le trait le plus saillant de l'acropole, ou plutôt de ce qui fut l'acropole de Sardes, est la destruction rapide du sol causée par l'érosion des eaux et des torrents. Toute l'é-

---

(1) Strabon, XIII, 626.
(2) Pline, V, 29.

(1) Et. Byz., voy. Hyde.
(2) Research in Asia Minor, t. I, p. 148.

tendue de l'ancien sommet est détruite, à l'exception d'un étroit sentier élevé, défendu par un double mur et des précipices verticaux, et quelques pans de murs soutenus seulement par les fragments accumulés au pied. »

La décomposition des collines qui s'élèvent au sud de la ville a tellement exhaussé le sol que les derniers vestiges des monuments ne tarderont pas à disparaître.

Pour s'orienter dans les ruines de Sardes il est nécessaire de suivre le cours du Pactole; c'est le ruisseau qui coule près du temple. On sait qu'il traversait l'agora (1) et de plus qu'il baignait l'enceinte du temple de Cybèle. « Le chœur: ô mère de Jupiter lui-même, terre montagneuse, nourrice du genre humain (Cybèle), honorée sur les rives du Pactole chargé d'or (2). » On sait de plus que l'agora était au centre de la ville, c'est de ce point qu'on peut se rendre compte des principaux monuments qui existent encore.

CHAPITRE XIX.

LE TEMPLE DE CYBÈLE.

Cybèle « déesse indigène de la Lydie » (3), avait dans la ville de Sardes un temple, qui fut incendié au moment de la prise de la ville par les Ioniens. C'est pour se venger de cet attentat que les Perses incendièrent par la suite les temples de la Grèce; on est donc assuré que le monument d'ordre ionique qui subsiste aujourd'hui est postérieur au quatrième siècle avant notre ère; on peut même admettre, d'après le caractère de l'architecture, qu'il date du règne d'Alexandre. Ce prince ayant ordonné la construction de plusieurs temples, celui de Diane Coloène (4) et celui de Jupiter Olympien, il est probable que la reconstruction du temple de Cybèle date de la même époque; mais il ne fut jamais terminé, et les cannelures des colonnes ne sont achevées qu'en partie.

Le temple est construit en marbre blanc; mais sa contexture est cristalline et sa teinte légèrement grisâtre. Le mont Tmolus ne contient aucun gisement de marbre, et les montagnes au delà de l'Hermus sont toutes volcaniques; il faudrait rechercher les carrières du temple de Cybèle dans le groupe montagneux calcaire situé entre Sardes et Smyrne, mais on ignore aujourd'hui le véritable emplacement de ces carrières.

Le monument est orienté de l'est à l'ouest, la face orientale tournée vers l'acropole, l'autre est parallèle au cours du Pactole.

Aujourd'hui deux colonnes seulement restent debout; nous avons pour ainsi dire assisté à la destruction d'une partie de l'édifice, qui depuis des siècles est la seule carrière où les Turcs viennent prendre du marbre pour faire des tombeaux. Nous avons vu à Smyrne un dessin de ce temple fait à la fin du siècle dernier: il restait encore six colonnes debout avec des fragments d'architrave. Thomas Smith (1) a encore vu ces colonnes; M. Cockerell en a vu trois; lorsque nous avons visité Sardes, il n'en restait plus que deux, plusieurs chapiteaux, d'énormes morceaux d'architrave gisent sur le sol, mais ne paraissent pas destinés à y rester longtemps.

Les deux colonnes encore debout appartiennent à l'ordre extérieur de la façade orientale, elles sont reliées par leur architrave. Les dimensions de l'édifice ne le cèdent point à celles du temple des Branchydes; mais les colonnes sont enterrées de plus du tiers de leur hauteur. Elles n'avaient pas moins de vingt mètres de haut, il faudrait donc pour retrouver les dispositions principales de l'édifice faire des fouilles très-profondes. Néanmoins plusieurs portions de fût s'élèvent encore au-dessus du sol et permettent de se rendre compte du style de l'édifice. On voit aussi une ligne de blocs qui ont dû appartenir au mur de la Cella. Les chapiteaux sont d'ordre ionique; ils ont cela de remarquable que les coussinets sont ornés de rinceaux, de feuillages d'une grande délicatesse. Tous ceux qui ont vu ces fragments ont

(1) Hérodote, V, 101.
(2) Sophocle, *Philoct.*, 391.
(3) Hérodote, V, 102.
(4) Quint. Curt.

(1) Septem Asiæ ecclesiarum notitia, p. 27.

exprimé leur admiration pour la beauté du style et la perfection du travail, ces chapiteaux nous semblent trop décorés pour être d'une haute antiquité.

En se rendant bien compte de la disposition des fûts de colonne qui sont encore en place, on acquiert la certitude que ce temple était octostyle et diptère : il avait donc huit colonnes de front et sur les côtés deux rangs parallèles, chacun de seize colonnes, formant deux portiques. Le modèle de ce temple ne différait sans doute pas beaucoup de celui d'Éphèse.

De l'autre côté de l'acropole, dans la partie nord-est, sont les ruines du théâtre, qui ne présentent qu'un très-médiocre intérêt. La scène est entièrement détruite ; la forme de la *cavea* reste avec quelques gradins et les murs de soutenement, qui sont en pierre de taille. Le diamètre extérieur du théâtre, pris à la hâte, dépasse cent dix mètres ; l'intérieur de la cavea était de cinquante mètres. En jugeant d'après d'autres théâtres, mieux conservés, celui de Sardes pouvait contenir plus de dix mille spectateurs. Ce qui reste paraît être de construction romaine ; mais comme il est fait mention de cet édifice dans la guerre d'Antiochus, il est certain que déjà à cette époque un théâtre grec existait à Sardes.

Le stade s'étend parallèlement à la montagne ; la branche nord est soutenue par un rang d'arcades de pierre, les stades d'Éphèse et de Smyrne sont disposés de la même manière. Le genre de construction est tout à fait romain.

Entre le théâtre et le temple, mais plus près de la rive de l'Hermus, s'élève le seul édifice qui présente une sorte d'ensemble. Il est de forme quarrée à l'extérieur et construit en briques et en fragments de marbre ; il n'en a pas fallu davantage pour faire supposer à quelques antiquaires que c'était un reste du palais de Crésus (1), converti par les Romains en salle du sénat, appelée chez les Grecs *gérousia*. On y remarque plusieurs salles, avec des débris de voute, et d'autres chambres plus petites ; la plus grande des salles est terminée à chaque extrémité par un hémicycle ; elle a environ cinquante mètres de tour sur quinze de large. L'ouvrage de brique est bien exécuté, mais les fragments de marbre introduits dans la construction indiquent une époque voisine du quatrième siècle. Il n'en est pas moins positif que ces ruines appartiennent à un édifice public, peut-être à un gymnase.

Près d'un petit cours d'eau qui coule le long du théâtre, on voit d'autres ruines, toutes de brique, mais qui ne présentent que peu d'intérêt au point de vue architectural. La domination byzantine écrasée sous l'invasion musulmane, n'a laissé que de faibles vestiges des monuments religieux qui devaient s'élever au centre de cette rivale d'Éphèse. Près du moulin construit sur le Pactole on voit les restes d'une grande église aujourd'hui abandonnée, mais qui au commencement du siècle était encore desservie par quelques prêtres. Elle est construite selon le mode byzantin, avec des fragments d'édifices plus anciens. Loin d'être un monument contemporain de l'établissement du christianisme dans la ville, on peut être assuré qu'elle n'est pas antérieure au dixième siècle.

C'est sans doute cet édifice qui est mentionné par Thomas Smith (1) comme l'église cathédrale. Une autre petite église, remarquée par le même écrivain, contenait d'anciennes colonnes et était alors convertie en mosquée.

La disparition complète des murailles du côté de la plaine ne permet pas d'apprécier l'étendue de l'ancienne ville ; mais elle devait, selon les habitudes des peuples d'Orient, être plus étendue que la ville romaine. La citadelle ne la défendait qu'imparfaitement, voilà pourquoi l'histoire de Sardes nous montre si souvent la ville prise et pillée sans que les ennemis paraissent s'inquiéter de la forteresse.

CHAPITRE XX.

RÉSUMÉ DE L'HISTOIRE DE SARDES.

Hérodote nous a laissé ignorer l'origine du nom de la ville de Sardes ; ceux

---

(1) Vitruve, 11, 8.

(1) Loc. cit.

qui pensent que l'influence orientale a dominé chez les premiers rois de Lydie pourront y retrouver quelque analogie avec les noms de certains rois assyriens, comme Sardan-Apal. Ceux qui s'attachent de préférence aux traditions grecques pourront se rapporter au mythe d'Hercule, dont la fille Sardinie donna le nom à l'île de Sardaigne.

Sous le règne d'Ardys, les Cimmériens, déjà maîtres d'une partie de l'Asie, s'emparèrent de la ville de Sardes; la citadelle seule leur résista : ils restèrent en possession du pays jusqu'au règne d'Alyatte (1). Gygès augmenta le système de défense, mais depuis Candaule jusqu'au dernier des Mermnades, la ville royale des Lydiens put jouir des douceurs de la paix.

Après la bataille de Thymbrée Crésus, vaincu par Cyrus, se retira dans sa capitale, qui après une résistance héroïque tomba au pouvoir des Perses. La citadelle se défendait encore après quatorze jours de siége, lorsqu'une circonstance fortuite la fit tomber au pouvoir des Perses.

La montagne de l'acropole avait paru inaccessible du côté du Tmolus, et l'on avait négligé d'étendre les fortifications vers le sud. Il existait cependant un sentier, presque impraticable, par lequel un soldat lydien avait pu descendre et remonter pour aller chercher son casque tombé par hasard.

Ce mouvement n'avait pas échappé à un soldat de Cyrus, nommé Héreade, qui suivit les pas du lydien, et remontant accompagné d'une troupe de Perses s'empara de la citadelle. La ville fut prise et livrée au pillage et à l'incendie.

Depuis ce moment la ville de Sardes devint le théâtre de révolutions sans nombre. Cyrus fit réparer une partie des ravages de l'incendie. En quittant la Lydie pour se rendre à Ecbatane, il laissa le gouvernement de la ville au Perse Tabalus, et chargea le lydien Pactyas de porter en Perse les trésors de Crésus. Pactyas, loin de s'acquitter de sa mission, souleva les Lydiens contre Tabalus, s'empara de la ville de Sardes, et assiégea la citadelle, où Tabalus s'était retiré. C'est à la suite de cette révolte que sur un ordre de Cyrus tous les Lydiens furent désarmés. Il leur fut ordonné de porter des tuniques et des cothurnes; on n'enseigna aux enfants d'autre art que celui de la musique, et tout fut mis en œuvre pour anéantir l'esprit guerrier de la nation. Les Lydiens qui avaient suivi le parti de Pactyas furent vendus comme esclaves et Pactyas lui-même fut livré aux Perses. Cette insurrection eut de funestes conséquences pour les villes d'Ionie : Priène fut prise et les habitants vendus à l'enchère.

Sardes n'en resta pas moins le principal siége de la puissance perse en Asie et la résidence du premier satrape.

Sous le règne de Darius, Artapherne, frère du roi, fut nommé gouverneur de Sardes (1). Pendant la révolte suscitée par Aristagoras, les Ioniens, aidés des forces athéniennes, partirent d'Éphèse, franchirent le Tmolus et s'emparèrent de Sardes, qui était toujours sous le gouvernement d'Artapherne. La ville, située en plaine, fut prise et incendiée; les maisons, qui n'étaient autre chose que des cabanes, de roseaux, communiquèrent le feu aux édifices publics, qui n'avaient que des couvertures de bois léger; le temple de Cybèle, situé sur la rive du Pactole, fut aussi la proie des flammes. De ce moment date la destruction complète des monuments de la Sarde lydienne. Les habitudes des Perses de demeurer dans des maisons faites en pisé ne durent pas changer beaucoup la physionomie de la ville pendant le règne des Achéménides. Il faut ajouter que la religion des Perses n'admettait la construction d'aucun temple et d'aucune statue : quelques Pyrées bâtis dans le voisinage des ruisseaux étaient tous leurs édifices religieux; il faut donc se représenter la Sardes de cette époque comme un vaste camp avec des bazars pour entreposer les marchandises, une ville en un mot comme celles qui existent de nos jours dans le bas Euphrate, dans lesquelles les gourbis arabes revêtus d'argile forment la plus belle partie des habitations (2).

Xerxès avant d'entreprendre son ex-

(1) Hérodote, I, 15, 16.

(1) Hérodote, V, 25.
(2) Hérodote, V, 100.

pédition contre la Grèce, rassembla ses contingents dans la ville de Sardes ; en partant de cette ville il traversa la Mysie et la Troade pour gagner l'Hellespont.

Le goût particulier des princes d'Orient pour les grands parcs et les chasses monstrueuses pouvait trouver toute satisfaction dans les vastes plaines de la Lydie; le jeune Cyrus possédait à Sardes un paradis avec de somptueux jardins, qui faisaient l'admiration de Lysandre (1).

La ville et la citadelle de Sardes se rendirent sans résistance à Alexandre après la bataille du Granique; ce prince vint camper au bord de l'Hermus, qui coulait à vingt stades (3 kilom.) de la ville; il visita la citadelle, défendue par une triple muraille, et ordonna de bâtir un temple à Jupiter Olympien. Comme il cherchait la place qu'il assignerait au monument, le tonnerre vint à gronder par un ciel serein, et une pluie abondante tomba sur l'emplacement même de l'ancien palais des rois de Lydie. Alexandre crut que le dieu lui-même désignait sa place, et il fit bâtir le temple sur le terrain, du palais; il fit également élever un temple à Diane Coloène. En quittant la ville, qu'il laissa sous la garde de Pausanias (2), un de ses plus fidèles généraux, il rendit aux Lydiens leur autonomie et leur permit de se gouverner par leurs propres lois.

A la mort d'Alexandre la Lydie échut à Antigone, et après la défaite de ce prince à Ipsus elle devint le partage des Séleucides.

Séleucus Céraunus, ayant péri par la main d'un assassin, Achæus, beau-père d'Attale Ier, qui gouvernait alors la Lydie, maintint cette possession au nom d'Antiochus; mais bientôt, se sentant soutenu par les rois de Pergame, il se crut assez fort pour se faire proclamer roi, en 219 avant notre ère.

A la nouvelle de cette rébellion, Antiochus passa le Taurus, entra en Lydie avec son armée, et marcha contre Sardes, où Achæus s'était renfermé; n'osant pas entrer en campagne contre le roi de Lydie, il sut pendant une année entière se maintenir contre l'armée du roi (1).

Cependant un officier crétois nommé Lagoras, ayant remarqué les vautours et les oiseaux de proie planant au-dessus d'un lieu désert et voisin du théâtre, reconnut que cet endroit, où l'on jetait les corps des animaux et les issues de la ville, dominait un précipice, et que la muraille n'était point gardée, tant on redoutait peu une attaque de ce côté, prit avec lui une poignée d'hommes résolus, et tandis qu'Antiochus faisait une fausse attaque de l'autre côté, comme pour s'emparer d'une des portes, Lagoras entra dans la ville par le quartier nommé Prion, voisin du théâtre, et la place tomba au pouvoir d'Antiochus. Sardes fut encore une fois incendiée et pillée; Achæus fut mis à mort.

Antiochus put jouir pendant trente ans du fruit de ses victoires ; mais vaincu à la bataille de Magnésie, il dut abandonner les conquêtes qu'il avait faites en Asie Mineure; la capitale de la Lydie se rendit sans coup férir aux deux Scipions, et devint le chef-lieu d'une des préfectures d'Asie.

Après tant de catastrophes causées par la guerre, Sardes eut à souffrir encore d'un fléau qui ravagea trop souvent l'Asie. Sous le règne de Tibère, un terrible tremblement de terre renversa la majeure partie des édifices publics. Sardes dut à la générosité de l'empereur une reconstruction partielle ; mais les secousses du sol furent si violentes, que la plupart des voyageurs croient en reconnaître encore de nos jours les traces dans les larges fissures qui se remarquent dans la montagne de l'acropole.

La ville se releva cependant de cet échec; c'est à la beauté de son territoire que Sardes dut son rétablissement, au point que dans les premières années du premier siècle de notre ère elle ne le cédait à aucune des villes voisines (2).

Au moment de l'établissement du christianisme en Asie, Sardes se distingua par l'ardeur avec laquelle elle adopta la foi nouvelle; aussi mérita-t-elle le titre d'une des sept églises

---

(1) Xénoph. *OEconom.*, ch. IV, p. 21.
(2) Arrien, *Exp.* Alex., I, 18.

(1) Polybe, VII, 4, 7.
(2) Strabon, XIII, 627.

d'Asie. Son zèle toutefois ne se soutint pas toujours ; les nouveaux chrétiens méritèrent une sévère réprimande de la part de l'ange de l'Apocalypse. « Je connais vos œuvres, et je sais que vous dites que vous êtes vivant, mais vous êtes mort.(1). »

L'empereur Julien, dans ses tentatives de restauration de l'ancien culte des païens, nomma pontife de Lydie Chrysanthius, citoyen de Sardes et d'une famille patricienne. Des ordres furent donnés d'élever des autels et de réparer les anciens temples ; mais on sait quelle fut la conséquence de ces velléités éphémères.

Nous avons vu les Goths porter leurs ravages sur les côtes de la Bithynie et de la Troade ; ils pénétrèrent jusqu'en Lydie, et en l'an 400, sous la conduite de Tribilgid et de Caïanas, officier au service de l'empire, qui s'était révolté contre l'empereur Arcadius, les hordes des Goths prirent et pillèrent Sardes.

Les incursions des tribus musulmanes ne laissaient aucun repos aux habitants, qui commencèrent à quitter la ville et à se retirer dans la montagne. Dans le onzième siècle les Seljoukides poussèrent leurs expéditions jusqu'en Lydie, mais n'y séjournèrent point. En 1304 les Turcs eurent la permission d'occuper une partie de la citadelle ; enfin, dans la seconde année du quinzième siècle, Timour s'empara de cette malheureuse ville, et la détruisit de fond en comble : jamais elle ne s'est relevée d'une pareille catastrophe.

Aujourd'hui l'emplacement de l'ancienne capitale conserve encore le nom de *Sart*. Les distances de cette ville à différents points de la côte sont estimées par les auteurs anciens de la manière suivante : de Sardes à Éphèse, 540 stades (2) ou 99 kilomètres ; à Pergame, 600 stades ou 111 kilomètres (3) ; à Tripolis, 61 milles ou 93 kilom. (4) ; et de Smyrne, 80 de kilomètres.

(1) Apocalypse, III, 1, 5.
(2) Hérodote, V, 54.
(3) Strabon, XIII, 625.
(4) Table de Peutenger.

CHAPITRE XXI.

TOMBEAUX DES ROIS DE LYDIE.

La plaine de Sardes est bornée au nord par le cours de l'Hermus, qui coule de l'est à l'ouest, dans un lit peu encaissé, composé de terrains sablonneux et friables. Au moment de la fonte des neiges dans les montagnes de la Phrygie épictète, le fleuve est sujet à des débordements qui inondent toute la plaine : aussi les Lydiens avaient-ils creusé un canal qui conduisait les hautes eaux dans le lac Gygée. C'était pour Sardes une imitation du lac Mœris de l'Égypte. La vaste nécropole des rois de Lydie apparaît au loin, sur la rive droite du fleuve, comme un groupe de monticules.

En quittant les ruines de Sardes, on fait route vers le nord-ouest jusqu'à l'Hermus, qui n'est éloigné que de six kilomètres. Là se trouve un gué d'un passage assez difficile. Autrefois il existait un bac triangulaire, mais à mesure que les années s'écoulent, les routes de Turquie, loin de s'améliorer, se détériorent. Sardes est pourtant située sur la grande route qui de Césarée conduit à Pergame ; c'était la grande voie militaire qui traversait obliquement toute l'Asie Mineure pour aller aux passages du Taurus. Les derniers musulmans qui ont habité Sardes reposent dans le dernier cimetière qui borde la rive de l'Hermus.

Quand les eaux sont hautes, les caravanes sont obligées de remonter le cours du fleuve pendant plusieurs milles pour trouver un passage guéable.

Après avoir passé l'Hermus, on fait environ six kilomètres dans la direction du nord-est, au milieu d'une plaine légèrement ondulée et couverte au printemps de verdure où les Turcomans viennent planter leurs tentes.

Le groupe des tombeaux est placé au milieu d'un plateau qui domine les plaines environnantes ; cette situation ressemble beaucoup au célèbre tumulus de la plaine d'Alger, connu sous le nom du Tombeau de la Chrétienne. L'attention se porte d'abord sur le plus grand de ces tombeaux, qui au premier coup d'œil ne paraît être autre chose qu'une petite montagne; mais on reconnaît bientôt que cette masse de terre est élevée de main d'homme, et de plus que par ses dimensions elle est tout à fait d'accord avec la description qu'en a faite Hérodote, et qui nous fait connaître ce monument comme le tombeau d'Alyatte, père de Crésus. « On voit en Lydie, dit Hérodote, un monument qui ne le cède en rien par sa grandeur à ceux des Égyptiens et des Babyloniens; c'est le tombeau d'Alyatte : la base est formée par un soubassement élevé, surmonté d'un cône de terre amoncelée. Il est l'ouvrage d'artisans, d'ouvriers, et de courtisanes. » Au sommet de ce monument on avait élevé cinq bornes de pierre sur lesquelles étaient gravées des inscriptions qui indiquaient le travail de chaque classe d'ouvriers (1). La circonférence du monument est de six stades deux plèthres, sa largeur de treize plèthres. En traduisant en mètres les mesures données par Hérodote, nous avons pour la circonférence 1172 mètres (2); le diamètre d'un cercle de cette dimension est de 373 mètres, tandis que les treize plèthres de largeur donnent 403 mètres : il y a donc une erreur de 30 mètres sur le rapport des mesures données par Hérodote : aujourd'hui il est impossible de vérifier cette mesure, à cause des terres accumulées à la base du monument.

Il y a dans le voisinage un grand lac toujours rempli; les Lydiens lui ont donné le nom de lac Gygée. La description de Strabon ajoute peu de chose à celle d'Hérodote : « A quarante stades (7 kil. 40) de la ville est le lac Gygée, dont parle Homère, et qu'on a depuis nommé Coloé; près du lac on voit le temple de Diane Coloënne, qui est en grande vénération. Autour du lac Coloé sont les tombeaux des rois; du côté de Sardes est celui d'Alyatte : c'est un grand cône de terre surmontant un haut soubassement de pierre. Il fut construit par le peuple de la ville, et en grande partie par les courtisanes. Selon la tradition, le lac Coloé fut creusé de main d'hommes, pour recevoir les eaux lors du débordement des fleuves (1). »

Le tombeau d'Alyatte est en effet situé au sud de la grande nécropole des rois. Aujourd'hui la circonférence de sa base est entourée d'un épais gazon et de terres éboulées qui ne permettent pas de reconnaître le soubassement.

Du côté du nord le tombeau repose sur un lit de calcaire marneux. La masse du cône est composée de sable et de gravier, qui a été en partie entraînée par les eaux, de manière à déformer assez profondément le côté sud. On peut assez facilement arriver jusqu'au sommet, où l'on trouve une fondation en pierre, et une des stèles décrites par Hérodote, mais tellement rongée qu'on n'y remarque plus le moindre caractère. Cette stèle a la forme d'un phallus, ou d'une pomme de pin semblable à celle qui surmontait le tombeau de Tantale. Nous n'avons du reste fait qu'un examen très-superficiel de ce monument, dans la persuasion où nous étions qu'un jour nous viendrions y opérer des fouilles. L'opinion de tous ceux qui ont examiné ces tombeaux est que des fouilles archéologiques y seraient très-fructueuses.

Un très-grand nombre de tumulus entourent celui d'Alyatte; il en est plusieurs qui sont aussi d'une grandeur gigantesque; les autres, dont le nombre dépasse cinquante, se présentent comme des éminences couvertes de gazon. Les Turcs appellent ce lieu Bin tépé, les mille collines. On n'observe pas ici, comme à Tantalis, les traces de recherches faites dans les temps anciens pour dépouiller ces tombeaux; on sait d'ailleurs qu'à cette époque reculée les recherches faites dans les tombeaux n'avait pour but que d'enlever les objets d'or, mais tout ce qui consistait en vases, sarcophages et inscriptions était abandonné dans la fouille même. L'imposant effet produit par l'ensemble de cette vaste nécropole est bien d'accord avec ce que l'histoire nous dit de la puissance et de la richesse des rois de Lydie, qui pendant quinze siècles gouvernèrent cet empire. Cependant cette pensée ne paraît pas suffisante au voyageur anglais

---

(1) Hérodote, liv. I, 93.
(2) Le stade étant de 185 mètres, et le plèthre 100 pieds grecs, 31 mètres.

(1) Strabon, XIII, 626.

Arundell, qui émet l'opinion que cette nécropole avait sans doute un caractère particulier de sainteté, et que les populations des autres villes apportaient aussi leurs morts dans ce lieu funèbre, comme dans les grands hypogées d'Égypte, et même de nos jours, comme dans les centres religieux de Kerbéla et de Méched, où l'on apporte les morts de toutes les parties de la Perse. Les petits tumulus paraissent également intacts, mais ils ne portent à leur sommet aucun ornement de pierre. Chandler, qui a visité les tombeaux de Lydie, termine sa description (1), en invitant les futurs explorateurs à tenter l'ouverture de ces monuments mystérieux.

La haute antiquité des tombeaux en forme de tumulus ne saurait plus être mise en doute, et leur origine asiatique n'est plus même contestée. C'est avant leur migration en Europe que les peuples de race indo-germanique ont contracté l'habitude de marquer l'emplacement de leurs sépultures par des terres amoncelées : c'est du reste le genre de monument qui se rapproche le plus de la nature primitive. Les Lydiens, chez lesquels les Scythes et les Cimmériens ont fait un long séjour, auront sans doute emprunté ce mode de sépulture à leurs sauvages conquérants. Hérodote, après avoir décrit les cérémonies funèbres chez les Scythes, ajoute : « On élève ensuite sur le tout un tertre que l'on travaille à l'envi à porter le plus haut possible (2). » Les tumulus se retrouvent dans toutes les parties de l'ancien monde ; les races phéniciennes les ont portés en Afrique, où l'on voit encore, sous le nom de Tombeau de la Chrétienne, le tombeau commun des rois de Numidie, et dans le sud de la province de Constantine le tombeau, non moins remarquable, connu sous le nom de Médracen. Les plaines de l'Assyrie et de la Mésopotamie offrent un très-grand nombre de ces tertres, dont plusieurs remontent très-certainement à l'époque de la domination scythe.

Le lac Gygée est situé à l'E.-N.-E. de la nécropole : il est entouré dans presque tout son pourtour par une levée de terre qui serait le résultat des fouilles faites pour creuser le bassin. Du côté du sud est un ruisseau qui paraît couler alternativement du lac au fleuve ou du fleuve au lac, selon la hauteur des eaux. Le lac est très-abondant en poissons ; il est couvert de roseaux et de souchets, qui en se séchant forment des îlots sur lesquels des hommes peuvent se tenir. Le passage de Pline relatif aux îles Calamines doit certainement s'appliquer aux îles du lac Gygée : c'est d'ailleurs le seul lac qui soit en Lydie. « (Les Îles) qu'on nomme Calamines en Lydie non-seulement flottent au gré des vents, mais on les fait aller où l'on veut avec une perche ; plusieurs Romains durent la vie à la retraite assurée qu'ils y trouvèrent dans la guerre de Mithridate (1). » Ces îles flottantes se retrouvent sur certains lacs et dans les mêmes conditions : ce sont des roseaux agglomérés avec les autres détritus ; nous avons vu des îles de ce genre sur le lac Solfatare près de Tivoli, sur lesquelles plusieurs hommes pouvaient se promener ; c'étaient en réalité de grands radeaux. Alexandre pendant son séjour à Sardes fit reconstruire le temple de Diane Coloënne, situé dans le voisinage du lac, et lui conféra en outre le droit d'asile. Une tradition fabuleuse disait qu'aux fêtes de la déesse on voyait les paniers danser (2). Varron (3) paraît attacher aussi quelque créance à cette fable ; il parle des îles des Nymphes, en Lydie, qui s'agitaient au son de la flûte et tournaient en rond. Une inscription copiée par Peyssonnell mentionne les dignités dont était revêtue la prêtresse du temple : aujourd'hui l'emplacement de l'édifice est inconnu.

---

(1) « But that, and perhaps a considerable treasure, might be discovered, if the barrows were opened. » (*Chandler*, I, 26.) Et Hamilton : « An undertaking, however, which would probably richly reward the speculator or the antiquary. » (*Researches*, t. I, p. 146.)
(2) Hérodote, IV, 17.

(1) Pline, liv. II, 95.
(2) Strabon, *loc. cit.*
(3) Varron, *De re rustica*, l. III, ch. 17.

CHAPITRE XXII.

ITINÉRAIRE DE SMYRNE A SARDES. — VILLAGE DE NYMPHIO, ANCIEN NYMPHÆUM. — STÈLE DE SÉSOSTRIS.

La plupart des voyageurs qui visitent les ruines de Sardes prennent une route opposée à celle que nous avons suivie, et partent de Smyrne en suivant la vallée de l'Hermus. Nous donnerons la description de cette route, qui est plus directe, et nous aurons occasion d'examiner près de Nymphio le seul monument anté-hellénique de la Lydie.

La route directe de Smyrne à Sardes est la même qui était suivie dans l'antiquité; elle remonte la vallée du Mélès jusqu'à la ville moderne de Bournabat, se dirigeant sur la petite ville de Nymphio, l'ancienne Nymphæum située à vingt-huit kilomètres à l'est de Smyrne. Après avoir remonté dans toute sa longueur la plaine de Bournabat, on franchit le col qui forme la ligne de partage entre les bassins du Mélès et de l'Hermus. La chaîne du Sipylus appelée Manisa dagh reste au nord, le Tmolus au sud. Le col de Nif dagh relie les contre-forts inférieurs des deux chaînes. Le village de Nymphio, appelé Nif par les Turcs, est sur le versant oriental du col, dans une vallée qui reçoit les eaux de ce bassin et les porte à l'Hermus. C'est le Nif tchaï, qui prend sa source à quelques milles à l'ouest de Nymphio, suit son cours à l'est et va se jeter dans l'Hermus. Nous n'avons aucun moyen d'identifier ce cours d'eau avec quelque rivière ancienne, à moins d'y voir le fleuve Cryos (froid) de Pline (1), qui était un des affluents de l'Hermus; la limpidité des eaux du Nif tchaï, alimenté par la fonte des neiges, conviendrait assez bien au fleuve Cryos. La vallée de Nymphio est couverte d'une riche végétation. Les arbres à fruit s'y mêlent aux essences forestières, et forment des groupes d'une luxuriante verdure; les cerises de Nymphio sont les plus célèbres des environs de Smyrne; les platanes et les sycomores atteignent des proportions inusitées : aussi Nymphio était-il célèbre à l'époque Byzantine comme lieu de plaisance des empereurs. Andronic le jeune fit construire à Nymphæum un palais, qui existe encore : c'est un grand édifice carré, sans ornements d'architecture, bâti en assises alternantes de moellons et de briques; il avait trois étages d'appartements; le premier est percé de six fenêtres. Sur la face de côté est un grand espace vide, qui paraît avoir été occupé par une tribune ouverte. La construction et la disposition de cet édifice ont une grande analogie avec le palais de Constantin à Constantinople. (Voy. pl. 51.)

L'autorité des princes byzantins fit place à celle des latins pendant une partie du quatorzième siècle, quand ces derniers étaient maîtres de toute la partie occidentale de l'Asie Mineure : c'était le beau temps de la puissance génoise. Un sarcophage byzantin encastré dans la fontaine de la place publique contient un bas-relief héraldique contenant des paons, des fleurs de lys et un griffon passant : une inscription grecque en deux vers mystiques n'est pas propre à donner quelque renseignement sur l'origine de ce bas-relief (1).

Mais ce qui rend la ville de Nymphio un lieu de pèlerinage obligé pour tout antiquaire qui veut connaître les monuments de l'Asie, c'est le bas-relief sculpté dans le roc qui se trouve à quelques kilomètres de distance de Nymphio dans la vallée de Kara bell. Il fut découvert en 1839 et immédiatement signalé à l'attention des savants.

La première impression que produit ce monument est sa ressemblance avec les bas-reliefs assyriens sculptés, près de Beyrout, dans la vallée du Nahr el Kelb.

Il est taillé dans un rocher calcaire gris très-dur, à une hauteur de quarante mètres au-dessus du torrent.

Une niche en forme de pylône et surmontée par un fronton sert de cadre à la figure. Sa hauteur est de 2^m 50; sa largeur en bas est de 2^m 50 et en haut de 1^m 90.

Le bas-relief représente un personnage armé, sculpté de profil, et regar-

---

(1) Pline, liv. V, 29.

(1) Il a été gravé dans la *Revue archéologique*, année 1845.

dant du côté de l'Orient. Sa coiffure est conique et porte sur le devant un ornement qui rappelle l'urœus des coiffures égyptiennes; il tient une lance dans sa main gauche et dans la main droite un arc; dans sa ceinture est passée une sagaye; il porte pour tout vêtement une courte tunique striée obliquement; sa chaussure est recourbée à la mode asiatique. Tout cet ouvrage est taillé en méplat sans modelé, et l'action des pluies a fortement agi sur le rocher, qui présente une surface raboteuse. En face de la figure et à la hauteur de la tête sont quelques emblêmes, parmi lesquels on distingue un oiseau et d'autres signes disposés comme des hiéroglyphes.

Ce monument est situé sur l'ancienne route qui conduisait de Sardes à Smyrne, et tous les savants qui ont visité cet antique ouvrage, comme ceux qui en ont examiné le dessin, ont été d'accord pour y reconnaître le monument décrit par Hérodote en ces termes : « On voit aussi dans l'Ionie deux figures de Sésostris sculptées en pierre, l'une sur le chemin qui va d'Éphèse à Phocée, l'autre sur celui de Sardes à Smyrne. Chacune représente un homme de quatre coudées plus un spithame, tenant une lance dans sa main droite et un arc dans la main gauche, avec le reste de l'habillement répondant à cette armure, c'est-à-dire, moitié éthiopien et moitié égyptien. Sur la poitrine de la figure, et allant d'une épaule à l'autre, on lit une inscription gravée en lettres égyptiennes, et dont voici le sens : C'est moi que ces puissantes épaules ont rendu maître de ce pays (1). » Le spithame ayant la longueur d'une demi-coudée, la figure décrite dans ce passage aurait une hauteur de six pieds et demi : c'est précisément la hauteur de la sculpture de Kara-bell. Il y a cependant une variante : l'arc est placé dans la main droite du roi, et la lance dans la main gauche; mais à l'inspection de cette figure (2), on verra combien cette erreur est facile à expliquer. L'inscription placée sur la poitrine ne se voit plus; elle aura été effacée par l'action du temps.

Pour ceux qui voudraient objecter que l'ajustement de cette figure n'est pas tout à fait égyptien, Hérodote a soin de faire observer que le costume du roi était moitié égyptien et moitié éthiopien. Les chaussures à pointes relevées ne sont pas en effet de style purement égyptien; mais on en a retrouvé de semblables dans des tombeaux d'Égypte. Du temps même d'Hérodote, l'opinion que cette figure pouvait être le portrait de Memnon était assez accréditée pour qu'il ait cru devoir la combattre; il la repousse comme étant bien loin de la vérité.

Cette sculpture serait donc un ouvrage du quinzième siècle environ avant Jésus-Christ, c'est-à-dire un des plus anciens monuments de l'Asie Mineure qui aient encore été découverts. Un savant allemand, M. Kiepert, a visité ce bas-relief en 1843, et a publié à ce sujet un mémoire (1), dont j'extrais les passages suivants, qui confirment mon opinion :

« Hérodote rapporte, comme on sait, d'après les récits des prêtres égyptiens sur les guerres de Sésostris, que ce prince parcourut toute l'Asie antérieure jusqu'à la Thrace, et laissa dans le pays des peuples vaincus des monuments portant son image, et des monuments qui rappelaient son nom, sa patrie, et le fait de la conquête. On sait aussi que quelques-uns de ces monuments subsistaient encore du temps de l'historien grec en Thrace, où lui-même les vit, un en Syrie, Palestine, et deux en Ionie, sur le chemin qui conduit d'Éphèse à Phocée, et sur celui de Sardes à Smyrne. Il décrit ces derniers en détail. Ce récit de l'historien grec devait naturellement, malgré toute la véracité que l'on reconnaît à Hérodote, et qui s'est encore augmentée de nos jours, recevoir plus d'autorité quand les monuments mentionnés par lui, du moins ceux qui subsistent encore, seraient retrouvés, et qu'on serait en état de porter un jugement sur l'authenticité de leur origine égyptienne, en s'aidant des travaux modernes sur l'archéologie de ce pays.

« On ne saurait douter qu'à des épo-

---

(1) Hérodote, livre II, 106.
(2) Voyez la planche 1.

(1) Journal archéologique de Gherard, en allemand.

ques très-reculées les rois égyptiens n'aient fait des conquêtes en Syrie, à cause de la proximité et de l'importance de cette contrée pour l'Égypte, à laquelle elle sert de rempart contre l'Asie antérieure. Il était beaucoup plus intéressant de savoir si, dans les contrées septentrionales plus éloignées, des monuments d'origine égyptienne répondraient aux descriptions d'Hérodote et attesteraient sa véracité. La découverte d'un tel monument était donc d'une grande importance historique, et celui-ci, placé à sept lieues de Smyrne, à une demi-lieue du chemin de Sardes, répond parfaitement, tant par sa forme que par l'emplacement où il se trouve, à un de ceux qu'Hérodote a décrits. M. Lepsius en fit le sujet d'un mémoire à l'Académie de Berlin, et y reconnut que le monument appartenait à Rhamsès Sésostris. »

Cependant M. Kiepert, comparant le costume de ce personnage avec ceux des bas-reliefs de Ptérium près de Bogaz keui, incline à penser que c'est un ouvrage assyrien et non pas égyptien : nous ne combattrons pas cette opinion, nous insistons seulement sur ce fait que le monument de Kara bell est bien certainement celui qui a été vu et décrit par Hérodote.

La route actuelle de Nymphio à Sardes ne passe plus par le défilé de Kara bell; elle suit le cours de la rivière jusqu'à sa rencontre avec la vallée de l'Hermus; tout le pays présente un aspect de richesse et d'aisance dû aux industrieuses cultures pratiquées dans le pays; l'irrigation des jardins, la greffe des arbres fruitiers sont pratiquées ici aussi habilement qu'en Europe.

La vallée va toujours en s'élargissant vers l'est; elle prend alors le nom de Kavakli-déré. Toute la formation des montagnes est de calcaire compacte, qui fournit d'excellentes pierres de construction : cette formation appartient à la partie supérieure du terrain de transition. A la sortie de la vallée il y avait sur la rivière un pont de six arches, aujourd'hui à moitié ruiné; il est d'ouvrage musulman, et fut sans doute construit lorsque Magnésie du Sipyle était la résidence de la famille des sultans.

La plaine dans laquelle on arrive a quatre ou cinq kilomètres de large; elle est bien arrosée et bien cultivée en légumes, que les jardiniers portent à Smyrne. A l'extrémité de cette plaine se trouve la petite ville de Cassaba, dont le nom en turc signifie une forteresse, quoiqu'elle ne soit rien moins que fortifiée. Elle est habitée par des agriculteurs, car en Turquie la sécurité des villageois n'est pas assez assurée pour qu'ils puissent habiter des fermes, ni surtout des maisons de campagne isolées. Nous avons remarqué à Cassaba des volailles d'une très-belle venue, et surtout des dindons magnifiques, qui ont motivé pour nous le nom anglais de cette volaille (1). Ce sont surtout les melons, les pastèques et les tomates de Cassaba qui ont à Smyrne la plus grande réputation; il s'en fait une consommation énorme. Les Grecs, comme les Turcs, ont un goût particulier pour les petits concombres, qu'ils mangent crus avec les pepins. Lorsque la moindre industrie vient aider la rare fécondité de cette terre, l'agriculteur est récompensé au centuple de son travail : il est triste de penser qu'un sol aussi fertile reste en grande partie en friche.

Le village de Debrent est éloigné de deux heures de marche de Cassaba; il est situé sur une hauteur au pied de laquelle passe un torrent qui n'est pas guéable au moment de la fonte des neiges. On traverse ensuite un grand cimetière abandonné, dans lequel plusieurs fragments d'architecture sont employés en guise de monuments funèbres. On remarque sur la route des parties encore bien empierrées, et des débris de murailles indiquent qu'il y eut là un centre de population. En approchant du territoire de Sardes, on commence à reconnaître aux abords de la route un certain nombre de tumulus dans le genre de ceux de Bin tépé; ces monuments appartiennent sans doute à la même période historique que les premiers. Le village de Achmetdji, situé à dix kilomètres de Sardes, est environné de jardins, et dans une situation pittoresque; depuis ce lieu jusqu'à Sardes la plaine est occupée par les youronk, ou turcomans nomades, chez lesquels on

(1) *Turkey*.

trouve, en fait de provisions, du laitage, de la farine et des moutons. La seule habitation dans les ruines de Sardes est la maison du meunier du Pactole.

CHAPITRE XXIII.

VILLES DE LYDIE SITUÉES AU NORD DE CAYSTRE.

Au moment de la migration æolienne, d'autres tribus helléniques, qui connaissaient déjà les rivages d'Asie, vinrent coloniser l'ancienne Mysie. Au nombre de ces tribus il faut compter les Magnètes, qui furent conduits à la guerre de Troie par Prothoüs (1). De retour dans leur patrie, ils entreprirent une nouvelle expédition, passèrent en Crète, et de là en Asie, où ils fondèrent la ville de Magnésie, sur le Méandre. Une portion de cette tribu remonta plus au nord, et s'établit dans les terres du mont Sipylus : c'est de là qu'ils prirent le nom de *Magnetes a Sipylo* (2). Les historiens se taisent sur l'origine de la ville de Magnésie du Sipyle; elle ne commença à devenir célèbre qu'après la mort d'Alexandre; aucun temple, aucune grande communauté religieuse ne la signalait à l'attention des géographes. La victoire remportée par Lucius Scipion contre Antiochus, roi de Syrie, força ce prince à abandonner toutes ses possessions en deçà du Taurus, et mit l'Asie Mineure sous la dépendance des Romains; mais ils ne s'emparèrent définitivement du pays qu'après la destruction du royaume de Pergame.

La bataille se donna entre Magnésie et le fleuve Hyllus, sur la route de cette ville à Thyatire. Antiochus avait rassemblé ses forces dans cette dernière ville, et venait camper autour de Magnésie; Scipion, en apprenant ce mouvement, fit passer la rivière à son armée, et obligea les ennemis de sortir de leurs retranchements et d'engager le combat.

La position de Magnésie est telle qu'elle ne peut être en état de supporter un long siége; elle se rendit aux Romains après la bataille, et depuis lors elle a eu une destinée politique assez obscure;

(1) Hom., *Il.*, II, 756.
(2) Tacite, *Annal.*, II, 47.

mais sa pospérité commerciale s'en accrut d'autant. Sous le règne de Tibère, elle fut du nombre des villes qui souffrirent le plus des suites du grand tremblement de terre ; elle participa comme les autres à la libéralité de l'empereur.

Magnésie, étant située sur la route directe de Symrne à Pergame, fut toujours un lieu de transit important, et les riches plaines de la Teuthranie alimentaient ses marchés; elle fut toujours, dans l'ordre politique, subordonnée à Smyrne; cependant elle est aujourd'hui le chef-lieu d'un sandjak. Sous l'empire byzantin elle était épiscopale, mais on ne trouve aucun vestige des monuments des temps chrétiens. Magnésie fut cependant, au commencement du treizième siècle, la capitale de l'empire byzantin. Pendant que les Latins étaient maîtres de Constantinople, Jean Ducas, successeur de Théodore Lascaris, attaqua les Latins dans l'Asie, reprit sur eux les îles de Lesbos et les ports de l'Æolide, établit à Magnésie le siège de son gouvernement, et le conserva pendant trente-trois ans, jusqu'en 1255. Déjà les tribus musulmanes poussaient leurs incursions jusqu'aux confins de l'Asie Mineure ; l'empereur Andronic II avait peine à leur résister; il réclama le secours de Frédéric, roi de Sicile, qui lui envoya des troupes catalanes sous les ordres de Roger de Flor, amiral de Sicile.

Les musulmans furent repoussés; la discorde ne tarda pas à naître entre les Grecs et leurs auxiliaires. Les habitants de Magnésie, irrités des violences et des désordres que commettaient les Catalans, se soulevèrent et égorgèrent la garnison. Ce fut en vain que Roger vint en 1306 mettre le siège devant Magnésie : la résistance de la place fut telle qu'il se vit contraint de se retirer.

Dès l'année 1313, Saroukhan le Seldjoukide, qui donna son nom à la province, devint maître de Magnésie et de toute la côte d'Ionie : ce fut seulement en 1398 que la contrée devint possession ottomane. Le sultan Bayazid acheva de soumettre les villes de Lydie; mais après la bataille d'Angora, en 1402, Timour envahit la province. Les villes de Smyrne, de Sardes, de Thyatire furent mises au pillage, et Timour rassembla à Magnésie toutes les richesses qu'il avait accumulées. Après la retraite de Timour, Magnésie resta sous le pouvoir ottoman; mais de nouveaux soulèvements, les uns religieux, les autres politiques, mirent souvent en échec la domination des sultans.

La plus dangereuse de toutes ces séditions fut suscitée en 1419 par un fanatique nommé Brededdin, qui attaquait non-seulement la puissance civile, mais encore l'essence même de l'islamisme; il appelait à lui les musulmans aussi bien que les Grecs et les juifs mécontents, et en peu de temps il réunit une véritable armée, dans laquelle les derviches figuraient comme prédicateurs et comme combattants; une armée ottomane envoyée contre eux fut anéantie dans une rencontre, et cette victoire réunit autour du sectaire de nouveaux adhérents. Les émirs d'Aïdin ne furent pas plus heureux. Enfin Mahomet Ier envoya contre les rebelles son fils Mourad, à peine âgé de douze ans; ce fut la première victoire du futur sultan. Pendant qu'on attaquait dans ses retranchements le corps d'armée de Brededdin, un de ses principaux sectaires, juif converti à sa doctrine et nommé Torlak, attaquait le pacha de Magnésie, et succombait avec trois mille derviches sur le même champ de bataille où Antiochus avait été vaincu par Scipion. Toutes les forces disponibles en Anatolie marchèrent contre Brededdin, qui après des prodiges de courage, fut pris et emmené à Éphèse, où il périt dans les tortures. Mais sa secte subsista encore longtemps en Asie Mineure, et son nom n'est pas oublié dans les récits des montagnards.

La doctrine de Brededdin consistait en trois mots, pauvreté, égalité, usage commun de tous les biens.

Le sultan Mourad II après son abdication se retira à Magnésie, et laissa le trône à son fils Mahomet II; il fit construire un palais, qu'il n'habita pas longtemps, rappelé à la tête de ses armées, que le futur conquérant de Constantinople, Mahomet II, était encore trop jeune pour commander. Les sultans continuèrent de résider à Magnésie, même lorsque Broussa fut devenue la capitale de leur empire : Soliman II y demeura jusqu'à la mort de son père.

Le sultan Mourad III, en 1591, fit élever à Magnésie un grand nombre d'édifices d'utilité publique, un imaret, ou hospice des pauvres, un Dehli hané, ou maison pour les fous, un bain, un caravansérai, qui existe encore aujourd'hui, et un médrécé, école religieuse; il compléta ces embellissements par l'érection de deux grandes mosquées impériales avec deux minarets.

Ces édifices existent encore. La grande mosquée est précédée d'une cour carrée, ou harem, et couverte par une grande coupole; l'intérieur est entretenu avec beaucoup de soin, et de riches peintures d'arabesques décorent les murailles. Du haut du dôme pendent des lampes et des ex-voto, consistant pour la plupart en œufs d'autruche, rapportés par des pèlerins de la Mecque.

Les jardins de Mourad II rivalisaient avec ceux de Broussa; dans l'un et l'autre palais, les sépultures de la famille sont situées dans le voisinage des jardins; plusieurs turbés, ou chapelles funéraires, abritent les cendres des femmes et des enfants de Mourad : elles étaient renfermées dans une enceinte plantée de cyprès. Aujourd'hui tous ces monuments tombent en ruine; l'ancienne mosquée, ouvrage d'Ischak tchélébi, prince d'Aïdin, existe encore, mais n'offre rien de remarquable.

Les autres mosquées, presque toutes entourées de plantations, sont au nombre de vingt : on compte aussi quelques mesjid, ou chapelles sans minaret.

Le mont Sipylus, qui va s'amortir dans le golfe de Smyrne, se rattache du côté de l'est au mont Tmolus par un col à travers lequel l'Hermus s'ouvre un passage; toute la partie de la montagne voisine de Smyrne est volcanique et a sans doute été le centre de violents tremblements de terre qui ont ébranlé la contrée, et dont Magnésie et les autres villes du voisinage ont eu tant à souffrir. La montagne qui domine Magnésie du côté du sud appartient au système calcaire crétacé : le plus haut sommet est au sud-est de la ville; au nord et à l'ouest s'étend une grande plaine marécageuse, où se ramassent les nombreux cours d'eau qui descendent du revers de la montagne; c'est dans cette plaine que Chandler et après lui Hamilton (1) supposent que la ville de Tantalis était située, ; nous avons montré combien cette supposition est inadmissible (2), puisque près de Tantalis était le port et le tombeau de Tantale.

La chaîne calcaire se rattache à la formation volcanique. A peu près au passage de la route entre Magnésie et Smyrne, une source assez abondante coule au pied de la montagne ; c'est dans le voisinage de cette source, à vingt mètres environ au-dessus du chemin, que se trouve une statue taillée dans le roc, et qui paraît remonter à une très-haute antiquité. Tous les antiquaires sont d'accord pour y voir la statue de Cybèle mentionnée par Pausanias, et qui passe pour être l'ouvrage de Brotée fils de Tantale (3). « Les Magnésiens qui sont au nord du mont Sipyle ont chez eux sur la roche Codine une statue de la mère des dieux qui est la plus ancienne de toutes. »

Cette figure est sculptée dans une sorte de niche ; elle représente une femme, assise et dans l'attitude de la méditation ; mais les détails sont tellement corrodés par le temps qu'on ne peut aujourd'hui saisir que l'ensemble de l'œuvre ; les eaux qui suintent du haut du rocher sur la tête de la figure, et qui donnent naissance à une foule de plantes, contribuent encore à en déformer l'ensemble. Cette figure est de taille colossale, et au premier coup d'œil on peut l'estimer à six ou sept mètres de haut. Pausanias et Strabon (4), qui placent dans ces lieux la fable de Niobé, croyaient peut-être voir dans cet antique ouvrage la transformation de la fille de Tantale. Il semble que ces vers d'Ovide ont été inspirés par la vue de cette statue :

Flet tamen, et validi circumdata turbine venti
In patriam rapta est. Ibi fixa cacumine montis
Liquitur, et lacrymas etiamnum marmora ma-
[nant.
(Ovid., *Métam.*, VI, 310.)

La position de cette figure ne peut être indiquée avec précision, mais les habitants du pays la désignent sous le nom de *Buyuk suret*, la grande statue. La même montagne renferme un certain nombre de chambres taillées dans le roc, qui paraissent avoir servi de tombeaux.

Magnésie vue de la plaine offre tout à fait l'aspect d'une grande ville ; les nombreuses caravanes qui parcourent les environs, le grand mouvement commercial qui se fait entre Smyrne et cette ville donnent une grande animation au paysage, et la montagne du Sipylus, qui s'élève verticalement au-dessus de la ville, forme un fond de tableau d'une rare beauté : aussi le panorama de Magnésie a-t-il été souvent mis en parallèle avec les plus beaux sites de l'Asie Mineure. Sur un mamelon peu élevé se trouve l'ancienne forteresse, qui aujourd'hui tombe en ruine. L'intérieur de la ville ne répond pas à l'idée qu'on peut s'en faire avant d'y entrer : les bazars sont mal tenus ; on a cependant construit il y a quelques années un vaste caravansérai qui répond à toutes les exigences du commerce. La population s'élève à vingt-cinq mille âmes environ : les Grecs comptent pour quatre mille et les Arméniens pour quelques centaines. Les cimetières, comme dans la plupart des villes musulmanes, sont des lieux de promenade : l'ombre des cyprès attire le soir de nombreux visiteurs.

CHAPITRE XXIV.

PLAINE HYRCANIENNE.

Le champ de bataille entre Antiochus et Scipion se trouve entre les deux villes de Magnésie et de Thyatire. Tite-Live (1) en marque la place en disant : « Le consul, apprenant que le roi était à Thyatire, marcha à grandes journées, et le cinquième jour arriva dans la plaine hyrcanienne. » Strabon donne en ces termes la division du grand plateau intérieur de la Lydie (2) : « A la plaine du Caystre, située entre le Tmolus et le Messogis, succèdent immédiatement à l'orient la plaine Cilbienne, *Cilbiana Juga* de Pline, pays étendu, fertile et bien peuplé, puis la plaine hyrcanienne, ainsi

---

(1) Hamilton, *Researches*, t. Ier, p. 50.
(2) *Voy.* page 229.
(3) Pausanias, liv. III, ch. 22.
(4) Strabon, XIII, 579.

(1) Tit.-Liv., XXXVII, 38.
(2) Strabon, XIII, 629.

nommée par les Perses, qui y envoyèrent une colonie d'Hyrcaniens, et la plaine de Cyrus, ainsi nommée par les mêmes. Étienne de Byzance, d'après Érathostène, place aussi la plaine hyrcanienne dans la Lydie. La juridiction de Smyrne réunissait, outre la plus grande partie de l'Æolide, les Macédoniens Hyrcaniens et les Magnètes du Sipyle. Les Macédoniens Hyrcaniens, ou Mostènes, furent compris dans les libéralités de Tibère, qui leur fit remise de cinq années d'impôts à la suite du tremblement de terre; des envoyés du sénat vinrent en Asie pour consoler et ranimer les populations (1). Il résulte de tous ces documents que la plaine hyrcanienne est celle qui est comprise entre Magnésie et Thyatire et qui est arrosée par le fleuve Lycus. C'est la rivière de Thyatire qui se jette dans l'Hyllus; ce fleuve est un des principaux tributaires de l'Hermus (2); il prend sa source dans la Phrygie épictète, non loin de celle du Rhyndacus, et se joint à l'Hermus, dans le voisinage de Magnésie. L'Hyllus est confondu par quelques géographes avec le fleuve Phrygius, qui séparait la Lydie de la Phrygie. L'hydrographie de cette contrée a généralement été assez mal connue par les anciens.

Le nom de *Mosteni*, donné par Tacite aux Macédoniens Hyrcaniens, s'applique aux habitants de la ville de Mostène, située sur leur territoire, et dont l'emplacement est aujourd'hui inconnu; son nom est inscrit sous celui de Mastena ou Justinianopolis dans les actes du sixième concile de Constantinople; elle a été épiscopale, et son évêque Julianus souscrivit au concile de 448 peut-être peut-on l'identifier avec la ville Hyrcania ou Diahyrcania, qui est citée par Eusèbe dans sa chronique. Il n'est fait aucune mention de cette ville dans Strabon ni dans Pline; mais elle est connue par ses médailles.

(1) Tacit., *Annal.*, II, 47.
(2) Hérodote, I, 80.

CHAPITRE XXV.

ROUTE DE SARDES A PERGAME PAR THYATIRE ET NACRASA.

L'ancienne voie romaine qui conduisait de Sardes à Pergame laissait à droite Thyatire et à gauche (ouest) Apollonis: cette dernière ville était à moitié route entre les deux capitales, c'est-à-dire à trois cents stades (56 kilom.) de l'une et de l'autre.

Il faudrait donc en chercher l'emplacement à l'ouest de Thyatire et dans la vallée de l'Hyllus. Attale roi de Pergame avait donné à cette ville le nom de sa femme, Apollonis de Cyzique; Pline se contente de la nommer avec d'autres villes de peu d'importance (1): on voit cependant que sous l'empire byzantin elle était épiscopale.

La grande vallée de l'Hermus est bordée au nord par une rangée de montagnes basses, qui séparent son bassin de celui de l'Hyllus; on fait halte à Marmora, ville moderne, de trois ou quatre mille habitants, où se trouve un caravansérai. On trouve çà et là aux environs assez de fragments antiques pour qu'on soit assuré qu'elle occupe l'emplacement d'une ville romaine; son nom seul de Marmora ne paraît motivé que par l'abondance des marbres antiques: aucune inscription n'a encore fait connaître le nom de la ville dont Marmora occupe l'emplacement.

THYATIRE.

Thyatire est située à l'extrémité nord de la Lydie, et si voisine des frontières de la Mysie qu'à une certaine époque elle a été comprise dans cette dernière province (2). Étienne de Byzance attribue sa fondation à Séleucus Nicanor, qui pendant la guerre contre Lysimaque y installa une colonie de Macédoniens (3). Pline nous apprend qu'elle s'appela d'abord Pelopia, c'est-à-dire ville de Pélops. On doit voir dans ce nom un souvenir du temps où les fils de Tantale régnaient sur cette région; cela

(1) Pline, V, 29.
(2) Strabon, XIII, 625.
(3) Et. Byz. *Voy.* Thyatira.

donnerait lieu de croire que Séleucus augmenta la ville de Thyatire et lui donna son nom, mais n'en fut pas réellement le fondateur. On l'appelait aussi Euhippa, c'est-à-dire qui fournit de bons chevaux : la Mysie aux temps homériques était en effet célèbre par ses haras ; ses prairies nourrissaient les innombrables cavales de Diomède.

Selon Pline (1), le fleuve Lycus arrosait les murs de Thyatire ; les autres géographes se taisent sur le nom de cette rivière, qui paraît n'être autre chose qu'un affluent de l'Hyllus.

Après la mort d'Alexandre, les Macédoniens vinrent en grand nombre coloniser ces régions, et chaque groupe se distingua par le surnom du canton qu'ils occupaient. On compta donc les Macédoniens Hyrcaniens, les Macédoniens Nacraséens, les Macédoniens Caduènes (2) et ceux de Thyatire. Cette ville après la défaite d'Antiochus fut réunie au royaume de Pergame. Pendant la période romaine sa destinée fut assez obscure ; elle renfermait cependant dans son sein un corps de gouvernement complet, et les inscriptions font mention du « très-puissant sénat et du peuple de Thyatire ». L'empereur Antonin Caracalla y fit faire des travaux importants, qui lui valurent le titre de bienfaiteur et de restaurateur de la ville. Pendant son dixième consulat l'empereur Vespasien fit ouvrir aux environs plusieurs voies publiques. Il ne reste plus aujourd'hui que des débris informes des monuments dont cette ville était ornée, et parmi les inscriptions qui ont été copiées par les anciens voyageurs Spon, Ricaut, il en est un bien petit nombre qui n'aient pas été détruites. On voit encore dans le bazar quelques fûts de colonnes de marbre, mais on ne saurait dire à quel édifice elles ont appartenu.

La grande célébrité de Thyatire vient de la place importante que cette ville a prise au moment de l'établissement du christianisme en Asie. Les prédications de saint Paul à Éphèse, ses pérégrinations en Lydie et en Troade portèrent des fruits précoces, et amenèrent la conversion des Gentils et des Juifs, qui s'unirent pour pratiquer la foi nouvelle. Sept villes principales de la Lydie méritèrent dès le premier siècle le titre d'églises chrétiennes ; ce sont Pergame, Éphèse, Sardes, Thyatire, Philadelphie, Hiéropolis et Laodicée.

Le livre de l'Apocalypse s'adresse à l'ange, c'est-à-dire à l'évêque de chacune de ces villes, et leur envoie les éloges ou les malédictions que mérite tour à tour la conduite des nouveaux chrétiens. Thyatire demeura fidèle au christianisme ; mais depuis la chute de l'empire de Byzance le nombre des chrétiens a toujours été en diminuant, et les écoles grecques ont disparu l'une après l'autre. On doit penser que Thyatire fut considérée comme une place forte d'une certaine importance, du moment qu'Antiochus en fit sa ligne d'opération contre l'armée romaine ; mais lorsque cette ville fut réunie au royaume de Pergame, elle fut complétement effacée par cette capitale, qui en effet présentait des moyens de défense infiniment plus puissants.

Dans le treizième siècle, l'empereur Andronic, chassé de Pergame par l'invasion musulmane, s'était retiré à Thyatire, et de cette place menaçait Pergame, qu'il ne put jamais reprendre. Depuis que l'Asie Mineure est au pouvoir des Ottomans, Thyatire, comme point stratégique, a perdu toute son importance. La forteresse qui s'élève sur une colline près de la ville, et que les Turcs appellent le château blanc, Ak hissar, est aujourd'hui abandonnée et tombe en ruine faute d'entretien. On a été longtemps incertain sur la position de l'ancienne Thyatire. Ricaut, consul d'Angleterre, et peu de temps après lui le voyageur Spon sont les premiers qui aient identifié cette ancienne ville avec la ville moderne de Ak hissar : plusieurs inscriptions portant le nom de Thyatire ont été lues et copiées par eux. La ville moderne est située au milieu d'une plaine bien cultivée ; les maisons sont bâties en terre et sont de chétive apparence ; les mosquées, au nombre de six, n'offrent rien de remarquable ; mais la ville est arrosée par de nombreuses fontaines, et les monuments publics sont entourés de plantations, qui donnent à la ville un

(1) Pline, liv. V, 29.
(2) Id., ibid., 30.

aspect des plus pittoresques. Le commerce de cette ville consiste principalement en coton, qui est cultivé dans les plaines d'alentour, et en laine, tirée des nombreux troupeaux que nourrissent les Turcomans de la montagne ; la population est estimée de huit à dix mille habitants, dont les deux tiers sont musulmans, le reste grecs et arméniens ; ces derniers, comme dans la plupart des villes turques, sont en possession du commerce avec l'intérieur, et font le trafic des tissus de la Perse. Les Grecs commercent de préférence avec Smyrne. Les environs de la ville sont couverts de jardins remplis d'arbres fruitiers : il est rare qu'on n'y rencontre pas quelque fragment de marbre antique ou quelque sarcophage servant d'auge à un puits ou à une fontaine.

CHAPITRE XXVI.

ROUTE DE THYATIRE A PERGAME PAR NACRASA.

D'après les indications de Strabon, la ville d'Apollonis était située à l'ouest de Thyatire et dans la vallée d'Hyllus. Le village de Bullana, qui est situé à neuf kilomètres environ du cours de l'Hyllus, occupe une position qui s'accorde bien avec celle d'Apollonis ; le cimetière renferme quelques fragments antiques, et sur une stèle M. Arundell a lu le nom ΑΠΟΛΛΩΝ... Il y aurait lieu d'étudier plus en détail cette localité : on pourrait facilement compléter ces indications. Cette ville appartenait au conventus juridicus de Pergame.

Au nord de Thyatire, les tables géographiques placent la ville de Nacrasa(1), nommée Acrasi dans la notice de Léon, Ocrasus chez Hiéroclès.

En quittant Thyatire, Arundell fit route vers le nord, traversant un pays de plaines bien cultivé; après deux heures de marche, il entra dans un pays montagneux, et sur le versant nord de la montagne, il fit halte au village de Bakir, près duquel le Caïque prend sa source ; la distance entre ce village et Thyatire est estimée trois heures de marche, ou dix-huit kilomètres. Bakir est entouré de hautes montagnes ; on y remarque un assez grand nombre de fragments antiques, parmi lesquels sont quelques inscriptions. Chishull a déterminé l'identité de Bakir et de Nacrasa, confirmée par une inscription commençant par ces mots : « Le sénat et le peuple des Macédoniens Nacraséens. »

De Bakir à Souma la route passe par un pays montagneux et bien boisé jusqu'au village de Souma, dont la situation s'accorde bien avec celle de l'ancienne Germa, de l'itinéraire d'Antonin : cette ville était à trente milles de Thyatire et à vingt-cinq milles de Pergame.

A quelque distance du village on remarque les ruines d'une forteresse byzantine qui couronne un rocher élevé; ses murailles, descendant sur le penchant du ravin, appartiennent à l'enceinte de l'ancienne ville. Le pays environnant est très-accidenté, et la route de Pergame est tracée le long d'un ravin ombragé par de hauts platanes et par de vieux noyers. La distance entre Souma et Pergame peut être facilement parcourue en huit heures de marche, ce qui équivaut à moins de vingt-cinq milles romains.

Sur le revers oriental de la montagne, qui appartient à la chaîne du Temnus, s'étend une immense plaine couverte de cultures. La ville moderne de Kirk agatch, les quarante arbres, est placée au pied de la montagne ; c'est une des villes les plus commerçantes de la province. Les plaines produisent la plus grande partie des cotons qui sont exportés par les échelles de Smyrne. Malgré sa position avantageuse et la fertilité de son territoire, Kirk agatch était autrefois une des villes de l'intérieur où les épidémies de peste se manifestaient le plus fréquemment; les habitants ne s'en livraient pas moins à leurs occupations commerciales, et leurs rapports avec la ville de Smyrne ne cessaient pas d'être journaliers sans que la contagion se propageât dans cette dernière ville. Les plaines de Kirk agatch produisent outre le coton une grande quantité de céréales, du sésame et des fruits qui sont exportés après avoir été séchés. Le miel est aussi l'objet d'un grand commerce. Mais si l'antiquaire ne trouve rien à glaner dans cette ville, elle n'en mérite pas

(1) **Ptolémée**, *Itin*.

moins l'attention de l'observateur qui veut se rendre compte des ressources agricoles du pays. La majeure partie de la population, que l'on estime à vingt mille âmes, est composée de Turcs : les Grecs ne comptent que pour deux mille, et les Arméniens sont en nombre insignifiant. Les mosquées et les écoles sont nombreuses, mais tous ces édifices sont d'une construction très-simple.

CHAPITRE XXVII.

PHILADELPHIE.

Philadelphie est située à l'extrémité orientale de la Lydie, à vingt-huit milles de Sardes, non loin des versants du Tmolus, dont elle est séparée par une plaine qui va en s'élevant jusqu'au pied de la montagne. Elle fut fondée par Attale Philadelphe, roi de Pergame, qui lui donna son nom.

La fondation de Philadelphie a été motivée par sa position stratégique : elle commande en effet l'embranchement des routes qui de l'orient conduisent d'une part dans la vallée du Méandre et d'autre part dans celle de l'Hermus, et les siéges nombreux que Philadelphie eut à soutenir prouvent que la position était bien choisie. Un autre motif de créer en ce lieu un vaste centre de population était dû à l'extrême fertilité du pays, qui aujourd'hui même ne dément pas son ancienne réputation.

Mais à part ces avantages de position, Philadelphie occupait un sol plus sujet qu'aucun autre à l'effet des tremblements de terre. Aussi Strabon et tous les auteurs qui ont parlé de cette ville paraissent s'étonner que les habitants persistent à y demeurer.

« Philadelphie, dit Strabon, est on ne peut pas plus sujette aux tremblements de terre, et les murailles des maisons s'entr'ouvrent à chaque instant; c'est tantôt un quartier de la ville, tantôt un autre qui éprouve quelque accident; aussi comprend-elle qu'un petit nombre d'habitants : il y a même lieu de s'étonner que ce peu d'habitants aiment à rester dans une ville où les maisons ne sont pas sûres, et il est encore plus étonnant que les fondateurs de Philadelphie l'aient bâtie sur un tel terrain (1). » Dans un autre passage Strabon a déjà fait la même observation : « Dans Philadelphie, les murailles mêmes des maisons ne sont pas sûres, car elles se crevassent presque tous les jours par l'effet des secousses, en sorte que les habitants sont attentifs à remédier par un maçonnage continuel aux accidents causés par la nature du sol (2). » Il est juste de dire que Strabon écrivait sous le règne de Tibère, et c'est précisément à cette époque que l'Asie Mineure fut ravagée par de terribles tremblements de terre, qui se sont renouvelés, il est vrai, mais à de rares intervalles. Philadelphie fut fondée vers l'an 130 avant notre ère ; elle avait donc à peine 160 ans d'existence quand Strabon écrivait ; il y a 1830 ans de cela, et Philadelphie existe encore.

Le système de construction des murailles et des monuments, qui sont composés d'un béton solide, revêtu d'un parement en petits moellons de gneiss, a peut-être été choisi dans le but de parer aux secousses du sol ; mais la constitution géologique du pays laissait peu de choix dans la nature des matériaux ; on ne trouve dans le mont Tmolus aucune de ces belles carrières dont on peut tirer des colonnes et d'autres grandes pierres de construction. Il s'en suit que les ruines des anciens monuments qui existent encore ne présentent que de grandes masses, aujourd'hui à peu près informes, et qui n'offrent qu'un intérêt médiocre au point de vue architectural.

La ville est bâtie sur plusieurs collines, et l'enceinte des murailles a la forme d'un grand rectangle presque régulier. L'ensemble des murailles subsiste encore presque en entier; il y a cependant du côté du nord une large brèche qui forme l'entrée de la ville : les anciennes portes sont dans un état de ruine complet. La muraille était défendue par des tours rondes, espacées de vingt à trente mètres.

A la seule inspection des ruines qui subsistent encore, on peut conclure que jamais Philadelphie ne s'est distinguée par la richesse et la beauté de ses mo-

(1) Strabon, XIII, 628.
(2) Id., XII, 579.

numents. Il y a lieu de croire que ses murs de moellons bruts étaient revêtus de stuc et d'enduits qui ont disparu; mais dans leur forme actuelle on pourrait difficilement reconnaître leur destination primitive : il n'est pas étonnant que chaque voyageur ait pu les attribuer selon sa fantaisie à d'anciennes églises ou à des temples romains. A l'orient s'élève une colline, séparée de la ville par un ravin et couronnée par un système de murailles appartenant à l'ancienne acropole. En examinant le système de fortifications, on doit reconnaître qu'il est bien inférieur à celui de plusieurs autres places de la même importance, car en réalité Philadelphie était la clef de la Lydie.

Elle avait, il est vrai, un double mur en avant du front de la place, mais il n'était pas, comme à Nicée, défendu par des tours alternant avec celles de la muraille; on voit encore en avant de la ville des traces de murailles au niveau du sol, qui ont peut-être fait partie du système de défense.

Philadelphie fut au nombre des villes romaines d'Asie qui acceptèrent avec empressement la foi chrétienne, et si l'on en juge par les actes des martyrs, les chrétiens de ces régions purent pratiquer leur culte avec assez de liberté. Elle mérita d'être mise au rang des sept églises de l'Asie, et saint Jean vint lui-même pour y révéler la parole de Dieu. La conduite méritoire des chrétiens de Philadelphie est citée comme un exemple aux autres communautés chrétiennes.

D'après la rareté des marbres dans les ruines de cette ville, on peut penser que les inscriptions y sont en petit nombre : on en cite cependant quelques-unes, qui nous apprennent que les jeux communs de l'Asie se célébraient à Philadelphie.

Les monuments de l'époque byzantine sont aussi pauvres que ceux de l'antiquité; les Grecs comptent à Philadelphie plus de vingt églises, mais il n'y en a pas plus de cinq dans lesquelles le culte soit pratiqué : ce sont les églises de la Panagia, de Saint-Dimitri, de Saint-Théodore et de Saint-Michel. Les chrétiens sont au nombre de trois mille; ils sont administrés par un évêque ; le clergé est nombreux, et les cérémonies religieuses s'y font avec un certain apparat.

Les monuments musulmans sont aussi modestes que les monuments chrétiens; on compte une vingtaine de mosquées, dont les minarets blancs s'élèvent au-dessus de la verdure qui les entoure, et donnent de loin à Philadelphie l'aspect d'une ville orientale par excellence.

La ville moderne est bâtie partie en bois, partie en terre; les maisons sont couvertes en tuiles, et malgré leur pauvre apparence elles renferment une population active et riche. L'extrême fertilité du pays, les troupeaux nombreux, et l'industrie des tisserands y répandent une grande aisance. La population, qui était estimée il y a un siècle de sept à huit mille habitants, ne paraît pas avoir varié. La ville ne s'est pas étendue, et dans l'intérieur des murs tous les quartiers sont suffisamment peuplés. Si les habitants de Philadelphie paraissent être très-négligents pour l'embellissement et l'entretien de leur ville, ils ont en revanche un luxe intérieur qui surprend l'étranger admis dans l'intimité des familles. Le vêtement des femmes grecques est des plus riches et des plus élégants ; il diffère de celui des femmes de Smyrne, en ce qu'il a un cachet plus oriental ; celui des femmes musulmanes ne le cède pas, dit-on, en richesse à celui des chrétiennes.

Les Grecs ont conservé à cette ville le nom de Philadelphie, les Turcs l'appellent Ala-cheher, la ville blanche. La ressemblance du mot *Ala*, blanc, avec celui de Allah, dieu, a motivé une méprise dans laquelle sont tombés l'un après l'autre tous ceux qui ont écrit sur Philadelphie : ils ont cru que Ala-cheher signifiait la *ville de Dieu*, et ont conclu que ce nom lui était donné en souvenir de l'établissement du christianisme. Les orientalistes, et notamment M. de Hammer, n'ont pas commis cette erreur.

Pocoke commet une erreur semblable au sujet des truites de l'Olympe (en turc Ala-balouk, poisson blanc) : il croit que les Turcs leur donnent le nom de poisson de dieu.

L'histoire de Philadelphie depuis le onzième siècle est vraiment lamentable;

dès la première apparition des hordes musulmanes en Asie Mineure, cette ville fut le point de mire de leurs plus furieuses attaques. Prise d'abord par les Seldjoukides, elle tomba quelque temps après au pouvoir des Latins; reprise par le sultan Ala-Eddin, en 1300, elle fut comprise dans le partage de l'émir Karaman. Le duc Roger de Flor réunit Philadelphie et Sardes à la principauté de Pergame, que gouvernait Jean Vatatzès. En 1306 elle fut assiégée par Alisuras, qui s'empara des ouvrages avancés, mais fut obligé de battre en retraite devant l'armée byzantine; enfin en 1391 elle tomba sous le pouvoir ottoman, dans des circonstances qui méritent d'être rapportées.

La dissension s'était mise dans la maison impériale de Byzance; Andronic avait fait renfermer dans une prison d'État l'empereur Jean et son fils Manuel, qui étant parvenus à s'échapper, s'étaient retirés près du sultan des Turcs Bayazid Ildirim. Sur ces entrefaites le sultan résolut de s'emparer de Ala-cheher, la seule ville byzantine qui restât en Asie; elle se trouvait resserrée entre les États de l'émir Aïdin et ceux des sultans de Broussa : il réclama le secours des troupes de Byzance.

Les Grecs méprisaient cette attaque, attendu qu'une tradition disait que jamais la ville chrétienne de Philadelphie ne tomberait aux mains des Turcs. Le commandant de la citadelle répondit avec fierté aux sommations qui lui furent faites de rendre la place; alors l'assaut fut ordonné, et pour comble de honte les troupes grecques commandées par Manuel furent les premières à monter à l'assaut. On raconte que Bayazid, furieux de la résistance des Philadelphiens, fit faire un trophée avec les cadavres des prisonniers. La place, grâce à son énergique résistance, obtint une capitulation honorable, et les chrétiens attribuaient à cet événement les priviléges dont ils ont continué à jouir sous les sultans.

Après la chute de Bayazid, Timour s'empara de Philadelphie, mais la ville échappa à une destruction complète. Elle fit ensuite partie des domaines de l'émir Djounéid, qui posséda toute la Lydie; enfin, après la destruction de ce rebelle elle rentra dans les possessions des sultans.

La position de Philadelphie, au col de partage des eaux de l'Hermus et du Méandre, correspond assez bien avec celle de la ville lydienne Callatébus, par laquelle se dirigeait l'armée de Xerxès lorsqu'il marchait sur Sardes; aussi quelques géographes (1) ont-ils été tentés d'identifier les deux villes, la raison d'être de l'une et de l'autre ayant été commandée par le même motif, la défense des deux vallées.

On fabriquait à Callatébus (2) une sorte de miel tiré du Myrica et du froment. Les commentateurs ont été embarrassés pour bien définir cette composition; ils ignoraient qu'elle se confectionne encore en Orient, et sous le nom de *halva* fait les délices des enfants turcs, comme le pain d'épice celui de nos enfants. Du temps d'Hérodote la base de cette composition était tirée du *tamarisc mannifera*, arbuste qui croît encore en Orient, et dont les confiseurs persans retirent une sorte de gomme blanche sucrée et agréable au goût : on y joignait du miel et de la farine.

Aujourd'hui les *halvadji*, fabricants de halva, y joignent de la farine de sésame et du sucre; tout ce mélange, battu dans un mortier, compose une pâte jaunâtre qui s'exporte jusque dans les îles de la Grèce. Le halva de Philadelphie et celui d'Aïvali sont renommés en Orient. — Le beau platane dont la vue attira l'attention de Xerxès est encore une preuve que la ville de Callatébus était dans ces régions : aucune autre contrée de l'Asie Mineure ne produit aujourd'hui de si beaux platanes.

Le petit fleuve Cogamus, qui arrose le territoire de Philadelphie, coule au nord-est de la ville; il est souvent à sec une partie de l'année : il va se jeter dans l'Hermus, à quelques milles à l'est de Sardes. Son nom moderne est Couzou tchaï la rivière de l'agneau.

(1) Mannert, t. VIII, 366; Hammer, *Hist. Ott.*, liv. VI.
(2) Hérod., liv. VII, 31.

CHAPITRE XXVIII.

LA CATACÉCAUMÈNE.

Lorsqu'on a franchi le fleuve Cogamus, en se dirigeant vers le nord, on entre dans une contrée dont l'aspect diffère totalement de celle qu'on vient de parcourir; ce ne sont plus des terrains d'alluvion dans lesquels dominent les cailloux de gneiss et de quartz; les montagnes prennent une teinte rougeâtre et sombre, la végétation arborescente devient plus clair-semée, les sources disparaissent; on reconnaît bientôt les traces des feux souterrains qui à une époque ancienne ont ravagé la contrée et ont été l'agent principal de sa constitution actuelle. Quoique l'action volcanique ait cessé depuis un grand nombre de siècles, les anciens, malgré le peu d'attention qu'ils portaient à la science géologique, avaient fort bien compris la nature ignée de ces terrains, persuadés qu'ils étaient que les tremblements de terre ne se manifestaient que par l'action interne du feu. Aussi avaient-ils donné à la contrée qui s'étend depuis Kadi jusqu'à Laodicée d'une part, et depuis Sipylus jusqu'à Synnada de l'autre, le nom de Catacécaumène (Καταχεκαυμένη), ou contrée brûlée. Les produits volcaniques déposés à différents âges présentent des caractères assez variés pour que l'œil du géologue puisse facilement discerner leur âge relatif. Les plus anciens volcans de l'Asie se sont manifestés par épanchements plutôt que par irruption. La substance qu'ils vomissaient était d'une nature pâteuse plutôt que fluide; elle paraît être sortie de terre par de larges fissures, et couvrait toute une contrée d'une nappe ignée, qui n'a pu qu'au bout d'un très-grand nombre de siècles devenir propre à la végétation. La substance ainsi rejetée par ces volcans primordiaux est d'une nature assez uniforme sur toute la surface de l'Asie Mineure. Elle se compose d'une pâte homogène, qui varie du rouge-violet foncé jusqu'au bleu clair, et qui contient un nombre variable de cristaux blancs plus ou moins parfaits de feldspath; ce sont des trachytes proprement dits. Dans quelques-unes de ces roches, on observe d'autres éléments : le quartz hyalin, dont les cristaux forment deux pyramides renversées, et l'amphibole, qui est tantôt amorphe, tantôt sous la forme d'aiguilles très-ténues. Ces trachytes s'approchent davantage de la classe des porphyres, dénomination sous laquelle ces roches ont été connues jusqu'à ce que la géologie les ait classées plus positivement. L'épanchement de ces roches a duré pendant plusieurs siècles; elles ont couvert une vaste région, et formé des montagnes considérables. Elles se sont élevées en cônes et en pyramides, mais sans jamais laisser de traces de ce que nous appelons un cratère. Souvent l'action de ces laves a été si puissante, qu'on a vu des parties de montagne, des roches d'une époque primordiale, soulevées par l'action du feu, leurs couches déplacées, et prendre la direction verticale, en laissant partout des traces de l'effort immense qui s'était produit. Les trachites, en se refroidissant, ont éprouvé dans leur retrait des fissures analogues à celles qui se manifestent dans un terrain argileux qui sèche. L'infiltration des eaux, la désagrégation de la roche, ont bientôt augmenté ces fissures, qui sont devenues des vallées. C'est la première période des feux de la Phrygie. Il semble, d'après l'inspection des terrains, qu'il y eut une sorte de repos dans les phénomènes volcaniques, pendant lequel l'action du temps et celle des eaux agirent seules sur ces roches nouvelles. Mais une seconde période de l'activité des feux se manifesta; les roches trachytiques furent elles-mêmes soulevées, fendues, brisées, par l'action des laves plus récentes, et leurs débris, entraînés par les flots ignés qui sortaient des montagnes, se trouvent aujourd'hui mêlés dans les courants de lave de fusion, comme les cailloux d'un fleuve se retrouveraient mêlés à ses eaux glacées. Il est rare que l'éruption de la lave de fusion n'ait pas été précédée d'une éruption de cendres; car presque toujours des couches assez épaisses se trouvent entre le lit trachytique et le courant des scories.

C'est à cette seconde époque qu'il faut rapporter la formation de ces montagnes coniques, véritables volcans, analogues à ceux de l'Auvergne et de l'Italie, et dont les produits sont identiques ; ce sont tantôt des cendres contenant des fragments de ponce noire et blanche, quelques cristaux de pyroxène et d'autres roches cristallines ignées, qui, s'agglomérant par la suite des temps, ont formé ces bancs de roche tendre, d'une épaisseur quelquefois considérable, dans lesquels les peuples primitifs, manquant sans doute d'autres moyens de construction, de chaux et de bois, se sont plu à creuser des demeures, des tombeaux et des temples. C'est une chose qu'on peut observer *a priori* dans ces régions ; les peuples qui ont construit en appareil que nous appelons pélasgique sont ceux qui vivaient dans les régions calcaires ; les peuples qui habitaient des régions couvertes de tuf volcanique ont, au contraire, creusé d'innombrables cellules qui, après tant de siècles, sont encore l'étonnement du voyageur qui parcourt l'Asie. Tout le pays qui chez les anciens portait le nom de Catacécaumène n'est cependant pas entièrement couvert de produits volcaniques. La vallée supérieure de l'Hermus, en descendant de Kadi, offre çà et là des formations de roches crétacées qui surgissent au milieu des trachytes, et qui sont comme des îlots s'élevant sur une vaste étendue de terrains ignés. On rencontre de plus, entre le bassin de l'Hermus et la vallée du Cogamus, dans laquelle est située Philadelphie, des landes et des collines arides qui sont formées de terrains trappéens, d'une constitution antérieure aux épanchements trachytiques, mais dont l'aspect terreux et desséché les a fait confondre par les anciens avec les terrains purement volcaniques.

La province qui fut appelée par les habitants Catacécaumène était située sur les frontières de la Lydie et de la Mysie ; il n'est donc pas étonnant que les anciens l'aient attribuée tantôt à l'une, tantôt à l'autre de ces deux provinces ; elle occupe une partie notable de la Phrygie épictète, tout l'orient de la Phrygie salutaire, jusqu'à la vallée calcaire de Synnada, la pointe septentrionale de la Lydie, en un mot tous les affluents supérieurs de l'Hermus et du Méandre. Toute la partie orientale de ce territoire est presque entièrement composée de terrains trachytiques ; mais les villes de la Lydie se sont élevées au milieu de volcans qui portent tous les caractères des volcans contemporains, et dont les éruptions, quoique tout à fait effacées de la mémoire des hommes, ont dû avoir lieu à une époque assez rapprochée de nous ; car on trouve dans différentes directions des coulées de lave traversant, dans la longueur de plusieurs milles, des territoires que la végétation recouvre, et ne laissant dans toute l'étendue de leur cours que la désolation et la stérilité. Le territoire de Koula est surtout remarquable par plusieurs cônes volcaniques, dont les parties constituantes ne diffèrent en rien de ce que nous connaissons de plus moderne dans les coulées de lave.

CHAPITRE XXIX.

VOLCAN DE KARA DEVLIT.

La ville de Koula est bâtie au pied d'une montagne nommée Kara dévlit, l'encrier noir, qui est le centre d'une éruption considérable, dont les épanchements se sont fait jour au sud dans toute la vallée, et passent sous le sol de la ville actuelle, qui est bâtie toute en lave noire, identique avec la lave de Volvic en Auvergne. La surface de ce courant est composée de quartiers de roche, dont quelques-uns cubent sept ou huit mètres ; ils sont quelquefois accumulés et jetés les uns sur les autres comme les glaçons d'une rivière. On voit que l'action du feu a brisé des roches déjà refroidies, et les a entraînées nageant sur un nouveau torrent, qui s'est figé comme une masse de scories sortant d'un fourneau ; ces laves contiennent de petits cristaux de pyroxène et des filons d'obsidienne. Le refroidissement de la substance ignée a formé des fissures qui s'enfoncent sans doute à une profondeur considérable, et qui ont donné naissance, dans l'intérieur de la roche, à des dédales et à des cavernes que l'on peut parcourir dans une certaine étendue. Ces fissures communiquent entre elles par des conduits inaccessibles, qui sont parcourus par des courants d'air qui dans l'été sont extrêmement frais. Cette particularité est bien connue des habitants, qui dans l'été déposent dans ces fissures des amphores d'eau pour les faire rafraîchir. La rupture de la roche dans une assez grande hauteur, observée dans ces cavernes, fait voir que cette roche était homogène ; elle est d'un aspect gras et comme miroitant, semblable à du laitier de forge, parsemée çà et là de globules d'ébullition, noire, sonore et à cassure vitreuse. Du côté de la ville on observe très-peu de cendres. Il ne paraît pas que ces laves se soient fait jour par le cratère du sommet, qui est fort échancré, et qui semble beaucoup plus ancien que la coulée, car les flancs du cône sont couverts d'une végétation qui commence à poindre. Du côté du nord, les éruptions ont été beaucoup plus considérables, et ont eu lieu à des périodes très-distinctes. On suit avec intérêt, pendant plus d'un myriamètre, les traces de ces éruptions, qui, du point culminant d'où elles sont parties, se sont toutes dirigées par une pente rapide jusqu'au bassin de l'Hermus. Là, arrêtées par les eaux, elles ont reflué, en formant une falaise qui surplombe au-dessus du fleuve, phénomène facile à expliquer : car le contact de l'eau et des laves bouillantes brisait la masse, et entraînait les débris. Les laves ont été arrêtées par les collines de gneiss qui formaient la vallée naturelle dans laquelle elles se sont répandues ; les crêtes de laves forment des blocs si abrupts, qu'il est impossible de traverser les coulées. Il n'y a pas une plante sur ce terrain, et les traces du feu ont conservé toute leur aridité.

La hauteur du cône de Kara dévlit est d'environ 500 mètres au-dessus de la plaine, et la hauteur absolue de Koula est de 803^m,5, le baromètre marquant 0,^{m}701, le thermomètre du baromètre 29°,10, et le thermomètre libre 28,10, la hauteur du baromètre au bord de la mer étant 0^m,760. La coulée qui s'étend jusqu'à l'Hermus est formée dans sa partie supérieure de laves analogues à la coulée du sud ; mais, en suivant le cours du fleuve, on aperçoit çà et là des traces de la formation basaltique, phénomène qui, selon quelques géologues, est dû au refroidissement subit des laves. Je dois dire ici qu'en effet je n'ai jamais observé de cristallisation basaltique que dans les terrains qui sont baignés par les eaux : sur la côte asiatique du Bosphore, aux environs des îles Cyanées, dans la vallée de Dermen-tchaï, près de Trébizonde, et dans la vallée de l'Halys, en faisant route vers Césarée. Il y a aux environs de Koula d'autres cônes volcaniques, l'un appelé Sandal et l'autre Dopos-Kalé, au sommet desquels se voient des traces de cratère et des courants de lave qui paraissent contemporains des coulées de Koula.

Le cône qui se trouve près du village de Sandal paraît avoir vomi des cendres, qui se sont converties en tuf, et qui couvrent une assez grande surface de pays. En un mot, tout le terrain situé entre la rivière qui passe devant Philadelphie, et qui est l'ancien Cogamus, et le fleuve Hermus, est d'une formation volcanique analogue aux volcans existants ; mais les terrains ignés s'étendent fort au delà vers l'est, jusqu'à la ville d'Afioum-kara-hissar ; là, ils appartiennent à la formation trachytique. Cependant, près d'Ouschak, dans l'endroit appelé Hessler-kaia-si, on observe un grand cratère, dont l'orbe est composé de lave violâtre, contenant du feldspath décomposé, et roulée elle-même dans une pâte de cendre et de scories ; c'est ce qu'au Vésuve on appelle *rapilli*. La masse de ces déjections est assez étendue, et s'élève à une hauteur d'environ 40 mètres ; les couches formées par les cendres sont horizontales, et les rocs du côté de la vallée ou du cratère présentent une surface absolument verticale. Au delà de l'Hermus, la formation volcanique continue ; mais on ne trouve plus de lave de fusion, ce sont des tufs d'un gris jaunâtre, et qui s'élèvent en collines à parois abruptes.

A part les choses fabuleuses que Strabon se plaît à rapporter, d'après d'anciennes traditions (1), Strabon décrit en peu de mots la région catacécaumène d'une manière fort exacte ; il lui donne en longueur cinq cents stades sur quatre cents de large, soit quatre-vingt-douze kilomètres et demi sur soixante-quatorze, c'est-à-dire qu'elle s'étend jusqu'au

(1) Strab., XIII, 626, 628.

territoire de Kara hissar, où l'on observe en effet, des phénomènes volcaniques très-remarquables. Cette région était dépourvue d'arbres, mais produisait un vin renommé, connu sous le nom de Catacécauménite. Le canton était couvert de cendres et de scories noires.

Strabon rejetant toute explication surnaturelle de ces phénomènes ignés, n'hésite pas à les regarder comme l'effet des volcans dont les sources sont épuisées, il en donne pour preuve les trois gouffres distants les uns des autres de quarante stades, et que l'on nomme les soufflets, et au-dessus desquels on voit les cônes formés par des amas de laves. Dans les galeries naturelles formées par le refroidissement circulent des courants d'air frais qui soufflent au dehors.

Vitruve (1) connaissait bien cette région comme pays volcanique : on en exportait de la pierre ponce. Les trois cratères dont parle Strabon s'identifient parfaitement avec les trois cônes volcaniques des environs de Koula, le premier dominant la ville, le second observé par M. Hamilton à sept milles à l'ouest du premier, entre les villages de Sandal et de Megné. Le cratère est complet, et plusieurs autres cônes d'une période plus ancienne s'élèvent aux alentours; le troisième cône, d'une date plus récente, est située à sept milles à l'est de Sandal : on l'appelle Caplau alan, la dent du tigre ; il est composé de cendres et de scories. Son cratère est le mieux conservé de tous ; il a un demi-mille (800 mètres) de circonférence : son élévation au-dessus de la mer est de 780 mètres.

CHAPITRE XXX.

KOULA.

La ville de Koula est agréablement située, à la naissance d'une longue vallée qui, de la base du volcan de Kara dévlit, s'étend vers le sud. De nombreux minarets s'élancent au-dessus de la verdure sur laquelle se détachent quelques mosquées, dont les murs blanchis contrastent avec l'aspect lugubre de la ville, qui est toute bâtie en pierres de lave

(1) Vitruve, liv. II, ch. 6.

noire, mais presque toutes les maisons sont ombragées par quelques arbres; les rues sont propres, et la population, active et industrieuse, paraît jouir d'une certaine aisance.

Koula est une ville de quatre à cinq mille âmes ; la population grecque est en possession de presque tout le commerce local, qui consiste en laine, coton, opium et céréales : on compte environ deux mille Grecs. Les Turcs, outre le commerce de caravane, partagent avec les Grecs une industrie qui a de l'avenir; c'est à Koula que commence la fabrication des tapis dits de Smyrne, et qui s'exportent jusqu'en Amérique. Les femmes des Youronk eu fabriquent aussi sous leurs tentes : ce sont de petits tapis de prière. L'abondance des laines jointe à la culture des plantes tinctoriales, la garance, le rhamnus, qui donne la graine jaune, la valonnée et la noix de galle, qui donnent le noir, et l'indigo, qui arrive par caravanes, telles sont les matières premières qui ont permis de faire de la fabrication des tapis une industrie toute locale. Il est curieux de remarquer que cette région est restée depuis les temps reculés en possession d'un art qui faisait la célébrité de Laodicée.

S'il ne reste à Koula aucun débris de monument d'architecture, la ville abonde en fragments de marbre de toute sorte, et dans plusieurs maisons grecques on conserve des bas-reliefs et des sculptures en marbre, qui ne sont pas sans mérite. Il en est un surtout qui représente le dieu Lunus ou Men, et qui contient une inscription relative au culte de cette divinité.

« Le hiérodule Demas ayant institué une prière au soleil Phalatès, au Meu Tiamos et au Men roi, ordonne de s'y conformer, sous peine de reconnaître l'effet de la puissance de Jupiter. » Cette ordonnance porte la date de l'an 256 (des Séleucides), qui correspond à cinquante-six ans avant notre ère.

D'après sa position sur les routes de Philadelphie à Pruse, et de Cotyæum à Pergame, il est à croire que Koula occupe l'emplacement d'une ancienne ville, mais aucun monument n'autorise à l'identifier définitivement avec quelque nom connu. Le nom de Koula (koulé, tour) est turc et assez moderne; il en est question dans l'itinéraire du grand-duc Roger comme d'une forteresse. La position de Clanudda, marquée dans la table de Peutinger sur la route de Philadelphie à Cotyæum et à vingt-huit milles de la première, pourrait convenir à Koula.

CHAPITRE XXXI.

VILLES DE LA LYDIE AU NORD DE L'HERMUS.

La Lydie comprenait vingt-sept évêchés ou villes principales, qui sont mentionnées dans la notice de Hiéroclès et dans celle de l'empereur Léon. Quoique plusieurs des noms anciens soient altérés, on les reconnaît facilement sous leur forme nouvelle. Nous avons à faire connaître maintenant un certain nombre de ces villes, qui occupaient la région nord de la Lydie, et à appeler l'attention des géographes sur des ruines qui ne sont pas encore classées.

Koula se trouve sur la route de caravane qui va de Smyrne à Kutayah, à vingt-six heures ou cent cinquante kilomètres de la première, on remonte ensuite vers le nord pour gagner Ouschak ; l'ancienne route ne devait pas différer beaucoup de celle-ci, attendu que cette région renfermait un certain nombre de villes qui étaient forcément desservies par une route dirigée du sud-ouest au nord-est.

En suivant cette direction on rencontre, à onze kilomètres au nord-est de Koula, une localité qui mérite d'être observée. Des sources chaudes marquant 59 degrés centigrades sortent de terre à quelques pas de la rive de l'Hermus, et forment un bain naturel connu dans le pays sous le nom de Émir Hammam, le bain de l'émir.

On y observe des restes de constructions qui ont le caractère d'une haute antiquité, mais l'emplacement paraît avoir convenu moins à une ville qu'à un de ces centres où la religion s'unissait à la médecine pour la cure des maladies, et dans lesquels les prêtres étaient investis d'un double ministère : les établissements de ce genre étaient nombreux dans la contrée. Le bassin d'où sort la source est entouré d'un mur composé de pierres de grand appareil, réunies sans ciment : des murs de même style forment une enceinte qui suit les pentes du rocher.

Dans l'enceinte du bain moderne on trouve aussi plusieurs fragments d'architecture; l'*Area* où se trouvent réunies toutes ces ruines n'a pas une centaine de mètres d'étendue; elle est fermée au sud par un rocher vertical, sur le flanc duquel ont été sculptés plusieurs bas-reliefs, qui ont tous un caractère religieux. Le plus grand et le mieux conservé est sculpté dans une niche qui a environ 1^m 50 de hauteur ; l'archivolte représente une guirlande de feuillage ; au centre de la niche est sculptée une figure semblable à celle du bas-relief de Koula, représentant le dieu Lunus ou Men, coiffé du bonnet phrygien, et ayant derrière lui le croissant, attribut de cette divinité. Le style de ce monument n'accuse pas une haute antiquité ; nous sommes porté à le considérer comme de la même époque que le bas-relief de Koula, qui porte sa date. Plusieurs bas-reliefs, mais d'une plus petite dimension, sont sculptés dans le même rocher : on ne distingue plus que la masse des figures ; l'un d'eux représente un personnage couché, autour duquel sont réunies plusieurs figures d'hommes.

Au nord de l'enceinte sont des restes de voûtes, et sur la rivière un pont à demi ruiné, qui paraît être des temps byzantins. Si Émir-Hammam occupe l'emplacement d'une ville, elle doit avoir été extrêmement petite : nous sommes plus disposé à y voir un établissement thermal et religieux comme ceux de Caroura et de Charonium (1).

L'ancienne Silandus, siége épiscopal de Lydie, occupait l'emplacement du village moderne de Selendi, situé à quarante-cinq kilomètres au nord-est de Koula, sur un des affluents de l'Hermus, qu'on appelle Selendi-sou et plus loin Aïneh-tchaï; on trouve à Selendi quelques inscriptions, mais aucun vestige de monument ancien. Le pont jeté sur l'Hermus à Émir-Hammam, servait à établir une communication entre ces deux places.

---

(1) Strabon, XIII, 575 ; XIV, 349.

Nous avons particulièrement remarqué une inscription gravée sur une belle plaque de marbre, commémorative d'une statue décernée à Hermogène par Thrasybule, fils de Pythodore, et par Glycon le 5 du mois Gorpiæus de l'an 145. — 267 ans avant notre ère.

CHAPITRE XXXII.

MŒONIA. — BLAUNDUS. — SAÏTTÆ.

La partie nord de la Catacécaumène formait au delà de l'Hermus un grand triangle, enclavé entre la Mysie à l'ouest et la Phrygie à l'est; c'était la Mœonie proprement dite, dont le nom s'étendit ensuite jusqu'aux versants du Tmolus. La ville de Mœonia était au centre de cette province. On fut d'abord disposé à l'identifier avec la ville moderne de Koula, d'après une inscription portant le nom des Mœoniens; mais il fut constaté qu'elle avait été transportée d'un village nommé Maigné, situé à sept kilomètres au nord de Koula, et M. Hamilton, qui a visité cette localité, a constaté qu'elle occupait l'emplacement d'une ancienne ville; il a de plus copié une autre inscription portant le nom ΜΑΙΩΝΩΝ, encastrée dans le mur de la mosquée : divers fragments d'architecture épars dans les rues sont tout ce qui subsiste aujourd'hui de cette ancienne ville.

Mœonia est mentionnée comme une ville de Lydie dans la notice de Léon et dans le Synecdème de Hiéroclès. Pline indique sa position sur le fleuve Cogamus et au pied du Tmolus, tandis qu'elle est à plus de vingt kilomètres au nord de ce point (1). Dans le voisinage de Maigné, et à six kilomètres au nord-ouest de Koula, il existe une carrière de marbre près d'un village du nom de Ghiuldiz ; on y observe de nombreux fragments de sculpture, des fondations d'édifices qui ont dû être des temples et des monuments publics. Quelques inscriptions de différents âges ont été copiées, mais aucune ne fait connaître le nom de la ville, qui est resté indéterminé. Cependant le major Keppel, à qui l'on est redevable de la découverte de cette ville, est disposé, d'après une certaine analogie de noms, à l'assimiler avec l'ancienne Daldia, citée dans les notices ecclésiastiques.

Tabala, autre ville de la même province, occupait l'emplacement du village de Davala, aux environs de Koula.

Adala, village turc situé sur la rive gauche de l'Hermus, remplace l'ancienne Attalia ; mais on ne trouve aucun vestige de la ville fondée par Attale : un château du moyen âge bâti sur un rocher a remplacé l'ancienne acropole.

Les coulées de lave qui s'étendent jusqu'à l'Hermus appartiennent à la même formation que celles de Koula, et prouvent que les volcans ont été en activité pendant la même période. Les laves ont coulé jusqu'au fleuve, entraînant dans leur cours les débris de laves plus anciennes. La végétation ne s'est pas encore développée sur ces terrains, qui présentent un aspect de désolation.

La ville de Blaundus, dont la position a été déterminée par MM. Hamilton et Arundell au village de Sulcimanli, à une heure de marche de Gœubek, était un siége épiscopal suffragant de la métropole de Smyrne, inscrit dans les notices ecclésiastiques sous le nom de Balandus. Elle doit sa fondation aux successeurs d'Alexandre, qui amenèrent dans ces contrées une nombreuse population macédonienne : aussi les habitants se désignaient-ils sous le nom de Macédoniens Blaundéens. Blaundus est située sur la grande route de Philadelphie à Dorylæum, à l'extrémité du triangle formé par cette enclave de territoire dont nous avons parlé, et la ville s'élève sur une colline entourée de part et d'autre par deux profonds ravins. La porte principale est située sur le col qui joint à la plaine cette sorte de presqu'île, et qui n'a pas plus de soixante pas de large. Les flancs de la vallée ont été creusés pour y établir de nombreuses chambres sépulcrales ; il en est quelques-unes qui conservent des traces de peinture.

Le théâtre est construit au pied de la colline. La scène est aujourd'hui entièrement détruite, mais un grand nombre de siéges sont encore en place. La porte était défendue par deux tours carrées qui sont encore presque entièrement conservées ; elles sont en pierres

---

(1) Pline, liv. V, 29.

de grand appareil, réunies sans ciment; l'une d'elles est couronnée par une frise à triglyphes d'ordre dorique, chose inusitée dans les constructions militaires. La baie de la porte est carrée et surmontée d'une architrave; au-dessus est un arc de décharge : ce système de construction n'est pas d'accord avec l'architecture des temps helléniques; aussi Arundell regarda-t-il cette porte comme un ouvrage byzantin. Ce n'est pas l'opinion de M. Hamilton; les deux observateurs pourraient être d'accord en admettant que ce monument a subi quelques modifications à l'époque romaine. Les restes de monuments sont nombreux et remarquables; il serait à désirer qu'ils fussent relevés et mesurés par un architecte archéologue. Dans l'axe de la porte sont les ruines d'un magnifique temple; on retrouve toutes les frises, les architraves et les fûts de colonnes amoncelés les uns sur les autres, ce qui suppose l'effet d'une chute soudaine plutôt qu'une destruction successive; les ornements de cet édifice sont comparés par M. Hamilton à ceux de l'Erechteum d'Athènes (1). Au sud du temple sont les ruines d'un portique d'ordre dorique, avec des pilastres carrés, dont quelques-uns portent encore leur architrave. Un peu plus loin un autre portique est composé de deux demi-colonnes accouplées à un pilastre carré : il en reste encore six en place. Un édifice construit en grands blocs de pierre s'élève à l'extrémité de l'acropole; on reconnaît aussi l'emplacement d'un stade. Les restes de trois autres temples occupent une partie de l'esplanade en dehors de la porte. Cette brève description suffit pour faire voir que les ruines de Blaundus constituent un bel ensemble de ville gréco-romaine, qui mérite d'attirer l'attention des archéologues architectes.

CHAPITRE XXXIII.

SAÏTTÆ. — FLEUVE HYLLUS.

Saïttæ, comprise parmi les villes de Lydie dans la notice de Hiéroclès, est inscrite sous le nom de Sitæ dans celle de Léon : elle appartenait au canton de Mœonia et était située sur le bord du fleuve Hyllus. Les ruines de Saïttæ ont été retrouvées par Hamilton au lieu nommé Sidas-kale-si, à trente-trois kilomètres au nord de Koula près du village de Injicler.

En partant de Koula on va droit au nord jusqu'à la vallée de l'Hermus, on franchit le fleuve, et douze kilomètres plus loin on traverse la rivière Ainehtchaï.

La route suit une vallée latérale, qui a quatre kilomètres de longueur; les ruines de Sidas-kalé-si s'étendent sur un plateau ondulé, entouré de collines basses : de nombreux sarcophages annoncent l'entrée de la ville. En descendant dans la plaine on reconnaît les ruines d'un stade dont une partie a disparu, mais dont l'autre moitié, appuyée sur le flanc d'une colline, est bien conservée : le podium et une partie des siéges sont encore en place. La plaine est couverte de débris de monuments et de fragments d'architecture d'une bonne exécution; plusieurs fûts de colonnes et des architraves de marbre jonchent le sol ; dans la partie orientale de la plaine on reconnaît de grandes substructions voûtées qui paraissent avoir appartenu à un temple : le tout est construit sans ciment. Le village voisin, nommé Injicler, offre suffisamment des ressources pour l'antiquaire qui voudrait séjourner quelques jours au milieu de ces ruines. Une grande rivière, du nom de Démirdji tchaï (la rivière des forgerons) coule près des ruines de Sidas-kale-si, et va se jeter dans l'Hermus. Or, comme il est reconnu que la ville de Saïttæ était située entre l'Hermus et l'Hyllus, l'existence de cette rivière fait naître sur le véritable cours de l'Hyllus une difficulté qui avait déjà été pressentie par Mannert.

La bataille entre Antiochus et Scipion ayant eu lieu entre Magnésie et Thyatire, comment aurait-elle pu se passer près du fleuve Hyllus, qui est si loin de là. Ceci tend à donner raison au passage de Pline qui fait du Hyllus et du Phrygius deux fleuves différents, contre Strabon, qui n'en fait qu'un seul (1).

Le cours de l'Hyllus baignait les murs

(1) Hamilton, *Researches in Asia Min.*, t. I, p. 129.

(1) Mannert, *Geographie der Griechen und Römer*, t. II, ch. VIII, 376. Pline, liv. V, 31.

de deux autres villes de Lydie dont la position est encore indéterminée ; la première est Hiérocésarée, qui se distinguait par un temple de Diane Persique. Au sujet de la réduction du droit d'asile décrété sous Tibère, les habitants d'Hiérocésarée exposèrent que le temple de Diane Persique, construit du temps de Cyrus, jouissait de ce privilége, et que les décrets impériaux l'avaient étendu jusqu'à deux milles pas aux alentours du temple (1). Les cérémonies qu'on y pratiquait étaient semblables à celles du temple d'Hypæpa. Les tables géographiques placent Hiérocésarée dans la vallée d'Hyllus, à l'est de Thyatire, sur les frontières de la Mysie. Ptolémée (2) la met dans le voisinage de Philadelphie, ce qui s'accorderait mieux avec l'hypothèse qui admettrait le Demirdji tchaï comme le véritable Hyllus.

La position de cette ville n'a pas encore été déterminée.

CHAPITRE XXXIV.

TRALLES. — AÏDIN GUZEL-HISSAR.

Tralles, une des villes les plus florissantes de Lydie, était située dans la vallée supérieure du Méandre, sur un des versants du mont Messogis : elle est remplacée par la ville moderne de Aïdin Guzel-hissar.

Strabon en détermine clairement la position dans la plaine du Méandre, commune aux Lydiens, aux Cariens et aux Ioniens de Milet. La ville occupait, sur le penchant de la montagne, un terrain de figure trapézoïde ; la citadelle passait pour très-bien fortifiée. On attribue la fondation de cette ville aux Argiens, ainsi qu'à quelques Thraces, qui lui donnèrent le nom de Tralles : c'était celui d'une peuplade thrace, qui avait pour coutume de s'engager au service étranger. Elle portait aussi les noms de Évanthéia, la fleurie, et de Érymna, la forte. La rivière Eudon arrosait les murailles, et une fontaine, du nom de Thébaïs, coulait dans l'intérieur de la ville. Sa position entre le port d'Éphèse et les villes de l'intérieur, a dû être de tout temps favorable au commerce de transit, qui était entre les mains des Grecs : aussi Tralles fut-elle renommée par la richesse de ses habitants. Pythodore, l'un d'eux, qui était revêtu de la dignité d'Asiarque, possédait une fortune estimée par Strabon à deux mille talents ; après la bataille de Pharsale il fut en butte aux persécutions de César, qui confisqua ses biens, attendu que Pythodore passait pour avoir été l'ami de Pompée. Pythodore parvint cependant à les racheter, et les laissa à ses enfants, du nombre desquels était Pithodoris, reine de Pont, qui vivait du temps de Tibère.

Ménodore, autre citoyen de Tralles, qui vivait du temps de Strabon, remplissait les fonctions de prêtre de Jupiter Larissæus ; il fut accusé de sédition devant Domitius Ænobarbus, qui le fit mettre à mort.

Les historiens de César rapportent un prodige arrivé à Tralles avant la bataille de Pharsale. Dans l'aréa du temple de la Victoire on avait élevé une statue à César ; quoique cette enceinte fût pavée de marbre il s'éleva tout à coup une palme qui entoura le piédestal de la statue.

Le roi Attale s'était fait bâtir dans cette ville un palais magnifique, dont les ruines ne sont pas éloignées de celles du gymnase ; mais l'activité que mettent les habitants à détruire les anciens monuments en aura bientôt fait disparaître le dernier vestige.

Le théâtre et le stade n'offrent plus pour ainsi dire que leur moule ; le proscénium et tous les gradins ont disparu.

Le territoire de Tralles, comme celui de toutes les villes de cette vallée, était sujet aux tremblements de terre, qui ruinèrent souvent les plus magnifiques édifices ; mais les habitants les relevaient avec une constance inébranlable.

Agathias (1) rapporte qu'un paysan nommé Chérémon, affligé de voir sa ville natale renversée de fond en comble, entreprit d'aller trouver l'empereur, qui faisait une expédition chez les Cantabres, et le supplia de rétablir la ville ; ce qui fut accordé.

---

(1) Tacit., *Annal.*, III, 62. Pausanias, liv. V, 27.
(2) Ptol., I, V, ch. 2.

(1) Agathias, *Vie de Justinien*, liv. II, ch. 8.

D'autres catastrophes ignorées ont dans le cours des siècles causé de nouveaux ravages. Les invasions musulmanes, les incendies et les tremblements de terre avaient concouru pour faire de l'ancienne Tralles un monceau de ruines. L'empereur Andronic, fils de Paléologue, s'étant rendu dans cette ville, fut si charmé de sa position, qu'il résolut de la rebâtir et d'y réintégrer les habitants, qui s'en étaient éloignés. Les ouvriers trouvèrent dans les fouilles une inscription qui prédisait le rétablissement de Tralles et une longue vie à son nouveau fondateur.

Une fois les murailles rétablies, les habitants accoururent en foule, et la ville reprenait sa physionomie première lorsque les tribus musulmanes vinrent en faire le siége. Les Turcs coupèrent le ruisseau de l'Eudon, et la ville, privée d'eau, n'en persista pas moins dans sa résistance héroïque. Les Turcs finirent par l'enlever d'assaut, et tous les habitants furent massacrés.

Andronic se tenait pendant ce temps dans son palais de Nymphæum, et ne fit aucune tentative pour porter du secours à Tralles.

Lorsque les Seldjoukides furent une fois maîtres de la Cappadoce, toutes leurs vues se portèrent sur l'occident de l'Asie Mineure pour se mettre en relation avec la mer; les villes commandant les grandes vallées tombèrent successivement en leur pouvoir; Tralles ne put être défendue par les faibles empereurs de Constantinople, et fut prise par l'émir Aïdin, qui la reçut en fief du sultan d'Iconium, et lui donna son propre nom.

Comme sa position est en même temps forte et agréable, on lui donna le nom de beau château; depuis ce temps l'ancienne Tralles s'appelle Aïdin Guzel-hissar. — Cachée sous ce nom, toute trace de la ville romaine fut perdue pendant cinq siècles; et lorsque les voyageurs modernes tentèrent d'en retrouver les ruines, ils se trouvèrent dans un extrême embarras, résultant de l'incertitude des itinéraires. On donna successivement à Guzel-hissar les noms de Magnésie, du Méandre et de Nysa, ce n'est pour ainsi dire que de nos jours que la position de Tralles fut bien déterminée. Les premiers observateurs, et notamment Pococke, avaient pourtant recueilli dans ces ruines des inscriptions portant le nom de Tralles, mais, dominés par une idée préconçue, ils n'en avaient pas tenu compte.

La ville moderne d'Aïdin Guzel-hissar n'occupe pas exactement l'emplacement de l'ancienne Tralles; elle s'est portée plus à l'est, et se trouve aujourd'hui à cheval sur une petite rivière, qui n'est autre que le fleuve Eudon.

L'ancienne ville occupait un plateau à l'est, et qui a en effet la figure d'un quadrilatère; la surface du sol est couverte des débris de murailles qui ont appartenu aux anciens édifices; on remarque surtout trois grands arcs, qui ont été considérés par les uns comme un arc de triomphe, et par les autres comme un reste du gymnase : cette opinion nous paraît plus probable. On voyait encore il y a quelques années des stucs couverts de peintures : les amorces de murs qui se reliaient avec ces arcs prouvent qu'il y avait d'autres dépendances.

La ruine et l'abandon de l'ancienne ville sont dues à des causes qui sont restées ignorées, peut-être à quelque tremblement de terre. Pendant longtemps les débris des monuments ont jonché le sol; mais le voisinage d'une ville populeuse est toujours funeste aux anciennes ruines: peu à peu tous ces fragments ont été enlevés, et maintenant on opère des fouilles pour extraire les blocs de marbre qui sont encore enfouis. Les monuments de Tralles variaient beaucoup dans leur système de construction; les uns sont faits en petits moellons qui étaient recouverts de plaques de marbre. On a enlevé le marbre, mais les murailles sont restées, les matériaux n'étant bons à aucun emploi. Ceux qui étaient bâtis en pierre de grand appareil ont été l'objet d'une exploitation régulière, et les pierres ont été employées dans la construction des mosquées d'Aïdin. Pour les débris de marbre, les Turcs les emploient ordinairement pour faire des tombeaux.

Pendant bien des années, des fouilles ont été opérées dans le but de rechercher d'anciennes sculptures et d'autres objets d'antiquité, et les fragments retrouvés étaient presque toujours de la belle époque de l'art. Aujourd'hui on ne voit plus une seule colonne dans l'enceinte de Tralles : il est impossible de retrouver l'emplacement des temples d'Esculape cité par Vitruve. Les colonnades étaient cependant nombreuses à Tralles, car sur toutes les routes qui avoisinent la ville, on remarque des puits dont la margelle est faite d'une base de colonne évidée.

Tralles n'était pas immédiatement sur le bord du Méandre, elle en est éloignée de plus de quatre kilomètres, et est bâtie sur un monticule au-dessus du sol de la vallée, ce qui contribuait à la pureté de l'air.

La ville moderne d'Aïdin est une des plus considérables de la province, elle est le centre d'un très-grand trafic en matières premières, comme en tissus de toutes sortes venant de l'intérieur : ses bazars sont vastes et bien achalandés. Dans la crainte des tremblements de terre, les habitants ont construit leurs maisons en bois ; mais ils s'exposaient à un autre fléau qui a bien souvent ravagé leur ville, sans pour cela les faire revenir à des constructions mieux entendues : les incendies sont fréquents et terribles dans cette ville, surtout quand la chaleur de l'été a desséché toutes ces frêles constructions.

Il y a un grand nombre de mosquées dont les minarets s'élancent au-dessus de la cime des arbres, mais il n'y a pas un seul monument digne d'intérêt ; jamais Guzel hissar n'a été le centre d'un pouvoir politique ou religieux, stable et puissant. Les émirs d'Aïdin, presque toujours en lutte sourde, sinon en guerre ouverte avec les sultans, ne songèrent jamais à élever des monuments durables ; leurs habitations, leurs konacs de bois barbouillés de peintures grossières suffisaient à leur luxe. La famille des Kara-Osman-Oglou, qui a possédé pendant plusieurs siècles toute la vallée du Méandre, jouissait d'un pouvoir souverain ; elle n'a rien laissé comme souvenir, ni routes, ni fontaines, ni aqueducs : tout leur luxe consistait à entretenir des bandes d'irréguliers, qui étaient un fléau pour les villages environnants.

En 1833 le sultan Mamhoud mit fin à cette puissance féodale. Les anciens émirs d'Othman avaient, en recevant leurs fiefs, pris le nom de Déré bey ; sous ce titre ils devaient fournir au sultan un certain nombre de cavaliers et de fantassins ; ils étaient chargés de l'entretien des routes et de la sécurité publique. Aujourd'hui ces anciens feudataires sont réduits à la condition de pacha, et reçoivent tous les ans leur investiture au jour du Bayram.

La population d'Aïdin s'élève à soixante mille âmes environ ; on compte en tout douze mille maisons : il n'y en a pas plus de quatre cents occupées par les Grecs. La ville s'étend en partie dans la plaine, en partie sur les deux versants de la vallée de l'Eudon, que l'on traverse sur deux ponts de pierre ; le quartier de l'est est occupé par des tanneries établies sur le bord de la rivière, et qui, n'étant soumises à aucune surveillance de salubrité, abandonnent leurs résidus au milieu de la ville, corrompent les eaux de la rivière, et répandent l'infection au milieu de la population.

Au sud de la ville s'étend la plaine du Méandre, dans une largeur de vingt ou vingt-cinq kilomètres : le fleuve coule au milieu et forme la frontière entre la Carie et la Lydie.

La plaine est dans un état de culture des plus florissants ; la vigne, l'olivier, le figuier fournissent des produits qui font l'objet d'une exportation très-considérable ; outre l'industrie de la tannerie Aïdin possède des manufactures de cotonnades ; il faut entendre sous ce nom des métiers en chambre, car les grandes manufactures dans le genre de celles de France sont inconnues en Orient.

CHAPITRE XXXV.

POPULATIONS MUSULMANES. — USAGES, SUPERSTITIONS DES MONTAGNARDS.

Dans presque toutes les villes de la Lydie que nous venons de décrire on remarque des habitants qui, pour le costume et les habitudes diffèrent complètement du reste de la population ; on les nomme les Zeïbeks. Ils forment une sorte de corporation qui a ses chefs et sa règle ; ils se distinguent surtout par un costume qu'ont souvent reproduit les peintres qui ont visité l'Orient ; c'était le type favori de Decamps, qui en a fait le sujet de ses plus charmants tableaux. Les Zeibeks portent un turban d'une hauteur excessive, une large ceinture qui est tout un arsenal, contenant pistolets, yatagans, cangiars, auxquels on joint encore la pipe et les pincettes. Leur culotte ordinairement en toile blanche ne descend qu'aux genoux ; elle est serrée sur les cuisses, et porte une brayette lacée comme les chausses du moyen âge.

Les Zeibeks ne sont pas uniquement militaires, ils sont marchands et surtout bons caravaneurs. Il est impossible de tirer d'eux aucun éclaircissement sur leur origine : ils ignorent complétement pourquoi ils sont nommés Zeibeks ; mais il est certain, d'après leurs traits et leurs habitudes, qu'ils ne sont pas de race ottomane ; ils n'habitent que les villages du mont Tmolus et du Messogis ; on peut les considérer, sans crainte de se tromper grandement, comme les restes des races aborigènes qui habitaient ces montagnes. On se rappelle volontiers ces Thraces fondateurs de Tralles qui s'employaient au service de ceux qui voulaient les solder pour commettre des assassinats (1). Les anciens Tralliens, quand ils n'étaient point engagés au service de quelque prince, exerçaient le brigandage et poussaient l'insolence jusqu'à rançonner les conducteurs des armées ; si les Zeibeks d'aujourd'hui ne vont pas jusque-là ils sont encore regardés comme les plus hardis détrousseurs de caravanes, et les Grecs tremblent à leur nom.

Il est un fait généralement observé, c'est que dans les pays de montagnes les mœurs locales sont plus constantes que dans les pays de plaines. Les Zeibeks pratiquent assez mal l'islamisme, mais sont attachés à toutes sortes de superstitions : ils ont surtout des voyans auxquels ils obéissent aveuglément. On cite un illuminé de ce genre, nommé Kel Mehemet, qui s'était associé à un derviche mal famé, dont il se servait pour faire à ses affiliés des prédictions qui les portaient à se soulever contre le gouvernement.

Kara Osman Oglou était le protecteur de cette milice qui jouit encore près des gouverneurs d'une certaine influence, mais à la chute de ce bey, lorsque Tahir pacha vint occuper le pachalik d'Aïdin, il ordonna aux Zeibeks de quitter leur costume distinctif. La fermentation qui couvait dans la population se traduisit par une sédition formidable. Tahir pacha fit marcher le corps des Nizam contre les Zeibeks ; on en massacra un certain nombre dans Aïdin. Ils rentrèrent dans la soumission ; mais ils ont toujours conservé leur costume.

L'amour du merveilleux, qui a tant d'attrait pour les musulmans et surtout pour les peuplades des montagnes, a multiplié dans ces régions les confréries de derwiches voyageurs ou de marabouts, qui traversent les tribus en distribuant des amulettes et en donnant des talismans. Il y en a qui jouissent d'un grand crédit, sans qu'on sache de quelle puissance il émane ; ce n'est pas seulement un pouvoir religieux ; la qualité de marabout peut être acquise non-seulement par des hommes, mais encore par des choses, comme des arbres et des pierres.

Les arbres marabouts sont nombreux en pays musulman ; on les rencontre au bord des routes ou dans quelques endroits sauvages et déserts. Ce sont ordinairement des buissons souffreteux et de mauvaise mine ; l'arbre marabout jouit de la propriété de s'emparer des maladies et des maléfices, que le postulant lie à l'arbre avec un morceau de son propre vêtement. On va près de l'arbre ; on lui fait une invocation, et, au moment où l'on prononce son vœu, on le lie fortement à une des branches au moyen d'un chiffon. C'est pour cela que l'on rencontre sur toutes les routes des buissons qui, pour tout feuillage, sont couverts de chiffons liés à leurs branches.

Quand on questionne un Turc sur l'origine de ce singulier pouvoir des arbres, il ne sait que répondre des banalités, mais rien ne saurait ébranler sa confiance dans ces agents muets d'un pouvoir supérieur.

---

(1) Strabon, liv. XIV, 314 de la trad. française.

L'arbre marabout, selon les Turcs, jouit par lui-même de ce pouvoir tantôt protecteur, tantôt redoutable; ce ne sont pas des esprits, des Djinn qui sont ses ministres; ce ne sont ni le suc de ses fruits, ni sa sève, ni ses feuilles, c'est un pouvoir immatériel, venu on ne sait d'où, et finissant on ne sait comment.

On voit souvent près de ces arbres une enceinte de pierres sèches, avec un mirhab pour faire la prière; quelquefois ces arbres privilégiés croissent non loin de la koubba d'un santon. On pourrait croire que ces derniers arbres ont acquis leur pouvoir du saint près duquel ils ont poussé, mais la plupart du temps on les rencontre dans des lieux inhabités, sur le bord des routes désertes, et les chiffons qui couvrent leurs branches indiquent qu'ils n'ont pas une clientèle moindre que les arbres voisins des chapelles.

Les pierres maraboutes jouissent de la même propriété; c'est principalement le rétablissement de la santé qu'on leur demande, mais on compte aussi sur elles pour écarter les maléfices. Comme les arbres, elles ont un pouvoir tout à fait abstrait; on ne leur demande pas de remède en les prenant en poudre ou en potion, c'est une action toute morale qu'on attend d'elles. A Angora il y a une pierre maraboute contre les maux de dents.

Ce sont quelquefois des rochers naturels, quelquefois de vieux monuments; il en est de ces pierres privilégiées comme des arbres: nul ne dit de qui elles tiennent leur pouvoir ni comment il s'exerce. On y croit, on pratique et l'on ne s'inquiète pas du reste. Or, on peut voir que dans quelques localités d'Asie certaines pierres jouissent de cette réputation depuis plusieurs siècles.

Il y a à Tyane, au pied du Taurus, une colonne qui est maraboute au premier chef; on vient de très-loin y faire des pèlerinages, et comme c'est le pays du fameux thaumaturge Apollonius, qui sait si cette propriété magique de la colonne ne date pas du temps de ce singulier personnage? La colonne de Tyane est surtout réputée pour arrêter la fièvre; comme on ne peut y lier des chiffons, on les cloue dans les joints.

Ces pratiques superstitieuses au sujet des pierres n'ont pas lieu seulement chez les musulmans; Borlage, auteur anglais, raconte que les anciens monuments gallois de l'Angleterre jouissent aussi de ce privilége. Dans quelques localités, on fait passer les enfants dans des pierres trouées, pour les empêcher de devenir rachitiques, et les hommes de tout âge pratiquent avec confiance le même remède pour la guérison des douleurs. (CAUMONT, *cours d'archéologie*, t. I, 119.)

La capitale de l'Islam n'est pas plus à l'abri de cette superstition que les plus humbles villages: il y a, dans la mosquée de Sainte-Sophie, un pilier marabout, qui jouit de facultés curatives; il est situé à gauche, près des grandes urnes d'ablution. A force de le toucher, les croyants ont fini par creuser la pierre, et comme c'est une espèce d'albâtre froide, la pierre est toujours couverte d'humidité, c'est à cette sueur de la pierre qu'on attribue toutes les vertus; on l'a vainement entourée d'une plaque de bronze, les attouchements multipliés des adeptes ont usé le bronze et usé la pierre.

Une autre colonne maraboute se trouve dans la mosquée de la sultane Validé, qu'on appelle Yéni-Djami: c'est la colonne qui soutient la loge du sultan. Elle est en marbre brocatelle jaune, et du diamètre de 0.30 c., au plus; elle ne se distingue ni par son antiquité, ni par sa matière: son office est de guérir les rhumatismes. On la tient embrassée pendant quelques moments en faisant une oraison.

A côté d'un pouvoir occulte et secourable qui se rencontre dans des objets matériels, les montagnards de l'Asie redoutent un pouvoir contraire dont l'effet ne se manifeste que par des maléfices: c'est le pouvoir du mauvais œil; les villes comme les campagnes y ont une foi absolue, et chacun croit à son effet sur les choses comme sur les hommes. Il est aussi impossible d'obtenir sur cette superstition plus d'éclaircissements que sur l'autre: on ne sait à quoi l'attribuer, mais on est convaincu de son effet. Le mauvais œil peut avoir pour résultat de faire périr les troupeaux, de dessécher la moisson ou de donner des maladies. Heureusement, il y a des moyens de déjouer ce genre de maléfice : c'est d'attirer sur un objet indifférent le premier regard de celui qui jouit de la faculté du mauvais œil. Voilà pourquoi il n'est pas un champ, pas un jardin qui n'ait dans un lieu apparent quelque objet insolite pour attirer le premier regard ; ordinairement c'est un crâne décharné de bœuf, de cheval, ou de chameau. Au coin du toit d'une maison neuve on suspend un paquet de gousses d'ail ou des feuilles de cactus ; au cou d'un cheval de prix on suspend une dent de lion ou quelque amulette renfermée dans un étui de marocain ; les enfants portent à leur turban, au milieu des sequins et des médailles qui leur servent de parure, un petit étui d'argent dans lequel sont renfermés des versets du coran : c'est la bulle des temps antiques, et ici comme autrefois les moyens d'exorcisme sont entre les mains des marabouts et des derviches.

Il est une autre singularité dont l'explication est encore à trouver, c'est que chez les Grecs comme chez les musulmans, le nombre cinq est inconvenant, et on ne le prononce pas sans demander une sorte d'excuse : les Grecs n'y manquent pas. A Smyrne surtout étendre la main avec les cinq doigts ouverts c'est un signe de malédiction, on a soin d'ajouter en étendant la main εἰς τὰ μάτια-σου, voilà pour les yeux ; les femmes grecques abusent de ce moyen de coërcition envers leurs servantes, et quand cela ne suffit pas elles les battent avec leurs babouches.

On observe un usage qui est répandu, non-seulement dans toutes les contrées asiatiques, mais aussi en Europe et dans les îles : c'est l'usage de jeter une pierre, en passant, sur le lieu où un homme a péri ; cet usage existe en Corse comme en Bretagne, en Turquie comme en Perse. Les pierres accumulées par les passants finissent par former des monceaux assez considérables. On ne peut pas dire que ces pratiques, répandues dans tant de contrées diverses, ont une origine commune ; mais elles doivent avoir entre elles un rapport que nous ne saisissons pas.

Il est singulier que, dans ces contrées où l'eau est une chose si précieuse et souvent si rare, les puits et les sources ne participent pas de ce pouvoir surnaturel, tandis que les habitants du nord ont peuplé de génies et de sylphes la plupart des sources situées dans les régions agrestes. Le christianisme n'a pas mis fin à cette croyance populaire, et il est plus d'une fontaine dont les eaux passent pour avoir plus d'efficacité lorsqu'elles sont distribuées par la main du prêtre. Ce sont les fontaines que les Grecs appellent Ayasma.

La classe et les pratiques des marabouts se trouvent répandues sur toute la terre de l'Islam, mais le nom reste spécialement appliqué aux personnages religieux de la terre de Mogreb, de l'Occident. En Turquie, ces hommes portent le nom de derviches ; en Perse, le nom de saïd ; mais il n'y a que cette différence entre les uns et les autres.

Les ziaret ou lieux de pèlerinage étant presque toutes le siége de l'habitation ou le lieu de la sépulture d'un santon célèbre, ces édifices religieux doivent nécessairement avoir leurs analogues dans le reste de l'Orient ; en Perse, on les nomme imam zadé. Les institutions auxquelles ils sont consacrés sont les mêmes dans toutes les régions. Le ziaret est un lieu de pèlerinage, dont la célébrité s'étend souvent fort au delà du territoire où il est situé. Il contient ordinairement une école ou médrécé, où les jeunes gens de l'endroit font des études que nous pouvons comparer au droit et à la théologie chez nous ; les jeunes enfants sont admis dans le mektoub ou école élémentaire, où on leur enseigne à épeler la langue du coran. Dans la dépendance de l'édifice principal, qui est toujours un tombeau ou une mosquée, *imaret*, ou hospice pour les pauvres voyageurs. Il diffère du caravansérail en ce que, dans le premier établissement, les nouveaux venus reçoivent gratuitement une ration de nourriture.

Les dépenses occasionnées par ces frais de charité et d'instruction publique sont couvertes par les revenus des biens attachés à l'établissement, qui sont appelés *vacouf* en Turquie. Les biens vacouf naissent, soit de donations, soit d'hypothèques non remboursées ; ce dernier système d'acquisition est celui qui profite le plus aux mosquées. L'administration des vacouf est, en effet, autorisée à prêter de l'argent aux propriétaires, moyennant un très-modique intérêt, dont le payement n'est pas même exigé avec rigueur; mais si, à la mort du débiteur, la créance n'est pas amortie, le bien du défunt devient vacouf, c'est-à-dire propriété de la mosquée.

Il y a dans cette institution qui date de plus de dix siècles quelque chose qui ressemble à celle du Crédit foncier. Mais, chez nous, la dette n'est pas uniquement attachée à la tête du débiteur et ne se liquide pas forcément à son décès.

Si les osmanlis déploient toujours un grand luxe dans ce qui se rattache à leur sépulture, soit que l'on construise des Turbé ou de simples tombeaux portant les insignes du défunt, nous trouvons chez les montagnards beaucoup plus de simplicité dans la construction de leurs dernières demeures; ils ont à peine quelques signes extérieurs que le temps ne tarde pas à enlever; cependant les terrains des cimetières sont toujours respectés et nulle construction profane ne saurait y être élevée.

Les montagnards turcs aiment les couleurs voyantes: néanmoins il y a chez ces peuples un instict de l'harmonie qui n'existe pas chez les occidentaux; quel que soit l'assemblage des couleurs et les formes d'ornement qu'ils adoptent pour leurs broderies et leurs tapis, on est étonné de ne pas retrouver ces tons criards et choquants dont nos tapis et nos étoffes nous donnent trop souvent le spectacle.

Il faut croire que cette science de la juxtaposition des couleurs est une faculté tout à fait instinctive chez ces peuples, car, lorsque nous voulons les imiter, nous n'arrivons qu'à fabriquer des objets choquants. Ainsi, depuis quelque temps, l'imitation des tapis de Smyrne est devenue une industrie à la mode; quelle différence entre le modèle oriental et la copie française! Les tapis d'Orient sont cependant le produit d'une invention toute primitive; ils sont fabriqués par des femmes qui ne gagnent pas plus de cinquante à soixante centimes par jour; elles n'ont pour métier qu'un grand cadre où sont fixés les lisses et pour modèle que des dessins découpés aux ciseaux, car c'est là le secret de tous ces dessins d'écharpes de mousseline et de couvertures de coussins qui sortent des maisons turques pour passer dans les bazars de Smyrne. Tous ces dessins fantastiques, qui plaisent tant à Paris, sont, disons-nous, découpés aux ciseaux dans du papier ou des morceaux d'étoffe, et brodés ensuite sur les fonds au crochet, au plumetis, ou simplement à l'aiguille. Les vêtements de fête des femmes sont ordinairement renfermés dans un grand bahut de bois de thuya ou de cèdre, fabriqué dans le pays et historié par des ciselures faites au couteau.

CHAPITRE XXXVI.

VILLES DE LYDIE AU SUD DU CAYSTRE.

La ville de Tripolis, située sur la frontière orientale de la Lydie, était sans doute une fondation des rois grecs qui réunirent en un centre de population les habitants de quelques bourgs voisins (1). Pline est le premier auteur qui fasse mention de Tripolis: il la place dans le bassin supérieur du Méandre. Cette ville subsista jusqu'au déclin de l'empire, elle devint épiscopale et eut une certaine célébrité dès les premiers temps du christianisme; elle eut la visite de l'apôtre saint Barthélemy et de saint Philippe qui prêcha dans la Lycornie.

Tripolis dut sa fondation aux mêmes motifs stratégiques qui firent créer Philadelphie et fut comme cette dernière l'objet des attaques réitérées des hordes musulmanes; la ville tomba lorsque le pays fut conquis, et la population survivante se répandit dans des lieux plus favorablement situés comme centres de commerce. Les villes de ces contrées ont toutes dû leur fondation à l'une de ces deux conditions, leur avantage commercial ou leur position militaire. Toutes celles qui durent leur création à cette dernière cause sont aujourd'hui détruites et abandonnées, les premières jouissent encore après tant de catastrophes

(1) Nysa fut créée dans les mêmes conditions; Strab., XIV, 620.

des avantages qu'elles avaient au moment de leur création.

La contrée étant soumise sans retour au pouvoir musulman, les habitants de Tripolis allèrent s'établir dans des centres plus en rapport avec leur existence nouvelle ; la petite ville de Bullada au centre d'un territoire bien arrosé succéda à Tripolis, et le village de Yenidjé s'établit dans le voisinage des ruines dont les habitants ne savaient que faire. Yenidjé, le nouveau village, est situé à dix minutes des ruines de Tripolis. La topographie de ce canton est bien accentuée, c'est le point où le Méandre, franchissant un étroit défilé, entre dans la grande vallée qui s'étend jusqu'à la mer.

Les ruines de la ville s'étendent au pied d'une colline qui domine la plaine, et étant situées sur la grande route de Sardes à Laodicée, elles ont été visitées par presque tous les voyageurs qui ont parcouru l'Asie. On en a plusieurs descriptions sommaires ; mais aucun plan, aucun dessin de ses monuments n'ont encore été publiés. La ville occupait un terrain en pente qui, aujourd'hui encore, est couvert de ruines, de murailles et d'édifices publics. Le théâtre était orienté à l'ouest, les sièges de la *cavea* ont été enlevés, mais on pourrait parfaitement reconnaître les dispositions du proscénium. Le diamètre de l'édifice est d'environ soixante mètres, les murs de soutènement de la cavéa sont parallèles à la scène ; deux vomitoires conduisaient à la première précinction. On ne reconnaît aucune trace du portique supérieur ; mais si l'on en juge par les débris amoncelés, on peut supposer qu'il en existait un. Les chapiteaux et les fûts de colonnes, les fragments d'architraves et de frises que l'on rencontre çà et là portent le caractère de l'architecture du second siècle. Le stade est voisin du théâtre ; il n'en reste pour ainsi dire que le moule : tous les sièges ont été enlevés.

Dans le quartier sud-ouest s'élève un grand bâtiment qui peut avoir été le gymnase ou la gérousie ; il est bâti en grands blocs de pierre. Aucun temple n'est resté debout. Les murs de la ville sont en grande partie conservés ; ils datent de plusieurs époques différentes : les plus anciens sont en pierres de haut appareil.

A l'est de la ville s'étend une étroite vallée qui servait de nécropole ; les tombeaux étaient de deux sortes, des chambres sépulcrales taillées dans le roc ou des sarcophages de pierre avec des couvercles à oreillettes, le tout portant le caractère romain le plus accentué.

CHAPITRE XXXVII.

NOZLI. — SULTAN HISSAR, NYSA. MASTAURA.

Dans la vallée supérieure du Méandre les pentes du mont Messogis sont peuplées de nombreux villages dont les habitants sont entièrement livrés à l'agriculture. Le coton, les céréales, le maïs et le sésame sont successivement récoltés dans les plaines et les pentes de la montagne, et toutes les vallées aboutissant à la plaine sont couvertes d'immenses plantations de figuiers ; aussi ce canton est-il désigné sous le nom de Injir bazar, le marché aux figues. Trois grands villages très-voisins l'un de l'autre réunissent la population rurale ; ils portent tous trois le nom de Nozli, on les distingue par les épithètes de : Nozli buyuk, le grand Nozli, habité par les familles musulmanes, et Nozli bazar, habité par les Grecs. Les nombreux cours d'eau qui descendent du Messogis permettent d'arroser les jardins et les vergers, aussi est-il peu de contrées qui présentent un aussi riche et aussi brillant aspect.

A la fin du mois d'août, des caravanes composées chacune de plusieurs centaines de chameaux apportent à Smyrne la récolte des figues, qui sont déposées en grands tas dans les khans, dans les bazars et jusque dans les rues. A ce moment, des femmes de toute race et de toute couleur sont recrutées dans la ville et les environs pour *parer* les figues et les mettre en boîte pour l'exportation. Toute l'opération se fait en pleine rue : on arrose légèrement les figues, on les détire, on les étale avec le pouce dans le creux de la main, et on les case dans des boîtes. Pendant ce temps-là, les petits négrillons tettent leurs mères, se roulent sur la denrée ;

tout cela forme un tableau aussi pittoresque que peu attrayant.

Toutes ces campagnes d'une irrigation facile sont cultivées avec une intelligence rare. La récolte du coton ne le cède pas en importance à celle des figues et les produits des vallées du Méandre et du Caystre passent à Smyrne pour être d'une qualité supérieure à ceux de Kirk agatch et de Pergame. Les cultivateurs des vallées mettent un plus grand soin à l'irrigation et à la récolte; le coton est égrené à la main au moyen d'une petite machine fort simple qui ressemble à un petit rouet; c'est l'occupation de toute la population féminine de la contrée dans l'arrière-saison. Les produits en soie sont nuls. Les habitants savent bien se tenir au courant des besoins de l'Europe, et dans un temps où les huiles manquaient en Occident ils se sont livrés à la culture du sésame : l'année suivante les ports de Smyrne et de Scala Nova en emportaient de nombreux chargements; aujourd'hui qu'un chemin de fer de Smyrne à Aïdin traverse ces contrées, ce sera un nouvel essor donné à l'agriculture, dont tout le pays profitera.

Nysa était située sur le penchant du mont Messogis, à l'est de Tralles, et avait au sud la plaine du Méandre. La ville s'étendait sur les deux penchants d'une vallée arrosée par un torrent, elle était divisée en deux quartiers qui lui donnaient l'aspect de deux villes différentes : ces caractères topographiques donnés par Strabon permettaient de retrouver l'emplacement de cette ville.

Le village de Sultan hissar, situé à trois kilomètres à l'ouest de Nozli, répond à toutes ces conditions. Chandler, qui l'a visité le premier, a retrouvé des ruines considérables, qui indiquent l'emplacement d'une ville importante, et a reconnu les vestiges des principaux édifices.

Trois frères lacédémoniens nommés Athymbrus, Athymbradus et Hydrelus, étant venus s'établir en ces lieux, y fondèrent trois villes auxquelles ils donnèrent leurs noms : la population de ces villes ayant été diminuée, elles se réunirent en une seule, celle de Nysa ; aussi les Nyséens reconnaissaient-ils Athymbrus comme leur fondateur (1).

Nysa était ornée de nombreux monuments publics, elle avait un théâtre adossé à l'une des collines, un gymnase pour la jeunesse, un agora et une gérousia, salle d'assemblée pour les vieillards.

L'amphithéâtre était bâti à cheval sur les deux côtés du ravin, de manière que les eaux du torrent passaient sous l'arène. Cette position de l'édifice est identique avec celle des amphithéâtres de Cyzique et de Pergame, qui existent encore (2).

Nysa se distinguait surtout par ses écoles et par les littérateurs illustres qu'elle a produits. Strabon dans sa jeunesse y suivit les cours du professeur Aristodème, dont le cousin, nommé de même Aristodème, fut instituteur du grand Pompée.

Chandler reconnut à Sultan hissar les ruines du théâtre ou de l'amphithéâtre et celles de quelques autres édifices; mais ces monuments, construits en petits moellons, n'offrent aucun intérêt sous le rapport de l'architecture, peut-être dans l'origine étaient-ils revêtus de plaques de marbre comme à Cyzique : la description sommaire qui en a été faite par l'auteur anglais ne peut être complétée que par un levé topographique.

Mastaura, citée par Strabon comme une place voisine de Nysa, se retrouve encore sous son même nom au village de Mastauro à quatre kilomètres environ à l'est de Nozli. Cette ville était arrosée par un cours d'eau nommé Chrysorrhoas. Ses ruines ont été visitées par Pococke et Hamilton, ce dernier auteur en fait la description suivante : « Environ un mille au-dessus du village de Mastauro, on rencontre d'anciennes murailles et des substructions voûtées, à moitié ensevelies sous un abondant feuillage de chênes verts et d'oliviers. Plus loin est une enceinte circulaire d'environ cent pieds de diamètre : c'était sans doute un théâtre ou un amphithéâtre ; à l'est du ravin se trouve une voûte bâtie de grands blocs de pierre dans le style grec à moitié enterrée au milieu des

(1) Strab., XIV, 650.
(2) Voyez page 169, 2; 219, 2.

décombres; au sommet de la colline, dont l'accès est des plus difficiles, sont les vestiges d'édifices du même style, qui marquent sans doute l'emplacement de la citadelle; le reste des monuments est bâti en petits moellons. Enfin du flanc du ravin sort une belle et abondante source, qui est celle du Chrysorrhoas. » Mastaura subsista sous l'empire byzantin, elle était épiscopale. Au sixième concile de Constantinople il est fait mention de Mastauri, dans la province d'Asie; cet évêché est également mentionné au troisième concile d'Ephèse. La ruine de toutes ces petites villes qui n'étaient point places de guerre doit dater des incursions de Timour et des guerres entre les émirs. Les tremblements de terre et la peste auront achevé l'œuvre de destruction.

Entre Tralles et Nysa, non loin de cette dernière ville, se trouve le bourg d'Acharaca où était le Plutonium, bosquet magnifique au-dessus duquel on voyait l'antre Charonium, sorte de grotte méphitique o était établie une confrérie de prêtres médecins; tous ces lieux ont été tellement bouleversés par les tremblements de terre que la grotte a pu se trouver obstruée. Jusqu'ici cet emplacement est resté inconnu, et dans le pays nulle mention n'en est faite par les habitants.

Les villes de Lydie dont nous avons donné la description et déterminé l'emplacement ne sont pas les seules qui peuplaient cette province, une des plus riches de l'empire romain. Les tables geographiques contiennent encore un certain nombre de villes dont le site reste inconnu.

La liste de Ptolémée contient les villes suivantes :

Pepere,
Mosteni,
Hiero-Cæsarea,
Nacrasa,
Thyatira,
Magnesia ad sepylum,
Metropolis, qui appartient à l'Ionie,
Juliogordus,
Ægara,
Hypœpa,
Sardis,
Philadelphia,
Jovis Fanum.

La table de l'empereur Léon le Sage.

Sardensium,
Philadelphiæ,
Tripoleos,
Thyatirorum,
Settorum,
Aureliopoleos,
Gordorum,
Troallorum,
Salorum,
Silandi,
Mœoniæ,
Apollinis Fanum,
Arcanidis,
Mustines,
Acrasi,
Apolloniadis,
Attaliæ,
Bages,
Balandi,
Mesotimoli.

La table de Hiéroclès.

Sardis,
Philadelphia,
Tripolis,
Thiatera,
Sitæ,
Mœonia,
Julianopolis,
Tralles,
Aurelianopolis,
Attalia,
Hermocapelia,
Ocrasus,
Apollinis Fanum,
Talaza,
Bagis,
Cerase Meso,
Tymellus,
Apollones,
Hierocastellia,
Mysterie.

LIVRE V.

IONIE.

CHAPITRE PREMIER.

PREMIÈRES MIGRATIONS IONIENNES.

Lorsque les historiens grecs nous montrent les tribus ioniennes se rassemblant sous la conduite de Nélée et quittant l'Attique pour aller coloniser les côtes de l'Asie Mineure, cette contrée leur était déjà connue par les navigateurs de leur nation qui, dès les temps les plus reculés, trafiquaient isolément avec les peuples de ces parages et avaient déjà formé des établissements d'outre-mer. La migration des Ioniens s'est établie comme celle de tous les peuples maritimes, en s'échelonnant d'île en île jusqu'à ce qu'ils aient atteint le continent opposé à la Grèce. Les plus anciennes traditions nous montrent les Ioniens comme trafiquants et guerriers, se créant par la force des établissements au milieu des faibles tribus qui ne peuvent leur résister, et se mettant à la solde des États puissants pour avoir la faculté de se créer des comptoirs.

Les côtes de l'occident de l'Asie sont surtout le point de mire, le centre de toutes leurs attractions; c'est là qu'ils fondent leurs principaux établissements, leurs mœurs et leur langue se répandent parmi les indigènes, et tout ce territoire finit par être considéré comme colonie attique. L'Ionie asiatique devient le lien naturel entre la Grèce continentale et les peuples de l'extrême orient. Les historiens grecs font à peine mention de ces migrations partielles antérieures aux traditions historiques. Dans l'habitude où ils sont de dramatiser tous les événements de leur nation, ils se sont plu à grouper dans un même cadre la série d'événements qui se rattachent à cet important mouvement de la population hellénique. Pour eux d'ailleurs les populations qu'ils regardaient comme barbares méritent à peine d'être mentionnées, et les héros grecs n'apparaissent dans leur contrée que pour les soumettre ou les détruire.

L'Asie occidentale n'était pas la seule contrée vers laquelle les Ioniens dirigèrent leurs expéditions; émules des Phéniciens, ils entreprennent de faire concurrence à ce peuple maritime jusque dans son propre pays, les Hébreux connaissaient les Ioniens sous le nom de Javan, les Perses sous celui de Iuna, les Égyptiens sous celui de Uinim, les monuments des Ptolémées mentionnent les Uinim sous les Toutmosis III et IV au seizième et au quinzième siècle avant notre ère.

Le commerce entre la Grèce et l'Égypte avait pris une extension considérable; les monarques égyptiens accueillaient avec faveur une population qui leur fournissait en même temps des mercenaires pour leurs armées et les denrées de l'Asie pour leurs peuples; aussi les Ioniens obtinrent-ils des terres à cultiver et la permission de fonder des établissements dans le Delta à côté de ceux des Phéniciens. Les antiques rapports entre les Ioniens et l'Égypte sont prouvés par Hérodote; les faits qu'il mentionne ne sont pas relatifs à des personnages isolés, c'est une sorte de synthèse ethnique qui résume en un seul tableau ce qui concerne les Grecs asiatiques dans les parages de l'Égypte. Ces relations entre les deux peuples ont une influence extrême sur le génie actif des Grecs; la religion comme les arts de la Grèce encore à l'état rudimentaire empruntent à l'Égypte et des dieux et des formes architectoniques. Les Phéniciens subissent la même influence; mais le développement de leur génie artistique s'arrête dans une imitation très-peu éloignée du style égyptien, tandis que les arts de l'Égypte, transportés sur le sol de la Grèce continentale et asiatique, y puisent une sève nouvelle et une régénération que les Grecs cherchent en vain à faire passer pour un essor spontané de leur génie. Les dieux de la Grèce ne sont eux-mêmes qu'une transformation des dieux de l'Égypte et de la Phénicie transportés sur le sol de la Grèce. Aphrodite apportée en Grèce n'est plus Mylitta ou Astarté, c'est une figure régénérée qui a dépouillé tout ce qu'elle avait de sauvage dans son culte oriental.

Ces combats incessants entre les nations nouvelles qui tendaient à se former firent naître entre les Phéniciens et les Grecs une haine implacable; aussi les Phéniciens se montraient-ils toujours les alliés des monarques qui faisaient la guerre aux Grecs. Cet antagonisme s'éleva à son apogée sous le règne de Darius, au point qu'Hystiée put lui prêter la pensée de donner l'Ionie aux Phéniciens et de transporter les débris de la nation ionienne en Phénicie (1).

Pendant toutes ces luttes entre les peuples navigateurs, les paisibles habitants des côtes se retiraient dans l'intérieur. Les aventuriers grecs arrivaient dans le pays sans femmes ni enfants, ils liaient avec les indigènes des relations, fondaient de petites villes qui devaient recevoir plus tard un contingent de population nouvelle. Les premiers colons épousaient de gré ou de force les femmes indigènes et il s'ensuivait des combats dans lesquels les Asiatiques avaient presque toujours le dessous; les Cariens et les Léléges opposèrent une vive résistance aux Ioniens quand ces derniers voulurent s'établir sur cette côte; mais le mélange des races s'effectuait peu à peu, et les enfants des femmes cariennes enlevées aux indigènes formaient un nouveau germe de population dans lequel dominaient le génie et les instincts grecs.

Les Ioniens arrivant en Asie n'y apportaient aucune croyance religieuse hostile aux indigènes; bien plus, ils consentaient à reconnaître pour dieux grecs les divinités indigènes. Cette conformité de culte qui permettait aux Ioniens de s'incorporer les populations asiatiques n'empêchait pas les haines des vaincus de se manifester quand l'occasion se présentait : les Cariens et les Ioniens devaient rester ennemis jusqu'à ce qu'un pouvoir étranger les eût soumis au même joug.

D'ailleurs cette antipathie contre les races étrangères n'avait pas encore pris chez les Grecs ce développement qu'elle acquit au temps des luttes avec les Perses. Les poésies d'Homère mentionnent toutes les peuplades asiatiques en parallèle avec les Grecs, et ne les désigne jamais sous le nom de barbares, il n'applique ce nom qu'à la fraction des Cariens qui parlent un langage inintelligible.

CHAPITRE II.

SECOND AGE DES MIGRATIONS IONIENNES.

Toute cette période des premiers établissements ioniens sur la côte d'Asie n'a pour ainsi dire qu'une histoire, celle de quelques troupeaux volés ou de femmes enlevées; il faut arriver au temps où la métropole des peuples ioniens prend un intérêt politique à la colonisation de l'Asie : alors ce ne sont plus quelques enfants perdus de la Grèce qui vont à leurs risques et périls tâter un terrain inconnu, ce sont les magistrats les dieux mêmes qui président au départ des Grecs; les oracles parlent, et dès ce moment l'histoire recueille les faits et gestes des nouveaux colons, nomme leurs chefs et enregistre les fastes des villes nouvelles. Éphèse et Milet, villes des Cariens et des Léléges oublient leur ancienne histoire, et deviennent des villes grecques. Les antiques sanctuaires des aborigènes dépouillent peu à peu leur physionomie asiatique pour revêtir la forme et le caractère hellénique; les petits centres de population, qui n'étaient comme chez les peuples primitifs qu'un abri pour renfermer en cas d'attaque les troupeaux et les biens de la peuplade, deviennent des villes populeuses et commerçantes auxquelles les colons grecs donnent les noms qui leur rappellent leur ancienne patrie.

Si nous avons eu quelquefois à déplorer le manque absolu de documents originaux pour déterminer l'emplacement des villes et les noms des fleuves ou des montagnes, nous n'éprouvons pas la

(1) Hérodote, liv. VI, 3.

même difficulté pour la géographie de l'Ionie. Le texte de Strabon est en ce genre un modèle de précision et d'exactitude; aussi les voyageurs qui, avant nous, ont parcouru l'Ionie, ont déterminé sans peine les villes et les lieux les plus importants. Il restait une ou deux lacunes : nous avons tenté de les combler en suivant pas à pas les indications du géographe grec. La première est relative à la position d'Ortygie, l'autre a l'emplacement de l'ancienne Smyrne. J'ai la persuasion que quiconque, connaissant le pays, voudra lire attentivement le texte de Strabon, se rangera de cet avis.

Les travaux de Chandler et de Chishull ont beaucoup abrégé les recherches géographiques qui restaient à faire de notre temps; mais comme ces savants, dont le programme était tracé par la Société des Dilettanti de Londres, affectaient un certain mépris pour les monuments anté-helléniques, il y a encore à recueillir sur ce sujet bien des documents précieux pour l'histoire archaïque.

Avant l'arrivée des Ioniens en Asie, toute cette côte était occupée par trois peuples, qui ont joué chacun un rôle différent vis-à-vis des nouveaux colons. Les Pélasges, sans être absolument nomades, étaient cependant répandus dans plusieurs parties des continents d'Asie et d'Europe. Ils avaient eu, dès les temps les plus reculés, des points de contact multipliés avec les Hellènes, si même ces deux peuples n'étaient pas d'une origine commune (1). Ils se sont soumis après une faible résistance, et ont été incorporés dans les nouveaux centres de population. Les Léléges ont résisté également, mais ont fini par succomber, et ont été anéantis. Aussi leur nom n'est-il prononcé par les historiens grecs que comme celui de peuples hardis à la guerre et ennemis de la civilisation. Enfin les Cariens, qui passaient cependant pour avoir une teinture des lois de Minos, mais qui, aux yeux des Grecs, n'en avaient pas moins conservé un vernis de barbarie assez prononcé. Leur soumission aux rois de Lydie ou plutôt leur fusion avec le peuple lydien développa des germes de civilisation, que leur contact constant avec les États grecs acheva de mûrir; mais il fallait des terres aux nouveaux colons, et les anciens possesseurs furent contraints de leur en céder; bien plus, ils allèrent jusqu'à enlever les femmes de Carie, dont ils avaient fait périr tous les parents dans la ville de Milet (1).

CHAPITRE III

LEURS RAPPORTS AVEC LES ROIS DE LYDIE.

La puissance des rois de Lydie s'étendait alors jusqu'à la mer, et les peuplades que nous venons de nommer vivaient, sinon sous la juridiction directe de ces monarques, du moins sous une suzeraineté peu onéreuse. Les dynastes de Carie étaient particulièrement dans ce cas. Mais les rois de Lydie ne mirent aucune opposition à l'établissement des Grecs en Asie, sachant bien que c'étaient autant de sujets qui leur arrivaient. Crésus soumit les peuples situés à l'occident de l'Halys, à l'exception des Lyciens et des Ciliciens (2).

Malgré les facilités qui furent laissées aux colons grecs par les puissants maîtres du pays, rien ne donne une preuve plus éclatante de l'esprit politique du peuple grec, que cette facilité avec laquelle il couvre de colonies tous les rivages de l'Orient. Ce n'était pas, comme le firent plus tard les Romains, une partie de la nation choisie et envoyée exprès dans une contrée soumise et désignée d'avance, soutenue dans tout le cours de son installation par l'appui et les secours de la métropole; c'étaient des familles plutôt bannies qu'envoyées de la mère patrie, qui arrivaient dans des contrées sauvages et à peine connues, sans autres ressources que le génie de leurs chefs; et, à peine installées sur la côte d'Asie, nous les voyons élever des monuments splendides, non-seulement ceux qui sont nécessaires aux premiers besoins et à la première défense d'une société, mais encore ceux qui peuvent contribuer aux délassements de l'esprit et au développement des for-

---

(1) Voy. chap. 12.

(1) Hérodote, liv. I, ch. 95.
(2) Hérodote, liv. I, ch. 27.

ces et de la beauté : les gymnases, les théâtres, les palestres. De pareils résultats ne s'expliquent pas seulement par la facilité que pouvait présenter la main-d'œuvre esclave ; comment parvenaient-ils à surmonter les difficultés d'un premier établissement, et les déceptions d'une mauvaise récolte, les épidémies, les orages, les sauterelles, en un mot les mille fléaux qui attendent l'homme qui veut féconder une terre nouvelle? Il faut reconnaître que, malgré toutes les recherches des savants, il y a dans la civilisation antique un problème qui n'est pas encore résolu, et avouer que les Grecs nous surpassent infiniment sous ce rapport.

CHAPITRE IV.

CRÉATION DES DOUZE VILLES IONIENNES.

Les premiers Ioniens qui quittèrent la mère patrie pour s'établir en Asie Mineure vinrent sous la conduite d'Androclus, fils légitime de Codrus, roi d'Athènes. D'autres tribus grecques se joignirent aux Ioniens, et se confondirent avec elles. Ce sont les Abantes d'Eubée, les Myniens d'Orchomène, les Cadméens, les Dryopes, quelques Phocidiens, les Molosses, les Arcadiens Pélasges, et les Doriens Épidauriens (1). Ils décidèrent que l'association se composerait de douze cités, parce qu'ils étaient divisés en douze petits États quand ils habitaient le Péloponnèse. Androclus et les siens allèrent s'établir à Éphèse ; et comme il était de race royale, cette ville conserva une sorte de suprématie, et les descendants de ce prince continuèrent de jouir des honneurs royaux. Ils portèrent le sceptre, et la présidence, προεδρία, dans les cérémonies et les jeux publics leur fut décernée à perpétuité (2). Les tribus nouvellement établies en Asie se disputaient le droit de suprématie ; les Ioniens sortis du prytanée d'Athènes se regardaient comme les plus nobles de tous ; cependant leur race s'était mêlée à la race asiatique : ils n'avaient point emmené de femmes avec eux dans leur migration, et s'étaient mariés à des femmes de Carie, dont ils avaient fait périr la famille ; aussi les Cariennes conservaient dans le cœur le souvenir de ce crime et refusaient de manger avec leurs maris et de les appeler par leur nom (1). Cet événement eut lieu à Milet, ville des Cariens, qui fut occupé par Nélée ; ces derniers se retirèrent de l'autre côté du Méandre. Cydrelus, fils naturel de Codrus, bâtit la ville de Myus, Andropompe celle de Lebedus dans un lieu nommé Artys ; Andremon de Pylos celle de Colophon. Priène fut fondée par Æpytus, fils de Nélée ; Teos, fondée par Athamas, fut peuplée par les Ioniens qui s'établirent sous la conduite de Nauclus : elle reçut plus tard d'autres contingents de population. Érythrée, qui devait sa fondation au Crétois Érythrus, fils de Rhadamante, fut occupée par Cnopus fils naturel de Codrus.

La ville de Phocée fut fondée par les Athéniens, conduits par Philogène. Paralus bâtit Clazomène ; Chios et Samos furent peuplées par Egestius et Tembrion.

Le premier soin des colons grecs fut d'instituer la fête des Apatouries, qui se célébrait dans toute l'Ionie, excepté cependant chez les Éphésiens et les Colophoniens, qui en étaient exclus à cause d'un meurtre non expié qui avait eu lieu sur leur territoire (2).

Les Ioniens se sont donné des rois ; il les ont pris chez les Lyciens, et les autres chez les Caucones Pyliens qui sortent de Codrus, ces faits consignés par Hérodote montrent que des relations antérieures existaient entre les nouveaux colons et les anciens peuples de la presqu'île.

CHAPITRE V.

CONFÉDÉRATION IONIENNE.

La confédération avait fixé son lieu d'assemblée générale au Panionium, lieu sacré situé dans le territoire de Mycale, et dédié par l'assemblée générale des villes ioniennes à Neptune Héliconius, on y célébrait la fête des Panionies.

---

(1) Hérodote, liv. I, ch. 146.
(2) Strabon, liv. XIV, p. 362.

(1) Hérodote, liv. I, 146.
(2) Hérodote, liv. I, 148.

Toutes les affaires de la confédération étaient traitées devant cette assemblée, qui fut imitée depuis par la confédération renouvelée des peuples hellènes sous le nom de Panhellenium, dont l'empereur Hadrien se déclara protecteur.

Aux douze villes de l'Ionie vint s'adjoindre celle de Smyrne, qui sollicita cette faveur, comme étant un démembrement de celle d'Ephèse ; elle appartenait d'abord aux Æoliens, mais les Colophoniens s'en emparèrent par stratagème, et les anciens habitants de Smyrne furent répartis dans les onze autres villes ioniennes dont ils devinrent citoyens (1).

Il n'est pas un auteur qui ait parlé de l'Ionie sans vanter la beauté du ciel, et les charmes du climat ; c'est, en effet, de toute l'Asie Mineure la contrée la plus favorisée ; les étés brûlants comme les hivers rigoureux y sont également inconnus. Le pays, entrecoupé de plaines et de montagnes, est arrosé par une multitude de sources et de ruisseaux qui portent partout la fertilité, l'oranger et l'olivier semblent se trouver dans leur terre natale et acquièrent des proportions inconnues en d'autres pays. Les dispositions de cette partie du continent qui s'avance en presqu'île sinueuse, forment une quantité de ports et de mouillage où les bâtiments trouvent des abris certains.

Le golfe de Smyrne sans rival pour la beauté de ses rives, par le caractère mâle et accusé des montagnes qui l'entourent, était comme un vaste port entouré d'une multitude d'autres ports. Clazomène, Smyrne, Tantalis, Leucæ, formaient une riche ceinture de villes maritimes dans le sein même du golfe ; aussi les Ioniens jouissaient-ils avec délices de la nouvelle patrie qu'ils s'étaient créée, et dans cette vie facile, s'ils oubliaient trop le maniement des armes, ils ne perdaient rien de leur activité commerciale (2). Les arts, les lettres, les jeux de la scène devinrent leurs plus chères occupations. La toilette des dames ioniennes régla la mode des athéniennes, qui adoptèrent la tunique de lin attachée sur l'épaule sans aiguille (3).

(1) Hérodote, liv. I, 150.
(2) Hérodote, liv. I, 153.
(3) Hérodote, liv, I, 87.

Hérodote a soin de faire remarquer que ce genre de vêtement vient de la Carie : il fut sans doute introduit chez les Grecs quand ils eurent épousé les femmes cariennes.

Les peuples de la Lydie, qui n'avaient pas plus que les Perses, l'esprit des grandes entreprises commerciales, voyaient sans jalousie se développer la civilisation grecque sur les confins de leur pays. Ils n'avaient jamais eu de relations d'outre-mer, qu'avec les Phéniciens et les navigateurs ioniens leurs rivaux. Tant que régnèrent les rois de Lydie, l'Ionie jouit d'une période de prospérité assez longue. Les rois faisaient de temps à autre quelque expédition contre les villes trop fières pour payer tribut ; mais à part ces orages passagers, les Grecs se gouvernaient par leurs propres lois et s'accommodaient de cette domination plutôt nominale que réelle.

CHAPITRE VI.

L'IONIE SOUS LES PERSES.

Il n'en fut pas de même lorsque les Perses eurent renversé le royaume de Lydie. Les peuples ariens avaient contre les Grecs une haine et un mépris fondés sur l'extrême différence de mœurs et de religion. Le monde lydien et grec s'écroula quand Cyrus l'Achéménide établit son pouvoir sur l'Iran, aussi bien que sur l'Asie occidentale. Il se regardait comme l'héritier de tous les rois ses prédécesseurs. Les propositions que Cyrus avait faites aux Ioniens de se joindre à lui pour faire la guerre à Crésus avaient été repoussées ; à son tour Cyrus refusa de les recevoir dans son alliance lorsqu'ils vinrent la solliciter. Les Ioniens comprirent qu'ils n'avaient plus qu'à songer à la défense ; mais Milet manquait à la nouvelle alliance : les Milésiens avaient traité avec Cyrus comme ils l'avaient fait avec les Mermnades.

Le parti national avait Phocée pour centre de ralliement, ce fut un citoyen de cette ville qui porta la parole dans le sénat de Sparte pour demander l'alliance des Lacédémoniens. Ces derniers envoyèrent à Phocée des ambassadeurs chargés de déclarer à Cyrus que Lacédémone se regarderait comme offensée de toute attaque dirigée contre les villes grecques de l'Asie. Cyrus ne parut pas effrayé de ces menaces ; d'autres intérêts l'appelaient en Orient. Il laissa à Tabalus, un de ses généraux, la conduite de l'expédition contre les Ioniens ; on n'avait pas encore vu sur la côte un seul soldat de Cyrus : sa grande armée s'était portée sur Bactres. Toute l'Asie Mineure était en fermentation ; la population des côtes était en révolte ; c'est en cet état de choses que Pactyas crut pouvoir se rendre maître de la Lydie et de l'Ionie, à peine soumises. La première résistance ébranla sa résolution, et il s'enfuit dans l'île de Cymé.

Le seul résultat de cette révolte fut de donner naissance à des hostilités entre les Perses et les populations de la côte.

Poursuivi d'île en île, Pactyas fut livré par les habitants de Chio, en échange d'un territoire situé en Mysie. Les Perses tirèrent un autre avantage de cet événement : ce fut d'entrer en relation avec les habitants des îles, auxquels ils étaient jusqu'alors tout à fait étrangers.

Mazarès ayant rempli son but de punir ceux qui avaient pris part au siége de Sardes, se tourna contre les complices de cette révolution. Les habitants de Priène furent réduits en esclavage et vendus à l'encan. Il fit une excursion dans la vallée du Méandre, qu'il ravagea ; la ville de Magnésie, qui se relevait à peine de ses ruines, fut livrée au pillage de l'armée. Mazarès mourut à la suite de ces expéditions ; Harpagus, allié du roi, fut investi du commandement en chef de l'armée de la côte. En faisant choix d'un tel homme, Cyrus indiquait qu'il attachait une grande importance à la guerre d'Ionie.

Les Ioniens montraient en effet au roi qu'ils étaient autre chose qu'un peuple de marchands, et qu'ils savaient retrouver de l'énergie quand la liberté était au bout de la lutte. Tant que l'intérêt seul de leur commerce fut en question, la résistance fut médiocre ; mais en face du fanatisme des Perses, il n'y avait aucune transaction possible, chaque ville devint une forteresse qu'Harpagus fut obligé d'assiéger et de prendre : les Ioniens voyaient bien qu'ils avaient affaire à un peuple autre que les Lydiens.

Harpagus surveillait avec soin l'organisation de son armée ; il avait réuni un corps d'habiles archers et fait construire toutes les machines nécessaires pour les siéges. Il cernait les villes par terre et par mer et montrait dans la pratique des mines une intelligence consommée. Les bas-reliefs de Ninive nous mettent à même de juger aujourd'hui à quel point de science militaire l'art de prendre les places était poussé chez les peuples de l'Asie antérieure ; plusieurs machines, telles que le bélier, que l'on croyait d'invention grecque, leur étaient connues, et la réputation de Démétrius Poliorcète perd bien de son éclat, quand on voit avec quel art les Assyriens, les Mèdes et les Perses savaient prendre les villes.

Au milieu de ce cataclysme des colonies ioniennes, les citoyens des deux villes Téos et Phocée aimèrent mieux aller chercher d'autres terres que de se soumettre à la tyrannie des Perses. En effet, tout ce qui était grec était traité avec un mépris sans égal ; les hommes éminents étaient déportés, les autres attachés à la glèbe, ou forcés de servir dans les armées des Perses. Au siége de Téos, Harpagus fit élever des terrasses à la hauteur des murs de la ville ; les habitants voyant que tout moyen de résister était impossible, montèrent sur leurs vaisseaux, et abandonnèrent la ville. Phocée, qui avait été le centre de la résistance ionienne et æolienne, reçut de la part d'Harpagus des propositions de capitulation, qui furent rejetées, et les Phocéens préférèrent quitter leurs foyers (1). Ces deux peuples furent les seuls qui abandonnèrent leur patrie pour se soustraire à la servitude ; les autres villes résistèrent, et tombèrent l'une après l'autre sous le joug des Perses.

Les révolutions dont l'Ionie étaient le théâtre avaient presque entièrement ruiné le commerce avec l'intérieur, et les Ioniens se voyaient dans l'obligation de reprendre avec plus d'activité le commerce d'outre-mer. Amasis, roi d'Égypte, avait épousé une femme grec-

(1) Voy. plus bas Phocée.

que nommée Ladice; il accueillit avec distinction les colons ioniens qui venaient dans son royaume soit pour s'établir, soit pour trafiquer. Il leur concéda la ville de Naucratis pour y fonder des comptoirs, et des terrains pour élever des monuments religieux. Les villes confédérées d'Ionie et de Doride contribuèrent chacune pour sa part à l'érection d'un temple magnifique qui porta le nom d'Hellenium.

Les villes d'Ionie, Chio, Téos, Phocée et Clazomène avaient contribué à la dépense; Milet, qui avait fait alliance avec les Perses, et Priène, qui avait été ruinée, n'y participèrent pas. Amasis régna de 569 à 526. La prise de Sardes eut lieu en 545 et la mort de Cyrus en 530. Très-probablement l'érection de l'Hellenium eut lieu dans la période de 545 à 530 (1).

Amasis avait en outre accordé aux villes ioniennes un privilége qui a quelque analogie avec celui qui fut accordé aux compagnies françaises du Levant; elles avaient seules le droit de fournir les chefs des comptoirs de commerce en Égypte. La nation phénicienne voyait cette concurrence avec d'autant plus de jalousie que, sous le règne d'Amasis, l'île phénicienne de Chypre fut soumise par l'Égypte et rendue tributaire.

CHAPITRE VII.

RÈGNES DE CAMBYSE ET DE DARIUS.

Le règne de Cambyse ne pesa sur l'Ionie que par une demande incessante de recrues pour ses expéditions contre les rois d'Assyrie et d'Égypte. Les contingents tirés de Samos étaient surtout d'un grand avantage pour Cambyse; il trouvait dans cette population autant de matelots habiles que de vaillants soldats. Samos était en effet, comme Milet sur le continent, le centre du gouvernement des îles Grecques. La plupart de ces Grecs furent emmenés dans l'expédition contre l'Éthiopie. De retour à Thèbes, Cambyse les congédia, et ils revinrent chez eux par mer (2).

La fin du règne de Cambyse, agitée par des dissensions intérieures, fut pour la nation ionienne un temps de repos pendant lequel elle put réparer les pertes qu'elle avait faites, fortifier de nouveau ses villes, et relever les monuments détruits. Mais l'arrivée de Darius, fils d'Hystaspe, au trône des Achéménides ressuscita tous les dangers que courait la liberté, ou plutôt l'autonomie des villes grecques.

Darius commença par établir une nouvelle division de son empire en satrapies, dans lesquelles le territoire de l'Ionie fut incorporé; les tributs qui, auparavant, étaient payés sous forme de présents, furent dès lors exigés en argent, aussi les Perses, qui souffraient de cet état de choses aussi bien que les Grecs, avaient-ils coutume de dire que Cyrus avait gouverné son empire comme un père, Cambyse comme un maître, et Darius comme un usurier.

Il était de l'intérêt de Darius de laisser les villes grecques se remettre des maux qu'elles avaient soufferts; il en tirait des soldats et des matelots. C'est à ce moment que la révolte d'Aristagoras attira sur l'Ionie la fureur du roi. Cet événement capital dans l'histoire de l'Ionie est soigneusement raconté par Hérodote.

A la sollicitation d'Aristagoras, les Athéniens envoyèrent vingt vaisseaux au secours des Ioniens: la prise de Sardes fut un succès éphémère, bientôt suivi des plus cruels revers. Abandonnés par les Athéniens, les Ioniens se trouvent sans alliés en présence de toute l'armée des Perses. Les généraux Daurisès et Hymées dispersèrent les derniers contingents ioniens, et ravagèrent les villes grecques. Dès qu'une ville était prise, les enfants mâles étaient enlevés pour en faire des eunuques, les plus belles filles étaient envoyées au roi (1).

L'Ionie eut un moment de paix après la mort de Miltiade. Artapherne, fils d'Hystaspe et frère de Darius, convoqua près de lui les députés de toutes les villes, et les obligea de signer une convention par laquelle ils s'engageaient à faire juger par les tribunaux les procès qui pourraient s'élever entre les différentes

(1) Hérodote, liv. II, 178.
(2) Hérodote, liv. III, ch. 25.

(1) Hérodote, VI, ch. 32.

villes, et à cesser de recourir à la force. Un cadastre des terres d'Ionie fut ensuite établi, d'après lequel on régla les contributions à payer au trésor du roi. Cette division du territoire, telle qu'elle fut établie par Artapherne, subsistait encore du temps d'Hérodote ; le montant de l'impôt était le même qu'avant la rébellion (1).

L'Ionie faisait partie de la première satrapie, qui s'étendait jusqu'à la Cilicie au sud, et jusqu'à la Troade au nord ; elle payait quatre cents talents d'argent. Le danger commun avait fait taire les ressentiments des Ioniens et des Cariens ; l'un et l'autre peuple s'étaient réunis pour combattre l'ennemi des villes libres de l'Asie, et dans plusieurs rencontres les Perses avaient éprouvé des défaites sérieuses de la part des troupes ioniennes et cariennes. Un événement mémorable, la bataille de Mycale, aurait mis fin à la puissance des Perses, si la jalousie des villes grecques n'eût fait naître des dissensions qui rappelèrent encore une fois les barbares sur les terres ioniennes.

CHAPITRE VIII.

L'IONIE SOUS XERXÈS.

Les Ioniens avaient envoyé des députés à Léontychydès, roi de Lacédémone, pour le prier de venir délivrer les villes grecques de la servitude des barbares ; ce secours ayant été accordé, la flotte grecque vint mouiller à Samos vers la pointe de l'île appelée les Calames, où se trouvait un temple, de Vénus, et non loin du temple de Junon. Il reste encore aujourd'hui une colonne et d'autres vestiges de ce temple, qui fut épargné dans la destruction des édifices sacrés, ordonnée par Xerxès en souvenir des services que Polycrate avait rendus aux Perses. Ces derniers ayant eu connaissance de la flotte grecque, mirent aussi leurs vaisseaux en mouvement et vinrent, à l'exception des Phéniciens, mouiller au promontoire de Mycale pour se rapprocher d'une armée de terre campée en cet endroit pour la défense de l'Ionie. On tira les vaisseaux à terre, et l'on en fit une sorte de camp retranché. La flotte grecque s'avança après avoir dépassé le temple des Euménides, de Mycale jusqu'à l'embouchure du Scolopéis, près de laquelle est le temple de Cérès-Éleusine, bâti par Philiste, fils de Pasiclès, qui avait suivi Nélée, fils de Codrus, lorsqu'il vint fonder Milet.

Léontichydès fit en vain un appel aux Ioniens pour les détacher du service des Perses ; cette tentative eut pour résultat de faire désarmer les Samiens, que les Perses croyaient être d'intelligence avec les Grecs. Sur ces entrefaites, le bruit de la victoire de Platée se répandit dans le camp des Grecs ; cette nouvelle ranimant leur courage, ils attaquèrent avec succès les Perses, qui furent mis en désordre. Les Athéniens ainsi que les troupes qui se trouvaient à leurs côtés, et qui formaient à peu près la moitié de l'armée, s'avancèrent le long du rivage par un terrain uni, tandis que les Lacédémoniens et le reste des forces qui les suivaient immédiatement, marchèrent par les montagnes et le lit des torrents.

Les Samiens et les Ioniens qui avaient été désarmés attendaient l'occasion favorable pour abandonner l'armée perse. Dès que le camp retranché fut attaqué, ils se précipitèrent au milieu des Grecs, qui les armèrent, et ils contribuèrent au succès de la bataille. Les Milésiens, de leur côté, sur qui les Perses avaient compté pour les guider dans cette région inconnue pour eux, au lieu de faciliter leur fuite, ramenèrent les Perses par les défilés du Mycale sur l'armée des Grecs, et les Milésiens eux-mêmes, attaquant les Perses avec acharnement, achevèrent la destruction de l'armée des barbares.

Xerxès, en apprenant cette défaite, abandonna Sardes pour se retirer à Suze ; mais avant de partir il donna l'ordre de démolir et de brûler tous les temples des villes grecques d'Asie, ce qui fut exécuté. Il en usa ainsi à l'instigation des mages, ennemis déclarés des temples et des simulacres.

La mort de Xerxès et la défaite de l'armée des Perses pouvaient offrir à l'Ionie une occasion favorable pour secouer à jamais la domination iranienne, mais les dissensions qui s'élevèrent

---

(1) Hérodote, liv. VI, 42.

entre les alliés donnèrent au successeur de Xerxès l'occasion de recommencer la guerre.

CHAPITRE IX.

RÈGNE D'ARTAXERXE.

Artaxerxe monta sur le trône en 465; le fait le plus important de son règne, qui se rattache aux événements de l'Ionie, est l'arrivée de Thémistocle à la cour de Perse. Banni d'Athènes, il chercha vainement un asile en Europe, et se vit forcé de passer en Asie pour se mettre à l'abri des poursuites des Athéniens. Le roi de Perse avait mis sa tête à prix, et promis deux cents talents à celui qui la lui livrerait. Nicogène, ami de Thémistocle, lui offrit un asile dans la ville æolienne d'Ægès, et lui facilita les moyens de se rendre à Suze, caché dans une de ces voitures couvertes ou *kafez* dans lesquelles les orientaux, même de nos jours, ont l'habitude de faire voyager leurs femmes. Artaxerxe montra dans cette circonstance autant de sagesse que de générosité : il fit à Thémistocle un accueil distingué, le retint à sa cour, et lui fit épouser une jeune fille appartenant à la plus haute noblesse du pays.

L'intérêt de la politique d'Artaxerxe exigeait que la manière généreuse dont Thémistocle avait été traité par lui fût connue de tout le monde grec. Le roi assigna pour résidence au banni d'Athènes la ville de Magnésie, sur le Méandre, qu'il lui donna en toute propriété, et lui permit de jouir des revenus de cette ville, qui s'élevaient à cinquante talents. Lampsaque, renommée par ses vignobles, lui fut donnée pour la fourniture de son vin, et Myus, dans la vallée du Méandre, fut chargée de fournir le pain de sa maison. Thémistocle put jouir pendant plusieurs années de cette splendide hospitalité.

Les Grecs n'avaient pas mis fin à leurs attaques contre le pouvoir des Perses; c'est alors qu'Artaxerxe songea à envoyer Thémistocle dans l'Attique à la tête d'une armée nombreuse, ne voulant pas renouveler en personne les malheureuses expéditions de ses prédécesseurs. Thémistocle en recevant cet ordre comprit qu'il était tombé dans un piége doré. Il lui était aussi impossible de faire la guerre à ses compatriotes que de refuser de défendre un prince qui l'avait comblé de bienfaits; dans cette cruelle alternative, il eut recours au suicide, et se donna la mort en buvant du sang de taureau (1).

Thémistocle mourut en 461, la quatrième année du règne d'Artaxerxe : c'est l'opinion de Thucydide, adoptée par Rollin et par Curtius (2). On lui éleva un tombeau dans l'Agora de Magnésie (3), mais plus tard ses os furent transportés à Athènes.

La jalousie et la rivalité, sans cesse renouvelées entre les villes grecques d'Asie, donnaient aux Athéniens et aux Lacédémoniens de continuelles occasions d'intervenir dans leurs querelles. Samos et Milet se disputaient la possession de Priène, c'est-à-dire du grand centre religieux des villes d'Asie. Athènes intervint en faveur de Milet, et Périclès vint assiéger Samos, qui fut prise après une résistance vigoureuse.

Pendant toute la durée de la guerre du Péloponnèse, les Athéniens tirèrent des villes grecques d'énormes subsides, qui, en appauvrissant le pays, nuisaient à sa prospérité. Aucun développement n'était donné à la colonisation, aucun édifice célèbre ne fut construit en Asie pendant cette période, qui occupe une belle page dans les historiens grecs, mais qui pour les villes d'Asie fut à peu près stérile.

Les Lacédémoniens, de leur côté, avaient conclu un traité avec le roi de Perse, en vertu duquel ils abandonnaient au roi tout le territoire et toutes les villes qui appartenaient antérieurement à ses ancêtres; les alliés devaient en outre arrêter les subsides, soit en argent, soit en matériel de guerre que ces villes envoyaient à Athènes.

(1) « Quelques-uns racontent que Thémistocle et Midas ont bu du sang de taureau. » Plutarque vie de Quintus, Flaminius, chapitre 20, p. 706.

Plutarque affectionnait ce genre de mort, qu'il prête à plusieurs de ses héros. Quoique le sang de taureau ne soit pas un poison.

(2) Thucydide, liv. I, ch. 137, 138.

(3) Thucydide, liv. I, 138.

Les efforts des Athéniens pour résister à cette double alliance ne furent pas sans résultat; Alcibiade, vainqueur à Abydos et à Cyzique, détruisit la flotte du Péloponnèse et battit sur terre l'armée commandée par Pharnabase.

Les Lacédémoniens, alarmés des succès d'Alcibiade, cherchèrent à lui opposer un chef capable de lui résister : Lysandre fut choisi, homme de mer autant que général d'armée. Lysandre se rendit à Éphèse, qu'on trouva disposée favorablement à l'égard de Sparte; mais le satrape Tissapherne favorisait en secret les Athéniens et leur procurait des subsides.

Aussitôt que Cyrus le jeune, nommé gouverneur de l'Asie, fut arrivé à Sardes, Lysandre se rendit près de lui pour se plaindre du satrape ; il obtint du nouveau gouverneur une augmentation de paye pour les matelots, mesure qui attacha les gens de mer au parti de Sparte, et qui jeta la consternation parmi les Athéniens. Lysandre ayant déposé le commandement fut remplacé par Callicratidas, dont la science militaire égalait celle de Lysandre, et qui par sa conduite privée s'était acquis l'estime de l'armée et des citoyens. Lysandre jaloux de son successeur, renvoya à Sardes les sommes qu'il avait reçues de Cyrus pour payer les matelots.

En vain le général lacédémonien fit-il le voyage de Sardes pour réclamer la paye de la flotte ; éconduit de la cour du roi, Callicratidas revint sur la côte pour reprendre le commandement de la flotte. Un suprême effort pour vaincre les Athéniens était la seule ressource qui lui restât. Le combat eut lieu près des îles Arginuses, combat célèbre, dans lequel toutes les forces navales d'Athènes et de Lacédémone étaient engagées. Callicratidas fut tué dans l'action, et Athènes remporta une victoire complète.

Pendant les années qui suivirent cette défaite des Lacédémoniens, le jeune Cyrus avait entrepris son expédition contre son frère Artaxerxe. Les villes grecques avaient pris part à cette révolte, et après la mort de Cyrus, craignant le ressentiment du roi, elles implorèrent l'intervention des Lacédémoniens pour le prier de les maintenir dans la possession où elles étaient de leur liberté.

Les troupes de Xénophon étaient de retour de leur expédition de Perse. Dercellydas fut chargé du commandement; il commença par déclarer la guerre à Pharnabaze, et entra dans l'Æolide.

Zenis, grec de Dardanie, avait gouverné ces provinces sous les ordres du satrape; à sa mort, sa veuve Mania conserva le pouvoir, et sut maintenir sa province sous l'autorité de la Perse.

Pharnabaze traitait cette femme guerrière avec la plus grande distinction. Elle paraissait à la tête de son armée, montée sur un char, et accompagnait Pharnabaze dans toutes ses expéditions. Mania fut assassinée par Midias, son gendre, qui tomba lui-même bientôt après sous les coups de Dercellydas.

CHAPITRE X.

AGESILAS EN IONIE.

L'arrivée d'Agésilas en Asie vint ranimer le courage des Grecs ; ce prince réunit son armée à Éphèse, et pendant quelque temps fut uniquement occupé à l'exercer pour entretenir la discipline. Les promenades militaires se terminaient par des fêtes en l'honneur de Diane. Les prisonniers perses étaient vendus à vil prix. Un jour Agésilas étant sur le marché montrait à ses soldats les prisonniers dépouillés de leurs riches vêtements, et en présence de ces corps délicats, toujours enfermés dans leurs amples vêtements, il disait à ses soldats : voilà ce que vous combattez, et indiquant leurs riches dépouilles, voilà pourquoi vous combattez.

Le printemps venu, Agésilas publia qu'il marcherait vers la Carie, résidence de Tissapherne ; mais il avait préparé secrètement une expédition contre Sardes. Tissapherne arriva trop tard au secours de la place, les troupes grecques s'en emparèrent, et ravagèrent toutes les possessions des Perses. Le palais de Tissapherne fut incendié, et ses jardins détruits. Ces événements expliquent pourquoi, malgré le long gouvernement des Perses dans l'ouest de l'Asie, on ne trouve aucun vestige des monuments de ces peuples.

Agesilas, en quittant l'Asie, fut regretté de tous les peuples grecs. Il emmena Xénophon, qui laissa à Éphèse chez le Mégabyze, prêtre chargé de prendre soin du temple de Diane, la moitié de l'or qu'il avait rapporté de son expédition avec Cyrus, et en cas de mort, pour le consacrer à Diane.

Une rencontre décisive entre les Lacédémoniens et les Athéniens alliés aux Perses eut lieu près de Cnide ; la flotte des Lacédémoniens était commandée par Pisandre, celle des Athéniens par Conon. Ces derniers battirent les Lacédémoniens et leur prirent cinquante galères ; le reste se sauva à Cnide. A la nouvelle de cette victoire, tous les alliés de Sparte passèrent du côté des Athéniens ; plusieurs villes se rétablirent dans leur ancienne liberté, et la puissance de Lacédémone fut complétement anéantie en Asie.

Sparte, vaincue dans les combats, ne voulut pas laisser Athènes jouir tranquillement du fruit de sa victoire, ni les villes révoltées de la liberté qu'elles avaient recouvrée ; elle résolut de faire la paix avec Artaxerxe.

Antalcidas fut envoyé au satrape Téribaze pour lui faire les propositions les plus avantageuses pour le roi. L'article qui concernait les villes d'Asie portait que les îles seules jouiraient de leur liberté ; toutes les villes grecques d'Asie demeureraient soumises au roi, et toutes les autres villes non helléniques jouiraient de leur indépendance.

Le roi retenait en outre la possession de l'île de Clazomène. La nouvelle d'un pareil traité fut accueillie avec indignation par toute la nation grecque ; mais, affaiblies par tant d'années de guerre, les villes d'Asie ne se jugèrent pas capables d'opposer la moindre résistance, et le traité d'Antalcidas reçut son exécution.

CHAPITRE XI.

L'IONIE APRÈS LA PAIX D'ANTALCIDAS.

Les villes ioniennes, réduites à l'état de soumission où les avait placées la trahison des Lacédémoniens, abîmées et ruinées par les révolutions intérieures, n'eurent plus qu'à attendre patiemment des temps meilleurs. Le gouvernement des Perses se contentait de lever des recrues et des impôts, et il laissait aux Grecs tout l'essor du génie national. Les arts et le commerce captivaient tous leurs instants ; les monuments détruits se relevaient peu à peu, et le luxe inouï des satrapes était entretenu par l'industrieuse imagination des artisans grecs, habiles à travailler l'or, l'argent et l'ivoire. Cette dernière matière était alors d'une extrême abondance en Asie ; l'usage constant d'entretenir à la suite des armées de nombreuses troupes d'éléphants, le commerce actif des Phéniciens et des Grecs avec les peuples de l'intérieur de l'Afrique, apportaient sur les marchés de Milet et de Smyrne des quantités d'ivoire que les Grecs travaillaient avec habileté. On peut affirmer que la galère d'ivoire aux voiles d'or, présent d'Ataxerxe, n'était pas faite par un artiste perse, ces derniers n'ayant aucune idée de la construction des vaisseaux. Néanmoins nous devons considérer le travail de l'or et de l'ivoire comme d'origine orientale, puisque ces matières étaient communes dans ces régions avant que les Grecs en aient connu l'emploi. C'est dans leurs relations avec les Perses qu'ils ont puisé ces connaissances, et cet art de faire des figures d'ivoire dans lequel ils ont excellé.

Le contact des Perses introduisait aussi chez les Grecs les modes orientales ; on voyait dans Athènes les jeunes gens vêtus à la persane avec des robes traînantes, entourés d'un cortége d'esclaves. Les Perses agissaient sur les Grecs comme ces derniers ont agi plus tard sur les Romains : c'est ainsi que, de proche en proche, l'art sérieux comme l'art éphémère des vêtements précieux se propageait d'orient en occident.

CHAPITRE XII.

L'ART IONIEN.

La cour de Polycrate, qui se distinguait surtout par son affectation d'orientalisme, eut une grande action sur le changement des modes grecques. Cos fournissait des tissus d'une finesse incomparable, et les tapis de Milet étaient dans Athènes l'objet le plus convoité ; aussi, quand, sur le théâtre, un pauvre diable voulait parler d'un luxe impossible, il souhaitait des tapis de Milet et des manteaux de Phrygie.

L'exportation des fruits, des laines, des cuirs de l'Asie, jointe à celle des objets fabriqués, entretenait le commerce et faisait vivre ces populations. Les droits frappés à l'entrée et à la sortie n'entraient pas tout entiers dans le trésor du satrape, ils étaient votés par les villes; la preuve, c'est que Cymé pendant quatre cents ans n'a pas voulu de ces droits. Hors des côtes, les navires des villes d'Ionie reprenaient le pavillon grec, et les flottes d'Athènes, qui surveillaient les mers, les escortaient jusqu'au fond du Pont-Euxin. La vie ne s'était pas retirée des villes d'Ionie en même temps que la liberté, et Milet, par sa fidélité aux satrapes, montrait plus tard qu'elle avait volontiers changé le gouvernement de ses tyrans contre celui de Darius.

Les Grecs du continent étaient les premiers à rendre hommage au génie inventif des Ioniens, qui se manifestait dans toutes les branches des sciences et des arts. La liste des grands poëtes et des grands artistes qu'elle a produits peut se placer avec avantage à côté des noms les plus illustres de l'Attique et du Péloponnèse. Homère et Hérodote ont laissé dans leur patrie une nombreuse postérité de poëtes, de littérateurs et de philosophes, et dans les arts nulle contrée ne peut le disputer à l'Ionie pour le goût et la noblesse des monuments qu'elle a produits; le temple d'Éphèse était, à l'exclusion du Parthénon, placé au nombre des merveilles du monde.

Ce n'est pas un mince honneur pour les Ioniens d'avoir inventé un ordre d'architecture qui, depuis trente siècles, est regardé par toutes les nations civilisées comme le plus élégant des ordres : c'est le seul qui ne souffre pas la médiocrité, et les artistes modernes peuvent avouer combien il est difficile d'imiter la majestueuse simplicité de la colonne ionique. Les préceptes de Vitruve suivis scrupuleusement ne suffisent pas pour arriver à un résultat satisfaisant; les Grecs seuls ont eu le secret de cet art, et parmi les monuments de l'art ionien qui nous restent, il n'en est pas un qui ne satisfasse l'œil et l'esprit tout ensemble. L'idée de couronner une colonne par un chapiteau orné de volutes a été contestée aux Ioniens : il est vrai que dans les plus anciens monuments de la Perse, de l'Assyrie et de l'Égypte on trouve quelques rudiments de cet ordre, non pas traité comme l'ont fait les Ioniens, mais enfin on peut déjà distinguer la colonne à volutes.

Les Grecs ont su donner à ces premiers essais une forme acceptable et pour ainsi dire une âme, et tous les peuples ont applaudi à cette création. L'école d'architecture ionienne ne s'est pas bornée à l'invention d'un ordre ; les premiers Grecs ne savaient employer que le seul dorique pour la construction de leurs temples, c'est-à-dire que les proportions de l'édifice, subordonnées aux règles de l'art dorique, ne pouvaient s'écarter des trois principes de cet art. L'invention d'Hermogène en créant le style pseudo-périptère a donné à l'architecture des temples une plus libre carrière, et cette invention a été louée par les Grecs comme une ère nouvelle pour l'architecture.

Dans les pays étrangers à la Grèce les artistes ioniens étaient en honneur; les villes de Chio, Téos, Clazomène, Phocée contribuèrent à l'érection de l'Hellenium, temple admirable que le roi d'Égypte Amasis, ami des Ioniens, leur avait permis de construire.

Les cinquante années écoulées depuis la paix d'Antalcidas, jusqu'à l'arrivée d'Alexandre comme libérateur de l'Asie, ne furent pas perdues pour l'Ionie : la fusion des races s'était opérée, les Cariens, leurs anciens ennemis, avaient combattu à leur côté contre les Perses, et si la ville carienne de Milet se soumettait plus volontiers au gouvernement des satrapes, ses colonies restaient amies des Grecs et recevaient la protection d'Athènes.

Un lien plus fort unissait les villes grecques. Deux grands centres religieux, le temple d'Éphèse et celui des Branchydes attiraient une foule d'adorateurs, non-seulement des pays voisins mais du continent et des îles. Le luxe des cérémonies religieuses, les statues et les offrandes qui s'augmentaient sans cesse stimulaient le zèle et le génie des ar-

---

(1) Hérodote, liv. II, 177.

tistes qui sortaient peu à peu des liens hiératiques pour donner à leurs divinités des formes plus en harmonie avec le sentiment du beau.

Les jeux de la scène qui accompagnaient les fêtes religieuses exigeaient un développement d'ouvrages d'art d'un autre genre, les poëtes composaient des hymnes et des dythyrambes, et les artistes élevaient des monuments où le peuple pouvait commodément s'assembler pour assister à ces fêtes dans lesquelles la politique comme la religion faisaient les principaux frais. Le théâtre dans les villes grecques était pour ainsi dire une annexe du temple. Il n'était pas une seule petite ville qui n'eût soin d'élever l'un et l'autre édifice. Ce goût pour les monuments splendides était soutenu par la nature même du pays qui fournissait des marbres variés de couleur, mais parmi lesquels les carrières de marbre blanc se présentent avec une extrême abondance : l'île de Proconnèse était encore là pour suppléer au manque de matériaux. Les forêts du Mycale et du Messogis produisaient les bois nécessaires aux constructions terrestres et maritimes; en un mot, les Ioniens savaient avec une rare intelligence mettre en valeur toutes les richesses que produisait leur pays d'adoption.

CHAPITRE XIII.

L'IONIE SOUS LES ROIS GRECS.

C'est en cet état que le vainqueur du Granique, qu'Alexandre trouva les villes grecques lorsqu'il vint leur rendre la liberté, relever leurs temples abattus et les appeler à l'expulsion du dernier Perse de l'Asie Mineure.

A partir de cette époque jusqu'à la réunion de l'Asie à l'empire romain, l'Ionie ne marque plus comme une région à part dans la presqu'île. Réunie selon le caprice ou la politique des princes grecs tantôt à la Lydie, tantôt à l'Æolide ou à la Carie, les villes, libres dans leur gouvernement intérieur, sont aujourd'hui rangées sous le pouvoir d'un prince, demain sous celui de son compétiteur. Elles n'arrivent à faire partie d'un gouvernement stable et régulier qu'après la constitution du royaume de Pergame.

L'arrivée de Manlius fut le signal d'une domination nouvelle et encore inconnue en Asie ; mais jusqu'à ce que cette province vît fleurir l'époque tranquille et prospère des règnes d'Hadrien et d'Antonin, elle devait passer encore par des épreuves cruelles. La guerre d'Aristonicus, dernier prétendant au trône des Attales, eut pour théâtre le territoire de l'Ionie; car Aristonicus avait conservé plusieurs places fortes, et notamment Thyatire.

Les Éphésiens combattirent contre lui, soit à la solde des Romains, soit à celle de Nicomède, roi de Bithynie, qui voyait son royaume s'agrandir de l'amoindrissement de celui de Pergame. Enfin Aristonicus fut vaincu et envoyé à Rome; les deux consuls moururent à la suite de cette guerre.

On voit, par les efforts réunis des Romains, des Ioniens et des deux rois de Cappadoce et de Bithynie (1), que le dernier fils d'Attale n'était pas un prétendant si méprisable. C'est le dernier événement remarquable qui se passe en Ionie avant l'établissement définitif de la puissance romaine.

Tibère, en organisant ses États d'Orient, donna pour ainsi dire la suprématie à l'Ionie sur les autres départements, en la décorant du titre de province d'Asie, comme si elle était le centre et le chef-lieu de toutes les autres. Cependant il en étendit les limites un peu au delà de l'Ionie, et à cette province se joignait une partie de l'Æolide et de la Lydie.

Le grand nombre de villes fondées par les Grecs suffisait pour recevoir un grand accroissement de population, sans qu'il fût nécessaire d'en créer de nouvelles; aussi nous ne trouvons pas dans l'Ionie de villes portant un nom purement romain, comme il s'en présente en Phrygie et en Bithynie. La généralité des noms de villes d'Ionie est d'origine grecque; celles même dont la fondation est attribuée aux aborigènes ou aux barbares n'ont pas conservé leur première dénomination. Étienne de Byzance nous a conservé plusieurs variantes des noms des villes d'Asie. Ils sont surtout très-multipliés dans la Carie et la Lycie.

(1) Strabon, liv. XIV, p. 645.

CHAPITRE XIV.

SOUS LES EMPEREURS ROMAINS.

Sous les empereurs romains, l'Ionie ne cessa de prospérer et d'étendre ses frontières et du temps de l'empire de Byzance elle était incomparablement la plus riche province.

Dans la province d'Asie, la notice des Patriarcats place quarante-cinq villes dont voici la liste :

Éphèse.	Thymbria.
Hypæpa.	Clazomène.
Tralles.	Magnésie du Sipylus.
Magnésie du Méandre.	Smyrne.
Elæa.	
Adramytium.	Euaza.
Assos.	Arcopolis.
Gargara.	Algiza.
Pitane.	Auréliopolis.
Myrrhina.	Valentinianopolis.
Temnos.	Aninetum.
Nysa.	Anæa.
Métropolis.	Arcadiopolis.
Pergame.	Nova-Aula.
Priène.	Ægea.
Claros.	Andera.
Colophon.	Fanum Jovis.
Lébédus.	Pepere.
Téos.	Aulium.
Erythræ.	Naulochus.
Antandros.	Bargara.
Cymé.	Mastaura.
Phocée.	Brullena.

Cette circonscription s'étendait donc au nord jusqu'au golfe d'Adramyttium et au sud jusqu'au Méandre, elle était bornée à l'est par les montagnes où ce fleuve prend sa source, c'est-à-dire qu'elle renfermait l'Æolide, l'Ionie et une partie de la Lydie.

L'Ionie proprement dite ne contenait dans l'origine que dix villes principales et deux îles. Strabon (1) lui assigne les villes suivantes dans la terre ferme.

Milet.	Éphèse.
Erythræ.	Clazomène.
Priène.	Lébédos.
Téos.	Colophon.
Myus.	Phocée.

(1) Strabon, XIV, p. 633 Ælien, Varia. Hist., liv. VIII, ch. 5.

Samos et Chio étaient les capitales des îles du même nom.

Au nord, l'Ionie se terminait à Phocée : le golfe de Iassus formait la frontière du sud.

Hérodote divise les villes d'Ionie en quatre dialectes grecs : Milet, Myus et Priène en Carie usaient d'un même langage; Éphèse, Colophon, Lébédos, Téos, Clazomène et Phocée usaient d'un autre dialecte; Erythræ et Chio se servaient d'un même idiome; Samos en avait un particulier (1). Ce passage de l'historien grec montre que l'Ionie s'est formée d'un démembrement de la Lydie et de la Carie.

L'émigration régulière des Ioniens commença l'an 1130 avant J.-C. Les Léléges habitaient les territoires de Smyrne et de Phocée, les Cariens occupaient celui de Milet et d'Éphèse : ces deux peuples furent expulsés par les Ioniens, et allèrent s'établir dans d'autres parties de la Carie.

Après l'avénement de Constantin, l'Ionie fut soumise à une nouvelle démarcation, et les villes furent classées par évêchés sans cependant cesser d'appartenir à la province d'Asie. L'Ionie renfermait huit évêchés classés par ordre de préséance de la manière suivante : Smyrne, Éphèse, Téos, Phocée, Erythræ, Priène, Colophon, Clazomène. Les évêchés de Milet et d'Héraclée appartenaient à la Carie.

La navigation le long des côtes de l'Ionie était d'environ 3,430 stades, ou 98 lieues géographiques (2), en contournant la grande presqu'île d'Erythræ. La largeur de la base de cette presqu'île entre Smyrne et Éphèse n'est que de 120 stades en ligne droite, soit 12 kilom. un quart.

Nous n'avons rien à rabattre des éloges que fait Hérodote du climat de l'Ionie. C'est toujours le ciel le plus pur dans le climat le plus heureux, mais combien l'aspect du pays a changé; il n'y a plus guère aujourd'hui que Smyrne qui soit une ville habitable, tout le reste a été converti en marais pestilentiels ou en déserts arides.

Éphèse, Milet et Téos ne sont plus

(1) Hérodote, liv. I, ch. 142.
(2) 3,430 stades de 700 au degré font 4.9 degrés ou 98 lieues.

que des marécages où les habitants hésitent à passer une nuit; Erythræ est un désert rocheux; Claros, Lébédus et Colophon sont absolument déserts, mais cette situation si pittoresque dominant la mer de Samos ne demanderait qu'à être habitée par une population agricole. Cet état désastreux des villes ne s'applique nullement à la fertilité du sol, qui est toujours la même : les gras pâturages des vallées du Méandre et du Caystre nourrissent encore de nombreux troupeaux, et nous avons dit combien sont fertiles les vallées supérieures de ces fleuves.

CHAPITRE XV

SMYRNE.

La fondation de Smyrne remonte aux premiers temps de la migration ionienne; dans le principe elle ne fit pas partie de cette confédération, parce que la population était un démembrement de celle d'Éphèse : c'est du moins la tradition que Strabon nous a conservée d'après Callinus. Les Éphésiens, qui habitaient le quartier nommé Smyrne, vinrent attaquer les Léléges, les chassèrent, et construisirent une ville à laquelle ils donnèrent le nom de Smyrne. Attaqués à leur tour par les Æoliens, les Smyrnéens furent chassés de leur pays, et se retirèrent à Colophon; mais, aidés des Colophoniens, ils reprirent leur ville.

Hérodote regarde la première Smyrne comme une ville æolienne, qui tomba par stratagème entre les mains des Ioniens (1). Plus tard, cette ville ayant refusé de se soumettre aux rois de Lydie, eut à résister à plusieurs invasions, et finit par succomber.

Gygès entreprit une expédition contre Smyrne, mais elle n'eut aucun résultat (2). Dans la suite, Alyatte, fils de Sadyatte, chassa les Cimériens d'Asie, et prit la ville de Smyrne, désignée alors par Hérodote comme une colonie des Colophoniens. A la suite de ces événements, les habitants quittèrent la ville, et restèrent dispersés dans les villages pendant l'espace de quatre cents ans.

On célébrait à Smyrne une fête annuelle qu'on appelait les Éleuthéries, en commémoration de la délivrance de la ville par le dévouement des servantes. Les Lydiens assiégeaient Smyrne, et, au moment de s'en emparer, ils contraignirent les habitants de leur envoyer leurs femmes. Ceux-ci, étaient sur le point de souscrire à cet ordre, lorsque les servantes se dévouèrent pour leurs maîtresses, et agirent de telle sorte dans le camp des Lydiens, que ceux-ci finirent par tomber entre les mains des Smyrnéens. Ce trait nous est conservé par Dosithée, qui avait écrit l'histoire de Lydie.

Les auteurs que nous venons de citer donnent peu de détails sur l'emplacement de la ville æolienne; ils ne nous disent pas si elle était en plaine ou sur une montagne.

Strabon, en deux passages différents, fixe à vingt stades la distance entre la ville ancienne et celle qui existait de son temps : « Il y a le golfe de Smyrne et la ville. Ensuite *un autre golfe*, dans lequel *est* l'ancienne Smyrne, à vingt stades de celle d'aujourd'hui. » Le géographe insiste particulièrement sur les deux golfes; c'est dire suffisamment que l'ancienne Smyrne était dans l'anse aujourd'hui comblée qui allait vers Bournabat. En observant l'étendue des atterrissements du Mélès, il est clair qu'à une époque antérieure la mer entrait plus avant dans les terres qu'elle ne le fait de nos jours; il faut infailliblement placer l'ancienne Smyrne dans un autre golfe que celle d'aujourd'hui. Tout le monde à Smyrne connaît, au sud-ouest de Bournabat, une localité couverte de ruines, dans lesquelles on a découvert beaucoup d'inscriptions, dont quelques-unes ont été encastrées dans le mur de la mosquée de Bournabat; ce lieu s'appelle encore aujourd'hui Palæa Smyrna, l'ancienne Smyrne.

La Smyrne dont on voit les ruines sur la montagne qui domine la ville moderne est un ouvrage des rois grecs (1). Pausanias en attribue la fondation à Alexandre, qui, à la suite d'un songe

---

(1) Hérodote, liv. I, ch. 150.
(2) Id., liv. I, chap. 14.

(1) Strabon, liv. XIV, p. 646.

inspiré par Némésis, résolut d'établir une ville sur le mont Pagus, où il s'était endormi. L'oracle de Claros, consulté à ce sujet, engagea les Smyrnéens à aller habiter la ville nouvelle, qui prit le nom de leur ancienne patrie (1).

Mais le roi de Macédoine ne fut pas appelé à exécuter son projet. La construction de la nouvelle ville fut entreprise par Antigone et accomplie par Lysimaque.

Smyrne fut donc fondée au nord du mont Pagus, partie sur la montagne et partie dans la plaine. Le fleuve Mélès, que l'oracle avait nommé, coule dans la partie orientale de cette montagne, et la ville s'étendit dans la plaine entre le fleuve et la mer. Les plus somptueux édifices ne tardèrent pas à être construits, et les rues alignées et coupées à angle droit, et même décorées de portiques. La mémoire d'Homère, qui planait sur les rives du Mélès, fut honorée par un temple appelé l'*Homerium*.

D'autres édifices sacrés, le temple de Némésis, celui de la Mère des dieux, furent construits dans la plaine. L'acropolis, le stade, le théâtre et les portiques s'élevèrent sur le penchant de la montagne. Le port, dont l'emplacement est occupé aujourd'hui par des habitations, était un bassin que l'on fermait au moyen d'une chaîne.

Mais la partie inférieure de la ville, établie sur des terrains d'atterrissements, presque au niveau de la mer, n'avait pas d'égouts pour les eaux pluviales et les immondices; aussi, en temps d'orage, les rues étaient-elles inondées et malpropres. Il semble que Strabon fasse en ce passage la description de la ville moderne.

Smyrne est une des villes qui concoururent devant le sénat romain pour avoir l'honneur d'élever un temple à Tibère, et elle l'emporta sur ses rivales : il ne reste aucun vestige de cet édifice.

Dès les premiers temps du christianisme, Smyrne se distingua par son zèle pour la foi nouvelle, aussi, mérita-t-elle le titre d'une des sept églises de l'Asie. Saint Polycarpe, son premier évêque et le patron des chrétiens de Smyrne, passe pour avoir souffert le martyre dans le stade en l'an 166. Une petite église grecque bâtie en ce lieu est aujourd'hui abandonnée.

De tous les ouvrages exécutés par les rois grecs, il ne reste qu'une partie de l'ancien château; c'est le soubassement des tours du côté sud-ouest, qui est à joints irréguliers, et la tour sud-ouest jusqu'au tiers de sa hauteur. Elle est construite en bel appareil de trachyte rouge, qui lui donne l'apparence d'une tour de porphyre. Le reste du château est un ouvrage byzantin. Les autres monuments sont en partie détruits; mais on en reconnaît parfaitement les ruines. Le stade s'étend de l'est à l'ouest un peu plus bas que le château. Les gradins étaient de marbre; ils ont été employés dans les constructions modernes. Toute la partie gauche du stade est soutenue sur des contre-forts qui existent encore ; il y a des niches demi-circulaires, et des cellules dont l'appareil est en petites pierres, ouvrage évidemment romain.

Le théâtre a eu le sort du stade; il ne restait en 1836 que les deux parties qui soutenaient jadis les gradins, avec les galeries qui conduisaient aux précinctions. Les gradins furent détruits au milieu du dix-septième siècle; mais on voit encore très-bien le galbe du monument, et probablement ferait-on quelques découvertes de fragments dans les maisons qui occupent le proscenium. Mais ces ruines, qui attireraient encore les regards dans une ville d'Europe, sont laissées de côté en Asie, où tant de monuments mieux conservés ou plus anciens rappellent l'investigation des voyageurs.

Un peu plus bas que le théâtre, sur la limite du quartier juif, il y a dans la ville un espace vide qui est occupé par un cimetière et planté de grands arbres. Tout autour de cette enceinte, il y a des fragments de colonnes et de pilastres couchés dans la maçonnerie, et deux ou trois pilastres carrés et isolés sont encore debout. Il est probable que ce sont les ruines d'un ancien agora, avec le portique quadrilatère qui l'entourait. Les colonnes sont en marbre brèche veiné de rouge et de blanc.

Les aqueducs et tous les restes de la

(1) Pausanias, liv. VII, ch. 5.

villes romaines ont été ou démolis ou renouvelés. On voit encore dans là plaine et sur le chemin de Bournabat un petit lac qui est une des sources du Mélès, avec quelques ruines. On appelle cela les bains de Diane. Le temple d'Esculape, qui se voyait sur le versant ouest du mont Pagus, est aussi entièrement détruit. En faisant des fouilles au-dessus du cimetière juif, en 1836, on a découvert un long soubassement de grosse maçonnerie, avec quelques blocs de marbre : c'était peut-être le reste du temple. Toutes ces conjectures peuvent être discutées ; elles n'ont rien d'impossible, mais aucune autorité ne les appuie.

Les inscriptions trouvées à Smyrne dans ces derniers siècles sont assez nombreuses ; mais malheureusement elles n'ont pas été recueillies avec soin, et il en a péri un grand nombre qui ont été employées à des constructions nouvelles. Spon et Wheler en ont recueilli quelques-unes qui sont importantes, et notamment une lettre des empereurs Sévère et Antonin, adressée aux habitants de Smyrne, dont la rédaction est à peu près la même que celle adressée par Antonin aux Aizaniens.

Il serait difficile de déterminer d'une manière précise le périmètre de l'ancienne Smyrne, les murailles ayant été détruites depuis longtemps ; mais sa plus grande étendue ne pouvait pas dépasser à l'est le vallon Saint-Anne, où sont les aqueducs ; à l'ouest, le versant du mont Pagus, où est le cimetière juif. Le château était, je pense, sa limite méridionale ; car au delà la montagne est tellement abrupte et aride, qu'on n'a jamais pu y établir de maisons ; d'ailleurs il n'y en a pas de vestige. Du côté du nord, c'est-à-dire vers la plaine, rien ne peut déterminer la limite de la ville ; on n'y rencontre aucune trace de monument : tous ont disparu.

Indépendamment des ravages causés par les guerres civiles, Smyrne a éprouvé de grands désastres par suite des tremblements de terre. Tibère et Marc-Aurèle y firent faire de grands travaux pour réparer ces malheurs. C'est encore un motif de l'anéantissement complet des monuments antiques ; ceux qui n'ont pas été détruits à dessein ont été renversés.

CHAPITRE XVI.

SMYRNE BYZANTINE.

Les empereurs grecs, menacés par les Musulmans, firent réparer les fortifications de la ville et celles du château. Une inscription byzantine, qui se voyait encore sur la porte en 1760, a disparu depuis ce temps. Elle a été conservée par Chandler, et nous apprend que les restaurations du château ont été faites par l'empereur Jean Comnène : c'était la fin de l'empire de Byzance. L'empereur Alexis, son successeur, se retira à Trébizonde, où il établit un empire. On a douté qu'il eût pris le titre de roi (1) ; mais une inscription placée au-dessus de son portrait, peint à fresque, lui donne le titre de roi et empereur de toute l'Anatolie ; c'est-à-dire qu'il conserva toujours des prétentions sur Smyrne. Mais alors cette place était entre les mains des Turcs depuis l'an 1084.

La facilité qu'avaient les Grecs de recevoir des secours du dehors donnait à Smyrne une importance particulière ; aussi cette ville fut-elle le théâtre des luttes acharnées entre tous les pouvoirs qui tentaient de s'établir en Asie. Smyrne était au pouvoir d'un bey nommé Tzachas, qui était maître de toutes les places du golfe. Lorsque Jean Ducas vint l'assiéger, elle se rendit, mais fut bientôt reprise par les Turcs, et les habitants furent massacrés.

Aïdin, émir qui donna son nom à la ville de Tralles, reconstruite par lui, laissa son fils, Amir (Omar), possesseur de Smyrne, en 1332. Andronic le vieux régnait à Constantinople ; mais déjà les Grecs laissaient aux autres nations le soin de défendre cette terre contre l'invasion musulmane. Les chevaliers de Rhodes s'étaient emparés du château et l'avaient mis en bon état de défense. Amir, de retour à Smyrne, se mit en devoir de chasser les chevaliers ; mais il fut tué pendant les premiers travaux du siége.

Les Latins étant devenus maîtres de Smyrne y envoyèrent, au nom du pape, le patriarche nouvellement élu de Constantinople, pour y rétablir les affaires

(1) *Histoire universelle*, Trébizonde.

de l'Église; mais pendant qu'il disait une messe dans la principale église, les troupes d'Amir, qui n'avaient pas été anéanties, revinrent attaquer la ville, et tous les chrétiens furent massacrés.

Cependant les Génois, que l'intérêt du commerce attirait vers le Levant, faisaient des traités tantôt avec les Turcs, tantôt avec les Latins et avec les Grecs, et moyennant de légers tributs on leur permettait de s'établir transitoirement dans d'anciennes Échelles, où ils ne tardaient pas à se rendre respectables. Les Vénitiens suivaient la même politique; mais, plus puissants et plus orgueilleux, ils voulaient souvent devoir à des victoires ce que les Génois obtenaient par leurs ducats; aussi ces derniers, moins redoutés des Turcs, purent construire dans tous les États des sultans des comptoirs fortifiés qui étaient de véritables citadelles. Ces établissements furent si nombreux, qu'après cinq ou six siècles, la tradition en a conservé le souvenir parmi les Turcs, et toutes les ruines importantes, à quelque âge qu'elles appartiennent, sont désignées par eux sous le nom de *Djinévise kalma*, *Djinévise kalési*, ruines génoises, château génois. Les Génois sont leurs Lélèges et leurs Pélasges; au delà de cette époque, l'histoire est pour eux le chaos des temps.

Les Génois obtinrent ainsi par traité Smyrne, Chio et Phocée. Ils gardèrent cette dernière place; mais l'anarchie qui régnait dans le reste de l'Ionie ne leur permit pas de rester longtemps à Smyrne. Orkhan, qui possédait Magnésie du Sipylus, s'empara de Smyrne et y construisit une forteresse. Les chevaliers de Rhodes lui reprirent la ville, et s'y fortifièrent d'une manière redoutable, sans néanmoins pouvoir expulser complétement les Musulmans. Il est probable qu'un armistice avait été conclu; mais d'autres désastres menaçaient encore la malheureuse ville. Timour, vainqueur à Angora, apprenant que la capitale de l'Ionie était possédée par deux pouvoirs rivaux et ennemis, quitte la Galatie le 1er décembre 1402, traverse la ville de Kutayah, s'avance à marches forcées, et fait sommer les chevaliers de Rhodes, qui depuis cinquante-sept ans étaient établis à Smyrne,

de lui céder la forteresse. Sur le refus des chevaliers, le siége commença immédiatement, et fut poussé avec une vigueur peu commune. La ville fut investie de trois côtés; le port formait le quatrième. L'attaque par le feu grégeois et les machines ordinaires n'ayant pas réussi, Timour fit dresser un mur de circonvallation pour arrêter tout secours. Mille mineurs, protégés par de hautes tours roulantes, sapaient les murailles qu'on soutenait par des pilotis, et l'on mettait le feu aux bois quand on jugeait la brèche assez large. Ce moyen lui avait déjà merveilleusement réussi au siége de Siwas (Sébaste). Le port ayant offert aux assiégés quelques moyens de communication avec le dehors, Timour ordonna à chacun de ses soldats d'y jeter une pierre, et le port fut comblé en un jour.

Sans secours, sans moyens de se ravitailler, les chevaliers ne purent opposer une plus longue résistance; la ville fut prise, et tous les assiégés furent massacrés. Timour eut la barbare idée de faire maçonner leurs têtes dans une tour (1).

CHAPITRE XVII.

SMYRNE MUSULMANE.

Après la retraite des Tartares, Smyrne resta au pouvoir de Djounéid; c'est le même qui est appelé Cinéis dans les relations modernes: il était difficile de reconnaître son identité. Les Osmanlis revinrent pour conquérir une place qui leur échappait constamment. Malgré son alliance avec les sultans d'Iconium, Djounéid n'eut que des succès passagers, et il finit par être assassiné dans sa tente. C'est ainsi que le pouvoir turc s'établit dans Smyrne.

Mais les chrétiens de Rhodes n'avaient pas abandonné leurs prétentions; une flotte, commandée par Pietro Moncenigo, revint, en 1375, pour reprendre cette place. La ville fut envahie et brûlée; mais l'amiral abandonna sa conquête pour aller sur les côtes de Caramanie.

Les Vénitiens vinrent à leur tour as-

(1) Ducas, Hist., ch. VII.

siéger Smyrne; la ville fut prise, pillée, brûlée, les mosquées détruites; la fureur et le carnage n'épargnèrent personne : femmes et filles, hommes et enfants, subirent leur part d'outrages. On payait trois ducats pour chaque prisonnier. La population, décimée, anéantie, se retira dans les masures qui étaient au pied du château, et la ville, tombée dans le plus profond degré de misère, resta cependant la proie des Turcs, dont le pouvoir grandissait incessamment.

Depuis cette époque le Grand-Seigneur est maître de Smyrne, mais non sans contestation, car à plusieurs époques la sédition et la révolte, fomentées par les émirs, appelèrent dans cette ville les troupes de l'empire. A part quelques incendies et quelques têtes coupées, cela ne changeait rien à la physionomie de la ville.

Le port, qui n'était qu'une petite darce pour les galères, avait été comblé par Timour; ce ne fut cependant qu'un événement de peu d'importance pour Smyrne : son vrai port, c'est le vaste golfe, qui offrirait une retraite à toutes les flottes du monde. Une si heureuse position ne pouvait rester abandonnée : peu à peu le commerce appela de nouveaux habitants; on descendit dans la vallée; mais, par malheur, aucune prévoyance de l'autorité ne réglait les alignements et les dispositions des quartiers. De la montagne on se précipita sur le bord de la mer, sans avoir la sagesse d'y laisser un quai, dont le développement eût fait de Smyrne la plus belle ville de l'Orient.

Tournefort, qui visitait la ville de Smyrne il y a plus d'un siècle, mentionne plusieurs édifices qui n'existent plus de nos jours. Il signale un grand mur qu'il appelait le *pomœrium*, et le temple de Cybèle ou selon lui l'Homerium, monument carré qu'il compare au temple de Janus à Rome : cet édifice était près du Mélès. C'était un petit bâtiment carré, d'environ cinq mètres de côté, avec deux portes et au milieu une niche « où pouvait être l'effigie d'Homère ». Il y a tout lieu de croire d'après cette description que c'était un tombeau; c'est peu de temps avant l'arrivée de Tournefort, en 1702, qu'on a démoli le théâtre pour bâtir un khan ou bezestéin (marché aux étoffes), long de quatre cents pas et tout voûté en pierres de taille; on trouva dans les fondements du théâtre un pot de médailles de l'empereur Gallien et de sa famille; d'autre part on découvrit aussi une inscription qui fait mention de l'empereur Claude. Le cirque était aussi bien conservé que le théâtre; il avait deux cent cinquante pas de long et quarante-cinq de large; un autre caravansérai non moins somptueux que le bezestéin a été bâti dans le voisinage; il est destiné aux marchands du Levant : on l'appelle Madama khan.

CHAPITRE XVIII.

SMYRNE MODERNE.

La Smyrne d'aujourd'hui, étant la première ville d'Orient où abordent d'ordinaire les voyageurs qui arrivent d'Europe, présente aux yeux des nouveaux arrivés le spectacle le plus animé et le plus inattendu, tant est grande la variété des tableaux qui s'offrent aux regards; mais le premier moment d'enchantement passé, on est étonné de ne trouver aucun site qui mérite une sérieuse attention : la banalité de l'architecture moderne des Orientaux se révèle tout d'abord. Les mosquées et les autres édifices publics sont d'une construction des plus médiocres : il n'y a pas une petite ville de l'intérieur qui ne renferme des monuments plus intéressants.

Dans un autre ordre de recherches, les bazars sont des établissements qui méritent d'être visités; le quartier franc, qui est construit le long de la mer, renferme toute la population européenne de Smyrne; les Turcs demeurent dans le quartier qui occupe la base de la montagne, les Grecs dans l'est de la ville; une petite rivière qui prend sa source dans les bains de Diane, et qu'on appelle rivière des Teinturiers (*boyadji*), sépare le quartier franc de celui des consuls. Les maisons sont dans une situation agréable, ayant vue sur la mer. Ce sont de légères constructions de bois, que l'incendie force de temps en temps à renouveler. Les habitants ont pris le parti de construire de la sorte

20.

pour se mettre à l'abri des tremblements de terre : de manière que pour se garantir d'un fléau ils se sont jetés volontairement dans un autre. La population de Smyrne s'est fort accrue depuis un siècle : Tournefort l'estimait à cent mille âmes, aujourd'hui elle dépasse cent cinquante mille, dont la moitié est de race turque, quarante mille Grecs, quinze mille Juifs et dix mille Arméniens ; la population européenne est variable, et tend toujours à s'augmenter : sous un gouvernement stable, et qui autoriserait les étrangers à acquérir des biens-fonds, Smyrne serait une ville de trois cent mille habitants.

Du temps de Tournefort, en 1702, les habitants de Smyrne conservaient le souvenir de six tremblements de terre qui avaient causé de grands ravages ; le nombre d'incendies est bien plus considérables : il n'est pas d'année où l'on n'ait à déplorer quelque malheur de ce genre. Le déplorable incendie de 1841 a ravagé la majeure partie des quartiers turcs et des bazars. Le quartier franc a été épargné, il est vrai ; mais en 1834 il avait été consumé en grande partie, de sorte qu'on peut dire qu'en l'espace de six ans toute la ville a été détruite par l'incendie. On ne peut concevoir comment les habitants ne prennent pas plus de précautions pour se garantir d'un fléau qui les menace sans cesse et qu'on semble perpétuer à plaisir par les constructions les plus vicieuses. Ainsi, dans un pays où le terrain est presque pour rien, on s'obstine à construire des rues tellement étroites, qu'un chameau chargé peut à peine y passer, et de plus l'usage des *chah-nichin*, espèce de balcons ou fenêtres en surplomb, rétrécit tellement la rue par le haut, que bien souvent le jour y pénètre à peine, et les toitures se touchent d'un travers de la rue à l'autre. L'autorité turque ne se mêle en rien de la police des constructions, qui sont abandonnées aux caprices des kalfats, espèces d'architectes grecs et arméniens qui vivent dans la plus affreuse routine, et qui au fond ne sont pas fâchés de voir de temps en temps le feu leur donner occasion d'exercer leur industrie.

Tous les bazars que l'on était occupé à rebâtir au moment de notre arrivée, sont construits en planches tellement minces, qu'il suffit d'une étincelle pour allumer un incendie.

Les alignements sont la chose dont on a le moins de souci, et chacun a le droit, selon son caprice, d'intercepter la voie publique par des baraques, des amas de bois et des bâtisses de tous genres. Une des choses les plus nécessaires à la ville de Smyrne serait un beau quai, qui donnerait des facilités pour le débarquement des marchandises et qui assainirait ce quartier, appelé à juste titre *Taïs Copriaïs* (les ordures), où sont construites cependant les plus belles maisons des négociants et des consuls européens.

Ce quai est déjà construit dans une partie parallèle à la rue Franque, et avec peu de dépenses, en achetant quelques baraques de cafés, on aurait pu le continuer dans toute l'étendue de la rade. Mais un habitant a imaginé de bâtir une maison assise au bord de la mer, et qui intercepte à tout jamais la prolongation du quai ; car ni le gouvernement ni les particuliers ne voudront faire les frais d'acquisition de cette maison pour la démolir. Le terrain dans cette localité coûtait en 1833 5 piastres (1 fr. 25°) le pick, c'est-à-dire quatre pieds carrés ; il coûte aujourd'hui 20 piastres (4 fr. 50°). C'était un excellent calcul pour les négociants établis à Smyrne ; c'en était un également pour le gouvernement, car le bord de la mer étant ainsi occupé par des maisons et des baraques, la surveillance de la contrebande devient impossible. Les constructions qu'on avait commencées il y a quelques années au nord de la ville se sont multipliées rapidement. Le quartier qu'on appelle *Gul-Mahallé* (la rue des Roses) n'est plus le plus beau quartier de Smyrne, et la population européenne se transporte peu à peu vers le quartier de l'hôpital français, qui était autrefois isolé au milieu des jardins, et qui est aujourd'hui entouré de maisons.

CHAPITRE XIX.

ÉPHÈSE.

ROUTE DE SMYRNE A AÏASALOUK.

La route qui conduit de Smyrne à l'ancienne Éphèse traverse le vieux cimetière qui occupe le versant occidental du mont Pagus; c'est une route qu'on peut faire plusieurs fois sans jamais se lasser d'admirer la perspective magnifique qui se développe à l'horizon. Du côté du nord, les sommets découpés du mont Sipylus encaissent le rivage du golfe; sur la gauche, les ruines du château dominent le chemin, tandis que la chaîne centrale de la presqu'île de Téos et d'Érythrée se perd dans les vapeurs du golfe en formant des ondulations de verdure. Dès qu'on a quitté les portes de la ville, on entre dans une campagne qui est presque inculte. Quelques petits vallons bien arrosés sont occupés par de chétives habitations; le pays n'est pas assez sûr pour que l'on ait pris l'habitude de se construire des maisons de campagne isolées. Toute la montagne du château est de formation trachytique; ces productions volcaniques s'étendent fort au loin dans la plaine.

A trois kilomètres de Smyrne on franchit la ligne de douanes. Toutes les marchandises qui sortent doivent payer un droit qui entre dans la caisse du gouverneur, et est affecté à l'entretien de la ville. Ensuite on passe un pont jeté sur un torrent qui est à sec dans l'été; c'est un des affluents du Mélès, qui va se jeter dans le golfe de Smyrne. Une large vallée, qui a peu de longueur, longe la plaine au milieu de laquelle est situé le joli village de Boudja, où les familles anglaises résident de préférence. Les habitants de Smyrne appellent val Sainte-Anne cette dépression de terrain qui sépare du côté de l'est le mont Pagus de la plaine de Boudja. Un aqueduc du moyen âge, dont les arcades sont en ogive, traverse cette vallée; les eaux qu'il porte à Smyrne sont très-chargées de sels calcaires, qui ont formé, de part et d'autre de l'aqueduc, de grosses masses de stalactites. Cet endroit est très-pittoresque et souvent visité par les étrangers.

A 12 kilomètres de Smyrne on traverse une petite rivière qui va également se jeter dans le golfe de Smyrne : ce sont les eaux du versant septentrional de la chaîne centrale; elles sont peu abondantes, par suite des ondulations du terrain, qui ne forment pas un bassin très-étendu. La route remonte pendant six kilomètres cette rivière, qui coule dans une terre sablonneuse et calcaire. Le terrain volcanique finit à la première rivière.

Tout ce pays est inculte, la présence de l'homme ne s'y reconnaît qu'aux traces d'incendies allumés dans les buissons. On arrive bientôt au col qui forme la ligne de partage entre les eaux du golfe de Smyrne et celles du golfe d'Éphèse; tout ce terrain appartient au système calcaire. Il faut parcourir ainsi 14 kilomètres sans trouver une habitation; on arrive ensuite dans un défilé fort resserré, que les habitants appellent le Chemin du Sang, à cause des nombreux assassinats qui y sont commis chaque année. Ce sont généralement des Samiens qui s'associent avec des paysans du lieu; on emporte le butin à Samos, et il est partagé, quelques mois après, quand l'affaire est assoupie.

Après avoir passé le défilé, nous nous trouvons dans une vaste plaine. Toutes les eaux des différents vallons prennent leur cours vers le sud. Il n'y a pas un village dans tout ce district. A dix heures nous traversons un gué; à dix heures trente minutes nous passons une autre petite rivière; enfin, à onze heures, nous arrivons à Trianta, station où se trouvent un corps de garde et quelques khans. Un grand platane ombrage la cabane de feuillée où nous passons la nuit. La rivière de Trianta ne se jette point dans le Caystre; elle a un cours particulier, et va se perdre dans la mer, entre Claros et Éphèse. L'ondulation de terrain qui sépare le bassin du Caystre de celui de la rivière de Trianta est presque insensible. Le lendemain, nous quittons le campement à six heures trente minutes. L'horizon est borné au nord par la chaîne du Tmolus, au pied de laquelle sont situées les villes de Baïndir et de Démich. Nous suivons pendant quelque temps le cours de la rivière, faisant route à 120° du compas, au milieu de buissons touffus.

Toute cette plaine est très-marécageuse; on a établi une chaussée au milieu des marais. Nous avons au N.-N.-E. un grand village entouré d'arbres, nommé Fortouna; un peu plus au sud, quelques habitations forment le village de Gourgoul.

Nous prîmes un sentier qui mène droit au sud vers un mamelon que nous apercevions depuis le matin. On trouve dans son voisinage quelques débris d'architecture et un grand aqueduc en ruine, qui indique qu'une ville antique a existé dans cet endroit. Sur le revers S.-E. du mamelon, on voit un grand tumulus.

Nous fîmes halte dans un café au bord d'une petite rivière nommée Bounar-Sou (l'Eau de la Source), parce qu'elle sort tout entière d'un rocher situé à deux milles au nord. C'est cette source qui alimentait l'aqueduc. Nous n'avons pas suivi la ligne directe qui mène de Trianta à Éphèse, parce que les marais formés par le Bounar-Sou et les eaux de la plaine la rendent impraticable. On contourne la chaîne de montagnes qui borne la plaine du côté de l'ouest. À neuf heures cinq minutes nous nous trouvons encore au bord du Bounar-Sou, que nous passons à gué dans cet endroit. Non loin de là se trouve un ancien cimetière, dans lequel on remarque des tronçons de colonnes, des corniches et d'autres fragments d'architecture, le tout en marbre blanc. On voit clairement tous les débris d'un édifice dorique.

À partir de ce point, nous marchons sur la pente du coteau, pour éviter les marais. Nous faisons une halte de quelques instants au bord d'un ruisseau; et en continuant à suivre la chaîne des collines, nous finissons par arriver au bord du Caystre, qui coule dans une vallée d'un mille de largeur; les terres en sont assez bien cultivées. Nous apercevons de temps à autre de beaux champs de doura. Le côté gauche de la vallée est également formé par une chaîne de collines calcaires. Nous marchons droit au sud pendant une heure, jusqu'à un château ruiné, bâti sur un des sommets les plus escarpés de la montagne; les habitants l'appellent Kiz kalé si (le Château de la Fille). Ici, les rochers prennent un aspect grandiose: leurs flancs perpendiculaires paraissent de loin avoir été taillés par la main des hommes.

Après avoir dépassé le château, on découvre au loin les montagnes qui entourent la plaine d'Éphèse. La route est pratiquée le long du Caystre; on rencontre dans une anfractuosité de rochers une construction appliquée à la montagne, dont une partie a été travaillée de main d'homme. On voit les traces d'une salle taillée dans le roc, et une niche assez grande; les ruines d'un aqueduc et quelques murailles revêtues de marbre complètent cet ensemble. Ces débris peuvent avoir appartenu à un nymphée (Νυμφαῖον), qui fournissait ensuite de l'eau à l'aqueduc; maintenant la source est tarie.

Suivant toujours le cours du Caystre, on arrive à un pont formé de débris de monuments romains. Les arcades sont en ogive. Un aqueduc était appliqué contre le pont. Ici le Caystre commence à devenir plus large. Après avoir passé le fleuve, nous nous trouvons dans la plaine même d'Éphèse. Le courant tend toujours à se porter au nord, en suivant la chaîne des montagnes; mais ensuite il traverse obliquement la plaine, et, après s'être divisé en deux branches, il va se jeter dans la mer, près de la montagne du sud. La branche nord est de peu d'importance; on la passe facilement à gué près de son embouchure.

CHAPITRE XX.

AÏASALOUK.

Aïasalouk est un petit village habité par quelques familles turques, logées pour la plupart dans la partie sud de la colline du château, au milieu des ruines et des buissons. Les ruines de l'ancienne ville d'Aïasalouk s'étendent à l'entour; elles se composent d'un certain nombre d'édifices couverts par des dômes, qui ont été jadis des bains et des mosquées. Les pierres sépulcrales qui les entourent portent presque toutes des inscriptions en caractères coufiques, et toujours en relief, selon l'usage arabe. Le château, la mosquée et l'aqueduc suffiraient seuls pour donner une idée de l'importance et de la grandeur de l'ancienne ville. Le château, dont la construction indique un temps de barbarie, est flanqué de tours carrées ; on y monte en franchissant des monceaux de pierres mêlées à des fragments de marbre ; un ouvrage extérieur qui défend les approches consiste en une porte flanquée de deux murs latéraux au corps de la place, et soutenue de chaque côté par deux lourds arcs-boutants construits principalement avec les siéges du stade et du théâtre et marqués presque tous avec des lettres grecques ; on y remarque un certain nombre de fragments d'inscriptions. Au-dessus de l'entrée sont incrustés différents bas-reliefs antiques, d'une bonne facture ; la porte du château fait face à la mer. Dans l'intérieur du château il n'y a que de misérables cabanes, une vieille mosquée et des monceaux de décombres.

La grande mosquée est située en face du château, du côté de l'ouest ; le côté qui fait face au château est bâti de pierre, mais la façade est en marbre blanc. Les deux dômes étaient couverts en plomb doré et portaient à leur sommet le croissant de l'Islam. Devant l'entrée se trouve une cour avec une fontaine et une vasque pour les ablutions ; autour des murs se remarquent plusieurs fûts de colonnes brisées, qui sont les restes d'un portique. Les trois portes qui conduisent dans la cour et les fenêtres de la façade sont ornées de moulures dans le style arabe, avec des inscriptions tirées du Koran en caractères arabes richement sculptés. Les fenêtres ont des châssis de bois, et sont closes par un treillis de fil d'archal.

Toute cette mosquée a été construite avec d'anciens matériaux ; les colonnes de granit égyptien et tous les marbres qui décorent l'intérieur ont été enlevés aux monuments antiques.

Le plan général de la mosquée est un grand rectangle coupé en deux parties égales, dont l'une forme la cour (*harem*), et l'autre la nef (*djami*). La façade, qui est encore intacte, est bâtie tout en marbre blanc ; la porte, à laquelle on arrive par un perron de dix marches, est ornée d'arabesques et d'inscriptions et couronnée de créneaux découpés dans le genre de ceux des mosquées du Caire ; les fenêtres qui éclairent la nef sont carrées et surmontées d'arabesques indescriptibles. L'exécution de tous ces ornements est d'une correction de ciseau dont on a lieu d'être étonné ; mais, comme dans beaucoup d'édifices du moyen âge, on a sacrifié à la décoration la solidité : les fondations manquent en quelques endroits, et une des coupoles s'est écroulée.

Au-dessus de la porte s'élève un minaret de briques, qui paraît un ouvrage moins ancien que la mosquée. On ne trouve point dans les inscriptions le nom du prince qui l'a bâti ; mais on peut être certain que cet édifice n'est pas l'ouvrage d'un sultan, car toute mosquée impériale est ornée de deux minarets : les princes, cheiks ou émirs, n'ont le droit d'en dresser qu'un seul.

En montant le perron, on arrive dans une cour au milieu de laquelle il y a une fontaine pour les ablutions. Du côté du nord il y a une autre porte, non moins ornée, qui conduisait au château, et la porte d'entrée du temple est placée dans l'axe perpendiculaire à celui des deux autres ; mais elle est sans ornements. C'est une triple arcade mauresque, avec des colonnettes ; il ne paraît pas qu'elle ait jamais été close par un vantail en bois.

Dans une plinthe de marbre, tout près du pavé, on lit le nom d'un des artistes qui ont travaillé à l'édifice, mais il n'y a pas de date :

« Ce minber a été fait par le fakir « (pauvre) serviteur de Dieu Ali, fils de « Daoud, natif du pays de Cham (Damas). »

Toute la cour de la mosquée était entourée de colonnes de granit. Les quatre grosses colonnes de l'intérieur n'ont pas d'égales dans les ruines d'Éphèse. On voit seulement quelques tronçons du même diamètre autour du monument qui passe pour être l'église de Saint-Jean. Les deux colonnes qui séparent les pendentifs du centre sont de granit gris ; les deux autres sont de granit rouge ; mais, par malheur, celle de gauche n'est pas d'une seule pièce. On a employé par exception un chapiteau antique, d'ordre composite : tous les autres sont de style arabe.

Le voyage d'Ibn-Batuta (1) contient

---

(1) Traduction de M. Reinaud, page 308.

un passage assez curieux sur Éphèse : il semblerait que l'église de Saint-Jean aurait encore existé de son temps. Vers la fin du seizième siècle, « nous partîmes pour la ville d'Aya Solouk, cité grande, ancienne et vénérée par les Grecs. Ici il y a une vaste église, construite en pierres énormes ; la longueur de chacune est de dix coudées et au-dessus : elles sont travaillées de la manière la plus admirable. La mosquée de cette ville est une des plus merveilleuses mosquées du monde : elle n'a pas sa pareille en beauté.

« C'était jadis une église appartenant aux Grecs : elle était fort vénérée chez eux : ils s'y rendaient de divers pays. Lorsque cette ville eut été conquise, les Musulmans firent de cette église une mosquée cathédrale. Les murs sont en marbre de différentes couleurs, et son pavé est de marbre blanc ; elle est couverte en plomb et a onze coupoles, de diverses formes : au milieu de chacune d'elles s'élève un bassin d'eau. »

Il est possible que l'église de Saint-Jean ait encore existé à l'époque du voyage de Ibn-Batuta, mais l'inspection seule des plans de la mosquée prouve que c'est un monument musulman bâti de fond en comble sous le règne du sultan Sélim : l'inscription du mirhab que nous avons rapportée plus haut le prouve suffisamment.

CHAPITRE XXI

ÉPHÈSE.

La plus ancienne ville et la métropole de l'Ionie. Éphèse, a bien souvent attiré les regards des archéologues et des voyageurs ; mais l'état de bouleversement dans lequel se trouvent ses ruines, les monuments de tous les âges et de tous les cultes, formant des couches superposées, ont offert assez de difficultés pour que l'étude de cette ville ait encore besoin de nouveaux développements. Les atterrissements et les marais formés par le Caystre ont rendu ces parages essentiellement malsains, et les fouilles dans les anciens monuments présenteraient les plus grands dangers. On se trouve en outre privé d'un guide certain pour chercher dans ce labyrinthe, car il y a solution de continuité dans presque tous les groupes d'édifices, et l'on peut à peine déterminer d'une manière précise le périmètre de la ville du côté de la plaine ; les murs de Lysimaque existent presque en entier sur la montagne du côté du sud. C'est précisément à cause de ces difficultés que chacun veut apporter son tribut de documents dans l'étude de cette ville, quitte à répéter ce que ses prédécesseurs ont dit avant lui.

Aux tribus anté-helléniques qui habitaient ces rivages avant l'arrivée des Ioniens, nous devons ajouter les Amazones, qui se retrouvent dans les traditions grecques depuis les temps les plus reculés jusqu'à l'époque d'Alexandre ; c'est-à-dire bien avant dans les temps historiques de la Grèce. Leur première patrie était sur les bords du Pont-Euxin, et non loin des tribus nomades des Scythes et des Sarmates. Toutes les recherches faites sur ces femmes guerrières n'ont amené les savants qu'à l'aveu de leur impuissance d'expliquer d'une manière satisfaisante ces traditions grecques, et l'on est convenu de les rejeter dans le domaine de la fable. Mais la fable même est presque toujours fondée sur quelque tradition historique ; il faut donc en arriver à admettre en Asie la présence d'une peuplade qui aurait motivé chez les Grecs le mythe des Amazones. Leurs combats avec les Grecs font le sujet des chefs d'œuvre des sculpteurs les plus renommés de la Grèce et de l'Asie ; et c'est surtout dans cette partie de l'Ionie que la statuaire s'est plu à célébrer leurs hauts faits.

Les Léléges et les Cariens habitaient le territoire d'Éphèse lorsque Androclus y conduisit ses colons ; déjà ce lieu était vénéré comme le centre d'un culte très-répandu en Asie. Une statue de Diane, qui passait pour un présent de Jupiter lui-même (1), avait été consacrée par l'Amazone Smyrna, dans un temple rustique qui n'était autre qu'un tronc d'arbre.

Les deux Amazones Smyrna et Sisyrbé conquirent Éphèse sur les Lydiens et les Léléges, et donnèrent leur nom

(1) Act. Apost., XIX, 35.

à la ville. Le culte de Diane était déjà répandu parmi ces peuples lorsque les Grecs arrivèrent; et selon Pausanias il était beaucoup plus ancien, car les Amazones vinrent y sacrifier quand elles furent vaincues par Hercule (1).

Le temple selon Pausanias avait été fondé par Crésus et Éphésus; ce dernier avait donné son nom à la ville. Un certain nombre de femmes de race amazone se joignit aux Léléges et aux Cariens. Une partie de ces derniers fut expulsée par Androclus; l'autre, lui ayant promis fidélité, resta dans la ville.

L'ancienne Éphèse, qui portait le nom de Smyrne, était placée sur la pente du mont Prion, dans un endroit nommé Trachéia, qui se trouvait voisin du gymnase. La ville qui fut fondée par Androclus était près du temple de Minerve et de la fontaine Hypélée (2).

Après que les Éphésiens eurent été soumis aux rois de Lydie, la ville d'Éphèse fut encore déplacée. On la construisit près du temple de Diane, qui avait été bâti par les Ioniens, c'est-à-dire dans la plaine, et non loin des rives du Caystre.

Vers la fin de la guerre du Péloponèse, les généraux perses avaient établi leur quartier général à Éphèse, et leur suite nombreuse de jeunes persans, riches et aimant le plaisir et le faste, répandaient dans la ville le goût des mœurs asiatiques. Le jeune Cyrus était à Sardes, affichant un luxe éblouissant. Les Grecs, soumis et traités avec douceur par les Perses, se laissaient aller à cette vie de mollesse. C'est en cet état que Lysandre trouva la ville d'Éphèse; quand il vint comme amiral pour combattre les Athéniens, il trouva la ville très-affectionnée pour Sparte, mais l'esprit guerrier manquait aux habitants et les travaux publics étaient délaissés. Ayant conduit son armée à Éphèse, il commanda qu'on y assemblât tous les vaisseaux de charge, y fit un arsenal pour la construction des galères, en ouvrit les ports aux marchands, en abandonna les places publiques aux ouvriers, mit tous les arts en mouvement et en honneur, et par ce moyen il remplit la ville de richesses, et jeta dès lors les fondements de cette grandeur et de cette magnificence qu'on y vit dans la suite (1).

Le territoire d'Éphèse forme une grande vallée, qui s'étend de l'est à l'ouest; elle est parcourue dans toute sa longueur par le Caystre, qui entre dans la plaine par l'angle N.-E. de la vallée, tandis que l'angle S.-E. est occupé par la petite montagne que les Grecs appelaient Lépré, et plus tard Prion. Le mont Corissus ferme la vallée du côté du sud, et se prolonge à l'est jusqu'au mont Messogis. Du côté de l'ouest, la vallée présente une large ouverture, où se développent aux regards la mer de Samos, les îles, et les montagnes de Claros.

Sur la rive droite du Caystre on voyait de vastes marais, qui existent encore aujourd'hui, et qu'on appelait les étangs Sélinusiens. Ces étangs produisirent de grands revenus au temple de Diane. Il en fut dépouillé par les rois de Pergame; mais Artémidore, ayant été député à Rome, obtint du sénat la restitution de ces priviléges en faveur du temple.

De cette immense ruine d'Éphèse il ne reste aujourd'hui qu'une chose : c'est la ferme des étangs du Caystre. La jetée des Attales est à présent bien avant dans les terres, par suite de l'ensablement du port, qui se continue sans interruption depuis vingt siècles. Des barrages en roseaux mobiles sont installés à l'embouchure du fleuve, et sont ouverts à des époques déterminées pour donner passage à des myriades de poissons, et surtout de mulets qui viennent frayer dans les eaux douces. On ferme alors le barrage, et la pêche s'effectue : on prépare la poutargue avec des œufs de mulet. Cette pêche est affermée quarante mille piastres au mutzellim de Scala-Nova.

Le changement notable qui s'est opéré dans la figure des terrains offre la plus grande difficulté à l'antiquaire pour reconstruire l'ancienne Éphèse, ou plutôt une des villes de ce nom, car elle fut déplacée et reconstruite jusqu'à sept fois. Les ruines de tous les âges sont répandues dans une vaste

---

(1) Pausanias, liv. VII, ch. 2.
(2) Strabon, liv. XIV, p. 640.

(1) Plutarque, vie de Lysandre.

étendue de terrain. Celles qui se reconnaissent le mieux, et aussi les mieux conservées, sont les murailles de Lysimaque, que l'on peut suivre dans une longueur de plus de douze cents mètres, sur la crête du Corissus. C'est à peu près le seul reste de cette époque.

Androclus ayant péri dans un combat contre les Cariens, son corps fut rapporté par les Éphésiens, et enterré dans le territoire d'Éphèse. Pausanias décrit son tombeau, qui se voyait encore de son temps; il était situé sur le chemin qui menait du temple de Diane à celui de Jupiter Olympien, près de la porte de Magnésie. Or, comme la route directe entre Éphèse et Magnésie part de l'angle sud-est de la ville, et passe sur le mont Corissus, c'est en cet endroit qu'il faut placer le tombeau d'Androclus. Le temple de Jupiter Olympien n'était pas éloigné de l'Agora, lequel est situé dans l'Opistho-Lèpre.

CHAPITRE XXII.

LES MURS DE LA VILLE.

Si l'on commence à gravir le Corissus dans la partie sud-est de la ville, on a devant soi un édifice carré, qui domine toute la vallée d'Éphèse : c'est celui qui attire le plus les regards ; il est vulgairement connu sous le nom de Prison de Saint-Paul, quoique ce soit uniquement une tour faisant partie du système de défense du Corissus. Toute la crête de la montagne est couronnée par une longue muraille, d'une magnifique construction en pierres de taille. On reconnaît dans cet ouvrage le mur bâti par Lysimaque, lorsqu'il réunit les habitants d'Éphèse dans une seule enceinte.

Le mur de Lysimaque est flanqué de distance en distance de tours et de poternes, dont l'appareil est d'une excellente construction. Ce sont les carrières du mont Corissus qui ont fourni les matériaux. Ils s'étendent de la partie ouest, dont je viens de parler, jusqu'au gymnase et au théâtre; c'est là, comme je l'ai dit, que devait se trouver la porte de Magnésie. Un cours d'eau, qui est à sec pendant l'été, paraît avoir servi à alimenter un petit aqueduc. Dans l'ignorance où l'on est sur l'emplacement de la fontaine Halitée ou Hypélée, ce serait beaucoup donner au hasard que de la placer en cet endroit, d'autant plus qu'elle paraît avoir été voisine du temple. Un chemin de ceinture taillé dans le roc conduit jusqu'aux crêtes du Corissus, qui sont couronnées de cette magnifique muraille ouvrage du prince grec. Des tours carrées flanquent de distance en distance la muraille, dont l'appareil est tantôt en assises réglées, tantôt en pseudisodomon. On sait que les Perses ont affectionné particulièrement ce genre d'appareil Les tours ont des portes carrées, couronnées par des architraves; les poternes sont à double baie; elles sont en encorbellement, affectant la forme demi-circulaire tronquée par une ligne droite.

Cette muraille s'étend dans une longueur de deux kilomètres en suivant les crêtes de la montagne ; elle relie le mont Prion au mont Corissus dans la partie est du gymnase. La plupart des tours sont dans un bon état de conservation, et l'appareil des murailles est un des plus beaux exemples de l'architecture militaire de cette époque. La principale tour est d'une construction solide et d'un appareil qui ressemble à celui des murailles d'Assos; cette muraille se perd en descendant vers la plaine : il est probable que les pierres ont été enlevées pour servir à des constructions plus modernes.

Les habitants d'Éphèse ne s'empressaient pas de venir demeurer dans l'enceinte préparée par Lysimaque ; ils préféraient rester dans la plaine aux environs du temple de Diane. Lysimaque usa d'un stratagème, gravement consigné dans Strabon : il profita d'une pluie à verse pour faire boucher les égouts, de façon que la ville fut complètement inondée (1); comme il ne trouvait pas encore son enceinte de ville assez remplie, Lysimaque dépeupla la ville de Lebedus pour transporter les habitants à Éphèse, dans les nouveaux quartiers qu'il avait bâtis; aujourd'hui il ne reste absolument rien des édifices de la ville grecque : tous les monuments qui existent datent de l'époque romaine.

(1) Strabon, XIV, 640.

MONUMENTS ANTIQUES.

ÉPHÈSE ROMAINE.

Éphèse était située près des montagnes qui bordent la plaine au sud, et renfermait dans ses murailles une partie du mont Prion et du mont Corissus. Le Corissus est une chaîne élevée, qui s'étend au nord à partir du mont Pactyas, en s'approchant du Prion, et fait ensuite un coude, d'où il se prolonge à l'ouest vers la mer.

La ville grecque fut bâtie par Lysimaque, qui y établit un sénat et régla son gouvernement civil; mais aujourd'hui les ruines qui existent appartiennent toutes à l'Éphèse romaine.

En entrant dans la ville du côté d'Aïasalouk, on aperçoit à gauche un énorme massif de ruines entourant un mamelon; c'est la partie la mieux conservée de l'ancienne Éphèse. Ce sont toutes constructions romaines du premier et du second siècle de notre ère, le Stade, le Théâtre, les Thermes, tous monuments dont la fondation remonte peut-être à une époque antérieure, mais qui, refaits et réparés successivement, n'offrent pas aujourd'hui de vestiges plus anciens.

CHAPITRE XXIII.

LE STADE.

Le Stade est supporté dans sa partie droite par des substructions composées de grandes salles, qui ont sans doute servi à renfermer les agrès nécessaires pour les jeux, et formaient peut-être les *stabula* où les chevaux de course étaient déposés.

L'intérieur du Stade ne présente pas de dispositions différentes des autres hippodromes; l'arène est encombrée de débris; on ne voit aucune trace de la Spina. Le côté gauche du monument était appuyé sur la montagne, dans le massif même où est creusée la cavéa du théâtre. Les gradins étaient de marbre : ils ont été employés dans la construction de la mosquée. L'extrémité ou plutôt l'entrée du Stade où se trouvaient les *carceres* se termine par une arcade donnant entrée à un escalier. Cette porte est construite avec des pièces de marbre qui ont appartenu à d'autres édifices.

LE THÉÂTRE.

Le Théâtre était placé au sud du Stade; la conservation de l'enceinte réservée aux spectateurs est complète : le proscénium n'est plus qu'un monceau de décombres. Il était bâti en grands blocs de pierre de taille, réunis sans ciment. Cette destruction a été sans doute causée par quelque secousse de tremblement de terre. L'architecture du Théâtre est purement romaine, on n'y trouve aucun souvenir de l'art grec. Il reste de nombreuses traces de restaurations faites dans les temps de décadence. Chandler cite une inscription dans laquelle l'architecte invite les spectateurs à tenir compte de l'art qu'il a mis dans l'exécution de cette œuvre.

Il y avait longtemps que les jeux de l'amphithéâtre étaient prohibés en Asie, quand les Théâtres et les Stades étaient encore fréquentés par une foule immense. La destruction de cet édifice, l'enlèvement des pierres et des gradins de marbre sont l'ouvrage des émirs musulmans qui se sont établis à Éphèse et qui ont construit le château d'Aïasalouk.

Près du Théâtre était un portique ou promenoir public qui, selon le précepte de Vitruve, devait accompagner tout édifice de ce genre. La plupart des piédestaux sont encore en place.

Dans l'axe du Stade, qui est orienté de l'est à l'ouest, on voit une éminence qui a sept ou huit mètres de hauteur et qui était entourée d'un mur en maçonnerie. Le sommet, qui est de roc ou revêtu de gros blocs de pierre, est aplani et présente une surface circulaire autour de laquelle sont des piédestaux aux nombre de douze. C'était sans doute un petit temple aptère ou un autel de carrefour, comme on en voyait dans les villes anciennes : un escalier de marbre conduisait sur l'esplanade.

CHAPITRE XXIV.

LES THERMES, LE GYMNASE.

Les portiques qui entouraient le théâtre et le stade conduisaient aux Thermes et à l'Agora. C'est au bout d'un de ces portiques qu'on voit les débris d'un grand temple d'ordre corinthien, il était prostyle et tétrastyle : il a été gravé dans l'ouvrage de M. de Choiseul.

Les grandes salles des thermes sont aujourd'hui à ciel ouvert : toutes les voûtes sont tombées; cet édifice était construit en pierres de petit appareil, les murs étaient revêtus de stuc et de peintures; non loin des thermes est un petit odéon dont il reste encore en place quelques sièges, mais toute l'architecture extérieure est détruite.

Le gymnase, qui appartient aussi au groupe d'édifices que nous avons décrits, est, il est vrai, dépouillé de ses marbres et de ses ornements d'architecture; mais il présente un ensemble complet, et peut passer pour un des édifices de ce genre les mieux conservés. La décoration de plusieurs salles consistait en peintures sur le stuc; on en peut voir quelques traces, mais il était possible de discerner encore quelques sujets lorsque les voyageurs Chandler et Chishull ont visité ces ruines. Ils ont remarqué plusieurs torses de statue qui sont aujourd'hui enlevés ou enfouis sous les décombres; tous ces édifices sont situés autour du groupe du théâtre et du stade; il y en a quelques-uns appuyés sur la montagne.

En suivant les traces d'une grande rue bordée jadis de portiques on arrive à un marais qui fut une partie du port d'Éphèse. Un peu plus loin est l'embouchure du Caystre; on voit une longue jetée en maçonnerie d'un bel appareil, qui est sans doute la jetée du roi Attale. Le long de la montagne voisine sont les remises des anciennes galères et des barques de pêche.

L'aqueduc est sur le côté opposé au château; il part de la montagne, traverse la plaine à l'est, et va jusqu'au mont Pactyas. Il est soutenu par un certain nombre de piles carrées, construites avec d'anciens matériaux, parmi lesquels se trouvent de nombreuses inscriptions.

On peut supposer que cet aqueduc apportait à Éphèse les eaux de la fontaine Halitée, mais il n'est pas le seul qui approvisionnait Éphèse. On observe sur la route de Scala-Nova un autre aqueduc, dont les conduits sont à fleur de terre et qui apportait sans doute à Éphèse les eaux d'Ortygie. Une autre partie d'aqueduc reste dans un vallon à trois kilomètres de distance d'Éphèse, et est composée de deux étages d'arcades; on y lisait une inscription qui fait connaître que cet aqueduc fut dédié à Diane d'Éphèse, à l'empereur César Auguste, à Tibère César, son fils, et au peuple d'Éphèse : il fut construit par Pollion.

Les sépultures des Éphésiens étaient placées le long du Corissus : elles consistaient pour la plupart en sarcophages, dont on voit de nombreux vestiges, mais aussi en hypogées creusées dans le flanc de la montagne; ce ne sont pas des chambres sépulcrales, ce sont de longues cases disposées de manière à y glisser des cercueils; plusieurs de ces sépultures portent encore des inscriptions; elles sont très-voisines des grands édifices dont nous avons parlé, et sont comprises dans l'enceinte de l'ancienne ville.

Le mont Prion contient des carrières de marbre, d'où furent tirés les matériaux qui ont servi à l'embellissement d'Éphèse. Lorsque les Éphésiens songèrent à construire le temple de Diane, leur première pensée fut de faire venir des marbres de Thasos, de Proconnèse ou de Paros; mais la dépense pour le transport leur paraissait incalculable. Pour les carrières du Prion, la grande distance où elles se trouvaient de la ville, jointe à la difficulté des chemins, présentaient un obstacle presque insurmontable. Pendant que les Éphésiens délibéraient sur cet objet, un berger faisait paître son troupeau sur la montagne; deux béliers luttaient ensemble, lorsque l'un d'eux, voulant frapper son adversaire, alla heurter avec sa corne le rocher voisin, dont il se détacha un éclat; c'était un marbre blanc d'une beauté incomparable. Le berger courut à la ville faire part de cette découverte; il y fut accueilli avec des transports de joie, et pour le récompenser les Éphésiens changèrent son nom de Pixodore en celui d'Evangelus. Des sacrifices mensuels furent célébrés sur le lieu même où cette découverte avait été faite, et les magistrats d'Éphèse étaient tenus d'y assister (1).

Les carrières du mont Prion méritent d'être visitées : quelques-unes sont taillées à ciel ouvert, d'autres sont creusées dans la montagne à une grande profondeur ; le sol est couvert de recoupes de marbre qui prouvent qu'elles ont été exploitées pendant un grand nombre de siècles : on voit aux alentours plusieurs blocs équarris, disposés pour être enlevés.

CHAPITRE XXV.

LE TEMPLE.

Le culte d'Apollon et celui de Diane, dieux indigènes de l'Asie, était pratiqué en Ionie depuis les temps les plus reculés, et ces divinités avaient déjà des temples élevés en leur honneur longtemps avant l'arrivée des colonies ioniennes sur ces côtes, c'est-à-dire dans le douzième siècle avant notre ère. Déjà les Amazones vinrent des rives du Thermodon pour sacrifier à Diane d'Éphèse dans son temple peu de temps après avoir été vaincues par Hercule, ce qui reporte cet événement aux premiers temps des Héraclides de Lydie (2). Le temple fut bâti par Crésus et Éphésus : ce dernier donna son nom à la ville, qui fut peuplée par un mélange de Léléges, de Cariens et d'Amazones.

La statue de la déesse remontait à la plus haute antiquité. Le consul Mucianus, qui avait écrit un traité sur cette statue, disait qu'elle était de bois de vigne ; le sculpteur qui l'avait faite se nommait Pandémius ; il vivait avant que les dieux Bacchus et Minerve ne fussent connus. On avait soin d'entretenir l'humidité du bois en l'arrosant d'huile de nard, au moyen de trous creusés à cet effet : on voulait empêcher que les joints ne se désunissent. La forme de la statue était des plus rudimentaires ; elle passait chez le vulgaire pour être tombée du ciel : ses pieds n'étaient pas séparés l'un de l'autre, le corps formait une sorte de gaine couverte par de nombreuses mamelles, la tête était couronnée d'un modius, les bras seuls étaient détachés du corps ; à droite et à gauche de la statue étaient deux figures de cerf : ce symbole est représenté tant de fois sur les médailles antiques que l'on ne peut avoir aucun doute sur sa forme. Chacune de ses mains était soutenue par une barre de métal pour empêcher la statue de vaciller. La déesse était couverte de vêtements somptueux, et devant elle était suspendu un voile qui tombait du haut en bas de l'enceinte sacrée pour dérober la statue aux regards du public, excepté pendant la durée des cérémonies.

Le premier temple de Diane fut un tronc d'arbre, dans la cavité duquel la statue fut déposée : ce sanctuaire date d'une époque inconnue ; il fut reconstruit jusqu'à sept fois (1).

Le service religieux était fait par des prêtres tirés de divers pays, et qu'on appelait mégalobizes, nom perse dont on ignore l'origine. Ces prêtres étaient eunuques ; ils étaient assistés dans le service du temple par un collège de prêtresses, jeunes filles appartenant aux plus hautes familles et qui faisaient vœu de célibat ; elles passaient par trois degrés d'initiation avant d'arriver au titre de *iéréia*, prêtresse en titre. A leur retraite, on leur assurait une pension et elles jouissaient de certains privilèges, si l'on en croit Strabon (2).

Le collège de prêtresses survécut à celui des mégalobizes : en effet, une inscription de la fin du premier siècle prouve qu'à cette époque le collège des prêtresses existait encore ; elle est ainsi conçue :

« En l'honneur d'Ulpia Evodia Mundiané, prêtresse d'Artémis, fille de Mundianus et d'Evodia, petite-fille de Straton et de Dyonisius, famille de laquelle sont issues des prêtresses et des cosmétères, sœur d'Ulpia. Straton, cosmétère, a fonctionné en exécutant les mystères et en faisant tous les frais à l'aide de ses parents. »

La cosmétère était sans doute la prêtresse chargée de disposer les vêtements et les ornements de la statue. Le cosmé-

---

(1) Vitruve, liv. X, ch. 7.
(2) Pausanias, liv. VII, ch. 2.

(1) Hist. Aug. 78 ; Jornandès, ch. 20.
(2) Strabon, XIV, 640.

tère Straton était chargé de la garde de ces ornements. Une autre inscription, qui se trouve comprise dans les matériaux de l'aqueduc (1), fait mention d'un donataire, parent de Lucius Phœnias Faustus, qui a institué pour tout le mois qui porte le nom de la déesse (2), une fête, immunité et repos, qui a établi un concours en l'honneur d'Artémis, qui a augmenté les prix dans les jeux publics, qui a toujours consacré des statues en l'honneur des vainqueurs. Mais tous ces honneurs sont rendus à Diane par des citoyens romains.

Il faut revenir à la construction du temple. Le premier édifice consacré à Diane par les Éphésiens était un monument splendide. Les rois de l'Asie et notamment Crésus s'étaient empressés d'y envoyer des offrandes; mais nous avons peu de renseignements sur ce premier temple, qui fut incendié par Érostrate le jour de la naissance d'Alexandre le Grand; nous savons seulement que son premier architecte se nommait Chersiphron (3) et qu'il fut agrandi par un autre architecte. Tous les détails que nous trouvons dans les écrivains romains sont relatifs à la construction de ce nouveau temple, qui fut, comme l'on sait, classé parmi les merveilles du monde.

Après l'incendie du premier édifice les Éphésiens se mirent sur-le-champ à l'œuvre pour en bâtir un autre, plus magnifique, à la construction duquel ils consacrèrent les ornements de leurs femmes, leur propre bien et le prix qui leur revint de la vente des colonnes de l'ancien temple. Alexandre étant venu à Éphèse proposa aux habitants de se charger de la dépense, à la condition d'être déclaré fondateur du temple; les Éphésiens refusèrent, et un citoyen de la ville dit à ce sujet : « Il ne convient pas à un dieu de faire construire des temples pour les dieux. »

On n'est pas certain du nom des architectes qui ont concouru à l'érection de l'un et de l'autre monument. Straton nomme le plus ancien Chersiphron, Vitruve le nomme Ctésiphon; il fut aidé dans cette œuvre par Métagène, et ils construisirent le temple d'ordre ionique. Pour le nom de celui qui construisit le nouveau temple, Strabon le nomme Chirocrate et Vitruve (1) Dinocrate (2) : ils sont d'accord l'un et l'autre pour dire que le même architecte bâtit la ville d'Alexandrie d'après les ordres d'Alexandre.

Afin d'éviter l'effet des tremblements de terre, on choisit pour l'emplacement du temple un terrain marécageux et au lieu d'un béton, ce qui eût été bien préférable, on assit les fondations sur un lit de charbon pilé recouvert de peaux de mouton. La longueur de tout le temple était de quatre cent vingt-cinq pieds, sa largeur de deux cent vingt. Les colonnes, au nombre de cent vingt-sept (sans doute 128), présents d'autant de rois, étaient hautes de soixante pieds ; il y en avait trente-six de sculptées dans toute la longueur du fût (3). Ce fut Péonius d'Éphèse et Démétrius Hiérodule de Diane qui achevèrent l'édifice, dont la construction dura deux cent vingt années.

Le temple était octostyle et diptère, c'est-à-dire qu'il y avait huit colonnes de front et un double portique latéral ; voilà pourquoi il fallait absolument qu'il eût un nombre pair de colonnes.

Pour élever à hauteur d'œuvre les énormes pièces de marbre composant l'entablement, Chersiphon employa un moyen tout primitif; il fit un plan incliné, au moyen de sacs de sable qu'il éleva jusqu'à la hauteur des colonnes. Lorsque les pièces étaient parvenues à leur place portées sur ces sacs de sable, il n'avait plus qu'à les vider pour qu'elles vinssent s'asseoir sur l'assise.

Pline raconte que pour poser l'énorme architrave qui couronnait la porte d'entrée, un prodige fut nécessaire. Diane elle-même l'opéra pendant le sommeil de l'architecte, et à son réveil il trouva la pierre en place. Vitruve a recueilli la méthode employée par l'architecte Cté-

---

(1) Voy. Desc. de l'Asie Mineure, in-fol., t. II, 280.
(2) Le mois Artémisius.
(3) Strabon, XIV, 640.

(1) Vitruve, liv. II, præf.
(2) Plutarque le nomme Stasicrate. Eustathe, Dioclès : on est convenu de l'appeler Dinocrate.
(3) Il faut lire *Scapo* et non pas *Scopa*. Pline, liv. XXXVI, 14.

siphon (1) pour transporter de la carrière à pied d'œuvre les énormes matériaux du temple. Il résulte de ce chapitre que les colonnes de soixante pieds de long étaient d'un seul morceau, tandis que celles d'Apollon Didyme sont composées de tambours de marbre. Il en est ainsi du temple de Junon à Samos, ce qui diminue énormément la difficulté de construction. Ctésiphon avait renfermé ses colonnes dans un châssis de bois, et comme le chemin des carrières au temple était parfaitement aplani, il n'avait plus qu'à les faire rouler comme les cylindres qui servent à aplanir les allées. Les architraves étaient enveloppées dans des bâtis ou cages cylindriques, et roulaient de la même manière.

Le temple s'élevait sur un soubassement de dix marches : au-dessous régnaient de vastes souterrains, où étaient déposés les trésors de la déesse, et où les familles déposaient leurs objets les plus précieux, comme dans un endroit inviolable. Les portes étaient de bois de cyprès ; l'an 75 de notre ère, lorsque Mucianus visitait Éphèse, elles paraissaient comme neuves, quoiqu'elles durassent depuis près de quatre cents ans. Avant de les poser on avait eu soin de laisser le bois sécher pendant quatre années pour qu'il ne conservât point d'humidité (2). Le plafond et la charpente étaient de bois de cèdre, et les marches de l'escalier conduisant dans les combles étaient de bois de vigne.

L'autel était presque entièrement rempli de sculptures de la main de Praxitèle (3).

Le péribole du temple, comme celui de Junon à Samos (4), renfermait un grand nombre de salles, dans lesquelles étaient les tableaux les plus précieux : on y admirait un portrait d'Alexandre par Apelles. Les sculptures sans nombre qui décoraient les portiques, les offrandes de tous les princes de l'Asie accumulées en ce lieu devaient former un des plus beaux ensembles que l'imagination puisse rêver.

Déjà du temps des Amazones le temple

(1) Vitruve, liv. X., ch. 6.
(2) Pline, liv. XVI, 39.
(3) Strabon, XIV, 641.
(4) Id., *ibid.*, 636.

d'Éphèse jouissait du droit d'asile : Alexandre étendit ce droit à un stade aux alentours : Mithridate l'avait fixé à la distance d'une flèche tirée d'un des coins du toit, ce qui faisait un peu plus qu'un stade. Marc-Antoine doubla la mesure de cette distance, de sorte qu'une partie de la ville y était aussi comprise ; mais cette extension du privilège ayant paru dangereuse fut supprimée par Auguste.

Malgré tant de détails donnés par les historiens et les énormes dimensions de cet édifice, les vestiges ont tellement disparu que l'on en cherche vainement la trace ; aucun repère n'est donné pour être guidé dans ces ténèbres, et le terrain de la ville ayant été singulièrement modifié par les alluvions, il arrive à quelques observateurs de chercher l'emplacement de l'édifice là où jadis était la pleine mer.

CHAPITRE XXVI.

SAINT PAUL A ÉPHÈSE.

Le séjour de saint Paul à Éphèse et la lutte qu'il soutint contre les sectateurs du culte de Diane sont sans contredit les faits les plus remarquables de l'histoire de cette ville. Le gouvernement romain y était établi dans toute la plénitude de sa puissance, et le culte de cette déesse, moitié grec moitié asiatique, attirait des visiteurs de tous les rivages voisins.

Au milieu de ce grand concours des peuples divers qui venaient à Éphèse, les uns pour trafiquer, les autres par dévotion à Diane, se trouvaient quelques juifs qui avaient reçu le baptême de saint Jean-Baptiste et qui pratiquaient un christianisme imparfait. C'est à ce moment que Paul arrive à Éphèse, et ayant réuni quelques-uns de ses disciples, il ne tarda pas à reconnaître qu'ils étaient d'une grande ignorance touchant les mystères de la foi nouvelle. Paul les baptisa au nom de Jésus-Christ, et commença ses prédications dans la synagogue sans que ces assemblées de nouveaux convertis portassent ombrage à l'autorité romaine. Le sujet de ces instructions était toujours le même : la révélation d'un Dieu unique et les vertus que devaient pratiquer les nouveaux chrétiens.

Les Grecs comme les Juifs allaient entendre la parole de l'Apôtre : un grand nombre d'entre eux se repentaient et se convertissaient, et cette abjuration du culte des idoles produisait dans Éphèse une grande sensation.

Paul fonda de la sorte une grande Église chrétienne ; des prêtres furent choisis et institués par lui pour la surveiller et la présider ; cette Église ne resta pas circonscrite aux murs de la ville ; les Juifs et les Gentils nouvellement initiés répandaient la doctrine de Jésus-Christ dans toute la province dont Éphèse était la métropole, et qui portait par excellence le nom de province d'Asie. Sept Églises furent successivement fondées dans d'autres villes, et furent connues dans le monde chrétien sous le nom des Sept Églises d'Asie, auxquelles s'adresse l'Ange de l'Apocalypse.

Paul prêcha de la sorte pendant deux années consécutives, et le nombre de ses disciples allait toujours s'augmentant ; c'est alors qu'il parut doué du don des miracles.

La population d'Éphèse, habituée de longue date aux pratiques de la magie, ne contesta pas le pouvoir de l'Apôtre, et admit sur-le-champ qu'une puissance surhumaine pouvait investir un homme de cette faculté surnaturelle. Les Juifs se rappelaient Moïse et Aaron devant les magiciens de Pharaon, de sorte que ni Juifs ni Gentils ne trouvaient rien d'exorbitant dans le pouvoir de faire des miracles, et les miracles de Paul, inspirés par le Saint-Esprit, étaient admis sans contestation.

Il y avait à Éphèse une classe d'exorcistes juifs, qui s'occupaient spécialement des pratiques de la magie, malgré les lois sévères qui les interdisaient. Ils avaient imaginé d'invoquer le nom de Jésus-Christ pour chasser le malin esprit, et ce nom était regardé comme un charme. Il y avait dans ce nombre sept fils de Scéva, Juif qui était chef des prêtres, dont les pratiques d'exorcisme consistaient à invoquer le malin esprit au nom de Jésus. Ces faits étaient connus de tous ; les Juifs et les Grecs qui habitaient la ville en faisaient le sujet de leurs entretiens. Parmi ces exorcistes il y en avait un certain nombre qui faisaient profession de christianisme, et qui, effrayés des anathèmes qui frappaient les pratiques de sorcellerie, portèrent eux-mêmes les livres mystiques de magie et de nécromancie sur la place publique et les brûlèrent en présence du peuple. On fit ensuite l'inventaire des livres qui avaient été brûlés : quelques-uns étaient rares et d'un haut prix ; les manuscrits étaient alors peu répandus, et ceux surtout qui contenaient des doctrines secrètes : aussi le montant de l'estimation s'élevat-il à cinquante mille pièces d'argent. Cet événement eut un grand retentissement dans Éphèse : c'était une preuve de la conviction des anciens agents de la sorcellerie et le triomphe de la parole de Paul.

L'intention de l'Apôtre était de se rendre à Rome, mais il resta encore à Éphèse pendant une saison. Il y avait un certain Démétrius, orfèvre, dont le métier était de fabriquer de petites châsses d'argent et des figures de Diane, et qui faisait dans ce commerce de grands bénéfices. Un jour il assembla autour de lui tous les ouvriers de la même profession, et leur fit entendre par ses discours que les prédications de Paul portaient un grand préjudice à leur commerce. Cela n'a pas lieu seulement dans Éphèse, leur dit-il, mais encore dans toute l'Asie (1). C'était en effet une coutume dans les cérémonies païennes de faire des processions, dans lesquelles on promenait en ville des temples portatifs et des images des dieux. Au temple de Comana, ces processions s'appelaient les sorties de la déesse.

Pline dit que cet usage avait lieu à Cnide. Ces châsses portatives étaient de bois, d'or ou d'argent : on en portait dans les camps lorsque les troupes se mettaient en campagne. La plupart des pèlerins qui venaient faire leurs dévotions à la Diane d'Éphèse remportaient des images de la déesse, dont la matière variait depuis l'or jusqu'à la terre cuite : c'est ainsi que les Phocéens au moment de quitter leur patrie emportèrent avec eux un simulacre de la Diane éphésienne, qui fut consacré à Marseille (2).

(1) Act., XIX, 7.
(2) Strabon, liv. IV, 179.

Il y avait de plus le commerce des *ex-voto, anathemata*, qui devait être considérable, si nous en jugeons par le grand nombre de ces objets que l'on rencontre constamment dans les fouilles faites autour des temples. Plus on avançait vers l'orient, plus le goût de ces amulettes était répandu : les différents cultes de l'Inde en fabriquent à profusion, et le bouddhisme chinois en inonde l'univers.

Les grandes fêtes de Diane avaient lieu pendant le mois qui portait son nom, le mois d'Artémisius. Tous les travaux étaient suspendus, et le peuple se livrait à des fêtes et à des banquets dont les frais étaient faits par des citoyens opulents. Plusieurs inscriptions que nous avons rapportées mentionnent des fondations semblables : ces panégyries concordaient avec de grands marchés, comme les foires modernes concordent avec les fêtes patronales. Les Lydiens chantaient des hymnes en l'honneur de la déesse ; tous les jongleurs, les magiciens et les exorcistes de l'Asie se rencontraient dans ces réunions, qui devaient présenter le tableau le plus varié. Le mois d'Artémisius correspondait à la saison du printemps : toute la ville était jonchée de fleurs ; les magistrats nommés cosmétère et néocore étaient chargés, sous la présidence de l'asiarque d'organiser ces cérémonies. Les courses du stade et les représentations scéniques formaient des intermèdes, où le peuple se précipitait avec avidité. C'était contre toutes ces cérémonies que tonnait l'Apôtre des Gentils, et c'était pour les soutenir que Démétrius assemblait ses ouvriers et ses confrères ; le commerce de Démétrius et des autres orfèvres devait être d'une certaine importance, et les prédictions de Paul étaient de nature à les inquiéter.

Paul disait au peuple : Ce ne sont pas des dieux, ces idoles que vous faites de vos propres mains ; et Démétrius ajoutait pour ameuter les ouvriers contre l'ennemi de leur culte : Ce n'est pas seulement votre industrie qui est en péril, c'est le temple de la grande déesse Diane qui est tourné en mépris ; celle qui est adorée dans toute l'Asie verra sa magnificence foulée aux pieds et son culte aboli. La foule s'agitait en écoutant ces paroles, et criait : Grande est la Diane des Éphésiens. La ville était pleine de tumulte et de confusion.

Deux hommes de Macédoine, Caïus et Aristarchus, compagnons de Paul dans ses voyages, furent entraînés au théâtre ; c'était dans l'enceinte de cet édifice que les populations des villes grecques avaient coutume de s'assembler ; le théâtre n'était pas uniquement réservé aux représentations scéniques : nous en voyons un grand nombre d'exemples dans les auteurs.

Paul voulait suivre et se présenter au peuple ; mais ses disciples l'en dissuadèrent, et quelques-uns des asiarques, qui étaient de ses amis, l'envoyèrent prier de ne pas se présenter au théâtre. La foule continuait à crier, sans trop savoir ce qu'elle voulait ; les uns demandaient une chose, les autres une autre. Alors Alexandre voulut se justifier devant le peuple ; mais quand ils eurent reconnu qu'il était Juif, ils se mirent à crier pendant deux heures : Grande est la Diane des Éphésiens. Alors apparut le greffier de la ville, le *grammateus*, magistrat attaché au temple, qui tenta de calmer la foule, et par conséquent parla dans le même sens que les plus grands crieurs. Citoyens d'Éphèse, leur dit-il, y a-t-il quelqu'un qui ne sache pas que la ville d'Éphèse rend un culte particulier à la grande Diane, dont l'image est tombée des mains de Jupiter ? Puisqu'on ne peut nier cela, vous devez demeurer en paix et ne rien faire inconsidérément. Les hommes que vous avez amenés ici ne sont ni des voleurs ni des blasphémateurs de votre déesse. Si Démétrius et tous ceux qui sont avec lui ont quelque plainte à faire, les tribunaux sont là pour recevoir leurs plaintes ; mais il faut que tout cela se passe légalement. Ces paroles apaisèrent le tumulte ; peu de temps après, Paul prit congé de ses disciples, et partit pour la Macédoine.

Ce passage des Actes des apôtres nous représente au naturel une de ces émotions populaires qui se renouvelaient si fréquemment dans les villes grecques ; et le lieu de la scène est tellement d'accord avec les faits mentionnés dans le récit, qu'on est saisi du caractère de vérité en même temps que d'exactitude qu'il présente. Pas un des personnages qui sont en scène n'y apparaît hors de propos : tous les magistrats qui parlent sont bien, comme on dit aujourd'hui, dans l'exercice de leurs fonctions.

L'orfèvre Démétrius, à la tête de ses ouvriers mène l'émeute. Les asiarques, ces magistrats électifs, dont les fonctions étaient toutes municipales, font dire secrètement à Paul de ne pas se mêler dans le tumulte : ils sont loin de lui être hostiles ; peut-être parmi eux y avait-il quelques chrétiens. Enfin paraît le greffier de la ville ; c'est encore un magistrat que nous retrouvons mentionné dans une foule d'inscriptions grecques. La charge de *grammateus* était éminente, elle se cumulait dans les temples de Diane avec celle de grand-prêtre (1). Le *grammateus* apaise le tumulte, et menace les récalcitrants de les traduire devant les tribunaux : c'est ainsi que finit cette sédition, basée sur une accusation grave, une atteinte portée à la majesté de la Diane Éphésienne. C'était le premier symptôme de réaction contre le paganisme, qui devait cependant durer encore pendant plusieurs siècles.

CHAPITRE XXVII.

DESTRUCTION DU TEMPLE.

Dans le second siècle de notre ère, malgré les assauts que le polythéisme avait reçus de la part des chrétiens, le temple d'Éphèse était encore le centre religieux le plus fréquenté de l'Asie. Un sophiste nommé Damianus fit faire un portique de marbre, qui conduisait de la porte de Magnésie au temple : il avait un stade de long à partir de cette porte. Le même citoyen fit construire une salle pour les banquets qui devaient se donner dans le temple ; elle était d'une rare magnificence, et les murs étaient revêtus de dalles de marbre de Phrygie ou de Synnada, qui était encore un grande rareté à cette époque (2).

Néron n'imita pas ses prédécesseurs dans le respect dû à la Diane Éphésienne ;

(1) Voy. Descrip. de l'As. Min. in-f°, t. III, p. 95.
(2) Philostrate, Vie des sophistes.

il s'empara de toutes les richesses contenues dans l'episthodôme, et les fit transporter à Rome. Cet exemple fut fatal au temple d'Éphèse. Les Scythes le pillèrent en 263, les Goths firent une irruption en Ionie sous le règne de Gallien, et le temple fut ravagé.

Lorsque la religion chrétienne eut été proclamée religion de l'empire, tous les temples du paganisme, abandonnés, sans entretien, tombèrent peu à peu en ruine. Le temple d'Éphèse était particulièrement odieux aux chrétiens, car c'est là qu'ils avaient rencontré la plus vive opposition de la part des prêtres ; aussi dès qu'il fut permis de démolir les édifices de l'ancien culte pour s'en approprier les matériaux, tout ce qui put être enlevé, colonnes, statues, dalles de marbre, fut arraché pour être employé aux usages civils ; les empereurs eux-mêmes donnaient l'exemple, et Constantin faisait main basse sur toutes les œuvres d'art de l'Asie pour orner sa capitale. Lorsque Justinien fit construire Sainte-Sophie, Éphèse fut comme une carrière où l'on trouva des matériaux tout prêts ; les douze colonnes de marbre vert qui décorent la nef de Sainte-Sophie furent prises au temple d'Éphèse ; mais d'après leur dimension elles ne pouvaient appartenir qu'au péribole ; les colonnes du grand temple, de soixante pieds de haut, ne pouvaient être transportées qu'en morceaux.

Tant de tremblements de terre ont ravagé ces contrées, depuis que l'histoire a cessé d'enregistrer les annales des villes ! on peut imaginer que la splendide construction de Dinocrate a subi le même sort que le temple voisin, des Brachydes, et le voisinage de la mer a favorisé l'enlèvement des matériaux : peut-être même, par esprit de réaction contre l'ancien culte, le vieux temple a-t-il été démoli à dessein jusqu'en ses derniers fondements.

CHAPITRE XXVIII.

LES TURCS A ÉPHÈSE.

Les Turcs maîtres d'Éphèse ont aussi employé une grande quantité de matériaux de marbre. Ce n'est pas moins une chose curieuse et inexplicable, que le plus célèbre monument de l'Asie ait disparu au point qu'on ne peut même en retrouver la place.

Éphèse était une ville trop considérable pour n'être pas exposée à son tour aux ravages des mahométans. Anne Comnène rapporte que les infidèles s'étant rendus les maîtres d'Éphèse, sous le règne de son père Alexis, il y envoya Jean Ducas, son beau-père, qui défit Tangriperme et Marace, généraux des mahométans. La bataille se donna dans la plaine au-dessous de la citadelle; ce qui fait connaître que la plus belle partie de la ville était déjà détruite alors. Les chrétiens eurent tout l'avantage : on fit deux mille prisonniers ; le gouvernement de la place fut donné à Petzeas. Il y a apparence que la citadelle dont parle Comnène était l'ancien château de marbre, abandonné. Théodore Lascaris se rendit le maître d'Éphèse, en 1206. Les mahométans y revinrent sous Andronic Paléologue, qui commença à régner en 1283. Mentesché, un de leurs princes, conquit toute la Carie ; et Amir, fils d'Asin, prince de Smyrne, lui succéda. Timour, après la bataille d'Angora, ordonna à tous les petits princes d'Anatolie, de le venir joindre à Éphèse, et s'occupa pendant un mois à faire piller la ville et les environs. Après le départ du conquérant, Djounéid, grand capitaine turc, fils de Karasupasi, qui avait été gouverneur de Smyrne sous Bayazid, déclara la guerre aux enfants d'Asin, qui s'étaient venus établir à Éphèse. Il ravagea d'abord la campagne à la tête de cinq cents hommes; ensuite il se présenta devant la citadelle avec un plus grand nombre de troupes, et l'emporta facilement; mais, quelque temps après, un autre fils d'Asin, qui s'appelait Amir, du même nom que son frère, qui venait de mourir, se joignit à Mentesché, prince de Carie, qui l'accompagna à Éphèse avec une armée de dix mille hommes. Karasupasi, père de Djounéid, commandait dans la ville où ce même Djounéid, qui était dans Smyrne, n'avait laissé que trois mille hommes. Malgré la vigoureuse défense des Éphésiens, les assiégeants mirent le feu à la ville, et dans deux jours tout ce qui était échappé à la fureur des Tartares fut réduit en cendres. Karasupasi s'étant retiré dans la citadelle en soutint le siége jusqu'en automne ; mais ne pouvant être secouru par son fils, il se rendit à Mentesché, qui remit le pays d'Éphèse à Amir, et fit enfermer dans le château de Mamalus, sur les côtes de Carie. Karusapasi, et ses principaux officiers. Alors Djounéid partit de Smyrne avec une galère, et fit savoir à son père son arrivée à Mamalus. Les prisonniers firent tant boire leurs gardes, qu'ils les enivrèrent ; et, profitant de cette ruse, ils descendirent avec des cordes, et se sauvèrent à Smyrne. Au commencement de l'hiver, ils entreprirent le siége d'Éphèse. Amir, à son tour, se retira dans la citadelle. La ville fut livrée aux soldats ; on y commit toutes sortes de crimes et de cruautés. Au milieu de tant de malheurs, Djounéid se réconcilia avec Amir, et lui donna sa fille en mariage. Éphèse ensuite tomba entre les mains de Mahomet I, qui, ayant vaincu tous ses frères, et tous les princes mahométans qui l'embarrassaient, resta paisible possesseur de l'empire. Depuis ce temps Éphèse est restée aux Turcs ; son commerce a été transporté à Smyrne et à Scala-Nova.

L'église de Saint-Jean, bâtie par Justinien, n'était pas dans l'enceinte d'Éphèse ; Procope (1) en détermine l'emplacement sur une colline en face de la ville, c'est-à-dire sur la colline d'Aïasalouk, ou sur celle de la mosquée. « Il y avait en face d'Éphèse une colline abrupte dont le sol était rocailleux, et si stérile qu'il ne portait aucun fruit : les habitants y avaient autrefois bâti une église en l'honneur de Saint-Jean l'apôtre, surnommé le Théologien. Cette église était trop petite et presque ruinée par le temps ; Justinien l'a fait abattre entièrement pour en élever une autre, qui est si grande et si magnifique qu'elle peut être comparée à celle qu'il avait bâtie auparavant à Constantinople en l'honneur de tous les apôtres. »

(1) *De Ædificiis*, liv. V, ch. Ier.

CHAPITRE XXIX.

RUINES DE PYGÈLE; NÉAPOLIS.

En sortant de la ville d'Éphèse pour se rendre à Scala-Nova, la route longe l'embouchure du Caystre et la jetée d'Attale; elle tourne ensuite au sud, sans quitter le bord de la mer.

Le Caystre se partage en deux branches pour sortir de la plaine d'Éphèse: l'une au nord, près des étangs sélinusiens, et l'autre au sud, vers les collines du Corissus. Celle-ci ne peut-être traversée à gué; il y a un bac.

Le fleuve est assez près des montagnes pour que le passage entre la rive et les roches offre quelques difficultés; on se trouve ensuite sur une grande plage, qui va jusqu'à la mer. La route se dirige vers le sud jusqu'aux montagnes qui sont les derniers contre-forts du mont Corissus. On fait une demi-lieue sur le sable. Le pays est complétement aride et désert. Après avoir fait une lieue environ, on entre dans une vallée parallèle à la mer. On rencontre là quelques ruines. Un grand aqueduc, dont la prise d'eau est ignorée, longe le flanc de la montagne. A gauche, il se sépare en deux branches; l'une d'elles traverse la route sur un mur fort épais et d'assez mauvaise construction. On a employé, dans la partie supérieure, de vieux tuyaux de terre engorgés par le dépôt des eaux. Cette branche fournissait de l'eau à la ville, dont on voit les vestiges, que l'on regarde comme ceux de l'ancienne Pygèle.

Il y a eu avant dans la mer un petit cap, qui peut avoir formé jadis un port, et quelques constructions byzantines qui ont appartenu sans doute à des remises de galères; mais sur le continent les ruines de la ville grecque sont plus considérables. On aperçoit une grande portion de mur longeant la mer et tournant à angle droit vers l'est. Ce mur est en gros blocs de marbre blanc à bossages, et a certainement appartenu à la ville grecque. Il est fondé sur le rocher, et l'on peut suivre ses contours pendant plusieurs centaines de pas, jusqu'à une grosse tour qui formait l'angle nord-est, et qu'un antiquaire allemand a confondue avec les ruines d'un temple circulaire. Cette tour, enclavée des deux côtés dans la muraille, faisait certainement partie du rempart. Il faudrait rechercher l'emplacement du temple de Diane Munychie (1) sur l'esplanade formant le point culminant de la ville, et où l'on trouve de nombreux débris de poteries et de tuiles ayant appartenu à des édifices publics. L'étendue de cette ville ne peut être bien appréciée, parce que la colline où sont les ruines actuelles est prolongée par la grande route de Smyrne à Scala-Nova, et que tous les abords en ont été bouleversés. De l'autre côté de la route, on trouve aussi quelques débris de poteries; mais il n'y a pas de constructions hors de terre. Pygèle fut fondée par quelques compagnons d'Agamemnon, qui furent obligés, à la suite d'une maladie contractée dans une longue navigation, de descendre à terre, et y fondèrent une ville. Agamemnon consacra un temple à Diane Munychie (2).

Pygèle n'ayant pas de port n'a pas tardé à être abandonnée, et sa population a été absorbée par Éphèse et Néapolis.

Ce territoire est encore, comme du temps de Dioscoride, célèbre par la qualité de son vin (3).

A une lieue plus loin, on descend sur le bord de la mer, et on arrive bientôt à Scala-Nova, l'ancienne Néapolis.

Néapolis était une ville qui appartenait d'abord aux Éphésiens, mais qu'ils échangèrent avec les Samiens, contre la ville de Marathésium: Néapolis est représentée par la ville moderne de Scala Nova.

Située au fond d'une baie et abritée par un îlot qui forme un excellent mouillage, Scala-Nova a hérité de tout le commerce de la côte. L'île voisine est appelée par les Turcs *Couch ada si*, l'île de l'oiseau: c'est aussi le nom de la ville. Les fortifications ne sont pas anciennes: c'est une simple muraille, qui va se rattacher à un château bâti sur le cap qui ferme la baie du côté du sud.

---

(1) Strabon, liv. XIV, p. 629.
(2) Strabon, XIV, 630. Pline, lib. V, 29 Mela, liv. I, 17.
(3) Dioscoride, liv. V, 12.

Les maisons s'élèvent en amphithéâtre et font face à la mer : la population grecque y est nombreuse, et habite le haut quartier. Elle a une église assez bien entretenue qui est dédiée à Saint-Georges. Les juifs sont nombreux et dans l'aisance : ce sont les courtiers de tous les capitaines qui viennent à Scala-Nova charger du vin, de l'huile et des figues. Autrefois ce commerce était interdit à la ville de Scala-Nova, pour ne pas nuire à celui de Smyrne. Les compagnies commerciales du Levant y entretenaient cependant des agents consulaires; ils réclamèrent près de la sultane Validé, qui avait Scala-Nova dans son apanage, et la ville fut autorisée à trafiquer de quelques articles, tels que fèves, haricots, peaux brutes, que dédaignait Smyrne : voilà comment les Turcs savaient encourager le commerce.

CHAPITRE XXX.

ORTYGIE ET QUELQUES LIEUX ANTÉ-HELLÉNIQUES DE LA CÔTE D'IONIE.

Quelques habitants de la Scala-Nova m'avaient informé qu'il existe, non loin de cette ville, des ruines remarquables vers lesquelles nul voyageur n'a encore dirigé ses pas. Le 5 juin, j'organisai une caravane pour aller les observer.

Nous suivons d'abord la route de Seukié; au bout d'une demi-heure, nous tournons au nord, et nous franchissons plusieurs collines assez bien cultivées, et pour la plupart couvertes de vignes. Tout le pays est agréablement coupé. Nous entrons ensuite dans une grande vallée, qui a son embouchure dans la mer de Samos, précisément en face de l'île. Cette vallée est arrosée par une petite rivière; sur le flanc est s'ouvre une gorge de rochers très-pittoresques. On aperçoit des fabriques nouvellement bâties; de gros noyers et d'énormes platanes forment des masses de verdure au milieu desquels s'élèvent, à droite et à gauche, des groupes de peupliers; les rochers taillés à pic semblent défendre l'entrée du vallon : on ne saurait voir d'endroit plus sauvage, plus frais et plus agréable. Les constructions qui s'élèvent de toutes parts et les terres de la vallée appartiennent à un monastère grec. Deux ou trois caloyers nous reçoivent à la descente de cheval, et nous apportent des fleurs et des fruits. On appelle ce lieu *Dermen-déré-si* (la Vallée du Moulin).

En s'enfonçant plus avant dans la gorge, on aperçoit une église rustique récemment construite. Un moulin à eau fait entendre son bruit monotone : on se croirait dans quelque vallée de la Suisse. Le torrent qui descend de la montagne roule avec fracas au milieu des débris des rochers, parmi lesquels on remarque d'énormes blocs grossièrement équarris. En effet, la profondeur du vallon a été autrefois occupée par une construction dont il reste des vestiges imposants; ce sont trois assises de pierre de taille ou plutôt de fragments de rocher qui formaient sans doute les fondations d'une grotte ou d'un nymphée. On voit encore une partie circulaire qui terminait le fond du nymphée. Les eaux passaient sans doute par quelque issue souterraine aujourd'hui détruite. Ce qui reste de cet édifice rappelle les plus anciennes constructions des premiers Grecs. Près de l'église, on voit une colonne de granit qui appartient évidemment à une époque moins ancienne; en effet, les caloyers l'ont trouvée sur la partie supérieure de la montagne, et l'ont roulée jusque-là.

Les trois assises de pierre reposent sur un soubassement en saillie d'environ 2 mètres et de même construction. C'est là tout ce qui reste de cet antique édifice. Il paraît que dès les premiers temps du christianisme quelque anachorète vint habiter ces lieux, et y vécut en paix. C'est du moins ce que mentionne l'inscription placée sur la porte de l'église, qui fut bâtie en 327, reconstruite en 1812 :

Une autre inscription, plus longue, mentionne les restaurations qui ont été faites récemment. Au-dessus de la porte on lit :

Cette église, ensevelie sous terre depuis plusieurs années, a été découverte et déblayée par un homme pieux, à la suite d'un songe qu'il eut en 1812, et dans lequel lui apparut en ce même endroit la Mère de Dieu.
Elle a été rebâtie depuis les fondements sous l'inspection et la direction du vénérable évêque

maître de la source, aux frais et par le secours de pieux souscripteurs et sous les ordres d'Anthymus, fils de Bruès? célèbre parmi les moines (de ce monastère).

À ceux qui approcheront avec piété on promet la délivrance des âmes et des corps. Mois de février 1814.

En remontant le cours du torrent, on trouve à gauche une route taillée dans le roc au milieu des broussailles, qui conduit à une grotte profonde d'où s'échappe une source abondante. Une partie de la grotte a été excavée de main d'homme, et sur le flanc du rocher s'ouvre un conduit d'aqueduc qui recevait la majeure partie des eaux de la source. Ces eaux étaient portées à Éphèse par le grand aqueduc, qui suit la sinuosité des montagnes, et dont nous avons observé les débris dans la vallée de Pygèle. Depuis la prise d'eau jusqu'à Éphèse, les eaux parcouraient un espace de 5 myriamètres, toujours soutenues à 35 ou 40 mètres au-dessus du niveau de la mer.

Il ne reste aucun document qui puisse apprendre quel était le nom de ce lieu dans l'antiquité; mais la description de la côte par Strabon contient le nom d'un endroit qui n'a pas encore été déterminé, parce qu'on l'a toujours cherché sur le bord de la mer.

Le géographe grec s'exprime ainsi (1) : « Sur cette côte et un peu au-dessus de la mer est Ortygie : c'est un bois magnifique planté de toutes espèces d'arbres, mais principalement de cyprès. Il est traversé par le Cenchrius, dans lequel, dit-on, Latone se lava après ses couches. » Or, c'est dans ces lieux que la fable place l'accouchement de cette déesse, l'antre où cet accouchement eut lieu, la nourrice des enfants (nommée Ortygie), et l'olivier à l'ombre duquel Latone se reposa après le travail de l'enfantement. Au-dessus de ce bois est le mont Solmissus, où l'on dit que les Curètes étourdirent par le bruit de leurs armes Junon, qui épiait par jalousie les couches de Latone, et par ce moyen parvinrent à les lui cacher. Il y a dans ces lieux plusieurs temples, les uns anciens, les autres construits plus tard. Dans les premiers se trouvent d'antiques statues de bois; dans les derniers, des ouvrages modernes. On y voit Latone tenant un sceptre, et Ortygie, près d'elle, un enfant dans chaque main (1)

« On célèbre tous les ans à Ortygie une fête; la jeunesse, par un usage particulier, se pique surtout d'y donner des repas magnifiques. Le collége des Curètes donne aussi des repas, et célèbre aussi quelques sacrifices secrets. »

Il ne reste plus rien de tous ces édifices; seulement on voit près de la porte du monastère un débris de cymaise de style grec parfaitement sculpté, et orné d'une tête de lion, presque brisée.

Toute la topographie correspond parfaitement à la description de Strabon. Le ruisseau est le Cenchrius. Il va se jeter dans la mer en face de Samos. La montagne qui domine est le mont Solmissus. En ligne droite, ce lieu n'est pas éloigné d'un myriamètre de la mer d'Éphèse, et dans l'antiquité il portait une partie de ses eaux à cette capitale.

CHAPITRE XXXI.

CHATEAU DE TCHAKIR-ALY.

Pendant que nous prenions quelques rafraîchissements sous une treille du monastère, un paysan s'approcha de moi, et me dit qu'il connaissait dans le voisinage un ancien château qui n'avait jamais été visité par des étrangers. Après quelques questions qui me firent penser qu'il s'agissait d'un ouvrage antique, nous montâmes à cheval, et, franchissant la montagne qui s'élève au sud, nous marchâmes pendant trois quarts d'heure vers le sud-est par des chemins presque impraticables; enfin nous arrivâmes au pied d'un pic isolé et aride, sur les flancs duquel on aperçoit encore des restes de construction grecque. Une portion de murailles en gros blocs de pierre à bossage joint deux parties de rocher, et forme au pied du pic une sorte d'enceinte, dans l'intérieur de laquelle se trouve un fragment de rocher qui a été taillé en escalier. C'est par là que l'on monte à la partie supérieure du pic. Il se divise en deux pointes couronnées par des plates-for-

(1) Voy. les médailles de Magnésie sur Méandre.

mes. L'escalier a environ quarante marches. La plate-forme inférieure n'offre rien de remarquable. La plate-forme supérieure, à laquelle on arrive avec assez de peine, à cause d'une coupure naturelle du rocher, est environnée par une construction. La muraille entourait tout le sommet, et forme dans la partie nord une espèce de tour circulaire, au milieu de laquelle se trouve une excavation assez profonde, taillée dans le rocher. Était-ce tout simplement une citerne ou le puits de quelque oracle ? Cette excavation est presque carrée. La plate-forme supérieure n'a pas plus de dix mètres en tous sens. Lorsqu'on est sur le sommet, on distingue fort bien trois lignes de fortifications qui faisaient de ce rocher un château presque imprenable. Il ne reste aucune inscription ni aucun fragment d'architecture. Toute cette ruine paraît dater de la plus haute antiquité. Les bergers appellent ce château Tichakir-Aly. Nous retournâmes à Scala-Nova en suivant la vallée du Cenchrius, que nous passâmes un peu au-dessus de son embouchure.

Les aqueducs qui portent de l'eau à Scala-Nova traversent la route. La prise d'eau a une source différente de celle de Dermen-dérè-si, où sont les ruines d'Ortygie.

CHAPITRE XXXII.

PANIONIUM. — LES BAINS DE SABLE.

Panionium était ainsi nommée parce que c'était le lieu d'assemblée des députés des villes de la confédération ionienne.

Le Panionium, d'après Strabon, était situé au cap Trogile, à trois stades du rivage. Il était placé sur le versant du mont Mycale, et faisait face au nord. Ce n'était pas une ville, c'était un lieu d'assemblée, au milieu duquel se trouvait le temple de Neptune Héliconius. Les habitants de Priène, qui introduisirent en Ionie le culte de ce dieu, avaient demandé aux Achéens une statue de Neptune avec un plan de son temple, parce qu'ils voulaient en élever un sur le même modèle. Ce plan leur fut envoyé après que le dieu eut manifesté sa volonté aux habitants de la ville d'Hélice, en Achaïe (1).

Tous les ans les députés de la confédération se réunissaient au Panionium, et y discutaient les intérêts généraux de l'Ionie (2).

En sortant de la ville, je gagnai le bord de la mer dans le golfe de Samos, et je marchai longtemps sur le sable, qui en cet endroit était alors fin et brûlant. J'apercevais au loin une grande foule sur le rivage, et je m'avançais tranquillement, suivi du cawas Méhémet, lorsque cette foule se mit à pousser de grands cris, qui ne m'arrêtèrent pas, car je n'en connaissais pas le but. Nous hâtâmes au contraire le pas de nos chevaux, et nous nous trouvâmes au milieu d'une troupe nombreuse de femmes, les unes à moitié habillées, et les autres complètement nues. Il y en avait de Juives, d'Arméniennes et de Turques. Méhémet, s'apercevant du désordre que nous apportions, voulait rebrousser chemin ; mais nous étions trop avancés, et nous préférâmes continuer. La plupart des femmes se blottirent dans le sable, et celles qui étaient vêtues les couvraient de sable et de manteaux. Quand nous fûmes un peu loin, et que la confusion fut apaisée, je demandai à une vieille négresse dans quel but tout ce monde était réuni. Elle m'expliqua que pendant le cours du mois de septembre on vient de tous les environs prendre des bains de sable sur la plage de Scala-Nova : « C'est, dit-elle, un excellent remède contre les rhumatismes et les relâchements des muscles. Les malades se font enterrer dans le sable brûlant, et y restent exposés à l'action du soleil. » Il y a un règlement tacite qui détermine les jours qui sont choisis pour les hommes et ceux laissés aux femmes, et il ne paraît pas que les uns ni les autres enfreignent ce règlement, car nous n'aperçûmes pas un seul homme sur toute la plage.

(1) Strabon, liv. XIV, p. 629. — Hérodote, liv. I, ch. 148.
(2) Pausanias, liv. VII, ch. 24.

ANCIENNE VILLE DES LÉLÈGES.

A une lieue de là, on voit une source minérale, dont la température est de 18 à 19 degrés, et dont les eaux sont alcalines. Elle sort du pied d'un monticule entouré d'antiques constructions, et forme jusqu'à la mer un marais où croissent des plantes aquatiques. J'avais dans d'autres voyages examiné les fortifications de cette montagne, mais je n'avais jamais gravi jusqu'au sommet. Ayant mis pied à terre, je visitai toute l'étendue de l'enceinte. On retrouve dans ces constructions tous les caractères des monuments des premiers âges; elles sont appareillées à joints irréguliers, et ne portent pas de traces d'ornementation dans les faces des portes ni dans les tours. La muraille suit toutes les sinuosités de la montagne, et peut avoir 1,000 ou 1,200 mètres de développement. Je ne trouvai là aucun vestige de l'art romain ni d'une époque postérieure. Aussi j'ai été longtemps disposé à regarder ces ruines comme celles de Pygèle, dont les historiens grecs attribuent la fondation aux soldats d'Agamemnon (1); car, de toutes les ruines que l'on trouve sur cette côte celles-ci sont certainement les plus anciennes; mais il vaut mieux s'en référer à la topographie de Strabon, qui place Pygèle entre Éphèse et Scala-Nova, correspondant à l'ancienne Néapolis. Il resterait à déterminer le nom de cette place; nous sommes là-dessus sans aucune espèce de renseignement. Il est certain qu'antérieurement à toutes les villes dont les noms subsistent encore, cette partie de l'Asie a été conquise et habitée par des nations qui ne nous sont plus connues que par leur nom, et par quelques exploits qui pour les anciens Grecs étaient déjà perdus dans la nuit des temps. Les Trères et les Léléges ont ravagé ce pays, s'y sont établis militairement, et Strabon atteste que déjà de son temps on voyait des fortifications abandonnées, que l'on attribuait aux Léléges. Ces châteaux isolés, construits presque tous sur des mamelons inaccessibles, représentent le siège des garnisons de ces hordes conquérantes, qui ne se mêlèrent jamais avec les populations, et qui finirent par être chassées par des conquérants nouveaux, comme les Léléges le furent par les Cariens. Il faudrait de longues recherches et de plus longues années pour éclaircir l'histoire de ces temps héroïques de l'Asie, qui, effacés par la civilisation grecque, laissent encore assez de vestiges pour que les patientes recherches d'un érudit puissent les coordonner.

En suivant le contour de la côte, on arrive à l'embouchure du fleuve Cenchrius, près duquel est un château fort du moyen âge et de construction très-médiocre, dont les Turcs attribuent la fondation aux Génois : c'est une esplanade massive entourée de douze tours demi-circulaires. Le même terrain offre ainsi au voyageur deux châteaux construits à deux mille ans de distance, qui sont là comme pour attester que le sort invariable de ce pays est d'être soumis à une domination étrangère.

SITE DU PANIONIUM.

Après ce château, on entre dans le territoire de Tchangli : c'est une vaste plaine, bien cultivée, située au pied du mont Mycale, et dans laquelle sont plusieurs fermes et deux villages du même nom, dont le plus important est le Tchangli turc; l'autre est appelé le Djiaour-Tchangli, ou Tchangli des Grecs.

Chandler a bien déterminé la position du Panionium à Tchangli, et depuis lui sir W. Gell a publié une inscription dans laquelle est mentionné le Panionium.

Le cap Trogile, près duquel il se trouvait, est aujourd'hui appelé Boudo : c'est l'extrémité nord du canal de Samos du côté du continent. En parcourant les environs du village de Tchangli, situé dans la plaine, j'aperçus à mi-côte, au milieu des broussailles, une longue muraille en appareil irrégulier, que je regarde comme le mur d'enceinte du Panionium. C'est au milieu de cette enceinte et du côté de la mer que devait se trouver le temple de Neptune Héliconius, qui aujourd'hui est complètement renversé, et dont il ne reste plus

---

(1) Pline, liv. V, 29. — Strabon, liv. XIV, p. 169.

de vestiges. Rien n'annonce aux alentours qu'il y ait eu des constructions. Il faudrait rechercher dans la partie sud si l'on ne trouverait pas des édifices destinés à loger les envoyés. C'est derrière la montagne qu'est située la ville de Priène, dont ce territoire était tout à fait indépendant.

Les renseignements donnés par les indigènes m'apprirent que dans le mont Mycale il existait plusieurs châteaux forts qui n'avaient jamais été visités par les Européens. Sans compter faire là des découvertes imprévues, je me décidai à parcourir cette partie de la montagne, qui jusqu'à présent était tout à fait inconnue. Je me dirigeai d'abord vers un monastère situé sur un des pics les plus élevés du Mycale, et éloigné de toutes les routes frayées. En partant de Tchangli la route suit la pente de la montagne, toujours ombragée par une épaisse forêt. Le sommet du Mycale forme un plateau assez étendu où sont les ruines de plusieurs petites églises byzantines; une seule est habitée par un caloyer, qui vit au milieu de quelques familles de bûcherons.

Les nomades vivent dans cette montagne comme dans l'Olympe; ils sont occupés de la coupe des bois.

CHAPITRE XXXIII.

TREMBLEMENTS DE TERRE EN ASIE. DESTRUCTION DES VILLES D'IONIE.

Les plus grandes et les plus belles villes de la confédération ionienne, Priène et Milet, étaient situées sur les bords de la mer, et devinrent par la suite des temps des ports considérables et florissants; mais les changements survenus dans la configuration du pays, plus encore que les guerres et les invasions, privèrent peu à peu ces différentes cités de leurs éléments de prospérité, et des douze villes de la confédération ionienne il n'y a plus que Smyrne qui ait conservé son importance commerciale. Tous les ports situés à l'embouchure des fleuves ont été comblés, et les sables se sont accumulés en si grande quantité, que le golfe d'Éphèse a été converti en un marais pestilentiel; et l'entrée du golfe de Milet ayant été comblée, il s'est formé un lac, connu aujourd'hui sous le nom de lac Bafi. A mesure que les éléments de prospérité diminuaient, la population se transportait dans d'autres villes, et les contrées environnantes devenaient désertes. La destruction du port d'Éphèse a amené la dépopulation de la vallée du Caystre; et lorsque le commerce maritime de Milet fut anéanti, la vallée du Méandre redevint déserte et stérile, comme avant l'arrivée des premiers Grecs. Les monuments anciens ne furent pas démolis pour être employés dans de nouvelles constructions; la solitude régna partout, et nous verrions peut-être encore debout ces beaux édifices des plus belles époques de la Grèce si des phénomènes volcaniques ne fussent venus compléter la destruction et le bouleversement de ces contrées.

L'Asie Mineure fut, plus qu'aucune autre contrée de l'Occident, exposée aux tremblements de terre, et ces phénomènes se sont renouvelés assez souvent de nos jours pour que nous ayons une idée des ravages qu'ils causaient quand la contrée était couverte de villes nombreuses et de monuments magnifiques. Les anciens écrivains, tout en conservant la mémoire de semblables événements ont aussi cherché à expliquer la cause inconnue qui leur donnait naissance, et parmi les phénomènes extérieurs qui les accompagnent on doit dire que les observations des anciens ne manquent pas de justesse. Pausanias s'étend longuement sur ce sujet dans son septième livre. Les tremblements de terre, dit-il, sont annoncés par certains pronostics, comme de longues sécheresses, par des vapeurs qui obscurcissent le soleil, la lourdeur de l'atmosphère, des tourbillons de vent qui déracinent les arbres, et le desséchement des fontaines, ce dernier symptôme est surtout exact, et nous l'avons observé nous-même. Ceux qui ont observé les tremblements de terre comme Pausanias, en distinguent de plusieurs sortes. Le plus doux (1) de tous, s'il y a rien de doux dans un si grand mal, est celui dont l'effet est de faire pencher

(1) Ἤπιος doux.

un édifice d'un côté, et de le relever par une secousse contraire. On a vu des colonnes prêtes à tomber se remettre sur leurs bases, des murs prêts à s'écrouler se redresser, et des poutres se déplacer et reprendre leur position. La seconde sorte est celle où les secousses sont si continuelles et si violentes, que les plus solides édifices s'écroulent comme s'ils étaient battus par des machines de guerre. Il signale comme le plus dangereux de tous le tremblement de terre qui se manifeste par des secousses verticales, auxquelles rien ne résiste; il compare assez bien ce mouvement au travail des taupes (1), qui creusent sous la terre, l'enlèvent et la font boursoufler. Les villes maritimes ont un autre danger à craindre, c'est l'irruption des eaux de la mer.

Dans le tremblement de terre d'Hélice en Achaïe, la mer innonda la ville et tout le pays d'alentour. Nous avons cité d'après Pausanias et Pline le tremblement de terre qui engloutit la ville de Sipylus (2). Les exemples cités par Pline sont plus nombreux encore; et il n'est pour ainsi dire aucun écrivain qui ait parlé de l'Asie Mineure sans mentionner de pareils désastres.

Les phénomènes qui selon Pline accompagnent les tremblements de terre ne diffèrent pas de ceux qui sont décrits par Strabon. Il ajoute que le phénomène s'opère de la même manière que la détonation dans une nuée orageuse, c'est-à-dire que l'électricité joue un grand rôle dans ces mouvements du globe; les puits et les fontaines modifient leur débit. Phérécyde ayant goûté l'eau d'un certain puits annonça qu'il y aurait en cet endroit un tremblement de terre (3).

Agathias explique ces phénomènes terrestres, de la même manière que ses prédécesseurs: il fut témoin du grand tremblement de terre qui ravagea l'île de Cos, sous le règne de Justinien, dans l'année 538; il atteste que la mer envahit les bas quartiers de la ville de Cos, et que l'eau des puits devint salée.

On a remarqué dans certaines circonstances que des fontaines augmentaient leur débit, tandis que des fontaines situées à quelque distance tarissaient, que des puits débordaient, tandis que d'autres puits étaient mis à sec: ceci s'explique par le mouvement d'ondulation qui se manifeste dans les couches intérieures de la terre, la nappe aquifère se trouve en quelques lieux tellement resserrée que les sources n'ont plus d'écoulement, et cette contraction de la même nappe peut projeter audehors l'eau des puits. Les vapeurs sortant des fissures de la terre sont encore un phénomène que quelques géologues ont révoqué en doute; mais il est attesté aujourd'hui par de nombreux témoins compétents.

CHAPITRE XXXIV.

PRINCIPAUX TREMBLEMENTS DE TERRE EN ASIE.

Le grand tremblement de terre qui ravagea l'Asie sous le règne de Tibère a laissé des souvenirs néfastes chez tous les écrivains du temps (1); douze villes populeuses furent englouties dans une seule nuit. Depuis cette époque les événements de ce genre se sont renouvelés de siècle en siècle; nous mentionnerons les principaux dont l'histoire a conservé le souvenir, mais combien d'autres ont passé, ignorés des générations suivantes.

Sous le règne d'Auguste la ville de Tralles fut entièrement détruite (2). Sous le règne de Trajan, l'an 115 de notre ère, la ville d'Antioche fut renversée, le consul Pédon y périt, et Trajan lui-même n'échappa que par miracle; une énorme multitude périt sous les décombres; trois villes de la province d'Asie et deux de Galatie, peut-être Pessinunte, furent renversées. En 145, sous le règne d'Antonin, l'île de Rhodes et le continent d'Asie furent ébranlés. En 238, 244 d'autres tremblements de terre eurent lieu; en 262, sous le règne de Gratien, Rhodes, la Lydie et l'Asie souffrirent cruellement. En

---

(1) Pline, liv. VII, ch. 24.
(2) Voy. page 228.
(3) Pline, liv. II, 95.

(1) Voy. Tacite, *Annales*, liv. II; Strabon, II; Pline, liv. II, ch. 91.
(2) Voy. page 279.

l'an 300, sous le règne de Dioclétien, Tyr et Sidon furent détruites ; en 354, 365, Nicomédie ; en 400, Constantinople et les villes de la côte d'Asie. En 527, il y eut de grandes secousses à Antioche. Agathias (1) atteste que Beryte fut totalement détruite en 538 ; une incroyable quantité de citoyens furent écrasés sous les ruines ; la population survivante émigra à Sidon. Alexandrie d'Égypte, qui n'avait jamais éprouvé de pareil phénomène, fut ébranlée ; l'île de Cos ressentit d'horribles secousses ; il n'y eut qu'une petite partie de la ville qui fut préservée : la mer fit irruption dans les maisons, et enleva les meubles et les habitants. Agathias ajoute : « Passant d'Alexandrie à Constantinople, j'abordai dans cette île, et je fus témoin de ce pitoyable spectacle : on ne pouvait plus reconnaître l'emplacement des rues et des places publiques. »

En 544 un tremblement de terre ébranla les deux continents ; il dura quarante jours : Constantinople fut en partie détruite ; en 557 un autre, dans les parages du Bosphore, dura dix jours et dix nuits.

En 742 il y eut un tremblement de terre universel : six cents villes furent renversées et une quantité prodigieuse d'hommes périrent ; entre le huitième siècle et notre temps, les mêmes phénomènes se sont renouvelés en Asie, et à des époques presque périodiques ; enfin, de nos jours, en 1835, la ville de Césarée, du mont Argée, fut presque totalement détruite : nous pûmes recueillir de la part des habitants survivants quelques détails sur cette catastrophe ; ils attestent que des vapeurs méphitiques sortaient des fentes de la terre, que des puits étaient mis à sec, tandis que d'autres débordaient, enfin que le régime des sources était complètement troublé. Le grand tremblement de terre de Broussa, qui eut lieu en 1852, est encore présent à toutes les mémoires ; celui-ci est extraordinaire, attendu que le pays est de nature granitique. Les principaux édifices de la ville ont été ou ruinés ou gravement endommagés.

Au milieu de si lamentables catastrophes, qui ont englouti des villes, il n'est pas étonnant que les historiens aient négligé d'enregistrer la ruine de quelques monuments abandonnés ; on ne saurait dire à quelle période il faut rapporter leur destruction, mais il est certain qu'ils furent ruinés par des tremblements de terre.

Si nous ne pouvons préciser l'époque où eut lieu la destruction des temples et des villes antiques nous pouvons du moins déterminer la direction qu'a suivie la secousse qui a renversé les plus beaux temples de l'Ionie, et la largeur de la zone ébranlée. Les villes de Téos, Claros, Priène, Branchyde et Magnésie du Méandre sont situées sur une ligne dans la direction de l'est-nord-est et ouest-sud-ouest ; toutes ces villes étaient ornées de temples de marbre blanc, presque tous d'ordre ionique. Tous ces monuments gisent aujourd'hui étendus sur le sol : mais on voit que leur destruction n'est pas l'ouvrage des hommes, car toutes les colonnes sont tombées ensemble et du même côté. Les chapiteaux et les frises sont dans leur position respective ; et comme les fragments de fûts ont recouvert la partie qui est ordinairement décorée, il s'ensuit qu'on retrouve dans les décombres toutes les frises et les corniches parfaitement intactes.

Le temple d'Apollon Didyme, près de Milet, se trouve dans le même état, et en glissant sous les blocs éboulés, on remarque de magnifiques fragments de sculpture.

CHAPITRE XXXV.

FONDATION DE MILET.

En aucun lieu de la côte d'Asie les alluvions des fleuves et des torrents n'ont modifié la physionomie du territoire d'une manière plus complète que dans la vallée du Méandre. La ville de Milet avait été fondée à l'embouchure de ce fleuve, dans le but de profiter d'une double voie de communication, de la voie maritime par ses navires, et de la voie terrestre en remontant, au moyen de ses caravanes, la vallée du Méandre jusqu'au cœur de la Phrygie. C'était tout le secret de la puissance commerciale de cette capitale de l'Ionie ; elle conserva

(1) Agathias, *Vie de Justinien*, liv. II, ch. 8.

sa suprématie malgré les guerres qu'elle eut à soutenir avec ses puissants voisins ; vaincue et soumise, ils étaient encore tributaires de son active population et de son commerce immense ; mais quand les forces de la nature, quand les sables charriés par le fleuve arrivèrent à combler ses ports, la richesse de Milet commença à déchoir ; son territoire ne présente plus aux yeux qu'une steppe fangeuse, et de tous les monuments qui ornaient cette ville il reste à peine quelques débris.

On ne saurait déterminer, même d'une manière approximative, l'époque de la fondation de Milet. Ce territoire était occupé par le peuple lélége, bien avant l'arrivée des Ioniens, et la ville qu'il habitait se nommait Lélégéis. Elle était située sur la rive gauche du Méandre, et par conséquent dans le territoire de la Carie (1). Les forêts de pins entouraient la ville, qui fut aussi appelée Pityussa ; les habitants avaient coutume de porter une branche de cet arbre dans les Thesmophories, et le fruit était offert dans les sacrifices à Cérès. Les Cariens venus de l'île de Crète, étant débarqués sous la conduite de Sarpedon, chassèrent les Léléges, et bâtirent une ville à laquelle ils donnèrent le nom de Milet, ville de Crète. Plus tard les Ioniens conduits par Nélée s'emparèrent de cette place, et fondèrent une ville du même nom dans le voisinage de la première. La Milet ionienne était située à l'embouchure du fleuve. Les quatre ports étaient formés l'un par le golfe, aujourd'hui comblé, près duquel est la ville d'Héraclée sous le Latmus, l'autre par une petite île du nom de Lade, aujourd'hui jointe au continent, et les deux autres dans les terres à droite et à gauche de la ville, de sorte que la ville elle-même était bâtie sur un isthme (2). Il n'en reste plus de vestige : les alluvions ont tout comblé. La population, vouée principalement au commerce maritime, avait des relations avec tous les peuples du bassin de la Méditerranée, et connaissait mieux qu'aucune autre les points de la côte où des comptoirs pouvaient être établis avec avantage. La mer Noire, la Propontide, l'Hellespont et les îles de la Grèce ont vu en même temps fleurir une multitude de villes fondées par cette métropole. Pline en porte le nombre à quatre-vingts ; Strabon se contente de citer Icarus et Leros ; dans l'Hellespont, Limnée, Abydos, Arisbé et Pæsos ; sur la côte d'Asie ; Artacé, Cyzique : nous devons ajouter Sinope, qui devint la métropole du royaume de Pont.

MILET SOUS LES ROIS DE LYDIE.

On place l'arrivée de Nélée à Milet vers le dixième siècle avant notre ère ; d'autres villes ioniennes, Éphèse et Phocée, se distinguaient surtout par leur activité commerciale ; mais pendant trois siècles Milet conserva la suprématie, jusqu'au jour où les rois de Lydie tentèrent de l'asservir. Ils commencèrent par nouer des intrigues avec quelques citoyens, en leur promettant le pouvoir, mais la guerre ne tarda pas à éclater ; elle fut commencée par Sadyatte, qui mourut sans avoir accompli ses projets contre Milet. Alyatte, son fils, continua la guerre contre les Milésiens, mais comme il voulait les soumettre sans détruire leur ville, il faisait chaque année une expédition, au temps des récoltes ; son armée venait au son des instruments camper sur le territoire de Milet. Il respectait les habitations éparses dans les champs, au lieu de les livrer aux flammes ; il n'en faisait pas même enlever les portes : mais il détruisait totalement les récoltes et les fruits, et se retirait ensuite. Les Milésiens étant maîtres de la mer, il était inutile de tenter un siège régulier de la ville avec une armée de terre. Du reste, en empêchant qu'on n'abattît les maisons, son but était d'y rappeler les habitants, afin qu'ils pussent travailler à la terre et l'ensemencer. En revenant l'année suivante il trouvait ainsi quelque chose à ravager de nouveau. La guerre fut ainsi conduite pendant onze années, pendant lesquelles les Milésiens essuyèrent deux grandes défaites, une près de Liménéium, l'autre dans la plaine du Méandre.

Dans la douzième année, l'armée lydienne ayant mis comme de coutume le feu aux maisons, la flamme, poussée par un vent violent, atteignit un temple con-

---

(1) Ét. de Byzan., V. Miletus.
(2) Thucydide, liv. VIII, 25.

sacré à Minerve Assessiène, et il fut entièrement consumé. Alyatte étant rentré à Sardes tomba malade ; la Pythie ayant été consultée à ce sujet refusa de rendre aucun oracle tant que le temple de Minerve près d'Assessos ne serait pas rétabli.

Thrasybule, étant alors tyran de Milet, fut informé par Périandre de la réponse de la Pythie ; il prépara un stratagème qui amena la fin de la guerre. Alyatte ayant envoyé des députés aux Milésiens avec la mission de conclure une trêve pour rétablir le temple, Thrasybule imagina de faire porter sur la place publique tout ce qu'il y avait dans la ville de provisions de bouche appartenant à lui ou aux particuliers, et ordonna aux Milésiens dès qu'il en donnerait avis de les consommer en repas où ils s'inviteraient tour à tour. Lorsque le héraut fut arrivé à Milet, il fut surpris de la quantité de vivres qu'il voyait, et en rendit compte à Alyatte, qui, au lieu d'une simple trêve, conclut la paix avec les Milésiens, persuadé qu'il était de ne jamais pouvoir les réduire par la famine.

Les conditions de la paix furent que les Lydiens et les Milésiens jouiraient réciproquement entre eux des droits de l'hospitalité et seraient alliés. Alyatte au lieu d'un temple en éleva dans Assessos deux à Minerve.

Les Milésiens vécurent en paix avec leurs puissants voisins pendant tout le règne de Crésus, et, après la chute du royaume de Lydie, ils s'empressèrent de conclure avec Cyrus un traité qui les mit à l'abri des attaques des Perses. Il y eut ensuite une suite de suspension des maux de la guerre ; elle dura peu, et de nouveaux malheurs, causés par les villes de Naxos et de Milet, vinrent fondre sur les Ioniens. Milet était à cette époque plus florissante qu'elle ne l'avait jamais été. Les séditions qui avaient troublé son intérieur pendant deux générations étaient apaisées ; la paix avait été conclue entre les différents partis hostiles, grâce à l'intervention des Pariens que les Milésiens avaient choisis pour arbitres.

Les commissaires envoyés pour contrôler l'administration publique, après avoir examiné l'état des propriétés particulières, convoquèrent une assemblée générale du peuple, et désignèrent pour administrer la république les propriétaires dont ils avaient trouvé les champs en bon état, ce qui fut accepté (1).

CHAPITRE XXXVI.

RÈGNE DE DARIUS.

Darius avait emmené un grand nombre d'Ioniens dans son expédition contre les Scythes, et l'échec qu'avait éprouvé l'armée perse ne manqua pas de donner l'éveil aux peuples grecs qui tentèrent, eux aussi, de se délivrer du joug des Perses. Milet, la place la plus florissante et en même temps la plus facile à défendre, suivit les conseils d'Aristagoras, et se mit à la tête de la révolte. Nous avons vu les Ioniens marcher en vainqueurs sur Sardes, prendre et brûler cette capitale ; mais les alliés des Ioniens ne répondirent pas à cet élan, et Milet se vit presque seule exposée aux attaques de l'armée des Perses.

Darius en apprenant la révolte suscitée par Hystiée prépara contre Milet une expédition formidable ; les généraux perses avaient réuni toutes leurs troupes pour en former une seule armée, qu'ils dirigeaient sur Milet, laissant de côté la conquête des autres villes. Les Phéniciens, jaloux de la puissance maritime de Milet avaient mis leurs connaissances de la navigation et des côtes au service des Perses : les marins de Chypre, les Ciliciens et les Égyptiens servaient aussi comme auxiliaires.

De tels préparatifs étaient de nature à inquiéter les Ioniens, qui se réunirent au Panionium ; il fut décidé que Milet serait chargée de défendre seule ses murailles, mais que la confédération réunirait le plus de vaisseaux qu'elle pourrait pour défendre la ville par mer, et les vaisseaux reçurent l'ordre de se réunir dans le plus court délai au port de Ladé, petite île située en avant de Milet. La bataille navale, restée célèbre dans l'histoire sous le nom de bataille de Ladé, est décrite par Hérodote dans toutes ses péripéties ; les fautes des Ioniens, les défections des alliés y sont mises au jour avec une netteté qui ne laisse

(1) Hérodote, liv. V, ch. 29.

aucun doute sur les vices de cette confédération ionienne, qui pouvait commander à l'Asie. La flotte grecque fut dispersée, et Darius commença le siége de Milet par terre et par mer. Les Perses mirent en usage toutes les machines de guerre dont ils étaient en possession ; ils finirent par s'emparer de la ville et de la citadelle, dans la sixième année de la défection d'Aristagoras. Tous les habitants de Milet furent faits esclaves. Les Grecs croyaient que ces événements s'étaient accomplis selon la prédiction d'un oracle qui avait prononcé ces paroles : « Pour toi, ô ville de Milet, artisan de tant de maux, tes richesses serviront de récompense à bien des gens ; tes femmes laveront les pieds d'un grand nombre d'hommes aux longs cheveux, et mon temple de Didyme sera confié à d'autres soins. »

Les captifs de Milet furent traités avec douceur par Darius, qui se contenta de les expatrier ; il les conduisit à Suze, les envoya habiter près de la ville d'Ampé, « près de laquelle le Tigre, qui la traverse, a son embouchure dans la mer ». Le Tigre se jette dans l'Euphrate, et non pas dans la mer : nous pensons qu'Hérodote (1) a voulu parler du fleuve Pasitigris, qui coule non loin de Suze, et se jette dans le Golfe Persique, et non pas dans la mer Érythrée.

Le territoire de Milet fut partagé : les Perses gardèrent toute la plaine, et la partie montueuse fut donnée aux Cariens de Pedase. Il ne resta aucun Milésien dans la ville de Milet (2).

Les Athéniens, qui avaient abandonné cette ancienne alliée à ses propres forces, ressentirent à la nouvelle de la destruction de Milet une douleur sans bornes ; le poëte Phrynicus ayant fait représenter une tragédie ayant pour titre la prise de Milet, tous les spectateurs fondirent en larmes, et l'auteur fut condamné à une amende de mille drachmes pour avoir rappelé aux Athéniens des malheurs domestiques ; on défendit en outre de faire représenter jamais cette pièce (3).

La bataille de Mycale fut pour Milet

(1) Hérodote VI, 20.
(2) Id., ibid., ch. 22.
(3) Strabon, XIV, 635.

une occasion de secouer le joug des Perses ; mais ce fut pour tomber sous celui des Athéniens, qui pendant toute la guerre du Péloponèse conservèrent le gouvernement de d'Ionie et de la Carie. Les Milésiens finirent par se révolter ; les Athéniens s'apprêtaient à assiéger la ville, mais à l'approche de la flotte du Péloponèse Phrynicus, l'amiral athénien, jugea opportun d'abandonner l'entreprise.

Mille hoplites d'Athènes et quinze cents Argiens, et mille alliés partis d'Athènes, sur quarante-huit vaisseaux, abordèrent à Samos, et passèrent ensuite à Milet, où ils campèrent. Les Milésiens étaient sortis au nombre de huit cents hoplites, accompagnés des Péloponésiens et de Tissapherne lui-même avec toute sa cavalerie. Dans le combat qui eut lieu, les Argiens furent vaincus par les Milésiens, et les Péloponésiens furent vaincus par les Athéniens ; ces derniers, ayant érigé un trophée, se préparèrent à enceindre d'une muraille la ville de Milet, dont le territoire formait un isthme ; leur flotte se tenait dans le port de Ladé, voisin de Milet, et de là les Athéniens faisaient de fréquentes descentes sur le territoire de Milet : c'est alors que la flotte péloponésienne, arrivant au secours de la ville, força les Athéniens de battre en retraite (1).

CHAPITRE XXXVII.

MILET SOUS LES GRECS.

Milet montrait autant d'attachement pour le culte d'Apollon qu'Éphèse pour celui de Diane. Outre le grand centre religieux des Branchydes, les Milésiens avaient une vénération spéciale pour Apollon Oulius, c'est-à-dire guérisseur ; on attribuait à cette divinité le pouvoir de répandre les épidémies, et c'est à la suite de semblables événements que furent construits les temples d'Apollon Epicurius à Bassæ et celui de Delos (2).

L'arrivée d'Alexandre en Asie fut le signal de la délivrance des villes grecques ; mais elles n'accueillirent pas toutes

(1) Thucydide, VIII, 25, 27.
(2) Strabon, liv. XIV, 635.

avec le même empressement leur nouveau libérateur. Milet, qui renfermait dans ses murs une forte garnison perse, refusa d'ouvrir ses portes, et Alexandre, ne voulant pas laisser derrière son armée une place hostile, se décida à en faire le siége. Memnon le Rhodien et le Grec Hégésistrate commandaient la défense : Alexandre s'empara de la ville extérieure du côté de la terre, pendant que sa flotte bloquait les ports. Alors l'assaut fut donné ; plusieurs brèches ouvertes par l'action du bélier donnèrent accès dans la place, qui fut prise après une vigoureuse résistance. Alexandre traita les Milésiens avec douceur, incorpora les Grecs mercenaires dans son armée, et continua sa marche triomphante (1).

Sous le règne de Ptolémée Philadelphe, qui, outre l'Égypte, possédait aussi toutes les provinces méridionales de l'Asie Mineure, un gouverneur de la Carie, nommé Timarque, s'était emparé de la ville de Milet et y exerçait la tyrannie. Les habitants implorèrent le secours d'Antiochus, roi de Syrie, qui marcha contre Timarque, le défit et le tua ; pour le remercier de ce service, les Milésiens décernèrent à Antiochus le surnom de Théos, Dieu, sous lequel ce prince fut toujours distingué : sa femme Laodice et sa mère Stratonice ont donné leur nom à deux villes de l'Asie Mineure.

C'est pour ainsi dire le dernier événement qu'on ait à signaler dans l'histoire de Milet comme ville indépendante ; sous les successeurs d'Alexandre, les évenements dont elle fut le théâtre appartiennent à l'histoire générale de la contrée. Aucun monument remarquable ou célèbre ne fut jamais construit dans son enceinte ; Pausanias se contente de citer le tombeau de Nélée, qu'on voyait à gauche de la porte, sur le chemin qui mène à Didyme (2). Néanmoins les arts et l'industrie étaient arrivés à un degré de perfection remarquable ; Pomponius Mela la mentionne « comme la ville la plus distinguée de l'Ionie par les arts de la paix et de la guerre » (3). Pendant toute la période romaine le sort de Milet fut celui d'une ville commerçante et paisible ; enfin, sous l'empire byzantin elle fut, comme toutes les autres villes du littoral, l'objet des attaques réitérées des tribus turques ; mais déjà à cette époque elle avait perdu toute importance maritime : ses deux ports s'étaient comblés, et les navires mouillaient dans le Méandre.

CHAPITRE XXXVIII.

MILET SOUS LES TURCS.

On voyait encore il y a un demi-siècle un village nommé Palatcha, construit sur les ruines de Milet ; aujourd'hui tout ce lieu est à peu près désert : quelques maisons, faites avec des claies, sont habitées pendant une partie de l'année par des pasteurs ; mais une fois que les chaleurs se font sentir tout le pays devient désert.

Milet à l'époque où Aïasalouk était une place de guerre doit avoir été une ville musulmane assez peuplée : il reste encore un certain nombre de petites mosquées en ruine, ainsi qu'un vieux caravansérai abandonné ; l'architecture de ces monuments turcs est du même style que celle des mosquées d'Aïasalouk : elles sont du milieu du seizième siècle.

On cherche en vain la trace des murailles anciennes ; le seul édifice antique qui attire aujourd'hui les regards et qui marque l'emplacement de la ville est un théâtre construit tout en blocs de marbre, mais qui est dépouillé de tout ce qui pouvait le rendre intéressant ; la masse entière du proscenium a été enlevée, les colonnes, les chapiteaux et toutes les décorations ont disparu.

Ce qui le distingue des autres théâtres de l'Asie, généralement établis sur le penchant d'une colline, c'est qu'il est isolé de tous côtés comme le théâtre de Marcellus à Rome ; malheureusement la décoration extérieure a été enlevée comme le reste, mais une grande partie des vomitoires et de la galerie circulaire subsistent encore, mais sont remplis de terre ; plusieurs inscriptions ont été recueillies dans le courant du siècle dernier par les voyageurs qui ont visité Milet : aujourd'hui on n'en trouve plus de vestiges.

---

(1) Arrien, Exp. Alex., I, 18, 20.
(2) Pausanias, VII, 2.
(3) P. Mela, l. I, 17.

Comme cette place est située sur la route qui d'Éphèse ou de Scala-Nova conduit dans le sud de l'Asie Mineure, on est obligé de la traverser; mais elle n'offre aujourd'hui qu'un très-faible intérêt sous le rapport de l'antiquité.

L'action prompte et puissante du christianisme sur l'esprit mobile des Grecs se fit sentir à Milet comme à Éphèse, et dès les premiers siècles l'Église nouvelle eut des adhérents nombreux; mais les schismes et les hérésies y trouvèrent d'aussi fervents disciples. Toutes ces luttes, obscures et aujourd'hui oubliées, n'ont pas peu contribué à la ruine de cette ville.

Sous les empereurs byzantins, elle eut encore un reste d'importance; car nous voyons les ruines de quelques églises grecques dans le style de celles d'Éphèse. Mais exposée comme elle l'était à toutes les attaques des hordes qui débouchaient par la vallée du Méandre; en proie aux miasmes qui s'exhalaient de ses marais nouvellement formés, sa population se dispersa de plus en plus. Milet devint dans le douzième siècle la propriété de l'émir Aïdin, qui résidait à Guzel-hissar; elle passa plus tard dans l'apanage des Kara-Osman-Oglou; et aujourd'hui qu'elle est entrée dans les domaines de la Porte, ce n'est plus qu'un amas de huttes abandonnées pendant une grande partie de l'année, à cause du mauvais air, et qui ne présente plus rien qui puisse appeler l'attention.

En sortant de Milet du côté du sud, on marche longtemps dans un terrain nu et sablonneux; une petite éminence, également de sable, indique peut-être l'emplacement de l'île de Ladé, qui avait un port, puisque c'est là que les confédérés grecs s'étaient donné rendez-vous : ce n'est qu'une conjecture, car on n'y retrouve aucune roche qui indique que ce fut une île. Ce fait seul peut donner une idée de la transformation qu'a subis ces rivages.

LE MÉANDRE.

Le Méandre prend sa source dans un lac qu'on appelait Aulocrène, situé sur une montagne du même nom (1); il traversait la ville de Célènæ, arrosait les districts d'Apamée (1), d'Euménia (2), de Bargylia (3), et du temps de Pline venait se jeter dans la mer, à dix stades de Milet.

Plutarque, dans son livre des rivières (4), dit que le Méandre s'appelait anciennement *Anabænon*, c'est-à-dire qui retourne sur ses pas. C'est, dit-il, le seul de tous les fleuves qui de sa source revient vers les lieux d'où il est parti. Il a été ainsi nommé, poursuit cet auteur, à cause de Méandre, fils de Cercaphus et d'Anaxibie, qui durant une guerre contre la ville de Pessinunte promit à la mère des dieux que s'il remportait la victoire, il lui sacrifierait la première personne qui viendrait le féliciter. Le hasard voulut qu'à son retour les premières personnes qui se présentèrent à lui furent Archélaüs son fils, sa sœur et sa mère. Malgré les liens du sang il voulut les faire immoler, et ensuite, agité de trouble et accablé de douleur, il se précipita lui-même dans l'Anabænon, qui fut ensuite appelé Méandre, à cause de lui. C'est ainsi que Timolaüs raconte le fait, au dixième livre des Affaires de Phrygie. Agatocle le Samien en parle aussi dans sa république de Pessinunte. Mais Démostrate d'Apamée dit que Méandre ayant été choisi de nouveau général, dans la guerre contre la ville de Pessinunte, et ayant vaincu contre son attente, il partagea aux soldats les offrandes consacrées à la mère des dieux. La déesse permit qu'il perdît l'esprit, et que, dans un accès de sa manie, il tuât sa femme et son fils. Étant revenu en son bon sens, il se jeta dans la rivière, qui en prit son nom.

A l'époque romaine Milet n'était déjà plus à l'embouchure du Méandre, et une autre ville célèbre, Priène, qui fut fondée au bord de la mer, en était éloignée de 40 stades quand Pline écrivait. Le golfe de Milet se fermait peu à peu, et finit par être converti en un lac d'eau saumâtre, qui porte aujourd'hui le nom de Oufa-Bafi; sa longueur est de deux lieues environ.

---

(1) Pline, liv. V, chap. 29.

(1) Tite-Live, liv. XXXVIII, chap. 13.
(2) Ischekli.
(3) Geuverginlik.
(4) P. 31, *édit.* 1. *Maussac.*

CHAPITRE XXXIX.

TEMPLE DES BRANCHYDES.

Lorsque les Ioniens arrivèrent sur la côte d'Asie, ils trouvèrent le culte des dieux de la Grèce répandu dans la contrée, et le secours des oracles antiques ne leur fut pas inutile pour s'établir dans leur nouvelle patrie. Apollon et Diane étaient particulièrement honorés dans le pays, et les plus célèbres temples de l'Asie étaient consacrés à ces deux divinités. Claros, Éphèse, Magnésie, Ortygie, Milet, rivalisaient pour orner leurs temples des plus riches offrandes, des objets d'art les plus précieux. L'antiquité de ces oracles se perdait dans les ténèbres de la fable, et tous les peuples de l'Asie se soumettaient à leurs décrets.

Le temple des Branchydes, consacré au culte d'Apollon, Didyméen, était un des plus célèbres de la contrée; il dominait celui de Claros, et ne le cédait en importance qu'à celui de Delphes. Il était établi sur la côte d'Ionie, non loin du cap Posidium, à vingt stades de la mer, et appartenait au territoire de Milet; il était éloigné de cent quatre-vingts stades de cette ville (1).

Les Grecs font remonter l'établissement de cet oracle au héros Branchus, favori d'Apollon, qui avait reçu de ce dieu des témoignages non équivoques d'affection. Il descendait de Macharéus le Delphien, qui avait tué Néoptolème (2). La prêtrise du temple était restée dans cette famille; c'est de là que l'oracle a pris le nom de Branchyde, sous lequel il était connu. La mère de Branchus ayant eu pendant sa grossesse un songe dans lequel le soleil lui était apparu et lui était entré dans le sein, donna à son fils le nom de Branchus (βράγχος, la gorge). Étant devenu jeune homme, il rencontra dans un bois Apollon, qui lui donna un baiser et lui accorda le don de prophétie; il éleva à ce dieu un temple, qui fut appelé Branchyde. Quant au surnom donné à Apollon, les historiens ne l'expliquent pas d'une manière très-claire : les uns le rapportent à deux jumeaux aimés d'Apollon (Δίδυμοι); d'autres à une montagne du nom de Didyme, parce qu'elle avait deux sommets, et qui n'est pas éloignée du cap Posidium. L'oracle établi par Apollon fut accepté par les habitants, et des jeux didyméens furent institués et se célébrèrent à Milet pendant plusieurs siècles. L'héritage du pouvoir prophétique ne resta pas dans la famille de Branchus. Léodamas, Milésien de race royale, ayant été faire la guerre aux Carystiens, rapporta, avec les offrandes qu'il consacra à Apollon, une femme captive qui était mère. Branchus adopta cet enfant, et lui conféra le don de prédire : il l'appela Évangélus. C'est de lui que descendait la famille milésienne des Évangélides. Toutes ces traditions remontaient à une antiquité très-reculée; mais comme ce sont des mythes purement grecs, il est douteux qu'elles soient antérieures à la guerre de Troie. Macharéus vivait 1171 ans avant Jésus-Christ. La réputation de cet oracle s'était étendue jusqu'en Égypte, et le roi Néchao fit hommage à Apollon d'une partie du butin qu'il avait conquis sur la ville de Cadytis en Palestine, 616 ans avant Jésus-Christ (1).

Crésus envoya au trésor des Branchydes des offrandes aussi magnifiques que celles qu'il avait envoyées à l'oracle de Delphes; elles s'étaient déjà tellement accrues au moment où les Milésiens se révoltèrent contre les Perses, qu'elles pouvaient seules suffire pour équiper une flotte. Hécatée de Milet, après avoir énuméré le nombre et la puissance des nations que Darius pouvait leur opposer, proposa d'employer les richesses du temple pour armer des vaisseaux; mais sa proposition fut rejetée (2). Après la soumission des Milésiens, Darius donna l'ordre d'incendier ce temple. Peut-être fut-il restauré à cette époque; mais sa ruine complète fut consommée par ordre de Xerxès, fils de Darius, qui incendia tous les temples de l'Ionie. Les Branchydes livrèrent à Xerxès les trésors du temple; et pour se dérober à la vengeance des Grecs, ils s'enfuirent en Perse. Le roi

---

(1) Pline, liv. V, ch. xxvi.
(2) Strabon, IX, 421.

(1) Hérodote, II, 159.
(2) Hérodote, liv. V, chap. xxvi.

les établit dans la Sogdiane; mais Alexandre les punit dans la personne de leurs descendants, en détruisant la ville où ils demeuraient, et en faisant massacrer tous les Branchydes (1).

La fuite des prêtres d'Apollon ne paraît pas avoir été fatale à l'oracle; car les Milésiens se mirent en devoir de construire un autre édifice, qui surpassât en grandeur et en magnificence tous les autres temples de la Grèce. C'est ce monument qui est parvenu jusqu'à nous, non pas tout entier, mais dans un état tel, que nous pouvons en reconnaître les principales dispositions. On peut le considérer comme contemporain des temples d'Éphèse et de Magnésie du Méandre; car le premier, préservé par les Perses, n'avait pas échappé à l'incendie. La construction simultanée de tels édifices donne la plus grande idée des richesses que possédait encore l'Asie, qui sortait cependant de crises si violentes.

CHAPITRE XL.

CONSTRUCTION DU TEMPLE.

Il est difficile de déterminer l'époque précise où ce monument fut commencé. Il fut construit par deux architectes, Daphnis de Milet, et Péonius d'Éphèse; comme ce dernier est le même qui termina le temple de Diane, sur lequel Alexandre voulait inscrire son nom, on doit en conclure que le temple d'Apollon date du règne de ce prince. Vitruve mettait ce temple au nombre des quatre plus magnifiques ouvrages qui existassent dans la Grèce; les trois autres étaient le temple d'Éphèse, celui de Cérès à Éleusis, et le temple de Jupiter à Olympie. Ces édifices, dit-il, mériteraient d'être admirés même dans le conseil des dieux (2). Mais un si bel ouvrage ne fut jamais terminé; aujourd'hui même nous en avons la preuve. Cela n'empêcha pas le culte d'Apollon de fleurir de nouveau dans ces parages, et les offrandes des rois vinrent encore enrichir son trésor.

Le temple surpassait tous les autres par ses dimensions (Μέγιστον νεών τῶν πάντων); mais les Milésiens furent obligés de le laisser sans couverture, à cause de cette énorme grandeur (1). Ces paroles de Strabon méritent d'être discutées. Il est certain que le temple était sans toit; mais n'était-ce pas une disposition particulière à ce monument, comme à celui d'Olympie? C'est une question que nous examinerons en étudiant le plan de l'édifice. Pausanias se contente de dire : Non terminé; οὐκ ἐξειργασμένος.

L'enceinte sacrée du temple, ornée en dehors et en dedans d'un bois magnifique, pouvait contenir la population d'un bourg; il y avait d'autres sécos ou édicules où se rendaient les oracles et où se faisaient les cérémonies (2). Dans le téménos s'élevaient des monuments de tous genres, dédiés par la piété des plus puissants princes; on y remarquait surtout un autel érigé par Hercule de Thèbes, et construit avec du mortier délayé dans le sang des victimes. Mais, sous les Romains, cet autel était devenu moins célèbre; les sacrifices avaient diminué, et l'autel était moins bien entretenu (3). Il était élevé sur plusieurs marches, et semblable à celui d'Olympie.

La statue d'Apollon était l'ouvrage de Canachus de Sicyone; elle était de bronze et faite sur le modèle de l'Apollon Isménien de Thèbes, qui était de bois de cèdre (4). Cet artiste vivait dans la 95ᵉ olympiade; il était élève de Polyclète d'Argos (5). Le dieu était debout, sa chevelure nouée et rejetée par derrière; il tenait à la main une lyre. Un grand nombre de petites statues de bronze, faites à l'imitation de l'Apollon Didyméen, étaient vendues aux adorateurs qui venaient consulter l'oracle, comme à Éphèse on vendait des figu-

---

(1) Strabon, liv. XI, p. 518.
(2) Vitruve, liv. VII, Préface.

(1) Strabon, liv. XIV, p. 634.
(2) Strabon employant le même mot, (sécos) pour exprimer cette partie du temple que les Romains appelaient Cella, et les lieux réservés où se rendaient les oracles; c'étaient autant de petits temples dont il ne reste plus de traces.
(3) Pausanias, liv. V, chap. XIV.
(4) Pausanias, liv. IX, ch. X.
(5) Pline, XXXVI, 14.

rines de Diane. Il en existe quelques-unes dans les collections modernes; mais le plus bel exemple connu est cette statue qui est exposée dans une salle du Musée du Louvre, et qui a été trouvée dans la mer, près de Livourne. Il existe aussi au cabinet des antiques une petite figure d'Apollon Didyméen d'une grande antiquité; elle est massive, mais très-endommagée. Les Branchydes en fuyant avaient emporté la statue du dieu; elle avait été déposée à Ecbatane, en Médie; mais elle fut restituée par Alexandre; c'est peut-être seulement à cette époque que l'oracle retrouva sa voix.

En effet pendant qu'Alexandre était à Memphis, les députés Milésiens apportèrent quantité d'oracles annonçant qu'Alexandre était fils de Jupiter et prédisant la victoire d'Arbelles, la mort de Darius, et les mouvements qui survinrent à Lacédémone. L'oracle de Didyme était muet depuis le pillage du temple par les Branchydes; la fontaine Biblis avait disparu, mais elle se montra de nouveau lorsque l'oracle reprit ses prédictions (1).

On ne saurait douter, d'après le témoignage des deux écrivains que j'ai cités, que ce temple ne soit resté inachevé; mais comme les cérémonies religieuses y ont été célébrées pendant plusieurs siècles, il est probable que toute la masse de la construction était faite.

De nombreuses inscriptions recueillies en ce lieu ont fait connaître l'organisation du personnel du temple; elles ont été analysées par le docteur Chandler, le premier qui ait mesuré ces ruines célèbres (2). Il en est plusieurs qui mentionnent les riches offrandes en statues, coupes d'or, vases sacrés, qui étaient données par les rois asiatiques. Les grands actes politiques, les traités, les victoires, étaient pour ces princes des occasions de montrer leur munificence. Prusias Cynægus, roi de Bithynie, y consacra également des offrandes. L'auteur anglais observe avec raison que des registres réguliers de tous les dons faits au temple étaient inscrits sur le marbre : il est probable qu'on en trouverait encore des débris importants; mais chaque jour ces précieux documents disparaissent, et presque toutes les inscriptions recueillies par Sherard, Chishull et Wheler sont aujourd'hui détruites.

Les inscriptions relatives au personnel du temple sont nombreuses; le prêtre principal était le stéphanophore, qui portait une couronne d'or dans les sacrifices, le prophète, qui donnait la réponse de l'oracle. La garde du trésor était confiée à un préfet et à deux assesseurs, les hydrophores, chargés de porter l'eau destinée aux sacrifices. On voit dans les bas-reliefs du Parthénon une scène d'hydrophorie sacrée, qui fait connaître comment cette partie du sacrifice était pratiquée. Ces ministres du culte demeuraient dans le téménos; cependant la fonction d'hydrophore n'était pas permanente, et souvent des offrandes étaient données au temple pour l'accomplissement de cette partie des cérémonies.

Le terrain qui avoisinait ce temple était considéré comme appartenant à la divinité, et dans le traité entre les Romains et Antiochus il fut rendu aux Milésiens, qui l'avaient abandonné (1).

La faveur dont jouissait l'oracle du temps des villes grecques ne se maintint pas sous les Romains; cependant on retrouve encore l'empereur Hadrien honoré comme bienfaiteur et fondateur de ce lieu sacré.

A Apollon Didyméen et à l'empereur César Hadrien Auguste, olympien, sauveur et fondateur.

Cette autre inscription, en associant Apollon aux divinités d'Esculape et d'Hygie, rappelle que les Milésiens avaient élevé des autels à Apollon Oulius, ou guérisseur.

A Apollon Didyméen et à Esculape sauveur, et à Hygie.

L'empereur Julien, en essayant de rétablir l'ancien culte, n'oublia pas le temple des Branchydes, et cet oracle reprit son ancienne célébrité. Il fit détruire les chapelles chrétiennes qui

(1) Strabon, XVII, 814.
(2) Antiquités ioniennes, in-fol.

(1) Tite-Live, XXXVIII, 39.

étaient établies dans le voisinage (1); mais le christianisme ne tarda pas à triompher : la ville de Milet se dépeuplait de plus en plus, et ce célèbre oracle rentra dans le silence et l'obscurité.

CHAPITRE XLI.

ÉTAT ACTUEL DU TEMPLE.

Les premiers voyageurs qui observèrent ces ruines, dans les temps modernes, les trouvèrent complétement écroulées. Spon et Wheler, en 1672, tracèrent une esquisse du monument; une très-petite partie de la cella subsistait encore, avec un des pilastres dont nous voyons aujourd'hui les magnifiques chapiteaux; mais tout le reste du temple n'était qu'un amas de décombres. Je crois avoir établi que tous les temples de l'Ionie ont été renversés par un tremblement de terre, dont les effets sont encore plus marqués dans celui des Branchydes, puisqu'il était plus colossal. Or, comme Julien consulte l'oracle avant de partir pour sa campagne contre les Perses, nous savons que le temple existait encore au commencement du cinquième siècle. C'est donc dans la période de 400 à 1,600 qu'il fut renversé; mais comme il se trouvait dans un pays désert, loin des grandes routes, il s'écroula sans que la tradition ait recueilli le moindre détail sur cette catastrophe.

Le 15 juillet 1835, après avoir visité les ruines de Téos, je vins mouiller avec la goëlette *la Mésange* au cap Arbora, l'ancien cap Posidium. Il n'y a aucun port dans les environs; la mer étant belle, le capitaine mouilla en pleine côte, abrité par le petit cap qui forme l'ancien port Panormus, aujourd'hui impraticable.

Le temple est éloigné d'une lieue de la côte; mais ses colonnes s'aperçoivent du large, et servent de reconnaissance aux navigateurs. Cet endroit s'appelle aujourd'hui Hiéronda, c'est-à-dire lieu sacré; il y a un village composé d'une vingtaine de maisons de pierre, un moulin à vent, et quelques cultures. Il paraît qu'il est de nouvelle fondation, car du temps de Chandler, en 1765, les ruines du temple étaient inhabitées, et le voyageur était obligé de coucher au village de Ura, qui en était éloigné d'une demi-lieue.

La plaine qui sépare les ruines de la mer est couverte de broussailles et de rochers à fleur de terre, qui rendent le chemin presque impraticable. Il n'y a aucun sentier tracé du village à la côte.

Nous allâmes le soir même au village avec les officiers de *la Mésange*. Tous les habitants sont Grecs : il y a environ quarante familles; mais il y a quelques années le village était plus considérable.

Le temple s'élève au milieu du village comme une montagne de décombres ou plutôt d'énormes blocs de marbre renversés les uns sur les autres. Il est facile de pénétrer sous ces marbres accumulés; on peut alors observer de beaux fragments sculptés qui se sont conservés intacts.

Le mur de la cella du temple existe dans tout le pourtour; il a une hauteur moyenne de trois mètres; le parement de la cella est brut; les pierres portent les boutons d'attente qui ont servi à les mettre en place. Le temple était diptère, et par conséquent décastyle. Il est orienté est et ouest, mais avec une différence de trente degrés au nord, si j'ai bien pris l'azimut.

Sur l'emplacement du pronaos, la masse des décombres est plus considérable : cela se conçoit, puisque le fronton et toutes les colonnes du portique doivent être accumulés en ce lieu. Trois colonnes sont encore debout : deux au nord, voisines l'une de l'autre; elles sont cannelées et réunies par une architrave; elles sont d'ordre ionique; les chapiteaux sont bien conservés. L'autre colonne est isolée du côté du sud; celle-ci n'est pas terminée, les tambours sont bruts, et le chapiteau n'est pas fini.

Toutes les autres colonnes sont renversées et tombées obliquement les unes sur les autres; on voit qu'une même secousse les a renversées, et qu'elles n'ont pas été dérangées depuis; cependant il manque sur le terrain toute la corniche et tous les chapiteaux.

Je n'imagine pas comment ces morceaux ont pu disparaître; ils ne sont

---

(1) Sozomène, V, 629.

pas enterrés ; car le sol actuel est de plus de deux mètres en contre-bas du niveau des bases ; et de tous les morceaux du temple, les chapiteaux sont ceux qui peuvent le moins être employés à d'autres ouvrages.

Il fallut donc prendre les moyens pour mesurer les seuls chapiteaux qui existent, c'est-à-dire ceux qui sont en place, à une hauteur de vingt mètres au-dessus du sol. J'éprouvais d'autant plus de difficulté pour mesurer la colonne, que sa base est entourée de blocs énormes de marbre. Je fus obligé de prendre avec un niveau une hauteur correspondante sur une des colonnes voisines, et dont la base est dégagée. Il n'y avait dans le village ni échelle, ni aucun moyen de monter sur les colonnes; mais le commandant fit venir quelques matelots avec une chaise volante et des agrès ; on lança avec une pierre une petite corde par-dessus l'architrave ; elle servit pour en monter une plus forte, et bientôt un matelot, en s'aidant des cannelures, fut en haut de la colonne, au grand étonnement des Grecs, qui ne pouvaient comprendre une telle agilité. Une fois sur l'architrave, il amarra un palan auquel fut attachée la chaise, et je m'élançai à mon tour dans l'espace. Je mesurai les hauteurs de tous les tambours et les détails du chapiteau ; mais ses dimensions sont si énormes, que j'éprouvai de grandes difficultés.

Il y a autour du temple deux rangs de colonnes ; mais on retrouve la plupart des bases en place ; de sorte qu'il est facile de reconnaître les dimensions du portique. Le parement du mur de la cella était fait de grands blocs de marbre grisâtre ; mais l'intérieur de la construction était en roche. L'épaisseur de ce mur est de $2^m,73$. D'autres fragments, plus ou moins ornés sont épars autour de l'édifice ; mais il en est qui ont été vus en 1764 et qui n'existent plus aujourd'hui. Je veux parler du chapiteau corinthien publié par Chandler, et dont l'emplacement est déterminé par lui à l'entrée de la cella. Le mur de la cella offre, de distance en distance, des saillies qui paraissent avoir appartenu à des pilastres intérieurs ; cela indiquait un ordre de colonnes, et en effet, tout cet ajustement se présente si naturellement pour le plan comme pour les dimensions, qu'on ne peut douter que le temple n'ait été de la classe de ceux que l'on nomme Hypèthres, ayant au milieu une cour ouverte et des galeries latérales. « L'hypèthre, dit Vitruve (1), est décastyle devant et derrière ; du reste, il est comme le diptère. » Or, comme le diptère est octostyle, le temple d'Apollon doit différer de ce dernier genre. Vitruve cite pour exemple de l'hypèthre le temple de Jupiter Olympien d'Athènes : on sait que ce temple est décastyle. J'explique ainsi les paroles de Strabon : « On fut obligé de le laisser sans toit, » c'est-à-dire qu'on fut contraint de disposer l'intérieur en forme d'hypèthre. On ne peut pas imaginer que la statue du dieu soit restée pendant plusieurs siècles exposée aux intempéries, sans qu'on ait pris des mesures pour la mettre à couvert. La restitution que je propose n'offre aucune difficulté de construction, puisque le pronaos pouvait être couvert par des solives de $10^m,20$, placées sur les pentes du fronton, en forme de pannes. Il en est de même de l'opisthodome ou posticum, dans lequel je suppose qu'était placée la statue d'Apollon. Quant aux portiques latéraux intérieurs, ils étaient couverts en atrium, la pente du toit en dedans.

Il est une particularité qui distingue ce temple de la disposition indiquée par Vitruve : c'est que le mur du posticum n'a point d'antes ; il vient s'ajuster à angle droit avec les murs latéraux. Comme cette partie est bien conservée, on ne peut avoir de doute à ce sujet. Le temple n'avait pas de porte du côté de l'ouest (2).

En sortant du village du côté du nord, on arrive dans un champ où se trouve une rangée de statues de style très-antique ; elles représentent des personnages assis dans l'attitude d'une statue égyptienne ; le siége est simple : il imite un fauteuil de bois ; ces figures sont vêtues de tuniques plissées et relevées sur leurs genoux ; il y en a six sur la même ligne ; les têtes ont été brisées.

Une dépression de terrain semble in-

(1) Liv. III.
(2) Voy. pl. 18.

diquer qu'en cet endroit il y avait un stade ; mais on ne voit aucune trace de gradins ou d'autre construction.

CHAPITRE XLII.

PRIÈNE.

La fondation de Priène remonte à l'époque où les Cariens, les Léléges et les Lyciens, étaient seuls maîtres du pays: cette partie de la côte était alors occupée par les Cariens, qui reçurent une colonie de Crétois et ne firent plus qu'un peuple avec eux. Les Ioniens, sous la conduite d'Androclus, étant abordés sur cette côte se rendirent maîtres de Milet, et s'y établirent à demeure. Quelques années après, Androclus alla secourir les habitants de Priène, qui étaient en guerre avec les Cariens. Ce chef fut tué dans le combat, et les Ioniens rapportèrent son corps à Éphèse. Les Ioniens s'établirent ensuite à Priène et à Myus ; ils étendirent leurs conquêtes et dépouillèrent peu à peu les Cariens de toutes leurs villes. Comme il y avait des Thébains parmi les Ioniens, Philotas Thébain et Æpytus Athénien, fils de Nélée, furent les chefs de la colonie de Priène (1). Strabon regarde Æpytus comme le fondateur de Priène : les colons thébains conduits par Philotas ne seraient arrivés que plus tard ; ces colons auraient donné à Priène le nom de Cadmé, par la raison que Philotas, second fondateur de cette colonie, était de Cadmée en Béotie (2). Priène, soit à cause de son voisinage du Panionium, soit à cause de la noblesse de son origine, était en droit d'élire le président des fêtes panioniennes, en l'honneur de Neptune Héliconius. On choisissait pour roi du sacrifice un jeune homme de Priène qui se chargeait du soin de la fête.

On sacrifiait un taureau à Neptune : les Ioniens croyaient que le mugissement de la victime au moment du sacrifice était agréable au dieu (3). On suppose que le nom du mont Mycale se rattache aux sacrifices qui se faisaient dans les environs (4). Priène ne paraît

(1) Pausanias, l. II, 2.
(2) Id., XIV, 636.
(3) Id., VIII, 384.
(4) Du mot μυκάομαι, mugir.

avoir eu d'autre illustration dans l'antiquité que sa qualité de ville sainte ; elle n'a jamais eu d'existence politique indépendante, et son sort a toujours été lié à celui des autres villes d'Ionie. Lorsque les rois de Lydie tournèrent leurs armes contre les villes grecques, Priène ne put résister, et fut prise par le roi Ardys. Sous le règne de Cyrus la guerre recommença contre les Ioniens; une assemblée générale eut lieu au Panionium; Bias de Priène ouvrit un avis qui ne fut pas écouté par les Priéniens, mais que d'autres villes, Téos et Phocée, mirent à exécution. Bias proposait aux Ioniens de s'embarquer avec leurs familles et leurs objets les plus précieux, et d'aller s'établir en Sardaigne, où ils fonderaient une cité unique qui comprendrait toute l'Ionie. Les Grecs préférèrent la guerre à l'abandon de leurs foyers. Thalès de Milet, qui descendait d'une famille phénicienne, avait ouvert un autre avis : il proposait de n'avoir qu'un seul conseil général, qu'ils établiraient à Téos, ce qui n'empêcherait pas que les autres villes ne continuassent à se gouverner par leurs lois particulières. Aucun de ces avis ne prévalut (1).

Priène resta soumise aux Perses jusqu'à l'arrivée d'Alexandre, non sans avoir eu ses dissensions intestines et ses tyrans domestiques, comme Milet et Éphèse. Elle souffrit cruellement sous le gouvernement de Tabatès, général perse, et plus tard de la part de Hiéron, un de ses propres citoyens. Lorsqu'elle eut repris son autonomie, elle resta attachée à la confédération ionienne.

La situation de Priène sur les pentes abruptes du mont Mycale était trop ingrate pour que cette ville fût jamais appelée à prendre un grand développement, même quand elle était place maritime. Dès que les alluvions du Méandre eurent fermé ses ports, la ruine de la ville fut consommée ; il serait impossible aujourd'hui de reconnaître l'emplacement des deux ports de Priène. L'un des deux était disposé de manière à pouvoir être fermé. Du temps de Strabon, Priène était déjà devenue une ville méditerranée (2) ; elle était à quarante

(1) Hérodote, l. I, 170.
(2) Strabon, XII, 579.

stades (7 kil.) de la mer; aujourd'hui la distance est presque doublée.

Les ruines de Priène, telles qu'elles subsistent aujourd'hui, démontrent clairement que cette ville ne fut jamais qu'un centre religieux comme étaient les deux Comana. Le commerce, l'industrie et la puissance maritime étaient concentrés dans les murs de Milet, sa voisine.

Les monuments de Priène sont tous consacrés au culte et aux jeux publics, qui faisaient partie des fêtes religieuses. Pausanias cite le temple de Minerve avec une statue très-antique de la déesse (1). Les ruines de cet édifice formant un monceau de décombres peuvent encore être étudiées; on retrouve aussi les ruines d'un théâtre et d'un stade; tous ces monuments réunis sont du goût le plus pur et formaient un splendide ensemble qui s'élevait sur les terrasses de Priène et dominait la vallée et la mer. Richard Chandler, qui étudia ces ruines il y a un siècle, recueillit une inscription en grands caractères qui était gravée sur une des antes du temple et qui est ainsi conçue :

Le roi Alexandre
a dédié ce temple à Minerve Poliade.

La brièveté de cette inscription contraste avec l'étendue des inscriptions dédicatoires de l'époque romaine. Alexandre était sans doute occupé au siège de Milet lorsque les Ioniens, moins jaloux que les habitants d'Éphèse, prièrent Alexandre d'inscrire son nom au frontispice de leur temple.

On ignore complétement à quelle époque Priène fut tout à fait abandonnée par sa population. Durant toute la période romaine, elle eut une existence assez obscure; sa déchéance complète fut consommée par l'établissement de la religion chrétienne dans ces contrée. Néanmoins on y observe quelques ruines d'églises, et plusieurs des évêques sont nommés dans les notices ecclésiastiques.

Priène appartenait à la province d'Asie; elle était sous la métropole d'Éphèse; son premier évêque, Théosébius, souscrivit au concile d'Éphèse; son second évêque Isidore fut représenté au concile de Chalcédoine par Étienne, métropolitain d'Éphèse (acte 6 du concile de Chalcédoine); Étienne, évêque d'Éphèse, pour Isidore, évêque de Priène; et pour les autres évêques de la province d'Asie (1); le troisième est mentionné sous ce titre : Paul, évêque de la ville de Priène de la province d'Asie. Il est fait mention d'un quatrième évêque, nommé Démétrius, qui avait donné vingt écus d'or pour la construction d'une église. Il n'est pas nécessaire de rappeler que ces églises primitives étaient des édifices de très-petite dimension; d'après les ruines qui subsistent encore on pourrait les appeler de simples chapelles.

D'après l'aspect des ruines de Priène, on peut être assuré que cette ville fut renversée tout à coup, par un tremblement de terre dont le souvenir s'est perdu; les temples, les portiques et toutes les murailles sont écroulées et forment des monceaux de décombres, où on voit que ni le temps ni la main des hommes n'ont contribué en rien à cette destruction. La plupart des temples de l'Ionie se présentent à nos yeux dans le même état, et la manière dont ils sont abattus ne laisse aucun doute sur la cause de leur destruction.

C'est à cette époque que les habitants de Priène auront abandonné leur ville, pour se retirer à Smyrne ou à Éphèse; le retrait de la mer avait déjà, comme nous l'avons dit, porté un grave préjudice à cette ville.

CHAPITRE XLIII.

RUINES DE PRIÈNE.

L'antique Priène est connue aujourd'hui sous le nom de *Samsoun kale* si : elle est absolument déserte. La ville était bâtie sur une des pentes abruptes du mont Mycale, ayant au sud-ouest la plaine du Méandre, et à l'ouest la mer.

Les murailles, qui sont encore d'une conservation parfaite, sont un bel exemple de l'appareil hellénique connu sous le nom de pseudisodomon; quelques parties sont en assises réglées et à

---

(1) Pausanias, liv. VIII, ch. 5.

(1) Lequien, Oriens Christianus, t. III, p. 717.

bossage. La pente de la montagne étant très-rapide, l'intérieur de la ville est disposé en terrasses sur lesquelles s'élevaient les principaux édifices ; la ligne des murailles forme un grand triangle, dont l'acropole occupe le sommet et dont la base est parallèle à la plaine.

La partie supérieure de l'acropole est défendue par un grand ravin qui sépare cette forteresse du reste de la montagne. On est étonné de voir le sol tout hérissé de rochers comme si jamais ces chemins n'eussent été fréquentés par des hommes ; des escaliers rustiques, taillés dans le roc, conduisaient à l'enceinte, mais ne sont pas beaucoup plus praticables.

Cette partie haute de la ville ne paraît jamais avoir été occupée par des maisons.

En descendant de la citadelle, on arrive sur une grande esplanade où s'élevait le temple de Minerve. Malgré l'état de destruction où se trouve cet édifice, comme tous les morceaux sont encore sur le sol, et que ce sont des blocs de marbre de grande dimension, il est possible de rétablir l'édifice dans toutes ses parties. L'enceinte sacrée du temple de Diane est dirigée de l'est à l'ouest ; on y arrive par des propylées de marbre, dont le plan diffère peu des propylées d'Athènes ; une façade avec quatre colonnes d'ordre ionique donnait accès à un vestibule soutenu par deux rangs de pilastres, et du côté de l'enceinte un autre frontispice, de quatre colonnes, faisait face au temple.

Le caractère d'architecture de cet édifice ne dément pas l'époque indiquée par l'inscription, c'est-à-dire le temps où les arts de la Grèce étaient à leur apogée.

Le temple était l'ouvrage de Pythius, l'un des architectes les plus savants de l'antiquité. Vitruve (1), après avoir énuméré les connaissances multiples que doit avoir un architecte, ajoute : « Pythius, cet ancien architecte qui s'est rendu illustre par la construction du temple de Minerve dans la ville de Priène, avait écrit un ouvrage sur l'architecture, dont la perte est bien regrettable. Il était au nombre des architectes grecs qui pensaient que l'ordre dorique était peu convenable pour la construction des temples ; il partageait cet avis avec les architectes Tharchésius et Hermogène. Aussi fit-il d'ordre ionique le temple de Priène (1). »

Le temple qui s'élevait au milieu de l'aréa était périptère et hexastyle ; il avait six colonnes de face et onze sur les côtés ; l'ordre était du style le plus pur, et ne brillait pour ainsi dire que par ses proportions : ce n'est que dans les temps de décadence que la profusion des ornements est venue altérer la pureté des lignes.

La frise était lisse et la corniche ornée de denticules et de palmettes ; autour de l'édifice le terrain est jonché de débris de colonnes et d'architraves qui appartenaient sans doute au péribole. De la terrasse où est situé le temple, on descend par une pente rapide, qui portait sans doute un escalier, sur la terrasse inférieure où était le stade et l'agora.

Le stade, est parallèle au mur de la terrasse, il n'a qu'un rang de siéges du côté qui regarde la plaine ; la plupart des siéges sont enlevés, mais on peut bien juger de l'ensemble. L'agora ne se distingue plus que par une enceinte jonchée de débris, il n'y a pas une seule colonne debout dans Priène. Le reste de la ville était occupé par des habitations ; on ne voit pas comment la ville communiquait avec le port quand la mer était voisine. On voit encore les vestiges d'un théâtre : c'est le monument le plus ruiné de tous. Il suffit de constater que Priène n'était pas privée d'un genre d'édifice qui se retrouve invariablement dans toutes les villes de l'Asie, grandes ou petites.

L'ensemble des murailles qui presque partout soutenaient des terrasses est ce qu'il y a de mieux conservé ; des tours carrées s'élèvent de distance en distance. On compte aujourd'hui trois portes ; il y en avait sans doute une quatrième dans le haut de la ville ; elles sont toutes dans un état de ruine qui ne permettrait de bien les reconnaître qu'en faisant des fouilles.

Les ruines de Priène ont été bien étudiées par les architectes envoyés en Asie par la Société anglaise des dilettanti ; mais cette mine précieuse d'architecture

(1) Vitruve, liv. I, ch. I.

(1) Vitruve, liv. IV, ch. 3.

grecque est loin d'être épuisée, et l'on serait certain de faire des découvertes bien intéressantes si l'on visitait Priène avec des moyens de remuer cette masse de blocs accumulés.

Les tombeaux des Priéniens situés dans le voisinage de la ville ont par leur style une grande ressemblance avec ceux des Éphésiens. Ce sont des excavations faites dans le flanc de la montagne, dans lesquelles on introduisait les cercueils; un petit nombre d'inscriptions a été copié par Chandler, le reste est inédit.

Samsoun kalé si est situé à quatre ou cinq kilomètres de Kélibesch, gros village uniquement habité par des Grecs ; un peu plus bas est un autre village du même nom, habité par les Turcs. Kélibesch est à douze kilomètres de Soukeui ou Seukieh, gros bourg où réside l'agha qui commande le district. Ceux qui voudraient visiter Priène feraient bien de se munir d'un cawas à Seukieh, attendu que les Grecs de Kélibesch sont assez hostiles aux étrangers.

Un ruisseau considérable descend du mont Mycale, et va se jeter dans le Méandre. Plusieurs géographes sont disposés à identifier ce cours d'eau avec le fleuve Gœsus, cité par Pline et par Méla ; mais Hérodote en décrivant la bataille de Mycale dit positivement (1) que « la flotte perse quitta sa position, et s'avança après avoir dépassé le temple des Euménides, de Mycale jusqu'à l'embouchure du fleuve Gœson et du Scolopéis, près de laquelle est le temple de Cérès Éleusine, bâti par Philiste fils de Pasiclès. » Or, comme la bataille de Mycale se donna sur le revers nord de cette montagne, dans la plaine où était le Panionium (Tchangli), le Gœsus ne peut couler dans la vallée du Méandre ; c'est un des cours d'eau qui se jettent dans la mer, entre Scala-Nova et Mycale.

Pline, qui décrit la côte en allant du sud au nord, mentionne d'abord le cap Trogilia (2). Sur la partie de la côte nommée Trogilia (le promontoire de Mycale) est l'embouchure du fleuve Gessus, ensuite la Panionie. Le fleuve Gœson selon Éphore se jetait dans un lac. Il y aurait lieu de croire qu'il s'agit de deux rivières différentes (1).

LES RUINES DE PRIÈNE D'APRÈS MANNERT (2).

Sur la rive nord, et près de l'embouchure du Méandre, s'élevait la ville de Priène, dont le territoire s'étendait jusqu'au fleuve. Priène n'a pas été longtemps une ville maritime. Du temps de Ptolémée et de Strabon elle était déjà éloignée de la mer ; cependant Hérodote fait mention de la flotte que cette ville envoyait au secours des Ioniens (3), et Scylax nous apprend qu'elle avait deux ports, dont l'un pouvait être fermé. Les nombreux détours du Méandre du côté de Myus devaient aussi se porter vers le territoire de Priène.

Un enfoncement du golfe de Milet s'étendait encore jusqu'à Myus à l'époque romaine, et devait se prolonger jusqu'au voisinage de Priène ; mais les marécages qui se formaient rendaient ces parages impraticables aux navires, et peu à peu le fleuve portait son embouchure plus au large vers l'ouest. Les ruines de Priène sont aujourd'hui connues sous le nom de Samsoun kalé si, situées au pied d'une haute montagne, à un mille environ du Méandre et un peu plus de la côte maritime.

Un petit fleuve qui s'appelle Kélibesch tchaï, et qui la plupart du temps est à sec, coule de la ville vers le Méandre ; ce ne serait autre chose que le fleuve Gœsus de Méla (4), qui aurait eu son embouchure dans la mer ; mais aucun observateur ne l'a encore reconnu.

Priène était une colonie des Ioniens (5); elle faisait partie des douze villes de l'alliance ionienne, mais d'après Hérodote elle appartenait à la Carie.

Priène ne fut jamais une ville puissante et considérable ; en 1230 les Turcs s'emparèrent de la province.

---

(1) Hérodote, IX, 97.
(2) Pline, liv. V, 29.

(1) Voy. Méla, liv. I, 17.
(2) Geographie der Greechen und Römer, t. III, 264.
(3) Hérodote, liv. VI, 8.
(4) Méla, liv. I, 17.
(5) Pausanias, liv. VII, 2.

CHAPITRE XLIV.

MAGNÉSIE DU MÉANDRE. — TEMPLE DE DIANE LEUCOPHRYNE.

La ville de Magnésie était située partie en plaine et partie sur le penchant du mont Thorax ; ses murailles, composées de blocs de pierre de grande dimension, sont presque entièrement conservées. On peut du moins en suivre les contours dans toute leur étendue. On a employé pour leur construction la pierre tirée du lieu même : c'est une espèce de travertin ; mais les édifices publics étaient en marbre blanc, tiré du mont Pactyas, la même montagne d'où les Éphésiens avaient extrait le marbre destiné à la construction du temple de Diane Éphésienne. Parmi les édifices situés dans la plaine, on remarque un stade ou hippodrome, d'une conservation presque complète, et un édifice considérable, probablement le gymnase, dans les ruines duquel se trouvent plusieurs beaux fragments d'architecture.

L'édifice qui avait donné à la ville de Magnésie toute sa renommée, le temple de Diane Leucophryne, était situé non loin du gymnase, dans une enceinte quadrangulaire, tout en marbre blanc. Les anciens se sont plu à faire tant de descriptions de cet édifice, que les dimensions en étaient connues avant même qu'il ne fût retrouvé ; il était octostyle (c'est-à-dire à huit colonnes de face), périptère (avec un portique), et pseudo-diptère. C'était le premier exemple d'un édifice construit sur ce plan, et Vitruve le cite comme le modèle des temples pseudo-diptères, c'est-à-dire dont les portiques ont une largeur double des portiques ordinaires.

Les offrandes portées à ce temple, de tous les points de l'Asie, le disputaient en richesse à celles du temple d'Éphèse. Mais le temple de Diane Leucophryne fut pillé et brûlé par les Perses : c'est probablement de cette époque que date la décadence de la ville de Magnésie. Artaxerxès la donna à Thémistocle pour que les revenus lui servissent à subvenir aux frais de sa table. Orétès, gouverneur de Sardes pour Cyrus, habitait Magnésie ; c'est dans cette ville que le célèbre Polycrate, l'ami d'Anacréon de Téos, fut mis à mort par le gouverneur perse. Il fallait qu'elle surpassât en magnificence toutes les autres villes d'Ionie, de Lydie et de Phrygie, puisque le satrape lui avait donné la préférence. Réunie au royaume de Pergame, après la chute d'Antiochus, elle reçut quelques embellissements de la part des princes Attale. Tibère étendit son droit d'asile ; et les empereurs Nerva, Hadrien et Trajan firent faire des constructions dont les ruines subsistent encore. Dans les temps chrétiens, Magnésie fut épiscopale, comme nous le voyons d'après le Synecdème d'Hiéroclès.

L'édifice était orienté de l'est à l'ouest. Le temple proprement dit, ou *naos*, était entouré d'une place (*area*) et d'un portique (*stoa*), qui formait l'enceinte sacrée. Ce portique était lui-même entouré d'une autre enceinte, qu'on appelait le Téménos ; c'est la disposition générale de tous les grands temples de l'antiquité. L'enceinte du Téménos est jonchée de débris de marbre sculptés, de corniches provenant du portique d'enceinte.

Le sol du temple proprement dit est également couvert de décombres, provenant de la chute des fûts de colonnes. C'est sous cette première masse de débris qu'il fallut chercher les frises tombées et englouties dans un sol argileux et tendre, qui a préservé les sculptures d'une rupture complète.

Les colonnes du pronaos sont tombées dans la direction du sud-est. On voit, en fouillant un peu la terre, que tous les morceaux d'architrave correspondent parfaitement à la place qu'ils devaient occuper quand l'édifice était debout. Les chapiteaux sont encore assez nombreux à la surface du sol.

La largeur de l'édifice est d'environ trente mètres ; sa longueur de soixante, en comprenant les emmarchements qui doivent exister ; ce qui donne pour la surface du temple à déblayer 900 mètres.

ROUTE DE SCALA-NOVA A MAGNÉSIE DU MÉANDRE ; INEK-BAZAR.

Lorsque nous fîmes l'expédition de Magnésie, en 1842, nous reçûmes des firmans pour faciliter notre voyage. Nous donnons ici la traduction de ces deux firmans, qui font connaître en même temps et l'état du service des postes dans l'Asie Mineure, et le soin que prenait le gouvernement de la Porte pour garantir la sécurité des voyageurs.

TRADUCTION D'UN FIRMAN DE ROUTE.

« Très-illustres docteurs orthodoxes, mouftis et administrateurs, qui êtes en fonction dans les districts des pays qui s'étendent de Scutari à Smyrne, Aïdin et jusqu'à Denguizli, et vous, primats desdites localités, à la réception de ce commandement suprême, sachez qu'incessamment occupés à doter l'empire d'institutions qui développent sa prospérité progressive, nous avons arrêté que le service des postes serait confié à nos Mouchirs, qui nous rendraient compte des recettes et des dépenses, ou à des particuliers qui offriraient de s'en charger par spéculation, en déposant une somme proportionnée à l'importance de l'entreprise, de manière que le pays demeurât libre de toute charge sous ce rapport. Ce genre de service est maintenant définitivement organisé de Scutari à Smyrne, et de Constantinople jusqu'à Andrinople. Sur ces deux lignes, le tarif du cheval de poste est de deux piastres et demie par heure de route. Au delà de Smyrne et d'Andrinople jusqu'à l'extrême limite de leurs territoires, le prix de chaque cheval est de quatre-vingts paras par chaque heure de chemin ; et dans tout le reste de l'empire, où les règlements nouveaux n'ont pas encore reçu d'application, le tarif du cheval sera, comme par le passé, d'une seule piastre à l'heure : telle étant notre volonté suprême. Maintenant que cinq voyageurs français de distinction vont se mettre en route de ma Sublime Porte pour les lieux désignés plus haut, dans quelque district de vos juridictions qu'ils arrivent, vous aurez à leur fournir vingt-quatre forts chevaux, que vous leur ferez payer au taux des nouvelles ordonnances, et vous leur délivrerez un récépissé de ce qu'ils vous auront payé ; et vous vous garderez bien de faire le contraire. Vous éviterez également de rançonner les indigènes nos sujets en numéraire, comme en autres fournitures. Dans les lieux périlleux, vous prendrez toutes les mesures pour leur parfaite sécurité durant le trajet, et les ferez passer rapidement à leur destination, sans qu'ils aient à se plaindre de votre mauvaise volonté. Vous éviterez aussi de les arrêter, sous le vain prétexte qu'il leur faudrait attendre les montures. Enfin, vous pénétrant bien de ce point, qu'il est contraire à notre volonté suprême que vous exigiez d'eux la moindre chose au delà du tarif stipulé, vous vous conformerez strictement à nos injonctions, et vous vous appliquerez, de tout votre pouvoir, à remplir ponctuellement nos ordres. Sachez-le ainsi, et ajoutez pleine foi à ce signe impérial.

« Donné à Constantinople la bien gardée, le dernier jour du mois de djémazi-oul-ewel 1258 (1842).

« *Pour traduction conforme,*

« Le premier drogman du Consulat général de France à Smyrne, baron de NERCIAT. »

TRADUCTION DU FIRMAN DE VOYAGE DE SMYRNE A SCALA-NOVA.

« Très-illustres docteurs orthodoxes qui vous trouvez placés en qualité de juges, mouftis sur la route de Smyrne aux lieux désignés ci-après, et vous, administrateurs, membres des conseils municipaux, etc., sachez que, l'ambassadeur de France nous ayant exposé, dans une note officielle, que M. Texier, beyzadé français, escorté de quelques compagnons et de quelques serviteurs, désirait voyager de Smyrne à Couch-Ada Magnésie du Méandre, Aïdin et Denguizli, et qu'il demandait, en conséquence, un firman qui garantît la sécurité de ces voyageurs, nous avons bien voulu leur accorder le présent firman. A son exhibition dans tous les districts de vos juridictions respectives, vous aurez soin de les faire voyager avec les plus grands égards, de les pourvoir des vivres et des montures pour leur argent, au prorata de leurs besoins, et d'exercer envers eux les lois de la révérencieuse hospitalité. Sachez-le ainsi, et gardez-vous bien d'y contrevenir, car nous entendons que nos ordres soient exécutés sans la moindre infraction.

« Donné à Constantinople, au commencement du mois de djémazi-oulewel 1258 (1842). »

Pour se rendre de Scala-Nova à Magnésie, on peut suivre deux routes : la première par Seukié; c'est celle qui est praticable aux voitures; on peut l'appeler la route du sud; la seconde, passant par Dermen-déré ou Ortygie, est à peine praticable aux cavaliers. Il faut franchir une des crêtes les plus élevées du Mycale pour aller chercher les sources du fleuve Léthéus, dont le cours se dirige vers la plaine de Magnésie. Cette dernière route n'a pas plus de douze à quatorze kilomètres de parcours : quatre kilomètres jusqu'à Dermen-déré; on monte ensuite, à travers des rocs éboulés, jusqu'à la partie haute d'une vallée appelée Atchiova, au milieu de laquelle est un grand village. Le sommet du col dont je viens de parler est occupé par des constructions qui se confondent tellement avec le rocher, qu'on a peine à y distinguer le travail des hommes; ce sont des pans de murs composés de pierres brutes, de dimension colossale, et qui sont contemporains du Nymphée d'Ortygie (1). Ce sont sans doute d'anciens ouvrages des aborigènes. Au village de Atchiova, on remarque plusieurs fûts de colonnes de marbre cannelées, de 0,80 à 0,90 de diamètre. Comme cet endroit est complétement cerné par les montagnes, il n'est pas probable que ces antiquités aient été apportées d'ailleurs; néanmoins, on ne saurait dire d'après la seule inspection des lieux à quel édifice elles ont appartenu, ni déterminer le nom antique de l'endroit. Il y avait aux environs de Magnésie un temple très-vénéré de Dindymène ou Cybèle, dans lequel la fille de Thémistocle avait exercé la prêtrise. Ce temple n'existait plus du temps de Strabon; les ruines que l'on voit près du village pourraient faire supposer que l'ancienne Magnésie (2) était située dans cette vallée.

Après le village on commence à monter de nouveau, marchant toujours sur un sol de pierre calcaire, couvert de la végétation la plus riche et la plus sauvage. Les lianes qui se mêlent aux arbousiers et aux chênes-liéges forment des berceaux de verdure impénétrables au soleil. Arrivé au sommet de cette partie de la montagne, on reconnaît que la roche change de nature : de longues stratifications de marbre blanc apparaissent sur le flanc de la vallée, qui réunit les eaux de tous les plateaux supérieurs, et donne naissance au Léthéus (1). On n'est pas, en ligne droite, à plus de six kilomètres d'Éphèse. C'est dans cette direction qu'il faudrait chercher les carrières de marbre blanc découvertes par le berger Pixodore. Peut-être pourrait-on y trouver l'autel d'Évangélus, qui fut élevé par ordre des Éphésiens (2). Le cours du Léthéus s'augmente rapidement du tribut d'une foule de ruisseaux qui coulent de ces montagnes. Un peu avant l'arrivée dans la plaine de Magnésie, il traverse un village turc abandonné, où sont de nombreux débris de colonnes, d'entablements, et tout ce qui constitue une station ancienne assez importante. Mais il n'y a point d'inscriptions : elles ont sans doute été, selon l'habitude, employées dans le cimetière turc; peut-être faut-il voir dans cet endroit l'emplacement de l'ancienne Hylé; nous dirons en décrivant la plaine en quel lieu fut situé l'Antre d'Apollon.

Le fleuve Léthéus, une fois qu'il a gagné la plaine, forme des marécages, dont l'étendue s'augmente chaque année, et a fini par chasser tous les habitants de ces districts.

La route de Scala-Nova à Magnésie par Seukié est établie sur une grande dépression de terrain qui existe entre le mont Mycale proprement dit et la partie que les anciens appelaient Pactyas. C'est véritablement le grand passage des caravanes entre la vallée du Méandre et le port de Scala-Nova.

En quittant cette ville, on contourne le mamelon sur lequel est établi le château, pour gagner le bord de la mer, en face de l'île de Samos. On marche ensuite droit à l'est, jusqu'à une fontaine d'eau minérale tiède, qui sort du pied

---

(1) Voyez page 325, Ortygie.
(2) Strabon, XIV, 647.

(1) C'est incontestablement cette branche du Mycale qui chez les anciens portait le nom de mont Pactyas.
(2) Strabon, XIV, p. 646.

d'une colline isolée. Cette colline est couronnée de constructions archaïques de style pélasgique. Nous avons décrit cette construction dans le chapitre sur Ortygie. Un examen plus approfondi de ces ruines nous porte à croire qu'on pourrait les identifier avec celles de la ville d'Anéa, qui, suivant quelques auteurs, appartenait à la Lydie ou à la Carie.

Étienne de Byzance et Scylax émettent à ce sujet des avis opposés. Mais le premier de ces deux géographes dit que la ville d'Anéa était située à l'opposite de Samos; elle est donc plutôt comprise dans la limite de la Lydie. Hiéroclès, dans le Synecdème, place cette ville dans la province d'Asie. C'est encore une raison pour la regarder comme une ville de Lydie. Thucydide mentionne souvent la ville d'Anéa comme ayant été occupée par quelques exilés de Samos dans la première partie de la guerre du Péloponnèse (1). Suivant cet historien, c'était une place maritime, ou au moins accessible par mer; car les habitants de Chio y firent une descente, et de là se mirent en relation avec les Milésiens. Il résulte de l'examen d'un autre passage, qu'un officier athénien, nommé Lysiclès, étant descendu à Myus avec douze barques, marcha par terre à travers la plaine du Méandre; mais il fut attaqué par les Cariens et les habitants d'Anéa, près d'un endroit qu'on appelait Sandius Collis, et fut mis en déroute. Il paraît donc, d'après cela, que les Anéites étaient établis dans le voisinage du Méandre, entre Magnésie et Priène, dans le groupe montagneux qui sépare ces deux villes; et leur territoire s'étendait jusqu'aux bords de la mer de Samos. Étienne de Byzance dit que cette ville avait pris son nom de l'amazone Anéa.

Le reste de la route est tracé à travers les terrains accidentés du mont Mycale, jusqu'à Seukié, ville moderne, où l'on trouve quelques fragments antiques, mais qui sont apportés de Samsoun, l'ancienne Priène.

Seukié est située dans la plaine du Méandre : de là aux ruines de Magnésie, le parcours n'offre aucune difficulté. La distance est d'environ douze kilomètres.

(1) Thucydide, IV, 75; III, 32.

CHAPITRE XLV.

MAGNÉSIE DU MÉANDRE.

La chaîne du Pactyas forme un groupe montagneux qui s'étend de l'ouest à l'est, depuis la mer jusqu'à la vallée du Méandre. Elle est bornée au nord par la vallée du Léthéus, dont le cours se dirige vers l'est, et au sud par la vallée de Atchiova. Au moment de joindre la plaine de Magnésie, cette vallée se rétrécit, et forme un col dont le prolongement portait dans l'antiquité le nom de mont Thorax. Le revers oriental du mont Pactyas, du côté du Méandre, se prolonge en ligne droite nord-sud, de sorte que la plaine de Magnésie se trouve encadrée, au sud et à l'ouest, dans une enceinte carrée.

En entrant dans la plaine par la vallée du Léthéus, on voit à gauche un village composé de quelques huttes, remarquable par une source très-abondante qui forme un beau bassin entouré de platanes. Des débris d'architecture assez nombreux couvrent le sol. En suivant la pente de la montagne vers le village de Gumuch, on aperçoit à mi-côte une vaste grotte ouverte vers le sud. On ne trouve dans ces ruines aucune inscription qui mentionne l'ancien nom du village; mais cette grotte est un indice suffisant pour y reconnaître le village de Hylé, qui, selon Pausanias, était voisin de Magnésie (1), et se distinguait par une grotte consacrée à Apollon, et dans laquelle on conservait une très-antique statue de ce dieu.

Un passage de Xénophon, relatif au site de Magnésie, nous mettrait sur la voie pour reconnaître l'emplacement de cette ville, quand même il ne resterait pas d'autres preuves dans les ruines de ses édifices. Avant que la ville actuelle ne fût fondée, il existait dans cette plaine une petite ville du nom de Leucophrys, qui était voisine d'une source thermale très-abondante, formant un lac d'un stade d'étendue, et dont l'eau était potable. Elle était célèbre par un temple de Diane (2). Cette localité se reconnaît

(1) Pausanias, Phocide, liv. X, chap. 32.
(2) L'armée des Grecs campait à Leucophrys, lieu remarquable par le temple de

aujourd'hui près du village de Gumuch. Il y a des sources chaudes, près desquelles existent encore des ruines d'un édifice romain. Les habitants viennent de fort loin y prendre des bains. Ces sources n'étant plus entretenues s'épanchent dans la plaine, et forment la majeure partie des marécages qui la rendent si malsaine. Autrefois les eaux étaient portées à Magnésie par un aqueduc que l'on observe encore dans un parcours assez étendu. Il est couvert d'épaisses couches de stalactites; et comme la source n'est pas fort élevée au-dessus du niveau de la plaine, cet aqueduc forme un canal de deux mètres environ de hauteur. Cet endroit reçut sans doute le nom de Leucophrys à cause des rochers blanchâtres qui couronnent les crêtes du Pactyas, et qui sont de calcaire crayeux. Le surnom de la divinité qu'on y adorait est un surnom local, auquel il ne faut pas chercher d'autre signification. Nous voyons dans la même contrée Apollon Clarien, — Diane Éphésienne, — Diane Pergée, tous surnoms qui désignent des dieux topiques.

En parlant du bourg de Leucophrys, Xénophon ne fait aucune mention du nom de Magnésie. Cette ville existait pourtant alors, car sa fondation remonte à une antiquité bien plus reculée. Elle dut sa création à une colonie de Magnésiens des environs de Dotium en Thessalie (1), et arriva bientôt à un certain degré de puissance qui lui permit d'entrer en lutte avec Éphèse elle-même. Mais à l'époque de l'invasion des Trères en Lydie elle fut prise et presque entièrement détruite. C'est à l'époque de son rétablissement qu'elle fut transportée au lieu où nous la voyons aujourd'hui. Elle fut repeuplée par les Milésiens et par quelques habitants d'Éphèse.

Aujourd'hui les ruines couvrent une étendue de terrain considérable, depuis les bains chauds jusqu'au delà du mont Thorax; la situation de cette ville peut être comparée à celle d'Éphèse. Toute la crête du mont Thorax est couronnée par une muraille en pierres de taille, ouvrage des rois grecs; elle est défendue de distance en distance par des tours carrées. Les murailles descendent ensuite dans la plaine, et vont rejoindre le lit du Léthéus, où on les retrouve encore presque intactes. Les piles, construites en pierres de grand appareil, que l'on retrouve dans le lit du fleuve, donnent à penser qu'à une certaine époque il a été en partie renfermé dans l'enceinte. Du côté des eaux chaudes on voit un stade entièrement conservé. Tous les gradins sont encore en place, et l'on observe quelques piédestaux qui ont supporté des statues.

Le versant du mont Thorax était taillé en terrasses formant plusieurs étages, sur lesquels s'élevaient divers monuments. Le Gymnase est dans la plaine. C'est un vaste édifice, entièrement conservé, mais qui a tous les caractères de l'âge romain. Il se compose d'une grande salle, entourée d'autres salles, plus petites et disposées comme au gymnase d'Alexandria-Troas.

Le temple s'élevait au milieu d'une enceinte de muraille, encore parfaitement conservée, et située dans la partie la plus basse de la ville.

Les colonnes de chacune des faces étaient tombées, en conservant leur distance respective. L'entablement formait au milieu des joncs (car les marais ont envahi l'aréa) une ligne de blocs de marbre très-régulière. Sur les façades, les frontons tombés sans ordre formaient deux monceaux de décombres. Enfin, les pierres de la cella s'élevaient au centre.

Le pourtour de l'édifice était couvert de débris de toutes espèces : chapiteaux, statues brisées, colonnes d'un module différent de celui du temple, et enfin, du côté de l'ouest, un massif séparé, qui paraissait avoir appartenu à un édifice distinct.

La petite mosquée est bâtie sur les ruines d'un autre édifice, et dans l'angle sud-ouest de l'enceinte est une grande salle divisée en travées par des arcs décorés par des revêtements de marbre. C'était peut-être la Gérousia.

Les différents morceaux de l'entable-

Diane, qui est en grande vénération, et par un étang de plus d'un stade, dont le fond est sablonneux, l'eau vive, bonne à boire, et chaude. (Xénophon, *Hellenica*, liv. III, ch. 2, p. 241, Gail.)

(1) Strabon, liv. XIV, page 647.

ment étaient reliés ensemble par des ancres de fer scellées en plomb. Une barre de fer entrait dans le chapiteau et l'architrave; des tenons étaient scellés dans chaque pierre de la frise, et les corniches étaient reliées de même. J'ai rapporté au musée du Louvre plus de cent kilogrammes de fer et de plomb tirés des ruines du temple. C'est ce système d'armature qui empêcha l'entablement de se disjoindre lorsque l'édifice tomba, renversé par le tremblement de terre; mais nous eûmes une peine infinie pour tirer les morceaux à mesure qu'ils se présentaient.

Il résulte de cet état de l'édifice, que toutes les parties de l'entablement étaient contemporaines de la fondation, et que nulle pierre n'a pu être placée après coup comme restauration. Chacune des pierres porte, comme repère, une lettre gravée sur le lit supérieur. La série commence à l'angle S.-E. par la lettre A. Nous nous sommes assuré qu'aucune des pierres de la frise n'a été dérangée; de forts crampons de fer, scellés en plomb, tenaient le chapiteau à l'architrave et toutes les pièces de l'architrave entre elles. La présence du fer dans un pareil édifice pourrait donner quelques doutes sur l'âge de sa construction; mais au Parthénon d'Athènes les différentes pierres étaient également reliées en fer. On trouve des traces de scellement de fer dans des tambours de colonnes qui n'avaient jamais été déplacées.

Presque toutes les bases, qui sont de style attique, restaient à leurs places respectives; elles sont composées d'un seul bloc de marbre, et le tore est orné d'un rang de feuilles ou de rais-de-cœur. Ces ornements varient sur chaque base.

Les fûts sont cannelés, la colonne composée de trois à quatre blocs de marbre. Les chapiteaux sont ioniques, et du galbe le plus parfait; les ornements des coussinets sont variés sur les divers chapiteaux.

La façade du temple était composée de huit colonnes, dont les entre-colonnements n'étaient pas égaux, mais étaient espacés dans des rapports qui s'accordaient parfaitement avec les proportions de la largeur de la cella; c'est ce que Strabon entend par le mot *Eurythmia*.

Les colonnes extrêmes 1 et 8 s'ajustent avec les colonnes du portique latéral; l'entre-colonnement était de 2 mètres; celles qui suivent, 2 et 7, sont placées dans l'axe du *ptéroma*; les deux autres, 3 et 6, sont dans l'alignement des antes; et enfin les deux colonnes du milieu, 4 et 5, s'alignent avec les deux colonnes qui étaient placées entre les antes. Cet entre-colonnement était plus large que tous les autres, il était de 2^m25.

Les deux frontons étaient tombés sans se disloquer. Nous n'avons pas trouvé de bas-reliefs dans celui de la façade. Celui du posticum offrait une particularité qui se rencontre rarement dans les temples antiques: il avait dans le milieu une fenêtre, dont le pourtour était décoré d'un bandeau architravé; elle était destinée à donner de l'air dans les combles. Cela prouve, à mon avis, que le temple n'était pas hypèthre, car les combles, dans ce cas eussent pris leur jour sur la cour intérieure.

Dans l'alignement du temple et du côté du posticum, on voit un massif de maçonnerie de marbre, qui est trop ruiné pour qu'on puisse en reconnaître l'ordonnance. Les eaux des marais sont plus profondes en ce lieu que partout ailleurs. Nous y opérâmes cependant quelques fouilles, qui mirent à découvert une jambe d'une figure plus grande que nature, en bas-relief: elle avait appartenu à un homme nu. On découvrit également le pied d'une statue de femme, chaussé d'un cothurne, et différents débris de torses de marbre. Ce petit édifice était carré. Les inscriptions en l'honneur de Nerva et de Marc-Aurèle et une inscription impériale que je n'ai pu lire prouvent que cet édifice était élevé en l'honneur de quelque empereur; les autres inscriptions que j'ai copiées dans les différentes parties de l'enceinte sont toutes de consuls ou de pontifes. Dans les fouilles qu'on a faites à Athènes autour du Parthénon, on a trouvé, dans l'axe de l'édifice du côté de l'est, les débris d'un petit temple circulaire, avec une inscription en l'honneur d'un César. Ce temple occupe précisément la même place que le massif de maçonnerie qui est dans le Téménos de Magnésie.

L'inscription suivante est gravée sur un piédestal en forme d'autel, à droite, c'est-à-dire à l'angle N.-E. :

A l'empereur Nerva César Auguste, père de la patrie, grand pontife, revêtu de la puissance tribunitienne, consul pour la troisième fois, le sénat philosébaste et le peuple ont élevé (cette statue),
Par les soins de Titus Flavius Démocharès, fils de Cyrena Démocharès, grand prêtre et écrivain du peuple.

L'autre inscription est gravée sur une stèle semblable; il est évident que les deux statues des empereurs faisaient face au frontispice du temple.

A l'empereur César, maître de la terre et de la mer, Marc Aurèle Antonin, pieux, heureux, auguste, Marcus Aurelius Stratonicus, et Silicion Hiéroclès, et Marcus Aurelius Ophelitus et Aurelius. (Daphlitas, grands prêtres et écrivains, ont élevé (cette statue), Crispus étant logiste et asiarque.

Une inscription des plus importantes, au point de vue de l'étude de l'édifice, se trouve gravée sur un fragment d'autel; elle est malheureusement incomplète; mais elle prouve d'une manière incontestable que ce monument est bien réellement le temple de Diane Leucophryne, bâti par Hermogène.

Sous la stéphanophorie d'Hécatodore, Aphrodise.... fille de Démocharès, était devenue prêtresse de Diane Leucophryne...

Une autre inscription, sur laquelle se trouve inscrit le nom de Diane Leucophryne, a été rapportée par la Commission, et est déposée dans les galeries du Louvre.

A la bonne Fortune... était devenue prêtresse de Diane Leucophryne...

Ces deux stèles étaient placées devant l'entrée du temple.

Le sujet de ces sculptures représente le combat des Athéniens contre les Amazones.

L'action commençait au frontispice du temple, pour se continuer sur les deux faces latérales et se rejoindre au posticum. Le morceau central représente Hercule vêtu de sa peau de lion et combattant contre deux femmes guerrières : la mêlée est confuse ; les chevaux, luttant d'ardeur, prennent part au combat ; tous les Grecs sont à pied ; les Amazones sont tantôt à cheval tantôt à pied : elles ont pour armes la sagaye, l'arc et l'épée, et portent des boucliers qui, d'après la disposition de l'armature intérieure, devaient être de cuir.

Le caractère le plus saillant de cette œuvre est la composition, qui décèle un artiste consommé dans son art. Tous les pleins et les vides sont calculés avec une savante recherche. Les mouvements des figures sont justes et vivement accentués ; toute la partie sud est exécutée avec un nerf et une habileté qui n'a point d'égale dans les monuments de l'art romain. L'anatomie de chaque figure est exacte, et il y a certains ajustements de guerriers grecs qui ne seraient pas déplacés dans une figure destinée à être isolée. Cependant il ne faut pas oublier que cet ensemble comprenait plus de quatre cents sujets; il n'est donc pas étonnant que, vus à terre, examinés de près l'un après l'autre, on trouve dans quelques parties des négligences de dessin qui paraissent étrangères à l'école grecque. Il faut convenir que la connaissance de la sculpture monumentale des édifices grecs d'Asie en est à son début. Tous ceux qui ont pu comparer la frise de Magnésie du Méandre avec celle de Phigalie ont été d'accord pour y reconnaître une grande analogie dans la composition et dans l'exécution ; celle de Magnésie est à plus haut relief, car il y a des figures qui se détachent complétement du fond ; et l'on ne peut nier que certaines d'entre elles sont traitées avec entente de la sculpture monumentale, qui les place au premier rang parmi les œuvres d'art de ce genre. Nous devons cependant signaler dans certaines parties une faiblesse d'exécution qui déparerait un semblable édifice, si elles étaient placées près de l'œil du spectateur. Il y a des figures dont l'incorrection dénote une main peu exercée ; mais vouloir s'attacher à de tels détails pour juger l'ensemble d'un édifice qui passait pour un des plus remarquables de l'Asie, c'est faire descendre le grand art de l'architecture au niveau des figurines de cabinet. Félicitons-nous qu'un hasard inespéré nous ait permis de retrouver presque entier **un monument que l'on croyait à tout** jamais anéanti, et nous ait permis de contrôler ainsi le jugement d'un écrivain célèbre, chose si rare dans l'étude de l'art.

J'ai cité la frise du temple de Phigalie, parce que ce monument est généralement connu des artistes; mais j'ai aussi observé, dans les murailles du château de Boudroum et dans celles de la citadelle de Cos, des fragments de frises représentant des combats d'Amazones, et qui, très-probablement, provenaient du tombeau de Mausole. Ces fragments, exposés depuis tant de siècles à toutes les causes de destruction, sont loin d'être aussi bien conservés que ceux de Magnésie; mais je remarque une telle analogie dans la composition et l'exécution, que je suis conduit à regarder ces sculptures comme de la même école.

Lorsque les artistes seront plus familiers avec la sculpture des Grecs d'Asie, lorsque des monuments qui ont été si rarement observés par des hommes compétents seront plus connus, on reconnaîtra cette vérité, que je lègue à d'autres temps.

Le passage de Strabon n'est pas le seul qui nous mette à même d'apprécier le jugement des anciens sur le temple de Magnésie. Vitruve en parle avec un sentiment d'admiration assez rare chez cet auteur, et il n'hésite pas à placer l'architecte Hermogène au nombre des artistes les plus célèbres de son temps.

« Dans la ville de Magnésie, on voit le temple de Diane Leucophryne. Si l'on en excepte le temple d'Éphèse, ce monument, par sa grandeur, par la richesse des offrandes, par ses justes proportions et l'art avec lequel il est construit, par l'ornementation du lieu sacré, surpasse tous les temples d'Asie; et par sa grandeur il les surpasse aussi tous, excepté deux, celui de Didyme et celui d'Éphèse. » C'est assez dire à quel point cet édifice était célèbre en Asie; or, s'il fût resté sans être terminé, Strabon n'aurait pas manqué de le remarquer, comme il l'a fait pour le temple de Didyme.

L'enceinte ou le téménos du temple était formé par une grande muraille en pierre de taille, à bossages, qui se rattachait aux remparts de la ville; des tours carrées, placées de distance en distance, défendaient l'édifice contre toute tentative de rapine. Des portiques d'ordre dorique grec régnaient dans le pourtour; ils étaient d'une grande simplicité, et ornés dans l'intérieur d'une peinture unie. Sur le devant du temple, et un peu à gauche, était une enceinte en forme de basilique, et qui a pu servir de salle d'assemblée du conseil suprême.

On voit que les murailles de l'enceinte ont été reconstruites par les Romains, mais avec des matériaux primitifs; c'est, je pense, à l'époque où le droit d'asile fut augmenté par Tibère (1).

Les inscriptions ne permettent pas de déterminer d'une manière positive l'époque de la construction de cet édifice; mais on sait que tous les temples de l'Asie, à l'exception de celui d'Éphèse, furent brûlés par ordre de Xerxès (2).

Il n'est donc pas antérieur à l'invasion barbare. On sait, de plus que les principaux monuments religieux n'ont commencé à se relever de leurs ruines qu'à l'époque d'Alexandre. Cette œuvre de restauration s'est continuée sous ses successeurs, et les princes Attales ont donné aux arts un essor que les Romains n'ont fait que suivre. Comme nous connaissons la date de la reconstruction des temples de Priène, et que l'architecture de Magnésie a des rapports très-évidents avec ces derniers, il est naturel de regarder ces édifices comme à peu près contemporains; et l'on peut, sans crainte d'erreur, admettre que le temple de Diane fut construit dans la période de 330 à 300 avant J.-C.

On ne doit pas douter cependant que l'ensemble des édifices sacrés de Magnésie n'ait été sujet à quelques changements, ou n'ait reçu des offrandes, dont quelques-unes consistaient en colonnes, autels, ou ornements d'architecture.

VILLES D'IONIE AU SUD DU MÉANDRE.

Toute la région de la vallée du Méandre au sud de Milet formait, à l'arrivée des Ioniens, un vaste golfe parsemé d'îles;

(1) Tacite, *Annales*, liv. III, ch. 67.
(2) Strabon, liv. XIV, p. 634.

aujourd'hui ce ne sont plus que des plaines marécageuses où les habitants construisent des huttes temporaires en branches de tamarisces. Les villes de Myus, de Pyrrha, et d'Héraclée étaient des ports de mer, qui se sont trouvés ensablés par des alluvions; et déjà cette action du fleuve se faisait sentir dès les premiers siècles de notre ère puisqu'elle fut cause de la ruine de Myus. On ignore aujourd'hui où fut placée la ville de Myus; elle occupait au pied du mont Latmus un petit golfe, ou plutôt une crique dépendant du golfe de Milet, à trente stades environ de l'embouchure du Méandre. Tout ce territoire fut enlevé aux Cariens, cependant les Grecs regardent Cydrelus comme le fondateur de Myus. Cette ville fit partie de la confédération ionienne, et fut donnée à Thémistocle par Artaxerxe. L'existence de Myus ne fut pas de longue durée; les sables charriés par le fleuve ayant converti le golfe en un vaste marais, les moustiques et d'autres moucherons s'y multiplièrent de telle sorte que les habitants furent forcés de l'abandonner; ils se retirèrent à Milet emportant avec eux leurs meubles et les statues de leurs dieux. Du temps de Pausanias il ne restait plus à Myus qu'un temple de Bacchus en marbre blanc. Pausanias ajoute que les habitants d'Atarnée près de Pergame eurent un sort pareil : ceci explique pourquoi les ruines d'Atarnée ont complétement disparu (1).

A quatre stades de Myus se trouvait le bourg de Thymbria appartenant aux Cariens; on voyait dans le même canton la caverne Æornum consacrée à Charon, du fond de laquelle s'exhalaient des vapeurs pernicieuses (2).

Les distances données par Pausanias et par Strabon seraient suffisantes pour faire retrouver toutes ces localités si l'on avait une base quelconque; mais comme elles sont comptées de l'embouchure du Méandre, on ne peut savoir d'où partaient les stades comptés.

Le petit bourg de Pyrrha était distant de cent stades d'Héraclée du Latmus, il était au bord de la mer, c'est-à-dire qu'on doit chercher l'emplacement de ce bourg dans les marais qui bordent, au nord, le lac de Bafi.

Le mont Latmus (1) dont la base est baignée par les eaux du Méandre, a donné son nom à la ville de Latmus, qui fut ensuite appelée Héraclée. Elle est brièvement mentionnée par les géographes, mais n'a jamais joué un rôle marquant dans l'histoire. Les ruines sont encore remarquables, et leur position près du lac de Bafi est des plus pittoresques.

RUINES D'HÉRACLÉE DU LATMUS

Héraclée est située à la base même de la montagne, et le pied de ses murailles baigne dans les eaux du lac. Elles sont construites en pierres de grand appareil, mais ont été en grande partie restaurées sous l'empire byzantin, alors que déjà Héraclée ne communiquait plus avec la mer. L'édifice le mieux conservé est un théâtre, adossé à la montagne, et dont le proscenium fait face au lac. Les gradins ont été enlevés; ils formaient deux précinctions auxquelles on arrivait par des escaliers à ciel ouvert.

La pente du terrain de la ville était rachetée par des terrasses comme à Priène; elles communiquaient entre elles par des escaliers taillés dans le roc. Sur l'une des terrasses était située l'Agora, sur autre sont les ruines d'un petit temple prostyle, qui a été converti en église.

Les tombeaux de la nécropole d'Héraclée sont de deux genres différents; les uns sont des caveaux taillés dans le roc, les autres des sarcophages de pierre ou de marbre. La plupart des monuments d'Héraclée sont de l'époque romaine, il faut en excepter quelques parties des murailles, et les terrasses de l'Agora. Héraclée participa aux luttes soutenues par la confédération ionienne contre les rois de Perse; elle secoua le joug de Xerxès après la bataille de Salamine; mais elle retomba peu de temps après sous le gouvernement d'Artémise, reine d'Halicarnasse, qui enleva la ville par surprise. Elle fit ensuite partie des possessions de la reine Ada, qui fut

---

(1) Pausanias, liv. VII, ch. 2.
(2) Strabon, XIV, 636.

(1) *Voy.* liv. Ier, ch. III, p. 35.

investi du pouvoir suprême par Alexandre. Héraclée fut alors incorporée à la Carie, et c'est sans doute à cette époque que Latmus prit le nom d'Héraclée : Héliogabale lui décerna le titre de Néocore.

Pomponius Méla (1) place dans l'Ionie le Latmus qui dominait Héraclée ; Cicéron (2) le met en Carie : l'un et l'autre rappellent la fable d'Endymion et de Phébé. Le *Latmicus sinus* prenait aussi son nom de cette montagne.

Les prédications de saint Paul à Éphèse et à Milet attirèrent dans la contrée un grand nombre de cénobites, qui choisirent le mont Latmus comme lieu de leur retraite. Chandler visita une chapelle située dans la partie la plus inaccessible de la montagne ; c'était un vaste rocher creux, dans l'intérieur duquel était peinte, par compartiments, l'histoire de Jésus-Christ. D'autres tableaux religieux ornaient l'intérieur de cette grotte. On lui signala un grand nombre d'églises dispersées dans plusieurs endroits de la montagne ; ces monuments n'ont jamais été visités par des Européens. Dans le moyen âge le nom de Latmus disparaît complètement de l'histoire ; il est remplacé par le nom de mont Latros dans Curopalate et dans Cédrenus : c'est sous ce nom que la ville et la montagne sont inscrites dans les notices ecclésiastiques.

En 862 les cénobites du mont Latros étaient quelquefois les conseillers des empereurs, et plus tard Alexis Comnène autorisa Christo-Doulos, abbé de Latros, à bâtir un monastère dans l'île de Patmos.

Cet évêque avait sous sa juridiction une vingtaine de monastères en Asie ; mais peu à peu ces couvents se fermaient dans la crainte des Turcs, qui commençaient à devenir redoutables (3).

(1) Méla, l. I, ch. 17.
(2) Cicéron, *Tuscul.*, l. I, ch. 38.
(3) Barbié du Bocage, *Notes sur Chandler*, t. I, 442.

CHAPITRE XLVI.

LE LATMICUS SINUS OU LAC DE BAFI.

Nous avons vu que le golfe de Latmus, ensablé à son ouverture, avait été converti en lac : c'est ce lac que les Grecs et les Turcs appellent Oufa Bafi Kapoumoula. Il a six milles géographiques de longueur, sa largeur est de deux milles ; il s'étend du nord au sud, borné d'une part par le mont Latmus, et de l'autre par un prolongement du mont Grius ; il est très-abondant en poisson, et les habitants du village de Bafi entretiennent quelques barques pour la pêche. Ce sont de mauvais bateaux plats composés de planches clouées ensemble. La rive occidentale du lac est plate et marécageuse, la rive opposée est au contraire bordée de rochers de granit, qui descendent jusque dans l'eau, et forment plusieurs îles presque toutes couronnées de fortifications byzantines. Vers la partie moyenne du lac est une île plus grande, sur laquelle se trouvent les ruines d'un monastère, avec une petite église ; il y a aussi quelques pierres antiques. Enfin, sur le continent, et toujours sur la même rive, se trouve une série de voûtes de briques qui paraissent avoir servi de remises de galères. Toutes ces constructions militaires datent du temps où le lac de Bafi communiquait avec la mer. Aujourd'hui il ne communique plus que par des lagunes impraticables ; aussi les passagers qui abordent par eau dans ces parages sont-ils obligés de franchir avec beaucoup de danger des marais fangeux qui les séparent du seul village existant sur cette côte, le village de Sertchinu, composé seulement de gourbis de branchages ; c'est cependant la demeure d'un agha. De là à Milet on n'a plus à parcourir qu'un espace de six kilomètres : ce sont les trente stades qu'il y avait entre Pyrrha et Milet.

Là le Méandre s'épanche lentement dans la mer en formant plusieurs delta. Quelques éminences éparses dans la plaine représentent sans doute les îles qui s'élevaient à l'entrée de l'ancien golfe, parmi lesquelles était l'île Tychiusa, mentionnée par Thucydide, le lieu nommé Glaucé, par le même historien, et Glaucia par Étienne de Byzance (1). Il en est de même de Dromiscus (2) et de Perné : la première est sans doute la même que Drymusa d'Étienne et de Thucydide (3). Au nombre des villes inconnues de ces parages il faut nommer Thébæ qu'Étienne de Byzance place au voisinage de Milet.

Au nord du Méandre était l'île de Ladé, célèbre par sa bataille navale, et le cap Trogilium dépendant du Mycale, à la pointe duquel étaient trois îles, Trogilis, Pison et Argennum.

CHAPITRE XLVII.

VILLES DE LA PRESQU'ILE ÉRYTHRÉE. COLOPHON. — CLAROS. — LÉBÉDUS.

Colophon, ville ionienne, dont les ruines ont presque entièrement disparu, tirait sa plus grande célébrité du voisinage du temple et du bois sacré d'Apollon Clarius. L'antiquité de ce centre religieux devance les premiers temps de la civilisation hellénique. Il était déjà célèbre parmi les Grecs au temps de la guerre de Troie; le culte d'Apollon, pratiqué dans toute cette contrée, se rattache à l'ancienne alliance entre les Lyciens et les Troyens; de là il s'est répandu dans tout le monde grec en passant par les îles. Nous voyons trois contrées d'Asie où le culte d'Apollon est pour ainsi dire indigène : sur les côtes de la mer Égée, dans l'île de Crète et dans la Lycie. C'est une preuve de plus que ces peuples avaient une origine commune; et l'on peut en inférer que le culte d'Apollon a pris naissance en Crète et est passé sur le continent avec les premiers colons crétois. Là il fut associé au culte d'Artémis, qui avait été apporté des contrées d'Orient par les Amazones. C'est ainsi que ces deux divinités se sont partagé l'adoration des peuples de la presqu'île. Cette variété de traditions sur la naissance d'Apollon prouve que les Grecs ignoraient dans quel pays cette fiction avait pris

(1) Et. Byz., voc. Glaucia.
(2) Pline, liv. V, 31.
(3) Et. Byz., voc. Drymusa.

naissance; ils le font naître à Délos ou à Ortygie, près d'Éphèse. Latone devenue mère va laver ses enfants dans le fleuve Xanthus, qui coule en Lycie, chez les peuples qui s'appelaient alors Termiles. Latone dédia ce fleuve à Apollon et donna à la contrée le nom de Lycie à cause des loups qui l'infestaient. Le loup devint le symbole d'Apollon comme emblème de la nature productive, et l'arc du dieu avait le redoutable privilége d'envoyer aux mortels les maladies pestilentielles, attribuées par les premiers peuples à la force expansive du soleil.

Apollon est surtout regardé comme le dieu qui répand les oracles : c'est la cause de l'extrême popularité de son culte et des innombrables sanctuaires que fondèrent ses sectateurs dès la plus haute antiquité.

Pausanias, en parlant de l'origine de Claros, confirme que ce sanctuaire fut créé par les Crétois, et antérieurement ce pays était occupé par les Cariens.

L'oracle de Delphes ayant décidé que les prisonniers thébains devaient être embarqués pour aller chercher de nouvelles terres, ces derniers vinrent aborder à Claros; les Crétois voyant arriver ces étrangers, les arrêtent et les mènent à Rhacius, chef de la colonie, qui les accueille et les associe aux colons crétois.

Rhacius épousa Manto, fille de Tirésias; il fut père de Mopsus, qui chassa les Cariens de la côte d'Ionie. A peine les Grecs furent-ils débarqués sur la côte d'Asie, que l'oracle de Claros fut pour eux le but de pèlerinages religieux; le devin Calchas s'y rendit à pied avec Amphiloque pour lutter de science avec Mopsus (1); les traditions helléniques varient singulièrement sur l'histoire de ce dernier. Quelques poëtes placent en Cilicie toutes ses aventures avec Calchas; le poëte Callinus (2) dit que Calchas finit sa vie à Claros, et que ses compagnons s'en allèrent avec Mopsus s'établir dans la Pamphylie. Sophocle attribue à Mopsus la fondation de Mallus en Cilicie, et dit qu'on voyait près de cette ville le tombeau de ce

(1) Strabon, liv. XIV, 642.
(2) Strab., XIV, 668.

devin. La ville de Mopsuestia dans la même contrée aurait été fondée par lui.

L'art de la divination n'était pas héréditaire à Claros; on prenait ordinairement un citoyen de Milet, homme simple et sans éducation; on se bornait à lui dire le nom et le nombre des personnes qui venaient le consulter; il descendait alors dans une grotte où coulait une source d'eau pure dont il buvait; il répondait ensuite en vers analogues au sujet qui intéressait chacun de ceux qui le consultaient. Virgile, Ovide et d'autres poëtes ont chanté la brillante Claros, abondante en vignes, le trépied prophétique rival de Delphes (1).

L'oracle conserva sa clientèle pendant tout le temps de l'empire romain. Tacite rapporte que Germanicus ayant consulté le devin de Claros, celui-ci lui prédit une mort prochaine (2); et nous pourrions peut-être assurer que les successeurs de Mopsus continuent à rendre des oracles aux hommes ingénus qui vont les consulter. Strabon (3) et Pausanias (4) ne mentionnent que le temple et le bois sacré d'Apollon au pays des Colophoniens. Pausanias vante les frênes du bois sacré de Colophon; mais Claros était une ville complète avec ses fortifications, ses monuments publics. Le scholiaste d'Apollonius de Rhodes (5) dit que la ville de Claros est voisine de Colophon, et Servius, au sujet des vers de Virgile (6), mentionne aussi la ville de Claros sur les confins des Colophoniens; la montagne voisine de cette ville était aussi nommée montagne de Claros: elle est comprise sous cette dénomination dans le catalogue des montagnes de Vibius Sequester. Ælien parle de Claros ville des Colophoniens. Toutes ces incertitudes des historiens anciens ont beaucoup embarrassé les géographes jusqu'au jour où les ruines de Claros ont été bien déterminées.

Dans l'origine, Claros, son temple et même sa population, paraissent avoir été complétement sous la dépendance de Colophon, qui faisait partie de la confédération. L'origine de cette ville remonte à l'arrivée de Codrus; elle était à deux milles de la côte, et son port de mer, Notium, était relié à la ville par de longs murs. Colophon joue un rôle important dans les premières années de l'établissement des Grecs en Asie: elle fut assiégée et prise par les rois de Lydie, et prêta son concours aux habitants de Smyrne pour entrer dans la confédération. L'armée des Colophoniens se distinguait surtout par sa cavalerie, aussi le proverbe: « Il a ajouté la cavalerie de Colophon, » signifiait il a employé tout ce qu'il faut pour le succès. Pomponius Mela attribue à Mopsus la fondation de Colophon; mais, selon Strabon, cette ville fut fondée par Andremon, qui y conduisit une colonie de Pythiens.

La marine des Colophoniens a conservé une certaine célébrité, mais elle n'a jamais pu être très-nombreuse, car cette partie de la côte n'offre aucun port étendu.

Colophon fut détruite par Lysimaque, parce que, de tous les Grecs, les Colophoniens furent les seuls qui prirent les armes contre les Macédoniens. Lysimaque transporta le reste de la population à Éphèse, qu'il venait de reconstruire (1). Pendant leur guerre contre Antiochus, les habitants de Colophon refusèrent d'ouvrir leur port à la flotte du roi de Syrie: aussi les Romains leur accordèrent-ils divers priviléges. Cette ville n'était pas encore déserte dans le huitième siècle; elle était épiscopale. Les Grecs prétendent que Tychicus, qui fut compagnon de saint Paul, fut évêque de Colophon après Sosthène. Les notices ecclésiastiques citent Euthalius, qui souscrivit au concile d'Éphèse, et Alexandre, évêque des Colophoniens. Le fleuve Halésus, qui coulait près des murailles de Colophon, passait pour la rivière la plus froide de toute l'Ionie (2).

(1) Ovide, Métam., I. 515. Æn., III, 359.
(2) Tacit., Ann., II, 54.
(3) Loc. cit.
(4) Liv. VII, ch. 3, 5.
(5) Ad lib. I, v. 308.
(6) Æneid., liv. III, 360.

(1) Strabon, loc. cit.
(2) Pausanias, VII, ch. 3.

La ville de Scyppium appartenait au territoire des Colophoniens; elle fut fondée, selon Pausanias (1), par les Clazoméniens, qui, s'en étant dégoûtés, allèrent se fixer dans le pays où ils bâtirent Clazomène. La chaîne des montagnes qui borde le lit du fleuve Halésus était connue sous le nom de mont Cercaphus; il est cité par le scholiaste de Lycophron; un autre sommet portait le nom de mont Coracius (2).

Lébédus, autre ville ionienne, était à vingt milles géographiques à l'ouest de Colophon : Strabon marque cent vingt stades (3). Cette ville était le lieu de réunion de tous les acteurs de l'Ionie jusqu'à l'Hellespont; on appelait cette confrérie la compagnie des Dyonisiaques. Bacchus étant considéré comme l'inventeur et le protecteur des jeux de la scène, on célébrait tous les ans à Lébédus des fêtes en l'honneur de ce dieu. Les entrepreneurs de spectacles venaient à Lébédus pour former leurs troupes; les réunions se faisaient primitivement à Téos : Attale les établit au promontoire de Myonnèse, entre Téos et Lébédus. Les Téiens craignant que Myonnèse ne devînt une place forte, s'adressèrent aux Romains, qui transportèrent ces confréries d'acteurs à Lébédus.

Ils furent d'autant mieux reçus, que cette dernière ville avait été presque dépeuplée par Lysimaque, lorsque ce prince voulut peupler Éphèse. D'après la nature de sa population, Lébédus était déserte une grande partie de l'année. Horace fait allusion à cette ville (4), quand il dit : Voudriez-vous séjourner dans quelques villes des Attales... Savez-vous que Lébédus est plus désert que Fidènes et Gabies; cependant je voudrais y vivre. »

Il y avait à Lébédus une source thermale et des bains qui attiraient un grand concours de visiteurs. Cette source, qui existe encore, permet de reconnaître avec certitude le site de l'ancienne ville; mais on n'y trouve plus que quelques ruines informes qui datent des temps byzantins, les vestiges d'une église et des murs de soutènement d'une terrasse.

Vitruve est le seul auteur qui fasse mention de la ville de Mélite, qui fut remplacée par Smyrne dans la confédération ionienne. Mélite fut ruinée par toutes les autres villes, qui se liguèrent contre elle et lui déclarèrent la guerre à cause de l'arrogance de ses habitants. Quelque temps après, la ville de Smyrne fut reçue à sa place par les villes ioniennes, par une grâce particulière du roi Attale et de la reine Arsinoë.

Le premier temple construit par les Ioniens fut dédié à Apollon Panionius; il était d'ordre dorique, mais bientôt cet ordre fut abandonné pour faire place à l'ordre ionique dans toutes les constructions de temples (1).

CHAPITRE XLVIII.

ROUTE DE SMYRNE A CLAROS PAR MÉTROPOLIS.

Après avoir passé les contreforts du mont Pagus, qui enveloppent la ville de Smyrne, la route se dirige droit au sud par Sédi keui. On arrive ensuite dans la plaine appelée Djumaha ova si. Le village ruiné de Djumaha était autrefois une place d'une certaine importance; on y voit les ruines de plusieurs mosquées, et d'autres constructions civiles. Cette plaine est arrosée par un cours d'eau qui prend sa direction vers le sud-ouest. On arrive ensuite au bourg de Mahaladji, bâti au pied des collines qui ferment la plaine au sud. Mahaladji qui est aussi appelé Bourboudja, a été une ville turque d'une certaine importance : on y voit encore plusieurs mosquées et un ancien caravanséraï. Ici le cours d'eau prend le nom de rivière de Mahaladji; elle va se jeter à la mer dans une crique appelée Kumydoura. Mahaladji est éloignée de cinq heures ou trente kilomètres de Smyrne, c'est un lieu de halte.

De Mahaladji jusqu'à Tratsa, où sont les ruines de Métropolis, il y a trois heures de marche. Le pays est montueux et couvert de bois; les montagnes sont

---

(1) Pausanias, liv. VII, ch. 5, 8.
(2) Pline, liv. V, 29.
(3) Strabon, XIV, 643.
(4) Horace, liv. I, *Epist.* 11.

(1) Vitruve, liv. IV, chap. 1.

de pierre calcaire compacte, grise, ressemblant au marbre. Cette petite chaîne se nomme Saras tépé. Les ruines de Métropolis sont assises sur le versant nord de la montagne, faisant face à une vaste plaine qui prend son nom de la ville commerçante de Tourbali. Presque tous les voyageurs ont cru reconnaître dans le nom de cette ville une corruption de l'ancien nom de Métropolis, et quelques-uns ont été jusqu'à identifier ces deux villes. Tourbali est un nom purement turc, il vient du mot *Tourba*, sac; parce que la principale industrie des habitants est de fabriquer des sacs de laine ou de crin à l'usage des caravaneurs (1).

Les ruines de Métropolis sont aujourd'hui désertes; le canton où elles se trouvent s'appelle Tratsa.

Métropolis fut connue par ses médailles longtemps avant que l'emplacement de ses ruines n'ait été déterminé. Le voisinage de Tourbali lui a été fatal; toutes les pierres qui ont pu être enlevées ont servi à la construction de la ville turque. Il reste cependant une grande partie de l'enceinte, bâtie en pierres de grand appareil. Le théâtre, quoique dépouillé de ses siéges, est encore assez bien conservé: le tout est couronné par l'Acropole dont les murs sont de construction hellénique.

En parcourant l'enceinte de la ville qui est aujourd'hui couverte d'oliviers, on trouve à chaque pas des fragments de colonnes d'architraves et de corniches qui attestent l'ancienne importance de cette place.

Il y a un chemin qui de Tourbali va droit sur la vallée du Caystre, c'est la grande route de Smyrne à Konieh; le lieu de halte est à Tyriah, grande ville commerçante et qui contient environ dix-huit mille habitants, presque tous turcs. Ils étaient autrefois renommés par leur goût pour la guerre, et formaient les meilleurs contingents du Sandjak d'Aïdin. Timour avait fait de Tyriah l'entrepôt de tout le pillage que ses troupes avaient effectué dans les autres villes de la province. La ville est située sur la rive gauche du Caystre dans une plaine fertile et bien arrosée, mais ne renferme aucun monument ni ancien ni moderne qui soit digne d'attention.

En quittant Métropolis, on commence à monter les contreforts du mont Gallesus, qui sépare la plaine de Tourbali de la mer. Ces montagnes sont bien boisées et d'un aspect majestueux. Bientôt la mer se découvre aux regards; la côte d'Éphèse, l'île de Samos et le mont Mycale, forment un tableau d'une rare beauté.

Un petit cours d'eau qui prend naissance dans les sommets du Gallesus, arrose une grande vallée qui se dirige droit au sud, c'est le fleuve Halesus qui baignait les mur de Claros.

CHAPITRE XLIX.

RUINES DE CLAROS.

A mi-côte de la montagne, sur le versant sud, se trouve le village de Zillé qui est encore à huit kilomètres de la côte. Le village le plus voisin de Claros s'appelle Djuwar; c'est un amas de quelques huttes de pêcheurs.

Après avoir suivi jusqu'à son embouchure le petit fleuve Halésus, on voit sur la rive gauche un haut rocher dominant la mer de plus de quarante mètres, et formant un large plateau; c'est là que sont les ruines de Claros. Les murailles, bâties en grands blocs de calcaire gris, sont encore en partie conservées; au milieu de la ville s'élève le soubassement du temple d'Apollon. On peut juger de la magnificence de l'édifice par les vestiges qui subsistent encore; le temple était construit sur une esplanade de rocher taillé au ciseau; il était orienté de l'est à l'ouest. On peut supposer, d'après sa dimension, qu'il était diptère et octostyle: Pausanias dit qu'il ne fut jamais terminé.

Ce monument présente une particularité, c'est qu'on n'arrivait au pronaos que par un grand escalier placé sur la partie antérieure du temple, entre deux acrotères.

En avant de l'acrotère droit il y a un puits très-profond, au fond duquel il n'y a pas d'eau.

(1) On dit de même: Hammamli, l'endroit où il y a des bains; Taouchanli, le pays où il y a des lièvres, etc.

Au sud du temple est l'emplacement d'un théâtre dépouillé de ses siéges, et de nombreux débris d'autres monuments.

GROTTE DE MOPSUS.

Sur la rive droite de l'Halésus, et dans le voisinage immédiat de la mer, s'élève un haut rocher, à la base duquel est une grotte qui est, sans aucun doute, la grotte du devin Mopsus. Elle est assez spacieuse pour être habitée par sept ou huit personnes; dans l'angle du côté de la mer, on voit une masse énorme de stalactites formée par la source qui a coulé pendant des siècles, et qui est aujourd'hui tarie. Au fond de la grotte est un escalier naturel qui mène dans la partie supérieure; là nous avons trouvé avec étonnement un autel rustique, et un caloyer qui nous offrit de dire des prières pour notre heureux voyage. Un jeune enfant grec assista le caloyer dans ses prières, en brûlant force encens sur l'autel.

Tout est solitaire aux environs de Claros, la foule des visiteurs ne vient plus apporter d'offrandes au dieu du jour; mais quelques pêcheurs grecs, qui cumulent quelquefois avec la profession de pirate, viennent de temps en temps mouiller sur cette plage, et le caloyer de l'antre de Mopsus, tout en leur offrant les ressources de son ministère, peut leur donner aussi des nouvelles des choses terrestres. Il y a des aghas si ridicules!

La fumée de notre cuisine avait attiré quelques bateaux de Samiens, qui sont connus pour les plus hardis détrousseurs de caravanes que puisse offrir cette côte; aussi n'étions-nous pas très-rassurés sur notre séjour dans un lieu désert et loin de toute habitation. Le lendemain, au moment de notre départ, le caloyer fit encore un sacrifice, auquel assistèrent les Samiens. L'enfant qui remplissait les fonctions de thuriféraire encensa Méhémet, les pirates, les voyageurs, et nous dîmes adieu à Mopsus et au divin Apollon, après avoir toutefois rendu une dernière visite aux ruines de son temple.

CHAPITRE L.

RUINES DE LÉBÉDUS.

Les ruines de Lébédus étaient à cent vingt stades à l'ouest de Colophon, et à égale distance de Téos. L'emplacement de Lébédus comme nous l'avons dit plus haut, est facile à retrouver, puisqu'il est signalé par la présence d'une source thermale. En quittant la vallée de Zillé, on suit le bord de la mer à une distance d'un kilomètre, on arrive au lit d'une rivière qui est sans doute celle de Mahaladji, et sur la rive gauche est une source chaude dont les vapeurs s'élèvent dans les airs. Ces eaux sont connues dans le pays sous le nom de Ilidja, qui est commun à toutes les eaux thermales. La source forme un petit ruisseau qui va se jeter dans la rivière voisine. Deux salles rustiques, bâties avec de l'argile, ont remplacé les anciens thermes, qui réunissaient un si grand concours de visiteurs. Ces thermes ont cependant laissé quelques vestiges, mais ce ne sont que des pans de murailles informes. Lébédus paraît avoir occupé la presqu'île qui forme l'angle oriental de cette baie. On y remarque plusieurs murailles antiques, et le sol est couvert de débris d'édifices. Ces ruines, comme celles de Claros, sont complétement désertes, à peine ont-elles un nom dans le pays.

En continuant la route vers l'ouest on arrive au cap Hypsili, où se trouve le petit bourg de Hypsili hissar, dernier refuge de Djouneïd (*Voy.* p. 245).

Ce promontoire s'appelait autrefois Myonnésus; il appartenait aux Téiens. La description qu'en a faite Tite-Live (liv. XXXVII, 27) suffirait pour le faire reconnaître; il le dépeint comme un cap avancé entre Téos et Samos, formant une montagne conique, qui n'est accessible, du côté de la terre, que par un isthme étroit. Du côté de la mer ce sont des rochers inaccessibles et constamment battus par les vagues. Myonnèse est célèbre par le combat naval qui eut lieu dans ces parages entre la flotte du roi Antiochus et celle des Romains (190 ans avant notre ère), et dans lequel Antiochus fut vaincu.

Il y avait sur ce promontoire une petite ville où furent exilées les compagnies d'acteurs qui avaient excité des troubles dans Téos; mais la construction du château moderne de Hypsili hissar a utilisé tous les matériaux antiques.

Non loin du promontoire d'Hypsili, est une île appelée aujourd'hui Pontico Nisi; c'est juste la traduction en grec moderne du nom de Myonnèse : l'un et l'autre mot signifie en français l'île des Souris. C'est sans doute cette île que Strabon désigne sous le nom de Aspis, serpent, ou de Arconnèse, l'île aux ours. Le territoire qui s'étend à l'ouest de Myonnèse appartenait aux Téiens; nous le décrirons en parlant de Téos.

CHAPITRE LI.

TÉOS. — ARRIVÉE DE LA COLONIE GRECQUE.

Téos était une ville carienne; elle existait avant l'arrivée des premiers colons hellènes, mais les habitants, moins ombrageux que leurs compatriotes, se montrèrent hospitaliers envers les Myniens d'Orchomène, qui débarquèrent à Téos sous la conduite d'Athamas. Cet accueil pacifique ne tarda pas à être connu en Grèce et attira dans la contrée des colons ioniens qui vinrent sous la conduite d'Apœcus s'établir à Téos. Cette seconde migration fut suivie, quelques années après, par une troupe d'Athéniens et de Béotiens conduits les premiers par Nauclus et les seconds par Hérès. Ces derniers venus furent reçus avec amitié par Apœcus. La population carienne se trouva absorbée par la population de race européenne et, à partir de ce temps, Téos devint une ville grecque qui acquit un rang important dans la confédération ionienne (1).

Téos était située sur une presqu'île faisant face à l'île de Samos. Elle acquit bientôt assez d'importance pour être une des premières villes que les Perses attaquèrent dans la guerre acharnée qu'ils firent aux villes d'Ionie. L'exemple des habitants de Phocée fut suivi par les Téiens, et lorsque la ville fut sur le point de se rendre ils montèrent sur leurs navires et quittèrent le pays; mais peu à peu les anciens habitants revinrent en Ionie, et lorsqu'Alexandre eut chassé les Perses, Téos devint une des villes les plus riches et les plus florissantes de la contrée. Les ruines qui existent encore attestent que les Téiens étaient arrivés à un éminent degré de perfection dans la pratique des beaux-arts. Le nom seul d'Anacréon suffirait pour illustrer une ville, et dans le grand nombre de littérateurs que Téos a produits, Apellicon est celui qui a rendu le plus éminent service en conservant les œuvres d'Aristote.

FÊTES DIONYSIAQUES. Il n'est pas étonnant que le culte de Bacchus eût été en honneur à Téos plus que dans aucune autre ville d'Ionie. Pour les Grecs lettrés cette divinité ne représentait pas seulement l'abondance des récoltes et des produits de la vigne, c'était encore le père et le propagateur du dithyrambe et de la tragédie lyrique. Les fêtes de Bacchus étaient accompagnées de cérémonies poétiques auxquelles prenaient part une foule d'initiés. On ne peut mettre en doute que la tragédie attique n'ait pris naissance dans le dithyrambe dionysiaque. Le nom de dithyrambe comme fête en l'honneur de Bacchus est d'origine si ancienne, qu'on peut imaginer qu'il est arrivé chez les Grecs avec la connaissance et le culte de cette divinité; il semble que le nom de dithyrambe a été créé pour rappeler la double naissance du dieu Bacchus; et lorsque le peuple la célébrait par des chants et des danses, les rhapsodes sont venus ajouter l'élément épique à ces fêtes populaires, ils ont entremêlé les chants de dialogue et de musique. Ce mélange de cérémonies religieuses et de joie populaire s'est ensuite formulé sous une forme plus poétique et non moins émouvante; les initiés couverts de masques de fantaisie, vêtus en satyres et en silènes accompagnaient les cortéges dionysiaques en chantant et en dansant. Le dithyrambe devenait alors une sorte de récitatif accompagné de gestes. Dans l'attente de la naissance du dieu, le poëte exprimait tous les sentiments d'espérance et d'incertitude, qui se terminaient par des chants d'allégresse quand

---

(1) Pausanias, VII, 3.

la naissance du dieu était proclamée. Jusqu'au poète Arion, le dithyrambe fut mêlé d'improvisations qui étaient laissées aux inspirations des initiés, vinrent ensuite les poëtes dithyrambiques, qui mirent plus d'ordre dans ces compositions ; ils inventèrent la forme antistrophique, qui était chantée tour à tour par les deux moitiés du chœur. Le poëte Tisias perfectionna cette forme poétique en faisant suivre l'antistrophe de l'épode, qui était chantée par le chœur au repos. On appela ce poëte Stésichore parce qu'il avait appris au chœur à se tenir tranquille. Le dithyrambe était accompagné dans son exécution par l'harmonie phrygienne, qui était surtout en usage dans ces fêtes à cause de son caractère éminemment noble. Le mode lydien, plus passionné, était réservé pour les cérémonies qui s'accomplissaient autour des temples ; c'est le poëte Sacadas qui avait posé les lois du chant épodique, dont trois stances se mettaient après trois stances de l'harmonie originale.

Telle est l'origine de la tragédie, qui, aux fêtes de Bacchus, où l'on conduisait un bouc (*tragos*), a commencé par des poésies religieuses chantées en l'honneur du dieu. Après les poëtes dithyrambiques vinrent les poëtes scéniques, dont le plus célèbre est Thespis, qui doit s'être inspiré des rhapsodes ou récitateurs des dithyrambes.

Avec Thespis l'action devient moins bruyante, les rôles sont plus tranchés et les récitatifs du chœur mettent le spectateur en relation plus intime avec le rôle principal ; en un mot Thespis invente la représentation théâtrale, la tragédie est créée, mais elle reste toujours une des grandes cérémonies des fêtes de Bacchus, les représentations publiques ne sont données qu'à l'époque des fêtes dionysiaques, qu'on appelait à Athènes lénéennes ou anthésteries à cause du mois où elles étaient célébrées.

Une ville toute consacrée au culte de Bacchus devait attirer dans ses murs tous ceux qui par leur goût ou leur talent pouvaient concourir à l'éclat de ses fêtes. Aussi Téos était-elle devenue le point de réunion de tous les comédiens, qui avaient formé une confrérie sous le nom de Dionysiastes ; ils étaient savamment organisés et avaient obtenu le droit de cité à Téos ; plus tard ils allèrent s'établir à Lébédus. Les entrepreneurs de spectacles, les asiarques et tous ceux qui étaient chargés de présider ou d'organiser des fêtes publiques s'adressaient aux chefs de cette corporation qui envoyait des troupes d'acteurs dans toutes les parties du monde romain. Nous voyons à Vienne en Dauphiné une inscription qui constate que ces troupes venaient jusqu'en Gaule ; elle est ainsi conçue. « Les acteurs d'Asie et tous ceux qui appartiennent à la même corporation se sont élevés à eux-mêmes ce monument de leur vivant (1). Telles furent les origines du théâtre antique : on ne doit donc pas s'étonner de retrouver des monuments destinés aux jeux de la scène même dans les plus petites villes, puisqu'ils faisaient pour ainsi dire partie des cérémonies du culte.

CHAPITRE LII.

SOULÈVEMENT DES TÉIENS CONTRE ATHÈNES.

Après les désastres de Sicile les Téiens tentèrent de secouer le joug d'Athènes en prenant parti pour les Péloponésiens. Les Athéniens avaient bâti à Téos une longue muraille qui séparait la ville du reste du continent ; Strombyochides, amiral de Sparte, arriva de Samos et invita les habitants à se tenir tranquilles. Ceux de Téos ne voulaient pas d'abord accueillir l'armée de terre ; mais à la nouvelle de la fuite des Athéniens, ils lui permirent d'entrer. La multitude abattit la muraille que les Athéniens avaient élevée du côté du continent. Tagès, héparque de Tissapherne, aida les Téiens, à démolir ce mur. Tissapherne lui-même acheva de détruire ce qui restait des murs de Téos, et après que l'armée de terre eut quitté Téos, il s'en retourna (2). Ces événements marquent bien la date de la construction des murs de Téos ; en effet, Athènes, ayant reconquis sa supériorité sur les villes d'Asie, fit rétablir les murailles détruites : ce sont celles dont on

(1) Scenici asiaticani et qui in eodem corpore sunt vivi sibi fecerunt.
(2) Thucydide, liv. VIII, 18, 21.

voit les vestiges, et qui datent du quatrième siècle avant notre ère. C'est aussi pendant cette période que se construisirent les temples dont on voit aujourd'hui les ruines : Hermogène allait ouvrir une ère nouvelle pour l'architecture ionienne, les arts et la poésie s'unissaient pour faire de Téos la ville la plus distinguée de l'Ionie.

Dans la guerre contre Antiochus les Téiens rendirent à la flotte romaine un éminent service et la sauvèrent pour ainsi dire d'une destruction complète. Régulus, le préteur, qui commandait avec quatre-vingts vaisseaux dans ces mers, ayant appris que la ville avait fourni des provisions à la flotte royale et avait promis de fournir cinq mille amphores de vin pour son usage, fit voile de Téos, et vint mouiller avec toute sa flotte dans le port qui est derrière la ville; il envoya ensuite des troupes de débarquement avec ordre de ravager tout le territoire des Téiens. Les habitants, effrayés des dommages que leur causaient les troupes, envoyèrent aux Romains à titre de suppliants des orateurs le front couvert et vêtus de longues robes. Mais le préteur refusa de recevoir les députés à moins que les citoyens ne consentissent à donner aux Romains le même secours qu'aux ennemis.

Pendant que les magistrats délibéraient avec le peuple, Polixénidas, amiral de la flotte royale, ayant fait voile de Colophon avec quatre-vingt-neuf navires, et ayant été informé des propositions du préteur et de la position que sa flotte occupait dans le port, conçut l'espérance de réduire la flotte romaine, comme il venait de faire pour la flotte rhodienne à l'entrée du port Panorme à Samos. L'entrée du port de Téos était si étroite que deux vaisseaux pouvaient à peine y passer de front. Son but était de s'établir dans le détroit pendant la nuit, et avec dix vaisseaux de s'assurer le promontoire pour interdire la sortie aux navires, et avec des troupes de débarquement, d'attaquer l'ennemi par terre et par mer; ce plan eut réussi si les Téiens, conformément à la demande du préteur, n'eussent consenti à embarquer les vivres et n'eussent fait venir la flotte dans le port qui est en avant de la ville et qui était plus commode pour embarquer les denrées. Le camp d'Antiochus était sur le continent, et un Rhodien avait fait voir le danger que présentait le mouillage de la flotte. Dès qu'on fut arrivé dans l'autre port, soldats et matelots quittèrent leurs navires pour embarquer les provisions, lorsqu'un paysan informa le préteur que la flotte de Polyxénidas était en vue. On sonna sans retard le retour à bord; la confusion fut extrême, chaque vaisseau faisant force de rames pour sortir du port; la flotte romaine finit par gagner le large et put échapper à un immense danger.

Après la défaite d'Antiochus, Téos avec toute l'Ionie passa sous le pouvoir des rois de Pergame, et sous l'empire romain; elle fit partie de la Province d'Asie. Lorsque le christianisme se répandit en Asie, les habitants de Téos furent des premiers à se convertir, et du temps de Polycarpe, évêque et martyre à Smyrne, Daphnus était déjà évêque de Téos. Selon les notices ecclésiastiques, on compte cinq évêques de Téos jusqu'au temps de Romain Argyre; ce sont : Maxime, Gennadius, Cyrille, et Sisinnius, qui fut évêque de Téos pendant vingt-quatre ans (1).

D'après l'état des ruines de cette ville, on peut être certain que presque tous les monuments antiques ont été renversés par un tremblement de terre; ils forment des monceaux de décombres accumulés : ce n'est pas ainsi que les édifices se détruisent sous l'action lente des siècles.

CHAPITRE LIII.

RUINES DE TÉOS — SIGADJIK. — SEVRI HISSAR.

Téos était située sur la côte sud de la presqu'île Érythrée, dans la partie la plus étroite entre le golfe de Smyrne et la mer de Samos. La ville était elle-même bâtie sur un isthme formé d'une part par la baie de Sigadjik à l'ouest, et d'autre part par un golfe aujourd'hui presque comblé qu'on appelait golfe de Téos, à l'est de la ville : ce sont ces deux ports qui faisaient la puissance maritime

---

(1) Lequien, *Oriens chr.*, t. III.

de Téos. Le port de Sigadjik est l'ancien portus Gæresticus, dont nous avons parlé plus haut; c'est un des plus sûrs de la côte, mais son entrée est difficile. Ce port fut primitivement occupé par les Chalcidiens, qui vinrent s'établir sous la conduite de Gérès; c'est celui que les Romains appelèrent Gæresticus portus, et que Strabon nomme Cherræidæ (1), il était situé au nord et à l'ouest de Téos et distant seulement de trente stades de la ville.

La ville moderne de Sigadjik est bâtie dans la partie orientale du golfe et sur l'isthme où était Téos. Tous les matériaux de l'ancienne ville ont été employés dans la construction de la ville moderne, elle est entourée de murs et défendue par un château délabré. Cette ville quoique moderne a été pour les antiquaires une mine riche en monuments antiques. La plupart des inscriptions des Téiens ont été encastrées dans les murailles, et se sont trouvées ainsi sauvées d'une ruine complète. L'abondance des carrières de marbre dans le voisinage de Téos permettait aux habitans d'être prodigues en monuments épigraphiques : aussi peu de villes anciennes de l'Asie en ont produit un aussi grand nombre, et il est certain qu'on ferait encore des découvertes précieuses en ce genre si l'on pouvait remuer les énormes blocs des temples écroulés. Les inscriptions de Téos méritent d'autant plus d'intérêt qu'elles contiennent pour la plupart des actes politiques et des traités conclus avec les autres États.

L'ancienne Téos est séparée du territoire de Sigadjik par une légère éminence qui enclot presque toute la presqu'île. Les ruines du temple de Bacchus forment une masse énorme de décombres. Il est facile de retrouver tous les membres principaux de l'architecture de l'édifice. Les architraves et les morceaux de corniche n'ont pu être enlevés; les cimaises sont ornées de têtes de lions et de palmettes, les chapiteaux, d'ordre ionique, sont du plus beau style et d'une grande simplicité; cet édifice a été étudié en détail par les architectes anglais Chandler et Pars, et les plans qu'ils ont publiés dans leur ouvrage sur les antiquités ioniennes paraissent des plus satisfaisants.

Le temple était hexastyle et périptère; il avait six colonnes de front et onze sur les côtés; les colonnes étaient cannelées : Hermogène en fut l'architecte.

Le temple était au milieu d'une aréa entourée de portiques : c'est du reste la disposition commune à tous les grands temples de l'Asie; les fondations du portique sont à fleur de terre, très-peu de travaux seraient nécessaires pour reconnaître complétement ce bel ensemble d'un monument classique.

Le second édifice qui appelle l'attention est le théâtre, assis sur une des collines qui entourent la ville et dont la face est tournée vers le sud, contrairement aux prescriptions de Vitruve. Tout le proscénium est détruit, et du haut du dernier gradin on jouit d'un magnifique panorama; mais c'est une erreur que d'imaginer que les anciens spectateurs avaient pour fond de tableau la campagne voisine et l'immensité de l'horizon : que serait devenue la voix des acteurs dans ce vaste espace? Il est démontré d'ailleurs par une foule de monuments existant, que la partie qu'on appelle proscénium s'élevait jusqu'à la hauteur du dernier gradin, et de plus que le théâtre était couvert par un vélarium qui s'étendait sur l'orchestre et toute la cavea. Cependant presque tous les voyageurs qui visitent les théâtres antiques s'extasient sur le panorama dont jouissaient les spectateurs assistant aux représentations. A Catane, c'est l'Etna qui est censé composer les intermèdes, et sur la côte d'Asie, ce sont les Sporades et le Taurus. Que l'on soit persuadé que le spectateur grec était dans la salle de spectacle presqu'aussi bien clos que les modernes dans les leurs, et que les distractions du dehors ne venaient pas troubler les émotions de la représentation.

Nous ne parlons du théâtre de Téos que pour mémoire, car ce monument est dépouillé de ses siéges et de tous ses ornements; son étude n'apporterait aucune lumière nouvelle à ce que nous savons déjà par l'examen des théâtres de la Pamphylie.

L'intérieur de la ville occupé par des jardins et des plantations d'oliviers

(1) Strabon, XIV, 643.

est difficile à parcourir : on ne peut examiner un de ces murs en pierres sèches qui séparent les propriétés, sans y découvrir une quantité de fragments d'architecture qui trouveraient leur place dans un musée.

C'est une source de regrets pour l'avenir : ces modèles de la plus pure architecture ionienne disparaissent l'un après l'autre ; s'ils étaient recueillis dans un musée d'Europe leur étude ne pourrait que former le goût des jeunes artistes. Qu'on n'imagine pas que des plâtres moulés sur les monuments remplissent le même but : le coup de ciseau donné sur le marbre, le faire de l'artiste, ses moyens pratiques ne se transportent pas avec un froid modèle.

Un autre édifice moins considérable que le temple de Bacchus, mais d'une perfection de travail non moins égale, existait vers le centre de l'isthme ; il est couvert de buissons et d'oliviers sauvages : on peut considérer ce fait comme une preuve que ces ruines n'ont pas été fouillées depuis plusieurs siècles.

Avant de terminer l'examen de l'intérieur de la ville, nous devons mentionner un monument signalé par M. Hamilton à l'attention des futurs explorateurs.

Il est situé au nord-est, et à la distance d'environ un mille du môle ancien ; il se compose d'une base pyramidale construite sur une éminence et supportant les ruines d'un édifice de petite dimension, mais richement orné ; rien ne peut égaler la délicatesse des sculptures des corniches qui sont étendues sur le sol : l'édifice était construit en grands blocs de marbre jaune. On y arrivait par des escaliers dont la longueur de l'est à l'ouest est de quarante-cinq pieds et du nord au sud de trente-huit. Le monument était entouré d'une colonnade qui peut encore être reconnue sur trois côtés ; elle se compose de huit pilastres en marbre gris placés à distances égales, avec des demi-colonnes engagées dans les deux côtés opposés : le côté nord est long de cent quarante et un pas et le côté de l'ouest de cent soixante.

Les murs de Téos ont environ six kilomètres de circuit, on peut les suivre dans tout leur parcours. Les anciennes murailles ayant été détruites par Tissapherne, ont été reconstruites quand les Téiens sont revenus habiter leur ville : on a de plus réparé la grande muraille qui séparait du continent le petit isthme sur lequel la ville était assise ; elle défendait le quartier de l'invasion des eaux d'un petit ruisseau qui se jetait dans le port du sud et qui a contribué à l'ensabler : cette partie des murs est la mieux conservée.

D'après une inscription qui existe encore près de là, cette partie de la muraille et les tours adjacentes auraient été reconstruites par Apollodore et Eucratès dont les fonctions ne sont pas indiquées. Toutes les murailles sont bâties en blocs de pierre de taille posés en assises réglées : on ne voit plus les vestiges que d'une seule porte ou plutôt d'une poterne qui conduisait au port. Elle est sans ornement, la baie est surmontée d'une architrave.

Le port du sud, celui que Tite-Live distingue par les mots *ante urbem*, tandis que le port de Sigadjik était désigné comme étant *a tergo urbis*, est aujourd'hui converti en marais. On voit les vestiges d'un môle au milieu des alluvions, mais rien de ce qui peut constituer un arsenal maritime.

La petite ville de Sévri hissar est à quatre kilomètres au sud-est de Téos sur la route de Smyrne ; elle ne mériterait aucune mention spéciale si on n'y eût transporté comme à Sigadjik un certain nombre de débris des monuments de Téos. Elle est située dans un vallon où prend naissance le ruisseau qui va se jeter dans le port ; ce qui attire surtout l'attention, ce sont de grands blocs de marbre dont l'usage n'a pas encore été deviné ; les plus grands ont environ trois mètres en tous sens, les autres ont moins de deux mètres : ce sont des grands cubes taillés à facettes prismatiques formant autant de tablettes ou de petits escaliers, on ne saurait mieux les comparer qu'à d'énormes cristaux de sulfate de soude ; ils portent presque tous des fragments d'inscriptions latines inintelligibles, on y lit surtout l'indication Loco IIII : jusqu'ici ceux qui ont voulu expliquer l'usage de ces blocs n'ont abouti qu'à des conjectures peu satisfaisantes.

Les grandes carrières d'où ont été extraites les marbres de Téos sont dans le voisinage de Sevri hissar, elles fournissent une roche grisâtre et cristalline qui appartient à la formation calcaire de la presqu'île Érythrée.

CHAPITRE LIV.

LA PRESQU'ILE ÉRYTHRÉE.

La côte qui s'étend de l'est à l'ouest depuis Téos jusqu'au cap Blanc est découpée par un certain nombre de petites baies peu connues même de nos jours, dans lesquelles les colons grecs s'étaient bâtis des places fortes : de ce nombre était Eræ, qui appartenait aux Téiens ; vient ensuite le territoire des Chalcidiens, qui fut d'abord sous la dépendance des Téiens, passa ensuite sous la domination de la ville d'Érythræ, et la troisième tribu des Érythréens prit le nom de Chalcitis (1). Le cap le plus avancé vers l'île de Chio est dominé par une montagne peu élevée qui se rattache à la chaîne du mont Mimas. La montagne s'appelait Corycus et le cap Argennum, Strabon estime à soixante stades la largeur du détroit entre ce cap et l'île de Chio.

A partir de ce point la côte de la presqu'île Érythrée tourne droit au nord et forme deux golfes bien abrités, le premier, le golfe de Tchechmé, le second, le golfe d'Érythræ.

L'intérieur de la presqu'île est montagneux et inculte, plusieurs villages de bergers sont bâtis dans les gorges, et passaient autrefois pour être des repaires de pirates. La montagne dans laquelle ils se retiraient portait le nom de Corycus, et les pirates avaient le nom de Corycéens ; ce sont eux qui ont inventé ce moyen, si souvent employé depuis par les corsaires, d'envoyer des affidés qui prenaient des renseignements dans les ports de mer, s'engageaient avec les marchands et renseignaient les corsaires sur la route que devait suivre le navire.

Le mont Corycus s'étendait depuis le Mimas au sud-ouest de Clazomène jusqu'à la pointe occidentale et formait la côte sud de la presqu'île. Il se terminait au promontoire Corycéon, aujourd'hui le cap Blanc à l'entrée du canal de Chio ; le port de Casyste était au nord de ce cap sur la côte occidentale de la presqu'île : Tite-Live (1) le nomme Corycus Portus.

Comme entre Érythræ et le cap Corycus il n'y a que le port et la rade de Tchechmé, on doit en conclure que le port Corycus ou Casyste était à Tchechmé.

ÉRYTHRÆ.

La population primitive d'Érythræ se composait de plusieurs fractions des divers peuples qui habitaient le sud de l'Asie Mineure ; ils se joignirent aux Crétois qui, sous la conduite du fils de Rhadamante, vinrent coloniser cette partie de la presqu'île. On comptait dans ce nombre : des Lyciens, peuple d'origine crétoise ; des Cariens, anciens alliés du roi Minos ; des Pamphyliens, d'origine grecque, mais qui après la guerre de Troie avaient longtemps erré avec Calchas, enfin d'un contingent d'habitants venus de chaque ville d'Ionie sous la conduite de Cnopus.

Cette réunion, hétérogène en apparence, ne tarda pas à former un corps de nation, qui s'établit promptement dans la contrée. Il est à remarquer qu'au milieu d'éléments disparates on ne voit jamais se mêler de peuple d'origine araméenne ; les Phéniciens, pourtant si voisins de la Crète, ne participent en rien à la fondation des colonies, dont la population était de race indo-germanique.

Il est à croire cependant qu'à cette époque les fondateurs d'Érythræ étaient en relations pacifiques avec les peuples de la Phénicie, puisqu'ils adoptèrent le culte d'Hercule, divinité qui leur fut envoyée de Tyr et qu'ils disputèrent aux habitants de Chio. Selon la tradition, conservée par Pausanias, la statue d'Hercule était placée sur un radeau qui fut apportée par mer de Tyr en Phénicie. Quand le radeau fut entré dans la mer Ionienne, il s'arrêta au cap Messate. Les efforts des habitants pour le tirer à

---

(1) Pausanias, liv. VII, 4.

(1) Tite-Liv., XXXVI, 44.

terre restaient sans effet, lorsqu'un pêcheur nommé Phormion fut averti dans un songe que le radeau serait facilement conduit à terre, si les femmes d'Érythræ voulaient le tirer au moyen d'une corde tressée avec leurs cheveux. Pas une des Érythréennes ne se mettait en devoir de se conformer aux prescriptions de ce songe, lorsque les femmes thraces qui habitaient la ville sacrifièrent leur chevelure, et la statue du dieu fut amenée dans Érythræ. On lui éleva un temple dans l'intérieur de la ville, et les femmes thraces avaient seules le droit d'y entrer. Pausanias à son voyage à Érythræ, vit la corde faite de cheveux qui était conservée précieusement. Il décrit la statue d'Hercule comme un ouvrage dans le goût des anciennes statues égyptiennes.

On voyait aussi à Érythræ un temple de Minerve Poliade; la statue de la déesse était de bois, et d'une grandeur extraordinaire, assise sur un trône, et tenant une quenouille des deux mains. La tête de la statue était surmontée de l'étoile polaire.

Cette statue était l'œuvre du sculpteur Endæus, de même que les statues des Heures et des Grâces de marbre blanc qui étaient exposées dans l'hypœthre, c'est-à-dire dans la partie du temple qui était découverte; c'est là que Pausanias vit ces œuvres d'art. On doit conclure de ce passage de l'auteur grec (1), que le temple de Minerve Poliade était du genre que nous appelons hypœthre comme ceux d'Apollon Didyme et d'Apollon Épicurius.

La sybille d'Érythræ n'était pas moins célèbre que les oracles de Branchydes et de Claros; mais elle se distinguait de ces derniers en ce qu'elle prédisait l'avenir par inspiration, sans aucune cérémonie préalable; Strabon distingue l'ancienne sybille, et celle qui vivait du temps d'Alexandre, et qui fit connaître l'illustre origine du roi de Macédoine. Strabon ne dit pas si les prédictions de ces deux sibylles avaient lieu dans quelque sanctuaire (2).

La ville d'Érythræ prit part à tous les soulèvements tentés par les villes ioniennes contre le pouvoir des Perses; elle fut souvent en guerre avec la ville voisine de Chio; mais la marine de cette dernière ville était bien supérieure, et pendant un temps les Chiotes prétendirent à l'empire de la mer (1).

Pendant la guerre entre Athènes et Lacédémone, Érythræ tenta d'échapper à la domination d'Athènes, mais sa situation ne changea qu'à l'arrivée des Romains en Asie. Elle embrassa le parti de Rome contre Antiochus, et reçut d'éclatants témoignages de satisfaction de la part du gouvernement de Rome.

Les monuments épigraphiques et numismatiques prouvent que cette ville continua de subsister jusqu'aux derniers temps de l'empire byzantin. Elle est comprise dans les notices ecclésiastiques au nombre des évêchés de la province d'Asie. On ignore les causes de l'abandon de son territoire, qui passait pour fertile et abondant en vin. La population moderne s'est agglomérée dans la petite ville de Tchechmé, dont la rade est aussi sûre que celle d'Érythræ, et qui est mieux placée pour les navires que les vents retiennent à l'entrée du canal de Chio. Cet inconvénient était moins grave dans l'antiquité quand la navigation se faisait à la rame.

La baie d'Érythræ est défendue des vents d'ouest par l'île de Chio, et son mouillage était abrité par un groupe d'îlots, que les anciens appelaient Hippi, les chevaux. Une petite rivière a son embouchure dans cette baie, c'est l'ancien fleuve Aleus, qui, selon Pline avait la faculté de faire pousser la barbe.

CHAPITRE LV.

RUINES D'ÉRYTHRÆ. — RHITRI.

Les ruines d'Érythræ conservent encore le nom de Rhitri, qui est celui d'un petit village grec bâti en dehors de l'enceinte de l'ancienne ville. Deux routes conduisent à Érythræ, l'une par Vourla et l'autre par Tchechmé: cette dernière est la plus praticable.

Tchechmé est une petite ville moderne qui tire ses revenus des bâtiments qui viennent mouiller dans sa rade,

---

(1) Pausanias, liv. VII, 5.
(2) Strabon, XIV, 645; XVII, 814.

(1) Strabon, XIV, 645.

lorsqu'ils sont retenus à l'entrée du canal de Chio. Toutes les maisons sont bâties en pierres, blanchies à la chaux et couvertes en terrasses. Quelques dattiers plantés çà et là achèvent de lui donner un aspect tout à fait oriental. On peut facilement trouver des chevaux pour se rendre aux ruines d'Érythræ, situées à vingt-deux kilomètres au nord de la ville, en longeant le bord de la mer; la route est très-accidentée, entrecoupée de collines et de ravins formés par les contreforts du mont Mimas.

En sortant de Tchechmé on contourne un mamelon assez élevé qui défend la ville et la rade de l'action des vents du nord; on descend ensuite dans un vallon où se trouvent des eaux thermales avec un établissement rustique, fréquenté par les habitants de la presqu'île; ces bains n'ont jamais été mentionnés par aucun auteur moderne; ce sont certainement les bains cités par Pausanias comme existant « près du promontoire Macria, les uns creusés naturellement dans le roc au bord de la mer, les autres faits de main d'homme et fort ornés (1). » Un ruisseau qui n'a pas de nom aujourd'hui arrose la vallée des bains; on est là à moitié route entre Tchechmé et Érythræ : on a encore à franchir deux ou trois côtes assez abruptes. En contournant les sinuosités du rivage, on a sur sa gauche la mer du canal de Chio et une infinité de petites îles qui se détachent comme autant de points lumineux sur le sombre azur de la mer. Quelquefois la route domine de véritables précipices; enfin on arrive aux ruines d'Érythræ qui présentent l'aspect de la plus complète désolation.

L'assiette de la ville était très-forte : on peut encore suivre dans tout son pourtour la ligne de circonvallation. Les murailles formaient presque un demi-cercle qui comprenait la largeur de la baie d'Érythræ; elles ont le caractère de la plus haute antiquité, sont bâties en grands blocs de trachyte rouge, entremêlés çà et là d'assises de pierre calcaire. Elles sont défendues par des tours carrées de très-solide construction, espacées de vingt-cinq à trente mètres. Du côté de l'est on entre dans la ville par une brèche où l'on reconnaît les vestiges d'une porte, mais un montant seul est en place.

Les murailles descendent ensuite dans la partie plane de la ville, et remontent une seconde ligne de collines pour arriver à l'acropole, bâtie au nord sur le sommet d'un mamelon.

Le rocher entaillé par banquettes servait de fondation aux murailles dont la construction rappelle celle des murs d'Assos, c'est-à-dire que ces murs dateraient du cinquième siècle avant notre ère : près de l'acropole est une autre porte tout aussi ruinée. L'acropole a été en grande partie réparée à l'époque byzantine : on reconnaît dans les murailles un grand nombre de fragments antiques et quelques inscriptions.

Avant de rechercher les derniers vestiges de l'ancienne Érythræ, nous devons nous arrêter un moment pour observer la singulière conformation du sol de cette ville, qui appartient à la masse du mont Mimas, et qui représente en moindres proportions la formation générale de la montagne.

Érythræ est entourée de collines de calcaire, marbre bleu, mais l'acropole et les bases de toutes les collines sont toutes composées de trachytes rouges; on les retrouve à l'acropole sous forme d'un mamelon isolé qui a surgi du milieu de la plaine. Non loin de là, les roches calcaires apparaissent à la surface du sol, de sorte que l'expansion des trachytes de dessous les roches calcaires est si visible, qu'on assiste pour ainsi dire à l'expansion des roches ignées, comme si elle avait lieu de nos jours; ce sont ces trachytes qui ont servi à bâtir les monuments d'Érythræ. Tous les édifices étaient rouges, et le nom du fondateur Érythrus était on ne peut mieux en harmonie avec la couleur de la ville (1).

Du pied des collines de l'est sort une source abondante qui forme un petit cours d'eau : c'est le fleuve Aleus cité par Pline; un autre cours d'eau arrose le pied des collines du nord.

Au centre de la ville est un exhaussement de terrain taillé en rectangle et formant une grande terrasse soutenue

---

(1) Pausanias, livre VII, ch. 5.

(1) *Erythros*, rouge.

de tous côtés par un soubassement de construction archaïque, partie en assises réglées, partie en blocs à joints irréguliers. On arrive sur cette terrasse par un éboulement du côté de l'est, où il y avait peut-être un escalier.

La surface de l'esplanade est couverte de décombres, au milieu desquels on reconnaît les traces d'un édifice carré et un morceau de frise dorique, des tambours de colonnes cannelées à la grecque; on voit qu'on est sur l'emplacement d'un temple, mais il ne subsiste pas assez de documents pour le restituer comme celui d'Assos.

Tout porte à croire que sur cette terrasse s'élevait le temple d'Hercule cité par Pausanias. On ne peut que soupçonner à quel ordre il appartenait, puisque l'architecture ionienne ne date que d'Hermogène, et qu'avant cet architecte tous les temples d'Ionie étaient d'ordre dorique. On peut en inférer, vu la haute antiquité à laquelle Pausanias fait remonter l'arrivée de la statue d'Hercule, que le temple était d'ordre dorique; enfin une dernière considération, c'est que le seul temple d'Hercule, connu de nos jours, celui de Cori en Italie, est d'ordre dorique.

Nous n'avons observé aucun emplacement qui pût, avec quelque apparence de probabilité, être attribué au temple de Minerve Poliade. Les temples de cette divinité étaient ordinairement élevés dans la citadelle même des villes comme à Athènes et à Pergame, or nous avons vu que l'acropole d'Erythræ avait été presque entièrement rebâtie par les Byzantins: le temple aura été rasé à cette époque.

Le théâtre était établi sur le flanc nord du rocher de l'acropole; il présente peu d'intérêt au point de vue de l'art; les détails les plus importants, c'est-à-dire le proscenium et la décoration extérieure, ont presque entièrement disparu. Quelques gradins sont encore en place, mais la plus grande partie qui pouvait servir comme pierres de taille a été enlevée; le château qui domine la colline en a absorbé une grande partie.

Les fouilles faites à Erythræ mettaient à découvert un certain nombre d'inscriptions, et peu de morceaux de sculptures propres à être placés dans les musées. Mais l'étude de ces ruines faite au point de vue architectonique serait intéressante, attendu qu'elles surpassent en antiquité celles de toutes les autres villes de l'Ionie.

La presqu'île Érythrée se termine au nord par le cap Mélas aujourd'hui le cap Kara bournou, cap noir, ainsi nommé à cause de la couleur noire des laves qui entourent la base. Au nord de la rade d'Érythræ les navires trouvent encore un refuge dans une crique appelée aujourd'hui Egri Liman, le port oblique, bon mouillage mais qui manque de fond, c'est l'ancien Portus Phœnicus. Le cap Mélas est formé par une montagne abrupte et rocheuse; quelques villages modernes sont dispersés autour de sa base, mais il ne reste dans cette région aucun vestige d'antiquité.

CHAPITRE LVI.

GOLFE DE SMYRNE.

Après avoir parcouru l'Ionie nous rentrons dans le golfe de Smyrne en longeant la côte méridionale; la base du mont Mimas est marquée par une profonde échancrure appelée par les marins baie de Karagatch, parce que les navires peuvent se mettre à l'abri du vent du nord appelé Karagatch. Les cartes le désignent sous le nom de golfe de Ghulbaghthé, jardin des roses, à cause d'un petit village du même nom.

Vient ensuite le golfe de Vourla, au-dessus duquel est bâtie la petite ville de Vourla, qu'on est porté à identifier avec la première Clazomène; on n'y trouve aucun vestige d'antiquité; le pays d'alentour est très-montagneux: les Grecs y cultivent la vigne avec succès.

Devant la baie de Vourla est situé le petit archipel connu des marins sous le nom d'îles d'Ourlac: c'est le meilleur mouillage du golfe, et les flottes européennes ont l'habitude d'y stationner en hiver: il y a une source abondante qui fournit une eau excellente.

CLAZOMÈNE.

Une petite île déserte reliée au continent par un isthme sablonneux, c'est tout ce qui reste de l'ancienne Clazomène. De toutes les tribus d'Ionie, il n'y en eut pas de plus voyageuse. Quand les Clazoméniens arrivèrent en Asie la grande migration ionienne s'était déjà effectuée ; ils se dirigèrent vers le nord de l'Æolide et bâtirent auprès du mont Ida une ville qu'ils abandonnèrent pour se rapprocher des Colophoniens, auxquels ils avaient demandé un chef. Étant arrivés dans la presqu'île Érythrée ils fondèrent Scyppium sur le versant sud de la presqu'île.

Mécontents de ce territoire ils s'avancèrent au nord-est et s'établirent à Chytrium, plus tard ils fondèrent Clazomène dans la terre ferme, et s'y maintinrent jusqu'à l'arrivée des Perses. Ils se défendirent vaillamment contre Alyatte, roi de Lydie, et lui firent éprouver des pertes sensibles (1) ; la paix se fit cependant et pendant tout le règne des Mermnades, cette petite république put développer son activité commerciale. Elle était restée en relation avec le continent de la Grèce et avait à Delphes son trésor particulier. Crésus avait envoyé au temple d'Apollon des cratères d'or et d'autres en argent, ouvrages précieux et célèbres ; après l'incendie de Delphes ils furent déposés dans le trésor des Clazoméniens, où on les voyait encore du temps d'Hérodote : le cratère d'argent pouvait contenir dix amphores, plus de cent cinquante litres. La ville de Clazomène était alors arrivée à un certain degré de prospérité ; elle faisait partie de la confédération, et ses navires sillonnaient les mers depuis le Pont-Euxin jusqu'à l'Égypte.

A la chute des rois de Lydie, les Clazoméniens, pour se mettre à l'abri des attaques des Perses, se retirèrent dans un îlot voisin du continent. Alexandre joignit cette île à la terre ferme par une jetée que l'on retrouve encore ; c'est cette indication qui a guidé les premiers explorateurs qui ont déterminé le site de Clazomène. La jetée a environ quatre cents mètres de longueur : elle est soutenue du côté de l'ouest par un mur antique qui est presque couvert par le sable. L'île de Clazomène est aujourd'hui déserte : il n'y reste aucun vestige important de ses anciens édifices, et des fouilles entreprises il y a quelques années par un des commandants de la station française ne produisirent aucun résultat important : on s'est assuré seulement que le sol de l'île était couvert de fondations d'édifices.

Clazomène s'associa à la révolte des Téiens contre Athènes ; mais elle fut bientôt forcée de faire sa soumission. Elle prit parti pour les Romains dans la guerre contre Antiochus, aussi reçut-elle de la part du sénat le privilége de conserver son autonomie : on lui fit en outre présent de l'île de Drymusa. Auguste y fit faire des travaux qui lui méritèrent le titre de nouveau fondateur.

La situation de Clazomène dans le voisinage des îles qui offraient aux pirates des repaires si favorables, fut souvent exposée à leurs attaques soudaines ; les pirates de Cilicie s'en emparèrent du temps de Sylla, et dans le moyen âge toute cette presqu'île était infestée de chefs qui mettaient le pays au pillage : c'est sans doute la cause de la ruine totale de cette ville. Les musulmans, en guerre avec les nations maritimes de l'Europe, ne voulurent pas laisser subsister une place qui pouvait leur servir de base d'opérations contre Smyrne. Aujourd'hui on ne connaît dans cet archipel que la grande et la petite Ourlac. Pline nomme huit îles dans le golfe de Smyrne : il les appelle îles Péristérides. Mégalé est certainement la grande Ourlac ; les autres, nommées, Carteria, Elæussa, Alopèce, Pystira, Crommyonesos, ne sauraient être identifiées avec celles qui existent, faute d'indications suffisantes.

A l'ouest d'Ourlac s'étend une langue de terre avec un château moderne appelé le fort Sandjiak : il marque l'ancienne limite entre les territoires de Clazomène et de Téos ; il est dominé par la montagne à deux sommets connue sous le nom des Mamelles, au pied de laquelle sont les bains chauds appelés bains d'Agamemnon. D'après la tra-

---

(1) Hérodote, liv. 1er, 16.

dition, conservée par Pausanias (1), on voit encore les restes de plusieurs constructions byzantines formant une salle d'étuve ou tépidarium : la température des eaux dépasse 60° centigrades ; elles sont très-abondantes et forment un petit ruisseau qui va se jeter dans un cours d'eau voisin ; près de ces bains était un temple d'Apollon en marbre blanc. Strabon mentionne brièvement ces lieux : « après Clazomène on trouve un temple d'Apollon, des eaux thermales et le golfe de Smyrne (2).

La côte nord du golfe dépendait de l'Æolide, mais l'entrée du golfe du côté du nord était défendue par une ville célèbre entre les villes ioniennes, la ville de Phocée dont le nom seul est resté.

CHAPITRE LVII.

PHOCÉE.

L'entrée du golfe de Smyrne est signalée aux navigateurs par deux caps élevés ; celui de droite Kara bouroun, le cap noir, appartient à la presqu'île Érythrée, celui de gauche Kizil bouroun, le cap rouge, fait partie du territoire de l'Æolide ; mais à l'arrivée des Phocéens en Asie il fut annexé à l'Ionie. Ce cap doit son nom moderne à la couleur rouge des terrains volcaniques. Le groupe de monticules dont il est formé se rattache au continent par des terrains d'alluvion d'une origine récente, aussi n'est-il pas étonnant que les écrivains du premier siècle aient regardé ce territoire comme relié au continent par des relais de la mer. Pline affirme que la ville de Leucæ, voisine de Phocée, fut primitivement fondée sur une île.

La ville de Phocée et les ports qui faisaient sa puissance et sa richesse étaient situés sur la mer Égée, au nord de la presqu'île de Kizil bouroun, elle est représentée par la petite ville de Phokia.

Les Phocéens arrivèrent en Asie sous la conduite de deux chefs athéniens Philogène et Damon, ils habitaient primitivement les environs du mont Cné-

mis en Phocide, et faisaient partie du grand conseil des Amphictyons ; mais, accusés de s'être livrés au pillage du temple d'Apollon, ils soulevèrent contre eux les autres peuples grecs. La guerre phocique fut la conséquence de cet attentat, que les Phocéens rachetèrent en défendant le temple de Delphes contre les Gaulois. Ils furent rétablis dans leurs anciens priviléges (1). Mais on doit croire qu'il restait un levain d'hostilité entre eux et leurs compatriotes grecs, puisqu'ils finirent par abandonner leur pays. Le succès des Ioniens dans leurs projets de colonisation appelait sur les côtes d'Asie toutes les peuplades grecques mécontentes de leur sort en Europe. Les Phocéens arrivèrent en Æolide, et, du consentement des habitants de Cymé, ils purent s'établir sur la côte voisine ; mais les Ioniens ne voulurent ni faire alliance avec eux, ni les admettre dans la confédération, que sous la condition qu'ils obéiraient à des rois du sang de Codrus. Érythræ et Téos qui étaient déjà constituées en États, leur fournirent trois princes de cette lignée, et Phocée, admise au nombre des villes ioniennes ne tarda pas à se distinguer par l'esprit d'entreprise qui animait ses habitants. Les Phocéens sont les premiers Grecs d'Ionie qui se soient adonnés à la navigation de long cours, ils construisirent des vaisseaux à cinquante rames et parcoururent l'Adriatique, la mer Thyrrénienne et les côtes d'Ibérie.

Dans leurs voyages à Tartessus, ils avaient acquis l'amitié du roi Arganthonius, qui leur offrit de quitter l'Ionie et de venir s'établir dans la partie de ses États qu'ils voudraient choisir. La facilité avec laquelle les anciens peuples grecs s'expatriaient pour aller chercher d'autres demeures aurait lieu de nous surprendre, si à toutes les époques de l'histoire ancienne, nous n'en trouvions de nombreux exemples. Les Phocéens refusèrent néanmoins les offres du roi. Arganthonius, pour leur témoigner toute sa sympathie, leur fournit des subsides pour entourer leur ville de murailles, et se mettre à l'abri des attaques des Mèdes, qui commençaient à devenir puissants. Ces murailles, dont le pourtour

---

(1) Pausanias, liv. VI, 5.
(2) Strab., XIV, 646.
(3) Liv. 5, 39.

(1) Pausanias, X, 8.

était de deux cents stades ou deux mille cinq cents pas romains selon Tite-Live (1), furent construites en pierres de grande dimension parfaitement jointes (2); elles formaient, en se resserrant, une sorte de coin large de douze cents pas nommé Lampter. De là, sur une longueur de mille pas, s'avançait dans la mer une langue de terre qui coupait le golfe par la moitié.

De chaque côté de la gorge étroite par laquelle elle tenait au continent se trouvait un port, chacun dans une exposition différente. Celui qui était situé au midi s'appelait Naustathmus : c'était l'arsenal des bâtiments de guerre; l'autre était à côté du Lampter. Devant l'entrée était la petite île Baccheion, ornée de temples et de splendides constructions (3). Les alluvions ont totalement changé l'état de cette côte : les ports ont été comblés. Les prévisions du monarque ibérien furent bientôt réalisées, Phocée fut une des premières villes assiégées par Harpagus, la ville fut investie du côté de la terre; le général perse, pour abréger la résistance, fit dire aux habitants que Cyrus se tiendrait pour satisfait, s'ils voulaient consentir à démolir un seul créneau, et à consacrer une maison au roi. Les Phocéens demandèrent un armistice d'un jour, afin de délibérer, et obtinrent en même temps du général ennemi que l'armée perse s'éloignât des murailles. Le projet des Phocéens était connu d'Harpagus; il consentit néanmoins. Dès qu'il eut fait éloigner son armée, les Phocéens se hâtèrent de mettre à la mer leurs galères à cinquante rames, y firent entrer leurs familles et embarquèrent leurs meubles, les images de leurs dieux, et les monuments consacrés, à l'exception de ceux qui étaient peints sur les murs; ils s'embarquèrent eux-mêmes, et firent voile pour l'île de Chio. Lorsque les Perses entrèrent dans la ville ils la trouvèrent complétement déserte.

Les Phocéens proposèrent aux habitants de Chio de leur vendre les îles OEnusses; mais ceux-ci n'ayant pas voulu y consentir, les Phocéens se rembarquèrent; ils formèrent le projet de se rendre dans l'île de Cyrnos, où la ville d'Alalia avait été fondée par eux vingt ans auparavant. Avant de prendre cette route, ils retournèrent à Phocée, où, étant débarqués inopinément, ils massacrèrent la garnison perse qu'Harpagus avait laissée dans la ville. Ils prononcèrent ensuite des imprécations solennelles contre ceux d'entre eux qui abandonneraient la flotte, et ayant jeté dans la mer une masse de fer rougie au feu, ils firent serment qu'aucun d'eux ne retournerait à Phocée avant que cette masse de fer ne reparût sur l'eau; mais au moment où la flotte mettait à la voile pour Cyrnos, plus de la moitié des citoyens attendris par l'aspect des lieux et le souvenir des anciennes habitudes, entraînés de nouveau par l'amour de la patrie, devinrent parjure, retournèrent en arrière et rentrèrent dans Phocée. Les autres, fidèles à leur serment, s'éloignèrent des îles OEnusses et continuèrent leur navigation.

Arrivés dans l'île de Cyrnos, ils y vécurent pendant cinq années avec les premiers habitants d'Alalia, et se construisirent des temples dans la ville. Mais s'étant mis à ravager les côtes voisines, les Tyrrhéniens et les Carthaginois se réunirent contre eux. Vainqueurs, mais fort maltraités dans un combat naval, les Phocéens quittèrent Alalia avec leurs familles, et firent voile pour Rhegium. Ceux d'entre eux qui avaient été faits prisonniers par les Carthaginois furent conduits à terre et massacrés sans pitié. Ceux qui purent s'enfuir débarquèrent à Rhegium et fondèrent la ville d'Hyéla, après avoir pris l'avis d'un habitant du Possidonium, qui leur expliqua le sens d'un oracle mal interprété par eux (1).

CHAPITRE LVIII.

FONDATION DE MARSEILLE.

Ici s'arrête le récit d'Hérodote; mais Strabon le complète en nous apprenant que les Phocéens, continuant leurs pérégrinations, vinrent sur les côtes méridionales de la Gaule, et fondèrent Mas-

---

(1) Tite-Live, liv. XXXVII, 31.
(2) Hérodote, liv. Ier, 163.
(3) Tite-Liv., liv. XXXVII, 22.

(1) Hérodote, liv. Ier, 165, 166.

salia, où ils s'établirent définitivement.

Avant de quitter l'Ionie, ils avaient consulté l'oracle, qui leur prescrivit de prendre de Diane d'Éphèse un conducteur pour le voyage qu'ils se proposaient de faire. Ce guide se manifesta en la personne d'Aristarché, une des femmes les plus considérées d'Éphèse, qui partit avec les Phocéens, emportant avec elle une des statues de Diane consacrées dans le temple. En arrivant dans la nouvelle colonie, ils fondèrent le temple Éphésium consacré à Diane (1). C'est ainsi que le culte de Diane éphésienne fut apporté en Gaule, et la tête de la déesse figura sur les monnaies des Massaliotes.

Hérodote ne dit pas comment furent traités par les Perses, les Phocéens qui restèrent en Asie. Le besoin où étaient les Perses d'avoir avec eux des hommes de mer dut adoucir la colère du satrape, et sans doute ils purent rentrer en possession des maisons qu'ils avaient quittées. Phocée continua d'exister sous le gouvernement des Perses; mais toujours impatiente de recouvrer sa liberté, elle prit une part active à la grande révolte de l'Ionie, et le Phocéen Denys fut élu général des confédérés réunis autour de l'île de Ladé.

Le discours qu'il prononça conquit tous les suffrages; mais les mesures actives qu'il prit pour organiser son armée navale fatiguèrent au bout de sept jours cette multitude inhabile à la mer. Les Ioniens commencèrent à murmurer, et comptant les navires confédérés, ils tournaient en ridicule les Phocéens, qui n'avaient amené que trois vaisseaux. Dans ces conjonctures, le combat contre les Perses, ne pouvait être que désastreux. La flotte ionienne fut détruite malgré le courage des citoyens de Chio, qui tinrent tête à l'ennemi jusqu'au dernier moment.

Le Phocéen Denys voyant les affaires des Ioniens complétement ruinées, et prévoyant bien que Phocée serait réduite en esclavage comme le reste de l'Ionie, fit voile vers la Phénicie avec ses navires et avec trois vaisseaux qu'il avait pris aux ennemis. Il trouva sur la côte un grand nombre de bâtiments marchands, qu'il coula à fond, et ayant rassemblé un butin considérable, il fit voile pour la Sicile, où il continua le métier de pirate, donnant la chasse aux vaisseaux carthaginois ou tyrrhéniens. Il vengea ses concitoyens massacrés au début de la guerre des Perses (1).

La révolte d'Ionie étant comprimée, Phocée subit le sort commun aux autres villes; mais ne perd pas son rang de place maritime du premier ordre. C'est toujours sa possession qu'ambitionnent tous les princes ou les chefs de parti qui se disputent le territoire de l'Ionie.

Dans la guerre contre Antiochus, Phocée reprend son rang de grand arsenal maritime. Antiochus étant parti pour la Phrygie, laissa son fils Séleucus en Æolide pour surveiller les places maritimes qu'Eumène et les Romains voulaient détacher de son parti. Eumène était maître de Phocée; mais les citoyens, surchargés d'impôts, commençaient a se mutiner. La ville avait été taxée à la fourniture de cinq cents toges et de cinq cents tuniques; il y avait de plus la disette de blé qui irritait les habitants. La multitude était ramenée au parti d'Antiochus malgré le sénat, qui voulait rester fidèle à Eumène; mais les factieux l'emportèrent (2).

Après la levée du siége d'Abydos, la flotte romaine revint joindre celle d'Eumène à Canœ. Livius fit voile pour Phocée; mais, apprenant que la ville était défendue par une forte garnison, et que le camp de Séleucus n'était pas éloigné, il dévasta la côte, fit un grand nombre de prisonniers, et se rembarqua avec tout son butin, ne s'étant arrêté que pour donner à Eumène le temps de rejoindre son escadre.

Quelque temps après, Séleucus reprit Phocée par la trahison des gardes, qui lui ouvrirent les portes, et la terreur de ses armes obligea Cymé et d'autres villes de la même côte à se déclarer en sa faveur.

.

(1) Hérodote, VI, 17.
(2) Tite-Liv., XXXVII, 9.
(3) Id., ibid., ch. 11.

(1) Strabon, liv. IV, 179.

CHAPITRE LIX.

SIÉGE DE PHOCÉE.

Les Romains se décidèrent enfin à faire un siége en règle. Le préteur Émilius Regillus commandait la flotte en personne; il s'empara des deux ports (189 ans avant J.-C.), et lança dans la ville une proclamation pour inviter les Phocéens à se rendre. La réponse fut la même qu'au temps d'Harpagus : ils refusèrent. Le consul fit commencer les attaques des deux côtés du Lampter; ce quartier était dégarni de maisons, et des temples en occupaient presque tout l'espace. On approcha le bélier, qui battit les murailles: mais les assiégés se défendaient avec acharnement : les brèches étaient réparées à mesure qu'elles étaient ouvertes.

De nouvelles propositions de capitulation leur furent adressées; ils demandèrent cinq jours pour délibérer et ouvrirent enfin leurs portes. Les Romains entrèrent en ville, non pas en vainqueurs, mais en vertu de la capitulation. Aussi les soldats, qui comptaient sur le pillage, commencèrent-ils à murmurer, et plusieurs d'entre eux, malgré la défense de leurs chefs, se mirent à piller les maisons. Le préteur Émilius rassemble autour de lui sur la place publique les citoyens de condition libre, et après avoir arrêté le sac de la ville, il ordonna que toutes les propriétés publiques ou privées fussent respectées et rendit à Phocée son territoire, son gouvernement et ses lois (1).

Après la défaite et l'expulsion d'Antiochus, l'Æolide fut réunie aux États du roi de Pergame. Il est à croire que Phocée fut détaché de l'Ionie; elle est en effet comprise dans l'Æolide par le géographe Ptolémée, qui ne pouvait ignorer que cette place avait fait partie de l'Ionie.

Pendant la guerre contre Aristonic, Phocée avait pris parti pour ce prétendant, et s'était de nouveau mise en état d'hostilité contre Rome. Les consuls qui avaient vaincu Aristonic marchaient contre Phocée; mais la colonie de Marseille, alors puissante et amie des Romains intercéda pour cette ancienne alliée, et la paix fut rétablie.

Lorsque les Romains furent tranquilles possesseurs de l'Asie, toutes les villes furent soumises à l'administration proconsulaire et perdirent leur physionomie originale; leur histoire se confond avec celle de l'empire. Phocée dut se contenter du rôle de ville marchande, et son nom est à peine mentionné pendant toute la période romaine. Les ports se comblaient lentement, et sa population l'abandonnait.

CHAPITRE LX.

FONDATION DE PHOCÉE LA NEUVE.

Sous les empereurs byzantins, Phocée n'était plus qu'un bourg dont les murailles étaient détruites; la position était cependant importante, et une circonstance fortuite y appela les Génois, qui fondèrent à côté de l'ancienne ville une place forte qu'ils appelèrent la nouvelle Phocée.

Il y avait dans le voisinage de cette ville une montagne renfermant une mine très-riche en alun, qui avait été découverte sous le règne de Michel Paléologue, et dont l'exploitation était dirigée par des Italiens. Ils payaient à l'empereur grec une redevance annuelle pour droits d'exploitation et d'exportation. Lorsque cette contrée fut en butte aux attaques réitérées des émirs turcs, la sûreté des mineurs fut compromise, et les Latins, de concert avec les Grecs, élevèrent un château au pied de cette montagne, lui donnèrent le nom de nouvelle Phocée; et les maîtres de cette place, les nobles Génois, Andrea et Jacob Cataneo, conclurent avec Sarukhan, émir de Lydie, moyennant un tribut de cinq cents ducats, un traité qui fut exécuté pendant cent quatre-vingts ans (1). La ville de Phocæa-Nuova, devenue une place importante, était gouvernée par un podestat génois, qui, au nom de la république, jouissait d'un pouvoir illimité. C'est ainsi qu'étaient organisées toutes les colonies génoises sur les côtes de l'Asie Mineure.

---

(1) Tit-Liv., XXXVII, ch. 31.

(1) Ducas, livre XXV, p. 90, ap. Hammer, *Hist. ottomane*.

Lorsque Mahomet Ier vint assiéger Cymé (1) le podestat Jean Adorno conclut avec le sultan un traité qui laissait aux Génois la libre possession de Phocée la neuve, moyennant le paiement d'une somme de vingt mille ducats, qui devait être effectué en dix années. Le sultan mourut sans que cette redevance fût soldée, et la république de Phocée fit avec le sultan Mourad un nouveau traité, non pas en argent, mais en matériel de guerre. Les Génois donnaient à Mourad six mille ducats sur l'arriéré de l'ancien traité, et mettaient leurs bâtiments à la disposition du sultan pour transporter ses troupes en Europe, se faisant ainsi les auxiliaires des hordes musulmanes qui allaient ravager les terres des chrétiens. Les faits de ce genre, qui se renouvellent fréquemment dans le cours de l'histoire ottomane, sont autant de taches à l'honneur des peuples qui s'en rendirent coupables. On voyait souvent des chrétiens se mettre à la solde des Turcs : jamais on ne vit d'armée turque se mettre à la solde des chrétiens.

Les souffrances des populations chrétiennes en Orient ne sont pas dues seulement au fanatisme et à la barbarie des musulmans, elles ont aussi à reprocher à leurs ancêtres l'abandon dans lequel ils ont laissé les intérêts chrétiens.

La petite ville de Phokia occupe l'emplacement de Phocée la neuve; elle contient une population de quatre à cinq mille âmes, qui est presque entièrement adonnée à la marine; les Turcs y sont en majorité; on compte à peu près trois cinquièmes de race turque et deux cinquièmes de race grecque. Ces derniers ont une petite église, les Turcs ont plusieurs mosquées délabrées. Les cimetières, qui sont hors la ville, renferment plusieurs fragments d'architecture ancienne; mais nous n'avons observé aucune ruine qui méritât une étude particulière.

LEUCÆ.

La ville de Leucæ était sur le bord de la mer, à l'ouest de Phocée. Elle doit sa fondation à un général perse nommé Tachos, qui s'était révolté contre Artaxerxe et s'était retiré dans une île voisine de la côte d'Æolide. Le territoire de Leucæ était en effet une île qui fut dans la suite réunie au continent par suite des alluvions. Les habitants de Cymé et ceux de Clazomène se disputèrent la possession de cette ville, et ils convinrent de s'en rapporter à la décision de l'oracle de Delphes. Leucæ serait restée une ville ignorée de l'histoire, si elle n'eût été choisie comme place de guerre par Aristonic dans la guerre contre les Romains. (1) On en reconnaît l'emplacement au village qui a conservé le nom de Lefké, mais il n'y a aucun vestige d'antiquité.

Le territoire situé entre ce village et l'Hermus appartenait à l'Æolide, il a été compris dans la description de cette province.

Telle est aujourd'hui cette terre d'Ionie autrefois si riche en monuments, couverte de villes nombreuses et puissantes. La plus grande partie de son territoire est maintenant abandonnée aux nomades; les anciennes villes ne sont plus que des amas de décombres; Smyrne seule a survécu à tant de naufrages. Une seule condition pourrait rappeler sur cette terre l'activité et le travail, ce serait l'appel fait à la colonisation européenne; mais elle ne pourrait se faire avec sécurité que si les Européens pouvaient devenir propriétaires en Turquie au même titre que les étrangers peuvent être propriétaires dans les divers États de l'Europe.

Pour compléter le chapitre des tremblements de terre, nous insérons ici un fait signalé par le *Précurseur* d'Athènes, qui justifie les observations faites par Pline et par Procope sur l'irruption de la mer au moment des tremblements de terre (2) :

« Le 26 décembre 1861, à huit heures trois quarts du matin, une secousse assez violente de tremblement de terre, d'une durée de deux secondes environ, et dont les oscillations paraissaient venir de la direction sud-ouest, a été ressentie à Athènes, où des craintes sérieuses se sont immédiatement ré-

(1) Voy. pages 225-226.

(1) Voy. pag. 212.
(2) Voyez chap. XXXII.

pandues au sujet d'autres localités plus d'une fois déjà, et il y a peu d'années encore, si désastreusement éprouvées.

« A Patras, la toiture de la caserne, dans l'intérieur du fort, s'est effondrée, sans entraîner toutefois d'accidents. Une maison à deux étages de la ville basse, située près du port, s'est écroulée entraînant dans sa chute quelques magasins y attenant; plusieurs autres habitations ont souffert, mais on n'a eu à déplorer aucune victime.

« Aégion (Vostizza) a été plus sérieusement éprouvée, car une quinzaine d'édifices ont été renversés de fond en comble, et plusieurs personnes ensevelies sous leurs décombres. La majeure partie des maisons ont été plus ou moins endommagées, et le niveau de la mer indiquait une surélévation de deux mètres, menaçante en conséquence, pour la basse ville.

« L'ancienne Corinthe a vu disparaître nombre de ses anciennes habitations, abandonnées depuis le tremblement de terre de 1852. Beaucoup de constructions, à la nouvelle Corinthe, ont été lézardées, et Calamaki n'a pas été préservé des mêmes épreuves.

« A Galaxidi et à Itea, sur la rive nord du golfe de Lépante, la mer a fait irruption et entraîné un magasin isolé, outre d'autres dommages que le défaut de renseignements ne nous permet pas de préciser, car aucun rapport officiel (après sept jours!) n'ayant encore été publié, nous devons nous borner à ces renseignements particuliers, sous la reserve de les compléter plus tard. »

LIVRE VI.

PHRYGIE. — GALATIE.

CHAPITRE PREMIER.

MIGRATIONS PHRYGIENNES.

Il résulte de l'examen des auteurs qui ont traité de la géographie et de l'histoire ancienne de l'Asie Mineure, que le peuple phrygien fut un des premiers de ceux qui vinrent des contrées environnantes former des établissements fixes dans la presqu'île; mais, en examinant sa constitution géologique et géographique, on voit qu'à une époque relativement récente, à une époque assez rapprochée des temps historiques, les phénomènes volcaniques et le travail des atterrissements rendaient cette contrée presque inhabitable. Pendant la longue période des siècles suivants, les villes de l'Asie Mineure furent exposées aux ravages des tremblements de terre, et l'on vit les habitants lutter de patience et de courage contre une nature rebelle qui leur offrait, en échange de dangers constants, un sol admirable de fécondité, un terrain vierge qui payait avec usure les travaux de ses premiers colons. Mais on ne doit pas s'étonner, malgré son voisinage de l'Orient, malgré sa proximité du grand foyer de population qui s'est épanché sur les contrées occidentales, de voir l'Asie Mineure déserte, ou seulement parcourue par quelques peuplades errantes, pendant que la Thrace et les rives septentrionales du Pont-Euxin avaient déjà une surabondance de population à verser sur d'autres pays. C'est donc longtemps après que les Thraces eurent formé un État constitué, que les Bryges, sous la conduite d'un chef du nom de Midas, qui demeurait près du mont Bermius, en Macédoine, vinrent s'établir dans les provinces centrales de la presqu'île (1). La plupart des historiens sont d'accord pour regarder les Phrygiens comme étant d'origine européenne; ils ne diffèrent d'opinion que sur l'époque où eut lieu cette grande migration. Elle s'effectua, pour ainsi dire, en sens contraire du mouvement des peuples primitifs, qui étaient venus d'Orient en Occident. Hérodote est le seul qui laisserait concevoir quelques doutes sur l'origine européenne des Phrygiens; car dans le recensement qu'il fait de l'armée de Xerxès, il dit que ces peuples et les Arméniens étaient armés de la même manière, ces derniers étant les colons des premiers (1). Le même historien avait dit autre part que les Phrygiens étaient originaires de la Macédoine, où ils habitaient sous le nom de Brygès, et c'est en passant en Asie qu'ils prirent le nom de Phrygès. Il est à remarquer que les géographes moins anciens qu'Hérodote n'ont pas même discuté sa première assertion, mais qu'ils ont, au contraire, adopté les derniers faits comme authentiques. Quant à l'époque où cette migration s'effectua, on a toutes les preuves possibles qu'elle eut lieu avant la guerre de Troie. « Les Phrygiens de Thrace, dit Strabon (2), après avoir fait prisonnier le prince de la Troade et du pays voisin, s'établirent en Mysie, dont les habitants allèrent demeurer au delà des sources du Caïcus. Cette migration des Phrygiens et des Mysiens dut avoir lieu avant la guerre de Troie. » Strabon critique Xanthus de Lydie, pour avoir avancé (3) que les Phrygiens passèrent en Asie après la guerre de Troie, et qu'ils étaient venus de la côte occidentale du Pont-Euxin, sous la conduite de Scamandrius, qui les avait amenés du pays des Bérécynthes; ils auraient, suivant

---

(1) Hérodote, VIII, 138; Cf. Athénée, XII, et Xanthus, fragm. v. éd. Müller.

(1) Hérodote, VII, 73.
(2) Liv. XII, p. 572.
(3) Liv. XIV, p. 680.

cet auteur, donné leur nom à la contrée voisine du Sangarius et à la montagne qui la domine. « Mais, dit Strabon, si la transmigration des Phrygiens d'Europe en Asie était postérieure à la guerre de Troie, et que les Phrygiens qu'Homère fait venir au secours des Troyens fussent arrivés du pays des Bérécynthes et de l'Ascanie d'Europe, quels sont donc ces autres Phrygiens qui avaient campé sur les rives du Sangarius, et auxquels Priam avait joint des troupes en qualité d'auxiliaires? » Servius paraît partager le sentiment de Strabon : car il dit que le mont Bérécynthe fut consacré à la mère des dieux, en mémoire du premier prêtre de cette déesse (1). Nous savons, d'ailleurs, que le royaume de Phrygie était constitué longtemps avant la guerre de Troie, puisqu'à la suite d'une guerre entre Hyllus et Tantale, trisaïeul d'Agamemnon, qui régnait à Tantalis, dans le mont Sipylus (2), les descendants de ce prince, bannis de leurs États, allèrent chercher un refuge dans la Hellade, qui reçut de leurs compagnons le nom de Péloponèse cent vingt ans avant la guerre de Troie. En dépouillant cette époque des circonstances fabuleuses qui la rendent obscure, en examinant les monuments qui subsistent encore, et dont l'identité est attestée à différentes époques par Strabon, Pline et Pausanias, nous voyons que les ancêtres d'Agamemnon régnaient en Phrygie longtemps avant que la Grèce eût reçu les éléments de la civilisation, et que les États de ces princes s'étendaient depuis l'Halys jusqu'à la mer Égée, et jusqu'au golfe de l'Hermus : c'est le nom que l'on donnait au golfe de Smyrne avant que cette ville fût bâtie (3). Il est facile, du reste, d'accorder entre eux les historiens, en supposant qu'à des époques différentes, des tribus thraces sont venues se joindre aux premiers colons, et augmenter ainsi le corps de la nation phrygienne. Hérodote rapporte un fait qui, tout en attestant la naïveté de l'historien, n'est pas inutile pour faire voir quelle était l'opinion générale sur l'antiquité des Phrygiens (1), mais qui, au total, n'a aucun rapport avec la date de leur émigration. Les différentes contrées de la Mysie, de la Lydie et de la Phrygie se trouvèrent donc peuplées par des tribus dont la souche commune était en Europe, et qui, par conséquent, se trouvaient naturellement disposées à se fondre entre elles.

On peut difficilement comprendre que les auteurs de l'époque romaine aient mis en doute que l'émigration phrygienne ait précédé la guerre de Troie, puisque les Troyens eux-mêmes se qualifiaient de Phrygiens, et qu'il y avait alliance entre eux et les princes de la Phrygie (2). Mygdon, qui conduisit en Asie une colonie de Thraces, était frère d'Hécube et père de Corœbus (3). Son tombeau existait encore du temps de Pausanias (4) sur la frontière des Phrygiens et des Tectosages. C'est de ce chef que les Phrygiens ont pris le nom de Mygdoniens.

Nous pourrions nous étonner qu'Hérodote ait songé à faire les Phrygiens descendants des Arméniens, lorsqu'il atteste dans un autre passage que les Phrygiens étaient la plus ancienne nation du monde.

CHAPITRE II.

INVASION DE SÉSOSTRIS. — CULTE.

Longtemps avant l'arrivée des Phrygiens, Sésostris avait conquis l'Asie Mineure et était arrivé jusqu'aux rivages du golfe de Smyrne; c'est là qu'il fit graver cette stèle que nous voyons encore après vingt-cinq siècles. Dans le cours de ses conquêtes, il laissait comme colons un certain nombre d'Égyptiens qui se mêlaient avec la population du pays. Sésostris passa ensuite d'Asie en Europe, soumit les Thraces et les Scythes; c'est peut-être à la suite de cette invasion égyptienne que les peuples de race européenne, agités dans leur propre pays commencèrent

---

(1) *In lib. IX. Æneid.*
(2) Strabon, liv. XII, p. 571.
(3) *Vita Homeri,* c. 2, ap. Herodot.

(1) Lib. II, 2.
(2) Voyez pages 184, 186.
(3) Il. III, 186.
(4) Pausanias, l. X, 27.

leur mouvement de migration en Asie ; ce qui est certain, c'est que l'irruption des Scythes en Asie suivit de près la conquête de Sésostris, et que ces peuples restèrent maîtres du pays pendant quinze cents ans.

Sésostris en revenant dans ses États conduisait avec lui un grand nombre d'habitants des pays qu'il avait conquis ; le vide qui se faisait en Asie était rempli par les migrations venues d'Europe. Nous avons exposé plus haut (1) les rapports qui pouvaient exister entre la race des Phrygiens et celle des Pélasges ; mais l'élément purement asiatique venait modifier la population phrygienne et lui donner une physionomie différente de celle des Lydiens leurs voisins.

Le règne du premier Midas remonte aux époques fabuleuses, dans lesquelles l'histoire pourrait difficilement s'aventurer sans se perdre ; mais il existe encore des monuments qui prouvent qu'une ancienne dynastie de ce nom régna sur la Phrygie antérieurement aux conquêtes de Cyrus. Il n'est pas probable, néanmoins, que les premiers Phrygiens qui vinrent s'établir sur le grand plateau intérieur de la presqu'île aient trouvé une contrée complétement déserte ; mais l'histoire est muette sur les aborigènes qui ont occupé le pays avant les Phrygiens. Les peuples de la Mésopotamie et de la Syrie avaient cependant envoyé des colons dans la partie orientale de l'Asie Mineure. Les Mèdes étaient établis dans une des vastes provinces de ce territoire, et les Leucosyriens occupaient une partie de la Cappadoce et du Pont. Ces peuples avaient transporté en Asie le culte de plusieurs dieux syriens et persiques, qui se répandirent promptement jusque dans la Phrygie. La Vénus des Phéniciens, adorée sous l'emblème d'une pierre conique, eut bientôt sa rivale dans la pierre de Pessinunte, que l'on disait tombée du ciel. On éleva aux dieux Men et Mithra des temples qui rivalisèrent de richesse et de grandeur avec les centres religieux les plus célèbres. Cependant, la divinité qui fut principalement honorée par les Phrygiens était Cybèle ou Rhéa. Cette divinité fut aussi surnommée Agdistis, et laissa son nom à la montagne qui domine la ville de Pessinunte. On peut voir dans Arnobe (1) l'origine de ce surnom, et la fable de Nana, fille du fleuve Sangar, qui fut la mère d'Atys. Le culte de la mère des dieux acquit une telle importance en Phrygie, que les surnoms de la déesse sont toujours pris de quelque localité de la contrée, et que les galles, ses ministres, furent ainsi appelés du fleuve Gallus, l'un des affluents du Sangarius. Strabon nous apprend (2) que les mystères de la déesse pratiqués en Phrygie ne diffèrent pas de ceux des Cabires, usités en Samothrace, et croit que les Cabires, les Dactyles et les Curètes tenaient à une même confrérie. Le surnom de Dindymène fut également donné à plusieurs montagnes, au sommet desquelles se trouvaient des temples de la mère des dieux. Ce culte fut pratiqué dans la Phrygie Brûlée, aux environs de la ville de Cadi, et dans l'île de Cyzique. A l'époque des secondes migrations, les Phrygiens se trouvèrent repoussés vers le sud, et les Bithyniens s'emparèrent de cette partie de la Phrygie, qui fut appelée Épictète. Les Mysiens prirent les rivages de la Propontide et de la mer Égée jusqu'au golfe Adramytte ; les colonies éoliennes s'établirent sur la côte occidentale, de sorte que les rois de Phrygie se trouvèrent relégués sur le grand plateau central qui s'étend d'une part jusqu'à l'Olympe, et de l'autre jusqu'aux montagnes de la Pisidie. Ce fut là le royaume héréditaire des princes de la dynastie de Gordius et de Midas. Il comprenait une partie de la Lydie, la Phrygie Brûlée ou Catacécaumène, l'ancienne Mœonie, les sources du Méandre et ses affluents, et le versant septentrional du mont Cadmus. A l'est du Sangarius, les Phrygiens s'étendirent le long des frontières méridionales de la Paphlagonie jusqu'aux bords de l'Halys.

Au moment de leurs premières migrations, les Phrygiens, pressés par la nécessité de se créer des demeures, profitèrent des éléments que la nature leur offrait dans leur nouveau pays. Les

---

(1) P. 182, chap. XIV.

(1) Adversùs gentes, lib. V.
(2) Lib. X, p. 470.

grandes falaises volcaniques, composées de tufs tendres et faciles à travailler, furent creusées pour y établir des demeures, des temples et des tombeaux. Les premiers Phrygiens devinrent en un mot peuple troglodyte, et après tant de siècles nous sommes étonnés de la variété et du nombre infini de grottes, de labyrinthes taillés dans le rocher, et dont la conservation est parfaite. Vitruve (1) suit la marche ascendante de l'art de bâtir chez les Phrygiens. Ils se creusèrent d'abord des sortes de tanières dans le sol friable; ensuite ils surmontèrent ces demeures d'un toit conique; plus tard, le bois fut employé dans les constructions, mais avec économie, car un des caractères de la contrée est d'être totalement privée d'arbres; les vallées du Sangarius sont ombragées d'une maigre végétation : on ne rencontre les forêts que dans la chaîne de l'Olympe phrygien.

Deux villes furent fondées par les rois Midas et Gordius; mais l'usage de confier aux rochers les souvenirs nationaux ne fut pas abandonné, et nous retrouvons aujourd'hui plusieurs de ces grands monuments conservés au milieu des solitudes.

Les Phrygiens n'avaient pas apporté des contrées de la Thrace l'habitude de creuser dans les rochers la sépulture des morts: ce mode d'inhumation fut, depuis la plus haute antiquité, pratiqué en Égypte; il est bien probable qu'il fut transporté en Asie par les colons qui suivirent les armées de Sésostris. Ce ne sont pas d'ailleurs les seuls colons égyptiens qui aient été établis en Asie Mineure: plusieurs villes étaient surnommées villes égyptiennes, parce que l'ancien Cyrus y établit des Égyptiens qui, étant venus pour les intérêts du roi d'Assyrie, passèrent au service de son vainqueur; après la bataille, Cyrus leur donna des villes dans le haut pays, lesquelles, pour cette raison ont été appelées villes des Égyptiens; il leur donna encore Larisse et Cyllène dans le voisinage de Cymé, et toutes ces villes, du temps de Xénophon, étaient encore possédées par leur postérité (2). Les Égyptiens, si fidèles à leurs usages nationaux, auront certainement transporté dans cette partie de l'Asie le mode de sépulture usité dans leur pays, aussi ne devons-nous pas nous étonner de retrouver dans ces antiques monuments des caractères qui rappellent ceux de l'Égypte, comme les colonnes courtes avec des chapiteaux en corbeilles et les portes en pylones, forme qui certainement a été empruntée aux Égyptiens par les Grecs.

CHAPITRE III.

INFLUENCE ORIENTALE. — MYTHE DE MIDAS.

L'art de la sculpture dut se rattacher forcément à l'École orientale assyrienne. L'emblème de la force, le Lion, si souvent reproduit dans les monuments de l'Assyrie et de la Perse, fut multiplié à l'infini dans le royaume de Phrygie, et cette représentation, devenue populaire, fut imitée plus tard par les Grecs et les Romains; chaque ville était décorée à profusion de tant de figures de lions que les ravages des siècles, la haine que les musulmans portent à toute représentation d'hommes et d'animaux, toutes ces causes de destruction n'ont pas pu tout anéantir, et l'on est encore étonné du nombre de figures de lion en marbre et en pierre que l'on rencontre dans les anciennes villes de la Phrygie. Les autres branches de la sculpture, la décoration des vases et des meubles vinrent aussi d'Assyrie. Midas, fils de Gordius, se fit faire un trône, ouvrage d'un prix considérable, qu'il envoya en présent au temple de Delphes (1), et qui plusieurs siècles après, était encore un objet d'admiration pour les Grecs.

Il ne reste aucun monument de la statuaire phrygienne du temps des rois. On est porté à croire qu'elle avait puisé ses inspirations à l'école d'Assyrie. Le symbolisme oriental était répandu dans toute l'Asie antérieure, nous en avons la preuve dans les monuments qui existent encore. Les Grecs cependant ne tentèrent jamais de l'expliquer et restèrent, autant que possible, étrangers aux

(1) Liv. 15, ch. 1.
(2) Xénophon, *Cyrop.*, liv. VII.

(1) Hérodote, liv. Ier, 14.

représentations formées de parties d'hommes et d'animaux, et quand ils introduisirent dans leur panthéon ces divinités exotiques, ils les revêtirent de formes nobles et gracieuses; mais la plupart du temps ils ne songèrent même pas à expliquer ces symboles asiatiques : c'était une langue morte pour eux.

Les colosses d'Euyuk, les figures monstrueuses de Ptérium avaient chez les Mèdes et les Assyriens une signification populaire : ils étaient placés aux portes des Palais pour en garder l'entrée; elles ont le corps du taureau, pour exprimer la force; les ailes, pour exprimer la promptitude; la tête humaine, pour indiquer la sagesse. Mais cette tête humaine ne suffit pas : il a fallu l'affubler de longues oreilles pour indiquer l'attention soutenue, et de cornes pour sa propre défense.

Voilà donc, dans la même figure, les cornes d'Alexandre le Grand et les grandes oreilles de Midas qui apparaissent comme les symboles des qualités que doit posséder un monarque.

Les colosses de Ninive et de Persépolis étaient-ils considérés comme les portraits du prince? C'est ce qu'il est difficile d'affirmer; mais on peut dire avec assurance qu'ils étaient le symbole de la royauté admis chez les Asiatiques, aussi bien à Babylone que dans les autres villes d'Asie. Quoique nous n'ayons pas dans cette dernière ville des monuments aussi imposants, nous pouvons citer un certain nombre de cylindres et de pierres gravées portant la figure d'un taureau à tête humaine, que les Grecs ont aussi reproduit sur leurs médailles coiffé de la tiare et orné de cornes et de longues oreilles.

C'est-à-dire enfin que, loin d'être un emblème du ridicule et de la sottise, les cornes et les longues oreilles ont été chez les Asiatiques l'emblème de la prudence et de la force. C'est ce que les Grecs n'ont pas compris le moins du monde; et il est curieux de voir les longues oreilles du roi de Phrygie devenir dans les temps modernes l'emblème de la sottise; c'est-à-dire qu'ils ont fait exprimer aux emblèmes asiatiques tout le contraire de ce qu'ils signifient. Eusèbe, dans sa *Préparation évangélique*, atteste que la reine de Phénicie, Astarté, portait un diadème orné de cornes de cerf (1). Dans l'Ecriture, les cornes signifient tantôt la prospérité, tantôt la force, souvent l'orgueil. Il est dit dans l'Exode (2) que le visage de Moïse était cornu.

L'histoire et la fable nous représentent le personnage de Midas sous deux aspects si différents, que les recherches des mythographes et des antiquaires ne sont pas encore parvenues à les accorder.

Nous voyons, d'un côté, le chef d'une grande nation thrace, passant l'Hellespont, conduisant en Asie les Brygès, qu'il établit au bord du fleuve Sangarius; fondant plusieurs villes, initiant ses sujets aux mystères des dieux de la Thrace, et laissant à sa mort un royaume florissant qui continue de prospérer sous une dynastie de dix rois dont Midas fut la souche.

La fable, au contraire, nous le montre comme un prince vivant dans la mollesse, en compagnie des nymphes et des faunes et recevant d'Apollon une punition grotesque qui fait de ce roi la risée de la postérité.

Il y a dans les deux phases de la vie de ce prince une contradiction qui n'avait pas même échappé à certains écrivains grecs, et qui tournaient la difficulté en disant que les oreilles d'âne données à Midas étaient un emblème du caractère soupçonneux de ce prince, qui avait l'habitude d'entretenir beaucoup d'espions. Mais je vais plus loin et je vais démontrer que la fable de Midas est complètement apocryphe, c'est-à-dire purement grecque et qu'elle a pris naissance longtemps après l'extinction du royaume de Phrygie, chez des Grecs ignorant les symboles de l'ancienne Asie, qui auront vu des statues de l'ancien roi de Phrygie représentées sous les attributs de la puissance royale.

Une statue du Musée britannique représente, à n'en pas douter, la figure du roi Midas (3).

(1) Liv. I, ch. 7.
(2) XXXIV, 29.
(3) Troisième salle n° 35. Voyez aussi *Midas roi de Phrygie* dans la *Revue orientale et américaine*, t. II, page 219.

Le roi de Phrygie est couronné d'un diadème, et vêtu d'une tunique à larges manches, comme les portent les rois d'Assyrie et de Persépolis. Sa figure est calme et noble; il est occupé à moduler sur la flûte une de ces élégies dont il était l'inventeur, et qu'il avait enseignées à son peuple. Ce n'était pas pour de vains plaisirs que le disciple d'Orphée avait rendu la musique populaire chez les Phrygiens, il avait consacré son art au culte des dieux et à l'apothéose de sa mère.

« On rapporte que Midas, fils de Gor-
« dius, pendant son règne, consacra
« le jeu de la flûte aux autels et aux
« sacrifices, quand il voulait faire l'a-
« pothéose de sa mère, lorsqu'elle fut
« morte. » Suidas, sub v. ἔλεγος.

Est-ce dans une occupation aussi grave, aussi solennelle que le sculpteur aurait eu la pensée de faire de ce prince une ignoble caricature, en le dépouillant de tout ce qu'il pouvait avoir de respectable pour le spectateur?

A l'époque où cette figure fut faite, il devait exister encore en Phrygie un grand nombre de statues de ces rois fondateurs d'une longue dynastie.

C'est dans les rapports qu'ont eus infailliblement avec l'Asie orientale les premiers Phrygiens qui se sont établis sur le Sangarius, que la civilisation s'est introduite dans cette contrée auparavant barbare.

Les Assyriens et les Mèdes l'avaient occupée antérieurement, et longtemps après l'extinction de la monarchie phrygienne, le culte des mages s'était perpétué dans certains lieux et il était encore pratiqué du temps des Romains (1). Il n'est pas surprenant que, dans la représentation de la royauté, les artistes phrygiens aient adopté un symbole qui était admis chez les peuples de l'Asie centrale.

L'artiste grec, auteur de la statue, aura reproduit le type tel qu'il lui était transmis par les plus anciens artistes; mais peu à peu la tradition est tombée dans l'oubli, et les Grecs ont pris comme une critique un emblème dont ils ne connaissaient pas la signification (2).

Telle est, à notre avis, l'origine du mythe des oreilles d'âne du roi Midas. Les cornes et les longues oreilles ne sont pas, chez les anciens asiatiques, des signes de critique et de raillerie, mais étaient considérées comme des emblèmes de puissance, de force et de sagesse.

Enfin, avec le génie léger et versatile des Grecs, il ne faut pas s'étonner de voir une tradition ou un mythe dévier de sa légitime signification, et être expliqué par une époque d'une manière complètement différente de l'époque antérieure.

CHAPITRE IV.

DYNASTIES PHRYGIENNES.

Le premier chef de ces tribus phrygiennes auquel les historiens donnent le titre de roi fut, selon Suidas, un certain Nannacus, qui régna avant le déluge de Deucalion. Mais le pouvoir de ces princes ne s'étendait que sur une partie de la Phrygie; car l'autre partie fut possédée par les Saces, qui s'étaient rendus maîtres de l'Arménie et de toute la partie de la Cappadoce voisine du Pont-Euxin, et vinrent s'établir à l'ouest de l'Halys (1), sous la conduite d'un chef nommé Acmon, fils de Man ou Men. Cet Acmon fonda une ville de son nom, Acmonia, et après sa mort, il fut déifié. Cette ville subsista longtemps; car elle est mentionnée par Ptolémée, qui la place entre Juliopolis et Euménia, et par Étienne de Byzance (2), qui cite deux places de ce nom. Mais les Saces ayant été expulsés par les Perses (3), les descendants d'Acmon se retirèrent au delà de l'Arménie.

Le second roi de Phrygie porta le nom de Midas; il passe pour avoir régné à Pessinunte; ce qui assignerait une très-haute antiquité à cette ville. Il donna sa fille Ia en mariage à Atys.

Les princes Midas faisaient leur rési-

---

(1) Pausanias, liv. V, ch. 37.
(2) The Greeks concerned themselves but little about the real origin of nations, or received without discrimination such traditions as reached them on this head. Cramer, *Asia minor*, t. II — 5.

(1) Strab., XI, 511.
(2) Sub voce Ἀκμόνια.
(3) Strab. Id., ibid.

dence dans la ville de Midæum, sur les rives du Sangarius, et les Gordius, dont le premier est célèbre par le char qu'il consacra dans le temple de Jupiter, demeuraient à Gordium. Le premier Gordius était un laboureur, qui fut nommé roi par le peuple pour obéir aux dieux. Les Phrygiens, voyant leur pays troublé par les séditions, eurent recours à l'oracle, qui leur répondit de prendre pour roi le premier homme qu'ils verraient aller au temple de Jupiter monté sur un char. Le choix tomba sur Gordius, qui consacra son char dans le temple de Jupiter; il attacha au timon un nœud si artistement fait, que nul ne pouvait songer à le délier, et qui fut tranché par Alexandre. Midas, fils de Gordius, régna sept cent cinquante ans avant l'ère chrétienne. On raconte aussi une foule de fables sur la jeunesse de ce prince, qui passait pour un des plus riches de la terre; Strabon dit qu'il possédait les mines d'or dans le mont Bermius (1). On prétend que ce fut lui qui institua la coutume des chants funèbres, en renouvelant annuellement ses lamentations à l'occasion de la mort de sa mère. C'est encore lui dont les richesses proverbiales firent croire qu'il avait la faculté de tout changer en or. Ce prince laissa trois fils, Gordius, Anchorus et Otreus. Ce fut de son temps, suivant Plutarque, qu'une partie de la ville de Célænæ fut engloutie par un tremblement de terre. Le gouffre se referma lorsque, pour obéir à l'oracle, Anchorus s'y fut précipité. Le même fait se retrouve beaucoup plus tard attribué au Romain Curtius. Un autre prince de la dynastie de Midas régnait à Célænæ, qui fut pendant longtemps une des principales villes de la Phrygie. Ce fut Midas II qui réunit sous son empire toute la Phrygie. On ne sait rien de son règne, ni de celui de son successeur. Midas III, fils de Gordius, est mentionné par Hérodote (2) comme étant célèbre par les dons qu'il avait envoyés à l'oracle de Delphes. On remarquait parmi ses présents un trône qui passait pour un chef-d'œuvre de sculpture.

Il est bien difficile d'établir la généalogie des princes de ce nom, après le peu de documents qui nous restent; le dernier souverain indépendant fut Midas IV, qui se donna la mort, en voyant ses États envahis par les Cimmériens, qui ravagèrent aussi la Paphlagonie. Son fils Adraste, à la suite du meurtre de son frère, se retira à la cour de Crésus, et finit par s'y donner la mort, désespéré d'avoir tué par mégarde Atys, le fils du roi (1).

CHAPITRE V.

DOMINATION ÉTRANGÈRE.

A la mort de ce prince, l'empire tomba entre les mains de Crésus, qui, ayant porté la guerre chez les peuples qui habitent en deçà de l'Halys, parvint à les subjuguer tous, à l'exception des Lyciens et des Ciliciens. A l'époque de l'invasion de Cyrus, ce prince gouvernait la Lydie, la Phrygie, la Mysie et les côtes de l'Hellespont, jusqu'à la Carie (2), c'est-à-dire toute l'Asie centrale. Lorque les Perses envahirent l'Asie Mineure, l'armée de Xerxes, après avoir franchi l'Halys, entra en Phrygie, et alla camper à Célænæ. De là elle marcha vers Sardes, qui fut prise et pillée, et la Phrygie réunie à l'empire persan fit partie de la satrapie de l'Hellespont. A cette époque, la ville de Célænæ seule parut jouir de quelque renommée; les autres capitales, Midæum et Gordium, tombent peu à peu dans l'oubli, et finissent par être complétement ignorées. Pessinunte, comme centre d'un culte répandu dans toute la contrée, conserve toujours sa richesse et sa population.

La Phrygie, une fois réunie à l'empire de Lydie, perdit toute importance politique, mais conserva toujours son nom, et ce nom auquel ne s'attachait plus l'idée d'une nation, a traversé toutes les révolutions qu'a subies la contrée pendant vingt-cinq siècles; il a résisté à toutes les divisions territoriales qu'ont imaginées les gouvernements de Rome et de Byzance. Mais une fois la Phrygie

---

(1) Strabon, liv. XIV, p. 680.
(2) Lib. I, cap. XIV.

(1) Hérodote, lib. I, cap. 41 et 45.
(2) Lib. I, cap. XXXVII.

conquise, la nation tomba peu à peu dans un complet discrédit. L'agriculture était son unique occupation, les troupeaux sa seule richesse. Les rois de Lydie avaient mis la main sur les mines, sur les carrières précieuses, et les Phrygiens restaient attachés à ces travaux pénibles : ne pouvant pas même réclamer la qualité d'hommes libres, ils se mirent à perfectionner l'industrie des tissus; les matières tinctoriales abondaient dans leur pays, ils surent tirer partie de ces ressources ; et quand Cyrus arriva en vainqueur des Lydiens, aucun effort ne fut tenté pour reconquérir une sorte d'autonomie, aussi le nom de ce peuple ne fut-il prononcé que comme celui d'une pépinière d'esclaves, et sous les Romains, le nom des monarques Phrygiens était donné aux esclaves achetés dans cette contrée : on les appelait Manès ou Midas.

Dans le partage de l'empire d'Alexandre, la Phrygie échut à Antigone, dont le règne ne fut qu'une suite de combats contre tous les autres princes de l'Asie. Ceux-ci, fatigués de la guerre, s'unirent contre lui, et la célèbre bataille d'Ipsus fut le terme d'une lutte qui n'avait pas duré moins de vingt ans, et à laquelle les rois de Pergame et de Bithynie avaient pris une part active; aussi, au moment du partage des dépouilles, une partie de la Phrygie leur fut-elle concédée; cette province reçut dans la suite le nom d'Épictète; elle leur fut arrachée par les rois de Bithynie, mais les Romains la firent restituer aux rois de Pergame.

Pendant les guerres qui ont successivement ravagé la Phrygie, plusieurs chefs de la contrée s'étaient créé une sorte d'indépendance, et traitaient même avec le pouvoir établi. Strabon nous a conservé (1) l'histoire d'un certain Cléon, qui, retiré dans la ville abandonnée de Gordium, en releva les murailles, et la replaça au rang des cités. Gordium fut depuis appelé Juliopolis, et resta l'entrepôt des marchandises qui étaient transportées de l'intérieur dans la Bithynie (2). Elle était située près d'une rivière nommée Scopas, que l'on traversait sur un pont; Procope nous apprend que Justinien le fit réparer (1).

Antigone venait de vaincre Eumène dans la Cappadoce au moment où il apprit la mort d'Antipater; il avait battu dans la Pisidie Alcetas et Attale, et avait réuni sous ses ordres les trois corps d'armée de ses compétiteurs; enfin il s'était fait nommer commandant général de l'Asie avec une autorité suprême, et distribuait des satrapies à ses lieutenants, Léonnatus obtint la petite Phrygie en 521.

Arrhidée qui avait tenté vainement de prendre Cyzique perdit la partie du gouvernement dont il était investi; enfin après la mort d'Antigone, Lysimaque réunit, en 301, les deux Phrygies sous sa domination; il possédait également la Lydie, et sous son gouvernement ces deux provinces arrivèrent à un haut degré de prospérité. C'est pendant le règne de Lysimaque qu'on vit arriver en Asie les tribus Gauloises, qui, depuis lors jouent un si grand rôle dans l'histoire du pays.

La Phrygie change encore de physionomie, ses divisions sont modifiées et elle est de nouveau partagée. Après la bataille de Magnésie, Eumène II obtint toute la partie occidentale de la Phrygie, qui porta depuis le surnom d'Épictète, c'est-à-dire ajoutée (au royaume des Attales); enfin après la suppression du royaume de Pergame elle fut de nouveau partagée en diocèses ou juridictions (2)

CHAPITRE VI.

RÉVOLTE DE PROCOPE (3).

La révolte de Procope contre les empereurs Valentiniens et Valens excita de grands troubles dans la Phrygie et la Bithynie; ces deux provinces furent le théâtre de combats qui mirent en danger le pouvoir impérial.

Procope était né en Cilicie; il appartenait à une famille illustre, et sa pa-

---

(1) Lib. XII, p. 571.
(2) Pline, lib. X, Epit. 8.

(1) *De Ædificiis.*
(2) Voy. page 10.
(3) Ammien Marcellin, liv. XXVI, ch. 7-9.

renté avec Julien lui ouvrait l'accès aux plus hauts emplois. Il servit d'abord comme secrétaire et tribun, mais à la mort de Constance, la révolution qui se fit dans les affaires éveilla son ambition ; depuis ce moment il mit tout en œuvre pour la satisfaire.

Lorsque Julien entra en Perse, Procope fut chargé à la tête d'un corps considérable, de la garde de la Mésopotamie ; peu de temps après la mort de Julien, des émissaires répandirent adroitement le bruit que Julien expirant avait désigné Procope pour son successeur. Les mesures rigoureuses prises par Jovien, le nouvel empereur, arrêtèrent pour un moment toute tentative de révolte ; Procope lui-même recherché et poursuivi par les émissaires de Jovien, en fut réduit à se cacher dans les lieux les plus inaccessibles. Il parvint cependant à gagner les terres de Chalcédoine, et s'y cacha chez son ami Stratégius, sénateur, qui lui facilitait les moyens de se rendre secrètement à Constantinople. Il trouvait là un centre de résistance aux ordres de l'empereur, il rassemblait les mécontents qui se plaignaient des exactions de Pétronius, beau-père de Valens. Si la crainte arrêtait toute manifestation publique, les vœux secrets de la majeure partie de la population de Constantinople étaient de voir tomber un régime abhorré.

L'empereur Valens se disposait à se rendre en Syrie ; déjà il était sur les frontières de la Bithynie, lorsqu'il apprit, par les relations de ses officiers, que les Goths étaient prêts à tomber sur les frontières des Thraces. Il ordonna sur-le-champ d'envoyer un corps suffisant d'infanterie et de cavalerie sur la frontière pour arrêter cette invasion.

C'est alors que Procope parvint à gagner deux cohortes qui étaient de passage à Constantinople pour se rendre en Thrace. Dans une assemblée tenue, pendant la nuit, aux bains d'Anastasie, il fut arrêté que Procope serait déclaré empereur. Le nouveau prétendant, maigre et décharné, et vêtu, faute d'avoir pu trouver un manteau impérial, d'une robe brodée d'or, dans le goût de celles des officiers du palais, et portant une chaussure de pourpre, parut devant les cohortes, et leur promit en même temps dignités et richesses. Il marchait entouré de soldats qui élevaient leurs boucliers sur la tête du nouvel empereur, de crainte que du haut des toits il ne fût accablé de tuiles et de morceaux de pierre. Le peuple ne témoigna ni joie ni répugnance, cependant la pensée de la chute du ministre Pétronius réunit encore quelques nouveaux partisans ; aussi lorsque Procope, monté sur le tribunal, eut terminé sa harangue, il fut accueilli par les acclamations du peuple et proclamé empereur.

Pendant ce temps Valens était sur le point de quitter Césarée de Cappadoce pour se rendre à Antioche ; à la nouvelle de ce soulèvement, il revint sur ses pas et se dirigea vers la Galatie.

Procope, de son côté, mettait tout en œuvre pour asseoir sa domination ; les partisans de Valens étaient envoyés en exil ; le prétendant savait mettre à profit la présence dans son camp de la petite-fille de Constance, dont on vénérait la mémoire ; il faisait promener en litière Faustine, mère de cette enfant, et faisait valoir l'honneur qu'il avait d'être parent de l'empereur Julien. Les largesses qu'il distribuait aux soldats se composaient de pièces d'or frappées à l'effigie du nouveau prince.

A son retour en Galatie Valens fut consterné des nouvelles qu'il recevait de Constantinople, il osait à peine continuer sa route, et était sur le point de se dépouiller de ses vêtements impériaux comme d'un poids insupportable ; mais il en fut empêché par ceux qui l'entouraient, et qui lui conseillèrent de marcher droit sur les rebelles. L'empereur fit prendre les devants à deux corps de troupes nommés les Joviens et les Victoriens avec ordre de commencer l'attaque du camp ennemi. A leur approche, Procope abandonna Nicée devant laquelle il se trouvait, et se hâta de venir à Mygdonie, ville de Phrygie que l'on croit être la même que Midœum. Le fleuve Sangarius baigne cette place.

Lorsque les légions furent sur le point d'en venir aux mains, Procope s'avança seul entre les deux armées, harangua les troupes, et se présentant comme légitime héritier de l'empire il rappela aux soldats les serments qu'ils avaient prêtés à leur souverain. Les troupes attendries par les discours de Procope, baissèrent leurs enseignes en signe de soumission, se rangèrent de son côté, et le reconduisirent au camp au milieu des acclamations en le nommant empereur.

Pendant le séjour de Valens en Bithynie, le tribun Rumitalca, qui était passé au parti de Procope, vint par mer à Drepanon, qui s'appelait alors Hélénopolis, et de là s'empara de Nicée plus vite qu'on n'aurait osé l'espérer.

Valens envoya Vadomaire, ancien roi des Allemands pour faire le siége de cette place, et continua sa route vers Nicomédie. Il en sortit ensuite pour pousser avec vigueur le siége de Chalcédoine; mais les assiégés résistaient vigoureusement. Valens, découragé et manquant de vivres, se disposait à se retirer, lorsque ceux qui étaient dans Nicée, en ouvrirent tout à coup les portes, détruisirent la plus grande partie des ouvrages, et se hâtèrent, sous la conduite de Rumitalca, de prendre à dos et d'envelopper Valens. L'empereur, prévenu à temps, se sauva par le lac Sunon (Sophon) et les détours du fleuve Gallus; la Bithynie entière tomba au pouvoir de Procope.

Valens avait fui jusqu'à Ancyre; là il apprit que Lupicin arrivait de l'Orient avec un corps considérable; il envoya Arinthée, habile général, pour arrêter les ennemis. Cet officier, parvenu à Dadastane, se trouva en présence d'un corps commandé par Hypéréchius, qui jusque-là n'avait eu dans l'armée qu'un poste subalterne. Arinthée dédaigna de combattre ce partisan, parvint à le faire arrêter par ses propres soldats, qui le conduisirent garotté au camp d'Arinthée.

Pendant ce temps, Procope qui voulait s'étendre à l'occident, avait envoyé un corps d'armée pour attaquer Cyzique, qui tenait encore pour Valens. Les assiégés avaient fermé les ports au moyen d'une chaîne, le tribun Alison parvint à la rompre en employant un moyen d'attaque aussi ingénieux que nouveau, et Cyzique tomba au pouvoir de Procope. Il traita avec douceur les habitants qui s'étaient vaillamment défendus, et nomma à un poste qui équivalait à celui de préteur Hormisdas, descendant des rois d'Arménie, dont la famille avait été amenée à Constantinople. Procope, ébloui par cette victoire, perdait son temps à ranger sous son pouvoir des petites villes d'Asie, pendant que Valens, aidé des forces que lui avait amenées Lupicin, marcha sur Pessinunte, qu'il fortifia sans délai contre toute attaque imprévue. Il se disposait à marcher sur la Lycie pour y attaquer Gomoaire; mais les conseils de ses officiers le détournèrent de cette entreprise: ils agissaient incessamment sur l'esprit des partisans de Procope; Gomoaire lui-même vint spontanément se réunir aux troupes impériales.

Valens, satisfait de ces renforts, passa en Phrygie pour attaquer Procope; la bataille eut lieu aux environs de Nacoleia. Le succès était encore incertain, lorsque le tribun Agilon passa avec ses troupes du côté de Valens. Toute espérance de vaincre devenait illusoire: Procope prit la fuite, et se cacha dans les bois et dans les montagnes; il était suivi de Florence et du tribun Barchalba. Sur la fin de la nuit, Procope, errant et découragé, fut saisi et garrotté par les gens de sa suite, et conduit, lorsque le jour fut venu, dans le camp de Valens, qui lui fit trancher la tête.

Les événements qui mirent fin au formidable soulèvement d'une partie de l'Asie contre le pouvoir de Valens, se terminèrent dans la contrée bornée au nord par le cours du Sangarius, la ville d'Eski cheher ou Dorylée à l'ouest, et Pessinunte à l'est. C'est dans cette région que nous devrons rechercher les villes de Midœum et de Nacoleia.

Le pays désert et boisé où se sauva Procope est le groupe montagneux où nous avons retrouvé les tombeaux des rois de Phrygie; nous verrons si nous pouvons accorder la géographie moderne avec les faits historiques dont ce pays fut le théâtre.

CHAPITRE VII.

DIVISIONS GÉOGRAPHIQUES.

Les grandes divisions de la Phrygie, quand la Galatie en fut distraite, doivent être classées de la manière suivante :

La Phrygie Hellespontique : elle forma d'abord une seule province, qui comprenait une partie de la Mysie et de la Troade; c'est un démembrement de l'ancienne et grande Phrygie. La notice de Hiéroclès y place trente quatre villes principales, qui appartiennent toutes à la Mysie et à la Troade, nous les avons décrites avec ces deux provinces.

La petite Phrygie ou Phrygie Épictète : Strabon y place seulement six villes, qui sont Aizani, Nacoleia, Cotyæum, Mydæum, Dorylæum et Cadi, auxquelles on doit en ajouter deux autres dans la région occidentale : Ancyre de Phrygie et Synnaus.

La Phrygie Pacatiana : la notice de Hiéroclès, compte trente-huit villes y compris celles de la Phrygie Épictète, et plusieurs villes de la grande Phrygie; mais dans ce nombre on n'en compte pas plus de dix dont la position soit connue.

La Phrygie Pacatiana, ainsi appelée d'un certain Pacatianus qui, sous Constantin, était préfet du prétoire en Orient, renfermait les plus riches cantons, et se trouvait arrosée par des rivières nombreuses. Mais les tremblements de terre l'ont souvent désolée, quoique son territoire ne soit pas généralement de formation volcanique. Les sources du Méandre sortent du milieu même de la ville de Célænæ, et une foule d'autres petits fleuves, tels que le Marsyas, le Catarrhactes et le Lycus, lui portent le tribut de leurs eaux. On pourrait donner pour limite à cette province la haute vallée de l'Hermus; mais les géographes anciens ne nous ont rien laissé de positif à ce sujet. Le canton de Célænæ, qui n'est plus peuplé aujourd'hui que par de misérables villages, était autrefois un des plus riches de la contrée, et fut longtemps gouverné par Lytersès, fils de Midas, dont Hercule punit les crimes en le jetant dans le Méandre (1).

La partie méridionale fut appelée Phrygia Salutaris, et Synnada en fut déclarée capitale; mais cette dernière province comprenait des annexes, qui, dans l'origine, appartenaient à des peuples différents. La Lycaonie, l'Isaurie et une partie de la Pisidie sont dans ce cas.

La Phrygie Salutaire, ainsi nommée des nombreuses eaux thermales qu'elle fournit, et en même temps, ajoute Nicéphore (1), à cause des miracles accomplis par saint Michel, qui rendit plusieurs citoyens à la santé. La notice de Hiéroclès y met vingt-deux évêchés.

La région appelée Phrygie Parorée, forme la frontière sud et longe les montagnes de la Pisidie.

Nous avons relevé dans les auteurs grecs et latins deux cent quatre-vingts noms de villes, villages, montagnes ou lieux célèbres, appartenant au territoire formant l'ancien royaume de Phrygie; sur ce nombre il y en a le quart à peine dont la position soit déterminée, on voit qu'il reste encore un beau champ ouvert aux futurs explorateurs.

Bien que les frontières de la Phrygie aient été aussi variables que celles des autres provinces de l'Asie Mineure, ce pays a été généralement considéré dans l'antiquité comme renfermé dans ces limites : au nord, la Galatie; au midi, la Lycaonie, la Pisidie et l'Isaurie; à l'orient, la Cappadoce; et à l'occident, la Mysie. Sous les satrapes de Perse, la Bithynie et la Mysie portaient le nom de Phrygie Hellespontique; la Mygdonie fut appelée Phrygie Épictète lorsque cette province fut réunie au royaume des Attales. Le reste du pays fut séparé en deux parties, dont la plus méridionale fut désignée sous le nom de Phrygie Parorée; celle-ci s'étend du levant au couchant, le long d'une chaîne de montagnes, de chaque côté de laquelle il y a une grande plaine avec une ville (2). Ces deux villes sont Philomelium d'une part, et Antioche de Pisidie de l'autre; elles ne sont pas, à proprement parler, séparées par une montagne, mais bien par un pays accidenté, et entrecoupé de vallons et de plaines. La Phrygie Parorée est souvent confondue avec la Pisidie, et au nord elle n'a pas de limites bien tranchées avec la Grande Phrygie.

Lorsque les Gaulois se furent installés

---

(1) Athénée, lib. X, c. 1. Suidas sub voce Λιτερσης.

(1) Liv. VII, 50.
(2) Strabon, lib. XII, p. 577.

dans la partie de la Phrygie à laquelle ils donnèrent leur nom, les frontières de cette grande province reculèrent vers le sud d'environ un degré, et ce qu'on appela Phrygie Épictète se trouva être l'enclave comprise entre le cours du Sangarius au nord, la pointe sud de la Galatie à l'est, et le royaume de Lydie au couchant. Cette contrée, très-montagneuse, est aussi la plus boisée, et contenait un certain nombre de villes qui n'ont pas complétement disparu. La chaîne qu'on appelle aujourd'hui Mourad dagh représente le mont Dindymène des anciens, sur lequel Cybèle avait un temple, et qui était surtout célèbre par une grotte que Pausanias appelle l'Antre de Steunos, et également consacrée à cette déesse. Sur le versant septentrional de cette montagne se trouve une grande plaine arrosée par le fleuve Rhyndacus, et qui n'est autre que la contrée Aizanitis, dont la capitale était Aizani. Le cours du fleuve longe le versant occidental de l'Olympe, traverse une partie de la Bithynie, et va se jeter dans la Propontide en traversant le lac Apollonias. Sur le versant septentrional du mont Dindymène était la ville de Cadi, aux sources de l'Hermus, et dont le territoire, ravagé par les volcans, porte des traces évidentes de nombreux tremblements de terre. Ce sont ces phénomènes volcaniques qui ont fait donner à la contrée le nom de Phrygie Brûlée. Cependant, toute la contrée n'est pas complétement volcanisée, et sur la rive gauche de l'Hermus on remarque des terrains de schiste noir qui donnent au sol un aspect encore plus désolé que les volcans, puisque la végétation y est à peu près nulle.

CHAPITRE VIII.

MONUMENTS PRIMITIFS.

Le versant oriental du mont Dindymène, près duquel étaient situées les villes de Cotycœum et de Dorylée, est un terrain crétacé, complétement dépouillé de verdure. Aussi, les premiers habitants ont-ils cherché à remplacer le bois qui leur manquait, par des constructions qui sont toujours restées le cachet particulier de la contrée. C'est en Phrygie que l'on aperçoit ces premiers travaux où l'homme primitif s'attaque à la montagne elle-même, pour y creuser une demeure ou des tombeaux. Les roches tendres des environs de Kutayiah furent très-propres à propager cet usage; il en est de même des tufs volcaniques de la Phrygie centrale, qui se présentent en grandes masses verticales et homogènes, assez tendres pour être facilement attaquées par le ciseau. Les premiers essais de ce genre remontent certainement à une antiquité très-reculée; néanmoins, au temps des chrétiens, soit par suite des persécutions, soit à cause de la grande pauvreté du peuple, on a la preuve qu'un grand nombre de familles ont vécu dans ces demeures souterraines, et y ont laissé des traces de leur culte et de leurs sépultures. Quelques monuments de la haute antiquité, sculptés avec un art particulier au pays, ont conservé des inscriptions en langue phrygienne, qui n'ont pas été parfaitement expliquées jusqu'à présent. On voit, néanmoins, que la langue des Phrygiens sortait d'une même souche que le grec.

Le pays qui renferme le plus de monuments de ce genre s'étend du nord au sud, depuis Cotyœum, Kutayiah, jusqu'au Méandre, sur une largeur d'environ dix lieues. Les grottes les plus curieuses se trouvent dans le territoire de Nacoléia, près de Seid el Ghazi, et occupent les flancs de plusieurs grandes vallées, aujourd'hui désertes et ombragées par de belles forêts de pins. C'est là que les habitants actuels établissent leurs demeures d'été, et construisent des maisons qui sont en tout point semblables à celles dont Vitruve (1) nous a donné la description, et qui étaient communes en Asie. Après avoir couché parallèlement deux arbres à terre, les habitants posent sur leurs extrémités deux arbres égaux à l'espace qui sépare les premiers, formant ainsi quatre cloisons dont les angles sont soutenus par deux arbres verticaux. Il remplissent les intervalles avec de la terre grasse; la couverture se fait avec des pièces de bois posées horizontalement et paral-

---

(1) Vitruve, lib. II, cap. 1.

lèlement aux diagonales, formant ainsi une espèce de pyramide, qu'ils recouvrent avec des feuilles et de l'argile.

Au nord de la ville d'Ouschak, dans le lieu nommé Ilesler kaïa si, qui paraît correspondre à la position de l'ancienne Acmonia, on voit un vaste cratère, dont le fond est rempli par des scories et des cendres, et dont les flancs intérieurs sont composés de tuf grisâtre, exactement semblable à celui de la campagne de Rome. La partie supérieure du sol est recouverte d'une lave violette contenant quelques cristaux de feldspath, et mélangée avec une pâte de cendres et de scories. Cette formation a une hauteur de plus de trente mètres; les rocs du côté de la vallée présentent une surface absolument verticale, qui repose sur une couche inférieure de cendres agglomérées. C'est dans ce tuf que sont taillées certaines grottes, qui, à une époque reculée, ont dû servir d'habitations, car on n'y trouve rien de ce qui est nécessaire pour les sépultures. Elles sont ordinairement composées de plusieurs pièces qui se communiquent entre elles, et qui sont éclairées par des fenêtres. On voit aussi dans le voisinage des chambres sépulcrales qui renferment des sarcophages.

Les montagnes du sud, qui dépendent de la Phrygie appelée plus tard Salutaris, et dans lesquelles se trouvaient les villes de Beudos, de Synnada et de Docimæum, sont également volcaniques, et renferment des milliers de grottes et de catacombes, qui prouvent qu'à une époque reculée une population considérable couvrait cette contrée. Les chaînes de montagnes qui traversent la Phrygie catacécaumène et la Phrygie Salutaire soutiennent, en quelque sorte, les grandes plaines, à peine ondulées par quelques collines, qui forment la Phrygie centrale, dont la ville principale était Laodicée. Tout ce pays est sans bois; aussi, dans l'antiquité, les Phrygiens avaient-ils l'habitude de creuser leurs habitations dans de petits tertres naturels, et d'y pratiquer des chemins voûtés. Vitruve (1) remarque particulièrement cette manière de bâtir des Phrygiens, qui choisissaient pour établir leur demeure des tertres naturels. Ne semble-t-il pas que ces habitudes se soient perpétuées dans l'antiquité, et aient conduit les habitants à s'établir dans les cônes naturels de la Cappadoce, qui seront l'objet d'une étude particulière? Il y a encore beaucoup de villages qui ne sont pas construits avec plus d'art; les maisons sont à moitié enfouies dans la terre; mais les perches qui les recouvrent sont posées horizontalement, et forment une espèce de terrasse faite de terre battue.

Le plateau central de la Phrygie s'élève à plus de douze cents mètres audessus du niveau de la mer; aussi, malgré sa latitude méridionale, l'oranger, l'olivier et le figuier ne croissent-ils nulle part dans le pays. Strabon cite un petite plaine (1) qui produisait des oliviers; mais aujourd'hui on n'en trouve plus dans ces cantons. L'hiver y est quelquefois assez rigoureux, et on voit la neige rester plusieurs semaines sur la terre.

La partie centrale du pays est occupée par un lac salé d'une grande étendue, et que les anciens connaissaient sous le nom de lac Tatta (2); ses eaux sont tellement chargées de sel, que pendant l'été il se dépose sur les bords sous la forme d'une croûte blanche. Il n'a pas une grande profondeur, car on remarque encore une chaussée construite sans doute au moyen âge, et qui est aujourd'hui complètement couverte par les eaux. Il est au sud de la contrée appelée Haïmanah par les Turcs, et qui appartenait à la Galatie.

Au midi du royaume, plusieurs autres lacs d'une étendue moins considérable se trouvent dans la partie montagneuse, et reçoivent les faibles ruisseaux qui arrosent la contrée: car le terrain, formant des ondulations irrégulières, laisse épancher dans des directions différentes ses eaux, qui s'évaporent pendant l'été.

(1) Strabon, lib. XII, p. 577.
(2) Strabon, lib. XII, p. 568.

(1) Vitruve, id. ibid.

CHAPITRE IX.

SANGARIUS—SAKKARIA.

Le grand fleuve phrygien, celui qui dans son parcours réunit les eaux de tout le plateau de la grande Phrygie, le Sangarius, appelé aujourd'hui Sakkaria, est resté jusqu'à notre âge un des cours d'eau les moins connus de l'Asie Mineure. Dans l'ignorance où l'on était de la constitution de ses nombreux affluents, la géographie historique ne pouvait faire un pas sans s'égarer; les villes anciennes placées dans le bassin de ce fleuve restaient inconnues; nul ne pouvait imaginer que le cours supérieur se composât de trois branches principales. Les anciens géographes avaient gardé le silence sur ce fait important, et parmi les modernes, plus d'un voyageur érudit avait longé le cours du Sangarius, sans se douter qu'il fût sur le bord d'une branche de ce fleuve. La géographie de cette partie de l'Asie Mineure restait dans une obscurité complète, que ni l'esprit judicieux de Danville, ni les combinaisons de Rennel ne pouvaient parvenir à dissiper : le premier faisait tomber dans un lac le cours supérieur ou rivière d'Angora; le second, au lieu de mettre la ville de Pessinunte dans la grande vallée près des sources du fleuve, plaçait cette ville au nord dans une vallée transversale. Le colonel Leake, dérouté par les itinéraires, plaçait Pessinunte sur la rive nord du Sangarius, dans le voisinage de Beybazar, et Gordium dans les régions inférieures du plateau de Galatie. Voilà où en étaient les connaissances géographiques de ces régions, lorsqu'en juin 1834, je déterminai pour la première fois l'identité de cette rivière avec le Sangarius. Le résultat de ces observations fut d'abord la découverte de Pessinunte, et l'explication d'une foule de passages d'auteurs anciens qui jusqu'alors étaient restés inintelligibles ; en un mot on pouvait dresser la carte de la Phrygie sur des bases toutes nouvelles. Le savant Carl Ritter, qui, dans ses ouvrages, tient à rendre à chacun la justice qui lui est due, s'est attaché à constater ce fait avec plus de soin que je ne l'eusse fait moi-même (1).

Après avoir franchi du sud au nord la branche méridionale du fleuve, mon étonnement fut grand de me trouver deux jours après sur la rive gauche d'une grande rivière, que les indigènes nommaient encore Sakkaria, c'est alors seulement que le mystère géographique me fut expliqué. Depuis ce temps plusieurs voyageurs ont fait connaître dans tout ses détails, le cours singulier de ce fleuve qui reflète la conformation exceptionnelle du pays.

Strabon détermine d'une manière assez exacte la position de la source du Sangarius. « Entre Héraclée et Chalcédoine coulent plusieurs fleuves, du nombre desquels sont le Psillis, le Calpas et le Sangarius. Ce dernier prend sa source dans un bourg nommé Sangia, à environ cent cinquante stades, 27 kil. 70, de Pessinunte; il traverse la plus grande partie de la Phrygie Épictète, et une partie de la Bithynie, de sorte qu'il n'est guère éloigné de Nicomédie, de plus de trois cents stades, 55 kilomètre 50, à l'endroit où il reçoit le Gallus (2), qui a sa source à Modra dans la Phrygie Hellespontique. Le Sangarius devenu navigable borne la Bithynie vers la côte où il se décharge et devant laquelle est l'île de Thynia (3). » Pline, qui parle plusieurs fois du Sangarius (4), ne dit jamais que ce fleuve est formé de plusieurs branches ; il en résulte ce fait, que, pour les anciens, le Sangarius n'avait qu'une seule source, au bourg Sangia, et que les autres cours d'eau avaient des noms différents qu'ils n'ont pas mentionnés. Les modernes au contraire, ne donnaient le nom de Sangarius qu'au cours d'eau supérieur. Les indigènes l'appellent en effet Sakkaria, mais négligeaient la branche méridionale, qui est le vrai Sangarius ; de là toutes les erreurs et les incertitudes des géographes.

Le Sangarius a porté différents noms

---

(1) Carl Ritter Erdkunde, t. IX, p. 450, 458-588. Hamilton, Researches in Asia Minor, t. I, 438.

(2) Voyez page 91.

(3) Strabon, XII, 543.

(4) Liv. V, 32.

dans l'antiquité; les Grecs l'appelaient Sagaris ou Sangaris (1). Hésychius le nomme Sagarius, Plutarque, le géographe, dit qu'on l'appelait primitivement Xerabate, parce que dans les grandes chaleurs de l'été il est très-souvent à sec, il ajoute la fable suivante : Sagaris, fils de Myndon, ayant souvent méprisé les mystères de Cybèle, injuria les prêtres de cette déesse, qui, pour se venger, lui envoya des accès de fureur à la suite desquels il se jeta dans le fleuve Xerabate, qui changea alors de nom pour prendre celui de Sagaris. Il vaut mieux s'en rapporter au document transmis par Strabon et croire que le mot Sangarius dérive tout simplement du bourg Sangia, où était située sa source. Tite-Live fait naître le Sangarius dans le mont Adoreus, dont la situation est inconnue; peut-être veut-il parler d'un des sous-affluents descendant des montagnes qui separent les deux branches principales de la Sakkaria (2).

Sans pouvoir déterminer d'une manière positive la situation du bourg Sangia, nous pouvons la fixer approximativement dans le groupe montagneux qui longe la plaine de Kara hissar, et qui forme la ligne de partage des eaux entre les deux mers. Nous avons suivi, en quittant les carrières Synnada et en nous dirigeant vers le nord par Bayat et la vallée de Doghanlou près de Khosrew pacha khan, un cours d'eau qui va se jeter dans la Sakkaria à Tchandir, village situé à vingt-huit kil. sud de Sevri hissar; on y remarque un pont de pierre de construction byzantine qui est sans doute le pont de Zompus souvent mentionné par les historiens byzantins (3). Les affluents principaux du fleuve sont : au nord, la rivière d'Angora Enguri sou; au sud, la rivière de Seïd el Ghazi, le Thymbrius ou Poursak, le Gallus ou Bédré tchaï (4).

Sur le versant nord des montagnes de Bayat prend naissance un petit cours d'eau qui va se jeter dans le Sangarius, il peut être identifié avec le fleuve Alander, près duquel campa Manlius.

CHAPITRE X.

ITINÉRAIRE DE BROUSSA A KUTAYAH COTYOEUM.

La grande route de Broussa à Kutayah suit une direction moyenne vers le sud-est, mais en sortant de la ville elle incline à l'est jusqu'à la petite ville d'Aïneh gheul. Nous commençons par suivre la vallée de Ghoeuk déré, et nous faisons ainsi douze kilomètres sur un terrain de cailloux roulés détachés de l'Olympe. Après trois heures de marche nous faisons halte dans une forêt de châtaigniers, nous franchissons ensuite plusieurs collines où nous retrouvons la formation calcaire; c'est un marbre jaune qui, poli en quelques places par le pied des chevaux, présente les plus belles couleurs : ce calcaire forme des stratifications inclinées de 35 à 40 degrés au nord. On monte continuellement pour aller de Broussa à Kutayah, et toute la région est composée d'un calcaire crayeux.

Après avoir traversé un plateau élevé où l'on trouve deux puits pour les caravanes, on descend dans la vallée de Ak sou (l'eau blanche), pauvre village qui ne boit que des eaux crétacées et blanchâtres. Il se fait dans son voisinage de grandes exploitations de bois. On fait ensuite vingt kilomètres jusqu'à Aïneh gheul sans rencontrer une cabane; on marche sur un terrain d'argile blanche qui, en été, produit une poussière incommode et en hiver des boues affreuses.

La formation crétacée est très-répandue dans ces régions; on commence à la rencontrer à douze kilomètres d'Aïneh gheul, et on peut la suivre dans toute la Phrygie Épictète jusqu'à Cadi ou Ghediz à l'occident, et jusqu'au delà d'Eskicheher à l'est. Elle est cernée par les terrains volcaniques de la Catacécaumène et du Haïmanah (1).

Aïneh gheul est abondamment pourvu d'eaux courantes et possède plusieurs

(1) Ptol., liv. V, ch. 1. Arrien de Exp. Alex., liv. I.
(2) Tit-Liv., XXXVIII, 18.
(3) Ann. Comnine, p. 472. Nicéphore Bryennius, II, 52.)
(4) Voy. pour plus de détails Ritter Erdkunde, t. IX. Système du Sangarius.

(1) Voy. page 91 col. 1.

mosquées, l'une d'elles fut bâtie par le sultan Mourad; ce sont des monuments sans intérêt; les maisons sont bâties de terre et couvertes en tuiles.

En sortant d'Aineh gheul on franchit, après une heure de marche, une chaîne de montagnes assez élevées courant de l'est à l'ouest, qui va se rattacher à l'Olympe. Toute cette formation est de gneiss de syenite ou de mica-schiste, et par conséquent fait partie du système géologique de l'Olympe.

Les forêts qui couvrent ces montagnes sont de la plus belle venue; elles se composent d'essences de hêtre, de chêne et de châtaignier: il y a des billes de vingt mètres de haut et de deux mètres de diamètre. On arrive bientôt à la région des arbres verts; alors, plus de route tracée, on suit le lit des ruisseaux en passant au milieu des lianes et des épines; on n'entend aucun être vivant, seulement dans le lointain le bruit du torrent vague comme un écho se mêle au frôlement du feuillage. Nous fîmes ainsi vingt-quatre kilomètres dans la forêt; sur le versant méridional de la montagne, que les indigènes nomment Ak dagh (montagne blanche), la nature de la roche change; on commence à rencontrer du calcaire, marbre lamellaire. Cette formation calcaire couvre une grande étendue de pays et se rattache à l'ouest au Toumandji dagh, au pied duquel est la petite ville d'Inn OEuni, bâtie immédiatement au-dessous d'un haut rocher où se remarquent plusieurs chambres sépulcrales taillées dans le roc.

Le village de Tchoukourdji est situé sur un mamelon au milieu de ce vaste plateau, dont l'altitude est d'environ six cent cinquante mètres. La distance d'Aineh gheul est de soixante kilomètres: c'est là qu'est située la maison de poste.

Les forêts s'étendent encore au sud de Tchoukourdji; elles sont habitées par de nombreuses tribus de Yourouk, dont l'occupation est de couper les bois: on retrouve alors les routes plus praticables. Tous les villages de ces cantons sont très-misérables; ils ne sont habités que pendant l'hiver par les familles de bûcherons qui passent l'été dans les forêts. De Tchoukourdji à Kutayah on compte vingt kilomètres; il faut franchir encore un col de l'Ak dagh, dont l'altitude dépasse douze cents mètres; mais à partir de ce point la plaine de Kutayah se déroule aux regards dans un immense développement; elle est entourée de montagnes. Du côté du sud, c'est la chaîne du Mourad dagh, le mont Dindymène du pays Aizanien. La constitution des montagnes inférieures de l'Ak dagh est étrange; elles sont formées de plateaux stratifiés composés alternativement de roches dures et de roches plus tendres. La décomposition de ces dernières laisse comme suspendues les assises plus solides, ce qui forme de grandes falaises dont les flancs surplombent le sol et produisent un effet singulier.

La rivière Poursak serpente dans cette plaine, se dirigeant vers le nord pour aller joindre la Sakkaria aux environs d'Eski cheher.

Kutayah s'étend au pied d'un haut rocher; les nombreux minarets des mosquées, les jardins qui les entourent concourent à lui donner l'aspect d'une grande ville. Il n'y a pas de murailles; les faubourgs et les maisons de campagne se confondent avec la ville même.

La distance entre Nicomédie et Kutayah est évaluée de la manière suivante, sur le pied de six kilomètres par heure de marche.

Nicomédie à:

Sabandja	6 heures,	36 kil.
Geivch	6	36
Ak séraï	3	18
Nicée	9	54
Ghio	12	72
Broussa	6	36
Aineh gheul	8	48
Kutayah	20	120
	70	420

CHAPITRE XI.

ITINÉRAIRE DE BROUSSA A AIZANI PAR TAOUCHANLI.

Nous avons déjà indiqué la route de Broussa à Aineh gheul; à partir de cette ville on remonte le Déré tchaï ou Bédré tchaï jusqu'à Orta keui, le village du milieu; à partir de ce village, la route se dirige droit au sud vers Cavourla, on commence à monter un des contre-forts de l'Olympe, qui se rattache au Toumandji dagh ; on traverse successivement les villages de Cozourdja, Guidjak, Kara keui jusqu'à la rivière Toumandji sou, qui se jette dans le Rhyndacus, à peu de distance de la route. A partir de ce point on ne quitte plus la vallée du fleuve jusqu'à Aïzani ; cette route est des plus fatigantes pour les chevaux, mais on traverse un pays magnifiquement boisé, et la vallée du fleuve offre les points de vue les plus variés. Les défilés dans lesquels serpente le Rhyndacus s'élargissent tout à coup, et l'on débouche dans la vaste plaine de Taouchanli. Plusieurs bourgs ou villages sont bâtis sur le penchant de la montagne, à l'entrée de la plaine ; ce sont les villages de Mousu, Bey keui et Dédéler. Ce dernier offre dans son voisinage quelques grottes sépulcrales taillées dans le tuf volcanique. La petite ville de Mohimoul, distante seulement de quatre kilomètres de Taouchanli, est à l'entrée du défilé dans lequel coule le Rhyndacus. On y trouve quelques fragments d'architecture antique et des pierres sépulcrales, indices suffisants d'un ancien centre de population dont le nom est inconnu. Mohimoul est encore sur le terrain de craie, mais la masse de la montagne voisine, qui porte le nom de Tékir dagh, la montagne du prince, est de tuf volcanique.

Taouchanli est une ville moderne assise sur la pente du Tékir dagh et dominant une grande plaine dirigée du nord-est au sud-ouest, dont la longueur est de six kilomètres et la largeur de quatre ; le Rhyndacus la traverse dans toute sa longueur et coule dans un lit très-encaissé. On le passe sur deux ponts ; l'un, à l'ouest, sur la route d'Orandjik, est en pierre ; l'autre, à l'est, sur la route directe d'Aïzani, est en bois.

Taouchanli est la résidence d'un voïvode ; sa population s'élève à six mille âmes environ ; les Grecs y sont pour plus d'un tiers ; la culture des céréales, du tabac et l'élève des bestiaux occupent la majeure partie de la population. Broussa est le principal débouché des produits de ces cantons.

La plaine de Taouchanli, qui doit son nom à l'abondance des lièvres qui s'y rencontrent, est d'une extrême fertilité ; elle est peuplée de nombreux villages composés chacun de cinquante à soixante maisons. A gauche, c'est-à-dire à l'est de Taouchanli, sur la pente du Tékir dagh se trouve Tchoukour keui, le village enfoncé ; plus loin sur une masse d'épanchement volcanique, Kei keui. Quand on a franchi le Rhyndacus on trouve sur la rive gauche du fleuve les villages de Kourou tchaï, la rivière desséchée, Tchardakleu, village de la tente, Tépédji keui, village du monticule, Dondach et Grubel.

La nature des roches qui composent la rangée de collines au sud de la falaise appartient à une tout autre formation ; ce sont des trapps schisteux verdâtres qui s'étendent jusqu'au village de Cosmoudja, placé dans un vallon près d'un ruisseau affluent du Rhyndacus. Au-delà du ruisseau on entre sur le terrain de calcaire lacustre, qui entoure toute la plaine de Tchafdër ; un autre village du nom de Tépédji keui est situé sur le revers sud du col, dans la plaine même ; le bourg d'Orandjik est à l'ouest, entouré des villages de Chikjar, Agari, Calfalar. Un ruisseau passe à Orandjik et va se jeter dans le fleuve ; la ville d'Aïzani s'élève au milieu de la plaine et les plantations qui l'entourent forment un agréable point de vue au milieu de ces terrains dénudés.

PHRYGIE ÉPICTÈTE.

CHAPITRE XII.

COTYŒUM—KUTAYAH.

Cotyœum, dont le nom s'est conservé avec très-peu d'altération sous celui de Kutayah, est citée par Strabon parmi les villes de la Phrygie Épictète (1). Le fleuve Thymbrius, Poursak, qui arrose son territoire marque la limite orientale de cette province. La fondation de cette ville remonte à une haute antiquité, si en effet, elle est le lieu de naissance d'Ésope, dans le sixième siècle avant notre ère (2). C'est à peu près tout ce qui nous est révélé de l'ancienne histoire de Cotyœum, il ne reste dans la ville moderne aucun monument antique digne de fixer l'attention; Cotyœum fut cependant classée parmi les villes épiscopales, et si l'on en juge par l'état assez florissant de la ville moderne, elle fut toujours le centre d'un grand commerce et conserva une population considérable ; c'est toujours dans de semblables conditions que les monuments antiques disparaissent.

En 1390, sous le règne du sultan Bayazid, elle était reconnue comme la métropole de la Phrygie; mais en 1402, après la bataille d'Ancyre, elle fut prise et saccagée par les troupes de Timour et les habitants emmenés comme esclaves.

Du nom de Kermian, qui est celui de la province de Kutayah, M. de Hammer conclut que cette ville était située dans la célèbre plaine appelée Céramorum Agora, le marché des Céramiens, ou des potiers, et qui fut traversée par l'armée du jeune Cyrus (3).

Rennel accepte cette hypothèse. Nous ne pensons pas, en effet, que cette plaine soit bien éloignée du site de Kutayah, la région nord de la province entre Kutayah et Ouschak est trop montagneuse pour offrir une route facile à une armée ; Kutayah est d'ailleurs un point stratégique important. Quoique le jeune Cyrus ne fût pas encore en guerre déclarée, il devait faire marcher ses troupes dans les meilleures conditions de sécurité, et les pays de montagnes ne sont pas dans ce cas.

La ressemblance du nom de Ceramorum Agora avec celui de Kermian est tout à fait fortuite; ce nom est celui d'une famille d'émirs qui gouverna la contrée du temps des premiers sultans et qui le transmit à son fief.

Sous les empereurs byzantins Kutayah fut une place forte importante. Un château fut construit sur la colline escarpée de toutes parts qui domine la ville ; il est fortifié par une double enceinte flanquée de tours.

Ce château occupe sans doute l'emplacement de l'ancienne Cotyœum. La plupart des villes antiques étaient en effet assises sur des hauteurs ; de plus, on trouve aux alentours du château plus de vestiges d'antiquité que dans aucun autre quartier; nombre de fûts de colonnes, de chapiteaux et d'architraves sont encastrés dans les murs; on remarque un lion de marbre brisé en deux et extrêmement mutilé, mais dont le mouvement indique une bonne époque. On commence ici à entrer dans la région des lions de marbre ; elle s'étend jusqu'au delà de Konieh, et au nord jusqu'à Ancyre : il est peu de villes où l'on ne rencontre plusieurs figures de ces animaux.

Au milieu de l'enceinte du château est une église byzantine ruinée, mais pas assez ravagée cependant pour qu'on ne distingue plus les peintures qui la décoraient. Au-dessous est un caveau dans lequel on enterrait les personnages de haut rang, un sarcophage d'une conservation parfaite en avait été récemment tiré au moment de notre séjour à Kutayah. Nous ne pourrions affirmer qu'on le retrouverait encore en place, car les Turcs ne remuent pas les mo-

---

(1) Strabon, XII, 576.
(2) Suidas, Cotyœum.
(3) Xenoph., *Annal.*, 1, 2, 10.

numents par pur intérêt historique : il est probable que le tombeau du gouverneur byzantin était destiné à faire une belle auge de fontaine.

Ce sarcophage est de marbre blanc; sa face antérieure est divisée en quatre parties par des arcs et des pilastres ornés d'un treillis réticulé. Les deux arcs extrêmes ont leur partie centrale ornée d'une croix grecque, entourée d'une rosace formée par huit cercles qui se coupent. Un des arcs du centre présente un bas-relief d'un travail assez médiocre, mais dont le sujet se perpétue, pour ainsi dire, sans lacune depuis les temps les plus reculés. Un lion monstrueux dévore un daim ou une gazelle. Les plus anciennes représentations de ce type, purement asiatique, se rencontrent sur les cylindres babyloniens, sur les monuments de Persépolis, sur les tombeaux de la Lycie. Plusieurs monuments grecs, phrygiens et romains nous en offrent la répétition, sans autre variante que la nature de l'animal dévoré par le lion, mais qui est toujours un herbivore, un taureau, une antilope, un daim, et même un lièvre. Les chrétiens ont adopté ce type, comme le prouve ce monument.

Il est probable que le principe de cette représentation a été d'abord un emblème tout astronomique, qui a changé de signification par la suite des temps, jusqu'à représenter aux yeux des peuples la lutte du bon et du mauvais principe.

Il est rare de trouver sur les monuments des dates aussi précises que celle que l'on peut lire sur celui-ci. L'orthographe de l'inscription, horriblement défectueuse, est cependant d'accord avec la prononciation de la langue grecque telle qu'elle est parlée en Grèce.

Nous avons publié jadis le dessin de ce monument dans la *Revue archéologique* (1).

Nous nous bornons à reproduire ici la traduction de l'inscription grecque du tombeau d'un protospathaire; elle est curieuse en ce sens qu'elle prouve qu'en l'an 1071 les Byzantins étaient tranquilles possesseurs de Kutayah. Ce protospathaire était sans doute gouverneur de la province :

« S'est endormi le serviteur de Dieu, « Grégoire, protospathaire (impérial) « et général d'Asie, le 31 août de la « dixième indiction. L'an 6579. »

Cette année correspond à l'année commune 1071.

L'aigle sculpté sur l'autre compartiment indique que le défunt occupait une haute charge à la cour des empereurs. En effet, le protospathaire (porte-épée) était une des grandes fonctions à la cour de Byzance.

L'aigle des Paléologues se retrouve encore sur plusieurs monuments à Constantinople, et notamment sur la porte du bazar appelé le *Bezestein*.

En montant au château, on voit, encastrés dans les murs, quelques fragments de sculpture antique et une seconde figure de lion en marbre d'un très-mauvais travail. Dans la cour intérieure, inch kalé, nous avons remarqué une pièce d'artillerie qui est une véritable curiosité, elle est composée de bandes de fer juxtaposées et reliées entre elles par des cercles de fer. Cette pièce est sans doute une des premières qu'aient fabriquées les Osmanlis de 1430 à 1450.

Sous les émirs de Kermian, qui étaient de race seldjoukide, la ville de Kutayah réunit une population considérable et s'embellit d'un certain nombre de monuments; elle comptait sept grandes mosquées, autant de bains, parmi lesquels on distinguait Baloukli hammam, le bain aux poissons, parce que dans le centre était un bassin d'eau froide rempli de poissons.

Les monuments de Kutayah quoique bâtis par des artistes seldjoukides sont loin d'égaler comme art et comme goût ceux de la capitale Iconium Konieh; l'art des faïences émaillées n'y fut jamais pratiqué qu'avec une médiocre intelligence; en un mot Kutayah offre fort peu d'intérêt sous le rapport des monuments.

Les maisons sont bâties partie en bois, partie en briques; elles sont toutes couvertes en tuiles. La résidence du pacha est un composé de grands bâtiments qui ne s'élèvent que d'un étage, et qui ne se distinguent que par leur mauvais état d'entretien.

---

(1) *Revue archéologique*, 1845, tombeaux du moyen âge à Kutayah.

Aucun vestige des monuments de l'ancienne Cotyœum ne subsiste plus, les pierres ont été employées pour élever les édifices modernes : cependant, dans les cimetières et les lieux abandonnés, on trouve çà et là quelques pierres tumulaires dont le style se rapproche des monuments d'Aizani.

Au commencement de l'année 1833, Kutayah, sortant tout à coup de son obscurité séculaire, devint le point de mire de toute la diplomatie européenne, et fit trembler sur son trône le sultan Mamhoud. Le fils de Méhémet-Ali, Ibrahim pacha, vainqueur à Konieh des troupes du sultan avait suivi sa marche triomphante jusqu'à Kutayah ; mais Ibrahim manqua à sa fortune le jour où il fit halte dans cette ville. Il fallait qu'il vînt occuper les hauteurs de Broussa, qu'il fortifiât le passage de Ak seraï. A cette époque, le secret de sa faiblesse n'était pas encore connu ; la Russie n'eût pas osé l'attaquer. Les flottes réunies de France et d'Angleterre se tenaient prêtes aux Dardanelles, et le premier mouvement des Russes aurait été le signal d'une collision que tout le monde était d'accord pour éviter. Ibrahim faisant halte à Kutayah fut bientôt enlacé dans les filets de la diplomatie, qui elle-même ne savait pas au juste ce qu'il fallait lui demander.

Ibrahim avait établi son camp à deux lieues de la ville, dans le voisinage de sources thermales ; à côté du camp s'était formé le quartier des diplomates, qui venaient aussi prendre des bains. Ibrahim donnait déjà des ordres dans toute l'Asie pour commencer des réformes urgentes ; mais bientôt, obligé de battre en retraite, il se retira avec son armée sur Konieh, et la diplomatie crut avoir triomphé parce qu'elle avait prolongé le chaos dans ce malheureux pays.

La population de Kutayah dépasse quinze mille âmes : les deux tiers sont de la religion musulmane, l'autre tiers est composé de chrétiens, arméniens ou grecs.

Les premiers sont en possession de tout le grand commerce ; leur vie ressemble en tout point à celle des Turcs ; les seuls ameublements de leurs maisons se composent de divans et de coussins.

Les femmes ne sortent que voilées ; elles ne mangent jamais avec les hommes, et ont leur appartement séparé, où elles reçoivent leurs visites. Les familles arméniennes catholiques n'ont pas un genre de vie différent. (Voy. Pl. 46.)

CHAPITRE XIII.

DE KUTAYAH A AIZANI.

La ville d'Aizani occupe un des plateaux les plus élevés de la Phrygie Épictète presque au point de partage des eaux qui se jettent, au nord dans la Propontide, et au sud dans le golfe de Smyrne, le Rhyndacus d'une part et l'Hermus de l'autre. Quand même le baromètre ne viendrait pas apprendre à l'observateur qu'il se trouve à plus de mille mètres au-dessus du niveau de la mer, la végétation du pays, la nature plus fine et plus serrée des graminées suffiraient pour le lui indiquer.

La grande plaine qui s'étend à l'ouest de Kutayah est presque entièrement dépourvue de végétation ; cette région sans bois s'étend sur la majeure partie de la Phrygie et de l'Arménie, cette circonstance est due sans doute à la haute altitude de ces plateaux.

La route de Kutayah à Aizani est peu pittoresque, mais est des plus intéressantes au point de vue géologique. En sortant de Kutayah on se dirige au sud-ouest en contournant la montagne du château ; on franchit trois crêtes peu élevées, et l'on traverse autant de plaines qui paraissent avoir été autant de bassins lacustres, tandis que les montagnes sont composées de roches d'une nature schisteuse, formées de lames extrêmement minces, suivant des ondulations variées, et roulées sur elles-mêmes comme les feuillets d'un livre. La roche contient de nombreux noyaux ovoïdes de chalcédoine grossière ; la marne crayeuse et le calcaire d'eau douce occupent l'étendue de tous les bassins.

On a encore une montagne à franchir avant d'arriver au plateau d'Aizani ; elle est composée de roches talqueuses qui donnent au terrain une couleur verte et chatoyante ; de nombreux rognons de jaspe sont répandus dans cette roche. C'est la dernière formation primordiale dite éocène qu'on rencontre avant d'arriver à Aizani; on retrouve ensuite le calcaire lacustre, dont les roches ont servi à la construction de certains monuments d'Aizani.

Le plateau de Tchafder est bien cultivé; il produit surtout de l'orge : voilà pourquoi les Turcs ont donné à la moderne Aizani le nom de Tchafder hissar, le château de l'orge. Ce territoire est possédé par six villages placés à peu près à égale distance les uns des autres; quatre sur la rive droite du Rhyndacus, qui traverse cette plaine du sud au nord; ce sont les villages de Aoucher, Hadji, Méhémet keui, et Hadji keui; Tchafder hissar à cheval sur le fleuve, et sur la rive gauche Sofou keui.

CHAPITRE XIV.

AIZANI.

En citant Aizani parmi les principales places de la Phrygie Épictète, Strabon (1) ne donne aucun détail sur la position ni sur l'histoire de cette cité, et les itinéraires anciens en indiquaient à peine la situation. Cependant, la ville des Aizaniens est comprise dans les évêchés de la Phrygie Pacatienne au cinquième concile de Constantinople. Mais jusqu'à ces dernières années elle fut complétement oubliée par les historiens, les géographes et les antiquaires; on la rangeait parmi ces stations de peu d'importance qui avaient complétement disparu de la surface du sol. Les voyageurs modernes qui avaient traversé la Phrygie n'avaient recueilli aucun renseignement sur cette ville, dont les ruines auraient une célébrité égale à celle des plus beaux monuments antiques, si elles étaient dans un pays plus accessible et plus souvent visité.

Hérodien, cité par Étienne de Byzance (2), affirme qu'Aizani fut fondée par Aizen, fils de Tantale, et appelé Azanoï, et par quelques autres, Azanion. Le même géographe rapporte une histoire puérile recueillie par Hermogène, que nous citerons, moins pour la donner comme une tradition tant soit peu probable, que pour rassembler ici le petit nombre de documents que nous ont laissés les auteurs anciens. « Les habitants d'Azanion, dit Hermogène (1), ayant vu leurs prairies inondées et frappées de stérilité, et souffrant de la disette, s'assemblèrent pour sacrifier aux dieux, qui restèrent sourds à leurs prières. Euphorbe, de son côté, sacrifia aux génies un renard (*ouanos*) et un hérisson (*exis*), et il les apaisa si bien, que la terre recommença à produire des grains et des fruits en abondance. Les habitants, en reconnaissance de ce fait, choisirent Euphorbe pour leur prêtre et pour leur chef, et ce fut à cette occasion que la ville prit le nom d'Exuanum, qui veut dire hérisson-renard. Il semble que le mot Azanion soit venu de ce nom. »

D'après un passage de Pausanias, il semblerait que les Azaniens de Phrygie fussent originaires de l'Arcadie (2); ce qui concorde encore avec toutes les traditions, qui font peupler ces contrées par des étrangers venus d'Europe : « Arcas, dit-il, eut trois fils, Azan, Aphidas et Élatus, qui se partagèrent le royaume de leur père. La part qui échut au premier reçut le nom d'Azanée, d'où l'on dit que sortirent par la suite les colons qui allèrent s'établir en Phrygie, près de l'autre appelé Steunos et du fleuve Pencala. » Pausanias ajoute (3) : « Ces Phrygiens, qui habitent les bords du fleuve Peucella (*sic*), et qui sont originaires d'Azanée, montrent la grotte appelée Steunos, qui est circulaire et d'une grande hauteur. Ils en ont fait un temple de la mère des dieux où la déesse a sa statue. »

La ville d'Aizani était la métropole d'une contrée que l'on appelait Aizanitide. Quant au fleuve Peucella, il n'est point connu, et tout porte à croire que c'était le nom d'un affluent supérieur du Rhyndacus. Les médailles les plus communes de la ville d'Aizani portent la tête de Jupiter, coiffé du modius, et au revers un aigle les ailes étendues, avec cette exergue : ΙΕΡΑ ΒΟΥΛΗ ΑΙΖΑΝΕΙΤΩΝ. Le nom de la ville, écrit

---

(1) Lib. XIII, p. 176.
(2) Voce Ἀζανοί.

(1) Apud Stephanum Bysant. voce Ἀζανοί.
(2) Lib. VIII, c. 4.
(3) Lib. X c. 32.

Ἄζανοί dans le texte de Strabon, avait fait penser au savant Mannert que ces médailles étaient fausses; mais la découverte des inscriptions et d'un grand nombre de médailles impériales rapportées par différents voyageurs prouve que l'orthographe du texte grec est fautive. Les Grecs écrivent ΑΙΖΑΝΟΙ (1), et les Latins ÆZANI. Nous avons adopté l'orthographe grecque.

Après avoir franchi les collines au pied desquelles est assise la ville de Kutayah, on arrive sur un plateau qui est le point culminant de cette partie de l'Asie Mineure, et qui, d'après les observations barométriques (2), est à 1085 mètres au-dessus du niveau de la mer. Une chaîne de montagnes court de l'est à l'ouest dans la partie méridionale du plateau : c'est le Mourad dagh, autrefois le mont Dindymène, dont les deux versants donnent naissance à des fleuves qui vont arroser de vastes bassins. Au sud coule l'Hermus, et au nord le Rhyndacus, qui traverse la ville d'Aizani. C'est dans les vallées supérieures du mont Dindymène qu'il faudrait chercher cette grotte de Steunos, dont il serait possible de retrouver les traces. Le plateau d'Aizani est composé d'un sol crayeux, recouvert par une couche épaisse de terre végétale qui produit en abondance toutes sortes de grains. L'édifice qui attire d'abord les regards est un temple de marbre blanc qui s'élève sur une vaste terrasse, et qui, comme le Parthénon d'Athènes, s'aperçoit d'une distance considérable. On franchit le Rhyndacus sur un pont de marbre, et l'on marche pendant longtemps au milieu des débris d'architecture accumulés.

(1) Il ne faut pas oublier que la diphthongue οι se prononçait ι.
(2) Les observations que j'ai faites à Aizani le 3 juillet 1839 avec deux baromètres, m'ont donné les hauteurs suivantes :
Thermomètre libre + 20°, 20.
5 heures du soir, temps couvert, vent du nord.
1er B. 0^m,672,88 Th. B. + 2°,20.
2e B' 0^m,672,34 Th. B' + 20°,6.
La moyenne de ces deux observations, d'après les calculs de M. le commandant Delcros, donne 1085^m,2.

Il est à remarquer que cette ville, dont l'étendue a dû être considérable, et qui conserve tant de splendides vestiges n'a gardé aucune trace de son système de défense; on ne voit pas le moindre débris de murailles ni de disposition qui puisse ressembler à une acropole. Mais l'usage de clore les villes était si général et en même temps si important dans l'antiquité, qu'on ne saurait croire qu'une place qui a été le centre d'une grande association religieuse, et qui certainement renfermait des richesses considérables en offrandes et en dépôts, soit restée ouverte aux incursions des bandits qui descendaient de temps à autre dans les villes de Phrygie, et dont les chefs résidaient dans les châteaux de l'Olympe Mysien, où ils commandaient plusieurs villages.

C'est une remarque que l'on a fréquemment occasion de faire, dans les ruines des cités antiques : quelquefois les murailles seules subsistent encore, comme à Antioche, Halicarnasse, Érythræ, etc., d'autres fois, les monuments les plus délicats ont traversé les siècles, et les murailles ont disparu complètement. La destruction des remparts d'Aizani est un fait d'autant plus singulier, qu'il n'y a dans le voisinage aucune ville, aucun village important qui ait pu s'approprier ses débris, et il n'est pas probable qu'il en ait été transporté à Kutayah, située à vingt-sept milles de là. Si l'on en juge par les monuments qui subsistent encore, les murailles d'Aizani devaient être construites en grands blocs de calcaire d'eau douce, qui sont employés dans les libages de tous les édifices, et qui sont extraits des montagnes environnantes (1).

Après avoir longé le péribole du temple, on trouve, un peu plus loin vers le nord-ouest, les ruines d'un édifice carré qui peut avoir servi de basilique ou d'agora; puis, en tournant vers le nord, on remarque les ruines d'un hyppodrome et d'un théâtre qui y est contigu. Ce dernier édifice est adossé à une colline au sommet de laquelle il y a un grand nombre de tombeaux, ce qui indiquerait que la ville

(1) La coquille caractéristique de ce calcaire est la planorbe.

ne s'étendait point de ce côté, si, au bas du fleuve et le long des quais, qui étaient évidemment dans l'intérieur de la ville, on ne trouvait également une sorte de voie des tombeaux avec de nombreux monuments.

Au sud de la grande terrasse du péribole on observe encore une colonnade d'ordre dorique qui a peut-être appartenu au gymnase; la largeur du temple est de 45 mètres, et sa longueur de 75; les colonnes sont de marbre blanc et d'une seule pièce, mais dans l'enceinte on ne trouve point de traces de constructions, ni de débris de murailles. Deux ponts de marbre traversent le fleuve; ils ont cinq arches à plein cintre. La richesse des parapets qui longent les quais n'a point d'égale dans une autre ville antique; chaque pierre porte des sculptures représentant, soit des faunes et des mascarons, soit des chasses d'animaux sauvages. Le théâtre, qui se trouve dans la partie septentrionale de la ville, quoique d'une conservation remarquable, est loin cependant d'être un des plus beaux de l'Asie Mineure; la partie moyenne de l'hippodrome était ornée de deux *Pulvinar*, ou pavillons destinés aux personnes de distinction. Les gradins étaient de marbre blanc, et les deux extrémités du stade étaient carrées.

CHAPITRE XV.

LE TEMPLE.

Le grand temple, d'ordre ionique et de marbre blanc, s'élevait, dans la partie centrale de la ville, sur une terrasse quadrilatère, taillée dans une colline naturelle qui formait le Téménos. La partie antérieure de cette terrasse est décorée de vingt-deux arcades séparées dans leur milieu par un grand escalier de 30 mètres de large. Dans leur état actuel, on ne voit que des arcs en pierre grossièrement taillés; mais on retrouve, dans les saillies et dans les angles de la maçonnerie, des arrachements du revêtement en dalles de marbre blanc qui la recouvrait. Devant chacun des pieds-droits, il y avait un pilastre qui soutenait un entablement. L'ensemble de cette construction formait un magnifique soubassement au vaste temple qui couronnait la terrasse. Les parties latérales de ce Téménos étaient soutenues par un mur épais dont il reste encore une partie à l'angle nord-ouest. Il ne reste dans le pourtour aucune trace de construction, mais il est très-probable que des fouilles faites en quelques endroits mettraient à découvert des portiques et des habitations destinées pour les prêtres. C'est cette vaste enceinte qui est généralement désignée par les anciens sous le nom de Téménos, lieu fermé: elle était décorée de jardins, d'exèdres et de statues, qui se trouvent mentionnés à chaque instant dans les descriptions de Pausanias. Le temple lui-même, *Naos*, était entouré d'un portique, *Stoa*, généralement ouvert sur le Téménos, et qui séparait ce dernier emplacement de l'Area proprement dite, où se faisaient les sacrifices. C'est au milieu de cette place que s'élevait l'édifice sacré, Naos, Sêcos, dont l'entrée n'était permise qu'aux initiés et aux prêtres. Le temple était lui-même entouré de portiques, *Peribolos*, qui, suivant le caractère du temple, étaient plus ou moins larges. Cette disposition des grands édifices religieux n'est pas seulement particulière aux Romains et aux Grecs; on la retrouve dans les grandes pagodes de l'Inde, dans les temples de la Perse, au grand temple de Salomon.

Le temple d'Aizani est établi sur un soubassement de $36^m 912$ de longueur sur $21^m 962$ de largeur. Au-dessous de la Cella se trouve une grande salle souterraine, formée par une voûte à plein cintre, dans laquelle on descendait par un escalier pratiqué dans le *Posticum*. Cette voûte est éclairée par des soupiraux qui prennent leur jour au pied de la moulure inférieure de la Cella sous le portique. La longueur de la salle est de $16^m 157$ sur une largeur de $9^m 120$; elle servait à renfermer les richesses du temple, et, dans certaines circonstances, était offerte comme un lieu sûr aux citoyens pour y déposer leurs objets précieux.

Le posticum était composé de deux murs parallèles, entre lesquels était placé l'escalier. Cette salle était, à proprement parler, l'opisthodome qui, dans certains temples périptères, est placé au fond de la Cella. La largeur du soubassement comprend le Naos et le portique. Il reste aujourd'hui sur la face occidentale six colonnes debout, et douze sur la face septentrionale. Il est évident, d'après l'inspection du plan, que les deux petits côtés avaient chacun huit colonnes de front; pour la face latérale, on est assuré qu'il y en avait quinze. En effet, la colonne d'angle de l'occident porte, selon la règle, un chapiteau d'angle, c'est-à-dire, dont la volute extérieure fait avec la face un angle de quarante-cinq degrés, tandis que la colonne extrême du côté de l'est a un chapiteau dont les deux volutes sont sur le même plan. De plus, le soubassement de ce côté se prolonge au delà de l'axe de la colonne de 3^m240, c'est-à-dire, qu'il y a juste la place pour ajouter une colonne. On sait, d'ailleurs, que, dans les temples périptères, le nombre de colonnes du côté était égal au double de celui de la face, moins une. L'entre-colonnement d'axe en axe était de 2^m536. Le temple était de la classe de ceux que Vitruve appelle pseudo-diptères. Sur la face principale il y avait deux rangs de colonnes parallèles.

Pour arriver à l'aréa sous le portique, il y avait un escalier, qui aujourd'hui n'existe plus, et le mur du soubassement s'élève verticalement à un mètre au-dessus du sol dans tout le pourtour du temple. Cela prouve qu'un escalier était disposé de la même manière sur les quatre faces, comme il arrive au Parthénon et à la plupart des autres temples grecs périptères. On sait que cette sorte de temple était rare en Italie, et du temps de Vitruve il n'en existait point à Rome; l'invention du genre est attribuée à Hermogène d'Alabande : son but était de donner plus de largeur sous le portique pour les processions qui se faisaient autour de la Cella.

La Cella est assez bien conservée pour qu'on en retrouve toutes les dispositions particulières. Tout le mur septentrional est intact, une partie du mur méridional et tout le Posticum. On voit, en examinant le mur du Pronaos, que la Cella se terminait par deux antes, entre lesquelles étaient placées deux colonnes, et l'arrachement du mur de refend donne la distance exacte entre l'extrémité de l'ante de la porte. Malheureusement, toute cette partie de l'édifice est ruinée, et il n'a pas été possible de retrouver le moindre débris de la porte; les quatre antes sont couronnées par un chapiteau composé; l'intérieur de la Cella ne porte aucune espèce d'ornement, et le marbre des murailles est profondément altéré par l'effet de l'incendie. Dans l'angle gauche du temple on avait pratiqué une porte communiquant à une cellule qui avait une issue sur le Posticum. Il est clair que ces portes étaient destinées au service particulier du monument; elles communiquaient sans doute derrière la statue. Cette disposition se retrouve dans un très-grand nombre de temples anciens, et l'on est tenté de croire, quelle que soit la grossièreté de l'artifice, que les prêtres faisaient quelquefois parler la statue. Peut-être aussi était-ce simplement pour le service du temple et pour revêtir la statue de vêtements et de voiles offerts par les villes et les citoyens. En dehors du Posticum on voit encore les deux colonnes placées entre les antes, et qui sont d'un ordre composé. Un grand soupirail communiquant avec l'opisthodome prenait jour entre les deux colonnes, dont les bases n'ont pas de plinthes; mais les bases des colonnes du portique portent des plinthes carrées.

La solidité de cette construction aurait défié les siècles, si l'ignorance absurde des habitants ne les eût poussés à détruire cet édifice; les colonnes, étant d'une seule pièce de marbre blanc, étaient regardées par eux comme de la pierre fondue, et, pour le plus grand malheur de l'édifice, on croyait qu'elles étaient pleines d'or. Pendant longtemps le vieux temple fut attaqué par les moyens ordinaires, la pioche et le marteau; rien ne transpirait des richesses qu'il devait contenir, lorsqu'un Turc eut la fatale idée de le démolir d'un seul coup. Pendant bien des jours, les habitants furent occupés à charrier du bois des montagnes environnantes; on en remplit la Cella; on entoura de fagots les colonnes du portique, et l'on mit le feu à cette masse accumulée. Le marbre ne résista pas à l'intensité de la chaleur; tout le portique méridional, le mur de la Cella et la façade s'écroulèrent avec fracas, et les sauvages habitants furent à peine détrompés en voyant la preuve manifeste de leur stupidité; ils restèrent convaincus qu'un génie malfaisant dérobait les trésors à tous les regards; et aujourd'hui même, le Turc qui me racontait ce fait, me disait, en montrant les inscriptions : « Celui qui parviendra à déchiffrer ces signes deviendra possesseur des biens qui nous échappent. » La tradition de cet incendie est restée parmi les Turcs, mais ils ne peuvent pas bien en préciser l'époque; elle est antérieure à la naissance des plus vieux habitants. En examinant la masse de décombres qui entourent l'édifice, et qui, aujourd'hui, est recouverte par une terre végétale assez épaisse, on est porté à croire que cet événement eut lieu vers le commencement du dernier siècle. Du reste, la trace d'un feu violent est restée empreinte sur l'intérieur des murs de la Cella, et prouve que l'édifice n'a péri qu'à la suite d'un incendie. Il manque au temple, aujourd'hui, trente et une colonnes; les deux qui étaient à l'angle sud-ouest gisent au pied de l'édifice; deux autres qui manquent à la face septentrionale se retrouvent également en avant du portique; mais des vingt-sept autres on n'en voit pas de vestiges. Or, ces colonnes, étant d'une seule pièce, n'ont pu évidemment être anéanties que par le feu.

D'après l'état actuel des ruines du temple d'Aizani, il est à croire cependant qu'il n'était pas parfaitement complet lorsqu'il a été incendié, car rien n'expliquerait la chute de la corniche et de la frise des faces du nord et du couchant. Aujourd'hui, les colonnes sont seulement couronnées par l'architrave, et il ne reste en place aucun morceau de frise et de corniche. J'ai la conviction que des fouilles opérées au pied de l'édifice mettraient à découvert de nombreux fragments de sculpture. Tout le fronton occidental est probablement enseveli sous le sol voisin.

Le temple est d'ordre ionique, le fût de la colonne est composé d'une seule pièce de marbre de 8^{m}520 de longueur; mais en y comprenant la partie du fût attenant au chapiteau jusqu'à l'astragale, la hauteur du fût est de 8^{m}705 et la hauteur totale de la colonne 9^{m}504. Cette proportion est plus élancée que celle des autres ordres de l'Ionie, mais elle a beaucoup de rapport avec celle du temple d'Érechthée, à Athènes. Le fût de la colonne a des cannelures qui sont formées par un demi-cercle, et il est remarquable en ce que, dans la partie supérieure, chacune des cannelures est décorée d'un petit vase en relief, ajustement qui ne se trouve dans aucun autre édifice. Les proportions du chapiteau ne le cèdent point à celles des beaux temples de l'Ionie; il est décoré dans le cavet supérieur, entre le quart de rond et le filet des volutes, d'un fleuron en haut-relief qui garnit cette partie du chapiteau. L'architrave est très-haute : selon les proportions des temples grecs, elle est décorée d'un cavet et d'un quart de rond, et chacune des faces porte à sa partie supérieure un rang de perles. La frise, qui est d'un caractère particulier, est ornée de grandes consoles en forme de volutes, soutenues par des feuilles d'acanthe. Cet ajustement a tout à fait le caractère ionique et produit un très-bel effet. Pour ceux qui douteraient que le fragment trouvé près de l'escalier appartînt bien à la frise du temple, il y a une preuve convaincante : c'est que la distance d'axe en axe entre les volutes est de 0^{m}634, et que cette distance correspond positivement à la distance d'axe en axe de six des denticules de la corniche; d'où il suit que chaque volute porte un denticule et se trouve d'aplomb au-dessous d'un modillon. L'intervalle entre chaque volute est orné de fleurons variés et se trouve également à l'aplomb de l'autre modillon. Le même ajustement se retrouve dans l'architrave, l'axe d'un ove est à l'aplomb de chaque volute.

La base de la colonne est d'ordre ionique : elle porte deux scoties séparées par un double filet et un gros tore dont la courbure n'est point un arc de cercle comme aux bases romaines, mais une courbe dont la rentrée est beaucoup plus forte en bas qu'en haut. La forme de cette courbure est sans doute motivée sur ce que la perspective déforme les courbes engendrées par un arc de cercle.

On voit quelques colonnes couchées dans l'esplanade qui entoure l'édifice; elles appartenaient au péribole, et avaient 5ᵐ440 de longueur sur 0ᵐ680 de diamètre; elles avaient 24 cannelures, qui étaient remplies par un fuseau cylindrique jusqu'à 1ᵐ84 au-dessus de la base. Les colonnes étaient d'ordre corinthien; elles formaient un portique qui entourait le temple de toutes parts et fermaient l'espace que les anciens appelaient Aréa. C'était une cour dans laquelle se faisaient ordinairement les sacrifices et les processions. Dans l'état de ruine où il se trouve, le temple d'Aizani est encore d'un grand intérêt, car on sait combien les édifices d'ordre ionique sont rares dans toutes les contrées.

Il reste à déterminer l'époque à laquelle ce temple fut construit et la divinité à laquelle il fut dédié, question facilement éclaircie par la lecture des huit inscriptions grecques et latines tracées sur cette portion du mur de la Cella que le temps a respectée. L'élégance des colonnes, la légèreté de la structure, donneraient à croire qu'il a été dédié à quelque divinité féminine, si les inscriptions n'étaient là pour attester qu'il fut élevé au plus sévère des dieux, à Jupiter Panhellénien, et tout le territoire qui entourait la ville était dédié à Jupiter Aizanien.

Il résulte de l'examen des inscriptions qui sont placées sur la plate-bande, formant le couronnement du soubassement de la Cella, sur le mur extérieur du temple et sur la face intérieure de l'Ante du côté du Pronaos, que des contestations graves s'étaient élevées entre les habitants et les membres du sénat, sur la quotité de l'impôt à payer pour les terres appelées *Cléri*, et qui étaient dédiées à Jupiter Aizanien. Quiétus, qui sur les inscriptions ne prend aucun titre, mais qui était sans doute préteur de l'Aizanitide, écrivit à l'empereur Hadrien pour lui demander son avis. Cette lettre n'existe pas sur les murs du temple; il est probable qu'elle a péri dans la destruction des murs du sud. L'empereur Hadrien répond à Quiétus une lettre dont nous avons une partie notable. Dans le titre de cette lettre, les deux premières syllabes HADRI du nom de l'empereur sont effacées, mais il résulte de l'inscription grecque, que c'est bien l'empereur qui écrit à Quiétus.

Copie d'une lettre d'Hadrien à Quiétus.

S'il ne paraît pas que le champ dédié par les rois à Jupiter Aizanien soit divisé en autant de parcelles qu'on appelle cléros, il vaut mieux observer, ainsi que tu le penses toi-même, ce qui se passe dans les villes voisines; et si Mettius Modestus en ordonnant qu'un impôt fût levé sur ces parcelles, a déterminé quels étaient les champs divisés en cleros, il est juste qu'à partir de ce temps ils payent l'impôt. Il a donc été réglé depuis ce temps qu'il fallait payer l'impôt; mais si l'on cherche des retards.....

Il est probable que l'expression *dédié par les rois*, « dicatus à regibus, » désigne les rois de Pergame, car les empereurs romains sont désignés dans ces inscriptions par les mots *Imperatores* ou Αὐτοκράτορες (1).

Quiétus, au reçu de cette lettre, écrit au sénat et au peuple d'Aizani pour faire connaître la décision de l'empereur qui ordonne qu'un nouveau cadastre de la contrée soit fait par un corps de géomètres et d'après lequel on déterminera la cote de l'impôt des Cléri. C'est le sujet de la seconde inscription, qui est placée à l'extérieur du temple. Quiétus annonce aux archontes qu'il a envoyé à Hespérus une copie de cette lettre.

Avidius Quiétus aux archontes, au sénat et au peuple d'Aizani, salut :

La contestation élevée au sujet du territoire sacré dédié autrefois à Jupiter, durant depuis plusieurs années, a été terminée par la sagesse de notre très-grand empereur. Après que je lui eus écrit pour lui expliquer clairement toute l'affaire et lui demander la décision qu'il fallait prendre, principalement sur deux points qui suscitaient ce différend et qui constituaient la partie difficile et introuvable de l'affaire, il a joint au sentiment philanthropique les sentiments de justice qui président à ses jugements, et il est parvenu à mettre fin à la longue contestation qui s'était élevée et aux soupçons qui vous divisaient depuis longtemps, comme vous l'apprendrez d'après la lettre qu'il m'a envoyée et dont je vous ai fait passer copie. J'ai de plus écrit à Hespérus, procurateur impérial afin qu'organisant un corps de géomètres, il fasse mesurer le terrain et vous en fasse connaître l'étendue; et, d'après les lettres sacrées de l'empereur, je vous ait déjà fait connaître la cote de l'impôt de chaque (partie appelée) Cléros, dans le territoire sacré. A partir du jour où vous aurez reçu la lettre, vous payerez ce tarif dans chaque district consacré à Jupiter, afin que de nouvelles contestations n'empêchent pas la ville de jouir trop

(1) Voyez plus bas la lettre de Quiétus à Hespérus.

tard des effets de la sagesse de l'empereur.....
J'ai envoyé à Hespérus une copie de cette lettre.
Portez-vous bien.

La seconde inscription latine est la copie d'une lettre de Quiétus à Hespérus, par laquelle celui-ci est chargé de rendre compte de l'état des Cléri dans le territoire sacré :

Copie d'une lettre de Quiétus à Hespérus.
Ayant appris que la mesure des Cléros n'était pas égale, et notre divin empereur ayant ordonné, d'après sa constitution, qu'il n'y eût ni plus grande ni plus petite mesure dans cette région, qui est dite dédiée à Jupiter Aizanien, va, mon cher Hespérus, informe-toi quelle est la plus grande et la plus petite mesure dans cette même région, et fais-le-moi connaître.

La troisième inscription latine est la copie de la réponse d'Hespérus à Quiétus, par laquelle le premier fait connaître les mesures qu'il a prises pour se rendre compte de l'état du territoire. Cette inscription est malheureusement incomplète :

Copie d'une lettre de Quiétus à Hespérus.
Certaines affaires, Seigneur, ne peuvent être amenées à leur fin que lorsque leur valeur a été fixée par la pratique. Comme vous m'aviez enjoint de vous faire connaître la mesure des Cléros dans le pays d'Aizani, j'ai envoyé à ce sujet des géomètres...

La plupart des inscriptions découvertes dans les ruines d'Aizani ne font mention que du dieu Jupiter. Il n'est pas probable que la ville n'ait contenu qu'un seul temple, mais tous les autres se sont effacés devant la majesté de cet édifice, et leurs vestiges mêmes ont disparu.

Il existe près du fleuve Rhyndacus une stèle sépulcrale qui était probablement dans le péribole du temple et qui était consacrée à un certain Ménophile, prêtre de Jupiter.

Le sénat et le peuple ont honoré Ménophile fils de Nicostrate, prêtre de Jupiter pour la dixième fois, lequel s'est rendu utile à sa patrie.

Le mur de la Cella contient en outre quatre inscriptions grecques, toutes relatives à un certain Euryclès, natif d'Athènes, qui avait exercé la dignité d'archonte, et qui obtint par décret, non-seulement des remerciements publics de la part de ses concitoyens d'Aizani et de l'empereur Hadrien, mais encore le privilége d'avoir sa statue et son portrait (Ἀνδριάντος καὶ Εἰκόνος) exposés dans Athènes et dans le lieu qu'il choisirait. Ces inscriptions se composent d'une déclaration de l'archonte Jason, d'une lettre écrite aux archontes d'Aizani, par Nummius Menès, au nôm de l'aréopage, d'une autre lettre de Titus, archonte des Panhelléniens, et enfin d'une lettre de l'empereur Hadrien lui-même, qui atteste les vertus d'Euryclès. Ces inscriptions sont placées à côté de celles que nous avons citées plus haut, sur le bandeau du mur de la Cella. Nous ferons remarquer en passant que cette disposition architecturale paraît être faite pour recevoir les actes de l'autorité publique. La traduction grecque du testament d'Auguste à Ancyre est également placée en cet endroit dans l'Augusteum.

Le temple d'Aizani ne présente aucun document qui fixe positivement l'époque de sa construction, quoique les inscriptions de ses murs soient toutes romaines et du milieu du deuxième siècle de Jésus-Christ; il y a encore dans son architecture trop de reflet de l'art grec pour croire que ce monument ne date que de cette époque.

Les vastes constructions du péribole, les ponts de marbre, l'encaissement du Rhyndacus, tous ces travaux, dans lesquels l'art et l'utilité se prêtent un mutuel concours, exécutés d'un seul jet et d'après une pensée unique, ne paraissent pas devoir être attribués aux Romains, qui n'ont jamais eu de grands intérêts dans cette partie de la Phrygie. En effet, lorsque la bataille de Magnésie eut fait tomber l'empire de l'Asie entre les mains des Romains, le territoire de la Phrygie était déjà fondu dans les autres petits royaumes. Mais lorsque les rois Attales s'emparèrent de cette province, l'adjonction de ce territoire à la monarchie de Pergame était pour ces princes d'une immense importance; aussi durent-ils ne rien négliger pour s'attacher le peuple phrygien. C'est alors que se seraient élevées ces grandes constructions dont le caractère s'accorde assez bien avec l'époque de transition à laquelle elles auraient été faites, la fin des monarchies asiatiques et le commencement de la puissance romaine.

CHAPITRE XVI.

LES PONTS ET LA VOIE DES TOMBEAUX.

Tous les monuments importants de la ville d'Aizani sont situés sur la rive gauche du fleuve ; cependant, on trouve des restes assez nombreux pour être convaincu que la cité occupait les deux rives du Rhyndacus ; aussi, pour communiquer d'un quartier à l'autre, avait-on construit deux ponts de marbre blanc, qui servent encore à la circulation. Dans l'intérieur de la ville, le fleuve était encaissé entre deux quais de solide maçonnerie, dont les parapets, comme nous l'avons dit, étaient en marbre blanc et sculpté. De l'autre côté de la voie étaient placés des tombeaux dont le caractère est particulier à la Phrygie, qui trouvent leurs analogues dans les grands monuments taillés dans le roc, et qu'on suppose dater des monarques phrygiens. Les deux ponts sont construits sur le même plan ; ils ont cinq arches de largeur inégale ; celle du milieu a 6^m 50, les deux arches de culée 5^m 15 ; mais les terres de la rive ont presque entièrement comblé ces dernières, qui forment aujourd'hui des espèces de caves ; de plus, les barrages établis sur le Rhyndacus ont exhaussé le cours de l'eau, qui monte jusqu'au-dessus des impostes, et ne permet que difficilement de prendre ces relèvements. La largeur du pont est de 4^m 10, et il reste de chaque côté 0^m 70 pour l'épaisseur des parapets. On voit sur l'extrados des voûtes, qui forme le seul dallage de ce pont, des traces de roues de chars, qui datent certainement de l'antiquité, car les Aizaniens d'aujourd'hui ne font point usage de voitures.

Les tombeaux aizaniens représentent généralement un ædicule qui a dans le centre une porte à deux vantaux fermée par un cadenas. Il semble que ce soit la porte du séjour des morts qui s'est à tout jamais refermée sur le défunt. La partie supérieure de ces ædicules est ordinairement composée d'une espèce de fronton qui donne à la silhouette du monument une ressemblance frappante avec ces curieuses sculptures de la vallée de Nacoleia. Au milieu de ces tombeaux sont aussi des autels funèbres décorés de sculptures plus ou moins riches, et qui étaient sans doute destinés à porter des statues.

D'autres inscriptions tumulaires se trouvent en grand nombre, soit dans le cimetière turc, soit dans les champs qui environnent le fleuve ; elles ont toutes été publiées (1).

Le Théâtre. — Il est situé dans la partie méridionale de la ville, en partie creusé dans une colline et faisant face au sud-sud-ouest ; son grand diamètre est de 56 mètres, et la courbe de la cavea forme plus d'un demi-cercle. Le mur qui contient les gradins est de marbre blanc, et forme avec la face de la scène un angle de six degrés et demi. On sait que les théâtres d'Asie diffèrent, dans leur construction, de ceux d'Europe, en cela que le mur de la cavea est parallèle à la scène dans les théâtres latins. On ne trouve que deux exemples de cette dernière construction en Asie : ce sont le théâtre de Nicée et celui d'Aspendus. Les théâtres construits d'après le système grec sont néanmoins presque tous postérieurs à la conquête romaine, et il en est bien peu qui soient antérieurs à l'époque d'Alexandre. La salle ou cavea du théâtre d'Aizani est assez bien conservée dans sa partie inférieure. Il y a seize rangs de gradins, tous de marbre, dans la première précinction ; mais tout ce qui appartient à la précinction supérieure est complétement détruit.

Les gradins de la précinction supérieure s'avançaient jusqu'au droit du parement des cellules, et le podium formait alors une sorte d'architrave. Le rayon de l'orchestre, relevé avec le plus grand soin, nous a donné une longueur de 20^m 480 ; et la largeur totale du théâtre est de 103^m 52. Aux deux extrémités du demi-cercle, il y avait deux portes qui conduisaient de plain-pied en dehors de l'édifice, et qui correspondaient à un escalier des *cunei*, partie de gradins comprise entre deux escaliers. Tout ce qui est relatif au jeu de la scène est assez bien conservé pour exciter vivement l'attention d'un homme

---

(1) *Voyez Descr. de l'As. Min.*, t. 1er 110 et suiv.

qui n'a vu que les théâtres de l'Europe ; on peut excepter celui de Pompéi ; mais la scène, il faut le dire, est bien ruinée, si l'on compare cet édifice aux autres du même genre en Karamanie. La partie de l'édifice consacrée aux jeux a peu d'importance; elle est complétement détachée du corps du théâtre. Le mur du proscenium est bâti en grands blocs de pierres calcaires, et il était revêtu de dalles de marbre blanc.

La façade intérieure était décorée de six couples de colonnes d'ordre ionique, supportant une frise de la plus grande richesse. Il n'entrait dans la construction ni ciment, ni crampons de fer; toutes les pierres se soutenaient par leur propre poids; aussi un léger affaissement dans le terrain, occasionné par l'accumulation des eaux dans cet endroit, a-t-il amené la destruction de toute la façade. Mais rien n'a été emporté, et l'on trouve dans l'orchestre un monceau de décombres composé de chapiteaux, de fûts de colonnes, d'architraves et de piédestaux, accumulés dans un désordre effrayant. Le mur du Thymélé se trouve aujourd'hui enterré sous les décombres, mais on voit parfaitement le soubassement qui supportait les colonnes, dont la plupart des bases sont restées en place. Les différentes salles du proscenium, au nombre de cinq, communiquaient avec la scène par autant de portes : la porte tragique, qui était au centre, la porte comique et la porte satirique, qui en étaient voisines, et les portes du chœur, qui étaient aux deux extrémités. A côté de celles-ci s'en trouvent encore deux autres qui, d'après leur disposition dans la façade, paraissent avoir été dissimulées par quelque boiserie, car elles se trouvent derrière un groupe de colonnes, et elles communiquent chacune avec deux salles du proscenium. Ces portes servaient évidemment pour les jeux de la scène, comme des évocations ou des apparitions. Toute la partie supérieure du proscenium, au-dessus de l'ordre ionique, est aussi détruite; mais on voit dans les décombres de nombreux vestiges du premier étage. On ne saurait trop répéter, d'ailleurs, que dans les théâtres antiques les spectateurs ne jouissaient pas du coup d'œil de la campagne, comme l'ont souvent dit des voyageurs et des antiquaires. Il semblerait que le théâtre des anciens ne se composât que de siéges pour les spectateurs, devant lesquels les acteurs venaient réciter leurs pièces, tout cela en plein air, avec les distractions du dehors, et exposé aux intempéries des vents et de la pluie. La salle de spectacle, chez les anciens, était au contraire close, et toutes les précautions possibles étaient prises pour que la voix des acteurs ne se perdît pas dans l'espace. Les murs du proscenium s'élevaient à la hauteur de la précinction, et le vélarium couvrait toute la salle; de sorte que les spectateurs n'étaient pas même distraits par la vue du ciel. Dans les deux salles extrêmes du postscenium, on voit deux cages d'escaliers circulaires qui conduisaient aux étages supérieurs : là étaient les salles de l'administration, du chorége, et les dépôts des costumes. M. Hamilton, qui a examiné les ruines d'Aizani en 1838, pense que le proscenium est d'une construction postérieure à celle du théâtre. Il a été frappé de la rudesse des grosses pierres, des libages qui forment les murailles de la scène; mais quand l'édifice était entier, ces libages ne paraissaient point; ils étaient cachés dans l'élégante décoration de marbre qui est accumulée dans l'orchestre. Tout ce théâtre porte le cachet de l'art de transition entre le grec et le romain.

CHAPITRE XVII.

LE STADE.

En avant du théâtre et dans la direction du sud-est, se trouve le stade, qui conserve encore une partie de ses gradins. Vers le milieu, il y a, à droite et à gauche, deux grands pavillons dans lesquels se trouvaient le pulvinar ou loge consulaire, et la loge des juges des jeux. La façade du pulvinar se compose de sept arcades de 2^m 60 de large, et dont les pieds droits avaient 1^m 62. Un corridor de 6^m 70 séparait cette rangée d'arcades d'une autre rangée d'égale dimension, et qui donnait entrée immédiatement au-dessus des gradins; mais il y avait deux étages d'arcades. Tout cela est maintenant tellement couvert par les décombres, que nous n'avons pas jugé le plan que nous en avons tracé assez complet et assez satisfaisant pour le publier. Le stade, dans son état actuel, offre une particularité remarquable ; car, aux extrémités, on ne voit aucun vestige de constructions, comme dans quelques hippodromes d'Italie. Depuis le pavillon jusqu'au théâtre, le stade a 98 mètres ; la largeur du pulvinar est de 25^m 30, et de l'autre part le stade se prolonge encore dans une longueur de 98 mètres, ce qui lui donne pour longueur totale 221^m 30. La largeur totale du stade est de 46^m 40, et celle des pavillons de 18^m 32. Il avait de part et d'autre dix rangs de gradins, ce qui donne de la place pour 12,760 spectateurs en comptant 0^m 50 par place. Il m'a été impossible de m'assurer si le milieu de l'arène était séparé par une épine. On ne trouve non plus aucune trace des *metæ*, ou bornes extrêmes. Tout porte à croire cependant que cet édifice a servi pour des courses de chevaux et même de chars, comme tous les autres hippodromes.

CHAPITRE XVIII.

CADI—KEDIZ. ITINÉRAIRE D'AIZANI A CADI.

L'ancienne Cadi, située aux sources de l'Hermus, occupait l'emplacement de la ville moderne de Kédiz, mais le sort des deux villes fut bien différent. Tandis qu'Aizani placée au centre d'une vaste plaine avec des débouchés difficiles était complétement abondonnée par sa population, Kédiz, bâtie à cheval sur un torrent, presque au fond d'un précipice, est toujours restée une ville d'une certaine importance, parce que la vallée de l'Hermus la mettait en communication avec Smyrne et tous les pays peuplés et commerçants chez lesquels les produits de ses champs et de son industrie trouvaient un écoulement assuré. Tous ces avantages de position, l'état prospère de la ville ne peuvent promettre à l'archéologue qu'une maigre moisson par des raisons que nous avons plusieurs fois exposées, aussi la ville des Kédiz n'est-elle intéressante qu'au point de vue de la géographie comparée.

La route d'Aizani à Kédiz, tronçon de la grande route de Kutayah à Smyrne est encore suivie par les caravanes, et Tchafder hissar est un lieu de halte.

La route de Kédiz suit la direction du sud-ouest ; on remonte pendant quelques kilomètres la rive droite du Rhyndacus, en franchissant les collines calcaires qui forment le plateau de Tchafder, le pays prend un caractère plus agreste, on commence à rencontrer quelques clairières, et bientôt après une forêt de pins et de chênes verts ; tout ce terrain appartient encore à la formation calcaire, mais les rochers ont un aspect schisteux. Près du village de Sousouse (sans eau), la craie renferme de nombreux rognons de silex recouverts d'une croûte jaunâtre ; ils sont abondants et disposés par lits comme dans les falaises de Normandie ; entraînés par les eaux, ils forment la majeure partie des cailloux dans le lit des torrens. La vallée qui donne naissance au Rhyndacus est de schiste terreux gris, de la consistance du trapp ; à droite et à gauche sont des escarpements couverts de pins, et d'où sortent un grand nombre de sources, c'est là que le ruisseau commence à prendre un cours continu, plus haut ce ne sont que les eaux des pluies ou des neiges réunies accidentellement pour former un petit torrent qui est à sec une partie de l'été. La vraie source du Rhyndacus est une fontaine qui donne un volume d'eau considérable où vont s'abreuver les nombreux troupeaux qui sont au Yaëla pendant l'été.

Quelques pas plus loin on se trouve sur la ligne de partage des eaux des deux mers.

Le massif du Mourad dagh, le mont Dindymène, s'élève à l'orient, les replis de ses vallées sont ombragés par de belles forêts, et dans les nuits d'été les campements des nomades sont indiqués par les feux des Douars. C'est dans cette montagne que se trouve l'antre Steunos, « grotte magnifique remarquable par son étendue et son élévation (1). » Il est très-probable que cette grotte

---

(1) Pausanias, liv. X, 32.

existe encore dans quelque escarpement de la montagne.

Après avoir passé la ligne de partage des eaux, on commence à descendre; au milieu de la forêt, une grande vallée venant de l'est est arrosée par un faible ruisseau qui deviendra l'Hermus.

La nature du terrain change pour ainsi dire en même temps que la direction des eaux; on a laissé derrière soi les terrains calcaires, et l'on entre dans la région volcanique. Le pays qui se déroule aux regards appartient à la Phrygie catacécaumène; la forme des montagnes change en même temps que la nature du terrain.

La route contourne un grand cône volcanique dont les laves basaltiques très-dures ont une cassure vitreuse et brillante; on ne reconnaît pas de coulée de laves bien tranchée, mais le chemin passe au milieu de blocs dont la dimension varie depuis un mètre cube jusqu'à trente mètres. Un peu plus bas on reconnaît une véritable coulée dont on suit la direction jusqu'au bas de la montagne, là on retrouve l'argile et le terrain calcaire qui existaient avant l'éruption volcanique.

De ce point jusqu'au Kédiz, ce n'est qu'un chaos de monticules argileux et volcaniques. L'Hermus reçoit à son passage dans la ville le nom de Kédiz tchaï, qu'il conserve dans tout son parcours.

Les montagnes sont noires et les maisons de Kédiz sont bâties d'argile noirâtre et couvertes en terrasses; à peine peut-on, du haut de la montagne, faire une distinction entre les maisons et les terrains environnants; aucune verdure ne vient égayer ces tristes couleurs, jamais ville n'a présenté un plus sombre aspect.

Le seul monument qui attire les regards est une mosquée moderne bâtie dans le style de celles de Constantinople; mais tout ce qui restait de monuments anciens a été employé dans les constructions modernes; les maisons sont perchées sur des pointes de roc et n'ont de communication entre elles que par des sentiers tortueux; le palais du Mutsellim est sur la rive droite de la rivière; il se distingue à peine des autres maisons.

La ville est dominée par une montagne volcanique et pointue sur laquelle était jadis un château, et plus anciennement sans doute l'acropole de Cadi; les habitants appellent cet endroit Kalé le château. On voit quelques traces d'escaliers taillés dans le roc; cette situation ressemble à celle de Cotyæum.

Cadi est du nombre des villes qui furent peuplées par les colonies macédoniennes. Pline (1) nomme les Macédoniens Cadueni, c'est-à-dire habitants de Cadi; sous les princes byzantins Cadi fut épiscopale, Philippe son évêque souscrivit au concile quinosexte.

Le pont sur l'Hermus en amont de la ville passe chez les habitants pour une construction très-antique; mais c'est un ouvrage du moyen-âge avec un arc en ogive. On a encastré dans le parement des assises deux statues sans tête, l'une de femme vêtue de la stola, l'autre de personnage consulaire.

Le territoire cultivé est au-dessous de la ville dans la vallée de l'Hermus qui s'élargit subitement et est couverte d'une abondante végétation; le fleuve n'a pas en aval de la ville, plus de vingt mètres de largeur, on le passe sur un pont d'une seule arche pour suivre la route de Smyrne. Vue de ce pont, la ville présente un aspect singulier; elle est dominée à droite par deux hauts rochers qui surplombent et qui sont réunis par un édifice à arcades. Le minaret de la mosquée se dessine sur le ciel, et toutes les maisons basses et uniformes se groupent sur les deux pentes. Mais dans tout ce tableau il n'y a pas un seul arbre : c'est bien vraiment l'entrée de la Catacécaumène, du pays brûlé.

CHAPITRE XIX.

SINAUS. — ANCYRE.

Deux autres villes appartenant à la Mysie Abbaïtis, qui est devenue la Phrygie Épictète, doivent être notées dans la partie orientale de cette province : ce sont les villes de Sinaus et d'Ancyre de Phrygie, situées sur le cours supérieur du Macestus (2). Ancyre était la capi-

(1) Pline, liv. V, 29.
(2) Strabon, XII, 576.

tale des Mysiens Abbaïtes. Strabon (1) la désigne comme une petite ville voisine de Blaundus sur les frontière de la Lydie. Elle est comprise par Hiéroclès parmi les évêchés de la Phrygie Pacatienne. La position de cette ville a été déterminée par M. Hamilton (2) près du village de Kilissé keui, à trois lieues au nord-ouest et près du lac qui donne naissance au Simaul sou, sur une colline voisine de l'extrémité sud-ouest du lac. Cette colline est en partie entourée de marais qui en rendent les abords difficiles. Pres d'une fontaine située au pied de la colline il remarqua deux grands blocs de trachyte grossier qui, d'après leur forme, doivent avoir appartenu aux siéges d'un théâtre.

La colline sur laquelle est située l'acropole forme une sorte de presqu'île qui se rattache aux montagnes formant la limite orientale de la plaine.

Un mur épais de pierres brutes entoure le sommet de la colline vers l'ouest, où il atteint sa plus grande élévation, on observe sur la colline d'autres traces de murailles et des fragments de poterie.

En descendant de l'acropole vers le village de Kilissé keui, on remarque près de la route une excavation qui paraît être l'emplacement d'un théâtre, divers fragments d'architecture, des blocs de murs helléniques sont répandus çà et là et servent de clôture aux champs, des fûts de colonnes d'ordre dorique, quelques piédestaux avec des inscriptions à demi effacées sont les seuls vestiges de monuments qui subsistent encore, le tout était taillé dans le trachyte qui est la seule roche du pays, un bas relief de marbre avec deux génies grossièrement sculptés a échappé à la destruction.

Synnaus, autre siége épiscopal de la Phrygie, était voisine d'Ancyre, et il paraît qu'à une certaine époque les deux évêchés ont été réunis en un seul. On retrouve le nom de Synnaus avec peu d'altération dans celui de Simaul, petite ville située à huit milles au sud-est du lac du même nom, plusieurs inscriptions grecques sont encastrées dans les murs de la mosquée et des maisons du village, mais on n'observe aucun vestige de monument. Synnaus ne doit donc plus être noté que comme point géographique; mais la connaissance de cette position est importante, en ce qu'elle complète la connaissance des villes anciennes de la Phrygie Épictète.

CHAPITRE XX.

VILLES A L'OUEST DU THYMBRIUS. DORYLOEUM. — ESKI CHEHER.

La rivière Thymbrius ou Tembrogius prend sa source dans les contre-forts inférieurs du mont Dindymène, le Mourad dagh, à soixante kilomètres environ au sud de Kutayah et dans le voisinage du village de Altoun tasch; son parcours est de cent quatre-vingts kilomètres environ. Avant d'entrer dans la plaine de Kutayah, il coule dans une vallée resserrée, et franchit un étroit défilé. Le Thymbrius est le plus grand affluent du Sangarius; il va se jeter dans le fleuve un peu au-dessus de la ville d'Eski cheher; mais avant d'arriver à son embouchure, il se divise en plusieurs branches qui sont presque à sec pendant l'été.

La ville d'Eski cheher, l'ancienne Dorylœum, est située sur la rive orientale du Thymbrius. C'est une ville dont la fondation remonte aux dynasties phrygiennes; elle est citée par Demosthène (1) et par presque tous les géographes anciens, Pline, Ptolémée. L'époque la plus florissante de la ville de Dorylœum fut la période byzantine; elle avait été adoptée comme lieu de plaisance par les empereurs, qui y firent construire des thermes et des palais. La beauté du climat, l'abondance et la salubrité de ses eaux, en faisaient un lieu de délices; mais ces beaux jours furent troublés par l'arrivée des hordes turques. Dorylée, mal défendue, fut saccagée de fond en comble. L'empereur Manuel la restaura en quarante jours. Elle finit par tomber entre les mains des Turcs, qui changèrent son nom en celui d'Eski cheher, la vieille ville, sans

_____

(1) Strabon, XII, 567.
(2) Hamilton, *Researches in Asia Minor*, om. 11, 125.

(1) Et. Byz., v. Dorylœum.

doute à cause des ruines qu'ils y trouvèrent.

Les notices ecclésiastiques donnent à Dorylée le titre de ville épiscopale sous la métropole de Synnada, et mentionnent Eusèbe évêque, et Athénodore qui souscrivit au concile de Nicée.

Sur la carte de Peutinger, Dorylée est placée sur la route de Nicée à Amorium, passant par Pessinunte; c'est ce qui nous a aidé à déterminer la position de cette dernière ville. Les distances données par cette carte sont suffisamment exactes, et fixent les positions des villes de Nacoleia, de Midœum et de Tricomia.

Nicæa.	Doryleo.
Agrillo xxiv m. p.	Cocleo xxx.
Dorylèo xxxv.	Acmonia xxxv.
Mideo xxviii.	Alydda xxv.
Tricomia xxi.	Clamydda xxx.
Pessinunte xxiii.	xxxv.
Abrostola xxiii.	Philadelphia

Le voyageur Jouvin de Rochefort décrit ainsi en 1680 la ville d'Eski cheher : Elle est bien peuplée, et très-agréable à cause de sa situation dans un pays très-fertile en blés et en arbres fruitiers; un petit ruisseau qui coule là, le fleuve Bathys, y fait de belles prairies que bordent de grands cyprès. Il y a beaucoup de bains chauds dans cette petite ville; et comme on y nourrit beaucoup de bétail, on y trouve du lait en abondance : c'est le grand ragoût des Turcs. On y voit plusieurs khans et un grand bazar, qui n'est point couvert, avec d'assez belles marchandises.

La ville de Dorylée est célèbre dans l'histoire des croisades par la grande victoire remportée par les Croisés le 1er juillet 1097, sous le commandement de Godefroid de Bouillon, sur l'armée musulmane, commandée par le sultan Kilidji Arslan. L'armée des Croisés s'était avancée en deux marches de Nicée jusqu'à Dorylée, et avait campé dans la vallée de Gorgone, arrosée par le Thymbrys. Les chevaux trouvaient une pâture abondante dans les riches plaines des environs; mais le lendemain matin, un innombrable essaim de Turcs seldjoukides vint assaillir les Croisés, en les couvrant d'une grêle de traits. Les Croisés se mirent en ordre de bataille pour s'opposer à l'ennemi, dont la cavalerie montait à cent cinquante mille hommes. Après avoir éprouvé de grandes pertes les Croisés virent arriver à leur secours la réserve, qui était restée au camp, l'ennemi fut alors mis en fuite, leur camp tomba au pouvoir de Godefroid, et les Croisés y firent un immense butin.

Les eaux thermales d'Eskicheher sont encore célèbres en Asie, mais la ville est loin d'être dans un état prospère. Les mosquées ont de loin une belle apparence; les sept ou huit minarets qui s'élèvent au-dessus des maisons rompent l'uniformité des lignes. La ville est divisée en deux quartiers, celui des habitations et celui du commerce où sont situés les bazars et les bains; ce quartier est relié à l'autre par une longue levée en maçonnerie. La ville fait encore un petit commerce de transit entre Broussa, Smyrne et les villes de l'intérieur, elle n'a aucune manufacture : la seule industrie qu'on y remarque est la fabrication des fourneaux de pipes en écume de mer, dont les mines sont situées sur la rive droite du Sangarius dans les régions de Kahè et de Muhalitch.

Quoique ces districts appartiennent à la grande Phrygie, ils sont réunis aujourd'hui au gouvernement d'Eski cheher, et nous en donnerons ici la description géologique et géographique.

CHAPITRE XXI.

EXPLOITATION DE L'ÉCUME DE MER

Le Sangarius, après avoir réuni les eaux du Tchibouk sou et de la rivière d'Angora, coule dans un lit d'argile dont les bords sont constamment rongés par les eaux; la rive gauche est bordée par des collines peu élevées appartenant au terrain du calcaire grossier marin; toute la rive droite, depuis le confluent des deux rivières jusqu'à l'embouchure du Poursac, est composée d'un immense banc d'argile qui suit les ondulations du terrain et qui est lui-même formé de plusieurs couches superposées toutes variées dans leur composition. La couche supérieure est formée d'argile plastique contenant çà et là des marnes calcaires, elle ne se distingue que par ses mauvaises qualités végétatives, aussi tout le pays est-il dénudé et presque sans arbres, les habitants ne recueillent que de maigres moissons d'orge et de blé.

La seconde couche, dont l'épaisseur n'est pas très-considérable, et qui se trouve de dix à douze mètres en contre-bas du sol, est une argile d'un blanc verdâtre, d'un grain fin et homogène, qui est l'objet d'exploitations étendues; c'est l'argile dite smectique ou terre à foulon : elle est employée dans toute la contrée en guise de savon dans les bains et pour les usages domestiques. Elle sert généralement pour laver le linge et pour dégraisser les laines. De nombreux convois formés de petites charettes à deux roues et traînées par une paire de bœufs partent de la ville de Muhalitch, chef-lieu de l'exploitation, et se répandent dans toutes les villes de l'intérieur. Arrivés là les caravaneurs vendent leur chargement, leurs bœufs, démolissent la charette et ramènent les deux roues à dos de mulet.

Cette argile est portée jusqu'à Smyrne, où les femmes turques en font usage comme cosmétique dans leurs bains et à leur toilette. Préparée et purifiée, elle était revêtue d'un sceau et était transportée jusqu'en Europe sous le nom de terre cimolée de Smyrne; elle était administrée dans l'ancienne médecine comme sédatif et absorbant. Nous ignorons si les premières magnésies employées dans la pharmacie ont suivi la même voie, et si elles ont pris leur nom de la ville de Magnésie près de Smyrne, mais nous n'avons trouvé dans le pays aucune trace de l'exploitation de la magnésie médicinale.

Au-dessous de cette couche d'argile smectique, dont l'épaisseur n'a pas plus d'un mètre, se trouve un autre gisement plus riche et plus productif : c'est la pierre connue vulgairement sous le nom d'écume de mer et en minéralogie sous celui de silicate de magnésie. L'emploi de cette substance est bien connu en occident pour la fabrication des fourneaux de pipes; on ne connaît qu'un très-petit nombre de gisements de cette matière, l'un en Hongrie, l'autre dans la Grèce près de Thèbes. Mais l'écume de mer de Muhalitch est sans contredit la plus belle, la plus homogène et la plus blanche. Cette matière ne forme pas de couches continues et régulières; on l'exploite par le moyen de puits qui ont de quinze à vingt mètres de profondeur; elle se trouve disséminée en rognons dans l'argile smectique; il est rare qu'on en retire des blocs qui atteignent un pied cube; les blocs bruts sont couverts d'une gangue tendre et terreuse qu'il faut enlever; ils sont ordinairement de forme très-irrégulière.

L'exploitation par le moyen de puits est répandue sur une surface de plus de cent kilomètres de longueur et d'une largeur variable, mais sur toute la rive droite du Sangarius; il y en a plusieurs dans les plaines au nord-est d'Eski cheher, au village de In eughi, à quarante-huit kilomètres d'Eski cheher. D'autres puits sont creusés au village de Septidji, vulgairement nommé Tasch odjaha à cause de la pierre qui s'y trouve; ce village est sur la route de Kahé à Eski cheher. Ici les puits ont une profondeur de vingt mètres; ils sont moins profonds à In eughi. Les habitants ignorent si le même banc se prolonge sous toute la surface de l'argile.

Muhalitch, qui concentre l'exploitation des deux produits, est une petite ville singulièrement située; elle est dépécée en cinq ou six groupes de maisons dispersées sur trois collines. Il y a un voïvode qui concentre les recettes du miri ou régie de l'écume de mer. L'argile smectique est connue dans le pays sous le nom de Kil, et l'écume de mer sous celui de Istifé-lulési, pierre à loulés (fourneaux des pipes).

L'écume de mer est exploitée en régie par le gouvernement, c'est-à-dire que les mineurs sont obligés de porter leurs produits au gouverneur, qui les expédie à l'entrepôt général à Eski cheher. Là des marchands d'Allemagne et de Russie viennent chercher le *meerschaum*, l'écume de mer; ils l'achètent par caisses contenant cinquante morceaux, dont les plus gros n'ont pas un demi-pied cube, et payaient cette caisse, en 1834, 2,500 piastres (625 fr.). Le commerce de cette substance en dehors des mains du gouvernement est sévèrement défendu; on ne trouve pas un seul morceau à acheter en dehors du gros. Les Turcs, qui savent si bien exploiter cette substance pour les fumeurs étrangers, n'en font aucun cas pour eux-mêmes : ils préfèrent les loulés (fourneaux) de terre; en général, ils apportent dans leur manière de fumer plus de propreté et de recherche que les Occidentaux : jamais une pipe n'est fumée deux fois sans être nettoyée de toutes pièces; ils sont bien différents en cela des Allemands, qui ne connaissent de bonnes pipes que celles qui sont imprégnées du jus de nicotine.

Une analyse sommaire que nous avons faite de la magnésite nous a donné 0,70 carbonate de magnésie, et 0,25 de silice, il y a des traces d'argile.

Cet ouvrage n'est pas un livre de controverse, aussi nous abstenons-nous généralement de critiquer les opinions que nous n'adoptons pas; mais nous devons nous étonner de voir M. Ainsworth (1), qui fait preuve de tant de connaissances en géologie, assimiler cette substance au kaolin, qui est du feldspath décomposé et appartient par conséquent au terrain granitique, et dire en outre qu'elle appartient à la formation plutonienne. La magnésite appartient géologiquement à la partie inférieure du terrain de transition et aux argiles anciennes.

Nous devons faire connaître ici la route que nous avons suivie pour aller de Sevri hissar à Muhalitch, car depuis plus de vingt ans il ne paraît pas qu'elle ait été suivie par un autre Européen, et toutes ces régions restent en blanc même dans les cartes les plus modernes, autrement dit elles sont remplies par des hachures artistement conduites, mais qui en apprennent moins que le plus maigre itinéraire.

ROUTE DE SEVRI HISSAR A ESKI CHEHER PAR MUHALITCH.

Sevri hissar (2) est située au pied d'un haut rocher granitique isolé au milieu des formations calcaires. La route de Muhalitch suit la direction du nord. En descendant le revers de la montagne, on marche pendant une heure sur le terrain de craie en franchissant deux petites vallées dirigées suivant le rayon de soulèvement de Sevri hissar : c'est le groupe qui s'étend jusqu'au mont Dindymène, aujourd'hui Gunesch dagh. On arrive, au bout d'une heure de marche, sur le calcaire marbre blanc et cristallin; c'est dans cette région qu'ont été ouvertes les carrières de Pessinunte.

La route se poursuit au nord à travers un pays découvert et inhabité; le terrain est de formation argileuse et très-montagneux. On arrive bientôt à la vallée du Sangarius, qui est ombragée de quelques arbres. Le fleuve a en cet endroit douze mètres de largeur, son lit est très-encaissé, on ne peut le franchir qu'avec beaucoup de difficulté en déchargeant les chevaux et les faisant passer à la nage. Le lit du fleuve est très-fangeux; en hiver on ne saurait tenter ce passage. Le village de Ak kaia (le rocher blanc), est situé dans le voisinage du gué; il est distant de huit heures de marche de Sevri hissar. De Ak kaia à Kahé, village situé sur la rive droite du fleuve, la distance est de trois heures de marche; le pays est si difficile qu'on ne saurait estimer autrement les distances.

Kahé, que les anciennes cartes indiquaient comme occupant l'emplacement de Pessinunte, est situé à mi-côte d'un entonnoir de montagnes et éloigné de tout chemin fréquenté. Nous avons compté de Kahé à Sevri hissar dix-huit heures, et de Kahé à Eski cheher quatorze. La ville de Muhalitch est à quatre heures à l'est de Kahé.

Nous avons pu établir ainsi la distance d'Eski cheher aux villes suivantes : à Seid-el Ghazi, 9 heures; à Sevri hissar, 18 heures; à Muhalitch, 18 heures.

CHAPITRE XXII.

NACOLÉIA.

Nacoléia était une des grandes places fortes de la Phrygie Épictète; elle est située, d'après la table de Peutinger, à vingt milles, 29 kil. 58, au sud-est de Dorylæum. Étienne de Byzance, qui a recueilli avec soin les origines fabuleuses

---

(1) Travels in Asia Minor, t. I, Eski cheher.

(2) Voy. plus bas Grande Phrygie.

des villes, dit qu'elle prit son nom de la nymphe Nacola; il ajoute que Nacoléia fut fondée par Nacolus fils de Dascylus qui fut père de Gyges (1). Le col. Leake plaçait Nacoléia à Pismich kalé si, dans le groupe montagneux au sud de Séid el ghazi. Il a été reconnu depuis que ce lieu ne pouvait convenir à l'emplacement d'une ville. Dans la ville même de Séid el ghazi, située à huit heures de marche au sud-est d'Eski cheher, distance qui concorde avec celle que les tables assignent à Nacoléia, j'ai lu, en 1834, une inscription portant le nom de Nacoléia (2); en 1858, M. Barth a découvert deux autres inscriptions portant le nom de la même ville, il y aurait là des motifs suffisants pour identifier Séid el ghazi avec Nacoléia; mais d'autre part le baron de Wolf rapporta de Séid el ghazi une inscription qui existe encore gravée sur un pilastre, et portant les mots : « Le sénat et le peuple des Prymnésiens », ce qui autorise à regarder Séid el ghazi comme l'ancienne Prymnessus (3). M. Barth estime que les inscriptions portant le nom de Nacoléia ont pu être apportées d'un autre lieu (4); voilà où en est la question. M. Barth a bien indiqué la place dans son itinéraire près d'un village ruiné et sans nom; il traverse cette localité peu de temps après avoir quitté la vallée des tombeaux phrygiens et faisant route vers le nord, « après avoir parcouru un pays accidenté, coupé par diverses vallées. » Il ajoute : « Notre route, était N. 15° E.; en même temps nous traversons une vallée, et nous passons près d'un cimetière avec d'antiques ruines et des débris de colonnes. *Tout nous dit* que Nacoléia était située dans cet endroit, et cela explique facilement comment les ins-

criptions avec le nom de cette ville ont pu être transportées dans celle de Séid el ghazi. En effet, cette dernière ville est en communication avec la première au moyen de cet enfoncement de la vallée, et on l'aperçoit facilement dans un éloignement de cinq quarts de mille à un mille et demi, placée d'une manière pittoresque au pied nord d'une chaîne de collines ou plutôt de la pente d'un plateau. On sait que les Osmanlis ne se gênent pas pour transporter les anciennes inscriptions d'une grande distance pour décorer leurs habitations. Certainement nous n'avons trouvé en ce lieu aucune inscription portant le nom de Nacoléia et on pourrait être incertain si cette ville ne peut avec plus de raison être identifiée avec une des villes ruinées du voisinage; mais elle était voisine de Prymnessus et placée à la gauche de la grande route qui était à l'ouest. Le fait notable d'avoir trouvé ici deux inscriptions votives dont l'une est consacrée à Jupiter tonnant, nous permet de croire que c'était un grand centre religieux; mais c'était aussi le cas avec l'autre groupe de ruines (1). »

Il résulte de ces observations que l'emplacement de Nacoléia n'offre dans ses inscriptions aucun vestige du nom de cette ville, tandis qu'on le trouve répété quatre fois dans des inscriptions de Séid el ghazi que l'on regarde néanmoins comme l'ancienne Prymnessus. On ne saurait chercher les ruines de Nacoléia dans un pays montagneux, puisque la bataille entre Valens et Procope eut lieu dans une grande plaine voisine de cette ville (2). Nous laissons donc à Seid el ghazi le nom ancien de Prymnessus, en attendant que les futurs explorateurs donnent la solution de cette difficulté géographique.

CHAPITRE XXIII.

MIDŒUM.

Midœum était sur le fleuve Sangarius à vingt-huit milles sud-est de Dorylœum; cette place était donc très-voisine de Na-

---

(1) Et. Byz. v. Nacoleia, Hérodote 1ᵉʳ, 8.
(2) Voy. descr. Asie Min., in-fol., t. 1, p. 159.
(3) Franz fünf Inschriften und fünf Stadte in Kleinasien, p. 5.
(4) Ich kopirte..... mehrere nicht unbedeutende Inschriften, so die in einen grossen Pfeiler eingegrabene, welche den Namen Prymnessos aufbewahrt hat und weniger leicht hierher geschafft werden konnte, als die beiden kleinen Steine, die den Namen Nacoleia enthalten. (*Reise von Trapezunt nach Scutari von Dr Barth*, p. 89, col. 2).

(1) Barth, *Reise von Trapezunt nach Scutari*, p. 97.
(2) Voy. page 384 et suiv.

coléia. Midœum dut sa fondation au roi Midas comme Gordium à Gordius. Placées sur la grande route qui de la Propontide conduisait dans la Cappadoce, elles ont toujours conservé une certaine importance jusqu'à ce que les Osmanlis aient coupé ces communications; alors Midœum fut abandonnée de sa population, et son nom même fut oublié. C'est dans cette ville que Sextus Pompée tomba entre les mains des lieutenants de Marc-Antoine, qui le mirent à mort, sans doute par ses ordres, quoique celui-ci n'en soit jamais convenu (35 ans av. J.-C.) (1). D'après la notice de Hiéroclès, Midœum fut épiscopale, et comprise dans les évêchés de la Phrygie Salutaire. Selon Mannert la ville de Midœum est la même que Mygdonie d'Ammien Marcellin; cette dernière place était aussi baignée par le Sangarius; c'est dans son voisinage que se voyait le tombeau de Mygdon, chef des Mygdoniens; elle était sur la frontière de la Galatie. Procope donne à cette ville le nom de Mygdus. Mannert place dans le voisinage la station de Santabaris, qui était à l'est de Dorylœum.

Une inscription portant le nom de Midœum a été copiée par M. Wadington (2) dans le village de Harab euren, qui se trouve sur la rive gauche de la rivière de Séid el ghazi, à huit milles géogr. à l'est de cette dernière ville, ce qui concorde avec la table de Peutinger (3). Le village de Harab euren, dit M. Barth, présente un caractère particulier; la plupart des maisons ont au dehors un escalier de bois conduisant au premier étage, qui est spécialement destiné à l'habitation; le rez-de-chaussée sert d'étable pour les bestiaux et de grange; il est bâti en pierres, parmi lesquelles on observe beaucoup de fragments ayant appartenu à des constructions antiques. Le village est composé d'environ cent maisons; la population se livre avec activité aux travaux de l'agriculture. Les nombreux fragments d'architecture et les fûts de colonnes d'une certaine dimension aussi bien que le nom du village, qui signifie, les ruines dévastées, indiquent qu'il occupe l'emplacement d'une ville considérable de l'ancienne Phrygie. On y rencontre un grand nombre de petites inscriptions grecques, principalement dans le cimetière; néanmoins on n'en trouve aucune qui contienne le nom de la ville; on peut être assuré cependant que l'on est sur l'emplacement de l'ancienne Midœum (1). Au nord du village, le pays paraît bien cultivé; à une demi-lieue de distance on voit à gauche de la route le village de Tchukur agha, avec quelques ruines et une inscription. Un peu avant de passer la rivière de Harab euren, on voit à droite un tombeau ou turbé de forme octogone, qui date du temps des Seldjoukides; les monuments de ce genre sont nombreux dans la Cappadoce; on reconnaît dans sa construction quelques débris d'inscriptions grecques et d'autres matériaux antiques. C'est une erreur de croire que les Seldjoukides rejetaient par esprit de fanatisme les matériaux qui avaient servi à des monuments païens, les murs de Konieh sont remplis de fragments d'architecture et de sculpture encastrés avec soin, des figures même d'hommes et de lions sont placées comme ornement dans plusieurs tours de la ville.

CHAPITRE XXIV.

LA GRANDE PHRYGIE.

Les rois de Phrygie fondateurs de la dynastie de Midas et de Gordius avaient établi leur résidence dans le pays montagneux qui forme le centre du grand plateau, borné au nord par le Sangarius, et à l'est par les terres des Galates. Il s'étendait dans l'origine jusqu'à Pessinunte, qui fut une des capitales du royaume phrygien avant l'arrivée des Gaulois. La chute de la monarchie phrygienne entraîna la ruine de presque toutes ces petites villes, et dès le premier siècle de notre ère elles étaient tombées à l'état de simples villages même tout à fait déserts.

Le passage de Strabon (2) qui men-

---

(1) Dion Cassius, XLIX, p. 403.
(2) Mannert, géographie III, 94.
(3) Carl Ritter Erdkunde, t. IX, 612.

(1) Barth, Reise von Trapezunt nach Soutari, p. 87, collection de Petermann.
(2) Strabon, XII, 578.

tionne les anciennes habitations des Phrygiens est certainement relatif à cette région. « Près de Pessinunte coule le fleuve Sangarius, sur lequel on retrouve les anciennes habitations des Phrygiens, celles de Midas et avant lui de son père Gordius et de quelques autres princes. Elles n'ont pas même conservé de traces de villes; ce ne sont plus que des bourgs un peu plus grands que les autres. De ce nombre sont Gordium, résidence de Castor, fils de Saocondarius; celui-ci fut égorgé avec sa femme par son beau-père Déjotarus, qui rasa aussi le fort et détruisit la meilleure partie de l'habitation. » A cette époque, c'est-à-dire sous le règne de Tibère tout ce pays était désert; il est à peine mentionné pendant toute la période byzantine : les Turcs l'ont trouvé trop peu accessible pour y avoir fondé aucun centre de population; il est resté pour ainsi dire ignoré de l'histoire jusqu'au commencement de ce siècle; alors un voyageur anglais, le colonel Leake, reconnut le premier monument de l'art phrygien qui s'était conservé dans la solitude de ces montagnes. Les dernières observations sur ces vestiges remarquables d'un art oublié datent de 1858; il a donc fallu plus d'un demi-siècle à l'Europe savante et avide des souvenirs du temps passé, pour connaître à peu près complétement cette région, qui au total n'a jamais été inabordable.

La branche occidentale du Sangarius prend sa source dans une grande vallée courant presque nord et sud, à l'entrée de laquelle est bâtie la ville de Seid el gazi; cette vallée porte le nom de Doghanlou déré, la vallée du faucon; elle est engendrée par une double chaîne de montagnes de moyenne hauteur bien ombragées par des forêts de pins, et qui portent le nom de Yapul dagh. C'est dans cette région que se trouvent, dans un état de conservation parfaite, de nombreux monuments commémoratifs, des chambres sépulcrales, des habitations taillées dans le roc, et enfin plusieurs centres fortifiés qui répondent parfaitement à la description de Strabon. Les habitations troglodytes des premiers Phrygiens ne se bornent pas seulement à cette région montagneuse, elles occupent toute la contrée au sud du Sangarius, depuis le village de In œughi, où nous avons signalé les premières, jusqu'au delà de la ville de Belouadoun, ancienne Polybotum, et au sud jusqu'à la Phrygie Parorée, il est remarquable qu'on n'en trouve point au nord du Sangarius. Nous les observerons encore, mais avec un autre caractère, dans le sud de la Cappadoce. On peut dire d'une manière absolue que les pays volcaniques ont été les seuls qu'on ait choisis pour exécuter de pareils travaux, car les tombeaux d'Amasie diffèrent essentiellement des monuments phrygiens.

On ne saurait fixer de limites chronologiques à ces monuments divers, ils portent tous le caractère d'une très-haute antiquité, et lorsque l'art de bâtir fut connu, la facilité et l'économie avec lesquelles on pouvait construire des monuments ne pouvaient plus être mises en parallèle avec le labeur exigé pour creuser à la masse et au poinçon des habitations et des tombeaux dans le cœur des rochers. Ce qui est certain, c'est que du temps de Strabon, c'était déjà un souvenir presque oblitéré.

La fable et l'histoire se mêlent si intimement dans tout ce qui est relatif à l'histoire primitive et surtout au culte des Phrygiens, que la critique ne saurait débrouiller ce chaos autrement que par des conjectures.

Atys ou Atès est le premier personnage mythique qui apparaît en Phrygie pour établir le culte de Cybèle, la divinité nationale. Les anciens faisaient un mystère des circonstances de sa vie; Atys passait pour être fils de Calaüs; il se rendit en Lydie, et y enseigna le culte de la mère des dieux, ce qui le rendit cher à cette déesse; mais la jalousie de Jupiter suscita un sanglier qui se jeta sur Atys et le tua. Selon Pausanias les Galates de Pessinunte regardent Atys comme engendré par une nymphe fille du fleuve Sangar. Ses parents l'envoyèrent à Pessinunte pour épouser la fille du roi. Agdistis, éprise du jeune Atys lui inspira un accès de fureur à la suite duquel le beau-père et le futur gendre s'entre-déchirèrent; c'est en commémoration de cet événement que les Galles, prêtres de Cybèle se mutilent eux-mêmes pour conserver leur chasteté. Selon la tradition mythique, Atys fut changé en Pin, et nous retrouvons les régions aimées des anciens Phrygiens ombragées par des forêts de pins séculaires qui rappellent le héros fondateur du culte de Cybèle (1). Ce roi de Pessinunte, que Pausanias ne nomme pas, était un Midas dont le nom se rattache à l'établissement du culte de la mère des dieux, à tel point qu'il passait pour fils de Cybèle.

Gordius, au contraire, représente le travail agricole ; il s'adonne à la culture de la terre, et c'est en revenant de conduire sa charrue qu'il est proclamé roi et qu'il fait dans le temple la dédicace de son char à deux roues. Or ce souvenir du roi laboureur ne s'est pas effacé en Phrygie; le char à deux roues s'est conservé dans toute cette région: nous l'avons retrouvé dans la vallée du Sangarius (2), et deux voyageurs allemands sont frappés d'étonnement en voyant les paysans de l'antique Midœum conduire des chars à deux roues pour rentrer leurs denrées (3); en effet, autant les voitures de ce genre sont rares dans les autres régions de l'Asie, autant elles sont communes dans la Phrygie.

La culture de la vigne introduite dans le pays est personnifiée par l'amitié de Bacchus et de Midas; les richesses de ce prince tirées des mines de son royaume augmentent encore sa puissance, et les présents qu'il envoie à Delphes répandent sa renommée au delà des frontières de l'Asie. Le Midas premier du nom aurait régné, selon la chronique d'Eusèbe, dans l'olympiade X, 4, ou 738 ans avant J.-C.; il passe pour le fondateur de la monarchie.

Le monument célèbre qui porte le nom de ce prince est le plus important d'un groupe de monuments semblables sculptés dans le rocher à très-peu de distance les uns des autres. Ils sont entourés d'une innombrable quantité de caveaux, de grottes, de tombes ayant chacune un style particulier, plus récent peut-être que les monuments midaïques, mais d'après l'avis des hommes compétents tous antérieurs au siècle d'Alexandre.

(1) Pausanias, VII, ch. 17. Ovid, Métam., X, f. 3.
(2) Voyez page 420.
(3) Barth, l. c. p. 87, col. 1re.

CHAPITRE XXV.

VALLÉE DE NACOLÉIA, TOMBEAUX DES ROIS DE PHRYGIE.

Toute la partie centrale du plateau de Phrygie, couverte de montagnes peu élevées et de forêts étendues, a été, à une époque reculée, le séjour d'un peuple primitif, qui a donné des preuves nombreuses de son goût pour les arts et de la durée qu'il désirait imprimer aux monuments qui sortaient de ses mains. Rien, dans ce qui nous reste de cette époque, n'indique l'influence d'un art étranger, et les précieux monuments que nous allons observer sont aussi éloignés des principes de l'art grec que de l'ancien style perse ou de la curieuse originalité du lycien. Ces monuments sont propres à la Phrygie; la langue même de leurs inscriptions reste renfermée dans les limites de cet ancien royaume; et dans la vaste étendue de territoire qui existe entre Synnada et Nacoléia, on ne voit que de rares débris de monuments romains. Il semble que les conquérants de la contrée aient ignoré ces vallées solitaires, où plus tard des familles chrétiennes vinrent chercher un refuge contre les persécutions du paganisme, peut-être aussi contre l'invasion musulmane. Le caractère spécial de ces rochers est d'être constitués en masses compactes, formant des collines abruptes qui offraient un vaste champ aux sculpteurs des premiers âges pour y placer leurs monuments.

Rien n'est sévère et majestueux comme ces solitudes que la nature embellit d'une verdure perpétuelle. Ici, l'œil se repose sur le gazon frais des vallées; il contemple plus haut, le sombre feuillage des pins qui étendent leurs branches séculaires ondulées et tordues, au milieu des rochers, comme la faible tige des arbrisseaux. Rien aux alentours ne trahit le séjour de l'homme. A certaines époques de l'année, les Turcomans nomades, traversant le pays, viennent planter leurs tentes auprès des vieux monuments phrygiens; mais nul ne peut indiquer leur position exacte, car ces vallées sont sans nom; et la patience du voyageur peut seule les découvrir après de longues recherches.

Les chambres sépulcrales de Seïd el ar sont les premiers indices de cette architecture taillée dans le roc, qui est caractéristique de cette contrée, et dont les monuments se multiplient sous toutes les formes, laissant dans l'esprit une idée confuse de la grandeur d'un peuple oublié, qui n'a laissé sur la terre que l'empreinte de ses tombeaux.

A une lieue au nord du village, en suivant la route de Bayat, on arrive à un lieu nommé Kirk hinn, les Quarante Chambres. (On sait que le terme quarante est employé chez les Orientaux pour désigner un nombre indéfini.) En effet, une longue suite de rochers formés d'un tuf volcanique d'un blanc jaunâtre, sont percés d'une infinité d'excavations, formant tantôt des cellules séparées, tantôt des chambres communiquant les unes avec les autres, et situées à différents étages, quelquefois même fort élevées au-dessus du sol, de sorte qu'elles sont devenues aujourd'hui inaccessibles. La plupart de celles dans lesquelles on peut arriver portent des traces du feu; car, depuis plusieurs siècles, elles servent de demeures d'hiver aux Yourouks (aux Turcs nomades), qui, pendant l'été, vont chercher des pâturages sur ces plateaux. On peut s'assurer qu'à une certaine époque quelques-unes de ces chambres ont servi de tombeaux; mais leur nombre est trop considérable, leur construction a trop de rapports avec certaines villes troglodytiques observées dans la Colchide pour qu'elles n'aient pas été faites dans le but d'être habitées. Ceci se trouve d'ailleurs confirmé par l'absence totale de monuments construits, qu'on puisse raisonnablement faire remonter à la même période. Douze milles plus loin, marchant toujours vers le nord, on arrive près d'une montagne abrupte, au pied de laquelle est le château de Bayat, fortification du moyen âge, qui tombe en ruine.

En traversant une vallée déserte, nous remarquons un rocher creusé; mais là ce sont des sépulcres; les chambres sont couvertes par une double pente en forme de toit. Ce lieu porte le nom de Inn bazardjik. Les chambres sont nombreuses et de différentes formes.

Dans le haut de cette vallée se trouvent les demeures d'été des habitants de Bayat. Partout dans les rochers, les anciens ont creusé des habitations et des tombeaux. Le terrain se compose d'agglomérats volcaniques, blancs, faciles à tailler. A six milles de là, on reconnaît la formation calcaire qui s'étend jusqu'à la vallée nommée Ak kilissia, l'église blanche, dans laquelle sont quelques ruines d'un village et d'une chapelle byzantine. Après avoir franchi un col bien boisé, on arrive à la demeure d'été (Yaéla) des habitants de Kosrew-Pacha-Khan, située dans une grande vallée dont le sol est toujours vert et bien cultivé. C'est dans ses environs que se trouve la vallée des tombeaux des rois de Phrygie, tous taillés dans le roc et d'une surprenante conservation.

TOMBEAU DE MIDAS.

Le principal monument, connu dans le pays sous le nom de Yasili kaïa, la pierre écrite, à cause de la longue inscription qui le décore, est situé à l'ouest du Yaéla, à environ trois milles, et dans une grande vallée courant nord et sud, et dont toutes les hauteurs sont couvertes de bois. Il est difficile de peindre l'impression que produit sur le spectateur ce rocher qui semble préparé par la nature pour conserver l'empreinte des antiques caractères que la philologie n'a pas encore expliqués. Tout est en harmonie dans les environs, et l'austère aspect des lieux, et la forme pittoresque des rochers, et leur couleur brillante qui se détache sur la verdure de la plaine. Ce principal monument est désigné sous le nom de Tombeau de Midas, expression que rien ne contredit, après un examen attentif.

Le rocher sur lequel il est sculpté est isolé de tous les autres, et présente une surface de quatre cents mètres carrés environ, sur laquelle sont sculptés des méandres, dont le relief est de $0^m,013$, et qui entourent une niche d'une forme particulière. La largeur de la surface sculptée est de $12^m,55$, et sa hauteur de $11^m,74$. La largeur de la niche est de $5^m,57$; la profondeur totale est de $1^m 44$; mais la profondeur de la retraite n'est que de $0^m,84$; ce qui en réalité est bien étroit pour y placer un corps. J'imagine toutefois que dans l'état primitif, cette niche était cachée aux regards par une grande dalle de pierre sur laquelle se continuaient les méandres dont les contours déguisaient les joints de la roche. Dans le fond de la retraite, on trouve quelques restes d'inscriptions gravées en creux, qui sont devenues indéchiffrables par suite de la décomposition de la roche.

A droite et à gauche de cette surface sont deux espèces de pilastres dont la largeur est de $1^m,05$, et qui supportent une frise, si l'on peut appliquer ce nom à un pareil ajustement. Les pilastres et la frise sont ornés de losanges en creux, dans l'intervalle desquelles sont de petits quadrilatères. Le monument est couronné par un fronton, orné aussi de différents ajustements de losanges en creux et en relief. Au sommet du fronton sont deux sculptures circulaires, que l'on prendrait pour des boucliers, si les autres monuments de ce genre n'indiquaient que c'est un ajustement particulier dans le genre des volutes. Deux longues inscriptions gravées dans le pourtour donnent à ce monument un intérêt majeur.

Nous ne pouvons reproduire ici le fac-simile de l'inscription du monument, mais elle est suffisamment lisible dans la planche qui accompagne ce texte (1). Nous hasardons ici une traduction qui nous paraît tout à fait d'accord avec la destination du monument.

Nous devons faire remarquer préalablement que le nom Atès est employé par Pausanias pour désigner le personnage mythologique Atys (2), et que ce nom est tout à fait phrygien; la lecture du mot qui suit le nom de Midas est due à M. Lassen. Dans l'inscription du tombeau de Midas il y a un mot entre le nom de Midas et son titre royal. M. Lassen le lit d'après la copie de Leake, « Lavaltaie » et d'après Stewart, Gavaltaei ou Gavartaei; il suppose que ce mot a sa racine dans le sanscrit et signifie la paix, d'où il faut conclure que ce n'est pas le tombeau de ce prince, mais un monument commémoratif de son règne, qui fut long et prospère. Ce n'est pas l'avis de M. Barth; je pense avec cet auteur qu'il faut y reconnaître le nom phrygien du père de Mydas tout en conservant la lecture Gafartaei, que j'ai aussi dans mon texte (1), et je propose de lire :

Atès arkiaefas akenanotafos Midai Garfataei Fanaktei edaes.

Atys grand prêtre a dédié ce cénotaphe au roi Midas fils de Gordius.

Cette interprétation a du moins l'avantage de n'emprunter ses synonymes qu'à la langue grecque, du moment qu'on admet pour le mot Fanaktei, la traduction de roi.

Le mot Edaes se trouve ainsi dans la langue lycienne, il termine un grand nombre d'inscriptions sépulcrales et se rencontre aussi sur l'obélisque de Xanthus, il semble représenter complètement le mot grec ἀνεθηκε, il a dédié, et paraît dériver de quelque verbe primitif δαῶ, le mot Edaes aurait donné plus tard le radical Ædes.

Le mot BABA, qui commence la seconde inscription, est regardé par le colonel Leake comme un surnom de Jupiter, d'après une inscription découverte dans ces parages, et qui fait mention de Jupiter Pappæus, nom usité chez quelques poëtes. Le dernier mot de cette inscription est le même que le dernier mot de la première; je lis Edaes.

A $5^m,30$, à gauche de ce monument, se trouve une grotte grossièrement taillée dans la roche, et dans laquelle est placée une inscription en caractères de plus de $0^m,30$ de hauteur, et creusés d'un centimètre.

L'épaisseur de ce rocher n'a pas plus de trois ou quatre mètres, et en montant par derrière, on arrive avec assez de facilité sur la partie supérieure. Il ne paraît pas que cette espèce de vide qui existe entre les deux volutes ait été fait à dessein; mais peut-être, par la suite des siècles, ce morceau de roche est-il tombé naturellement. Pour arriver au pied du rocher, il faut monter une colline de quatre à cinq mètres de hauteur, dont la pente est très-rapide; mais là, ni dans les environs, on ni

(1) Voyez planche 12.
(2) Pausanias, liv. VII, ch. 17.

(1) Voy. Desc. Asie Min., in-fol., t. I, page 155.

trouve de trace de construction. Le rocher est composé d'un tuf d'un jaune orangé, parsemé de petites aiguilles noires, sans doute de pyroxène et d'amphibole, et d'agglomérats blancs qui participent de la pierre ponce. Tous les tufs de cette vallée varient peu dans leur nature ; seulement, la couleur jaune s'affaiblit un peu dans certaines roches, et les agglomérats de pierre ponce deviennent plus nombreux.

Immédiatement à côté du grand monument se trouvent de nombreuses chambres sépulcrales variées de grandeur et de forme, et qui confirment la pensée que cette importante sculpture avait quelque chose de sépulcral. On ne saurait décrire la forme bizarre et accidentée de ces rochers ponceux, dont les sommets représentent des tours et des forteresses qui paraissent sculptées par la main des hommes. Leurs parois sont percées d'une infinité de cellules communiquant à des chambres plus ou moins ornées, mais qui ne portent pas d'une manière évidente le caractère d'une même époque. La plus grande de ces salles se trouve maintenant ouverte par l'effet de la chute du mur de face. Son plafond était décoré de solives : ce sont les seuls ornements qu'on y rencontre. Plusieurs de ces chambres sont voûtées en plein cintre ; il y en a d'autres dont les toits forment deux appentis ; mais on n'y trouve point les indices d'une sculpture contemporaine des grands monuments. Une inscription grecque, la seule qui se remarque au milieu de ces ouvrages curieux, ne paraît pas remonter au delà des temps chrétiens. On ne peut lire que les mots suivants :

Salut, heureux, riche, parmi les dieux élevés dans le ciel ; car nous t'aimons, excellent chef de la patrie, tu habites en ces lieux ma patrie......

Quelques-uns de ces tombeaux rappellent la haute antiquité grecque ; les portes sont généralement taillées d'une manière assez rustique, et surmontées toujours d'un fronton ; ce qui, pour la forme générale, les fait ressembler aux tombeaux des Aizaniens et aux grands monuments phrygiens. Quelques-unes de ces chambres renferment des sarcophages taillés dans la masse même du rocher, toujours une petite niche au-dessus, destinée sans doute à placer une lampe. D'autres tombeaux n'offrent dans leur intérieur que des lits funèbres sur lesquels étaient déposés les corps. L'un et l'autre système de sépulture se retrouve dans la plus haute antiquité ; mais il paraît que l'usage de déposer les corps sur des banquettes dans les caveaux funèbres ne s'est pas perpétué aussi longtemps que l'usage des sarcophages.

MONUMENTS PHRYGIENS.

A un demi-mille de cet endroit, on remarque un autre monument, sculpté tout à fait dans le caractère de celui que nous venons de décrire, mais qui malheureusement ne porte pas d'inscription. Il est situé à huit mètres au-dessus du sol, et sa base repose sur un rocher vertical dont l'accès est difficile. Le centre du monument est occupé par un tableau uni, entouré d'une bordure qui se compose de carrés dans lesquels sont inscrits quatre petits carrés en relief et disposés suivant leur diagonale. Au-dessus de cette bordure règne une frise d'une sculpture élégante, composée de palmettes renversées, qui alternent avec des espèces de glands ou de pommes de pin. Les rampes du fronton sont également ornées de petits carrés en relief, et le sommet se termine par une double volute, dont le dessin paraît tout à fait particulier aux Phrygiens. Dans l'intérieur du fronton sont des figures quadrangulaires dont le but et l'emblème nous échappent complétement. La largeur totale de cette sculpture est de $8^m,26$.

En remontant environ un mille au nord de la vallée, on découvre au milieu d'une forêt de pins un troisième monument semblable, mais d'un travail plus fin, et portant dans sa frise, ainsi que sur tout le rocher environnant, une inscription écrite dans le système appelé *boustrophédon* ; les lettres ont $0^m,25$ de hauteur, sont profondément entaillées et d'une conservation parfaite.

On ne saurait contester la haute antiquité de ces caractères, qui ont la plus grande analogie avec les lettres grecques les plus archaïques, et surtout avec le monument appelé *pierre de Sigée* (1). Le système d'écriture employé dans cette inscription était déjà abandonné plus de six siècles avant J.-C.; et la langue dont il nous reste un si faible spécimen était, selon toute probabilité, celle qui était parlée dans le royaume de Phrygie avant que cet empire fût envahi par les Perses. S'il est difficile de tirer un sens précis des inscriptions précédentes, la difficulté est encore bien plus grande pour celle-ci, car presque tous les mots ont une terminaison barbare complétement étrangère au grec et appartenant à un dialecte purement asiatique. Il est cependant possible de discerner quelques mots qui ont leurs analogues dans la langue grecque. On lit très-distinctement Kyrsaneson Chersonnèse ; c'est le nom que les anciens donnaient à la presqu'île avant qu'elle reçût le nom d'Asie Mineure, et dont la signification est sans doute la même qu'en grec. Les lettres X, H, Ω, n'étaient pas encore inventées. Le substantif Materes et l'accusatif Materan paraissent aussi avoir leur correspondant dans le mot dorien Ματέρες; mais la signification de ces mots épars ne tend qu'à rendre encore le sens de cette inscription plus obscur. Le mot Akenauotatos, qui se lit deux fois, est le seul indice qui puisse faire soupçonner qu'une même destination était réservée à ces trois monuments dont le style est resté unique; mais on doit avouer que s'il est possible de regarder la niche centrale du premier comme ayant pu servir de tombeau, rien de semblable ne se présente dans les deux autres.

Le dernier monument, disposé comme les précédents, offre le champ d'un tableau uni, entouré d'une bordure composée de petits carrés renfermés quatre à quatre dans des carrés plus grands. Le champ du fronton est également orné de ce quadrilatère, qui n'est pas un ornement de fantaisie, mais représente certainement quelque objet qui est inconnu.

N'ayant aucun analogue connu dans l'antiquité qui puisse nous guider sur la destination de ces monuments, nous bornons à les décrire, en appelant l'attention des savants et des voyageurs sur un art qui reste encore tout à fait inexpliqué. Lorsque le voyageur anglais qui le premier pénétra dans cette vallée donna quelques indications topographiques pour guider ceux qui viendraient après lui, il appela cette vallée Doghanlou, pensant qu'il y avait quelque village de ce nom dans les environs ; mais nous avons acquis la certitude que les naturels ne donnent le nom de Doghanlou qu'à un lieu-dit, où se trouvent également de grands rochers percés de chambres sépulcrales.

GHERDEK KAIA SI.

LE ROCHER DES ÉPOUX.

En remontant la vallée vers le nord, toujours dans une solitude complète, nous aperçûmes un tombeau qui porte tous les caractères de l'art grec. Sa façade se compose de deux colonnes doriques portant un entablement orné de triglyphes, et surmonté d'un fronton. Les filets du fronton et du larmier portent des traces de couleur rouge; mais en général, dans tous ces monuments, je n'ai trouvé aucune trace de décoration polychrôme.

En avant des chambres, qui sont complétement taillées dans le roc, on a placé un portique de 4^m,025 de largeur, mesurée du nu du mur jusqu'à l'axe de la colonne. Deux portes sans ornement conduisent dans deux chambres contiguës, et dans lesquelles on remarque les deux systèmes de sépulture; car l'une renferme un triclinium funèbre, et l'autre des sarcophages. Il paraît qu'à une certaine époque des familles chrétiennes se sont installées dans ces tombeaux ; car on y trouve des croix peintes en rouge et d'autres emblèmes chrétiens.

L'entre-colonnement du milieu étant de 3^m,70, et les entre-colonnements latéraux de 2^m, cette différence donne à l'architecture quelque chose de mou qui ne plaît pas au premier coup d'œil, parce que l'imagination comparant cette façade à celle des monuments construits, n'est pas satisfaite de voir tant

(1) Chishull, *Antiq. asiat.*

27.

de longueur dans l'architrave du milieu, qui a deux métopes et deux triglyphes de plus que les architraves latérales; mais il ne faut pas oublier que ce monument est monolithe, et les artistes qui l'ont exécuté ont pu se livrer à cette innovation, sans craindre d'affaiblir la portée de l'architrave. Ceci concourt à prouver que ce que nous appelons beauté dans l'architecture n'est que l'heureux rapport de la solidité des matériaux avec la forme donnée à chaque partie.

Ce monument est excavé dans un rocher isolé de toutes parts et qui renferme différents sépulcres de moindre dimension. Il n'existe aucune inscription qui puisse guider sur la détermination de l'époque; mais le caractère de l'architecture se rapporte à un temps postérieur aux sculptures décrites précédemment. Le nom de Gherdek kaïa si, donné par les habitants, vient sans doute de ce qu'on remarque deux chambres sépulcrales antiques, dans lesquelles, selon leurs idées, auraient été enterrés le mari et la femme. Le tuf dans lequel ce monument est sculpté renferme une quantité notable de pierre ponce, et est d'une couleur beaucoup plus blanche que dans la partie sud de la vallée. La face de ce tombeau est orientée à l'est. La colonne qui est à droite se trouve aujourd'hui en partie rompue; mais le chapiteau et toute la partie supérieure tiennent encore à l'architrave, ce qui produit un effet bizarre. L'ordonnance générale est d'accord avec les règles de l'architecture grecque, et décèle un temps assez primitif, peu éloigné sans doute de l'époque de l'invasion des Perses.

CHAPITRE XXVI.

PISMICH KALÉ SI.

En suivant la pente de la vallée dont la direction est au nord on arrive au lieu nommé Doghanlou, on n'y voit pas de monument important; mais, dans toute la vallée, les rochers sont perforés par des milliers de chambres. Il y en a dont l'intérieur est orné de quelques caissons. J'avais remarqué au-dessous du sol une suite de salles rondes et de construction presque sphérique, dans lesquelles on pénètre par le sommet, et, dans le premier moment, j'avais pris ces excavations pour des catacombes dont la forme me paraissait néanmoins singulière, n'y trouvant point de sarcophages. Mais en parcourant les villes de Lycie, et notamment Aspendus et Antiphellus, j'ai observé dans les Agora un grand nombre de ces excavations, quelques-unes même avec la pierre circulaire qui couvrait l'orifice, et je me suis assuré qu'elles ne sont autre chose que des silos destinés à serrer le grain. Cet usage, si commun parmi les Arabes, était usité dès la plus haute antiquité chez les peuples asiatiques. Quoiqu'on ne trouve pas de traces de ville dans ces lieux, on a donc la certitude que la vallée de Doghanlou a nourri à une certaine époque, une nombreuse population, et peut-être parmi les excavations pratiquées dans les rochers s'en trouve-t-il quelques-unes qui ont servi d'habitation à ce peuple primitif.

La vallée est commandée par un roc isolé sur lequel s'élève une antique construction appelée Pismich kalé si. On y arrive avec quelque difficulté ou par un chemin à peine tracé au milieu des rochers qui semblent avoir été taillés de main d'homme pour augmenter la difficulté de l'accès. Les intervalles que présentait la conformation de la montagne ont été remplis par des constructions en maçonnerie faite avec des blocs irréguliers. Un escalier taillé dans le roc conduisait de la plate-forme jusque dans la vallée et pouvait servir pour apporter des provisions dans la place. Aucune trace de citerne n'est apparente, mais on doit croire que ce château a été habité à l'époque musulmane parce qu'on peut observer des restaurations faites à la hâte et en petits matériaux. Pismich kalé si est sans doute un', de ces bourgs des Phrygiens qui étaient déjà presque abandonnés au commencement de notre ère. Toutes les montagnes environnantes sont couronnées par des forêts de pins et leurs flancs sont perforés par d'innombrables chambres sépulcrales; la vallée est arrosée pendant l'hiver par un ruisseau dirigé vers le nord et qui est une des sources de la rivière de Séid el ghazi.

CHAPITRE XXVII.

TOMBEAUX DE YAPUL DAGH. — COMBETT.

Nous remonterons maintenant la vallée de Doghanlou jusqu'au monument de Midas, pour suivre la route tracée par M. R. Stewart dans le yaëla de Yapul dagh, jusqu'au village de Combett où il a découvert plusieurs monuments importants de cette même période phrygienne. Après avoir rejoint le tombeau de Yasili kaïa, on fait route vers le sud jusqu'à Yapul dagh keui, éloigné de sept kilomètres de Yasili kaïa.

Sur le flanc du rocher, et à une hauteur considérable, on aperçoit un monument funèbre dont la porte est décorée de sculptures. La vallée est très-irrégulière, elle a environ huit cents pas de large, un tombeau d'une époque moins ancienne, taillé dans le rocher est situé un peu plus loin vers le sud-ouest en descendant la vallée, mais il offre un médiocre intérêt.

Du côté de la vallée le tombeau principal est d'un accès difficile ou plutôt presque inaccessible ; mais en faisant le tour du rocher par un chemin un peu plus long, on peut arriver de plain-pied au sol du tombeau, devant lequel on a laissé une petite plate-forme dominée par la façade décorative, mais en réalité l'entrée du tombeau était de l'autre côté de la roche. Ce monument, d'après l'avis de M. Barth (1), est d'un très-grand intérêt au point de vue de l'art, et certainement d'une haute antiquité ; mais les sculptures qui sont sous le tympan au-dessus de la porte ont beaucoup souffert et sont assez difficiles à reconnaître. M. Stewart a cru voir deux chevaux dans l'attitude de l'adoration, un autre observateur M. Mordmann distingue un bonnet phrygien surmontant un pilastre placé entre deux figures de lions. L'intérieur du rocher offre trois chambres sépucrales de moyenne grandeur, l'une est voutée, le plafond de l'autre est en forme de fronton. Le rocher dans lequel est taillé ce tombeau est couronné par une plate-forme où l'on remarque des traces du travail de l'homme, et qui donnent à supposer qu'il était fortifié de la même manière que Pismich kalé si. Aux endroits où le rocher est brisé on a établi une sorte de parapet ; cette plate-forme, qui a une largeur suffisante s'élève à cent vingt pieds environ au-dessus de la rivière. La disposition du rocher, qui est accessible de l'autre côté, ne permet pas de penser qu'il y ait eu là un château fort, mais un lieu de résidence d'été des rois de Phrygie, qui avaient leur demeure d'hiver dans la plaine de Yasili kaïa. On remarque des magasins taillés dans le roc et un conduit souterrain pour le service des eaux, qui descendait jusqu'à la rivière.

Dans l'antiquité phrygienne, ce groupe de rochers avait certainement été disposé dans un but de défense, mais il servait aussi de lieu de sépulture : la dernière destination a été peut-être la conséquence de la première, quand le château fut abandonné, car on n'aurait pu transpercer d'outre en outre le rocher pour établir le tombeau dont nous venons de parler, quoique l'escarpement du rocher ait concouru à la sécurité. D'ailleurs l'ouverture pouvait être facilement fermée.

Sur la même face de rocher ont été taillées différentes grottes sépulcrales dont quelques-unes sont ornées de façades d'un style original. Les ruines que l'on rencontre aux alentours de ces tombeaux indiquent que ce lieu a été habité dans des temps moins anciens.

Le village de Combett occupe la pente nord d'une colline à l'ouest de laquelle la rivière forme un marais. Ce village se compose de soixante maisons habitées une partie de l'année par des familles Youroukes. Il offre un grand intérêt archéologique par le nombre de monuments taillés dans le roc qui se rencontrent aux environs.

M. Barth a observé un monument d'un style particulier auquel il donne le nom de Niche à offrandes (1) ; une ouverture

---

(1) *Loc. cit.*, 93.

(1) Gebet oder Opfer-Nische.

en forme de cheminée communique avec l'intérieur. La hauteur du monument est d'environ sept pieds, et de chaque côté la face du rocher est sculptée avec art; la façade représente une porte cintrée couronnée par un fronton sur lequel sont sculptées des urnes de différentes formes : c'est du moins ce qu'on peut conjecturer (1). Toute cette vallée du temps de la splendeur de la monarchie phrygienne devait présenter un magnifique coup d'œil; cette excavation en forme de cheminée qui paraît surprendre M. Barth se retrouve dans un grand nombre de monuments taillés dans le roc en Cappadoce, en Lycie et en Phrygie; son usage n'est pas encore bien défini, on peut conjecturer qu'elle était destinée à faire des libations.

Il nous reste à décrire le monument le plus remarquable de ce groupe, découvert par M. Stewart et publié dans son ouvrage sur les monuments Phrygiens (2). L'auteur a donné à ce monument le nom de tombeau de Solon, à cause de ce nom qui se trouve au commencement d'une inscription. Sur la face voisine de l'entrée est sculpté un bœuf avec une bosse comme le zébu de l'Inde (3); il se trouve figuré sur quelques médailles phrygiennes. Sur l'autre face à droite de la porte est un médaillon représentant une tête de Méduse; dans le fronton au-dessus de l'entrée est figuré un bouclier ayant deux aigles de chaque côté, enfin un cartouche carré qui surmonte la porte est orné d'une sculpture représentant deux lions se regardant face à face, et entre les deux est une urne. Cette composition rappelle avec une autre mouvement les deux lions de la porte de Mycènes.

Ce tombeau se trouve au village de Combett et dans le voisinage de la maison de l'Agha. L'inscription qui se lit dans l'intérieur est gravée en caractères semblables à ceux du tombeau de Midas; ce tombeau est taillé dans un tuf dur semblable à ceux de la vallée de Doghanlou.

Ce même monument a été visité, en 1858, par MM. Barth et Mordmann; ces deux observateurs n'ont pas vu les mêmes choses que M. Stewart; les têtes de Méduse ne sont plus que des boucliers; les figures de lions et de bœufs sont à très-haut relief; l'ensemble de l'édifice présente la forme d'un petit temple; les deux aigles qui sont dans le fronton ont beaucoup souffert. Au sujet de l'inscription, les deux voyageurs émettent une opinion tout à fait inattendue : c'est qu'elle n'est qu'une imitation de l'écriture archaïque tracée par un visiteur d'une époque assez récente, et l'un deux va jusqu'à dire qu'elle ne remonte pas plus haut que le temps de Julien l'Apostat. Dans le Turbé voisin de la maison de l'Agha de Combett se voient quelques sculptures de marbre qui sont de l'époque romaine.

Malgré les divergences d'opinion des observateurs qui nous ont transmis des documents sur ces remarquables ouvrages, il reste un fait acquis à l'histoire, c'est que la vallée de Doghanlou est bien la région où vécurent les rois de la dynastie phrygienne, et qui était mentionnée par Strabon comme déserte et abandonnée de son temps.

CHAPITRE XXVIII.

ITINÉRAIRE DE KÉDIZ A KARA HISSAR.

De Kédiz à Ouschak. 48 kil.
Sitchauli. 108
Kara hissar. 30
186 kil.

Le Menzil hané, la Poste, compte huit heures de marche de Kédiz à Ouschak. La route suit la direction du sud, puis du sud-est. Après une heure de marche on arrive près d'une rivière qui porte ses eaux à l'Hermus, elle prend sa source dans le Mourad dagh, et s'appelle Mourad tchaï. C'est cette rivière que M. Hamilton regarde comme le véritable Hermus. Le pays est bien cultivé, quoique les Turcs aient encore en usage

---

(1) Barth Reise, l. c., p. 95.
(2) John Robert Stewart, Description of some ancient monuments, with inscriptions still existing in Lydia and Phryhia, illustrated with plates from sketches made on the spot., London, fol., 1842.
(3) Cet animal est aussi reproduit dans les bas-reliefs du théâtre d'Aizani; il était sans doute répandu dans la contrée à cette époque reculée.

le système des jachères, les terrains cultivables sont si étendus, que cette méthode a moins d'inconvénient ici que dans les autres pays. La récolte consiste en blé et en orge. Le terrain est argileux et propice à la culture du pavot, qui fait une des richesses de cette province. Les montagnes sont de nature schisteuse, couvertes d'une maigre forêt de pins. Après deux heures de marche, on arrive au sommet de la montagne, qui est un des embranchements du Mourad dagh, qu'on aperçoit au nord, avec ses sommets couverts de neige. De ce point on jouit d'un spectacle aussi beau qu'inattendu : une grande partie du pays se développe aux regards ; d'un côté les hauts sommets de l'Olympe se confondent avec le ciel ; de l'autre, le Taurus étend ses longues chaînes bleuâtres. A l'ouest la vue s'étend jusqu'à Aïdin et presque jusqu'à Smyrne ; on a sous les pieds le pays qu'on vient de traverser, ondulé comme une mer furieuse ; pas une trace d'habitation ne s'offre à la vue : solitude et nature sauvage ; rien qui rappelle la présence de l'homme ; ce col est à une altitude de deux mille cent mètres au-dessus du niveau de la mer.

La route descend ensuite dans un beau et frais vallon, où les caravanes de l'intérieur ont coutume de faire halte. Les montagnes qui forment le revers oriental sont de nature volcanique, mais d'une époque plus ancienne que les volcans de Koula. La lave est de nature basaltique, cassante, presque vitrifiée ; les pentes de la montagne sont couvertes de grands blocs accumulés sans ordre ; plus loin, le terrain est recouvert d'une couche épaisse de feldspath fondu : c'est ce qu'on appelait autrefois la roche de corne. On y trouve de l'obsidienne noire(1). Au milieu de tous ces terrains, on n'observe aucune trace de cratère. Ce qui prouve la haute antiquité de ces formations, c'est que presque partout la végétation est abondante. Le terrain volcanique est remplacé par le grès, à l'origine de la vallée d'Ouschak ; une belle source prend naissance entre les couches du grès ; elle arrive à la surface du sol en bouillonnant comme un puits artésien, mais il n'y a point de culture pour utiliser ces belles eaux ; elles forment un ruisseau qui va se jeter dans la rivière d'Ouschak, qui est encore un des affluents de l'Hermus. C'est là que se fait le partage des eaux entre l'Hermus et le Banas tchaï ; cette rivière est une branche du Méandre.

En quittant Ouschak, on a dix-huit heures de marche à faire jusqu'à Sitchanli, sans traverser aucune ville ; le pays est cependant bien peuplé et surtout bien cultivé. Les nombreux villages, entourés d'arbres et pourvus d'abondantes fontaines, varient agréablement l'uniformité de la plaine, qui se termine par un bel horizon de montagnes. La culture du pavot occupe la plus grande partie du terrain, le reste est semé en blé et en orge ; on y fait peu de tabac, et la récolte de la soie est nulle. Les moutons à grosse queue, dits caramauli, forment la totalité de l'espèce ovine. Il est extrêmement rare de rencontrer la variété à longue queue ; en effet, la masse de graisse produite par la queue des caramauli est pour les indigènes une précieuse ressource : elle remplace le beurre dans presque toutes les préparations culinaires ; aussi, malgré l'abondance du laitage, le beurre en Asie Mineure est-il d'une très-médiocre qualité, mal fait et presque toujours rance, attendu que pour le faire, on se contente de secouer une peau de bouc, une outre remplie de lait, suspendue entre trois perches.

Après trois heures et demie de marche, on franchit une montagne argileuse, et l'on redescend dans une plaine qui a environ six kilomètres de large et qui est peuplée de nombreux villages. Le village de Ahat keui, l'ancienne Trajanopolis, est situé sur la pente des montagnes qui bordent cette plaine au nord, et à trois heures de la route de Kara hissar.

En suivant la vallée, on arrive au village de Osman keui bâti au pied de la pente nord. Ici la vallée se resserre considérablement ; elle n'a pas un kilomètre de large. Sur la pente opposée est une source d'eau minérale chaude ; les indigènes en font usage, mais leur établissement est tout rustique : les baignoires sont des trous creusés dans la terre, et

(1) Voy. Hamilton, *Researches, etc.*, t. Ier, p. 109.

la salle des bains est formée par des branches d'arbres plantées en terre et tissées en forme de claie. Tout ce pays est abondamment pourvu de sources; mais la plupart n'ont pas un écoulement facile et forment des marécages aux environs.

On fait halte au village de Kara keui, après une journée fatigante de dix heures de marche; le lendemain on a encore huit heures de poste à faire avec les mêmes chevaux jusqu'à Sitchanli, village où se trouve le Menzil hané.

Sitchanli est située dans une vaste plaine où les anciennes armées se sont souvent rassemblées; sa position correspond au Campus metropolitanus. A la suite de ces plaines on rencontre un terrain marécageux d'une étendue de plusieurs kilomètres, de l'est à l'ouest; en hiver il est impraticable, il faut faire un long détour au nord pour le franchir; en été, la terre argileuse est fendillée en tous sens : il est couvert d'une végétation d'iris blancs, dont la fleur est assez agréable. Deux villages s'aperçoivent sur une hauteur; ils sont abandonnés en été, sans doute à cause du mauvais air. Les habitants ont pour habitude de disposer leurs récoltes en grandes meules, qu'ils recouvrent d'une couche de terre glaise; les foins se conservent ainsi presque toute l'année à l'abri des pluies et de l'humidité.

Cette plaine de Sitchanli se termine à l'est par un col montagneux qui la sépare de celle de Kara hissar. Ici l'on commence à retrouver le terrain trachytique dont la conformation est des plus intéressantes; ce ne sont pas des couches horizontales plus ou moins accidentées, mais les abords de la route sont couverts de blocs énormes de trachytes superposés et appuyés les uns sur les autres. Il y a des blocs dont la base n'a pas plus d'un mètre carré et qui s'élèvent à une hauteur de sept ou huit mètres; ils sont entourés de blocs plus petits. On ne peut expliquer cette singularité qu'en supposant que les épanchements trachytiques se sont refroidis dans un agglomérat de tufs plus tendres qui auront été enlevés ensuite par l'action des eaux. Nous arrivons dans un pays où les faits de ce genre sont de plus en plus multipliés, et ces régions présentent des phénomènes géologiques qui ne se retrouvent en aucun autre lieu du globe. La nature de ces trachytes est assez uniforme; la couleur change du violet au bleu; leur dureté dépend du plus ou moins de conservation du feldspath, qui se décompose à l'air. Ces formations singulières sont surtout remarquables aux environs du village de Tchakeu, le dernier que l'on rencontre avant d'arriver à Kara hissar ici la culture du pavot absorbe toutes les autres : nous arrivons en effet au centre de la culture de cette plante; aussi les indigènes appellent-ils la ville : Aphoum kara hissar, le château noir de l'opium.

Maintenant que nous avons traversé la Phrygie dans sa plus grande largeur, nous ferons halte dans les principales villes que nous avons rencontrées.

CHAPITRE XXIX.

SÉID EL GHAZI. — PRYMNESIA.

La plaine d'Eski cheher, ou de Dorylée, est bornée au sud par une rivière qui coule de l'ouest à l'est et qui n'est autre chose que la branche sud du Sangarius, dont le cours est obligé de suivre la ligne des collines qui servent de contrefort au plateau central de la Phrygie.

Ce pays offre toutes les conditions désirables pour recevoir une population nombreuse, un terroir fertile et des eaux abondantes; aussi dans l'antiquité, les villes étaient nombreuses dans cette région. Les voyageurs qui l'ont traversée ont reconnu presque de lieue en lieue des vestiges d'anciennes villes dont les noms ne sont pas encore déterminés, et les auteurs mentionnent plusieurs villes comme Santabaris, Massissa, Zompus, etc., dont il faut retrouver la place. La seule ville qui ait survécu à la ruine de toutes les autres est l'antique Prymnesia, qu'on appelle aujourd'hui Séid el Ghazi; elle est bâtie sur la pente septentrionale d'une colline, et offre, il est vrai, bien peu de vestiges de la haute antiquité; mais elle est demeurée célèbre parmi les Musulmans comme lieu de sépulture d'un des héros de leur histoire, de Sidi el Battal, Cid le Mauvais, dont le nom a été changé en celui de Séid el Ghazi, Séid le Conquérant. Il était né à Malatia, et fut tué dans une bataille contre les Grecs en 739, sous le règne du calife Aroun-al-Rachyd. On peut être assuré que le caractère religieux de l'antique Prymnésie l'a sauvée de la destruction. Cette ville était célèbre par le culte qu'elle rendait à la mère des dieux et au roi Midas déifié ; c'est du moins l'induction qu'on peut tirer des anciennes médailles de Prymnésie. Au temple païen a succédé un monastère byzantin avec une église ; c'est cet édifice qui a servi de sépulture à Séid el Ghazi, et qui depuis le huitième siècle a toujours été soigneusement entretenu.

La ville de Séid el Ghazi n'offre par elle-même aucune espèce d'intérêt ; elle est dans un état de décadence qui prouve que les pèlerinages des pieux Musulmans ne suffisent plus à faire vivre sa population. Nous avons trouvé dans cette ville une inscription portant le nom de Nacoléia ; MM. Barth et Mordmann ont constaté dans la même localité d'autres inscriptions portant également le nom de Nacoléia ; mais ils estiment qu'elles ont été apportées d'un lieu voisin. Enfin une inscription portant les mots : « Le sénat et le peuple des Prymnésiens ont honoré Publius Alianus Niger, mort encore jeune, » a décidé la question, et l'on s'accorde pour identifier Séid el Ghazi avec l'ancienne Prymnésie. Cette ville n'est citée ni par Strabon ni par Étienne de Byzance ; Ptolémée la met au nombre des villes de la Phrygie centrale : c'est à peu près les seuls documents que nous offrent les auteurs anciens.

Aujourd'hui Séid el Ghazi est le lieu de résidence d'un voïvode qui est sous les ordres du gouvernement d'Eski cheher. Les habitants sont pour la plupart livrés à l'agriculture, et vont passer une partie de l'été au Yaëla.

Le tombeau de Séid el Ghazi s'élève sur la pente de la colline, et domine la ville. C'est un ensemble de bâtiments qui contient une mosquée à minaret, un couvent de derviches et le tombeau du guerrier musulman. On y reconnaît des constructions de différentes époques : il est probable que primitivement cet édifice était un couvent byzantin ; les Seldjoukides y ont ajouté une école, et les Mewlevis derviches de Konieh y ont établi un couvent. Le tombeau de Séid el Ghazi est au milieu d'une chapelle ou turbé ; il se compose d'un grand sarcophage couvert de tapis et de tentures dans le genre des tombeaux de Broussa ; un autre tombeau placé à côté du premier, renferme les cendres d'une princesse désignée sous le nom de Kral kiz si, la fille du roi. Les Turcs donnaient le nom de Kral aux souverains de Moscovie et de Servie : c'est sans doute quelque fille d'un de ces souverains qui aura épousé un émir musulman. Il est impossible de tirer d'autre renseignement du vieux gardien de ces sépultures (1).

Pour parcourir la vallée de Nacoléia et le Yapul dagh, il vaut mieux partir de Séid el Ghazi que de faire un long détour par Kara hissar : on est plus certain de trouver des guides.

CHAPITRE XXX.

OUSCHAK. — ACMONIA.

La ville d'Ouschak est située au pied d'une colline tournée vers le sud, et commande une grande plaine qui s'étend de l'est à l'ouest ; on y compte quinze cents maisons, sur lesquelles il y a deux cent cinquante maisons grecques ; la ville offre un aspect d'aisance et de propreté dues à l'esprit industrieux de ses habitants. Les maisons sont bâties en briques crues ; cette méthode de construction n'est pas due au manque de pierres, c'est un usage qui date de la plus haute antiquité, et toutes les villes que nous allons rencontrer vers l'est, même jusqu'au fond de la Perse sont construites de la même manière, les édifices publics sont seuls bâtis de pierre et de briques cuites.

Ouschak et Koula et deux autres petites villes des environs ont hérité de cette belle industrie qui fit la célébrité de la Phrygie : la fabrication des tapis s'est perpétuée dans ces pays depuis les temps les plus reculés, grâce à l'abondance des laines et des matières tinctoriales.

(1) Voyez la planche 44.

La fabrication des tapis est presque exclusivement entre les mains des femmes grecques ; les moyens d'exécution sont extrêmement simples : un grand châssis vertical porte la chaîne, qui est tendue par une traverse de bois ; un cylindre placé dans le bas sert à rouler le tapis à mesure qu'il est exécuté, les femmes sont à genoux devant la trame ; le dessin du tapis se compose d'une quantité de fils de laine qui sont noués à la trame par un nœud coulant, la chaîne se passe ensuite à la main, et les fils sont serrés au moyen d'un grand peigne de bois, on tond ensuite le tapis avec une paire de ciseaux. On ne saurait se faire une idée de l'agilité avec laquelle les femmes choisissent leurs couleurs et nouent leurs laines ; la manière de travailler est si simple qu'en peu de jours une ouvrière peut être formée ; mais il n'en est pas ainsi de l'exécution du dessin qui est presque toujours exécuté de mémoire par l'ouvrière, voilà pourquoi les tapis d'orient présentent souvent des incorrections de dessin. Chaque ouvrière n'exécute d'ordinaire qu'un seul dessin, elle sait de mémoire le nombre de ses fils et combien il en faut pour chaque couleur. Lorsqu'on veut exécuter quelque dessin nouveau ou de commande, on étend derrière le châssis une toile sur laquelle est dessiné le modèle : les ouvrières attachent les laines sur chaque couleur correspondante.

Dans cette méthode de fabrication le tapis ne présente sous les pieds que les têtes des laines, la chaîne et la trame sont préservées ; on comprend alors que la durée de pareils tapis soit indéfinie.

Les ouvrières ne gagnaient en 1834 que douze francs par mois, six ouvrières travaillant à un tapis de quatre mètres de long font par jour cinq centimètres d'ouvrage.

En 1834 le fabriquant vendait le tapis velouté dix piastres 2 f. 70 c. le pic ($0^m,63$ centi.) carré, ainsi un tapis de $6^m,30$ sur $6^m,30$ coûtait mille piastres ou 270 francs. Ces tapis veloutés sont ceux de première qualité ; on en fabriquait aussi à points carrés, dans le genre de la tapisserie au cannevas, qui sont vendus par le fabriquant six piastres et demie le pic ; ainsi un tapis de 3 mètres sur $1^m,65$ coûtait 21 francs à Constantinople, et à Smyrne on les vendait alors quatorze piastres le pic. En 1837 ils étaient à vingt piastres, et la qualité diminuait ; aujourd'hui ils ont presque doublé.

On voit que c'est une erreur que de donner à ces produits le nom de tapis de Smyrne : il ne s'en fabrique pas dans cette ville. Il est une autre espèce de tapis appelée dans le pays sédjadé, petits tapis de prière qui passent en Europe pour être des tapis de Perse. Ils sont aussi fabriqués en Asie Mineure, et sont connus dans le pays sous le nom de tapis de Gherdess. Nous ignorons les détails de leur fabrication ; ils sont remarquables par la finesse du tissu et la beauté des couleurs, mais leur prix est quatre ou cinq fois plus élevé que celui des tapis d'Ouschak.

La population représente environ quinze mille habitants, dont les deux tiers sont de race turque ; les Arméniens n'y comptent que pour deux ou trois cents familles, le reste se compose de familles grecques, presque toutes adonnées au commerce et à l'industrie. Les Turcs sont les propriétaires fonciers.

La forteresse qui domine la ville paraît tout à fait disposée comme une ancienne acropole. Vers la fin du siècle dernier, un déré bey, du nom de Hadji Mourad Oglou, tenta de se rendre indépendant, et fortifia le château, qu'il avait approvisionné de vivres et de munitions ; mais Kara Osman Oglou d'Aïdin vint l'assiéger, et comme il ne pouvait s'en rendre maître ouvertement, il pratiqua des intelligences dans la place, et le bey fut livré à Kara Osman, qui envoya sa tête à Constantinople.

On ne voit dans la ville d'Ouschak aucun débris de grand monument, mais des fragments d'architecture en marbre blanc sont extraits journellement du sol, encastrés dans les murs des maisons ou transportés dans les cimetières.

M. Wagener, professeur de l'université de Gand, a trouvé près d'une fontaine un monument intéressant : c'est un bloc de marbre percé de cavités sphériques de différentes dimensions, et qui ne paraît être autre chose qu'un étalon de mesures pour les liquides (1). Quelques inscriptions, presque toutes tumulaires ont été copiées par des voyageurs; ces monuments suffisent pour qu'on puisse considérer Ouschak comme occupant l'emplacement d'une ville antique. M. Letronne l'assimilait à l'ancienne Eucarpia (1); cette ville appartenait à la juridiction de Synnada.

CHAPITRE XXXI.

ILESLER KAÏA SI, NÉCROPOLE.

A douze kilomètres au nord-est d'Ouschak, se trouve une nécropole composée d'un grand nombre de chambres sépulcrales creusées dans le flanc des rochers, qui paraissent n'être autre chose que le cratère d'un ancien volcan. Ce lieu s'appelle Ilesler kaïa si, le rocher d'Ilesler.

On suit, pendant une heure de marche, la route de Kara hissar, on tourne ensuite au nord par des collines d'abord peu élevées mais qui prennent successivement plus de hauteur. On arrive, après une heure de marche, au bord d'un précipice qui a environ cent mètres de profondeur, c'est la vallée des sépulcres dans laquelle on descend au milieu des rocs éboulés. La forme du terrain et la nature des laves indiquent suffisamment que ce lieu est un ancien cratère; la partie supérieure du sol est un composé de laves violâtres englobées dans des masses de cendre compactes; la masse de ces déjections est assez étendue, et a une hauteur de trente-trois mètres. Les rochers du côté de la vallée présentent une surface absolument verticale; c'est dans ce tuf que sont taillées les grottes; la couche inférieure est un agglomérat de cendres grises. On peut arriver plus facilement au fond du cratère en faisant un détour pour gagner une grande fente dans laquelle coule un ruisseau.

Du côté du couchant les tufs sont plus compactes et se décomposent moins facilement, le fond de la vallée est couvert de terres végétales qui sont en partie cultivées.

La nécropole se compose d'une infinité de chambres sépulcrales dont quelques-unes sont inaccessibles, les plus grandes ont une sorte de vestibule ou de portique ouvert, une porte en pylône conduit dans l'intérieur.

Ces chambres sont pour la plupart carrées, il y en a plusieurs qui se communiquent et qui sont séparées par un mur percé de fenêtres. Une de ces grottes a la forme demi-circulaire, et tout autour sont creusés des trous pour y mettre les corps; quelquefois le sol est creusé en forme de petits bassins comme pour y déposer des urnes. On ne trouve nulle part la moindre trace de décoration ou de moulure, rien qui puisse mettre sur la voie de l'époque où cette nécropole a dû être créée.

Si l'on a recours aux tables itinéraires, on voit que l'ancienne Acmonia était sur la route qui va de Dorylée à Philadelphie, à soixante milles de la première, au sud de Cotyœum. Ptolémée (1) nomme cette ville entre Juliopolis (qui était sur la rive du Sangarius) et Euménia, aujourd'hui Ichékli, position qui convient très-bien à Ilesler kaïa si. Acmonia était une ville de Phrygie dont la fondation est attribuée au roi Acmon; elle est mentionnée par Cicéron dans son discours pour Flaccus (2). Elle existait sous l'empire romain et appartenait au district d'Apamée. M. Franz (3) était disposé à identifier avec Acmonia le village de Ahat keui; mais il a été démontré depuis que c'est l'ancienne Trajanopolis : il est d'ailleurs trop à l'est pour s'être trouvé sur la route de Philadelphie. Nous sommes disposé à considérer les catacombes d'Ilesler kaïa si, comme la nécropole de l'ancienne Acmonia, quoique nous n'ayons pour établir cette opinion que la concordance des distances géographiques.

---

(1) Monument reproduit et interprété par M. Egger dans le tome XXV des mém. de la soc. des ant. de Fr.

(1) Boeckh corpus, n° 3862.

(1) Liv. III, 2.
(2) § 15-16.
(3) Franz fünf Inschriften und fünf Städte in Kleinasien. p. 6.

CHAPITRE XXXII.

AHAT KEUI, TRAJANOPOLIS.

La route d'Ouschak à Kara hissar, traverse une riche plaine de trois milles de large, où l'on cultive le pavot à opium; cette route passe un peu au nord de Ahat keui. A quatre milles d'Ouschak, on traverse le village ruiné de Iki seraï près duquel est un cimetière turc, contenant quelques fragments d'ancienne sculpture; au village de Tchorek keui, à sept milles d'Ouschak, M. Hamilton a trouvé dans le mur de la mosquée deux inscriptions, dont la première contenait ces mots : La ville des Trajanopolitains (1), ce qui le mit sur les traces de la ville de Trajanopolis, dont le site était inconnu ; cette inscription avait été transportée du village de Ahat keui. A onze milles d'Ouschak la route franchit, sur un long pont de bois, la rivière Banas tchaï qui prend sa source dans les montagnes au nord de la plaine, et va se jeter dans le Méandre aux environs d'Ischekli.

Ahat keui est à dix-sept heures de marche à l'est d'Ouschak ; le village, construit dans une vallée arrosée par un torrent, est dominé par une colline sur laquelle est bâtie l'acropole de Trajanopolis ; le théâtre est établi sur le flanc de la colline. Le mur du proscenium subsiste encore, et tout l'édifice est construit en grands blocs de pierre en assises réglées, mais dont les joints sont obliques; c'est le genre de construction pseudisodomon. Les gradins ont été enlevés, il ne reste plus que le creux de la cavéa, rempli par les débris du proscenium et de la scène, dont il reste cependant quelques pans de murailles debout. Une des salles latérales du proscenium est encore conservée, à l'extrémité nord-est ; on y remarque deux portes dont l'une ouvre dans le proscenium, tandis que l'autre conduit dans l'orchestre. La scène, comme cela s'observe dans d'autres théâtres, était séparée de la cavéa ou salle par un espace vide large de six mètres.

On observe parmi les débris, de nombreux fragments de frises d'architraves et de corniches, et quelques restes de bas-reliefs.

Le sommet de la colline au-dessus du théâtre est couvert de ruines, mais qui sont, à peu d'exceptions près, dans un état trop avancé de destruction pour qu'on puisse en reconnaître la destination première. Un autre petit théâtre est placé sur le revers de la colline; il ne reste plus que les fondations de la scène et cinq ou six rangs de gradins de la cavéa.

Sur le côté sud-ouest de la colline on peut suivre dans un long parcours les anciens murs de la ville, construits en grands blocs de marbre ; plusieurs parties ont été restaurées par les Byzantins, qui ont employé de nombreux fragments d'architecture, et les siéges du théâtre. D'autres constructions byzantines, parmi lesquelles on remarque les ruines d'une église, sont éparses dans l'enceinte de la ville ; à deux cents mètres environ vers le sud on retrouve les fondations d'un petit temple, dont le plan peut être facilement tracé; il est bâti de pierres grossières, et dans les substructions sont deux cellules voûtées, l'une est immédiatement au-dessus du centre de la Cella, et séparée de l'autre caveau par un mur épais de pierres de taille.

Au sud-est de l'acropole s'élèvent deux tours demi-circulaires qui appartenaient au mur de défense ; une route pavée semble indiquer que l'entrée de cette ville était de ce côté. Les tombeaux sont creusés dans le rocher, au pied de l'acropole. Ils se composent de cellules avec un sarcophage ; quelques-unes contiennent de petites niches pour déposer des urnes.

Les ruines de Ahat keui avaient été vues par M. Rennell, qui, n'ayant pas retrouvé le nom de l'ancienne ville, était disposé à les identifier avec Acmonia. Aujourd'hui le doute n'est plus permis, et il faut nécessairement chercher les ruines de cette dernière place plus à l'ouest ; c'est ce qui nous autorise à les mettre dans le voisinage de Ilesler kaia si. Peut-être finira-t-on par trouver dans les ruines d'Ouschak quelque inscription qui lève toute incertitude à cet égard.

---

(1) Ἡ Τραιανοπολείτων πόλις.

APHIOUM KARA HISSAR.

La région méridionale de la Phrygie est le centre de la culture du pavot à opium, et la ville principale est désignée par les indigènes sous le nom de Aphioum kara hissar, le château noir de l'opium; elle est située à l'origine d'une grande vallée qui s'étend à l'est jusqu'à Belouadoun, et qui déverse ses eaux dans le lac de Tchaï gheul, au sud de Belouadoun, Kara hissar est située au pied d'un haut rocher qui s'élève à plus de quatre cents mètres au-dessus de la plaine, et sur lequel est construit un château du moyen âge. On y arrive par un chemin taillé dans le roc, et dont l'accès était jadis défendu par une infinité de tours et de bastions. Aujourd'hui toutes ces fortifications tombent en ruine, et les pierres éboulées dans le chemin rendent cette route presque impraticable. La porte du château s'ouvre vis-à-vis d'un énorme rocher qui barre le passage; de sorte qu'il y a à peine assez de place pour faire passer un cheval ou deux hommes de front. L'intérieur de la place n'est plus qu'un monceau de décombres; on n'y trouve aucun vestige qui prouve que ce château soit antérieur aux temps byzantins. Trois citernes profondes d'environ huit mètres, et larges de cinq mètres, sont creusées dans le roc. Dès l'an 1200, les Seldjoukides s'étaient rendus maîtres de cette province, à laquelle ils donnèrent le nom de Kermian; le chef Othman la reçut à titre de fief, dans le partage que fit le sultan Ala Eddin des provinces nouvellement conquises, et à la mort d'Othman elle devint la possession de son fils Orkhan.

A défaut de grands monuments antiques, on rencontre à Kara hissar d'assez nombreux vestiges d'antiquités, pour être assuré qu'elle occupe l'emplacement d'une ville antique. Si l'on pouvait s'en rapporter à la relation de Paul Lucas, il aurait trouvé à Kara hissar « quantité de ruines de temples et de palais où les colonnes étaient prodiguées (1). »

Il est bien difficile de croire qu'il n'a pas été le jouet d'une illusion. Pococke, qui voyageait peu d'années après Lucas, ne dit pas un mot de ces ruines, dont on ne saurait aujourd'hui discerner le moindre vestige. Le voyageur anglais mentionne une inscription qui porte le nom de Prymnesia (1). Mais on est plus disposé à regarder Kara hissar comme occupant l'emplacement de Synnada.

Au nombre des antiquités qui existent encore, il faut citer une statue de femme drapée à laquelle manque la tête, et une figure de lion en marbre blanc, ces deux morceaux de sculpture sont sur le chemin du château. Il existe dans différents quartiers de la ville, un certain nombre d'inscriptions presque toutes mutilées, une seule paraît contenir un décret émanant de l'empereur M. A. Antonin, les autres inscriptions sont tumulaires. C'est à Kara hissar que nous avons observé pour la première fois des fragments de ce beau marbre blanc, veiné de violet connu sous le nom de marbre de Synnada, et dès lors nous eûmes l'espoir de retrouver ces célèbres carrières. Un des blocs de ce marbre sert de seuil à la porte d'un bain. Ces carrières sont distantes de Kara hissar de plus de trente kilomètres.

Les monuments modernes n'offrent aucun intérêt historique; il ne reste rien du temps des Seldjoukides.

La ville, qui s'étend depuis le pied du rocher jusque dans la plaine, est bâtie en briques crues recouvertes d'argile, et les maisons sont couvertes en terrasses; chaque maison se compose d'une véranda ouverte, derrière laquelle sont situés les appartements. On fabrique dans le pays des feutres imitant ceux de Perse, la laine employée est d'une qualité supérieure; elle se vend toute préparée dix piastres, 2 f. 70 c. l'oque; on ne la carde pas, mais on la met en flocons au moyen d'un arc dont la corde passe au milieu de la toison; on frappe sur la corde dont la vibration frise la laine et la rend légère comme une mousse.

La fabrication des armes est une autre industrie qui avait jadis une certaine renommée; mais qui aujourd'hui, est en

(1) Lucas, *Voyages*, t. 1er, ch. 19, p. 143.

(1) Pococke, *Travels*, ch. XV, p. 3.

grande décadence; elle ne se distingue plus que par l'extrême bon marché de ses produits, fusils et pistolets, qui sont achetés par les nomades; pour vingt-cinq francs on peut se procurer un fusil.

La culture de l'opium est la grande occupation des habitants de Kara hissar; toute la grande plaine qui s'étend en avant de la ville est semée en pavots. Les semailles se font à la fin de l'hiver, mais on peut faire une récolte d'automne en semant à la fin du printemps.

On cultive généralement le pavot blanc à fleurs simples. Lorsque les fleurs sont tombées, des hommes et des femmes vont dans les champs, et fendent horizontalement la tête du pavot; il en sort une liqueur blanche qui se fige aussitôt et qui n'est autre chose que l'opium. Le lendemain on va récolter cet opium en grattant la plante avec un couteau; on en fait des boules de la grosseur du poing, et on l'enveloppe dans des feuilles de pavot : c'est en cet état qu'il est livré au commerce.

Depuis 1832 le commerce de cette drogue est un monopole du gouvernement, qui l'achète sur le pied de cinquante piastres les 250 drachmes. Il est revendu au commerce sur le pied de cent quatre-vingts à deux cents piastres. Les habitants ne se plaignent pas de ce monopole, parce qu'ils trouvent sans peine un débouché certain.

Le grand cône volcanique qui domine la ville est le résultat d'un soulèvement trachytique très-remarquable, dont les effets se sont étendus à plusieurs kilomètres aux environs. Il forme comme le centre d'un épanchement qui a engendré autour du grand cône une série de monticules de même nature rocheuse, ces montagnes n'atteignent pas la moitié de la hauteur du grand cône; l'examen de la planche représentant le rocher de Kara hissar fera facilement comprendre la disposition respective de ces éruptions (1).

(1) Voyez la vue de Kara hissar. Pl. 45.

CHAPITRE XXXIII.

SYNNADA.

Synnada était le chef-lieu de la Phrygie centrale, et réunissait sous sa juridiction un grand nombre de petites villes, telles que Docimia, Beudos, Anabura et Euménia. Elle devait sa fondation à un certain Acamas, qui après la guerre de Troie vint s'établir en Phrygie, et appela autour de lui de nombreux colons de Macédoine. La ville fut d'abord appelée Synnaia, nom dont le sens impliquait une assemblée de colons, puis par corruption Synnada (1). Étienne de Byzance fait remarquer que le bourg Docimia était très-voisin de cette ville. Strabon ajoute quelques renseignements géographiques utiles pour bien déterminer la position de cette place. « Synnada, petite ville, est située à l'extrémité d'une plaine longue d'environ soixante stades, onze kilomètres, et plantée d'oliviers. Au-delà de cette plaine on trouve le bourg Docimia et la carrière de marbre synnadique, comme le nomment les Romains, car chez les indigènes il se nomme Docimite ou Docimée. Dans le commencement, on ne tirait de cette carrière que des blocs de médiocre grandeur; mais aujourd'hui le luxe des romains en tire des colonnes d'une seule pièce, qui se rapprochent de l'albâtre pour la variété des couleurs, et quoiqu'il y ait fort loin pour voiturer de tels fardeaux jusqu'à la mer, on ne laisse pas de transporter à Rome des colonnes et des tables d'une grandeur et d'une beauté surprenantes (2). »

Cicéron désigne cette ville sous le nom de Forum synnadense (3); il traversa cette ville lorsque partant d'Éphèse il se rendit en Cilicie, en passant par Laodicée, et Apamée.

Manlius traversa Synnada, en marchant contre les Gaulois; nous la retrouvons, ensuite nommée parmi les évêchés de la Phrygie salutaire : son nom rentre peu à peu dans l'oubli, dès qu'on cesse d'exploiter ses carrières,

(1) Ét. Byz., voc. *Synnada*.
(2) Strabon, XII, p. 577.
(3) *Ad Att.* V, 21.

nous ne le retrouvons plus que mentionné par Paul Silentiaire, à l'occasion de la description de Sainte-Sophie (1).

Bien des tentatives infructueuses avaient été faites par les précédents explorateurs de l'Asie, pour retrouver ces carrières; nous fûmes plus heureux que nos devanciers et le 5 juillet 1834, nous retrouvions le gissement de ces marbres, et les traces des immenses exploitations qu'y entreprirent les Romains.

Nous savions par les itinéraires anciens que Synnada était située sur la route de Dorylée à Apamée cibotos (2); nous savions de plus qu'elle était voisine des carrières de marbre; il suffisait de retrouver soit dans la nature calcaire des montagnes, soit dans les ruines des villes de ces parages, quelques indices de ce marbre facile à reconnaître entre tous les autres.

Nous avions retrouvé à Kara hissar un bloc de marbre blanc, veiné de violet, provenant de ces carrières; et nous avions appris, en outre, que la petite ville de Eski kara hissar, l'ancien Kara hissar, contenait une quantité de ruines. Nous mîmes à profit ces renseignements.

Traversant dans la direction du nord la plaine de Kara hissar, dont la largeur est de neuf milles; nous atteignîmes les collines qui bordent la plaine, et nous fîmes encore neuf milles pour arriver à Eski kara hissar; cette dernière ville est donc éloignée de dix-huit milles géographiques, ou de trente trois kilomètres de Kara hissar; les environs de la ville sont jonchés de débris de marbre, parmi lesquels on reconnaît le marbre de Synnada; on en trouve des blocs bruts non équarris, dans les clotures des champs. Eski kara hissar est située sur le penchant d'une colline volcanique; c'est un bourg de très-peu d'importance; mais elle occupe l'emplacement d'une ville qui a dû être assez considérable, car on en retrouve les vestiges sur trois mamelons qui sont séparés par une vallée, au fond de laquelle coule une rivière assez forte pour avoir motivé la construction d'un pont. Il est bâti partie en marbre, partie en lave; l'arche est de forme ogivale. On retrouve dans la ville un certain nombre d'inscriptions, mais aucune ne mentionne le nom ancien. Il y a près d'une maison une grande cuve de marbre monolithe, ayant dans l'intérieur plusieurs gradins; les croix sculptées aux deux extrémités indiquent que c'étaient des fonts baptismaux à l'usage des Grecs, qui baptisent par immersion. Ce qui tend à prouver l'ancienne importance d'Eski kara hissar, c'est que nous y trouvons une inscription honnorifique dédiée à l'empereur S. Sévère Pertinax: La ville honore le grand, le divin empereur, César Lucius Septimus Sévérus Pertinax Auguste, Arabique, Adiabénique, Parthique, très-grand, maître de la terre et de la mer. Les anciens n'avaient pas l'habitude d'élever de pareils monuments dans les villages.

Cette autre inscription appartenait à un monument d'une certaine importance réparé par Eumonius. Cette inscription n'est pas antérieure au troisième siècle de notre ère.

<small>Voici, voyageur, le monument élevé à la mémoire d'un excellent pasteur et prédicateur de la parole divine. Maximion l'avait bâti avec un grand labeur; mais par l'effet du temps il arrivait à la décadence qui accompagne le temps comme une servante. Alors Eumonius, renouvelant la construction comme un savant et noble médecin, rétablissait le monument comme il était jadis, à cause de la gloire de son aïeul, dont il a volontiers hérité.</small>

D'après tous ces indices, nous étions disposé à assimiler Eski kara hissar à l'ancienne Synnada; les carrières que nous allons décrire n'en sont qu'à douze kilomètres, et le village de Séid el ar représentait pour nous le bourg Docimia.

Cette détermination n'a pas été acceptée par Carl Ritter. Il regarde Kara hissar comme l'ancienne Synnada, quoique cette ville soit éloignée des carrières d'une distance de trente-cinq kilomètres. Eshi kara hissar est Docimia, et Séid el ar reste innommé.

Il faut convenir que la plaine de Kara hissar, représente mieux la plaine « de soixante stades » de Strabon; mais le haut rocher est un caractère tellement tranché qu'on s'étonne qu'il ait été passé sous silence par le géographe grec. Aujourd'hui la grande plaine ne produit plus d'oliviers; il est reconnu

---

(1) Deuxième partie, vers 205.
(2) Table de Peutinger.

dans le pays que cet arbre ne croît pas à une distance de vingt lieues de la mer.

CHAPITRE XXXIV.

LES CARRIÈRES DE SYNNADA.

La plaine qui communique avec la vallée dans laquelle sont situées les carrières est fermée au nord et au sud par des collines volcaniques, dont la formation est remarquable; elles sont composées de globes sphériques et concentriques qui, par leur rupture et leur décomposition, forment sur le sol des lignes courbes qu'on ne saurait comparer qu'aux ondulations de la moire. Il y a quelques-unes de ces sphères qui atteignent un diamètre de trois à quatre mètres, et sont composées de feuillets d'une épaisseur variable; dans d'autres endroits elles ne sont pas parfaitement sphériques, mais affectent la figure ovoïde; c'est ce qui donne aux sections sur le sol cette forme ondulée qui est très-remarquable. Après avoir franchi cette éminence, qui appartient à la croupe méridionale de la colline d'Eski karahissar, on arrive dans une plaine arrosée par un ruisseau, et qui n'est autre chose qu'un embranchement de la vallée de Synnada. Les carrières apparaissent sur l'autre flanc de la vallée, et la blancheur du marbre forme un contraste singulier avec les laves noires des environs. Toutes les collines qui précèdent l'entrée des carrières ne sont composées que de recoupes de marbre; cela seul donne une idée de l'immense étendue des exploitations. La plus grande et la plus belle carrière est ouverte au couchant; elle est large d'environ vingt mètres, et pénètre à plusieurs centaines de mètres dans l'intérieur de la montagne. On n'a aucun indice de la profondeur des travaux qui se sont exécutés en contre-bas du sol, car il est entièrement couvert par des monceaux de recoupes. L'exploitation s'est continuée sous les empereurs byzantins; mais alors l'administration de ces carrières n'étant plus aussi régulière, on a laissé encombrer peu à peu par les débris les voies de communication.

Il est peu de marbres, chez les anciens, qui aient eu une célébrité égale à celle du marbre de Synnada, et l'emploi qu'en firent les riches patriciens, dès les premiers temps de sa découverte, fit que les poëtes citèrent le marbre phrygien comme l'emblème du luxe et de la richesse (1).

Cette partie de la Phrygie Salutaire portait anciennement le nom de Mygdonie; aussi le marbre de Synnada est-il quelquefois appelé marbre mygdonien. Étienne de Byzance (2) et Strabon (3) disent qu'on lui donnait le nom de Docimia, parce que ce bourg était dans le voisinage des carrières. Claudien (4) l'appelle marbre de Synnada, et Juvénal (5) marbre phrygien. D'autres poëtes ont à l'envi chanté les beautés du marbre phrygien. Pour eux les taches de pourpre dont il est parsemé sont les traces du sang d'Atys, dont Cybèle déplore le trépas (6).

La description qu'en fait Strabon ne laisse aucun doute sur l'identité des carrières que nous décrivons. En effet, la variété de la roche fournit indistinctement et en quantité considérable un marbre d'un blanc jaunâtre, d'un grain fin et très-cristallisé, qui cependant n'offre pas de résistance à la taille, et qui répond à toutes les qualités qu'on exige dans le marbre statuaire et dans le marbre de construction. La situation de la carrière et le gisement de ce calcaire sont très-remarquables; il est cerné de tous côtés par les laves : c'est comme un îlot de marbre au milieu des volcans. La roche n'est pas stratifiée; elle est très-compacte, mais traversée par de grandes fissures verticales, dues sans doute à l'action du feu, qui cependant n'a pas altéré la roche. Généralement, c'est la surface de la roche qui donne le marbre blanc. En entrant dans le cœur de la montagne, on en trouve qui est veiné de bleu, de lilas et de violet foncé. D'autres parties ont un

---

(1) Hor., lib. III, od. 2. Ovid., ep. XV. Tibull., eleg. 3, lib. XIII.
(2) Δοκίμιον.
(3) *Ubi suprà*.
(4) Lib. II, *in Eutr.*, V, 271.
(5) *Sat.*, XIV, 307.
(6) Martial, l. IX, ep. 76, Stace, l. I, Sylvar. Carm. 5, v. 36 liv. II, Carm. 2, v. 87.

aspect de brèche bien caractérisé; mais ce ne sont pas les gisements les plus étendus, bien qu'ils fussent les plus estimés; car c'est cette espèce que Paul Silentiaire (1) décrit lorsqu'il dit que la teinte générale était d'un blanc lucide avec des taches presque circulaires, d'une couleur rose et violette. Une si grande quantité de ce marbre a été transportée en Europe par les Romains qu'il en reste encore dans les villes d'Italie un grand nombre d'échantillons. Les colonnes de l'intérieur de la basilique de Saint-Paul hors les murs à Rome étaient de ce nombre; elles avaient été tirées du tombeau d'Hadrien. Ce fut probablement ce prince qui donna à l'exploitation des carrières de Synnada un si grand développement; car, sous Tibère, elles étaient à peine entamées. Hadrien fit aussi construire à Athènes un temple commun à tous les dieux, remarquable par cent vingt colonnes de marbre phrygien, et entouré de portiques dont les murs étaient de même matière; c'étaient probablement des revêtements (2). La statuaire employait aussi ce marbre pour les statues polychromes, et Pausanias cite également comme des chefs-d'œuvre les statues des Perses soutenant le trépied de bronze, et qui étaient en marbre de Phrygie. L'exploitation de ce marbre a toujours eu lieu à ciel ouvert comme dans la plupart des carrières anciennes; la pierre était taillée en banquettes à la masse et au poinçon; et l'on voit encore sur la paroi verticale, des traces du ciseau formant des lignes parallèles, en épis ou en arêtes de poisson. Lorsque le bloc était détaché, on refendait les plaques en traçant une rainure et en faisant de distance en distance des trous dans lesquels on introduisait des coins.

Cette exploitation n'est pas la seule qui ait été pratiquée dans ces roches; on trouve dans la partie supérieure quelques excavations qui ont dû fournir aussi du marbre. Il y a encore plusieurs de ces morceaux sur place. Les inspecteurs des carrières faisaient mettre un chiffre qui indiquait ou le volume de la roche ou le prix de revient; car j'ai trouvé dans les ruines du port d'Ostie des blocs de marbre brut sur lesquels étaient inscrits un certain nombre de sesterces.

L'exploitation se faisait par le moyen des esclaves, dont le régime était réglé par une loi (1). Il existe également un édit de Constantin qui, après l'abolition des jeux de l'amphithéâtre, condamne aux carrières les criminels, qui primitivement étaient condamnés aux bêtes.

Le Code Théodosien contient un passage curieux d'une loi des empereurs Arcadius (2) et Honorius, qui faisait grâce aux débiteurs des provinces d'Orient de tout ce qu'ils devaient en nature, en espèces de cuivre, d'argent et d'or, excepté toutefois les entrepreneurs des carrières de Docimia, de Proconèse et de Troas, auxquels la dette ne fut pas remise, sans doute parce que l'état florissant de ces établissements industriels leur permettait d'acquitter ce qui était dû au fisc.

Toutes les voies antiques étant entièrement détruites en Asie Mineure, il est bien difficile de dire par quel chemin les produits étaient portés à la mer. Il y a environ vingt lieues de ce point jusqu'à la vallée du Méandre, et, pour y arriver, il faut traverser un pays hérissé en tous sens de montagnes plus ou moins rudes. Le Méandre, d'ailleurs, n'est pas navigable, et à peine pourrait-il, au moyen d'un barrage, porter des radeaux un peu considérables. C'est un sujet constant d'étonnement pour le voyageur qui parcourt ces contrées de voir dans des bassins entourés de tous côtés par des montagnes, des ruines si étendues avec des monuments de marbre, des blocs d'un poids incalculable, et transportés de régions aujourd'hui tout à fait ignorées. Quant aux alentours, il n'existe plus aucune trace de grande route ni de voie de communication.

La position de ces carrières étant déterminée d'une manière positive, il s'agissait de retrouver le bourg de Docimia.

---

(1) Description de Sainte-Sophie, *ubi supra*.

(2) Pausanias, Attique, lib. I, c. 18.

(1) Cod. Theod., *De metallariis*.

(2) Leg. IX, Cod. Theod., *De indulgentia debitorum*.

En se dirigeant vers le sud, la vallée communique avec la grande vallée de Kara hissar, et partout dans les villages on trouve des débris de ce marbre; mais rien ne paraît répondre à la position de Docimia, qui devait être dans le voisinage immédiat des carrières de Synnada. Le village de Seïd el ar, situé à une lieue de là vers le nord, renferme d'assez nombreux débris d'architecture, et les habitants sont presque tous logés dans d'anciennes chambres sépulcrales; les plus grandes servent d'écuries. Il est hors de doute que dans ce lieu il a existé quelque ville ancienne, car les habitants attestèrent que tous les fragments sculptés que l'on voyait dans le cimetière et dans les maisons étaient extraits du sol même. Beaucoup de blocs de marbre brut sont épars dans ce lieu. D'après toutes ces considérations, il était naturel de regarder Seïd el ar comme l'ancienne Docimia.

Un grand rocher qui s'élève sur la route est tellement transpercé par des cellules sépulcrales que la partie extérieure s'est écroulée, et que chaque année il s'en éboule quelque partie. Les chambres sont sans aucune espèce d'ornement; elles renferment ordinairement trois cercueils taillés dans la masse même du rocher, et au-dessus est une petite niche, sans doute pour poser une lampe.

Quoique toutes les parties de l'ouvrage ne contiennent aucune inscription, et que la sculpture soit sans ornement, tout porte à croire, par l'analogie qui existe entre ces monuments et d'autres mieux caractérisés, qu'ils sont fort antérieurs à l'invasion romaine, et peu éloignés de l'époque des rois de Phrygie.

Le sol de la contrée prête merveilleusement à ce genre de travaux ; c'est un tuf assez compacte, n'ayant point de lits, de sorte qu'on peut exécuter dans la masse des ouvrages aussi étendus que l'on veut. Cette formation d'agglomérats volcaniques s'étend indéfiniment à l'est et au nord, jusqu'au village de Seïd el Ghazi, l'ancienne Prymnesia.

L'inscription suivante se voit près d'une fontaine située sur le chemin qui mène du village d'Eski kara hissar aux carrières de marbre. Elle est grossièrement tracée sur une plaque qui semble avoir été enchâssée dans une muraille. Il paraît que le rez-de-chaussée de l'édifice avait été bâti primitivement, et que la partie supérieure appartenait à Hésychus, qui avait placé cette inscription pour constater sa propriété :

A partir de la place de cette inscription, tout ce qui s'élève en haut, a été bâti par moi Hésychus l'aîné, avec mes enfants, Pismatius et Épiphanius, de notre propre avoir.

CHAPITRE XXXV.

BEUDOS VETUS. — ANABURA.

En continuant à marcher vers le nord, après avoir quitté Séid el ar, on entre dans la région des grottes taillées dans le rocher ; il n'est pas un village, pas une vallée où elles ne se rencontrent en nombre infini; à six kilomètres de Séid el ar on arrive dans la vallée de Kirk inn, dont les flancs sont perforés d'une quantité de grottes ; elles sont sans ornement et servent de demeures d'hiver aux Yourouk. On s'enfonce ensuite dans des solitudes sauvages, cheminant presque au hasard par des chemins non frayés. Après avoir marché ainsi vingt-quatre kilomètres droit au nord, on arrive au pied de la montagne que couronne le château de Bayat, Beudos vetus. Ce château n'est intéressant que comme point géographique, car toutes les constructions sont byzantines ou musulmanes. Le village de Bayat en est proche ; il est inhabité pendant l'été, les paysans vont au Yaëla.

Le village de Inn bazardjik est situé dans une belle vallée ombragée par une forêt de pins et de genévriers, on y voit de nombreuses chambres sépulcrales. Ici les portes sont décorées de frontons, les chambres sont couvertes en forme de toit. Il y a plus d'art dans la manière dont le rocher est travaillé, mais aucun indice ne peut mettre sur les traces de l'époque où elles ont été creusées.

Inn bazardjik est voisin du Yaëla, des habitants de Bayat, les voyageurs qui visiteraient ces cantons pendant l'été feraient bien de se diriger sur ce premier village. Rien ne représente mieux l'aisance de la vie patriarcale, que ces demeures d'été où tous les habitants d'un village, riches comme pauvres ont leur maison de campagne, faite des arbres abattus dans la forêt voisine. Les troupeaux de bœufs et de chevaux errent à l'aventure, et le soir tout cela vient se grouper autour de l'enceinte qui leur est réservée.

Les cabanes sont composées d'énormes pins entiers couchés les uns sur les autres, et couvertes en planches légères. Tous les rochers des environs sont des tufs volcaniques propres à creuser des grottes.

Après avoir fait douze kilomètres au nord, on arrive dans la vallée de Ak kilissé, l'église blanche; ce lieu ne renferme aucun monument de haute antiquité, mais il est très-important comme point géographique, attendu qu'il marque la place d'Anabura, où campa Manlius après avoir quitté Beudos vetus. La vallée est ombragée par une magnifique forêt, et dans un élargissement formant une sorte de cirque s'élèvent les ruines d'un édifice, byzantin, que les nomades appellent l'église blanche, Ak kilissé. Il se compose d'une vaste salle voûtée, et au-dessous se trouve un caveau rempli de décombres; plusieurs vestiges d'autres édifices, qui mériteraient un examen plus détaillé, sont épars aux environs; quelques débris d'inscriptions témoignent que ce lieu a été un centre de population avant l'empire byzantin. Sa distance de Bayat, qui est d'environ seize kilomètres, et surtout la direction de la route, la seule par laquelle on puisse se rendre sur les frontières de la Galatie, donnent la certitude que ce lieu ne peut être qu'Anabura. Une belle source coule dans la vallée; elle va rejoindre à deux milles de là un ruisseau sans nom aujourd'hui, qui est sans doute le fleuve Alander.

Les montagnes qui sont au nord forment la frontière de la Galatie. Il en sera question quand nous serons arrivés à cette province.

PHILOMELIUM. — AK CHEHER.

Philomelium était une petite ville de la Phrygie Parorée sous la juridiction de Synnada. La carte de Peutinger la met au sud de cette dernière ville sur la grande route de Cappadoce. Une autre route partant d'Éphèse et se dirigeant sur Mazaca, passait aussi par Philomelium (1); toutes ces conditions topographiques permettent d'identifier la ville d'Ak checher avec l'ancienne Philomelium. Il ne reste des ruines de l'ancienne ville que des débris informes de murailles, et quelques fragments d'architecture épars dans les rues, on a cependant recueilli quelques inscriptions, mais aucune ne mentionne le nom de la ville ancienne.

Ak cheher est construit au pied d'une montagne; la ville occupe une grande étendue de terrain et est entourée de vastes jardins. Les rues sont étroites et encombrées de ruines; les mosquées mêmes ne sont pas entretenues. Le tombeau du Santon Khodja Nour Eddin est situé dans le faubourg de l'ouest. C'est un turbé ou chapelle sépulcrale entouré d'une colonnade qui supporte la toiture: les colonnes ont été prises à d'anciens monuments. Le cimetière voisin est rempli de débris d'architecture antique qui prouve que l'ancienne Ak cheher était une ville d'une certaine importance.

A six milles au nord de la ville est un grand lac dont la position concorde avec celle du lac des quarante martyrs, mentionné par Anne Comnène comme placé entre Polybotum au nord et Philomelium au sud.

CHAPITRE XXXVI.

EUMÉNIA — ICHÉKLI.

Euménia était une des principales villes de la grande Phrygie; elle fut fondée par Eumène, roi de Pergame, qui lui donna son nom. Les auteurs anciens (2) se contentent de la mentionner; elle est comprise par Hiéroclès dans la notice des villes épiscopales. Ce sont tous les renseignements que nous fournissent les auteurs; mais les ruines d'Eumenia ont été retrouvées au village d'Ichékli, et le grand nombre d'inscriptions qu'elles ont produites supplée largement au silence des historiens. Comme toutes les grandes villes d'Asie,

---

(1) Strabon, XII, 576; Eutrop. liv. IV, ch. 2; Pline, liv. V, ch. 29.
(2) Strabon. XIV, 663.

Euménia était administrée par un double conseil du sénat et du peuple; elle avait reçu le titre de Sébaste, et des jeux publics étaient célébrés le jour de la naissance d'Auguste, sous la présidence du proconsul d'Asie, à l'imitation des jeux augustaux de Rome. Les courses aux flambeaux présidées par un Lampadarque sont mentionnées dans une autre inscription en même temps que la prêtrise de plusieurs temples de Diane, d'Esculape et de la mère des dieux, Agdistis.

Les habitants d'Euménia, comme ceux de Phocée, avaient pour usage de compter les mois par un simple numéro d'ordre. La population était divisée en tribus. M. Hamilton a rapporté l'inscription du tombeau d'un semeiographe (est-ce un libraire ou le graveur des inscriptions municipales) nommé Actiacus, de la tribu Athénaïde, qui s'était fait construire de son vivant un tombeau avec un monument commémoratif au-dessus (1).

L'empereur Marc-Aurèle fit faire de grands travaux d'utilité publique dans la ville d'Euménia, et les habitants le remercient de ce bienfait par une inscription honorifique.

Les ruines d'Euménia ont été observées pour la première fois par Pococke au village d'Ichékli, mais elles n'ont été bien déterminées qu'après les recherches faites par Arundell, qui rapporta plusieurs inscriptions contenant le nom de la ville.

Ichékli est située à onze heures de marche, au sud-sud-est d'Ouschak; on fait d'abord trois heures de marche dans une plaine nue, jusqu'au village de Yapal; une heure après on franchit la rivière Banas tchaï, et l'on fait halte au village de Sedjikler; on a fait depuis Ouschak six heures et demie de marche ou trente-neuf kilomètres. D'après une inscription encastrée dans le mur de la mosquée de ce village, M. Hamilton a constaté qu'il occupait l'emplacement de l'ancienne Sébaste. Il ne signale en ce lieu aucune autre ruine importante. De Sedjikler on fait une heure de marche jusqu'à Bourgas, village situé dans une plaine bien cultivée à laquelle succède une lande pierreuse et déserte, bornée au sud par une chaîne de collines rocheuses.

Du haut de ce col on jouit d'un vaste panorama qui s'étend sur les plaines d'Euménia à l'est, et d'Apamée à l'ouest; on descend ensuite dans la plaine d'Ichékli à deux heures au sud de cette colline. Le village est situé au pied d'une montagne rocheuse sur laquelle était construite l'acropole; cette montagne est séparée des hauteurs voisines par une vallée étroite qui donne naissance à plusieurs sources dont les eaux se réunissent en un torrent qui forme des marécages avant d'aller se jeter dans le Méandre.

M. Hamilton considère ce cours d'eau comme le Glaucus mentionné par Pline, et tranche la question controversée par le colonel Leake, qui regardait le Glaucus comme une rivière de Carie (1). En fait de monuments dignes d'être observés, il ne cite qu'une excavation taillée dans le roc, devant laquelle sont les vestiges d'un portique. Un grand nombre de colonnes et de piédestaux sont répandus dans la ville et dans le konac de l'aga; le village contient deux cent cinquante ou trois cents maisons dont le plus grand nombre est occupé par des Turcs.

CHAPITRE XXXVII.

LAODICÉE SUR LE LYCUS. — ESKI HISSAR.

Antiochus Soter, en fondant une ville nouvelle sur les bords du Lycus, lui donna le nom de Laodicée en l'honneur de sa femme Laodice. Ce fut d'abord une place de peu d'importance; mais l'excellence de son territoire et l'esprit industrieux de ses habitants accrurent insensiblement la fortune de Laodicée, qui, sous le règne de Tibère était devenue une des plus belles villes de la Phrygie (2). Plusieurs citoyens opulents lui firent des donations importantes; Strabon cite Hiéron, citoyen de

---

(1) Μνειμεῖον σὺν τῷ βωμῷ, Hamilton, *Researches*, t. II, insc. n° 356.

(1) Hamilton, l. C. T. II, 164; Arundell, *Seven Churches*, p. 237, note p. 329.
(2) Strabon, XII, 5-8.

Laodicée, qui embellit la ville de plusieurs monuments, et lui fit en outre présent de deux mille talents.

L'orateur Zénon et son fils Polémon furent du nombre des bienfaiteurs de leur ville natale; le dernier fut proclamé roi sous Auguste, et régna sur cette partie du Pont qu'on appela Pont Polémoniaque. Pendant la guerre de Mithridate, Laodicée fut exposée à tous les malheurs d'un siége, et fut en partie détruite; aussi la plupart des monuments dont on peut encore observer les ruines ne sont-ils pas antérieurs à l'époque romaine. Il en est de Laodicée comme de la plupart des villes fondées par les rois grecs : c'étaient d'anciens centres de population dont on changeait le nom. Selon Pline, Laodicée s'appelait primitivement Diospolis et Roha, sans doute à cause des nombreuses rivières qui l'entouraient: les fleuves Asopus et Caprus se réunissaient sous ses murailles et allaient tomber dans le Méandre.

Les ruines de Laodicée, appelées aujourd'hui Eski hissar, le vieux château, sont situées à six kilomètres au nord de Denizli. Ses monuments sont presque tous dépouillés des marbres qui en faisaient la beauté; ils sont de temps immémorial exploités comme carrière par les villes et villages des environs. L'ensemble des monuments de Laodicée porte le caractère de l'architecture du deuxième ou troisième siècle. Il n'y a dans leur style rien d'original ou de spontané qui attire l'attention de l'antiquaire; si l'on ajoute à cela l'état de ruine et de désolation dans lequel ils se trouvent, on comprendra que cette ville n'ait pas encore été l'objet d'une étude spéciale, et que ceux qui l'ont visitée n'en aient fait qu'une description sommaire. Presque tous les voyageurs qui ont parcouru ces régions ont passé par Laodicée et ne s'y sont arrêtés que peu d'heures.

Le premier monument qui attire les regards en venant de Denizli est le stade, qui est encore en bon état de conservation; il est à l'extrémité sud de la ville. Les gradins reposent sur le flanc d'une colline qui offrait une base naturelle pour asseoir le monument. Les arcades des carcères sont encore debout; une inscription placée sur la porte principale gravée en grands caractères est ainsi conçue :

A l'empereur Titus César Auguste Vespasien, consul pour la septième fois, fils du divin Vespasien et au peuple, Nicostrate, le plus jeune des fils de Lucius Nicostrate, a élevé ce théâtre de marbre blanc, à ses propres frais; son héritier Nicostrate a fait achever ce qui manquait à ce monument. Marcus Ulpius Trajan proconsul l'a dédié.

Cette inscription se rapporte à l'an 79 avant notre ère. Le proconsul d'Asie était le père de l'empereur Trajan. Plusieurs observateurs ont confondu ce monument avec un amphithéâtre; c'est une erreur que l'on commet souvent. Le monument est bien un stade ou hippodrome destiné aux courses de chevaux.

Les autres édifices consistent dans un gymnase dont le plan pourrait être relevé presque en entier, deux théâtres dont l'un peut être considéré comme un odeum ou théâtre de musique. Les alignements des rues sont marqués par des portiques et des colonnades dont on peut suivre les différentes directions. La surface de la ville est couverte de constructions parmi lesquelles on reconnaît plusieurs temples avec leurs soubassements, et les bases des colonnes encore en place.

Les murailles, les portes, et enfin la nécropole, couverte de nombreux sarcophages, tout cet ensemble concourt à faire de Laodicée le sujet d'un très-beau travail de restitution. Mais la description de ces monuments, sans qu'on ait préalablement reconnu leurs dispositions particulières serait sans profit pour l'étude.

La ville était pourvue d'eau potable, par le moyen d'un long aqueduc posé sur des arcades qui prennent naissance à la colline voisine. La source avait au plus haut degré la propriété incrustante, aussi d'énormes stalactites se sont-elles formées par l'épanchement des eaux hors de leur canal, et ont-elles oblitéré presque tous les conduits.

Les ruines de Laodicée datent presque toutes de l'époque romaine, et contiennent peu de vestiges de l'art chrétien. Cette ville fut cependant comptée au nombre des sept églises d'Asie, et elle est mentionnée dans l'épître de saint Paul aux Colossiens.

Elle fut un des principaux siéges apostoliques de l'Asie, mais n'offrit qu'une faible résistance à l'invasion musulmane. Les Turcs en étaient maîtres en 1097, lorsque Kutayah était encore entre les mains des Byzantins; l'empereur Jean Comnène la reprit en 1120, et fit réparer ses murailles. Après avoir été pendant près d'un siècle soumise à toutes les vicissitudes de la guerre, Laodicée finit par tomber sous la domination musulmane. On ignore les causes de l'abandon de cette ville; la population chrétienne, maltraitée par les Turcs, vint s'agglomérer dans la petite ville de Denizli. La fertilité du sol de Laodicée, le grand nombre de troupeaux de moutons qu'on y élève, peuvent donner une idée de ce qu'était ce pays sous le gouvernement romain. Les eaux des rivières voisines passaient pour être très-favorables à la finesse de la laine des brebis, aujourd'hui ces laines sont principalement employées dans la fabrication des tapis.

DENIZLI. — LE LYCUS.

Denizli est la ville la plus voisine de Laodicée, et paraît s'être formée de la population de cette ville, qui a peut-être été chassée par quelque catastrophe subite. Ce fut d'abord une petite place entourée de murs. Mais au commencement de ce siècle, un tremblement de terre renversa presque toutes les maisons, et les habitants se dispersèrent dans la campagne, où ils s'installèrent au milieu des jardins. Il s'est formé ainsi une ville agreste qui a un cachet tout particulier; les mosquées sont de grands bâtiments entourés de colonnades, le tout en bois et barbouillées de dessins fantastiques, représentant des villes, des navires et des forteresses; toutes les couleurs de l'arc-en-ciel sont employées pour peindre ces édifices, qui ont plutôt l'air de pagodes indiennes que de mosquées.

La beauté des jardins de Denizli, l'abondance des fruits de toute sorte, donnent à ces lieux un charme incomparable, mais l'étranger qui arrive est loin de s'accommoder de cette vie champêtre; pendant la belle saison les habitants couchent sous des berceaux de feuillage au milieu de leurs jardins, les maisons sont désertes, et la ville de pierre, la Cassaba, n'est plus habitée que par les chiens errants.

Les eaux de la plaine de Laodicée sont maintenant assez bien étudiées : le Lycus prend sa source dans le mont Cadmus, qui sépare la Phrygie de la Carie; il est plus éloigné de Laodicée que ne semble le dire Strabon. Après avoir coulé quelque temps à l'air libre, il se précipite sous terre aux environs de Khonos, l'ancienne Colossæ, reparaît cinq stades plus loin (1), et après un cours de vingt kilomètres, il va, sous le nom de Tchorouk sou et de Sultan Emir tchaï, se jeter dans le Méandre non loin de la montagne de Hiérapolis. Il coule dans un terrain meuble; ses rives sont très-encaissées; on le passe sur un mauvais pont de bois en allant d'Eski hissar à Hiérapolis.

La disparition du Lycus a été l'objet de plusieurs observations qui n'ont pas amené de résultats bien satisfaisants; M. Hamilton qui a visité dans ce but spécial les ruines de Colossæ, émet une opinion qui présente un côté plausible, mais qui n'est encore qu'une conjecture.

Après avoir quitté le village de Khonos, M. Hamilton va droit au nord pour reconnaître les cours d'eau qui arrosent la plaine; il retrouve le véritable emplacement de Colossæ à trois milles au nord de Khonos; là il traverse sur un pont un cours d'eau considérable qui coule vers l'ouest : c'est le Tchorouk sou ou Lycus, ce cours d'eau reçoit un peu au-dessus du pont, un cours d'eau nommé Ak sou, qui jouit au plus haut degré de la propriété incrustante. L'auteur suppose que du temps d'Hérodote les incrustations de l'Ak sou avaient formé sur la rivière, une sorte de pont ou de couverture de tuf sous lequel disparaissaient les eaux. Cette grotte qui couvrait la rivière, se sera écroulée par suite d'un tremblement de terre, d'où M. Hamilton conclut qu'aujourd'hui on

(1) Hérodote, liv. VII, ch. 30.

chercherait en vain la disparition du Lycus (1).

Les fleuves Asopus et Caprus sont les deux petits ruisseaux, presque toujours à sec, qui circulent aux abords de Eski hissar. Une autre rivière prenant sa source à la base du mont Cadmus sépare le territoire de Chonos, Colossæ, de celui de Denizli; on lui donne le nom de Gœuk bounar, la source céleste, c'est sans doute le fleuve Cadmus, qui est un affluent du Lycus.

Lorsqu'on a quitté les ruines de Laodicée et qu'on s'avance au nord-est dans la plaine du Méandre, l'horizon est borné à l'est par une montagne blanche dont la forme et la couleur ont quelque chose d'étrange; les indigènes appellent ce lieu Pambouk kalé si, le château du coton, parce qu'en effet la montagne est composée d'une roche dont la blancheur le dispute à la neige, et dont les formes indécises peuvent être comparées à des masses de coton.

C'est l'emplacement de l'ancienne Hiérapolis, dont les monuments, tous de l'âge romain méritent l'attention de l'antiquaire et de l'artiste, mais dont l'intérêt est bien affaibli par le voisinage des sources thermales, uniques en Asie et peut-être dans le monde entier, et qui ont valu à Hiérapolis une renommée qu'elle conserve encore parmi les indigènes, malgré l'état de destruction où se trouvent les édifices qui contribuaient à sa célébrité, et parmi lesquels se trouvaient des thermes sans pareils dans le monde romain.

CHAPITRE XXXVIII.

HIÉRAPOLIS. — PAMBOUK KALE SI.

Des sources minérales très-abondantes, sortant des flancs d'une montagne aride et s'épanchant dans le Lycus, ont formé, par la suite des siècles, une longue colline entièrement composée d'agglomérats calcaires déposés par les eaux, et qui s'élève graduellement d'âge en âge. La confiance que les anciens ont toujours eue dans le traitement des maladies par les eaux minérales a appelé, dès les temps les plus reculés, autour de ces sources de nombreux malades et une population toujours croissante : car là, plus qu'ailleurs, les anciens voyaient une manifestation de la volonté des dieux pour soulager les douleurs de l'humanité.

Quoiqu'un grand nombre d'écrivains aient mentionné la ville d'Hiérapolis, ils se sont tous attachés à décrire les phénomènes de ses sources ; mais pas un ne nous a laissé de documents sur sa fondation. Tous les monuments que nous voyons aujourd'hui sont à peu près de la même époque, c'est-à-dire, postérieurs à l'invasion romaine, et l'on conçoit, en effet, qu'un sol aussi mobile, qui s'exhausse constamment, en ensevelissant à tout jamais dans un roc qui se forme sans cesse, les monuments, les arbres et les plantes, a dû couvrir jusqu'au dernier débris des monuments d'un âge reculé que le temps avait renversés. La ville d'Hiérapolis, telle qu'elle se présente aujourd'hui aux regards de l'antiquaire, observée du haut de la montagne qui la domine, offre l'aspect de la désolation et de la solitude ; pas un arbre ne s'élève sur cette terre frappée de stérilité, et sur ce sol qui s'étend au loin comme une grande plage couverte de neige. L'illusion est d'autant plus frappante, que l'on voit çà et là de vastes bassins d'eau bouillante recouverts d'une épaisse vapeur, d'où sortent de petits ruisseaux, sur les bords desquels croissent des algues et des fucus. Ce qui avait surtout attiré l'attention des anciens était une espèce de grotte ou puits, d'où s'exhalait une vapeur mortelle pour les hommes et les animaux ; les dépôts calcaires de ces eaux étaient surtout pour les anciens un sujet d'admiration. Voici ce que dit Strabon (1) à ce sujet : « Près du Messogis, en face de Laodicée, est Hiérapolis. On y voit des eaux chaudes et le Plutonium, deux phénomènes qui tiennent du merveilleux. Les eaux sont tellement disposées à se pétrifier, qu'en les faisant couler dans des rigoles pratiquées autour des champs on en obtient des enceintes d'une seule pierre. Le Plutonium, situé sur une colline basse de la montagne

---

(1) Hamilton, *Researches*, tome 1er, 512.

(1) Strabon, liv. XIII, p. 629.

voisine, est une petite ouverture, large autant qu'il faut pour qu'un homme y puisse passer; elle est entourée d'une balustrade carrée d'environ un demi-plèthre de circonférence (15^m,40^c). Une espèce de brume, tellement épaisse qu'on peut à peine y apercevoir la terre, remplit l'espace compris dans cette balustrade; elle ne cause aucune incommodité à ceux qui s'en approchent, lorsque le temps est assez calme pour empêcher qu'elle ne se communique à l'air extérieur; mais si l'on y fait entrer un animal, il expire sur-le-champ; les taureaux mêmes introduits dans cette enceinte tombent à l'instant, et on les en retire morts (1). J'ai lâché des moineaux qui y tombèrent et expirèrent immédiatement. Les Galles seuls, qui sont eunuques, y entrent sans danger; ils s'approchent de l'ouverture, ils y penchent même la tête jusqu'à un certain point, mais c'est ordinairement en retenant leur haleine, comme nous l'avons remarqué par les signes de suffocation qui paraissent sur leur visage. Je ne sais si cela est commun à tous les eunuques, ni si les eunuques qui desservent le temple en qualité de prêtres sont les seuls jouissant de ce privilége, et si c'est l'effet d'une protection divine, ce qui serait probable pour des hommes qui se trouvent dans un état d'inspiration, ou s'ils font usage de quelques antidotes avant d'approcher de la grotte. Quant à la pétrification des eaux, ce phénomène, dit-on, a aussi lieu dans les fleuves de Laodicée, quoique leurs eaux soient potables. Celles d'Hiérapolis servent encore merveilleusement à la teinture, au point que les laines qu'on y teint avec des racines le disputent aux teintures faites avec de la graine d'écarlate ou avec la pourpre. Au reste, l'abondance de ses eaux est telle, que la ville est pleine de bains naturels. »

Ces phénomènes reçoivent une explication des plus simples; en effet, les eaux minérales d'Hiérapolis, qui sont alumineuses et légèrement sulfureuses, contiennent des sels calcaires qui se trouvent dissous par un excès d'acide carbonique; lorsque les eaux ont coulé quelque temps à l'air libre, l'acide carbonique s'évaporant, les sels calcaires se déposent naturellement sur tous les corps avec lesquels l'eau est en contact, et particulièrement sur les petites aspérités qui se trouvent dans son lit, comme les menues tiges de plantes, les cailloux et les algues mortes. Le frottement des eaux sur les bords du canal donnant lieu à un plus grand dégagement de gaz, le dépôt s'augmente dans une bien plus grande proportion sur les bords que dans le fond; aussi voit-on les rigoles d'eau minérale s'exhausser en peu de temps, former de petites murailles qui s'élèvent jusqu'à ce que l'eau ait atteint le niveau de la source; elles s'écoulent alors de part et d'autre, augmentant l'épaisseur de la muraille, jusqu'à ce que leur cours, se trouvant totalement intercepté, s'épanche dans toutes les directions, et forme sur le sol cette croûte calcaire d'un blanc parfait qui aujourd'hui recouvre toute la surface de la ville. Mais les eaux des sources sont si abondantes, qu'elles ne dépouillent pas leurs sels calcaires avant d'avoir atteint l'extrémité de la colline; tombant avec impétuosité de roc en roc, elles ont formé dans une hauteur de trois cents pieds, les jeux de la nature les plus bizarres: ce sont des cascades écumantes, dont la mousse, resplendissant aux rayons du soleil, n'est autre que le dépôt pétrifié; dans d'autres endroits, tombant avec moins de force sur les aspérités des rochers, elles ont formé des bassins d'une forme parfaitement régulière, ronds et ovales, superposés les uns aux autres, comme ces vasques des cascades que l'on faisait au dix-huitième siècle. La ressemblance est d'autant plus grande, que leurs bords sont recouverts de stalactites d'une régularité telle, qu'elles sembleraient être l'ouvrage du plus adroit sculpteur. Et ce n'est pas un accident particulier; cela se répète dans un nombre infini d'endroits, et toujours avec la même régularité. Vers le nord-ouest de la ville, ces cascades pierreuses ont un aspect beaucoup plus désordonné; mais leur couleur jaune et noirâtre indique que ces dépôts sont plus anciens que ceux de la région sud; en effet, depuis le temps que les eaux s'écoulent, elles se sont bien souvent fermé le passage, et ont

---

(1) Strabon, liv. XIII. p. 630.

erré dans toute l'étendue de la colline, en laissant partout des traces de leur marche.

Aujourd'hui, la source principale surgit au milieu de la ville, et précisément au pied du théâtre, construit sur une colline qui domine les sources ; le thermomètre centigrade, plongé dans ce bassin, s'élève à plus de 80 degrés ; la vapeur qui s'en exhale n'est sensible que le matin dans les temps froids ; en sortant de la source, les eaux sont d'une limpidité parfaite ; elles sont bonnes à boire, ayant une saveur légèrement salée et piquante, qui décèle parfaitement l'acide carbonique qu'elles contiennent.

Le Plutonium, mentionné par Strabon, était un phénomène tout aussi simple que le dépôt calcaire des eaux, qu'il faut bien se garder de confondre avec toute espèce de pétrification, expression impropre, qui est appliquée en Europe à un grand nombre d'eaux minérales qui sont très-probablement dans le même cas que celles d'Hiérapolis. La description que nous laisse le géographe ancien nous représente le Plutonium comme un puits entouré d'une balustrade ; il est tout simple que le gaz acide carbonique qui s'exhale en quantité de ces eaux, puisqu'il est plus lourd que l'air, se soit trouvé contenu entre les margelles de ce puits ; de là la vertu asphyxiante que contractait l'air renfermé entre ces murailles ; il n'est pas besoin de citer tous les lieux de l'Europe où ce même phénomène se manifeste, et n'excite aucune surprise. Quant à la faculté que possédaient les Galles de plonger la tête dans cette atmosphère pestilentielle sans en ressentir d'effet, c'est une de ces jongleries si communes chez les prêtres asiatiques, qu'il n'est pas nécessaire d'en chercher l'explication. Ainsi, la description de Strabon fait bien comprendre que la démolition de la balustrade aurait donné cours à l'acide carbonique, et eût détruit les phénomènes. Puisque les auteurs qui ont parlé du Plutonium ne font pas mention de mauvaises odeurs, il paraît bien certain que l'acide sulfureux n'y jouait aucun rôle. Dion Cassius répète à peu près les mêmes paroles que Strabon, et marque bien la position de ce Plutonium près d'un ancien théâtre (1) :

« J'ai éprouvé les effets du Plutonium sur les oiseaux, et, en me penchant au-dessus du trou, j'ai vu cette exhalaison qui sort d'un puits ou citerne, environné tout alentour d'une muraille : au-dessus il y a un édifice qui était anciennement un théâtre. Tout animal vivant exposé à la vapeur de ce puits meurt incontinent ; les eunuques seuls ont la faculté de respirer cet air sans en être incommodés. Je ne saurais expliquer un tel phénomène ; mais j'en ai été témoin, et je puis le certifier. »

Ammien-Marcellin mentionne si brièvement ce phénomène, qu'il avait déjà de son temps beaucoup perdu de son merveilleux.

Quelques auteurs, entre autres le colonel Leake (2) et Arundell, mentionnent la découverte du Plutonium par M. Cockerell entre le théâtre et les sources minérales ; mais tous ceux qui ont visité Hiérapolis depuis ce dernier voyageur, et Arundell lui-même, n'ont pas retrouvé ce gouffre ; et j'avoue que moi-même, connaissant tout ce qui était écrit à ce sujet, je l'ai vainement cherché. Peut-être depuis le voyage de Cockerell ce puits a-t-il été comblé par les paysans.

Le prestige dont les eaux d'Hiérapolis étaient entourées chez les anciens n'a pas cessé avec le culte des dieux, et a survécu à la ruine de la ville ; de toutes parts, dans la belle saison, les habitants de la contrée viennent en caravanes s'installer dans les ruines désertes ; les uns choisissent pour demeure quelque salle d'un vieux bâtiment, les autres se logent sous des tentes ; des rigoles partant de la source portent les eaux dans des bassins particuliers, où elles arrivent un peu plus tièdes ; c'est là où l'on se baigne pêle-mêle, et chacun à ses heures. Un canal assez grand conduit une portion des eaux dans un ancien édifice qui est regardé par les uns comme des thermes, et par les autres comme un gymnase. Je pense que les deux partis peuvent avoir raison ; là, dans des salles voûtées, se trouvent de

(1) Dio Cass., LXVIII.
(2) Journal, p. 253.

grands bassins qui, en réalité, ont fait de ce monument l'édifice thermal le plus curieux qui existe. C'est en sortant de là que les eaux tombent du haut de la colline dans la plaine, et vont se jeter dans le Lycus. Il paraît que ces eaux étaient autrefois employées avec avantage pour la teinture (1). Ceci tiendrait, sans doute, aux principes alumineux que je crois avoir reconnus dans la source; mais j'avais avec moi un trop petit nombre de réactifs pour pouvoir déterminer positivement les principes constituants de ces eaux, que j'ai éprouvées pendant plusieurs fois en bains et en boissons, et que j'ai trouvées très-bonnes.

La situation de la ville est des plus pittoresques, et, du haut de la colline sur laquelle elle est construite, la vue s'étend dans toute la vallée du Lycus et du Méandre, jusqu'aux montagnes de l'Ionie. A gauche s'élève la chaîne du mont Cadmus, qui donne naissance au fleuve de Laodicée. Du côté de l'est, les montagnes très-voisines de la ville forment les affluents supérieurs du Méandre; c'est dans ces cantons que se trouvaient les villes de Thémisonium, Colossæ et Célænæ, aujourd'hui détruites, et dont la situation seule peut être déterminée. Cette position était forte comme point militaire, puisque la ville n'était accessible que par deux extrémités. On y arrivait par des chemins tortueux. Mais ce qui protégeait particulièrement Hiérapolis, c'était son titre de *ville sainte*, qu'elle avait reçu à cause du grand nombre de temples qui décoraient son enceinte. Parmi les inscriptions découvertes dans ses ruines, on en trouve une où il est fait mention d'Apollon Archégète; mais elle est incomplète.

En montant du côté de l'est, on observe, à droite et à gauche de la rampe très-rapide qui conduit à la ville, un certain nombre de tombeaux ayant la forme d'aedicules ou chapelles; quelques-uns ont leur façade ornée de quatre pilastres d'ordre dorique, et l'intérieur est éclairé par de petites fenêtres, closes de treillis ou croisillons de pierre. Tous ces édifices sont construits avec le tuf formé par le dépôt des eaux, qui est léger, facile à tailler, et qui a la propriété de se durcir à l'air.

En arrivant sur le plateau supérieur, on aperçoit quelques traces des murailles antiques; mais la porte principale est ruinée. La légèreté du tuf employé dans les constructions et l'épaisseur des bancs que l'on pouvait tirer des carrières, permettaient aux architectes d'employer dans les monuments des pierres d'un appareil considérable; aussi voit-on dans les édifices d'Hiérapolis des blocs qui peuvent lutter de grosseur avec tout ce que nous connaissons de plus colossal dans les monuments pélasgiques.

CHAPITRE XXXIX.

LES THERMES.

Ce qui frappe surtout l'étranger qui arrive dans ces ruines, c'est l'exhaussement du sol, qui a enterré la base de tous les édifices à une hauteur de plus de deux mètres. Le vaste monument qui se trouve à gauche de l'entrée a souvent été décrit. La hauteur de ses voûtes, qui ne sont soutenues que par l'appareil, sans l'emploi d'aucun blocage ni de crampons, montre quel soin et quelle habileté avaient présidé à leur construction. La grande salle, qui donne parfaitement l'idée d'une salle de thermes, communique avec d'autres pièces moins élevées, et dans lesquelles sont des canaux où l'eau minérale coule avec rapidité. Le moyen, en effet, d'empêcher le dépôt de se former serait, s'il était possible, de les faire couler à l'abri du contact de l'air. L'extrados de la voûte n'est formé que par l'épaisseur des voussoirs, et était probablement couvert par une terrasse. Les chambres qui avoisinent cette grande salle sont totalement dépourvues d'ornements d'architecture; mais on voit dans les murailles un grand nombre de crampons indiquant que des dalles de marbre recouvraient ces grossiers libages. Cette salle conduit à une avant-cour ornée à ses deux extrémités de deux hémicycles, qui sont séparés de l'enceinte principale par deux rangs de six pilastres carrés avec des chapiteaux corinthiens. C'est une particularité dans

---

(1) Strab., XIII, p. 656.

l'architecture antique. Partout ailleurs on aurait mis là des colonnes. En effet, le pilastre vu en perspective est toujours d'une forme désagréable, puisque sa grosseur varie entre la diagonale et le côté du carré, selon l'angle sous lequel il est observé. Cet inconvénient n'a pas lieu pour des colonnes rondes ; aussi dans la bonne architecture ancienne, les pilastres n'ont jamais été employés qu'engagés dans quelque construction.

Les pilastres sont d'une seule pièce ; ils sont faits d'une brèche de tuf d'une couleur assez agréable, mais qui n'est susceptible d'aucun poli ; il y a quelques-uns de ces fûts qui se sont courbés sur eux-mêmes, comme une poutre mal séchée ; c'est un phénomène extrêmement curieux, dont la cause est due, sans doute, à la présence d'une grande quantité d'eau de carrière dans cette roche. Il ne reste plus rien de la couverture des deux hémicycles, qui certainement n'étaient pas à ciel ouvert comme la cour. La destination de ces hémicycles paraît se rapporter à ce que Vitruve appelait *scholæ* (1) dans les thermes anciens ; c'est là que se rassemblaient, pour converser, les philosophes et les oisifs. Il n'est plus humainement possible de rendre compte de la nature du sol de cet édifice, ni de voir s'il y avait des baignoires, des bassins et autres dispositions usitées dans les thermes. Il est, d'ailleurs, inutile de contester sérieusement l'opinion de ceux qui veulent voir dans ces ruines les débris d'un gymnase : car il y avait toujours des bains dans ce dernier édifice, et dans les bains il y avait toujours des salles destinées aux exercices du corps et aux jeux de l'esprit. On ne doit pas être surpris de retrouver dans un même édifice les dispositions de l'un et de l'autre établissement. Il est peu important de s'attacher à déterminer l'âge de ce monument ; car toutes les villes de ces contrées ont été presque entièrement renouvelées à l'époque des Antonins, par suite des tremblements de terre, et aussi par l'introduction des mœurs et de la civilisation romaines parmi les peuples de l'Asie.

Tous les monuments qui se trouvaient entre les thermes et le théâtre sont aujourd'hui ensevelis dans le sol. Il paraît qu'à une certaine époque de notre âge il y avait encore un peu de population dans ces ruines, car on trouve une multitude de petits murs faits avec des débris antiques, et qui semblent avoir été construits pour enclore des héritages ; mais le tuf calcaire gagnant toujours a réduit ces pauvres champs à une stérilité complète. En allant des thermes au théâtre, nous passons près du bassin que nous avons décrit, laissant à droite et à gauche des murailles sans forme et sans nom, et d'une époque indéterminée.

CHAPITRE XL.

LE THÉÂTRE.

En avançant dans l'intérieur de la contrée, on marche de surprise en surprise, en observant les nombreux et magnifiques théâtres qui décoraient les villes de ces riches provinces. Là, tout est disposé pour une vie de plaisir et de repos. De nombreux portiques qui abritaient les citoyens, des fontaines qui tempéraient l'ardeur du climat, et des ombrages frais sur ces montagnes aujourd'hui dépouillées, voilà le tableau que présentent à l'imagination les ruines austères de ces cités désertes. On est d'autant plus surpris en entrant dans l'enceinte du théâtre de Hiérapolis, que rien n'y retrace le ravage de l'homme. On voit que les décombres qui remplissent l'orchestre se sont accumulés là par l'effet du temps ; mais l'œil n'est pas affligé de l'aspect de ces cabanes, de ces tristes masures qui, dans nos villes d'Europe, enlèvent aux ruines tout leur intérêt poétique. Quoique Hiérapolis ait été bien souvent visitée et décrite, il n'y a pas encore un voyageur, cependant, qui ait eu la constance d'en mesurer les ruines d'une manière complète. Il y a, en effet, un obstacle majeur ; c'est que ces lieux sont complètement privés d'eau douce ; on en trouve à peine dans un puits situé à une demi-lieue de là, au pied de la colline, et dont les familles turcomanes défendent l'approche avec une jalousie peu commune. Il est donc extrêmement difficile de séjourner dans la ville

---

(1) Vitruve, liv. V, cap. 10.

avec des chevaux et des domestiques nombreux.

La disposition de la scène du théâtre est identiquement la même que celle du théâtre d'Aizani; on y remarque cinq portes de front; plus, deux petites portes déguisées, qui conduisaient dans les salles du postscénium. Les chambranles des principales portes sont encore en place; ils sont décorés de festons et de rinceaux, et, parmi les innombrables fragments de l'architecture de la scène, on voit des fûts de colonnes cannelées en spirale, des bas-reliefs de style romain, dont l'un offre le triomphe de Bacchus, légèrement mutilé. La grande salle du postscénium est ornée de colonnes ioniques en tuf; elle était probablement voûtée; quant à la cavéa, elle n'a rien de remarquable. La diazoma ou la précinction du premier étage n'est qu'un mur uni sans escaliers. A droite et à gauche de la façade, dans le mur de soutènement des gradins, sont des vomitoires qui conduisent à la précinction du premier étage.

ÉGLISE. — AGORA.

Pour aller du théâtre aux autres ruines, il faut franchir un grand espace dans lequel s'élèvent çà et là des fûts de colonnes disposés sans ordre. On arrive ensuite à deux tours rondes qui flanquent une porte triomphale percée de trois arcades, se rattachent à une muraille, et forment comme une vaste enceinte dans l'intérieur de la ville. Cette enceinte paraît avoir renfermé des portiques et l'Agora. On observe encore une colonnade dorique surmontée de quelques pilastres d'ordre ionique; mais ces restes sont d'une médiocre architecture, et extrêmement ruinés. Du côté du nord, les murs vont se rattacher à un vaste édifice quadrangulaire, qui était une église de style primitif; la nef se compose d'un grand arc à plein cintre, dont la retombée porte sur trois arcs latéraux qui formaient comme des chapelles. Le fond de l'église est formé par un hémicycle; cette architecture est tout à fait primitive, et sans oser dire qu'elle remonte aux premiers chrétiens qui se déclarèrent partisans de la foi après les prédications de saint Paul,

on peut la regarder comme un des très-anciens temples du christianisme. Sa construction est analogue à celle de tous les autres monuments; ce sont des blocs énormes placés les uns sur les autres, et soutenus par leur propre poids. On ne voit dans cet édifice aucun autre ornement qu'une croix grecque sculptée sur chacun des pieds-droits.

Tout l'espace entre cette église et le côté du nord est occupé par des tombeaux de différents styles, et qui ont presque tous porté des inscriptions; mais la nature poreuse de la pierre ne permet pas de les lire avec facilité. Parmi ces tombeaux, il y en a, comme je l'ai dit, qui ont la forme d'un petit temple; ce sont ceux que les anciens appelaient Μνῆμα. Mais la forme la plus générale est un soubassement massif dans lequel est pratiquée une chambre, et qui est surmonté d'une sorte de cénotaphe, qui est appelé Βῶμος dans les inscriptions. Il y avait un autre genre de tombeau qu'on appelait Ἡρῶον, et qui surtout était destiné aux vainqueurs des jeux et aux hommes de distinction. Le Τάφος était ordinairement un tombeau souterrain; mais l'expression générique est ἐνταφιάζω pour exprimer l'action de déposer dans le tombeau.

CHAPITRE XLI.

THEMISONIUM. — TÉFÉNÉ.

D'après la table de Peutinger, Themisonium était située à trente-quatre milles au sud de Laodicée; Strabon la nomme après Colossæ: la courte nomenclature qu'il donne des villes de Phrygie descend du nord au sud. Étienne de Byzance se contente de dire que c'était une ville de Phrygie. Le texte de Pausanias soulève cependant une certaine difficulté au sujet de l'emplacement de Themisonium et de l'antre Steunos. Nous avons vu que selon le même auteur cette grotte était située dans le pays d'Aizanie et dans le mont Dindymène (1). Dans son voyage de Phocide il revient

---

(1) Pausanias, liv. VIII, ch. 4; liv. X, ch. 82. Strabon, XII, 576. Voy. pag. 397.

sur le même sujet, et ajoute : ces Phrygiens, qui sont originaires d'Aizanie, ont dans leur pays l'antre Steunos, ils en ont fait un temple de la mère des dieux. Themisonium, au-dessus de Laodicée, est une ville qui appartient aussi aux Phrygiens. Ces peuples disent que du temps que les Gaulois exerçaient leurs brigandages en Ionie, les archontes de Themisonium furent avertis par un songe qu'ils attribuèrent aux dieux Hercule, Apollon et Mercure, de l'existence d'un antre où les habitants seraient en sûreté, eux, leurs femmes et leurs enfants, c'est en mémoire de cet événement qu'on voit encore devant l'entrée de la grotte de petites statues de ces dieux qui sont connues sous le nom de Spilœites, on dit que cet antre est à trente stades de la ville, il est arrosé de plusieurs sources.

Ainsi d'une part, Themisonium était à trente-quatre milles romains ou cinquante kilomètres, au sud de Laodicée, et d'autre part il ne serait qu'à trente stades ou cinq kilomètres et demi d'un lieu de L'Aizanitide ou du Mourad dagh.

L'emplacement de Themisonium n'est pas encore déterminé par des inscriptions ou quelque témoignage irréfutable ; on est disposé à placer cette ville à Téféné qui appartient au territoire sud de la Phrygie. M. de Corancez dans sa course à travers la Lycie, décrit ainsi Téféné et ses environs.

« Nous mîmes plus de deux heures à descendre le revers du Taurus, et nous nous trouvâmes enfin dans la vallée de Téféné, qui a une largeur de trois lieues ; elle est dominée à l'ouest par la chaîne que nous venions de franchir... au nord, la vallée s'étend à perte de vue, et elle s'élargit à mesure que l'on avance dans cette direction. Il paraît que cette vallée communique avec celle du Lycus à l'orient de l'ancienne Colossæ ; c'est au moins ce qu'annonce le courant de la rivière qui en arrose le fond. Ce courant se dirige vers le nord ; ainsi elle communique avec le Méandre par les eaux du Lycus, et la vallée du Méandre doit se rattacher à celle de Téféné.

Le village est construit au pied des montagnes ; il domine toute l'étendue de la vallée. Il y a vers une de ses extrémités des ruines en brique et en pierres de taille, elles indiquent que ce lieu est sur l'emplacement d'une ville ancienne, mais par ce qui reste de ces ruines, on peut juger qu'elle était peu considérable (1). La plupart des cartes modernes placent en effet Themisonium au bourg de Téféné, sans tenir compte de cette distance de trente stades, qui est certainement une erreur ou de l'auteur ou d'un copiste.

CHAPITRE XLII.

CELÆNÆ. — APAMÉE CIBOTOS. — DINAIRE.

Celænæ était la plus ancienne ville de la Phrygie, antérieure peut-être à l'arrivée des Phrygiens dans la contrée. Les historiens se taisent sur l'époque de sa fondation, mais la fable y place un événement qui a bien sa signification. Apollon, dieu des Tremiles et des Lyciens, vainqueur de Marsyas, ne représente-t-il pas les Crétois subjuguant les satyres ou hommes sauvages qui habitaient la contrée avant toute période historique. (2) Les Cabales, les Pisidiens, les Solymes, peuples qui étaient entrés dans la Chersonèse par la côte méridionale, se trouvèrent en présence de peuplades aborigènes qui furent successivement absorbées par les deux invasions du nord et du sud. Celænæ, par sa position exceptionnelle, l'abondance de ses eaux et les hauts rochers qui présentaient une défense naturelle, fut certainement un des lieux préférés des populations primitives. Le souvenir des premiers combats entre les indigènes et les peuples mieux armés se perpétuait jusqu'à Hérodote, qui crut voir dans le palais de Celænæ, la peau de Marsyas gonflée comme une outre et appendue aux murailles (3). Le fils du roi Midas Lytersès, faisait de Celænæ sa résidence favorite.

Lorsque l'armée de Xerxès eut franchi l'Halys, elle entra en Phrygie, et vint à Celænæ, où sont les sources du Méandre et celles d'un autre fleuve qui ne lui

(1) Corancez, *Itinéraire*, p. 411.
(2) Voy. Pausania, liv. I, ch. 23.
(3) Hérodote, liv. VII, ch. 36.

est pas inférieur, que l'on nomme le Catarrhactès, il prend sa source dans la place publique de la ville, et va se jeter dans le Méandre, Pithyus, Lydien de naissance, fils d'Atys, reçut à Celænæ Xerxès et son armée, et traita le roi avec la plus grande magnificence (1). Xénophon donne sur l'ancien site de Celænæ des détails conformes à ceux d'Hérodote, mais il varie sur les noms des rivières qui arrosaient cette ville. Cyrus étant entré en Phrygie et ayant fait huit parasanges, vint à Colossæ, qui est une grande ville riche et peuplée et y séjourna sept jours, de là on fit vingt parasanges en trois jours de marche, et l'on vint à Celænæ autre grande ville de la Phrygie, dans laquelle Cyrus avait un palais et un parc rempli de bêtes sauvages, où il prenait le plaisir de la chasse. Le Méandre y prend sa source, et passe de là dans la ville. Au-dessous de la citadelle est le palais du roi, qui renferme les sources du Marsyas, petite rivière d'environ vingt-cinq pieds de large, qui va se jeter dans le Méandre; c'est là que Xerxès se retira après sa défaite et bâtit le palais et la forteresse (2). Les eaux du Marsyas sortaient de terre avec une telle impétuosité, que souvent elles jetaient des pierres au-dehors. Ce fait attesté par Théophraste, a été recueilli par Pline (3). Strabon fait une description différente des sources du Marsyas; selon cet auteur le Marsyas prenait sa source dans un lac nommé Aulocrène; selon Pline, ce lac était à dix milles d'Apamée. Cette dernière ville était située au confluent du Méandre et du Marsyas. « Il a sa source dans une colline appelée Celænæ, sur laquelle est une colline du même nom. » Et quelques lignes plus bas : « Au-dessus il y a un lac où croissent des roseaux propres à faire des embouchures de flûtes; c'est, dit-on, de ce lac que partent les sources du Marsyas et du Méandre (4). » Il s'ensuit que le Marsyas prenait sa source dans le lac d'Aulocrène, disparaissait sous terre et ressortait au milieu de la citadelle de Celænæ.

(1) Hérodote, liv. V, ch. 28.
(2) Xénophon, *Anabas*, liv. Ier, ch. 2.
(3) Pline, liv. XXXI, ch. 2.
(4) Strabon, XII, 577.

Le lac d'Aulocrène se trouve dans la vallée de Dombaï; le nom d'Aulocrène était donné à une montagne, à une vallée et au lac.

Pline mentionne près de la source du Marsyas deux fontaines qui jouissaient d'une singulière propriété, et auxquelles les Grecs avaient donné des noms caractéristiques. La première s'appelait Klœon, et la seconde Gelon (1), c'est-à-dire que les eaux de la première faisaient pleurer, et celles de la seconde provoquaient le rire (2). Le Marsyas était pour les Phrygiens l'objet d'un véritable culte; on lui offrait des sacrifices, et les offrandes étaient jetées dans la source, qui les engloutissait sous terre.

Alexandre, vainqueur des Pisidiens, se présenta devant Celænæ. Le château était gardé par une garnison de mille Cariens et de cent Grecs, commandés par Atizyès satrape de Phrygie. La position formidable de la citadelle arrêta un moment la marche d'Alexandre : il craignait d'être obligé d'entreprendre un siège difficile; mais la garnison lui envoya des parlementaires, qui promirent de rendre la place si elle n'était secourue à une époque déterminée, ce qui fut accepté. Les secours n'étant pas arrivés, Alexandre remplaça le satrape par Antigone son lieutenant, et y laissa une garnison de quinze cents Macédoniens, c'est pour nous le dernier événement notable dans l'existence de Celænæ. Peu d'années après, la création d'une ville grecque, placée dans son voisinage et dans des conditions commerciales plus favorables, porta à la ville phrygienne un coup dont elle ne se releva pas.

La fondation d'Apamée fut la cause de la ruine de Celænæ; cette ville continua cependant de subsister sous l'empire romain; Strabon la cite comme existant encore en même temps qu'Apamée (3).

Antiochus Soter fonda une ville au confluent du Marsyas et du Méandre, et l'appela Apamée, du nom de sa mère

(1) Pline, *id. ib.*
(2) Des verbes κλαίω, je pleure, et γελῶ, je ris.
(3) XII, 577.

Apama, fille d'Artabaze. Il y transféra les habitants de Celænæ; Apamée reçut le surnom de Cibotos, un coffre, parce que son importance commerciale s'accrut au point qu'elle devint la seconde ville de la province d'Asie, et la rivale d'Ephèse. Le fleuve Marsyas continua d'être honoré par les habitants d'Apamée, et sa figure est représentée sur leurs médailles. Apamée devint le chef-lieu de la province, et sa juridiction s'étendait jusqu'à Acmonia. Suivant Pline (1), Apamée était située au pied du mont Signia, et était arrosée par les rivières, Marsyas, Obrimas et Orgas, qui se jettent dans le Méandre. Le Marsyas reparaissait près de cette ville après s'être perdu sous terre, non loin d'Aulocrène, où il prenait sa source. Ce lieu était à dix milles d'Apamée sur la route de Phrygie. Étienne de Byzance regarde Cælæne et Apamée comme une seule ville, la première était sans doute tout à fait abandonnée de ses habitants. Les notices ecclésiastiques ne mentionnent que la seule ville d'Apamée, qu'elles attribuent à la Pisidie.

Apamée fut souvent ravagée par les tremblements de terre, le premier eut lieu du temps d'Alexandre. Pendant le règne de Mithridate, elle éprouva une terrible secousse, et le roi de Pont donna cent talents pour réparer les édifices. Sous le règne de Claude, elle eut le sort commun à tant d'autres villes d'Asie, remise lui fut faite par l'empereur de cinq années d'impôts (2).

Le site de Celænæ a été reconnu au village de Dinaire par Pococke d'abord, et plus tard par Chandler et par d'autres voyageurs. Le village de Dinaire est situé au pied d'une colline rocheuse, on trouve partout dans les rues un grand nombre de ruines, mais pas de monuments complets.

Une rivière rapide sortant d'une vallée étroite coule au milieu du village vers le nord-est, et traversant la plaine va se jeter dans le Méandre à peu de distance. La seconde rivière prend sa source à la base d'une colline rocheuse distante d'un mille du village et coule avec rapidité dans un canal étroit,

c'est, à n'en pas douter, le Marsyas, qu'Hérodote appelle Catarrahactes; il paraît qu'autrefois il sortait d'une grande caverne qui a fini par s'écrouler. Tous ces rochers sont de nature calcaire et n'ont rien de volcanique.

Toute la topographie de ces lieux, examinée tour à tour par de nombreux observateurs, ne laisse pas que de présenter encore quelques obscurités qui ne seront levées que le jour où une bonne carte topographique des plaines de Dombai et de Dinaire aura été dressée. Arundell qui a visité les ruines de Celænæ, en 1828, en fait la description suivante (1). Nous trouvâmes dans la partie nord-ouest de la ville un grand nombre de fragments d'architecture et des murs à demi enterrés; d'autres avaient été mis à découvert par de recentes excavations et par des éboulements naturels. De semblables catastrophes n'étaient pas rares dans cette région. Nicolas de Damas rapporte qu'un lac tout entier disparut dans les environs d'Apamée, et que d'autres lacs et des fontaines surgirent dans les lieux où l'on n'en avait jamais vu.

Une petite rivière prenait sa source à la base de la colline. En montant à l'Acropolis nous trouvâmes au sommet un théâtre avec des gradins encore en place; au-dessus était une grande area couverte de poteries, sans doute l'acropole. En descendant nous vîmes une rivière coulant dans la vallée au-dessous de l'acropole du côté du sud-est, et faisant tourner plusieurs moulins; elle rejoint dans la plaine d'autres petites sources et va se jeter dans le Méandre. Un certain nombre d'inscriptions ont été copiées par Arundell, mais aucune ne contenait le nom de la ville. La région du sud-ouest est remplie de fragments de corniches et de colonnes et des fondations de plusieurs édifices antiques qui attendent un plus ample examen de la part des futurs explorateurs.

(1) Seven Churches, p. 108.

(1) Pline, liv. V, 29.
(2) Tacit. ann. XII, 58.

CHAPITRE XLIII.

LAC ANAVA. — TCHARDAK GHEUL.

Lorsque Xerxès quitta Celænæ pour se rendre à Colossæ, il passa près d'une ville de Phrygie nommée Anava et d'un lac duquel on retirait du sel (1). Le lac Tchardak situé près du village du même nom est le même que le lac Anava. Ses eaux sont très-saumâtres, le poisson ne peut y vivre; il s'étend dans une longueur d'environ vingt kilomètres au pied des montagnes qui séparent le district d'Apamée de celui de Cibyra; sa longueur est de cinq kilomètres, il est alimenté par quelques sources qui sortent d'un terrain de poudingue calcaire.

Ce lac porte aussi le nom de Hadji gheul, le lac du pèlerin, et comme il est situé sur la route de Dinaire à Khonos, c'est-à-dire d'Apamée à Colossæ, on ne saurait mettre en doute l'identité du lac de Tchardak avec celui d'Anava.

Colossæ était une des principales villes de Phrygie; Xerxès y passa avec son armée lorsqu'il quitta la Cappadoce pour se rendre à Sardes; le jeune Cyrus y passa quand il marcha contre son frère. Sous le règne de Néron, Colossæ fut renversée par un tremblement de terre; c'est sans doute de cette époque que date la décadence de cette ville. La religion chrétienne, qui s'était rapidement propagée en Cappadoce, s'étendit, sous l'influence des prédications de saint Paul, dans toute cette partie de la Phrygie. Laodicée, Hiérapolis, Colossæ formèrent des églises qui se mirent en relation avec les populations d'alentour. Les épîtres de saint Paul étaient lues dans les assemblées des chrétiens; saint Paul écrit aux Colosséens : « Saluez de ma part nos frères de Laodicée et lorsque cette lettre aura été lue parmi vous, ayez soin qu'elle soit lue aussi dans l'église de Laodicée. »

Les ruines de Colossæ se voient à trois milles au nord du village de Khonos; elles consistent en quelques fragments d'architecture répandus çà et là dans les jardins, et en un théâtre antique dont les gradins subsistent encore en partie; de nombreux débris de sarcophages indiquent la position de la nécropole; sous l'empire byzantin Colossæ fut complétement abandonnée et une ville du nom de Chonæ fut bâtie un peu au sud au pied d'une colline. C'est cette ville qui a été remplacée par le village moderne de Khonos.

L'historien Nicetas, surnommé Choniates, donne quelques détails sur sa ville natale; sous les empereurs byzantins elle était dans un état florissant, et renfermait une nombreuse population. La grande église était dédiée à saint Michel; cet édifice fut brûlé par les Turcs lorsqu'ils s'emparèrent de Chonæ.

Aujourd'hui le village de Khonos se compose de deux cents maisons et tend encore à se dépeupler. La terre est cependant de bonne qualité, bien arrosée; le village est entouré de beaux arbres, la culture du tabac réussit bien dans ce terrain.

CHAPITRE XLIV.

QUELQUES VILLES DE LA PHRYGIE PAROREE.

De Kara hissar la grande route de Konieh se dirige sur Belouadoun, l'ancienne Polybotum, ville d'origine peu ancienne, car elle n'est mentionnée que par des écrivains byzantins; il ne reste que très-peu de vestiges d'antiquités à Belouadoun, cette ville est éloignée de quarante kilomètres de Kara hissar. On compte trente kilomètres entre Belouadoun et Ischakli, petite ville d'environ deux cents maisons, qui paraît avoir été assez florissante du temps des sultans Seldjoukides, on remarque les ruines d'un médrécé ou école religieuse dont les habitants attribuent la fondation au sultan Ala Eddin.

A seize kilomètres au sud-est d'Ischakli, on traverse un défilé nommé Olou bounar derbend, le défilé de la grande source. Le flanc du rocher voisin donne naissance à une source très-abondante qui forme un ruisseau considérable. M. Hamilton considère avec raison (1) cette source comme « la fontaine de Midas » mentionnée par Xénophon dans sa route de Sardes à Iconium.

---

(1) Hérodote, liv. VII, ch. 30.

(1) *Researches*, etc., t. II, 18;.

D'Ischakli à Ak cheher on compte seize kilomètres ; on trouve dans cette ville de nombreux fragments d'antiquités, mais aucune ruine importante.

Toutes les places de la Phrygie ont été tellement ravagées pendant les guerres byzantines et les soulèvements des Émirs contre les Seldjoukides, que ce ne sont plus que des amas de décombres. Ak cheher occupe l'emplacement de Philomelium, ville de la Phrygie Parorée, placée sur la route de Métropolis à Iconium. La juridiction de Synnada s'étendait jusque-là.

Pour se rendre de Ak cheher à Ladik, l'ancienne Laodicée, on doit passer par Ilgoun, petite ville presque déserte, qui occupe l'emplacement de Tyriœum ; on compte quarante kilomètres d'Ak cheher à Ilgoun, et cinquante de cette ville à Ladik. La route est presque toujours en plaine.

Laodicea Combusta était la ville la plus orientale de la Phrygie ; son emplacement est occupé aujourd'hui par la petite ville de Ladik, appelée aussi Yorgan Ladik, Laodicée aux couvertures, parce que la fabrication des tapis et des feutres est la principale industrie des habitants. Les ruines de l'ancienne ville occupent une immense étendue de terrain aux environs de Ladik. Il y avait encore en 1834 un reste d'aqueduc que l'on était en train de démolir. La quantité de fûts de colonnes, de chapiteaux et de piédestaux de marbre que l'on rencontre à chaque pas montre combien d'édifices somptueux embellissaient l'antique Laodicée ; mais on comprend bien que les Grecs n'ont pas mis la main à tous ces ouvrages. Il y a dans le style de ces monuments une désolante uniformité, qui montre qu'une pratique banale avait succédé aux inventions ingénieuses des Grecs. Presque tous les édifices des villes de ces régions datent du second ou du troisième siècle de notre ère. Laodicée est construite sur un terrain calcaire marbre, qui a fourni tous les matériaux dont la ville est bâtie ; c'est donc par erreur qu'on dit que le surnom de Laodicée, « la brûlée », lui a été donné à cause de la nature volcanique du pays qu'elle occupe (1).

(1) Voy. Hamilton, Rech., t. II, 193.

APOLLONIA DE PHRYGIE — OULOU BOURLOU.

Dans le sud-est de la Phrygie il faut citer Apollonia, aujourd'hui Oulou bourlou, située à vingt kilomètres à l'ouest du lac d'Egdir, dans une plaine bien cultivée. Apollonia était à vingt-quatre milles au sud-est d'Apamée, sur la route d'Antioche de Pisidie ; elle s'appelait primitivement Margium. Strabon ne fait que mentionner le nom d'Apollonia ; on doit croire cependant qu'elle a tenu un rang distingué parmi les villes phrygiennes. Au nombre des inscriptions qu'on y a trouvées, on a reconnu de longs fragments du testament d'Auguste, qui, par les ordres de cet empereur, avait été inscrit à Rome sur des tables de bronze, et dont la copie complète se trouve à Ancyre. Il est probable que les habitants d'Apollonia avaient, comme ceux d'Ancyre, élevé un temple à la mémoire de l'empereur ; mais aucun vestige de cet édifice n'existe plus. D'autres inscriptions ont été recueillies dans le village d'Olou bourlou, et plusieurs d'entre elles mentionnent le nom des Apolloniates : on ne peut donc avoir aucun doute sur l'identité des deux endroits.

La détermination du site d'Apollonia est due à M. Arundell. Au milieu du village s'élève un rocher abrupte au sommet duquel était l'acropole, d'où la vue s'étend sur toute la plaine environnante, admirablement cultivée, et l'une des plus fertiles de ces districts, qui pourraient nourrir une nombreuse population. Il ne reste de l'ancienne ville que des ruines presque sans forme, les plus beaux fragments des monuments ont été employés successivement pour construire les maisons modernes.

Nous avons réuni dans les chapitres précédents les documents qui font connaître les villes anciennes dont la position est déterminée ; si l'on compare la liste de ces villes avec celle que donne le synecdème de Hiéroclès, on verra combien de lacunes présente encore la carte ancienne de la Phrygie ; il reste encore parmi les emplacements antiques un grand nombre de lieux innommés, et des doutes existent sur l'identité de deux ou trois villes : la tâche des futurs explorateurs consiste à éclaircir ces questions et à ajouter encore quelques noms à la liste des villes connues. Bien des routes sont encore à suivre, qui mèneront certainement à la découverte de monuments ignorés.

CHAPITRE XLV.

MARCHE DU JEUNE CYRUS DE SARDES A TARSE.

Le jeune Cyrus, nommé gouverneur de la Lydie, apprenant que son frère Artaxerxe a été désigné par leur père Darius pour lui succéder au trône, forma le projet de le renverser et de se substituer à sa place. Cet événement, commun dans les annales de l'Orient, eut un immense retentissement dans l'histoire, parce qu'au nombre des Grecs enrôlés sous les enseignes de Cyrus, se trouvait Xénophon, qui, après la défaite du jeune prétendant commanda la retraite des Dix Mille. Nous nous bornerons dans ce chapitre à suivre les étapes de Cyrus depuis son départ de Sardes, et nous ferons en sorte d'identifier les points remarquables de ses haltes avec les localités modernes, conformément au récit de Xénophon.

Cyrus, sous prétexte de s'opposer aux empiétements du satrape Tissapherne, enrôle des troupes grecques, et quitte sa résidence de Sardes, en l'année 404 avant notre ère. Xénophon a eu le soin de noter presque toutes les distances en parasanges entre les principales villes, traversées par l'armée d'invasion.

La longueur de la parasange ancienne est estimée en milles géographiques à 2 milles 455 ou à 2 milles 608. Sans entrer dans la discussion entre ces deux mesures nous en prendrons la moyenne, soit 2 milles 531, et comme le mille géographique vaut 1852 mètres, il s'ensuit que la moyenne de la parasange est de 4 kilomètres 687 mètres.

Cyrus partant de Sardes se dirige vers la Pisidie, pendant que Tissapherne, avec une escorte de cinq cents chevaux, se rend à Suze (1). Cyrus suit une route parallèle au fleuve Cogamus, que nous savons être le Couzou tchaï (la rivière de l'agneau) qui passe devant Philadelphie (1). Cette ville n'existait pas encore; du reste il n'avait pas à traverser son territoire, puisque sa marche inclinait au sud. Il met trois jours pour traverser la Lydie, et fait 22 parasanges. Arrivé au bord du Méandre, il passe le fleuve sur un pont de sept bateaux, et après une marche de 8 parasanges, il va faire halte à Colossæ, ville de Phrygie. Il avait parcouru 30 parasanges ou 140 kil. 610. Colossæ, dont la position est connue, est représentée par la ville moderne de Khonos; cette ville était une des plus florissantes de la Phrygie Parorée; elle était généralement un point d'étape des armées perses.

Cyrus fit une halte de sept jours dans cette ville, où il fut rejoint par un corps de quinze cents vétérans et scutaires, sous les ordres de Menon. Partant de Colossæ, il fait une marche de 20 parasanges jusqu'à Celænæ; soit 93 kil. 740 m. Cyrus possédait à Celænæ un palais et un parc rempli de gibier; il séjourna trente jours dans cette ville pour s'y livrer au plaisir de la chasse, peut-être aussi dans le but de dérouter le roi Artaxerxe sur ses projets ultérieurs, et laisser son armée dans l'ignorance de ses desseins. Celænæ était située à la jonction de la rivière Orgas et du Méandre; elle est remplacée par la petite ville moderne de Dinaire. Au bout de trente jours, Cyrus se remit en marche; il fit 10 parasanges, 46 kil. 870, jusqu'à Peltæ. La position de cette ville n'est pas parfaitement determinée, mais elle doit se trouver dans le voisinage du village de Ischekli, l'ancienne Eumenia.

Peltæ était à un jour de marche de Celænæ et dans le bassin supérieur du Méandre; la table de Peutinger met Peltæ à vingt-six milles d'Apamée ou de Celænæ. Le Campus Peltenus qui environnait la ville faisait partie de la Phrygie.

Les ruines de Peltæ ont disparu; cette ville a sans doute été remplacée par Euménia, comme Celænæ par Apamée.

L'armée séjourna trois jours à Peltæ, où l'on célébra la fête des Lupercalia, au milieu des jeux et des sacrifices.

En quittant Peltæ, Cyrus se dirige vers Ceramorum Agora, et fait 12 para-

---

(1) Anab., lib. I, ch. II.

(1) Voy. p. 272.

sanges, 56 kil. 244. Cette localité est regardée par M. de Hammer comme le centre de la province de Kermian, dont le nom a quelque rapport avec le nom ancien. La plaine de Kermian est au sud-est de la ville moderne d'Ouschak, à 31 milles géographiques d'Ischekli. L'armée tourne ensuite au sud, et fait une marche de 30 parasanges, 140 kil. 610, à travers le pays montagneux de Beudos, par Afioum kara hissar, et atteint la plaine de Caystropedium, ville bien peuplée, Cyrus y resta cinq jours. C'est dans cette ville qu'il reçut la visite d'Épyaxa, femme de Syennesis, roi de Cilicie.

Accompagné d'Épyaxa, il fait en deux marches 10 parasanges, 46 kil. 87, pour arriver à Thymbrium, où se trouvait la fontaine de Midas. Ce lieu est marqué par une source abondante et limpide appelée Olou bounar derbent, le défilé de la grande source, entre les villes de Ischekli et de Ak cheher. Thymbrium serait plus rapproché de cette dernière ville.

Cyrus vint ensuite à Tyriæum en deux jours de marche, il fit encore 10 parasanges, 46 kil. 870; c'était une ville importante. Il y demeura trois jours dans une grande plaine voisine de la ville. Cyrus passe la revue de son armée; Épyaxa accompagne toujours le prince perse. Il fait opérer la paye de son armée avec les sommes que la reine lui avait apportées. Tyriæum occupait l'emplacement de Ilgoun, petite ville distante de 54 kil. nord-ouest de Ladik, ancienne Laodicée.

Cyrus fait ensuite 20 parasanges, 93 kil. 740, en trois marches pour gagner Iconium, Konieh, la dernière ville de Phrygie, où il séjourna trois jours. En cinq jours il traversa la Lycaonie et fit 30 parasanges, 140 kil. 610, jusqu'à Barathra; il mit cinq jours à parcourir cette distance. Les habitants de la Lycaonie ayant tenté de s'opposer à sa marche, Cyrus permit à son armée de mettre le pays au pillage. Épyaxa quitta Cyrus en cet endroit et retourna en Cilicie en franchissant le Taurus. Cyrus traversa la Cappadoce et fit 25 parasanges, 117 kil. 175, en quatre jours, jusqu'à Dana ou Tyane. Cette ville était le chef-lieu d'un vaste district qu'on appelait la Tyanitis. Elle était très-riche et très-peuplée ; on en reconnaît l'emplacement au village d'Iftyankas. C'est encore le nom d'un district comprenant le village de Ketch hissar. La distance de cette place à Kara bounar, est de quarante-neuf à cinquante milles. La distance de Tyane aux portes de Cilicie n'est pas marquée dans l'itinéraire de Xénophon ; elle est en réalité de soixante-cinq milles géog., puisqu'on peut la parcourir en dix-huit heures de marche, 107 kil. 801. Cyrus passa ce défilé qui porte aujourd'hui le nom de Kulek bogaz, le défilé du Moucheron. Il a été rendu très-praticable par Méhémet Ali, qui y fit exécuter de grands travaux. Ayant passé le défilé, Cyrus eut à franchir une distance de 20 parasanges pour arriver à Tarse, capitale de la Cilicie. S'étant mis en relation avec Syennesis, roi de Tarse, Cyrus passa vingt jours dans cette ville, dans le repos. Il fit ensuite 10 parasanges, 46 kil. 870 en deux jours, et arriva au fleuve Sarus au sud de la ville d'Adana, et, par une marche de 5 parasanges, 23 kil. 435, il arriva au fleuve Pyramus, qu'il passa aux environs de Mopsuestia, aujourd'hui Missis, ville presque abandonnée. Enfin Cyrus fit 15 parasanges, 70 kil. 305, en deux marches, et arriva à Issus dont les ruines se voient au nord de la petite montagne de Kara kaia, la pierre noire. Il séjourna trois jours à Issus, et fit ensuite 5 parasanges, 23 kil. 435, pour gagner le défilé qu'on appelait *portes Syriennes*, et que les Turcs nomment Démir kapou, la porte de fer. On y voit des restes de construction antique.

La route de Cyrus à travers l'Asie Mineure se résume donc dans le tableau suivant :

De Sardes :

	Parasanges.	Kilométres.
Colossæ............	30	140,610
Celænæ............	20	93,740
Peltæ.............	10	46,870
Ceramorum agora....	12	56,244
Caystropedium.......	30	140,610
Thymbrium.........	10	46,870
Tyriæum...........	10	46 870
Iconium...........	20	93,740
Barathra...........	30	140,610
Dana..............	25	117,175
Portes de Cilicie.....	23	107,801
Tarse..............	20	93,740
Sarus, fl...........	10	46,870
Pyramus, fl.........	5	23,435
Issus.............	15	70,305
Portes syriennes.....	5	23,435
Total..........	275	1288,925

PRÉCIS DE LA MARCHE D'ALEXANDRE LE GRAND A TRAVERS L'ASIE MINEURE.

Alexandre traverse l'Hellespont, de Sestos à Abydos, et se rend directement à Ilium, où il fait des sacrifices à Minerve Iliade. Il se met en marche, rejoint son armée à Arisbé, et vient camper au bord du Practius. De là il se dirige par Colonnes, et arrive à Hermoté.

L'armée des Perses était campée aux environs de Zélia, sur la rive droite du Granique. Le 21 mai 334 avant notre ère, Alexandre attaque les Perses. Après avoir remporté sa première et plus brillante victoire, Alexandre se dirige sur Sardes par Ilium ; il passe par Antandros, Adramyttium, Pergame et Thyatire.

Arrivé à Sardes, il délivre les citoyens, et fait des sacrifices ; de Sardes il se rend en quatre journées à Éphèse, chasse les tyrans et rétablit la démocratie. Il reçoit les députés de Magnésie et de Tralles, qui venaient offrir de rendre leurs villes à Alexandre.

Après avoir accompli des sacrifices à Diane, Alexandre se met en route pour Milet, qui refusait de se soumettre. Milet prise, il marche sur Halicarnasse, que l'armée emporte après un long siége.

Alexandre entre en Lycie, s'empare d'Hyparna, ville forte, détruit le fort Phænix, et vient occuper Telmissus, Xanthus et Patare.

Côtoyant la Lycie, l'armée d'Alexandre franchit le passage difficile du mont Climax par Phaselis, entre en Pamphylie, prend la ville de Perga. Les députés de la ville d'Aspendus viennent faire leur soumission. De Perga Alexandre marche sur Sidé, Syllœum, remonte la vallée du Cestrus, franchit le Taurus, s'empare de Sagalassus, et soumet la Pisidie.

Il marche ensuite sur la Phrygie ; Celænæ se rend sans combat ; Alexandre marche sur Gordium, où il tranche le nœud Gordien, soumet la Paphlagonie et la Cappadoce ; il entre dans la Cilicie, séjourne à Tarse, et va livrer à Darius sa dernière bataille dans les plaines d'Issus.

La marche d'Alexandre dans l'Asie Mineure peut se résumer ainsi :

De l'Hellespont :

	Milles (1).	Kilométres.
Granique, fl...........	52	76,960
Ilium................	75	111,000
Sardes	139	205,720
Éphèse..............	56	82,880
Halicarnasse..........	80	118,400
Alinda, Telmissus.....	122	180,560
Xanthus Patare.......	140	207,200
Climax Phaselis.......	64	94,720
Sagalassus...........	67	99,160
Celænæ	43	63,640
Gordium.............	133	196,840
Ancyre..............	49	72,520
Cyri castra...........	198	293,040
Tarse...............	199	294,520
Cilicie Trachée.......	165	244,200
Tarse à Issus.........	120	177,600
Total..........	1702	2518,960

(1) Mille romain 1480 mètres

GALATIE.

CHAPITRE XLVI.

ARRIVÉE DES GAULOIS.

Le pays qui reçut le nom de Gallo-Grèce ou de Galatie était un démembrement de deux grandes provinces, le Pont et la Phrygie. Déjà, sous les rois grecs, plusieurs parties notables de ces régions avaient subi des modifications, soit sous le rapport des gouvernements, soit sous celui des frontières. Les rois de Pont avaient possédé une partie de la Phrygie, les rois de Bithynie s'étaient emparés de plusieurs villes du Pont et de son territoire; c'est en cet état de démembrement politique que se trouvaient ces provinces lorsque les Gaulois arrivèrent en Asie : c'est aussi ce qui favorisa leur établissement dans le centre de l'Asie Mineure.

Les rois de Pergame, s'appuyant sur l'amitié des Romains, faisaient la guerre aux rois de Bithynie.

Nicomède, qui avait à se défendre non-seulement contre leurs attaques, mais encore contre l'alliance occulte de la république romaine, résolut d'appeler à son secours un peuple dont la renommée avait déjà franchi les mers.

Les Gaulois, campés aux portes de Byzance, menaçaient cette république d'une amitié onéreuse. Ils furent appelés par Nicomède, et entreprirent cette brillante expédition qui eut pour résultat la conquête de la Phrygie centrale.

Pour nous, nous ne devons pas nous rappeler sans un sentiment d'orgueil national, que les Gaulois ont pénétré jusqu'au centre de l'Asie Mineure, s'y sont établis, et ont laissé dans ce pays des souvenirs impérissables. Si le nom de Francs est le terme général sous lequel les Orientaux désignent les habitants de l'Europe, c'est que nos ancêtres ont influé d'une manière notable sur les destinées de l'Orient dès les premiers siècles de notre histoire. Cette influence, confondue avec celle des Romains, quand la Gaule elle-même fut réunie à leur empire, s'est relevée puissante et active, lorsque l'empire romain s'est écroulé; les Latins ont renouvelé en Orient les exploits des Gaulois. C'est la France qui conduisait et poussait les essaims de croisés à travers les monts et les plaines de l'Asie, et, dans les temps modernes, c'est sous l'égide de François Ier et de Louis XIV que les nations chrétiennes commencèrent à commercer sans crainte avec les nouveaux vainqueurs de l'empire byzantin.

Il n'est donc pas sans intérêt d'examiner sur quelles bases s'est constitué l'empire des Gaulois en Asie, comment ils sont parvenus à s'établir au milieu de royaumes qui, à cette époque, étaient à l'apogée de leur puissance. Cette fusion si prompte et si facile des conquérants européens avec les peuples asiatiques n'est pas un des phénomènes les moins curieux de cette expédition. Tous les princes décorés des titres pompeux de rois de Pergame, de Pont et de Bithynie, s'empressèrent de concéder à nos barbares ancêtres autant de terres qu'ils en voulaient pour former cette république des Galates que la puissance de Rome se garda bien d'anéantir, mais qu'elle respecta plus que l'héritage d'Alexandre

Lorsque les Gaulois arrivèrent en Asie, ils se trouvèrent en rapport avec des peuples étrangers comme eux, et comme eux venus d'Europe, les Grecs, les Phrygiens, les Mysiens, les Bithyniens. Nous avons vu dans quel état se trouvait le royaume de Bithynie à cette époque. Deux compétiteurs, soutenus l'un et l'autre par des alliés puissants, et excités par de perfides conseils, étaient en présence : Nicomède et Zipœtès étaient sur le point d'en venir aux mains.

Le nom des Galates commençait à se répandre en Orient; les exploits des tribus guerrières qui, sous la conduite de Brennus (1), avaient ravagé la Grèce

---

(1) Strab., lib. V, 187.

et parcouraient la Thrace en rançonnant les villes, portaient la terreur au milieu des populations. En abandonnant la Grèce après la mort de Brennus, les Gaulois se séparèrent en deux corps; l'un resta dans la Dardanie, l'autre traversa, les armes à la main, la Thessalie et la Macédoine, vivant de pillage et de contributions levées sur les habitants. Ce dernier corps, fort de vingt mille hommes, reconnaissant pour chefs Léonorius et Léontarius (1), arriva jusqu'à Byzance, rendit tributaire toute la côte de la Propontide, et, devenu maître de Lysimachie, dont il s'était emparé par surprise, il s'établit dans la Chersonèse, et descendit l'Hellespont. La vue des riches campagnes de l'Asie, dont ils n'étaient séparés que par un détroit, donna à ces Gaulois le désir d'y former un établissement. Ils députèrent quelques-uns des leurs vers Antipater, qui commandait sur cette côte. Le bruit de leurs exploits les précédait en Asie, et Antipater, n'osant pas leur résister ouvertement, suscita de continuelles difficultés pour gagner du temps. C'est à cette époque qu'il faut rapporter la tentative que firent les Gaulois pour s'emparer de la Troade (2), mais cette province avait été tellement ravagée par la guerre, qu'ils ne trouvèrent pas une place susceptible d'être mise en état de défense. La ville d'Alexandria-Troas n'était alors qu'un bourg avec un temple de Minerve; elle dut son accroissement aux bienfaits d'Hérode Atticus. Lorsque les Gaulois arrivèrent, ils trouvèrent cette ville sans murailles, et ne voulurent pas s'y établir.

Les négociations entamées avec Antipater ne recevant aucune solution, les tribus commandées par Léontarius s'emparèrent de quelques barques, et passèrent en Bithynie (3). C'était au moment où Nicomède s'apprêtait à faire la guerre à son frère Zipoetès. Le roi de Bithynie les reçut plutôt comme des alliés que comme des ennemis, heureux de pouvoir compter sur le secours d'étrangers dont la valeur faisait trembler les peuples amollis et habitués au joug. Nicomède appela en Bithynie le corps des Gaulois de Léonorius, qui était resté près de Byzance, et, fort de ces auxiliaires, il eut bientôt réduit les rebelles.

Le traité signé entre Nicomède et les Gaulois nous a été conservé par Photius.

« Les Gaulois demeureront toujours unis par les liens de l'amitié avec Nicomède et sa postérité.

« Ils ne pourront jamais, sans le consentement de Nicomède, former aucune alliance; ils resteront toujours les amis de ses amis et les ennemis de ses ennemis.

« Ils donneront des secours aux Byzantins toutes les fois qu'ils en seront requis.

« Ils se porteront bons et fidèles alliés des villes de Tios, Ciera, Chalcédoine et Héraclée. »

C'est à ces conditions que le roi leur ouvrit l'entrée de ses États, et fournit des armes à ceux qui en manquaient.

Le passage des Gaulois en Asie s'effectua sous l'archontat de Damoclès, l'an de Rome 476, A. C. 278 (1).

Dans le principe, le corps des Gaulois venus en Asie se composait de trois tribus principales : les Tolistoboiens, l'une des plus puissantes tribus gauloises qui fondèrent des établissements dans la Germanie, dans l'Italie et dans l'Illyrie. Les Boïens, souche de cette tribu, habitaient la Lyonnaise et l'Aquitaine; leurs premières migrations remontent à plus de cinq cents ans avant notre ère. Le second corps, celui des Tectosages, qui devint le plus puissant des trois peuples établis en Asie, faisait partie des Volces de la Narbonnaise. Il est à croire qu'ils furent souvent les compagnons des Boïens dans leurs expéditions lointaines, car César nous apprend qu'ils avaient aussi formé des établissements en Germanie (2). Cette tribu était la plus nombreuse et la plus illustre, et les Romains la comblèrent de témoignages d'estime quand ils furent maîtres de toute l'Asie Mineure. Le troisième corps, celui des Trocmiens,

---

(1) Tit. Liv., lib. XXXVIII, ch. 16.
(2) Strab., lib. XIII, 594.
(3) Memnon, ap. Photium, 720.

(1) Pausanias, lib. X, 23.
(2) Cæsar, Comm., lib. VI, 24.

avait formé son nom de celui de son chef Trocmus. Il paraît avoir toujours été dominé par les Tectosages, et n'a pas laissé dans l'histoire le souvenir de grands exploits.

Le pays concédé par le roi de Bithynie à ces hardis guerriers ne pouvait suffire à leur ambition. Ils entreprirent bientôt des expéditions contre leurs voisins, qui tremblèrent, et offrirent de leur payer tribut. Ils étaient entrés dans ces provinces comme les alliés d'un prince asiatique, et, tout barbares et illettrés qu'ils étaient, leur politique fut assez sage, assez habile, pour attirer à eux tous les Grecs, les Phrygiens, délicats et frivoles habitants de ces villes somptueuses. Ceux-ci acceptèrent la rude amitié des Gaulois, et formèrent avec eux une alliance assez intime pour que le pays reçût des Romains eux-mêmes le nom de Gallo-Grèce. Toutes les nations de l'Asie Mineure, menacées de loin ou attaquées de près, se soumirent à la domination gauloise, et l'Asie en deçà du Taurus ne fut plus qu'un pays tributaire qu'ils se partagèrent à leur gré. Les Trocmiens eurent en partage les côtes de l'Hellespont, la Paphlagonie et une portion de la Cappadoce; l'Æolide et l'Ionie échurent aux Tolistoboiens, qui allèrent s'établir au delà du fleuve Sangarius, et les Tectosages prirent toute la portion septentrionale de la Phrygie et de la Cappadoce. Ils donnèrent à leur nouvelle conquête le nom de la mère patrie, et la Galatie asiatique fut placée au premier rang des puissances indépendantes de l'Asie Mineure.

C'est vers cette époque que les Romains songèrent à porter leurs armes dans cette contrée. Fidèles à une politique qui leur avait toujours réussi, ils commencèrent à exciter contre les Gaulois, la seule nation qu'ils redoutassent, les princes de Phrygie et de Bithynie; mais la présence d'Annibal dans ce dernier royaume suffisait pour déjouer leurs intrigues. Ce fut Attale, père d'Eumène, qui le premier déclara la guerre aux Gaulois (1), sous prétexte de s'affranchir de l'impôt que payaient les rois de Pergame, et cette guerre fut heureuse, car

(1) Tit.-Liv., lib. XXXVIII, 16.

les Gaulois se retirèrent au delà du fleuve Sangarius. Cependant, ils ne cessèrent pas de jouir d'une assez grande influence sur les princes de l'Asie Mineure, prêtant leur secours intéressé dans les dissensions nombreuses qui divisaient ces princes souverains, et qui préparaient le succès des armes romaines. Ils envoyèrent un corps nombreux comme auxiliaire à Antiochus le Grand; mais les conseils d'Annibal et la coopération des Gaulois ne le sauvèrent pas d'une défaite. La vengeance de Rome s'attacha bientôt aux alliés du roi: le consul M. Manlius, jaloux de surpasser les exploits de Scipion, marcha contre les Gallo-Grecs sans attendre les ordres du sénat. L'expédition de Manlius eut lieu l'an 565 de Rome (A. C. 189); il y avait quatre-vingt-neuf ans que les Gaulois étaient établis en Asie. En voulant accomplir son projet d'invasion dans la Galatie, le général romain fut assez habile pour décider les princes Attales à lui servir d'auxiliaires. Aidé des troupes de Pergame, et guidé par des alliés qui connaissaient le pays et les populations, il n'hésita pas à se mettre en campagne. Néanmoins, au lieu de marcher directement sur la Galatie, il fit un long circuit en suivant la chaîne du Taurus.

Les Gaulois, vaincus malgré des prodiges de valeur, firent leur soumission aux Romains.

Le consul, qui s'était montré si exigeant et si avide envers les peuples de la Carie et de la Pisidie, accorda aux Gaulois une paix honorable, ne leur imposa aucun tribut, maintint leurs lois, et se contenta de leur défendre de faire des incursions chez les alliés des Romains. Le sénat confirma par un décret l'indépendance des Gaulois. Cette faveur si rarement accordée aux peuples conquis, les attacha définitivement à la fortune de Rome. Établis au milieu des monarchies nées de la succession d'Alexandre les Gaulois conservèrent la forme de gouvernement usitée dans les Gaules. Chacun des peuples formant la confédération gauloise fut divisé en quatre tétrarchies; chaque tétrarchie avait un tétrarque, un juge, un général, subordonnés au tétrarque, et deux lieutenants subordonnés au général. Les états se tenaient dans un lieu nommé Drynemetum, situé sans doute au milieu d'une forêt de chênes qui leur rappelait le culte de leurs pères (1), et le grand conseil qui assistait les douze tétrarques réunis se composait de trois cents personnes. Les Romains, en modifiant ce gouvernement, lui conservèrent l'apparence d'un État républicain, jusqu'à ce que la souveraineté fût réunie sur la tête de Déjotare, le dernier prince qui jouît de l'apparence d'un pouvoir national (2).

Les Galates se montrèrent les fidèles alliés des Romains dans les guerres contre Persée. Ils eurent beaucoup à souffrir pendant la guerre de Sylla contre Mithridate; la Galatie fut envahie par le roi du Pont; les principaux habitants furent massacrés, et le pays, réduit en province, reçut des gouverneurs particuliers. Après la défaite de Mithridate par Pompée, la Galatie rentra sous la domination romaine; mais on ne lui rendit plus ses tétrarques. Déjotare, prince galate, reçut le titre de roi. Il eut pour successeur son secrétaire Amyntas, qui dut cette faveur à un caprice de Marc-Antoine. On ajouta à son royaume plusieurs parties de la Pisidie et de la Cappadoce; mais tous ces nouveaux royaumes, sans force par eux-mêmes, n'avaient qu'une existence précaire. Amyntas mourut après un règne de douze ans, et ses enfants n'héritèrent pas du trône de leur père. La Galatie fut réduite par Auguste en province romaine (A. C. 25) (3) Nous retrouvons plus tard le fils d'Amyntas, Pylæmènes, aux fêtes de la dédicace du temple élevé à Auguste par les peuples de la Galatie, et sa fille Carachylæ exerçant la charge de grande prêtresse de Cérès (4). Lorsque la Galatie eut été réduite en province, elle n'en conserva pas moins tout l'appareil d'un gouvernement indépendant; les lois et actes de l'autorité furent toujours promulgués au nom du sénat et du peuple : en réalité, cependant, la Galatie fut administrée par des propréteurs, dont les noms nous sont également conservés dans un grand nombre d'inscriptions. Nous ne pouvons révoquer en doute un fait attesté par saint Jérôme (1) de l'usage de la langue gauloise en Asie. Les noms gaulois d'Albiorix, Ateporix, etc., conservés dans les inscriptions, prouvent que la nationalité gauloise ne s'était pas effacée après un séjour de deux cents ans en Orient. Mais un fait qui est complétement en faveur de ceux qui pensent que le gaulois ne fut jamais une langue écrite, c'est que parmi les innombrables inscriptions qui ont été recueillies depuis trois siècles dans l'ancienne Galatie, pas une seule n'est écrite en gaulois. Les actes émanant du conseil général des Galates sont tous en langue grecque; les actes publics émanant du pouvoir impérial, les inscriptions relatives aux magistratures militaires, aux légions, aux routes, sont tous en latin; on avait soin quelquefois de mettre une traduction grecque à côté de l'inscription latine.

Le même sénatus-consulte qui inscrivit la Galatie au nombre des provinces, déclara Ancyre métropole de toute la Galatie. Les deux autres capitales des Galates, Tavium et Pessinunte, commencèrent à déchoir à partir de cette époque. La destinée de ces deux villes fut tellement uniforme, que l'une et l'autre sont restées pendant des siècles englouties dans un oubli complet, et leur position même était ignorée. Pessinunte peut aujourd'hui déployer aux yeux du voyageur les faibles débris de sa grandeur passée : mais Tavium, la capitale des Trocmiens, ville grande et commerçante, célèbre par un temple de Jupiter qui avait droit d'asile, Tavium, cachée au milieu des montagnes sur la rive droite du fleuve Halys, n'a jusqu'ici été l'objet que d'investigations superficielles de la part des archéologues (2).

Depuis le jour où le titre de métropole de toute la Galatie fut décerné à Ancyre, l'histoire de la province se résume dans celle de la ville. Les autres peuples partagent la destinée des Tectosages, et se trouvent complétement

---

(1) Strab., XII, 467.
(2) Strab., XII, 567.
(3) Diod., lib. LIII.
(4) D'après des inscriptions trouvées à Ancyre.

(1) Epist. ad Gal.
(2) Voyez la description de Plerium.

confondus avec eux dans la période qui suivit le règne des césars.

Telles sont donc les conséquences des événements que nous avons rapidement retracés. Deux peuples braves et entreprenants viennent l'un après l'autre asseoir leur puissance sur une des plus belles parties de l'Asie Mineure, et tous deux réussissent sans de grands efforts à établir leur autorité d'une manière durable. On ne peut se lasser d'admirer cette grande et sage politique des Romains, qui partout s'annonce par l'éclat des victoires et s'impatronise par les arts de la paix. Après avoir préparé l'affaiblissement des États qu'elle redoutait, Rome frappe un grand coup sur la nation gauloise; mais, à peine vaincue, elle lui tend la main, lui conserve ses princes et son gouvernement, n'annonce son pouvoir dans la capitale des Galates que par la sagesse de ses lois, les prodiges de ses arts et la pompe de ses fêtes.

Les Gaulois n'avaient pas suivi une marche différente. Sans pitié pour les ennemis qui leur opposaient des obstacles, ils se montrèrent voisins secourables pour les princes qui réclamaient leur appui. Ils conservèrent aux villes qui étaient tombées en leur pouvoir leurs lois, leurs croyances et même leurs superstitions. Sous la domination gauloise, la foule des pèlerins n'en accourait pas moins aux panégyries de Pessinunte, et les prêtres de la déesse purent venir processionnellement annoncer aux Romains que le jour de leur domination, prédit par les oracles, était arrivé (1). Le secret de ces deux peuples, marchant au même but, se cachait sous les mêmes moyens : vaincre d'abord, mais conserver leur dignité aux peuples vaincus, et leur faire oublier, par un gouvernement conforme à leurs besoins, le joug qui en réalité pesait sur eux.

Lorsque saint Paul parcourut l'Asie Mineure pour prêcher le christianisme, les Galates furent de ceux chez qui la parole de l'apôtre fructifia le plus vite. L'Église d'Ancyre fut une des premières qui s'élevèrent en Orient; aussi reçut-elle le nom d'Église apostolique. Les évêques d'Ancyre figurèrent aux conciles de Nicée et de Chalcédoine. Deux conciles furent tenus, en 314 et en 358, dans la capitale de la Galatie. Les *Notices ecclésiastiques* divisent la Galatie en seize évêchés sous deux dénominations, la Galatie-Salutaire et la Galatie-Consulaire. Ancyre appartenait à cette dernière province.

Malgré tant de ravages et de guerres désastreuses, la Galatie, par la fertilité de son sol et la richesse de ses produits agricoles, est encore une des provinces les plus heureuses de l'Asie Mineure, car les vieux Gaulois, guerriers intrépides, peu soucieux des arts, et complétement étrangers aux lettres, avaient l'agriculture en grande estime, et ce n'est pas le hasard qui les dirigea dans le choix qu'ils firent de ces provinces pour s'y fixer de préférence à d'autres cantons de l'Asie Mineure. Un climat sain et tempéré, un pays coupé de montagnes et de plaines, où les troupeaux trouvaient une nourriture abondante et choisie, un grand lac au sud de la province qui fournissait du sel au delà des besoins pour les troupeaux et pour les hommes, et des hivers assez froids pour leur rappeler les frimas de leur patrie, qui retrempent les forces abattues par les chaleurs de l'été, tels étaient les éléments de prospérité sur lesquels ils avaient compté.

CHAPITRE XLVII.

ÉTAT DE L'AGRICULTURE.

Les troupeaux nombreux qui se sont perpétués dans ces contrées avaient attiré leur attention; on sait que dans l'antiquité il n'y avait pas de meilleurs bergers que les Gaulois. Aucun peuple ne savait si bien gouverner les troupeaux, soigner les brebis, préparer les laitages et recueillir les produits. Ils estimaient qu'un berger ne peut bien gouverner plus de quatre-vingts moutons. Ils avaient soin de frotter les brebis fraîchement tondues avec de l'huile et du vin, et couvraient d'une peau les toisons les plus précieuses.

Les anciens pensaient que le sel fossile doit être choisi de préférence pour saler les fromages, et Strabon nous atteste que l'Asie Mineure en exportait

(1) Tit. Liv., *ubi suprà*.

jusqu'en Italie. L'usage des préparations diverses du lait s'est perpétué en Galatie; les Turcomans et les Nomades font du lait la base de leur nourriture. Ils estiment particulièrement le lait aigri et à demi caillé, qu'ils appellent *youhourt*. Varron nous apprend que la substance laiteuse qui sort de la feuille d'un figuier fraîchement coupée servait, chez les Grecs, pour faire cailler le lait. Les moutons de la Galatie sont de la même race que ceux de la Cappadoce; ils portent une queue large et pesante qui forme une masse de graisse du poids de vingt livres et au delà. Ce sont ces troupeaux qui faisaient la richesse du roi Ariarathe. La laine de ces brebis est touffue, mais n'est pas assez belle pour être employée en tissus un peu fins. Les anciens bergers étaient dans l'usage d'arracher la toison des brebis et non pas de la couper (de là le mot *vellera*); c'est sans doute à cause de cette habitude cruelle et malsaine que l'on était obligé d'appliquer un apozème sur les brebis fraîchement tondues. Mais il paraît que cette habitude n'était pas générale en Galatie, car Varron en a fait la remarque (1).

La toison des brebis, soit naturelle, soit travaillée, servait de vêtement aux bergers gaulois. Varron les représente vêtus du *diphtère* ou peau de brebis. Les diphtères les plus fins étaient en peaux de chèvres. Ce vêtement est encore usité dans la Bretagne et dans les Landes. Ce sont deux peaux de chèvres cousues, formant une espèce de *sagum* ou sac avec des orifices pour passer la tête et les bras. On voit encore aujourd'hui le berger galate vêtu de la sorte, et portant le *pedum* ou bâton recourbé qui sert à arrêter la brebis lorsqu'on veut la traire. Une tunique de coton ou de laine blanche lui descend jusqu'à mi-jambe, et le pied est revêtu d'une peau de chèvre attachée avec des courroies. Mais on ne voit plus ces cheveux d'un blond ardent qui donnaient aux Gaulois un air si redoutable. L'usage si général de se raser la tête (2) a prévalu chez les Asiatiques, de quelque religion qu'ils soient. Sans chercher à se faire illusion, on reconnaît quelquefois, surtout parmi les pasteurs, des types qui se rapportent merveilleusement à certaines races de nos provinces de France. On voit plus d'hommes blonds en Galatie qu'en aucun autre royaume de l'Asie Mineure; les têtes carrées et les yeux bleus rappellent le caractère des populations de l'ouest de la France. Cette race de pasteurs est répandue dans les villages et les yaela camps des nomades des environs de la métropole.

CHAPITRE XLVIII.

LES CHÈVRES D'ANGORA.

Il y a bien longtemps que la belle race des chèvres d'Angora a déjà attiré l'attention des voyageurs qui ont parcouru la région très-limitée qu'elle habite. Dès l'année 1554, Busbek, ambassadeur de Hollande, proposait à son gouvernement d'en transporter quelques sujets en Europe. Les voyageurs géographes ont tour à tour émis, dans leurs ouvrages, quelques idées sur les moyens de transporter hors d'Asie, et surtout de multiplier en Europe, cette race de chèvres. L'auteur de ce livre a lui-même, dans diverses publications, traité cette question d'une manière incidente; nous allons résumer ici les renseignements les plus précis recueillis jusqu'à ce jour.

Il est un fait généralement reconnu c'est que cette race de chèvres est renfermée dans un district très-peu étendu, et malgré les avantages que procure cette belle toison soyeuse, le commerce et la manufacture de poils de chèvres se sont toujours renfermés dans la seule ville d'Angora, malgré les tentatives faites par d'autres villes, pour attirer sur leur territoire des sujets de cette espèce.

L'écrivain turc Ewlia vante la beauté et la qualité des races de moutons du plateau de la haute Phrygie, et il ajoute: « Mais rien ne saurait donner une idée

---

(1) Varron, ap. Dureau de la Malle, *Economie politique des Romains*.

(2) Usage qui n'est pas d'origine musulmane, car on voit en Lycie des bas-reliefs très-antiques représentant des figures avec la tête rasée et la houppe de cheveux sur le sommet du crâne.

de la belle toison soyeuse des chèvres d'Angora; on ne saurait trouver ailleurs rien de comparable. »

Le voyageur Busbeck, partant de Nicée pour se rendre à Amasie, ne commença à rencontrer ces chèvres à toison soyeuse qu'à l'est du Sangarius, dans les environs de la ville de Bey bazar qui n'est éloignée que d'une journée de marche d'Angora. Les moutons à large queue étaient également très-nombreux.

La toison des chèvres est, dit-il, presque aussi belle que la soie, d'une extrême finesse, brillante et longue jusqu'à traîner sur le sol. Les bergers n'ont pas l'habitude de la tondre, mais de l'arracher. On lave souvent les chèvres dans les ruisseaux d'eau courante, et on les mène paître dans des cantons qui produisent une herbe verte et maigre, ou un court gazon qui est très-favorable à la finesse de la toison. Il est généralement reconnu que tout changement de territoire ou de nourriture est défavorable à la toison.

Le produit des troupeaux de chèvres est porté à Angora, où les femmes le filent, le tissent, le teignent, et en fabriquent une étoffe soyeuse et brillante, qu'on appelle *cymatilis*, et qui est employée pour les vêtements des sultanes.

Tournefort, en 1711, donna, le premier, le portrait des chèvres d'Angora; il avait traversé la province de Galatie, et affirme, comme l'a fait Busbeck, que le court et fin gazon de ces contrées est très-favorable à la finesse et au brillant soyeux de ces toisons, qui pendent en flocons frisés, et acquièrent une longueur de sept ou huit pouces. Ces toisons ne sont jamais exportées brutes, mais elles sont filées et travaillées dans le pays, pour ne pas priver les habitants de cette branche d'industrie.

A l'orient du fleuve Halys, Tournefort n'a trouvé aucune chèvre d'Angora; mais tous les troupeaux qu'il a rencontrés étaient composés de chèvres communes, de la race de Koniah (chèvres rousses, à très-longues oreilles pendantes), donnant beaucoup de lait, mais dont la toison ne sert que pour la fabrication des feutres. A l'ouest, au contraire, il ne put rencontrer les chèvres d'Angora au delà de Bey bazar.

Vers le sud-ouest, Pococke rencontra les premiers troupeaux vers Sevri hissar. Ainsworth ne trouva pas la race de ces chèvres répandue vers l'ouest, au delà de la jonction des deux branches du Sangarius.

Aucher Éloi, venant de l'orient, rencontra des troupeaux de chèvres blanches, dès son entrée en Galatie, vers Nally khan.

Paul Lucas estime que cette race est renfermée dans un cercle de huit à dix jours de marche, dont Angora occupe la partie supérieure. Cette province porte le nom de Haïmanah. Il attribue aussi à la finesse du gazon la qualité de la toison. Lucas avait pris soin d'envoyer, en Angleterre et en France, quelques échantillons de ces toisons, pour en faire des perruques, les grandes perruques étant de mode alors; mais son projet de commerce ne put avoir de suite, l'exportation des peaux brutes et des toisons étant prohibée.

La filature et le tissage des poils de chèvre est encore aujourd'hui renfermé dans la seule ville d'Angora, et les étoffes qu'on y fabrique ont conservé leur haut prix.

La qualité la plus inférieure du poil de chèvre coûte, à Angora, de douze à quinze francs l'oke (1 kil. 25); la plus belle va jusqu'à soixante-dix francs : aussi est-ce la richesse des habitants d'Angora.

Macdonald Kinneir, qui a traversé plusieurs fois l'Asie Mineure, a rencontré, à l'est de l'Halys, de nombreux troupeaux de chèvres, mais pas une seule de la race d'Angora. Il regarde ce fleuve comme la limite orientale de la race d'Angora.

Ainsworth, venant de l'Halys, rencontra pour la première fois les chèvres d'Angora dans un campement de Turcomans appelé Hassan-Oglou, à l'ouest de la chaîne de montagnes, à une petite journée de marche d'Angora. Quant au développement de cette race, du nord au sud, elle ne dépasse pas les montagnes de Kalatjik au nord, et au sud celles de Seid el ghazy, c'est-à-dire qu'elle est renfermée dans la plaine appelée Haïmanah.

Lorsque Hamilton visita la ville d'Angora, en 1836, il trouva le commerce et l'industrie du poil de chèvre dans un état de décadence relativement aux anciens temps, parce que la jalousie des Turcs à l'égard des Arméniens, qui sont les plus grands détenteurs de troupeaux, avait porté les premiers à établir un monopole sur le poil de chèvre, et le droit d'exportation était réservé aux seuls Musulmans. Mais peu de temps après, un ordre de la Porte rendit de nouveau ce commerce libre. Le nombre des troupeaux de chèvres allait en décroissant.

Tout le montant des exportations ne dépassait pas vingt mille okes, et il y avait très peu de fabriques en activité à Angora même. Cependant, en 1839, Ainsworth calcule que le montant des exportations est beaucoup supérieur au chiffre que nous venons d'indiquer; mais d'après une remarque de son compatriote, peut-être fait-il entrer dans son compte l'exportation de la laine de brebis.

Le géographe turc Ewlia, écrivait en 1648 : « La récolte de leur toison se fait d'une manière particulière; les chèvres ne sont pas tondues comme on tond les brebis, on prétend que cela nuirait à la finesse de leurs soies; mais on arrache la toison brin à brin. Cette cruelle méthode fait pousser aux pauvres chèvres des cris lamentables. Les bergers ont l'habitude de laver leurs corps avec de l'eau de chaux et de la cendre ; le poil tombe naturellement, et le corps de l'animal reste nu. » — Il semble qu'une semblable méthode doit être plutôt nuisible qu'utile, car la racine du poil étant tombée, il ne repousse point. On ne peut nier cependant que l'habitude d'arracher la toison des animaux n'ait été en usage chez les anciens, puisque le nom latin des toisons, *vellera*, vient du mot arracher, *vellere*, et Terrentius Varo (*De re rustica*, liv. III, 11) dit positivement que les bergers de son temps arrachaient la laine des brebis, pour qu'elle repoussât plus fine. D'après cet écrivain, la tonte des brebis aurait passé de Sicile en Italie; mais il atteste en même temps qu'elle était usitée chez les bergers de Cilicie, et qu'elle fut introduite dans la grande Phrygie.

Les anciens écrivains, Strabon, Pline et Varron, ne connaissaient pas la chèvre d'Angora, et c'est à tort que les traducteurs de Strabon ont cru reconnaître cet animal dans les Δορχάς dont parle Strabon. Il est probable que les Δορχάς étaient les moutons sauvages qui sont encore répandus dans les montagnes de la Cappadoce et du Pont.

Il devient à peu près certain que, dans l'antiquité, cette race de chèvres était inconnue à l'ouest de l'Halys, et qu'elle s'est répandue dans les parages d'Angora à la suite des excursions des tribus turcomanes, qui sont les plus parfaits éleveurs de troupeaux. Aucher Éloi recueillit quelques documents à ce sujet, pendant son séjour à Angora, et son voyage contient le passage suivant :

« Les races d'animaux remarquables par la longueur du poil tels que chèvres, chats, ne s'étendent pas dans un rayon de plus de vingt-quatre lieues autour d'Angora, elles ont été apportées dans le treizième siècle. A cette époque, Soliman Schah, tige de la maison des Ottomans, ayant voulu se soustraire à la domination de Gengis Khan, quitta le pays de Kharizme ou des Turcomans, à l'est de la mer Caspienne, chassant devant lui à petites journées les troupeaux de chèvres, dont la horde tirait sa principale nourriture, pour venir dresser ses tentes dans l'Asie Mineure. Il pénétra jusqu'à l'Euphrate; mais, s'étant hasardé à passer ce fleuve à cheval, il s'y noya. Ertoghrul, son fils, s'avança davantage dans l'Anatolie, où régnait alors Ala Eddyn, sultan d'Iconium et de la dynastie des Sedjoukides. Il se soumit à ce prince avec quatre cents familles turques qui lui obéissaient, et rendit au sultan des services signalés. Il en reçut pour récompense le territoire de Sugud, et étendit ensuite sa domination sur le pays situé entre Angora et Césarée.

Ces chèvres seraient donc de la race trans-caspienne, et si elles se sont acclimatées dans ces régions, ne doit-on pas espérer qu'elles pourraient l'être également dans des pays qui jouissent d'un climat analogue.

Elles auraient été transportées dans ces régions au treizième siècle, mais on ignore sur quelle base certaine cette tradition est fondée; seulement nous rappellerons que les chèvres d'Angora, d'après leur origine chorasmienne et leur vie errante, se sont trouvées un jour dans les plaines de la Galatie comme dans leur propre climat : elles ont eu des bergers suivant la même méthode, et se sont trouvées en un mot comme une colonie isolée, qui n'a pas rencontré du côté de l'ouest un pays qui offrît les mêmes analogies, ce qui l'a empêché de se développer de ce côté.

Au contraire, on a observé que ces chèvres, avec leurs longues tresses soyeuses et pendantes, se sont étendues fort au loin vers l'est, dans un grand cercle de contrées de l'Asie antérieure, et que, dans un grand nombre de localités, il y a encore des troupeaux indigènes, dont la toison, comparée avec celle des chèvres d'Angora, paraît être tout à fait semblable. Le professeur Petermann a acheté à Bagdad des gants de cérémonie faits dans le Kurdistan oriental, qui sont tout à fait semblables aux tissus d'Angora.

Ainsworth a trouvé en Assyrie, dans les montagnes à l'est de l'Euphrate, au milieu d'une grande variété de chèvres, une espèce qui, à part sa couleur brune, est tout à fait semblable à la chèvre d'Angora. Elle a, comme elle, de grandes tresses soyeuses et frisées, et des cornes jaunes.

A côté de celles-ci, il y a de grands troupeaux de chèvres, dont la toison est aussi soyeuse et frisée, mais dont la couleur est noire. Ces races s'étendent de proche en proche vers l'est jusqu'à la belle espèce connue de Bokara. On en rencontre aussi dans le Djebel-Djermak dont la beauté n'est pas inférieure à celles d'Angora.

On en fabrique des tapis et des étoffes, qui sont connues sous le nom de camelot; non pas du nom du chameau, dont le poil ne donne qu'une étoffe sans brillant, mais du nom de Seil-el-Kemmel, qui est celui de la chèvre. C'est ainsi que Tournefort appelle les étoffes tissées à Agora.

A mesure qu'on s'élève dans les hauts plateaux de l'intérieur de l'Asie, dans des climats secs et froids, l'espèce des chèvres s'améliore comme en Perse, à Cachemyr et au Thibet, et fournit cette célèbre matière du schall de poil de chèvre, Sa-Ha-La des Chinois, qui se compose non-seulement des poils soyeux de l'animal, mais encore du duvet doux et fin qui croît à la racine des poils.

Corancez, pendant son séjour dans l'Asie antérieure, de 1800 à 1812, a fait, des chèvres d'Angora, l'objet d'un mémoire important, et Tchihatcheff a fait aussi d'excellentes recherches sur le commerce d'Angora et des autres villes de l'Asie Mineure.

Les pasteurs de l'Asie Mineure forment une grande partie de la population du pays, soit comme bergers de brebis, soit comme gardiens de chèvres. Il y a deux espèces de chèvres selon Corancez; la chèvre ordinaire (*capra hircus*), qu'on appelle kara-ketji, et la chèvre d'Angora, appelée chèvre kemmel ou teslik-ketji. On les rencontre souvent paissant ensemble, mais elles ne se mêlent jamais. Les premiers troupeaux que l'on rencontre en venant du nord se trouvent dans la vallée de Tchibouk ova, où ces deux races prennent ensemble leur pâture. La chèvre d'Angora n'est pas seulement une variété plus noble de la race générale des chèvres, c'est plutôt un genre particulier de cette même race. La première est répandue dans toute l'Asie Mineure; la seconde a un canton déterminé, qui ne s'écarte pas du cercle de l'ancienne Galatie, à l'occident de l'Halys, ou Kizil irmak, du groupe de montagnes d'Angora et de leurs environs les plus proches. La chèvre commune d'Asie est très-voisine de la chèvre domestique d'Europe. Cet animal se trouve en Syrie, en Égypte, dans la Natolie et dans tout l'Orient. Sa toison est noire ou d'un brun foncé; le poil en est droit, long, assez fin vers le bout qui s'implante dans le cuir, plus noir et raide à l'extrémité contraire. La chèvre noire se tond tous les ans; son poil est grossier et ne s'exporte pas. Il se travaille sur les lieux; on en fabrique des étoffes rudes, des tentes, des sacs semblables à nos sacs de crin. Celui d'Angora n'est pas plus estimé que celui des autres parties de l'Orient, et vaut, sur les lieux, 1 fr. 30 c. le kilograme.

Sous ce poil et sur la peau même de l'animal est un autre poil plus court et plus fin; on l'obtient en frottant avec de l'eau de chaux la peau de l'animal encore garnie de ses poils : après quelques instants, le poil et le duvet se détachent du cuir et se séparent aisément l'un de l'autre.

Le duvet de la chèvre noire est connu sous le nom de poil de chevron. Il est employé dans diverses manufactures et particulièrement pour la fabrique des chapeaux. C'est surtout pour cet usage que Marseille en tirait une grande quantité. Le duvet des chèvres de Syrie est peu abondant et la qualité n'en est pas estimée, celle qu'on tire d'Angora, d'Erzeroum et du nord de la Perse l'est beaucoup plus. En général, toutes ces laines sont expédiées à Smyrne par les caravanes de chameaux qui partent d'Erzeroum ; de Smyrne, elles sont envoyées en Europe par mer.

En Asie Mineure, le duvet de chèvre sert principalement pour faire des feutres ; cette industrie, qui est d'origine persane, est en grande activité à Ispahan, où l'on fabrique des tapis de feutre de couleur grise ornés de fleurs. On fait aussi des manteaux tout d'une pièce, qui servent dans les tribus nomades, et surtout chez les bergers qui passent les jours et les nuits à la garde de leurs troupeaux.

La chèvres blanche (*tislik gueschi*) est la plus belle espèce des animaux que l'on trouve à Angora. Buffon l'a décrite sous le nom de chèvres d'Angora : sa toison est d'une blancheur éclatante ; les poils qui la composent sont longs, déliés, soyeux et frisés naturellement ; leur finesse est extrême. Tandis que la chèvre noire a le poil aussi dur que le crin, celui de la chèvre gueschi est aussi souple que la laine la plus précieuse des mérinos d'Espagne. Ces poils, longs et frisés, composent seuls toute la toison du tislik gueschi. Aussi déliés à leur extrémité supérieure qu'à leur racine, ils ne sont mêlés d'aucun duvet étranger. Ainsi la laine de chevron appartient exclusivement à la première race, et ce duvet est entièrement étranger à la toison de la chèvre d'Angora.

Cette différence fournit seule un caractère constant qui distingue les deux espèces ; il y en a beaucoup d'autres : tandis que la chèvre noire se multiplie dans tout l'Orient, la chèvre à poils soyeux est particulière au sol d'Angora et des environs. Au delà, la race s'abâtardit, le poil devient plus grossier, on ne trouve plus l'espèce, qui, seule, fait la richesse de la ville qui lui a donné son nom.

Le territoire d'Angora est à plus de huit cents mètres au-dessus du niveau de la mer, il est formé de montagnes qui sont couvertes de neige pendant deux mois de l'année ; aussitôt que la belle saison arrive on y conduit les chèvres, qui y restent jusqu'à l'hiver changeant constamment de pâturages. Les troupeaux sont composés de deux cents à huit cents têtes. Les mâles sont plus hauts que les femelles, leur toison est également blanche et frisée, mais les poils sont plus rudes.

Aujourd'hui, l'usage général est de les tondre avec des ciseaux, après les avoir lavés dans l'eau courante. La toison des femelles dépasse ordinairement le poids d'un kilogramme. La totalité de la récolte est filée sur les lieux mêmes ; l'exportation en est interdite, on ne peut exporter que les étoffes fabriquées.

Lorsque la toison est coupée, on la peigne avec un peigne à longues dents ; elle est ensuite livrée à la filature, qui se fait toujours à la main : c'est l'occupation journalière et constante de toutes les femmes du pays, depuis celles d'un rang élevé jusqu'aux simples bergères. Le rouet est pour ainsi dire inconnu, la quenouille seule est en usage, tantôt fixée sur un pied, elle sert quand la fileuse est assise sur son divan, tantôt passée à la ceinture, elle accompagne la fileuse dans ses promenades et pendant son séjour aux champs.

Les fils de trois brins sont les plus fins et les plus estimés, ils se vendent jusqu'à vingt-quatre francs le kilo. La finesse du fil, aussi bien que sa blancheur et son égalité, en constitue la valeur ; les plus gros sont vendus au même poids infiniment meilleur marché.

M. de Corancez, qui a longtemps séjourné en Orient, et qui, dès le commencement de ce siècle, a appelé l'attention des agronomes de France sur l'utilité qu'il y aurait à y transporter la race des chèvres d'Angora, aussi bien que celle qui fournit le duvet, ne parlage pas l'idée, assez répandue, que ces chèvres ne sauraient quitter leur pays sans dégénérer ; il cite, à ce sujet, la race des mérinos d'Espagne, qu'on croyait tellement attachée au sol, qu'elle disparaissait complètement au dehors de son pays natal.

La ville d'Angora n'est distante de la mer que de trois journées de marche ; nous avons dit, d'ailleurs, que ces troupeaux de chèvres étaient toujours en mouvement. Rien ne serait plus facile que d'en embarquer plusieurs ; on les amènerait par étapes à la mer Noire ; on leur ferait descendre le Bosphore, et on les ferait reposer pendant une quinzaine de jours dans les pâturages de la Thrace, dans la baie de Bésika. On pourrait leur faire faire un second repos dans l'île d'Anti-Milo, que les Grecs appellent présentement l'île aux chèvres, et de là aux parages de la Napoule l'étape ne serait pas fatigante.

Une chèvre d'Angora coûtait, il y a quelques années, de quinze à vingt francs. Les propriétaires, qui sont en grande partie des Arméniens, ne se refuseraient pas d'en vendre. Ce serait peut-être, du reste, un moyen de conserver cette race, qui va d'année en année en diminuant, le commerce de ces régions étant depuis longtemps en décroissance.

Après avoir parlé des avantages que l'on pourrait retirer de l'introduction en France des chèvres d'Angora, il faut bien dire un mot de leur inconvénient. La chèvre est un animal essentiellement ennemi des cultures : rien ne lui est sacré ; les plus jeunes et les plus tendres bourgeons sont ce qu'elle recherche de préférence. Bien plus vive et plus agile que le mouton, elle franchit les fossés et les haies ; aussi, elle est peu répandue dans les pays où la culture est étendue et soignée. Mais les montagnes du département du Var, les Pyrénées, et surtout les vastes Makies de la Corse, lui offriraient un territoire peu différent du sol natal. Les montagnes de Vizzavone, du Vescovato ; les profondes vallées du Monte-Rotondo, seraient pour elles d'autant plus favorables, qu'elles y retrouveraient presque la végétation de l'Asie : les cystes, le myrthe, la plupart des plantes aromatiques de la Galatie se retrouvent dans ces régions.

Florentem citysum et salices carpetisa maras.
(VIRG., *Ecl.*, I, 79.)

CHAPITRE XLIX.

RACES BOVINE ET CHEVALINE.

Si les chèvres et les moutons offrent en Galatie d'admirables produits, la race bovine est loin de présenter un aspect aussi satisfaisant. Les bœufs sont d'une espèce petite et généralement mal coiffée. Le grand bétail exige pour la reproduction et l'entretien beaucoup plus de soins et de frais que les moutons et les chèvres ; il n'est pas étonnant qu'il ait dégénéré. La Galatie nourrissait des troupeaux d'onagres qui occupaient les steppes des environs du lac Salé. Ces onagres erraient dans le sud de la Galatie, dans la Lycaonie et dans la Cappadoce. Il ne reste plus de trace de ces animaux à l'état sauvage en Asie Mineure. Les derniers sujets de cette race ont été refoulés jusque dans les vallées désertes de la Perse. Mais les mules de Césarée de Cappadoce, issues des ânes de la Lycaonie et des juments du Kurdistan, rappellent, par leur vigueur, leur légèreté et la beauté de leurs formes, toutes les qualités que les anciens historiens prêtaient aux onagres de l'Asie Mineure. Quant à la race chevaline, on peut la considérer comme nulle en Galatie. Les Gaulois ont toujours été très-peu portés pour l'équitation. Dans les combats, ils mettaient l'agilité au-dessus de tout autre moyen de défense et d'attaque, et Tite Live fait une remarque qui se trouve parfaitement d'accord avec ce que nous voyons dans les bas-reliefs antiques : « Les Gaulois, dit-il, avant de combattre, se dépouillaient complètement de leurs vêtements, et ne conservaient que leur épée courte et leurs longs boucliers. »

Ce n'est que dans la province de Youzgatt, ancien pays des Trocmiens, que l'on commence à trouver la race des chevaux indigènes, appelés chevaux kurdes. Ce sont les anciennes races mède et assyrienne. Leur tête est osseuse, l'encolure courte, les jambes nerveuses et pelues. Adroits sur les rochers, et infatigables à la course, ces chevaux, comme le bétail de la Galatie, reçoivent une quantité notable de sel mêlée à leur nourriture journalière; il y a même des propriétaires qui laissent, près du lieu où le cheval est attaché, de grands blocs de sel fossile, que le cheval lèche en mangeant son orge.

L'usage de l'avoine étant presque inconnu en Asie Mineure, l'orge fait la base de la nourriture des chevaux. Cet aliment, plus azoté que l'avoine, et susceptible d'une fermentation plus lente, donne un peu moins d'ardeur aux chevaux, mais offre une nourriture plus soutenue. Les chevaux nourris à l'orge sont sujets à prendre du ventre et de l'embonpoint, défaut assez commun aux chevaux de ces contrées.

Les produits de l'agriculture étaient abondants et magnifiques; la plupart des fruits, et même l'olivier, qui ne croît plus dans cette province, y étaient cultivés dans l'antiquité : il est vrai que plusieurs districts étaient privés, comme ils le sont encore, d'un élément bien utile. Le bois ne croît pas dans la partie méridionale de la province ; aussi les anciens avaient-ils donné à cette contrée le nom de *Axylon* (sans bois). Pendant les froids, qui sont assez rigoureux, les habitants se chauffent avec les résidus des bestiaux (1).

TERRITOIRE. — FRONTIÈRES.

Pour achever l'esquisse que nous venons de tracer, il nous reste à dire quelques mots de l'état de la Galatie, de son commerce et de son gouvernement.

Nous avons vu que, dans l'antiquité, les frontières de la Galatie ont varié avec la puissance des tribus gauloises, et selon le caprice des empereurs romains, qui ajoutaient et retranchaient des provinces en proportion de l'amitié qu'ils portaient aux tétrarques, aux princes ou aux proconsuls. Sous les empereurs byzantins, les limites de la Galatie furent portées, vers le nord, jusqu'aux bords de la mer Noire, et cette partie du royaume de Pont, qui en avait été distraite, fut appelée le Pont Galatique. Honorius reprit cette province, et en fit un gouvernement à part, sous le nom d'Honoriade. Lorsque l'empire d'Orient fut divisé en départements militaires appelés *thêmes*, la Galatie vit encore varier ses frontières; mais tous ces changements n'entamèrent jamais la province centrale où s'étaient primitivement établis les Gaulois. Dans l'état actuel, la Galatie occupe les gouvernements d'Eski chéher Dorylée, de Sevri hissar, d'Angora, de Tchouroum, Castamouni et Youzgatt, au delà du fleuve Halys, Kizil-irmak. Toute la partie septentrionale est montagneuse, renferme des mines, des volcans éteints et des carrières de marbre.

Le grand lac salé, que les anciens appelaient *Tatta Palus*, produit naturellement du sel blanc très-pur ; les eaux de ce marais sont tellement chargées de sel, que les plantes et les menues branches qui se trouvent sur ses bords sont en peu de temps couvertes d'une croûte épaisse. Ce lac n'a pas de profondeur; c'est plutôt un grand marais salant; une chaussée le traverse. Dans le sud de la province, on trouve de vastes steppes habités seulement par des nomades. L'orient de la Galatie offre un pays admirable comme nature et comme végétation ; on chercherait en vain, dans le reste de la contrée, des sites comparables aux bords de l'Halys, tantôt sauvages et sombres, tantôt fertiles et gracieux. Les forêts de chênes y sont nombreuses et étendues; le grain donne de magnifiques produits.

Les Turcs, en s'emparant de la Galatie, se trouvèrent en contact avec un peuple dont l'origine et la civilisation étaient tout européennes; Gaulois, Grecs et Romains ne formaient plus qu'une seule famille. Autant la politique des conquérants occidentaux avait été favorable aux véritables intérêts des peuples, autant la politique des Turcs fut fausse et désastreuse. Après cinq siècles de possession, les Turcs sont aussi étrangers aux anciens maîtres de la contrée, que le jour où le sabre du sultan Mourad conquit la ville d'Ancyre.

---

(1) Cf. Xénophon, *Anabasis*; Tit.-Liv., XXXVIII; Strab., *Cappadoce*.

CHAPITRE L.

MARCHE DE MANLIUS PENDANT LA CAMPAGNE DE GALATIE.

La marche de Manlius en Asie a été pour les anciens commentateurs de Tite Live et de Polybe un problème presque insoluble, les contrées que parcourut l'armée romaine étant alors trop peu connues ; aujourd'hui, les explorations des voyageurs modernes ne laissent plus que de légères incertitudes sur la position des villes anciennes. Nous allons présenter ici un résumé de cet itinéraire.

Il est bien évident que la campagne de Manlius contre les Galates ne fut dans le principe qu'une expédition destinée à reconnaître les provinces sud de l'Asie Mineure qui venaient d'être évacuées par Antiochus. Si le but du consul eût été uniquement d'aller soumettre les Galates, il se fût dirigé au nord est, et n'aurait pas pris une route diamétralement opposée vers le sud-est.

La marche de Manlius dans l'Asie Mineure, la direction oblique qu'il prit pour arriver chez les Galates, prouvent, comme on le lui reprocha dans le sénat (1), que son but était autant de piller les villes et d'affaiblir les gouvernements de l'Asie que d'attaquer les Gaulois : car sa route était par la Phrygie Brûlée, c'est-à-dire de Smyrne à Kutavah ; il devait passer le Sangarius au-dessous de Lefké, à peu près au même endroit où il n'arriva qu'après un circuit considérable.

Manlius étant arrivé à Éphèse, L. Scipion lui remit le commandement de l'armée, à laquelle on joignit un renfort de quatre mille hommes d'infantérie romaine et de deux cents cavaliers romains, plus huit mille fantassins et quatre cents cavaliers latins.

L'armée était déjà en route lorsqu'Attale vint rejoindre le consul avec un renfort de mille fantassins et de deux cents cavaliers ; enfin aux environs d'Alabande, l'armée romaine reçut encore d'Athénée frère d'Eumènes et d'Attale un renfort de mille hommes d'infanterie et de trois cents chevaux. L'ancienne armée de L. Scipion se trouvait donc renforcée de quatorze mille hommes et de onze cents chevaux. Elle partait pour un pays inconnu, sans approvisionnements, et sans avoir établi de base d'opération ; elle ne pouvait donc subsister qu'en mettant les villes au pillage. Manlius, parti d'Éphèse, va passer le Méandre à la hauteur de Priène ; c'est là seulement qu'il put trouver des bateaux, dans le voisinage du port de Milet : plus haut, le Méandre n'est pas navigable à cause des bas-fonds et de ses nombreux détours. Pausanias cite, il est vrai, Mélésandre, général athénien, qui avait remonté le Méandre avec ses barques (1) pour passer dans la haute Carie (2) ; mais ce fait est unique dans l'histoire ancienne : Mélésandre mourut vers l'an 414 avant notre ère. L'armée passe le fleuve entre Kélibesch et Sertchinn, précisément à l'endroit où est aujourd'hui le bac du Méandre.

Elle remonta le fleuve en longeant les pentes du mont Latmus, et vint au bourg de Hieracomé, lieu inconnu, et sans doute complétement anéanti par les atterrissements du Méandre, qui, depuis cette époque, a formé un nouveau territoire, et converti en lac le golfe de Milet. De Hieracomé, l'armée arriva en deux jours à Harpasa en Carie. Ce lieu a conservé son nom, et s'appelle aujourd'hui Harpas kalé si. Les ruines de la forteresse existent encore, et elle est située sur une montagne dont la base est défendue par une rivière, qui était le fleuve Harpas, et qui a également conservé son nom Harpa tchaï.

L'armée a marché quatre jours pour faire environ soixante milles. Pendant la halte au bord de l'Harpasus, le consul reçoit des députés d'Alabande, Arab Hissar, ville voisine, qui lui demande du secours, il envoie quatre mille hommes pour réduire un château des Alabandiens.

En quittant ce château, l'armée alla camper à Antioche du Méandre, ville aujourd'hui déserte, et dont les ruines offrent peu d'intérêt. Le bourg voisin porte le nom de Yeni cheher (nouvelle ville), parce qu'il a été bâti avec les débris de la ville ancienne.

---

(1) Tite Liv., lib. XXXVIII, 6.

(1) Ναυσίν.
(2) Pausanias, liv. Ier, 29 § 6

Les habitants de Tabæ de Pisidie, ville populeuse et forte, qui commandait une plaine étendue et appuyée aux contre-forts septentrionaux du Taurus, ne voulurent pas permettre le passage aux armées coalisées. Ils marchèrent contre les Romains, et attaquèrent en plaine des ennemis qui avaient une cavalerie bien montée. Les Pisidiens furent mis en déroute, et la ville de Tabæ en fut quitte pour payer vingt-cinq talents (110,000 francs) et dix mille médimnes (cinquante mille boisseaux) de blé. L'ancienne Tabæ est remplacée par la ville moderne de Daouas. La belle plaine de Daouas produit en abondance du blé et du coton. Ces cantons sont peu peuplés, mais le territoire est fertile et bien arrosé. Les villages environnants sont presque tous situés sur l'emplacement de quelque station ancienne. Le fort appelé Gordio-Teichos se trouvait sans doute au village de Kizilgi buluk; au moins les distances données par des tables géographiques sont-elles assez d'accord avec cette position.

On ne saurait mettre en doute l'identité de Daouas et de Tabæ, cette dernière ville avait pris son nom du mot pisidien Taba, qui veut dire une éminence (1). Or, au milieu de la ville de Daouas il y a précisément un monticule sur lequel est bâti le Konac de l'Agha. On trouve de plus aux environs de nombreux débris d'architecture ancienne.

De Tabæ, le consul se porta en trois jours de marche sur le fleuve Chaos, aujourd'hui la rivière de Karadjik tchaï, et s'empara de la ville d'Eriza qui ne fit aucune résistance. Eriza, est représentée par la petite ville de Kara hissar.

Manlius, au lieu de prendre sa route vers le nord, appuya encore au sud-est, entra dans les montagnes, et alla attaquer les châteaux de Thabusion et de Cibyra, dont les gouverneurs connaissaient à peine les Romains.

La première de ces places commandait le fleuve Indus, auquel on avait donné ce nom parce qu'un Indien y avait été précipité par l'éléphant qu'il montait. Le fleuve Indus est le Dalamon tchaï, qui sépare la Lycie de la Carie. Les ruines de Cibyra ont été reconnues au village de Horzoum; tout y annonce l'existence d'une grande ville : un stade presque entier, des temples, des édifices publics de tout genre, couvrent un espace considérable. Cibyra, en effet, n'avait pas moins de cent stades de tour. Moagète, tyran de cette ville, envoya des députés pour faire sa soumission. Manlius envoya sur le territoire de Cibyra, Helvius avec quatre mille hommes et cinq cents chevaux. C'est alors que Moagète, pour prévenir le pillage du pays, vint en personne au camp de Manlius pour demander l'aman; il en fut quitte pour payer cent talents et dix mille médimnes de blé.

Après avoir quitté le territoire de Cibyra, l'armée marcha sur Syllæum, place inconnue et différente de la Syllæum voisine de Perga.

En quittant Syllæum, on marcha sur Alimna, dont le nom indique le voisinage d'un lac ou d'un marais *Limné*. Alimna est représentée aujourd'hui par Bazar Khan, petite ville située à la base d'une montagne, et dont les abords sont défendus vers le sud-ouest par un vaste marais : c'est aujourd'hui le marché central du district. Au milieu de la ville est une place assez régulière; il y a trois mosquées à minaret. A une petite distance de la rive du lac s'élève une île rocheuse reliée au continent par une jetée, et sur l'île se voient les ruines d'une ville importante : on retrouve à peu près tout le circuit du mur d'enceinte. Dans le village on observe aussi quelques ruines.

Une petite rivière qui passe à l'est de Bazar Khan et se dirige au nord pour aller se jeter dans le Dalamon tchaï, représente le fleuve Caularès, que l'armée passa pour attaquer Sinda, placée au village de Tenghir au pied du Rahat dagh, la montagne du repos. Cette rivière est une branche orientale de l'Indus ou Dalamon. Tenghir est un village de deux cents maisons, situé à l'entrée d'une large vallée et arrosé par une rivière qui coule vers le nord; une mosquée avec minaret est située dans le voisinage d'une belle source. Tenghir est à cinq heures ou trente kilomètres de Hourzoum (1).

(1) Et. Byz., v. *Tabæ*.

(1) *Travels in Lycia*, by Spratt., in-8°, vol. 1, p. 253.

Le lendemain l'armée côtoya le marais caralitique. On reconnaît, en effet, dans cette région un grand lac marécageux dont les bords sont couverts de roseaux et appelé aujourd'hui Sourt gheul. Les terrains voisins abondent en débris d'architecture; des blocs équarris, des colonnes doriques et quelques sculptures mutilées se retrouvent en différentes places.

On marcha ensuite par un chemin montagneux et difficile sur Mandropolis, désignée par Étienne de Byzance comme une ville de Phrygie. La position de Mandropolis, dont le nom signifie ville des étables, est facile à reconnaître dans la grande plaine au nord d'Istenez, où les habitants nourrissent encore de nombreux troupeaux. Les ruines de Mandropolis n'ont cependant pas encore été déterminées d'une manière certaine.

L'armée fit halte à Mandropolis; on s'avança jusqu'à Lagon, ville très-opulente, dont les habitants prirent la fuite, et qui fut livrée au pillage. Lagon est située dans la plaine d'Adalia, au pied même du Taurus, et est représentée par un seul édifice, le caravansérail d'Evdir, où font halte les caravannes d'Adalia. Les ruines de Lagon ne démentent pas la renommée de richesse de cette ville, elles couvrent une grande étendue de terrain et renferment de nombreux monuments.

Le lendemain, l'armée se porta aux sources du Lysis, petite rivière qui sort du lac Kirk gheul et va se jeter dans le Catarrhactès, le Douden, dont l'embouchure est à huit kilomètres à l'est de Adalia.

Au moment où l'armée romaine arrivait en Pamphylie, les habitants de Termessus assiégeaient Isionda, place forte située sur le versant méridional du Taurus, au village de Istenez, qui conserve encore de nombreuses ruines. La ville d'Isionda était prise, mais la citadelle résistait encore : tous les citoyens s'y étaient retirés avec leurs familles et leurs biens. Ils envoyèrent à Manlius une députation pour lui demander du secours ; le consul y consentit, et, revenant sur ses pas, il marcha sur Termessus, dont la position n'était pas moins forte que celle d'Isionda.

Les ruines du Termessus occupent un vaste espace sur un des plateaux du Taurus, au nord ouest d'Adalia, et sur la route de Sagalassus. Le pays est presque désert ; on n'y trouve qu'un caravansérail et une citerne. Ce lieu s'appelle Gulik khan.

Termessus était une des villes les plus riches et les plus populeuses de la Pisidie. Manlius se fit allouer cinquante talents, et termina la guerre entre les deux peuples.

A la nouvelle de cette intervention, les autres villes de la Pamphylie jusqu'à celle d'Aspendus, située à l'extrémité orientale de la province, au village moderne de Bal kiz seraï, traitèrent sur le même pied avec le général romain ; c'est alors seulement, et sur l'injonction des dix commissaires chargés de surveiller ses mouvements, qu'il songea à opérer son retour et à commencer la campagne de Galatie.

A la fin de la première marche, il campa près du fleuve Taurus, un des affluents gauches du fleuve Cestrus ou Ak sou, près de Perga ; et le lendemain il arriva au bourg de Xylino Comé, dans la montagne. Deux jours après il arriva à Cormasa, dont les habitants avaient pris la fuite, et profita de cet incident pour piller la ville et faire un immense butin. Il vint ensuite à Dorsa, qui fut traitée de même ; et, marchant toujours au nord, l'armée arriva près d'un petit lac sans nom qui ne peut être que le lac Kestel gheul, où Manlius reçut des ambassadeurs de Lisinoë, qui vinrent faire leur soumission. Cette ville était au nord de Cormasa ; mais son emplacement est encore inconnu. Le traité conclu, il marcha sur Sagalassus, grande ville des Pisidiens, dont les ruines considérables occupent un plateau et plusieurs vallées au pied du village Aglasoun.

Les environs furent d'abord livrés au pillage ; bientôt après, une députation des Sagalassiens vinrent traiter de la soumission de la ville qui paya cinquante talents, vingt mille medimnes de blé et vingt mille d'orge.

La route entre Sagalassus et Celænæ n'est pas détaillée dans l'itinéraire de l'armée, tout le pays avait été soumis peu de temps auparavant ! L'armée dut mettre cinq jours pour arriver aux sources de l'Obrimas ; elle traversa la vallé de Dom-

30.

bai pour aller camper au bourg Acaridos Comé. Séleucus vint d'Apamée le lendemain pour rendre visite au consul. Il se chargea des malades et de tout le bagage inutile, qui furent conduits à Apamée Cibotos, et fournit des guides pour traverser les montagnes de la Phrygie. La station d'Acaris ne pouvait être éloignée d'Apamée ou Dinaire; et la réunion des deux chefs alliés dut avoir lieu dans la plaine de Sandoukli, ce nom signifie, le village du coffre, comme Apamé Cibotos veut dire Apamée du coffre. L'Obrimas serait le cours d'eau appelé Sandoukli tchaï.

Le même jour, l'armée romaine marcha jusqu'au Campus Métropolitanus, afin d'éviter les montagnes qui sont au sud de Kara hissar. Cette plaine de Métropolis était traversée par la grande route qui d'Éphèse conduisait dans la Cappadoce; elle est représentée par la plaine de Sitchanli, Métropolis était du gouvernement d'Apamée; Diniæ est un bourg inconnu dont il n'est fait mention que dans cet itinéraire.

L'armée alla ensuite camper à Synnada, que l'on place à Kara hissar; toutes ces villes étaient abandonnées et furent livrées au pillage; les soldats étaient tellement chargés de butin qu'ils pouvaient à peine faire cinq milles, 7 kil., 395, en un jour. Nous avons compté cinq heures de marche, 30 kilomètres, de Sitchanli à Kara hissar. De cette ville à Eski kara hissar encore 30 kilomètres, de là à Bayat, qui est Beudos vetus, 18 kilomètres, et enfin 8 kilomètres jusqu'à Eski Kilissia ou Anabura, toutes localités que nous avons décrites (1) ainsi que la rivière Alander.

On voit en effet, d'après ces distances, que l'armée romaine marchait très lentement.

Abassus, que l'armée atteignit le troisième jour après avoir quitté Beudos, était sur le territoire des Tolistoboiens, et par conséquent hors du pays montagneux de la Phrygie.

La position de Geumek keui où l'on trouve quelques restes peut convenir à Abassus. On fit en ce lieu une halte de plusieurs jours.

Les députés des Oroandiens vinrent trouver Manlius; leur ville d'Oroanda était située sur la frontière nord de la Pisidie; leur nom seul indique qu'ils habitaient un pays montagneux au nord. Les ruines d'Oroanda ont été reconnues au village de Arvan keui, situé près d'un petit lac entre deux montagnes au nord de Sidi chéri. Manlius leur accorda la paix moyennant deux cents talents.

L'armée traverse ensuite la contrée sans bois nommée Axylon, c'est l'immense plaine qui de Seid-el-Ghazi s'étend jusqu'à Sévri hissar.

On trouve presque à chaque station dans cette plaine d'anciens cimetières contenant des débris de colonnes et des fragments d'architecture. Tous ces villages ont le même caractère; il est difficile de les identifier avec d'anciennes cités. L'armée marchait au nord-est pour atteindre la branche sud du Sangarius; elle traversa la ville de Tyscon, passa par Plitende pour aller camper à Alyatti. Le lendemain, elle campa à Cuballum, où elle fut attaquée par un corps de Gaulois.

Le château de Cuballum était sur l'emplacement de Tchaudir, sur le Sangarius; ce fut de tout temps la route suivie par les armées. On y voit un pont byzantin qui paraît être le pont de Zampus mentionné par les historiens (1). Mais ce pont n'existait pas alors.

Manlius s'étant avancé jusqu'au fleuve, reconnut qu'il n'était pas guéable; il y fit jeter un pont, et l'armée franchit le Sangarius. Pendant qu'elle suivait la rive du fleuve, les Galles, prêtres de Cybèle, envoyés de Pessinunte, vinrent au devant des Romains, et annoncèrent que la déesse leur accordait sa protection. Pessinunte est le village de Bala hissar, au sud-est de Sevri hissar. Manlius, pour gagner le pied de l'Olympe, tourna ensuite à l'ouest, pour se rendre à Gordium, ville qui était proche du Sangarius (2). Quoique l'emplacement ne soit pas encore positivement déterminé, on peut sans se tromper grandement, la mettre dans le voisinage de Nally khan, petite ville de Bithynie sur la route d'Angora. Gordium était célèbre par

(1) Voyez page 434.

(1) Anne Comnène, page 472; Nicéphore Bryenn., II, p. 52.
(2) Strabon, XII, 568.

son oracle, son nom fut ensuite changé en celui de Juliopolis. Manlius trouva la ville pleine de marchandises, et fit un riche butin : la place était déserte (1). Manlius apprit de son allié Eposognatus que les Gaulois refusaient tout arrangement, et que les Tolistoboiens s'étaient retirés dans les hautes vallées de l'Olympe. Les Tectosages occupaient le mont Magaba ; cette montagne était à l'est d'Ancyre, et paraît être identique avec l'Elma dagh. Le reste de la nation, les Trocmiens, s'étaient retirés dans des camps retranchés ou des Oppida, à l'abri desquels ils croyaient pouvoir braver les armes romaines.

Ces trois peuples avaient alors pour chefs Ortiagon, Combolamare et Gaulotus. Plusieurs de ces Oppida ont été retrouvés dans les montagnes au-dessus d'Ancyre, et notamment à Kizil euren. Les Gaulois ne pouvaient croire à une attaque des Romains ; ces derniers avaient reconnu que du côté du midi la montagne était accessible, tandis que du côté du nord les rochers étaient coupés à pic.

L'attaque des Romains fut aussi vigoureuse que bien combinée ; les Gaulois, forcés dans leurs retranchements après une résistance héroïque, furent contraints de faire leur soumission. Cet effort suprême pour conserver leur indépendance coûta aux Gaulois quarante mille des leurs tombés sous les coups des Romains, et dix mille prisonniers.

CHAPITRE LI.

VILLES DE LA GALATIE SALUTAIRE.

On a donné le nom de Galatie Salutaire, Galatia Salutaris, à la région sud de cette province, à cause des sources thermales qui abondent dans certains cantons ; c'est la contrée qu'on appelle aujourd'hui Haïmanah ; son caractère principal est d'être à peu près complétement privée de bois, aussi les Grecs la désignaient-ils sous le nom de Axylon. Les habitants alors comme aujourd'hui se procuraient les éléments

(1) Voyez page 465.
(2) Tit.-Liv., Liv. XXXVIII, ch. 12-22.

du chauffage au moyen de la fiente des bestiaux.

Le Haïmanah se compose d'un vaste plateau élevé en moyenne à sept cent cinquante mètres au-dessus de la mer, bien arrosé par le Sangarius, dont le cours forme un grand arc de cercle ouvert vers le nord, et d'une infinité de sources abondantes.

Aussi, malgré la pénurie de bois, cette province était-elle, dans l'antiquité, couverte de villes dont on retrouve à peine les vestiges. Les principales villes de la Galatie Salutaire qui devinrent plus tard des évêchés sont les suivantes :

Pessinus, Tricomia, Plitendus, Tyscon, Germa, Amorium, Abrostola et Orcistus. De ce nombre il y en a trois dont l'emplacement est encore inconnu : elles sont toutes situées au sud de la route qui joint Séid el Ghazi à Sévri hissar.

Il est presque impossible de déterminer les limites de cette province du côté du sud, attendu que depuis la conquête romaine jusqu'à la fin de l'empire byzantin, elles ont été très-variables, et se sont étendues jusque dans la Phrygie Parorée ; la Galatie, sous le gouvernement d'Amyntas, a même enclavé dans ses frontières la Pisidie et l'Isaurie.

Si les études qui ont été faites dans ces dernières années laissent encore quelques lacunes dans la liste des anciennes villes, la détermination du cours du Sangarius et du site de Pessinunte a permis d'établir un réseau géographique plus exact, conforme aux données historiques. Les sites d'Amorium et de Germa complètent les traits les plus saillants de cette topographie, et aujourd'hui les voyageurs géographes peuvent s'établir sur une base plus certaine pour retrouver les anciennes villes restées inconnues.

La distance entre Séid el Ghazi et Sevri hissar, est de seize heures de marche d'après le tarif de la poste, mais en réalité elle n'est que de quatre-vingts kilomètres. La route, qui suit la direction de l'est, n'est variée par aucun accident de terrain : c'est toujours une plaine nue plus ou moins ondulée, dans laquelle de nombreux torrents d'hiver portent leurs eaux au Sangarius; mais pendant l'été toute la contrée est d'une aridité désolante. Plusieurs petits centres de population sont épars sur la route : on trouve dans chaque cimetière des débris d'architecture tirés de quelque ville détruite et oubliée.

Le village de Keimaze est à sept heures de marche de Seid el Ghazi. Il a été reconnu par Macdonald Kinneir pour occuper l'emplacement de l'ancienne Tricomia (1); il est situé au bord d'un ruisseau et ombragé de quelques arbres, chose rare en ces cantons. Les habitants sont tous pasteurs et agriculteurs. Le village se compose d'une soixantaine de maisons, dans la construction desquelles on aperçoit quelques vestiges de monuments antiques; plusieurs fragments d'inscriptions attestent qu'à l'époque byzantine c'était encore une place d'une certaine importance. Le nom de Tricomia n'apparaît dans aucune d'elles; mais sa position sur la route de Germa, ville déterminée par le même observateur, et sa distance de Dorylœum, ont suffi pour faire admettre l'identité de ces deux places. Dans une nouvelle visite aux ruines de Tricomia faite par M. Barth, il a remarqué près de la mosquée un grand sarcophage et une inscription relative à un proconsul de Phrygie.

La connaissance de la position d'Abrostola nous manque pour rétablir complétement la route entre Dorylœum et Amorium, en passant par Pessinunte : elle est donnée par la table de Peutinger de la manière suivante.

Dorylœo.   Pessinus XXI.
Midœo XXVIII.   Abrostola XXIII.
Tricomia XXVIII.   Germa XXIII.

CHAPITRE LII.

YERMA—GERMA.

Germa, une des principales stations sur la grande voie militaire qui traversait l'Asie, était située sur la rive du Sangarius. Macdonald Kinneir en a déterminé l'emplacement au village de Yerma, où il a retrouvé les sources

(1) Carl. Ritter Erdkunde, XVIII, 573.

thermales qui faisaient la renommée de l'antique Germa.

Ce fut d'abord une colonie romaine; sous les empereurs byzantins elle fut érigée en siège épiscopal, et faisait partie de la Galatie Salutaire. D'après la chronique de Théophanes elle reçut de Justinien le nom de Myriangélos, et l'empereur y fit construire des thermes et un hospitium pour les malades.

Le village moderne de Yerma conserve quelques restes de ces anciens édifices, et le nom même de la ville paraît dériver du mot sanscrit *Gharma*, bains, d'où les Grecs auraient pris celui de *Therma*, dont la signification est la même.

Un grand nombre de sources prennent naissance sur les flancs d'une vallée fertile, et se réunissent pour aller se jeter dans le Sangarius. Quoique tout indique dans ces lieux un état de décadence et d'abandon, on voit cependant qu'à une époque antérieure, une population nombreuse a dû habiter ces vallées, et cultiver ces plaines aujourd'hui en friche ou laissées à la vaine pâture. La population chrétienne a presque entièrement disparu, et est remplacée par des tribus turcomanes qui sont en partie nomades; l'élève des bestiaux, des chevaux et surtout des chèvres forme leur principale richesse; quoique ces plaines soient brûlantes pendant l'été, l'hiver ne laisse pas que d'y être assez rigoureux. M. Barth, qui voyageait pendant l'hiver de 1858, ne nous a pas laissé de documents sur la hauteur du thermomètre, mais la température de ses doigts indique assez qu'il ne faisait pas chaud, ce qui l'empêchait de dessiner et de faire d'aussi belles triangulations qu'il l'eût désiré. On est glacé rien qu'en lisant son itinéraire. « La nuit fut extraordinairement froide, dit-il, en quittant Sévri hissar, et le 13 décembre, la nuit fut de nouveau très-froide ». En effet les habitants de la Galatie attestent que l'hiver la neige reste quelquefois plusieurs semaines sur la terre, ils n'ont pour se chauffer que quelques épines ramassées pendant l'automne, et que l'on garde précieusement pour allumer la fiente des bestiaux séchée, le seul combustible connu dans ces cantons. Il est curieux de voir tous les enfants dressés à recueillir *in situ* les éléments de leur chauffage, qui sont d'abord collés sur les murailles du village, ensuite mis en réserve dans de grandes fosses pour achever de sécher, et enfin convertis en mottes à brûler en y mêlant un peu de paille hachée.

On ne saurait se faire une idée de l'odeur que contractent tous les objets d'un village chauffé de cette manière: les hommes comme les femmes, les meubles comme les animaux portent avec elles ce parfum musqué remarqué par les voyageurs, chez tous les peuples de la haute Asie, et qui chez les Chinois, est porté à l'extrême. Tous les villages et toutes les villes de la Galatie et de la Cappadoce font usage du même procédé de chauffage: on conçoit quelle précieuse ressource est enlevée à l'agriculture par la combustion des fumiers; les habitants ne peuvent remédier à cette pénurie que par le système des jachères et des terrains laissés à la vaine pâture, mais les bestiaux sont assez nombreux dans ces régions pour suffire aux besoins de la population, qui vit très-sobrement. Les bœufs et les moutons sont rarement envoyés à la boucherie : on ne mange dans le pays que la chair des chèvres, ces coutumes s'étendent depuis les bords du Sangarius jusqu'à ceux de l'Euphrate, et au nord jusqu'à Erzéroum.

Orcistus, ville et siége épiscopal de la Galatie Salutaire, n'est plus aujourd'hui qu'un amas de ruines situées à quelques milles au sud-est du village d'Alékian; l'identité de ces ruines a été reconnue par Pococke, et M. Hamilton a retrouvé des inscriptions qui lèvent tous les doutes qui pouvaient exister à cet égard.

Alékian est située à quatorze milles, 18 kilomètres, au sud de Sevri hissar. La route suit une vallée étroite et bien cultivée, qui se prolonge pendant cinq milles; huit milles (1) plus loin, on descend dans la plaine du Sangarius. Le village de Tchandir est construit sur la rive gauche du fleuve, qui en cet endroit est profond; on le passe sur un vieux pont de pierre construit avec des matériaux antiques arrachés aux ruines environnantes, on y remarque quelques vestiges d'inscriptions et de fragments de bas-reliefs : le nom ancien de Tchandir est Cuballum.

Alékian, qui est à peu de distance et au sud du fleuve, est habité par des familles turcomanes qui passent la belle saison aux pâturages.

Au nombre des inscriptions qui existent encore dans le cimetière et que M. Hamilton a copiées, il en est une qui contient un décret des habitants d'Orcistus en l'honneur de l'empereur Hadrien. Sur un piédestal on lit une autre inscription contenant le nom du peuple ΟΡΚΙΣΤΗΝΟΙ, les Orcisteniens : ces inscriptions ont été apportées d'une localité voisine distante de trois ou quatre milles d'Alékian.

Là se trouvent les vestiges d'une ville importante; les fragments de colonnes, les piédestaux, les pierres tumulaires couvrent le sol: on reconnaît parfaitement les fondations de plusieurs grands édifices, des temples ou des églises construits en blocs de marbre et de pierre calcaire.

La charrue passe aujourd'hui sur tout le sol cultivable, et la levée d'un moulin à eau est faite avec des pierres antiques parmi lesquelles on remarque un piédestal couvert d'une inscription latine, la même qui fut copiée par Pococke.

AMORIUM.

Amorium était située sur la route de Dorylæum à Archelaïs passant par Pessinunte : elle appartint d'abord à la grande Phrygie et plus tard elle fut comprise dans la province de la Galatie Salutaire. Pendant toute la période romaine cette ville n'acquit aucune célébrité : elle commence à devenir une place importante, lorsque l'empire byzantin fut menacé par les hordes musulmanes. Placée sur la frontière des possessions seldjoukides, défendue par une rivière qui ne pouvait être franchie à gué, et dominée par une montagne sur laquelle on avait établi une forteresse, Amorium devint la principale place forte de la province, et couvrait Ancyre et la route de la Bithynie. L'empereur Zénon l'Isaurien y

(1) Le mille anglais, 1609 mèt.

fit faire d'importants ouvrages ; selon Cedrenus, il la reconstruisit presque entièrement.

L'emplacement d'Amorium a été déterminé par M. Hamilton au village de Assar keui, dominé par un vieux château que les indigènes appellent Hergan kalé. Une colline isolée, d'un demi mille de circonférence, s'élève presque au centre de la vallée, dans laquelle se trouvent les ruines de l'ancienne ville : l'acropole qui la domine était construite en pierres brutes dans lesquelles sont encastrés de grands blocs de marbre encore en place. On retrouve les débris des tours qui défendaient la muraille, mais dans l'intérieur ce n'est qu'un amas de ruines inextricables qui laissent à peine voir la direction des rues. Le quartier principal de la ville était au sud de la citadelle, et se distingue par un amas de débris, de corniches, de colonnes et d'architraves de marbre. Dans la région sud-est s'élèvent les ruines d'un grand bâtiment rectangulaire, peut-être le Gymnase, et à un quart de mille de l'acropole se trouvent deux grands édifices qui peuvent avoir été des églises. Dans la première on voit encore plusieurs arcades debout, et dans l'autre seulement les piliers. A l'est de l'acropole s'étend une petite vallée dont les flancs rocheux ont été en partie excavés, et sur la pente de l'ouest on retrouve plusieurs chambres sépulcrales taillées dans le roc vif.

Lorsque le calife Haroun al Rachyd marcha sur Angora à la tête de son armée, il laissa son lieutenant Almalik ibn Salih faire le siége d'Amorium. Sous le règne de Théophile, en 849, cette ville arriva à son haut degré de prospérité : elle devint la principale place de commerce du pays. L'empereur y fit construire un palais et d'autres édifices; mais cet état de prospérité fut constamment troublé par les incursions des tribus arabes. Assiégée et prise par le calife Motassem, Amorium fut réduite en cendres, et ses habitants vendus comme esclaves. Les derniers survivants des valeureux défenseurs de la ville s'étaient fortifiés dans une église où ils furent faits prisonniers. Le siége coûta la vie à soixante-dix mille musulmans, trente mille chrétiens furent massacrés dans la ville, et un pareil nombre fut épargné parce qu'on espérait en tirer rançon ; quarante des principaux prisonniers furent d'après les ordres du calife envoyés à Bagdad, jetés dans les fers et décapités après une longue détention. L'Église grecque honore le souvenir de ces victimes par la fête des quarante martyrs d'Amorium.

La domination musulmane ne parvint pas cependant à s'établir sur ces contrées : les Grecs restèrent maîtres de la Galatie, et Amorium se releva de ses ruines sans cependant reprendre le rôle important qu'elle remplissait au neuvième siècle. En l'année 1068, l'empereur Romanus Diogène se mit en campagne contre les tribus seldjoukides qui s'avancèrent jusqu'à Amorium. L'empereur Alexis Comnène partit de Nicée en 1110, traversa les villes d'Armeno Castrum et de Leucæ, et arriva à Dorylœum. De là il marcha sur Santabaris, où il divisa son armée en deux corps; le premier marcha contre Polybotum, et le second, sous les ordres de Stypeotes, fut envoyé pour attaquer Amorium alors au pouvoir des Turcs, et qui furent battus par les Grecs.

Le petit nombre d'habitants qui restaient dans cette ville, sans cesse en butte aux attaques des tribus turques et seldjoukides, se retira sous la protection des émirs de Sevri hissar, qui avaient formé autour de leur cassaba un centre de population, et la ville byzantine fut complétement abandonnée. Il ne paraît pas que sous la domination des sultans elle ait jamais eu la moindre importance, car on n'y observe aucune ruine de mosquée ou de bains, les premiers monuments qui signalent l'établissement des musulmans dans une ville (1).

Au nombre des affluents du Sangarius qui arrosent ces régions, il en est un plus célèbre que les autres, et qui a été mentionné par plusieurs auteurs, mais dans des termes qui laissent plus d'une difficulté à résoudre, nous voulons parler du fleuve Gallus.

Nous avons placé ce fleuve d'après Strabon, et d'après l'avis de plusieurs géographes modernes, dans le voisinage de Leucæ, Léfke, où il passe sous le

(1) Voy. Carl. Ritter, t. I, 449.

nom de Bédré tchaï, mais Pline (1) met expressément le Gallus au nombre des fleuves de Galatie : il ajoute que c'est du Gallus que les prêtres de Cybèle ont pris le nom de Galles, Hérodien (2) est plus explicite : « Autrefois les Phrygiens, dit-il, célébraient à Pessinunte les orgyes sur le bord du fleuve Gallus, qui coule près de la ville, et duquel tirent leur nom les prêtres de la déesse qui sont eunuques. » Il est certain que ce ne peut être le même fleuve qui appartient à la Bithynie, et qui va se jeter dans le Sangarius, près de Leucæ. Strabon seul autorise la supposition d'un fleuve Gallus, prenant naissance dans les vallées de l'Olympe ; mais comme d'autre part nous avons reconnu un grand nombre d'affluents du Sangarius, qui n'ont d'autre nom que celui du village où ils passent, nous sommes disposé à croire que celui de ces affluents qui prend naissance dans les montagnes de Sévri hissar et de Pessinunte, et qu'on appelle aujourd'hui Gunesch dagh, la montagne du soleil, pourrait bien être le vrai Gallus de Pline et d'Hérodien. Ajoutons qu'on peut admettre deux fleuves Gallus, comme on reconnaît deux monts du nom de Dindymène, tous deux consacrés à Cybèle, et par conséquent fréquentés par les Galles. Étienne de Byzance met aussi le Gallus au nombre des montagnes de Phrygie, et dit qu'il s'appelait d'abord Térias. Ovide dans ses fastes nomme aussi le Gallus comme faisant partie de la même province (3). Les prêtres de Cybèle, en buvant de ses eaux, entraient en fureur et portaient sur eux-mêmes une main sacrilége. Le fleuve de Bithynie était trop éloigné du centre religieux des Galles ; on est donc en droit de supposer deux fleuves du même nom, le dernier coulant près de Pessinunte : alors la difficulté soulevée par les auteurs, cités plus haut, serait résolue.

(1) Liv. V, 32.
(2) Liv. I, ch. 2.
(3) Ovid., liv. IV, 363.

CHAPITRE LIII.

PESSINUNTE.

Les trois peuples galates, en s'établissant dans la Phrygie, choisirent la meilleure partie de cette contrée, dont ils formèrent trois districts. Les Trocmiens s'engagèrent plus avant vers l'est, et allèrent s'établir aux environs du fleuve Halys. Tavium fut leur capitale. Les Tectosages occupèrent le territoire d'Ancyre, et les Tolistoboïens se fixèrent sur les bords du Sangarius, et choisirent pour métropole Pessinunte, la ville la plus importante et la plus célèbre de la contrée. Il nous reste peu de documents sur les événements qui se passèrent au moment de l'établissement des Gaulois dans ce pays. Ces provinces étaient déjà soumises aux rois de Pergame, et paraissent néanmoins s'être résignées facilement à la domination nouvelle, car les Gaulois, par une politique bien entendue, ne portèrent aucune atteinte aux prérogatives des prêtres et du temple de la mère des dieux, qui jouissait d'une célébrité immense dans toute l'étendue du monde ancien. La mythologie, comme l'histoire, s'accorde pour montrer que le culte de Cybèle est originaire de Phrygie, et qu'il fut transporté sous différents noms chez les divers peuples de l'Europe. Selon la tradition, le culte de Cybèle ne serait pas antérieur à l'arrivée des Phrygiens dans la contrée, car les mythologues placent la fable d'Agdis sous le règne de Midas, qui habitait à Pessinunte (1). Cybèle, dans un accès de jalousie, vint troubler les noces d'Agdis et de la fille de Midas, et força les portes de la ville pour arriver dans la salle du festin. C'est depuis ce temps que les Phrygiens la représentaient avec une couronne de tours. Son culte se répandit dans toute la Phrygie, et particulièrement dans les monts Bérécynthe, Dindymène et Ida, qui donnèrent en même temps leurs noms à la déesse. Midas lui bâtit dans Pessinunte un temple magnifique, et institua des sacrifices qu'on offrait annuellement à la mère des dieux (2). Atys,

(1) Arnobe, *Adversus gentes*, lib. IV.
(2) Diod. Sicul., III, V.

pleuré par Cybèle, reçut aussi les honneurs divins dans Pessinunte ; on lui éleva un temple, et on institua des sacrifices en son honneur. On voit par ces traditions que l'origine de Pessinunte remontait même, selon l'opinion des Grecs et des Phrygiens, à une antiquité très-reculée ; mais on ne cite pas le nom de son fondateur, et plusieurs grammairiens font dériver son nom du mot grec qui signifie *tomber* (πέσσειν). Les uns disent qu'elle fut ainsi nommée à cause de la pierre qui tomba du ciel, et que l'on regarda comme une figure de la mère des dieux ; c'est l'opinion d'Hérodien, qui l'exprime en ces termes (1) : « La statue de la déesse vient du ciel si l'on veut s'en rapporter à la tradition. On n'en connaît pas l'ouvrier, et l'on est persuadé qu'aucun homme n'y a mis la main. On raconte qu'elle tomba en Phrygie dans la ville de Pessinunte, qui a tiré son nom de cet évènement. » Selon Étienne de Byzance, elle fut ainsi nommée à cause de la chute de la colline où était enterré Marsyas (2). Le même écrivain prétend que cette place s'appelait primitivement Arabyza.

Antérieurement à l'invasion des Galates, Pessinunte avait suivi le sort de toute la Phrygie, et avait passé successivement sous la domination des Assyriens, des Lydiens et des Perses. Il ne paraît pas que cette ville ait joui dans toute cette période d'un pouvoir politique autre que celui qui dépendait du culte de la déesse. La vénération qui s'attachait à la statue mystérieuse tombée du ciel, suffisait pour donner à la ville une existence brillante, à cause des offrandes que les peuples et les rois de l'Asie y apportaient à l'envi ; et les ruines que l'on observe aujourd'hui, sont là pour attester qu'elle n'avait point d'égale pour la magnificence de ses temples et de ses édifices publics.

L'ancien temple de la mère des dieux fut renouvelé par la munificence des Attales ; mais la jalousie de Rome, qui voulait posséder dans son sein tout ce qui était propre à en imposer aux peuples, soit comme puissance, soit comme sainteté, demanda et obtint la statue qui, d'après les livres sibyllins, devait donner au peuple romain un pouvoir formidable.

Hérodien raconte d'une manière différente de Tite Live le prodige qui s'accomplit au moment de l'arrivée de la déesse dans les eaux du Tibre (1) dans son récit il n'est pas question de Scipion Nasica.

« Lorsque les Romains eurent jeté les fondements de cette grandeur où ils sont depuis parvenus, ils apprirent par un oracle que leur empire se soutiendrait et irait toujours en augmentant s'ils faisaient venir à Rome la déesse de Pessinunte. On députa alors vers les Phrygiens, et l'on obtint sans peine ce qu'on demandait. On mit la déesse sur un vaisseau qui, étant arrivé à l'embouchure du Tibre fut arrêté soudain par une force invisible et insurmontable ; tous les efforts que l'on put faire furent inutiles, lorsqu'une vestale qui était sur le point d'être condamnée pour avoir violé son vœu de virginité demanda qu'on s'en rapportât au jugement de la déesse. Ayant attaché sa ceinture à la proue du navire et fait une invocation à la déesse, le navire suivit comme de lui-même au grand étonnement du peuple, qui reconnut la puissance de cette nouvelle divinité. »

La fête de la Translation fut renouvelée annuellement à Rome, et Denys d'Halicarnasse rapporte que tous les ans, le 6 des calendes d'avril, un homme phrygien et une femme de la nation y faisaient l'office des prêtres, et portaient la déesse par la ville, en ramassant des aumônes pour les besoins du temple et des ministres qui le desservaient. Il est très-difficile d'éclaircir ce qui est relatif à la tradition touchant cette divinité phrygienne. Plusieurs peuples de l'antiquité ont adoré les dieux sous le simulacre de pierres plus ou moins informes. La Vénus des Phéniciens était une pierre conique. Il ne paraît pas que la pierre de Pessinunte ait porté la moindre trace de travail ; et si nous en croyons Arnobe, témoin oculaire, elle était noire, irrégulière, et avait par conséquent tous les caractères d'un aéroli-

---

(1) Hérodien, liv. 1, ch. 2.
(2) Verbo Πεσσινούς.

(1) Hérodien, *loc. cit.*

the; ce qui expliquerait le sentiment de crainte et de respect de ces peuples primitifs pour un phénomène encore si peu expliqué, et ôterait à ce fait son caractère absolument fabuleux.

Voici la description qu'en donne l'auteur chrétien : « Ce n'est pas autre chose qu'une pierre noire de petite dimension apportée de Phrygie et qui ne porte aucune trace du fer ou du travail de l'homme; elle est d'une couleur foncée et noire, d'une forme inégale avec des angles proéminents, et nous l'avons vue nous-même fixée à la place de la bouche de la statue, ce qui nuit à l'expression de la figure (1). » Cet usage d'enchâsser la pierre dans le visage d'une statue, pour y tenir lieu de bouche, est confirmé par deux vers de Prudence.

Il faut peut-être voir l'image de cette pierre mystérieuse dans les *bœtyles* que les prêtres de Cybèle gardaient sur la poitrine, et dont quelques-uns étaient gravés, et portaient la figure de la déesse, ainsi qu'on le remarque dans un dessin donné par Montfaucon (2). Ce simulacre, conservé précieusement à Rome, fut transporté par l'empereur Héliogabale, ainsi que le feu de Vesta et le palladium, dans un temple qu'il avait fait élever au dieu dont il portait le nom (3).

Quoique Pessinunte eût été très-célèbre dans l'antiquité par le culte de la mère des dieux, qui attirait des adorateurs de toutes les parties du monde connu, nous la voyons disparaître dans les premiers siècles du christianisme, et tomber dans un oubli si profond, que de nos jours son emplacement même était inconnu. Les voyageurs qui parcourent l'Asie dans les deux siècles derniers la cherchent vainement sur les bords du Sangarius, sans s'écarter de quelques milles du fleuve, pour retrouver la route qui joignait Nicée à Amorium, sur laquelle la ville était située, d'après les tables et les itinéraires. C'est à cette persistance à trop s'approcher du fleuve qu'ils durent le peu de succès de leurs explorations.

En cherchant les traces de Pessinunte,

(1) Arnobe, *loco citato*.
(2) Montfaucon, *Dessin d'un archigalle*.
(3) Lampridius. Hist. Aug.

j'étais moi-même disposé à suivre le grand cours du Sangarius, en négligeant les affluents méridionaux, dont les voyageurs n'avaient pas assez tenu compte. Lorsque j'explorai la plaine qui sépare Seid el Ghazi de Sevri hissar, je reconnus les ruines de plusieurs places, dans lesquelles on remarque de nombreux fragments antiques, mais j'avais négligé d'en déterminer le nom, préoccupé que j'étais de la recherche de Pessinunte, dont la topographie est donnée par Strabon, en ces termes :

« Pessinunte est la place de commerce la plus considérable de ce canton ; c'est là où est le temple de la mère des dieux, qu'ils nomment *Agdistis*, et pour laquelle ils ont une grande vénération. Les grands prêtres de ce temple étaient anciennement des espèces de souverains, qui jouissaient de revenus considérables attachés à la prêtrise. Aujourd'hui leur autorité est beaucoup diminuée; mais le commerce de Pessinunte subsiste toujours. Le temple et les portiques de marbre blanc, dont la construction est due aux rois de Pergame, ornent le bois sacré d'une manière digne de la sainteté du lieu ; et les Romains en ont augmenté la célébrité en transportant de Pessinunte à Rome, d'après les oracles de la Sibylle, la statue de la déesse, de même qu'ils avaient fait pour l'Esculape d'Épidaure. Au-dessus de Pessinunte, s'élève le mont Dindymum, ce qui a fait donner à la déesse le surnom de Dindymène, comme elle a été nommée Cybèle des monts Cybèles. Près de la ville coule aussi le fleuve Sangarius, sur lequel on retrouve les anciennes habitations des Phrygiens, savoir celles de Midas, et avant lui de son père Gordius et de quelques autres. Elles n'ont même pas conservé de traces de villes ; ce ne sont plus que des bourgs, un peu plus grands que les autres (1). » Pessinunte n'était pas, comme nous le voyons par l'itinéraire d'Antonin, sur le chemin d'Ancyre à Dorylée, d'Eski cheher à Angora, mais se trouvait à une petite distance de cette route, et à seize milles de Germa. Strabon, en mentionnant le bourg de Sangia, où se trouvait la source du Sangarius, et en évaluant

(1) Strabon, liv. XII, p. 567.

à cent cinquante stades, la distance de ce lieu à Pessinunte, ne dit pas que cette dernière ville fût sur le bord du fleuve (1). Il fallait donc trouver, pour satisfaire aux données de la question, une ville située au pied d'une montagne, et dans les conditions itinéraires mentionnées ci-dessus. Rien de tout cela ne se rencontrait dans les ruines nombreuses qui couvrent la plaine de Sevri hissar. Je me dirigeai donc vers cette ville pour me rapprocher du bassin du fleuve.

CHAPITRE LIV.

SEVRI HISSAR.

On aperçoit le château de Sevri hissar douze heures avant d'y arriver. Dans toute notre route, nous ne rencontrâmes qu'un seul village appelé Kaïmaze ; nous en passâmes à une lieue. Après neuf heures de marche, nous fîmes halte près de quelques cabanes, dans le hameau de Tchifleler. Quelques familles exploitent une ferme du gouvernement. En sortant de ce village, on traverse un ruisseau qui va se jeter dans la Sakkaria ; un autre cours d'eau du même nom coule du sud au nord ; mais ce n'est pas le Sangarius. Les habitants ont donné le nom de Sakkaria à tous les affluents du fleuve qui arrosent cette plaine. C'est sans doute la cause de plusieurs erreurs géographiques que l'on remarque sur les cartes.

Sevri hissar commande une vaste plaine, qui s'étend en tous sens à plus de dix-huit milles ; la ville est dominée par une montagne, formée par un soulèvement de syénite, sur laquelle est bâti un château ; mais on n'y trouve pas les traces d'une grande cité antique. Quelques débris de marbre épars dans les cimetières sont, au dire des habitants, apportés d'un lieu voisin, et je cherchais en vain ces temples et ces portiques de marbre blanc, ouvrages des Attales. Les renseignements qui me furent donnés m'apprirent qu'à vingt-quatre kilomètres au sud il existait des ruines étendues qui, depuis un temps immémorial, fournissaient à la ville du marbre pour ses bains, ses fontaines et ses tombeaux. Ce lieu n'avait jamais été visité ; il est seulement mentionné par Pockocke en ces termes (1) « Il y avait autrefois dans la plaine de Sevri hissar quantité de villages, et même de villes, dont une pouvait être dans l'endroit appelé Balaazar ou Bala hissar, quatre milles au sud-est où l'on m'a dit qu'il y avait plusieurs ruines. »

Ce hameau est éloigné de trois lieues de la ville ; il est situé sur un terrain de craie qui s'étend sous tout le bassin de la plaine ; mais, dans quelques endroits, ce dépôt crétacé est percé par des soulèvements des trachytes. Tout le pays situé entre Bala hissar et la ville est absolument inculte. Le terrain est accidenté et coupé par des torrents qui sont à sec pendant l'été. En arrivant en vue des ruines, je fus frappé de l'étendue de terrain qu'elles occupaient et de l'importance des édifices dont on voyait çà et là les débris. Je n'eus pas plutôt examiné la disposition des lieux, que je demeurai convaincu que j'étais sur l'emplacement de Pessinunte. Les collines qui s'avancent dans la plaine sont les contre-forts d'une grande montagne calcaire et dépouillée de verdure, qui représentent le mont Dindymène ; il est difficile de se faire une idée de l'aspect aride et désolé que présentent ces ruines. La terre, d'une blancheur éclatante, reflétait les rayons d'un soleil ardent. Trois ou quatre pauvres cabanes, bâties avec des débris de monuments, sont les seuls indices qui annoncent la présence de l'homme. Les cailloux de craie, polis par les eaux, montrent que dans l'hiver la principale vallée est sillonnée par un torrent rapide qui, à trois milles de là, va se jeter dans le Sangarius.

BALA HISSAR. — PESSINUNTE.

En arrivant du côté de l'ouest, on se trouve de plain-pied avec le sol de l'acropole, dont il reste encore de nombreux vestiges. Cet ensemble d'édifices était complétement bâti en gros quartiers de marbre blanc, dont l'appareil

---

(1) Strabon, XII, p. 542.

(1) Voyage, tom. V, p. 176 de la traduction française.

rappelle tout ce qui s'est fait de plus beau en constructions de ce genre. La plupart des pierres n'étaient pas à bossage, comme les Grecs ont l'habitude de le faire dans les constructions militaires ; mais les murs étaient lisses et polis, et les joints des pierres étaient évidés dans le milieu, pour que l'appareil présentât une plus grande régularité. Malheureusement, le voisinage de Sevri hissar fut, dans le moyen âge, fatal aux monuments de Pessinunte, et l'acropole qui se présente d'abord offrit la carrière la plus facile à exploiter, puisqu'on en tirait des blocs équarris et de grand appareil. La solitude et l'abandon de ces lieux ne me permettaient pas d'espérer d'y prolonger mon séjour. Il eût fallu organiser un campement, prendre de nombreux ouvriers, et faire venir de la ville toutes les choses nécessaires ; et les ressources dont je pouvais disposer étaient trop limitées pour que je songeasse à une semblable entreprise. Je fus obligé de me contenter d'un relèvement général, pour établir une esquisse topographique du terrain, car les masses accumulées de décombres qui couvraient l'emplacement de chaque édifice m'empêchaient de faire un travail régulier. Ce fut sur le plateau de l'acropole que j'établis rapidement la base de ma triangulation. D'après l'inspection des ruines, je crus reconnaître que l'acropole était divisée en deux parties, une enceinte irrégulière, autour de laquelle paraissaient avoir été placés quelques édifices, et une seconde cour rectangulaire, dans laquelle je trouvai quelques fûts de colonnes. Un chemin encore assez praticable conduit dans la vallée ; c'est ce qui m'a donné à penser que les propylées de la citadelle donnaient accès dans cette première enceinte. L'esquisse que je présente n'est rien moins qu'une chose positive, c'est une opinion basée sur l'inspection rapide des lieux. La colline de l'acropole s'étend de l'est à l'ouest ; j'avais à ma gauche un cimetière turc, dont les nombreux tombeaux étaient presque tous marqués par des fragments d'architecture.

LE TEMPLE.

En descendant de l'acropole, et se dirigeant un peu vers l'est, on arrive à un vaste ensemble de ruines qui, toutes bouleversées qu'elles sont, ne permettent pas de douter qu'on est sur l'emplacement du célèbre temple de la mère des dieux. Il était du genre qu'on appelle *Téménos*, c'est-à-dire, renfermé dans une enceinte, et comme il est bâti sur le penchant de la colline appartenant au mont Dindymène, toute la partie sud est soutenue par un grand soubassement de marbre blanc qui formait une magnifique terrasse. Il reste encore aujourd'hui en place une portion de ce mur, qui est renforcé d'espace en espace par des contre-forts de marbre. Il est construit en assises réglées, et l'appareil est formé par des blocs posés alternativement de front et en boutisse, genre de construction tout à fait hellénique. L'intérieur de l'édifice présente une série de fûts de colonnes cannelées et rompues, qui appartenaient sans doute au portique du péribole. Quant au temple, sa place est indiquée par des monceaux de débris et par des excavations multipliées, faites dans le but d'en extraire les derniers vestiges. Je doute que des fouilles exécutées en cet endroit puissent jamais être profitables aux recherches archéologiques. Ce qui reste de ce monument suffit pour montrer que ce ne sont pas les ruines du premier temple des Pessinuntiens, car il porte tous les caractères de l'architecture des Attales, telle qu'on la retrouve à Pergame et dans les autres lieux de leur domination. Parmi les rares débris de chapiteaux qui jonchent le sol, je n'ai rien trouvé qui pût m'indiquer positivement quel était l'ordre de ce temple[1]. Les plus grosses colonnes qui se trouvent en place n'ont pas plus de 1^m, 10 de diamètre, et les colonnes que je suppose avoir appartenu au portique ont un diamètre de 0^m, 932, et un entre-colonnement d'axe en axe de 2^m, 562. Au nord du temple se trouvent encore de nombreuses ruines plus ou moins

---

[1] Les chapiteaux antiques sont très-recherchés par les Turcs pour faire des mortiers à piler le grain.

indéterminées, et que j'ai restituées comme ayant appartenu à ces différents temples que les princes asiatiques avaient élevés dans Pessinunte.

En s'avançant plus vers l'est, on trouve une rangée de colonnes, dont quelques-unes sont enterrées jusqu'à l'astragale. Elles appartenaient à un portique qui conduit à une masse de ruines dont il est difficile de reconnaître la disposition première. Au-dessous du temple, on remarque un grand mur de marbre qui se rattache à une partie circulaire ornée de pilastres. J'ai pensé que ces débris occupaient la place de la basilique.

Au fond d'une fouille assez profonde, j'aperçus quelques Turs occupés patiemment à débiter, avec de mauvais outils, un bloc de marbre qui cubait environ trois mètres. La destination la plus ordinaire que l'on donne aux beaux échantillons, est de les transformer en pierres tumulaires; les blocs sont refendus dans leur largeur par le moyen de coins; opération dont les modernes Pessinuntiens s'acquittaient avec beaucoup d'adresse. Les blocs sont ensuite dégrossis sur place, et chargés sur des chameaux, pour être envoyés à Sevri hissar. Voilà l'opération qui depuis trois siècles s'exécute incessamment dans les ruines de Pessinunte, et, chose singulière, il n'est jamais venu dans l'idée d'aucun de ces ouvriers, de rechercher la carrière qui servit à la construction de la ville; cette question leur parut aussi étrange que si le marbre eût dû se trouver naturellement dans ces ruines. Néanmoins, vu la grande quantité de marbre employée dans les monuments, il n'est pas à présumer que les carrières soient très-éloignées. Ce marbre est d'un beau blanc, mais d'une qualité assez médiocre pour la sculpture, parce qu'il est pailleté, et que sa cassure n'est pas très-homogène. Les affleurements de calcaire cristallin que l'on remarque au nord de la montagne de Sevri hissar conduiraient infailliblement à la découverte des carrières tout voyageur qui voudrait consacrer quelques jours à l'étude de la géologie de ce district.

Il ne reste aucune trace des murs de la ville; on ne saurait donc en déterminer l'étendue d'une manière tant soit peu probable. Tous les édifices publics se trouvent rassemblés dans la partie centrale, et les versants de toutes les collines, particulièrement de celle qui dépend du mont Dindymène, sont sillonnés par des routes en ligne droite et aplanies, qui, à mes yeux, ne sont autre chose que les anciennes rues de la ville. Sur le versant occidental de cette dernière colline se trouve un théâtre qui est dans le même état de dégradation que les autres monuments. La scène est entièrement détruite, mais il y a encore un grand nombre de gradins en place. Devant le théâtre, le terrain, aplani dans une largeur d'environ deux cents mètres, indique qu'il y a eu là un hippodrome dont tous les gradins ont été enlevés. En traversant la vallée, on aperçoit presque en face du théâtre une assez grande masse de blocs de marbre d'une couleur plus grisâtre, et qui ne paraissent pas avoir été remués. Quelques débris d'architraves et de colonnes font voir que cet édifice était orné avec assez de soin. Je copiai sur une stèle l'inscription suivante, ce qui m'autorise à croire que ces ruines ont appartenu à un temple d'Esculape :

A Esculape sauveur, remercîment des Pessinuntiens.

Dans toutes les villes antiques, quelque ruinées qu'elles soient, on voit toujours des traces de monuments chrétiens, d'églises ou de monastères, qui indiquent que la cité n'a pas péri en un seul jour, mais s'est détruite peu à peu par la force des choses; mais ici, après les ruines romaines, on ne voit plus rien, il semble que la propagation de la religion chrétienne ait suffi pour anéantir en très-peu de temps la ville et le culte de la déesse.

Les rares tombeaux qui s'y trouvent encore portent les caractères des autres monuments funéraires de la Phrygie. J'en ai trouvé un assez remarquable. Il représente deux portes sculptées avec leurs panneaux, et à droite et à gauche s'élèvent deux stèles ornées de têtes de béliers, auxquelles sont suspendues de lourdes guirlandes. Tout cela est d'un très-bon travail, mais d'une époque évidemment romaine. La forme du sigma indique que ce monument est postérieur aux Antonins.

Tous les autres tombeaux et les inscriptions, se trouvant sur des blocs faciles à soulever, ont été transportés à Sevri hissar, où l'on en remarque un grand nombre dans les cimetières, ainsi que des lions de marbre, qui sont très-multipliés en Galatie, et qui avaient sans doute une destination sépulcrale. Malgré la certitude que j'avais d'avoir découvert Pessinunte, d'après les considérations rapportées ci-dessus, j'étais cependant préoccupé de la pensée de retrouver le nom de la ville, qui n'est inscrit nulle part dans ses ruines ; car dans l'inscription précédente, le nom de Pessinunte n'est pas complet; mais cette lacune fut comblée l'année suivante par M. Hamilton, qui copia à Sevri hissar une inscription où sont relatés le nom et les titres des Pessinuntiens Tolistoboïens. Ces peuples avaient reçu, comme les Galates d'Ancyre, le surnom de Sébasténi, regardé par quelques auteurs comme ethnique, mais cette épithète ne me paraît qu'une distinction honorifique, qu'on pourrait traduire par *Augustaux*.

Le sénat et le peuple des Tolistoboïens Augustaux de Pessinunte honorent Théodote, fils de Théodote (surnommé) le tyran, qui a exercé la charge d'Agoranome, celle d'Irenarque honorablement, et très-souvent celle d'Astynome.

On ne trouve rien de positif dans l'histoire, sur la décadence et la ruine de Pessinunte. Il est certain que la province d'Ancyre absorba peu à peu les autres peuples galates, et leurs métropoles, par conséquent, commencèrent à déchoir quand les Romains eurent institué un pouvoir central à Ancyre. Le sort de Pessinunte fut le même que celui de Tavium, qui était également célèbre par un grand temple de Jupiter avec droit d'asile (1). Jusqu'à présent, il n'y a aucun indice certain de la position de Tavium.

Dans la nouvelle division des provinces, Constantin le Grand fit de Pessinunte la métropole de la Galatie Salutaire (2). La dernière mention qu'en fassent les historiens anciens se trouve dans Ammien-Marcellin (3), qui s'exprime en ces termes : « Julien se rendit par Nicée sur les frontières de la Gallo-Grèce ; de là, prenant à droite, il fut à Pessinunte pour y voir l'ancien temple de Cybèle, dont Scipion Nasica, conformement aux ordres de la sibylle, transporta le simulacre Rome. » La Bletterie ajoute (1), sans citer l'auteur dans lequel il prend ce fait, que Julien fut choqué de l'indifférence des Pessinuntiens pour leur ancienne protectrice, et déchargea sa colère sur deux chrétiens qui avaient abattu l'autel de la déesse. Ce fut à Pessinunte même, et apparemment pour ranimer le zèle du peuple, qu'il composa en l'honneur de la mère des dieux le discours que nous avons encore.

C'est depuis ce temps que la renommée de Pessinunte commence à décroître, et elle suit la destinée de toutes les villes qui ne tenaient leur rang que d'une prospérité factice, due à leur importance religieuse chez les anciens. Ainsi, Éphèse, Magnésie et Perga, ont eu leurs temples de Diane ; les deux Comana, qui honoraient le dieu Men, et enfin, Tavium, Pessinunte et Aizani, toutes ces villes sont aujourd'hui, désertes ou à peu près ignorées. L'agriculture et le commerce ont pu seuls sauver quelques autres villes, qui ont encore aujourd'hui une sorte de prospérité.

CHAPITRE LV.

ANCYRE.

Les légendes auxquelles a donné lieu la fondation d'Ancyre ne permettent guère de discerner les faits historiques qui peuvent nous éclairer sur ce sujet. Il ressort cependant de toutes ces traditions fabuleuses que cette ville était déjà renommée du temps de la Phrygie indépendante ; selon Pausanias, Ancyre fut fondée par Midas, fils de Gordius, et l'ancre qui se voyait dans le temple de Jupiter passait, du temps de l'historien grec, pour avoir été découverte par ce prince (2).

Apollonius historien de Carie donne une origine plus reculée à l'ancre d'An-

---

(1) Strabon, XII. p. 657.
(2) Hiéroclès, p. 697.
(3) Livre XXII.

(1) *Vie de Julien*, p. 219.
(2) Pausanias, liv. Ier, ch. 4.

cyre (1). Les Gaulois, au moment de leur arrivée en Asie, eurent à combattre Mithridate et Ariobarzane. Ptolémée avait aussi envoyé contre eux une armée d'Égyptiens, qui fut battue et repoussée jusqu'à ses vaisseaux; les Gaulois emportèrent les ancres comme trophée de leur victoire, et les déposèrent dans leur ville qu'ils appelèrent Ancyre.

Mais déjà du temps d'Alexandre la ville d'Ancyre existait sous le même nom, le roi de Macédoine venant de Gordium et marchant vers la Syrie, s'arrêta devant cette ville pour recevoir les députés des Paphlagoniens, et connaître leurs dispositions à son égard.

Sous les successeurs d'Alexandre, Ancyre fut soumise au roi Antiochus III, qui avait eu les Galates pour auxiliaires à la bataille de Magnésie.

Le nom de cette capitale paraît pour la première fois dans les historiens romains, au sujet de la campagne de Maulius; Strabon (2), n'en parle que comme d'une forteresse des Galates.

Dans le principe, la ville d'Ancyre occupait le sommet d'une colline qui s'étend de l'est à l'ouest. C'est un grand rocher volcanique dont les flancs sont très-abrupts. L'acropolis couronnait ce rocher, et les murailles descendaient jusqu'à mi-côte. Au nord, l'Enguri sou défend les abords de la montagne, et, coulant vers l'ouest, il va se jeter dans le Sangarius.

Dans la suite des temps le pays suivit le sort des Romains dans les combats qu'ils eurent à soutenir contre Mithridate. Pompée donna ce royaume à son allié Dejotare, c'est de là que prit naissance la tétrarchie des Galates.

Après la mort de Dejotare, Amyntas son secrétaire, reçut de Marc-Antoine le titre de roi, et cette dignité lui fut confirmée par Auguste.

Amyntas mourut en Cilicie (25 ans av. J.-C.). Son fils Pylæmènes n'obtint pas la royauté, et la Galatie fut réunie en une seule province avec la Lycaonie (3).

C'est à partir de cette époque que commence la période brillante d'Ancyre

(1) Et. Byz., *Ancyra*.
(2) Strabon, XII, 517.
(3) Strabon, XII, 567.

comme capitale romaine. Les trois capitales de la tétrarchie des Galates étaient Tavium, Pessinunte, et Ancyre cette dernière ville reçut le nom de Sébaste, en l'honneur de l'empereur Auguste; sous Néron elle obtint le titre de métropole, et les habitants reçurent le nom de Tectosages Augustaux, que l'on retrouve sur leurs monuments, Ancyre elle-même fut appelée Sébaste Ancyre des Tectosages.

Le symbole de la ville fut représenté par une ancre; les médailles comme les monuments attestent que le même signe fut conservé sous les empereurs romains.

Les villes Galates de la Phrygie orientale furent les premières en Asie, qui ajoutèrent à leur nom primitif un surnom romain, et cet honneur ne fit que resserrer les liens qui les unissaient à l'empire des Césars.

La situation de ces villes de Galatie, heureusement placées sur la grande route de Byzance à la Cilicie et la Syrie vers le sud, et dans la direction d'Erzeroum en Arménie sur le chemin de la Perse vers le nord, en fit bientôt le centre de tout le grand commerce entre l'orient et l'occident, et le lieu de jonction des légions romaines dans leurs marches à travers l'Asie. Déjà sous Auguste elles reçurent plusieurs bienfaits de l'empereur, qui leur permit, comme il l'avait fait antérieurement pour les habitants de Pergame (1), de lui élever un temple de son vivant.

Lorsque les Romains eurent réduit la Galatie en province, il n'est pas de travaux et d'établissements qu'ils n'aient faits dans leur nouvelle conquête. Les murailles furent prolongées jusque dans la plaine, et les quartiers situés sur la montagne fortifiés de nouveau, afin de former une vaste citadelle. On reconnaît encore dans la plaine des constructions qui ont appartenu à des thermes; ces ruines sont situées hors de la ville moderne. La double enceinte flanquée de tours subsiste encore aujourd'hui; mais les différents sièges que la ville eut à subir ont laissé des traces nombreuses, et plusieurs parties des murailles ont été réparées avec des débris de monuments antiques, des autels

(1) Tacite, *Ann.*, IV, 37.

et des pierres sépulcrales. Un vaste souterrain qui règne sous la plate-forme du château servait à contenir les machines de guerre. Suivant le système de défense usité à cette époque, la citadelle occupant le point culminant de la ville, les murailles n'avaient pas de fossé extérieur; elles suivaient les ondulations du rocher, et s'élevaient ainsi en quelques endroits à plusieurs centaines de mètres au-dessus du niveau de la plaine. L'enceinte de l'acropole était occupée par des habitations particulières; et, dans le moyen âge, les chrétiens y construisirent une église que les Turcs ont toujours respectée.

Les plus beaux édifices construits par les Romains étaient dans la partie basse de la ville; les inscriptions qui subsistent encore nous apprennent qu'Ancyre avait un hippodrome, des bains, des aqueducs et plusieurs temples. Si l'on en juge par les débris que l'on voit répandus çà et là, la magnificence de ces édifices ne le cédait en rien à ceux de Rome même. Les artistes grecs employés par les vainqueurs donnèrent à ces constructions un cachet de finesse et d'élégance que n'avaient pas les monuments d'Italie.

L'AUGUSTEUM.

Les ravages du temps et des hommes ont détruit la plupart des édifices antiques; un seul temple, élevé par les princes galates en l'honneur d'Auguste et de Rome, subsiste encore, pour attester à quel degré éminent les arts étaient parvenus en peu de temps dans la capitale de la Galatie. Ce monument occupait le centre de cette partie de la ville qui fut l'ouvrage des Romains. Précieux sous le rapport de l'art, il est plus remarquable encore par les nombreuses inscriptions placées sur ses murailles, qui nous ont ainsi conservé des documents historiques très-importants. Nous avons à regretter des portions notables de l'architecture, les colonnes et les chapiteaux, l'entablement extérieur; mais dans ce qui reste, tous les détails de construction et d'ornements sont exécutés avec tant de goût et de précision, que le temple d'Ancyre, s'il était plus connu, serait sans contredit placé au premier rang des chefs-d'œuvre de l'architecture romaine.

Les ruines du temple d'Ancyre se composent de deux murs latéraux de la cella, avec les antes ou pilastres qui les terminent. Ces murs sont construits en gros quartiers de marbre, reliés par des crampons de bronze, comme on peut s'en assurer dans les parties brisées. Les chapiteaux des pilastres représentent des victoires ailées, qui s'appuient sur des enroulements de feuillage. Ces figures s'ajustent avec une convenance parfaite dans des rinceaux d'acanthe, qui forment la frise extérieure du mur de la cella. La largeur et la hauteur des pilastres font connaître les dimensions des colonnes absentes; l'antiquaire peut ainsi reconstruire dans son imagination un des plus beaux monuments d'Ancyre.

La façade du temple était ornée de six colonnes d'ordre corinthien, qui portaient un entablement et un fronton. Des débris épars qui ont appartenu à l'édifice font voir que les colonnes étaient cannelées. L'ajustement du mur de la cella indique qu'elle était entourée d'un portique; ainsi le temple d'Ancyre était hexastyle et périptère, disposition généralement adoptée par les Romains pour les édifices religieux de grand style. Il existe une médaille d'Ancyre portant d'un côté l'effigie d'Auguste avec les attributs du dieu Lunus, et sur le revers un temple hexastyle avec cet exergue : *Communauté des Galates Augustaux*. Il est probable que ce temple est le même que celui dont les ruines existent encore.

Dans la partie antérieure de l'édifice est une sorte de vestibule ouvert, ou *pronaos*. On entrait du pronaos dans la cella (partie réservée pour les prêtres) par une porte richement ornée d'un entablement porté sur deux consoles de marbre. Il est rare de voir dans les temples antiques, les portes assez bien conservées pour qu'on puisse en étudier les proportions. Dans toute l'Italie, on ne cite que deux portes de temple, et, pour la beauté des détails, elles ne sauraient être comparées avec la porte du temple d'Auguste.

L'intérieur de l'édifice était fort simple. Une corniche, de laquelle pendaient des guirlandes de fruits, régnait à l'entour. Au-dessus de la corniche s'étend une partie complétement lisse, qui dans l'origine, fut sans doute destinée à recevoir des peintures.

Dans le mur de la cella, à droite en entrant, on remarque trois fenêtres cintrées, destinées à éclairer l'intérieur. Comme les temples anciens ne recevaient de jour que par la porte, Pococke et Tournefort avaient douté que le monument d'Ancyre fût réellement un temple, et étaient portés à le regarder comme un prytanée ; mais, en examinant de près ces fenêtres, on voit qu'elles ont été percées après coup, et que le cintre est taillé au milieu des assises horizontales des pierres de la cella. Ces fenêtres ont été percées lorsque ce temple fut converti en église ; c'est alors qu'on abattit le mur du posticum, et qu'on ajouta des constructions qui se rattachent aux antes. Dans la partie antérieure du temple, on se contenta d'enlever les colonnes qui se trouvaient entre les antes, pour former le *narthex* ou portique qui précède toutes les églises byzantines.

Vers le milieu du dix-huitième siècle, un pèlerin de la Mecque, du nom de Hadji-Baïram, fit élever une mosquée contiguë à l'église, que les musulmans avaient détruite. On employa pour cette construction une quantité de fragments de marbre provenant de la démolition des portiques du temple, et l'église byzantine fut convertie en cimetière pour les musulmans. Quelque déplorables pour les arts que soient les dégradations commises dans le temple d'Ancyre, on ne sait si l'on doit en blâmer les auteurs, car, sans nul doute, aucune partie de ce bel édifice ne serait parvenue jusqu'à nous. La ville d'Angora étant située sur un terrain volcanique, le marbre et la pierre calcaire sont apportés de loin, et tout ce qu'on a pu arracher des monuments antiques pour l'employer à d'autres édifices, ou même pour faire de la chaux, a été enlevé sans scrupule. La mosquée a protégé le temple, et, quoique cet édifice soit aujourd'hui sans destination, il a été respecté comme dépendance d'un monument religieux.

Ce temple fut inauguré par les princes de Galatie dont les noms sont conservés dans l'inscription grecque tracée sur le pilastre, et qui rapporte toutes les cérémonies et fêtes qui eurent lieu au moment de la dédicace. Cette inscription avait, à plusieurs reprises, attiré l'attention des savants. Chishull, Tournefort, et après eux Montfaucon, en ont publié des fragments plus ou moins incomplets. Je dois faire observer que ce dernier, en donnant, dans sa Paléographie, une copie de l'inscription de l'ante, a été induit en erreur sur la forme du caractère. Celui qu'il reproduit appartient tout à fait aux bas temps de l'empire byzantin. Il faut croire qu'il a copié une transcription faite par quelque prêtre grec. Le caractère tracé sur le monument est au contraire du meilleur style, et appartient évidemment à l'époque de la dédicace du temple. Chishull, qui a publié les mêmes fragments que Montfaucon, croit que chacune des fêtes mentionnées dans ce monument eut lieu aux différents anniversaires de la consécration. Je donne aujourd'hui cette inscription complète, qui permettra aux savants de décider le fait. Rien, dans le caractère de l'inscription, ne porte à croire qu'elle a été écrite à plusieurs époques différentes. Je suis au contraire disposé à penser que toutes ces fêtes ont eu lieu au moment de la consécration du temple, sans doute à la mort d'Auguste, quand on a inscrit sur les parois de la cella une copie de son testament en latin et en grec.

Ce fut Pylæmènes, fils d'Amyntas, qui dédia le temple. L'inscription contient aussi les noms de plusieurs autres princes galates sur lesquels l'histoire nous apprend peu de chose. Le marbre, rongé par le temps en plusieurs endroits, laisse quelques lacunes assez faciles à remplir. Cette inscription est d'autant plus intéressante, que c'est le seul document aussi complet que l'on possède sur les cérémonies des dédicaces chez les anciens.

Le peuple des Galates, après avoir fait les sacrifices d'inauguration, a dédié ce temple au divin Auguste et à la déesse Rome [sous l'autorité de Lollianus, consulaire et propréteur impérial]..... a donné des spectacles, et a fait combattre trois cents paires de gladiateurs ; a donné une chasse de taureaux et de bêtes féroces, plus un festin public ; a donné des spectacles et une chasse ; M. Lollius (présidait à ces fêtes (1)).

Pylæmènes, fils du roi Amyntas, a donné deux fois un festin public, a donné deux fois des spectacles, a donné un combat gymnique de chars et de cavaliers ; il a donné également des combats de taureaux et une chasse. Il a consacré près de la ville le terrain où est construit le Sebasteum (le temple d'Auguste), où ont lieu les réunions publiques et les courses (l'hippodrome).

Albiorix, fils d'Atéporix, a donné un festin public, et a dédié les statues de César et de Julia Augusta.

Amyntas, fils de Gæsatodiastès, a donné deux fois des festins publics, a sacrifié une hécatombe, a donné des spectacles, a distribué une mesure de cinq boisseaux de blé à chaque citoyen. [Hermi]etas, fils de Diognètes (a présidé à ces fêtes).

Albiorix, fils d'Atéporix, a donné pour la seconde fois un festin public (qui fut présidé) par Fronton.

Métrodore, fils adoptif de Ménémachus, et de la famille de Dorylaüs, a donné un festin public, et a fourni de l'huile pendant quatre mois.

Musinus, fils d'Articnus, a donné un festin public.

[Séleu]cus, fils de Séleucus, a donné un festin public ; il a fourni l'huile pendant quatre mois.

Pylæmènes, fils du roi Amyntas, a donné [deux fois un festin public] aux trois peuples ; il a également sacrifié une hécatombe dans Ancyre ; il a donné des spectacles et une procession. Il a donné également un combat de taureaux, a fait des purifications, et fait combattre vingt-deux couples de gladiateurs ; il a fourni l'huile pendant toute l'année aux trois peuples ; il a donné un combat de bêtes féroces. M. Lollianus (a présidé à ces fêtes).

Philodalius a donné à Pessinunte un festin public, et un combat de vingt-cinq couples. Il a fourni aux deux peuples à Pessinunte l'huile [pour les jeux] pendant toute l'année, il a consacré des statues dans Pessinunte.

Séleucus, fils de Philodalius, a donné deux fois des festins aux deux villes ; il a fourni l'huile aux deux peuples pendant toute l'année, et a donné des spectacles.

[Ju]lius Ponticus a donné un festin public ; a sacrifié une hécatombe ; il a donné l'huile pendant [toute] l'année.

..... il a donné l'huile aux peuples pendant toute l'année, sous.....

Quintus Gallius, fils de Marcien, a donné deux fois un festin public ; a sacrifié à Pessinunte (à l'occasion d'une victoire) ; il a donné d'huile aux peuples.

..... ides, fils de Philon, a donné un festin public ; a sacrifié une hécatombe ; a fourni l'huile pendant toute l'année.

..... Y a mis un autel qu'il a consacré à .....

Pylæmènes, fils de Ménas, [a donné] un fes-

(1) On lit dans Eutrope, lib. VII : « Galatia sub Augusto provincia facta est, cum antea regnum fuisset, primusque eam M. Lollius propraetore administravit. » C'est bien certainement le même Lollius qui présidait à la dédicace du temple.

tin public aux deux peuples ; il a sacrifié une hécatombe, et fait combattre trois cents couples de gladiateurs ; il a fourni [l'huile pendant toute l'année].

..... (Les deux dernières lignes sont trop frustes pour être traduites.)

Par cela [ils ont] honoré.....

Cet acte public, inscrit sur le frontispice d'un temple, est un document du plus grand intérêt historique, tant par l'authenticité des faits que par les noms des princes qui ont concouru à cette dédicace. Tout en reconnaissant que le peuple d'Ancyre a toujours reçu de la part des Romains les témoignages d'une haute estime, on doit être frappé du soin que prit le magistrat suprême, sans doute le proconsul, de faire présider par un commissaire romain, dont le nom est inscrit à côté de celui des princes galates, les fêtes et les cérémonies dont ces derniers firent les frais, et qu'ils sont censés avoir ordonnées de leur propre mouvement.

Cette longue énumération de festins, de spectacles et de combats, donne mieux que tout ce qu'on pourrait dire une idée de la richesse de cette ville d'Ancyre et de cette Galatie, devenue province romaine depuis moins de six années. Les Romains avaient trouvé une administration et un gouvernement qu'ils avaient conservés ; les Gaulois, uniquement occupés d'expéditions guerrières, n'avaient guère songé à doter leurs villes de monuments superbes. Des châteaux élevés sur la pointe des rochers et quelques huttes à l'entour ; c'était à peu près tout ce qui composait l'ensemble de leurs cités ; c'est encore ce que l'on voit dans toutes les parties de l'Orient. Les Romains portèrent chez les Galates le goût des théâtres, des jeux et des courses, qui se ranimait à Rome avec plus d'intensité à mesure que les rapports entre Rome et l'Orient devenaient plus fréquents.

Ce qui rend l'Augusteum d'Ancyre un monument des plus précieux pour les antiquaires, c'est qu'il nous a conservé une copie du célèbre testament d'Auguste inscrit par ses ordres sur deux tables de bronze, et confié à la garde des vestales à Rome. Un exemplaire de ce testament fut envoyé à Ancyre, selon la volonté de l'empereur et gravé dans l'intérieur du pronaos du temple qui lui était dédié. Ce beau document historique a été rapporté pour la première fois en Europe, en 1554, par Antoine Wrandls, Dalmate, évêque d'Agria, et Guillaume Busbeck, ambassadeur d'Allemagne près la Porte Ottomane. Un autre exemplaire, rapporté en 1689, copié avec soin, a été publié vers la même époque. Il fut trouvé dans les papiers de Daniel Cossen, marchand hollandais qui explora les environs de Smyrne, où il fut assassiné. Tournefort a copié, en 1701, cette même inscription, qui depuis a beaucoup souffert de l'injure du temps et des hommes, car, en Asie comme en Italie, les monuments antiques ont été l'objet d'investigations entreprises par l'ignorance pour chercher des trésors imaginaires, et souvent, faute de mieux, les avides et patients dévastateurs des monuments se sont bornés à faire des trous dans les murs pour retirer quelques crampons de bronze ou de fer qui retenaient les pierres. L'inscription d'Ancyre présente aujourd'hui des lacunes assez notables. En collationnant les copies publiées avec l'exemplaire original, je m'assurai qu'elles offraient toute l'exactitude désirable pour l'époque où elles ont paru.

Depuis cent cinquante ans ce monument épigraphique dormait, oublié des savants de l'Europe; on s'était à peine rendu compte du contenu de l'inscription grecque de la face latérale. Lorsque j'arrivai à Ancyre, le monument était sur le point d'être démoli par le Mollah Hadji-Baïram.

L'inscription grecque était en grande partie cachée par des maisons modernes construites en briques crues et qui pour la plupart étaient dans un état de destruction avancée. Il m'eut été facile dès cette époque d'en obtenir la démolition, les dernières colonnes restées visibles et parfaitement conservées, m'avaient donné la certitude que l'inscription grecque n'était autre chose que la traduction de l'inscription latine gravée dans le pronaos. Dans le rapport que j'envoyai au ministre de l'instruction publique, et qui fut inséré au *Moniteur* du 24 décembre 1834 (1), j'exposai la situation du monument, et mon but fut rempli, car l'année suivante ayant rencontré à Smyrne M. Hamilton, je lui signalai la situation de l'édifice, et il fit les travaux nécessaires pour dégager la majeure partie de l'inscription. Dans ces derniers temps une mission composée de trois personnes a été chargée d'aller dégager complètement les restes de l'inscription grecque, plusieurs rapports ont été publiés à ce sujet jusqu'ici ils n'ont fait que confirmer les faits déjà mis en lumière dans ma première publication.

On ne sait pas parfaitement à quelle époque le temple d'Auguste fut converti en église; mais, comme le christianisme s'établit de bonne heure dans la ville d'Ancyre, il est à croire que le culte des empereurs y fut aboli dès les premiers temps de la foi nouvelle. Lorsque la Galatie fut conquise par Haroun-al-Raschid, ce prince vint jusqu'à Ancyre, et enleva comme trophée de sa victoire la porte du temple qui fut transportée à Bagdad. Une inscription grecque était gravée sur les battants et nous a été conservée dans le Djihan-Numa (1). Elle est ainsi conçue :

« Au nom de Dieu, ô enfant de ce
« monde, sois prompt à choisir l'occa-
« sion; apprends à choisir toujours
« l'homme qui convient suivant les lieux
« et les temps. La joie se change en
« deuil lorsqu'on en abuse. Ne charge
« pas ton présent des soucis de l'avenir.
« Ne suis pas l'exemple des insensés, et
« garde-toi de t'enorgueillir des trésors
« que tu as pu rassembler. »

Il faut avouer que le sens de cette inscription n'est pas conforme à l'esprit

duquel est gravé le testament d'Auguste, n'est point un prytanée, ainsi qu'on l'a dit, mais un temple consacré par la ville à la mémoire de cet empereur, l'inscription grecque gravée sur l'ante lève tous les doutes à cet égard.

A l'extérieur du temple, il existe des inscriptions grecques, dont une partie est cachée par les maisons, mais j'en ai copié suffisamment pour me convaincre que ce n'est qu'une paraphrase de l'inscription latine.

Rapport au ministre de l'instruction publique, *Moniteur* du 19 décembre 1834, col. 2234.

(1) Djihan-Numa, 643, apud Hammer, I, 399.

---

(1) Le monument d'Ancyre, sur les murs

de l'épigraphie grecque, tandis qu'on y retrouve tout le mysticisme des écrivains orientaux. Mais, quand même cette inscription serait apocryphe, il est curieux de comparer ce fait historique avec ce qui se passait dans l'Inde à peu près dans le même temps, quand Mahmoud le Ghaznévide prenait, et envoyait à Caboul, les portes du temple de Sommauth. Le dernier trophée de ce genre est aujourd'hui entre les mains des Russes, qui, lors de la conquête de l'Arménie, en 1828, enlevèrent les portes du tombeau d'un santon célèbre à Erzeroum.

L'ancien temple est aujourd'hui entouré de constructions modernes, et une mosquée bâtie sous le règne de Soliman le Grand par Hadji-Baïram, est appuyée sur sa face méridionale. Des terres transportées occupent l'entrée du pronaos, et sont couvertes de pierres sépulcrales. Cette mosquée fut bâtie par le célèbre architecte Sinam, qui construisit les mosquées de Soliman à Constantinople, et de Pertew-Pacha à Nicomédie. Hadji-Baïram, pèlerin de la Mecque et d'une des illustres familles de la Galatie, est encore renommé par sa piété et l'austérité de sa vie. Il est le fondateur de l'ordre des derviches Bairamy, et mourut en 67 de l'hégire (1220). Sa famille existe encore à Angora, et c'est un de ses descendants qui eut, au commencement de l'année 1834, la malheureuse idée d'entreprendre la démolition de ce qui restait du temple d'Ancyre pour en faire un bain dans sa villa. Mais ce projet n'eut heureusement pas de suite, et l'on se borna à l'enlèvement de quelques pierres sur la face méridionale.

Non contents d'avoir élevé un temple à Auguste, qui était regardé comme le nouveau fondateur d'Ancyre, les Galates en firent construire plusieurs autres en l'honneur des empereurs Nerva, Trajan et Caracalla. Une inscription, qui se trouve dans le cimetière arménien, paraît provenir d'une des statues élevées dans l'area d'un temple d'Antonin.

Les médailles et les inscriptions que l'on a découvertes en si grand nombre à Ancyre, attestent que le goût des jeux publics était devenu très-populaire sous les Antonins. A cette époque, en Asie comme dans l'ancienne Gaule, les Gaulois s'étaient identifiés avec les Romains, comme plus tard les Romains se confondirent avec les Grecs sous l'empire byzantin. Le gouvernement de la Galatie était remis entre les mains d'un préteur; elle fut aussi régie par un proconsul, mais on sait que dans les provinces ces magistrats jouissaient des mêmes priviléges. Les ordonnances municipales étaient néanmoins promulguées au nom du sénat et du peuple des Galates.

De toutes les villes d'Asie, Ancyre est sans contredit une de celles qui ont fourni au monde savant le plus grand nombre d'inscriptions et de documents historiques. Il est fâcheux que la plupart des monuments découverts journellement aux environs de la citadelle soient pour la plupart mutilés ou détruits avant qu'un antiquaire ait pu en recueillir une copie. La disette de pierre calcaire est la principale cause de la destruction des monuments. Tournefort a cité comme une singularité l'escalier d'une mosquée qui est en entier composé de bases de colonnes en marbre. Cette construction, aussi barbare qu'incommode, existe encore, et toutes les maisons environnantes sont remplies de fragments plus ou moins défigurés d'architecture romaine. C'est là tout ce qui a échappé à la consommation active des fours à chaux, qui, en Asie comme en Italie, ont été les moyens les plus actifs de destruction.

Les murailles du château sont presque entièrement construites en fragments extraits de monuments antiques. Les stèles commémoratives et honorifiques s'y trouvent en abondance; mais c'est le hasard seul qui fait que les inscriptions qu'elles contiennent sont apparentes pour nous; on doit cette bonne fortune au seul caprice de l'ouvrier, qui n'a pas craint de trop défigurer la muraille en laissant paraître les inscriptions des *Génois* : c'est ainsi que sont désignées par les Turcs toutes les anciennes nations de l'Asie.

Depuis la base jusqu'au sommet des murailles, on découvre partout des parties plus ou moins conservées des actes administratifs de la ville ; et ces inscriptions réunies nous servent à compléter le peu de documents que nous ont laissés les écrivains anciens.

La plupart des grandes villes de l'empire romain, celles surtout qui avaient un simulacre de gouvernement indépendant, n'avaient rien tant à cœur que de modeler leur administration sur celle de Rome même; elles les divisaient en régions comme la capitale, et les habitants se partageaient en tribus. Quoique cet usage se trouve généralement répandu chez les diverses populations du monde ancien, il y a beaucoup de villes qui n'en ont conservé aucune trace.

J'ai cité comme provenant de Pessinunte une inscription mentionnant les Gaulois Tolistoboïens, qui habitaient cette partie de la Galatie. Je n'ai trouvé aucun monument lapidaire relatif aux Trocmiens. L'inscription suivante mentionne les Tectosages comme habitant la province d'Ancyre.

Le sénat et le peuple des Tectosages augustaux ont honoré M. Cocceius Alexandre, leur concitoyen, homme juste et très remarquable par la pureté de ses mœurs.

Le titre de métropole, qui était donné à Ancyre dans les actes officiels, se trouve reproduit dans ces deux inscriptions :

A. L. Fulvius Rusticus Æmilianus, légat impérial, trois fois consul. Le sénat et le peuple de la métropole d'Ancyre honorent leur bienfaiteur par les soins de Trébius Alexandre.

Le sénat et le peuple [honorent] Caracylée, grande prêtresse issue du sang des rois, fille adoptive de la métropole, femme de Julius Severus, le premier des Grecs.

Dans la plupart des grandes villes de l'antiquité, la division des citoyens en tribus paraît avoir été tout à fait arbitraire. Le nombre des tribus se modifia sur l'accroissement de la population de chaque peuple; il n'y a que les tribus juives qui soient toujours restées au nombre de douze, parce qu'elles tiraient leur origine de chacun des fils de Jacob. Les citoyens d'Athènes furent d'abord divisés en quatre tribus; mais, dans la suite, on fit des adjonctions nombreuses qui portèrent les tribus au nombre de dix. La population de Rome était divisée en trente-cinq tribus créées à différentes époques, à mesure que le nombre de citoyens prenait de l'accroissement. Les monuments qui subsistent encore à Ancyre, nous apprennent que chacune des tribus portait un titre comme celles de Rome; mais nous ne saurions, d'après les inscriptions, en établir le nombre exact; il paraît certain, néanmoins, qu'il n'était pas moindre que douze. Les inscriptions qui nous restent sont au nombre de quatre : une relative à la huitième tribu, deux à la neuvième, et une à la onzième. Ces inscriptions ont toutes appartenu à des stèles qui supportaient des statues honorifiques. Quand on pense que dans toute cette ville il n'existe pas le plus petit fragment de statue antique, quels regrets n'éprouve-t-on pas de voir ces contrées livrées à un peuple ignorant, qui mutile avec rage toutes les représentations de figure humaine que sa main peut atteindre !

La plupart des statues élevées par décret, étaient placées dans l'area des temples, ou entre les colonnes des portiques. C'est toujours aux environs de ces édifices que l'on retrouve le plus grand nombre d'inscriptions.

A la bonne fortune.

Philotas (?), fils de Diodore, ayant rempli les fonctions d'astynome et de phylarque, avec magnificence et sans orgueil, et ayant été jugé dans les assemblées publiques, par le sénat et le peuple, digne d'une statue et d'autres honneurs, la huitième tribu claudienne lui a, pour son honneur et à cause de sa bienveillance envers elle, élevé cette statue de ses propres fonds, par les soins de Claudius Anthimus, le sénat ayant donné la place.

Le protocole de dédicace des statues honorifiques étant généralement le même dans tous les monuments, il est facile de restituer le premier tiers de l'inscription qui manque dans toutes les lignes. Les titres des magistratures d'astynome et de phylarque sont si souvent répétés dans les inscriptions d'Ancyre, que cette restitution présente toute espèce de certitude.

Ces deux inscriptions, relatives à la neuvième tribu, se complètent l'une par l'autre; mais aucune n'a conservé le nom du citoyen auquel la statue était dédiée.

La neuvième tribu, la sacrée sénatorienne, a honoré (. . . . .), revêtu des dignités d'archonte et d'astynome, qui a été deux fois pontife de la déesse Cérès, honoré plusieurs fois dans les assemblées publiques, son bienfaiteur.

La neuvième tribu sénatorienne a élevé à ses frais, et par reconnaissance ce (monument à…

. . . . .), qui a été proclamé phylarque dans l'assemblé publique, par le sénat et le peuple. Nicéphore Alexandre (a présidé.)

L'inscription relative à la onzième tribu est plus connue, et a été reproduite plusieurs fois; elle se trouve dans le cimetière des Arméniens, à deux kilomètres de la ville; les autres ont été copiées dans le château. La place de cette inscription (car il est probable qu'elle n'a pas été apportée de la ville) permet de supposer que le quartier ou dême appelé Comocetium était dans cet endroit.

Indépendamment de l'honneur d'une statue, Zoticus Bassus avait reçu les bienfaits de l'adoption, υἱὸν φυλῆς ια', comme Caracylée, qui était déclarée fille de la métropole. Il existe plusieurs inscriptions qui mentionnent cet honneur rendu par des villes asiatiques. Ceux qui en étaient investis jouissaient sans doute, de la part des villes, des mêmes faveurs que les θρεπτοὶ de Bithynie, de la part des citoyens qui les avaient adoptés.

A Zoticus fils de Bassus, homme honorable, enfant de la onzième tribu, ayant exercé la charge de phylarque avec zèle, et avec intégrité celle d'astynome; ayant fait construire à ses frais un bâtiment très-coûteux dans le *Comocetium*, et rendant chaque jour de nouveaux services à sa tribu dans les assemblées et dans le sénat. La onzième tribu (dite) la nouvelle olympienne [fait élever ce monument] par les soins de Caius Bassus et d'Athénée Sengamus, la place étant donnée par le très-illustre sénat.

Les inscriptions suivantes sont relatives aux légions qui fixèrent leur résidence à Ancyre : c'étaient la troisième, la quatrième et la sixième. Ce premier monument est enclavé dans les murailles du château, à une grande hauteur. Les caractères indiquent une époque ancienne.

La IIIᵉ légion auguste (élève ce monument) à . . . . questeur, édile du peuple, préteur, proconsul de Pont et de Bithynie, préfet de la distribution des grains, légat de la légion VI ferrée, légat des empereurs, propréteur du peuple romain dans la province de Galatie et dans la province de Cilicie, homme rare et pieux.

La légion macédonienne auguste était cantonnée à dix-huit milles d'Ancyre et à vingt-cinq de Gangra, près du village nommé aujourd'hui Kalatgik. Il y a de nombreux fragments d'antiquités dans ce lieu qui n'a pas encore été parfaitement déterminé.

Les deux inscriptions suivantes mentionnent des magistratures exercées tant en Asie qu'en Europe par un Tectosage descendant des tétrarques, nommé Tibérius Sévérus, qui avait probablement pris le nom de quelque patron romain. Déjà, sous le règne d'Hadrien, les noms gaulois s'effacent. Il est probable que la langue galate, qui était parlée par le peuple, ne fut jamais employée dans les affaires publiques, car il ne reste aucun monument lapidaire qui nous en présente le moindre débris.

A Tibérius Sévérus, descendant des rois et des tétrarques, après toutes ses largesses envers le peuple, élevé au tribunat par le divin Hadrien; nommé légat en Asie d'après les rescrits et ordonnances du divin Hadrien, chef de la quatrième légion scythique et administrant les affaires de Syrie, quand Publicus Marcellus quitta la Syrie à cause de la révolte judaïque, proconsul d'Achaïe à cinq faisceaux, envoyé en Bithynie comme censeur par le divin Hadrien; préfet du trésor du temple de Saturne, consul, pontife pour la cinquième fois, inspecteur des travaux publics de Rome, général, légat de l'empereur César Titus Ælius Hadrien Antonin, Auguste, Pieux, dans la Germanie inférieure Marcus Julius Euschemon à son bienfaiteur.

On peut classer ainsi, d'après les monuments, les magistratures galates exercées à Ancyre :

La Communauté des Galates.
Le Sénat.
Le Peuple.
La Tribu.
Le Légat impérial.
Le Préfet de la distribution des grains.
Les Sextumvirs.
Le Grand-Prêtre.
Le Galatarque.
Le Phylarque.
L'Astynome.
L'Irénarque.
L'Agoranome.

Toutes ces dernières magistratures étaient électives et temporaires. C'est pour cela que plusieurs citoyens sont cités comme les ayant exercées plusieurs fois. Le grand nombre de stèles élevées en l'honneur des phylarques, des agoranomes et des astynomes, me porte à croire que le peuple était très-disposé à voter un monument à chaque sortie de magistrature.

Lorsque la Galatie fut convertie au

christianisme, de nombreuses églises s'élevèrent dans la capitale. Ancyre resta métropole de la première Galatie, et Pessinunte de la seconde. Il ne reste aujourd'hui qu'une seule église de cette époque; elle est dédiée à saint Clément d'Ancyre. Le plan et la construction générale de cet édifice indiquent qu'il est postérieur au règne de Justinien. Il était orné de peintures et de mosaïques qui ont été presque toutes détruites par les Turcs.

L'histoire d'Ancyre pendant la période byzantine se résume en quelques faits peu importants. C'est dans cette ville que l'empereur Jovien prit la pourpre impériale, qu'il ne porta que peu de jours, car il mourut avant d'arriver à Constantinople. Julien fut accueilli avec de grands honneurs à son passage à Ancyre. On a pensé que la colonne triomphale qui subsiste encore a pu être élevée en l'honneur de cet empereur. Elle est certainement de l'époque byzantine; cependant, comme elle ne porte aucune inscription, on ne peut que faire des conjectures sur le personnage ou l'événement qu'elle fut destinée à célébrer.

La ville d'Ancyre, après avoir subsisté pendant plusieurs siècles dans un état constant de richesse et de prospérité, vit son étoile pâlir, et des malheurs sans nombre vinrent assaillir sa population. Si les invasions venues d'Occident avaient apporté à ces contrées la prospérité et la civilisation, les hordes qui commençaient à s'agiter sur les plateaux de la Tartarie leur préparaient de rudes épreuves. Les premières attaques que la ville d'Ancyre eut à souffrir lui vinrent du côté des Perses. Sous le règne d'Héraclius, elle fut prise par Chosroës (1). Rendue aux empereurs après la défaite du prince sassanide, elle eut quelques années de paix, qui lui permirent de réparer ses malheurs; mais les Arabes, qui avaient envahi la Perse (2) et renversé le trône de Chosroës, firent une irruption en Asie, prirent et ravagèrent Ancyre (3). Cette ville néanmoins ne resta pas sous la domination des khalifes. Mais le pouvoir des empereurs byzantins était nul dans ces contrées, qui étaient devenues les extrêmes frontières de leur empire; les princes seldjoukides fondèrent à Iconium un royaume qui s'étendit jusqu'au Sangarius; ils s'emparèrent facilement d'Ancyre, et en firent une ville musulmane. Key-Kobad, seldjoukide persan, fut assiégé en 1213 dans Angora par Key-Kawouss, qui s'empara de la ville. Le prince fut envoyé à Malatia, mais les émirs persans eurent la barbe coupée et furent promenés par la ville sur des ânes.

Pendant la malheureuse expédition de Frédéric Barberousse, les sultans seldjoukides avaient feint de conclure une alliance avec ce prince; mais lorsqu'il arriva dans les plaines du lac Salé, pays désert et sans eau potable, les croisés furent attaqués par les musulmans. Ces derniers avaient, moitié par force, moitié par persuasion, décidé les chefs grecs, qui se trouvaient répandus dans les bourgades éloignées, à ne porter aucune provision aux Latins, à retirer les troupeaux dans les montagnes, et surtout à ne fournir ni armes ni flèches aux croisés. L'armée n'eut à résister, en réalité, qu'à des escarmouches; mais bientôt des privations sans nombre vinrent assaillir cette multitude qui s'était engagée dans des contrées inconnues. L'historien arabe Ibn-Al-Atir (1) fait un effrayant tableau du désastre de cette armée, qui se dirigeait vers Antioche pour rejoindre le corps de l'expédition des chrétiens. Les soldats, exténués de soif et de faim, jetaient leurs armes et mouraient de fatigue. C'est ainsi que les Latins, sans cesse harcelés par les princes d'Iconium, gagnèrent la Cilicie en franchissant les défilés sauvages du mont Taurus; mais, arrivé près du fleuve Cydnus, qui avait failli être fatal à Alexandre, le prince croisé, faible et blessé, tenta le passage à gué, et fut emporté par les eaux. L'armée sans chef se dispersa et périt en détail; bien peu de croisés arrivèrent au camp d'Antioche. Selon l'historien des croisades (2), la ville d'Ancyre aurait été, à

---

(1) A. D. 625.
(2) A. D. 632.
(3) A. D. 664.

(1) Traduction de M. Reynaud.
(2) Gesta Dei per Francos, ALBERT, Aqu.

cette époque, entre les mains des croisés, commandés par Bohémond, qui s'en étaient emparés après la bataille de Dorylée ; mais l'armée de Barberousse ne reçut d'eux aucun secours. Les Latins, qui avaient pour ennemis les Grecs et les musulmans, ne purent conserver la ville d'Ancyre ; ils la possédèrent néanmoins pendant dix-huit années, y bâtirent quelques églises, et réparèrent le château. La période qui s'écoula entre la chute des princes seldjoukides et la conquête définitive d'Ancyre par les musulmans, fut un temps tellement rempli de désordres, de guerres entre les émirs chefs de district, que l'histoire de cette province se trouve absorbée par celle des malheurs sans nombre qui affligeaient toute l'Asie Mineure. Les Turcs, sous la conduite du sultan Mourad, finirent par se rendre maîtres d'Ancyre, et réunirent cette ville aux conquêtes d'Othman, qui s'étendaient sur toute la côte de la Propontide. Mourad, après avoir pris Angora, maria sa fille Néfidé avec Ala-Eddyn III, sultan d'Iconium, sur lequel il avait conquis la ville. Il divisa ses possessions en cinq sandjaks, qui furent gouvernés par des Sou-bachi. Il y avait déjà longtemps que Nicée et Broussa étaient entre les mains des Ottomans. La puissance qu'ils avaient acquise en Asie ne résista pas aux attaques de ce fléau de l'Orient, qui après avoir conquis la Bactriane et la Perse, venait fondre sur l'Asie occidentale, en conduisant ses hordes innombrables. Timour avait hâte d'en venir aux mains avec les sultans ottomans ; il avait déjà saccagé plusieurs villes appartenant aux sultans, lorsque Bayazid vint au-devant de lui à la tête d'une armée qui avait battu les chrétiens et qui s'était aguerrie par le siége de Constantinople.

Après le siège de Sivas, Timour apprit que Bayazid, fils de Mourad, marchait contre lui, suivi d'une nombreuse armée. Il alla au-devant du sultan jusqu'à Angora, et somma Yacoub, qui commandait la place, de lui ouvrir les portes. Sur son refus, Timour commença le siège de la ville. Il fit détourner le cours de la rivière de Tchibouk-Abad, et fit miner les murs d'Ancyre. Bayazid arrivant, se trouva forcé, par le manque d'eau, de livrer bataille. Le combat eut lieu dans la plaine de Tchibouk-Abad, sur le terrain même où Pompée avait autrefois battu Mithridate. L'armée turque fut dispersée, et Bayazid tomba entre les mains de Timour. Cette mémorable bataille eut lieu le 2 juillet 1402.

CHAPITRE LVI.

LE CHATEAU.

Le château d'Ancyre passait à cette époque pour une des plus formidables forteresses de l'Asie à l'égal de celle de Van. Il est situé sur le sommet d'une colline qui commande la ville et entouré d'un double rempart. L'intérieur, qui est aujourd'hui complétement abandonné, renfermait les casernes, les magasins et une mosquée dont on attribue la fondation au sultan Achmet Ier. Comme dans toutes les forteresses turques, il y a en outre un certain nombre de maisons qui étaient affectées à la demeure des familles des janissaires et des soldats au temps de sa grande prospérité, on comptait à Angora cent soixante-dix sources naturelles, trois mille fontaines, soixante-seize mosquées, quinze couvents de derviches avec des mosquées dont la plus célèbre est celle de Hadji Baïram ; trois mille derviches de son ordre et de celui des Mewlevi peuplaient les couvents ou Tékés ; trois établissements publics étaient consacrés à la lecture du Koran ; on comptait cent quatre-vingts écoles de garçons, deux cents bains, soixante-dix palais avec des jardins, six mille six cent soixante maisons, un bezestein ou marché couvert, et un grand nombre de bazars peuplés d'une infinité de cafés, d'échoppes de barbiers et de marchands. Les rues et les places étaient pavées de pierres blanches et les maisons bâties en briques. On remarquait dans la population un grand nombre d'hommes distingués, de savants, de poëtes et d'hommes de loi et de religion parmi lesquels le pélerin Hadji Baïram a laissé un renom qui est arrivé jusqu'à nos jours ; sa famille, qui dit-on se rattache à la souche des princes Galates existe encore aujourd'hui et jouit d'un grand crédit dans le pays.

Après tant de siècles d'occupation étrangère, il est évident que la population primitive a dû subir une altération notable par le mélange du sang osmanli; néanmoins tous les Européens qui ont séjourné à Angora ont remarqué qu'elle conserve un caractère particulier. Le sang gaulois se reconnaît chez un grand nombre de sujets qui ont une barbe blonde et des yeux bleus. Cette observation faite en 1700 par Tournefort est encore vraie de nos jours, et si le caractère gaulois de la population n'est pas aussi vivace et aussi tranché que du temps de saint Jérôme, on ne peut nier qu'il ne soit encore le type dominant surtout chez les habitants de la campagne.

La langue celtique elle-même s'était conservée dans la colonie gauloise plusieurs siècles après son établissement, et dans le quatrième siècle saint Jérôme constatait que l'idiôme national de la population d'Ancyre était le même que celui des habitants de Trèves, quand la plupart des autres peuples de l'Asie Mineure parlaient la langue grecque. Cette observation de saint Jérôme tend à prouver cependant que jamais le Celtique ne fut une langue écrite; on a en effet retrouvé dans les ruines d'Angora un grand nombre d'inscriptions grecques et latines, mais on n'a jamais rencontré le moindre monument épigraphique en langue celtique.

Ancyre devint la proie des hordes tartares : Broussa, Smyrne, Sébaste, eurent le même sort; mais les Ottomans reprirent l'offensive quelques années plus tard, et Mahomet Ier réunit Ancyre au patrimoine des enfants d'Othman.

Malgré tous ses malheurs, la ville moderne d'Angora est une des plus peuplées de l'Asie Mineure. Elle doit la prospérité relative dont elle n'a cessé de jouir, à sa heureuse situation, à un climat admirablement sain, à un sol fertile, et surtout à ses innombrables troupeaux de chèvres, dont la toison, d'une beauté unique, suffirait pour enrichir une population double de celle de la province.

Quoique le pays ne manque pas de pierre à bâtir, l'usage général est de construire les habitations avec des briques crues formant une espèce de pisé. Ce genre de construction, qui remonte à la plus haute antiquité, puisque les villes de Babylone et de Ninive sont bâties de la sorte, est répandu dans toute la Perse, l'Assyrie et la Cappadoce. Il n'est point douteux que ce ne soit la tradition qui ait conservé cet usage dans des contrées où la pierre est commune; mais le bitume qui dans la Mésopotamie, forme le ciment de ces constructions, ne se trouvant point en Phrygie, il s'ensuit que, malgré la grande épaisseur des murailles, les maisons n'ont aucune solidité. De plus, comme on ne se donne aucun soin pour orner l'extérieur, les rues de la moderne Ancyre ont un aspect de tristesse que n'ont pas les villes plus modernes.

La population se compose de Turcs, d'Arméniens et de Grecs, et d'un certain nombre de familles arméniennes catholiques, qui ont obtenu la permission d'ouvrir une église. On évalue toute cette population à 28,000 âmes; mais la ville est assez grande pour en contenir un bien plus grand nombre.

CHAPITRE LVII.

LA VILLE MODERNE ET LES HABITANTS.

Les murailles d'Angora du côté de la plaine sont bâties avec des matériaux tirés des anciens édifices et reliés avec de la terre; une partie de ces murs a été relevée pendant la courte domination de Mehemet Ali en 1833 : le gouvernement Turc ne paraît avoir aucun souci de l'entretien des villes de l'intérieur.

Le château qui domine la ville et qui occupe certainement l'emplacement de l'ancienne forteresse galate n'offre plus aujourd'hui qu'un amas de constructions incohérentes. Il est composé d'une enceinte de murailles flanquées de tours dans lesquelles on a employé une quantité de matériaux antiques, une seconde enceinte appelée Inch Kalé, le château intérieur, était pendant notre séjour à Angora tout à fait inaccessible : on avait barré la porte en dedans et l'on était sorti en franchissant le mur avec une échelle; ce fort ne renfermait disait-on, que des vieux affûts et des armes hors d'usage. Mais les souterrains servant de prison pouvaient être visités. On y avait conduit pendant la guerre d'Égypte un certain nombre de Français prisonniers de guerre.

Cette prison forme une longue galerie voûtée qui ne reçoit l'air que par des soupiraux étroits; le long des murs sont rangés de longues poutres servant de ceps pour passer les pieds des prisonniers qui sont forcés de rester toujours étendus sur le dos. L'antichambre de la prison est en harmonie avec l'appartement : c'est une salle carrée et haute ménagée dans le massif d'une tour, au milieu est un poteau avec un escabeau, c'est là qu'on étrangle les criminels.

On remarque dans le château plusieurs lions de marbre d'un travail grossier; ces figures d'animaux sont aussi très-répandues dans la ville : on en compte plus de quinze; ils ont presque tous la même attitude, ils sont assis sur leur croupe.

Il est très-difficile de connaître d'une manière exacte la population des villes musulmanes : les recensements sont très-incomplets surtout pour le sexe féminin. Les chrétiens forment le tiers de la population qui est estimée en gros à vingt-huit mille habitants; tout le grand commerce est entre leurs mains. La ville envoie annuellement cent cinquante mille piastres comme cadeau au Séraskier pacha; cette somme était en grande partie prélevée sur la population chrétienne. On se plaignait beaucoup de la hausse des farines, le pain se vendait alors quinze paras l'oque, en d'autres termes pour quatre francs on pouvait avoir quarante-six kilos de pain; à Kara hissar dans le même temps le même poids de pain coûtait deux francs soixante-dix centimes (1).

Les griefs des rayas ne se bornaient pas là : ils se plaignaient de ce que le Mutzellim augmentait chaque année l'impôt sur le vin et sur les marchandises à l'insu du sultan; de ce qu'ayant emprunté aux rayas 85,000 piastres, il n'en payait pas l'intérêt, mais de plus il refusait de les rendre.

De leur côté les agens du **Mutzellim**

(1) *Voy.* le *Compte rendu de l'Académie des sciences,* 2 mars 1835.

disaient : l'impôt sur le vin est fixe, les chrétiens doivent annuellement 25,000 piastres : si la récolte est abondante ils payent peu, si elle est mauvaise l'impôt est en effet onéreux.

La dette de 85,000 piastres, objet de la contestation, datait de l'arrivée des troupes de Mehemet Ali : il n'y avait pas de caserne pour les loger, le gouverneur fut obligé de les loger chez les habitants; mais les rayas ne voulant pas recevoir ces musulmans dans leurs maisons proposèrent de s'exonérer de cette charge en payant une somme au gouverneur qui ne refusa pas de leur donner un reçu, mais dont il ne se reconnaît pas débiteur, puisqu'ils pouvaient se dispenser de cette charge en logeant les musulmans.

L'assiette de l'impôt est généralement mauvaise, les terres ne sont imposées que sur le produit, de sorte qu'une terre en friche ne paye rien. Pour les propriétés urbaines, l'impôt est minime : une maison dont la surface est de vingt-quatre mètres carrés paye vingt-sept francs. La culture du tabac est libre, l'impôt du sel n'est que de quelques paras par kilos : un para est aujourd'hui la huitième partie d'un centime.

A la mort d'un chef de famille, chez les Musulmans, le Mollah et le Kadi sont chargés de liquider la succession : la veuve a droit à un huitième, la part des filles est moitié de celle des garçons; s'il reste un frère, dans sa première enfance il est élevé aux frais communs de la famille sans préjudice de ses droits.

Pour ses fonctions d'officier public le Mollah prélève au nom du gouvernement deux paras par piastre ou cinq pour cent. Les Turcs et les Grecs doivent en outre l'impôt urbain pour l'entretien de la cité et de la police. Il n'y a pas de pays où l'on parle moins de voleurs; les maisons sont à peine closes, et pendant un long séjour dans cette ville, je n'entendis jamais parler d'un méfait de ce genre.

La grande charge, l'immense difficulté qui arrête tout progrès industriel est cette horreur des innovations qui tient aussi bien les chefs que les administrés; personne n'aurait l'idée d'établir une manufacture ; les chutes d'eau sont magnifiques aux alentours de la ville ; on pourrait y fabriquer des étoffes de toute sorte, le coton, la laine et le lin abondent dans le pays, tout cela est travaillé à la main ou exporté brut. Il y avait dans le siècle dernier plusieurs maisons européennes établies dans le pays, aujourd'hui il n'y a pas un seul agent ; on exportait alors plus de vingt-cinq mille balles de chalys, de bas et d'autres étoffes de laine, aujourd'hui l'exportation ne s'élève pas à cinq mille balles.

Le Rhamnus Tinctorius, arbrisseau plus connu sous le nom de Paliure, a été cultivé avec avantage dans les environs d'Angora, c'est cette plante qui donne la graine pour la teinture ; elle se vend huit piastres l'oque (2 fr. 70, 1 kil. 25 h.) : la récolte totale dépassait en 1835 quatre cent cinquante mille piastres.

Le pacha d'Angora a dans son Éparchie cent quatre-vingts villages, qui réunissent quatre-vingt-cinq mille habitants, c'est donc une population très-clair-semée, les nomades ne comptent pas. La force armée est très-peu nombreuse, cependant le pacha disait qu'au moyen de ses communications avec les Voïvodes on pouvait réunir dans le centre de la Phrygie une armée de trente mille hommes. Ces chiffres qui nous ont été donnés par les autorités, montrent combien est faible la population du centre de l'Asie Mineure.

Nous quittons avec regret cette ville d'Ancyre dont l'histoire pourrait fournir la matière d'un volume. Mais le temps nous presse, nous avons encore de vastes provinces à visiter, nous retrouverons encore plus d'une fois le nom des Gaulois, cité avec honneur dans les guerres que les Romains et les Byzantins ont eu à soutenir sur les frontières orientales de l'Empire.

CHAPITRE LVIII.

VILLES DE GALATIE DANS LE BASSIN SUPÉRIEUR DU SANGARIUS.

La grande route de caravane entre Angora et Broussa passe par les villes de Ak sou, Nally khan, et vient gagner la vallée du Sangarius au village de Caragamous, à l'est de Muhalitch. Quelques débris d'antiquités épars dans le cimetière et autour de la mosquée indiquent que ce dernier village occupe le site d'une ville antique dont le nom n'est pas encore déterminé ; la route est tracée dans une plaine bornée par des collines couvertes de pins et de chênes verts. Mais toute cette végétation est de chétive apparence ; preuve de la stérilité du sol.

La vallée de la Sakkaria est évidemment formée par l'érosion des eaux qui tendent toujours à l'élargir, et entraînent ce limon d'argile qui va former à son embouchure ces bancs formidables qui forcent la rivière à changer son cours.

Les petits ruisseaux qui affluent dans son cours sont chargés de sels gypseux et alumineux. La route suit la même direction jusqu'à Bey bazar ; tout le terrain est d'argile subordonnée à la craie. De temps à autre on voit s'ouvrir quelque large vallée où paissent les belles chèvres d'Angora et de nombreux troupeaux de moutons dont la toison est d'une blancheur remarquable, indice certain des soins dont ces troupeaux sont l'objet de la part de leurs bergers.

Il y a douze heures de route entre Muhalitch et Bey bazar : cette petite ville est bâtie sur la pente de trois collines dans la vallée de la Sakkaria, on y remarque plusieurs maisons à deux étages construites tout en bois sur la pente de la colline : les couvertures sont faites en bardeau. Bey bazar est entourée de jardins : cette ville est célèbre par ses fruits et surtout par ses poires qui sont vendues à Constantinople sous le nom de poires d'Angora. On y cultive le riz avec succès dans les lagunes préparées exprès pour cette culture. Comme point de halte de caravanes la ville offre un tableau très-animé et un aspect presque européen ; on y voit des charrons et des maréchaux ferrants : les bœufs de travail sont ferrés comme les chevaux.

La branche du Sangarius qui passe à Bey bazar porte dans son cours différents noms pris des divers villages où elle passe, elle prend sa source dans la montagne de Gœuk dagh au nord d'Angora et s'appelle Kérémis sou; plus bas, vers la petite ville d'Istanos, elle change de nom pour prendre celui de la ville : on conçoit quelles difficultés devaient éprouver les premiers explorateurs au milieu de ce dédale géographique.

La ville d'Ayasch est éloignée de quarante-deux kilomètres de Beybazar : on passe deux fois la Sakkaria, une fois sur un pont de bois, une autre fois à gué. Ayasch est très-heureusement située à mi-côte d'une montagne assez élevée appartenant au système calcaire jurassique. C'est dans cette ville que commence le commerce du poil de chèvres, mais le fil d'Ayasch est moins fin que celui d'Angora. Les troupeaux de chèvres et de moutons à grosse queue sont très-nombreux dans les campagnes environnantes; le baromètre marque sept cent vingt mètres au-dessus du niveau de la mer; les hivers sont froids et il est rare que chaque année la neige ne reste pas quelques semaines sur la terre.

D'après les renseignements donnés par le Voïvode on compte à Ayasch cinq mille maisons, ce qui donnerait une population moyenne de vingt-cinq mille habitants.

Ayasch est distant d'Angora de cinquante-quatre kilomètres : la route franchit un col assez élevé et désert, on redescend ensuite dans la grande plaine dépendant du Haïmanah dans laquelle serpente la rivière d'Angora.

C'est surtout parmi les bergers de ces régions que l'on remarque des traits analogues à ceux de nos paysans de France, les barbes blondes ne sont pas rares et la forme de la tête est plus arrondie que celle des races turcomanes. Le souvenir des anciens Gaulois, entièrement effacé parmi le peuple est cependant resté chez les lettrés du pays, et la famille de Hadji Baïram se vante de descendre des princes qui ont autrefois gouverné le pays. On fait halte à moitié route, dans un petit café près d'un marabout bâti au bord de la rivière, et bientôt après on voit se dessiner à l'horizon un rocher long et cambré : c'est le château d'Angora, qui domine la ville. Il ressemble à la montagne qui domine Constantine et que les arabes appellent Serdj el Aoud, la selle du cheval, à cause de sa cambrure.

CHAPITRE LIX.

ISTANOS. — LES OPPIDA DES GALATES. — LES GROTTES HABITABLES.

Pendant notre séjour en Galatie, nous avons cherché vainement deux souvenirs de nos ancêtres : les traces de la langue celtique dans les nombreux monuments épigraphiques dont le pays abonde et les vestiges des monuments du culte druidique, les dolmen et les menhir de l'ancienne Gaule, répandus non-seulement dans les provinces du nord, mais encore dans les régions méridionales. Nous en avons signalé un dans un jardin de Draguignan, département du Var; et sur la côte d'Afrique, aux environs de La Calle, au village de Tarf, sur la rive droite de l'Oued el Kébir, il a été observé de véritables dolmen et un Cromlek dont la disposition ressemble au Stone Henge de l'Angleterre (1). Il est donc certain que partout où les peuples gaulois ont séjourné, ils ont élevé des monuments du même genre, mais nous n'en avons pas trouvé un seul en Galatie, malgré bien des courses faites sur de vagues indications des indigènes. Nous en concluons que les monuments de ce genre ont été détruits, soit pendant la période romaine, quand les Galates sont soumis aux lois et à la religion de Rome, soit sous les empereurs chrétiens qui faisaient plus que les Romains la guerre à toutes les religions étrangères.

Il n'en est pas ainsi des refuges naturels ou fortifiés où les Gaulois en Asie comme en Europe avaient l'habitude de se retirer avec leurs biens et leurs familles dans les cas d'une alerte soudaine; ces lieux choisis dans des contrées d'une défense facile, ordinairement sur les plateaux élevés des montagnes les plus inaccessibles, se retrouvent encore dans plusieurs régions de la Galatie, et les premiers observateurs qui les ont retrouvés n'ont pas hésité à reconnaître des camps retranchés des Gaulois, des Oppida comme César les nommait. Les grottes naturelles qui se rencontrent dans le flanc des monta-

(1) Voy. Berbères et Kabyles, *Revue orientale et américaine*, t. IV, p. 244, 1860

gnes ont été agrandies et disposées de manière à être rendues habitables. En remontant la rivière d'Angora, depuis Ayasch jusqu'à la petite ville d'Istanos, on traverse un pays montagneux, coupé par de nombreuses vallées dans lesquelles les tribus gauloises ont dû chercher à prolonger la résistance aux armées romaines après la défaite qu'elles ont éprouvée dans l'Olympe.

Istanos est bâtie à l'entrée de la vallée et sur le bord de la rivière Tchar sou, que l'on traverse sur un pont. Sa population se compose de Turcs et d'Arméniens; ces derniers y sont en grande majorité. Les maisons s'élèvent en amphithéâtre sur la pente de la montagne, qui est couronnée par d'anciens édifices. Les jardins sont sur la rive orientale de la rivière, et au milieu des arbres s'élève la nouvelle église bâtie par les soins de la population chrétienne.

On remarque dans la partie supérieure de la montagne un certain nombre de grottes et de cavernes. L'une de ces grottes a 3 mètres de long et 2^m50 de large; une seconde a 11^m30 de long et 3^m30 de large; une troisième se compose de trois étages superposés, qu'on ne peut atteindre qu'en montant sur les rochers éboulés et en franchissant une espèce de pont vermoulu. On peut alors pénétrer dans d'autres grottes et dans un couloir étroit qui a cent quarante-cinq pas de long ; on y trouve des conduits semblables à des cheminées et des séparations qui font supposer que ces grottes ont été habitées par plusieurs familles ; on ignore dans le pays quelles gens vivaient dans ces repaires et à quelle époque ils ont été habités ou creusés : on n'y trouve rien qui puisse guider dans ces recherches. Les habitants de la ville montrent une certaine répugnance à accompagner les étrangers dans la visite de ces singuliers monuments.

En continuant de remonter la vallée, on atteint les pentes du Gœuk dagh, dans les hauteurs duquel on remarque une enceinte construite en grands blocs de pierre, qui offre une certaine régularité dans ses dispositions. On ne saurait douter que ce soit l'ouvrage des Galates. Un peu au-dessus de cette enceinte se trouve le village de Gazokleu, et dans la montagne est le Yaéla des habitants du village. Dans le voisinage immédiat, et dans une muraille de rochers qui se prolonge jusqu'au sommet, on aperçoit de loin l'entrée d'une vaste grotte qui doit avoir servi à compléter le système de refuge gaulois dont le camp retranché formait la principale défense. Un nombre considérable d'habitants pouvait s'y tenir caché, son étendue est de cinquante pas de large et vingt pas de profondeur et elle offre plusieurs issues. Elle est creusée dans la pierre calcaire avec de grands filons de calcaire spathique. Une grande muraille défendait l'entrée principale; cette grotte ne sert plus aujourd'hui qu'aux bergers du Yaéla, qui s'y retirent à l'abri du mauvais temps.

En continuant de remonter la vallée, on arrive à la montagne de Ghermech dagh, couronnée par le château de Ghermech kalé, au pied duquel coule la rivière d'Angora. Dans l'été ce n'est qu'un mince filet d'eau saumâtre, mais au printemps et en hiver le passage offre quelque difficulté ; une source thermale prend naissance sur la pente nord de la montagne du château; elle alimente un bain de construction ancienne, l'édifice est couvert par une coupole et passe dans le pays pour un édifice génois, Djinévise Kalma, c'est le nom que l'on donne à tous les bâtiments dont l'origine est ignorée. Selon M. Ainsworth (1), le château de Ghermech est de construction romaine, et les thermes peuvent être de la même époque. L'analogie entre le nom de cette montagne et celui de la ville de Germa est à remarquer : ces deux noms ont leur racine dans le mot sanscrit Gharma, chaleur. La vallée de la rivière d'Angora offre à chaque pas des sujets variés d'observation pour l'antiquaire ou le géologue ; entre les deux villages de Yokara Turkali et Achâa Turkali, Turkali d'en haut et d'en bas, la montagne prend plus d'élévation et donne naissance a une autre source thermale. Dans la partie supérieure de la vallée, à une hauteur de cent cinquante mètres, s'ouvre une grotte spacieuse avec une défense fortifiée qu'on peut apercevoir de loin.

(1) Ainsworth, *Travels and researches, in Asia Minor*, t. I, 137.

Ce lieu s'appelle **Kirsiz Magharasi**, la grotte des voleurs. Il semble que cette construction a été faite pour la défense du passage.

Un oppidum gaulois très-remarquable a été observé par M. Hamilton sur la route d'Angora à Sevri hissar, au village de Assarli keui, situé à trente-deux kilomètres au sud-sud-ouest d'Angora. En partant de cette ville on fait douze kilomètres et demi jusqu'à une étroite vallée au fond de laquelle coule une rivière dans la direction du nord, on fait halte au village de Balouk Kouyoumji (1) situé à vingt-neuf kilomètres d'Angora. Une colline qui domine le village est couronnée par une fortification qui a tout le caractère d'une haute antiquité. Elle consiste en une enceinte circulaire dont les murs ont plus de trois mètres de haut et sont construits en grands blocs de trachyte de différentes dimensions. Un autre mur intérieur s'étend du côté du sud-est, tout l'intérieur de l'enceinte est divisé en un certain nombre de chambres ou de cellules qui forment un véritable labyrinthe, de manière qu'il n'y a ni issues ni passages pour aller de l'une dans l'autre : cet ensemble d'ouvrages est désigné par les paysans sous le nom de Assarli kaïa, la pierre d'Assarli; ce genre de construction ne porte aucun indice de l'art romain ni byzantin, il est tout à fait en dehors des usages civils ou guerriers des peuples musulmans. On ne peut y reconnaître qu'une de ces forteresses bâties par les Gaulois, peut-être les Trocmiens lorsqu'ils prirent sous leur protection les familles des guerriers qui allaient combattre Manlius. Du haut de cette colline la vue s'étend sur toute la contrée environnante, et les maîtres de cette forteresse pouvaient longtemps d'avance faire leurs préparatifs pour repousser l'ennemi.

Au nord et dans la vallée de la **rivière d'Angora**, M. Ainsworth a observé un autre oppidum non moins remarquable que les précédents; il est voisin des sources chaudes nommées Al-Khatoun, la dame, et domine la montagne de Sghilir. Ce lieu est désigné dans le pays sous le nom de **Kara Viran**, les ruines noires.

Une unique muraille, bâtie de pierres colossales sans mortier ni ciment, enclot une enceinte de quarante mètres environ de diamètre, et près de là sur une croupe de rochers s'élève un petit fort de la même construction.

C'est seulement dans les régions qui ont été occupées par les Galates que l'on trouve de ces réduits fortifiés; ils diffèrent en tout point des autres vestiges antiques observés dans les autres provinces, et sont situés dans des lieux élevés où les populations pouvaient transporter en cas d'alerte leurs familles et leurs biens.

Les habitants d'Angora ont observé dans un rayon de trente à quarante kilomètres de leur ville un certain nombre de grottes et de réduits semblables à ceux que nous venons de décrire. On citait aussi au village de Kerbetchenek, à trente kilomètres sud d'Angora, une grotte spacieuse dont l'entrée était masquée par d'énormes rochers et dans laquelle était un puits. En descendant au fond du puits on arrivait dans une seconde grotte où se trouvait un lac. Rien dans ce récit ne paraissait en dehors des limites du possible : nous résolûmes de tenter cette excursion, le 26 juillet 1834. Partis d'Angora à dix heures du matin, nous traversons une région aride qui commence à donner une juste idée de la province de Haimanah, et après cinq heures de marche nous arrivons à Kerbetchenek, gros village situé au pied d'une colline marneuse dans laquelle est effectivement une grotte spacieuse, mais qui ne présente rien d'intéressant au point de l'antiquité ou de la géologie; au fond de la grotte coule un maigre filet d'eau, mais le puits ni la grotte souterraine n'existaient pas. C'est la dernière observation que nous eûmes lieu de faire avant de quitter les environs d'Ancyre, qui offriront encore longtemps des sujets nouveaux d'observation aux voyageurs qui voudront y prolonger leur séjour.

---

(1) Le village de Assarli keui est à quatre kilomètres plus au sud.

CHAPITRE LX.

D'ANCYRE AU PAYS DES TROCMIENS KALADJIK.

On compte six heures de marche d'Angora à Tchibouk, et autant de Tchibouk à Kaladjik.

La rivière d'Angora, appelée par les indigènes Enguri sou, avait déjà été reconnue par Pococke pour un affluent de la Sakkaria; elle coule de l'est à l'ouest dans une grande vallée qui reçoit d'autres affluents, notamment le Tchibouk sou, ainsi nommé d'un village situé au nord-est d'Angora. Cette dernière rivière prend sa source dans la montagne d'Aïdos, arrose la grande plaine de Tchibouk ova si dans laquelle eut lieu la bataille entre Timour et Bayazid, le 2 juillet 1402, et se jette dans la rivière d'Angora un peu au-dessous de cette ville.

Le village de Tchibouk est composé de soixante-six maisons; il est assis au bord de la rivière de Tchibouk sou, qui traverse la plaine; plusieurs campements de Yourouk y sont installés pendant l'été. Les Yourouks possèdent un grand nombre de chameaux et conduisent les caravanes entre Tocat, Alep et Smyrne; leur probité est connue dans le pays : on leur confie les marchandises les plus précieuses, sans crainte de voir un ballot s'égarer. Le bassin de Tchibouk sou est peuplé de nombreux villages parmi lesquels on en compte un certain nombre qui renferment des débris d'architecture, preuve certaine qu'ils occupent l'emplacement de quelque ville antique. De ce nombre, il faut compter Akdjah tasch à trois heures nord-ouest de Kaladjik et au nord de la plaine.

Une colline composée de roches calcaires qui s'élève au-dessus du village paraît avoir servi de base à l'Acropole. Les murs des maisons renferment un grand nombre de monuments antiques et plusieurs fragments de sculpture. On remarque une stèle sépulcrale de pierre portant une inscription, et le buste d'un sénateur romain. Une autre stèle encastrée dans la muraille d'une maison représente deux figures, et au-dessous une autre figure à mi-corps avec la toge et entourée d'une couronne; on lit au-dessous l'inscription suivante : « Aur. Hélius F. de Domnus du bourg des Clossaméniens Néocore (du temple) de Jupiter Bossouritius s'est élevé ce monument de son vivant (1). » Aucun historien ne mentionnant ni la ville ni le dieu topique, tout ce qu'on pourrait ajouter ne serait que pure conjecture.

D'après les extraits que nous avons faits des différents auteurs jusqu'à la chute de l'empire de Byzance, nous comptons en Galatie cent trente-cinq noms de villes et de bourgs : on voit combien il en reste encore à déterminer.

Kaladjik est une petite ville assez heureusement située; elle s'élève en pente autour d'une colline rocheuse couronnée par un château; une muraille en partie crénelée forme l'enceinte; les maisons sont bâties en briques crues récrépies avec de l'argile jaune; les rues sont étroites, mal pavées et en pentes rapides; mais les jardins qui entourent la ville lui donnent un aspect pittoresque. La population est de trois mille âmes et se compose de Turcs, de Grecs et d'Arméniens. A mesure qu'on avance vers l'est, cette dernière population devient de plus en plus nombreuse dans les villes.

La colline du château est un épanchement trachytique, qui s'arrête à la vallée voisine; tout le reste est calcaire.

Le château est un amas de constructions de différents âges, la plus grande partie a été réparée par les Turcs; on trouve dans les murs quelques fragments antiques et plusieurs pans de murailles encore en place sont certainement de construction romaine. Il est hors de doute que l'on est sur l'emplacement de quelque ancienne ville. Le cimetière arménien abonde en fragments antiques; cippes funéraires, deux lions de marbre de travail byzantin, corniches et colonnes brisées, tout cela n'a pu être apporté de loin. On remarque cependant deux bornes milliaires, dont l'une porte une inscription en l'honneur de l'empereur Hadrien et le numéro XXXV. Le nom de la ville manque. Il est difficile de savoir quel est le point de départ de cette borne milliaire, le trente-cinquième mille, qui représente 51 kil.,

(1) Hamilton, *Researches*, t. I, 4..

76 ne concordant ni avec la distance d'Ancyre à Kaladjik ni avec celle de Kaladjik à Gangra, aujourd'hui Kiangari.

Une grande vallée arrosée par une rivière s'étend au nord de la ville, les eaux sont aménagées pour l'irrigation des jardins, qui sont nombreux et bien entretenus.

La route de Songourlou suit la direction de l'est par un pays désert et montueux; on arrive après une heure et demie de marche dans la vallée de l'Halys. Le fleuve roule ses eaux rougeâtres dans un lit très-encaissé; un pont volant soutenu par quelques piliers chancelants est la seule voie ouverte aux caravanes; il n'a pas plus de trois mètres de large, le tablier est à six mètres au-dessus du niveau de l'eau, et n'a pas même une balustrade pour arrêter l'écart d'une bête de somme. On ne peut pas dire cependant qu'il manque d'entretien, car deux ans après mon passage, M. Hamilton trouva les trous des planches pourries réparés avec des pierres qu'on avait traînées sur le pont.

Songourlou est une petite ville de deux cent cinquante maisons; sa distance d'Angora en ligne directe est de trente heures de marche; elle est à six heures du pont de l'Halys. Une grande partie du pays est en friche, mais dès que les vallées ont un filet d'eau les cultures reparaissent et les vergers donnent des fruits renommés.

Hiekbass est un joli village de cent cinquante maisons, distant de cinq heures de Songourlou; on peut observer dans le cimetière quelques fragments d'architecture ancienne. Toutes les maisons sont séparées par des jardins; les vergers couvrent les collines environnantes. Hiekbass est la dernière station avant d'arriver au village de Boghaz keui, qui occupe l'emplacement de Ptérium, et dont le territoire appartenait au royaume du Pont Galatique. Nous décrirons cette ville avec la province de Pont. Il en est de même des autres villes qui ont été tour à tour annexées à la Galatie et en ont été détachées pour faire des États séparés sous les gouvernements d'Amyntas de Déjotare et de Bogadiatare.

CHAPITRE LXI.

TAVIUM. — NEFEZ KEUI.

Dans le partage des provinces d'Asie la partie occidentale de la Galatie qui s'étend à l'est du fleuve Halys échut aux Trocmiens, c'était selon Strabon la région la plus fertile, et de nos jours elle peut encore soutenir son ancienne réputation, elle est surtout célèbre par les fruits de ses vergers. Les Trocmiens possédaient trois villes principales, Tavium grande place de commerce où l'on voyait un colosse d'airain représentant Jupiter et un bois sacré ayant droit d'asile. Pline se contente de mentionner cette place dont l'importance commerciale est indiquée par le grand nombre de routes qui y convergeaient. Aussi tous les savants qui se sont occupés de la géographie de l'Asie Mineure ont-ils cherché, à défaut de renseignements positifs, à établir la position de Tavium d'après les itinéraires anciens; mais quand ces documents ne sont pas appuyés sur des observations locales, ils peuvent conduire à des erreurs notables. Il en a été de Tavium comme de Pessinunte: la capitale des Trocmiens a été successivement placée dans des régions bien éloignées l'une de l'autre. Danville regardait Tchoroum comme satisfaisant aux conditions cherchées. Le col. Leake et le d^r Cramer (1) sont disposés à l'identifier avec Youzgatt. M. Hamilton a publié deux Mémoires pour prouver que Boghaz keui n'est autre chose que l'ancienne Tavium; nous n'avons jamais été de son avis et dès l'année 1836 nous avons appelé son attention sur le village de Nefez keui, dont la position à l'égard d'Angora s'accorde avec celle de Tavium, et les monuments romains et byzantins prouvent que cette ville fut habitée dans les temps chrétiens; cette preuve manque absolument pour Boghaz keui. Depuis vingt ans cette dernière ville a été visitée par un grand nombre de voyageurs érudits, et la question est aujourd'hui jugée.

Nefez keui est située à vingt-quatre kilomètres au sud de Boghaz keui, tout ce district est habité par les Turcomans

(1) *Asia Minor*, t. II, p. 100.

qui abandonnent leurs maisons pendant l'été pour aller demeurer sous la tente.

Les ruines de la ville sont situées à un kilomètre et demi à l'ouest du village, mais déjà dans le cimetière on trouve des fûts de colonnes et des fragments d'architecture. La première chose que remarqua M. Hamilton en visitant les ruines, où il reconnut l'emplacement d'une ancienne cité, ce fut un grand bâtiment dont les fondations avaient été fouillées depuis peu dans un espace de huit mètres; le fossé était rempli de grandes pierres de taille, appartenant au mur extérieur, qui étaient reliées par des crampons de fer. Deux collines qui s'élèvent à peu de distance de la ville sont désignées sous le nom de grand et de petit château; à une petite distance vers le nord on trouve encore un certain nombre de grandes pierres calcaires qui marquent l'emplacement d'un temple ou de quelqu'autre édifice important parmi lesquels on reconnaît des parties d'architraves et de riches corniches; plus loin M. Hamilton observa une pièce de marbre portant des lettres de sept ou huit pouces de haut et qui paraissent avoir fait partie de la dédicace d'un temple. Plusieurs inscriptions presque toutes byzantines ont été copiées, mais pas une ne contient le nom de la ville (1).

M. Brant, consul anglais, visita aussi le village de Nefez keui venant de Youzgatt et allant à Boghaz keui. Il y trouva de nombreuses pièces de marbre employées dans la construction des maisons modernes, un certain nombre d'inscriptions et de nombreux fragments de colonnes et d'autres restes d'architecture. Sur la colline qu'on appelle le château, des fouilles avaient mis à découvert les restes d'un bel édifice antique dont les murailles étaient revêtues de plaques de marbre. Sur l'autre colline on avait aussi fait des fouilles dans le but d'extraire des marbres qui devaient être transportés à Youzgatt pour la construction d'une mosquée. Les médailles trouvées dans ces fouilles avaient été fondues sans que la science en tirât aucun profit (2). On ne saurait nier que ces descriptions ne puissent convenir à l'ancienne Tavium. L'un des deux temples a pu être celui de Jupiter; la position de Nefez keui dans un pays ouvert et accessible convient mieux à la ville des Trocmiens que celle de Boghaz keui dont le nom seul, le village du défilé, indique un pays montagneux et difficile. Or, d'après les tables, Tavium était une ville où convergeaient sept grandes routes allant du nord au sud et de l'est à l'ouest.

La distance d'Ancyre à Tavium est donnée par deux documents anciens. La table de Peutinger est incomplète, la distance entre les deux dernières stations manque; elle n'est cependant pas inutile comme point de comparaison.

Table de Peutinger.

Ancyre.	Milles.	Kilomètres.
Acitorihiaco...	36	53,244
Eccobriga.....	33	48,807
Lassora......	25	37,975
Stabiu.......	17	25,143
	111	165,169

Itinéraire d'Antonin.

Ancyra.	M. R.	Kil. M.
Boleslasgus....	24	35,496
Sarmalius.....	24	35,496
Ecobrogis.....	20	29,580
Adapera......	24	35,496
Tavio.........	24	35,496
	116	171,564

Il faut donc compter environ cent quatre-vingts kilomètres depuis Ancyre, cette distance convient parfaitement à la position de Nefez keui.

Cette question de la position de Tavium a été examinée avec maturité par Carl Ritter, qui en définitive est disposé à se ranger de notre avis. « Il reste la possibilité de l'exactitude des conjectures de Texier, lequel considérant que la ville de Tavium fut florissante pendant la période chrétienne et pendant les temps byzantins comme cela est prouvé par les actes des conciles, pense que cette ville devait se trouver au village voisin de Nefez keui, tandis que les ruines de Boghaz keui ne renferment que

---

(1) Hamilton, *Researches*, tom. Ier, 391.
(2) Carl Ritter Erdkunde, t. IX, part. 1re, page 370.

des vestiges d'une haute antiquité (1).

(1) Und bliebe immer die Möglichkeit der Richtigkeit für Texiers Vermuthung, der die noch in christlicher Zeit, nach dem Zeugniss der Concilien-Unterschriften blühende Stadt Tavia vielmehr in den der byzantinischen Zeit angehörigen Ruinen des benachbarten Nefes Kjoi finden möchte. Karl Ritter Erdkunde, tome IX, Theil 1, in-8°, 1858, page 394.

LIVRE VII.

CAPPADOCE.

CHAPITRE PREMIER.

ORIGINE DU ROYAUME DE CAPPADOCE.

Si l'origine des peuples qui occupaient les provinces occidentales de l'Asie Mineure laisse à la critique quelques points qui ne sont pas encore complétement éclaircis, on a du moins, pour appuyer les hypothèses que nous avons présentées, des données historiques suffisantes et faciles à rassembler. Il n'en est pas de même des nations établies à l'orient du fleuve Halys; soumises à des vicissitudes sans nombre, formées d'agglomérations de peuples divers dont l'origine est inconnue, nous n'avons pas même, pour nous guider, les monuments anciens, dont le caractère indique les différentes phases d'une civilisation. Des grottes taillées dans les rochers, voilà les seuls vestiges que la Cappadoce antique offre à l'observation.

Les anciens ont regardé les Cappadociens comme une race composée d'un mélange de Syriens et de peuples parlant un langage barbare, dernier reste peut-être des aborigènes de la partie occidentale, repoussés par les migrations d'Europe. Le caractère de la contrée eut certainement une influence notable sur la physionomie des habitants. Jamais le goût des arts ne se révéla chez eux; vivant dans de grandes plaines sans arbres, occupant des villes sans murailles, adonnés uniquement à des travaux d'une agriculture ingrate, on les voit seulement prospérer comme pasteurs, et c'est l'élève du bétail de toute espèce qui fait la principale richesse de leurs princes. Ce trait les rapproche des Syriens du sud, et à défaut de documents historiques qui attestent l'introduction de la population syrienne en Cappadoce, nous devons avouer que le caractère particulier des ouvrages des Cappadociens a plus d'analogie avec ceux de l'Arabie et de la Syrie supérieure qu'avec aucun autre peuple de la presqu'île.

Ce fait avait sans doute été remarqué par les anciens, et avait perpétué l'idée de la fraternité qui avait dû exister entre ces peuples. Leur culte d'ailleurs portait une empreinte manifeste de la théogonie orientale; et si l'on trouve les noms des dieux de la Grèce répandus dans le pays, c'est qu'ils étaient appliqués par les Grecs et les Romains à des divinités cappadociennes (1). Le culte du feu, qui se perpétua en Cappadoce longtemps après l'âge romain (2), a été introduit par des peuples étrangers, avec celui de la déesse Anaïtis. Strabon atteste que de son temps les pyrées élevés dans la plupart des provinces attiraient encore une foule d'adorateurs; mais la vénération de tout le peuple cappadocien était acquise à des divinités indigènes, dont les temples effaçaient par leur magnificence toutes les cérémonies du magisme. Ces temples de Men, et de Mâ qu'il a plu aux Romains de nommer Bellone (3), étaient de véritables centres de gouvernement dont les pontifes étaient les rois. Tous ces dieux ont été par la suite appelés dans le panthéon romain, en quittant leurs noms asiatiques pour prendre ceux de Vesta, de Vénus-Uranie et de Lunus. Le mot Men ne reparaît dans la langue latine que pour former la racine du mot *Mensis*, parce que la lune déterminait la division des mois, comme cela a encore lieu chez tous les peuples orientaux.

Les royaumes situés à l'est de l'Eu-

(1) Strabon, XII, 535.
(2) Strab., XV, 733.
(3) César, *de Bell. civil.*

phrate, l'Arménie et l'Assyrie, étaient déjà parvenus à un très-haut degré de prospérité, que la Cappadoce sortait à peine du chaos; car à cette époque cette contrée ne pouvait être, par sa constitution physique, qu'un pays inculte et presque désert, abandonné aux ravages des feux souterrains, qui ont laissé partout des traces de leur action. La population éparse qui tentait de s'agglomérer pour former un peuple, reçut par ses rapports avec les Mèdes et les Arméniens les premiers éléments de civilisation, et il est naturel de penser que le culte du feu, déjà répandu dans l'Arménie et surtout dans l'Acilicéné, fut transporté de cette dernière province en Cappadoce, longtemps avant l'arrivée des Perses. On ignore complétement à quelle époque et sous quelle influence les Leuco-Syriens firent cette irruption vers le nord. Est-ce à l'époque des conquêtes de Sésostris? On ne saurait assigner à ces migrations une antiquité plus reculée; car il n'est pas probable que la contrée fût habitable antérieurement à cette époque.

Il ne faut pas s'étonner que nous fassions si souvent intervenir les phénomènes géologiques comme éléments de discussion dans des questions purement historiques. On est tenté de croire en effet qu'il n'y a rien de plus rare que ces terribles tremblements de terre, ces convulsions du globe qui font glisser les unes sur les autres les couches des montagnes et viennent parfois interrompre un cours d'eau pour le transformer en lac. Mais, sans remonter à ces temps dont les annales sont perdues pour nous, nous pouvons nous rendre compte des changements opérés depuis les temps historiques, sur certaines côtes de l'Asie, dans presque tous les golfes et aux embouchures des fleuves. Par suite des frémissements continuels du sol, les terres ébranlées ont été emportées par les eaux dans une proportion dont on ne peut apprécier le rapport avec les atterrissements actuels.

L'expédition de Sésostris, qui envahissait l'Asie 2700 ans avant J.-C., fut sans doute la principale cause du déplacement des populations du groupe araméen, qui durent remonter l'Euphrate à la suite de ses armées. Aucun document ancien ne nous porte à soupçonner que ces peuples franchirent l'Halys. Les Phéniciens s'établissaient sur les côtes de la Cilicie, ils ne pénétrèrent point au delà du Taurus, et se contentèrent de négocier sur les côtes. Mais c'est surtout de la part des conquérants assyriens que la Cappadoce devait recevoir le plus grand élan vers la civilisation. Les exploits de la grande Sémiramis sont encore célèbres dans ces régions; ici c'est un fleuve, là un château qui porte le nom de cette reine. Depuis le sud de la Médie, qu'elle défendit par une muraille, encore debout, entre l'Euphrate et le Tigre, jusqu'aux plateaux élevés de l'Arménie, où elle fonda la forteresse de Châh Miram gherd, tous les pays soumis à son empire furent couverts de monuments qui luttaient de grandeur avec ceux de l'Égypte, et qui surpassaient en utilité tous ceux du monde entier. C'est à elle que l'on doit les premiers grands chemins qui ouvrirent des communications au milieu de montagnes inaccessibles et de marais impraticables. Que tant d'exploits de tout genre soient regardés par quelques auteurs comme l'ouvrage de plusieurs princes, il n'en est pas moins vrai que, chez les Orientaux, le nom de Sémiramis partage avec ceux de Salomon et de la reine de Saba, Bal-Kiz, l'honneur d'avoir élevé tous les grands monuments dont on voit encore les ruines.

CHAPITRE II.

DOMINATION ASSYRIENNE.

Réunie au royaume d'Assyrie avec ce qui forma depuis l'empire des Mèdes, la Cappadoce comprenait à cette époque la partie de la presqu'île qui s'étendait de l'une à l'autre mer. Nous connaissons peu les villes dont l'origine remonte à cette époque. On peut cependant citer Mélitène, comme une des créations de Sémiramis, et Anchialé comme résidence aimée de Sardanapale, qui l'avait bâtie et qui voulut y être inhumé. Les Grecs eux-mêmes se taisent sur les temps antérieurs, et Hérodote (1) nous atteste que les Assyriens sont les plus

(1) Liv. I. 95.

anciens des peuples qui ont étendu leur domination sur ces provinces. En effet, il y avait cent vingt-cinq ans qu'ils étaient maîtres de l'Asie supérieure, lorsque les Mèdes commencèrent à se rendre indépendants. Nous avons déjà vu que les Mèdes reculèrent jusqu'au fleuve Halys les bornes de leur empire. L'histoire de la Cappadoce jusqu'au temps des successeurs d'Alexandre ne peut donc être isolée de celle des Mèdes, des Assyriens et des Perses. Les rois d'Arménie, vaincus par Sémiramis, auraient, d'après les chroniques arméniennes, secoué le joug des Assyriens et reconquis leur empire, et, pendant toute cette période anté-hellénique; se seraient maintenus, tantôt comme souverains indépendants, tantôt comme satrapes des rois perses (1). Nous voyons dans le monument d'Ancyre comment les Romains, mus par un pur caprice, donnent ou enlèvent les provinces d'Arménie et de Cappadoce. Il semble que pendant toute cette longue période, l'Arménie n'ait jamais joui que d'une nationalité précaire. Cependant les Tigranes étendirent leur puissance dans toute la Mésopotamie et régnèrent sur la Cappadoce. Césarée, la capitale, fut longtemps soumise aux princes arméniens, car c'est sur la dynastie arménienne que cette ville fut conquise par Sapor. La province qui porta le nom d'Arménie Mineure fut un démembrement de la Cappadoce; mais il serait difficile de tracer les variations de frontières qu'éprouva cette province pendant toute la période assyrienne, depuis les conquêtes de Phraorte (2), qui acquit la Cappadoce, 650 ans avant J.-C., jusqu'à la chute de Ninive. Lorsque les Scythes envahirent l'Asie, ils étendirent leurs ravages dans tout l'empire des Mèdes; il semblerait que le cours de l'Halys, qui coule de l'est à l'ouest au-dessus du plateau de Césarée, ait dû former la limite de leurs invasions; mais on reconnaît des traces de leur séjour au sud de cette ligne, dans le nom d'une petite ville qui se trouvait sur la route d'Ancyre à Césarée. Ce nom, écrit tantôt Saccœna (3)

(1) Cyrop., lib. II, p. 58-61.
(2) Hérodote, 61-102.
(3) *Iter ab Ancyra Cæsaraam usque*.

dans l'itinéraire d'Antonin, tantôt Saccacœna, était bien loin des limites de Saccacéné, entre Nyssa et Césarée, à soixante mille pas de Nyssa et vingt-cinq mille de Césarée. Nyssa étant Nemcheher selon la carte du Père Cyrille, et d'après tout le clergé grec de Césarée, qui donne à l'évêque de Nemcheher le titre d'évêque de Nyssa, Saccœna devait occuper la position de Ingé sou, village où l'on remarque un grand nombre de grottes taillées dans le roc. Une autre Saccœna est mentionnée sur la route de Tavium à Césarée, à trente-neuf milles au nord de cette ville. Ce sont, je pense, d'anciens châteaux occupés par les Saces, dont le nom s'est perpétué jusqu'à l'époque byzantine; mais je n'ai trouvé dans ce pays aucune trace ni aucun souvenir de la seconde de ces places.

Les Saces, vaincus par Cyaxare, abandonnèrent aux Mèdes les pays qu'ils occupaient; mais les conséquences de cette victoire furent une déclaration de guerre entre la Lydie et les Mèdes. Pendant cette guerre, qui dura plusieurs années, les Mèdes étaient maîtres de tout le pays situé au delà de l'Halys, et y transportèrent le culte de la déesse Anaïtis, qui fut honorée jusque dans la Lydie. Il est à croire que cet état de choses subsista jusqu'à la destruction de l'empire d'Assyrie; et lorsque Cyrus réunit les deux empires sous un même pouvoir, cette révolution apporta peu de changements dans les mœurs du peuple cappadocien.

L'Asie entière, avant d'être réduite sous le joug des Perses, fit cependant des efforts pour conserver son indépendance. Les peuples qui avaient du sang grec dans les veines résistèrent avec vigueur; les Lyciens les imitèrent, et aimèrent mieux incendier leurs villes que de les voir retomber entre les mains des satrapes; mais les Cappadociens s'assimilèrent facilement à leurs nouveaux maîtres, et l'histoire ne nous a conservé le souvenir d'aucune tentative de révolte. L'observation que nous avons faite relativement à la fusion facile qui s'établit entre les Gaulois et les Romains, avec les peuples de la Phrygie et de la Bithynie, parce que l'Europe était leur patrie commune, peut aussi s'appliquer aux Cappadociens et aux Perses, et prouverait, à défaut d'autre document, que les premiers étaient d'origine orientale.

Tous les auteurs ne sont pas unanimes pour regarder les Leuco-Syriens comme un peuple originaire de Syrie; il est certain qu'ils ont été maîtres des côtes du Pont-Euxin à une époque très-ancienne, puisqu'on suppose qu'ils ont été réduits sous le pouvoir des Amazones (1). Leur nom, dans cette hypothèse, leur aurait été donné par un fils d'Apollon et de la nymphe Sinopé, appelé Syrus, qui transmit son nom à la Syrie. Ce serait donc, au contraire, de ceux de Cappadoce que les Syriens auraient reçu cette dénomination. Quant au nom de Cappadoce, il serait superflu d'en rechercher l'origine, car les auteurs anciens ne sont pas d'accord à ce sujet; les uns (2) le font dériver du fleuve Cappadox, qui est un des affluents de l'Halys; les autres (3) prétendent qu'il est emprunté à la langue perse.

CHAPITRE III.

POPULATION DE LA CAPPADOCE.

Sous la domination des Perses cette province était administrée par deux gouverneurs; elle se trouve en effet divisée par la nature en deux parties complétement différentes, l'une aride et sans eau, l'autre couverte de forêts et arrosée par des rivières sans nombre : c'est celle qui fut appelée depuis la province de Pont; la première retint toujours le nom de Cappadoce. Cyrus, pour récompenser Pharnabase qui l'avait délivré des attaques d'un lion, lui donna tout le pays que l'on apercevait du haut de la montagne où l'événement s'était passé. C'est la première mention qui soit faite d'un roi de Cappadoce (4).

Darius, en organisant les provinces de son vaste empire, attribua la Cappadoce à la dixième satrapie; elle resta divisée en deux gouvernements, dont l'un fut appelé par les Grecs grande et l'autre petite Cappadoce.

Sous le régime des Perses, la Cappadoce fut assimilée à ces vastes parcs, ces paradis où les rois entretenaient du gibier et du bétail de toute espèce. L'onagre, qui était indigène, donnait par son croisement avec les cavales, des mulets dont la renommée s'étendait jusqu'en Babylonie, et quoique cette race d'onagre, aujourd'hui considérablement diminuée, ne se retrouve plus que dans les montagnes du Farsistan, les mulets de Cappadoce ont conservé leur réputation, et se vendent sur les marchés de l'Orient aussi chèrement que des chevaux. Si le pays est aujourd'hui trop pauvre, si l'administration est trop ignorante pour que l'élève des chevaux soit aussi fructueuse qu'autrefois, on rencontre encore cependant tous les éléments qui avaient permis aux Cappadociens de pousser cette industrie agricole à une si grande perfection. Les vastes plaines des environs de Césarée et de Nigdé fournissent abondamment tous les fourrages nécessaires, et l'orge de Cappadoce est particulièrement estimée. Le sel, dont l'agriculture fait un usage si général et si utile, existe en abondance, non-seulement dans le lac Tatta, mais encore dans des carrières d'où on le tire sous la forme de blocs. Les anciens dominateurs de la contrée savaient que c'était là qu'il fallait chercher la richesse du pays, et les impôts étaient payés, non pas en numéraire, mais en chevaux de course et de char, car les rois de Cappadoce ont toujours passé pour avoir un trésor assez maigre (1).

Les innombrables troupeaux de chèvres et de chevaux couvraient les parties montagneuses, où la beauté des pâturages était entretenue par les sels volcaniques. Mais il paraît que la belle race de moutons qui fait aujourd'hui la richesse du pays, était alors peu répandue, et la laine était chère en Cappadoce (2); tous les vêtements du peuple étaient tissus de poil de chèvre;

---

(1) Strab., XII, 544.
(2) Pline, lib. VI, ch. 3.
(3) Const. Porphyrogénète, de *Thematibus in Themate Armeniaco*.
(4) Const. Porphyr., *ibid*.

(1) Mancipiis locuples, eget æris Cappadocum rex. (Horat., *ep.* I, 6, 39.)
(2) Strab., XII, 546.

cette industrie se perpétue encore dans le pays.

Sous de pareils traits, on peut se faire une idée du peuple cappadocien. Dans les premiers âges, pasteurs ignorants et à peu près barbares, vivant dans des champs, où l'on ne trouve pas une pierre pour bâtir, ou dans des vallées resserrées par des roches tendres de nature volcanique; les uns nomades sous des tentes, vêtus du cilice de laine, qui fait encore, sous le nom de *haba*, l'unique vêtement des Cappadociens de nos jours. Les autres, abrités d'abord dans des cavités naturelles, ont été portés à les agrandir et à les régulariser. C'est l'origine des habitations qui se présentent innombrables aux yeux des voyageurs. A mesure que la famille s'augmentait, on creusait une nouvelle chambre, et peu à peu les rochers se sont trouvés percés comme des ruches d'abeilles. On a aussi voulu trouver place pour la demeure des morts, et cette matière volcanique, ces tufs ponceux, qui reçoivent si facilement l'empreinte du ciseau, ont été taillés en sépulcres, en sarcophages ou en *columbaria*, selon le rite ou la richesse du défunt. Car parmi ces pasteurs, comme chez les Arabes de nos jours, on en voyait qui avaient amassé de grands biens : témoin ce Pampalus qui possédait une riche villa près de Tyane. Mais l'habitude si répandue de demeurer dans les rochers ne fit pas naître chez les Cappadociens le goût d'orner leurs habitations. Nous avons vu sur les bords de l'Halys des grottes formant de véritables villages; on y trouve des citernes et des cheminées. Tous les environs de Césarée, de Nazianze, de Soandus, de Nyssa, offrent des myriades de tombeaux, d'habitations, et même de chapelles, car la Cappadoce chrétienne n'a pas abandonné cet usage de creuser des grottes. Mais nulle part je n'ai trouvé les rudiments d'un art quelconque, ou même le sentiment de cet instinct si naturel qu'on appelle la symétrie, et qui flatte également l'enfant et le sauvage. Aussi les Romains policés, les Grecs élégants, ont-ils toujours traité le Cappadocien avec un profond mépris, et lui ont-ils prêté tous les défauts imaginables. Tertullien disait, pour exprimer le peu d'estime qu'il avait pour le caractère de ces peuples : Il y a trois CCC détestables, les Cappadociens, les Ciliciens et les Crétois. On leur reconnaît encore d'autres vices, qui prouveraient qu'à l'ignorance les Cappadociens joignaient aussi la ruse; c'était surtout chez eux qu'on trouvait les gens les plus habiles à rendre un faux témoignage. On se rappelle à cette occasion l'épigramme de Martial (1) :

En un mot, aucun peuple de l'Asie n'a éprouvé davantage la verve satirique des Romains et des Grecs, qui accusaient les Cappadociens de tous les vices engendrés par la stupidité et l'ignorance. Cependant, dans les annales de cette nation que l'on regardait comme la dernière entre les peuples asiatiques, loin de trouver quelque trait de férocité, on la voit toujours se soumettre avec résignation à ses maîtres divers, et lorsque, par un caprice digne de Rome, le sénat veut lui donner la liberté, elle envoie bien humblement prier qu'on lui reprenne un bien dont elle ne saurait que faire, et redemande le gouvernement monarchique qui la régissait depuis des siècles. Avec un pareil peuple, l'histoire de l'art est une science incertaine, car pour lui tous les siècles se ressemblent, et tout en se creusant des tanières impérissables, il n'a jamais songé à écrire une ligne sur ses murailles, pour que ses descendants puissent avoir au moins une idée quelconque de la langue qu'il parlait. Nous savons seulement qu'elle était peu répandue, et que le cappadocien pur n'était parlé que dans certains districts.

Le grand nombre de langues qui se parlaient dans le Pont et la Cappadoce, prouve mieux que tous les raisonnements, que ces provinces furent peuplées, comme celles de la partie occidentale, par des tribus d'origines différentes; les princes même ignoraient tant de dialectes divers, et Lucien nous a conservé un trait qui peint très-bien

(1) Vipera Cappadocem nocitura momordit; at illa
Gustato periit sanguine Cappadocis.

la confusion de langues qui existait dans ce pays. Un roi des environs du Pont-Euxin, assistant à une représentation de pantomimes, disait à Néron qu'il désirait prendre un de ces acteurs pour interprète, afin de pouvoir entretenir commerce avec ses voisins, qui parlaient plusieurs langues différentes. Le grand Mithridate, au contraire, familiarisé dès son enfance avec tous ces idiomes asiatiques, dut plus d'un de ses succès à la facilité qu'il avait de parler dans leur propre langue à la plupart des peuples qu'il réunissait sous sa loi. Il connaissait vingt-quatre idiomes.

Non-seulement il ne reste aucun vestige de la langue cappadocienne sur les monuments tumulaires que l'on compte par milliers, mais les inscriptions grecques sont excessivement rares; il semble que les princes et les artistes aient regardé un semblable soin comme inutile chez un peuple ignorant et à demi sauvage.

CHAPITRE IV.

ROIS DE CAPPADOCE.

Les rois de Cappadoce ont cependant joué un rôle, sinon brillant, du moins assez actif sous les successeurs d'Alexandre et pendant la guerre de Mithridate. C'est aux rapports constants de ce prince avec ce pays qu'ils doivent leur plus grande illustration. Les alliances contractées avec les rois de Syrie, de Bithynie et de Pergame, ont fait paraître plusieurs princes cappadociens sur la scène politique, mais ordinairement au second plan, et se présentent presque toujours comme des embarras pour leurs alliés, qui se virent, dans plus d'une circonstance, réduits à regretter une amitié onéreuse.

On a lieu de s'étonner que Strabon, qui mentionne plusieurs membres de sa famille comme ayant pris une part plus ou moins directe aux affaires publiques, soit si laconique sur un pays qui l'avait vu naître. Tout ce que nous savons sur les rois de Cappadoce se trouve mêlé à l'histoire des successeurs d'Alexandre ou des guerres de Mithridate; mais, en parcourant le pays, on ne découvre pas une ville, pas un monument qui aide à rétablir quelque fait nouveau relatif au gouvernement de cette contrée.

Les premiers princes qui régnèrent, ou plutôt qui exercèrent un pouvoir souverain, reçurent leur autorité des rois de Perse, qui les établirent sous le nom de satrapes. Cyrus, pour récompenser les conjurés qui avaient tué le faux Smerdis, les éleva à la plus haute fortune; Anapha reçut le gouvernement de la Cappadoce, et ce pouvoir paraît être resté héréditaire dans sa famille jusqu'au moment où Alexandre s'empara de l'Asie Mineure (1).

Nous n'avons aucun document qui nous fasse connaître en quel lieu les satrapes faisaient leur résidence; il est à croire que, comme le roi de Pont, ils menaient une vie presque errante, demeurant dans les nombreux châteaux qui couronnaient les sommets des rochers, se livraient à l'exercice de la chasse dans des parcs immenses, qui furent de tout temps un des grands luxes et en même temps le plaisir le plus constant des seigneurs orientaux. Tout ce que nous pouvons discerner de cette époque, à travers les nuages de l'antiquité, nous montre ces princes vivant dans des habitations qui seraient plutôt à nos yeux des tentes fixes, c'est-à-dire des kiosques ouverts de toutes parts et défendus seulement de l'ardeur du soleil par des bosquets touffus. C'est ainsi que vit encore le roi de Perse, et les pachas de l'Asie Mineure regardent comme une cruelle sujétion, l'obligation de passer quelques mois dans des maisons closes, à l'abri de la neige.

On ignore complétement l'époque de la fondation de Mazaca, qui devint la capitale de la contrée. Quelques auteurs croient retrouver dans ce mot un souvenir du culte de la déesse de Comana; d'autres, se fondant sur les chroniques arméniennes, prétendent que cette ville fut fondée par un roi d'Arménie nommé Mazach. Il est à croire que les rois du nom d'Ariarathe choisirent cette ville pour leur résidence or-

(1) Fréret, *Mém. sur la Cappadoce*, *Mém. de l'Académie*, t. XIX, p. 4.

dinaire; mais l'un d'eux eut aussi une demeure de plaisance dans l'île d'Élœussa (1), non loin de Séleucie.

Le premier prince du nom d'Ariarathe fournit un contingent de troupes au roi de Perse, et l'accompagna dans son expédition d'Égypte; de retour dans son gouvernement, il termina tranquillement sa vie, et laissa le pouvoir à son fils. L'invasion d'Alexandre en Asie ne se fit point sentir dans ses États, qui se trouvaient loin du théâtre de la guerre; mais la chute de Darius entraîna celle de tous les princes qui étaient ses tributaires, sinon ses lieutenants, car ils payaient à la Perse des impôts de différente nature. Indépendamment d'un faible tribut en argent, la Cappadoce fournissait chaque année au roi de Perse quinze cents chevaux, deux mille mulets et cinquante mille moutons (2).

Strabon, qui pourtant connaissait bien le pays (3), avait dit que la Cappadoce manquait de laine. Cette contradiction paraît encore plus grande quand on parcourt le pays. Les moutons de Cappadoce sont aujourd'hui renommés dans toute l'Asie; cette race est caractérisée par une queue énorme, qui est comme un appendice de toute la peau du dos, et qui forme un volume de graisse de six kilogrammes et quelquefois davantage. Or ce mouton est originaire d'Arabie: les moutons d'Arabie, dit Hérodote (4), portent une queue qui n'a pas moins de trois coudées de long; les bergers les placent sur des petits chariots en bois. Cet usage est encore pratiqué dans quelques troupeaux pour des moutons d'une belle venue, j'en ai souvent observé aux environs de Konieh. Ne serait-il pas étonnant qu'après les rapports constants qui ont existé entre la Syrie et la Cappadoce, les habitants de ce pays, qui faisaient consister les principales richesses en troupeaux, eussent négligé une branche aussi importante de revenu? On ne peut guère soupçonner que ces moutons aient été transportés en Cappadoce par les Musulmans, car les Seldjoukides arrivant en Asie Mineure venaient de la Bactriane et du sud de la mer Caspienne. C'est sans doute à eux que l'on doit l'introduction du buffle en Asie Mineure; mais il est plus naturel de penser qu'ils n'ont fait qu'entretenir la race de moutons qu'ils ont trouvé à l'ouest de l'Euphrate. Cette dernière race est répandue en Perse, mais n'existe pas en Égypte; on peut regarder les moutons de Perse comme les descendants de ceux que les Cappadociens envoyaient au grand roi: dans tous les cas, la contradiction n'en est pas moins réelle dans le texte de Strabon.

Jusqu'à la mort d'Alexandre, Ariarathe II resta tranquille possesseur de la province; mais il se vit bientôt menacé par les successeurs de ce prince, qui préludaient au partage de ses États, et convoitèrent la Cappadoce comme une portion de l'empire du grand roi. Obligé de résister à Perdiccas, qui venait à la tête d'une armée nombreuse réclamer au nom d'Eumène le pays qui lui était échu, Ariarathe n'hésita pas à accepter la bataille. Vaincu et prisonnier, il fut mis à mort avec les principaux de la nation. Son fils, qui portait le même nom, s'était sauvé en Arménie, où il attendit l'occasion de reprendre le pouvoir.

Le roi d'Arménie Ardoate, qui régnait sans doute au même titre que les rois de Cappadoce, puisque la Médie tout entière avait été, ainsi que l'Arménie, réduite sous la puissance des Perses, craignant pour lui-même le sort des princes ses voisins, aida le prince exilé à rentrer dans ses États. Perdiccas étant mort, les autres généraux faisaient la guerre en Syrie; il n'eut pour ennemi à combattre qu'Amyntas, général des Macédoniens, dont il demeura vainqueur. Mais pour ne pas rallumer des guerres continuelles avec les princes grecs, le roi de Cappadoce fit alliance avec Antiochus Théos, roi de Syrie; alliance qui se resserra par la suite, lorsque Ariamnès, fils et successeur d'Ariarathe, maria son fils à Stratonice, fille du roi.

La politique d'Ariarathe III avait assuré à la Cappadoce de longues années

---

(1) Strabon, XIV, 675.
(2) Strabon, XI, 525.
(3) Voy. plus haut.
(4) Strabon, XII, 546.

de tranquillité, car, pendant les deux règnes suivants, c'est-à-dire jusqu'à l'avénement du prince qu'on regarde comme le cinquième du nom, l'histoire n'a conservé aucun fait remarquable. Depuis la mort de Perdiccas, il s'était écoulé cent vingt-cinq ans, pendant lesquels la Cappadoce resta stationnaire. Les autres États de l'Asie, la Bithynie, la Mysie et tous les gouvernements grecs s'étaient jetés avec ardeur dans la culture des lettres et des arts. C'était le temps brillant de l'Asie Mineure. Les temples brûlés par les Perses se relevaient de toutes parts; et Alexandre, pour stimuler un si beau zèle, prenait une part directe à la renaissance de tant de chefs-d'œuvre. Nous avons vu ce que faisaient les rois de Bithynie pour tenir leurs États au niveau de la civilisation nouvelle. Au commencement du second siècle avant l'ère chrétienne, le royaume de Pergame, à peine constitué, s'élevait au rang des plus florissants, et ses princes paraissaient moins rechercher la gloire des armes que le titre de protecteurs des beaux-arts. Les rois de Cappadoce, unis d'amitié avec tous ces monarques, ne paraissent donner aucune impulsion au génie de leurs sujets, qui demeurent, aux yeux des autres Asiatiques, comme le type de la stupidité, qu'on ne pouvait faire marcher que par le bâton : *Cappadox verberatus melior*. Pendant que de toutes parts on réunit les chefs-d'œuvre de l'esprit humain, on transcrit les ouvrages d'Aristote, d'Hippocrate et d'Hérodote; pendant qu'on restaure les temples d'Éphèse et de Magnésie, que faisaient les Cappadociens? Ils s'exerçaient à supporter patiemment les épreuves de la question pour servir, dans l'occasion, de faux témoins, sans que le métier leur parût trop dur. Il ne faut pas croire que les princes donnassent de meilleurs exemples à leurs sujets. Ariarathe V, marié à la fille d'Antiochus le Grand, élève des enfants supposés, que lui apporta sa femme stérile.

Allié un moment avec son beau-père Antiochus, dans sa lutte contre Rome, Ariarathe attend à peine que la victoire se soit déclarée pour les Romains; il envoie à Rome des ambassadeurs pour demander pardon, et consent à payer une somme énorme pour obtenir une grâce demandée d'une manière si honteuse.

C'est sans doute pendant cette guerre qu'Antiochus assiégea la ville de Soandus, qui était une des places les plus fortes de la Cappadoce, et la plus difficile à enlever par un siége en forme, la nature ayant fait les frais de toutes les fortifications; et la place étant assise sur le roc, il était impossible de creuser un retranchement pour aborder les murailles : aussi le général eut-il recours à un stratagème qui nous a été conservé par Frontin (1). Antiochus ayant investi la citadelle de Soandus, s'empara des bêtes de somme qui en étaient sorties pour chercher les provisions, et, ayant tué les conducteurs, il fit revêtir de leurs habits ses propres soldats, qui, sous ce déguisement et à la suite de ces bêtes de somme chargées, entrèrent dans la citadelle en trompant les gardes, et la livrèrent à Antiochus. Cette ville offre encore d'imposantes ruines, dans une vallée qui porte le nom de Soanli déré. Nous nous y arrêterons en décrivant les places de la Cappadoce.

L'alliance d'Antiochus avec Eumène, beau-frère d'Ariarathe, avait éveillé des soupçons dans le sénat. On envoya un commissaire chargé de faire sur Eumène une enquête qui n'eut aucun résultat. Le sénat ayant envoyé l'année suivante T. Gracchus (2), il fut reçu par les deux rois d'une manière qui devait lever toute espèce de doute sur leurs intentions. Mais il était chargé en même temps d'examiner la conduite du roi de Cappadoce, qui avait secouru Antiochus. Une pareille démarche de la part du sénat ne troubla pas l'amitié que le prince cappadocien affectait pour le peuple romain; et, lorsque la guerre fut déclarée entre le Pont et la Cappadoce, les Romains s'empressèrent d'envoyer des secours à Ariarathe, car la monarchie qui s'était établie sur les bords de la mer Noire commençait à porter ombrage au sénat. Avec de pareils alliés, le roi de Cappadoce obtint des avantages continuels sur le roi Pharnace, et le força à demander la paix.

Ariarathe mourut tranquille posses-

(1) *Stratagèmes*, liv. III, chap. 2.
(2) A. C. 164.

seur de son royaume, et eut pour successeur un fils qui régna sous le nom d'Ariarathe Philopator. Mais il ne sut pas conserver son royaume intact : une intrigue du roi de Syrie Démétrius lui suscita comme compétiteur Holopherne, qui réclama l'assistance des Romains, obtint le gouvernement d'une partie de la Cappadoce, et l'opprima d'une manière cruelle. Les biens des hommes les plus puissants furent confisqués, le temple de Jupiter (sans doute celui qui était près de Tyane) fut impitoyablement pillé; et, pour mettre ses trésors à l'abri d'un revers, Holopherne les confia, sous le sceau du serment, aux habitants de Priène, qui refusèrent de les remettre à Ariarathe vainqueur, quoique ce prince eût réclamé le secours d'Attale pour rentrer dans tous ses biens. Ce prince était fils de Stratonice, sœur du roi Ariarathe; une si étroite parenté l'unissait d'intérêts avec le roi de Cappadoce; il déclara la guerre à Holopherne, le chassa de ses États, et rétablit Ariarathe sur le trône. Quelques années plus tard, il eut occasion de recevoir de son oncle un semblable service. Chassé de son royaume par Aristonicus, Attale, à son tour, implora le secours des Romains. Ariarathe prit une part active à cette guerre et y fut tué.

Un de ses fils, le seul qui échappa à la cruelle ambition de sa mère Laodice, régna sous le nom d'Ariarathe VII. La conduite de son père lui mérita l'amitié du peuple romain. Grâce à ces puissants alliés, il n'eut rien à redouter de la vengeance de Laodice, qui ne tarda pas à recevoir le prix de ses forfaits. Les provinces de Cilicie et de Lycaonie furent ajoutées à la Cappadoce, et doublèrent ainsi son étendue et ses richesses. Mais ce royaume était constamment convoité par les rois de Pergame, de Pont et de Bithynie. Toute l'histoire de l'Asie, à cette époque, n'est qu'un tissu d'intrigues ourdies par les alliés de la Cappadoce, pour s'introduire dans son gouvernement et acquérir des droits à la couronne.

Mithridate, comme le plus puissant et le plus voisin, pesa d'une manière bien plus directe sur les destinées du pays dont le sort était déjà arrêté; car, en peu d'années, ces quatre royaumes devaient devenir la proie du peuple romain. Sa politique fut invariable avec tous les princes asiatiques : secourir le plus faible pour affaiblir le plus puissant, telle était la marche qui était suivie à l'égard des autres États. Il faut dire que les crimes de tout genre, les agressions injustes dont chacun de ces rois se rendait coupable, donnaient aux Romains le beau rôle, celui de protecteur de l'opprimé.

Mithridate Eupator, qui régnait alors sur le royaume de Pont, pensa que la mort d'Ariarathe serait pour lui une occasion d'ajouter la Cappadoce à ses États. Sa sœur Laodice avait en effet épousé Ariarathe, et en avait eu deux enfants. La régence arrivant naturellement à la mère, d'après l'usage des Cappadociens, Mithridate espérait que sa sœur favoriserait ses desseins ultérieurs; mais les événements trompèrent son attente. Laodice épousa Nicomède, roi de Bithynie, qui envoya sur-le-champ des garnisons pour occuper les châteaux de la Cappadoce. C'était le moment le plus brillant du royaume de la Bithynie; une partie de la Phrygie était soumise à ses lois : les deux compétiteurs, Mithridate et Nicomède, se trouvèrent donc en mesure de s'opposer des forces égales. Mais l'ambition de Mithridate commençait à se développer, et son génie le poussait à réunir sous un même sceptre, tous les royaumes de l'Asie Mineure, qui, trop faibles et trop jaloux pour vivre séparément, tendaient tous à un esclavage commun, la soumission à la puissance de Rome.

Il se manifestait alors en Asie un fait qui s'est renouvelé depuis dans tous les États composés de peuples d'origines diverses : chacun préféra le joug étranger à la domination d'un de ses rivaux. Mais s'il eût été possible à un prince de l'Asie Mineure de réunir dans une seule main tant d'éléments disparates, Mithridate était le seul qui pouvait accomplir ce projet héroïque. Les temps n'étaient pas venus, et la monarchie d'Orient, abattue par Alexandre, ne devait se relever que sur les débris de l'empire romain, et à la faveur de dissensions non moins violentes que celles qui éclataient à l'époque dont nous traçons le tableau.

Il n'avait pas manqué de prétextes au

roi de Pont pour colorer sa rupture avec Nicomède. Le fils de sa sœur, le jeune Ariarathe, s'était retiré dans le nord de la Cappadoce. Mithridate le replaça sur le trône de Mazaca; mais ce n'était que pour un temps, et bientôt son désir d'être maître de la Cappadoce devenant plus impérieux que jamais, il poignarda lui-même le fantôme de roi qu'il avait tiré de sa retraite. Une telle action suscita dans le pays un soulèvement universel. Les Cappadociens montrèrent enfin que le désespoir peut tenir lieu de courage, les lieutenants de Mithridate furent chassés, et le frère du jeune roi fut établi sur le trône. Les Romains voyaient sans déplaisir ces petits États s'épuiser par des guerres intestines. Mithridate, aux prises avec la Bithynie et la Cappadoce, se sentait encore capable de résister à un autre ennemi. Chassé de nouveau de son trône, le jeune Ariarathe disparaît, et Nicomède se trouve seul en présence de son redoutable rival. Mais, pendant que la guerre se préparait, Nicomède ne négligeait pas l'intrigue et la ruse. Un enfant inconnu fut présenté comme le successeur légitime des deux frères infortunés; et le roi de Bithynie appela les Romains pour prononcer sur le différend.

La reine Laodice était allée à Rome réclamer la royauté pour son fils supposé. Mais tant de peines et tant d'intrigues n'eurent qu'un résultat négatif pour Nicomède. Mithridate reçut l'ordre de renoncer à la Cappadoce. Nicomède en fût également exclu, et les Romains tentèrent vainement de constituer en république un État qui ne pouvait exister comme monarchie. Les Cappadociens n'acceptèrent pas l'offre qui leur était faite, et leurs ambassadeurs allèrent à Rome montrer au sénat l'étrange spectacle d'un peuple qui refuse le don de la liberté (1).

C'est alors que le sénat élut Ariobarzane (2), prince d'origine cappadocienne; mais l'appui de Rome ne le mit pas à l'abri des attaques réitérées de l'ennemi le plus actif de la Cappadoce. Mithridate avait acquis un nouvel allié dans la personne de Tigrane, roi d'Arménie,

monarque riche et puissant, et qui, par son orgueil, continuait les rois de Perse. Il avait pris le titre de *Chahin-Chah* (roi des rois), se laissa facilement persuader que la Cappadoce n'était qu'une province distraite de son royaume (1), qu'il fallait rappeler à l'obéissance.

Ariobarzane avait été deux fois détrôné, et s'était vu rappelé au pouvoir par la protection des Romains, lorsque Tigrane envahit son royaume. Jusque-là les habitants avaient été comme les témoins de l'instabilité de leur monarchie, car les rois étaient renversés presque sans coup férir; mais l'invasion de l'armée arménienne fut pour eux le signal de malheurs sans nombre. Indépendamment des tributs considérables qui furent exigés, Tigrane fit transporter en Arménie une multitude de familles, et les habitants de Mazaca furent spécialement destinés à aller peupler la nouvelle ville de Tigranocerte (2). C'est ainsi qu'en ont toujours usé les vainqueurs asiatiques, sans que la différence des temps ait modifié des usages qui ravalent à nos yeux la dignité de l'homme, en l'assimilant au bétail, que le caprice du maître transporte d'un bout à l'autre de ses possessions.

Les princes byzantins en usèrent de même à l'égard de la population de cette province : lorsque Constantin Copronyme eut démoli la ville de Malatia, il transporta à Constantinople les habitants arméniens et géorgiens. Dans le moyen âge, les vainqueurs musulmans, pour augmenter le nombre des habitants de la capitale, réduit par la guerre et la peste, transportèrent en bloc les habitants de la ville de Ak-Seraï (l'ancienne Archelaïs), et les établirent dans le quartier de Constantinople qui porte depuis ce temps le nom de *Ak-Seraï*. Les siècles passent sur ces contrées, et les usages restent invariables. Il n'y a pas de meilleur livre pour lire dans le passé que l'étude des habitants actuels : industrie, commerce, usages, tout est stationnaire. Si le roi Schah-Abbas transporte en Perse la population de la ville de Djoulfa pour peupler sa capitale, ne

---

(1) Strabon, XII, 540.
(2) Justin, lib. XXXVIII. cap. 2.

(1) Voy. Fréret, *Mém. de l'Acad. des Insc.*, t. XIX.
(2) Appien, *de Bell. Mithridat.*, cap. 67.

voyons-nous pas de nos jours des milliers de familles arméniennes suivre les armées russes et aller peupler sur les frontières de la Turquie, la ville de Geumri, créée comme par enchantement à la voix de l'empereur de Russie?

CHAPITRE V.

INFLUENCE DE ROME.

Chaque fois que les Romains rétablissaient sur son trône un roi de Cappadoce, ils lui donnaient, comme fiche de consolation, quelque province nouvelle. Ariobarzane avait fui jusqu'à Rome, au moment de l'invasion de Tigrane. Pompée l'avait ramené dans ses États, et lui avait donné les deux Cilicies. Cette annexion rendait presque à la Cappadoce les frontières qu'elle avait du temps des Perses. La guerre de Mithridate était terminée; Lucullus, en prenant Tigranocerte, avait rendu la liberté aux Cappadociens, qui purent rentrer dans leur pays. Mais ces événements n'amenaient pas la tranquillité.

Ariobarzane II ne fit que monter sur le trône; il fut tué avant même que les Romains pussent lui porter le moindre secours; ils réunirent toute leur sollitude sur son fils, qui hérita du trône de son père, grâce à la coopération active du gouverneur de la Cilicie, qui n'était autre que Cicéron.

Malgré toutes les épigrammes que les historiens et les poètes ont lancées contre les Cappadociens, il n'en est pas moins constant que le peuple romain lui a porté une amitié réelle, en reconnaissance de la fidélité avec laquelle les rois et la nation avaient conservé leur alliance (1).

Pour obéir à la volonté du sénat, Cicéron témoigna le plus vif intérêt au roi Ariobarzane, et usa de son influence pour déjouer les complots tramés contre lui, et grâce à ses soins, le monarque conserva sa vie et récupéra son trône (2).

Les rapports fréquents qui s'établirent entre Cicéron et le peuple cappadocien, permirent à l'illustre Romain d'apprécier avec connaissance de cause le génie de la nation, et le jugement qu'il en porte ne dément aucunement l'opinion des autres écrivains. En effet, de retour à Rome, comme il parlait contre le consul Cæsonius Calventius, il ne trouva pas d'autre expression pour définir la mine stupide du consul, que de le comparer à ces Cappadociens qu'il venait de voir de près. « Vous le prendriez, disait-il, pour un Cappadocien tiré d'un troupeau d'esclaves qui est à vendre (1). » Cicéron fait ailleurs un triste tableau de la pauvreté de la Cappadoce (2) : « Je ne connais, dit-il, rien de plus dénué que ce royaume, rien de plus pauvre que son roi. » En effet, la difficulté de se procurer du numéraire était extrême; les troupeaux si nombreux produisaient le bétail à vil prix : aussi l'impôt était-il toujours perçu en nature. Lorsque Lucullus était en Cappadoce, un bœuf ne s'y vendait qu'une drachme (3), et un homme quatre drachmes. Voilà pourquoi les terrains les plus estimés étaient ceux qui pouvaient être mis en pâturages; et l'assiette des villes, leur sûreté, la commodité des habitants, étaient soumises à cette condition (4). Il est vrai que les villes étaient rares, puisqu'on n'en comptait que deux dignes de ce nom. Le reste était ou des bourgades, ou des châteaux, vrais repaires de brigands, qui donnaient beaucoup de peine aux gouverneurs romains.

RELIGION.

Les Cappadociens, mélange de peuples orientaux, et notamment d'Arméniens et de Syriens, avaient admis chez eux le culte de différents dieux venus presque tous du dehors. Le culte du feu était pratiqué selon le rit des Mages; il ne paraît pas qu'il ait éprouvé aucun changement depuis son introduction chez les Cappadociens. On observe encore, dans quelques provinces situées à l'ouest de l'Euphrate, de ces anciens

---

(1) Strab., XII, 540.
(2) Cic., *epist.* 20, lib. V, ad Att.

(1) Cic., *Orat.*, c. 6.
(2) *Ad Att.*, lib. VI, epist.
(3) Plutarch. in *Lucullo*.
(4) Strabon, XII, 539.

pyrées, qui sont des autels sans ornement, ayant au milieu un trou peu profond, dans lequel était entretenu le feu sacré. Le plus beau de ces pyrées a été découvert en Paphlagonie, près du village de Gorim, par M. Eugène Boré (1). C'est une enceinte parfaitement circulaire, ayant dix mètres de diamètre, et formée par des blocs énormes de granit poli, superposés avec art et assemblés sans ciment. Ce soubassement n'avait d'autre ornement qu'une ciselure creusée en forme d'anneau, près du rebord supérieur. Le centre de cette enceinte était occupé par un caveau voûté. Près de la gît un obélisque triangulaire en granit; ce monolithe a une longueur de dix mètres.

Quoique les habitants de la Cataonie n'eussent pas de villes proprement dites, ils possédaient un temple célèbre dédié à l'Apollon Cataonien. Les statues et les temples de ce dieu étaient multipliés dans la province (2); mais on ne peut qu'établir des conjectures sur le culte de cette divinité, qui avait été certainement transporté dans la Cappadoce à une époque postérieure à l'expulsion des Perses, car on sait que le magisme supportait avec peine le culte des statues. Deux divinités du nom grec de Jupiter étaient également adorées. L'une, nommée seulement par les auteurs Jupiter (3) Dacius, paraît avoir été principalement dans la ville de Tyana. Près de son temple était un lac qui, encore aujourd'hui, en marque l'emplacement. Il jouit de la propriété d'avoir un écoulement souterrain; de sorte qu'il n'est pas sujet aux débordements. Le temple de Jupiter, élevé par les Vénasi en Moriméné, jouissait de revenus considérables en terres et en argent. Il avait en outre un personnel nombreux : aussi le pontife, qui était nommé à vie, jouissait d'un pouvoir incontesté dans toute la province; mais il était inférieur à celui du temple de Bellone à Comana. Cette divinité avait, sous le nom de Men ou de Mâ, un autre temple dans la ville de Sébaste. Elle était appelée par les Romains Lunus, Agdistis, Cybèle : c'est sans doute la même que l'Anaïtis des Perses. La ville de Comana était la plus célèbre de toute la Cappadoce; et si elle n'en était pas la capitale, c'est que le pouvoir des pontifes ne pouvait pas se trouver effacé par le voisinage des rois. La population, quoique composée de Cataoniens sujets du roi, était toute dévouée au pontife qui, étant lui-même du sang royal, avait un pouvoir presque souverain, et exerçait une influence majeure sur les affaires de l'État.

Le pouvoir romain, prenant un accroissement sans bornes, portait certainement ombrage au pouvoir sacerdotal. Chez les Orientaux, tout ce qui tient au culte et au rit, a toujours passé avant les intérêts de la politique; mais, dans les circonstances présentes, les pontifes marchaient avec l'intérêt du peuple cappadocien. Ils avaient vu les rois soumis sans murmurer à la puissance de Rome. Ariobarzane, montant sur le trône avec l'appui de Cicéron, leur parut avoir dépouillé complétement l'indépendance du pouvoir. C'était pour le grand prêtre de Comana une circonstance favorable pour s'emparer de la couronne. Comana, située au centre des montagnes, sur le versant septentrional du Taurus, était défendue par la nature encore plus que par le fanatisme. On voit aujourd'hui ses ruines dans le lieu nommé Chert kalé si, au sud de El-Bostan, sur le fleuve Sarus, comme l'indique Strabon. Elle est à deux journées sud-ouest de Césarée. C'est là que se trouvait le centre du parti qui voulait s'opposer à l'élection d'Ariobarzane. Cicéron, informé de ce qui se passait, et craignant que le pontife, qui commandait un corps de cavalerie et une infanterie nombreuse, ne voulût tenter le sort des armes, le décida à se retirer et à laisser Ariobarzane paisible possesseur du trône. Tranquille du côté des Romains, le roi de Cappadoce voyait, sans pouvoir s'y opposer, le roi de Pont faire des incursions dans ses États, lever des tributs, et ravager les campagnes.

---

(1) *Voy.* Eug. Boré, *Correspondance*, t. I, p. 263.

(2) Strabon, XII, 536.

(3) Am. Marcellin, liv. XXIII, 19.

CHAPITRE VI.

LA CAPPADOCE SOUS L'EMPIRE ROMAIN.

César, venant de terminer la guerre d'Alexandrie (1), était venu en Cilicie où il avait tenu les états. Cette province étant pacifiée et organisée, César avait pensé à venger la défaite de Domitius Calvinus (2), et à faire rentrer sous l'autorité du peuple romain les provinces que Pharnace avait conquises. Il était parti d'Alexandrie au printemps de l'an 707 de Rome, 47 av. Jésus-Christ. Ayant appris qu'un différend s'était élevé entre Ariobarzane et son frère Ariarathe, et voulant maintenir au pouvoir ces deux princes qui avaient bien mérité de la République, il assura au premier le trône qu'il occupait, et, afin qu'Ariarathe, qui était son héritier, ne fût pas tenté de lui susciter des embarras, il le mit dans la dépendance absolue de son frère. César avait séjourné deux jours à Mazaca pour régler cette affaire. Il avait voulu faire une visite à l'ancien et vénérable temple de Bellone, qui est à *Comana en Cappadoce* (ce sont les termes propres du texte). Ici nous allons rencontrer une contradiction, qui ne peut s'expliquer aussi facilement qu'on l'a cru (3).

César, arrivé à Comana, investit du titre de grand pontife, Lycomède, Bithynien, qui était originaire de Cappadoce, et issu du sang des rois. On ne saurait douter que cet événement n'ait eu lieu dans le temple de Comana de Cappadoce, et non dans celui de Pont; car le premier de ces temples est à deux journées de caravane sud-est de Mazaca, et sur la route de Cilicie en Cappadoce. Que César soit revenu sur ses pas pour aller de Mazaca au temple, ou qu'il ait réglé cette affaire en arrivant dans la capitale, c'est un point qui est peu important. Mais il est certain que ce Lycomède exerçait la prêtrise de Bellone en Cappadoce et non dans le royaume de Pont; car, après avoir

---

(1) Hirt., *Bell. Alex., in fine.*
(2) Id., *ibid.*
(3) *Voy.* liv. XII, p. 66, de la traduction française de Strabon.

---

mentionné cet acte de l'autorité suprême de César, Hirtius ajoute : « Cum « propius Pontum finesque Gallo- « græciæ accessisset; comme il appro- « chait du royaume de Pont et des « frontières de la Galatie.... » Ce n'était donc pas dans le temple de la seconde Comana qu'il était allé. D'ailleurs la situation de cette ville est à plusieurs journées à l'est de Zéla, près de laquelle César livra la bataille à Pharnace; et, après la victoire, ayant abandonné à ses troupes les trésors de ce prince, il partit le lendemain pour l'Italie.

Toute cette narration est très-claire. La topographie de ces lieux, maintenant bien connue, est tout à fait d'accord avec les faits rapportés par l'historien. Il en résulte que Lycomède fut nommé grand prêtre de Bellone, sans doute à la place de cet Archelaüs qui avait fomenté une sédition contre Ariobarzane.

Strabon, qui s'est contenté de dire quelques mots du temple de Comana en Cappadoce (1), est beaucoup plus explicite touchant celui du royaume de Pont; il nomme plusieurs des pontifes, entre autres cet Archelaüs, de la famille des rois, auquel il donne pour successeur ce même Lycomède, qui a été placé par César en Cappadoce.

Les auteurs de la traduction française ont cru expliquer cette contradiction, en disant que l'on donnait indistinctement à ces deux temples le nom de *Comana de Cappadoce*, parce qu'ils étaient construits sur le même modèle, ou parce que le royaume de Pont n'était qu'un démembrement de la Cappadoce. Mais à l'époque dont il est ici question, ces deux États étaient non-seulement séparés, mais encore ennemis, puisque les incursions de Pharnace en Cappadoce ont motivé la vigoureuse diversion de César.

On doit ajouter, néanmoins, que les quatre grands temples de ces pays, celui de Comana de Cappadoce, de Jupiter des Venaci, de Men-Pharnak à Cabyra, et enfin de Comana de Pont, étaient entourés d'un territoire complétement indépendant, qui venait en-

---

(1) Liv. XII, 535.

core d'être étendu de cinq lieues (quatre schœnes) par César. Dans tous ces temples, les cérémonies différaient peu les unes des autres. La principale fête consistait en une procession à laquelle participaient des adorateurs venus de toutes les campagnes environnantes. En parlant de l'un et l'autre temple, les auteurs anciens n'oublient pas d'ajouter que le pouvoir du souverain pontife ne le cédait qu'à celui du roi, sans jamais mettre en parallèle les pouvoirs des deux grands prêtres de chaque temple. Pour expliquer cette contradiction du texte latin et du texte grec, je crois qu'il n'y a qu'un moyen, c'est d'admettre que le culte de cette divinité persique, adorée en Cappadoce dans deux temples différents, n'était régi que par un pontife suprême, sous l'autorité duquel était placé le gouvernement de toutes les affaires religieuses. Nous allons voir sous le règne suivant Archelaüs, qui est cité par Strabon comme un grand prêtre du temple de Pont (1), renouveler ses intrigues contre Ariarathe, pour faire arriver au trône son fils Sisinna, et jouir du succès de son entreprise; toutes choses qui n'étaient possibles qu'à un prince qui avait son centre d'action dans la Cappadoce.

César, non content d'avoir assuré le pouvoir à son protégé, ajouta à ses États une partie de la Cilicie et de l'Arménie. Néanmoins cette dernière province ne fut jamais complétement incorporée. Les rois d'Arménie, rétablis sur le trône par Tibère, récupérèrent cette partie de leurs États, lorsque la Cappadoce fut réduite en province; et, dans la plupart des villes anciennes, on voit encore des châteaux portant de nombreuses inscriptions en langue arménienne, tandis que la Cappadoce est absolument dépourvue de tout monument en langue cappadocienne.

Ariobarzane était resté fidèle à César après la chute du dictateur. Il avait négligé du moins de faire acte d'adhésion au triumvirat. Aussi fut-il traité en ennemi par les conjurés; et Cassius l'ayant attaqué et vaincu, le fit mettre à mort.

Marc-Antoine, tout-puissant en Orient, ne se montra pas moins hostile au prince Ariarathe X, successeur désigné par César. Le triumvir accueillit les prétentions du fils aîné d'un grand prêtre du nom d'Archelaüs. Il se voyait d'autant mieux placé pour faire valoir les droits de son fils, qu'il était petit-fils d'un autre Archelaüs qui, ayant abandonné le parti de Mithridate pour se réunir au consul Muræna, avait livré aux Romains la ville de Comana (1). Le fils de ce pontife, portant aussi le nom d'Archelaüs, avait épousé Bérénice, reine d'Égypte (2); il reçut de Pompée l'investiture du pontificat de Comana, qu'il laissa en héritage à son fils du même nom que lui, et qui était père de Sisinna, le compétiteur d'Ariarathe, et d'un autre prince du nom d'Archelaüs. Sisinna, par ses ancêtres, se voyait donc allié à tout le parti romain; et l'inimitié de Marc-Antoine contre Ariarathe lui assurait la faveur du triumvir. Aussi lorsque, selon l'usage, le différend entre les deux princes fut porté devant le tribunal des Romains, Marc-Antoine n'hésita pas à dépouiller Ariarathe, pour mettre sur le trône Sisinna. Mais le roi reconquit le pouvoir, et fut plus tard définitivement détrôné par Marc-Antoine, qui mit sur le trône Archelaüs, second fils du grand prêtre.

Le règne d'Archelaüs, le dernier des rois de Cappadoce, fut aussi un des plus longs de cette monarchie. Reconnaissant envers Marc-Antoine, il lui envoya un corps d'armée pour la guerre du triumvirat, mais sut, en même temps, se concilier l'amitié d'Auguste, qui augmenta encore les annexes ajoutées par César. Archelaüs obtint le gouvernement de toute la petite Arménie et de la Cilicie jusqu'à la mer (3). Archelaüs établit sa résidence dans l'île d'Elæussa, pendant que Tibère vivait retiré dans l'île de Rhodes. Les honneurs qu'il rendit à Caius César, nommé gouverneur d'Orient, excitèrent la jalousie de Tibère, qui, arrivé au faîte du pouvoir, fit sentir au roi tout le poids de sa co-

---

(1) XII, 558.

(1) Appian., *Bell. Mithr.*
(2) Dion, lib. XXXIV.
(3) Suet., *in Tib.*, c. VIII Strabon, lib. XIV, 671; XII, 556.

lère. Appelé à Rome pour y répondre à des accusations imaginaires, il espérait encore trouver un appui dans la mère de l'empereur, Livia, qui lui avait écrit pour l'appeler en Italie; mais l'accueil qu'il reçut de Tibère le glaça de terreur. Accablé de vieillesse et d'infirmités, et ne pouvant pas supporter le traitement ignominieux qui lui était infligé, il passa pour avoir perdu l'esprit, et mourut de chagrin, sans avoir pu apaiser Tibère. Il avait régné cinquante ans; sa mort eut lieu l'an de Jésus-Christ 17.

Ce fut la dernière scène du drame que les Romains jouèrent tour à tour avec tous les princes asiatiques. Les esprits étaient suffisamment préparés, et les populations habituées à regarder avec terreur cette puissance qui faisait mouvoir, d'un bout à l'autre du monde, leurs monarques absolus. Tibère fit rendre un décret par le sénat, par lequel la Cappadoce fut déclarée province de l'empire romain; et, pour apaiser le petit nombre de plaintes qui auraient pu s'élever contre cet acte politique, on déclara que désormais l'impôt du centième payé au roi serait réduit de moitié.

Germanicus, qui venait de terminer la guerre d'Arménie, et qui avait de pleins pouvoirs pour organiser les provinces d'Orient, fut chargé de l'exécution du décret. C'est peu de temps après qu'il mourut dans la ville de Daphné.

Q. Veranius fut envoyé par Tibère en qualité de légat ou Πρεσβευτής τοῦ Σεβαστοῦ. Il réunit au domaine impérial toutes les possessions des rois. Ce mode d'administration subit quelques changements; car, l'an 31 de Jésus-Christ, la Cappadoce n'était plus gouvernée par un légat, mais par un simple intendant ou *procurator* (1), officier plus fiscal que politique. Les promesses de César s'étaient bientôt évanouies, et le sort des Cappadociens était devenu des plus misérables. La plupart des paysans qui travaillaient sur les terres royales avaient été déclarés serfs et susceptibles d'être vendus avec les biens domaniaux. Tout le régime sacerdotal se trouvait également ébranlé par la nouvelle administration; car le sénat, considérant comme un abus le droit d'asile accordé à tant de temples, avait publié un décret pour qu'il fût aboli. Les temples de Diane persique, qui jouissaient particulièrement de ce privilége dans toute l'Asie, réclamèrent vivement et s'appuyèrent sur l'antiquité de leurs droits. Les prêtres de Hiéro-Césarée prouvèrent qu'ils les tenaient de la munificence de Cyrus (1). Quelques-uns gagnèrent leur cause; mais il est à croire que le plus grand nombre la perdit; car on n'entend plus parler de cette puissance sacerdotale que sous Julien, qui fit quelques vaines tentatives pour la ressusciter.

Sous Néron, l'an 60 de Jésus-Christ, l'avidité des traitants était poussée aux derniers excès: aussi les misères (2) du peuple le portèrent à se jeter avec enthousiasme dans les bras des apôtres d'une religion nouvelle. Saint Paul était débarqué à Tarse; il était entré en Lycaonie, prêchant le christianisme aux Juifs nombreux que les guerres de Palestine avaient dispersés jusque dans ces contrées, où ils avaient trouvé quelques-uns de leurs coreligionnaires, transportés depuis des siècles à la suite de la dispersion. Les rois d'Arménie se disaient descendants de ces mêmes familles. Un pays, qui avait vu tant de cultes divers, était tolérant pour une autre croyance. Le christianisme s'établit avec rapidité en Cappadoce. Il fallait le schisme des Ariens pour faire naître des troubles qui portèrent un coup déplorable à l'unité de l'Église.

C'est à peu près à cette époque (3) qu'il faut rapporter la réforme du calendrier pour le faire concorder avec le calendrier romain. Les Cappadociens avaient une année propre qui différait de l'année solaire des Romains et de l'année lunaire des Grecs de l'Asie Mineure. Elle se composait de douze mois de trente jours, et de cinq jours épagomènes; la plupart des noms des mois étaient communs à ces peuples et aux Arméniens (4).

Corbulon fit de grands changements dans l'administration du pays; il sépara de nouveau la seconde Arménie. Ves-

---

(1) Tacit., *Annal.*, XII, 40.

(1) Tacit., *Annal.*, III, 60-62.
(2) Tacit., *Annal.*, XIV, 26.
(3) A. D. 70-80.
(4) Fréret, *Mem.*, t. XIX.

pasien, pour opposer une barrière aux incursions des barbares, mit la province sous l'autorité d'un consulaire et y envoya plusieurs légions (1); mais elle fut, plus tard, remise sous l'autorité d'un président, car, sous Constantin, on voit un *Præses Cappadociæ* du nom d'Eutychius.

Valens, qui avait embrassé l'arianisme, voulant déplacer plusieurs siéges épiscopaux pour les donner aux Ariens, fit une nouvelle démarcation, et forma, comme dans l'origine, deux Cappadoces, avec deux métropoles : la première ou l'Ancienne, qui eut Césarée pour capitale; et la seconde, celle du Taurus, qui eut pour capitale Tyana. A voir de si nombreux évêques chargés du gouvernement spirituel du pays, on serait tenté de penser qu'il jouissait alors d'une sorte de prospérité. On en comptait alors cinquante-cinq. Mais un de ses plus célèbres apôtres, Grégoire de Nazianze, évêque de Sasimes, nous montre les Cappadociens comme abrutis par la misère et adonnés au trafic honteux des dépouilles des morts. Dès que le paganisme se fut éteint en Asie, et que les paysans ne craignirent plus ni les menaces des dieux infernaux, ni les amendes auxquelles étaient condamnés ceux qui violaient les sépultures, il se créa une industrie qui ne manqua pas d'être productive dans les premiers temps. Chacune des innombrables grottes sépulcrales dont les rochers sont perforés contenait, avec les cendres du mort, quelque offrande à la divinité protectrice de la tombe, et en même temps des bijoux, des armes précieuses, déposés aux pieds des guerriers, ou comme dernières parures des femmes. Il paraît démontré que les bijoux de toilette que l'on retrouve avec les cendres, étaient fabriqués exprès pour cet usage funèbre, mais que ce n'étaient pas ceux qui avaient servi au défunt pendant sa vie; il n'en était pas de même des armes. Peut-être même, dans ces caves sépulcrales, les familles cachaient-elles leurs trésors, toujours menacés dans ces temps de troubles. Les Cappadociens, devenus, par suite des exactions continuelles, le peuple le plus misérable de toute l'Asie Mineure, se livrèrent avec frénésie à ces recherches sacriléges, où leur cupidité trouvait une ample satisfaction. Quoiqu'ils s'adressassent principalement aux tombeaux des païens, saint Grégoire de Nazianze voulut mettre un frein à des dévastations qui s'étendaient jusqu'aux monuments mêmes; mais il ne paraît pas que ses paroles aient été beaucoup écoutées. Le saint évêque s'en venge par de nombreuses épigrammes qui nous ont été conservées au nombre de plus de quatre-vingts; elles paraissent avoir été composées vers l'an 372 de J.-C. (1).

La destruction d'un tombeau remarquable excite surtout la colère du prélat, et il lance contre ses paroissiens l'épigramme suivante :

Le tombeau de Mausole est énorme, mais respecté des Cariens. Là, nulle trace de main violatrice. Et moi, fort élevé au-dessus des Cappadociens, vous voyez ce que j'éprouve; vous écrirez donc sur moi, assassins des morts (2).

Cette épigramme est peut-être le seul document qui nous apprenne l'existence d'un monument un peu remarquable; cependant, il est à croire que la capitale a été ornée de temples plus ou moins somptueux, car elle porte sur les médailles le titre de Néocore. Sous les empereurs Pertinax, Septime-Sévère et les Antonins, la Cappadoce fut successivement administrée par des propréteurs et des légats. On trouve dans les inscriptions asiatiques un grand nombre de personnages qui ont été investis de ces magistratures diverses : souvent ils sont mentionnés comme ayant rempli ces fonctions dans plusieurs provinces; mais on ne dit pas si elles ont été exercées en même temps, ou si c'est par suite de nominations successives.

On voit à Éphèse une inscription qui mentionne un proconsul de Bithynie, de Pont et de Cappadoce. Une inscription de l'île de Cos attribue à un seul citoyen, Julius Quadratus, des charges beaucoup plus nombreuses; il était proconsul de Crète et de Cyrène, légat

(1) Tranquillus in Vespasiano, 8.

(1) Sainte-Croix, *Mém. de l'Acad.*, 2º sér., t. II, 555.
(2) Greg. Naz., *Epigr.*, CXVII, p. 146.

impérial de la province (ἐπαρχείας) de Cappadoce, légat et lieutenant général de Lycie et de Pamphilie, légat du Pont et de Bithynie. Ce mode d'administration paraît avoir subsisté pendant tout le temps de l'empire. Othon, en 69, se propose, il est vrai, de le modifier; mais il ne paraît pas qu'il ait donné suite à ce projet (1).

CHAPITRE VII.

RÈGNE DE CONSTANTIN.

Sous le règne de Constantin, la Cappadoce avait été réunie au diocèse de Pont; son Église avait cependant conservé sa primauté, et le christianisme s'étendit avec tant de rapidité que, sous Valens, en 366, elle comptait cinquante évêchés, et, parmi ses évêques, les trois prélats les plus célèbres de toute l'Asie. Saint Grégoire Thaumaturge était natif de Cappadoce; il vécut dans la seconde moitié du troisième siècle. Le commencement du quatrième siècle vit fleurir une famille de saints dont la renommée est arrivée jusqu'à nous, à travers de telles révolutions, que l'histoire de cette époque n'est plus qu'un chaos inextricable. Saint Basile, évêque de Césarée, sainte Macrine sa sœur, et saint Grégoire de Nysse, ont porté au plus haut degré la gloire du christianisme, et depuis eux il n'a fait que déchoir dans ce pays. Sainte Macrine avait fondé un couvent de filles, qui fut ruiné par Sapor. Elle prêcha dans toute la Cappadoce, et son tombeau est encore pour les Grecs un lieu de pèlerinage. Il est placé dans le chœur d'une petite église du village de Melehubi, dans la partie la plus déserte de la province. Les Grecs ne conservent aucun souvenir, aucune tradition de l'ancien nom de cet endroit; mais on y observe une particularité très-curieuse, c'est que les habitants grecs ont conservé l'usage de leur langue maternelle, tandis que dans tout le reste de la province leurs coreligionnaires l'ont complétement oubliée, et à peine est-elle cultivée par le clergé.

Je demandais au prêtre gardien du tombeau de la sainte s'il pourrait expliquer une pareille singularité. La réponse qu'il me fit montre combien, chez ces Orientaux, l'esprit est toujours disposé à saisir le côté romanesque et merveilleux des faits. « Lorsque les infidèles ont fait une irruption dans ces pays qui étaient autrefois chrétiens, me dit-il, voulant abolir la pratique de la religion chrétienne, ils ont compris qu'il fallait commencer par rendre impossible l'usage de la langue grecque, qui était le moyen par lequel tous les chrétiens communiquaient entre eux. Par ordre du roi de Perse on coupa la langue à tous les enfants; une génération entière fut muette; la génération suivante ne parla plus que la langue des infidèles. Notre petit village échappa par miracle à la proscription générale; il fut peut-être oublié : voilà pourquoi vous nous retrouvez tous ici parlant la langue de nos pères. »

Quelque incroyable que soit cette histoire, elle n'en conserve pas moins la tradition d'une persécution exercée par les infidèles sur les chrétiens. Tant d'invasions eurent lieu pendant la longue chute de l'empire d'Orient, qu'il serait difficile de dire à laquelle le vieux prêtre voulait faire allusion; mais il est naturel de penser que les plus cruelles persécutions qu'éprouvèrent les chrétiens d'Orient vinrent de la part des Perses. Ce n'était pas seulement contre les chrétiens qu'ils nourrissaient une haine implacable : toutes les religions de l'Occident étaient pour les mages l'objet d'une exécration que le mahométisme a héritée et nourrit encore, quoique d'une manière moins apparente. En 344, Sapor ordonna une persécution qui amena un soulèvement général des chrétiens. Les chroniques arméniennes (1) nous apprennent que le roi finit cependant par accorder aux chrétiens une trêve, moyennant un tribut qui fut religieusement payé par les Arméniens et les Grecs. Mais ce n'était pas seulement contre les Perses que les chrétiens avaient à défendre leur foi. L'empereur Julien, prenant dans tout l'empire des mesures énergiques pour ressusciter le culte des dieux de Rome, avait fait sen-

---

(1) Tacit., *Hist.*, I, 78.

(1) Voy. *Soulèvement de l'Arménie chrétienne*, in-8°, 1844.

tir aux habitants de Césarée le poids de sa colère, de sorte que les chrétiens persécutés tantôt par les mages, tantôt par les pontifes, se virent forcés d'abandonner leurs églises, dont les modestes richesses devenaient la proie du fisc. C'est à cette époque, c'est-à-dire dans la période du troisième au cinquième siècle, qu'il faut faire remonter l'exécution de ces innombrables chapelles creusées dans le roc, que les chrétiens fondèrent dans les vallées les plus sauvages et les plus ignorées de la Cappadoce. Des districts entiers ravagés par les feux souterrains, n'offrant pas un arbre pour abriter contre les rayons du soleil, des sources chétives sortant d'un rocher volcanique, et taries dès que les ardeurs de l'été se faisaient sentir, voilà les lieux qui étaient abandonnés à la piété des fidèles, et l'on peut se faire une idée du zèle et de la ferveur qui animaient ces néophytes, quand on pense que c'est par milliers que l'on compte ces chapelles, qui atteignent parfois les dimensions d'une église, et qui sont pour la plupart ornées de peintures d'une exécution satisfaisante. Combien je regrettais que dans ce voyage de Cappadoce, des motifs impérieux m'empêchassent de retracer l'un après l'autre ces monuments d'une foi nouvelle qui devait envahir le monde.

Les chrétiens bannis et persécutés envahirent des lieux où jamais être humain n'avait pénétré; autour de la chapelle se groupa la famille des nouveaux catéchumènes, qui d'une grotte naturelle fit bientôt une habitation commode pour des hommes à mœurs simples et primitives. C'est l'origine de ces villages troglodytes si multipliés, et qui ont conservé chez les Turcs les noms de *Mille et une églises*. La carte du P. Cyrille, que j'examinerai en détail, m'a fourni de précieux renseignements pour retrouver ces innombrables habitations. On ne comprend pas comment des familles ont pu vivre dans ces lieux; il fallut que, comme à Césarée, les choses nécessaires à leur subsistance fussent apportées du dehors, car aux environs il n'y a pas une acre à cultiver.

CHAPITRE VIII.

SCHISME D'ARIUS.

Voilà les chrétiens dont les évêques ont laissé, dans l'histoire de l'Église, une renommée immortelle. Grégoire de Nazianze, évêque de Sasimes, ne gouvernait pas un diocèse plus opulent. Le bourg de Sasimes est aujourd'hui inconnu; mais celui de Nazianze, dont les vestiges se retrouvent au village de Viran cheher, nous montre quelle était l'humble position de ces premiers évêques, qui marchaient sur les traces du premier des apôtres. Le schisme d'Arius vient en 366 troubler encore ce troupeau de fidèles, qui commençaient à respirer. L'empereur Valens, irrité de ne pouvoir convertir le pieux évêque de Césarée, et métropolitain de Cappadoce, opéra un changement notable dans l'administration de cette province, et la divisa de nouveau en deux gouvernements, comme avant l'arrivée des Romains. Césarée fut la capitale de la première, et Tyane, de la seconde. Basile conserva le siége de Césarée, et l'évêque Anthymus fut pourvu de celui de Tyane. Valens avait exilé plusieurs évêques orthodoxes et attribué leurs revenus à la métropole de Tyane. Mais tous ces soins furent inutiles, et Césarée demeura la capitale de toute la province. La fin du cinquième siècle se passa en querelles intestines entre les chrétiens des différentes sectes; mais sous le règne de Léon Ier, l'Orient subit un fléau plus cruel encore que tous ceux qui avaient affligé les âges précédents : les peuples nomades des bords de la mer Caspienne, les Huns, que les Arméniens appellent Cochuns, fondirent sur l'Arménie et la réduisirent en cendres. Ces peuples cavaliers apprirent bientôt que la Médie et la Cappadoce avaient d'innombrables troupeaux de chevaux célèbres à la course. Il n'en fallut pas davantage pour tracer leur itinéraire; ils fondirent sur la Cappadoce, province sans défense, pillèrent les bourgs, traversèrent le Taurus et allèrent mettre le siége devant Antioche. Non contents de ravager ce pays, les habitants, parqués avec le bétail, furent entraînés hors de leur patrie. Les uns, incorporés aux hordes nomades, trouvèrent une existence assurée dans la vie de rapines qu'exerçaient les nouveaux conquérants, hommes sans religion, qui s'accommodaient facilement de toutes les croyances. Tous ceux qui, trop faibles pour accepter cette vie de fatigues, refusaient de s'enrôler, étaient impitoyablement massacrés, ou envoyés avec les femmes et les enfants pour garder les troupeaux du pays au delà de Djihoun. Il ne fallait pas renouveler souvent de semblables invasions pour dépeupler complétement une province; cependant les Perses agissaient de même, et les empereurs les imitaient en colorant leurs mesures tyranniques du nom de déplacement de la population.

CHAPITRE IX.

INVASION DES SELDJOUKIDES.

Le règne de Justinien, les victoires de Bélisaire et de Narsès donnent quelques années de répit à cette malheureuse province. Justinien, pour arrêter les invasions des Perses, fonde plusieurs places fortes, auxquelles il donne une garnison aguerrie. Mélitène est élevée au rang de métropole, et Anazarba, grande place de l'Arménie seconde, est reconstruite avec tout le luxe de défense que l'art militaire pouvait employer. Mais, d'une part, les Huns avaient montré le chemin aux Tatars; de l'autre, les rois sassanides, maîtres de l'Arménie, conservaient la domination de la presqu'île. Aucune paix durable ne pouvait être promise à ce pays que par l'établissement d'un pouvoir central. Les successeurs de Genghis-Khan s'approchèrent peu à peu de l'Occident; déjà le sceptre de l'Iran leur était échu. C'était l'aurore d'un pouvoir tout asiatique, qui allait fonder une dynastie en Cappadoce. Les rois ou *Marzbans* d'Arménie avaient acquis par échange quelques places de la Cappadoce; mais sous le règne de l'empereur Basile, en 880, les derniers de ces princes furent égorgés par les Grecs. C'est contre l'empire de Constantinople que les Seldjoukides eurent à combattre pour l'établissement de leur empire. Les dissensions qui avaient éclaté entre les princes d'Arménie et la cour de Byzance, donnaient aux musulmans un avantage inespéré. Le sultan Alp-Arslan, neveu de Togrul-Bey, s'était emparé d'Erzeroum et marchait contre Césarée. En 1024, il s'empara de cette ville; mais son emplacement ne parut pas convenable pour en faire une capitale. Les nouveaux conquérants s'étant emparés d'Iconium, métropole de l'Isaurie, y plantèrent leur sandjak, et commencèrent à doter la contrée d'un grand nombre de somptueux édifices.

Sivas, l'ancienne Sébaste, devint la résidence de savants oulémas, qui fondèrent des écoles célèbres. Césarée ne fut point déshéritée du mouvement de civilisation qui s'opérait dans toute la contrée; mais les merveilles de l'architecture arabe étaient réservées pour la ville d'Iconium. Ce qui nous reste de ces princes, nous les montre comme les émules des califes de Cordoue, qui régnaient à la même époque. Les artistes byzantins se joignirent aux musulmans pour décorer les villes, et le génie inventif des Perses était mis à contribution pour rehausser de l'éclat des émaux les temples et les écoles dont la structure était de brique.

A aucune époque, l'art des musulmans ne s'est montré sous un aspect plus brillant. Malgré leur qualité de musulmans orthodoxes, les Seldjoukides ne rejetèrent pas complétement les représentations d'hommes et d'animaux. Je suis porté à croire que l'affection que les Persans ont toujours montrée pour cette branche des beaux-arts, a été la cause de cette antipathie qui tient de l'exécration. Il sufit qu'un Schyte soutienne une doctrine, pour qu'un Sounni la tienne pour abominable. Un laps de sept siècles n'a pas complétement anéanti les chefs-d'œuvre de l'art des Seldjoukides, et c'est le principal sujet de nos études sur les monuments de la Cappadoce.

A côté de l'architecture impérissable creusée dans les rochers, il est curieux d'observer les monuments dont la délicatesse étonne le regard.

Il résulte, de la comparaison de ces deux genres de monuments, un fait qui me paraît parfaitement démontré : c'est que la nature des matériaux que fournissait un pays, dictait aux artistes les principes de l'art qu'ils devaient suivre. Sans bois, et par conséquent sans charpente, les constructeurs n'avaient que la construction des voûtes à appliquer à la couverture de leurs édifices. Aussi rien n'est-il plus varié que les coupoles des monuments; le pendentif et la voûte d'arête s'y montrent avec des combinaisons les plus ingénieuses. Tout ceci nous donne une idée parfaite de l'architecture des monuments publics.

Quant aux maisons des simples habitants, tout porte à penser qu'elles étaient ce qu'elles sont encore aujourd'hui : des huttes carrées couvertes en terrasse, dont la charpente est faite en branches de tamarisc, les briques ne sont que de la terre mêlée de paille hachée et séchée au soleil. Dans les villes d'Orient les plus riches en carrières de pierres de toute espèce, les habitations des particuliers étaient également en terre et en bois. L'Asie n'a pas changé depuis les siècles de Babylone; et quand le voyageur cherche dans cette ville célèbre les ruines des immenses quartiers qui étaient couverts de maisons, il ne faut pas qu'il s'étonne de n'en pas trouver de vestiges : le vent les a dispersés avec le sable du désert.

Les maisons des villageois de Cappadoce sont généralement composées de deux corps de logis, l'un pour les femmes et l'autre pour les hommes; la pièce principale est ouverte et soutenue par deux piliers de bois; des niches pratiquées dans le pourtour servent à déposer les ustensiles de ménage; les autres chambres sont à peine éclairées, car le verre à vitre est encore rare en ce pays; un treillage arrête les regards.

Rien n'est plus simple que ces habitations : mais remplacez le soliveau par des colonnes sculptées, l'enduit de chaux par des glaces et des peintures, vous avez pour les plus somptueux palais une disposition identique. Rien n'égale la simplicité du plan des habitations en Orient.

L'établissement de la domination musulmane dans la Cappadoce amena à sa suite les tribus nomades des Turcomans qui, plus tard, devaient former la puissante famille des Osmanlis.

Les fils de Malek-Schah avaient conquis depuis quelques années la province de Bithynie et s'étaient solidement établis dans Nicée. Toute la partie orientale de l'Asie Mineure se trouvait au contraire livrée à une anarchie sans égale par suite des rivalités qui s'établissaient entre tous les princes musulmans issus d'une même famille, mais qui prétendaient tous à un pouvoir indépendant. Jusqu'au commencement du onzième siècle, les sultans de Perse avaient été regardés comme les chefs de la dynastie seldjoukide, et aucun de ces princes n'avait jusqu'alors refusé de payer un tribut au souverain; mais à la mort de Seiffeld-Dewlet, prince de Mossoul, la guerre civile s'alluma. Le sultan Soliman de Nicée, fut tué dans un combat, et les émirs qui commandaient pour lui se révoltèrent. La Cappadoce fut envahie par Pulchas, frère d'Aboulcasem; mais le sultan envoya son fils aîné Kilidj-Arslan pour soumettre cet émir; il fut proclamé sultan de Cappadoce, et se dirigea aussitôt vers Malatia, dont il fit le siége pendant que ses principaux émirs ravageaient les terres des Grecs (1092) (1).

CHAPITRE X.

EXPÉDITION DES CROISÉS.

Les armées des Croisés qui étaient venues faire le siége de Nicée, et qui traversèrent l'Asie Mineure, se trouvèrent bientôt aux prises avec des fléaux plus redoutables que les armes des émirs, la faim et la soif. Kilidj-Arslan avait perdu la bataille de Dorylée, et, se fiant désormais aux déserts qui séparaient Iconium, sa capitale, des plaines de la Phrygie, il donna l'ordre à tous ses habitants d'éloigner les troupeaux du chemin que suivait l'armée. Les Croisés, exténués de fatigue, arrivèrent à Iconium, où ils espéraient trouver des vivres, mais les Turcs, instruits de leur marche, avaient

(1) De Guignes, *Hist. des Huns*, liv. IX.

abandonné cette ville, et s'étaient retirés, avec leurs femmes, leurs enfants et toutes leurs richesses, dans les montagnes voisines. Les chrétiens gagnèrent Héraclée (Érégli), et marchèrent sur Marasch. Tancrède, quittant alors le gros de l'armée, entre en Cilicie, et, laissant malgré lui Tarse sous le pouvoir de Baudouin, marche sur Mamistra et sur Adana, où il fait un grand butin.

Cependant il est à croire que ce ne fut pas sans une lutte des plus vives, car il est certain qu'un grand nombre de Croisés périrent dans cette dernière ville, et furent enterrés avec leurs armes. Pendant mon séjour à Adana, en 1836, les Arméniens avaient fait fouiller une grande étendue de terrain pour construire une nouvelle église, à la place de l'ancienne qui existait en ce lieu de temps immémorial. Chaque jour les ouvriers mettaient à découvert des ossements humains avec des débris de casques et de cottes de mailles ; on exhuma en même temps un nombre très-considérable de croix en bronze de différent module, mais ayant toutes à peu près la même forme, celle d'une croix de Malte ; elles étaient généralement faites d'un seul morceau de bronze avec une bélière et quelques ornements grossièrement gravés sur le champ. L'évêque arménien qui recueillait ces reliques, possédait aussi une croix de même forme, mais plus grande que les autres (environ 0,25 cent. de longueur), qui était soudée à une douille propre à être emmanchée : c'était sans doute quelque débris d'étendard. Tous ces ossements, jetés pêle-mêle dans cette terre, ne paraissaient pas avoir jamais reçu les honneurs d'une sépulture pacifique ; leur accumulation en un lieu qui est sans doute depuis des siècles consacré à la religion chrétienne, s'explique naturellement ; ils auront été transportés autour de la chapelle primitive qui existait là.

Les désastres qu'éprouvèrent les chrétiens dans cette campagne ne furent pas les derniers. Une armée de Danois, sous les ordres du roi Suenon, s'avança dans l'intérieur de l'Asie Mineure en suivant la même route que celle de Tancrède ; ils vinrent camper entre les villes de Phiniminis et de Terma ; cette dernière place faisait partie de la Cappadoce (1). Attaqués par Kilidj-Arslan, ils furent détruits jusqu'au dernier. Ces victoires ne rendaient pas cependant le pouvoir du sultan plus assuré. Les émirs construisaient dans les montagnes des châteaux forts, qui devenaient bientôt des centres de population et même des villes populeuses. Le peu de sécurité que les habitants chrétiens et musulmans trouvaient dans les campagnes, les forçait bientôt d'aller demander protection à l'émir le plus voisin ; elle était accordée moyennant tribut. C'est ainsi que la puissance de ces beys des montagnes s'est perpétuée jusqu'à nos jours. Les défilés du Taurus sont hérissés de casbah, aujourd'hui sans noms et sans souvenirs, dans les ruines desquelles il faudrait chercher cette multitude de petites places fortes, prises et reprises par les musulmans et les chrétiens, et qui sont mentionnées par les auteurs orientaux.

Les provinces de l'est étaient le théâtre d'événements non moins importants. Gabriel, gouverneur de Malatià, pour les Marzbans d'Arménie, craignant de voir cette place tomber entre les mains des musulmans, avait appelé à son secours Bohëmond, déjà maître d'Antioche, lui offrant de la remettre entre ses mains. Danischmend-Oglou, émir, qui venait de fonder un petit État dans les vallées de l'Anti-Taurus, vint à la tête des Turcomans s'opposer à la jonction de l'armée des Croisés avec celle des chrétiens orientaux. Bohëmond ayant passé l'Euphrate, fut attaqué par les Musulmans, vaincu et fait prisonnier. Danischmend-Oglou alla mettre le siége devant Malatia ; mais les débris de l'armée de Bohëmond s'étaient sauvés jusqu'à Édesse, et avaient informé de ces événements le comte Baudouin, qui

(1) C'était un lieu où se trouvaient des sources thermales ; je pense qu'il doit se trouver aux environs de Ladik (Laodicæa Combusta) : toute cette contrée abonde en sources chaudes. Phiniminis est Philomélium (Ak-Cheher), ville souvent prise et reprise par les Croisés.

accourut avec des forces suffisantes, obligea Danischmend-Oglou de lever le siége et prit possession de Malatia.

Tant que les Croisés se tinrent dans les montagnes, ils furent toujours en état d'opposer une résistance énergique aux hordes seldjoukides. Mais on ne cite pas une seule armée qui ait pu traverser la Cappadoce sans éprouver de sanglants revers. Il était si facile à la population nomade de s'éloigner des routes battues, que les malheureux chrétiens éprouvèrent, dès leur entrée dans cette fatale contrée, toutes les horreurs de la famine. En fuyant, les habitants fermaient les puits et comblaient les citernes; il ne restait plus aux Croisés que des sources salées qui étaient un objet de dégoût pour les hommes et les animaux.

L'expédition du comte de Nevers ne fut pas plus heureuse que les précédentes, quoiqu'il eût pris soin de se diriger vers l'est, en suivant les montagnes de la Phrygie et de la Galatie, et de prendre le château d'Ancyre. Mais l'indiscipline et la barbarie de ses compagnons lui furent aussi fatales que les armes musulmanes. La population d'une petite ville de la Galatie, dont Albert d'Aix ne dit pas le nom, ouvrit ses portes aux Français, et s'avança au-devant d'eux, portant processionnellement les croix et les évangiles; ce qui n'empêcha pas que la ville ne fût pillée.

Lorsqu'il fallut tourner vers le sud et entrer dans les steppes qui sont au-delà de l'Halys, les chrétiens commencèrent à être harcelés par les Turcs de Kilidj-Arslan, qui s'était joint à Danischmend-Oglou. Ils pénétrèrent cependant jusqu'à l'endroit qu'Albert d'Aix appelle Stancon, et souffrirent considérablement de la soif pendant trois jours pour se rendre à Héraclée. Affaiblis par tant d'obstacles, ils furent attaqués par le sultan. Il n'y eut que sept cents Croisés qui se sauvèrent à Germanicopolis; le reste fut tué ou fait prisonnier.

Le même lieu fut, peu de temps après, témoin d'une autre victoire de Kilidj-Arslan sur les Croisés, remportée dans les circonstances analogues. Toutes les armées qui se dirigeaient vers la Syrie étaient en quelque sorte forcées de venir passer en cet endroit, qui se trouvait sur la route des portes de Cilicie. Les Croisés vainqueurs à Érégli, devaient nécessairement trouver une autre armée au passage du Taurus, dans les défilés du *Kulek Boghaz*. Ce n'était donc qu'au prix de fatigues infinies qu'ils arrivaient dans les plaines de la Cilicie, où Tancrède et Baudouin possédaient Tarse et Adana. Mais quand on voit les immenses difficultés que la nature seule du pays offrait aux armées chrétiennes, on ne peut s'empêcher d'admirer, non-seulement le courage indomptable, mais encore la force physique dont il fallait que ces illustres guerriers fussent doués pour accomplir leur tâche périlleuse.

Le duc de Bavière et Guillaume, comte de Poitou, vinrent comme leurs devanciers se présenter au pas d'Érégli. La route qu'ils avaient suivie en Asie est indiquée par les deux villes de Phiniminis (Philomelium) et de Salamia; mais cette dernière place est inconnue. Souffrant de la soif, l'armée se présenta à la rivière d'Érégli; tous les puits et les citernes avaient été comblés sur leur route. Les Turcomans, prévenus de l'arrivée des chrétiens, les attendaient de l'autre côté de la rivière en ordre de bataille. Une grêle de flèches les repoussait loin du ruisseau qui coule dans un terrain argileux et dont les bords sont très-escarpés. Les chevaux, bravant les projectiles, cherchent à se précipiter dans le fleuve pour se désaltérer. Le désordre commença à se mettre dans cette foule de cent mille combattants, et fit naître la terreur; bientôt chacun chercha son salut dans une fuite inutile. Poursuivis et massacrés par les Turcs, les chrétiens périrent presque tous, et ceux que le fer musulman épargna allèrent mourir dans les montagnes desséchées de la Lycaonie.

Le lieu où s'est passée cette action, mémorable dans les fastes des Osmanlis est parfaitement reconnaissable aujourd'hui; j'en ai fait, pendant mon séjour à Érégli, l'objet d'un examen particulier. Cette rivière, que les anciens voyageurs s'étaient accordés pour regarder comme un des affluents de l'Halys, coule de l'est à l'ouest dans une vallée encaissée, et va se jeter dans un lac peu éloigné de la ville. Érégli, que les Osmanlis appellent aussi Erklé, et dont les historiens des Croisades ont fait Héraclée, n'est point une ville ancienne; on n'y trouve d'autres antiquités que des monuments musulmans, un médrecé, que l'on attribue au sultan Ala-Eddyn le Seldjoukide, et de vastes caravansérais, construits, dit-on, par le sultan Ahmed Ier, quand il marchait à la conquête de Bagdad. Ces souvenirs sont aujourd'hui tellement confus dans l'esprit des habitants, qu'il est peu de villes de l'Asie Mineure où l'on ne montre des châteaux ou des khans attribués au même sultan, allant conquérir la capitale de l'Irack. Le lac d'Érégli reçoit les eaux provenant de la fonte des neiges du Taurus, et au printemps son étendue est telle, que les routes sont interceptées. Les eaux se sont ouvert une issue souterraine, connue en Grèce, où ce phénomène est très-multiplié, sous le nom de Katavathron.

Il ne paraît pas que les guerres des musulmans contre les Grecs fussent aussi sérieuses et aussi meurtrières que celles qu'ils avaient soutenues contre les Croisés. L'empereur de Byzance faisait bien quelques tentatives pour reprendre Iconium, qui restait toujours le centre de la puissance musulmane; mais il se contentait d'assiéger, de prendre et d'abandonner plusieurs petites places de la Phrygie et de la Cappadoce. Iconium s'embellissait de tous les chefs-d'œuvre de l'art des Sarrasins; toutes les anciennes murailles étaient réparées et la ville agrandie et fortifiée.

CHAPITRE XI.

SULTANS SELDJOUKIDES D'IKONIUM.

Ala-Eddyn Key-Khosrou, frère de Kilidj-Arslan, est regardé par les Osmanlis comme le fondateur de la dynastie seldjoukide d'Iconium (1192). C'est à lui qu'ils attribuent la plupart des superbes édifices que l'on admire encore dans les principales villes de son empire. Sous son règne, les académies, les mosquées, les écoles se multiplièrent : Amasie, Sivas, Nigdé conservent encore des souvenirs de cette brillante époque. L'architecture des Seldjoukides offre un caractère tellement tranché, que l'artiste qui a observé les monuments d'Iconium, peut difficilement se méprendre sur l'époque de la fondation de tant d'autres édifices qui subsistent encore dans le Kurdistan et dans l'Arménie.

Tout zélés musulmans que fussent ces princes, ils ne proscrivirent pas complètement les représentations d'hommes et d'animaux en peinture et en sculpture, et ils avaient conservé le goût de ces beaux-arts que les Seldjoukides persans ont toujours favorisés.

Un prince de cette race, Koumarouïa, sultan de Damas, avait fait faire, dans son palais du Kaire, une salle qui renfermait son portrait et celui de toutes ses femmes, en bois peint. Ces statues portaient sur leurs têtes des couronnes d'or enrichies de pierreries; elles avaient des pendants d'oreilles, et étaient habillées des plus riches étoffes du pays (1). Plusieurs monuments antiques de l'Asie Mineure ont été conservés par les soins des Seldjoukides; mais la jalousie des imans sunnis contre les Schiites arrêta dès sa naissance cet essor vers les arts du dessin. Il fut interdit aux sultans de faire graver leur portrait sur les monnaies; on tolére seulement quelques représentations d'animaux. Le sultan des Turcs porte encore aujourd'hui la figure en relief d'un paon sur l'avant de son caïque.

Le vautour fut adopté par les princes seldjoukides comme le symbole de la puissance suprême; ils imitaient en cela les Byzantins, qui avaient conservé sur leurs enseignes l'aigle romaine. Le vautour Houmaï (royal) est sculpté sur un grand nombre de monuments de style arabe, en Asie Mineure et en Perse; on peut être assuré, à défaut d'autres renseignements, que les monuments qui portent cet emblème sont de l'époque des Seldjoukides, c'est-à-dire dans la période de 1086 à 1390. Les historiens orientaux attribuent à Ala-Eddyn Key-Kobad l'idée première

---

(1) De Guignes, Hist. gén. des Huns, t. II, liv. IX, 140.

de l'adoption du croissant ascendant (c'est-à-dire dont la courbure est tournée à droite) sur les enseignes militaires; c'était le symbole de la grandeur naissante de l'islamisme. M. de Hammer est tenté d'y voir un reste de la superstition du dieu Men, dont les autels n'étaient pas encore complétement déserts. La lune fut toujours, en effet, pour les Asiatiques un astre aux vertus secrètes et à la puissance occulte, et l'on voit encore aujourd'hui, dans le centre de la province, une peuplade dont la coiffure, en forme de croissant, semble un souvenir de ce culte si répandu.

Nous ne pouvons que retracer d'une manière sommaire l'histoire ou plutôt la chronologie des monuments de cette époque, qui est regardée à bon droit comme l'ère la plus brillante de la civilisation des Musulmans. Ils ne se montrent dans la suite que des copistes ou des plagiaires des Byzantins. L'art arabe décline, et disparaît vers la fin du dix-septième siècle. Chacun des monuments élevés par les princes seldjoukides porte de nombreuses inscriptions, qui sont, il est vrai, pour la plupart, des versets du Koran; mais il s'en trouve dans le nombre qui sont commémoratives. Espérons que les futurs voyageurs s'attacheront à éclaircir cette partie de l'histoire du moyen âge, et que bientôt cette multitude d'inscriptions sera traduite et commentée.

La dynastie seldjoukide, qui régna sur toute la Cappadoce pendant trois siècles environ, se compose de quatorze princes, dont la chronologie est ainsi établie par de Guignes (1) et adoptée par M. de Hammer (2):

DYNASTIE SELDJOUKIDE D'ICONIUM.

Soliman fils de Koutoulmisch.	1081
Kilidj-Arslan Ier............	1092
Saïsan....................	1109
Masoud Ier................	1120
Kilidj-Arslan II............	1155
Key-Khosrou Ier (Ala-Eddyn).	1192
Ala-Eddyn Key-Kaous......	1212
Ala-Eddyn Key-Kobad.....	1226
Key-Kosrou II.............	1236
Key-Kaous II.............	1247
Kilidj-Arslan III...........	1261
Masoud II................	1292
Rhokneddin Kilidj-Arslan...	1295
Ala-Eddyn III.............	1304

L'invasion des Mongols persans fut le signal de la ruine du pouvoir des Seldjoukides. Césarée tomba entre les mains des conquérants tartares; toute l'Arménie et l'Aderbaïdjan obéissaient déjà au sultan Houlagou, et sa passion pour une princesse arménienne valut aux chrétiens de ces contrées quelques années d'un gouvernement tolérable.

L'empire des Seldjoukides fut divisé en dix parties indépendantes. Karaman, fils de Nour-Sofi, avait épousé la fille d'Ala-Eddyn III; il eut en partage une province composée d'une partie de l'ancienne Tyanitis et d'un district de la Lycaonie, où se trouvait la ville de Laranda. Il y fonda une ville à laquelle il donna son nom, qui passa bientôt à toute la province. La dynastie des Karaman régna pendant un siècle et demi sur la Cappadoce. Mais toute l'histoire de cette époque n'est plus qu'une succession de guerres civiles entre les différents émirs. On ne cite que quelques forteresses élevées pendant toute cette période, et les arts des Seldjoukides commencent à tomber dans l'oubli. La famille d'Orkhan s'était solidement établie dans le nord de l'Asie Mineure; Mourad Ier, voyant l'affaiblissement successif des principautés du sud, résolut de conquérir la Caramanie. Une grande bataille fut livrée par les Turcs au prince Karaman Ala-Eddyn, qui s'enfuit à Konieh. Mourad vint faire le siège de cette ville; Ala-Eddyn parvint à éloigner le sultan, en faisant avec lui un traité qui rendait les Turcs maîtres d'une partie de ses États.

Mais en 1394, Bayazid Ildirim attaque de nouveau le sultan de Karaman, qui s'enfuit dans les gorges du Taurus. Ce prince est le dernier qui règne sur la Cappadoce. Ses descendants se maintiennent cependant à Karaman et à Iconium, jusqu'à l'année 1466. Mahomet II, après une campagne qui lui coûta peu de monde, s'empare de ces

---

(1) De Guignes, *Hist. des Huns.*
(2) Hammer, *Hist. de l'empire ottoman*, I.

deux villes, et les réduit sous le pouvoir des Osmanlis. Néanmoins les émirs vaincus conservèrent toujours l'ombre de la souveraineté sur leurs anciens États : c'est l'origine de ce pouvoir féodal des Déré-Bey, dont les derniers vestiges furent anéantis par le sultan Mahmoud, dans les familles des Tchapan Oglou et des Kara-Osman-Oglou.

CHAPITRE XII.
LA CAPPADOCE CHRÉTIENNE.

A mesure que nous avançons vers l'orient de l'Asie Mineure nous voyons le caractère des monuments changer en même temps que la physionomie du pays. Du moment qu'on a franchi le Halys, les traces de l'art grec sont à peu près effacées, la Phrygie nous a déjà offert les indices d'un art autochtone, les monuments de la Cappadoce diffèrent autant de ceux de la Phrygie que ceux-ci de l'art des Ioniens. Dans toute l'étendue de la province nous ne trouvons aucun vestige de ces temples et de ces théâtres qui sont comme le cachet indélébile des villes gréco-romaines, à peine trouvons-nous quelques débris qui avaient pu appartenir à l'époque où la Cappadoce était régie par des rois. Mais en revanche les monuments des premiers âges du christianisme abondent et sont pour l'observateur érudit une source inépuisable d'observations aussi neuves qu'instructives.

Le débarquement à Perga de l'apôtre Paul et de ses compagnons fut pour ces contrées le signal d'une révolution sans pareille. Il est de prime abord une chose qui frappe dans la marche de saint Paul en Asie. Nous ne voyons pas le citoyen de Tarse arriver timidement dans cette patrie des dieux païens, se glisser dans des villes ignorées pour y prêcher sa doctrine secrètement. Il débarque dans une ville qui était un des plus grands centres religieux de l'Asie, et pénètre hardiment dans l'intérieur du pays, faisant connaître à tous l'objet de sa mission divine.

Le pays que Paul avait choisi était plus qu'aucun autre disposé à recevoir la doctrine chrétienne. Les habitants de la Cappadoce, courbés depuis nombre d'années sous le plus dur esclavage, étaient, pour ainsi dire, une population vouée à la misère et au malheur : c'était la pépinière des esclaves de Rome, aussi peut-on facilement imaginer avec quelle joie ces infortunés qui n'avaient d'espérance ni dans ce monde ni dans l'autre accueillirent l'annonce d'une rédemption. Que de respect, que d'enthousiasme pour l'apôtre qui, les relevant à leurs propres yeux, leur conférait la dignité du baptême.

La Cappadoce venait d'ailleurs d'être réduite en province romaine, et les habitants refusant l'autonomie qui leur était offerte, avaient spontanément demandé à suivre la loi de l'empire. Il y avait dans le pays un moment de transition très-favorable à la doctrine nouvelle.

A côté des Cappadociens se trouvaient les Isaures, ces implacables ennemis des Romains. Pour eux, adopter le christianisme, c'était déclarer la guerre aux idoles et la guerre aux idoles, c'était la guerre à Rome même, et dès ce jour ils couvaient déjà ce roi chrétien dont la religion farouche ou plutôt le sombre fanatisme, porta le ravage parmi les œuvres d'art que païens et chrétiens avaient conservés depuis des siècles. Il suffit de nommer Léon l'Isaurien. La Lycaonie et l'Isaurie, provinces limitrophes et presque toujours confondues, accueillirent favorablement l'apôtre.

La première Église fut bientôt fondée à Lystra, les villes d'Iconium et de Derbé ne tardèrent pas à suivre l'exemple de Lystra, et la religion du Christ fut répandue en Asie. La ville d'Iconium, qui fut pendant trois siècles la capitale d'un empire musulman ne conserve aucune trace du christianisme, mais les noms des deux bourgades de Lycaonie qui furent témoins des premières prédications de l'apôtre, Lystra et Derbé (1), ont survécu au naufrage des villes, et sous les empereurs byzantins un nombre considérable de monastères s'éleva dans les montagnes voisines de Derbé. Aujourd'hui ces ruines qui occupent une partie des versants du Kara dagh, sont connues des Turcs sous le nom des *mille et une églises*.

(1) Actes XIV, 51, XIV-6,

CHAPITRE XIII.

LES ANACHORÈTES.

Pour les chrétiens des premiers jours, la vie religieuse se passait dans la prière et la méditation sur la grandeur du dogme qui leur était révélé. Les pompeuses cérémonies de l'Église n'étaient pas encore instituées, la confession et la communion étaient les seules pratiques ostensibles, le secret était gardé par les initiés. Mais les plus fervents d'entre eux devaient supporter avec peine le voisinage des cérémonies païennes. La solitude était le seul remède qu'ils pussent opposer à ces souffrances morales, et bientôt, moins pour échapper aux dangers de la persécution, que les chrétiens regardaient plutôt comme une faveur du ciel, que pour méditer en paix sur les vérités nouvelles, le désert commença à se peupler de chrétiens qui abandonnaient les villes pour aller vivre au milieu des rochers, loin des bruits et des tentations du monde. Ce ne sont pas seulement les déserts de l'Égypte et les solitudes sur le Liban qui offrirent un asile aux nouveaux chrétiens; si l'on en juge par les traces des demeures qui restent encore dans les rochers de la Cappadoce, il fut un temps où ces contrées furent habitées par une véritable population de cénobites, et ce ne fut pas sans fruit pour la religion, car c'est de la Cappadoce que sont sortis les premiers et les plus brillants confesseurs. Naziance, Nysse, Césarée, resteront à jamais célèbres dans les fastes du christianisme par les grands hommes qu'elles ont produits.

Cette contrée singulière était plus que toute autre bien propice à la vie ascétique. Formant un vaste plateau au centre de l'Asie Mineure, son territoire fut, à une époque reculée, ravagé par les feux volcaniques qui en ont pour ainsi dire labouré la surface.

Les premiers chrétiens en venant se retirer dans ces demeures troglodytes suivirent-ils un usage déjà général dans la contrée, parmi ces Cappadociens que l'histoire nous montre si malheureux, ou furent-ils les premiers qui creusèrent de leurs mains ces retraites pour se mettre à l'abri du contact des païens? c'est ce qu'il est difficile de décider; mais après tant de siècles il est surprenant de voir combien sont nombreuses les habitations pratiquées dans les cavernes, et l'immense majorité porte des traces évidentes du séjour des chrétiens.

Ces grottes taillées dans le rocher couvrent une surface de pays qui s'étend, du nord au sud, depuis la vallée de l'Halys jusqu'aux versants septentrionaux du Taurus, et de l'est à l'ouest, depuis la chaîne qui borde la plaine de Césarée jusqu'aux montagnes de la Phrygie.

On ne saurait fixer positivement la date de l'établissement de ces premières demeures; mais on peut être certain, d'après des caractères d'architecture non équivoques, qu'elles étaient dès le quatrième siècle l'objet de pieux souvenirs, car plus d'un anachorète termina par le martyre une vie consacrée à Dieu, et sa cellule se transforma en un lieu sanctifié qui devint un but de pèlerinage pour les chrétiens.

CHAPITRE XIV.

LES DEMEURES DES ANACHORÈTES.

Pendant toute la durée du premier siècle, l'église d'Asie répandait parmi les populations les doctrines du christianisme. Les assemblées des fidèles formulaient en silence les principes qui devaient guider les constructeurs des temples. Pour les nouveaux convertis, l'évêque était le pasteur, et les néophytes, les brebis; cet emblème était comme le trait d'union qui servait aux chrétiens à se reconnaître entre eux. La colombe et l'oiseau mangeant des raisins avaient également une signification, le Saint-Esprit était représenté par le premier emblème, la communion par le second. C'est bien plus tard que le poisson, avec son nom symbolique, fut aussi admis parmi les emblèmes chrétiens, mais on le trouve souvent répété sur les tombeaux de l'église d'Afrique. Les chrétiens avaient coutume de creuser dans le marbre de petites coupes qui conservaient la rosée ou l'eau de pluie pour abreuver les oiseaux.

Le mystère qui enveloppait les premières cérémonies du culte ne contribuait pas moins que le désir de méditer en paix, à pousser vers la solitude les nouveaux élus. Ceux surtout qui se sentant de la vocation pour l'apostolat et le martyre, voulaient, dans la solitude, recueillir des forces pour aller ensuite catéchiser les gentils, et choisissaient de préférence les régions les plus inaccessibles.

Voilà les éléments de la population qui vint dans les trois premiers siècles peupler les rochers arides où nous voyons encore leurs demeures.

Dans le nord de l'Asie Mineure le pays est pour ainsi dire trop agréable, de belles forêts, des ruisseaux limpides, circulant au milieu des prairies, tout cela rappelait trop les biens terrestres, et d'ailleurs était trop accessible à la vaine curiosité du vulgaire. Saint Basile a laissé un riant tableau de la retraite qu'il s'était ménagée sur le bord de l'Iris, dans le royaume de Pont ; mais l'ancien évêque de Césarée avait fait sa première retraite dans les solitudes du mont Argée, où les moines arméniens du couvent de Surp Garabed montrent encore sa demeure.

Il faut ajouter que, dès le premier siècle la vie contemplative n'était pas une nouveauté pour les peuples d'Orient, les fakirs de l'Inde la pratiquaient de temps immémorial, les stoïciens et les gymnosophistes la regardaient comme un acheminement à la vertu. La mortification de la chair et le mépris de la douleur étaient chez les philosophes d'Orient un symbole de sagesse, et nous voyons le brachmane Calanus se brûler vif en présence d'Alexandre le Grand dans la ville de Pasargades.

Cette retraite des premiers chrétiens n'avait donc rien de singulier, ni pour les populations ni pour l'autorité impériale. Ils y trouvèrent un repos qui ne pouvait être troublé que par les visites des catéchumènes, apportant à de rares intervalles la frugale nourriture des reclus, et remportant la manne céleste qui alimentait leur zèle pieux. La vue seule des retraites où vivaient les cénobites de la Cappadoce peut donner une idée des rigueurs de la vie ascétique. La vie de ces solitaires était une renonciation continuelle aux besoins les plus impérieux et montre jusqu'à quel point une volonté ferme peut dompter la nature.

Saint Jacques de Nisibe vivait couvert d'un diphtère de peau de chevreau et se nourrissait de racines sauvages. Saint Ephrem fait l'éloge des Thérapeutes de la Mésopotamie, qui, sous le nom de Bosci ou moines broutants, allaient dans les champs paître avec les troupeaux (1). Ils couchaient dans les retraites d'où ils chassaient les bêtes sauvages.

Le plus célèbre d'entre les cénobites, le pâtre Siméon Stylite vivait sur une montagne voisine d'Antioche. Les déserts situés entre cette ville et celle de Césarée servirent de refuge pendant les persécutions ariennes aux Athanase et aux Chrysostome : mais lorsque ce dernier fut arraché de son siège épiscopal pour être conduit en exil dans la petite ville de Cucusus, représentée aujourd'hui par le bourg de Geuksunn sur le bord de l'Euphrate, la douleur des cénobites fit place à un sentiment d'indignation et ils tentèrent de l'arracher aux mains des soldats de Théodose (405) de J.-C.

Le costume adopté par les anachorètes se retrouve encore parmi certaines peuplades de la Syrie et du Liban : c'était le manteau de laine noire, qu'ils portaient sur la peau, et le cucullus, qui sert encore sous le nom de bournous de vêtement à toute la population arabe.

Il faut remarquer que dans les plus anciennes représentations des Apôtres ils sont toujours vêtus de la toge romaine.

Si les monuments construits nous font défaut pour toute cette période des trois premiers siècles du christianisme, nous sommes assurés cependant que sous Marc-Aurèle l'église d'Orient était florissante, et que dans presque toutes les villes les chrétiens se comptaient par milliers. Les lecteurs comme les diacres, comme les évêques, voulaient sans doute faire au désert, un noviciat qui paraissait impossible dans les villes. Partout on cherchait des retraites inaccessibles, et à mesure que le temps marchait et que l'éloquence chrétienne en-

(1) Sozomène, l. VI, ch. 33. Tillemont, *Mém. ecclésiastiques*, tome VIII, p. 292.

flammait les âmes, ceux mêmes qui parlaient aux fidèles et qui avaient fait aussi leur retraite au désert, engageaient leurs frères à les imiter, et comme nous l'avons vu, nul pays n'était plus propice que la Cappadoce.

Le cours de l'Halys, qui sépare le royaume de Pont de celui de Cappadoce forme également une ligne de séparation marquée entre deux contrées parfaitement disparates, autant la première est boisée et riante, autant l'autre est austère et aride.

En entrant dans la Cappadoce, il est impossible de résister à un sentiment de tristesse à l'aspect de cette région qui semble présenter sous un cadre réduit le tableau des plus terribles convulsions de la nature. Les montagnes composées d'une roche noire et poreuse ne sont couvertes que d'une végétation chétive. De grandes crevasses dont l'œil a peine à mesurer la profondeur attestent les ravages des tremblements de terre, de hautes falaises volcaniques formées de faisceaux de basalte s'offrent aux regards comme de bizarres formations qui n'ont rien de commun avec les roches des autres contrées; tantôt elles forment de hautes colonnes, tantôt elles s'épanchent en faisceaux rayonnants comme si les laves du volcan s'étaient figées à l'instant même, au commandement d'une volonté puissante; ces tableaux sombres et grandioses des convulsions de la nature étaient bien propres à captiver l'imagination des hommes qui venaient au désert pour méditer sur les œuvres de Dieu. Dans ces temps primitifs où la science était encore au berceau, tous les phénomènes naturels étaient pour les chrétiens des sujets d'admiration ou d'effroi (1).

CHAPITRE XV.

VOYAGE DE SAINTE HÉLÈNE.

Dès le temps de Constantin ces lieux avaient une certaine célébrité comme grand centre chrétien. Sainte Hélène qui traversa l'Asie Mineure pour se rendre de Constantinople à Jérusalem, fit une longue station à Césarée, et, selon la tradition des Grecs, elle fit bâtir le couvent de Taxiarque (ταξιάρχου), et l'on montre encore la chapelle dont elle posa la première pierre. Ce fut, dit-on, à la suite d'un songe dans lequel lui apparut l'archange Michel, qui lui ordonna de bâtir une église en ce lieu. En creusant les fondations on trouva une pierre singulière et transparente, qui fut placée dans une des chapelles. Cette pierre n'est autre chose qu'un morceau de marbre spéculaire. On sait que cette espèce de pierre fut découverte en Cappadoce sous le règne de Néron (1). Domitien avait fait construire dans son palais une salle dont les murailles étaient faites avec ce marbre afin que personne ne pût l'approcher même par derrière sans être vu (2). Les indigènes nomment cette pierre Yanar tasch, la pierre brûlante.

Au sujet du voyage de sainte Hélène en Cappadoce, on doit faire une remarque qui ne manque pas d'importance : cette princesse partant de Constantinople pour se rendre à Jérusalem, entreprenait son voyage dans un but de dévotion ; si elle traverse péniblement toute l'Asie Mineure, si elle séjourne à Césarée, c'était sans doute parce que cette région était déjà célèbre comme grand centre chrétien ; c'est dans le même ordre d'idées qu'elle fonde l'église et le monastère de Taxiarque : les mêmes motifs de piété la portent à fonder des églises en Palestine sur les lieux mêmes qui se recommandent aux souvenirs des chrétiens par quelque grand fait religieux : elle bâtit l'église de Bethléem sur le berceau du Christ et une église sur l'emplacement où fut trouvée la vraie croix. A défaut de monuments chrétiens subsistant encore de nos jours, on pourrait donc affirmer que déjà sous Constantin cette région de Cappadoce était célèbre dans les fastes du christianisme.

Pour répondre d'avance à l'objection qui pourrait être faite, que les tombeaux et les chambres habitables que l'on observe dans ces régions ont pu être l'ouvrage des païens et accommodés plus

---

(1) *Constantini oratio*, ch. VII, ad Euseb.

(1) Pline, *Hist. nat.*, XXXVI, ch. 22.
(2) Suétone, *In Domitiano*.

tard à l'usage des chrétiens, nous ferons observer que durant tout le temps de la loi païenne les tombeaux étaient sacrés et placés sous la garde de l'autorité civile. Des peines et des amendes étaient infligées à tout violateur de tombeaux, la malédiction des dieux devait les poursuivre au-delà de la vie, et pour ceux qui ne se seraient pas effrayés de ces menaces, il y avait le bureau du fisc et l'administration du Chréophylax (1), qui surveillait la conservation des monuments. Les noms des propriétaires des tombeaux, la contenance du terrain étaient inscrits dans des registres déposés au chréophylacion, qui paraît avoir eu beaucoup d'analogie avec notre bureau de l'enregistrement (2); tout individu convaincu d'avoir porté atteinte à une propriété sépulcrale soit en l'achetant, en la vendant ou en y faisant enterrer quelque personnage autre que les ayant droit était condamné à une amende qui varie sur les monuments de mille à dix mille drachmes laquelle était payée au très-sacré Tamion (le fisc).

L'office du chréophylax se bornait à constater la propriété; la plupart des titres que nous venons de mentionner se retrouvaient répétés sur l'inscription du tombeau. La sépulture païenne avait donc toutes les garanties de durée et de conservation; elle n'a commencé à être en butte à la dévastation que lorsque toutes ces administrations protectrices ont été anéanties et remplacées par l'administration chrétienne, c'est-à-dire quand les lois de Constantin ont été répandues dans toute cette partie de l'Asie.

Nous devons ajouter que si l'on admet l'existence d'une communauté chrétienne en Cappadoce, il faut bien admettre un lieu de sépulture; et si nous voyons au milieu de Rome païenne une nécropole chrétienne recevoir les corps d'une multitude innombrable, pourquoi n'admettrait-on pas une nécropole chrétienne en Asie, surtout quand nous ne trouvons dans aucun de ces tombeaux la moindre trace du séjour des païens.

CHAPITRE XVI.

LES SÉPULTURES CHRÉTIENNES.

Ce qui fit de la religion chrétienne la religion de tous les peuples civilisés, c'est qu'elle rejeta tous les préjugés, toutes les pratiques singulières ou tyranniques des autres cultes, non-seulement du paganisme et de l'idolatrie, mais encore du mosaïsme. Elle laissa toute la latitude au développement de la vie civile, elle n'eut ni pour la vie, ni pour la mort aucune de ces prescriptions absolues qui ont arrêté le progrès de la science chez les peuples anciens. Le Christ fait cadavre réhabilita, pour ainsi dire, le cadavre humain qui passait pour impur chez tous les peuples anciens, même chez les Grecs et les Romains, qui se piquaient d'être philosophes.

Il en est de même des cérémonies des sépultures, et des croyances que les autres peuples attachaient à ces cérémonies. La raison de la religion chrétienne a fait justice de toutes ces erreurs. Le corps n'est que l'enveloppe de l'âme et cette émanation divine n'est jamais esclave du sort de la matière; un chrétien laissé sans sépulture n'a rien à redouter pour son salut éternel, et les âmes ne sont plus à la merci d'un ennemi, d'un accident, ou de parents indifférents. Toute latitude est laissée aux chrétiens pour le mode de sépulture qu'ils adopteront, on ne leur défend ni l'embaumement usité en Égypte, ni le bûcher des Grecs et des Romains, ni la tombe taillée dans le rocher, ou l'humble sépulture le long du chemin. Le temple même admet dans les profondeurs de ses fondements les corps des chrétiens morts. Il faut lire les prescriptions que saint Augustin fait aux fidèles de son temps pour les éclairer sur leurs doutes à ce sujet (1).

« Il est donc vrai que la terre n'a pas

(1) Littéralement gardien de la chair.
(2) *Voyez* dans le *Corpus Inscript.* de Bœckh, t. II, depuis la p. 537, jusqu'à la p. 546, une foule d'Inscriptions qui prouvent que le chréophylacion était les archives des biens hypothéqués ou susceptibles de l'être.

(1) Saint Augustin, *Cité de Dieu*, livre I, page 13. Ibid. liv. I, ch. 12.

couvert les corps d'un grand nombre de chrétiens, mais personne n'en a retranché un seul du ciel ni de la terre... Le psalmiste dit bien : « Ils ont exposé les corps de vos serviteurs pour servir de pâture aux oiseaux du ciel et aux bêtes de la terre ; ils ont répandu leur sang comme l'eau autour de Jérusalem, et il n'était là personne pour les ensevelir... Aussi tout le reste, c'est-à-dire le soin des funérailles, le choix de la sépulture, la pompe des obsèques, tout cela est destiné plutôt à consoler les vivants qu'à soulager les morts. Si de riches funérailles profitaient à l'impie, une sépulture commune ou le défaut de sépulture nuirait à l'homme pieux ; » et chapitre XIII : « Ce n'est pas une raison pour abandonner les corps de ceux qui sont morts surtout des justes et des fidèles. » Saint Augustin fait ensuite le tableau des funérailles aux anciens jours ; il rappelle les ordres donnés par les patriarches à leurs enfants d'inhumer leurs corps ; mais la privation de sépulture ne peut troubler le repos des morts.

« Aussi, ajoute-t-il, lorsque pendant le sac de cette grande ville ou dans d'autres places, la sépulture manqua aux chrétiens, ce ne fut pas la faute des vivants qui ne purent la leur donner, ce ne fut pour les morts aucun préjudice puisqu'ils ne peuvent la sentir. »

Si la loi nouvelle permettait aux chrétiens d'adopter ou de rejeter les cérémonies des autres cultes, ils ne s'en tinrent pas moins dans une juste réserve, qui consiste à honorer la dépouille mortelle de ceux qu'on a aimés ou révérés, sans entourer la pompe funèbre de vaines pratiques.

Les tombeaux somptueux n'excitèrent que leurs dédains, et parmi les restes innombrables de sépultures que l'on peut encore observer, on n'en trouve pas une qui ne soit marquée au cachet de la sagesse ou de la raison.

CHAPITRE XVII.

CÉRÉMONIES DES FUNÉRAILLES.

Les cérémonies qui accompagnent les funérailles ne diffèrent pas de celles qu'on observait chez les Romains, et chez les Hébreux ; chez ces derniers le mode de sépulture ne varia pas depuis la plus haute antiquité. Les tombeaux, dans la Palestine, étaient de plusieurs sortes : les plus communs étaient dans les champs et en pleine terre ; d'autres étaient dans les rochers au sein des montagnes ; les derniers étaient dans des grottes creusées, où l'on pratiquait plusieurs niches dans lesquelles on plaçait les corps. Quelquefois on enterrait les corps dans des jardins voisins de la ville.

Les sépultures du peuple étaient hors de la ville. Samuel fut enterré dans sa maison, Saül sous des arbres, et Rachel sur le chemin de Bethléem. Les étrangers qui mouraient à Jérusalem étaient enterrés dans la vallée du Cédron.

Tous ces usages des Hébreux se sont perpétués ; mais il est à remarquer que cette idée de l'impureté des corps morts est tout à fait rejetée par les chrétiens, tandis que chez les Hébreux tous ceux qui se trouvaient dans la maison du mort contractaient une souillure qui durait sept jours ; tous ceux qui touchaient le cadavre ou son sépulcre contractaient la même impureté, qui ne pouvait être lavée que par la cérémonie suivante :

On prenait la cendre d'une vache rousse immolée par le grand prêtre. Au jour de l'expiation solennelle, on en jetait dans un vase rempli d'eau, et un homme exempt de souillure trempait de l'hysope dans cette eau et en arrosait la chambre, les meubles et les personnes souillées ; on faisait cette cérémonie le troisième et le septième jour. Celui qui avait été souillé se mettait au bain, lavait ses habits, et était ainsi purifié (1). L'inhumation dans la terre ou dans des grottes fut généralement pratiquée pendant toute l'antiquité hébraïque. On voit Abraham acheter pour sa femme Sarah un tombeau avec une caverne destinée à sa famille.

Cependant on cite également le roi Asa, qui fut brûlé avec une quantité d'aromates ; mais la coutume d'embau-

(1) Léon de Modène, *Cérémonies des Juifs*, 1 part., ch. 8.

mer les corps ne fut jamais ni générale ni fort commune.

Les pleureuses à gage qui étaient convoquées aux funérailles des Romains comme à celles des Hébreux, furent aussi usitées chez les premiers chrétiens, et cet usage est encore observé dans tout l'Orient. On invite les parents et les amis à venir pleurer sur le défunt; ce sont ordinairement des femmes seules qui remplissent ce devoir. Nous avons observé de ces cérémonies funèbres à Smyrne et dans plusieurs villes d'Orient.

Lorsque la société est rassemblée dans la maison mortuaire, on commence à parler tranquillement du défunt, puis peu à peu la douleur se fait jour, on parle avec des sanglots étouffés, et souvent la cérémonie se termine par des cris et des lamentations qui retentissent dans tout le quartier. Il est d'usage de lacérer ses vêtements et même de s'arracher des cheveux; il y a même une sorte de règle pour déchirer ses habits; ils sont accommodés d'avance pour cette opération, et les prêtres grecs comme les rabbins ont établi des règles à ce sujet. On peut ne déchirer que le bas de sa robe même de la largeur de la main. On déchire les manches longues de sa tunique. On peut recoudre la déchirure au bout de trente jours, si elle n'a pas été faite à la mort d'un proche parent; mais si c'est pour un parent, on ne la recoud point.

On voit aussi dans les cimetières les femmes ou les mères venir pleurer sur les tombeaux de leurs maris ou de leurs enfants; elles ont les cheveux défaits et chantent des stances versifiées en souvenir de ceux qu'elles regrettent; elles s'arrachent des cheveux et mettent leurs habits en lambeaux.

Avant de mettre le mort dans son cercueil, les anciens chrétiens, les prêtres mêmes baisaient le défunt, ce qui fut défendu par le concile d'Auxerre.

Une coutume reçue parmi les nations asiatiques, l'orientation des sépultures a été complétement abandonnée par l'Église.

CHAPITRE XVIII.

MODES DE SÉPULTURE.

Deux méthodes de sépulture ont prévalu parmi les chrétiens, celle de déposer les corps au sein de la terre pour que la poussière retourne à la poussière, ou de les ensevelir dans des sarcophages de pierre soit isolés, soit taillés dans le roc. Nous ne trouvons nulle part l'indication de l'incinération des corps, qui, à vrai dire, ne fut jamais d'un usage général dans l'antiquité, puisque même à l'époque où cette coutume fut pratiquée avec le plus d'éclat, nous voyons même pour les personnes illustres la sépulture ou l'incinération pratiquées indistinctement. Alexandre fait brûler avec de somptueuses cérémonies le corps de son ami Éphestion; les généraux et les amis du monarque macédonien préférent la pratique de l'embaumement, pour la sépulture de leur chef. Il en fut de même chez les Grecs, chez les Romains et chez les Étrusques; partout on retrouve à une époque donnée la sépulture dans des sarcophages, pratiquée en même temps que l'incinération; voilà pourquoi nous devons regarder cette dernière pratique plutôt comme une mode, que comme un usage universel de l'antiquité.

Les caves sépulcrales d'Urgub offrent un exemple unique de sépulture : les sarcophages taillés dans le roc. On ne trouve ni le columbarium, ni le lit funèbre sur lequel le corps était déposé; cet usage si général chez les Lyciens et chez les Étrusques paraît tout à fait rejeté par les chrétiens. On sait que la Lycie offre aussi une multitude de tombeaux monolithes : une banquette ayant la forme d'un lit de repos était pratiquée le long des parois. Cette circonstance qui distingue les tombeaux d'Urgub des tombeaux évidemment païens de la Lycie, est à notre avis une preuve de plus de leur origine chrétienne; mais nous devons surtout faire remarquer que dans les plus importants de ces monuments, le signe du christianisme se trouve ordinairement en évidence.

Au milieu d'un certain nombre de

tombeaux de ce genre que nous avons recueillis, nous citons un seul exemple qui peut être regardé comme type. Dans un des cônes volcaniques est creusée une grotte de six mètres environ de longueur sur trois mètres de large, trois niches sont pratiquées le long des parois; elles sont carrées dans leur plan et de forme circulaire dans la partie supérieure, chacune d'elles contenant un sarcophage; trois sarcophages sont aussi creusés dans le sol, et l'on voit qu'on avait ménagé la place pour un quatrième, les parois de la grotte sont sans ornement.

Mais au plafond est sculptée une croix en relief qui en occupe presque toute la surface, les trois branches supérieures sont réunies par un arc de cercle.

Pour le caractère de la porte de ce tombeau, qui est surmontée d'un arc surhaussé en forme de fer à cheval, nous aurons bientôt occasion d'en démontrer l'origine chrétienne. Un très-grand nombre d'ouvrages monolithes d'Urgub sont décorés de portes et de portiques du même caractère.

Nous avons recueilli sur la route de Césarée à Ingé sous un groupe de tombeaux qui offrent un aspect des plus pittoresques; dans l'un d'eux nous voyons également la croix sculptée dans un cercle.

Enfin pour ceux qui conserveraient quelque doute sur l'origine chrétienne de ces monuments, nous devons ajouter une dernière considération. C'est que nous avons rencontré d'innombrables témoignages du christianisme et pas un seul qui puisse faire soupçonner que ces tombeaux ont été exécutés par les sectateurs du polythéisme.

La liberté que la foi chrétienne laissait à ses adeptes pour tout ce qui avait rapport à la sépulture des corps, a permis aux chrétiens de continuer pour ainsi dire les usages des païens; toutes les petites cérémonies inoffensives en usage dans l'antiquité se pratiquaient aux funérailles chrétiennes. On admettait les pleureuses à gages, comme les vases de parfums ou les lampes déposées dans les tombeaux. Les joyaux aimés des défuntes, paraient leur cadavre comme ils avaient orné leur corps vivant; la forme du monument n'avait rien de particulier, ni pour sa décoration, ni pour son orientation. Cette analogie des sépultures est telle que pour l'époque de transition, des archéologues exercés ont été quelquefois embarrassés pour décider si tel monument funèbre appartenait à un chrétien ou à un païen.

Cet usage si général dans l'antiquité, de déposer dans le cercueil d'un guerrier ses armes et sa cuirasse, a été constamment suivi par les asiatiques et surtout par les barbares convertis, les Germains, les Gaulois et les Ibères. C'est le cachet de l'art, le style de l'époque qui fait plutôt reconnaître la religion du défunt que le style de la sépulture; combien de tombeaux chrétiens, même des temps mérovingiens contiennent des poteries, des francisques, et même des débris de repas funèbres.

Les amulettes chrétiennes sont relativement rares dans les tombeaux; il faut pour ainsi dire arriver aux temps carlovingiens pour trouver dans les tombeaux des symboles certainement et uniquement chrétiens; en effet, est-il un emblème plus païen que la lampe votive déposée dans une sépulture : c'est l'emblème destiné à éclairer l'âme dans sa descente aux enfers. Les vases de parfums ne sont autre chose qu'une offrande aux dieux mânes. La loi chrétienne jugeait de plus haut la religion nouvelle; elle ne voulait pas trancher tout d'un coup entre les deux civilisations, et laissait aux habitudes intimes, aux usages familiers toute liberté, prête à interdire ce qui pouvait porter atteinte à la pureté du dogme.

Pour un observateur superficiel, la tenue du chrétien dans la vie et les usages civils n'avait rien de différent de celle d'un païen; mais une scission profonde se manifestait du moment qu'on demandait au premier quelque acte qui put infirmer sa croyance en un dieu unique.

Nous avons dit que les amulettes d'un caractère exclusivement chrétien étaient très-rares dans les tombeaux; on y rencontre cependant des sujets bibliques, soit sur les lampes sépulcrales, soit sur des tessères ou des sceaux de verre. Le poisson, le bon pasteur et les brebis offrent de très-nombreuses capreintes. Mais, chose singulière, la croix ne se trouve que très-rarement sculptée sur les monuments funèbres jusqu'au cinquième siècle; les sarcophages, construits et décorés tout à fait dans le style des sarcophages païens des trois premiers siècles, offrent des sujets de la vie du Christ ou des sujets bibliques; mais très-rarement l'image de la croix. Après le règne de Constantin, le labarum se multiplie sur les monuments du culte, et devient l'ornement obligé des autels comme des monuments funèbres.

CHAPITRE XIX.

ITINÉRAIRE DE TAVIUM A CÉSARÉE.

Le territoire des Trocmiens confinait à la Cappadoce, mais les auteurs anciens ne nous disent pas s'il s'étendait jusqu'à l'Halys, qui eût formé une frontière naturelle; de plus, les anciens itinéraires sont très-défectueux quand il s'agit de route allant du nord au sud (1), et les ruines éparses que l'on rencontre ne mettent pas à même de combler ces lacunes.

Youzgatt est le point de jonction des routes de caravane qui vont de l'est à l'ouest et du nord au sud; elle remplit sous ce rapport le rôle de Tavium dans le monde ancien, mais c'est là que se borne la ressemblance.

La ville de Youzgatt est située à vingt-deux kilomètres à l'est-sud-est de Nefez keui; M. Brant l'estime à trois lieues géographiques; et M. Hamilton marque quinze milles anglais. Il a parcouru cette route en venant de Youzgatt à la recherche de Tavium.

La vallée de Nefez keui est bornée, à l'est, par une chaîne de collines peu élevées que traverse la route de Youzgatt. On passe auprès du village de Kenek keui, demeure d'hiver des Turcomans. Les maisons sont à moitié enfouies sous terre; trois kilomètres plus loin est le village de Hassandji, composé d'environ quarante maisons avec une mosquée. Tout ce pays est très-accidenté; les montagnes sont de craie marneuse et la végétation très-chétive; le cours des eaux se dirige à l'ouest vers l'Halys. Le village de Kaïdjik, distant de cinq kilomètres de Youzgatt, est situé sur un plateau qui domine une grande étendue de pays; l'horizon est borné au sud par la chaîne du Tchitchek dagh, la montagne des fleurs.

YOUZGATT.

Il y avait dans une de ces vallées un simple village turcoman demeure d'été des Yourouk; c'est là que naquit Achmet pacha, de la famille des Tchapan Oglou. Dès qu'il fut arrivé au pouvoir, sa pensée fut de fonder une ville sur l'emplacement de son ancien Yaëla. C'est ainsi que fut créée la ville de Youzgatt, vers la fin du siècle dernier.

Le fils d'Achmet, le célèbre Tchapan Oglou fut un des derniers Déré bey ou princes indépendants de l'Asie Mineure. Il a pendant toute sa vie exercé la puissance souveraine, et son pouvoir s'étendait jusqu'à Césarée, et au nord jusqu'à Amasie.

Il avait eu l'intelligence d'attirer dans sa nouvelle ville une quantité d'habitants sans distinction de culte, et la population s'était promptement élevée à quinze mille habitants.

A sa mort, qui eut lieu vers 1805, ses parents et son frère héritèrent de son pouvoir, et continuèrent d'attirer dans leur province des colons grecs et arméniens. Lorsque le sultan Mahmoud eut formé le projet d'anéantir la puissance des Deré bey, Tchapan Oglou fut le premier en butte aux attaques du gouvernement de la Porte, qui souleva contre lui les pachas ses voisins en leur donnant l'espoir de partager ses richesses. Les revenus du bey montaient à douze millions de francs dont le quart à peine arrivait dans les caisses du gouvernement.

A la chute de cette famille puissante, la désorganisation ne tarda pas à se mettre dans le pays; Youzgatt ne fut pas même conservée comme chef-lieu de Sandjak, et son territoire fut administré par un simple Mutzellim.

Le palais qu'avait fait construire le bey a été incendié et tombe en ruine;

---

(1) Die Kopie der Peut. Tafel ist zwar hier sehr Nachlässig. Mannert, Géographie, tom. 8, p. 55.

mais les édifices d'utilité publique, les bains et la mosquée, sont encore bien entretenus.

La mosquée, ouvrage de Soliman bey, date de la fin du dernier siècle; elle est bâtie sur le modèle des mosquées de Constantinople, c'est-à-dire dans ce mauvais style turco-italien; la niche centrale ou minnber, est ornée de colonnes de jaspe et de chaux fluatée, transparente, sorte de jade que l'on trouve dans le pays.

L'aspect de Youzgatt contraste avec celui de toutes les autres villes de la province; les maisons sont couvertes en tuiles: elle a tout à fait l'aspect d'une ville européenne. Les fruits abondent dans ses jardins, et l'abricotier surtout donne des produits superbes; on voit qu'il est voisin de son pays natal.

La population s'élève à quinze mille âmes environ; un peu plus du tiers pratique le christianisme. Les Arméniens sont plus nombreux que les Grecs; mais tous les cultes divers paraissent vivre en bonne intelligence.

Les maisons des chrétiens ne diffèrent pas de celles des Turcs, et la vie intérieure est la même chez les uns et les autres: les femmes ne mangent pas avec leurs maris; il y a pour le chef de la famille un respect qui se manifeste en toute occasion; malgré l'usage si répandu de la pipe, un fils ne se permettrait jamais de fumer devant son père.

La ville est abondamment pourvue de toutes les choses nécessaires, et les montagnes voisines fournissent, pendant l'été, de la neige pour rafraîchir les boissons.

Une muraille de moellons reliés avec de l'argile entourait autrefois la ville; elle servait moins pour la défense que pour arrêter la contrebande. Aujourd'hui tout s'écroule, et il semble que les gouverneurs eux-même mettent volontiers la main à la destruction de tout ce qui peut rappeler le gouvernement de l'ancien bey.

La route de Youzgatt à Césarée suit la direction du sud-est, traversant des steppes dans lesquels les tribus Kurdes des Afchars viennent faire paître leurs troupeaux; on fait huit heures de marche jusqu'à Pacha keui, gros bourg habité uniquement par des Turcs, et l'on fait halte une heure plus loin, à Giaour keui, habité par des Arméniens. Le Délidjé sou, un des affluents de l'Halys, passe près de ce village, venant de l'est; ce n'est encore qu'un ruisseau, et la source ne peut être éloignée. On fait ensuite dix heures de marche jusqu'à Boaslian, village de trois cents maisons, situé dans la plaine. Tout ce pays est sans arbres, mais parfaitement propre à la culture des céréales. Les tribus Turcomanes et Kurdes s'y établissent pendant l'été.

CHAPITRE XX.

VALLÉE DE L'HALYS.

On arrive enfin au bord de l'Halys. Alors le pays change d'aspect; ce ne sont plus des plaines argileuses plus ou moins ondulées; l'action des feux souterrains a laissé partout des traces grandioses; les rochers à pic, les falaises de tuf grisâtre et les torrents de laves portant sur leurs ondes durcies des blocs de rochers comme les rivières portent des glaçons, tel est le spectacle qu'offre la vaste plaine de Césarée depuis la vallée de l'Halys.

On franchit le fleuve sur un pont de dix arches nommé Tchok Gheuze Kouprou sou, le pont à beaucoup d'yeux. Les arches à plein cintre indiquent une construction antérieure à la domination musulmane; elles sont bâties en pierre volcanique et les remplissages sont en tuf rouge, qui lui donnent de loin l'apparence d'une construction de briques.

Le fleuve est profondément encaissé dans une vallée basaltique qui présente des phénomènes très-variés; la plus grande partie des prismes repose sur un tuf tendre de couleur grisâtre; les prismes ont la forme hexaèdre; ils ne sont pas réguliers, et sont quelquefois tournés sur eux-mêmes de manière à présenter une sorte de spirale. Dans une vallée voisine du fleuve on peut observer un épanchement basaltique très-remarquable: ici les prismes paraissent émaner d'un centre commun; ils s'élancent en rayonnant comme si une éruption se fut immédiatement figée dans sa marche; les prismes sont aplatis, oblongs et en forme de fuseau : on ne peut mieux comparer leur aspect qu'à un bouquet de feu d'artifice.

Cette falaise se trouve à moins d'un kilomètre du pont et sur la rive droite du fleuve.

Dans la même falaise volcanique, dont le pied est baigné par les eaux, on aperçoit à divers étages des trous qui paraissent des retraites pour les oiseaux de proie ; ce sont les fenêtres de larges grottes taillées dans le massif de la montagne et auxquelles on arrive par un sentier pratiqué dans la roche même.

L'entrée de ces grottes n'a rien qui appelle l'attention ; c'est une porte basse qui donne accès dans une avant-salle carrée et plafonnée ; plusieurs portes s'ouvrent dans cette salle et conduisent par des galeries latérales dans d'autres pièces toutes plafonnées, carrées ou rectangulaires. Les salles qui sont voisines du fleuve sont éclairées par de petites fenêtres donnant sur la vallée de l'Halys. On observe dans les parois des niches peu profondes, rectangulaires et qui n'ont aucun caractère sépulcral. Dans toutes les maisons modernes de l'Orient on voit de ces mêmes niches qui servent à déposer les objets mobiliers ; toutes ces chambres communiquent entre elles, et l'on y trouve simultanément les traces de l'occupation des morts et des vivants. Certains réduits recèlent des sarcophages, d'autres chambres éclairées par une ou deux fenêtres renferment comme des alcôves et des cheminées, et peuvent très-bien avoir servi à des familles de troglodytes. Il n'y a pas l'ombre d'un art quelconque qui puisse faire soupçonner à quelle époque ont été creusées ces grottes, qui, de nos jours, ne servent pas même de retraite aux bergers des environs.

Après avoir traversé le pont, on suit une route qui s'élève sur deux plateaux successifs, complètement arides et déserts. Sur le revers sud du contrefort qui domine la plaine se trouve le hameau de Emmiler éloigné de quatre heures de Césarée, et une heure plus loin le gros bourg d'Herkilet, établi sur un banc puissant de lave fondue, compacte et noire ; toutes les maisons bâties avec cette roche rappellent complètement celles de certains villages d'Auvergne.

La plaine de Césarée est arrosée par la petite rivière de Sarmoussacli, et est peuplée de nombreux villages presque tous occupés par des familles chrétiennes, grecques et arméniennes ; ces dernières habitent les villages de Sarmoussac, Surp Garabed et Surp Daniel ; les Grecs ceux de Zenzidéré, Talas et Taxiarque.

La campagne de Césarée peut être comparée à celle de Rome, tant pour la nature du sol que pour celle des cultures qu'on y pratique. Une faible couche de terre végétale recouvre un banc très-étendu de laves ; de distance en distance on observe des monticules dont le sommet est couronné par des roches volcaniques qui plongent sous la terre végétale. Dans les régions où elle manque, on chemine sur un terrain rocheux, plat et fendu en tous sens de manière à former de grands polygones irréguliers ; mais la route est souvent interceptée par des fondrières larges et profondes, dont les flancs sont verticaux ; elles sont assez larges pour que des villages aient pu s'y établir : ils ne paraissent pas de loin, de sorte que la campagne semble déserte.

Ces vallées ne paraissent pas avoir été creusées par les eaux ; elles se sont sans doute formées par le retrait des laves de fusion, et se sont élargies par l'effet de la décomposition des laves. Les villages sont généralement remarquables par la propreté et le goût des maisons, qui sont toutes bâties en pierres volcaniques faciles à travailler ; ils sont presque tous accotés sur le flanc d'une colline, et les chambres sépulcrales, les églises taillées dans le roc sont nombreuses aux environs. Nous en examinerons quelques-unes.

CHAPITRE XXI.

MONASTÈRE DE SURP GARABED, ÉGLISES TAILLÉES DANS LE ROC.

Le monastère arménien de Surp Garabed, Saint Jean précurseur, est situé à dix-huit kilomètres à l'est de Césarée à l'entrée de la chaîne de montagnes qui sépare le bassin de l'Halys de celui de

Tokma sou. Cet établissement dont la fondation remonte au treizième siècle est égal comme importance religieuse à ceux d'Etchmiazin et de Sis; l'évêque a le rang de métropolitain de Césarée. L'ensemble des bâtiments du monastère est entouré d'une forte muraille, et l'intérieur contient, outre les églises et les habitations des moines plusieurs corps de bâtiments destinés à loger des pèlerins qui de toutes les parties de l'ancienne Arménie affluent dans ce monastère à certaines fêtes de l'année.

Nous assistâmes à la fête de saint Jean, qui se célèbre avec la plus grande pompe, et nous pûmes admirer la richesse des vêtements de l'évêque et des prêtres, qui ont conservé tous les usages de l'ancienne Église. Les costumes des assistants n'étaient ni moins riches ni moins curieux; la coiffure des femmes est des plus variées; leurs cheveux pendent en longues tresses ornées de glands d'argent, de pièces de monnaies et de coquillages. Leur front est orné d'un petit diadème de sequins et leur tête est surmontée d'une coiffure qui tantôt prend la forme d'un vase, tantôt d'un kalpack ou d'un simple turban. Leur taille est soutenue par une large ceinture d'argent, dont les agraffes en ronde bosse sont artistement ciselées; leur vêtement consiste en robes de drap presque toutes de couleurs voyantes et ornées de broderies.

Les environs du monastère offrent les points de vue les plus agrestes et les plus pittoresques; des cascades tombent du haut des rochers couronnés de verdures; le lieu nommé Pacha tchesmé si, la fontaine du pacha, peut être comparé à un vallon de la Suisse. Mais ce qui donne un intérêt particulier à cette vallée ce sont les églises et les innombles chambres sépulcrales taillées dans le roc : la tradition est ici d'accord avec la nature des lieux. Dès les premiers temps du christianisme, les anachorètes se sont retirés dans ces lieux inaccessibles, et c'est en souvenir de ces cénobites que le couvent de Surp Garabed fut fondé.

CHAPITRE XXII.

ÉGLISE TAILLÉE DANS LE ROC PRÈS DE SURP GARABED.

Cette petite église est creusée dans un tuf jaune très-homogène, composé de cendres volcaniques agglomérées; elle n'a souffert aucune dégradation, mais tout l'ouvrage est fait avec la plus grande simplicité. Le plan a de l'analogie avec celui des basiliques.

La nef a six mètres de long sur trois mètres de large; les murs latéraux paraissent soutenus par des pilastres portant des arcades; mais tout l'édifice étant monolithe, cette décoration n'est là que pour rappeler les monuments construits.

Au fond de la nef se trouve l'abside, qui est de forme circulaire, au milieu s'élève l'autel, qui fait partie de la roche même, et qui n'est aujourd'hui qu'un simple massif.

La voûte de l'église est en ceintre surbaissé; toute cette construction est de la plus grande simplicité, aucun ornement, aucune peinture ne la décore; une porte pratiquée dans la seconde arcade du côté droit conduit dans une autre chapelle, qui est à peu près de la même forme que la basilique, et dans la petite abside on a ménagé aussi un autel.

Ces chapelles ne recevant de jour que par la porte sont assez obscures; dans la chapelle du fond on ne pouvait officier qu'à la lumière des cierges.

Il serait difficile d'assigner l'âge positif de ce monument que nous sommes disposé à regarder comme un ouvrage de troisième siècle.

A une distance de trois kilomètres environ de cette église, dans une vallée dont il serait difficile de déterminer la position exacte, car elle ne porte dans le pays aucune désignation spéciale, on observe un autre groupe d'églises qui est le plus important de cette région. Tous ces monuments n'ont dans le pays aucune dénomination particulière; on les connaît sous le nom général de Mahara, les grottes, kilicé, les églises.

Ce monument, qui a une importance réelle, déjoue toutes les suppositions que l'on pourrait faire à son sujet, car il est clair qu'il a dû être fréquenté par une nombreuse société chrétienne, et cependant il n'existe aucun emplacement possible de village ou de ville dans les alentours, et rien ne peut faire connaître par quelle population il était fréquenté.

L'entrée de l'église s'annonce par un large portique de trois arcades à plein ceintre supportées par deux colonnes massives. Les chapiteaux, bien que très-ruinés, se rapprochent de la forme du dorique.

La corniche est composée d'un simple bandeau. Ce portique a cinq mètres environ de long sur trois mètres de profondeur. A droite et à gauche du portique, sont deux chambres carrées, dont la destination n'est pas indiquée. Il faut voir dans ce portique un principe du Narthex, qui fut plus tard une annexe indispensable des églises byzantines. C'est là que se tenaient les catéchumènes et les pénitents auxquels l'entrée de l'église était temporairement interdite.

Une porte carrée placée au milieu du portique donne accès dans une première chapelle; à son extrémité est un abside circulaire avec un autel ménagé dans la masse du rocher. Cette chapelle est voûtée en berceau, les parois sont ornées de quatre pilastres.

La masse de rocher qui sépare cette chapelle de la grande église a une épaisseur de 1^{m}55. Le côté droit de la chapelle est percé par une porte et deux fenêtres à hauteur d'appui qui donnent de l'air plutôt que du jour à la grande église.

Cette église a sept mètres de longueur, un autel de la forme des autels modernes est indiqué par la masse de roc qui s'élève dans l'abside. La hauteur sous la voûte est de 4^{m}50, on peut se faire une idée du travail qu'exigea un pareil monument.

Si cette église n'eût été fréquentée que par quelques religieux solitaires, la quantité d'air qu'elle recevait par la porte eût été convenable; mais avec une assistance nombreuse elle devenait tout à fait insuffisante; aussi on imagina un ingénieux moyen de ventilation, mais qui à lui seul représente un prodigieux travail.

A l'extrémité de la nef, dans un enfoncement qui a deux mètres environ de large, on creusa un puits qui s'élève jusqu'à la surface externe du rocher, et qui forme un canal de ventilation, on établit ainsi dans cette grotte un courant d'air, au moyen duquel les assistants pouvaient y séjourner indéfiniment.

Les églises de ce genre sont assez nombreuses dans la contrée, mais elles présentent toutes à peu près le même aspect. Une raison assez plausible nous fait pencher pour placer leur exécution dans la période du troisième au quatrième siècles, alors que le christianisme, bien que répandu et déjà florissant en Asie, n'avait pas encore une existence légale, et était traversé par de terribles persécutions.

A partir du règne de Constantin les édifices de ce genre n'avaient plus de raison d'être; les chrétiens maîtres du pouvoir n'avaient pas besoin de cacher leurs temples dans les entrailles de la terre.

Ces ouvrages dont le caractère chrétien est incontestable, nous servent aussi de base pour établir que tous les monuments monolithes de cette partie de la Cappadoce sont dûs aux travaux des chrétiens. D'abord parce qu'il y en a un grand nombre qui portent la marque du christianisme, ensuite parce que l'on ne saurait supposer que les disciples du Christ aient été s'établir au milieu des tombeaux des païens.

CHAPITRE XXIII.

CHAMBRES SÉPULCRALES ET MARTYRIUM.

Nous ne saurions décrire à l'appui de cette opinion tous les édifices qui nous ont conduit aux conclusions que nous avons adoptées; mais les plans que nous avons recueillis peuvent être regardés comme des types choisis au milieu de centaines de monuments semblables.

La seconde classe d'ouvrages taillés dans le roc n'offre pas un caractère si tranché que les églises, nous regardons ces monuments comme ayant servi de demeures à des cénobites, soit isolés, soit réunis en communautés de trois ou quatre personnes. Nous avons vu une multitude de chambres isolées ayant tout ce qu'il faut pour passer la vie matérielle. Dans l'intérieur, une excavation formée par une arcade contenait un lit de repos que le solitaire couvrait d'une natte; quelques chambres présentent même les traces de véritables cheminées.

On sait que le climat de la Cappadoce est remarquable par sa rudesse, et le tyran Basiliscus exilé au milieu de l'hiver avec sa femme et ses enfants y mourut de froid, ces infortunés n'ayant d'autre ressource que de se serrer les uns contre les autres pour se réchauffer (1).

Lorsqu'un cénobite avait vécu de longues années dans une pareille retraite, que la renommée de sa sainteté et de sa vertu s'était répandue dans la contrée, après la mort du solitaire sa demeure restait encore comme un souvenir cher aux chrétiens; cette demeure était convertie en chapelle funèbre, que les historiens ecclésiastiques des premiers siècles désignent sous le nom de Martyrium ou église consacrée à un martyr. Si le corps du saint avait pu être recueilli, il était pieusement enseveli dans la grotte même, et bien souvent cette grotte devenait pour d'autres chrétiens un lieu de sépulture désiré.

On reconnaît dans les chambres voisines de l'entrée des dispositions propres à l'habitation, mais au fond est creusée une petite chapelle, qui a changé cette demeure en un lieu de prière et de sépulture. Dans un enfoncement en forme d'arcade était déposé le corps du défunt le plus révéré, au-dessus et à l'entour sont creusées des niches ou couloirs destinés à recevoir des corps. Si nous n'avions que ce monument pour appuyer notre opinion, il serait possible de la contredire, mais nous retrouverons dans d'autres lieux de la Cappadoce une infinité de grottes semblables portant évidemment le caractère d'ouvrages chrétiens.

(1) Procope, *Bell. Vandal.*, ch. VII, § 5, ceci se passait vers l'an 478.

CHAPITRE XXIV.

LES PRÉFECTURES DE LA CAPPADOCE, DIVISIONS DU PAYS DANS L'ANTIQUITÉ.

La destruction de la puissance perse en Asie Mineure ne fut pas tellement complète que tout ce qui rappelait les dominateurs orientaux fût en même temps proscrit ou abandonné. Les mages avaient su conserver leur pouvoir au milieu des révolutions qui signalèrent le partage de l'empire d'Alexandre, et les formes de l'administration de Darius furent en grande partie conservées par les nouveaux rois. Le partage de la Cappadoce en dix stratégies ou préfectures ordonné par les prédécesseurs d'Archelaüs et adopté par ce prince est une imitation de la division du grand empire des Perses en satrapies.

Strabon nous a conservé les noms de ces dix préfectures et nous fait connaître leur position respective.

Il en place cinq près du Taurus, la Mélitène, la Cataonie, la Cilicie, la Tyanites, et la Garsauritis (1), et cinq dans l'intérieur : la Laviniasène, la Sargarausène, la Saravène, la Chamanène, et la Morimène. Ces préfectures furent ensuite portées à douze par l'adjonction des districts de Castabala et de Cibystra, qui s'étendaient jusqu'à Derbé en Lycaonie et une portion de la Cilicie-Trachée aux environs de l'île d'Élœussa.

La plus grande et la plus florissante de ces provinces était la Cilicie, au milieu de laquelle était la ville de Mazaca, capitale de toute la Cappadoce; il faut la distinguer des deux provinces maritimes du même nom; elle fut néanmoins peuplée par les anciens Ciliciens. Du temps d'Homère et même, au quatrième siècle avant notre ère, les Ciliciens étaient maîtres de toute cette contrée, qui échappa à la domination assyrienne à la suite des révolutions successives, suscitées entre les Scythes, les Mèdes et les Perses.

La préfecture de Cilicie est bornée

(1) Strabon, liv. XII, p. 534.

au nord par le fleuve Halys, à l'ouest par la préfecture de Garsauritis et au sud par les plaines de la Cataonie. Le caractère principal de la Cilicie est d'appartenir au plateau le plus élevé de l'Asie centrale, qui sert comme de base au cône gigantesque du mont Argée regardé par les anciens comme la plus haute montagne de l'Asie Mineure; comme caractère géologique, la Cilicie appartient tout entière à la formation ignée, et les nombreux volcans qui entourent la base de l'Argée ont donné issue à des masses de scories et de cendres qui ont formé de hautes falaises, tandis que toute la région au nord de l'Halys appartient au système argilocalcaire, qui s'étend jusqu'aux monts Olgassus.

LE FLEUVE HALYS.

L'Halys, appelé aujourd'hui Kizil Irmak, le fleuve rouge, était célèbre chez les anciens non-seulement par les grands faits historiques dont il fut témoin, mais parce qu'il formait une limite déterminée entre les peuples d'origine asiatique et ceux qui étaient venus d'Europe. Hérodote suppose (1) que le fleuve prend sa source dans une montagne d'Arménie, traverse la Cilicie, et, tournant au nord, forme la limite entre la Paphlagonie et les Syriens Cappadociens.

Strabon place plus correctement les sources de l'Halys entre la Cappadoce et le Pont, dans la province de Camisène.

Cette montagne, dépendant de la chaîne de l'Olgassus, est aujourd'hui connue sous le nom de Kouzé dagh; le fleuve suit une direction générale au sud-sud-ouest, jusqu'à ce qu'il atteigne les contreforts du plateau de Césarée.

Il redresse alors son cours directement vers l'ouest à travers le pays appelé par les Grecs Champ de Sainte-Hélène, la longueur de son parcours est estimée par les caravaneurs turcs à quarante heures de marche.

Le fleuve Halys poursuit son cours directement vers l'ouest jusqu'à la ville de Nemcheher pour remonter ensuite vers le nord; sa rive droite baignait les districts de Diacopène et de Pimolisène, deux cantons très-fertiles qui étaient contigus à la Ximène. Cette région correspond au district de Youzgatt; elle renfermait des mines de sel fossile d'où, selon Strabon, le fleuve Halys (1) tirait son nom (2).

Ces mines, qui sont encore exploitées, fournissent du sel à toute la province et leurs produits s'exportent sous forme de grands blocs dans presque tous les villages de l'Asie; elles sont situées à quarante-huit kilomètres au nord de Youzgatt près du village de Sarek Hamisch dans des roches de grès rouge. Les argiles et les marnes qui couvrent le sol sont d'une couleur rougeâtre, et au moment des grandes pluies les eaux s'écoulant dans l'Halys donnent au fleuve une couleur rouge, d'où est venu le nom turc de Kizil Irmak.

Ses principaux affluents sont, sur la rive droite: le Delidjé Irmak, le Hachar sou et le Dehli Devrent; et sur la rive gauche: le Kara sou, le Sarimsacli sou, qui arrosent la plaine de Césarée. Dans la plus grande partie de son cours l'Halys coule dans un lit très-encaissé; mais arrivé dans les environs de Bafra, ses eaux gagnent en étendue ce qu'elles perdent en profondeur, et au moment d'entrer dans la mer Noire la largeur moyenne du fleuve est d'environ quatre-vingts mètres.

CHAPITRE XXV.

CÉSARÉE.

Une ville qui a été saccagée tant de fois et qui n'a jamais été dans l'antiquité que l'asile momentané de princes barbares, dont toute la sollicitude était de se mettre à l'abri des brigands qui infestaient leurs États, ne peut présenter aux observations de l'artiste que bien peu de monuments dignes d'être étudiés : c'est la condition dans laquelle se trouve Césarée. Mais elle offre en cela de l'intérêt; c'est que, depuis les temps les plus reculés, sa physionomie n'a pas changé, et que c'est toujours la

---

(1) Hérodote, liv. I, chap. 72.

(1) Ἁλὺς, sel.
(2) Strab., liv. XII, 561.

ville sans murailles, dont le château seldjoukide a été démantelé par les sultans turcs, de peur que les pachas, dans une velléité d'indépendance, ne se retranchassent dans son enceinte, pour se livrer, eux aussi, aux brigandages qui, de tout temps, ont désolé la Cappadoce.

Comme chacun des anciens peuples qui ont établi leur pouvoir en Asie avait la prétention de rattacher à ses annales les origines obscures des villes et des nations, les Arméniens n'ont pas manqué à la loi commune, et prétendent que la ville de Césarée, dont le nom primitif était Mazaca, doit sa fondation à l'un de leurs princes (1). Des écrivains modernes ont cru y reconnaître le nom de la grande déesse des Cappadociens, et la ville ne devrait son origine qu'à l'agglomération des tribus autour d'un centre religieux qui existait là depuis les premiers siècles. Josèphe (2) en attribue la fondation à Mésech fils de Japhet. Philostorgus prétend qu'elle s'appela d'abord Maza, du nom de Mozoch, chef cappadocien.

Il ne nous reste d'ailleurs pour éclaircir ces faits aucun texte positif, et la première mention qui soit faite de Mazaca se trouve dans Strabon, qui écrivait précisément à l'époque où la Cappadoce fut réduite en province, et où l'antique capitale avait déjà perdu son nom, pour prendre une dénomination romaine. La singularité de la position de la ville, et les nombreux phénomènes volcaniques qui se manifestent aux environs, avaient assez intéressé l'écrivain grec, pour qu'il consentît à faire de cette ville une description détaillée et remplie d'intérêt au point de vue géologique. Strabon explique, selon son opinion, l'absence complète de murailles; mais, après avoir considéré combien la contrée était exposée à l'action des feux souterrains, il semble naturel de penser que la sécurité personnelle des habitants devait les porter à ne pas s'enfermer dans une enceinte fortifiée, pour qu'au moment d'un tremblement de terre, toujours prévu, ils pussent au moins préserver leur vie par une fuite prompte et facile.

L'empereur Tibère, après avoir converti la Cappadoce en province, donna à la capitale le surnom de Césarée (1), en mémoire d'Auguste; le nom d'Eusébia, près de l'Argée, qu'elle portait pour la distinguer de Tyane, est là pour prouver que le culte des dieux lui donnait de l'importance. Tyane aussi était célèbre par son temple de Jupiter. Etienne de Byzance prétend que le nom grec de Césarée était Édesse la Parthénienne. Avait-elle eu quelques rapports avec l'antique Rhoa, de l'Osrhoëne, qui fut longtemps soumise aux princes d'Assyrie? Mais du temps de Strabon, le nom de Mazaca était le plus employé, et cette ville était regardée politiquement comme la capitale de la Cappadoce (2).

« Elle est située, dit-il, sur un sol peu convenable pour le placement d'une ville; elle manque d'eau, et elle n'a pas été fortifiée par des murs, soit par la négligence des souverains, soit de peur que les habitants, se confiant trop aux murailles comme à une retraite sûre, ne se livrassent aux brigandages, favorisés par leur position sur une plaine parsemée de collines, d'où ils peuvent lancer des traits. »

Les antiques éruptions du volcan de l'Argée ont couvert à différentes reprises la plaine de Césarée de masses de cendres qui se sont agglomérées, et qui ont formé un sol composé de tufs, sur lesquels une végétation chétive n'a pu prendre racine qu'après l'espace de plusieurs siècles; c'est ce qui fait dire à Strabon : « Le terrain qui environne Mazaca est stérile et peu propre à être cultivé; quoique ce soit une plaine. Le fond en est pierreux et couvert de sable. »

Les tufs, qui sont d'une couleur grise et renferment des fragments de pierre ponce et d'autres minéraux, sont recouverts, dans quelques endroits, de laves de fusion sillonnées par des fentes profondes, dont les parois sont verti-

(1) Moïse de Choren, I, XIII.
(2) *Ant. jud.*, I, chap. VI.

(1) Eutrope VII, 2. Festus Rufus, *Breviarium*, 2.
(2) Strab., liv. XIV, 663.

cales, et dont la largeur varie jusqu'à leur donner l'aspect de véritables vallées; ce sont, je pense, ces fissures qui, dans l'antiquité, donnaient naissance à des gaz inflammables; ce qui leur valut le nom de gouffres enflammés (1), et de plaines brûlantes. Ces vallées, dont on ne saurait expliquer la formation que par le retrait opéré par le refroidissement de ces grandes masses fondues, affectent des directions indéterminées, et ont quelquefois plusieurs kilomètres de longueur; mais le terrain supérieur est beaucoup moins stérile que dans l'antiquité, et le travail de quinze siècles a couvert la plus grande partie de la plaine d'une mince couche de terre végétale, qui produit de chétives moissons.

Soumise à la puissance romaine, Césarée voulut, comme les autres villes de l'Asie, se distinguer par son zèle pour le culte des empereurs et des dieux de Rome; des temples nombreux s'élevèrent, et Césarée sollicita et obtint le titre de Néocore, qu'elle inscrivit avec orgueil sur ses monnaies. Les historiens parlent d'un certain nombre d'édifices publics, d'hippodromes et de portiques, qui prouveraient qu'on chercha aussi à introduire les mœurs romaines, et, sous Ariarathe, elle devint un lieu de séjour pour les savants (2).

Néanmoins, sous toute la période romaine, Césarée resta sans importance et toujours en lutte avec la nature ingrate de son territoire. Le christianisme apporta dans ces provinces un peu de la vie politique qui leur avait manqué jusqu'alors. Les évêques se faisaient un nom dans la chaire, et les temples anciens étaient détruits avec ardeur pour faire place aux églises nouvelles.

Mais l'empire romain chancelant n'était pas assez fort pour défendre ses villes frontières contre les invasions des Barbares. Les Perses, dont Byzance était le point de mire, franchissaient sans crainte des frontières mal défendues, et les villes de la Cappadoce supportaient toujours le premier choc, qui s'annonçait par le pillage et le massacre. Après la défaite de Valérien par Sapor, en 268, Césarée renfermait une population de quatre cent mille habitants. Le roi de Perse ayant pris Malatia, marcha droit sur Césarée, après avoir pillé toute la Mésopotamie et la Cilicie.

Tarse fut réduite en cendres, et la cavalerie perse, franchissant le Taurus, vint avec le reste de l'armée mettre le siége devant Césarée. Démosthène en avait été nommé gouverneur par Valérien. Ce brave citoyen organisa une défense qui suspendit pendant longtemps la ruine de la place, et les Perses eussent été infailliblement repoussés, si un traître ne leur eût offert les moyens de vaincre la garnison courageuse (1). Démosthène se fit jour au milieu des Perses, qui avaient ordre de ne rien négliger pour s'emparer de sa personne; mais tandis qu'il échappait avec un petit nombre de braves, plusieurs milliers de ses concitoyens furent enveloppés dans un massacre général (2). Les corps de ceux qui avaient été tués remplissaient des vallées profondes, et les prisonniers emmenés en esclavage périssaient par centaines sur la route. Décidé à ne laisser derrière lui qu'un désert, Sapor ravageait les villes, transportait dans ses États tous les habitants des villes conquises (3), et il serait venu à bout de ses sinistres projets, s'il était possible de dépeupler une province et d'anéantir une ville. Il y aurait lieu de croire au contraire à l'exagération de l'historien grec.

Constantin, dans sa nouvelle division de l'empire en diocèses, avait voulu donner à chacune de ces provinces un gouverneur du sang impérial; la ville de Césarée fut choisie, en 326, pour la résidence d'Annibalianus. Le Pont, la Cappadoce et la petite Arménie composèrent l'étendue de son nouveau royaume; il eut des gardes, des légions et des auxiliaires en proportion de sa dignité.

Avant d'arriver à l'empire, Julien (363 de J.-C.), associé avec Gallus, fonda la belle église de Saint-Mammas, qui fut dotée d'un clergé nombreux, et les deux princes s'entrete-

---

(1) Strabon, XII, 538.
(2) Photius, lib. II, 59.

(1) Tillemont, III, 452.
(2) Zonar, liv. XII, 530.
(3) Zozime, liv. I, p. 25.

naient avec les ermites et les religieux qui avaient introduit dans la Cappadoce les rigueurs de la vie ascétique (1). Les chrétiens étaient alors assez nombreux à Césarée; et lorsque, dans son esprit de réaction, Julien voulut s'opposer aux progrès de la religion chrétienne, les habitants, qui avaient montré envers le nouveau culte un zèle assez ardent pour que les païens et les hérétiques eussent abandonné son enceinte, montrèrent une vive opposition, qu'il ne put vaincre que par des mesures cruelles.

L'empereur prit le prétexte de la destruction d'un temple de la Fortune pour faire subir à la ville entière un traitement des plus rigoureux; elle fut effacée du catalogue des cités, quoiqu'elle fût la métropole de la province; il lui enleva le nom de Césarée, qu'elle tenait de Tibère, et voulut qu'elle reprît celui de Mazaca; Julien fit enrôler les prêtres dans la milice du gouverneur, et les autres habitants, avec leurs femmes et leurs enfants, furent inscrits pour payer un tribut comme dans les villages. Ordre fut donné aux chrétiens de rétablir le temple détruit, et la colère de l'empereur ne se fût pas arrêtée là, s'il n'eût dû songer à des soins plus importants qui l'appelaient sur la frontière (2).

Sous le règne de Valence, Césarée eut encore à souffrir des mesures tyranniques de l'empereur, qui voulait propager en Cappadoce les doctrines de l'arianisme. Basile, alors métropolitain du diocèse, prêcha avec véhémence, et soutint les vrais principes de la foi chrétienne adoptés au concile de Nicée. L'empereur, ne pouvant vaincre la généreuse obstination de l'évêque, s'en vengea sur toute la province en la divisant en deux parties, et en donnant à Tyane le titre de métropole de la seconde Cappadoce.

La situation de Césarée comme grande place de commerce attirait de toutes les régions de l'Asie une population nombreuse, mais la ville était hors d'état d'être défendue contre les attaques du dehors et surtout des Perses qui pendant tout le règne de Justinien menaçaient et souvent attaquaient les villes frontières de l'empire.

Dominée par une suite de monticules dépendant du mont Argée, la ville était incessamment exposée aux traits d'une armée d'invasion.

Justinien prit soin d'établir un système de défense qui est décrit en ces termes par Procope (1) : « Il y avait plusieurs hauteurs fort éloignées les unes des autres, que ceux qui ont bâti la ville ont voulu enfermer, de peur que les assiégeants n'en tirassent de l'avantage, et ainsi ils ont augmenté le péril en pensant pourvoir à la sûreté. Ils ont enclos des rochers, des jardins, des pâturages, qui sont depuis demeurés dans le même état, et dans lesquels on n'a point construit d'habitations; de sorte que les maisons sont éloignées les unes des autres et ne peuvent se porter mutuellement secours. De plus, la garnison était toujours insuffisante eu égard à l'étendue, et les habitants manquaient de moyens d'entretenir leurs murailles. Justinien fit abattre une partie de ces murs afin d'en réduire l'enceinte à une juste grandeur, qu'il a fait bien fortifier et où il a établi une bonne garnison. »

Ce passage de Procope devient encore plus clair après l'inspection des lieux : chacun des monticules qui entourent la ville, et notamment la montagne de Saint-Basile, que les Turcs appellent Ali dagh, était couronné par un fortin, on y voit encore des traces des anciennes fortifications; mais cette ligne de forts détachés formait un circuit de plus de dix kilomètres; c'est ce système de défense que Justinien changea radicalement.

Il résulte du document rapporté plus haut que la fondation du château actuel de Césarée doit être attribuée à Justinien, et non pas aux Seldjoukides : ces princes n'ont fait que le réparer.

L'antique Césarée n'existait pas positivement à la place de celle d'aujourd'hui : elle était bâtie à un quart de mille à l'ouest de la ville moderne, et

---

(1) Tillemont, *Mém. eccles.*, t. IX, page 661.
(2) Sozomène, liv. V, chap. IV.

(1) Procope, *de Ædeficiis*, liv. V, chap. 4.

par conséquent plus rapprochée de l'Argée. On observe quelques ruines appelées par les habitants Eski-Kaisaria, l'ancienne Césarée. Les murailles, qui ont tout le caractère de constructions byzantines, sont faites en blocage, avec une alternance de lits de briques; le principal édifice a sans doute appartenu à des thermes, si j'en juge par les nombreux conduits d'eau en terre cuite qui sont engagés dans la muraille.

Au sud des ruines, on voit, entre deux éminences, ou pour mieux dire sur la pente de la colline, une dépression de terrain longue d'environ deux cents mètres, couverte de gazon, et préparée en quelques endroits pour recevoir des plantations qui en changeront entièrement la physionomie (1). Il est hors de doute que ce sont les vestiges de l'ancien cirque de Césarée. Je trouvai aux environs quelques fragments de marbre, qui furent pour moi comme un indice des causes de la destruction totale de ce monument. Que les temples aient complètement disparu sous la vindicte des nouveaux chrétiens, cela se conçoit d'autant plus qu'ils avaient été plus persécutés pour leur foi nouvelle; mais il faut attribuer un autre motif à la destruction d'un monument qui, au point de vue du goût des Cappadociens pour tout ce qui tient à l'équitation, devait être assez fréquenté. Mais si le marbre était employé dans cet édifice, sa destruction s'explique naturellement par l'emploi qu'ont fait les modernes d'une matière rare en ce pays. Le soubassement d'un ædicule dans la mosquée de Houen est en marbre blanc tiré des ruines de la vieille ville. Tout ce qui est en marbre à Césarée provient des monuments antiques : voilà le véritable motif de la disparition de tout ce que les anciens avaient laissé de remarquable.

J'ai vainement cherché, dans l'emplacement de l'ancienne ville, quelques vestiges de la célèbre église de Saint-Basile ou de Saint-Mammas; en un mot, Césarée n'offre à l'observateur aucun monument antérieur au douzième siècle, si l'on en excepte la masse informe du château.

(1) 1834.

Ces églises étaient tombées sous la main dévastatrice des Turcomans, qui, sous la conduite de Alp-Arslan, neveu de Togrul-Beg, s'emparèrent de Césarée en 1024; les richesses que contenait l'église de Saint-Basile furent dispersées, et tous les objets d'art furent détruits. On remarquait particulièrement la châsse du saint, chef-d'œuvre d'orfévrerie, avec des émaux incrustés de perles; l'historien Mirkhound en a laissé la description (1). Le trophée le plus recherché des conquérants asiatiques, les portes, n'échappèrent pas à la rapacité d'Alp-Arslan; les deux battants furent enlevés et envoyés au sultan de Perse. On ne peut s'empêcher de se rappeler l'Écriture sainte, dont toutes les traditions se perpétuent en Asie, même chez les musulmans, qui reconnaissent aussi l'Ancien Testament; il semble que Samson, en enlevant les portes de Ghaza, ait toujours été le héros modèle de ces conquérants, qui l'imitent encore après trente siècles (2).

Si l'on en juge par l'état des monuments, la ville actuelle a été transportée au lieu qu'elle occupe aujourd'hui dès les premiers temps de l'occupation musulmane. Le château, est assez vaste pour offrir un asile à un assez grand nombre de familles. Tous les bazars, les khans et les tekés sont groupés à l'entour : c'est le centre de la ville musulmane. Le défaut de matériaux légers se fait sentir dans les constructions qui ne sont pas destinées à une durée perpétuelle. Les bazars et les boutiques sont bâtis en moellons de laves réunis par un mortier d'argile; le tout est couvert en

(1) Voyez Wiener Zeitschrift für das Jahr 1828, page 529.
(2) Huitième siècle : les portes d'Ancyre ont été enlevées par Haroun-al-Rachyd.
Dixième siècle : les portes de Sommauth par Mahmoud le Ghaznéwide,
Treizième siècle : les portes de la mosquée de Cordoue par les Maures, qui les ont transportées à Méquinez;
Quatorzième siècle : les portes de Saint-Basile par Alp-Arslan;
Dix-neuvième siècle : les portes d'une mosquée d'Erzéroum par le général russe Paskewitch.

terrasse d'argile battue. Cette manière de bâtir donne à la ville un aspect de misère qui contraste avec l'élégance des quartiers où demeurent les négociants. Le palais du pacha n'offre pas une plus grande régularité : c'est une grande cour entourée de portiques donnant accès aux différents bureaux et à la salle de réception (1).

CHAPITRE XXVI.

MONUMENTS RELIGIEUX.

Non loin de ce palais, se présente un vaste emplacement occupé par les monuments religieux et par les cimetières. Les musulmans ont conservé une coutume invariable due à leur loi religieuse, celle de confier les morts à la terre, et de disposer la sépulture perpendiculairement à l'axe de la mosquée, la tête à l'Orient. Aussi ne voit-on jamais les Turcs emprunter d'anciens tombeaux ou imiter les sépulcres taillés dans le roc. La sépulture le plus en usage est une simple dalle de pierre, aux extrémités de laquelle sont plantées des colonnes, portant généralement des inscriptions en langue arabe. Les sépultures de Césarée offrent cette particularité, que le tombeau est ordinairement couvert par un soubassement en forme de sarcophage, et que les extrémités sont circulaires. On rencontre beaucoup de monuments de ce genre dans la haute Arménie et dans les vallées basses de l'Araxe; ils sont sans doute empruntés aux Arméniens, mais il est hors de doute que c'est la plus ancienne forme de tombeaux musulmans que l'on rencontre dans ces contrées.

Les princes, les oulémas et les personnages célèbres par leur sainteté ou leur bravoure, obtiennent ordinairement le privilége d'une chapelle sépulcrale. Le caractère de ces petits monuments varie singulièrement dans tous les États soumis à l'islamisme : ils présenteraient à eux seuls une série d'études des plus nouvelles et des plus fécondes. Depuis le marabout, composé d'un dôme supporté par quatre colonnes, qui abritent les restes d'un scheik du désert, jusqu'à la chapelle de marbre, enrichie de grilles dorées et d'ornements peints à l'italienne, dans laquelle le sultan Mahmoud a reçu la sépulture, on voit successivement s'introduire l'influence persane, arménienne et byzantine, qui se plie, il est vrai, aux exigences de l'ornementation arabe, mais n'en conserve pas moins son type primitif. Une grande vallée, qui s'étend de la ville jusqu'à la montagne appelée Ali dagh, offre encore un certain nombre de ces chapelles sépulcrales; il en existe aussi dans la ville : elles ont toutes la forme octogone, et sont couronnées par une pyramide d'un même nombre de côtés. Ce style n'a rien en lui-même d'arabe ni de turc; aussi les habitants de Césarée, dans l'ignorance où ils sont de l'origine de ces édifices, les attribuent aux monarques persans. C'est tout ce que Pococke lui-même a pu savoir touchant ces tombeaux. Les Turcs avaient sans doute dans l'idée d'en faire remonter la fondation aux Seldjoukides persans, car il y a bien longtemps que la mémoire des Sassanides est tout à fait effacée. Mais cette hypothèse n'est pas satisfaisante, et rien dans l'art des Seldjoukides persans n'a pu les conduire à cette construction, sinon leurs rapports avec les peuples arméniens, circonstance qui, à cette époque, m'était complétement étrangère, comme elle l'était à Pococke. Mais dans mon voyage d'Arménie, observant l'architecture des monuments de Kars, d'Ani et d'Erzéroum, je fus singulièrement surpris de retrouver dans l'architecture des princes Pagratides le type de ces tombeaux cappadociens qui sont restés circonscrits au pays soumis pour un temps à la puissance arménienne.

CHAPITRE XXVII.

MOSQUÉE ET TOMBEAU DE HOUEN.

La grande mosquée de Césarée, qui remonte au milieu du quatorzième siècle, a été élevée à la mémoire d'un

---

(1) Voyez la planche représentant la ville de Césarée et le mont Argée. (Pl. 54.)

saint du nom de Houen; il était compagnon de Hadji-Baïram et fondateur d'un ordre de derviches. C'est au retour de la Mecque qu'il donna les plans de cette mosquée, dont le caractère n'a pas d'analogue dans l'Asie Mineure, mais qui a des rapports extrêmement frappants avec celles de l'Égypte et de l'Arabie. L'édifice est de forme carrée, entouré d'un mur épais et flanqué de tours circulaires; une porte d'une rare élégance conduit dans la partie appelée par les Turcs *harem*, ou lieu fermé: c'est le pronaos des anciens temples, le cloître des églises chrétiennes. Ce vaste portique a une cour intérieure disposée tout à fait comme l'atrium des Romains; les arcades sont tant soit peu surhaussées en forme de fer à cheval. Cet arc, dont l'origine a été souvent cherché par les hommes qui s'occupent de l'histoire des constructions, a été fréquemment employé en Espagne par les khalifes de Cordoue, et se retrouve dans l'architecture moderne de tous le pays de Moghreb, le Maroc et l'Algérie, tandis qu'il est délaissé depuis le seizième siècle, dans la Turquie, où il a été remplacé, soit par l'arc ogival à tiers-point, soit par l'arc plein-cintre surhaussé par le moyen de tangentes. Cette observation superficielle a suffi pour faire donner à l'arc en fer à cheval le nom d'arc mauresque. Néanmoins, une église du dixième siècle, qui se trouve au village de Dighour, porte dans sa façade des arcades en fer à cheval; or, ce monument est antérieur à tous ceux que nous connaissons dans le midi de l'Europe et en Afrique. Il faudrait donc s'assurer si, dans la haute Asie, des monuments antérieurs à cette époque n'ont pas donné aux chrétiens primitifs l'idée de ce mode de constructions; mais dans tous les cas il a été employé par ceux-ci avant que les Arabes l'aient adopté.

L'arc des portiques de la mosquée de Houen porte ce double caractère, qui participe de l'arc surbaussé et de l'arc aigu musulman. La cour de la mosquée est séparée du temple proprement dit par une muraille percée d'un grand nombre de fenêtres.

Le plan de la mosquée est aussi simple que celui du portique; toute la richesse de décoration a été réservée pour la porte et pour le tombeau du fondateur, placé dans une petite cour à l'angle du portique. Cette chapelle ou turbé est élevée sur un soubassement formé par des encorbellements de style arabe, qui n'ont pas de nom dans notre architecture; ils sont engendrés par une suite de polygones dont les projections forment une infinité de petites niches variées à l'infini, mais toutes soumises à une loi géométrique assez simple. Les huit faces du tombeau sont formées par des arcades ogivales, et les angles sont renforcés par des colonnes soutenant un entablement du même style que le soubassement; l'édifice est couronné par une pyramide. A côté de la mosquée s'élève un medrecé formé d'une cour intérieure, autour de laquelle sont les chambres des étudiants. Cet ensemble d'édifices est le seul qui ait un caractère monumental.

La population de Césarée se compose de Turcs et d'Arméniens, les familles grecques sont peu nombreuses. D'après un recensement qui se faisait pendant mon séjour à Césarée pour établir un nouvel impôt on comptait:

Maisons Turques....... 10.000
— Arméniennes... 1,500
— Grecques...... 400
Maisons............ 11,900

Ce qui représente une population de soixante mille âmes.

CHAPITRE XXVII.

LE MONT ARGÉE. ÉRUPTIONS VOLCANIQUES.

Le mont Argée était considéré par les anciens comme la plus haute montagne de l'Asie Mineure; ils connaissaient en outre son origine volcanique, et les observations des voyageurs modernes n'ont fait que confirmer l'exactitude des phénomènes signalés par Strabon, qui résume en peu de mots la description de cette montagne. « La cime de l'Argée est toujours couverte de neige et ceux qui y montent, et ils sont en petit nombre, prétendent que dans un temps serein, on peut découvrir de cette hauteur les deux mers, celle du Pont-Euxin et celle d'Issus. »

Les gouffres ignés que Strabon signale dans la plaine de Césarée n'étaient que la conséquence de la nature volcanique de cette montagne qui, dans le premier siècle de notre ère, donnait encore naissance à des feux souterrains.

L'Argée était couvert de forêts où venaient s'approvisionner les habitants de Césarée, mais non sans courir certains risques, le sol de la montagne étant susceptible de s'affaisser sous le poids des hommes et des bêtes de somme, qui tombaient dans des gouffres enflammés; mais ceux qui connaissaient le pays prenaient les précautions nécessaires pour éviter ce danger.

Au-dessus de la couche ignifère il y avait un terrain imbibé d'eau froide, produit sans doute de la fonte des neiges, qui entretenait un gazon abondant, et les eaux se réunissaient en lagunes ou marais, d'où il sortait des flammes pendant la nuit (1).

Les volcans de Césarée sont, pour ainsi dire, la limite du grand phénomène de la rupture de l'écorce de la presqu'île d'Asie, qui commence à Koula, passe par Kara hissar, et se termine à Césarée. En allant plus avant vers l'est jusqu'à l'Euphrate, on trouve encore des indications d'épanchements ignés, mais aucun de ces soulèvements remarquables comme ceux que nous avons eu occasion de signaler.

La rupture du sol de la plaine de Césarée a donné naissance aux roches volcaniques, qui sortaient sous forme pâteuse et coulaient lentement sur le sol, où elles se refroidissaient.

Le volcan du mont Argée avait un tout autre caractère; il a certainement été le centre de véritables éruptions qui ont vomi des laves, des pépérites ou cendres, des trachytes et des basaltes. On sait aujourd'hui que la force expansive des éruptions volcaniques n'est pas illimitée, et qu'elle cesse lorsque la masse de substances accumulées a formé une montagne d'une certaine hauteur; en un mot, il n'y a que les volcans jeunes qui donnent naissance à des éruptions. L'Etna ne laisse plus épancher que des laves, sans donner lieu à des éruptions : cela tient aux forces élastiques de l'intérieur du globe, qui trouvent une résistance dans la hauteur où elles devraient élever la matière éruptive.

Il arrive alors que des commotions terribles fendent les flancs de la montagne, et les liquides enflammés se font jour par ces fissures pour former, sur les flancs de l'ancien cratère, d'autres volcans secondaires. C'est ce qu'on peut observer sur les flancs de l'Etna, et c'est ce qui a eu lieu récemment dans l'éruption du Vésuve.

Ce phénomène géologique est bien apparent au mont Argée; le grand cône s'élève d'une manière régulière; son sommet est composé de basaltes, de trachytes, et de roches ignées anciennes.

Ses flancs supportent une quantité de monticules réguliers qui sont eux-mêmes autant de volcans secondaires qui se sont formés quand la hauteur du grand cône a opposé un obstacle à l'éruption des laves par le sommet. Deux de ces volcans secondaires ont formé de véritables montagnes : c'est Ali dagh d'une part et Ilan dagh, la montagne des serpents, de l'autre.

La croûte solide du globe n'étant que de quarante cinq kilomètres, et le dessous étant formé de matières en fusion pâteuse, on conçoit que cette masse énorme de matières qui forme le massif de l'Argée ait dû diminuer considérablement l'épaisseur de la croûte solide; aussi le territoire de Césarée fut-il de tout temps exposé aux tremblements de terre, et de nos jours, la ville de Césarée éprouva de notables dommages à la suite d'un pareil événement. Cependant l'histoire moderne ne mentionne aucun fait relatif à une éruption ignée, quoique les laves de la plaine paraissent d'une nature semblable aux laves du Vésuve.

Le dernier tremblement de terre eut lieu le 1er août 1835, deux heures avant le lever du soleil; la terre trembla; plusieurs minarets et un grand nombre de maisons s'écroulèrent; six à sept cents personnes furent tuées; les villages des environs souffrirent également.

Le massif du mont Argée couvre une surface de dix myriamètres carrés, soit

(1) Strabon, liv. XII, p. 538.

trente-deux kilomètres d'Ali dagh à Ingé sou, et trente-six kilomètres de Césarée, à Éverek.

Vu du côté de Césarée, le mont Argée, Erdjisch dagh, se présente comme une montagne à double sommet, dont le tiers supérieur est couvert de neiges éternelles. La base est formée par des tufs et des laves tendres.

Mais du moment que l'on commence à monter, on aperçoit dans les ravins des fragments de basalte et de porphyre qui annoncent que les régions supérieures ne sont pas formées de roches aussi récentes.

Du côté du nord, la montagne d'Ali dagh est séparée de l'Argée par une large vallée ; son élévation au-dessus de la plaine ne dépasse pas quatre cents mètres, la roche de porphyre qui la compose est tellement compacte que la plus chétive végétation peut à peine s'y attacher au commencement du printemps ; toute la pente septentrionale du mont Argée est dépourvue de bois, quoiqu'elle ait été couverte de forêts dans l'antiquité. Ce qui les a détruites, ce n'est pas le manque de terre végétale, mais ici comme partout en Asie Mineure le mauvais aménagement des bois et l'incurie des habitants ont anéanti cette source de richesses. Toutes les eaux de cette partie de la montagne se réunissent en un ruisseau qui arrose la plaine de Césarée et se jette dans la rivière de Sarimsac ; son affluent supérieur passe à Surp-Garabed, et s'appelle la rivière du Pacha. La première région des dômes est séparée du corps de la montagne par des escarpements qui rendent difficile toute ascension de ce côté ; bien plus : les Grecs et les Arméniens de Césarée m'avaient témoigné une répugnance invincible à m'accompagner jusqu'au sommet. La mort d'un missionnaire américain qui avait tenté l'excursion était encore récente. Le supérieur du monastère de Zinzidéré lui avait donné un guide inexpérimenté, qui le quitta pendant la route ; parvenu au pied du pic, l'étranger ne put aller plus loin, et, en revenant sur ses pas, il roula longtemps sur la neige ; descendu dans une région moins froide, il fut surpris par la pluie : tant de fâcheux contre-temps lui occasionnèrent une pleurésie dont il mourut. Il est enterré dans l'église grecque du village d'Endourlouk. Mais les Grecs restaient convaincus qu'il était mort étouffé par le manque d'air, et nul n'aurait voulu m'accompagner, quand même ma santé m'eût permis de tenter l'entreprise. Je me contentai d'examiner la nature des roches à la base du volcan, et de recueillir quelques fragments détachés du sommet et roulés dans les eaux du torrent. Les laves de fusion proprement dites, celles qui forment de véritables coulées, ne dépassent pas le tiers inférieur de la montagne ; elles alternent avec les tufs et les scories terreuses qui composent la surface de quelques dômes. Les tufs atteignent une hauteur encore moindre, et, dans les parties qui présentent des ruptures verticales, on reconnaît au-dessous des roches le basalte noir, identique avec celui d'Albano, qui est employé pour paver la ville de Rome. En remontant le ruisseau nommé Délitchaï, qui passe à Zinzidéré, on ne trouve plus dans son lit que des rochers, qui forment des masses compactes sans coulée apparente, comme les trachytes et les porphyres.

En 1837, M. Hamilton (1) parvint à exécuter l'opération difficile de l'ascension de l'Argée. Traversant les contreforts orientaux de la montagne, il s'éleva insensiblement jusqu'au village d'Everek keui, situé sur la côte méridionale du mont Argée, et à six heures de marche de Césarée, où il prit des guides et une escorte. Déjà à cette hauteur les blocs de trachyte étaient très-abondants, et plus il avançait, plus la nature de la roche paraissait indiquer des éruptions anciennes. Le premier plateau au pied du pic, à deux milles et demi d'Everek, est supporté par des collines de basalte noir. Il observa de ce côté une colline conique formée de sable et de cendres, avec une portion de cratère, provenant d'une éruption qui s'est ouverte sur le plateau basaltique.

Dès que l'on commence à monter le véritable pic de l'Argée, on ne trouve

(1) Hamilton, Researches, volume II, page 270.

plus que des roches trachytiques et du porphyre. La neige qui, du côté de Césarée, descend au mois d'août jusqu'au pied du cône, se présente du côté du midi en moindre abondance, et toute la pente de la montagne est beaucoup moins abrupte. La hauteur calculée barométriquement par M. Hamilton est de 3961 mètres. Du côté de l'ouest, la montagne présente une déclivité beaucoup plus rapide ; et en franchissant les pentes inférieures pour se diriger vers Ingé sou, on laisse à sa gauche de hauts rochers, dont la surface est tout à fait verticale, et qui de loin paraissent inaccessibles. La coupe du mont Argée, envisagée du côté du nord-ouest, se présente comme une suite de cônes, dont la hauteur diminue successivement jusqu'au niveau de la plaine. De ce côté, on observe beaucoup de laves de fusion qui recouvrent les tufs. Les eaux du versant occidental du mont Argée se réunissent pour former un ruisseau qui coule au milieu de vallons, tantôt riches et cultivés, tantôt sauvages et incultes. Dans ces vallées, les rochers s'élèvent verticalement et semblent avoir été rompus par un tremblement de terre.

Une seconde ascension du mont Argée fut exécutée le 15 août 1848 par M. P. de Tchihatcheff, qui alla camper au bord même du cratère et put observer le singulier phénomène que présente la fonte de la neige au moment du lever du soleil. Les blocs du porphyre entraînés dans l'abîme roulent avec fracas et ces avalanches de roches n'étaient pas sans danger pour l'observateur. Il constate que la seule route praticable pour arriver au sommet de la montagne est par Everek keui, c'est la route qu'avait suivie M. Hamilton. Les observations barométriques faites par M. de Tchihatcheff lui ont donné 3841 mètres pour hauteur absolue de l'Argée, la plaine du Césarée étant à 1084 mètres (1).

(1) Tchihatcheff, *Asie Mineure*, *Géographie physique*, p. 482.

CHAPITRE XXIX.

INGÉ SOU. — LE MÉLAS.

Le voisinage des eaux courantes est si important pour l'agriculture dans ces contrées brûlantes, que malgré l'insalubrité de la plaine de Césarée de nombreux villages sont groupés sur les bords des rivières qui l'arrosent. Elles prennent toutes naissance sur les versants septentrionaux du mont Argée, et sont alimentées principalement par la fonte des neiges : c'est assez dire qu'elles ont le caractère des torrents, s'enflent considérablement pendant l'été et s'épanchent en marais qui engendrent à l'automne des fièvres intermittentes. La rivière de Sarimsak, de l'ail (1), prend sa source près du village du même nom, traverse la plaine dans toute sa longueur, et reçoit avant d'atteindre l'Halys un cours d'eau secondaire appelé par les turcs Kara sou, l'eau noire. C'est l'ancien Mélas, dont le nom grec a la même signification.

Un passage de Strabon relatif à cette rivière a dans ces derniers temps attiré l'attention des géographes, et donné lieu à d'intéressantes discussions. Il est bien démontré aujourd'hui que le Mélas ou Kara sou se jette dans l'Halys, et non pas dans l'Euphrate ; c'est une erreur qu'il importe de rectifier dans le texte de Strabon.

Le Mélas prend sa source au pied de la montagne, à quarante stades ou sept kilomètres et demi à l'ouest de Césarée. Strabon ajoute : « Comme ses sources sont au-dessous du niveau de la ville, il devient inutile à ses habitants, il leur est même préjudiciable parce qu'il corrompt l'air pendant l'été en se répandant en marais et en étangs. Les eaux nuisaient à l'exploitation d'une carrière de pierre à bâtir voisine de Mazaca. »

Le roi Ariarathe ayant eu l'idée de faire boucher une issue étroite par laquelle passait le Mélas pour aller se jeter dans l'Halys (2), convertit en un lac toute la plaine de Césarée. Ce prince y avait fait pratiquer des îles dans les-

(1) On dit : Sarimsak et Sarimousak.
(2) Le texte porte par erreur l'Euphrate. Strabon, XII, 538.

quelles il se livrait au plaisir de la chasse; mais le Mélas ayant rompu ses digues inonda une partie du territoire, et en grossissant outre mesure le fleuve Halys, causa de notables dommages aux Galates, qui citèrent Ariarathe devant les Romains, et se firent allouer une indemnité de trois cents talents (1). La nature des lieux est parfaitement d'accord avec le fait mentionné par Strabon, et les observateurs qui ont visité les bords de l'Halys ont reconnu l'issue étroite dont il est fait mention et qui peut être fermée par une digue.

Les sources mêmes du Kara sou ou Mélas ont été reconnues par M. de Civrac dans les collines situées à la base septentrionale du mont Argée; l'une sort de terre avec abondance, les autres sont plus éloignées et étaient inaccessibles à cause des marais qu'elles forment; ces marécages, presque tous couverts de roseaux, s'étendent à plusieurs kilomètres dans la plaine; une ancienne chaussée a été pratiquée au milieu. Près du village d'Ambba, situé au nord-ouest de Césarée, on trouve une route pavée et successivement trois ponts en pierre construits sur les marécages. Le Kara sou reçoit un nouvel affluent, qui grossit considérablement le volume de ses eaux, et passe sous un pont de sept arches, preuve de l'importance de la rivière à certaines époques de l'année, et va se jeter dans l'Halys. Les eaux de cette rivière entraînent avec elles une quantité de limon noirâtre qui motive le nom qu'on lui donne, et après avoir rejoint le cours de l'Halys, les eaux de ce dernier fleuve étant jaunâtres, les deux courants conservant leurs teintes respectives forment pendant longtemps une ligne tranchée très remarquable (2). A partir du pont à sept arches, le Mélas s'engouffre au nord dans une gorge resserrée, qui est sans doute l'issue étroite fermée par Ariarathe, et parcourt un espace de seize kilomètres depuis le pont jusqu'à son embouchure dans l'Halys.

Cette embouchure est en ligne droite à trente-six kilomètres de Césarée.

Le grand marais formé par le Kara sou coupe la route de Césarée à Ingé sou; il est à peu près praticable pendant l'été. Son étendue est de huit kilomètres de l'est à l'ouest et de quatre du nord au sud.

DE CÉSARÉE A INGÉ SOU.

La route de Césarée à Ingé sou suit les pentes du mont Argée, et à douze kilomètres de cette ville rencontre le grand marais de Salzik engendré par les deux rivières; de nombreux troupeaux y paissent pendant l'été, mais il est impraticable quand la fonte des neiges grossit les rivières; c'est dans ce marais que le Mélas rejoint le Sarimsak; une antique chaussée traversait ce marais : c'était la grande route de Césarée à Iconium.

Les pentes occidentales du mont Argée sont moins abruptes que celles du nord; elles servent, comme ces dernières, de base à des monticules arrondis qui ne sont autre chose que des volcans secondaires. On remarque à la base de larges coulées de laves de fusion; la plaine est couverte, comme celle de Césarée, d'une couche épaisse du tuf volcanique qui peut être exploité comme pierre à bâtir.

La petite ville de Ingé sou est à trente-six kilomètres sud-ouest de Césarée, elle est construite, au fond d'une enceinte de rochers et n'a que deux entrées par une vallée étroite; les flancs de la montagne sont à pic, et l'on voit l'épaisseur de la couche de tuf volcanique qui a quatorze mètres. Il repose en quelques endroits sur un calcaire blanc, mais plus généralement sur l'argile.

La ville d'Ingé sou, le filet d'eau, a pris son nom d'un petit cours d'eau qui arrose la vallée; elle commande tout le district jusqu'à Urgub; une mosquée d'assez belle apparence a été bâtie par un ancien bey du nom de Sélim : elle date du siècle dernier; la population grecque paraît être dans l'aisance. Les femmes ont un goût prononcé pour les bijoux d'argent; elles portent sur leur tête des turbans ornés d'une quantité de pièces de monnaies; leurs épaules en sont chargées; elles ont à leurs bras de pesants bracelets, et à leurs jambes des anneaux d'argent que les Turcs appel-

(1) Strabon, XII, p. 538.
(2) Voy. auss. *Bulletin de la société de Géographie*, mai 1842.

lent carcals et qui étaient déjà en usage dans l'antiquité sous le nom de périscélides ; Horace nous peint une courtisane qui pleure sa chaîne et ses périscélides qu'on lui a volées (1).

Dans l'enceinte même de la ville, on ne rencontre que de faibles débris de monuments byzantins ; mais les collines voisines renferment de nombreuses excavations qui prouvent que ce lieu fut habité dans l'antiquité. Ces cavernes sont de plusieurs sortes : les unes sont évidemment d'anciens tombeaux contenant ou des lits funèbres ou des sarcophages ; les autres se composent de plusieurs chambres, et ont certainement servi d'habitation. Si dans quelques-unes d'elles on trouve quelques faibles indices de l'art grec, la majeure partie n'offre aucun caractère qui permette d'en déterminer l'époque. Les portes de ces grottes sont presque toujours placées sans symétrie à des hauteurs indéterminées ; elles sont presque toutes en forme de pylônes, c'est-à-dire plus larges d'en bas que d'en haut, et précédées d'un vestibule ouvert couronné par un arceau. Tous les observateurs qui ont parcouru la Cappadoce depuis plusieurs années sont d'accord sur le fait qu'une population nombreuse a, dans une période qui ne peut être déterminée, habité des réduits taillés dans le roc. Ce sont sans doute ces tombeaux que les Cappadociens fouillaient pour recueillir les dépouilles des morts ; nous n'avons jamais pu obtenir aucune notion sur la découverte d'un tombeau intact faite de nos jours ; jamais nous n'avons vu un objet, vase, armure ou médaille qui ait pu mettre sur la trace des populations qui ont creusé ces tombeaux ; les peintures chrétiennes, les croix sculptées dans quelques chambres sont les seuls indices que nous ayons rencontrés et qui nous autorisent à conclure que ces grottes sont les ouvrages des chrétiens.

La route d'Ingé sou à Urgub suit les bords de la petite rivière qui prend la direction du nord pour aller se jeter dans le marais Salzik : c'est une des sources du Mélas. De nombreux jardins remplis d'arbres fruitiers égayent cette vallée ; mais en remontant sur le plateau on retrouve une région aride et déserte ; on fait ainsi vingt-quatre kilomètres jusqu'à Urgub.

CHAPITRE XXX.

URGUB.

La grande route de Constantinople à Antioche par Eski cheher ou Dorylæum passait par les villes que nous avons mentionnées, de Nyssa, Saçœna et Césarée. En se dirigeant donc de l'est à l'ouest, à partir de cette ville, on est presque certain de ne pas s'écarter de l'ancienne voie de communication, et, en effet, chacun des points de cette route est signalé par quelques débris antiques qui méritent plus ou moins d'attirer l'attention. Après avoir quitté la ville d'Ingé sou, on se trouve dans les terrains vagues formant des collines quelquefois assez élevées, et qui sont d'une nature volcanique, contemporaine de celle des montagnes d'Herkilet. En effet, à quelque distance d'Ingé sou, en suivant le cours du ruisseau qui traverse la ville, on perd bientôt de vue les rochers de pierre ponce et de tuf dont la formation est si bien caractérisée.

Nous marchâmes pendant un certain temps dans un pays accidenté et complétement désert, jusqu'au moment où nous atteignîmes une grande vallée ou plutôt une vaste dépression de terrain, sillonnée par des ravins profonds ; c'est ce qu'on appelle le territoire d'Urgub. Jamais la nature ne se présenta aux yeux d'un voyageur sous un aspect plus étrange. La petite ville qui donne le nom à ces vallées, est elle-même ensevelie entre les flancs verticaux d'un banc puissant de pierre ponce, et semble dénuée des ressources les plus indispensables à une population quelconque, l'eau et la verdure. Mais l'abondance des matériaux, qui sont d'un travail si facile, supplée en quelque sorte à tant de privations, et cette petite ville, contrairement à toutes celles de la Cappadoce, présente une certaine apparence de prospérité. Avant de descendre du plateau qui domine son territoire, je m'arrêtai étonné du spectacle qui s'offrait à mes yeux. Je ne

(1) Horace, Épît., I, 17, 56.

sache pas que dans aucun autre coin du monde il existe un phénomène naturel plus constant et plus remarquable. Construite dans le fond de la vallée et sur la pente des collines, la ville occupe une grande partie d'une immense nécropole qui s'étend dans toutes les directions. Non contents d'avoir élevé des demeures appropriées à leurs besoins, les habitants se sont emparés des antiques tombeaux, qui sont ici par centaines, ont démoli les façades et rebâti en place, des façades de maisons qui sont ainsi moitié souterraines et moitié extérieures. Ceci doit donner une idée du caractère singulier que présentent ces constructions à un œil européen; et au milieu de ces rues tracées à l'aventure s'élèvent des cônes de pierre, blancs comme la neige, et qui finissent aux environs de la ville par devenir tellement nombreux, que la circulation est extrêmement difficile dans la vallée. La hauteur de ces cônes varie depuis quelques mètres jusqu'à une hauteur de plus de cent mètres. Ils sont généralement assez réguliers. On en observe cependant qui ont un double sommet, mais qui du reste paraissent soumis à la même loi qui a présidé à la formation de cette singulière vallée. Les cônes qui sont dans l'intérieur de la ville ont presque partout reçu l'empreinte du ciseau; quelques-uns ont été taillés en pyramide quadrangulaire. Il paraît probable que la ville moderne a été formée par quelques familles qui s'installèrent dans les nombreuses et vastes chambres qui leur offraient un asile commode. On construisit ensuite quelques maisons pour agrandir cette cité troglodyte, qui prospéra sous la protection d'un émir, dont le château se voit encore en ruine au-dessus de la ville; le sol ingrat sur lequel elle est assise, est couvert dans toute la plaine environnante par une épaisse couche de terre végétale, dont la fertilité compense amplement, aux yeux des habitants, le déplaisir d'habiter des lieux sauvages. En effet, les plateaux qui environnent Urgub offrent aux troupeaux des pâturages abondants, aux laboureurs de belles moissons, et aux fermiers des fruits de toute espèce, qu'ils exportent, frais ou séchés jusqu'à Césarée, qui les envoie à Constantinople.

Après avoir payé son tribut de surprise à un lieu qui offrirait au pinceau du peintre des tableaux variés, la première pensée qui vient à l'esprit est de chercher l'explication satisfaisante de ce phénomène. En observant attentivement la formation des cônes dans une partie quelconque de la vallée, on reconnaît une loi constante, c'est que les cônes les moins élevés sont toujours sur la pente du ravin, tandis que ceux qui occupent le centre sont les plus hauts; de plus, si l'on observe dans la masse latérale quelque teinte occasionnée par une veine oblique à l'horizon, cette veine ou ce lit se répétera sans interruption sur tous les cônes du voisinage, de manière à prouver que, dans le principe, toute cette masse de terre et de pierres était parfaitement compacte, et que c'est à l'érosion des eaux qu'il faut attribuer l'origine de ces cônes. Ils sont tous composés d'une roche à base de ponce réunie par un ciment naturel, dont la propriété est de se décomposer en cône par l'action des eaux.

Parmi les tombeaux que l'on observe dans l'enceinte de la ville, il en est un très-remarquable, en ce que, taillé dans le roc, il offre dans sa façade deux étages d'arcades qui surmontent trois portes d'égale dimension; elles sont séparées par des pilastres, et celle du milieu est couronnée d'un fronton tout à fait dans le goût byzantin. Les quatre pilastres du rez-de-chaussée se répètent à chaque étage, et le couronnement de l'édifice rappelle plutôt le style égyptien que l'architecture grecque. Les portes, qui sont semblables, sont au nombre de trois. Chacun des étages est composé d'un certain nombre d'arcades, et surmonté d'un arc en fer à cheval, dans le genre des arcs de la mosquée de Rouen à Césarée.

Tous les autres ouvrages taillés dans le roc ne produisent pas l'ensemble pittoresque que nous offrait ce tombeau; cependant il y en a beaucoup qui sont ornés de peintures assez bien conservées. L'Église grecque a couvert ces régions de cénobites et de monastères qui se sont toujours trouvés sous la juridiction immédiate du métropolitain de Cappadoce. Ils ont cherché, au milieu de ces vallées, les endroits les plus inaccessibles, et là, avec le secours des aumônes des nouveaux fidèles, ils ont multiplié, dans les innombrables chapelles, les peintures des sujets de l'Ancien et du Nouveau Testament, garanties de toute humidité par la nature absorbante de la roche; de sorte qu'aujourd'hui, malgré l'incorrection d'un dessin tracé par une main inexpérimentée, on peut suivre avec intérêt l'histoire complète de l'iconographie byzantine. Quelques-unes de ces chapelles, qui peuvent être considérées comme des églises, nous montrent encore les peintres byzantins, peignant leurs sujets sur les piliers et les archivoltes, sans trop s'inquiéter si la raison approuvera les compositions, qui touchent quelquefois à la bizarrerie. L'endroit le plus remarquable, sous ce rapport, est le district appelé Keurémé, distant de deux lieues environ d'Urgub.

Pour suivre le développement de cette génération de cônes, il faut partir du milieu de la ville même, près de l'endroit que l'on appelle le Château. On en voit plusieurs qui se trouvent entés les uns dans les autres, et ayant une base commune et des sommets qui s'élèvent à différentes hauteurs. Près de l'église grecque, monument moderne et d'une grande importance, dont la construction est due aux efforts de la population chrétienne, il y en a plusieurs qui s'élèvent presque à la hauteur du toit. Ici la couleur des terrains tire sur le rose, et les cônes vont toujours en grandissant à mesure qu'on s'éloigne de la ville. Chacun d'eux recèle un tombeau; mais il y en a qui sont percés de plusieurs cellules placées verticalement les unes au-dessus des autres et communiquant par des puits; il semble que ces sortes de constructions ne sont pas seulement destinées à la sépulture des morts, mais que des rites religieux, des cérémonies d'initiation devaient se pratiquer dans ces curieuses habitations.

Les chapelles de Keurémé, éloignées du séjour des humains, ont échappé aux transformations qu'ont subies celles de la ville. La voûte de l'une d'elles représente le Christ peint plus grand que nature; il est assis sur un trône dont le dossier a la forme d'une lyre, et il semble soutenu en l'air par deux démons, l'un peint en rouge l'autre en vert. Les animaux symboliques des évangélistes occupent les coins du tableau. Des figures de saints, portant tous des nimbes de couleur blanche, décorent les tympans des arcades, et les intrados sont également ornés de grandes figures de personnages religieux.

Une très-petite chapelle, située dans un des cônes d'un accès difficile, est taillée en forme de croix grecque. L'abside forme une niche demi-circulaire, au milieu de laquelle se trouve un autel qui est d'une seule pièce avec le reste de l'édifice. La voûte hémisphérique qui couronne la niche est décorée d'un buste colossal du Christ, dans l'attitude d'un personnage qui donne la bénédiction. On voit sur la muraille un tableau qui représente la Vierge assise avec l'Enfant Jésus sur ses genoux, et entourée d'anges qui paraissent veiller sur lui. Les autres peintures représentent des martyrs et des saints qui portent des costumes bizarres et pittoresques. Généralement leurs noms sont inscrits en colonnes verticales, selon l'usage byzantin.

Contemplée du sommet d'une de ces pyramides, la vallée du Keurémé fait bien comprendre le système de formation. Il est évident qu'à une époque reculée, tout ce plateau était parfaitement uni, et qu'il n'a été creusé que par l'action incessante des eaux et des neiges fondues.

Un autre embranchement de ces vallées porte le nom de Martchiane. Ici, les cônes sont plus aigus et beaucoup plus serrés; les tombeaux qu'ils renferment ont des façades plus élégantes, et on en remarque un qui représente le portique d'un temple avec quatre colonnes ornées d'un fronton. Le village, composé d'une trentaine de maisons, est bâti sur une coulée de laves basaltiques, qui indique le terme du terrain ponceux. En montant sur le plateau, j'aperçus au loin une colonne debout; je m'y transportai, espérant trouver enfin quelques inscriptions qui me feraient reconnaître les premiers fondateurs de ces monuments, qui, certes, sont pour la plupart antérieurs à l'époque byzantine.

Cette colonne est appelée dans le pays, Dikili tash, c'est-à-dire la pierre debout; elle est formée de blocs de pierre volcanique et porte un chapiteau dorique d'assez bon style. Ce monument est sépulcral comme tous ceux de la vallée d'Urgub, mais il est attenant au tombeau le plus vaste et le plus complet que j'aie observé dans les environs. Le style égyptien domine dans les dispositions du plan. Devant le tombeau est une aréa, dans laquelle on voit, à droite et à gauche, deux masses ou blocs monolithes qui paraissent disposés pour supporter des colonnes ou des obélisques; mais la partie supérieure est tellement ruinée par l'action des eaux, qu'il est difficile de reconnaître la disposition première.

La façade du tombeau est ornée de deux colonnes dans le style égyptien, et de deux pilastres portant des chapiteaux dans le même caractère. La porte est en forme de pylône, et l'intérieur renferme trois sarcophages, placés chacun dans une grande niche; mais le tout est monolithe. Il n'y a pas de traces de peinture dans le tombeau. Tous les ornements peints que j'ai observés ailleurs ne remontent pas au-delà des temps chrétiens.

Les seules précautions qu'avaient prises les anciens pour mettre ce tombeau à l'abri des outrages des passants, avaient été de le tailler à une assez grande hauteur dans le flanc de la colline; mais on ne voit pas de traces de clôture qui en défende l'approche; la porte était fermée par une simple dalle de pierre.

Il n'est pas étonnant, quand on voit l'usage si généralement répandu de déposer les morts dans des hypogées, qu'à l'époque critique de la chute du paganisme, les Cappadociens aient trouvé un ample profit à dépouiller les tombeaux des vieux païens. C'est en vain que l'on chercherait à compter le nombre de ces sépultures : il n'est pas un coin des montagnes de ces vastes régions qui n'en soit criblé.

La colonne Dikili tash avait en effet porté une inscription tracée sur un petit bloc de marbre incrusté dans le fût; malheureusement, une partie de l'inscription est mutilée, et le reste est tellement fruste, qu'il m'a été impossible d'en saisir la moindre partie. En quittant le village de Martchiane, je dis pour toujours adieu à cette contrée, que je regarde comme renfermant un des phénomènes naturels les plus curieux de toute l'Asie Mineure. Je partais sans avoir trouvé une explication satisfaisante des ouvrages prodigieux que je venais de voir. A quelle ville avaient appartenu les générations dont les os sont venus se consumer dans ces lieux déserts? Césarée est trop éloignée : elle est distante de douze lieues en ligne droite; d'ailleurs, les nécropoles qui se trouvent dans les montagnes de l'est paraissent avoir pleinement satisfait aux besoins de l'époque. Pour hasarder une hypothèse sur le nom encore controversé d'Urgub, il me semble que, d'après les distances données d'après les itinéraires, sa position s'accorde assez bien avec celle d'Osiana, lieu, du reste, assez peu connu.

Un énorme rocher qui s'élève sur un plateau a été choisi comme point de réunion de quelques maisons qui forment un village, dont le nom est Touzesar. Ce rocher est également percé d'une infinité de grottes sépulcrales; celle qui attire le plus l'attention est une vaste salle ornée de colonnes doriques qui supportent la voûte; on ne saurait dire si elle a été creusée pour en faire une église ou un tombeau, la forme du plan n'accuse aucune de ces deux destinations. L'ouvrage paraît tout à fait romain; on n'y remarque ni trace de peinture ni aucun ornement particulier. La note jointe à cette localité dans la carte du P. Cyrille indique qu'il regardait ces ruines comme celles d'un palais (1). La carte du P. Cyrille éditée par ce prélat en 1812 est un monument très-rare et très-important de géographie ancienne. Elle a été tirée à un petit nombre d'exemplaires, pour les seuls souscripteurs, et il paraît qu'aucun exemplaire ne se

(1) Λαϐυρινθώδεις ἐλυμοὶ καὶ ἐρίπια παλατίου.

trouve plus en Europe ; elle était tout à fait inconnue à M. Kiepert et à M. Ritter, auxquels j'ai eu le plaisir d'offrir l'exemplaire que j'avais reçu de l'évêque de Césarée. Ces deux célèbres géographes en ont fait usage dans leurs travaux sur l'Asie Mineure (1).

Une dissertation sur cette carte a cependant été publiée dans L'*Hermès, journal philologique*, in-8° (en grec), 1812, page 340 sous le titre suivant : Carte chorographique de la grande satrapie d'Iconium avec les sept stratégies appelées en turc Sandjak, qui fut d'abord rédigée en manuscrit et publiée aux frais des amis de la race grecque, par l'évêque Cyrille, métropolitain d'Andrinople, autrefois archevêque de l'Eparchie d'Iconium, éditée par Anthyme Gazy, Vienne 1812, en deux grandes feuilles. L'auteur de la dissertation s'étend longuement sur les documents nouveaux de géographie ancienne donnés par cette carte.

CHAPITRE XXXI.

LA VILLE D'URGUB.

Le plan général des terrains coniques se compose d'une grande vallée principale, qui vient s'amortir à angle droit contre les collines formant les contreforts de la plaine, et communiquant dans tout son parcours avec des anfractuosités qui ne sont autre chose que des vallées secondaires, ébauchées par la nature, tendant insensiblement à s'accroître par l'effet de l'érosion des eaux. A son extrémité sud-ouest, la grande vallée se bifurque ; elle gagne en largeur, et remonte ensuite sur les plateaux supérieurs.

La ville d'Urgub est située à l'entrée de la grande vallée du côté de l'est ; elle est bâtie sans aucune régularité ; mais dans le centre il y a quelques rues alignées et des places spacieuses ménagées à dessein. Elle est dominée

(1) Erzbischof Kyrillos Karte des Paschalik-Konia reducirt von Kiepert in dessen memoir zur Karte von Kleinasien nach dem Original der im I, 1812 zu Wien edirten Karte das ich der gütigen Mittheilung des Hrn Ch Texier verdanke.

par une plate-forme élevée sur laquelle est bâtie une petite mosquée avec un minaret.

Les maisons n'ont jamais plus d'un étage au-dessus du rez-de-chaussée ; mais il n'est pas d'habitant qui n'ait à sa disposition quelque grotte ancienne pour lui servir de magasin. La chaux étant très-rare dans le pays, les maisons sont bâties en pierre blanche à base de ponce, et cimentée avec de l'argile. C'est aussi l'argile qui forme le sol des terrasses. Or, dans un pays où les pluies et la neige tombent pendant plusieurs mois d'hiver, ce système de couverture est extrêmement défectueux ; mais le bois de chauffage est tellement rare dans ces régions, qu'il n'existe pour les habitants aucun moyen de fabriquer de la brique et des tuiles. La charpente des maisons est faite de la tige de maigres sapins apportés à grands frais des cantons du sud.

Il faut, pour que les eaux de pluie ne traversent pas le sol artificiel de la couverture, que les propriétaires veillent constamment à l'entretien de leurs terrasses. Aussi, après chaque ondée, a-t-on soin de passer sur le toit un rouleau de pierre très-lourd, qui tasse la terre sans secousse. Dans les pays qui renferment quelques débris de monuments, les fûts de colonnes antiques sont généralement employés à cet usage. On ne saurait dire combien de colonnes ont été détruites pour cette destination.

Il semble que toute idée de décoration architecturale soit restée étrangère aux constructeurs de la ville d'Urgub. On ne trouve en aucun lieu un monument portant la moindre trace de décoration. L'intérieur des maisons est aussi pauvre et aussi dénué d'ornements que l'extérieur ; et au milieu des peuplades de la plaine, qui mettent dans leurs vêtements tout le luxe que comporte leur fortune, les habitants d'Urgub ne sentent pas même ce besoin de la toilette qui est si vif chez tous les Asiatiques chrétiens ou musulmans. Il est évident que l'aspect mélancolique de ces lieux a influé sur le caractère des habitants. On n'y voit point, dans les bazars, ce mouvement incessant qui s'observe dans les villages d'une importance beaucoup moindre. J'attribue cette monotonie à l'absence presque complète de chevaux dans l'intérieur de la ville.

Les habitants sont divisés en trois classes comme dans toute la Cappadoce. Les Musulmans sont peu nombreux et occupent les environs de la place élevée qu'on appelle *Kalé* (le château). La forteresse, qui défendait Urgub dans le moyen âge n'est pas cependant en cet endroit; elle occupe la crête d'une éminence du côté du nord. La base de ses murailles paraît d'une construction qui n'est pas éloignée de l'époque romaine.

Les Arméniens habitent le quartier nord de la ville; ils sont plus nombreux que les Turcs et vivent en assez bonne intelligence avec ces derniers. Leur église a peu d'apparence. Pendant mon passage à Urgub, ils se préparaient à en faire construire une dans le genre de celle des Grecs. Tous les habitants d'Urgub sont cultivateurs; ils récoltent du blé, des fruits, et cultivent un peu de tabac. Les troupeaux fournissent la laine, qui est travaillée dans le pays même par les femmes. On fait aussi quelques étoffes de coton.

Les Grecs forment la majeure partie de la population. Le caractère de cette race diffère essentiellement des Grecs de Smyrne et de la côte occidentale; il n'y en a pas un qui connaisse la langue grecque, et leurs prêtres même n'en font guère usage que dans la liturgie. Je considère cette population comme très-mélangée avec la race arménienne, ou même comme des Arméniens d'origine, qui sont restés fidèles à la religion grecque et ne se sont point réunis au schisme d'Eutychès. L'église, bâtie par les soins des chrétiens de la communion grecque, a la forme d'un rectangle, entouré d'un portique de colonnes soutenant des arcades. Il est impossible de s'éloigner davantage de toutes les traditions de l'école byzantine; mais dans ces contrées l'art de bâtir est tombé, chez les Turcs comme chez les chrétiens, à un degré inouï d'abaissement; il ne reste plus le moindre vestige d'un art national. Les colonnes du portique sont surmontées de chapiteaux qui se rapprochent du dorique de l'époque romane. Les bases sont très-épatées et affectent la forme attique, celle qui a le mieux surmonté toutes les vicissitudes qu'ont subies les moulures de toutes les époques (1).

CHAPITRE XXXII.

LA VALLÉE DE KEURÉMÉ.

Chacun des sites que le voyageur rencontre sur la route offrant en soi-même un sujet inépuisable d'observations, j'aurais voulu recueillir tous les détails de structure naturelle de chacun des cônes avec tout l'ensemble des monuments qu'ils renferment; mais comment songer, dans un tel pays, à un travail semblable, sans avoir une expédition préparée tout exprès? Je laisse ce travail à d'autres, et j'ai dû me borner à réunir les sites les plus curieux, les points de vue les plus inattendus.

La vallée de Keurémé, par le grand nombre d'églises taillées dans le roc, la hauteur et le désordre des cônes qui la remplissent, passe aux yeux des habitants pour un des endroits les plus célèbres de ces *mille et une églises* sur lesquelles roulent la plupart des légendes qui se content sous la tente des nomades; et vraiment on est en droit de défendre le voyageur Paul Lucas, qui, à une époque où la science géologique était si peu avancée, prit ces nombreuses pyramides pour des ouvrages faits de main d'homme, et toute cette vallée pour l'emplacement d'une grande ville détruite; il soupçonna cependant, à son second voyage, que ce pourrait bien être une nécropole, et revient sur ce sujet pour convaincre les incrédules qui avaient accueilli sa première découverte avec toutes les marques de la plus grande défiance, sans s'inquiéter combien ces doutes étaient injurieux pour le caractère du voyageur. Lucas s'exprime en ces termes à son second voyage :

« Je n'ai rien à dire de mon voyage de Konieh à Césarée, sinon que les maisons pyramidales dont j'ai parlé ailleurs et dont aucun auteur avant moi, ni ancien ni moderne, n'a parlé, sont

(1) Voyez la planche représentant la ville d'Urgub. (Pl. 55.)

encore en bien plus grand nombre que je ne l'avois dit ; et l'on m'assura même que, de l'autre côté d'une montagne que l'on me fit apercevoir, il y en avoit plus de cent mille. Étoit-ce le cimetière de la ville de Césarée et de tous les environs, ou plutôt une ville d'une construction particulière, et la seule de cette espèce qui soit dans l'univers? Je le demande aux savants. Ce que je sais bien, c'est qu'il est difficile de trouver un monument plus singulier et plus inconnu à toute l'Europe que celui-là.

« Comme cette découverte parut fort extraordinaire lorsqu'elle fut publiée dans mon dernier voyage, la Cour donna ordre à M. le comte Desalleurs, ambassadeur à la Porte, de s'en informer exactement, et l'on rapporta que la chose étoit non-seulement comme je l'avois dite dans ma relation, mais que le nombre de ces maisons pyramidales que les Turcs appellent des minarets, parce qu'elles sont faites en pointes comme les tours des mosquées, étoient en bien plus grand nombre que je ne l'avois cru, et qu'il y en avoit plus de deux cent mille. M. Cherac, consul pour la nation d'Angleterre, reçut le même ordre, et son information a été conforme à celle de M. Desalleurs, ce qui rend la chose aussi incontestable qu'elle est étonnante. »

C'était la seconde fois que le voyageur français venait dans ce pays. L'usage était alors de considérer comme des voleurs tous les paysans que l'on rencontrait, et leur paisible allure n'était aux yeux des voyageurs prévenus que le signe manifeste de la terreur inspirée par la caravane armée jusqu'aux dents. Tournefort n'est pas exempt de cette faiblesse, mais il est moins matamore que notre ami Lucas. Celui-ci, malgré sa bravoure, redoute d'approcher des vallées d'Urgub, afin de considérer de près cette ville incroyable. Les contes qu'il recueille sont encore répandus parmi les paysans de nos jours. J'aime mieux remettre sous les yeux du lecteur le récit naïf du voyageur, en certifiant qu'il ne diffère de l'exacte vérité que par l'exagération si naturelle et si permise à un homme qui n'abordait ces contrées qu'à travers mille difficultés.

Lucas vient d'Angora; il traverse l'Halys près du village d'Avaness (1). « Nous partîmes de Hadji-Bechtasch à onze heures du soir, et cette même nuit nous fûmes attaqués trois fois par des voleurs. Au lever du soleil, nous entrâmes dans Avaness, village sur l'Ermaq (Kizil Irmak). Dans les montagnes auprès de l'Ermaq, on voit partout quantité de grottes. Nous nous reposâmes là une heure ; ensuite nous passâmes la rivière à gué. La beauté de ces grottes m'avoit surpris ; mais j'entrai dans un étonnement incroyable à la vue des monuments antiques que j'aperçus... de l'autre côté en sortant de l'eau. Je ne puis même y penser à présent sans en avoir l'esprit frappé. J'avois fait déjà beaucoup de voyages, mais je n'avois jamais vu ni même entendu parler de rien de semblable. Ce sont une quantité prodigieuse de pyramides qui s'élèvent les unes plus, les autres moins, mais toutes faites d'une seule roche et creusées en dedans de manière qu'il y a plusieurs appartements les uns sur les autres, une belle porte pour y entrer, un bel escalier pour y monter, et de grandes fenêtres qui en rendent toutes les chambres très-éclairées. Enfin, je remarquai que la pointe de chaque pyramide étoit terminée par quelque figure.

« Je rêvai longtemps sur la structure et principalement sur l'usage que l'on pouvoit avoir fait de tant de pyramides, car il n'y en avoit pas pour deux ou trois cents, mais plus de deux mille de suite à quelque distance les unes des autres. Je crus d'abord que ce pouvoit être la demeure de quelques anciens ermites, et ce qui m'en donnoit la pensée, c'est qu'au haut je voïois ou des capuchons, ou des bonnets à la mode des papas grecs, ou même des femmes qui portoient un enfant entre les bras, et que je pris tout d'un coup pour des images de la Vierge..... A travers les murailles, je vis comme des restes d'anciens portraits, de sorte qu'il sembloit qu'il y eût eu des peintures, mais cela étoit trop effacé pour y rien connoître. »

La crainte d'une attaque de la part

(1) Tome I, p. 157, éd. 1712.

des Turcomans empêcha le voyageur d'observer avec soin ces formations qu'il eût parfaitement reconnues comme dues à un phénomène naturel.

L'exagération naturelle à son caractère, et l'amour du merveilleux, qui est un des cachets de son livre, se retrouvent dans tout le reste de cette description (1). « C'est, dit-il, la chose la plus admirable qu'un mortel puisse voir de ses yeux. » Il porte à vingt mille le nombre de cônes qui se trouvent dans ces vallées. « On en voit à perte de vue, à peu près comme de grandes quilles que l'on auroit arrangées à plaisir. » Cette expression rend assez bien l'effet que produit la partie de la vallée Keurémé.

Depuis Paul Lucas jusqu'à l'époque de mon voyage, je ne sache pas qu'un écrivain européen ait rien publié touchant les cônes d'Urgub ; aussi, ce passage du livre de Lucas reste-t-il comme un témoignage des mille fables qu'il a débitées, l'effet que produisit son rapport n'étant pas affaibli après un siècle et demi. La nouvelle de cette découverte rencontra en France beaucoup d'incrédules ; les gens envieux de Lucas avaient saisi cette occasion pour l'attaquer près de M. de Pontchartrain, et demandaient qu'on leur donnât la subvention de Lucas pour aller constater l'authenticité de sa relation. Ils faisaient publier, dans le *Mercure* du temps, des articles dans lesquels le voyageur était peint comme un inutile touriste, et allaient jusqu'à dire que ses voyages n'étaient que le fruit de son imagination. D'autres voyageurs furent en effet envoyés, mais leur relation ne parut jamais.

CHAPITRE XXXIII.

VILLAGE DE MARTCHIANNE.

La confusion inextricable qui existe dans la formation de la vallée centrale, ne se rencontre pas dans les extrémités, où les cônes ayant subi, depuis une plus longue période, l'action des éléments, ont acquis une hauteur plus considérable ; il y en a qui s'élèvent jusqu'à deux cents mètres, et en même temps se sont trouvés isolés par la destruction spontanée de ceux qui renfermaient des veines tendres ou quelques fissures, et qui, s'écroulant naturellement, finissent par se dissoudre dans les eaux ou par s'écraser sur les routes. Ces débris composent le sable fin des vallées, qui conserve sa blancheur primitive.

Aux abords des terrains cultivables, on commence à trouver quelques groupes d'habitations, car on peut à peine donner à ces endroits le nom de village.

Le hameau de Martchianne est un des plus intéressants comme beauté des lignes et sévérité du site, et en même temps comme le plus propre à donner une idée de la connexion des deux terrains ponceux et volcanique, car il se trouve positivement à cheval sur la ligne de démarcation.

La colline de laves de fusion, à gauche, est composée de blocs juxtaposés, mais tous détachés les uns des autres par des fissures, suite du retrait de la roche. Les montagnes noires qui occupent le dernier plan sont composées de tufs et de laves remaniées par les éruptions ; mais, dans toute la vallée d'Urgub, on ne rencontre pas un atome de pierre trachytique : ces deux formations sont tout à fait distinctes. Il me serait difficile d'établir des bases certaines pour décider laquelle des deux formations est la plus ancienne. C'est une question qui ne peut être résolue qu'après une étude plus complète du terrain ponceux, et après qu'on aura déterminé son périmètre.

Les cônes du village de Martchianne sortent, par leur disposition, de la loi générale que j'ai signalée pour toutes les autres vallées. Ces cônes, en effet, ne se trouvent point encaissés dans une vallée étroite, ils sont répandus sur une surface assez étendue et se prolongent presque jusqu'au village de Touzesar.

L'un de ces cônes renferme une grande chapelle sépulcrale qui est encore dans un état parfait de conservation.

Le plafond est orné d'une croix en relief, avec un demi-cercle qui est tangent aux bras et à la tête de la croix ; le

(1) Tome I, p. 160, 1712.

sol de la chambre est creusé, et renferme six sarcophages disposés parallèlement; ils étaient recouverts de dalles de pierre et ne gênaient en rien le service de la chapelle. On n'y découvre aucune trace d'inscription.

En remontant vers l'ouest, sur le plateau voisin, on aperçoit au loin une colonne isolée : c'est le monument que les habitants appellent Dikili tasch.

CHAPITRE XXXIV.

DIKILI TASCH, MONUMENT SÉPULCRAL.

Un ravin qui conduit du haut du plateau vers le fond de la vallée est le seul chemin praticable; partout ailleurs il faudrait se diriger de rocher en rocher et s'exposer à un danger certain. La colonne qui domine le plateau, et qui est appelée par les Turcs Dikili tasch, pierre levée, a donné son nom au ravin et aux monuments qui l'accompagnent. Rien n'est plus triste que ce lieu, car il n'offre pas même aux regards l'étrangeté des lignes, qui absorbe l'esprit dans les autres parties; il n'a d'autre caractère que l'aridité et la solitude les plus absolues.

Les quatre fenêtres que l'on aperçoit sur le flanc droit du ravin éclairent une chambre sépulcrale, vaste et sans ornements. Tous les autres ouvrages ont le même caractère; ils n'indiquent aucune époque déterminée. Le tombeau situé dans la partie supérieure appelle seul l'attention, et suffit pour dédommager des détours sans fin qu'il faut faire pour l'aborder.

Quoique la même désignation soit appliquée aux deux monuments, il est certain qu'ils sont parfaitement distincts; ce sont deux tombeaux différents et construits à des époques assez éloignées l'une de l'autre.

La colonne est composée de quatorze tambours qui ont une hauteur de 8^m45. Sur le huitième tambour on a incrusté une plaque de marbre qui suit la courbure de la colonne. Cette plaque portait une inscription grecque trop altérée pour être lue.

Les trois socles sur lesquels elle repose sont de trachyte. Le chapiteau dorique est d'une forme correcte; il y a une petite palmette sculptée au-dessous de l'abaque. Cette colonne a toujours été isolée et ne fait point partie d'un monument plus considérable; elle a tous les caractères d'un monument funèbre : peut-être a-t-elle été élevée sur un caveau qui est encore intact (1).

Le tombeau voisin taillé dans le roc, en contre-bas de la colonne est un ouvrage beaucoup plus étendu que tous ceux que j'ai décrits. On a saisi cet emplacement parce que la roche présente un plus grand degré de dureté.

Un atrium à ciel ouvert précède l'entrée du tombeau. On remarque quatre blocs aujourd'hui informes, mais monolithes avec le rocher, dont la destination peut être expliquée de plusieurs manières : ils peuvent avoir servi de soubassement à des sphinx ou à des figures symboliques; ils peuvent avoir supporté des obélisques, monuments aujourd'hui détruits, qui motiveraient la dénomination du tombeau (2).

Cette cour, dont les parois sont taillées verticalement, précède un portique dans le caractère tout à fait égyptien. Deux grosses colonnes courtes et à chapiteaux campaniformes occupent le milieu du portique; deux piliers carrés isolés et deux autres engagés terminent la série des supports; le tout est surmonté d'une architrave fort simple, sur laquelle est à peine indiquée, dans le rocher brut, la trace d'un fronton excessivement bas, puisque sa longueur est de 14^m36 et sa hauteur seulement de 1^m35, c'est-à-dire le douzième de sa base. Le diamètre des colonnes à la base est de 0,980, et au sommet, de 0,940. Ce porche est très-étroit; il est couvert en voûte plate; au milieu est une porte en pylône qui donne accès directement dans le tombeau. La chambre, qui a seulement 2^m50 sur 3^m40 de haut, est voûtée en berceau. Trois sépultures sont disposées sur les trois faces de la chambre : ce sont des sarcophages creusés au fond d'une cellule qui pouvait aussi recevoir un corps, ce

---

(1) M. Barth a constaté que cette colonne a été renversée par les indigènes en 1858.

(2) L'obélisque de l'At-Meïdan à Constantinople est appelé par les Turcs Dikili tasch.

qui porterait à six le nombre des personnes qui peuvent y avoir été inhumées. Tout ce monument, quoique sans ornement, est sculpté avec une pureté de ciseau remarquable; les formes lourdes accusent un ouvrage tout à fait asiatique; mais pour en déterminer l'époque précise, les moyens de critique manquent absolument, car on ne peut pas même, comme pour la plupart des autres monuments, citer les analogues.

CHAPITRE XXXV.

NEMCHEHER (1).

Dès que l'on est remonté sur le plateau qui entoure la vallée d'Urgub, toute la contrée se présente sous un aspect moins sauvage. Il semble que cette nature si extraordinaire ne s'est offerte aux regards que comme un effet de mirage. Le nivellement des terrains indique parfaitement la marche qu'a suivie la génération des cônes. La composition particulière de la roche a contribué à former ces vallées auxquelles les Grecs donnent le nom de *Pharangæ* (2), qui exprime assez bien leur origine. Au delà de Touzesar, les terrains volcaniques ne cessent pas de couvrir la surface du sol, mais les ponces ont tout à fait disparu. On voit des collines à peine ondulées et tout à fait incultes se prolonger vers l'ouest, elles indiquent le cours du Kizil-Irmak, qui atteint le point le plus méridional de son parcours au village d'Avaness, renommé par ses carrières de pierres à bâtir, qui sont toutes formées de ponces dures. Poursuivant ma route vers Nemcheher, la ville la plus importante de ce canton, j'y arrivai après cinq heures de marche.

La population de cette petite ville est composée presque entièrement de familles grecques sous la juridiction d'un évêque; c'est un des siéges les plus importants de la Cappadoce. L'église est grande et d'une architecture moderne qui ne manque pas d'élégance, mais elle ne saurait être comparée à la nouvelle église d'Urgub.

Vers 1763, Ibrahim Damat, pacha, fit bâtir à Nemcheher une mosquée assez importante, afin d'y réunir un noyau de population musulmane. Ce fut toujours le souci des beys ou gouverneurs musulmans, d'inspirer aux populations nomades le goût de la vie sédentaire; car il n'y a que ce moyen de pouvoir compter sur la rentrée régulière de l'impôt. Les plus habiles sont parvenus à leurs fins, et l'on cite plusieurs petites villes qui doivent leur existence à la politique bien entendue de quelques beys.

La mosquée a un dôme et un minaret; elle est bâtie sur le modèle de celle de Sélim Ier à Constantinople. Dans la partie sud de la ville, qui tout entière occupe le point d'intersection de deux grandes vallées, une colline élevée, couronnée par un château, domine les habitations, qui s'étendent dans tout le pourtour. Le nom de Nemcheher lui a été donné par les Turcs; mais les Grecs lui conservent celui de Nyssa, qu'elle avait dans l'antiquité; et l'évêque, avec qui j'eus de longues conférences touchant la géographie ancienne de la Cappadoce, me confirma dans l'opinion que la Nyssa de l'Itinéraire d'Antonin était en cet endroit. Il faut avouer que l'on trouve peu de traces de monuments antiques dans cette petite ville; mais les environs sont riches en monuments troglodytes; et un petit village des environs, que l'on appelle Nar, offre un grand nombre de sépultures.

Je ne serais pas étonné que plus tard on ne parvînt à constater l'identité entre Nar et Nyssa : il y a à peine deux milles de distance entre les deux places; cette différence est inappréciable au point de vue des itinéraires anciens. La population grecque de Nyssa se serait transportée dans la nouvelle Nemcheher vers la fin du douzième siècle, quand l'autorité des princes seldjoukides aura pu donner un peu de repos à ces contrées.

L'évêque m'invita à assister à une cérémonie qui devait avoir lieu le 24 août 1834. Un grand nombre de chrétiens

---

(1) Les habitants disent Nemcheher, Hamilton Nembcheher, Ainsworth Newcheher, Barth Nefcheher; la carte de Cyrille Nemcheher, c'est je pense, le vrai nom de cette ville.

(2) Excavation, abime.

devaient communier, et le métropolitain de Césarée était venu pour assister l'évêque. Tout le clergé était présent en riche costume byzantin, et les chrétiens en habits de fête. Les pompes de l'Église grecque, dans cette modeste église, et au milieu d'une population turque, me parurent encore plus solennelles. Tout en rendant justice à l'esprit de tolérance du gouvernement d'alors, je ne pouvais m'empêcher de reconnaître que l'Église grecque s'appuie sur un protecteur caché, devant lequel s'incline le front même du sultan.

L'évêque me donna de nouveaux renseignements sur la ville ruinée de Nazianze, et sur la localité de Mimisou, dont le nom semble emprunté à la langue turque, mais qui n'est en réalité qu'une altération presque insensible du nom de Momoasson, de l'itinéraire de Jérusalem, petite ville située entre Nazianze et Archelaïs, et dans le voisinage de la première.

Près de Nemcheher est un petit lac dans lequel vient se jeter un ruisseau qui coule au milieu des roches volcaniques recouvrant un gisement calcaire, d'albâtre ou de gypse. Les montagnes des environs fournissent aussi une roche d'un aspect agréable, qui est employée dans la décoration des édifices et des petits meubles. Les Turcs comme les Grecs lui donnent le nom de *Balgami*; elle a l'aspect du jade chinois, mais n'en a pas la dureté; on en fait des manches de poignard, des coupes et des placages. Le mirhab de la mosquée de Youzgatt est orné de deux colonnes de balgami, qui ont de hauteur plus de 1 mètre 65 centimètres. Tout l'intérieur de la niche est plaqué de cette substance, que je crois être de la chaux fluatée. Tantôt elle est d'un blanc laiteux, tantôt elle est tant soit peu veinée. Les marchands de Constantinople en font des *takim* (embouchures de pipes), dont le prix est bien inférieur à celui de l'ambre. Je ne doute pas que le balgami ne soit la pierre dont parle Strabon (1), qui se tirait des carrières de la Cappadoce. Il y avait, dit-il, un endroit d'où l'on tirait une pierre grosse comme de petites pierres à aiguiser, semblable à l'ivoire pour la blancheur, et dont on faisait des manches de couteau. La dureté du balgami varie, en raison, je crois de la quantité de silice qu'il contient; celui dont la teinte tire sur le verdâtre est tout à fait semblable au jade. Le père Cyrille fait observer dans une note, que le balgami des environs de Nemcheher et de Sinason est de différentes couleurs, Ἐκ τῶν πέριξ πέτρων, δουλεύεται τὸ Μπαλγαμὶ διαφόρων χρωμάτων. Ce village de Sinason passe, parmi les Grecs, pour être l'ancienne métropole de Sasimes, où Grégoire de Nazianze fut évêque. On y trouve quelques ruines byzantines et des grottes taillées dans le roc.

Plus on avance vers le sud, plus le pays paraît inculte et désert. Le relief du terrain présente des ondulations mal coordonnées pour la formation des cours d'eau; les eaux s'épanchent et se perdent en mille petits ruisseaux, qui sont presque aussitôt desséchés que formés. La terre fortement imprégnée de nitre, n'est fertile qu'en plantes grasses ou épineuses, qui plaisent au bétail; mais les arbres ne viennent que dans les endroits arrosés.

Une des industries du pays est la récolte du nitre, que l'on extrait du sol au moyen du lessivage. La terre est mise dans de grandes trémies percées de petits trous. Les eaux-mères sont versées plusieurs fois sur des terres nouvelles, et l'on évapore ensuite, en chauffant dans des chaudières avec de la fiente de chameau. L'exploitation du salpêtre est mise en régie; la totalité des produits doit être remise au pacha, qui l'envoie au gouvernement. Les habitants sont obligés de laisser prendre dans leurs propriétés les terres qui sont estimées les plus propres à être lessivées.

Le village de Méléhubi est à six lieues sud de Nemcheher. On y observe plusieurs églises byzantines, les unes ruinées, les autres encore desservies par quelques prêtres. La population de ce village est, comme je l'ai dit plus haut, composée de Grecs qui rendent un hommage particulier à sainte Macrine, la patronne du district, car l'évêque de Nazianze, saint Grégoire, est presque oublié du peuple. Cependant le corps de

(1) XII, 539.

sainte Macrine repose dans un village peu distant de Méléhubi, qui porte le nom turc de Kassa keui; c'est aussi la dénomination d'un quartier ou Mahallé de Constantinople, celui sans doute où furent transportés les Grecs de ce pays du temps de Constantin Copronyme (1).

CHAPITRE XXXIV.

LE LAC TATTA. — TOUZ GHEUL.

Au centre de la Cappadoce il existe une large dépression de terrain occupée par un marais que les anciens appelaient Tattæa Palus; les eaux de ce marais sont tellement salées que tous les objets qu'on y plonge sont immédiatement recouverts d'une croûte de sel. Comme caractère géologique cette vaste étendue d'eau ressemble moins à un lac qu'à ces lagunes si nombreuses en Perse et dans l'Afrique septentrionale, où elles sont connues sous le nom de Schott ou de Sebka. Ce sont, comme le Tatta Palus, de grands terrains inondés, qui se dessechent presque entièrement après l'époque des chaleurs, et laissent sur leurs bords des concrétions blanches qui ne sont autre chose que du sel.

Ces Sebka se rencontrent fréquemment dans le nord de la Perse et dans le voisinage de Schiraz. Le Tatta Palus diffère essentiellement de tous les autres lacs de l'Asie Mineure; la profondeur moyenne de ses eaux ne dépasse pas un mètre et demi, et après les chaleurs de l'été sa surface diminue considérablement. Les Turcs l'appellent Touz gheul, le lac salé. Le sel qu'on en extrait est du chlorure de sodium très-pur, qui peut sans aucune autre préparation être livré au commerce. Il ne sort aucune rivière de ce marais; il reçoit au contraire plusieurs petits cours d'eau, et l'on peut constater une fois de plus ce fait géologique, que tous les lacs intérieurs n'ayant aucune communication avec l'Océan, sont de véritables mers, et sont nécessairement salés, tandis que les lacs qui donnent naissance à des rivières sont d'eau douce.

(1) Les églises, selon le P. Cyrille, ont été bâties par Jean Zimiscès en 970.

Les lacs de Van et d'Ouroumia, qui sont salés et sans communication avec la mer, sont dans les mêmes conditions.

De Méléhubi à Touz gheul on fait trente cinq kilomètres jusqu'à Ak seraï en franchissant une plaine aride et déserte. Ak seraï occupe la position de l'ancienne Archelaïs, elle fut florissante au commencement du seizième siècle, alors que la population de ces provinces était plus nombreuse. On y voit encore les ruines de quelques édifices des seldjoukides, une mosquée, un médrécé et un bain.

La petite rivière de Béias sou, l'eau blanche, passe au sud-ouest de la ville, et va se jeter dans le lac après un parcours de trente kilomètres, en traversant une plaine aussi nue et aussi unie que celle de Méléhubi sujette en hiver à des inondations dangereuses pour les caravanes.

Koch hissar, l'heureux château, est un village situé à quatre kilomètres de la rive occidentale du marais et distant de soixante kilomètres d'Ak seraï. Tout ce pays est complétement privé d'eau potable; les tribus turcomanes pourvoient à leurs besoins au moyen de puits très-profonds, et la charité musulmane a dressé de distance en distance de petites huttes de broussailles dans lesquelles sont déposées des jarres pleines d'eau, cette prévoyance des musulmans leur est comptée dans leur religion comme l'accomplissement d'un voyage à la Mecque.

Les rivages du lac, que l'on côtoie pendant une heure, sont bas et marécageux. Koch hissar au contraire est construit sur une éminence et commande toute la plaine et le lac. M. Hamilton pour atteindre le rivage fit encore dix kilomètres jusqu'à la chaussée qui traverse le lac de part en part dans la direction de l'est à l'ouest; c'était sans doute un tronçon de la grande route qui allait de Dorylée à Iconium, et qui est marquée dans l'Itinéraire d'Antonin. Les habitants en attribuent la création au sultan Sélim Ier; elle n'est soumise à aucun entretien et dans les hautes eaux elle est entièrement submergée et tout à fait impraticable. Le fond du lac n'est pas à plus d'un demi-mètre en contre-bas.

Toutes les pierres qui sont au-dessus du niveau de l'eau sont couvertes d'une croûte de sel très-blanc; mais celui qu'on exploite sur les bords est mêlé d'argile et a une couleur rouge de brique.

La forme du lac est très-irrégulière et change, pour ainsi dire, selon la saison. Son grand axe dirigé du nord-ouest au sud-est a seize kilomètres environ de longueur; sa plus grande largeur n'a pas plus de cinq kilomètres.

Les règlements pour l'exploitation du sel ont beaucoup varié dans l'espace de quelques années : il fut d'abord affermé à des particuliers au dixième du revenu; plus tard, il fut mis entre les mains du pacha de Konieh moyennant une redevance de quatorze mille piastres. Le pacha d'Angora en a joui pendant quelques années; mais tous ces droits n'augmentent guère le prix réel du sel, qui se vend sur les marchés du centre au prix de dix paras l'oque. Sur place il ne se pèse même pas, on le vend à la charge; une piastre pour une voiture à deux colliers, dix paras pour un cheval, et six paras (1) pour un âne ; aussi les habitants font-ils un grand usage de sel naturel : ils en distribuent des quantités considérables à leurs bestiaux.

Ce n'est pas seulement comme aspect que le marais de Tatta ressemble aux Sebka de l'Algérie; leur constitution géologique est identique, les grands gisements de sel sont dans les deux contrées en rapport intime avec les gypses. Les Sebka de Biskra ont dans leur voisinage de grandes formations gypseuses : on remarque la même nature de roche dans la plaine de Kotch Hissar ; cette roche reparaît selon une ligne dirigée de l'ouest-nord-ouest à l'est-sud-est, dans une longueur de plus de mille kilomètres, toujours en rapport avec des gisements salins; on la retrouve au bord de l'Euphrate, aux villages de Kourou tchaï et de Gherdjanis; dans la Mésopotamie, aux dépôts gypseux de Mossoul et en Perse dans les gypses du mont Pirazoun.

C'est toujours la même formation salifère, suivant pour ainsi dire une direction parallèle à la ligne d'épanchement volcanique, qui commence à Smyrne, traverse la Catacécaumène, reparaît à Kara hissar, et vient aboutir au mont Argée. Les géologues ont reconnu partiellement ces deux formations dans de nombreuses localités, et c'est aujourd'hui un fait acquis dans la constitution géologique de l'Asie occidentale.

CHAPITRE XXXVII.

PRÉFECTURE DE GARSAURITIS.
SOATRA. — SOANDUS.

L'eau est si rare dans la province, que les habitants n'ont d'autre ressource que des puits d'une profondeur considérable (1). Ce caractère du pays est appliqué spécialement par Strabon à la Lycaonie et à la Garsauritis. On peut donc en inférer que la frontière occidentale de la préfecture de Cilicie se trouve entre Nemcheher et Méléhubi.

On remarque dans ce dernier village un puits dont la construction remonte certainement à une très-haute antiquité, car il serait au-dessus des forces de cette misérable population d'en creuser un pareil : il est carré, a trois mètres de côté et soixante-six mètres de profondeur; un système de treuils est installé pour descendre des barils, faits en cuir et en bois. La corde qui s'enroule sur le treuil est en peaux d'animaux. Autour du puits sont placées des auges en pierre volcanique, avec un couvercle également en pierre, qui a un orifice pour les remplir. Chaque famille possède une de ces auges; les plus pauvres s'approvisionnent à un réservoir commun. Aucune tradition ne put me faire connaître l'origine de ce puits : il n'y a pas d'inscription. Autant qu'on peut voir dans l'intérieur, il est parfaitement construit en pierre de taille. J'en ai obtenu facilement la profondeur en mesurant un des côtés du treuil carré, sur lequel s'enroule la corde.

Il est difficile de rencontrer une analogie plus frappante entre l'état actuel de ce village et la description que nous fait Strabon de la petite ville de Soatra

---

(1) 0,25 cent., 0,05 cent., 0,03 cent.

(1) Ὑδάτων τε σπάνις πολλή· ὅπου δὲ καὶ εὑρεῖν δυνατὸν, βαθύτατα φρέατα τῶν πάντων. (Strabon XII, 568.)

en Garsauritis, où l'eau se vendait comme elle se vend à Méléhubi. Ce n'est pas seulement en ce lieu que les puits étaient en usage : on en rencontre dans toute la province, et leur profondeur diminue à mesure qu'on se rapproche du sud. On ne peut rien conclure de ce fait sur la pente générale de la Cappadoce, car il n'est pas démontré que la nappe d'eau qui passe sous la contrée soit horizontale; mais elle a une étendue considérable. Au moment du tremblement de terre de Césarée, l'effet de ce phénomène s'est fait ressentir dans la plupart des puits de la province; il y en a qui ont été mis à sec, et d'autres au contraire ont vu leurs eaux s'élever au-dessus du niveau habituel. Ces faits m'ont été attestés par divers habitants, et sont, en effet, d'accord avec l'action souterraine des couches terrestres.

Le peu de dureté des roches volcaniques, qui sont presque toutes composées de scories et de cendres agglomérées, permettrait d'opérer à peu de frais des sondages de puits artésiens dans toute l'étendue de la province, et d'augmenter considérablement la richesse du sol. Il s'agirait de déterminer la ligne d'absorption des eaux; il est probable qu'il faut la chercher dans les pentes septentrionales du Taurus, et dans les couches calcaires des collines inférieures, qui plongent sans doute sous les tufs volcaniques de la plaine.

Non loin de Méléhubi est le village turc de Sou ver mess, dont le nom signifie « qui ne donne point d'eau; » c'est une allusion de plus à la pénurie d'eau qui se fait sentir dans la contrée; aussi je ne saurais trop recommander aux voyageurs qui visiteront la Cappadoce, de ne pas s'aventurer dans ces steppes inhospitalières, depuis le mois d'août jusqu'au moment où les pluies de l'équinoxe de septembre ont un peu ravivé les citernes, s'ils ne veulent s'exposer eux et leurs gens aux plus insoutenables privations, qui engendrent des embarras sans fin.

La vallée de Soanli est à douze kilomètres au sud-est de Méléhubi; elle est indiquée sur la carte par ces mots : Σοαλὶ δερεσὶ ὅπου 1000 Ἐκκλησίαι. Ici le terrain forme une plaine élevée et presque sans ondulations, qui s'étend jusqu'au pied de l'Argée; mais les vallées, comme celle d'Urgub, sont en contrebas de la plaine, et on ne les aperçoit que lorsqu'on arrive dans leur voisinage immédiat. J'ai souvent observé ce caractère topographique dans les pays asiatiques, jamais en Europe.

Lorsque l'automne arrive, les nomades quittent les plaines, où les pâturages sont depuis longtemps brûlés, et se retirent vers le Taurus; de sorte que pendant le jour la solitude est complète. Le soir, les gardiens des troupeaux de chameaux paraissent à l'horizon, et de rares caravanes d'Arméniens ou de Grecs, se rendant à Césarée ou à Kara hissar, viennent tant soit peu animer le paysage. Les tufs grisâtres commencent à reparaître, et sont presque toujours recouverts par des agglomérats de trachytes, de laves de fusion et d'obsidienne. Les dépressions de terrain servent de lit pendant l'hiver à des torrents formés par la fonte des neiges. Leur cours paraît se diriger à l'est, mais ils sont à sec pendant l'été.

SOANLI DÉRÉ. — SOANDUS.

On entre bientôt dans une vallée aussi aride que celle d'Urgub, et dont la formation paraît due également à l'action des eaux; mais la nature de la roche est plus sablonneuse, et les pitons coniques ne se présentent que comme une exception; ils sont infiniment moins réguliers que ceux d'Urgub; leurs angles sont saillants, et on remarque qu'ils sont composés de plusieurs lits de sédiment. La vallée s'élève de part et d'autre comme une haute muraille, découpée par des accidents bizarres, et chacun des plans est perforé par une multitude de chapelles, de chambres et de caveaux qui méritent une étude spéciale. Mais ceux qui voudront l'entreprendre devront choisir la saison où les nomades sont encore dans leurs campements d'été.

Deux ans plus tard, M. Hamilton visitait en détail cette vallée, et reconnaissait l'emplacement de l'ancienne Soandus, dont le nom, en effet, n'a subi qu'une très-faible altération (1).

(1) *Asia Minor*, tom. II, 228.

L'ancienne nécropole est située au point de jonction de deux vallées arrosées par un petit ruisseau; plusieurs terrasses s'élèvent successivement et sont couvertes de débris de construction en grands blocs de pierre, de solides murailles encore en bon état de conservation; un tombeau assez remarquable, composé d'une chambre avec un porche couronné d'une voûte demi-circulaire, a été excavé dans le rocher. Laissant ces monuments et se dirigeant vers la branche ouest de la vallée, M. Hamilton arrive à un passage étroit entre de hauts rochers de tuf volcanique, qui conduit à un piton isolé à gauche de la route, dans lequel mille tombes et grottes ont été excavées. Ce rocher indique l'entrée de la vallée de Soanli.

De chaque côté de la vallée, les rochers sont perforés par une multitude de cellules taillées jusqu'à une hauteur de soixante mètres dans le tuf; mais le plus grand nombre est inaccessible du dehors.

Après avoir franchi un passage pratiqué sous une arche taillée dans une autre masse de rocher, on entre dans la vallée des tombeaux, dont l'aspect offre un tableau saisissant et imprévu, même après le grand nombre de monuments du même genre qui, chaque jour, se présentent aux yeux de l'observateur.

Deux hauts rochers, à faces verticales, sont criblés jusqu'au sommet de milliers d'excavations, dont quelques-unes sont ornées de façades monumentales, avec des pilastres, des frontons sculptés et des portes ornées de chambranles et de coupoles. Le caractère de cette architecture est assez indécis pour qu'il soit difficile de lui assigner de prime abord une époque certaine. On peut dire que les générations se sont évertuées pendant des siècles à sculpter cette œuvre gigantesque, car depuis la chapelle byzantine jusqu'au lit funèbre, sur lequel les Grecs et les Perses faisaient reposer leurs guerriers, tous les genres de sépulture se trouvent réunis. Certains tombeaux ont une dimension si exiguë, qu'ils n'ont pu servir qu'aux cendres d'un enfant. Puis viennent les *columbaria* romains, les tombeaux perforés dans la partie supérieure, pour que de pieuses libations puissent arroser les cendres des morts; des niches isolées pour mettre les urnes; les sarcophages isolés, accouplés, creusés dans le sol ou exhaussés sur des estrades; des cellules pénétrant horizontalement dans la roche pour y glisser les corps, comme dans les tombeaux des environs de Jérusalem et d'Alexandrie, mais peu ou point d'inscriptions. Les seuls débris que la roche friable offre aux yeux de l'antiquaire sont des lettres grecques et quelques mots vides de sens.

Ce qui paraît constituer un caractère commun entre tous ces monuments qui couvrent la Cappadoce, c'est de correspondre entre eux par des puits et des conduits intérieurs; et si la forme sépulcrale et religieuse n'était pas si évidente, je hasarderais la pensée que quelques-unes de ces grottes ont pu servir de magasins ou de silos.

Une nouvelle bifurcation de la vallée forme un autre acrotère de rochers, sur lequel s'élève une église byzantine de très-ancien style; elle est dominée par un rocher perforé d'une autre myriade de grottes de toutes formes; quelques-unes conservent des traces de peinture et d'autres débris de décoration intérieure. Il y a en cet endroit des grottes assez spacieuses, communiquant ensemble par des passages étroits, dont quelques-uns paraissent avoir été élargis assez récemment. Cette même disposition qui s'observe près de Césarée et d'Urgub, ces lignes de trous de petite dimension, tantôt carrés, tantôt ayant la forme d'un trapèze, se retrouve aussi dans les grottes de Soanli déré. La plupart de ces petites excavations sont aujourd'hui habitées par des familles de pigeons sauvages; mais on ne saurait supposer que telle ait été leur destination dans l'antiquité. Ces trous sont placés sur deux ou plusieurs lignes, et creusés tantôt les uns au-dessus des autres, tantôt en échiquier. Les communications entre les chambres sont établies dans l'intérieur du rocher par des conduits creusés parallèlement à la face extérieure, de sorte qu'on peut circuler et arriver à une assez grande hauteur, en passant de chambre en chambre; elles sont pour la plupart éclairées par des fenêtres de dimension moyenne.

Des restes d'aqueducs et les ruines d'une seconde église byzantine, taillée presque entièrement dans le roc, témoignent que cette vallée a nourri une population assez nombreuse. D'après la disposition des lieux, il est facile de se rendre compte de l'extrême difficulté qu'éprouvait une armée d'invasion pour s'emparer d'une place si facile à défendre. Le stratagème dont Antiochus fit usage devenait un des moyens les plus assurés de succès (1). On trouve dans les itinéraires deux places du nom de Soandus ou Soanda : l'une sur la route de Tavium à Césarée, dont l'emplacement n'est point connu, et l'autre placée sur la route directe de Laodicée à Césarée (2), position qui correspond parfaitement à celle de Soanli déré, opinion émise d'abord par M. Hamilton et qui paraît tout à fait conforme à la vérité.

CHAPITRE XXXVIII.

IN-EUGHI. — SINGULIER COSTUME DES FEMMES.

J'arrivai pendant la nuit à In-Eughi, et je campai au milieu des meules de blé, car nous étions à l'époque de la moisson. Jusqu'ici je n'avais trouvé chez les habitants de la Cappadoce que peu de variété dans les costumes, quelques détails d'ornements communs aux chrétiens et aux Turcs. Mais quelle fut ma surprise, en m'éveillant à In-Eughi, de voir une troupe d'êtres cornus et armés de fourches, se rendant à l'ouvrage en chantant une hymne sur un ton mélancolique! J'eus peine au premier abord à discerner si j'avais devant les yeux des hommes ou des femmes, si je n'assistais pas à quelque cérémonie particulière d'une peuplade païenne; mais j'appris bientôt du *papas*, que les habitants d'In-Eughi étaient tous chrétiens et appartenaient à la communion grecque.

Nul ne put me dire l'origine de cette coiffure singulière et de ce costume ex-

(1) Voyez ci-dessus, page 507.
(2) Strabon, XIV, 663.

centrique qui peut lutter avec ce que l'imagination des sauvages de la mer du Sud a inventé de plus bizarre.

La coiffure des femmes d'In-Eughi consiste en un bonnet en forme de casque, armé de deux grandes cornes, formant un croissant complet; ce bonnet est en outre orné d'oripeaux et de verroteries suspendues aux cornes et autour de la coiffe. Un rabat de soie noire est accroché derrière le bonnet et pend jusqu'aux jarrets; il est orné de bordures gauffrées et d'une multitude de petits émaux, comme les chemises des momies égyptiennes; un rabat semblable est noué sous le menton, et va passer dans la ceinture, qui est ordinairement composée de deux grosses plaques d'argent; le tablier est en drap brodé de différentes couleurs; la tunique ou robe de dessus est rouge avec de grands parements en soie bleue; un *charvar*, pantalon blanc et brodé et des babouches jaunes complètent le costume (1). Je décris là l'habillement des femmes que je voyais travailler aux champs, lier les gerbes et les charger sur de lourds chariots traînés par des buffles. Ceux des femmes riches sont encore plus somptueux, dit-on, et leurs cornes sont d'une grandeur démesurée, tandis que celles des pauvres sont très-petites et sans verroterie. Les femmes vieilles, qui devraient être plus sensées, s'affublent également de cette coiffure *isiaque*. Les jeunes filles portent le turban jusqu'à leur mariage, et laissent pendre en tresses leurs beaux cheveux ornés de pièces de monnaies, et allongés quelquefois par des ganses de soie, artistement mélangées. Le costume des hommes est semblable à celui de tous les paysans d'Asie et d'une grande simplicité.

Dans l'état d'ignorance où est plongé le clergé grec de ce village, il est impossible d'en tirer le moindre éclaircissement, et je n'obtins du prêtre que cette réponse banale : ποῖος ἤξεύρει, qui sait? laquelle correspond au *Allah bil-ihr*, Dieu sait, des Turcs.

Les monuments et les traditions manquent complétement pour suivre l'histoire d'un usage qui certainement n'est

(1) Voyez la planche. Costumes à In-Eughi.

pas le résultat d'un caprice de femme, au milieu d'un pays où le dieu Pharnace fut si longtemps adoré (1). Peut-être, malgré les efforts du christianisme, est-il resté dans le pays quelque rite de cette religion dont nous connaissons si peu les détails, et la figure du dieu s'est-elle perpétuée comme une parure de la tête des femmes, quoique depuis longtemps ses autels soient abattus et oubliés.

Je regrette que depuis mon passage en ce lieu, en 1834, nul voyageur n'ait traversé cette peuplade pour en rapporter quelque document qui m'aura peut-être échappé.

La préfecture de Garsauritis est celle pour laquelle la nature s'est montrée le plus ingrate. Il n'y avait certainement qu'un mépris complet des biens de ce monde qui pouvait y retenir les populations de nouveaux chrétiens qui la couvrirent d'églises. Les anachorètes trouvaient dans les cellules des rochers, des habitations qui les séparaient du reste du genre humain; aujourd'hui, que les mêmes motifs ne peuvent plus prévaloir, la province est presque entièrement déserte.

CHAPITRE XXXIX.

VIRAN CHEHER. — AC SERAÏ.

Les deux principales villes du district étaient Archelaïs, qui, d'après son nom, doit sa fondation à un roi de Cappadoce, et Nazianze, qui ne fut célèbre que sous l'empire byzantin. Cependant, dans la vallée de Halvar déré, au pied du Hassar dagh, et dans le voisinage des ruines que l'on regarde comme celles de l'ancienne Nazianze, ruines chrétiennes qui consistent en une église byzantine, des chapelles et des tombeaux, on observe des restes de monuments qui portent tout le caractère d'une époque primitive. Cet endroit est appelé par les Turcs Viran cheher (ville détruite); c'est une désignation commune à plusieurs cités antiques, qui ne peut donner aucune indication sur leur origine. Comme le nom de Nazianze ne se trouve jamais mêlé au récit des événements qui précédèrent l'établissement du christianisme, il est plus probable qu'elle a remplacé une ville cappadocienne tout à fait détruite; Nazianze est citée en effet par les géographes anciens comme une très-petite ville, et ne doit son illustration et son agrandissement qu'à son premier évêque, le célèbre Grégoire.

Un passage étroit entre deux hauts rochers conduit de la vallée de Halvar déré sur une plate-forme, couverte de débris de murailles, d'appareil cyclopéen de premier style. L'Acropolis s'élève entourée de murailles de même construction, qui ont encore jusqu'à sept mètres de hauteur. On reconnaît les traces des rues avec de nombreux vestiges de tombeaux et de maisons. M. Hamilton a observé l'appareil de ces murs, qui paraît en quelques endroits dériver de la nature des matériaux employés dans la construction. La base de la roche étant un trachyte brun, qui tend à se déliter en parties prismatiques de la longueur d'un mètre environ, les murs bâtis avec ces matériaux tendent à une sorte de régularité; mais il ne faut pas oublier que c'est un usage constant des Grecs et de tous les constructeurs dans la période archaïque, d'avoir soin de toujours relier leurs murs par des pierres qui traversent de part en part, et qu'en construction on appelle parpaing.

Les constructeurs de Viran cheher avaient donc un double intérêt à employer les prismes de trachyte que leur fournissait la montagne. À l'ouest de l'acropole, on aperçoit les restes de la porte de ville, dont l'architrave est d'une seule pièce; elle a deux tours solides de chaque côté. Une autre colline, voisine de celle de l'acropole, est également couverte de constructions qui s'élèvent à une grande hauteur.

Un grand nombre de portes et des galeries de communication sont encore dans leur état primitif. Toutes les architraves sont formées d'un seul bloc énorme de roche. Un peu plus à l'est, se trouvent quelques constructions souterraines qui semblent avoir servi de tombeaux à l'époque grecque. L'intérieur de l'une d'elles présente une salle voûtée avec une estrade de pierre tout

---

(1) Strabon, XII, 556.

autour : c'est en effet le genre de sépulture le plus usité à l'époque la plus florissante de la civilisation hellénique.

Tant de monuments divers, chapelles, églises, tombeaux et citadelles, présentent des systèmes de construction trop disparates pour être l'ouvrage d'une même période de civilisation. Il y aurait à examiner si ces ruines ne peuvent pas dater de l'époque où les rois de Cilicie gouvernaient la contrée ; il faudrait préalablement, pour résoudre cette question, des plans et des dessins de tous ces monuments.

L'itinéraire de Jérusalem place Archelaïs à XXIV. M. P. de Nazianze, et Andabilis à XL. M. P. de cette dernière ville ; ces distances sont parfaitement conformes aux positions respectives des trois endroits précités. Ak seraï, dépeuplée au commencement du seizième siècle, reçut cependant de nouveaux habitants dans l'enceinte de ses murailles. De nombreux monuments musulmans, aujourd'hui en ruine, sont là pour attester que cette place tint un rang distingué parmi les petites villes de la Cappadoce musulmane. Les constructions qu'on y observe ont beaucoup d'analogie avec les mosquées en ruine d'Aïasalouk, qui remplaça Éphèse, c'est-à-dire qu'elles peuvent être attribuées à un de ces émirs, compagnons de Saroukhan, qui capitulèrent avec les sultans, et conservèrent dans leurs familles quelques débris du pouvoir dont les Seldjoukides avaient été dépossédés.

La plupart des édifices importants sont réunis sur une éminence qui occupe le centre de la ville. Des mosquées, décorées dans le style arabe, un médrecé, plusieurs tombeaux ou turbés, et des bains, mériteraient d'attirer l'attention de l'artiste.

Pendant les trois quarts de l'année, les habitants demeurent campés dans leurs jardins ; ils ne rentrent en ville que lorsque l'hiver devient trop rigoureux ; l'instinct nomade dominera toujours dans ces contrées. Pour nous, Européens, c'est une chose si insolite de voir toute une population, riches, pauvres ou artisans, abandonner complétement une ville pour aller vivre sous la tente, que je regrettais de n'avoir un peu de temps à consacrer à l'étude de cette vie demi-nomade, soumise ainsi à des conditions qui nous paraissent contraires à toute administration régulière. La ville désertée ne touche plus d'octroi, ou du moins tant de moyens faciles se présentent à l'habitant pour s'y soustraire, que le trésor du gouverneur se trouverait fort amoindri, s'il n'inventait des moyens, la plupart du temps illégaux, pour rétablir l'équilibre. Le gouverneur, soit mutzellim, soit pacha, n'est payé que sur les rentrées qu'il se procure, et sur lesquelles il remet au gouvernement la redevance des impôts publics dont la quotité est fixée chaque année au baïram. L'impôt se perçoit, dans les villes à demi nomades, sur toutes les marchandises importées par caravane, sur les fruits des cultures : toute terre qui n'est pas mise en produit ne paye rien ; enfin sur les troupeaux, qui sont enregistrés par le kyahia, chaque tête de bétail payant une somme déterminée qui ne dépasse pas une demi-piastre. La vente des laines, des peaux de chèvres et de bœufs, est aussi soumise à un tarif. Le nitre, qui s'exploite dans toute la province, est une régie du gouvernement ; mais le sel gemme, ou le sel tiré des eaux du lac salé, ne doit au gouvernement que la dîme en nature, comme les salines qui sont situées sur le bord de la mer. Le tabac, dont l'usage est général, ne paye qu'un droit modéré, qui ne dépasse pas une demi-piastre par kilogramme.

Le culte, dans les provinces, s'entretient par lui-même comme dans les grandes villes. Les mosquées possèdent des wakoufs, des biens inaliénables, dont les revenus servent à payer les desservants imans, muezzin et softas. Souvent la portion de revenu du wakouf d'un territoire a été affectée en piastres par le fondateur : tel établissement religieux était dans l'origine doté de quelques milliers de piastres, qui, à cette époque, valaient plus de six francs de notre monnaie, et les softas, entretenus par la mosquée, touchaient, au maximum, une demi-piastre, d'autres dix paras et quelques aspres par jour. Mais depuis que la piastre, par suite de la dépréciation de la monnaie, est tombée à la valeur de vingt centimes, le para vaut un demi-centime, et l'aspre (la vingtième partie du para) n'est plus qu'une valeur inappréciable. Les janissaires, dans l'origine, avaient une solde fixe de trois aspres par jour. On conçoit que, dans ces provinces, le clergé musulman, qui depuis bien longtemps ne reçoit plus de wakoufs nouveaux, ni de terres conquises, soit réduit à un état de pauvreté extrême ; les donations volontaires sont aujourd'hui presque nulles ; et les revenus des bains, des bazars et des caravansérais, qui en temps ordinaire pouvaient compter pour quelque chose, sont tout à fait annulés, quand toute la population va coucher sous la tente.

Le clergé turc ne recevant aucun traitement de l'État, il fallait, pour les mosquées à élever, qu'un édit fixât la position des desservants. D'après une décision des oulémas, nul village ne peut élever un mesjid (chapelle), ou un djami (mosquée à minaret), s'il n'a préalablement constitué une rente sur biens-fonds, pour le payement du personnel du clergé.

Quelques ondulations de terrain au sud de la plaine de Méléhubi sont les seuls indices d'une frontière entre la préfecture de Garsauritis et celle de Tyane. On conçoit qu'il serait difficile de déterminer plus positivement une ligne de démarcation, qui, chez les anciens, est toujours restée arbitraire.

CHAPITRE XL.

PRÉFECTURE DE TYANITIS.

La physionomie générale de cette suite de plateaux paraît d'autant plus singulière à un observateur européen, que par leur conformation les vallées ne paraissent pas être la conséquence des soulèvements qui ont exhaussé le terrain à mille mètres au-dessus du niveau de la mer, mais semblent devoir leur origine à des cours d'eau formés par les pluies et les fontes des neiges. Ces torrents temporaires vont se perdre dans une multitude de bassins particuliers, formant des lacs d'une étendue médiocre, sujets à diminuer, ou même à se dessécher complètement pendant une partie de l'année. Aussi un lac voisin de Tyane, qui, par une cause naturelle, ne se trouve pas soumis à cette loi générale, a été chez les anciens regardé comme un bassin privilégié, et comme tel, consacré à Jupiter.

Dans l'état normal, c'est-à-dire quand l'hiver n'a pas accumulé sur les monts une masse de neige inaccoutumée, les petits ruisseaux sont à sec dès le mois d'août. Passé ce temps, les habitants n'ont plus que les ressources des citernes et des puits.

Plus on approche des montagnes du sud, plus on voit diminuer l'épaisseur de la couche terrestre qui recouvre la nappe d'eau souterraine. Les soixante-six mètres du puits de Méléhubi se réduisent à trois ou quatre aux approches de Nigdé ; aussi dans toute cette région le système usité pour puiser de l'eau est-il le même que celui qui est employé dans les champs de France et d'Italie, une perche fixée sur un poteau de manière à former une bascule ; la corde est remplacée par un long sarment de vigne. Cette diminution de la croûte terrestre indique que la prise d'eau, c'est-à-dire l'affleurement des couches perméables du sol, se trouve à la base du Taurus, et, si elle suit la conformation présumée des terrains, la nappe d'eau passe sous la couche volcanique, peut-être sous le lit de l'Halys, et va se prolonger jusqu'à la ligne des terrains calcaires, dans le royaume de Pont, où elle donne naissance à une multitude de petits ruisseaux qui prennent leur cours vers l'Halys. Le lac près de Tyane, qui a un écoulement souterrain, joue le rôle d'un entonnoir avec un puits d'absorption. Ce système des eaux de la Cappadoce me semble si clair, que je ne saurais mettre en doute le succès du forage des puits artésiens dans toute cette contrée.

Quand même le terrain argileux qui forme des affleurements dans le nord, depuis Youzgatt jusqu'au delà de Songourlou, ne se prolongerait pas sous le sol dans toute l'étendue du plateau, nous avons vu combien les couches volcaniques sont coordonnées d'une manière régulière ; tantôt des terrains tuffacés, tantôt des laves de fusion. En l'absence d'une couche imperméable d'argile, les eaux souterraines n'éprouveraient aucun obstacle pour établir un courant entre ces couches vocaniques. Mais tant d'obstacles s'opposent à l'exécution de travaux si simples, que de longtemps encore les Cappadociens en seront réduits à l'eau de leurs citernes.

Cette partie de la Cappadoce a dans l'origine appartenu à la Cataonie ; elle en fut plus tard détachée sous le nom de Tyanitis, lorsqu'on subdivisa le pays en préfectures. La ville principale, ou plutôt la seule place digne de ce nom, Tyane, occupait la partie méridionale, non loin des contre-forts septentrionaux du Taurus. Strabon cite avec Tyane les deux bourgs de Castabala et de Cybistra (1), dont la position concorde avec celle d'Érégli. La fertilité de cette partie de la Cataonie était renommée dans l'antiquité ; mais aujourd'hui elle ne produit plus que de l'orge et des pâturages. Les endroits susceptibles d'irrigation, et ils sont peu étendus, sont cependant plantés en jardins, qui donnent des fruits en abondance. Dans tout le reste du pays, les montagnes calcaires, dépouillées de terre végétale, indiquent les abords de cette province de Lycaonie, uniquement célèbre par l'aspect austère qu'elle a de tout temps présenté au voyageur.

On voit de temps à autre des groupes de huttes carrées, et à demi enterrées ; ce sont des villages qui ne sont habités que pendant la saison d'hiver, lorsque la neige couvre la contrée. La plupart de ces villages sont tout à fait modernes ; mais il en est quelques-uns qui conservent les traditions de l'époque byzantine : ce sont des chapelles renfermant des corps de martyrs. On cite saint Pacôme et saint Constantin, partageant avec sainte Macrine les hommages de la population chrétienne, qui dans ces districts est assez nombreuse ; il est vrai que dans la saison d'été les Turcs vont à la montagne, et que les Grecs restent sédentaires.

Le village de Misthi (2) est un des plus considérables de ce groupe ; il est habité par des familles grecques chargées de l'exploitation de certaines mines de plomb qui existent dans un endroit appelé Courchoum-Maden (la mine de plomb); c'est une mine de plomb sulfuré, contenant sans doute quelques parcelles d'argent, comme celui de Gumuch hané ; mais la connaissance de la métallurgie dans ces contrées est encore trop peu développée pour qu'on songe à en tirer profit. Il se trouve d'ailleurs à quelques lieues de là un gisement plus riche en métal d'argent qui est en voie d'exploitation. La mine de plomb est à dix lieues est de Misthi ; elle est affermée par le gouvernement soixante-quinze mille okes de métal (93,000 kil.); cependant la rareté du combustible y cause des chômages fréquents. La mine d'argent (plomb sulfuré argentifère) est affermée trois cents okes (450 kil.) de métal : le produit ne couvrant pas les frais, les fermiers l'avaient abandonnée récemment (1834), et le gouvernement les tenait pour le moment quittes de leur redevance.

Un autre petit village, nommé Sementra, jouit aussi du privilége d'une exploitation. Les collines qui bornent l'horizon à l'est, et qui contiennent ces mines, se prolongent jusqu'à la route tracée entre Nemcheher et Nigdé ; elles fournissent quelques ruisseaux dont les bords se couvrent immédiatement de verdure. Le village de Bounarbachi est bâti sur la source du ruisseau qui passe à Nigdé, mais il est bientôt tari par les irrigations. Dans le voisinage, on remarque le village de Oulou agatch (le grand arbre), et un hameau, qui a conservé le nom d'Andaval ; précieux document pour la géographie ancienne ; car cette localité est mentionnée dans l'*Itinéraire* d'*Antonin*, et sert par sa position à contrôler plusieurs villes du voisinage. Le géographe ancien a ajouté une note qui apprend que le riche éleveur de chevaux Pampalus avait là sa maison de campagne. « Ibi est villa Pampali « unde veniunt equi curules. » C'était, en effet, ce canton de la Cappadoce qui était en possession de fournir les chevaux les plus estimés. Aujourd'hui, le

---

(1) Strabon, XII, 537.

(2) Misthi est placé dans les tables parmi les villes de Lycaonie.

bétail est encore nombreux ; mais l'élève des chevaux exige trop de soins et d'avances pour que les habitants puissent se livrer à cette branche de l'industrie agricole.

Les eaux de toutes les sources réunies en un seul cours forment le ruisseau qui passe à Nigdé, capitale du sandjak ou district du même nom.

CHAPITRE XLI.

NIGDÉ.

Nigdé a été longtemps regardée comme ayant succédé à l'ancienne Tyane. La distance entre ces deux villes est seulement de 12 kilomètres ; on compte sur les cartes anciennes seize milles d'Andavilis à Tyane. Nigdé est à trois milles sud-ouest de la première de ces places. On n'observe dans l'enceinte de Nigdé aucun débris d'architecture antique, tandis que les monuments musulmans y sont nombreux, et d'après le style on peut les regarder comme contemporains de ceux que nous avons décrits, c'est-à-dire de la période du treizième au quinzième siècle.

Un château, aujourd'hui en ruine, couronne une éminence autour de laquelle la ville est bâtie. Toutes les habitations sont groupées sur les bords d'un ruisseau et entourées de jardins. Plusieurs faubourgs, qui sont comptés comme des villages séparés, occupent les collines environnantes. L'un d'eux, appelé Kaïabachi (tête du rocher), est renommé par des sépultures seldjoukides, qui offrent un grand intérêt par le mélange d'art arménien et arabe. Dans l'intérieur de la ville, j'ai également observé les ruines d'une mosquée du quinzième siècle de notre ère, et un médrécé qui aurait mérité une description détaillée ; mais la saison avançait, et mille circonstances, au nombre desquelles je dois bien compter les fatigues et les privations que j'éprouvais depuis huit mois, me forçaient de songer à me rapprocher des pays plus praticables.

Le médrécé est bâti sur le même plan que tous les édifices de ce genre ; il est remarquable, en ce que la façade est ornée, au premier étage, d'une loge ou portique, avec des colonnes de marbre blanc et des chapiteaux arabes, supportant des arcades mauresques. La porte, disposée comme celle de la mosquée de Césarée, est surmontée d'une niche en pendentif, couronnée d'encorbellements ornés de coques. L'intérieur est occupé par une cour carrée ayant sur chacun de ses côtés un portique de trois arcades qui communiquent à autant de chambres pour les softas. La décoration intérieure se compose de méandres ou bâtons rompus, comme le couronnement du tombeau de Houen. Une frise d'ornements très-élégants règne sous le portique, au rez-de-chaussée et au premier étage.

L'histoire de Nigdé se rattache à celle de la plupart des petites villes de ces cantons, qui formaient le chef-lieu des possessions de tous ces émirs, tantôt révoltés et indépendants, tantôt soumis aux sultans turcs ou seldjoukides. Le château offrait un refuge assuré aux chefs qui cherchaient à se soustraire à l'autorité des sultans. En 1460, Issak Pacha, gouverneur de la Caramanie pour Mahomet II, fit construire les murailles de la ville, et tenta d'établir un gouvernement indépendant. Les projets du sultan attiraient toute son attention vers les affaires de Roumélie, Constantinople était tombé entre ses mains depuis quelques années ; il fit peu d'attention à la révolte d'un vassal, qu'il devait réduire à la première tentative. Issak Pacha conserva le pouvoir pendant plusieurs années, et finit par payer un tribut au sultan.

La révolte des pachas résidant aux extrémités de l'empire ne se manifeste jamais par des actes d'une hostilité ouverte ; ils cherchent d'abord à se créer des partisans parmi les délégués de la Porte qui exercent des fonctions autour d'eux, retiennent une partie des impôts sous prétexte de les employer à des ouvrages indispensables, et peu à peu lèvent des troupes, fabriquent des armes ; c'est alors que la Porte commence à soupçonner l'esprit de rébellion. Les fonctionnaires étant soumis directement au pacha, qui exerce un pouvoir militaire et civil, toute espèce de contrôle est impossible au gouvernement de la Porte ; dans le cas de non obéissance, il est obligé d'envoyer des délégués, qui arrivent rarement, et pour cause, ou qui finissent par entrer dans les intérêts du pacha. Les guerres des émirs n'avaient pas d'autre motif qu'un refus d'impôt; aussi voyons-nous dans l'histoire ottomane un grand nombre de pachas révoltés pendant plusieurs années, faire leur soumission à la Porte, et vivre ensuite tranquillement, soit dans leur gouvernement, soit paisibles ridjals à Constantinople. La révolte de Daoud, pacha de Bagdad, en 1825, et celle de Mohammed, pacha de Mossoul, en 1840, se sont terminées de la manière la plus pacifique. Le premier s'était cependant arrogé un des droits dont les sultans sont le plus jaloux : celui de faire battre monnaie. Chez les princes seldjoukides, chez les sultans mamelouks et turcs, c'est le signe imprescriptible de leur souveraineté. Il fut exercé par quelques princes de la Caramanie, qui s'en prévalurent comme d'un droit héréditaire.

La défaite du sultan Bayazid, vaincu par Timour, avait, pour ainsi dire, rendu la liberté à tous ces petits princes issus du démembrement de l'empire seldjoukide. Nigdé, éloignée de toutes les grandes villes, resta comme la capitale de ce district, et les monuments musulmans qu'elle renferme indiquent que les sciences y furent cultivées; car les médrécés, à cette époque florissante de l'islamisme, n'étaient pas de pauvres établissements, dont les écoliers, dotés de 20 paras par jour (12 centimes et demi), vont épeler le *Coran*, pour le redire ensuite sur les tombes des grands, seule fonction dont la plupart des softas soient aujourd'hui capables. Les plus savants d'entre les docteurs étaient appelés des extrémités de l'Islam; Bokara, Kachan, Bagdad, envoyaient dans les provinces occidentales des oulémas qui venaient expliquer la loi, et dont la parole ardente savait prédire la victoire. Aujourd'hui, dans tout l'empire ottoman, on ne cite pas un seul homme auquel la science donne la moindre autorité. Le corps des oulémas, sapé par le sultan Mahmoud, ne se maintient plus que par cette force d'inertie qui soutient toute ruine. C'est sa destruction complète qui peut seule ouvrir une voie nouvelle à l'Orient, par le commerce plus intime avec les nations européennes; relations qui ne peuvent s'établir que le jour où l'Européen pourra devenir en Turquie propriétaire foncier. Ce sont les oulémas qui seront toujours le plus grand obstacle à cette innovation, jaloux qu'ils sont d'acquérir par le moyen des wakoufs la totalité de la terre cultivable.

Aujourd'hui Nigdé est sous la dépendance d'un simple mutzellim, soumis au pacha de Césarée. La distance entre ces deux villes est de cinquante-quatre heures de caravane ou 324 kilomètres. De tous les monuments que renferme le village de Kaïa bachi, celui qui attire le plus l'attention a reçu, selon l'opinion des habitants, les cendres d'une fille du sultan Achmet Ier, qui mourut en cette ville vers l'an 1610, pendant le pèlerinage de la Mecque qu'elle accomplissait, se rendant à Selefké, dans le but de s'embarquer pour la Syrie. Cette princesse était très-superstitieuse; il existe à la Bibliothèque impériale, au *supplément arabe de Saint-Germain des Prés*, un manuscrit contenant des instructions de magie et de chiromancie, avec des figures coloriées, qui faisait partie de sa bibliothèque.

CHAPITRE XLII.

TYANE.

Malgré son titre de capitale d'un district considérable, Tyane ne fut dans l'antiquité qu'une place forte de second ordre, que relevait à peine le culte de Jupiter Asmabéen; aussi est-elle brièvement mentionnée par Strabon, qui rappelle en même temps un des ouvrages attribués à Sémiramis, la chaussée qui traversait la Cappadoce, et dont les restes apparaissent sans doute dans les marais de Kara sou. Depuis que la position de Tyane est bien déterminée, il est une foule de questions de géographie ancienne qui se trouvent résolues; il est hors de doute aujourd'hui que la ville de Dana, citée par Xénophon, est identique avec Tyane, qui se trouve, en effet, située à quatre jours de marche d'Iconium, et voisine des défilés du

Taurus. Le nom de Dana lui vient, selon Arrien (1), du nom de Thoas, roi des Scythes, qui en fut le fondateur, et qui l'appela Thoana.

Déjà, dans son *Voyage en Asie*, le colonel Leake avait fixé la position de Tyane à trois milles sud de Nigdé, près du village de Ketch hissar. La carte du père Cyrille, quoique dénuée de toute certitude sous le rapport des positions, m'a guidé d'une manière infaillible dans l'exploration de cette place, dont le territoire est occupé par deux petits villages, l'un du nom de Klissesar (sans doute le Ketch hissar du colonel Leake), indiquant un souvenir de métropole ecclésiastique (2), l'autre appelé Iphtyankas, situé au centre même des ruines, et dans lequel on retrouve tout le nom de Tyane. La ville occupe le versant nord d'une colline calcaire et une partie de la vallée attenante. On ne reconnaît que de faibles vestiges des murailles et de l'acropole; mais une imposante ligne d'arcades, bâties en grands blocs de pierre calcaire à bossages, se dessine sur l'azur du ciel et sur la verdure de peupliers plantés près d'un ruisseau : c'est l'aqueduc qui allait prendre à deux milles de là les eaux d'une source abondante, pour les porter à Tyane. Il reste encore environ cinquante arcades debout; et l'on suit sans interruption la ligne des canaux jusqu'à la source ancienne. Les arches voisines de la ville sont supportées par des pieds-droits qui ont de sept à huit mètres jusqu'à la hauteur de l'imposte. L'ouverture de l'arcade est de $3^m 50^c$, et la largeur des piles $1^m 20^c$. L'archivolte, dont l'épaisseur est de $0^m 60^c$, ne porte pas de moulures, et est composée de neuf voussoirs. Une assise réglée, de $0^m 50^c$ d'épaisseur, supporte le conduit, dont la construction ne diffère en rien de celle des autres aqueducs connus. Les arches les plus élevées et les mieux conservées sont dans le voisinage immédiat de la ville; il y en a quelques-unes auxquelles on a adossé des maisons modernes. Le chaos qui existe aux alentours, les blocs de pierre appartenant à des édifices divers, les constructions de toutes les époques, accumulées et ruinées tour à tour, déroutent un peu les recherches de l'antiquaire pour retrouver la citerne ou le château d'eau qui servait de réservoir antique, et qui, à en juger par la hauteur des arches, devait être situé dans la partie supérieure de la colline, afin que tous les quartiers de la ville pussent jouir également de la distribution de l'eau. Mais cette construction, cachée sans doute par des décombres, est aujourd'hui ignorée des habitants, et à côté de l'imposante ruine coule aujourd'hui le ruisseau, qui serpente sous des buissons d'*agnus castus*, l'arbre dédié à Junon.

En suivant l'aqueduc dans la direction du nord-est, qui est celle de la prise d'eau, la hauteur des piles diminue rapidement, et bientôt le canal seul serpente sur le penchant des collines rocailleuses. On le perd de temps à autre; mais son parcours est si bien indiqué, qu'il serait possible d'en tracer la carte sans la moindre erreur. L'eau était fournie par une source, très-remarquable dans ces régions desséchées, qui sort du calcaire grossier, et forme un bassin de quarante ou cinquante mètres de longueur. Cette eau ne tarit jamais. On voit près du bassin quelques fragments taillés, qui peuvent avoir appartenu à un Nymphée, et aujourd'hui ils servent à former une digue pour exhausser le niveau des eaux.

Je n'ai pas visité les grottes sépulcrales situées à quelque distance de cette source, sur la route de Bor. Tant de monuments de ce genre m'avaient passé sous les yeux, qu'il fallait un motif impérieux pour me décider à entreprendre une excursion dans ce but, et, d'après les renseignements que l'on me donna, elles ne doivent présenter aucune particularité qui n'ait été observée dans les autres grottes. J'ai cependant regretté de ne pas être en mesure de faire cette excursion, pour m'assurer si elles sont, en effet, taillées dans la roche calcaire. Nul habitant ne fut en état de me le dire, et M. Hamilton, qui les visita plus tard,

---

(1) Péripl. Eux., p. 6.
(2) En Turquie, tous les villages nommés Kilicé keui, Kilicé hissar, Utch kilicé, etc., ont pris ce nom d'une église monumentale.

se tait à ce sujet. J'ai lieu de supposer que les grottes voisines de Tyane sont, comme toutes celles de Cappadoce, taillées dans le tuf volcanique, et je ne pense pas que jamais ce peuple ait dérogé à une méthode si antique. Réciproquement, dans les contrées où l'usage fut de consacrer les rochers calcaires à recevoir les sépultures, comme dans la province d'Amasie et dans la Lycie, toutes les roches d'une nature différente sont toujours restées sans emploi. Il est vrai que dans le Taurus et dans l'Olgassus, à côté du calcaire, on ne trouve que de la serpentine et des schistes d'un travail plus ou moins difficile.

Parmi les débris de monuments dont est couvert le sol de l'ancienne ville, on ne reconnaît aucun fragment de roches volcaniques; mais les variétés de calcaire y sont nombreuses. J'ai observé, 1° un marbre blanc cristallin et d'une qualité médiocre, dont les carrières sont situées au nord-est de la ville, selon la carte grecque; 2° un calcaire compacte, blanc, sans fossiles, extrait des environs de la ville; 3° une roche de la nature du travertin, qui a servi pour les fondations de la plupart des édifices. La carrière doit se trouver dans des vallées qu'arrosent les ruisseaux dont la ville est, pour ainsi dire, entourée; peut-être dans la vallée de la rivière Basmadji, qui, réunie avec les eaux de la plaine, forme la petite rivière Kilidjé sou. La plupart des sources en Asie ont la vertu pétrifiante à un plus haut degré qu'en Europe; il n'est point d'aqueduc qui n'ait été mis hors d'usage par les dépôts énormes formés par les eaux. Quelques fûts de colonnes de brèche jaunâtre sont extraits du penchant septentrional du Taurus. J'ai trouvé dans les cimetières turcs, dans toute la route que j'ai suivie, en longeant la montagne, des blocs bruts de différents marbres colorés, parmi lesquels se fait remarquer une belle qualité de portor et d'autres marbres à fond noir. Le plus grand nombre des monuments de Tyane a été bâti en calcaire blanc. L'état de bouleversement dans lequel ils se trouvent ne me paraît pas dû uniquement au ravage des hommes; tous ces édifices construits sans ciment n'auraient pas pu résister à une secousse de tremblement de terre. Une seule colonne est aujourd'hui debout; elle est d'ordre dorique, de $7^m 15^c$ de hauteur, cannelée à la grecque, c'est-à-dire que les cannelures sont peu évidées, et séparées par des filets très étroits. Le fût est composé de quatre blocs, et la colonne a une base; un soubassement continu supporte la colonnade, dont on retrouve de nombreux fragments dans les maisons voisines, qui empêchent de reconnaître la moindre partie du plan de l'édifice.

Il reste cependant chez les habitants une tradition qui attribue à ces pierres la vertu merveilleuse de guérir de la fièvre (1).

Les autres édifices ne présentent qu'un monceau de décombres; mais le peu de fragments sculptés que l'on rencontre prouve que l'ornementation des édifices était soumise à des règles sévères qui rappellent le style grec. En effet, nous apprenons par Philostrate que la population de Tyane était composée de Grecs. L'on sait peu de chose de l'histoire de cette ville; elle suivit le sort du reste de la Cappadoce.

Le temple de Jupiter, surnommé Amasbéen, du nom d'un petit lac qui en était proche, lui valut une certaine célébrité, comme centre d'un culte assez répandu. Mais ce fut sous le règne d'Hadrien qu'elle acquit le plus haut degré d'illustration, par la naissance de l'habile jongleur Apollonius, dont l'esprit pénétrant avait compris quel parti l'on peut tirer de cette passion du merveilleux qui est toujours le côté saillant du caractère asiatique. Combien d'hommes dans ces contrées ont acquis un pouvoir non moins extraordinaire, et auxquels il n'a manqué qu'un historien comme Philostrate pour jouir d'une égale célébrité !

Lors des troubles suscités par les trente tyrans, Tyane tomba au pouvoir de la reine Zénobie. Reprise quelque temps après par Aurélien, elle fut mise au pillage, mais conserva néanmoins le titre de colonie romaine, et celui d'Eusébia du Taurus, dû, sans doute, au culte de Jupiter.

(1) Voyez page 283.

Les géographes modernes attachaient une grande importance à la détermination du site de Tyane, qui, se trouvant au point de jonction de plusieurs routes, aidait à fixer la position de plusieurs autres villes moins connues. On commentait principalement le texte de Strabon, qui la plaçait au pied du Taurus, tout en faisant remarquer que les villes de Castabala et de Cybistra, situées sur la route des Portes de Cilicie, étaient plus proches de la montagne. La distance de Tyane à Cybistra, ville encore mal connue, était de trois cents stades ou sept milles et demi. La carte de Peutinger donne de Mazaca à Tyane une distance beaucoup trop courte; aussi, jusqu'à l'année 1812 les géographes hésitèrent entre les villes de Kara hissar, Nigdé et d'autres points moins importants, lorsque la carte de Cappadoce leva toute incertitude. Cela prouve combien cette capitale déchut du rang qu'elle occupait dans la contrée, car il n'en est fait aucune mention dans toute la période des croisades et dans les guerres des émirs. Il est vrai que Nigdé, qui n'en est pas éloignée, avait réuni un centre de population assez considérable. Tyane avait pourtant, dans la période byzantine, acquis en quelque sorte une importance plus grande que dans l'antiquité, puisqu'elle était devenue métropole ecclésiastique (1). D'après l'*Itinéraire d'Antonin*, Archélaïs était éloignée de Tyane de soixante-quinze milles. Cette distance s'accorde bien avec celle de Kara hissar à Iphtyankas.

La position de Cibystra est indiquée par un voyageur allemand au village de Pasmaktchi, sur la route de Césarée au Kulek Boghaz (les Portes de Cilicie). Il en est souvent fait mention dans les *Lettres* de Cicéron. C'est à Cibystra qu'il avait établi son quartier général pour protéger la Cappadoce contre les Arméniens, qui se soulevaient en faveur des Parthes. Voulant en même temps être en mesure de défendre la Cilicie, en cas d'une attaque imprévue, il resta quinze jours à Cibystra, et s'avança vers le mont Amanus pour attaquer l'ennemi et purger la contrée des voleurs qui l'infestaient (1).

Aux environs de Tyane il existe deux petits lacs, dont l'un est saumâtre, et dont l'autre fournit de l'eau douce. Le premier est marqué sur la carte grecque sous le nom de Σάζαλαι, et distingué dans la légende par ces mots : Ἄκοτος ἀσφαλτίτης. En effet, son bassin, qui n'a pas plus de vingt mètres de diamètre, est rempli d'une eau saumâtre, qui surgit du centre en bouillonnant comme un puits artésien, et rentre dans le sol par un conduit inaperçu; phénomène qui avait frappé les anciens, et que l'art moderne est parvenu à expliquer et à imiter. Quoique l'eau soit froide, ce bouillonnement perpétuel, ainsi que l'émission des globules gazeux, lui donnent l'apparence d'une eau chaude. Il est très-probable que ce lac était attenant au territoire du temple de Jupiter Amasbéen cité par Philostrate (2) et par Ammien Marcellin (3). « Près du temple de Jupiter Amasbéen, dit cet auteur, il y a un petit lac dont les eaux, quelque gonflées qu'elles soient, s'absorbent d'elles-mêmes, sans jamais passer les bords. » Strabon, dans la description d'un lac qui a des propriétés identiquement semblables, ne mentionne pas la ville de Tyane, et dit que le Jupiter adoré dans le voisinage portait le surnom de Dacius.

CHAPITRE XLIII.

ÉTAT MODERNE.

La population de la Tyane moderne se compose presque entièrement de Turcs et de Turcomans, qui sont réunis depuis peu sous l'autorité d'un agha arabe, dont je demeurai l'hôte pendant quelques jours. Appelé depuis peu dans ce gouvernement, comme ennemi déclaré de Méhémet ali, il avait attiré à sa suite des montagnards du Taurus, que le gouvernement de la Porte voulait convertir en paysans stables; mais je doute qu'il y ait réussi. J'ai vu par la suite renouveler ces ordres impériaux

---

(1) Grég. Naz., *Ep.* 33, *Orat.* XX, p. 355.

(1) *Ep. ad. Fam.*, XV, 2, 4; *ad Att.*, V, 2.
(2) *Vie d'Appolonius*, liv. I, chap. 6.
(3) Liv. XXIII, chap. 6.

qui prescrivaient aux nomades de bâtir des villages; comme s'il suffisait d'une parole d'un sultan. A l'ignorance extrême de toute idée d'économie politique, les conseillers de la Porte joignent celle, bien plus inexplicable, du caractère des peuples qu'ils sont appelés à gouverner. On a lieu de s'étonner que des gens issus des nomades de la suite de Togrul-Beg, qui ont mis quatre cents ans à s'habituer à demeurer dans des maisons, puissent s'imaginer que des tribus errantes, n'ayant pour toute fortune que des troupeaux, vont, sans secours aucun, renoncer à une vie qu'ils aiment, à une existence forcée, puisqu'il n'y a que la vie vagabonde qui leur permette de nourrir leur bétail.

C'est dans cette zone que l'on commence à observer une certaine modification dans les races musulmanes. Plus on avance vers le sud, plus le sang arabe se trouve influer sur le caractère des races. Les chrétiens qui habitent les pentes du Taurus, quoique divisés en deux communions, l'arménienne et la grecque, sont tous de race arménienne. Le type des Grecs de l'Ionie et des provinces occidentales s'efface longtemps avant qu'on arrive dans ces districts. Il faut lire ces caractères sur les traits des habitants; car on ne saurait s'attendre à rencontrer chez aucun d'eux la moindre connaissance d'une généalogie. Le passé est, en effet, si triste pour ces pauvres gens, qu'ils trouvent une grande consolation à l'oublier, et à se forger pour l'avenir des espérances que l'état actuel de l'Europe éloigne pour bien longtemps.

Méhémet Ali occupait alors (septembre 1834) toute la Cilicie et les versants méridionaux du Taurus. Les nomades de ces contrées avaient été incorporés dans l'armée régulière, et l'on commençait à fortifier d'une manière redoutable le passage du Taurus qui conduit de la Cilicie en Cappadoce.

C'est à ce lieu qu'aboutirent toutes les marches des croisés dans l'Asie Mineure. Avant eux, toutes les armées qui avaient combattu en Orient, l'expédition du jeune Cyrus, comme celle d'Alexandre, avaient franchi ces défilés, que les anciens ont appelés les Portes de la Cilicie. Toute armée maîtresse de ce passage domine en même temps les deux pays; aussi, toute la politique du vice-roi d'Égypte tendait-elle à s'en emparer, et déjà des reconnaissances étaient faites par des ingénieurs européens, pour y établir des fortifications sur les ruines de celles que les anciens avaient élevées dans ces parages.

Nous nous arrêtons sur les crêtes élevées du Taurus. Tout le pays situé au delà fait partie de la Cilicie.

La route de Tyane à Karaman, capitale actuelle de la province, est tracée au milieu de contrées incultes et arides. Toute l'industrie des habitants, qui y sont temporairement établis, consiste dans la récolte du nitrate de potasse, qui abonde dans les terrains.

CHAPITRE XLIV.

ÉRÉGLI.

La ville d'Érégli est sur la lisière du pays cultivable; les nombreux ruisseaux qui l'arrosent changent tout à coup la face du paysage. S'il faut chercher à identifier cette petite place avec une station antique, il suffit de rappeler que les géographes sont assez d'accord pour la regarder comme occupant l'emplacement de Herculis Vicus, mentionné par Cedrenus; mais, aujourd'hui, il ne reste aucun vestige d'antiquité, et les monuments de l'école arabe sont dans un état complet de délabrement. Les jardins qui entourent la ville ne s'étendent pas à plus d'un mille de ses murailles. Tant que l'irrigation peut alimenter la végétation, le sol paraît d'une fertilité extrême, et les habitants croient que la nature saline du terrain, loin de nuire à la production, lui est au contraire favorable.

Toutes les eaux qui entourent la ville se réunissent dans un petit lac, qui n'a pendant l'été qu'une médiocre étendue (on l'appelle Ak gheul); mais au printemps, quand la fonte des neiges vient apporter un nouveau tribut aux terres déjà saturées par les pluies d'automne, alors les eaux s'étendent indéfiniment sur ce désert uni, et engendrent des inondations qui n'ont pour limites que les collines de l'Elma dagh, au nord de Konieh. Des voyageurs européens attestent que, certaines années, cette contrée présente l'aspect d'une mer, et que les villages se trouvent pendant quelque temps privés de toute communication entre eux. Les eaux, en se retirant, laissent à la surface du sol une efflorescence saline, qui blanchit sur terre comme une gelée blanche (1). Ce phénomène est général dans toute l'Asie orientale, et plus on avance vers l'est, plus il est caractérisé.

Les communications entre Érégli et les villes du sud deviennent très-difficiles vers la fin de l'été, parce que les habitants des rares villages que l'on rencontre sur la route sont tous retirés dans les yaëlas du Taurus. Les ruisseaux sont taris, et le peu d'eau courante que l'on rencontre acquiert une saveur saumâtre et désagréable.

La limite qui sépare la préfecture de Tyane des provinces d'Isaurie et de Lycaonie ne saurait être déterminée géographiquement, car ces districts ont considérablement varié en étendue pendant la domination romaine. Sous l'empire byzantin, elles ont reçu de nouveaux accroissements, et plus tard, on en détacha une province qui prit le nom particulier de la principale ville, appelée Homonada. Quelques tables géographiques prolongent jusqu'à la mer les possessions des Isauriens; mais il ne paraît pas qu'ils aient jamais franchi les steppes qui séparent Karaman de Tyane. Cette dernière ville est toujours restée annexée à la Cappadoce. Au sud d'Érégli, le pays est complétement nu jusqu'aux montagnes; il forme la frontière naturelle entre les deux provinces.

CHAPITRE XLV.

TABLE DES PRÉFECTURES ET DES VILLES DE CAPPADOCE A DIFFÉRENTES ÉPOQUES.

Sous Archélaüs, la Cappadoce est divisée en dix gouvernements :

Cinq près du Taurus :

La Mélitène.
La Cataonie.
La Cilicie.
La Tyanitis.
L'Isaurique.

(1) Voyez Leake, *Asia Minor*, et la carte.

Cinq dans l'intérieur des terres :

La Liviniasène.
La Sargarausène.
La Chamanène.
La Saravène.
La Morimène.

Ptolémée réunit dans sa description la Cappadoce avec le royaume de Pont. Il lui donne pour bornes la Galatie, une partie de la Pamphylie; la Cilicie, au midi, depuis le Taurus jusqu'au mont Amanus, et de l'Amanus à l'Euphrate; enfin, au nord-est, la Grande Arménie, depuis le coude de l'Euphrate à l'est.

Les provinces se trouvent ainsi divisées :

Le Pont, trois provinces :

Pont Galatique.
Pont Polémoniaque.
Pont Cappadocien.

La Cappadoce propre, six provinces :

La Chamanène.
La Sagarausène.
La Garsauritis.
La Cilicie.
La Lycaonie.
L'Antiochiane.

Sous l'empire romain, le Pont et la Galatie ayant formé des gouvernements séparés, la Cappadoce a été réduite à deux provinces : la Grande et la Petite Cappadoce, ou Cappadoce première et seconde.

Hiéroclès classe de la manière suivante les villes principales :

Éparchie de la Cappadoce Ire sous un consulaire. IV villes.

Césarée.	Césarée.
Nyssa.	Nemcheher.
Therma.	(Inconnu.)
Regepodandus.	(Inconnu.)

Éparchie de la Cappadoce IIe sous un consulaire. VIII villes.

Tyane.	Ketch-Hissar.
Faustinopolis.	(Inconnu.)
Cybistra.	Pasmaktchi.
Naziance.	Viran-Cheher.
Sasime.	Sinason.

Parnasos. (Inconnu.)
Regedoara. (Inconnu.)
Regecucusus. (Geuksunn.)

Sous Trajan, l'Arménie seconde fut réunie à la Cappadoce. Elle comprenait six villes.

Éparchie de l'Arménie IIe, VI villes.

Mélitène.	Malatia.
Arca.	Arca.
Arabissos.	Gurun.
Boucousos.	Gheuk sunn.
Comana.	Chert kalé si.
Ariarathia.	(Inconnu.)

Sous Constantin, la Cappadoce fit partie du diocèse d'Orient, et lorsque Constantin Porphyrogénète eut divisé l'Asie en thèmes pour y installer ses légions, elle fit partie du second thème, dit d'Arménie, avec les limites des provinces mentionnées ci-dessus.

Lorsque l'empire fut divisé en cinq patriarcats, les évêchés d'Asie furent suffragants de celui de Constantinople.

La Cappadoce comprenant les métropoles suivantes :

Première Cappadoce.

Césarée.
Thermæ (1).
Nyssa.
Camuliana (2).
Ciscissa.
Théodosiopolis.
Tyana.

(1) Thermæ est placée, dans l'itinéraire d'Antonin, sur la route de Tavium à Césarée, à dix-neuf milles de Tavium. Il n'est pas probable que ce soit celle qui est mentionnée dans l'Histoire des Croisades, puisque les croisés venaient de l'ouest. Voyez ci-dessus page 26.

(2) On lit dans la notice du Ve concile général, *Basilius Justinianopolitanus Camulianorum præsul*, ce qui a donné lieu à quelques critiques de penser que Camuliana est la même ville que Justinianopolis. La mention de cette ville parmi les métropoles de la seconde Cappadoce ne serait pas une objection, puisque Doara se trouve citée en même temps dans deux provinces. — L'une et l'autre de ces deux villes sont aujourd'hui inconnues.

Seconde Cappadoce.

Doara (1).
Cybistra.
Faustinopolis.
Sasimi.
Justinopolis.
Asuna.
Mocissus (2).

Troisième Cappadoce.

Naziazum.
Colonia (Archelaïs).
Parnassus (3).
Doara.
Sebasta (4).

Métropole de la seconde Arménie.

Arca.	
Comana.	Villes connues aujourd'hui.
Arabissus.	
Cocusum.	
Ariarathia (5).	
Amasa.	
Zelona.	Villes inconnues aujourd'hui.
Sophène.	
Drosponthium.	

Mélitène fut rangée dans l'Arménie première.

(1) Doara est également mentionnée par Grégoire de Nazianze. Anebrius, son évêque, souscrivit à la lettre adressée à l'empereur Léon. Dans la dixième lettre de saint Basile, il est fait mention de George, évêque de cette ville.

(2) Mocissus est cité par Procope, *de Ædif.*, liv. V, ch. 4, comme un fort établi en rase campagne près de Césarée. Il fut complétement démoli et rebâti par Justinien, qui construisit une forteresse sur la colline voisine.

(3) Parnassus, placé dans l'itinéraire d'Antonin immédiatement à l'ouest de Nyssa, route d'Ancyre à Césarée.

(4) Sebasta, aujourd'hui Sivas, fait partie du royaume d'Arménie.

(5) Cette ville est mentionnée dans l'Itinéraire d'Antonin et dans Étienne de Byzance. Constantin Porphyrogénète parle d'un lac de même nom, dont les barbares tiraient du sel. On croit qu'elle appartenait à la seconde Arménie.

LIVRE VIII.

ARMÉNIE. — PONT. — PAPHLAGONIE.

CHAPITRE PREMIER.

ARMÉNIE.

Le cours de l'Euphrate, qui forme la limite naturelle de l'Asie Mineure du côté de l'orient, séparait l'Arménie en deux régions inégales ; celle de l'est, la grande Arménie, s'étendait jusqu'à l'Araxe ; la petite Arménie comprenait le pays situé entre la rive occidentale du fleuve jusqu'à la Cappadoce (1) et au royaume de Pont (2) ; au sud elle s'étendait jusqu'au mont Taurus : elle appartenait donc à la presqu'île de l'Asie Mineure.

L'origine du nom d'Arménie remonte, selon les traditions grecques, jusqu'au temps de l'expédition des Argonautes. Au nombre des compagnons de Jason se trouvait un Thessalien nommé Arménus, de la ville d'Arménium. Il s'établit avec d'autres colons dans les provinces de l'Acilicène et de l'Adiabène, et donna son nom au pays d'Arménie. Les Arméniens, dans leurs chroniques, n'admettent nullement ces traditions d'origine purement grecque ; ils regardent leur nation comme ayant occupé ce pays de toute antiquité. Les mœurs des Arméniens différaient peu de celles des Mèdes leurs voisins (3) : ces derniers passaient même pour avoir transmis leurs usages aux Arméniens ; les vêtements étaient semblables chez les deux peuples, ils portaient de grandes robes traînantes et se coiffaient d'une tiare soit droite, soit en forme de casque.

La religion était la même ; l'une et l'autre nation avait reçu des Perses le culte de la déesse Anaïtis, qui avait dans plusieurs provinces, et notamment dans l'Acilicène, des temples renommés, dans lesquels les jeunes filles des premières familles, vouées au service de la déesse, faisaient trafic de leurs charmes avec les étrangers, sans que ce commerce portât atteinte à leur réputation.

Ces mœurs étranges, qui étaient pour les Grecs un sujet constant de surprise, prouvent mieux que tous les autres faits combien était grande la différence des races entre les peuples habitant les deux rives de l'Halys. Ici il ne reste pas un vestige des arts des Grecs ; nous savons bien, par les historiens, que les successeurs d'Alexandre et plus tard les Romains, maîtres du pays, ont fait leur possible pour assimiler ces nations à celles qu'ils gouvernaient déjà ; mais ce fut sans succès, et ces pays sont toujours restés barbares.

Les Arméniens furent pendant longtemps sujets des Mèdes ; ces derniers, après avoir renversé l'empire d'Assyrie, au huitième siècle avant notre ère, dominèrent sur toute l'Asie jusqu'au règne d'Astyage (1). Il n'est donc pas surprenant de voir dans les régions situées à l'ouest de l'Euphrate et à l'orient de l'Halys, des monuments de l'art des Mèdes, des palais, des temples et des forteresses qui datent du temps de leur domination.

L'Arménie confinait à l'orient à la Médie Atropatène, et à l'occident à la Cappadoce, c'était de toute l'Asie Mineure le pays le plus fécond en chevaux. La race des Nisæi se distinguait par sa taille et sa force ; les Grecs les comparaient aux chevaux parthes, c'est-à-dire à la race actuelle de Khoraçan, qui est la plus grande de la Perse. Les rois de Perse recevaient de l'Arménie un tribut annuel de vingt mille poulains nisæi, et quand Marc-Antoine entreprit la campagne de Médie, Artavasde, outre les autres corps de cavalerie

---

(1) Strabon, XII, 527.
(2) Id. ibid., 532.
(3) Strabon, XII, 525.

(1) Strabon, XI, 524.

qu'il amenait, déploya une force de six mille chevaux cuirassés (1).

Le nom de la petite Arménie ne commence à être connu que du temps d'Antiochus ; avant cette époque, les Grecs n'avaient pas pénétré dans cette région ; elle comprenait tout le pays situé sur le littoral de l'Euphrate, et s'étendait au nord jusqu'au territoire des Tibareni, des Chaldæi et des Chalybes, occupant par conséquent le territoire de Trébizonde jusqu'à Pharnacie (2). L'Arménie fut d'abord possédée par les Perses, ensuite par les princes macédoniens ; plus tard elle fut partagée entre Artaxias et Zadriaris, généraux d'Antiochus, sous l'autorité duquel ils gouvernaient ; mais à la chute de ce prince ils furent déclarés rois par les Romains. Tigrane, parvenu au trône d'Arménie, réunit les deux provinces sous son pouvoir ; mais ayant détruit plusieurs villes grecques alliées des Romains pour peupler la ville de Tigranocerte, qu'il venait de fonder, il s'attira leur inimitié, et Lucullus le chassa des provinces dont il s'était emparé.

Artavasde succéda à Tigrane et se maintint au pouvoir tant qu'il fut l'allié de Rome ; mais, accusé de trahison par Marc-Antoine, il fut détrôné et mis à mort dans Alexandrie.

Mithridate Eupator, devenu puissant, se fit céder la petite Arménie par Antipater Sisis, et fit construire soixante-quinze châteaux dans lesquels il déposa ses trésors. La plupart de ces forteresses étaient situées dans le mont Paryadrès, couvert de forêts et coupé par des ravins et des précipices. Lorsque ce prince fut poursuivi par Pompée, il se retira dans l'Acilicène sur une montagne pourvue d'eau et voisine de l'Euphrate qui sépare l'Acilicène de la petite Arménie. Chassé de cette position par Pompée, le roi de Pont s'enfuit en Colchide, et le général romain fonda en cet endroit la ville de Nicopolis dans la petite Arménie. Cette ville subsistait encore du temps de Strabon et était bien peuplée.

Après la défaite de Mithridate, Pompée donna la petite Arménie à Déjotare, tétrarque de Galatie ; cette province passa ensuite sous le pouvoir de Polémon, qui en mourant laissa le gouvernement à sa veuve Pythodoris, fille de Pythodore de Tralles. Des deux fils de cette reine le premier partagea avec sa mère les soins du gouvernement. Le second fut nommé roi de la grande Arménie ; Pythodoris épousa en secondes noces Archélaüs, auquel elle survécut(1). L'Arménie ayant été constituée en monarchie par Tibère, fut d'abord gouvernée par Cotys et ensuite donnée par Néron à Aristobule, petit-fils d'Hérode le Grand.

Après les conquêtes de Trajan, la seconde Arménie reçut une nouvelle extension de territoire, et les limites furent portées jusqu'aux rives du Tigre (2), et jusqu'au temps de Justinien cette province fut administrée par des ducs. On comptait sept villes principales dans la seconde Arménie : Mélitène, la capitale, Arca, Arabissus, Ariarathia, Comana, Cucusus et Petræa, mais les itinéraires en contiennent un plus grand nombre.

Lorsque Justinien eut repoussé l'invasion des Perses et donné un peu de sécurité à ces provinces, il divisa l'Arménie en quatre provinces. La première, située à l'orient, contenant sept villes ; elle s'étendait jusqu'à l'Euphrate.

La seconde, formant une pentapole, comprenait les villes qui antérieurement appartenaient à la province de Pont ; Sébaste et Zéla étaient de ce nombre.

La troisième, celle qui avait eu jusque-là le titre de seconde Arménie, forma une hexapole, dont Mélitène fut déclarée capitale ; les autres villes étaient Arabissus, Arca, Ariarathea, Comana et Cucusus. Elle fut placée sous le gouvernement civil et militaire d'un comte. Justinien investit de ce gouvernement Thomas, personnage consulaire qui avait été questeur du palais impérial.

La quatrième Arménie fut formée de provinces appartenant à divers peuples situés à l'est de l'Euphrate ; elle fut gouvernée par un Præsès.

(1) Strabon, XII, 555.
(2) Notitia imp. Orient, p. 192.

(1) Strabon, XI, 525, 529.
(2) Strabon, XII, 555.

CHAPITRE II.

LES PAULICIENS.

Les victoires de Justinien remportées sur les peuples de l'Isaurie avaient valu à l'Asie orientale quelques années de tranquillité; mais si la paix régnait dans le monde politique, la guerre régnait dans le monde moral. La Cappadoce, qui avait embrassé avec ardeur les doctrines du christianisme, était devenu le centre des controverses théologiques les plus acharnées; toutes les sectes s'étaient donné rendez-vous dans cette province, et, par une singulière coïncidence, c'était la petite Arménie qui était choisie comme lieu d'exil des évêques proscrits par la cour de Byzance. Le plus célèbre de ces prélats, Chrysostome, fut exilé en 415 à Cucusus, ville de la petite Arménie, sur les bords de l'Euphrate. Depuis le règne d'Arcadius jusqu'à l'invasion musulmane, chaque année était troublée par quelque sédition fomentée par les sectes religieuses, parmi lesquelles surgirent les Pauliciens, dont le chef Silvanus prétendait suivre la doctrine religieuse enseignée par saint Paul. Les Manichéens d'Arménie se convertirent à la voix de ce sectaire. Il prêcha avec succès dans le Pont et la Cappadoce. La nouvelle secte se répandit dans les provinces situées à l'orient de l'Euphrate; la ville de Colonia, dans le Pont, fut le centre auquel aboutissaient les six sections qui portaient les noms des villes auxquelles saint Paul avait adressé des épîtres; mais leurs doctrines étaient trop voisines de celles des Manichéens pour trouver grâce devant les orthodoxes, et Justinien II commença la persécution qui mit les armes à la main à toute cette population fanatisée. Michel Ier et Léon l'Arménien poursuivirent, par esprit d'orthodoxie, une secte qui prenait tous les jours de plus grands développements.

Au neuvième siècle, les Pauliciens, chassés de toutes les autres provinces, se réfugièrent dans les montagnes les plus inaccessibles de l'Arménie et de la Cappadoce. Cachés dans les grottes qui avoisinent le mont Argée, ils méditaient leurs projets de vengeance. Corbéas, qui commandait les gardes du Præsès de l'Orient, réunit cinq mille Pauliciens, et se ligua avec l'émir des Sarrasins; fort de cette alliance, il s'empara de la ville de Téphrice, aujourd'hui Devrighi, située à l'est de Sivas sur un affluent de l'Euphrate. Les Pauliciens, occupant les montagnes des environs, se maintinrent pendant plusieurs années, soutenus par les armées musulmanes. Basile le Macédonien marcha en personne contre les Pauliciens; mais quand il fut arrivé devant les murs de Téphrice, il n'osa pas tenter une attaque, et revint à Constantinople. Vers le milieu du huitième siècle, Constantin Copronyme entreprit une dernière expédition contre les Pauliciens qui occupaient Mélitène et Théodosopolis.

Il passa avec eux un traité par lequel un grand nombre de familles allèrent s'établir à Constantinople et dans la Thrace, où on les retrouve florissantes au treizième siècle.

Les fortifications des places frontières ordonnées par Justinien n'arrêtèrent pas un moment les hardis musulmans qui, sous les ordres de Alp-Arslan, envahirent l'Arménie sans s'arrêter à faire le siège des villes. Césarée, mal défendue, tomba en son pouvoir, et fut livrée au pillage. Le sultan acheva la conquête de l'Arménie et de la Géorgie; les orthodoxes de Constantinople virent sans chagrin les populations des bords de l'Euphrate tomber sous le joug des musulmans. Cette brillante campagne des sectateurs de Mahomet se termina par la défaite de l'empereur Romanus Diogène. Mais les princes de la haute Arménie, les Pagratides d'Ani, ne laissèrent pas sans combat une contrée qu'ils regardaient comme l'héritage de leurs ancêtres; ils occupaient plusieurs châteaux dans le Taurus, où ils se maintinrent jusqu'à l'arrivée des croisés. Les chefs des chrétiens, appelés par les princes arméniens, s'établirent dans le sud de l'Arménie, occupèrent Marasch, Tarse, et Malmistra. Vers le même temps, Beaudoin, franchissant l'Euphrate pour aller secourir un prince arménien, s'empara de la ville d'Édesse et fonda la première principauté des Francs, qui subsista pendant un demi-siècle.

Durant toute cette période de troubles,

les Arméniens, maîtres de petites places, se maintenaient à la faveur de la neutralité qu'ils avaient adoptée ; mais la puissance turque s'étant solidement assise dans ces contrées, les Arméniens se virent forcés, pour conserver leurs possessions, d'accepter la condition de Rayas. C'est dans cet état que nous les retrouvons aujourd'hui, n'ayant de territoire libre que l'intérieur de leurs monastères.

CHAPITRE III.

ITINÉRAIRE DE L'ARMÉNIE.

Les frontières de la petite Arménie ne restèrent pas fixes pendant toute cette période ; sous le règne d'Archélaüs, auquel Marc-Antoine avait donné cette province, elles furent portées jusqu'à la mer et comprirent la région de la Cilicie orientale située à l'est du Pyramus.

Nous décrirons cette province telle qu'elle était au premier siècle de notre ère, c'est-à-dire en y adjoignant les territoires des villes de Sis, autrefois Flaviopolis, et d'Anazarba, qui fut pendant le moyen âge une des places les plus importantes des rois d'Arménie.

Lorsqu'au mois de juin 1835 nous partions de Tarse pour traverser de part en part la presqu'île de l'Asie Mineure en longeant le cours de l'Euphrate, aucun voyageur européen n'avait encore tenté cette entreprise, une partie du pays était occupée par les troupes de Méhémet-Ali, les Kurdes faisaient leurs incursions dans les vallées du Taurus, enfin plusieurs beys avaient secoué l'autorité du sultan. Ces conditions ne paraissaient pas favorables pour l'entreprise que nous méditions ; cependant nous avons traversé toutes ces contrées avec la plus grande sécurité, accueillis avec la même hospitalité sous les tentes nomades ou dans les châteaux des beys révoltés. Nous avons souvent abandonné nos bagages sous la conduite des montagnards pour faire des excursions dans les hautes vallées du Taurus, et toujours ils nous ont fidèlement rejoint au rendez-vous indiqué, quelle que soit l'idée qu'on se fasse du caractère de ces populations, nous ne pouvons qu'attester les qualités que nous avons reconnues chez elles, et si parfois des voyageurs ont éprouvé de leur part de mauvais procédés ou des mécomptes, nous devons supposer qu'ils avaient peut-être involontairement blessé les usages ou la susceptibilité de ces montagnards indépendants.

Les étapes de notre route depuis Tarse jusqu'à Trébizonde ne peuvent être calculées sur le même pied, de six kilomètres à l'heure, que les autres routes, le pays est trop difficile pour obtenir des montures une marche régulière. Nous donnerons donc ici notre itinéraire d'après les heures de marche que nous avons faites. Il faut ajouter que dans ces contrées l'administration des postes ou du menzil hané ne fonctionne pas.

Itinéraire de Tarse à Trébizonde, par la petite Arménie.

De l'échelle de Kazanli, au bord de la mer :

	heures.		heures.
Tarsous . . .	3	*Report*. .	170
Adana. . . .	9	Pinia	5
Sis.	18	Kourou tchaï.	8
Yaëla de Samour bey.	16	Gherdjanis .	7
		Chaïram . .	14
Hadjinn. . .	6	Gumuch hané	20
Dalar	6	Trébizonde .	18
Gœuksunn. .	10		
Gueben. . .	10		heures 242
Marasch. . .	10		
Nadjar. . . .	10	Cette distance	
Pelveren. . .	10	calculée sur la carte donne environ 260	
Pavreleu. . .	8	milles, ce qui ne	
Herkenet . .	8	ferait pas plus de	
Surju	4	deux kilomètres	
Guezeneh . .	8	par heure de marche ; mais il faut tenir compte des détours sans nombre que font les routes dans les défilés des montagnes.	
Harpouz. . .	8		
Malatia . . .	2		
Déré keui. .	8		
Arabkir. . .	8		
Éguine . . .	8		
A reporter 170			

CHAPITRE IV.

ANAZARBA.

Le nom de cette ville nous indique une origine orientale : les anciens écrivains ne nous donnent cependant aucun renseignement sur la fondation d'Anazarba, Ptolémée et Pline se contentent de la mentionner, Étienne de Byzance suppose qu'elle prit le nom de la montagne voisine ou celui de son fondateur. Les orientalistes pensent que ce nom est composé de deux mots sémitiques, Aïn zarba, la fontaine jaune. Cette ville fut la patrie de Dioscoride et d'Appien, poëte grec du second siècle qui composa un poëme sur la chasse, l'empereur Caracalla fut si charmé de cet ouvrage qu'il fit présent à l'auteur d'un écu d'or pour chaque vers.

Anazarba est située au pied d'un grand rocher calcaire, isolé au milieu de la plaine du Pyramus. La situation de cette ville est exactement semblable à celle de Van; c'est pour nous un indice certain d'une origine commune. Nous retrouvons dans le grand rocher d'Anazarba des ouvrages creusés au ciseau pour assurer les murailles, comme ceux que nous avons remarqués à Van: l'une et l'autre ville nous paraissent de fondation assyrienne.

Il existe encore dans le pays une tradition qui attribue à Sémiramis la construction de plusieurs châteaux et notamment celui qui porte le nom de Chamibram kalé si, le château de Sémiramis. Strabon mentionne dans la Cataonie (1) plusieurs ouvrages attribués à cette reine, qui fonda la ville de Van. Ceux qui voudront examiner les plans de ces deux villes, la nature des lieux, la perfection des forteresses et en un mot tout le système de défense, trouveront identité parfaite entre les deux villes, et comprendront qu'elles doivent avoir une origine commune.

Les souvenirs de la domination assyrienne se retrouvent dans la province. Le baron de Moltke a observé au village d'Isoglou, sur la rive gauche de l'Euphrate, une inscription cunéiforme de quarante lignes, gravée sur un tableau de deux mètres de hauteur et un mètre de largeur.

Anazarba fut si souvent exposée aux ravages des tremblements de terre qu'on ne peut s'étonner de n'y trouver aucun reste des monuments du temps archaïque; quatre fois la ville fut renversée. La dernière catastrophe eut lieu sous le règne de Justin; l'empereur fit de grandes dépenses pour la restaurer, et en sa qualité de nouveau fondateur il lui donna le nom de Justinopolis. L'ancien nom prévalut; il est encore connu des indigènes, qui disent tantôt Aïnvarza, tantôt Anavarza. La table de Peutinger marque Anazarba, à onze milles de Mopsuestia, sur la grande route de Césarée en Syrie passant par Cucusus et Flaviopolis et à dix-huit milles de cette dernière ville, ce qui permet de l'identifier avec la ville moderne de Sis.

Anazarba est aujourd'hui complétement déserte; la ville s'étend dans la plaine au nord du grand rocher; ses murailles qui subsistent encore en entier trompent de loin le voyageur, qui croit avoir devant lui une ville populeuse; elles forment une enceinte quadrangulaire défendue par cinquante-six tours carrées, espacées de trente-cinq mètres d'axe en axe, c'est la mesure d'une demi-portée de trait; elles ont dix mètres de côté. En avant des murailles est le fossé; le mur de l'agger est défendu par des tours, mais celles-ci sont presque toutes tombées. Les murailles et les tours sont bâties en grandes pierres de taille, elles sont intactes, mais nous n'y découvrîmes aucune inscription grecque. La porte de l'est, qui se compose d'une arcade fort simple, est aujourd'hui murée, on entre par une poterne qui est attenante.

L'intérieur de la ville n'est plus aujourd'hui qu'un vaste champ couvert de gazon dans lequel on ne voit pas même les éminences formées par des édifices détruits. De loin en loin quelques lignes de colonnes brisées indiquent la trace d'un portique qui formait une large rue; les colonnes sont en pierre calcaire. Le seul débris d'édifice qui existe dans l'intérieur de la ville, consiste en une église du moyen-âge, dont la construction ne remonte pas au delà du douzième siècle, à cette époque la ville étant entre les mains des princes arméniens.

La ville avait quatre portes, l'une à l'est, deux autres font face au nord-est et au nord-ouest; la quatrième porte, qui fait face à l'ouest, a un caractère monumental: c'est un arc de triomphe

---

(1) XX Strabon, XII, 537.

à trois portes dont la façade a 22ᵐ,64 de large, mais dont l'épaisseur n'est que de 5ᵐ 58, la grande arcade a 3ᵐ 75 de large, les arcades latérales ont 3ᵐ 50. Une galerie transversale règne dans l'épaisseur de l'édifice, sa largeur est de 2ᵐ 10. Les massifs entre les portes sont décorés de colonnes accouplées en granit et d'ordre corinthien portées sur un soubassement qui règne tout autour de l'édifice. La hauteur de l'ordre est de 6ᵐ 48. L'entablement est composé d'une frise ornée de rinceaux de feuillage et d'une corniche avec des modillons. Tout l'entablement se profile autour du grand arc et forme l'archivolte; cet exemple est unique dans les monuments antiques. Au-dessus de l'ordre règne un massif de maçonnerie qui composait l'attique, mais dont la décoration a disparu. Le style de cette architecture est du second siècle de notre ère, aucune inscription ne fait connaître le nom du fondateur. Deux murs en retour, ornés de pilastres corinthiens cannelés, forment devant la porte un large parvis, qui donnait un caractère grandiose à cette entrée monumentale de la ville.

A droite de l'arc de triomphe et adossés à la montagne sont les restes d'un théâtre et d'un stade, ce dernier édifice longe une grande muraille de rochers et à une certaine hauteur on voit des trous de scellement qui ont reçu les solives formant la couverture d'un portique.

La partie ceintrée du stade était taillée dans le roc; la spina est apparente dans toute la longueur de la piste. La nécropole domine le stade et le théâtre; elle se compose de sarcophages fort simples, dont la plupart sont taillés dans le roc, quelques-uns portent à leur chevet un petit autel circulaire.

A l'est de la ville on voit aussi quelques tombeaux et des bas-reliefs taillés dans le roc. L'un d'eux représente une scène funèbre composée de trois personnages. Une autre représente les trois Parques; l'une tient le fuseau. Ces figures ont un large vêtement flottant, les cheveux en désordre comme des bacchantes.

Le château d'Anazarba couronne le rocher qui défend la ville du côté du sud, il est presque inaccessible par trois côtés; il se compose de deux enceintes, dans la première on voit une petite église arménienne dont la frise est ornée d'une longue inscription qui fait tout le tour de l'édifice; les peintures sont encore conservées dans l'intérieur. L'enceinte du château est d'une conservation parfaite, on peut parcourir les chemins de ronde, l'intérieur des tours et la plateforme des créneaux. A l'extrémité est de l'enceinte, la montagne est coupée à pic, on ne peut arriver dans la seconde partie du château qu'au moyen d'un pont-levis; il est donc inaccessible aujourd'hui. Sur la tour opposée au fossé est une longue inscription en langue arménienne dont j'ai copié quelques lignes. Le patriarche arménien de Sis m'en donna la traduction; ce château fut construit en 1075 par un prince du nom de Theurench ou Thoras descendant des Pagratides d'Ani. Il est à remarquer que ces édifices se construisaient en même temps que les églises arméniennes d'Ani (1).

Anazarba était à peu de distance du Pyramus, mais n'était pas pourvue d'eaux potables; les maîtres de la ville y suppléèrent par la construction de deux lignes d'aqueducs dont le premier prend les eaux d'une belle source située au milieu de la route de Sis. Le second allait chercher sa prise d'eau sur les flancs du Taurus à une distance de trente kilomètres. Ces deux aqueducs sont conservés presque en entier; d'après la nature de la construction, ils sont évidemment l'ouvrage des Romains, leur construction est antérieure au cinquième siècle; les piles et les arcades sont en pierres de taille bien appareillées, les remplissages sont en moellon. On peut se faire une idée de l'aspect grandiose de ces ouvrages, qui traversent une plaine unie comme une table dans un désert où pas une maison, pas une tente ne révèle la présence de l'homme.

Le château et la ville d'Anazarba commandaient la plaine du Pyramus, aujourd'hui le fleuve Djihoun, et défendaient l'entrée de la Cilicie champêtre. La place tomba à la fin du douzième siècle entre les mains des Musulmans. Il ne paraît pas qu'ils s'y soient établis;

(1) Voy. description de la Perse, t. I.

car, sauf de rares débris, on ne trouve aucun ouvrage arabe, ni mosquée, ni bains, les premiers édifices qui indiquent une prise de possession ; on ignore à quelle époque la population a abandonné la ville ; la rupture de l'aqueduc a suffi pour chasser les habitants, l'insalubrité du climat a dû être la principale cause de cette désertion.

SIS. — FLAVIOPOLIS.

La ville arménienne de Sis est établie sur la pente nord d'une montagne rocheuse, isolée dans la plaine comme le rocher d'Anazarba ; elle est située à trente-six kilomètres au nord de cette dernière ville, des ruines romaines encore importantes prouvent qu'une ville existait déjà à cette place du temps de l'empire romain, si l'on en juge par les distances données par les itinéraires. Cette ancienne ville devait être Flaviopolis.

On ignore complétement l'origine du nom de Sis, mais dans le onzième siècle elle était le siège des princes Roupéniens de la race des Pagratides, et avait le titre de capitale de la seconde Arménie.

Le nom de Sis apparaît pour la première fois dans l'histoire à la fin du douzième siècle, elle tomba entre les mains des Turcs lorsque cette faible dynastie arménienne des Roupéniens fut anéantie ; cependant les Arméniens conservèrent toute leur organisation civile et religieuse, et à la place du palais des princes s'éleva un vaste monastère qui est à lui seul une petite ville, c'est là que réside un grand patriarche qui prime celui de Césarée et qui porte le titre de Catholicos. L'intérieur du couvent renferme des églises, des bibliothèques et des bâtiments d'habitation dans lesquels les étrangers sont reçus avec la plus cordiale hospitalité. Le couvent, espèce de forteresse, est bâti sur une terrasse entourée de murs et flanquée de tours. La façade du monastère se compose d'un grand mur au milieu duquel s'avance une tribune : tous ces bâtiments sont modernes et datent du siècle dernier.

La ville de Sis ne renferme pas plus de trois mille habitants ; les maisons sont bâties en pierres et couvertes en terrasse. On voit encore parmi les restes de l'ancienne ville un castrum de belle construction, et des tours à bossage ayant appartenu à un grand édifice. Les maisons s'élèvent en amphithéâtre sur la pente de la montagne, qui forme un piton inaccessible de trois côtés. Cette montagne est de calcaire marin et formée de couches tout à fait verticales ; elle est couronnée par un château en ruines qui date du temps de l'Arménie indépendante. Cette ascension n'offre d'autre intérêt qu'un magnifique coup d'œil sur les plaines environnantes, dans lesquelles circulent les affluents du Djihoun jusqu'à la mer, et au nord s'étend la chaîne du Taurus, qui termine l'horizon.

CHAPITRE V.

ITINÉRAIRE DE SIS A MARASCH ANTIOCHIA AD TAURUM.

Le Pyramus, qui traverse la plaine de Sis, descend du Taurus par une grande vallée nord et sud. Il n'y a aucune route tracée dans la montagne ; les caravanes se frayent des sentiers sur la pente des vallées, l'administration des postes ne fonctionne pas dans le pays ; on prend des chevaux chez les paysans, sur le pied de deux piastres par heure de marche. Ces réquisitions, qui se font en vertu d'un ferman de route, sont extrêmement désagréables aux habitants. La route suit la vallée du Pyramus jusqu'à sa source près du camp de Samour bey chef des Turcomans. Ce pays était autrefois gouverné par le bey Cozan Oglou, qui défendait contre Ibrahim pacha les défilés du Taurus. Samour bey, parent du premier, livra par une trahison largement récompensée Cozan-Oglou entre les mains d'Ibrahim, à condition qu'on lui assurerait le gouvernement de ces montagnes. C'est chez ce bey que nous devions faire notre première halte. Le pacha d'Adana avait insisté pour que nous prissions une escorte : on nous donna une demi-douzaine de Crétois irréguliers qui égayaient la route en tirant force coups de fusils.

Les montagnes entre Sis et Hadjinn présentent les sites les plus grandioses, le Pyramus, qui n'est encore qu'un ruisseau, tombe en cascades du haut des rochers. Les montagnes sont couronnées de forêts de cèdres et de pins ; elles offrent aux nomades les plus riantes retraites pendant les chaleurs de l'été. Le camp ou yaëla de Samour bey est situé sur un des plateaux élevés du Taurus, immédiatement au-dessus des sources du fleuve ; il se compose d'un village rustique avec des cabanes faites de troncs d'arbres. La demeure du bey ne se distingue pas des autres, mais il y a dans les pâturages de nombreux troupeaux de bestiaux et de chevaux, c'est la richesse de ces montagnards. Samour bey (1) était un homme obèse et de manières très-douces ; rien ne trahissait dans son extérieur un caractère astucieux. Il nous fournit tout ce qu'il fallait pour ravitailler notre caravane, renouvela notre escorte ou plutôt nos guides, et nous partîmes pour Hadjinn.

Le yaëla de Samour bey est situé sur la ligne de partage des fleuves Sihoun, le Sarus et Djihoun le Pyramus ; la route de Hadjinn, si l'on peut donner ce nom à des sentiers à peine tracés, continue de monter le col qui sépare les deux bassins ; les montagnes sont mieux boisées, et peuplées de tribus turcomanes. En descendant sur le revers nord on arrive dans une vallée où coule une rivière rapide ; c'est le Sarus, qui va se jeter à la mer au-dessous d'Adana.

On passe cette rivière sur un pont formé de troncs d'arbres ; les chevaux traversent à gué ; cette vallée court est et ouest, la rivière suit cette dernière direction. De beaux platanes forment en ce lieu un épais rideau de feuillage ; la pente de la montagne est couverte de pins.

La ville de Hadjinn est bâtie sur la pente de la montagne, à la naissance de la vallée. Les voyageurs trouvent l'hospitalité dans un antique monastère dépendant de celui de Sis et construit sur le versant de la vallée opposé à la ville. Ce monastère est défendu comme une forteresse, cependant les moines arméniens attestent qu'ils ne furent jamais l'objet d'aucune violence de la part des musulmans. Le supérieur du monastère porte le titre d'évêque ; les bâtiments sont en bon état, mais n'ont rien de caractéristique.

La ville de Hadjinn elle-même est complétement privée d'édifices publics ; toutes les maisons sont de la plus grande simplicité et couvertes en terrasse. Les pentes des montagnes voisines sont couvertes de vignobles et d'arbres à fruit. Les habitants sont presque tous Arméniens ; ils se livrent à l'industrie, sont bons forgerons et vont travailler dans les grandes villes. Ici la race arménienne se présente sous un jour tout autre qu'à Constantinople. Elle a dépouillé son caractère craintif et sait fort bien montrer le yataghan au Kurde qui voudrait imposer sa loi ; l'aspect des Arméniens de ces montagnes ne diffère nullement de celui des Turcomans, ils s'en distinguent seulement par leur antipathie pour la vie de la tente. Le plateau qui domine Hadjinn donne naissance à une autre rivière appelée Maghara sou, la rivière des grottes, qui se joint au Demirdji sou, rivière des forgerons ; ce sont autant d'affluents du Sarus. Cette dernière vallée conduit au campement des Turcomans de Dalar ; c'est en cet endroit que l'agha nous signala, à trente kilomètres au nord-ouest de son camp, de vastes ruines qu'il désigne sous le nom de Chert kalé si, sur le bord du Maghara sou. On y trouve les ruines de plusieurs châteaux, d'églises et de palais, tout porte à croire que ce sont les ruines de Comana de Cappadoce ; mais les circonstances ne nous permirent pas de les visiter. Le site de Comana reste encore ignoré (1).

Cette ville ayant été abandonnée de bonne heure doit conserver de nombreux vestiges des monuments qui la décoraient (2). Mais jusqu'ici aucun voyageur érudit et surtout en état de lever les plans d'un édifice antique n'a parcouru ces régions.

Le village de Dalar est composé de huttes à moitié enfoncées dans la terre et qui ne prennent de jour que par la porte ; les habitants ne s'y retirent que pendant les neiges de l'hiver.

Tous ces pays sont presque dans l'état de nature, il n'y a aucune route tra-

---

(1) Samour, zibeline.

(1) Karl. Ritter Erdkunde, t. IX, 152.
(2) Strabon, XI, 521 ; XII, 535.

cée, et l'on va droit devant soi par monts et par vaux. Du camp de Dalar on fait six heures de marche jusqu'à Gœuksunn, qui par sa position aussi bien que par l'identité des noms remplace l'ancienne Cucusus. Cette ville ne commence à être connue que du temps des Byzantins; elle est surtout célèbre comme lieu d'exil de saint Jean Chrysostome, qui y passa trois années de sa vie, de 404 à 407. Cette sentence inique fut accomplie avec toutes les rigueurs d'une persécution religieuse; Chrysostome avait demandé à passer le temps de son exil à Nicomédie, Eudoxie le fit transporter à Cucusus. Le vieillard dut supporter une marche pénible de soixante-dix jours pendant les plus grandes chaleurs de l'été; il ne fut pas relégué dans la ville de Cucusus, mais il avait la faculté d'aller jusqu'à Arabissus, aujourd'hui Arabkir. Son absence augmenta dans la capitale la haute estime qu'on avait pour le caractère du prélat, et quand on parcourt ces lieux, l'esprit se reporte vers cette grande époque où les pères de l'Église remplissaient leur mission divine malgré les persécutions les plus odieuses. Si l'on veut avoir une idée de la méchanceté de l'impératrice Eudoxie, il faut se rendre compte de ce qu'était ce bourg de Cucusus : une plaine basse entourée de montagnes argileuses et complétement dépouillées de verdure, une bourgade assise sur un tertre d'argile où pas un brin d'herbe ne peut pousser. Pour compléter le tableau, nous placerons ici une page de notre journal de voyage :

Notre séjour à Gœuksunn fut des plus tristes : logés dans une hutte faite de troncs d'arbres, entourés de marécages, nous ne pouvions faire un pas hors de l'enceinte du village, dont le sol, composé d'un amas d'immondices accumulées depuis des siècles, est aussi fangeux que les marais environnants. Nous sommes arrivés le soir (28 juin 1835), et l'agha n'avait d'autre logis à nous donner qu'une cabane où gisait un moribond. On traîna dans un coin de la cabane la natte sur laquelle il reposait, on l'entoura de paniers pour lui faire un appartement à part, et l'on nous fit une espèce de litière dans l'autre coin. Mais les gémissements du malade ne nous permettaient pas de fermer l'œil; il fallut aller de nuit réveiller l'agha, et le sommer de nous donner un autre gîte. Le pauvre homme, précédé de son chaouch, allait fouiller toutes les maisons; mais chaque famille, accumulée dans la même chambre, n'avait pas un coin à nous donner. Enfin une heureuse idée vint à l'agha : au nom du sultan, il fit déguerpir d'un poulailler les poules et les moutons, et nous offrit leur logis. Pendant ce temps, nous étions assis au foyer de la famille; elle occupait une seule chambre dans laquelle étaient entassés six enfants qui avaient presque tous la coqueluche; l'aînée des filles berçait le plus jeune; la grand'mère, idiote, accroupie presque nue sur un tapis, murmurait de voir des étrangers s'installer chez elle. Enfin nous prîmes possession de notre bergerie; mon compagnon de voyage, épuisé, passa au lit les deux jours que nous fûmes retenus à Gœuksunn faute de chevaux. Voilà le lieu où saint Chrysostome écrivit ses immortelles homélies; on peut être certain qu'il n'était pas mieux installé que les familles turcomanes.

La plus grande difficulté que rencontrent les voyageurs qui parcourent ces régions est de trouver des chevaux. Les habitants qui en possèdent ne les prêtent qu'avec difficulté; et dans leurs changements de yaëla, ce sont les bœufs et les vaches qui servent de bêtes de somme. Ils ont aussi quelques lourdes voitures, des arabas, qui sont traînés par des bœufs, c'est le seul moyen de transport qu'on puisse employer pour les bagages. Il est curieux de voir quels chemins impossibles peuvent franchir ces chariots qui vont droit devant eux sans s'inquiéter des rochers ni des fondrières.

La route de Gœuksunn à Marasch traverse un admirable pays, aujourd'hui presque désert, mais qui dans le moyen âge était bien gardé par de nombreux châteaux, dont les ruines diversifient le paysage : la plupart de ces châteaux sont construits par les princes arméniens. Nous avons surtout remarqué le Tchinchin kalé, construit sur le revers oriental du Taurus. Nous ne pouvons arrêter le lecteur sur tous les lieux remarquables de cette région peu connue;

chacun d'eux offre un souvenir; ici nous retrouvons les traces des croisés commandés par Bohémond, là ce sont les fortifications des princes roupéniens d'Arménie, alliés des Français. Mais nous avons encore de longues étapes à faire, et notre temps est limité (1).

Le village de Gheiben est situé à l'entrée des défilés du Taurus. D'après une remarque de M. Kiepert, ce nom est identique avec le mot arménien Gaban, qui signifie un défilé.

Gheiben est divisé en deux centres de population formant deux villages séparés et commandés par le même agha; dans l'un résident les Turcs, l'autre est habité par les Arméniens.

La route de Gheiben à Marasch franchit plusieurs côtes et plusieurs vallées du Taurus; tout ce pays est bien boisé et offre de magnifiques points de vue.

MARASCH.

Marasch occupe, suivant les géographes, l'emplacement d'Antiochia ad Taurum; elle est citée la sixième dans la liste des dix villes du même nom donnée par Étienne de Byzance sous le titre: Antioche de Cilicie sur le Pyramus. Mais on n'y trouve aucun vestige d'antiquité. Marasch ayant été de tout temps le centre d'une population nombreuse et active, tous les édifices anciens ont été détruits.

Sous l'empire d'Alexis, Marasch était la résidence d'un patrice, dont l'autorité s'étendait jusqu'à Antioche et à Édesse. A la fin du onzième siècle elle était au pouvoir des princes arméniens, et son territoire faisait partie de la troisième Arménie. Les croisés, commandés par Godefroid de Bouillon marchant de Konieh par Érégli, s'égarèrent dans les hautes vallées du Taurus, et arrivèrent à Marasch. Les Seldjoukides s'emparèrent de cette ville en 1147, et la puissance ottomane s'y est établie depuis cette époque.

(1) Voyez pour plus de détails notre itinéraire publié *in extenso* dans le livre de Karl. Ritter, *Vergleichende Erdkunde des Halbinsellandes Klein-Asiens*, tom. IX, part. II, pag. 140, 152. — *Revue française*, t. VI, p. 32, 336.

Marasch est bâtie sur la pente sud de l'Achyr dagh, dépendant de l'Anti-Taurus, et arrosée par de nombreux cours d'eau qui sont des affluents du Pyramus. La population est de cinq à six mille âmes, dont le tiers est composé d'Arméniens. Il y a à Marasch une industrie active; on y fabrique des *haba*, manteaux ou vestes de laine ornés de broderies d'or ou de soie; les cotonnades teintes à l'usage des femmes turcomanes sont aussi l'objet d'un commerce étendu. De beaux et riants ruisseaux ombragés de platanes traversent la ville en tous sens, et les chutes d'eau sont utilisées pour faire tourner des moulins construits avec intelligence. Mais sous le rapport de l'art, Marasch n'offre pas un seul monument digne d'être remarqué; les mosquées et ce qu'on appelle le vieux séraï sont des édifices de maigre apparence; les maisons particulières sont bien disposées pour un pays chaud. Un bassin d'eau vive alimenté par un jet d'eau se trouve toujours au milieu du jardin ou de la cour autour desquels s'ouvrent les appartements.

CHAPITRE VI.

BASSIN DE L'EUPHRATE. — LA MÉLITÈNE.

Le bassin du Pyramus est séparé de celui de l'Euphrate par une chaîne de montagnes courant de l'est à l'ouest et qui forme la frontière sud de la province de Mélitène. Après dix heures de marche on fait halte à Nadjar, village situé au fond d'une vallée, et par une route tout aussi difficile on fait encore dix heures de marche pour arriver à Pelvereh, petit bourg habité par des Arméniens et des Turcs. Rennel et Ainsworth ont judicieusement identifié cette petite ville avec l'ancienne Perré, qui était située sur la grande route de Cappadoce en Mésopotamie, à travers la petite Arménie. Cette ville fut épiscopale; Athanase, évêque de Perré, assista au concile de Chalcédoine. Il ne reste à Pelvereh aucun vestige d'antiquité.

La carte de Peutinger marque en détail la route de Mélitène à Samosate; c'est celle que nous suivons: nous traversons les villages de Pavreleu, et, remontant la vallée du Gœuk sou, nous arrivons au défilé d'Herkenet. Nous mentionnons seulement les villages de Surju, Buyuk Balanieh, Geuzeneh et Balanieh, qui se trouvent sur la route de Malatia. Toutes ces régions sont encore peu connues. Nous avons remis nos itinéraires à M. Ritter pour les insérer dans sa carte d'Asie.

MALATIA.

La province de Mélitène est située entre la Cappadoce et la rive droite de l'Euphrate ; elle est bornée au sud par la principauté de Commagène et au sud-ouest par la Cataonie. Les anciens avaient remarqué combien la température de cette contrée différait de celle de la Cappadoce ; c'est qu'en effet cette dernière province forme un plateau très élevé, tandis que la grande vallée de l'Euphrate n'est pas dans cette région à plus de trois cents mètres au-dessus du niveau de la mer. Le pachalik de Malatia occupe aujourd'hui tout le territoire de l'ancienne Mélitène. Ptolémée comprend cette province dans l'Arménie seconde.

Mélitène, aujourd'hui Malatia, était la capitale. Pline lui donne le nom de Mélita, et nous apprend que cette ville fut fondée par Sémiramis, à peu de distance de l'Euphrate (1). Jusqu'au règne de Trajan, Mélitène fut l'unique ville de cette province. L'empereur y cantonna une légion romaine, qui reçut le nom de Mélitène, et de laquelle sortirent quarante soldats qui moururent martyrs ; leurs reliques sont encore honorées dans une petite église grecque aux environs de la ville. Sous le règne de Marc-Aurèle, cette même légion, qui était toute composée de chrétiens, obtint par l'intervention divine que les ennemis fussent écrasés par la foudre (2) : elle prit de là le surnom de Fulminatrix.

L'empereur Justinien, qui avait fait les plus grands efforts pour fortifier les frontières de son empire contre les attaques des Perses, changea complètement l'aspect de la ville, et en fit, au dire de Procope, la sauvegarde, le boulevard et l'ornement de l'Arménie. Mais tant d'ouvrages magnifiques eurent le sort de la plupart des constructions de ce prince, aujourd'hui il n'en reste pas de vestiges. Les seuls monuments qui existent encore datent de l'ère seldjoukide, et sont presque entièrement ruinés. Malatia devint la capitale de la petite Arménie, et fut longtemps soumise aux princes arméniens, tantôt alliés, tantôt ennemis des empereurs grecs ; mais on n'y trouve aucun monument des dynasties arméniennes.

Malatia fut prise par les Arabes, lorsque, sous le règne d'Aroun-al-Rachyd, ils s'emparèrent du royaume de Pont. Reprise par l'empereur Constantin Copronyme, elle fut entièrement démantelée, et c'est de cette époque que date la destruction des monuments byzantins. Tous les habitants grecs et arméniens furent envoyés à Constantinople pour repeupler cette capitale. Vers l'an 140 de l'hégire, le calife El-Mansour envoya son neveu Abderrhaman, fils de l'imam Ibrahim, avec soixante-dix mille hommes pour reprendre Malatia ; elle retomba de nouveau entre les mains des Grecs, qui la gardèrent jusqu'à ce que les sultans d'Iconium en fissent la conquête définitive. Tous les efforts que firent les princes d'Orient pour établir dans ce lieu une capitale n'ont pas été couronnés de succès. Si la contrée offre toutes les ressources qui peuvent être nécessaires à une population nombreuse, si des eaux abondantes portent la fertilité dans les immenses jardins qui s'étendent comme une vaste forêt au milieu de la plaine, ces avantages ne suffisent pas pour une ville frontière, dans une contrée qui a été exposée de temps immémorial aux incursions de peuplades barbares. Sous le point de vue militaire, il était impossible de choisir une position plus désavantageuse. Entourée d'une enceinte de montagnes élevées, la ville n'est défendue au nord que par la rivière de Tokma sou, guéable une partie de l'année ; mais du côté du sud, rien ne peut la garantir des attaques d'ennemis qui trouvent un refuge assuré dans les montagnes. Ces

(1) Pline, liv. VI, ch. 3.
(2) Eusèbe, *Hist. eccl.*, liv. V, ch. 5.

inconvénients, joints à la chaleur intense qui se fait sentir dans la ville pendant l'été, l'ont fait abandonner par ses habitants, qui préfèrent camper aux environs, au milieu des jardins.

En 1235, Malatia tomba au pouvoir des Mongols, dont le pouvoir s'élevait sur la ruine de l'empire seldjoukide. Les nombreuses églises qui se trouvaient toutes sous la juridiction du patriarche d'Antioche, et qui étaient régies par un évêque, furent livrées au pillage; le plus grand nombre fut démoli ou brûlé (1). En 1396, le sultan Bayazid, vainqueur des princes de Karamanie, vint s'emparer de Malatia. Cette ville tomba en 1401 entre les mains de Timour. Ce qui restait debout du château et des mosquées fut de nouveau livré aux flammes; et lorsque le sultan Sélim Ier réunit sous le sceptre ottoman toute cette partie de l'Asie, il ne trouva plus qu'un amas de décombres qu'on ne put jamais relever au rang d'une ville.

Le voisinage des tribus kurdes nomades, qui ne reconnurent jamais le pouvoir de la Porte, fut un obstacle constant à la renaissance de la prospérité de Malatia, malgré la position avantageuse qu'elle occupait comme entrepôt, et en même temps malgré l'incroyable fertilité du territoire, si heureusement arrosé par des sources nombreuses et intarissables, qui forment le Sultan sou, l'un des affluents du Tokma sou. Elles prennent naissance à une lieue environ au sud de la ville, dans une vallée composée d'agglomérats calcaires et à plus de cent mètres au-dessus du niveau de la plaine. Conduites par des canaux artistement dirigés, ces eaux alimentent des jardins d'arbres fruitiers, dont la beauté et la vigueur ne démentent pas l'ancienne réputation de fertilité que ce pays possédait dès les temps les plus reculés. La vigne donne des grappes d'une grosseur presque inconnue dans les autres provinces; était-ce avec ces raisins qu'on fabriquait le vin Monarite, mentionné par Strabon? L'abricotier, originaire d'Arménie, se plaît en ce lieu comme dans son pays natal; mais malgré la douceur de la température, l'olivier n'y réussit point; on pourrait croire que la hauteur du pays au-dessus du niveau de la mer est un obstacle à la reproduction de cet arbre, si les anciens ne citaient pas l'olivier au nombre des arbres fruitiers qui embellissaient cette résidence de Sémiramis. C'est au milieu de ces vergers que les habitants actuels ont transporté leurs demeures; des maisons de bois et de pisé, construites avec une certaine élégance, des mosquées rustiques, ombragées par des arbres séculaires, donnent à cette ville champêtre un aspect des plus singuliers. Le konac du pacha s'élève au milieu d'une place; les artisans ont leur quartier désigné; l'ancienne ville est complètement abandonnée pendant les trois quarts de l'année.

Les murs, qui, selon l'usage antique des villes de l'Orient étaient faits de briques séchées au soleil, n'offrent plus que des lignes de circonvallation en forme de tertre, sur lesquelles pousse un gazon chétif. Les mosquées, confiées à la surveillance de quelques softas, n'ont pas reçu la moindre réparation depuis l'avénement du sultan turc. Le caravansérai désert, les bazars vides et les maisons à demi écroulées, sont abandonnés à des gardiens qui succombent à l'insalubrité de cette enceinte, dont l'atmosphère est viciée par l'accumulation d'immondices séculaires. Ce tableau n'est pas sans intérêt pour celui qui ne considère pas seulement les villes sous l'aspect monumental, mais qui cherche encore à étudier toutes les causes d'accroissement et de prospérité.

Le petit nombre de masures qui reste encore debout reçoit quelques habitants pendant les grands hivers; mais on peut prédire avec certitude que Malatia cessera bientôt d'exister comme ville, et qu'elle aura le sort de tant d'autres places que la population moderne a abandonnées, comme Rey, Sultanieh, Ctesiphon et tant d'autres. Les jardins réunissent plusieurs groupes d'habitations, qui ont chacun un nom différent, la localité porte le nom général de Harpouz, les pastèques.

Il est bien difficile de déterminer le chiffre d'une population si éparse, qui était, pendant mon séjour, augmentée

---

(1) Abulfaradj, Hist. dynastiarum, 318, 333.

d'une population flottante, composée de plusieurs régiments de Nizam et d'artillerie, auxquels il fallait ajouter les femmes et les enfants, et les innombrables parasites qui accompagnent les armées turques; aussi je ne crois pas exagérer en la portant à 30,000 âmes.

Les chrétiens forment à peu près le tiers de la population totale; ils sont généralement de la communion arménienne; on peut en porter le nombre à 1,000 ou 1,200 familles, qui sont sous la juridiction de l'évêque arménien de Césarée. Les familles grecques habitent particulièrement le village de Hordeuz, situé à un quart de lieue de la ville. On y montre une église très-révérée dans le pays, où sont conservées, dit-on, des reliques des quarante martyrs. Mais l'inscription que j'ai lue sur la porte ne confirme pas cette tradition. Saint Eudoxe, dont il est question, n'a pas appartenu à cette légion célèbre.

L'an 6475 (1), indiction première, au mois de mai, ont été trouvées les reliques de saint Eudoxe; son église a été renouvelée par les soins du métropolitain Solomon.

Cet Eudoxe, porté au martyrologe avec saint Romulus, également martyr de la foi à Mélitène, était chef d'une légion sous l'empereur Trajan Dèce. Il fut envoyé en Gaule; sommé de sacrifier aux idoles, il s'y refusa avec tous ses soldats, qui étaient également chrétiens. Envoyé en cantonnement à Mélitène, il parvint à convertir Romulus, chambellan de l'empereur, qui le premier l'avait dénoncé. Maximien ayant été proclamé empereur, ordonna à tous les proconsuls de faire périr les chrétiens qui refuseraient de sacrifier. Eudoxe ayant persisté à rester fidèle à sa foi, eut la tête tranchée, après avoir été livré aux tortures. On croit qu'il a été mis à mort le 6 septembre 252 de J. C.

Le nom barbare de Hordeuz, qui n'a aucune signification dans la langue turque, cache sans doute la station désignée sous le nom de Ad-Aras, dans l'Itinéraire d'Antonin; elle était, en effet, peu éloignée de Mélitène.

Mélitène a fourni un grand nombre de saints au martyrologe, outre ceux de la légion *fulminatrix*. Saint Polyeucte, qui passe pour le premier martyr de l'Arménie, y fut mis à mort en 257. C'est le lieu de naissance de saint Mélèce dit le Grand, qui était évêque d'Antioche au quatrième siècle, et de saint Euthyme, archimandrite en Palestine; il eut la conduite de tous les monastères de la ville et du diocèse de Mélitène, sous les évêques Acace et Synade, qui avaient été ses maîtres. Les églises et les monastères étaient construits avec une grande simplicité. La plupart de ces monuments sont aujourd'hui détruits.

Depuis la ville jusqu'à la rivière, le terrain s'abaisse par une pente continue, et forme une vallée très-large et de peu de profondeur, au milieu de laquelle les eaux du Tokma sou circulent avec un cours très-lent. Les eaux, précipitées des vallées supérieures et arrêtées à leur confluent par le cours rapide de l'Euphrate, s'accumulent dans cette plaine, et forment des marécages, qui contribuent à l'insalubrité de la ville. On passe le Tokma sou sur un pont de pierre appelé Kirk gheuz (le pont aux quarante yeux), dénomination appliquée en Asie à tous les ponts qui ont un certain nombre d'arches. Une chaussée de pierre, en très-mauvais état, est établie entre la tête du pont et le terrain qui ne peut être atteint par les inondations : cette route, qui suit la direction du nord au sud, traverse la Mélitène, et conduit, à travers l'Arménie, dans le royaume de Pont.

Après avoir traversé la plaine de Malatia, le Tokma sou a encore un cours de deux lieues, et va se joindre à l'Euphrate. Une montagne conique et dépouillée de verdure indique au delà de l'Euphrate le point de réunion.

Il n'est pas plus facile de déterminer la limite nord de la province de Mélitène; pour aller chercher ses frontières naturelles nous devons nous transporter jusqu'au Gozdouk sou, qui coule au delà d'Arabkir. Cette ville, une des plus importantes de la contrée, se trouve aujourd'hui dans la même position que Malatia, c'est-à-dire que les habitants sont venus, d'un commun accord, s'établir au milieu des jardins plantés dans une large vallée qui s'étend entre deux

(1) 966 de J. C.

pics volcaniques d'une hauteur considérable. La population se compose d'Arméniens et de Turcs en nombre à peu près égal; les chrétiens se livrent au commerce de caravanes, et ont l'habitude d'émigrer à Constantinople; une autre partie exerce l'industrie de teinturiers ou de fabricants d'étoffes de coton.

La présence de ces volcans au milieu de terrains généralement calcaires, et à une hauteur de plus de 1800 mètres au-dessus du niveau de la mer, paraît d'autant plus remarquable, que les laves qu'ils ont épanchées ont un caractère extrêmement récent; on y trouve des coulées de lave noire et ferrugineuse; il y en a qui sont recouvertes par une épaisse couche de scories mélangées de cendres, comme on en voit de nos jours au Vésuve. Ces terrains sont d'une fertilité extrême, qui est entretenue par l'abondance des eaux et l'humidité permanente d'un terrain toujours couvert d'ombrage.

La ville d'Arabkir, d'après l'Itinéraire d'Antonin, peut être identifiée, comme position, avec l'ancienne Dascusa (1); mais il faut avouer que les lieux intermédiaires nommés dans cet itinéraire (2), excepté la ville de Sébaste, sont encore à peu près tous inconnus. C'est en vain que l'on chercherait dans Arabkir quelques monuments historiques; il n'y a pas même une mosquée, puisque la population fixe de ce lieu n'est pas installée depuis plus de quinze ans; nous savons d'ailleurs que dans la Cappadoce on ne trouve pas d'autres antiquités que des grottes taillées dans le rocher.

Le Gozdouk sou, qui prend le nom d'un petit village bâti sur sa rive, coule dans une vallée très-étroite et dont les flancs sont presque verticaux; il reçoit, avant de se jeter dans l'Euphrate, une autre petite rivière appelée Miram tchaï. L'Euphrate en ce point décrit une vaste courbe vers le sud, et ne reçoit point d'autre affluent qui mérite ce nom, jusqu'au Tokma sou.

---

(1) *Iter a Nicopoli Arabisso*, M. P. XX. Wesseling. 1.

(2) Voyez les Itinéraires anciens, par le marquis de Fortia d'Urban, in-4°, au mot *Dascusa*.

CHAPITRE VII.

ÉGUINE. LA VALLÉE DE L'EUPHRATE.

La route d'Arabkir à Éguine traverse un pays montagneux et boisé; on passe la rivière Gozdouk sou, qui va se jeter dans l'Euphrate, et peu de temps après, en vue du village de Schipik, on traverse le Miram tchaï; une heure plus loin la vallée de l'Euphrate, âpre, montagneuse et dénudée, s'ouvre dans la direction du nord-est; la route, tracée sur la pente des rochers, est des plus périlleuses pour les bêtes de somme; mais aux environs de la petite ville d'Éguine la nature du pays devient moins sauvage. Les montagnes se couvrent d'une végétation luxuriante, les vergers bien arrosés annoncent une population active et intelligente.

Éguine est située sur un plateau qui domine le cours de l'Euphrate, la vue de la ville prise du bord du fleuve rappelle par les lignes grandioses du paysage les tableaux du Poussin; dans l'éloignement, les sommets du Musur dagh, qui appartient à la chaîne de l'Anti-Taurus, montrent un fond de tableau d'une rare magnificence, qui contraste avec les pays stériles qu'on vient de traverser; des pins parasol et des pins d'Alep ombragent un petit pont de pierre jeté sur le fleuve, qui en cet endroit n'a pas plus de vingt mètres de largeur en été.

Le nom d'Éguine vient de l'Arménien Agn et signifie une source. Cette ville dépend du pachalik de Sivas; elle fut fondée dans le onzième siècle par une colonie d'Arméniens, et appartenait à l'Arménie seconde; elle est à égale distance, 165 kilomètres, de Sivas et d'Arabkir. La population d'Éguine est répandue dans plusieurs groupes d'habitations qui ressortent tous de la ville centrale; ils demeurent au milieu de jardins d'arbres fruitiers; la population musulmane a une mosquée avec un minaret et d'autres temples de moindre importance; les musulmans occupent environ deux mille maisons et les Arméniens sept cents.

L'industrie d'Éguine est principalement entre les mains des Arméniens, qui fabriquent des cotonnades bleues pour l'usage des bains ; ces serviettes ou pechkir servent aussi de voiles aux femmes.

Cette petite ville est un agréable lieu de halte pour ceux qui parcourent ces régions d'un accès difficile.

D'Éguine la route suit la vallée de l'Euphrate jusqu'à Pinia, grand village à cheval sur l'Euphrate, un pont de bois d'une construction ingénieuse relie les deux quartiers.

Avant d'arriver à Pinia, on franchit le Tchalta tchaï, qui vient de Devrighi.

Devrighi est située à l'entrée d'une vallée large de cinq kilomètres et dominée par un haut rocher : les Arméniens l'appelaient Divrig ; c'est en ce lieu que Pompée vainquit Mithridate, et en souvenir de cette victoire il bâtit la ville de Nicopolis. Ces montagnes dépendent du mont Paryadrès, dans lequel Mithridate avait fait construire soixante-quinze châteaux, où il déposa ses trésors (1). Strabon décrit cette montagne comme étant coupée par des précipices et des ravins et couverte de forêts. Ce tableau convient parfaitement au bassin supérieur de l'Euphrate; Divrig des Arméniens, qui devint Nicopolis sous les empereurs, a conservé le nom de Théphrice chez les Byzantins. Justinien fit réparer les murailles et les fortifications de cette ville en même temps que celles de Sébaste.

D'Éguine, deux routes conduisent à Trébizonde; la première, à l'est, continue de suivre le cours de l'Euphrate ou Kara sou jusqu'à Erzinghan, où elle va rejoindre la route de l'ouest. On ne trouve dans cette dernière ville aucun vestige d'antiquité; elle passe cependant pour occuper l'emplacement de Comana de Pont, qui fut bâtie par Oreste après qu'il eut quitté la Tauride en compagnie de sa sœur Iphigénie.

Procope raconte qu'Oreste, fuyant de la Tauride, emportant l'image de Diane, arriva dans ces lieux, où il construisit, d'après les ordres de l'oracle, un temple à la déesse, et lui consacra sa propre chevelure. En mémoire de cette action, la ville qui s'éleva autour du temple fut appelée Comana ; mais comme l'oracle n'était pas satisfait, Oreste continua de parcourir le pays et arriva dans la Cappadoce, où il trouva une montagne semblable à celle de la Taurique. Procope ajoute : « Je l'ai plusieurs fois considérée avec étonnement et je m'imaginais être dans la Tauride. Il y a une montagne toute semblable au mont Taurus, et un fleuve nommé Sarus tout semblable à l'Euphrate. » C'est la Comana de Cappadoce, dont nous supposons les ruines à Chert kalé si, sur le Sarus.

Oreste bâtit dans la Comana de Pont, une très-belle ville, et y construisit deux temples, l'un en l'honneur de Diane, l'autre en mémoire de sa sœur Iphigénie ; ils furent convertis en églises par Justinien, qui ne changea rien au plan ni à la disposition des édifices.

Procope décrit le cours de l'Euphrate dans ces régions; le fleuve passe par des défilés très-serrés, et dans certains lieux les bancs de roseaux s'accumulent et forment sur les eaux une espèce de pont sur lequel les cavaliers et les piétons peuvent passer; ce pays porte le nom d'Acilicène.

L'Euphrate arrose cette partie de l'Arménie, reçoit tous les affluents dont nous avons cité les principaux, et qui sont tous situés sur la rive droite. Il passe dans la Leucosyrie, appelée maintenant Arménie Mineure, dont la capitale est Mélitène. Il va à Samosate, à Hiérapolis et jusqu'en Syrie, où il se joint au Tigre (1).

La seconde route dont nous avons parlé est celle de l'ouest; elle passe par Kourou tchaï, la rivière sèche ; cette vallée est remarquable par les formations gypseuses qui concordent avec tous les terrains salifères que nous avons mentionnés, et s'arrête à Gumuch hané, la maison d'argent, petite ville où sont des mines de plomb argentifère mises en régie par le gouvernement turc et qui donnent de médiocres produits. De Kourou tchaï on fait sept heures de route jusqu'à Gherdjanis, par un pays presque désert; de cette ville à Chaïram le pays est moins accidenté, les villages plus nombreux.

(1) Strabon, XII, 555.

(1) Procope, Guerre des Perses, livre I, ch. 17.

La route se détaille ainsi jusqu'à Gumuch hané :

Chairam :
Termaï...... 2ʰ45   Edima....... 5ʰ10
Zimo....... 2 50   Gumuch hané.   5
Caravansérai. 4 15   Trébizonde.. 18

Toute cette route est au nord du compas.

De Gumuch hané on rejoint la route parcourue par les Dix Mille, qui marchaient sur Trébizonde. La montagne de Kara kapou est le mont Thechès, d'où l'armée de Xénophon aperçut la mer et se précipita en courant jusqu'au rivage, où elle fut reçue par les habitants de Trébizonde.

CHAPITRE VIII.

ROYAUME DE PONT.

Les montagnes qui séparent la petite Arménie du royaume de Pont, et qui portaient dans l'antiquité le nom de Scydissès (1) « montagne très-rude, » étaient habitées par le peuple des Heptacomètes, nation féroce qui n'avait d'autres habitations que les arbres des forêts ou des blokaus de bois, mosyni, du haut desquels ils s'élançaient sur les passants ; les Grecs les nommaient Mosynœci. Les Chalybes, qu'Homère appelle Halizones, occupaient le pays au-dessus des Mosynœci : « Odius et Epistrophius, conduisaient les Halizones d'Alybé, de ce pays lointain d'où naît l'argent. » C'est assez dire qu'ils occupaient les montagnes de Gumuch hané, où les mines de plomb argentifère sont à fleur de terre et exploitées de toute antiquité. Nous devons aussi mentionner les Taoques et les Carduques, qui sont les Kurdes d'aujourd'hui, malgré la similitude de leur nom avec le mot kourd, qui signifie un loup.

La contrée qui fut connue des Romains sous le nom de royaume de Pont appartenait dans les premiers âges à la Cappadoce, et avant la constitution de ce royaume les peuples qui l'habitaient étaient désignés sous le nom de Leucosyri, ou Syriens blancs. C'étaient des races sémitiques de la côte de Syrie qui étaient venues s'établir dans ces contrées sans doute à la suite des armées de Sésostris. Cette persistance des historiens anciens à donner à ces peuples le nom de Syriens montre que personne ne doutait alors de la conformité de race qui existait avec ceux de la Syrie ; bien plus, les bords du Pont-Euxin sont souvent regardés comme faisant partie de l'Assyrie, et le nom de Cappadoce lui fut donné par les Mèdes. Hérodote rapporte que les Leucosyriens pratiquaient la circoncision, et qu'ils avaient pris cette habitude des Égyptiens. Toutes ces concordances prouvent le rapport intime qui existait entre les peuples de ces rivages et ceux des côtes de la Syrie et de la Phénicie.

Sésostris soumit toute l'Asie jusqu'au Pont-Euxin, et imposa aux peuples vaincus un tribut qui devait être payé en Égypte. La domination de Sésostris fut anéantie par la première invasion des Scythes, qui à leur tour imposèrent à ces peuples un tribut qui fut payé pendant quinze cents ans. Mais si, pendant une si longue période, ces peuples nomades ne fondèrent aucune ville dans leur nouvelle conquête, ils purent, par leurs rapports avec les populations sémitiques, laisser en Asie les éléments d'une race mêlée, qui tenait des Sémites par leurs mères, et par leurs pères de la race caucasique.

Ninus chassa les Scythes, et affranchit l'Asie du tribut qui leur était payé, mais il ne rendit pas ces peuples à leur gouvernement naturel. La puissance des rois d'Assyrie s'étendit sur la côte de la mer Noire, et toutes les recherches faites sur l'origine des villes de ces parages conduisent à ce fait qu'elles doivent leur fondation aux Assyriens, qui commercèrent avec les Phéniciens avant que les navires grecs eussent encore apparu dans ces mers. Toutes ces régions étaient sous le gouvernement direct de princes indigènes, dont le sort dépendait de leurs puissants suzerains.

A la domination assyrienne succéda celle des Mèdes, qui sous Phraorte, s'emparèrent de la Leucosyrie. Ces derniers peuples avaient l'esprit colonisateur des Assyriens et le goût des constructions grandioses; ils s'établirent principalement dans la région de la Pterie, située au sud de Sinope, où l'on retrouve encore aujourd'hui

(1) Strabon, XII, 548.

d'imposants vestiges de leur séjour. On ne doit donc pas s'étonner de rencontrer dans ces contrées des monuments qui rappellent en même temps le style des monuments égyptiens et de ceux de l'Assyrie et de la Perse.

Les Scythes revinrent de nouveau en Asie Mineure pendant la domination mède; ils y séjournèrent vingt-huit ans, en furent expulsés par Cyaxare (1), et leurs méfaits suscitèrent la première guerre entre Cyaxare et les Lydiens (2).

Lorsque la Cappadoce fut constituée en royaume, la plupart des princes de la Leucosyrie obtinrent chacun le gouvernement d'une province. C'est en cet état que Xénophon trouva ces contrées quand il les parcourut avec l'armée des Dix-Mille. Ces divers peuples étaient tous indépendants les uns des autres, mais également soumis à l'empire des Perses.

Le premier prince qui dans l'histoire a porté le nom de roi de Pont était un descendant des sept Perses qui avaient renversé le faux Smerdis; il se nommait Mithridate, et comme fondateur d'un royaume, il reçut le surnom de Ctistès. Il prit le parti d'Eumène dans sa guerre contre Antiochus, et se créa de puissantes inimitiés qui éclatèrent après la mort d'Eumène. Forcé d'abandonner ses possessions, il se retira en Paphlagonie, dans le fort de Cimiata; c'est de là qu'il partit pour faire la conquête du Pont. Ce fort de Cimiata était situé dans les défilés du mont Olgassus, à l'ouest de l'Halys et sur les frontières de la Sinopide, « où l'on voit partout des temples érigés par les Paphlagoniens » (3), et traversée par le fleuve Amnius Ce pays est encore tout à fait inexploré au point de vue archéologique; il renferme certainement de nombreux vestiges des monuments paphlagoniens. Ces derniers peuples s'allièrent avec Xerxès et fournirent des contingents à ses armées; mais leur soumission aux Perses ne fut que temporaire, il se forma une dynastie nouvelle, à laquelle se soumirent les Paphlagoniens, qui sont considérés par quelques écrivains anciens comme étant de race syrienne. Non-seulement ils secouèrent le joug des Perses, mais ils finirent par se mêler avec les Leucosyriens et acceptèrent leur gouvernement. Mithridate Ctistès soumit tous ces peuples; il porta les conquêtes à l'est de l'Halys et mourut à l'âge de quatre-vingt-huit ans, après un règne de trente-six. Il fut assassiné à Cius par ordre d'Antigone. La race de Mithridate régna sur le Pont pendant plusieurs générations; le nom de ces princes est mêlé à tous les événements qui agitèrent ce pays jusqu'à la mort du grand Mithridate. A cette époque le royaume de Pont s'étendait de l'Halys jusqu'à l'Arménie, et comprenait encore en deçà de ce fleuve tout le pays qui s'étend jusqu'à Amastris. Pompée divisa ce royaume en onze gouvernements qu'il réunit à la Bithynie; il donna quelques cantons paphlagoniens à des rois descendants de Pylæmène. Mais sous les empereurs, d'autres divisions furent effectuées, et ces peuples furent soumis à des princes ou à des rois, d'autres furent déclarés libres.

Marc-Antoine préluda aux divisions nouvelles en donnant le Pont à Darius, fils de Pharnace (1); ensuite ce royaume échut à Polémon, mari de Pythodoris. Cette princesse régnait du temps de Strabon; elle possédait tout le pays au-dessus de Trébizonde, le territoire de Pharnacie, la plaine de Thémiscyre et la vallée de Phanaræa, qui passait pour un des meilleurs cantons du Pont. La Phanarée est arrosée par le Lycus, qui vient de l'Arménie, et par l'Iris, qui sort des défilés d'Amasie. Pythodoris possédait en outre toute la Zélitide et le pays de Mégalopolis, Cabira était située à cent cinquante stades plus au midi, au pied du Paryadrès; on voyait dans cette ville un moulin à eau et le palais de Mithridate, et dans le voisinage le parc et les mines. Pompée avait changé le nom de Cabira en celui de Diopolis, Pythodoris l'agrandit et lui donna le nom de Sébaste. Elle possédait encore le temple de Men dans le grand bourg d'Améria. Ce temple était dédié au dieu Men Pharnace ou Lunus; il était desservi par un grand nombre d'esclaves sacrés ou hiérodules. Caligula rendit ce royaume à

---

(1) Hérodote, I, 102, 103.
(2) Hérodote, I, 37.
(3) Strabon, XII, 562.

(1) Appien, *Bel. civ.*, l. V.

Polémon, fils de cette princesse (1); mais il conserva toujours le nom de Pont Polémoniaque; il comprenait sur la côte l'embouchure du Thermodon, Polémonium et Cotyore; dans les terres : Néocésarée, Zéla, Sébaste et Megalassus.

Le Pont Galatique comprenait la ville de Thémiscyre, et dans les terres Sébastopolis Amasia et Comana Pontica.

Le Pont Cappadocien comprenait sur la côte Pharnacie Cérasus, Trapezus et d'autres lieux peu connus.

Nicomède s'était emparé d'une partie du royaume de Mithridate; mais à sa mort tous ces royaumes furent réunis aux possessions romaines en Asie sous le nom de Province de Pont. Auguste ajouta à cette province la Paphlagonie lorsque la race de ces rois fût éteinte en la personne de Déjotare Philadelphe.

Les Notices ecclésiastiques ne reconnaissent que deux provinces du Pont; la province du Pont ou de Bithynie, et le Pont Polémoniaque. Cette dernière division ne comprend que cinq villes, Néocésarée, Comana, Polémonium, Cérasus et Trapezus.

CHAPITRE IX.

TRÉBIZONDE-TRAPEZUS.

Tous les écrivains qui ont parlé de Trébizonde répètent l'un après l'autre que cette ville prit son nom de Trapezus (une table), de la forme carrée qui avait été donnée à l'ensemble de ses murailles. Il faut que depuis l'antiquité jusqu'à la fin de l'empire byzantin la forme de ces fortifications ait été grandement modifiée, car le plan de Trébizonde est bien moins régulier que celui d'un grand nombre de villes anciennes.

Dans la ville basse, les murailles ont en effet la forme d'un quadrilatère irrégulier; mais dans la partie sud, qui est la plus élevée, s'étend un grand quartier où étaient la forteresse et les palais. Cette partie de la ville n'est rien moins que régulière; les murailles suivent tous les accidents du rocher, et le château s'élève sur le point culminant.

Les murailles actuelles ont peut-être été élevées sur les fondations des anciennes, mais elles ont tout le caractère d'ouvrages byzantins.

Trapezus ou Trapézunte était une colonie de Sinope; elle reçut un nouveau contingent de population, lorsqu'après la construction de Megalopolis en Arcadie, les villes de cette province allèrent peupler la nouvelle capitale. Les Trapézuntiens furent les seuls qui résistèrent; ils aimèrent mieux abandonner le Péloponnèse et aller habiter la Trapézunte d'Asie, où ils devaient retrouver des compatriotes (1). Lorsque Xénophon fit son entrée dans cette ville à la tête des huit mille six cents héros, reste de la cohorte des Dix-Mille, il y fut accueilli avec toutes les marques de sympathie que méritait son entreprise. On fit à cette occasion des sacrifices à Jupiter et à Hercule, et des jeux publics furent célébrés. Xénophon paya la dette de l'hospitalité en faisant connaître à la postérité l'accueil qu'il avait reçu; c'est la première fois que le nom de Trapezus apparaît dans l'histoire. Le monument qu'avaient élevé les Dix-Mille sur le mont Théchès en souvenir du succès de leur retraite a depuis longtemps disparu, mais les écrits de Xénophon subsisteront encore dans la suite des siècles.

La création du comptoir milésien de Trébizonde s'explique par les raisons que nous avons développées dans le précis historique du royaume de Lydie. Le grand commerce de l'intérieur de l'Asie était entre les mains des Grecs; Sinope était en relation avec les peuples du Bosphore cimmérien, l'échelle de Trébizonde leur ouvrait des débouchés plus prompts avec les riches contrées de la haute Arménie, de la Médie et de la Perse.

On pourrait, pour les temps modernes, faire des rapprochements analogues et montrer que la prospérité actuelle de Trébizonde tient au grand commerce de transit qu'elle fait avec l'Arménie et la Perse, tandis que Sinope, sa métropole, serait depuis longtemps réduite à l'état de simple village si elle n'avait pas sa belle rade pour offrir un point de relâche assuré aux navires qui font le cabotage de la mer Noire.

---

(1) Suétone, Néron, ch. 18.

(1) Pausanias, liv. VIII, ch. 27.

Les querelles des successeurs d'Alexandre ne portèrent aucune atteinte à la prospérité commerciale de Trébizonde. Alexandre n'avait pas paru dans le royaume de Pont; il avait voulu aller frapper son ennemi au cœur, et toutes les provinces du nord devaient tomber d'elles-mêmes quand l'empire de Perse serait anéanti. L'histoire du royaume de Pont au moment de l'établissement des Romains en Asie est renfermée dans celle de Mithridate Eupator; Trébizonde n'ayant pris qu'une part tout à fait passive à ce grand conflit, n'excita pas contre elle la vengeance des Romains; ils lui laissèrent le titre de ville libre. César s'était contenté de détruire la puissance de Pharnace sans rien constituer en Asie. Lucullus et Pompée laissèrent leur liberté aux anciennes colonies grecques (1); c'étaient pour les Romains autant de lieux d'étape et de ravitaillement. L'empereur Hadrien donna un soin particulier à l'embellissement de Trébizonde; il fit construire des palais, des portiques et des basiliques. Comme le mouillage était dangereux, il fit creuser un port artificiel, dont on retrouve l'emplacement près des rochers qui s'avancent dans la mer au-dessous des rochers de Guzel seraï, où est aujourd'hui la quarantaine; tout ce port est ensablé et ne sert plus que comme débarcadère.

La ville était bien peuplée; une double enceinte de muraille semblait défier toutes les forces ennemies. Cependant, sous le règne de Valérien, Trébizonde fut prise par les Goths; la garnison venait cependant d'être renforcée de dix mille hommes, qui tremblèrent à l'approche de l'ennemi. Pendant que les Goths escaladaient les murailles, après avoir accumulé dans le fossé des masses de fascines, la garnison se sauvait par une autre porte. La ville fut mise au pillage, un butin immense fut embarqué sur les navires des Goths; les habitants qui ne purent être emmenés comme esclaves furent massacrés; le reste, entassé sur les galères, fut conduit pour être vendu dans les villages du Bosphore cimmérien.

Justinien songea aussi à faire exécuter à Trébizonde des travaux de défense et d'utilité publique. Il construisit un aqueduc dans le but de suppléer au manque d'eau qui se faisait sentir, et lui donna le nom de Saint-Eugène, martyr. Procope se contente de mentionner cet ouvrage (1). Une grande inscription placée sur la porte du château nous apprend que cet empereur a construit plusieurs autres édifices; mais ils ne sont pas mentionnés. Cette inscription contient les noms de tous les peuples vaincus par Justinien (2). Sous Constantin Porphyrogénète, Trébizonde était la métropole du septième thème, dit de Chaldée (3). Ce titre de capitale lui avait été enlevé du temps de Justinien pour le donner à Néocésarée.

CHAPITRE X.

ROYAUME DE TRÉBIZONDE.

David et Alexis Comnène, fils et petits-fils du tyran Andronic, furent les fondateurs du royaume de Trébizonde. Ces princes s'étant sauvés de Constantinople s'emparèrent de la Galatie et du Pont; mais ils ne prirent à cette époque d'autre titre que celui de duc. Baudoin fit alliance avec eux; ils ne prirent le titre d'empereur qu'en 1204, en même temps que les princes de Nicée. Alexis Comnène, surnommé le Grand, s'empara du Pont, de la Cappadoce et des côtes jusqu'à Héraclée. Dufresne ne donne le titre d'empereur qu'à Jean Comnène; il classe la dynastie de ces princes de la manière suivante :

Alexis Comnène, duc.
Jean Comnène, empereur.
Alexis II, né en 1282.
Basile Ier, fils du premier.
Basile II, épouse Irène Paléologine, et meurt en 1339.
Alexis III et Eudoxie Comnène ont été frère et sœur.
Jean II, dit Calojean.
David Comnène, troisième fils de Jean, usurpe la couronne. Il donna des secours à Uzun hassan. Mahomet II assiège Trébizonde; le siège dure plus

---

(1) Pline, liv. VI, 4.

(1) Procope, *de Ædif.*, liv. III, ch. 7.
(2) Voyez Tournefort, t. II, Trébizonde.
(3) Voyez pages 13-19.

d'un mois. David est pris par surprise et envoyé à Constantinople, et de là à Andrinople, où il est assassiné, et toute sa famille est massacrée, l'empire de Trébizonde, qui avait commencé en 1204, est détruit en 1462.

Trébizonde est aujourd'hui le chef-lieu de résidence d'un pacha à trois queues, ayant le nouveau titre de muchir. Il commande à l'est jusqu'à Gumuch hané, et à l'ouest jusqu'à Kérasoun. La ville est située immédiatement au bord de la mer, il n'y a de ce côté ni plage ni port; une étroite bande de sable, presque toujours submergée, s'étend le long des murs, c'est là que les marins de Trébizonde tirent leurs navires à sec. A l'angle nord de la ville il y a une sorte de cap formé par des rochers volcaniques; l'anse située entre ces rochers et la côte était l'ancien port, aujourd'hui ensablé. Sur ce cap s'élevaient encore en 1836 les ruines incendiées d'un château moderne : on l'appelait Guzel séraï, le beau palais; le pacha Achmet oglou, qui le faisait construire, étant tombé en disgrâce, on envoya un capidji bachi qui lui coupa la tête et mit le feu au château. Ceci se passait en 1740, sous le règne du sultan Mahmoud 1er; depuis ce temps, nul n'avait osé s'installer dans les murs de ce château maudit (1). Près du port comblé, appelé Goulé, est l'arsenal; au-dessus, le petit édifice à double coupole qui s'élève à l'horizon est le tombeau de David; à gauche, le consulat de France.

La ville basse est habitée par les Turcs, les chrétiens demeurent dans le faubourg du nord-est. Il faut une heure pour faire le tour de la ville. La citadelle, située dans la partie haute, est défendue par un fossé; le fort du milieu, appelé Orta hissar, a quatre portes, deux établissements de bains et le palais du pacha. La forteresse inférieure, Aschoghi hissar, a également quatre portes et forme une enceinte séparée du fort intérieur au moyen de deux portes en fer; c'est la demeure des principaux Turcs. Les murs sont construits en quartiers de roche et épais de deux mètres; un fossé profond entoure les deux forts. Dans la vallée voisine coulent les ruisseaux de Gourgoura déré et de Issé, sur lesquels il y a deux ponts. La ville entière, entourée de murs, s'appelle le château, Kalé; les chrétiens et les artisans demeurent dans le faubourg: c'est la partie la plus agréable de Trébizonde, parce qu'il y a de nombreux jardins. Tout ce quartier est en amphithéâtre, et les maisons jouissent du bel horizon de la mer. On y compte huit mille maisons : cinq cents arméniennes, quinze cents grecques, et six mille turques. Les chrétiens sont divisés en huit mahallé ou quartiers, les Turcs en vingt-huit mahallé. Les habitants disent que du temps du sultan Achmet, Trébizonde avait dix-huit mille maisons.

Les Arméniens ont quatre églises et les Grecs vingt-quatre, dont sept seulement sont consacrées au culte. Le faubourg contient six mosquées, dont l'une, Imaret Djami si, est construite sur le tombeau de la mère de Sélim 1er. L'imaret ou hospice pour les pauvres est complété par une école et un caravansérai.

Ortasar djami si, mosquée située au centre de la ville, est une église byzantine du temps des Comnènes; aucun changement n'a été fait dans les dispositions primitives de l'édifice. La façade a une longueur de seize mètres; elle se compose d'un portique donnant accès dans l'exonarthex et dans le narthex. La nef, dont la largeur est de six mètres, est accompagnée de deux bas côtés formés par des pilastres; une coupole éclairée par douze fenêtres s'élève au-dessus de l'abside. Toute cette construction est d'une extrême simplicité, mais le plan est bien entendu; l'église se termine par une abside circulaire avec deux chapelles latérales.

La longueur totale de l'église, y compris les deux portiques, est de trente-cinq mètres.

A trois kilomètres de la ville, et sur une colline qui domine la mer, s'élève l'église de Sainte-Sophie, Aghia Sophia, convertie en mosquée par les Turcs. Cet édifice, d'un caractère original et sévère, est d'une conservation parfaite (1); les dispositions du plan sont les mêmes que

---

(1) Voyez la vue de Trébizonde. Pl. 63.

(1) Voyez la planche 31, Vue d'une église à Trébizonde.

celles d'Ortasar djami si, et la dimension de l'édifice est un peu plus petite. La largeur de l'édifice est de treize mètres. La longueur de la nef est de dix-neuf mètres vingt-sept centimètres, le narthex et l'exonarthex ont ensemble dix mètres soixante-cinq centimètres de longueur.

La coupole centrale est soutenue par quatre colonnes de granit supportant des arcs surhaussés dans le style byzantin. L'intérieur de l'église était orné de peintures représentant des saints et des souverains de Byzance, mais elles ont été en partie effacées par les Turcs.

Le dallage est sans contredit le plus beau spécimen de marqueterie byzantine qui existe. Il est composé de marbres précieux de différentes couleurs formant une série de médaillons réunis par des entrelacs, sur un fond en mosaïque.

A droite et à gauche de l'église sont deux portiques extérieurs formant une triple arcature dans le tympan de laquelle sont des sujets de l'Ancien Testament; au sommet du grand arc est sculpté l'aigle byzantin à une seule tête. Nous devons nous arrêter ici dans la description de cette église, qui pour être complète devrait être accompagnée de plans. A quelque distance en avant du porche s'élève un clocher quarré, dans l'intérieur duquel sont de nombreux tableaux peints à fresque et très-bien conservés, représentant des sujets religieux.

Aucune inscription ne fait connaître à quel prince est due la construction de cette église; mais la comparaison des peintures avec celles qu'on observe dans un couvent situé dans la montagne au sud de la ville permet d'affirmer que Sainte-Sophie a été construite par Alexis III. Les peintures de la tour sont du premier quart du quinzième siècle.

CHAPITRE XI.

KIZLAR MONASTIRI.

Le couvent de la Mère de Dieu, Panaghia Théotocos est éloigné d'environ quatre kilomètres de Trébizonde; il est bâti dans l'enfoncement d'une vallée de la montagne de Bouz tepé, montagne de la glace. A l'extérieur il présente l'aspect d'une forteresse, au fond de la première cour s'élève un haut rocher dans lequel a été creusée une chapelle ; elle est précédée d'un porche ouvert, également taillé dans le roc. Toute la surface du rocher est couverte de stuc sur lequel ont été peints à fresque divers sujets religieux qui rappellent les peintures du Campo Santo de Pise.

La muraille à gauche représente des scènes du Nouveau Testament; les tableaux montent jusqu'à la voûte, qui est elle-même couverte de figures. Au-dessous des tableaux sont des portraits de saints debout et portant leurs noms et leurs attributs. Une ligne de médaillons couronne toutes ces figures.

Le mur du porche faisant office d'iconostase, en avant de la chapelle, est décoré de six grandes figures debout. Trois représentent la Vierge, le Christ et saint Jean; trois autres appellent particulièrement l'attention par les inscriptions qui les accompagnent. Ce sont les portraits d'Alexis III Comnène, de sa femme Théodora et de sa mère Irène. Ces peintures sont noircies par la fumée des lampes et des cierges, mais on peut avec de l'attention reconnaître le brillant costume des princes de Trébizonde.

La figure du milieu, l'empereur Alexis, est coiffée de la tiare et porte le sceptre.

L'inscription peinte sur le mur ne permet pas de douter du nom du personnage; on lit en caractères grecs : Alexis croyant en Jésus Christ, roi et empereur de toute l'Anatolie, le grand Comnène.

A sa droite est la figure d'une princesse coiffée d'un diadème encore en usage chez les princesse russes et qu'on appelle kacochnik; elle porte entre les mains un édifice qui paraît la désigner comme la véritable fondatrice du monastère. Son costume est de la plus grande richesse; on lit à côté l'inscription suivante : Irène, par la grâce de Dieu, mère de l'aigle très-pieux roi et seigneur, Alexis le grand Comnène.

A la gauche du prince est un autre portrait de femme portant d'une main le sceptre et de l'autre un disque. Sa coiffure et son costume ne sont pas moins riches que ceux d'Irène. L'inscription placée près de la figure est ainsi conçue : Théodora, par la grâce de Dieu, très-pieuse maîtresse et impératrice de toute l'Anatolie.

Ces titres sont peut-être un peu ambitieux quand on pense à quelle étendue se bornait cet empire, mais ces tableaux prouvent qu'à cette époque les arts étaient encore en faveur dans cette limite extrême de l'empire d'Orient.

CHAPITRE XII.

LES GRANDS SANCTUAIRES D'ANAÏTIS DANS LE ROYAUME DE PONT. — COMANA. — ZELA. — PTERIUM.

Le nom de Comana est un souvenir du séjour d'Oreste en Asie Mineure; ce héros ayant dédié un temple à Diane Taurique y consacra sa chevelure (coma) et la ville fut appelée Comana. Cette légende grecque est conforme à toute cette histoire apocryphe d'Asie écrite par les Grecs. Il est certain que les centres religieux du royaume de Pont et de la Cappadoce, dans lesquels il était rendu un culte à la déesse Anaïtis, existaient avant qu'aucun Grec eût paru en Asie Mineure. Nous ignorons quels noms portaient ces villes du temps de l'empire assyrien, la dénomination grecque ayant prévalu.

Comana de Pont, était située sur le bord de l'Iris; si l'on en croit les traditions romaines, elle aurait été fondée avant la Comana de Cappadoce (1). Procope, qui a visité les deux villes d'Asie, s'étonne de la ressemblance qu'il a trouvée entre elles : l'une et l'autre sont adossées à une montagne; celle de Cappadoce est près du Sarus, et celle de Pont près de l'Iris. La même divinité, Vénus-Uranie ou Anaïtis, était adorée dans les deux sanctuaires, et tout ce qui regardait les sacrifices, ainsi que la manière de rendre les oracles, était identique dans les deux pays.

Du temps de Strabon Comana de Pont était une ville bien peuplée, et un des centres de commerce les plus importants de l'Arménie; on y célébrait des panégyries, qui s'appelaient *les sorties de la déesse*, et qui attiraient un immense concours d'hommes et de femmes, sans parler de ceux qui venaient en tout temps pour accomplir des vœux et pour offrir des sacrifices à la déesse.

Il y avait dans la ville un grand nombre de courtisanes, dont la plupart appartenaient au temple.

Les desservants du temple, qui portaient le nom de hiérodules, demeuraient dans la ville; leur condition était celle de serfs sacrés. Le grand pontife avait sur eux un pouvoir absolu; mais il lui était interdit de les vendre. Ils étaient au nombre de six mille, et Pompée avait donné la prêtrise à Archélaüs; son fils hérita de la même dignité, et le successeur de ce dernier fut Lycomède, aux possessions duquel on ajouta un terrain de quatre schœnes. Les rois de Pont étaient maîtres du territoire de Comana; mais la dignité du grand prêtre égalait celle du prince, et lorsqu'il paraissait en public sa tête était ornée du diadème. Mithridate souleva toute cette population fanatique contre le pouvoir des Romains. Dorylaus, parent de Strabon l'historien et fils de Philætère, avait été élevé par Mithridate à la prêtrise du temple de Comana. Il conçut le projet de faire passer le royaume de Pont sous le pouvoir des Romains; mais cette tentative lui fut fatale. Le grand-père maternel de Strabon, voyant que les affaires du roi allaient mal dans la guerre qu'il soutenait contre Lucullus, voulut venger la mort de ses parents, que Mithridate avait tous fait périr avec Lucullus; mais Pompée refusa de reconnaître aucune convention faite par les Asiatiques avec ce général, et le grand-père de Strabon en fut quitte pour ses frais de trahison (1).

CHAPITRE XIII.

LE CULTE D'ANAÏTIS.

Bérose, dans le troisième livre de l'histoire des Chaldéens, dit que les Perses à une certaine époque avaient commencé à adorer des idoles sous forme humaine, et qu'Artaxerxe, fils de Darius et frère d'Ochus, avait importé pour la première fois la statue d'Aphrodite Anaïtis à

---

(1) Procope, bell. Pers., 1, 17.

(1) Strabon, ibid., 558.

ASIE MINEURE.

Babylone, Suse et Ecbatane, à Damas et à Sardes (sans doute à Hypæpa), l'y avait consacrée et avait enseigné aux Perses et aux Bactriens à lui rendre des honneurs. Polybe mentionne en deux endroits des sanctuaires des Perses et ensuite un temple d'Artémis dans l'Élymaïs (1).

Antiochus, obligé de payer aux Romains une indemnité de guerre, avait tenté de piller le temple d'Élymaïs; mais les habitants n'ayant pas voulu souffrir cet outrage, il était retourné en Perse et y mourut dans un état de folie, causé, disait-on, par son impiété (2).

Au moment de l'arrivée d'Antiochus le temple d'Aïné avait des colonnes dorées; les tuiles étaient d'argent; il fit enlever le tout et le fit passer dans le trésor royal : la somme ne se monta pas à moins de quatre mille talents.

Isidore de Charax mentionne dans la métropole de la Médie un temple d'Anaïtis avec un trésor; le même géographe signale dans ses Stathmi Parthici un autre emplacement du temple d'Anaïtis à Concobar, Kanguevar, près de Hamadan, ville de la Médie supérieure. Strabon atteste que le culte de la divinité médo-perse d'Anaïtis s'étendait aussi dans l'Asie occidentale, dans l'Arménie et la Cappadoce. Il rapporte que les Saces ayant fait une irruption dans le pays (3) furent attaqués par les généraux Perses, et exterminés. En souvenir de cette victoire, les Perses après avoir accumulé des terres, autour d'une roche, y formèrent comme une colline qu'ils entourèrent de murs; ils élevèrent deux temples, l'un à la déesse Anaïtis, l'autre aux divinités perses Omanus et Anandate, qui partagent ses autels. Les possesseurs de Zéla célébraient encore du temps de Strabon une fête commémorative qui avait lieu dans tous les sanctuaires d'Anaïtis. Zéla n'était alors qu'une bourgade, peuplée presque uniquement par les desservants du temple.

Cette tradition prouve que le culte d'Anaïtis existait avant Cyrus, qu'il était national dans le pays, et que ce prince n'a fait qu'instituer une nouvelle fête. Étienne de Byzance confirme ce fait au mot Zéla, ville d'Arménie : « C'est, dit-il, un lieu où se célébrèrent les sacées en l'honneur d'Anaïtis. Il y a, ajoute-t-il, une seconde Zéla dans le royaume de Pont. » C'est sans doute la même ville : les autres auteurs ne font mention que de la dernière. Strabon dit positivement que Zéla dans le pays de Pont est bâtie sur la levée de Sémiramis : on y voit un temple d'Anaïtis, divinité également adorée par les Arméniens (1). Le temple de Bellone à Comana était aussi nommé temple de Ma; le culte de cette dernière déesse était semblable à celui de Diane Tauropole. Les cérémonies pratiquées dans les temples d'Anaïtis consistaient dans la combustion du feu sacré sur des autels appelés pyrées ou pyræthées, où les mages entretenaient un feu inextinguible. Pausanias raconte comment un mage allumait des menues branches sur un autel sans le secours apparent du feu (2). Les mages portaient une tiare de feutre dont les oreilles descendaient des deux côtés de manière à leur couvrir les lèvres.

Les grandes fêtes consistaient en processions, dans lesquelles on promenait les statues des dieux Anaïtis et Omanus. Strabon (3) emploie pour désigner ces statues le mot *Xoanon* qui signifie une figure de bois. Les médailles de Perga en Pamphylie où était un grand sanctuaire d'Artemis pergéenne représentent dans un temple à six colonnes la figure de la déesse sous la forme d'un cône, c'est-à-dire sous la même forme que la Vénus de Paphos. Toutes ces divinités s'incarnaient les unes dans les autres aux yeux de populations qui étaient livrées à toutes les jongleries des mages fanatiques et des pontifes absolus.

Au pied du mont Taurus et non loin de Comana de Cappadoce, étaient les bourgs de Castabala et de Cybistra : dans le premier était le temple d'Artemis Perasia, c'est-à-dire apportée de loin; c'était la même divinité que l'Anaïtis des Arméniens, elle avait été

---

(1) Polybe, XXXI, 2.
(2) Josèphe, *Ant. jud.*, 51, XII, 9·1.
(3) Strabon, XII, pud. 2.

(1) Strabon, XII, 535.
(2) Pausanias, liv. V, chap. 37, — Voyez page 348.
(3) Strabon, liv. XV, 733.

apportée par Oreste en Asie Mineure, le culte se répandit ensuite en Lydie et en Cappadoce, c'est-à-dire enfin, que l'Anaïtis, Vénus-Uranie, Mylitta, Bellone, Diane et Ma n'étaient qu'une seule et même divinité incarnée sous différents noms suivant le génie ou le fanatisme des peuples qui l'acceptaient.

La figure d'Anaïtis, transformée en Diane, fut représentée sous forme humaine; c'était, selon Pline (1), la plus ancienne statue connue. « La plus ancienne statue d'or massif sans aucun creux et antérieure à toutes celles du même genre en airain qu'on nomme holosphyrates a été celle du temple d'Anaïtis, statue qui était en grande vénération parmi ces peuples »; elle fut brisée, et un soldat eut une cuisse pour sa part. Avec une parcelle de son butin, il offrit un festin à l'empereur Auguste dans la ville de Boulogne (2). Cette statue fut brisée dans l'une des années 35 à 31 avant J.-C.; elle avait été dédiée par Artaxerxe Memnon : elle était âgée de trois cents ans.

Plutarque dans la vie de Lucullus nous apprend que certains temples de Diane entretenaient des troupeaux de vaches sacrées qui portaient à l'épaule le signe d'un flambeau; était-ce pour rappeler que cette divinité est la même qu'Artemis Men ou Lunus? On ne doit donc pas s'étonner de voir des figures de vache dans les bas-reliefs qui rappellent le culte d'Anaïtis. Pausanias (3) parle d'Artémis. Diane Taurique ou Anaïtis. Les Cappadociens et les peuples du Pont se disputaient l'honneur d'avoir chez eux la statue originale.

Les Athéniens croyaient que les Mèdes l'avaient transportée de Braura à Suse, et qu'ensuite les habitants de Laodicée, de Syrie l'avaient reçue en présent du roi Séleucus.

C'est sans doute ce trophée qui, transporté en Perse, a donné au roi Artaxerxe l'idée de consacrer une statue à la déesse Anaïtis, qui primitivement était adorée sous la forme d'un cône.

Le culte de cette déesse a été pratiqué en Asie depuis les temps les plus reculés jusqu'à celui de Justinien, qui transforma en églises les temples de Comana.

La première statue ne date que du temps des Grecs. Artaxerce n'a rien innové ; tous les dieux de l'Asie antérieure étaient changés par les Grecs. Belus devint Zeus, Sandane, Hercule, et Anaïtis Aphrodite ou Artémis.

Cette dernière divinité fut particulièrement honorée par les Mèdes; aussi c'est dans les lieux de leur domination que sont groupés les plus nombreux et les plus célèbres sanctuaires. La ville de Ptérium, leur capitale dans l'Asie occidentale, nous fait voir encore les ruines importantes d'un vaste édifice religieux et des bas-reliefs d'une haute antiquité retracent des scènes et des emblèmes religieux qui ont des rapports certains avec ces Mythes archaïques.

CHAPITRE XIV.

VILLES DU PONT POLÉMONIAQUE : TOCAT. — GUMENEK. — COMANA.

Les géographes qui ont identifié la ville moderne de Tocat avec l'ancienne Comana Pontica, d'après les distances données par les itinéraires, n'ont pour ainsi dire commis aucune erreur, car les ruines de cette antique cité se reconnaissent au village de Geumenek situé à six kilomètres à l'est de Tocat, on peut même y retrouver les vestiges de l'ancien nom de Comana. Cette ville est située sur le fleuve Iris, aujourd'hui Tocat sou, ou, pour mieux dire, Yechil irmak, le fleuve vert, nom donné à l'Iris dans l'ensemble de son parcours (1).

On aperçoit au bord de la rivière quelques débris de ruines helléniques, des fragments d'architecture et des frises de marbre enclavées dans les murailles des maisons, un édifice plus considérable bâti de briques et de moellons s'élève au-dessus des autres ruines, et est composé d'un certain nombre de salles voûtées. Cet édifice paraît être d'une époque assez récente. Au pied de la colline est un pont romain dont le milieu est rompu et réparé avec des solives, les

---

(1) Pline, XXXIII, 24.
(2) Id., ib.
(3) Pausanias, III, 16.

(1) Voy. Kerporter, *Travels*, 211, 701, Pocöcke, *Voyages*.

arcs des culées sont encore en bon état, c'est tout ce qui reste de ce célèbre sanctuaire de Comana; mais sa position est bien indiquée par Strabon comme étant au-dessus de la plaine de Phanarœa dans la fertile plaine arrosée par l'Iris.

A un kilomètre et demi à l'ouest de Guemenek est un énorme bloc de marbre cubant environ deux mètres qui paraît détaché de la montagne voisine et a été excavé pour en faire un double tombeau. La façade représente la grossière image d'un temple : il a été décrit rapidement par Tavernier et plus en détail par M. Hamilton (1); un dessin pourrait seul faire connaître à quelle époque il appartient; les chrétiens du pays disent qu'il servit de retraite à saint Chrysostome. Les collines voisines sont composées de pierre calcaire comme toute cette chaîne centrale.

On passe l'Iris et l'on franchit un col pour gagner la vallée dans laquelle est située Tocat.

Il n'y a pas de ville plus extraordinaire s'écriait Pococke, lorsque pour la première fois il aperçut Tocat. Ses maisons couvertes en tuiles dans un pays où toutes les toitures sont en terrasses lui donnent de loin l'aspect d'une ville européenne.

Deux hautes montagnes couronnées par d'antiques châteaux donnent au profil du paysage un aspect étrange : la ville s'étend sur la croupe de ces rochers et dans la vallée qui les sépare; toutes les maisons sont bâties en briques crues, mélange de terre et de paille hachée, sur un terrain où la pierre calcaire abonde : n'est-ce pas une preuve de plus que les habitants se conforment à un usage établi dans ces contrées de toute antiquité, mais c'est là que se bornent les avantages de Tocat; entrez dans la ville, vous voyez un dédale de rues étroites et mal tenues; quelques mosquées avec leurs minarets sont les seuls édifices qui attirent les regards; les deux châteaux qui couronnent les montagnes sont du moyen âge et complétement abandonnés.

La fondation de Tocat ne remonte pas au delà du moyen âge : les Arméniens lui donnaient le nom de Jevtogia ou Eudoxia. Les chrétiens avaient abandonné l'antique Comana, célèbre par un culte qui leur était odieux; de tous les dieux du paganisme la divinité de Vénus était celle qui était le plus en horreur aux chrétiens à cause des cérémonies licencieuses dont elle était l'objet (1). Les Pères de l'Église, et surtout Eusèbe, prêchaient dans leurs écrits la destruction de ces sanctuaires mal famés, et Comana passait pour une petite Corinthe. Il n'est pas étonnant que les chrétiens aient abandonné cette ville maudite pour aller s'établir dans un lieu vierge de traditions païennes. Tocat, comme nous l'avons dit, est à une très-petite distance de Comana : il est probable que les matériaux des édifices antiques ont servi à bâtir la ville nouvelle. Dans les premiers temps de l'empire byzantin elle paraît avoir conservé son nom primitif, car les notices ecclésiastiques mentionnent Comana comme un siège épiscopal.

Tocat est le grand entrepôt des mines de cuivre de Keban Maden : le métal est transporté brut dans cette ville pour être raffiné; un grand nombre d'habitants se livrent à la fabrication des ustensiles de cuivre, chaudrons, braseros et vases de cuisine et de caravane : ils exportent jusqu'à Constantinople.

Au nord-est de la ville il y a un pont de cinq arches jeté sur l'Iris, mais il est rare qu'on en fasse usage, la rivière est toujours guéable, excepté dans les grandes pluies d'hiver. Dans toute cette vallée de l'Iris, dont saint Basile a fait un si riant tableau, l'abondance des eaux entretient une fertilité admirable. Les arbres fruitiers, qui se trouvent là dans leur pays natal, les abricots, les pêches et surtout les poires, embellissent des jardins qui forment un magnifique cadre à la ville. Les raisins de toute sorte abondent, mais la fabrication du vin laisse beaucoup à désirer. Il est douteux qu'il ait satisfait le palais des voluptueux habitants de l'antique Comana.

(1) Strabon, XII, 559.

(1) Hamilton, t. 1, p. 350.

CHAPITRE XV.

TURKAL. — GAZIOURA. — ZELA.

L'Iris, prenant sa source dans les montagnes du Pont, traverse la ville de Comana et la fertile plaine de Daximonitis de l'est à l'ouest, tourne vers le nord près de Gazioura, ancienne résidence des rois, mais aujourd'hui déserte, retourne encore une fois vers l'orient, reçoit les eaux du fleuve Scylax, Tchoterlek sou, et plusieurs autres rivières, et passant le long des murs d'Amasie il entre dans la Phanaroea; là, joint par le Lycus, qui vient de l'Arménie, il traverse la plaine de Thémiscyre pour aller se jeter dans le Pont-Euxin (1). Cette description de Strabon est tout à fait conforme à la topographie actuelle et permet de déterminer d'une manière positive les sites de Gazioura au village de Turkal, situé au coude de l'Iris et bâti au pied d'un haute montagne isolée et rocheuse couronnée par un château fort.

Turkal est un bourg de deux ou trois cents maisons situé à quarante-huit kilomètres à l'ouest de Tocat, dans la plaine de Kaz ova si, la plaine des oies, et entourée de jardins et de vergers: la montagne voisine forme un pic isolé de cent cinquante mètres de haut et d'un accès difficile.

La plupart des constructions du château datent du moyen âge. Il y a cependant quelques parties qui portent le cachet d'une haute antiquité. Les montants des portes comme les architraves sont faits d'une seule pierre. Il y a de plus dans l'enceinte des murailles un souterrain qui descend dans le centre de la montagne. L'entrée est assez praticable, mais à mesure qu'on avance dans ce couloir dont la pente est rapide, le sol devient si rocailleux qu'il est impossible de descendre plus d'une cinquantaine de pas (2). Cet ouvrage paraît être une de ces galeries taillées dans le roc, pratiquées par ordre de Mithridate dans les châteaux où il cachait ses trésors, châteaux qui sont au nombre de soixante-quinze dans la petite Arménie et dans le Pont. Gazioura était une ancienne résidence des rois de Pont; toutes ces forteresses furent démolies par Pompée, qui transforma le pays en fondant des villes nouvelles, et du temps de Strabon le château de Gazioura n'était déjà plus qu'une ruine.

Kala keui, le village du château à six kilomètres à l'est d'Amasia, est remarquable par quelques grottes sépulcrales qui ont déjà été vues par plusieurs explorateurs, mais qui n'ont pas encore été décrites. M. Barth (1) a tenté vainement une ascension, mais pour arriver au niveau des monuments il lui aurait fallu une échelle et des cordes, les habitants eux-mêmes ne paraissent pas connaître de chemin pour y arriver. On commence à gravir les rochers avec beaucoup de peine en s'accrochant aux buissons et aux aspérités du rocher; les monuments sont à cent mètres environ au-dessus du sol de la vallée; mais arrivé aux deux tiers de la route le rocher devient aplani et glissant, et l'on ne peut aller plus loin. Ces chambres sépulcrales sont au nombre de trois; d'après l'esquisse qu'en a donnée M. Barth, elles n'ont aucun ornement d'architecture, et se rapprochent par leur simplicité des tombes d'Amasie qu'on appelle tombes royales.

Zéla est à vingt-quatre kilomètres à l'ouest de Turkal; on passe l'Iris sur un pont de bois et l'on traverse la plaine de Daximonitis, séparée de celle de Zéla par un col peu élevé. La ville moderne de Zileh est bâtie au pied d'un monticule conique; elle contient environ deux mille maisons turques et cent cinquante arméniennes; les maisons, comme celles de Tocat, sont couvertes en tuiles. Les habitants cultivent principalement le coton dans leurs vastes plaines et ont quelques métiers qui fournissent des tissus à la population des environs. Il se tient chaque année un grand marché qui réunit, selon M. Ainsworth, quarante ou cinquante mille visiteurs, cela rappelle les grandes foires religieuses ou panégyries qui avaient lieu autour des temples d'Anaïtis.

Au milieu de la ville s'élève la montagne que couronne le château et qui domine les

---

(1) Strabon, XII, 547.
(2) Hamilton, *Researches*, t. I, 359.

(1) Reise, p. 28.

vallées environnantes, les murailles sont modernes on observe seulement quelques débris d'architraves et de corniches, mais rien qui porte le cachet d'une haute antiquité. Au milieu de la ville il y a une fontaine qui s'épanche dans un large bassin de pierre d'ancienne construction. Les habitants ignorent où est la source; ils prétendent que dans l'intérieur du château se trouve une galerie souterraine qui conduit du sommet jusqu'à la source. M. Hamilton pense qu'elle est alimentée par un ruisseau qui coule près de la ville et dont les eaux filtrées dans un terrain sablonneux viennent ressortir au pied du monticule.

Zileh, l'antique Zéla, était un des centres les plus célèbres du culte d'Anaïtis. Strabon dit que cette ville fut bâtie sur un tertre élevé par Sémiramis (1). Hirtius (2), qui parle de Zéla longtemps avant Strabon, n'est pas du même avis. « Zéla, ville aussi forte qu'elle peut l'être dans une plaine, car elle est située sur un tertre naturel qui paraît un ouvrage de l'art et qui sert à soutenir les murailles de toutes parts ».

Les environs de Zéla sont célèbres par deux batailles dans lesquelles les armées romaines furent tour à tour vaincues et triomphantes : la première eut lieu entre Mithridate, Eupator et Triarius, lieutenant de Lucullus ; la seconde donna lieu à César, vainqueur de Pharnace, d'écrire cette célèbre missive : Je suis venu, j'ai vu, j'ai vaincu. Le champ de bataille où eut lieu cette action mémorable, si bien décrite par Hirtius (3), se trouve dans un vallon situé à huit kilomètres au nord-ouest de Zéla. On reconnaît sans peine la colline où était campé le roi du Bosphore; la colline plus haute séparée par un vallon de quinze cents mètres est celle où César établit son camp. L'armée de Pharnace, en voulant attaquer César, fut obligée de descendre le monticule qu'elle occupait, de traverser la vallée et de remonter la colline sur laquelle les troupes de César étaient occupées à creuser leurs retranchements. L'inspection seule des lieux fait comprendre tout l'avantage de la position des troupes romaines.

Cette action s'étant passée hors de la ville, n'a donné à l'historien aucune occasion d'entrer dans quelques détails sur les monuments célèbres ; nous ignorons aujourd'hui où était situé le temple d'Anaïtis ; il est probable qu'il a eu le même sort que tous les édifices du même genre : il a été ruiné jusqu'au sol par les chrétiens. Le gouvernement ou l'administration de ce sanctuaire ne différait pas de celui de Comana : le pontife suprême avait un pouvoir royal, et Zéla était considérée, non pas comme une ville sous la dépendance des rois, mais comme un temple consacré aux dieux persiques et gouvernée par le pontife même.

Zéla était le chef-lieu de la région Zélitide ; c'est Pompée qui lui donna le titre de ville et y joignit plusieurs autres cantons ; tout ce pays devint plus tard l'apanage de la reine Pythodoris.

CHAPITRE XVI.

AMASIE.

Amasie est une des plus anciennes villes du royaume de Pont ; elle appartint d'abord à la Cappadoce, et formait une partie de la troisième satrapie sous Darius Hystaspe. Les anciens auteurs ne nous donnent aucun détail sur son origine, elle devint capitale d'un royaume à la chute de l'empire de Perse.

Les princes de la dynastie de Mithridate Ctistès y faisaient leur résidence; elle subit le sort commun à toutes les villes de la contrée lorsque les Romains déclarèrent à Mithridate Eupator une guerre sans merci ; elle tomba entre les mains de Pompée qui lui rasa les murailles de l'Acropole en même temps qu'il faisait détruire tous les forts que ce prince avait fait construire sur les rochers les plus inaccessibles. Lorsque le Pont fut réduit en province, Amasie ne perdit pas son titre de capitale de Pont; elle porta sur ses monnaies le titre de métropole. Grâce à son heureuse situation comme place de transit et à la fertilité de son territoire, elle ne cessa de jouir d'une certaine prospérité, tandis que toutes les

---

(1) Strabon, XII, 559.
(2) Hirtius, Bell. Alex in fine.
(3) Id., ibid.

autres places fortes étaient abandonnées et leur nom oublié. Sous les Comnènes de Trébizonde, Amasie devint une des principales villes de ce royaume, et comme telle fut en butte aux premières attaques des émirs musulmans ; elle fut arrachée aux Grecs par les princes de la dynastie de Danischmend qui la donnèrent ensuite aux Seldjoukides. Le sultan Ala Eddyn Keï Kobad, qui la possédait au commencement du treizième siècle, y fit construire des mosquées et des écoles qui sont encore l'ornement de la ville. A la chute du pouvoir des Seldjoukides, Amasie tomba sous celui des Osmanlis ; sous le règne du sultan Bayazid, cette ville fut assiégée par Timour, alors vainqueur du sultan des Turcs, la citadelle résista pendant sept mois, mais le pays d'alentour fut ravagé, les habitants des campagnes massacrés. Ce n'est pas la dernière attaque sérieuse que cette ville ait eu à repousser ; en 1472, l'armée de Uzun Hassan, schah de Perse, s'était emparée de Tocat, et s'avançait sur Amasie, lorsque Mustapha, fils de Mahomet II, qui commandait la place, marcha contre l'armée persane, et la mit en déroute dans les plaines de la Cappadoce. Sélim Ier, sultan des Turcs, naquit à Amasie, et fonda des écoles d'où sortirent plusieurs savants. Aujourd'hui, comme place de transit entre la Perse et les ports de la Mer Noire, cette ville jouit encore d'une certaine prospérité, son climat est un des plus sains et des plus agréables de la contrée.

De toutes les descriptions du site d'Amasie, c'est toujours celle de Strabon qui est la plus complète et la plus intelligible. On peut entrer dans quelques détails sur les ruines qui existent encore, mais elles sont muettes pour l'archéologue ; le caractère simple et sévère de ces monuments ne porte avec lui le cachet d'aucune époque déterminée ; il n'y a pas un seul ornement, pas une moulure qui permette d'établir une base de comparaison. On répète avec Strabon « ce sont les tombeaux des rois », mais de quels princes ? est-ce la dynastie des rois de Pont, qui a duré depuis l'an 306 jusqu'en l'an 64 avant notre ère? Dans les monuments qui subsistent, on ne saurait dire quel est le plus ancien, encore moins à quel personnage il a été consacré : un seul porte une inscription ; c'est le tombeau d'un grand prêtre, peut-être d'un de ces pontifes qui exerçaient un pouvoir égal à celui des rois.

Dans l'impossibilité où l'on est d'établir un ordre chronologique dans les monuments d'Amasie, nous nous bornerons à leur description matérielle, en maintenant cet aveu de l'impuissance où l'on est aujourd'hui de dire si ces monuments sont antérieurs ou postérieurs au siècle d'Alexandre.

Amasie est située dans une vallée longue et profonde, traversée par l'Iris. Une montagne à double sommet, qui domine le cours du fleuve, est couronnée par une Acropole à laquelle viennent se rattacher les murailles d'enceinte ; elles descendent dans la vallée, suivent le contour de l'Iris, et remontent la pente de la montagne pour aller se rattacher au second sommet ; de distance en distance elles sont défendues par des tours. L'enceinte de la ville comprend les palais et les tombeaux des rois. Les deux sommets ont de chaque côté une gorge fort étroite, et, dit Strabon, haute de six ou sept stades, soit onze à treize cents mètres, par laquelle on monte en venant des bords du fleuve et des faubourgs de la ville. De cette gorge aux sommets reste encore un stade, cent quatre-vingt-cinq mètres à monter, par un chemin si roide qu'il est impossible à aucune force de le franchir.

L'eau est portée dans la ville par deux conduits taillés dans le roc : le premier le long du fleuve, le second dans le défilé. Le fleuve est traversé par deux ponts, l'un conduit de la ville au faubourg ; l'autre du faubourg dans la campagne. C'est à ce pont que finit la montagne située au-dessus de la Roche (1).

LA VILLE MODERNE.

La plaine de Turkal est séparée par une haute chaîne de montagnes rocheuses qui déterminait la frontière entre le Pont galatique et le Pont cappadocien. La route traverse un défilé dont l'entrée n'a pas vingt mètres de lar-

(1) Strabon, XII, 561.

geur, et qui est dominé de part et d'autre par deux hautes murailles de rochers. Ce passage ou derbend paraît avoir été élargi de main d'homme. Il est séparé par une petite plaine d'un second défilé ou plutôt d'une déchirure entre les rochers, dans laquelle la route s'engage. Les flancs de la montagne sont si rapprochés qu'on aperçoit à peine le ciel. Un cours d'eau rapide descend en bouillonnant des vallées supérieures et va se jeter dans l'Iris. En sortant du défilé on arrive dans la plaine d'Amasie, qui présente aux regards le plus magnifique tableau. La ville, dominée par les hauts rochers de l'Acropole, paraît engloutie sous la verdure de ses immenses jardins. La rivière du défilé, divisée en plusieurs canaux, va porter partout l'abondance et la fertilité. Des restes d'aqueduc, que l'on peut suivre pendant plusieurs kilomètres, indiquent qu'anciennement cette eau était portée jusqu'à la ville. Une légende populaire en attribue la fondation à un prétendant amoureux de la fille d'un prince d'Amasie; c'est depuis ce temps que la montagne de l'Acropole s'appelle Ferhad dagh.

La ville est bâtie dans la partie la plus étroite de la vallée, et forme un contraste frappant entre la luxuriante végétation de la vallée et l'aride et sévère nature de la montagne, dont les flancs recèlent les tombeaux des rois. Amasie n'est pas seulement intéressante par ces vénérables restes d'antiquité, de tout temps elle a conservé son prestige de ville royale, et les monuments de style arabe qui existent encore prouvent que dans le moyen âge elle conserva une certaine illustration. La ville moderne n'est pourtant pas en harmonie avec cette splendeur passée : des rues étroites et à peine pavées, des maisons élevées, avec des avant-corps qui interceptent la lumière, offrent l'aspect le moins séduisant. Les principaux habitants n'y font qu'une résidence passagère; ils demeurent de préférence dans les maisons de campagne éparses sur les collines environnantes, au milieu des jardins.

CHAPITRE XVII.

L'ACROPOLE ET LES TOMBEAUX DES ROIS.

La ville moderne occupe exactement l'emplacement de l'ancienne Amasie; elle est complètement enveloppée, du côté du nord, par le rocher de l'Acropole, dans les flancs duquel sont creusés les tombeaux des rois, visibles de tous les quartiers de la ville et disposés à peu près comme ceux de Persépolis au-dessus du palais.

Le chemin qui conduit à la citadelle traverse l'Iris sur un pont de pierre d'antique construction, l'un de ceux que Strabon mentionne. La largeur de l'Iris est d'environ cinquante mètres, de nombreux fragments d'architecture sont encastrés dans les murs des quais; à partir de la porte de la ville, la route contourne le rocher de l'Acropole en formant plusieurs lacets, c'est sans doute en calculant cette pente que Strabon estime la hauteur de l'Acropole à sept stades. Les premières murailles que l'on rencontre sont rasées presque au niveau du sol; on peut cependant suivre la ligne de circonvallation et reconnaître les bases des tours.

Trois tombes sont excavées à mi-côte dans la partie nord de la montagne; il y en a deux autres au sud.

En continuant de monter, on arrive à un passage taillé dans le roc, dont la longueur est de six ou huit mètres; là se trouvait le premier obstacle, consistant dans une grille dont les scellements se voient encore dans le rocher. En sortant de ce couloir obscur, on arrive sur une étroite plate-forme qui n'a pas plus de deux mètres de large et toute taillée dans le roc. Sur le côté voisin du précipice, on a ménagé un parapet dans la roche même, et l'on a entaillé des marches dans les parties les plus rapides de la montagne.

La première tombe est à vingt mètres environ de cette première montée; c'est une simple excavation de la profondeur de cinq à six mètres et de cinq mètres de haut, à laquelle on arrive par quelques marches pratiquées au bas d'une plate-forme. L'intérieur du tombeau consiste dans une chambre voûtée, sans aucun ornement avec l'emplacement nécessaire pour y mettre un sarcophage. Devant la porte on remarque dans le rocher des trous qui retenaient sans doute une grille pour protéger le monument.

Un second tombeau semblable est creusé à vingt mètres environ du premier; il est sans ornement et ne diffère pas du monument voisin; les tombeaux du nord ont la même simplicité. On arrivait à ces monuments par un large escalier dont il reste des vestiges. Le tombeau situé à l'extrême droite est le seul qui ait un soubassement; la façade est creusée avec plus de soin, et il est dans un meilleur état de conservation que les autres; la chambre intérieure est plus vaste. Mais tous ces monuments sont en général si ruinés qu'il est impossible de reconnaître quelle fut leur décoration primitive. Ker Porter, qui visitait les tombeaux d'Amasie à son retour de Perse, fut frappé de la ressemblance de ces tombes avec celles de Persépolis. Il émet l'opinion assez plausible que dans l'origine ils avaient leur façade ornée d'un portique; cette opinion est appuyée chez lui sur l'examen de frises et de colonnes dont les débris étaient alors épars autour des tombeaux (1).

Un des pitons de la montagne, au-dessus de la rivière, contient deux tombes, dont l'une porte des traces évidentes d'une décoration architecturale; il y en a deux autres un peu plus bas, ce qui complète le nombre de huit tombeaux. Ker Porter ajoute judicieusement que le temps de leur construction ne peut être que conjecturé, mais par la comparaison de leurs plans on peut conclure qu'ils sont de beaucoup antérieurs au christianisme; ils sont conformes aux modes de sépulture usités dans les premiers âges de la Perse.

M. Barth divise les tombeaux d'Amasie en trois groupes chacun de trois sépulcres; les deux premiers sont creusés côte à côte et séparés du rocher par un couloir qui fait le tour des caveaux. Le but de cet isolement était certainement de mettre les chambres sépulcrales à l'abri de toute humidité et de toute infiltration de la roche.

Un des tombeaux du second groupe porte sur sa façade plusieurs rangées de trous carrés évidemment destinés à retenir des plaques de marbre ou de métal.

Loin de la ville et sur la rive gauche de l'Iris s'élève le plus remarquable et le mieux conservé de tous les tombeaux d'Amasie; il est composé d'une niche voûtée, taillée dans le roc, avec deux pilastres en saillie. La pierre a reçu un poli qui s'est conservé jusqu'à présent; aussi les habitants appellent-ils ce tombeau Aineh maghara si, la grotte du miroir. La muraille du fond porte en grands caractères grecs l'inscription : ΤΗΣ ΑΡΧΙΕΡΕΥΣ « grand prêtre de Cybèle », les lettres qui sont dans la partie inférieure n'ont pas été déchiffrées.

L'Acropole qui domine ces différents groupes de monuments n'a plus que de faibles vestiges des constructions antiques; on retrouve cependant sur la partie la plus élevée de la montagne quelques pans de murailles et le soubassement d'une tour d'appareil hellénique à bossage admirablement exécutés.

M. Hamilton a observé dans l'Acropole d'Amasie un conduit souterrain, qu'il compare aux syringes, passages étroits mentionnés par Strabon. Presque tous les anciens châteaux de ces contrées avaient des communications secrètes avec le dehors de la place; on en retrouve à Pismich kalé si, à Tocat, à Turkal : à Kars même, qui n'est pas d'une si haute antiquité, il y a une poterne voûtée qui descend jusqu'au bord du fleuve. Le château d'Amasie avait deux galeries souterraines. La première, partant du sommet, suit la direction de l'est; celle-ci n'est pas taillée dans le roc, mais solidement construite et cachée aux regards; la seconde descend obliquement dans le cœur du rocher. M. Hamilton y descendit à l'aide de flambeaux, et, à une profondeur de cent mètres, il trouva une source d'eau limpide, qui devait être plus considérable autrefois; le bassin était en partie comblé par les décombres. Dans les parties faibles de la roche la voûte de la galerie est soutenue par

---

(1) S. R. Ker Porter, *Travels*, t. II, 710.

une solide maçonnerie; les murs du bassin sont de la même construction.

En sortant d'Amasie, la vallée de l'Iris s'élargit et forme la plaine de Chiliocomon; les cantons de la Diacopène et de la Pimolisène s'étendent jusqu'à l'Halys. La partie septentrionale du territoire d'Amasie, a cinq cents stades environ de longueur ou quatre-vingt-douze kilomètres, sa largeur du nord au sud s'étend vers la province de Zéla et la grande Cappadoce jusqu'aux Trocmiens, c'est-à-dire jusqu'au territoire de l'ancienne Ptérie, que nous avons déjà abordé en décrivant la Galatie.

CHAPITRE XVIII.

VILLES DU PONT GALATIQUE. — PTÉRIUM. — BOGHAZ KEUI. — EUYUK.

Cyaxare, roi des Mèdes, après avoir expulsé les Saces de l'Asie, étendit ses possessions jusqu'au fleuve Halys; il devint maître de la région de Ptérie, dont le territoire, qui s'étendait jusqu'à Sinope, était habité par la nation des Leucosyriens. Ils possédaient plusieurs villes ; et Ptérium, la capitale, située dans les montagnes à l'est de l'Halys, était fortifiée par la nature autant que par l'art. Crésus, roi de Lydie, s'en rendit maître, la détruisit, réduisit les habitants en esclavage, et les transporta dans d'autres contrées.

Hérodote est le seul historien qui nous ait conservé le souvenir de ces faits dans sa relation de la campagne de Crésus contre Cyrus; il est le seul qui mentionne le nom de la Ptérie et de la capitale des Ptériens. Les autres historiens, Strabon même, qui s'étend si longuement sur l'histoire de la Cappadoce pontique, ne prononcent pas une seule fois le nom de la Ptérie (1). Étienne de Byzance comble cette lacune sans dire à quelle source il a puisé ses documents : « Ptérium ville des Mèdes, quelques-uns disent au neutre Ptera, l'acropole de Babylone; il y a aussi Pteria ville de la province de Sinope; l'ethnique mède est Pterienus, celui de Sinope est Pterius (2). »

La situation de Ptérium est déterminée par Hérodote dans les montagnes voisines de l'Halys. « Crésus après avoir franchi l'Halys arriva dans cette partie de la Cappadoce que l'on nomme la Ptérie ; c'est une contrée d'un très-difficile accès, qui s'étend jusqu'à Sinope. Crésus s'y établit, ravagea les possessions des Syriens (Cappadociens Pontiques) et s'empara de la capitale des Ptériens, dont il fit les habitants esclaves. Il prit de même toutes les villes de l'intérieur et de la frontière, et finit par transporter en entier la nation syrienne quoi qu'il n'en eut reçu aucune offense. »

C'est là tout ce que l'histoire nous dit de Ptérium, il n'est pas étonnant que les écrivains d'une époque plus récente se taisent sur le nom d'un pays qui n'existait plus. Ptérium est entièrement ruinée par Crésus, et n'est pas rebâtie; il est clair que dans les ruines de cette ville on ne doit trouver aucune trace de monuments grecs ou romains, tout doit être archaïque, et de style ou de construction mède. C'est dans ces conditions que nous avons retrouvé dans le village de Boghaz keui le 28 juillet 1834, des ruines imposantes qui satisfont complétement à la question. Depuis ce temps l'obscur village turc est devenu célèbre parmi les érudits; ses ruines ont été visitées par un grand nombre de voyageurs, de nombreuses dissertations ont été écrites sur les sujets représentés dans les bas-reliefs merveilleusement conservés après tant de siècles; nous avons accompli notre tâche, nous avons remis en lumière une ville oubliée depuis vingt-cinq siècles. Le nom de Ptérium a d'abord été contesté; on voulait voir dans ces ruines l'ancienne Tavium des Trocmiens ; aujourd'hui cette question nous paraît hors de discussion et le nom de la ville mède est généralement accepté. (1)

Nous exposerons simplement l'état des ruines de cette ville telles que nous les avons observées, sans discuter les opinions qui ne sont pas conformes

---

(1) Voy. plus haut pages 241, 243, 502.
(2) Et.Byz., *Pterium*.

(1) Voyez Car. Ritter, *Erdkunde*, tom. IX, 377-395-1019. — Barth Reise, p. 44; Hamilton, *Researches*, tom. I, 394, etc.

aux nôtres et qui, nous le reconnaissons, sont remplies d'érudition ; mais un volume ne suffirait pas pour réunir tout ce qui a été écrit sur ces monuments, qui à leur apparition dans le monde savant, ont excité un si unanime intérêt.

Leur existence révélait une Asie encore inconnue, ouvrait une ère nouvelle aux études orientales c'était, selon l'expression d'un académicien, « la source de découvertes dont nul ne pouvait prévoir la portée. » Ce n'était en effet que le prélude à des découvertes d'une bien autre importance qui se sont faites dans ces derniers temps.

Le village de Boghaz keuï est situé dans une vallée qui s'étend de l'est à l'ouest, arrosée par deux ruisseaux dont les eaux coulent dans cette dernière direction. Le plateau qui les sépare est couvert de débris qui portent le caractère de la plus haute antiquité ; il est dominé par une montagne dont le sommet est défendu par des murailles d'une épaisseur considérable qui ont plusieurs milles de circuit. Différents mamelons de roches s'élevant çà et là sur le penchant de la montagne sont couverts de fortifications solidement construites. Sur le plateau inférieur, on remarque aussi des pointes de rochers qui portent toutes les traces du travail de l'homme ; enfin, au milieu, et comme abritées par cette ligne de défense, sont les ruines d'un grand temple qui, dans son plan, n'a aucun des caractères de l'architecture grecque ou romaine. La construction de ces différents édifices est généralement en appareil irrégulier, mais de genres différents, car tantôt les blocs portent des bossages exécutés au marteau, et les joints sont lissés avec soin ; dans d'autres parties, les pierres sont employées brutes et comme sortant de la carrière.

Le plateau sur lequel se trouvent les ruines du temple est borné au nord par une montagne calcaire couverte de buissons, et qui reste dans l'état d'une nature sauvage et inculte. Du côté du sud, le terrain cultivé par les habitants forme quelques ondulations de peu d'importance.

CHAPITRE XIX.

LE TEMPLE.

Deux esplanades ont été pratiquées sur la croupe de la colline inférieure ; elles sont superposées l'une à l'autre de cinq mètres, et communiquaient par un grand escalier dont on ne trouve plus que la pente. L'esplanade inférieure a 110 mètres de large sur 140 de longueur. Elle est soutenue par un mur en soubassement qui a environ $6^m,50$ de haut, dont la partie inférieure est formée par des pierres brutes posées en assises réglées, et la partie supérieure, en pierre calcaire, appareillée en blocs irréguliers. Le terrain est couvert d'un gazon fin et uni ; il ne paraît pas qu'il ait jamais supporté d'édifice. Un peu à gauche et en montant vers la seconde esplanade, se trouve une disposition de chambres ou de cellules qui sont aujourd'hui rasées jusqu'au niveau du sol, de sorte qu'on ne reconnaît pas les traces des portes. L'étendue de ces bâtiments a $58^m,80$ de longueur ; les chambres ont dans œuvre 12^m de long sur $4^m,30$ de large. L'épaisseur des murs est d'environ 2^m ; ils sont faits de pierres sèches et d'un appareil irrégulier. Le corps de l'édifice présente une masse de ruines qui a environ 46^m de large sur 65^m de long ; le temple est construit avec des pierres de très-grand appareil et taillées avec le plus grand soin. Il ne reste plus aujourd'hui qu'une ou deux assises de ce vaste édifice, qui diffère tellement de tout ce que nous connaissons dans l'architecture ancienne, que nous ne pouvons établir aucune conjecture sur son ordonnance primitive (1).

On entrait dans l'édifice par trois portes inégales : elles conduisent dans une sorte de Prothyron, sous lequel se trouvait la grande porte, qui avait $4^m,64$ de large. On entre ensuite dans une enceinte carrée qui a $22^m,97$ de large sur $27^m,03$ de long. Tout le pourtour du temple est fait de gros blocs de pierre calcaire ayant deux mètres de large sur à peu près un mètre de hau-

(1) Voyez la planche n° 6, *Temple d'A-naïtis à Ptérium.*

teur, et de cinq à six mètres de longueur : on ne connaît guère dans les constructions anciennes que les pierres des pyramides d'Égypte qui atteignent ces dimensions. A droite et à gauche de l'entrée sont deux portes qui mènent dans les parties latérales du temple ; celle de droite, dans deux salles contiguës ; celle de gauche, dans un corridor qui longe la partie latérale du temple et qui a une issue à son extrémité nord. Le mur attenant à ce corridor est mitoyen avec huit chambres ou cellules qui ont de deux à trois mètres de largeur sur une longueur de sept mètres ; et de l'autre côté de la grande enceinte dont nous avons parlé se trouvent aussi cinq autres cellules de la même forme et de la même dimension ; les murs de séparation sont formés d'une seule pierre de sept mètres de longueur, et toutes les murailles extérieures de l'édifice sont faites de pierres semblables, qui s'ajustent non pas par des joints unis comme dans les autres constructions antiques, mais sont enchâssées les unes dans les autres comme des pièces de bois : ceci est un des caractères de l'architecture persépolitaine.

Le plan supérieur des assises est percé de distance en distance par des trous parfaitement circulaires qui ont sans doute servi à relier les pierres entre elles par des crampons de métal. Toute cette partie du temple est en pierre calcaire ; mais les constructions adhérentes à l'extrémité de l'édifice sont faites avec une pierre réfractaire de la nature de la serpentine, d'une dureté extrême, et dont la couleur est verdâtre. La chambre principale a $7^m,78$ de large sur $10^m,20$. Elle est éclairée par deux fenêtres, entre lesquelles se trouve taillée dans le roc au niveau du sol une espèce d'auge de $2^m,80$ de long. Cette pièce est entourée de plusieurs cellules comme la grande enceinte. Il est clair que dans cette disposition il ne se trouve rien qui rappelle les temples construits par les Romains ou les Grecs ; mais on doit reconnaître l'analogie qu'il y a entre le plan de ce monument et le temple de Jérusalem ; seulement, les dimensions de ce dernier édifice sont un peu plus petites. Le temple de Jérusalem avait intérieurement $33^m,24$ de longueur et $11^m 08$ de largeur ; au fond du temple, au couchant, était le lieu très-saint, qui avait $11^m,08$ de long et autant de large.

La cella et le secos étaient entourés de trois côtés, au sud, à l'ouest, et au nord, d'un corridor et de cellules à trois étages qui s'appuyaient contre l'intérieur du temple(1). Nous ne pouvons pousser plus loin la comparaison des deux édifices, mais quand on voit avec quel soin les pierres colossales du temple de Ptérium sont appareillées, on ne peut s'empêcher de songer à la description qui est faite de la construction du temple de Jérusalem, nous pouvons ajouter que ces deux édifices peuvent être regardés comme contemporains.

CHAPITRE XX.

ACROPOLES, PALAIS.

Continuant l'examen de ces lieux, et guidé par les habitants du village, je portai mon attention sur les rochers qui entourent le temple, et je vis qu'ils conservaient tous plus ou moins de traces du travail de l'homme. Celui qui est le plus à l'ouest a été tranché de part en part de manière à présenter un passage dont les parois sont bien aplanies et verticales. En descendant quelques pas dans le lit du petit ruisseau voisin, on trouve l'entrée d'un souterrain dans lequel je me glissai, non sans peine, mon guide refusant obstinément de me précéder. Le souterrain était à moitié comblé par les terres charriées par les pluies, cependant il me fut possible de le parcourir dans une longueur d'environ 100 mètres, et de m'assurer qu'il se dirige vers l'esplanade du temple. La construction de ce conduit a tous les caractères de la plus haute antiquité ; il est bâti de pierres brutes, et la courbe de la voûte a la forme d'une ogive très-aplatie, au point qu'en quelques endroits les murs ont l'aspect de deux plans inclinés. Les éboulements survenus dans l'intérieur m'empêchèrent de pénétrer plus avant, avec le guide, qui marchait un fanal à la main. La croupe du plateau sur lequel est cons-

(1) Voy. *Manuel de l'architecture* de J. P. Ramée, p. 276.

truit le temple présente encore d'autres traces de ruines, et notamment de substructions qui sont toutes de travail pélasgique et de différents caractères.

En se dirigeant vers le sud-est, on arrive à un monticule isolé, couronné par une construction qui aujourd'hui même est dans un parfait état de conservation. Cette enceinte, presque carrée, a vingt-six mètres quatre-vingts centimètres de large, et est formée par des murs d'une grande épaisseur. Les fondations sont établies sur le roc vif, et composées de pierres de grand appareil ; la construction est en assises réglées, et les pierres forment des bossages.

Un chemin taillé dans le roc conduit au sommet ; quant aux constructions qui couvraient l'enceinte, elles sont indiquées par diverses excavations faites dans le rocher, parmi lesquelles on distingue une petite citerne ; ces ruines peuvent avoir appartenu à une Acropole ou à un palais. On n'y trouve aucune trace de sculpture ni d'ornement.

Une seconde citadelle, dont les murs de revêtement entourent le sommet d'un rocher, domine le vallon de Kiz kaïa. Tous les parements des murailles sont démolis, et dans l'intérieur on remarque les traces d'un bouleversement dont les autres monuments ne donnent point d'exemple. Il semble que ce point des fortifications a été particulièrement en butte aux attaques des ennemis.

En continuant de monter sur le plateau, on arrive à une esplanade plus vaste, qui a très-probablement servi d'Acropole, et qui est située sur un rocher presque inaccessible de trois côtés. L'appareil est moins soigné que dans le monument précédent, et toutes les pierres de l'intérieur ne paraissent pas avoir subi le travail du ciseau. Ces constructions si incohérentes ont certainement été élevées pour former la défense inférieure de la ville. Néanmoins, au-dessous du temple, on observe des traces de fortifications qui venaient se rattacher aux deux grands rochers ; tout l'ensemble paraissait alors divisé en ville haute et en ville basse : dans la partie supérieure étaient les habitations et le grand système de défense, dans la ville basse étaient le temple et les habitations des nombreux desservants.

LES MURAILLES.

Nous arrivons maintenant aux murailles proprement dites et au système de fortifications continues qui entouraient une vaste étendue de terrain. Ces remparts ont généralement de cinq à six mètres d'épaisseur ; on peut les parcourir à cheval dans le pourtour de la ville. Ils sont formés d'un revêtement de pierres sèches d'appareil polygonal, avec un remplissage de moellons et de petites pierres ; la porte la mieux conservée et qui paraît être la plus importante était au sud de la ville. Toute cette partie de la muraille, construite en appareil pélasgique d'une exécution parfaite, domine un glacis dont la pente a vingt mètres de longueur et est inclinée de 39°. Ce glacis est revêtu d'un perré en pierres sèches, qui le rendait tout à fait impraticable. Un chemin oblique à la muraille est tracé dans le glacis, de sorte que quiconque voulait monter jusqu'à la porte, se trouvait pendant tout le temps exposé aux traits de la place. La muraille, en cet endroit, forme une retraite de trois mètres de profondeur, au fond de laquelle est la porte, qui n'est pas d'une conservation complète ; on voit encore en place deux jambages en marbre brèche d'une très-grande dimension, du milieu desquels sortent deux têtes de lions qui ont quatre-vingt-dix centimètres de saillie, décoration inusitée dans tout ce que nous connaissons des Romains et des Grecs. La partie supérieure de cette porte était couverte par un linteau droit, mais qui avait été évidé pour former un plein-ceintre.

A trente mètres environ, à droite de la porte, il y a une poterne qui communique avec un souterrain d'une construction entièrement semblable à celui qui avoisine le temple ; la voûte est en forme d'ogive, et les pierres sont posées sans avoir été travaillées. Elle peut être parcourue dans une étendue de cent cinquante mètres. En suivant sur le sol la direction prise à la boussole, je fus conduit dans la forêt, remplie de buissons inextricables, mais parmi lesquels on trouve, çà et là, des traces de construction.

CHAPITRE XXI.

YASILI KAÏA.

L'intérêt qui s'attachait pour moi à l'existence de ces ruines devint encore plus grand quand j'appris qu'à environ deux milles de la ville il existait une enceinte taillée dans le roc, et autour de laquelle sont sculptés des bas-reliefs représentant un sujet qui se rapporte à des événements complétement oubliés aujourd'hui, mais qui doit avoir été d'une grande importance dans l'histoire de ces peuples.

Le chemin qui conduit à cette enceinte est frayé au milieu de terrains incultes; on n'observe aux environs aucune trace de construction; il ne paraît pas qu'anciennement ce lieu ait jamais été habité. Aujourd'hui il est également désert, et les paysans craindraient de s'y trouver à la tombée de la nuit. Rien aux alentours ne peut indiquer l'existence d'un monument de cette importance (1). Le monument de Yasili kaïa (la pierre écrite), c'est ainsi que le désignent les habitants, est d'une conservation parfaite; jamais il n'a eu d'accessoires autres que ce qui existe maintenant. Une enceinte disposée par la nature a été agrandie et régularisée par la main des hommes. Elle forme une salle presque rectangulaire, et sur les rochers taillés à pic se trouvent sculptés les bas-reliefs disposés en différents tableaux qui l'entourent à hauteur d'homme.

A gauche, en entrant, le premier tableau représente onze figures, toutes dans la même pose et dans le même costume. Chacun des personnages est coiffé du casque conique, vêtu d'une tunique légère, et porte des chaussures assyriennes dont l'extrémité est très-relevée (2). Un peu en avant de ce groupe, marchent deux personnages semblables et exactement dans la même pose, le bras gauche tendu en avant, et le bras droit légèrement fléchi dans le mouvement d'un tireur d'arc; cependant on doit remarquer qu'ils sont sans armes; ils semblent exécuter une marche rapide et régulière. Le bas-relief est taillé dans un rocher calcaire cristallin et d'une dureté extrême; il est placé à environ un mètre au-dessus du sol, et était couvert d'une vaste croûte de lichen, qui prouvait que depuis longtemps il était oublié des humains. La dégradation qu'il a subie est due plutôt à l'effet du temps qu'à des atteintes volontaires de la part des habitants.

Le second bas-relief représente trois figures barbues portant la même coiffure que les précédents, et vêtues, indépendamment de la tunique, d'un manteau qui les enveloppe presque en entier : c'est le *sisyrnos* des Mèdes. Le personnage qui marche devant, a exactement le même costume que les figures du premier tableau; quant à la pose, elle est la même dans tous les groupes.

Les deux tableaux qui suivent représentent une procession composée d'hommes armés et portant des emblèmes ou des présents; les deux premières figures sont barbues, sont coiffées du casque assyrien (1), légèrement recourbé sur le devant, et vêtues d'une robe rayée obliquement et reliée par une ceinture. Le second tableau, sculpté sur un autre plan du rocher, continue le sujet que je suis disposé à appeler la pompe des Dorophores. La plupart des acteurs de cette scène sont armés, et portent en outre des objets dans lesquels on reconnaît cette croix ansée du tableau précédent. Un seul des personnages est armé de la massue; un autre porte une faux, trois autres ce sabre recourbé sur son tranchant, qui fut d'abord en usage chez les Orientaux et que l'on nomme *chim-chyr* (2), dont nous avons fait le mot cimeterre. Le milieu du bas-relief représente un sujet assez difficile à interpréter; mais d'après la disposition des figures, on est porté à le regarder comme allégorique, car il se compose de deux figures monstrueuses, vues de face et montées sur un socle; elles supportent au-dessus de leur tête une espèce de barque. Toutes les figures de ces bas-reliefs marchent dans le même sens; c'est-à-dire se dirigent vers le fond de la salle.

---

(1) Voy. Hamilton, *Researches*, t. I, 400.
(2) Cf. Hérod., lib. I, 101.

(1) Hérodot., lib. VII, 63.
(2) Griffe de lion.

Le cinquième tableau représente évidemment des personnages d'un rang supérieur à ceux que nous avons décrits. Un homme barbu, coiffé de la cyrbazie et couvert de la robe médique, précède une femme entièrement vêtue et portant derrière les épaules des appendices qui sont sans doute des ailes grossièrement représentées. On ne saurait dire positivement si les deux figures qui suivent sont des hommes ou des femmes, mais il est suffisamment indiqué que ce sont des prêtres et des prêtresses; elles portent une faucille et une grande patère, et sont coiffées d'un casque sphérique semblable à ceux des Grecs. Elles sont suivies par un vieillard barbu et ailé, coiffé du casque conique, auquel sont ajoutées deux appendices qui lui donnent une forme particulière (1).

Telle est la disposition du sujet retracé à la gauche de l'enceinte; c'est une procession à la tête de laquelle s'avance le souverain, puis les Doryphores, puis enfin le peuple sans armes, et dans l'attitude de gens qui se livrent à l'exercice de la danse.

Du côté droit de l'enceinte, deux tableaux seulement se rapportent au sujet que nous décrivons. Le premier composé de dix figures, toutes dans le même costume, représente évidemment des femmes; elles sont coiffées de la tiare cylindrique, portent des cheveux longs, et sont vêtues de robes à grandes manches, liées à la ceinture et formant des plis variés. Il n'est pas facile de dire si l'ajustement qu'elles ont devant elles fait partie de leurs vêtements, ou si c'est un objet qu'elles transportent avec elles.

Dans une petite anfractuosité du rocher sont trois figures dans le même costume, et qui paraissent conduire les dix femmes qui les suivent. Il est à remarquer que tout le groupe d'hommes sculpté à l'entrée se compose de treize individus, nombre égal à celui des femmes qui sont placées à droite et qui marchent également vers le fond de l'enceinte où est figurée la scène principale, et qui paraît attirer l'attention de tous les personnages sculptés alentour.

Voyez Planches 2, 3, 4. Bas-reliefs taillés dans le roc à Pterium.

Cette grande scène semble continuer les deux processions retracées à droite et à gauche. Un homme plus grand que nature, coiffé du casque conique, et portant une longue barbe, fait un échange de présents avec une femme coiffée de la tiare cylindrique et vêtue comme les femmes décrites précédemment. Ils portent l'un et l'autre une croix ansée au milieu d'une fleur de lotus; l'homme barbu est armé d'une massue, une sagare est passée dans sa ceinture; sa tunique est courte et sa chaussure extrêmement relevée; j'ai surtout remarqué une queue recourbée qui est près de son coude, et qui paraît venir de derrière la tête, parce que ce même appendice se retrouve aux figures qui portent la barque, et au personnage mâle qui est parmi les femmes. Quoiqu'on n'observe dans son costume aucun des attributs de la royauté, on ne saurait se méprendre sur le rang élevé de ce personnage; il est porté debout par deux hommes qui sont coiffés de la cyrbazie recourbée, et vêtus de la robe traînante. Auprès de chacune des deux figures principales on a sculpté le taureau unicorne, comme pour indiquer un sujet religieux. A gauche du tableau se trouvent encore deux figures portant le costume décrit précédemment; l'une est sans armes, l'autre porte une massue et une épée; elles s'avancent en marchant sur des montagnes.

La droite du bas-relief est occupée par un groupe du plus grand intérêt : reine ou déesse, la grande figure de femme que nous avons décrite, tient de sa main droite un sceptre, et est montée sur un lion qui descend fièrement du sommet des montagnes; ses cheveux pendants sont retenus dans sa ceinture, et derrière elle est sculptée une figure indéfinissable, dont la partie supérieure, semblable à l'ornement qu'elle tient dans la main, est terminée par deux jambes d'homme. Le personnage qui la suit immédiatement porte le même costume que les autres figures d'hommes. Il tient dans sa main une bipenne, ou plutôt la sagare des Saces (1), de l'autre un bâton noueux; il s'avance avec le groupe de femmes,

(1) Hérod., l. VII, 63. Strabon, XI, 513.

monté sur un lion, mais il est d'une plus petite dimension que les autres figures : derrière lui marchent deux femmes coiffées de la tiare et portant une fleur de lotus; au-dessus est sculpté un aigle bicéphale, les ailes étendues, et qui paraît avoir des pieds de cerf.

Tous ces bas-reliefs appartiennent évidemment à un même sujet, retracent un grand événement politique ou religieux, célèbre dans les annales de ces peuples. Mais ce ne sont pas les seuls ouvrages de ce genre qui s'offrent aux regards, plusieurs tableaux sont sculptés dans d'autres parties de cette enceinte, et ne paraissent pas se rattacher d'une manière aussi directe au motif principal du grand bas-relief.

La procession des femmes ne commence que vers la seconde moitié de la paroi de droite. Depuis ce point jusqu'à l'entrée, le rocher forme plusieurs retraites qui ont été disposées pour recevoir des bas-reliefs. Sur une saillie verticale qui fait face à la grande scène, on voit une figure colossale représentant, suivant toute probabilité, le même personnage royal sculpté dans la procession. Il est vêtu d'une grande chlamyde, coiffé d'un casque sphérique, tient dans sa main gauche le sceptre recourbé, et dans la main droite un ædicule, au milieu duquel se trouve la représentation d'une divinité, non pas marchant sur un lion comme dans le bas-relief, mais dans le repos, et posée sur un socle. Le personnage qui soutient ce temple marche sur deux cônes, comme pour indiquer qu'il règne sur un pays de montagnes. La sculpture, quoique incorrecte, est exécutée avec un très-grand fini, et le rocher a reçu un poli précieux.

Dans la même enceinte se voient encore deux petits bas-reliefs, qui sont presque entièrement détruits par l'effet du temps, le rocher étant moins solide dans cette partie droite. L'un des sujets se compose de deux figures, assises face à face et coiffées de la mitre comme les dieux égyptiens; l'autre représente une figure monstrueuse qui a les bras étendus et est vêtue d'une tunique. Son corps est semblable à celui d'un homme, et sa tête est celle d'un lion. Cette figure est là comme pour garder un passage étroit formé par la nature, qui conduit dans une galerie à ciel ouvert, dans laquelle on observe deux bas-reliefs d'un caractère unique. Elle a deux mètres soixante centimètres de largeur, les parois en sont aplanies avec soin, et les tableaux sont sculptés au niveau du sol, dont l'exhaussement est d'environ un mètre au-dessus de celui de l'autre salle.

La première de ces figures, dont la tête est de grandeur colossale, représente un homme coiffé de la mitre conique; son nez est très-arqué; l'œil est de face, comme dans toutes les sculptures orientales de style archaïque; le caractère du profil rappelle tout à fait les idoles de l'Inde; à son oreille énorme est suspendue une boucle d'oreille dont le centre représente une étoile; la poitrine paraît couverte d'une sorte de cuirasse : au moins est-elle divisée par une ligne médiane dont l'exemple n'est point dans la nature. A la place des bras, cette singulière figure a deux avant-corps de lions grossièrement sculptés; elle se termine au buste, et est supportée par deux animaux monstrueux, dont la tête est profondément enfoncée dans le sol. Tout porte à croire que cet ensemble barbare, composé de parties d'hommes et d'animaux, représente quelque divinité; mais on reste dans le doute lorsqu'il faut prononcer le nom du dieu dont ces peuples ont retracé l'image. Est-ce le dieu Omanus qui partageait les autels de la déesse Anaïtis? C'est une conjecture qui pourrait devenir probable, si l'on parvenait à prouver que les monuments religieux que nous avons décrits sont relatifs au culte de cette divinité persique.

Un autre bas-relief voisin du premier, représente une figure dont la partie inférieure est également recouverte par l'exhaussement du sol; derrière sa tête est un ædicule, dans le centre duquel est sculptée l'image d'un Phallus. Cet ædicule est, dans toutes ses autres parties, semblable à celui qui est porté par le pontife-roi. Le bras gauche de cette femme est passé autour du cou d'un jeune enfant dont le corps est caché par le sol; elle soutient sur sa main droite un embryon de figure humaine, qui rappelle peut-être que cette divinité préside à la fécondation de la nature.

Le terrain, qui s'est beaucoup exhaussé dans cette partie, cache certainement d'autres bas-reliefs, car j'ai remarqué plusieurs têtes de petite dimension qui sont gravées au niveau du sol, et sont très-endommagées par le temps ; il est probable que ce qui est dans la terre est mieux conservé. On voit aussi des excavations taillées avec soin dans le rocher, et qui ne peuvent avoir servi de tombeaux, parce qu'elles sont d'une dimension beaucoup trop petite ; d'ailleurs, l'ensemble de ces bas-reliefs est bien plutôt religieux que sépulcral.

Un examen attentif de ce monument démontre qu'il n'est pas l'œuvre d'un des peuples qui ont habité l'Asie occidentale. La ressemblance de cette figure montée sur un lion, avec des sculptures babyloniennes, porte à conjecturer qu'elle représente une des principales divinités révérées chez les peuples mèdes ou assyriens.

Le culte d'Anaïtis, répandu et célèbre dans toute cette partie de la Cappadoce, était toujours entouré d'une pompe toute royale. Il n'y avait pas de temples plus imposants que ceux de cette déesse, dont les autels étaient desservis par une multitude d'esclaves. Ce qu'on sait du temple de Comana peut s'appliquer à ceux de Concobar et d'Hypœpa. Les faits les plus importants de l'histoire médo-perse se rattachent à la vénération que tous les peuples avaient pour la plus célèbre de leurs divinités. Originaire de l'Asie orientale, le culte d'Anaïtis a été transporté de la Babylonie dans ces contrées, et s'est répandu à une époque plus reculée chez les Mèdes et les Arméniens (1). La grande scène du fond n'est-elle pas relative au culte de la déesse, qui, arrivant de l'Orient montée sur un lion, est accueillie par les Cappadociens, qui lui apportent des offrandes ?

On doit surtout tenir compte d'un fait incontestable, c'est que les figures d'hommes représentées dans ces bas-reliefs portent toutes le costume des Saces. En effet, comparons avec la description d'Hérodote, dans son dénombrement de l'armée de Xerxès (1), «....les Saces, peuples de la Scythie : ils portent sur leur tête un bonnet qu'ils nomment cyrbazie, terminé en pointe très-aiguë, et qui se tient droite. Leurs jambes étaient revêtues de chausses. Indépendamment de l'arc à la manière de leur pays et de poignards, ils étaient encore armés d'une espèce de hache appelée sagare. » Rien ne manque à la ressemblance, ni la hache à deux tranchants, ni la coiffure haute et conique. Les Assyriens portaient au contraire des casques légèrement courbés, et des massues de bois garnies de clous en fer. Cette arme se retrouve entre les mains de plusieurs de ces figures.

Or, on sait que les Scythes n'ont jamais cultivé les arts. Toute la Médie, qui fut soumise à leur puissance, fut, au contraire, bouleversée par leurs excès (2) ; ce n'est donc point aux Saces qu'il faut attribuer ce monument ; mais il est certain qu'il a un rapport direct avec l'histoire de ces peuples. Hérodote et Strabon nous fournissent quelque lumière à ce sujet. Après avoir mentionné les ravages des Saces (3), Hérodote ajoute : « Mais Cyaxare et les Mèdes finirent par en égorger le plus grand nombre, qu'ils surent attirer dans un repas où ils les enivrèrent. C'est par ce moyen que les Mèdes parvinrent à ressaisir la puissance et à dominer en Asie (4). »

Le passage de Strabon est plus explicite ; il est clair que l'un et l'autre historien font allusion au même fait, les Mèdes écrasant les Saces à la suite d'une orgie. La seconde version de Strabon n'infirme pas la première ; elle prouve seulement que les fêtes des Sacées étaient célébrées dans toute l'étendue de l'empire des Mèdes.

« Les Saces, dit cet historien, se sont emparés d'une partie de l'Arménie, qui a porté d'après eux le nom de Sacacène ; ils ont pénétré jusque dans

---

(1) Strabon, XI, 532.

(1) Lib. VII, 64.
(2) Hérod., lib. VII, 106.
(3) Les Saces sont des Scythes Amyrgiens ; mais ils étaient désignés ainsi parce que les Perses donnent indistinctement le nom de Saces à tous les Scythes.
(4) Lib. VII, 104.

le pays des Cappadociens, surtout dans le pays de ces Cappadociens voisins du Pont-Euxin, que l'on distingue aujourd'hui par le nom de Pontici; mais là, tandis qu'ils se tenaient rassemblés pour le partage du butin, les généraux perses qui commandaient dans ces contrées les attaquèrent de nuit, et les exterminèrent. Pour éterniser le souvenir de ces événements, les Perses, après avoir accumulé des terres autour d'une roche (sise dans la plaine où s'était passée l'action), y formèrent comme une colline qu'ils entourèrent de murs et où ils élevèrent deux temples, l'un à la déesse Anaïtis, l'autre aux divinités persiques Omanus et Anandate, qui partagent ses autels. Puis ils fondèrent la fête annuelle dite les *Sacæa*, que célèbrent encore maintenant les possesseurs de Zéla, ainsi appelle-t-on le lieu dont je parle.... Tel est le récit de quelques auteurs concernant l'origine des *Sacæa*; selon d'autres, elles ne datent que du règne de Cyrus. Ce prince, disent-ils, ayant porté la guerre dans le pays des Saces, y perdit une bataille. Contraint de fuir, il regagna les lieux où il avait établi ses magasins, abondamment pourvus de provisions et surtout de vins. Après s'y être arrêté le peu de temps nécessaire pour faire reposer son armée, il en repartit sur le soir, feignant de continuer sa fuite, et laissant ses tentes pleines de vivres, mais il fit seulement la marche convenable à son dessein. Les Saces, qui le poursuivaient, arrivèrent dans ce camp abandonné, et le trouvant rempli de victuailles, se livrèrent sans ménagement à la débauche. Cyrus alors, revenu sur ses pas, surprit les barbares ivres et hors de sens..... Ils furent tous massacrés. Le prince vainqueur attribuant son succès à la protection divine, consacra ce jour à la déesse honorée dans sa patrie, et voulut qu'il s'appelât le jour des Sacées. Voilà pourquoi, *dans tous les lieux* où il se trouve un temple de cette divinité, on célèbre annuellement la fête des Sacées. C'est une espèce de bacchanale; les hommes et les femmes s'y réunissent vêtus à la scythe, et passent ensemble vingt-quatre heures à boire et à folâtrer. »

On retrouve dans cette suite de bas-reliefs tous les détails des événements rapportés ci-dessus. Le sujet du fond représentant le culte d'Anaïtis transporté dans ces contrées, le tableau de l'entrée ne serait autre chose que les habitants vêtus à la manière des Saces, et se livrant à des danses en commémoration de cet événement, qui était célébré dans tous les lieux où se trouvait un temple d'Anaïtis.

Les fêtes des Sacées étaient célébrées, non-seulement dans cette partie de la Médie, mais à Babylone même. La description qu'en fait Athénée, d'après Berose, ne ressemble pas à celle que Strabon nous a transmise; mais le nom est le même. Il est possible que les cérémonies se soient modifiées en s'éloignant des pays où ces fêtes ont été instituées. Voici le passage d'Athénée : Berose écrit, liv. I de ses histoires de Babylone, que tous les ans, le 16 du mois Loüs, on fait une fête appelée Sacée, qui dure cinq jours entiers. Il est alors d'usage que les esclaves commandent à leurs maîtres; on en sort un de la maison, vêtu d'un habit semblable à celui du roi, que l'on appelle Zogane. Ctésias rappelle cette fête, livre II de ses *Persiques*.

Cela prouve que l'institution de ces fêtes était antérieure à Cyrus, et quand on voit l'importance extrême que les peuples mettaient à leur célébration, on ne doit pas être surpris qu'ils en aient perpétué le souvenir par quelque monument.

Le sujet traité dans le bas-relief de Ptérium se rapporte à des événements si peu connus de nous, qu'il a dû nécessairement donner matière à des explications bien différentes. M. Kiepert, faisant complétement abstraction du séjour des Mèdes dans la Ptérie, ne voit dans ce bas-relief qu'un sujet purement Assyrien, relatif au culte des dieux de cet empire (1). M. Barth croit y reconnaître un traité de paix et d'alliance entre Cyaxare et Alyatte, après la célèbre éclipse de soleil qui eût lieu suivant le Dr Zech, le 28 mai 584 avant notre ère (2). La figure coiffée de la

(1) Voy. Karl. Ritter, *Erdkunde*; t. IX, p. 1019, Erklärung der Kupfertafeln.

(2) Barth-Reise, p. 45. « Sondern wir

cyrbasie ou bonnet conique représenterait à ses yeux Astyage et sa fiancée. Le point le plus important, c'est que ces deux questions géographiques controversées pendant plusieurs années, la position de Ptérium et celle de Tavium, sont aujourd'hui résolues : la première de ces villes étant placée à Boghaz keui, la seconde à Néfes keui.

CHAPITRE XXII.

EUYUK. — PALAIS MÈDE.

La capitale des Ptériens oubliée depuis tant de siècles n'est pas le seul souvenir du séjour des Mèdes en Asie Mineure ; les recherches de M. Hamilton ont fait connaître dans le voisinage de cette ville au village d'Euyuk un monument qui date de l'empire de Déjocès et dont les sculptures forment, au point de vue de l'histoire de l'art, un complément précieux du bas-relief de Ptérium.

Euyuk est un village turc situé à vingt kilomètres au nord de Boghaz keui dans le bassin du Tchoterlek sou, le fleuve Scylax, un des affluents de l'Iris. Ce village bâti sur une éminence occupe l'emplacement d'un antique édifice dont l'entrée s'annonce par deux colosses adossés à des pilastres et formant l'entrée du monument.

Les murs, qui forment une terrasse carrée, sont composés de blocs énormes. Il n'a été publié aucun plan de cet édifice, mais les descriptions qui en ont été données suffisent pour faire reconnaître que ce monument n'est autre chose qu'un vaste palais qui peut être comparé à celui de Persépolis.

Une grande terrasse carrée s'élevait dans la plaine, le soubassement était, sur la façade, orné de sculptures représentant des joueurs d'instruments, des prêtres vêtus de longues robes, des béliers et un taureau menés au sacrifice, c'est-à-dire une procession dans le genre de celle qui orne le grand escalier de Persépolis. Les piliers de la porte sont décorés de deux sphinx en relief qui ont le caractère tout à fait égyptien. Sur le revers du pilier est sculpté un aigle à deux têtes, symbole qui rattache comme style et comme époque le palais d'Euyuk aux bas-reliefs de Ptérium ; en d'autres termes ce palais est très-probablement une résidence royale comme les princes d'Orient en faisaient construire dans ces parcs ou paradis si souvent décrits par Xénophon, Hérodote et d'autres auteurs. La question de savoir à quel peuple on doit ces constructions, se résout d'elle-même quand on sait que la Ptérie était une province de l'empire des Mèdes. Il faut supprimer les faits dont le souvenir est conservé par Hérodote, ou admettre que les souverains d'Ecbatane ont dû avoir dans les contrées frontières de leur empire des palais où habitaient leurs représentants : surtout dans le voisinage d'une capitale comme Ptérium ; on ne doit pas non plus s'étonner de voir des souvenirs de l'Égypte renaître dans ces constructions, les conquêtes de Sésostris avaient porté dans ce pays les coutumes égyptiennes, et vingt-cinq siècles avant notre ère, l'Égypte avait envoyé des colonies sur le Pont-Euxin. Les Colches pratiquaient la circoncision, ils avaient pris cette coutume des Égyptiens, qui l'avaient également répandue chez les Syriens habitant sur les rives du Thermodon et du Parthénius (1). Trop de souvenirs de l'Égypte restaient encore dans les contrées de la Cappadoce et du Pont au huitième et dixième siècle avant notre ère, pour que l'on puisse s'étonner de trouver chez les artistes de ces temps reculés, des souvenirs des arts de l'Égypte. Le royaume des Mèdes a commencé sept cent dix ans avant J.-C. (2) ; il s'était établi un commerce incessant entre les nations du sud et celles de la mer Noire ; il n'en faut pas plus pour que les mêmes idées se soient propagées dans les deux régions.

Nous avons déjà cité, entre autres monuments qui portent le caractère égyptien, le tombeau de Dikili tasch,

---

haben hier selbst eine Personifikation der sonnenfinsterniss vor uns. » — Voyez plus haut page 241 les observations sur l'éclipse de soleil et page 411 col. 1 sur les questions de critique.

(1) Hérodote, II, 104. Voy. plus haut, page 380.
(2) Freret, *Mémoires*.

près d'Urgub. Un tombeau du même style a été observé par Hamilton près d'Aladja, au sud-est d'Euyuk, et à huit heures de marche au nord de Youzgatt. Un portique soutenu par trois colonnes d'ordre dorique, courtes et massives, donne accès à une chambre sépulcrale taillée dans le roc; le style de cette architecture rappelle plutôt les monuments égyptiens que ceux de la Grèce.

VILLES DES GALATES.

Kiangari, l'ancienne Gangra, est située au pied du mont Olgassus, elle appartint à la Paphlagonie, puis au royaume de Pont et ensuite à la Galatie. Le roi Déjotare y faisait sa résidence. Selon Étienne de Byzance le nom de Gangra, qui en langue paphlagonienne signifie une chèvre, a été donné à cette ville à cause des nombreux troupeaux de chèvres qui se trouvaient dans le pays. Ces animaux se plaisent toujours dans cette contrée agreste, qui est à plus de huit cents mètres au-dessus du niveau de la mer.

La moderne Kiangari est principalement peuplée par les Turcs; sur une population de seize mille âmes, il n'y a pas plus de quarante familles grecques, la ville ne renferme aucun édifice remarquable et cette ancienne ville royale n'a conservé aucun vestige appréciable des palais du roi galate.

Gangra fut assiégée et prise par Jean Comnène, qui venait de reconquérir Castamouni, ville natale des Comnènes, tombée au pouvoir d'un émir persan.

La ville de Castamouni est située dans la vallée du Kara sou; l'un des affluents de l'Halys. Son nom ne se trouve mentionné par aucun auteur ancien; elle ne commence à être connue dans l'histoire qu'à la fin du onzième siècle. Un rocher élevé qui domine la ville est couronné par un château byzantin dont on attribue la fondation aux Comnènes. Castamouni compte plusieurs mosquées remarquables par leur architecture légère et capricieuse, et qui datent de l'époque des Seljoukides. Les Turcomans, commandés par l'émir Danismend, restèrent maîtres du château; la ville tomba ensuite au pouvoir de Bayazid, et demeura depuis ce temps incorporée aux domaines du sultan.

Les habitants se partagent deux sortes d'industrie, ils sont tisserands, et travaillent le cuivre avec une certaine habileté : ce sont les chaudronniers de Castamouni qui envoient à Constantinople les ustensiles de ménage en cuivre, tels que mangals, espèce de braséros, séfer tass, écuelles de voyage, et une grande quantité de ces bouilloires connues en Europe sous le nom de cafetières du Levant. La population s'élève à plus de quarante mille habitants.

Bloucium, autre résidence royale des princes galates, a été reconnue par M. Ainsworth dans la petite ville d'Iskelib, sur la rive gauche de l'Halys. Dans les jardins situés au pied de la colline du château, on voit encore quelques colonnes avec leurs chapiteaux, et quelques bas-reliefs; mais le tout est très-ruiné. Déjotare, fils de Castor, faisait aussi sa résidence à Bloucium.

Néocésarée, aujourd'hui Niksar, faisait partie du Pont Polémoniaque et était située sur le bord du Lycus. Cette ville n'est pas nommée par Strabon, mais est mentionnée par Pline; on est porté à en conclure que l'époque de sa fondation doit être placée dans le siècle qui sépare ces deux écrivains, sans doute sous le règne de Tibère. Précisément au moment où le nom de Néocésarée apparaît dans l'histoire, le nom d'Arméria qui était située dans le même canton, disparaît complétement, il est probable que cette dernière ville n'a fait que changer de nom.

M. Hamilton est plus disposé à identifier Néocésarée avec l'ancienne Cabira où Mithridate possédait un palais. La situation du château qui commande la plaine a donné de tout temps une grande importance militaire à cette place.

La ville de Niksar s'étend au pied d'une colline couronnée par un château du moyen âge; on peut observer de nombreux restes de monuments romains : un portique de trois arcades appartenant à un grand édifice est encore debout. Plusieurs mosquées bâties dans le style de l'architecture des Seldjoukides méritent d'être étudiées.

Entre Néocésarée et la côte du Pont-Euxin s'étendait la plaine de Phanaroea (aujourd'hui Tach ova si, la plaine de pierre) signalée par Strabon (1) comme le meilleur canton du Pont. Elle produisait de l'huile, du vin et des céréales; elle s'étendait entre deux chaînes de montagnes, et formait une large vallée dans laquelle se réunissent le Lycus et l'Iris. La ville d'Eupatoria avait été fondée par Mithridate Eupator, au confluent des deux rivières; Pompée s'étant emparé de cette ville, lui donna le nom de Magnopolis. Toute la topographie ancienne de cette plaine est très-exacte; mais au confluent des rivières, on n'observe aucun vestige de Magnopolis.

A cent cinquante stades, dix-sept kilomètres plus au sud, était située la ville de Cabira, où Mithridate avait un palais, un parc et un moulin à eau. A deux cents stades, trente-sept kilomètres de Cabira, était le Cœnochorion, château neuf de Mithridate, bâti sur une roche escarpée, au sommet de laquelle était une source abondante. Les abords du château étaient défendus par une forte muraille et par une rivière qui coulait au pied de la roche.

Ce pays est encore peu connu, il n'a été visité par aucun Européen; c'est la partie la plus sauvage de la province comme du temps des Romains.

CHAPITRE XXIII.

PÉRIPLE DU PONT-EUXIN.

Si toute la côte asiatique du Pont-Euxin est, pour les navires, dangereuse et inhospitalière, le territoire qui forme le littoral offre aux yeux d'un Européen des sites qui lui rappellent les régions les plus favorisées de son pays natal, une végétation abondante et riche, des rivières nombreuses et des pêches abondantes aux embouchures. Tous ces avantages recommandent le pays à l'attention des explorateurs. Mais aucune contrée de l'Asie n'est plus pauvre en monuments antiques : tant de colonies grecques, filles de Milet et de Sinope, ont pourtant couvert ces rivages, qu'on devrait apercevoir quelques vestiges de ces villes populeuses. Mais les colons grecs de ces contrées donnaient plus d'attention au commerce qu'aux beaux arts, les rudes populations indigènes s'intéressaient peu aux jeux du cirque ou de la scène, et dans toute la période qui suivit le règne d'Alexandre jusqu'à la soumission complète du pays à la puissance romaine, aucune région de l'Asie ne fut exposée à des guerres plus désastreuses. Amisus fut brûlée par Lucullus, Trébizonde et Sinope ravagées par les invasions des Goths et des Turcs. Aussi dans l'exposé rapide que nous allons faire de l'état de ces villes, peu de monuments arrêteront notre attention ; nous rappellerons brièvement l'histoire des principales places, pour nous hâter de retourner dans les provinces du sud, où les souvenirs de la belle antiquité se montrent de la manière la plus grandiose.

Nous suivrons dans cet itinéraire de la côte le périple d'Arrien; Strabon et Pline seront nos guides fidèles pour l'histoire du pays.

Arrien cite la place de Hermonassa, mentionnée aussi par Strabon (1), comme étant voisine de Trapezus, il est naturel d'en rechercher la position aux environs de Platana, le seul bon mouillage de la côte dans ces parages.

L'ancienne Cérasus de Xénophon était située dans la vallée de Kerasoun déré, et le château de Kereli kalé occupe l'emplacement de Coralla. Tout ce pays était habité par les Chalybes. Tripolis, aujourd'hui Tireboli est situé à cinq kilomètres à l'ouest d'une rivière du même nom, le Tireboli sou. C'était dans l'antiquité une place de peu d'importance, avec une forteresse pour protéger les navires (2) : la ville moderne commande trois petits golfes avec bon fond ; mais le mouillage n'est pas sûr, à cause des roches cachées sous l'eau. Le château du moyen âge tombe en ruine; une autre forteresse abandonnée s'élève sur une éminence voisine; deux petites églises byzantines sont les seuls monuments qui peuvent arrêter un moment l'attention. La population de Tireboli se compose de quatre cents

---

(1) **Strabon**, XII, 556.

(1) Strab., XII, 548.
(2) Pline, l. VI, ch. 4.

maisons turques et de cent maisons grecques (1).

La rivière de Tripolis prend sa source dans les montagnes de l'Arménie près de la ville de Gumuch hané, où sont les mines d'argent ; toute la chaîne qui forme le bassin de cette rivière est riche en minerai de plomb argentifère. Il existe à quatre kilomètres à l'est de la ville, distance qui correspond aux vingt stades d'Arrien, d'anciennes exploitations d'argent, qui indiquent l'emplacement d'Argyria.

Zefireh bouroun, à seize kilomètres à l'ouest de Tripolis, marque l'emplacement du cap et de la ville de Zephyrium. Ce pays appartenait au Pont Cappadocien (2), l'île d'Arétias, aujourd'hui Kerasunt ada si, à trente stades de Pharnacie, était célèbre dans l'antiquité par le souvenir des deux reines des amazones Otrère et Antiope, qui avaient consacré un temple au dieu Mars. Aujourd'hui cet îlot est couvert de broussailles et n'offre aucune trace d'antiquité. Après l'île Arétias le périple d'Arrien marque Pharnacie anciennement appelée Cérasus.

Cérasus fut reconstruite par Pharnace, grand-père de Mithridate, qui lui donna le nom de Pharnacie ; cependant le nom de Cérasus reparut dans la suite des temps, et se retrouve aujourd'hui avec peu d'altération dans celui de la ville moderne de Kerasunt. Personne n'ignore que Lucullus fut le premier qui transporta en Italie le cerisier, originaire de Cérasus : la renommée du roi de Pont pâlit bien auprès d'un tel fait, il n'est pas surprenant que la reconnaissance de la postérité ait conservé le nom de Cérasus et oublié celui du roi Pharnace. Kerasunt, la ville turque occupe aujourd'hui l'enceinte des murailles de la ville grecque ; la plupart des fortifications antiques sont d'une belle époque et bien conservées. On peut observer aussi quelques restes d'églises byzantines ; mais dans toute la ville on ne retrouve pas une seule colonne debout, pas un édifice qui rappelle les beaux temps de l'architecture antique.

Déjà dans les montagnes des environs de Trébizonde, on reconnaît au milieu des forêts le merisier et le cerisier sauvages ; ces arbres sont encore plus abondants aux environs de Kerasunt ; leurs fruits, sans être très-succulents, ont une saveur parfumée. Les habitants en fabriquent une sorte de vin.

Cotyore, ville grecque, colonie de Sinope, était du temps de Xénophon un port de mer d'une certaine importance ; c'est là que les Dix-Mille s'embarquèrent pour se rendre à Héraclée. La population de Cotyore ayant été emmenée pour peupler Pharnacie, la première de ces villes tomba à l'état de simple village et ne paraît jamais s'être relevée dans la suite ; il ne reste aucun vestige de cette ancienne ville aux lieux où l'on présume qu'elle a existé, soit à Ordou, qui présente quelques restes d'un ancien port, soit à Bozouk kalé, qui n'est qu'une construction byzantine.

Le fleuve Balama ou Pulemon tchaï marque la place de l'ancienne Polémon, qui donnait son nom à la province ; le petit village de Pulémon offre encore les restes d'une église octogone et de quelques épaisses murailles. Le château de Phatisane était un peu à l'ouest de Pulémon ; c'est l'échelle qu'on appelle aujourd'hui Fatsa.

Unieh, l'ancienne Oenoë, est située à trente-six kilomètres à l'ouest de Fatsa ; la petite rivière Djevis déré sou, que l'on traverse avant d'arriver, représente l'ancien fleuve Phigamus d'Arrien. Ce pays des anciens Chalybes est encore abondant en mines de fer, et les habitants, comme leurs ancêtres, s'adonnent à l'exploitation et au travail du fer. Le village de Kalé keui, situé à huit kilomètres au sud d'Unieh, est voisin d'un ancien château bâti sur une roche élevée et presque inaccessible. Un monument sépulcral ayant la forme d'un temple tétrastyle a été creusé dans la face la plus abrupte de la roche ; il est aujourd'hui impossible d'y arriver ; probablement les ouvriers qui l'ont exécuté étaient descendus par le moyen de cordes depuis le sommet de la montagne. Les anciens pour creuser ces sortes de grottes avaient coutume de faire descendre les ouvriers du haut du rocher par le moyen de longues cordes. Pline

(1) Hamilton, tome I, p. 257.
(2) Ptolemée ; liv. V, ch. 6.

décrit très-bien ce genre d'ouvrage quand il parle de l'exploitation de l'or : « Ceux qui taillent ces rochers sont suspendus à des cordes; en sorte qu'en voyant de loin cette étrange opération, on est tenté de croire qu'on voit des oiseaux d'une nouvelle espèce (1). »

Le tableau que fait Strabon de la campagne de Thémiscyre est encore vrai de nos jours : rien n'égale la beauté des pâturages, la richesse de la végétation de ces plaines où l'on voit errer d'innombrables troupeaux bien supérieurs, comme race, à ceux du reste de la contrée. Themiscyre était à soixante stades d'Amisus. La petite ville de Thermeh, bâtie sur la rive gauche du Thermodon, n'est composée que de quelques maisons de bois avec une mosquée et un bazar; il n'apparaît aux alentours aucun vestige de l'ancienne ville. Aujourd'hui ce territoire appartient à la province de Djanik; les voyageurs anglais l'ont souvent comparée aux districts les plus beaux de l'Angleterre. Le Thermodon, séparait la province de Gadilon de celle de Sidène; vient ensuite le fleuve Iris où Yechil irmak, qui passe pour très-poissonneux. La petite ville de Tharchembeh est à dix-huit kilomètres de l'embouchure du fleuve. Le pays d'alentour est un vaste jardin où croissent toutes les variétés des fruits de l'Europe.

Samsoun n'occupe pas exactement l'emplacement de l'ancienne Amisus; la ville grecque, dont il reste quelques vestiges, est sur un cap à trois kilomètres au nord-ouest de la ville turque; l'ancien port est aujourd'hui comblé et à peine peut-on retrouver les traces de l'ancien môle. Amisus est une des villes qui ont le plus souffert pendant les guerres de Mithridate. Ce prince l'avait agrandie et ornée de temples; mais lorsqu'elle fut assiégée par Lucullus, Callimaque, qui la défendait voyant, que toute résistance était impossible fit mettre le feu aux principaux édifices. En vain Lucullus, maître de la place, voulut arrêter l'incendie; les soldats altérés de pillage, mettaient eux-mêmes le feu aux maisons, et Lucullus n'eut qu'à déplorer la destruction totale d'une ville qu'il aurait voulu sauver. D'après le tableau que fait Plutarque de la destruction d'Amisus, on conçoit qu'on ne pourrait y trouver aucun débris de la ville grecque. Amisus avait été fondée par les Milésiens lorsqu'ils occupèrent la Cappadoce; les Athéniens y envoyèrent ensuite des colons sous la conduite d'Athéclès; elle fut ensuite annexée au royaume de Pont. Sous l'empire elle jouit d'une certaine tranquillité, mais elle fut toujours obscurcie par le voisinage de Sinope; cependant sous les Comnènes de Trébizonde, Amisus comptait comme une des principales villes de leur empire. Dans le synecdème d'Hiéroclès, Amisus est comptée au nombre des villes épiscopales de l'Hélénopont, province détachée du Pont Polémoniaque par l'empereur Justinien. Sous l'empire des Seldjoukides, la ville n'était plus connue que sous le nom de Samsoun, qui n'est qu'une corruption du nom d'Amisus. Les cartes pisanes la désignent sous le nom de Simiso; la carte catalane, sous celui de Sinuso. Assiégée et prise par le sultan Bayazid, Ildirim, Samsoun fut depuis ce temps incorporée à l'empire des Osmanlis. La baie offre aujourd'hui un médiocre mouillage aux navires qui font le cabotage de la mer Noire, aussi les bateaux du Bosphore ne s'y arrêtent que pour déposer leurs marchandises et leurs passagers.

Le docteur Schmidt a examiné en détail les ruines de l'ancienne Amisus. Sur le sommet de la colline de l'Acropole, il a retrouvé des restes de murailles et de tours demi-circulaires, de nombreux fragments de marbre blanc et de terres cuites; à une demi-lieue du rivage, il a retrouvé les ruines d'un temple avec des colonnes et des bas-reliefs au milieu d'un épais fourré de buissons. Le gouverneur de la ville avait fait transporter dans son palais plusieurs colonnes et des bas-reliefs (1). Arrien marque entre Amisus et le fleuve Halys, les stations d'Eusèue, Conopéium et Naustathmus : la première de ces places est encore inconnue. Le Conopéium était un marais qui existe encore sous le nom de Koumjougas, le bec de sable; c'est un petit

---

(1) Pline, XXXIII, ch. 4.

(1) Ritter, *Erdkunde*, t. IX, p. 805.

port qui sert de débarcadère pour la ville de Bafra; le pays d'alentour est très-boisé et entrecoupé par des prairies où paissent de nombreux troupeaux. Un grand marais salant qui est en communication avec la mer paraît occuper l'emplacement du Naustathmus, qui était à quatre-vingt-dix stades de l'Halys et qui marque la frontière entre le royaume de Pont et la Paphlagonie.

CHAPITRE XXIV.

PAPHLAGONIE.

La Paphlagonie est bornée à l'orient par l'Halys, à l'ouest par le fleuve Parthénius, au sud par la Phrygie et la Galatie (1). Les auteurs anciens ne sont pas d'accord sur l'origine des Paphlagoniens; ils étaient déjà établis dans le pays au temps de la guerre de Troie, et parlaient la même langue que les Cappadociens; on les regarde comme ayant eu des liens de parenté avec la population des Hénètes, qui habitaient les environs d'Amastris et qui sont comptés parmi les peuples d'origine scythe (2). Ces derniers, après la chute de Troie, allèrent s'établir dans le golfe de l'Adriatique, où ils formèrent la souche des Veneti, or, il n'a jamais été dit que ce peuple fût de race semitique.

Il résulte de ces faits que le peuple paphlagonien était, comme tous ceux qui habitaient à l'ouest de l'Halys, d'origine thracique. Nous avons déjà parlé des Caucones (3) et des Maryandiniens, qui furent tour à tour annexés à la Bithynie et au Pont : telles était les populations qui occupaient la partie ouest de la côte de la mer Noire.

La Paphlagonie était renfermée dans des limites trop étroites pour avoir jamais joué un rôle important dans l'histoire du pays; elle fut d'abord gouvernée par des princes indigènes, qui conservaient leur autorité en allant servir comme alliés les États plus puissants; c'est à ce titre qu'ils vinrent au secours de Priam.

Les rois d'Assyrie, maîtres du pays jusqu'à la côte, fondèrent plusieurs villes maritimes, qui furent plus tard occupées par les colonies grecques; le reste du pays était morcelé en différents gouvernements. Les descendants de Pylæmène conservèrent un pouvoir indépendant jusqu'à l'établissement du royaume de Lydie. Alors la Paphlagonie formait la limite orientale des États de Crésus; sous le règne de Darius, elle fit partie de la troisième Satrapie. Le roi Mithridate, fondateur du royaume de Pont, ne tarda pas à étendre ses possessions au-delà du fleuve Halys; il s'empara de toute la côte jusqu'à Héraclée, et après la chute de sa dynastie, le pays continua à être gouverné par des princes particuliers.

Sous les empereurs Dioclétien et Constantin les limites de la Paphlagonie furent soumises à une nouvelle répartition : la partie ouest du territoire fut annexée à la Bithynie, et le reste contribua à former la province d'Hélénopont, dont Amasie fut déclarée capitale.

Le territoire de la Paphlagonie n'est pas moins fertile que celui qui s'étend à l'est de l'Halys; il est surtout remarquable par ses immenses forêts, qui fournissaient aux Romains les éléments de leurs flottes. Ces forêts se rattachent à celles de la Bithynie, et forment la région appelée Agatch denisi, la mer des arbres, qui se prolonge jusqu'à l'Olympe.

Quand on a franchi l'Halys, le chemin est très-praticable le long de la côte, qui est bordée de collines et par conséquent exempte de marécages. La petite ville de Zalecus ou Zaliscus était distante de deux cent dix stades de l'Halys. Le village d'Alatcham, situé au bord de la mer, offre dans son voisinage un ancien château byzantin dont les ruines sont au milieu d'un massif épais d'arbres et de broussailles; cet endroit indique sans doute l'emplacement de Zalecus. Entre cette petite ville et Sinope, Arrien cite les deux places de Zagora à moitié chemin entre l'Halys et Sinope, et la ville grecque de Carussa, dont l'emplacement est encore indéterminé.

---

(1) Strabon, XII, 544.
(2) Strabon, XII, 543.
(3) Voy. p. 49.

CHAPITRE XXV.

SINOPE-AMASTRIS-HÉRACLÉE.

La situation exceptionnelle de la presqu'île de Sinope sur un rivage qui offre si peu d'abris aux navires, dut aux premiers âges de la navigation attirer l'attention des peuples commerçants de l'antiquité. Avant que les Grecs eussent pénétré dans le Pont-Euxin, les Phéniciens venaient sur ces côtes commercer avec les Assyriens (1).

Les Grecs attribuent la fondation de Sinope à l'Argonaute Autolycus. Plus tard, les Milésiens, ayant remarqué l'heureuse position de ce lieu et la faiblesse de ceux qui l'habitaient, s'en rendirent maîtres, et y envoyèrent des colons. Hérodote compte les Cimmériens au nombre des peuples qui fournirent un contingent de population à ces parages; « Les Cimmériens, fuyant en Asie l'invasion des Scythes, envoyèrent des colonies dans la Chersonnèse, où est actuellement la ville de Sinope » (2). La ville grecque reçut en peu d'années un développement considérable; les forêts voisines la mirent à même de se créer une marine respectable, et elle en profita pour fonder d'autres colonies sur la même côte, notamment Trapezus et Cerasunte.

Sinope fut prise par Pharnace, qui l'incorpora à ses États; elle resta sous la domination des rois de Pont jusqu'à la chute de Mithridate. Ce prince avait pris soin d'embellir sa ville natale de monuments magnifiques; il y construisit des temples, des portiques et des arsenaux de marine, dont il ne reste plus de vestiges. Sinope était bâtie sur l'isthme qui sépare les deux ports. La ville moderne de Sinub, construite avec les débris des anciens monuments, n'offre aucun intérêt sous le rapport de l'art; elle fut pourtant l'une des principales villes de l'empire de Trébizonde; mais ni les Byzantins, ni les Turcs n'y ont élevé un seul monument digne d'être remarqué. Sinope est aujourd'hui la principale station des bateaux à vapeur qui font le service de la mer Noire; ses environs sont aussi boisés et aussi fertiles qu'autrefois; son territoire présente en un mot tous les éléments nécessaires à une population commerçante, cependant elle est tombée presque à l'état de village. La presqu'île qui défend le port est entourée d'un banc de roches coquillières d'une singulière contexture; ce sont ces roches qui, selon Strabon, contribuaient à la défense du port, en empêchant les débarquements. La pêche des pélamides, qui faisait une des richesses de l'ancienne Sinope, est aujourd'hui presque nulle; elle est presque entièrement concentrée dans le Bosphore.

Harmène était une petite ville grecque située à cinquante stades à l'ouest de Sinope. Elle avait un port qui fut toujours peu fréquenté; aussi les anciens avaient-ils un proverbe qui attribuait la fondation des murailles d'Harmène, à quelque désœuvré. La position de cette place est aujourd'hui inconnue.

Aboni Teichos, petite ville à l'ouest, avait un port meilleur qu'Harmène, et conserva toujours sa population; c'était le lieu de naissance de cet imposteur, nommé Alexandre, dont nous avons déjà parlé (1) et qui jouait le rôle d'Esculape; il avait obtenu de l'empereur que le nom d'Aboni Teichos fût changé en celui de Jonopolis, ce qui fut accordé; on le retrouve avec peu d'altération dans celui de la ville moderne d'Ineboli.

Nous retrouvons sur la côte le cap Carambis, qui porte aujourd'hui le nom de Kérembé. Les trois petites villes, Sesame, Cytorus et Cromna, concoururent à former la population d'Amastris, bâtie sur l'emplacement de l'ancienne Sesame; elle est mentionnée par les anciens géographes comme une colonie de Milet. Ce territoire appartenait à Héraclée, ville puissante qui était gouvernée par des Dynastes. Amastris, princesse du sang des Darius, épouse de Denys tyran d'Héraclée, réunit en une seule ville les diverses populations de Sesame, Cytorus, Cromna et Teium, et donna le nom d'Amastris à cette nouvelle colonie.

Amastris fut placée successivement sous la domination d'Arsinoé, femme de Lysimaque, et sous celle d'Ariobar-

---

(1) Sinope ein historisch-antiquarischer Umriss von Th. Streuber Basel 1855, p. 15.
(2) Hérodote, IV, 12.

(1) Voy. p. 73.

zane, fils de Mithridate. Prise par Triarius, lieutenant de Cotta, elle tomba au pouvoir des Romains, et à la chute de l'empire byzantin, elle devint un des comptoirs de la république de Venise. Elle fut prise en 1460, par Mahomet II, auquel elle se rendit à la première sommation. Les Génois y établirent des entrepôts de leurs marchandises; mais depuis plus de deux siècles cette ville est tombée dans une complète décadence.

Amasserah est située à peu près comme Sinope sur un isthme entre deux ports. On y observe encore de nombreux vestiges d'antiquités, notamment les murailles de la citadelle, qui sont construites en grands blocs de pierre, des ruines d'aqueduc et les débris d'un palais que l'on regarde comme celui d'Amastris.

Amasserah n'est plus aujourd'hui qu'un bourg maritime qui contient à peine deux cents maisons.

Vient ensuite le Parthenius aujourd'hui Bartoun tchaï; en général les noms géographiques dans ces contrées se sont mieux conservés que dans les régions du sud; mais, en revanche, les monuments ont presque tous disparu, car dans toutes les villes de la côte, on ne peut en citer un seul qui ait résisté à la destruction. Le caractère de ces villes est plutôt militaire que civil; ce sont des places toujours prêtes à résister aux invasions du nord, et, en effet, c'est par des attaques venues de ce côté, qu'elles ont toutes péri.

Héraclée, colonie de Mégare, appartenait au pays des Mariandyniens; elle était bâtie sur la presqu'île achérusienne, à deux milles et demi du fleuve Lycus, on montrait dans le voisinage une caverne par laquelle Hercule descendit aux enfers pour en tirer le chien Cerbère. Les habitants croyaient que leur ville avait été fondée au commandement d'un oracle, et la regardaient comme un présent de l'Hercule Argien, aussi ce dieu était-il en grande vénération, et lorsque Cotta s'en fut emparé, il trouva dans l'agora une statue d'Hercule dont tous les attributs étaient d'or.

Héraclée, grâce à son avantageuse situation, devint une des principales villes de ces parages. Les colons grecs avaient réduit les Mariandyniens à l'état de servage; on avait le droit de les vendre, pourvu que ce ne fût pas hors des frontières. Héraclée se gouverna longtemps par ses propres lois; cependant, à la suite d'une sédition dont le but était une nouvelle répartition des terres, elle appela Cléarque, un de ses citoyens, qui, à l'aide du peuple, dont il embrassa la cause, finit par devenir tyran d'Héraclée, qu'il gouverna pendant douze ans. Le pouvoir suprême fut exercé de la sorte pendant plus de soixante ans. Au nombre des tyrans d'Héraclée se trouvait Denys, le mari de la reine Amastris, qui, par son union avec Lysimaque, donna occasion aux successeurs d'Alexandre de s'immiscer dans les affaires de cette ancienne république. Les habitants d'Héraclée, pour mettre obstacle à ces intrigues, firent alliance avec Mithridate, roi de Pont, et avec les républiques de Byzance et de Chalcédoine. Lorsque les Romains arrivèrent en Asie, la ville d'Héraclée signa avec eux un traité d'alliance dont une copie fut déposée dans le temple de Jupiter capitolin.

Cependant la neutralité qu'elle voulut conserver pendant la guerre contre Mithridate lui fut fatale; elle fournit secrètement des navires à ce prince; aussi, après la défaite du roi de Pont, Lucullus ordonna à son lieutenant Cotta de faire le siège de la ville. Il parvint à s'en emparer, et la réduisit en cendres. Héraclée, étant tombée au pouvoir de Rome, ses murailles furent reconstruites, et elle reçut une colonie romaine qui s'établit dans son territoire.

Antoine avait donné cette ville à Adiatorix, tétrarque des Galates, qui ne conserva pas longtemps le pouvoir; elle fut alors annexée à la province de Pont.

La caverne Acherusia a été retrouvée par M. Boré au milieu des jardins, vers le nord; on y observe les ruines d'un aqueduc et de deux temples qui ont été convertis en églises. Elle s'ouvre sur la pente d'une colline rocheuse au pied de laquelle coule un ruisseau qui nourrit des tortues; là il trouva cachée sous le feuillage l'entrée d'un souterrain qui était rarement visité. La grotte Acherusia avait, au dire des anciens, plus de deux cent cinquante pas de profondeur (1).

(1) Xénophon, *Anabas.*, l. VI, 574-575.

La ville moderne d'Éregli occupe l'emplacement de l'ancienne Héraclée. Les habitants se livrent au cabotage et à la fabrication des marocains. On rencontre dans les rues de nombreux débris d'architecture ancienne, mais aucun monument antique n'est resté debout.

La ville de Tieium qui termine la série des villes de la côte du Pont-Euxin, occupait l'emplacement de la ville moderne de Filias, on reconnaît encore quelques débris des murailles de son Acropole. Tieium du temps de Strabon n'avait déjà plus la moindre importance, cet écrivain ne le cite que parce qu'il fut le lieu de naissance de Philætère, souche de la race des Attales.

Plusieurs villes de l'intérieur du Pont et de la Paphlagonie mériteraient encore une mention particulière; nous citerons Pompeiopolis, aujourd'hui Tasch kouprou, Apollonie de Pont, Germanicopolis, Osmanjik, remarquable par le plus beau pont musulman qui ait été construit en Asie, Safranboli, chef-lieu de la culture du safran.

Mais tous ces lieux qui peuvent offrir un certain intérêt comme étude de l'état moderne, ne conservent aucun vestige d'antiquité qui puisse fournir des données historiques nouvelles.

LIVRE IX.

CARIE. — LYCAONIE. — ISAURIE.

CHAPITRE PREMIER.

ORIGINE DES CARIENS.

Le territoire qui s'étend de la rive gauche du Méandre jusqu'à la chaîne la plus élevée du Taurus a été, dans l'antiquité, envahi par des tribus venues du dehors, qui s'incorporèrent dans des hordes aborigènes pour former une des nations les plus guerrières et les plus turbulentes de l'Asie Mineure. Le pays fut d'abord appelé Phœnicie (1), et ensuite Chrysaoris (2), de Chrysaor, petit-fils de Sisyphe. Il appartenait aux Léléges, qui dominaient au delà du Méandre jusqu'à Éphèse. Une autre tribu, plus nombreuse et plus forte, arriva sous la conduite de Car, et se rendit maîtresse de la contrée, qui reçut alors le nom de Carie. On prétend que les Cariens étaient ainsi appelés parce qu'ils sont les premiers qui ornèrent leurs casques d'une aigrette, qui s'appelait Κάρα (tête). Ils inventèrent aussi la double poignée du bouclier.

Si l'on veut s'en rapporter aux traditions helléniques, les Cariens passèrent des îles dans le continent, et s'appelaient aussi Léléges; ils obéissaient à Minos (3), et après avoir longtemps couru les mers sous les ordres de ce roi, ils allèrent se fixer en diverses contrées du bassin de la Méditerranée. Ils attaquèrent l'île de Rhodes, qui appartenait aux Phéniciens, et s'en emparèrent; ils se rendirent maîtres de Délos et de toutes les Cyclades, mais en furent, dans la suite, expulsés par Minos.

La renommée des Cariens s'était étendue jusqu'au royaume de Lydie.

Gygès avait appelé à son secours Arsélis de Mylasa, et pour le récompenser des services qu'il en avait reçus, lui fit présent de la hache d'Hercule, qui, depuis le règne d'Omphale, était toujours restée entre les mains des rois de Lydie. De retour dans sa patrie, Arsélis fonda le temple de Jupiter Labrandeus, à Mylasa, et orna cette ville de monuments magnifiques.

Les Cariens vinrent débarquer en Égypte, sous le règne de Psammétichus, en compagnie de quelques Ioniens. Leurs armures de bronze, leurs casques surmontés d'une haute aigrette, surprirent d'abord les Égyptiens; mais bientôt le roi, se rappelant le sens d'un oracle qui lui promettait la victoire s'il prenait des coqs pour auxiliaires, fit aux étrangers un accueil favorable, et les retint dans son pays (1); on leur donna un quartier spécial dans la ville de Memphis, qui fut désigné sous le nom de Καρικόν, c'est-à-dire quartier des Cariens (2). Déjà à cette époque reculée les Cariens passaient pour habiles navigateurs et pour aventuriers intrépides. La plupart des villes qu'ils occupèrent sur le continent d'Asie devaient leur origine à des tribus pélasges ou léléges; mais les chefs des Cariens en fondèrent un grand nombre d'autres auxquelles ils donnèrent leur nom. Alabandus bâtit Alabande, Hydriée fut le fondateur d'Hydrias. Les Lyciens, sous la conduite de Bellérophon, fondèrent Chrysaor, qui fut ensuite appelée Stratonicée. C'est dans cette ville que se tenaient les assemblées générales des Cariens. Les anciens ne sont pas tout à fait d'accord sur l'idiome dont on faisait usage en Carie; ces peuples étaient généralement connus, chez les Grecs, sous le nom de Cariens barbaropho-

---

(1) Athénée, liv. IV, p. 174.
(2) Étienne de Byzance, Καρία-Μύλασα, etc.
(3) Hérodote, liv. I, chap. 171; et Strabon, liv. XIV, p. 661.

(1) Hérodote, liv. II, ch. 152.
(2) Étienne de Byzance, Καρικόν.

nes (1). Cette dénomination est expliquée de diverses manieres par les historiens. Apollodore pensait que les Grecs l'employèrent comme terme de mépris pour un peuple ennemi; d'autres écrivains, et notamment Strabon, combattent cette opinion et attestent que la langue carienne n'était pas plus rude que le grec, et que l'une et l'autre langue avaient beaucoup de mots communs. Ce n'était donc qu'une différence de prononciation qui valut aux Cariens une épithète sur laquelle dissertent longuement les plus graves auteurs, tandis qu'à côté d'eux nous trouvons un peuple entier, les Lyciens, dont la langue est complétement différente du grec, et pas un des anciens auteurs n'en fait la remarque : il faut aller chercher quelques lambeaux de phrases dans les commentateurs pour savoir que certaines villes portaient deux noms, un grec et un lycien. J'avais pensé un moment que cette langue devait être celle dont nous retrouvons tant de vestiges en Lycie (2); mais le fond de la langue des Cariens était hellénique, car Psammétichus donne à ceux qui habitaient ses États la charge d'enseigner la langue grecque à des enfants égyptiens (3). Cependant, Étienne de Byzance nous a conservé quelques mots cariens, qui paraissent tout à fait étrangers à la langue grecque : *ala*, cheval, *soua*, tombeau, *cara*, tête, *banda*, victoire, *géla*, roi. Ce sont autant de contradictions.

Les Cariens, après avoir porté l'épouvante dans toutes les îles de la Méditerranée, éprouvèrent à leur tour de nombreux échecs. Chassés de Crète par Minos, ils ne tardèrent pas à être expulsés de toutes les Cyclades, et lorsque les Athéniens, dans le but de purifier Délos, enlevèrent tous les tombeaux qui se trouvaient dans cette île, on remarqua que le plus grand nombre des sépultures avaient appartenu à des Cariens (4).

On éprouverait de grandes difficultés si l'on voulait faire concorder les traditions qui nous sont restées sur les origines de ce peuple, la plupart des auteurs grecs les font venir du dehors; mais Hérodote nous apprend qu'eux-mêmes se regardaient comme autochthones (1). Nous devons en conclure qu'ils se trouvaient au nombre de ces tribus chez lesquelles le sang s'était tellement mêlé, qu'elles avaient peine elles-mêmes à se rattacher à une souche unique.

Le peuple carien était établi en Asie longtemps avant la guerre de Troie; et comme on le voit figurer au nombre des alliés de Priam (2), on pourrait penser qu'il tenait plus de la race asiatique que de la race grecque. Mais il est à croire, au contraire, que dans l'origine ils tenaient de près à la souche thrace, qui vint s'établir d'Europe en Asie.

Les Mysiens, les Lydiens et les Cariens étaient unis par une étroite alliance. On montrait, aux environs de Mylasa, un ancien temple de Jupiter Carien qui était possédé en commun par les trois peuples (3).

Cent trente ans après la guerre de Troie, Nélée, fils de Codrus, arriva à la tête des tribus helléniques qui vinrent s'établir sur la côte d'Asie. Les Grecs ne tardèrent pas à déclarer la guerre aux Léléges et aux Pélasges, qui furent de proche en proche repoussés de l'Æolide au sud du Méandre. Androclus s'empara d'Éphèse; mais le territoire conquis ne suffisant plus aux nouveaux colons, ils franchirent le fleuve après avoir occupé Milet et Priène, et aidèrent les Doriens à conquérir le promontoire où fut fondée la ville de Cnide. Ces derniers se divisèrent en trois corps : le premier occupa la Crète; le second s'empara de l'île de Rhodes; et le troisième, sous la conduite d'Anthès, devint maître de Cos et de la côte voisine. Ces colonies demeurèrent à jamais maîtresses des pays qu'elles avaient conquis, et les inscriptions que l'on y trouve encore aujourd'hui prouvent que le dialecte dorien s'y conserva dans toute sa pureté (4).

Ce qui peut prouver qu'il existait une certaine différence entre les Cariens et

---

(1) Strabon, liv. XIV, p. 661; Iliad., II, 867.
(2) Id., ibid., p. 669-675.
(3) Hérodote, liv. II, chap. 154.
(4) Thucydide, liv. I, ch. 8.

(1) Hérodote, liv. I, ch. 171.
(2) Iliad., II, 867.
(3) Hérodote, liv. I, ch. 171.
(4) Strabon, liv. XIV, p. 375.

les Léléges proprement dits, c'est que ces derniers furent assez maltraités au moment de la migration ionienne; les Cariens néanmoins n'hésitèrent pas à faire cause commune avec les Ioniens pour déclarer la guerre aux Perses. Les deux peuples se donnèrent rendez-vous près du fleuve Marsyas; c'est là qu'était le temple de Men Carus. Les Grecs trouvèrent dans les Cariens de fidèles alliés, qui ne démentirent pas dans les combats la réputation de bravoure qu'ils s'étaient acquise. Vaincus dans une première rencontre avec les Perses, les alliés, sur le conseil des Cariens, dressèrent à l'armée perse une embuscade sur la route de Pédasus : les Perses furent défaits, et leur chef Daurisès y fut tué (1).

CHAPITRE II.

ROIS ET DYNASTES DE CARIE.

Alyatte, roi de Lydie, avait étendu son empire jusqu'aux limites de l'Asie Mineure; à la chute de l'empire de Crésus, les Cariens tombèrent, avec les autres peuples grecs, sous le pouvoir des Perses, et la Carie fit partie de la première satrapie, qui comprenait l'Æolide, l'Ionie, la Lycie et la Pamphylie. Milet, subjuguée, devint la résidence du gouverneur, qui prit le nom de satrape de Carie. Une partie des autres villes se rendit bientôt volontairement; le reste fut soumis par la force (2).

Harpagus, le plus célèbre des satrapes, était parvenu à soumettre les Cariens, en incorporant dans son armée quelques Grecs æoliens. Il marcha contre Caunus et contre les Lyciens. Nous le retrouverons bientôt devant Xanthus, la capitale de la Lycie (3).

Sous l'autorité des Perses, les Cariens étaient administrés par des gouverneurs de leur nation, qui, peu à peu, reconquirent une sorte de puissance. Artémise, fille de Ligdamis, tyran d'Halicarnasse, reçut le titre de reine de Carie. Cette princesse rendit à Xerxès les plus grands services en lui fournissant des auxiliaires qu'elle commanda en personne, et ce prince lui en témoigna sa reconnaissance en l'investissant d'un pouvoir souverain (1) qui s'étendait sur les îles voisines.

Ligdamis, fils d'Artémise, lui succéda sur le trône de Carie, ou plutôt comme prince tributaire des Perses. Il eut à lutter contre les envahissements d'Athènes, devenue maîtresse de toutes les côtes (2). A la faveur des dissensions interminables qui ébranlaient le pouvoir des Grecs, les princes de Carie avaient su se créer, dans ces pays, un parti assez puissant pour leur permettre d'aspirer à l'indépendance. Hécatomnus, qui avait commandé les armées navales d'Artaxerxe Mnémon, secoua le joug de la Perse, soumit ses alliés, et s'établit à Halicarnasse, où il parvint à se maintenir en payant un tribut aux Perses. Ce prince eut trois fils, Mausole, Hydriée et Pixodare, et deux filles, Artémise et Ada, qui épousèrent leurs frères. Mausole succéda à son père; il étendit son pouvoir au delà des limites de la Carie, et porta la guerre chez les peuples de la Phrygie. Il assiégea Assos et Sestos avec cent vaisseaux, et s'éloigna de ces places moins par la force que par la persuasion. Il prit part, avec Chio, Byzance et Rhodes, à la guerre contre les Athéniens, et les força d'abandonner leurs prétentions à la domination de la mer. Mausole entreprit, pendant son règne, des travaux considérables qui eussent ruiné son trésor s'il n'eût inventé mille moyens de se procurer de l'argent; il réunit à Halicarnasse les habitants de plusieurs villes iéléges, qui furent abandonnées. Maître de la Lycie, il écrasa ce pays d'impôts, et tout, jusqu'aux longues chevelures des Lyciens, fut taxé par les gouverneurs.

Mausole régna vingt-quatre ans; il mourut la quatrième année de la 106e olympiade, 353 avant notre ère, et laissa le pouvoir à la reine Artémise, sa veuve et sa sœur, qui ne lui survécut que peu de temps, et mourut du chagrin qu'elle ressentit de la mort de son mari (3). Artémise eut pour successeur Hydriée,

---

(1) Hérodote, liv. V, chap. 121.
(2) Id., liv. VI, chap. 125.
(3) Id., liv. I, ch. 152.

(1) Hérodote, liv. VII, ch. 99.
(2) Thucydide, liv. II, p. 9.
(3) Strabon, liv. XIV, p. 656.

qui laissa le royaume à son épouse Ada. Pixodare, le dernier des fils d'Hécatomnus, dépouilla cette princesse, et chercha à donner plus de force à son autorité en appelant un satrape des Perses, nommé Orontobatès, pour gouverner avec lui. Ce dernier avait épousé Ada, fille de Pixodare. C'est à cette époque qu'Alexandre arriva en Carie, et mit le siége devant Halicarnasse. Ada, fille d'Hécatomnus, alla demander le secours du prince grec pour rentrer dans ses États, s'engageant en même temps à marcher contre les cantons révoltés, chose d'autant plus facile pour elle, que ceux qui les occupaient étaient ses parents (1). Alexandre y consentit; Ada fut déclarée reine d'Halicarnasse; et depuis ce temps la puissance des Grecs y fut établie sans partage jusqu'à l'invasion romaine.

Cependant cette province fut souvent divisée en gouvernements séparés, et les Rhodiens en occupèrent toute la côte sud, qui prit le nom de Peræa. Au partage de l'empire d'Alexandre, la Carie fut soumise à la domination d'Antiochus jusqu'au jour où les États de ce prince furent annexés à l'empire romain. Le territoire de la Carie présente, en abrégé, les variétés de plaines et de montagnes que l'on trouve dans l'ensemble de la presqu'île. Des montagnes richement boisées, des plaines sans arbres, et l'imposante chaîne du Taurus se divisant en plusieurs branches, forment tantôt de hautes murailles de rochers inaccessibles, tantôt des vallées sinueuses au milieu desquelles serpentent des rivières. Ainsi disposé, ce groupe montagneux se prolonge jusque dans la mer, et forme des caps et des golfes où toutes les nations maritimes de l'antiquité sont venues tour à tour se disputer des établissements. Les ruines des différentes villes de cette province ne nous font pas connaître le peuple carien sous un aspect différent des autres Grecs. Il existe peu de monuments dont l'origine puisse être attribuée à la Carie indépendante, et de tout ce qui nous reste des villes de Stratonicée, d'Alabande, d'Alinda et de Iassus, la majeure partie n'est pas antérieure au temps des empereurs romains.

CHAPITRE III.

HALICARNASSE.

La plus grande et la principale ville de Carie, Halicarnasse, est située au fond d'un vaste golfe, faisant face à l'île de Cos; elle fut fondée par Anthès, qui arriva à la tête de colons de Træzéniens (1). Cette troupe fut bientôt augmentée de quelques Argiens conduits par Mélas (2); elle reçut d'abord le nom de Zéphyria, d'une petite île qui en était voisine, et qui, par la suite des temps, fut jointe au continent. Eu égard à son origine, Halicarnasse fit d'abord partie de la confédération dorienne; mais Agasiclès, citoyen d'Halicarnasse, ayant emporté chez lui le trépied qu'il avait obtenu comme prix dans les fêtes célébrées en l'honneur d'Apollon Triopéen, au lieu d'en faire hommage au dieu, Halicarnasse fut exclue de la confédération. Vitruve nous a laissé une description de la ville d'Halicarnasse qui peut nous guider d'une manière à peu près certaine pour retrouver certains monuments; mais d'autres dispositions, et surtout celles du port secret et du palais de Mausole, resteront encore dans le doute, malgré les commentaires de plusieurs savants qui en ont étudié sur les lieux la topographie. Ce passage est remarquable, en ce qu'il mentionne les principaux monuments qui décoraient cette ville, et notamment le plus célèbre de tous, le tombeau de Mausole, dont l'emplacement peut être déterminé avec une certaine probabilité.

Le grand port d'Halicarnasse, ainsi que nous le voyons aujourd'hui, était situé au fond du golfe de Boudroum, et entouré par un cercle de montagnes qui se dessinent comme un amphithéâtre ; c'est là que Mausole, qui habitait primitivement la ville de Mylasa ayant remarqué qu'Halicarnasse était un lieu naturellement fortifié, propre

---

(1) Strabon, liv. XIV, p. 656. Arrien, *Exp. Alex.*, l. I, p. 13. Diodore, liv. XVII, p. 24.

(1) Strabon, liv. XIV, p. 656.
(2) Vitruve, liv. II, ch. VIII.

au commerce, avec un port convenable, résolut d'y établir sa royale résidence. « Ce lieu, dit Vitruve, s'arrondit en forme de théâtre. Dans la partie la plus basse, près du port, était placé le forum ; au milieu de la courbure était une grande place formant une sorte de précinction au milieu de laquelle était construit le mausolée, réunion de tant de chefs-d'œuvre, qu'on le plaçait au nombre des merveilles du monde. Au milieu de la citadelle du sommet se trouvait le temple de Mars, contenant une statue colossale du genre appelé ἀκρόλιθος (acrolithe), ouvrage sorti des mains du célèbre Léocharès. Sur le sommet à droite, à l'extrémité de la courbe, se trouvait le temple de Vénus et de Mercure, tout auprès de la fontaine Salmacis, de sorte qu'on avait à droite le temple de Vénus et de Mercure, et à gauche, à l'extrémité de la courbe, était le palais que le roi Mausole établit selon ses desseins. En effet, de là on aperçoit à droite le forum, le port et tout le développement des remparts ; et à gauche le port secret, caché par des montagnes, de sorte que personne ne pouvait voir ni connaître ce qui s'y faisait lorsque le roi, de son palais même, pouvait, sans que personne s'en aperçût, commander à la flotte et aux soldats. » Il est évident, d'après cette description, que le moindre vestige de monument nous mettrait sur la voie pour reconnaître d'abord de quel côté l'auteur romain se supposait tourné pour déterminer sa droite et sa gauche, soit qu'il regardât la mer, soit que de la mer il regardât la ville.

Malheureusement le principal caractère topographique qui eût éclairci tous les doutes, la situation de la fontaine Salmacis est elle-même un problème pour nous, car nous ne reconnaissons à droite ni à gauche, à l'est ou à l'ouest, aucune source vive à laquelle on puisse attribuer cette dénomination. Nous ne sommes donc certains que pour deux localités : ce sont la citadelle supérieure et le milieu de la courbe du port (per mediam altitudinis curvaturam), parce que le centre ne change point. Il est une autre difficulté qui se présente quand on examine la carte du golfe : ce que Vitruve entendait par *cornua* sont-ce les deux points auxquels s'attachent les môles antiques que l'on observe encore, ou les deux caps que forme la côte au point où la baie commence à se contourner ? Il est à croire que le port désigné par Vitruve n'est autre chose que celui qui est *extra muros* dans la ville turque ; car, pour les anciens, cette grande rade foraine ne pouvait être regardée comme un port. J'ai cherché avec le plus de soin possible, soit par des dépôts de calcaire d'eau douce, soit en interrogeant un grand nombre d'habitants de la ville de Boudroum, s'il existait une fontaine ou si l'on n'avait pas connaissance de quelques sources aujourd'hui taries ; aucune réponse satisfaisante ne me fut faite. La plupart des monuments dont on retrouve les vestiges sont beaucoup plus ruinés que dans aucune autre ville antique de la côte. On ne trouve d'intacte que la grande ligne de murailles qui couronnent les crêtes de la montagne ; mais du moment que l'on approche de la plaine, les murailles se perdent, et l'on ne saurait dire comment elles venaient se rattacher à la mer.

En examinant la nature du terrain, on est porté à conclure que l'emplacement sur lequel s'élève le château actuel de Boudroum était jadis détaché du continent et formait l'île appelée Zéphyria. Quand on voit combien peu d'espace occupaient certains ports grecs, on peut sans beaucoup de difficulté imaginer que le palais de Mausole était situé à l'angle oriental de la ville, et que le petit port secret est aujourd'hui ensablé. Il y aura toujours la difficulté d'expliquer comment ce port pouvait être caché à la ville par des exhaussements de terrain ; mais si l'on veut aller chercher le port secret, soit dans l'île d'Orak, soit de l'autre côté de l'isthme, à l'occident d'Halicarnasse, la difficulté est encore bien plus grande pour expliquer comment de son palais le roi pouvait commander en un point si éloigné. Rien dans les ruines de la ville ne paraît se rapporter à l'ancien palais de Mausole, qui était construit, nous le savons, en briques revêtues d'un enduit poli comme du verre et de plaques de marbre. En faisant le tour du port moderne, nous trouvons çà et là divers fragments qui ont appartenu à des édifices d'architecture grecque : des chapiteaux ioniques de différentes dimensions, des autels, et surtout un grand nombre de chapiteaux d'ordre dorique en marbre blanc. Dans un des jardins qui entourent la ville moderne, s'élève une colonnade d'ordre dorique grec qui a été décrite par M. de Choiseul. D'après les arrachements qu'on observe sur la partie opposée à la façade, on voit que ce débris d'architecture n'a pas appartenu à un temple, mais que c'est le reste d'un portique. Cette conviction tient à ce que, dans le temple grec, l'architrave transversale qui supporte le soffite vient s'engager dans la partie postérieure de la frise; ce qui n'a pas lieu dans cet édifice.

En remontant un peu plus vers le nord, on remarque un grand soubassement carré, formé par des pierres à bossage et qui sont d'ouvrage grec. Ce soubassement peut avoir appartenu à un temple. L'acropole supérieure (*arx summa*), celle qui sans doute reçut le principal assaut lorsque Alexandre s'empara de la ville, n'est pas conservée d'une manière assez complète pour qu'on puisse bien reconnaître où était situé le temple de Mars. Dans l'état des choses, il n'est pas impossible que certains ouvrages de défense, dans la partie inférieure, aient été détruits.

Il ne reste donc, de tous les édifices qui ont à peu près conservé leurs formes, que le théâtre, qui ne présente aucune particularité digne d'intérêt. Toute la ville grecque ayant été rasée par Alexandre, nous ne pouvions, dans aucun cas, espérer de trouver des monuments antérieurs à cette époque.

CHAPITRE IV.

LE TOMBEAU DE MAUSOLE.

Il est peu de monuments de l'antiquité qui aient excité à un plus haut degré les efforts et la sagacité des artistes et des archéologues. Les nombreux fragments des auteurs anciens qui sont parvenus jusqu'à nous présentent ce tombeau comme l'objet de l'admiration universelle; Vitruve le mentionne plusieurs fois, Pausanias, Strabon et quelques écrivains byzantins en parlent d'une manière plus ou moins abrégée, mais tous avec éloges. Lucien fait dire à Mausole (1) : « J'ai dans Halicarnasse un tombeau immense, tel qu'aucun autre mort ne peut se vanter d'en avoir un semblable : Il est construit du plus beau marbre et orné de figures de guerriers et de chevaux. »

Pausanias (2), en citant les tombeaux remarquables n'oublie pas celui d'Halicarnasse. « Il a été fait sous le règne de Mausole, roi d'Halicarnasse. Il est remarquable par sa grandeur immense et l'art avec lequel il est construit; aussi les Romains dans leur admiration sans égale donnent-ils le nom de Mausolée aux tombeaux remarquables. »

Deux autres auteurs parlent du Mausolée; le premier, Hygin, écrivain du temps d'Auguste, décrit en peu de mots le célèbre tombeau. « Le tombeau du roi Mausole bâti en marbre lychnite est haut de quatre-vingts pieds et a trois cent quarante pieds de tour (3). »

Dans Vibius Sequester (4), nous trouvons ce passage : « Le Mausolée qui est en Carie est haut de cent quatre-vingts pieds et a quatre cents pieds de tour. C'est là qu'est placé le sépulcre du roi en marbre lychnite. » Ces deux passages permettaient bien de supposer que le tombeau de Mausole était circulaire. Nous trouvons dans un passage de Pline des détails plus précis sur la forme et les dimensions de cet édifice, c'est surtout ce passage qui a guidé les archéologues dans les essais de restitution qui ont été tentés jusqu'à ce jour (5).

(1) Lucien, *Dialogues des morts*, Dial. XXIV.
(2) Pausanias, liv. VIII, chap. 16.
(3) Hygini, Fab. CCXXXIII.
(4) Vibius Sequester, *de Gentibus*, p. 37, in-8°, 1778.
(5) Les auteurs qui ont publié des essais de restitution du tombeau de Mausole sont au nombre de neuf;
Caylus, 1753, *Mémoire de littérature de l'Académie des inscriptions et belles-lettres*, tome XXVI, p. 331;
Auguste Rode, 1800, *frontispice* de l'édition de Vitruve. Berlin, in-4°;
Choiseul Gouffier, 1814, *Voyage pittoresque de la Grèce*, tome I, in-fol.;
Weinbrenner, 1825, dans *Kaercher*,

Le passage de Pline (1) est ainsi conçu :

« Scopas eut en même temps pour rivaux Bryaxis, Timothée et Léocharès. Il ne faut pas les séparer ici, puisqu'ils employèrent ensemble leur ciseau pour Mausole, petit roi de Carie, qui mourut la seconde année de la cent sixième olympiade : ce sont les ouvrages de ces artistes qui firent placer ce monument au rang des merveilles du monde. Les faces exposées au midi et au nord ont soixante-trois pieds; il est plus court sur les fronts. Tout le pourtour est de quatre cent onze pieds; il s'élève sur une hauteur de vingt-cinq coudées; il est entouré de trente-six colonnes, et l'on a donné à cette colonnade le nom de *ptéron*. Scopas travailla du côté du levant, Bryaxis du côté du nord, Timothée au midi, et Léocharès au couchant. La reine Artémise, qui avait fait élever ce tombeau à la mémoire de son époux, mourut avant que ces artistes eussent achevé leur ouvrage; mais ils voulurent le terminer pour leur propre gloire et pour l'honneur de l'art : leurs ouvrages se disputent encore le prix. Un cinquième artiste se joignit à ceux que j'ai nommés, car, au-dessus du *ptéron* on éleva une pyramide dont la hauteur était égale à la partie inférieure et qui était composée de vingt-quatre gradins, se terminant en forme de *meta*. Sur le sommet on plaça un quadrige de marbre, ouvrage de Pythis, et qui, ajouté au reste, donnait à l'édifice une hauteur totale de cent quarante pieds. »

L'édifice présenterait donc un plan rectangulaire dont deux côtés auraient soixante-trois pieds, les deux autres un peu moins et dont tout le pourtour serait de quatre cent onze pieds, ce qui est impossible; aussi les commentateurs ont-ils imaginé d'appliquer cette dernière mesure à une place ou area qui entourait l'édifice; reste encore la difficulté d'ajuster trente-six colonnes sur le périmètre donné.

La difficulté a été simplement diminuée par les récentes découvertes faites par M. Newton sur l'emplacement même du mausolée.

Ces recherches faites, avec une grande intelligence de la topographie ancienne de la ville d'Halicarnasse, ont eu pour résultat de faire retrouver les débris du mausolée dans un tertre quadrangulaire qui s'élève au sud-est de la colonnade vulgairement appelée temple de Mars.

Les rapports qui ont été adressés au gouvernement anglais et qui ont été en partie publiés, font connaître que le mausolée reposait sur un soubassement quadrangulaire qui était entouré d'une frise représentant des combats d'Amazones; ce soubassement était surmonté d'une colonnade d'ordre ionique avec un entablement complet, dont la frise était ornée de combats entre les Grecs et les Amazones. L'architecture de ce monument est comparée par l'auteur de ces découvertes à celle du temple ionique de Priène : les deux édifices sont contemporains.

Cette colonnade était surmontée de la pyramide composée de vingt-quatre degrés de marbre blanc, ajoutée après la mort d'Artémise par un cinquième artiste dont le nom est resté inconnu. Ces gradins de marbre étaient entés les uns dans les autres de manière à empêcher toute infiltration des eaux; enfin le quadrige, ouvrage de Pythis, qui couronnait tout l'édifice, a été en grande partie retrouvé; on a des portions de la statue de Mausole, la roue du char et plusieurs fragments des chevaux de grandeur colossale. Les fouilles ont mis à découvert un grand nombre de figures de lions en marbre qui paraissent avoir été placées dans les entrecolonnements; on a de plus trouvé un fragment de statue équestre de grandeur colossale; le poitrail et une partie du corps du cheval indiquent que l'animal était

---

Handzeichnungen zur Mythologie und Archäologie, Carlsruhe, section IV, planche VIII;

Quatremère de Quincy, 1834, *Essai de dissertations archéologiques*. In-4°;

Hirt, *Geschichte der Baukunst*; atlas, pl. X, 14, et pl. XXX, 14;

Canina, 1840, *Architectura antica*, tome II, tav. 155, d'après une médaille (*apocryphe*) de la reine Artémise;

Cockerell, 1846, dans la dissertation sur ce mausolée par Charles Newton. Extrait du *Classical Museum*, part. XVI, p. 25; Dal Marquez, cité par Canina.

(1) Pline, liv. XXXVI, ch. 5.

lancé au galop. Les jambes du cavalier existent encore; elles sont vêtues du pantalon ou anaxyrides que les statuaires mettent volontiers aux statues des Amazones. Nous voyons souvent des figures de ces femmes guerrières accompagner la décoration d'un tombeau. Tous ces fragments qui appartiennent au plus beau temps de l'art grec, ne démentent pas les témoignages d'admiration que les anciens auteurs ont prodigués à cet édifice.

Il résulte des restitutions sommaires qui sont la conséquence des fouilles d'Halicarnasse, que le tombeau de Mausole ressemblait au petit monument funèbre qui existe encore aux portes de Mylasa, et que ce dernier ouvrage est une réminiscence du célèbre mausolée.

Divers souterrains ont été fouillés dans le soubassement de l'édifice. Dans l'un d'eux on a découvert une urne avec une inscription en caractères cunéiformes.

Les auteurs des découvertes faites récemment sur l'emplacement du tombeau de Mausole, pensent, d'après la nature des fragments de sculpture découverts dans leurs fouilles, que le monument fut renversé par un tremblement de terre, et que l'enlèvement des matériaux opéré par les chevaliers de Rhodes n'eut lieu qu'après la destruction du monument. Le procès-verbal des découvertes faites en 1522 par le commandeur de la Tourette, ne dit pas, en effet, que le tombeau était entier, quand on en prit les matériaux ; nous avons publié cette relation d'après Guichard (1); les chevaliers ne trouvèrent d'abord que « certaines marches de marbre blanc qui s'élevaient en forme de perron au milieu d'un champ près du port. » La grande masse de matériaux de marbre fut extraite des fondations ; c'est au milieu de ce massif qu'ils découvrirent le tombeau du roi, qui fut violé pendant la nuit avant qu'on n'en eut fait une reconnaissance régulière. Tous les fragments de sculpture trouvés par M. Newton dans ses fouilles ont été abandonnés par les chevaliers comme impropres à être employés dans la construction du château (1).

CHAPITRE V.

IASSUS.

La côte de la Carie s'étend depuis le cap Posidium jusqu'à la partie la plus méridionale de l'Asie Mineure. Elle est caractérisée par deux grands golfes qui se subdivisent en plusieurs petits ports, dans chacun desquels les anciens avaient formé des établissements. Celui qui est le plus au nord s'appelait dans l'antiquité golfe de Iassus, au fond duquel était la ville du même nom. Sur la côte méridionale du même golfe se trouve caché par un îlot un autre golfe qui, jusqu'à nos jours, fut en vain cherché par les explorateurs de l'Asie : je veux parler du golfe de Bargylia, que l'on croyait définitivement comblé par quelque accident géologique. Il était important de déterminer, par une expédition nouvelle, le véritable périmètre du golfe d'Iassus et ses subdivisions. Après avoir exploré la côte d'Ionie, nous partîmes du cap Arbora ou Posidium le 18 juillet 1835, avec la goélette la *Mésange*. La première ville qui se présentait à l'entrée du golfe, l'ancienne Tychiussa, était une forteresse appartenant aux Milésiens. On reconnaît encore la petite crique où le port devait être situé ; mais sur l'emplacement de la ville, nous ne trouvâmes aucune trace de monuments qui méritât de nous arrêter longtemps.

A la fin du siècle dernier l'ancienne Iassus contenait encore quelques habitants, et la ville s'appelait Assem kalé si, le château d'Assem. Chandler n'y trouva plus que quelques familles grecques placées sous l'administration du bey de Melasso ; aujourd'hui ces ruines sont tout à fait désertes, et pendant un séjour de plus d'une semaine nous n'aperçumes ni dans la ville ni dans les environs aucun habitant pour nous donner le moindre renseignement sur les localités voisines. Nous longions avec la *Mésange* la côte nord du golfe, qui se présentait à nous sous l'aspect le

---

(1) Guichard, *Funérailles des Grecs et des Romains*, in 8º, Lyon, 1581, t. III, p. 378.

(1) *Voy.* pl. 33, *Vue du château de Baudroum.*

plus sauvage; aucune trace d'habitation ni de culture ne s'offrait à nos regards. Nous avions déjà doublé plusieurs caps, et la sonde indiquait que nous approchions du fond du golfe; il eût été dangereux de rester de nuit dans ces parages inconnus. Le capitaine donna l'ordre de virer de bord, et je désespérais de rencontrer les ruines d'Iassus, lorsque le navire, en virant, découvrit une pointe couronnée de fortifications. Bientôt l'ensemble des murailles, éclatantes de blancheur se déploya à nos regards : c'était Iassus; et nous allâmes jeter l'ancre, à l'est de la ville, où nous trouvâmes un bon fond par six brasses d'eau.

On ignore les causes de l'abandon de cette ancienne ville; le pays d'alentour est bien arrosé et les plaines voisines seraient propres à recevoir la culture des céréales.

Le commis aux vivres de la *Mésange* fut un peu désappointé, car il espérait trouver dans une si belle ville un peu de viande fraîche pour l'équipage. Pour parer à cet inconvénient, le capitaine ordonna une grande pêche aux filets; en un instant les canots furent mis à la mer; la nuit était venue, on mit le feu aux oliviers sauvages qui couvraient la rive; aucun garde champêtre n'apparut pour dresser procès-verbal. Les voix glapissantes des chacals troublèrent seules le silence de la nuit, comme pour protester contre l'invasion de leurs demeures. Les canots avaient décrit un long circuit, entraînant avec eux un long filet qu'on appelle *seine*. Bientôt la résistance devint telle, qu'on craignit que le filet ne fût arrêté dans quelque roche; l'agitation des eaux fit bientôt reconnaître qu'une quantité immense de poissons, attirés par les lueurs de l'incendie, étaient venus se prendre dans la seine. Nous tirâmes des monceaux de dorades, de pécunes, et plusieurs genres de torpilles. La mer d'Iassus conserve encore sa vieille réputation.

Les habitants d'Iassus (1) tiraient la plus grande partie de leur subsistance de la mer, qui en cet endroit est très-poissonneuse. Le terrain passait, au contraire, pour stérile et maigre. Strabon raconte une plaisanterie touchant la vente du poisson à Iassus. Je doute que jamais coup de filet des Grecs ait produit une masse de poisson plus considérable. Il est vrai que, depuis plusieurs siècles, le poisson, dans ces parages, est tout à fait à l'abri des poursuites des pêcheurs. Pendant notre séjour à Iassus, les matelots renouvelaient chaque soir des pêches aussi fructueuses; ils amenaient souvent des mollusques aux formes les plus incroyables, aux couleurs les plus brillantes; mais nous n'avions à bord aucun moyen de les conserver. Pendant le jour, la chaleur était intense, à peine pouvait-on toucher les garnitures de cuivre qui se trouvaient sur le pont.

CHAPITRE VI.

LES MURAILLES.

Nous commençâmes par examiner le pourtour des murailles. La ville est assise sur un îlot qui est environ deux fois aussi long que large. Le centre est occupé par une colline élevée, au sommet de laquelle est située l'acropole, de sorte que la majeure partie des maisons était bâtie sur un terrain en pente entrecoupé par des terrasses. Les murailles qui entourent toute l'île sont flanquées de tours carrées; elles sont construites en grands blocs de marbre blanc à bossage, de 0^m,70^c de hauteur; l'intérieur du mur est rempli par des blocages reliés avec du mortier. Toutes ces murailles sont d'une belle conservation; l'air de la mer empêchant les lichens de croître sur le marbre, elles sont d'une blancheur éclatante. On voit quelques restaurations qui datent du temps des Romains. Dans le moyen âge, les Vénitiens ou les Génois ayant eu des comptoirs dans cette place, on remarque quelques constructions faites avec des débris de monuments anciens.

Toutes les portes sont détruites : il n'existe aujourd'hui qu'une petite poterne qui s'ouvre à la pointe sud de l'île. Contrairement à l'usage des autres villes, j'ai remarqué à Iassus plusieurs grands édifices complétement adossés aux murailles, de sorte qu'on

(1) Strabon, liv. XIV, p. 658.

avait négligé de ménager un pomérium ou chemin de ronde : cela tenait sans doute à la position isolée de la ville. Dans quelques endroits il y a des casemates pour mettre les soldats à couvert des machines. Il ne reste aucune trace des créneaux.

Les tours sont massives jusqu'au tiers de leur hauteur; on y arrivait par des escaliers extérieurs appliqués contre la muraille. L'épaisseur du mur varie de deux à quatre mètres; elle est moindre du côté du port. Les quais de la ville sont construits en grands blocs de marbre blanc; mais les fourrés de broussailles sont tels, qu'on ne peut les parcourir dans toute leur longueur. Aujourd'hui l'île de Iassus est jointe au continent par une langue de terre fort étroite, au milieu de laquelle on voit des constructions qui ont peut-être appartenu à un pont. Cependant l'île fut toujours séparée de la terre ferme par un canal. Elle a, à l'est, la petite anse dans laquelle la *Mésange* a mouillé, et à gauche l'ancien port. Il est formé naturellement par l'île et la terre ferme; à l'entrée ont été établis deux môles : l'un est aujourd'hui sous l'eau, et celui de l'est est encore complet. Sa longueur est de cent mètres, et à sa pointe s'élève une grosse tour carrée, ouvrage du moyen âge. La passe entre les deux môles est de 50 mètres. Sur la rive du port, du côté de la terre ferme, sont de nombreux tombeaux faisant partie de la nécropole.

INTÉRIEUR DE LA VILLE.

Le théâtre est l'édifice le plus ancien et le mieux conservé qui existe à Iassus. Le pourtour de la cavéa est bâti en grandes pierres de taille à bossage et sans mortier; la porte qui conduit en haut de la précinction est bâtie en pierres appareillées dans le genre de celles d'Assos. Tous les gradins sont en marbre blanc et décorés de griffes de lion. Le mur en pente des gradins est oblique à l'axe du théâtre. Les gradins sont encore presque tous en place; on compte vingt et un rangs de siéges. Le mur de gauche n'est pas semblable à celui de droite; ce dernier est fait de gros quartiers de pierre à bossages. Un bandeau lisse, placé à la hauteur du quatrième gradin, contient l'inscription suivante :

Zopatros fils d'Épicrate, ayant été chorége, et agonothète, et stéphanophore, a dédié à Bacchus et au peuple cette muraille (appelée analemme), les groupes de gradins (en latin *cunei*) et la scène.

Si j'ai bien compris les trois mots techniques de cette inscription, ils m'expliquent la singularité de construction que j'ai signalée plus haut, c'est-à-dire que la partie du mur de soutènement qui porte l'inscription, s'étant écroulée, a été réparée par le magistrat chargé pour l'année de présider aux jeux de la scène.

Les murs de la scène existent encore en partie, mais s'élèvent peu au-dessus du sol. Ils sont faits en petites pierres, et paraissent d'une construction bien plus moderne que le reste de l'édifice. Dans le voisinage de l'orchestre, j'ai aperçu une longue inscription composée de cinq tableaux. Elle est tracée sur un pilastre de marbre, écrite en caractères très-menus. Je la fis dégager des terres et des broussailles qui la couvraient, mais le temps me manqua pour la copier.

Le théâtre est établi sur un terrain très-incliné; il y avait sur le devant une terrasse bâtie en pierres schisteuses, qui ne me paraît pas d'une construction très-ancienne. On arrivait aux différentes terrasses par des pentes douces ou des escaliers. Un peu au nord du théâtre, il existe une construction qui me paraît avoir appartenu à une maison particulière. C'est une salle voûtée, en partie creusée dans le roc, et deux chambres latérales. Non loin de là est un portique dont quelques colonnes sont encore en place. En descendant vers le nord, on arrive sur l'isthme, le seul terrain plat de l'intérieur de la ville; c'est là que se trouvent les principaux monuments publics, le palais ou castrum, la palestre, le xyste et le stade. Ce dernier édifice est complétement adossé aux murs de la ville; il se compose d'une partie circulaire avec quatre rangs de siéges, et de deux lignes de gradins qui s'étendent en ligne droite, parallèlement à l'axe.

L'extrémité du stade se trouvant enterrée sous des monceaux de sable, il m'a été impossible d'en avoir la grandeur exacte.

Le palais est un amas confus de salles qui se croisent en tous sens, et dont toute la décoration de marbre a disparu. L'enceinte était occupée par une véritable forêt de térébinthes et d'oliviers sauvages, entrelacés avec des lianes qui formaient comme autant de réseaux ; la hache ni la cognée n'avaient d'action sur cette végétation compacte. Nous résolûmes d'y mettre le feu ; pour cela on envoya chercher à bord du goudron et des étoupes dont les matelots entourèrent les pieds de quelques arbres ; on réunit des broussailles sèches, et on y mit le feu. L'incendie dura une partie de la nuit, et le lendemain les matelots purent commencer quelques fouilles ; mais le terrain entremêlé de racines offrait tant de difficultés, que je fis cesser le travail, les dispositions de ces différentes salles n'offrant rien de particulier au point de vue de l'architecture.

Deux édifices carrés, composés chacun de trois salles, étaient reliés par un double rang de portiques, dont nous voyons encore les colonnes placées selon des lignes parallèles. La salle qui est à l'ouest est complétement conservée ; il n'y manque que sa décoration architecturale. Elle est bâtie en petites pierres de schiste, et d'une construction très-médiocre ; mais cet édifice offre un certain intérêt par l'inscription placée dans sa partie supérieure :

A Diane Astiade, et à l'empereur César Marc Aurèle Comode Antonin Auguste, Germanique, Sarmatique, Dioclès a dédié les deux exèdres et le toit du portique, qu'il a fait construire à ses frais, en souvenir de son fils défunt, parvenu à la dignité de stéphanophore.

Ces exèdres étaient les salles où s'assemblaient les gens de lettres. L'espace compris entre les portiques était la palestre. Un enclos voisin de l'agora renferme encore plusieurs monuments bien conservés, mais presque inaccessibles, à cause des broussailles. J'ai reconnu plusieurs citernes qui recevaient leurs eaux d'un aqueduc dont il reste encore quelques arcades. Toutes les maisons qui étaient situées dans la partie supérieure de la ville étaient alimentées par des citernes qui n'étaient point voûtées, mais recouvertes par des dalles de schiste de plusieurs mètres de longueur. L'extérieur de la ville du côté de l'isthme présente une muraille parfaitement conservée et toute de marbre blanc. On remarque près d'une tour une porte avec une corniche de style grec, sur le jambage de laquelle est inscrit un décret des habitants d'Iassus.

En dehors des murailles et dans la plaine se voient les ruines de quelques édifices qui ont été considérables, mais qui sont d'une époque de décadence. Je ne saurais dire précisément quelle était leur destination. A un kilomètre de là et dans le fond de la baie, on remarque une source extrêmement abondante qui sort du pied d'un rocher pour se jeter presque immédiatement à la mer. Près de la source s'élève un tombeau composé d'un soubassement surmonté d'un tétrapyle, c'est-à-dire de quatre arcades supportant une coupole en pendentif. Les premiers voyageurs européens qui ont visité ces ruines avaient cru retrouver en ce lieu le tombeau de Mausole.

CHAPITRE VII.

NÉCROPOLE.

Nous avons vu que la côte septentrionale du golfe est formée par une suite non interrompue de collines qui viennent en se contournant former le fond de la baie d'Iassus. A partir de l'entrée du port jusque vers la plaine, les différentes nations qui ont occupé ces lieux ont établi leurs nécropoles sur le penchant de ces coteaux, et les tombeaux de toutes les époques et de tous les styles nous montrent quelle diversité de conception une même pensée peut engendrer au point de vue de l'art.

Vue à distance, la nécropole d'Iassus paraît une petite ville, tant les tombeaux ressemblent à des habitations. Je n'ai aucune donnée positive pour les classer par ordre chronologique, les pierres schisteuses dont ils sont construits n'ayant pas permis d'y placer des inscriptions. On peut les diviser en trois époques.

PREMIÈRE ÉPOQUE. — TOMBEAUX DES LÉLÉGES.

Repoussés d'abord au sud du Méandre par l'invasion ionienne, les Léléges s'établirent dans la contrée d'Iassus et d'Halicarnasse. Les exploits d'Achille les avaient forcés primitivement de se retirer dans le sud de l'Asie, où ils avaient fondé la ville de Pédasus, et ils occupaient la Carie jusqu'à Mindus et Bargylia; et dans tous ces districts on montrait aux étrangers des tombeaux, des forts et des vestiges d'habitations des Léléges.

Les sépultures, portant le caractère de la plus haute antiquité, rappellent par leurs formes les monuments celtiques que nous trouvons en France. Ce sont des chambres formées par de longues pierres placées dans l'état où elles se trouvent à la sortie de la carrière, et recouvertes par un plancher du même appareil en pierres plates. Elles sont ordinairement à moitié enfoncées dans le sol. Il y en a de différentes dimensions, destinées à recevoir un ou plusieurs corps. Aucun de ces monuments ne porte de traces d'inscription; toutes les pierres qui les composent sont telles qu'elles sont sorties de la carrière. Ce genre de tombeaux est généralement placé sur la pente orientale de la chaîne de collines, et non loin de la grande muraille dont je parlerai tout à l'heure.

SECONDE ÉPOQUE. — TOMBEAUX GRECS.

Le second genre de sépultures, qui porte le caractère de l'époque grecque, se compose de stèles de marbre avec des inscriptions, et de sarcophages qui sont plus ou moins décorés.

Voici le caractère des inscriptions que l'on rencontre :

Ce tombeau est celui de Claudius Eitharus. Je veux qu'il n'y soit mis aucun autre, excepté ceux de ma race. Si quelqu'un fait violence pour y enterrer, il payera au sénat cinq cents deniers.

Ce tombeau est celui d'Hécatée de Stratées. Celui qui tentera de l'ouvrir donnera au fisc cinq cents deniers, et sera cité en justice pour violation des tombeaux.

TROISIÈME ÉPOQUE. — TOMBEAUX ROMAINS.

La troisième classe de monuments se compose de chambres sépulcrales voûtées et bâties en pierres schisteuses, réunies par un mortier rougeâtre, et se composant souvent de deux ou trois compartiments assez grands pour avoir servi à l'habitation. Les chambranles des portes et les architraves sont d'un très-fort appareil. Généralement, les cintres des voûtes sont apparents au dehors.

Un de ces tombeaux, situé près du port, est complétement conservé. Il se compose d'une première cour dont la porte est formée de trois énormes pierres; elle donne accès à deux pièces voûtées, et indépendantes l'une de l'autre : dans chacune d'elles sont des compartiments en forme d'alcôve. Un mur de division sépare la grande cour d'une autre plus petite qui donne accès à une troisième pièce voûtée. C'est certainement dans ce tombeau qu'a demeuré Chandler quand il est venu à Iassus. Il était alors décoré de peintures. Je n'y ai trouvé aucune trace d'inscription; mais il semble que le propriétaire ait voulu, après sa mort, conserver les divisions qui existaient dans sa famille, pendant sa vie : la grande salle pour lui, celle d'à côté pour ses serviteurs ou ses affranchis, et la troisième pour sa femme.

CHAPITRE VIII.

LA GRANDE MURAILLE.

Aux environs de la Nécropole s'élèvent quelques constructions d'un appareil colossal, qui ne se rattachent aucunement aux murailles de la ville; elles consistent en plusieurs tours massives et en remparts bâtis avec des pierres de très-grand appareil sans l'emploi du ciment. En suivant la pente des collines du côté du nord, on retrouve la grande muraille dont les tours voisines de Iassus ne sont que les amorces, et on peut la suivre pendant plusieurs kilomètres sans perdre un moment sa trace. La hauteur de cette muraille varie entre cinq et huit mètres au-dessus du sol, elle est défendue de distance en distance par des tours demi-circulaires, près de chacune d'elles s'ouvre une petite poterne qui établissait autant de communications entre l'intérieur et l'extérieur de la muraille qui se prolonge à perte de vue à travers un pays désert et dont nous n'avons pu déterminer ni l'étendue ni la raison d'être.

Toutes les tours sont tournées vers l'est. C'est donc la partie ouest du territoire qui devait être défendue, or ce terrain n'offre partout qu'une nature agreste et primitive où la présence de l'homme ne se décèle nulle part. Partout le terrain est couvert de rochers qui s'élèvent en pivot, et dans tout cet espace on n'aperçoit pas une seule pierre taillée. Il est donc impossible de définir pour quel usage a été bâtie cette muraille, puisque jamais elle ne put servir d'enceinte à une ville. Les murs ont trois mètres d'épaisseur; la hauteur moyenne des assises est de plus d'un mètre. Les tours sont percées de cinq fenêtres étroites et couronnées par des plates-bandes. Elles sont éloignées les unes des autres d'environ cent mètres. Dans cet espace, le mur forme entre chaque tour deux ressauts, dans lesquels s'ouvrent des poternes qui prennent la courtine en enfilade. Dans l'espace de mille mètres, j'ai compté dix-sept poternes, qui sont toutes tournées du côté du sud, ce qui prouve qu'il y avait de fréquentes communications entre l'intérieur et l'extérieur de l'enceinte. Dans tout le parcours que j'ai suivi, je n'ai vu qu'une seule grande porte placée dans un angle rentrant du mur. A côté de la porte sont des ouvertures longues et étroites, destinées à donner issue aux eaux. (*Fig.* 1re.)

Les tours sont massives jusqu'à quatre mètres de hauteur, niveau des fenêtres. La plus grande hauteur actuelle des murailles ne dépasse pas dix mètres; des escaliers en partie conservés conduisaient sur les plates-formes, et enfin de grandes portes donnaient accès dans l'intérieur des tours. Nous n'avions dans l'endroit aucun indigène pour lui demander des renseignements sur le parcours de ce gigantesque ouvrage, qui avait échappé à tous mes prédécesseurs, et qui est resté inconnu à la plupart de ceux qui après moi sont allés à Iassus, malgré toutes les notes et les recommandations que j'ai multipliées pour compléter la connaissance d'un des ouvrages les plus antiques, et certainement des plus curieux que j'aie rencontrés en Orient. Je n'avais pas le loisir de perdre beaucoup de temps pour rechercher par moi-même les points de départ et d'arrivée de cette muraille. Je levai les plans d'une partie, pour faire connaître les dispositions de la poterne (1). Un plan levé à vue fut fait par les officiers, et je l'aurais publié si l'espace ne m'eût manqué; mais il ne m'apprend rien sur la destination de cette fortification, qui paraît antérieure aux migrations helléniques. Je ne doute pas néanmoins que ce ne soient les constructions dont parle Strabon dans le passage que j'ai cité plus haut.

Iassus passe pour avoir été fondée par des colons d'Argos; mais les guerres désastreuses qu'ils eurent à soutenir contre les indigènes diminuèrent tellement leur nombre, qu'ils furent obligés de demander du renfort au fils de Nélée, fondateur de Milet. Iassus fut assiégée par les Lacédémoniens, et plus tard par Philippe, roi de Macédoine, qui s'en empara; mais il ne conserva pas longtemps le pouvoir. Polybe donne à la ville dix stades de circonférence (2). Paul Silentiaire, dans sa description de Sainte-Sophie, dit qu'aux environs d'Iassus se trouvaient des carrières de marbre employé dans la décoration, et qui était de couleur rouge. Les environs de la ville produisent, il est vrai, plusieurs sortes de marbre, mais il est généralement blanc; et j'ai à regretter de n'avoir pas pu déterminer le gisement de ces carrières de marbre rouge.

CHAPITRE IX.

BARGYLIA. — CYNDIA. — MYNDUS.

Après un court séjour à Iassus, la *Mésange* appareilla, le 24 juillet 1835, pour compléter l'exploration du golfe. Vainement j'avais cherché de quel côté pouvait se trouver le *Bargyliticus Si-*

---

(1) Voyez planche 9, fig. 1 et 2.
(2) Polybe, liv. XVI, chap. II.

nus, au fond duquel était la ville de Bargylia. Les cartes ne nous donnaient aucune indication qui pût me le faire soupçonner. D'après Strabon, cette ville devait se trouver sur la côte sud du golfe (1). La ville de Myndus est assez bien déterminée par un cap qui fait partie de la presqu'île nord du golfe de Boudroum, à l'endroit qu'on appelle aujourd'hui Mentescha. Myndus, qui eut une certaine célébrité, est aujourd'hui complétement détruite, et l'on n'est pas tout à fait d'accord sur son assiette réelle. Elle fut fondée en même temps qu'Halicarnasse, par les Trœzéniens.

Caryande est bien déterminée par une petite île située en face d'une baie qui formait le port. Ces deux places avaient été déjà reconnues dans les opérations hydrographiques du capitaine Beaufort; mais Bargylia restait à découvrir.

Après avoir quitté le mouillage d'Iassus, nous faisions route vers l'ouest, lorsque nous aperçûmes par tribord du navire une barque grecque sortant de derrière un rocher. Les cartes ne marquaient en cet endroit aucun mouillage, et nous avions peine à expliquer d'où venait cette barque. Ce n'est que plus tard que j'en ai eu l'explication.

Ayant débarqué à Boudroum, je voulus me rendre à Mélasso. Je sortis de la ville par une brèche faite à l'ancien rempart, à l'endroit sans doute où la ville fut attaquée par Alexandre. Je joignis bientôt, à travers un pays accidenté, une voie antique d'une parfaite conservation, et que je ne perdis plus pendant deux jours de marche. Elle longe la côte du golfe, franchit les ravins sur des substructions d'un travail solide, et passe sur l'emplacement de plusieurs stations antiques. Nous ne tardâmes pas à arriver dans un golfe, au fond duquel est un village appelé *Geuverginlik* (le pigeonnier). Il y a sur la côte une ville antique dont les constructions sont semblables à celles d'Iassus; une petite île en masque l'entrée aux navigateurs qui sont dans le grand golfe. Un terrain montagneux sépare ce golfe d'un autre qui se trouve dans des conditions analogues; une ville antique est située non loin de salines qu'on appelle dans le pays Touzla; c'est aussi le nom qu'on a donné à la ville antique. Elle se trouve disposée en amphithéâtre avec un quai, où l'on trouve encore des amarres de navires. La plupart des édifices qui subsistent paraissent avoir été destinés au commerce; j'y ai observé les ruines d'une église et un petit théâtre d'une construction médiocre. Bargylia, que sans aucun doute j'avais retrouvée dans ces ruines, était la ville la plus enfoncée dans le golfe. Elle se distinguait par un temple dédié à Diane Cyndiade, et qui jouissait du privilége d'éloigner la pluie (1). Près de Bargylia est le temple de Diane Cyndiade; on croit que toutes les fois qu'il pleut, l'eau tombe tout autour de ce temple sans qu'il en soit mouillé. Le passage de Polybe, qui s'applique uniquement à la statue, semblerait faire croire que le temple était hypæthre. Je ne trouvai rien dans la ville qui pût s'appliquer à cet édifice, mais à une lieue de là, dans la plaine située de l'autre côté des collines, je trouvai, au milieu des broussailles, un édifice de marbre blanc orné de colonnes cannelées, qui paraît avoir été un temple à cella ouverte, comme le temple de Vienne en Dauphiné. Il est ruiné jusqu'à un mètre 50 cent. au-dessus du sol, et fort enterré par les décombres. C'est de l'architecture de l'époque romaine, sans doute du temps des Antonins. D'autres ruines éparses à l'entour me représentent le bourg de Cyndie. Bargylia est une ville dont la fondation remonte à une très-haute antiquité, puisqu'elle passe pour avoir été fondée par Achille ou par Bellérophon (2).

Elle fut prise par Philippe dans la guerre de Carie, et son armée y passa l'hiver. Si toutes les ruines de cette époque ont complétement disparu, nous devons en conclure que la ville continua d'être très-peuplée pendant toute la période byzantine. Je n'y trouvai aucune inscription; néanmoins, la concordance des distances et des auteurs était telle, que je ne pouvais douter de

---

(1) Strabon, liv. XIV, p. 658.

(1) Polybe, liv. XVI, chap. XII.
(2) Steph. Byz., S. voc. Βαργύλια.

son identité. Depuis ce temps les relèvements de cette côte ont été faits par le navire Anglais *Beacon*, et la carte du golfe de Bargylia a été publiée par l'amirauté.

CHAPITRE X.

CNIDE.

L'extrémité orientale du golfe de Boudroum présente un cap plus allongé et plus découpé que tous les autres promontoires de cette côte. Le petit territoire qui le compose, a conservé le nom spécial de Doride (1), et la pointe la plus avancée portait le nom de cap Triopæum, en mémoire de Triopas. Ce héros conduisit dans le pays une colonie lacédémonienne, et fonda la ville de Cnide (2), qui devint métropole de la confédération dorienne. Triopas avait consacré au dieu Apollon toute la Chersonèse; mais en même temps des temples furent élevés à Neptune et aux nymphes, et des jeux appelés jeux d'Apollon triopéen ou jeux Doriens, furent institués par la confédération dorienne, composée d'abord de six villes, Cnide, Cos, Halicarnasse, et trois villes rhodiennes, Lindus, Ialyssus et Camirus. Cette association prit le nom d'Hexapole; mais depuis l'exclusion d'Halicarnasse, la confédération fut appelée Pentapolis, c'est-à-dire des cinq villes. Ces assemblées, imitées de celles de la confédération ionienne, se tenaient dans la presqu'île triopéenne.

Cnide était déjà florissante au septième siècle avant notre ère; elle envoya des colonies en Italie, en Sicile et dans l'Adriatique, et fonda la noire Corcyre μέλινα Κέρκυρα, aujourd'hui Mélida (3). Lorsque le satrape Harpagus fit une invasion en Carie, les Cnidiens, se sentant hors d'état de résister par la force des armes, songèrent à se défendre en séparant par un fossé leur presqu'île du continent (4).

La longueur du territoire que l'on voulait couper était de cinq stades, mais complétement composé de roches. Les Cnidiens, désespérant de résister à leurs ennemis, se rendirent au satrape.

La ville de Cnide était située à la pointe la plus orientale du cap, et voisine d'une petite île qui fut jointe au continent par des ouvrages, de manière que le canal qui la séparait de la terre ferme se trouva transformé en deux ports, qui furent clos au dehors par des jetées. La majeure partie de la ville était située sur le continent; dans l'île voisine il y avait des constructions nombreuses de maisons particulières, mais pas d'édifices publics. Strabon s'exprime ainsi en parlant de cette ville (1) : « Vient ensuite Cnide avec ses deux ports, dont l'un, destiné pour les trirèmes, peut être fermé, l'autre avec une darse qui peut contenir une vingtaine de vaisseaux. Devant Cnide est une île d'environ sept stades de circuit, élevée en amphithéâtre et jointe à la terre ferme par un môle qui fait de Cnide une double ville, car une partie des Cnidiens habite l'île qui abrite les deux ports. » Il est impossible de donner en si peu de mots une idée plus précise de la topographie de cette ville, qui se présente encore à l'observateur dans le même état où elle se trouvait à la chute de l'empire romain. Elle n'était pas apparemment placée dans des conditions telles, que son existence pût se prolonger après l'établissement du christianisme; son territoire était affreusement nu et rocailleux; elle ne vivait que de cette existence factice qu'entretenait le culte de Vénus, et une fois qu'il fut tombé, rien ne put rappeler dans ses murs le commerce et le mouvement.

Les murailles qui entourent la ville paraissent un ouvrage des plus anciens; cependant, dans la dernière année de la guerre du Péloponnèse, les Athéniens s'emparèrent de cette ville sans résistance, parce que, dit Thucydide (2), elle était sans murailles. Mais dans la même année les deux flottes lacédémoniennes se réunirent à Cnide après avoir battu les Athéniens, et Lacédémone resta maîtresse du pays. Sous le gouvernement des Perses, les peuples de

(1) Pline, liv. V, ch. 28.
(2) Hérodote, liv. I, chap. 174.
(3) Pline, liv. III, chap. 26.
(4) Voyez page 39.

(1) Strabon, liv. XIV, p. 656. XV.
(2) Thucydide, liv. VIII.

la Carie ne souffrirent que médiocrement de la domination étrangère, et nous ne voyons pas dans les ruines de la ville que les gouverneurs perses aient jamais élevé quelque ouvrage particulier dont la destination eût un but religieux ou politique. Tout dans ces ruines est grec ou romain.

A côté du gouvernement monarchique d'Halicarnasse, les Cnidiens conservèrent la démocratie, mais ne mirent aucune opposition aux projets d'Alexandre, et dans la marche de ce conquérant sur Halicarnasse, il n'est pas question des Cnidiens. Lorsque les Romains furent maîtres de ces provinces, Cnide ne tarda pas à sentir les effets de la munificence de Jules César, en considération de la divinité dont César descendait. En effet, le culte de Vénus avait acquis une célébrité qui effaçait celle des autres divinités, et la Vénus cnidienne, chef-d'œuvre de Praxitèle, était un objet d'envie et d'admiration pour tous les princes de l'antiquité (1).

Pline surtout s'étend longuement sur la merveilleuse beauté de cette figure, et dit que de toutes les parties du monde on venait pour l'admirer. Nicomède, roi de Bithynie, proposa aux Cnidiens de leur faire remise de la totalité de leur dette, qui était considérable, s'ils voulaient lui céder cette statue; mais ceux-ci refusèrent en disant qu'ils ne pouvaient pas donner la gloire de leur ville. Il y avait à Cnide des ouvrages d'autres sculpteurs célèbres, mais ils étaient à peine remarqués en présence de la Vénus (2). En un mot, Vénus était devenue la divinité principale des Cnidiens; elle avait trois temples, et était adorée sous les noms de Dorienne, Acræenne et Euplœenne, et c'est sous ce dernier nom que la statue de Praxitèle était offerte à l'admiration des adorateurs (3). Un passage d'un auteur ancien nous donne quelques détails sur les dispositions du temple, et nous fait voir en même temps à quel degré était porté l'enthousiasme des admirateurs de cette statue :

« Nous nous déterminâmes alors à débarquer à Cnide pour voir la ville, et y admirer le temple de Vénus, célèbre par la statue de cette déesse, chef-d'œuvre de Praxitèle. Nous atteignîmes le rivage sans accident, comme si la déesse elle-même eût guidé notre barque. Pendant que les matelots s'occupaient aux préparatifs ordinaires, je fis le tour de la ville ayant avec moi deux de mes agréables compagnons. Nous nous amusâmes des figures de poterie, bizarres et lascives, dont cette ville, consacrée à Vénus, abonde. Quand nous eûmes visité le portique de Sostrate, et que nous eûmes vu tout ce qu'il y avait d'intéressant, nous nous dirigeâmes vers le temple de Vénus, Chariclès et moi, avec une vive curiosité....

« En approchant de l'enceinte sacrée, les parfums les plus délicieux nous enivrèrent; car au-dedans il n'y a pas de pavé poli, mais l'aréa est disposée comme il convient à un sanctuaire de Vénus, et abonde en arbres odoriférants qui parfument l'air de leurs senteurs. Le myrte, qui fleurit sans cesse et se couvre d'une profusion de fruits, honore surtout la déesse; aucun des arbres n'y souffre de la vieillesse; ils sont toujours jeunes, et poussent toujours de nouveaux rejetons. Ceux qui ne produisent pas de fruits se distinguent par leur beauté; tels sont le cyprès élancé, le grand platane et le laurier. Le lierre embrasse amoureusement tous ces arbres, pendant que la vigne montre l'heureuse union des deux divinités. Sous les épais ombrages se trouvent des lieux de repos destinés à des repas joyeux, qui, quoique rarement fréquentés par le peuple de la ville, reçoivent de nombreuses visites des autres habitants du territoire cnidien.

« Après nous être avidement rassasiés des beautés de la nature, nous entrâmes dans le temple. Au milieu est la divinité, en marbre de Paros, ouvrage splendide. Un sourire à demi retenu est sur sa bouche. Aucun voile ne cache sa beauté, aucune partie de son corps n'est cachée, excepté celle que voile la main gauche légèrement fléchie. L'art du sculpteur a été tel, que le

---

(1) Cicéron, in Verrem, IV, 12. — Pline, l. V, ch. 28.
(2) Pline, liv. XXXVI, ch. 4; liv. VII, ch. 39.
(3) Pausanias, *Attica*, ch. I.

marbre dur et rebelle représente parfaitement la forme délicate de chaque membre. Chariclès, dans un moment d'extase, s'écrie : « Heureux parmi les dieux celui qui fut enchaîné par toi; » et s'élançant, le cou tendu autant que possible, il embrassa la statue à plusieurs reprises. Callicratidès se tenait dans une admiration humble et silencieuse.

« Le temple a une entrée à chaque extrémité (amphiprostyle) (1), de sorte qu'on peut admirer la déesse de tous côtés; la seconde porte est particulièrement destinée à laisser voir le dos de la statue. Nous tournâmes autour du posticum, où, le gardien de la porte nous ayant ouvert, nous fûmes frappés d'un étonnement subit à la vue du chef-d'œuvre. Nous ne pûmes nous empêcher de manifester à plusieurs reprises notre admiration (2). »

Le temple de la déesse était situé dans le voisinage du port. Il restait autrefois de nombreux débris de l'édifice : mais, depuis quelques années, les bâtiments européens qui viennent dans ces mers ont l'habitude d'enlever des marbres, et il ne reste aujourd'hui que fort peu de chose pour le rétablir d'une manière à peu près certaine.

Ce temple était d'ordre corinthien, c'est assez dire qu'il aurait été construit sous la période romaine. Le passage de Lucien, dont j'ai cité un extrait, contient une description qui ne s'accorde pas parfaitement avec un un tel emplacement; mais ces jardins sacrés dont il est fait mention étaient généralement peu étendus. Nous voyons, dans la vie d'Apollonius, que de son temps la statue existait encore à Cnide. Transportée à Constantinople par Théodose, elle fut placée dans le palais qu'on appelait Lausus, et fut consumée par un incendie, en 475, avec tout le palais.

Le 24 juillet 1835, je quittai la rade de Cos avec la goëlette la *Mésange*, pour me rendre au cap Crio (cap froid) : c'est le nom moderne que les Grecs donnent au promontoire Triopæum et aux ruines de Cnide. Le soir même nous arrivâmes en vue du cap; mais ayant

(1) Le temple a deux portes, Lucien, etc. — Plin, XXXVI, 5.
(2) Lucien. De Amoribus, ch. XI, 18.

été pris par le calme, on fut obligé d'armer les avirons pour entrer dans le port. Deux grands môles, ouvrages des Grecs, en abritent l'entrée. Celui de droite est en partie détruit; mais celui de gauche, composé d'un amas de rochers roulés de l'île dans la mer, donne l'idée des puissantes machines dont les anciens faisaient usage dans ce genre de travaux. Le port où nous entrâmes est situé au sud; c'est le seul où peuvent mouiller les bâtiments d'un fort tonnage : il est petit, mais il a beaucoup de fond; ce port est encore dans l'état où l'ont laissé les derniers Romains; tous les revêtements des quais sont presque intacts, et les môles ont résisté aux efforts incessants de la mer qui vient du large. La forme du port est celle d'un trapèze et le petit côté est occupé par l'isthme qui séparait les deux ports. On voit les traces d'un canal qui les joignait l'un à l'autre, et qui pouvait se fermer par une écluse. Le petit port avait la forme d'un hexagone irrégulier; les quais sont aussi bien conservés que dans le premier; on remarque à l'entrée une tour circulaire à bossage, qui est un des plus beaux exemples de construction grecque qu'il soit possible de voir. Sur la gauche du petit port sont quelques voûtes en maçonnerie de briques et qui ont servi de remise de galères.

Un certain nombre d'édifices publics, et notamment le temple corinthien, étaient placés sur l'isthme; mais ce sont les plus détruits, parce qu'ils étaient les plus voisins des bâtiments qui embarquaient des marbres.

Toute la partie gauche des deux ports est occupée par la petite île, formée d'une seule montagne calcaire, et sur laquelle un vaste quartier était bâti. Les rues étaient soutenues par des terrasses construites généralement en appareil pélasgique. Il y a, dans le voisinage du môle, un petit édifice construit également dans le style pélasgique, mais qui offre une particularité que je trouvai plusieurs fois répétée dans ces ruines. La porte est formée par une arcade circulaire extradossée, et tout l'édifice était voûté. On avait toujours regardé le style pélasgique comme caractéristique de la plus haute antiquité; quelques monuments, que je signalerai par la suite, prouvent que ce genre de construction a été pratiqué sur la côte d'Asie à toutes les époques de l'empire romain.

La plus grande partie de la ville de Cnide était assise sur le continent; elle était entourée par une solide muraille, bâtie partie dans le système polygonal, partie en assises réglées : elle suit toutes les sinuosités de la montagne, se double en quelques parties pour former l'acropole, et va redescendre du côté du petit port, ayant suivi une ligne à peu près parallèle à la crête de l'île. Le terrain, qui dans l'intérieur de la ville formait une pente rapide, était soutenu par des terrasses parallèles qui subsistent encore dans leur intégrité.

Sur la deuxième terrasse du côté du nord s'élevait un temple de marbre blanc dont il reste encore toute la frise et les frontons; il était entouré d'un portique dorique grec en marbre blanc. Les grosses constructions étaient faites en roches calcaires.

HIÉRON DE CNIDE.

Au milieu de la nécropolis s'élève un édifice qui diffère par son style de tous les monuments que j'ai rencontrés jusqu'à ce jour. Il se compose d'une grande plate-forme orientée de l'est à l'ouest, et soutenue du côté du nord par une terrasse de 42^m,80 de longueur; la largeur de la plate-forme est de 13^m,80. Dans cette enceinte sont deux massifs carrés ayant 6 mètres de côté, et séparés par une distance de 11^m,25. Chacun de ces massifs est composé de trois assises qui forment une hauteur totale de 1^m,55; elles sont en assises réglées. Le libage qui remplit ces massifs est en grosses pierres de taille de forme quadrangulaire. Au centre de chacun de ces massifs s'élève une base hexagonale qui a de côté 1^m,21; chacune d'elles supportait une colonne triangulaire aujourd'hui renversée, mais dont toutes les assises sont disposées sur le sol selon l'ordre qu'elles occupaient quand l'édifice était entier. Le triangle du plan de la colonne n'est pas complet, les angles sont abattus; et en étudiant le rapport de ses faces avec les grands côtés, on voit que la projection s'est effectuée suivant la règle suivante. Il a été tracé un cercle avec un rayon de 1^m,21, on a inscrit dans ce cercle un hexagone dont le côté a par conséquent 1^m,21 (le côté de l'hexagone est égal au rayon). Dans le même cercle on a inscrit un triangle équilatéral dont les trois côtés sont parallèles à trois côtés de l'hexagone, et toute la partie du triangle qui sortait en dehors du polygone inscrit a été supprimée. Chacune des colonnes a été composée de onze assises, en y comprenant la base et le chapiteau.

Le chapiteau est triangulaire; il se compose, comme on peut le voir dans la figure, d'un abaque et d'un talon. Dans sa partie supérieure, il est percé de quatre trous qui ont servi à sceller un objet de bronze, qui était évidemment un trépied. Ces trous sont disposés exactement comme sur le fleuron du monument choragique de Lysicrate à Athènes. Tout le pourtour de la terrasse est formé par un mur de construction pélasgique d'un magnifique appareil; dans l'angle nord est une petite porte qui n'a que 1^m,30 de large, et qui donnait accès dans l'enceinte sacrée : elle est surmontée de son linteau de pierre. La terrasse forme, dans l'intérieur, un parapet à hauteur d'appui, qui est couronné par des dalles de pierre. Tout le monument, en un mot, est parfaitement intact, et l'on voit que les colonnes ont été renversées à dessein pour enlever les trépieds. Il n'existe aucune inscription qui nous fasse connaître la destination de cet édifice. Le trépied joue un si grand rôle dans les villes de la Pentapole, que nous ne devons pas hésiter à regarder cet édifice comme construit dans un but politique et religieux. Nous savons que les assemblées triopéennes se tenaient en ce lieu même. En l'absence de tout document écrit, ne peut-on pas supposer que cette enceinte était destinée à la réunion des députés des villes qui s'assemblaient sous la protection d'Apollon ? J'ai dit quelques mots de l'enceinte du Panionium que j'ai observé à Tchangli près de Priène. J'ai donné, dans la planche, les deux colonnes rétablies sur leurs bases; mais cette restitution ne peut-être l'objet d'aucun doute. Voyez, planche 7, le Hiéron de Cnide.

CHAPITRE XI.

APHRODISIAS.

La région nord-est de la Carie est occupée par un vaste plateau qui donne naissance à une foule de ruisseaux coulant, les uns vers le Méandre, les autres vers la mer de Lycie. Le mont Cadmus, appelé aujourd'hui Baba dagh, forme le point culminant de cette région, qui était occupée dans l'antiquité par plusieurs villes et par des bourgs d'une certaine importance. On y remarquait la ville Tabæ, qui donnait son nom à la région Tabæa; Plarasa, dont l'emplacement est indéterminé, mais qui fut absorbée par la ville d'Aphrodisias, la plus riche et la plus célèbre de la contrée, et qui conserve encore aujourd'hui de nombreux monuments, dont quelques-uns appartiennent à la plus belle époque de l'art grec.

La fondation de cette ville remonte à l'époque où les Léléges et les Pélasges occupaient seuls cette partie de la Carie. Elle fut d'abord appelée Lélégopolis, Ninoë, et enfin Aphrodisias. Si le nom de Ninoë se rapporte en effet à celui de Ninus l'Assyrien, il faut supposer que cette ville existait déjà au treizième siècle avant Jésus-Christ. Le culte de Vénus, qui, à cette époque reculée, partageait avec celui de Diane la vénération des peuples asiatiques, acquit à cette ville une célébrité qui a duré jusqu'au renversement des autels du paganisme.

La ville était située dans une plaine fertile, au pied du mont Cadmus, et arrosée par des sources nombreuses, dont quelques-unes prennent naissance dans l'enceinte même de la ville. De magnifiques carrières de marbre blanc fournissaient les matériaux des riches monuments élevés par les contributions volontaires de la plupart des villes libres de l'Asie, qui étaient appelées à participer aux jeux et aux panégyries qui se renouvelaient sans cesse. Le nom seul de Vénus, de laquelle la maison de César avait la prétention de descendre, valut à la ville d'Aphrodisias la protection et l'amitié des empereurs; aussi, dans une série de plusieurs siècles, nous ne connaissons pas de ville en Asie qui ait joui d'un destin plus prospère. Il n'en est point non plus dans lesquelles les monuments d'épigraphie se soient conservés jusqu'à nos jours, aussi nombreux et aussi intacts, de sorte que l'on pourrait, sans peine, écrire l'histoire administrative d'Aphrodisias et celle de ses principaux citoyens.

Dans un temps où la plupart des villes de l'Asie subissaient le joug de Rome, Aphrodisias avait vu consacrer ses libertés municipales par un décret d'Auguste, en reconnaissance des services que le peuple lui avait rendus, ainsi qu'à Jules César.

La plupart des inscriptions qui datent du temps du triumvirat assimilent les noms d'Aphrodisias et de Plarasa, ce qui ferait croire que les habitants de cette dernière ville auraient été réunis à la communauté des Aphrodisiens, à condition de ne pas perdre leur nom.

La ville de Tauropolis paraît avoir eu un destin pareil à celui de Plarasa, et nous voyons les Aphrodisiens appelés Tauropolites dans quelques inscriptions de la ville; mais toutes ces dénominations ne sont pas les seules sous lesquelles la ville d'Aphrodisias fut connue par les anciens. Lorsque la religion chrétienne se répandit dans la province de Carie, le nom d'Aphrodisias, qui rappelait un culte abhorré, fut supprimé définitivement, et remplacé par celui de Stauropolis, qui veut dire Ville de la croix, et qui rappelait celui de Tauropolis que la ville avait déjà porté.

Ce ne fut cependant qu'à la fin du quatrième siècle qu'elle obtint de l'empereur Léon 1er le titre de métropole de Carie. Ce fut à peu près vers ce même temps qu'elle fut érigée en évêché, sous le titre de Ἐπάρχεια Καρίας. C'est du mot Carias que les Turcs auront fait le nom de Gheyra, que cette ville porte aujourd'hui.

Le droit d'asile était un des principaux privilèges dont jouissait le temple de Vénus; il était, dans le principe, borné au Temenos ou enceinte sacrée. Mithridate, maître de ces provinces, augmenta l'étendue de l'asile, Marc-Antoine la doubla. Lorsque ce droit fut remis en question sous le règne de Tibère, les députés d'Aphrodisias firent valoir un décret rendu par le dictateur César, qui témoignait des efforts faits par les Aphrodisiens pour soutenir sa cause(1). Ces privilèges furent renouvelés dans la suite comme l'atteste une inscription; mais le nom de l'empereur n'est pas mentionné.

CHAPITRE XII.

LA VILLE, LES MURS.

La moderne Aphrodisias conserve encore une enceinte fortifiée, qui paraît construite sur les bases de l'ancienne muraille grecque, mais à une époque plus récente. Vers le troisième ou le quatrième siècle, cette enceinte fut presque entièrement rebâtie, et l'on y entassa, comme matériaux, les innombrables monuments qui portaient les actes du paganisme détruit. Les inscriptions de tout genre furent accumulées comme matériaux, et quoiqu'il y en ait un grand nombre qui soient aujourd'hui appa-

---

(1) Tacite, *Annal.*, III, 62; Boeckh, 2375, vol. II.

rentes sur le parement des murs, nul doute qu'il ne s'en trouve davantage cachées dans les massifs des tours et des remparts.

Le périmètre des murs suit une ligne irrégulière formant un grand nombre d'angles et de soubresauts. Les tours sont en petit nombre, et partout on reconnaît l'emploi de matériaux ayant déjà servi. Dans la partie sud de la ville est une série de bas-reliefs ayant appartenu à un petit temple, et d'une très-bonne exécution.

Les portes elles-mêmes ont subi des transformations considérables; celle du sud se compose d'une accumulation de matériaux curieux et informes. On y observe une frise composée d'avant-corps de taureaux, comme au temple de Balbeck, et des chapiteaux corinthiens dont le module ne concorde nullement avec l'ensemble de la construction.

Les portes de l'est, de l'ouest et du sud sont construites avec des débris de matériaux anciens; celle du sud n'a pas d'inscription; celle de l'ouest, qui paraît avoir été rebâtie avec plus de soin, porte l'inscription suivante.

A la bonne fortune, au salut, à la santé, aux honneurs et à la puissance et à la durée eternelle de nos seigneurs Flavius, Julius Constance, pieux, valoqueur, auguste, et le très-brillant et excellent César Flavius Quintus Eros Monaxius ( ), le très-distingué gouverneur, un des magistrats crétois..., a élevé cette porte, à ses propres dépens, pour la splendide cité des Tauropolitains.
Le sénat et le peuple ont honoré le très-illustre Flavius Constance, qui, indépendamment des autres ouvrages, a reconstruit les murailles, pour le bien de la splendide métropole des Tauropolitains.
Autre.
Les travaux de la porte ont été renouvelés sous Flavius Ampelius, notre illustre patron, la huitième année de l'indiction.

Cette date correspond aux années de l'ère chrétienne 349, 350. Sur un pied-droit non loin de cette porte, on lit l'inscription suivante, tracée en caractères byzantins très incorrects :

Seigneur, porte secours au monde aujourd'hui et toujours. (?)

La porte de Constance est bâtie en marbre blanc, avec des matériaux qui proviennent tous de monuments plus anciens. L'architrave sur laquelle est tracée l'inscription vient du temple de Vénus.

La baie inférieure est carrée; elle a d'ouverture $2^m,60^c$, et de hauteur $2^m,85^c$. Elle n'a que ce passage. Au-dessus est une arcade décorée de caissons, qui a de large $1^m,75^c$. Tout l'édifice est surmonté d'un fronton qui a été enlevé au péribole du temple.

Les murailles du côté du nord sont moins bien conservées qu'au sud, mais on remarque quelques parties qui datent de l'époque grecque.

CHAPITRE XIII.

LE TEMPLE.

Nous avons souvent remarqué que les villes anciennes où le christianisme s'était établi sous l'influence de la parole des premiers apôtres s'étaient attachées spécialement à la destruction des édifices destinés au culte des dieux de Rome. Les communes ne faisaient en cela que suivre la teneur d'un décret des empereurs, qui ordonnait la destruction de tous les monuments du paganisme. Il est extrêmement rare de trouver en Asie, comme on en voit en Italie et en Sicile, des temples anciens convertis en églises.

Le temple d'Aphrodisias, quoique consacré à une divinité qui inspirait aux chrétiens plus d'horreur peut-être que tous les autres dieux, a échappé à cette destinée commune et a été transformé en sanctuaire chrétien; mais son ordonnance extérieure a été modifiée; et par une combinaison très-ingénieuse pour ces temps de barbarie, il a pris la forme intérieure d'une basilique. Toute la colonnade extérieure du péribole est devenue, sans changer de place, colonnade des bas côtés de la nef, tandis que les murs de la cella, démolie et rasée, sont venus envelopper l'ancien portique extérieur. A l'extrémité ouest, on a bâti un bêma ou hémicycle; il n'a fallu pour cela que démolir les colonnes du pronaos et du posticum, qui ont servi à allonger un peu les deux lignes de colonnes des bas côtés. Mais ce mur de revêtement n'étant qu'un mince

(1) Préfet de la ville.

placage s'est trouvé détruit dans la suite des temps, et le temple de Vénus se présente aujourd'hui sous l'aspect de deux lignes parallèles, composées chacune de dix-huit colonnes, et distantes de 18^m,30^c (1).

Aujourd'hui il y a seize colonnes entières; la plupart des autres bases sont à leur place, mais il ne reste pas le plus petit débris de la frise ni des frontons, qui ont été détruits et employés dans la maçonnerie byzantine. Aujourd'hui il reste la masse demi-circulaire de l'hémicycle, et du côté où fut l'entrée, trois pieds-droits de marbre, qui indiquent les trois portes de l'église.

Il s'agit de retrouver, d'après ces données, le plan primitif du temple de Vénus. Si nous prenons les distances d'axe en axe, entre les colonnes, nous trouvons que quatorze entrecolonnements égalent 36^m,41^c. La moyenne est donc de 2^m,60^c; et si nous divisons par 2^m,60^c, la distance de 18^m,30, qui sépare les deux lignes de colonnes, nous trouvons le nombre 7; c'est-à-dire que la façade du temple était octostyle ou composée de sept entre-colonnements. Maintenant nous savons que dans tout temple périptère le nombre des colonnes de côté est de deux fois plus un celui de la façade; nous devons donc avoir dix-sept colonnes de côté : c'est justement le nombre qui nous est donné. La largeur de la cella se détermine par l'alignement des colonnes de front; il en résulte que le temple d'Aphrodisias était périptère, octostyle, amphiprostyle, avec des antes. Il était d'ordre ionique. Les colonnes avaient 10^m,40 de hauteur; elles étaient composées de cinq blocs de marbre et cannelées.

Le style de ce monument est d'une pureté qui permet de le mettre en parallèle avec les plus beaux monuments de l'antiquité, sans en excepter celui de Magnésie. Nous ne savons rien sur l'époque de sa fondation. Bien que plusieurs écrivains fassent mention du culte de Vénus, aucun ne parle de son temple. Quelques-unes de ces colonnes ont été données en offrande par des citoyens qui ont inscrit sur un cartouche leurs noms et le but de leur offrande. Le nom de Philocæsar indique que cette construction est postérieure à la domination romaine :

Eumachus, fils d'Athénagore, fils d'Eumachus, Diogène Philocæsar, et Ammias, fils de Denys, mais de la race d'Adraste, fils de Molon, Olympias, ont dédié cette colonne à la déesse Vénus et au peuple.

Cette inscription est répétée sur trois colonnes seulement.

Vénus, de ses propres revenus, a construit les niches des statues et les petites portes avec leurs ajustements (leurs frontons), qu'elle a fait transposer, élever et peindre en couleur blanche : étant chargés de ce soin Zénon fils de Zénon, Ménandre Apollonius, troisième du nom, Piléus Égénétor, fils d'Attale, Héraclide fils de Pitta, Pélopide fils d'Eunus, constructeurs des temples.

Cette inscription se rapporte sans doute aux niches destinées à recevoir les statues qui décoraient l'enceinte sacrée.

Le terrain qui environne le temple est couvert de débris d'architecture, tous de marbre blanc, lesquels ont appartenu à une enceinte rectangulaire qui entourait le temple de toutes parts. Elle était décorée de couples de colonnes d'ordre corinthien, portant alternativement des frontons circulaires et triangulaires. Chaque couple est séparé par une niche décorée de pilastres. Il n'y a aucune difficulté pour la restitution, tant les fragments sont nombreux.

Devant la façade du temple il y a un rang de petites colonnes corinthiennes dont je ne m'explique pas la destination, si ce n'est pour former un avant-portique ou une *aula* séparée du grand téménos. Il y a encore, en avant de cet ordre, un rang de tout petits piédestaux auxquels sont attenantes des bases de colonnes. Dans cette partie réservée sont, à droite et à gauche de l'entrée, deux grandes vasques de marbre blanc, de 4^m,80 de diamètre, et un peu en avant une statue de lion couché qui semblait garder l'entrée.

Ce téménos, décoré avec une richesse peu commune, diffère de ceux que j'ai déjà décrits en ce qu'il paraît beaucoup plus exclusif si l'on peut parler ainsi. En effet, il n'a ni portique, ni emplacement pour l'habitation des prêtres:

(1) Voyez, planche 19, temple de Vénus à Aphrodisias.

en un mot, c'est un lieu parfaitement clos et fermé comme pourrait l'être un camp retranché.

CHAPITRE XIV.

LES ÉDIFICES PUBLICS.

Non loin de ce monument s'élève le frontispice d'un édifice corinthien, qui, quoique d'une époque beaucoup plus récente que le temple, paraît avoir été par sa destination rattaché à ce dernier édifice. On peut supposer que c'était le collége des néocores, l'habitation des prêtres, en un mot, le palais dans lequel étaient installés les bureaux de l'administration du temple. Nous avons en effet des preuves sans nombre que ces grands centres religieux de l'Asie (1), indépendamment du service religieux, avaient encore certains droits et priviléges qui participaient de l'administration civile. J'ai déjà fait voir que, dans l'ordonnance et l'administration des mosquées musulmanes, on trouvait de nombreuses analogies avec certains faits relatifs à l'administration des temples de l'antiquité. Le privilége de conserver en dépôt les objets précieux et les trésors des citoyens était particulièrement dévolu aux temples, comme il l'est aujourd'hui aux mosquées. La divinité avait son bien particulier, dont elle usait à sa guise, comme on le voit par les inscriptions conservées dans la ville. Elle avait aussi ses immeubles, qui étaient donnés à ferme, comme le *vacouf* ou *habous* des Musulmans, qui sont des terres devenues inaliénables, comme propriétés de mosquées.

Le temple de Vénus se trouvait certainement régi par des règlements semblables à ceux du temple de Jupiter Aizanien, puisqu'il avait pour seul et même administrateur Apuléius Euryclès.

L'édifice où se tenaient ces diverses administrations devait être voisin du temple; nous croyons en trouver les vestiges dans le portique corinthien. Il se compose aujourd'hui de quatre colonnes portées sur des piédestaux, et soutenant un fronton dont les principaux fragments sont couchés sur le sol. La frise, sculptée d'une manière assez incorrecte, était ornée de rinceaux et de figures d'enfants.

Le chapiteau est décoré de feuilles d'acanthe, et le fût est cannelé en spirale, genre d'ornement assez rare dans les monuments antiques, et qui cependant a été beaucoup plus usité qu'on ne le croit généralement. Il a été souvent employé dans la décoration des théâtres, on le trouve employé dans des monuments dès l'époque des Antonins. Les colonnes du portique ont de hauteur 6^m,25; le piédestal est à demi enterré; à gauche et à droite du frontispice sont des murs de marbre qui vont se perdre dans des constructions modernes.

Sur la partie gauche du temple, on voit une grande place entourée d'une colonnade ionique, mais qui est aujourd'hui interceptée par des fossés, des murs et des haies. On finit cependant par reconnaître que cette place formait un grand rectangle de plus de 100 mètres de côté. La colonnade, qui subsiste encore, se compose d'environ quarante colonnes, et l'on trouve des groupes de cinq à six colonnes contiguës. Il n'y a derrière aucune apparence de murs ni d'habitations, tout est détruit. L'ordre ionique paraît un ouvrage à peu de chose près contemporain du temple. La frise est ornée de génies qui soutiennent des guirlandes; tout le reste des moulures est sans aucun ornement. Le fût de la colonne est cannelé depuis le haut jusqu'au tiers inférieur. Une masse de constructions, aujourd'hui informes, qui s'élèvent sur l'un des côtés, paraît avoir été la basilique.

Le théâtre se reconnaît au milieu d'un groupe de maisons modernes qui occupent les vomitoires et une partie des gradins. Cependant il y en a encore un certain nombre en place; on y voit aussi les deux murs sur lesquels s'appuyaient les gradins, et qui, d'après l'inscription de Iassus, s'appelaient *analemma*; l'inscription suivante, qui est relative à une construction semblable, a été trouvée près du théâtre:

A la déesse Vénus, aux Dieux augustes : [les colonnes] et les murs d'appui des gradins ont

---

(1) Strabon, liv. XIV, p 640.

été faits par Aristoclès fils d'Artémidore Molossus, ami de la gloire et de la patrie. Ayant présidé à l'ouvrage Hermas fils d'Aristoclès, fils d'Artémidore, conformément au testament de Molossus, qui l'a nourri et élevé.

Il y a, près du théâtre, des constructions de pierres de taille qui peuvent avoir appartenu à la citadelle; mais on doit dire que ces murailles sont si peu importantes, que la conjecture est tout à fait hasardée.

Le stade est situé dans la partie nord-ouest de la ville : la conservation de ce monument ne laisse rien à désirer. Il offre une singularité que j'ai déjà observée dans l'*Amphitheatrum castrense* à Rome : c'est de se trouver englobé dans les murailles de la ville, et de faire en quelque sorte partie de la défense. Mais je crois que l'un et l'autre édifice furent primitivement construits hors la ville, et par suite de l'augmentation successive du périmètre, ils se trouvèrent encastrés de la sorte.

Le stade d'Aphrodisias se compose d'une arène de 227^m,74 de longueur; elle est arrondie à chaque extrémité, et là s'ouvre une grande porte ou vomitoire dans la direction de l'axe. L'arène, dans tout son pourtour, est garnie de vingt-six rangs de gradins, divisés de chaque côté en trente *cunei* ou sections, séparées par de petits escaliers. La partie supérieure forme une galerie qui a 5^m,50 de large, et était décorée d'un portique à arcades dont il reste encore de nombreux fragments. Je n'ai observé dans l'étendue de l'arène aucune trace de *spina*, mais à l'une des extrémités on voit à fleur de terre un mur circulaire qui paraît avoir formé un petit amphithéâtre, dont la construction est du temps de la décadence. Je ne mentionne ce fait que parce que j'ai trouvé de semblables constructions dans deux autres stades que j'ai mesurés sur les côtes d'Asie, celui de Perga et celui d'Aspendus. Je n'ai vu aux environs aucune construction qui ait pu servir de *carceres*, d'écuries ou de dépendances d'aucune espèce.

Les sépultures des Aphrodisiens n'offrent aucune particularité qui les fasse distinguer de celles des autres villes grecques. Ce ne sont en général que des stèles sépulcrales et des sarcophages. S'il a existé quelque monument tumulaire important, il a été détruit. Quelques inscriptions mentionnent le genre de tombeau en forme d'autel appelé ΒΩΜΟΣ qui comportait les constructions de quelque étendue. Un sarcophage portant deux médaillons avec des portraits contient une inscription qui fait connaître que ce tombeau appartient à Adraste Polychronius, fils de Glycon. Le tombeau entier se composait d'un caveau avec plusieurs compartiments. L'inscription contient une défense formelle, à quiconque n'est pas de la famille d'Adraste, d'y ensevelir aucun corps (1).

Les contrevenants sont quelquefois menacés d'une amende qui peut s'élever à plusieurs milliers de drachmes. En voici un exemple :

« Le sarcophage, l'autel funèbre, les caveaux et tout l'entourage sont la propriété d'Ermérotus, ainsi qu'il est attesté par l'arrêté du chréophylax. Dans le sarcophage sont ensevelis : le susnommé et Ælia Antonia Nicé, appelée aussi Tatia, sa fille. Nul autre n'aura le droit d'y ensevelir ou d'exhumer les susnommés; dans le cas contraire, qu'il soit déclaré impie, profanateur et violateur de tombeaux, il payera au très-vénéré fisc la somme de deux mille cinq cents deniers d'argent, dont le tiers sera donné au dénonciateur.

Ceux qui ont droit aux caveaux placés sous le sarcophage sont : Aurélius Thésée, fils d'Ermérotus, et Auréliana Hédémis, la mère de Thésée.

Copie de cet acte a été déposée aux archives du chréophylax, sous le stéphanophore Hypsiclès, fils de Ménandre. »

CHAPITRE XV.

VILLES DE L'INTÉRIEUR DE LA CARIE.

L'intérieur de la Carie comprenait un grand nombre de villes dont la plupart ne sont connues que de nom; Strabon en cite un certain nombre qui doivent leur fondation aux Léléges. La plus célèbre est Pedasus, capitale d'un district qui comprenait huit villes et qui s'étendait jusqu'à Myndus et Bargylia (2). Les Pedasiens furent le seul peuple de la Carie qui résista à l'armée d'Harpagus, ils s'étaient retirés dans le mont

---

(1) Voyez, planche 29, sarcophage de marbre à Aphrodisias.

(2) Strabon, XIII, 611.

Lida, où ils avaient élevé des retranchements; mais ils finirent par être soumis (1). Les Pédasiens ne restèrent pas cependant tranquilles tributaires des Perses, et lorsque Daurisès, gendre de Darius (2), voulut envahir la Carie, ils trouvèrent sur le territoire de Pédasus une résistance inattendue. L'armée perse fut taillée en pièces, et les principaux chefs, parmi lesquels était Daurisès, furent tués. Les Pédasiens rendaient un culte particulier à Minerve; Hérodote raconte un prodige qui se manifestait toutes les fois que la ville était menacée de quelque malheur: alors la grande prêtresse du temple voyait son menton se couvrir d'une barbe épaisse; ce phénomène s'était renouvelé trois fois (3).

Syagela, ville lélége, voisine de Pedasus, avait été ainsi nommée parce qu'elle possédait le tombeau de Car; dans la langue des Cariens le mot Soua signifie tombeau, et Gela un roi (4). La position de ces deux villes n'a pas été déterminée; elle doit se trouver dans le territoire qui sépare Halicarnasse de Bargylia au nord-est de Cindye.

Mylasa fut longtemps regardée comme la capitale de la Carie, c'était la patrie de Mausole et le lieu de résidence des dynastes avant qu'ils ne se fussent emparés d'Halicarnasse. Mylasa conserva toujours sa suprématie sur les autres villes, comme centre du culte de Jupiter Carius, qui était pratiqué en commun par les Cariens, les Lydiens et les Mysiens.

Mylasa, aujourd'hui Melasso, est située au centre d'une vaste et fertile plaine entourée de montagnes dans lesquelles se trouvent de belles carrières de marbre blanc; aussi, peu de villes pouvaient-elles se vanter de posséder de si magnifiques édifices. A la fin du siècle dernier on pouvait encore admirer un temple périptère d'ordre corinthien qui a été dessiné par Pococke; cet édifice a été démoli par un gouverneur et le marbre a servi à la construction d'une mosquée.

(1) Hérodote Ier, 175.
(2) Id., V, 116-122.
(3) Hérodote, liv. Ier.
(4) Et. Byz., v. Souagela.

D'autres ruines de peu d'importance sont éparses dans la ville moderne; on y remarque une colonne d'ordre corinthien élevée en l'honneur d'Euthydême.

On peut encore observer sur une colline au sud de la ville un monument sépulcral qui jusqu'à ce jour a échappé à la destruction. Il est sans inscription, mais d'après la forme de son entablement on peut être assuré qu'il n'est pas antérieur au second siècle de notre ère. La frise bombée en forme de console caractérise les monuments postérieurs au règne de Titus.

Ce tombeau du genre appelé distega, à deux étages, se compose d'un soubassement dans lequel est la chambre sépulcrale; il est surmonté d'un ædicule quadrilatère dont chaque face est ornée de deux colonnes à chapiteaux campaniformes à feuilles d'acanthe. Les angles sont formés de quatre pilastres carrés.

Un listel qui règne le long des fûts des colonnes indique que cette partie du tombeau était fermée par une grille (1).

Ce monument offre un certain intérêt en ce sens qu'il paraît être une copie simplifiée du tombeau de Mausole.

Le temple de Jupiter Labrandeus, un des plus vénérés de la Carie, était dans la ville de Labranda, à soixante stades de Mylasa. Il était ainsi nommé de la hache à deux tranchants, Labrys en langue carienne, qui avait été transportée de Lydie en Carie et dédiée à ce dieu. Une voie sacrée pavée de marbre conduisait de Mylasa à Labranda, les prêtres de ce dieu étaient choisis parmi les plus illustres familles (2).

Euromus, autre ville du ressort de Mylasa était située sur la route de Mylasa à Milet, on en retrouve les ruines près du village de Kizildjik appelé par les Grecs Mendalia. Un temple d'ordre corinthien existe encore dans un état de conservation suffisant pour en reconnaître l'ordonnance primitive, il a été publié dans l'ouvrage de M. de Choiseul; chacune des colonnes porte une tablette indiquant le nom du donateur. Les ruines d'Euromus s'élèvent sur la colline

(1) Voyez, pl. 27, tombeau près de Mylasa.
(2) Voy., pl. 22, temple de Jupiter à Labranda.

qui domine le temple, on y retrouve les vestiges d'un théâtre et de plusieurs autres édifices.

Stratonicée, aujourd'hui Eski hissar, a été fondée par Antiochus Soter, qui lui donna le nom de sa femme Stratonice; cette ville était, comme Mylasa, ornée de somptueux édifices de marbre blanc, qui ne sont plus aujourd'hui qu'un amas de ruines.

Un monument d'une certaine importance au point de vue épigraphique existe encore; il est renfermé dans une enceinte de marbre blanc désignée généralement sous le nom de tombeau de Philœtère. Cette inscription, qui date du temps de Dioclétien, détermine le prix des denrées sur les marchés du pays. Lagina, petite ville sous la juridiction de Stratonicée, était célèbre par son temple d'Hécate ou Trivia qui réunissait chaque année un grand concours de peuple. Lagina occupait l'emplacement de la petite ville moderne de Lakina.

A deux cent cinquante stades au nord de cette dernière ville, et non loin de la vallée du Méandre se trouvait le district des Alabandiens dont la ville principale était Alabande, aujourd'hui Arab hissar; on y observe un assez grand nombre d'édifices antiques parmi lesquels il faut citer un théâtre et un portique dépendant d'un grand palais; Étienne de Byzance fait dériver le nom de cette ville des mots cariens Ala, cheval, et Banda victoire, en commémoration d'une victoire équestre.

Le territoire de la Carie coupé par de nombreuses chaînes de montagnes est loin de jouir des mêmes avantages que la contrée voisine l'Ionie; les villes modernes qui s'élèvent sur les ruines des anciennes cités sont pauvres et peu peuplées, et le naturel des montagnards a passé jusqu'à ces derniers temps pour être presque indomptable. Au partage de l'empire byzantin la Carie échut à l'emir Mentesche, dont elle prit le nom, qu'elle conserve encore sous le gouvernement des Osmanlis.

CHAPITRE XVI.

ILE DE COS.

L'île de Cos, une des Sporades; située à l'entrée du golfe d'Halicarnasse, cette île a fait partie de la Pentapole triopéenne; elle était célèbre par son temple d'Esculape, et par le génie de ses artistes.

L'île, vue du large, paraît montagneuse et aride; mais à mesure qu'on approche, une plaine fertile et couverte des plus beaux jardins se développe aux regards. La ville moderne est située à la pointe nord-est de l'île, et une forteresse, qui paraît encore bien entretenue, défend l'ancien port, aujourd'hui comblé.

L'arrivée des Grecs dans cette île remonte à l'époque des plus anciens établissements doriens sur la côte d'Asie, si même elle n'est pas antérieure à la prise de Troie; car Homère parle de Cos comme d'une ville occupée par les Héraclides. Une partie des Doriens de Mégare ayant quitté cette ville, vinrent en Asie, et fondèrent les villes de Rhodes, de Cos, qui s'appelait alors Astypalæa, et d'Halicarnasse (1).

Le gouvernement de ces Doriens avait une grande ressemblance avec celui des Ioniens. Ils vivaient sous l'autorité de princes qui jouissaient d'un pouvoir souverain (2). Cette île suivit dans toutes les grandes circonstances la même politique que les Rhodiens. Ces deux îles se liguèrent contre Athènes pour faire reconnaître leur indépendance. A l'arrivée des Romains en Asie, elles s'unirent étroitement avec la république, et cette amitié dura jusqu'à la fin de l'empire.

Plusieurs auteurs attestent que la ville de Cos s'appelait anciennement Astypalæa. Strabon (3) ajoute qu'elle occupait un autre lieu également voisin de la mer. C'est à la suite d'une guerre civile que les habitants d'Astypalæa furent obligés de se transporter près du cap Scandarium, où est la ville actuelle. Elle est distante de 15 milles

---

(1) Strabon, liv. XIV, p. 653.
(2) Hérodote, liv. VII, ch. 64.
(3) Strabon, liv. XIV, p. 657.

romains d'Halicarnasse (1), et opposée au cap Termerium de Carie.

Lorsque les Lacédémoniens vinrent débarquer à Cos, pendant leur campagne sur les côtes de Carie, ils trouvèrent la ville ruinée par un tremblement de terre des plus violents, et les habitants avaient fui dans la montagne (2).

La ville de Cos, dit Strabon, n'est pas grande; mais elle se distingue par sa nombreuse population, et présente un aspect on ne peut plus agréable à ceux qui viennent du côté de la mer. L'île est fertile en bons vins, et célèbre par les tissus, ouvrage des femmes du pays (3).

Le temple d'Esculape était situé dans le faubourg. Il était célèbre dans toute la Grèce, et rempli des plus riches offrandes. On y voyait l'*Antigonus*, d'Apelle, et la *Vénus anadyomène*, portée à Rome par Auguste, qui accorda en compensation la remise d'un tribut de 100 talents auquel la ville avait été imposée. Mais c'est surtout comme la patrie d'Hippocrate que l'île de Cos est à jamais célèbre. De tous les grands hommes de l'antiquité, c'est peut-être le seul dont le nom soit encore populaire dans son pays natal : le souvenir de cet homme illustre est presque le seul monument qui reste de l'ancienne civilisation de cette île; mais il est profondément gravé dans le cœur de tous les Grecs. Hippocrate est regardé non-seulement comme le bienfaiteur de l'humanité; mais encore comme l'auteur de tous les agréments dont la ville jouit encore aujourd'hui, de l'eau et de l'ombrage. Esculape est aussi ignoré que l'emplacement de son temple; les Grecs vous montreront avec orgueil le platane sous lequel le père de la médecine donnait ses leçons; c'est-à-dire, dans leur pensée, que ce platane était déjà dans toute sa croissance du temps d'Hippocrate, 460 ans avant Jésus-Christ : il aurait plus de deux mille trois cents ans! Il est inutile de réfuter une pareille tradition; mais cette merveille du règne végétal porte avec une certaine majesté le nom du plus grand homme du pays, et il n'est personne qui ne se plaise à perpétuer cette ingénieuse fable grecque. On aime en effet à se représenter, sous cet ombrage séculaire, Hippocrate entouré de disciples, et préparant ses immortels ouvrages.

Le platane d'Hippocrate occupe le centre d'une place qu'il couvre entièrement de son ombrage. Le tronc a $9^m,80$ de circonférence; il est presque elliptique, mais creux. Il s'élève sur un soubassement en maçonnerie qui a été fait dans le dessein de recouvrir les racines, ou peut-être parce qu'on a abaissé le sol de la place. Le tronc n'a que $2^m,80$ de hauteur; mais, à partir de ce point, il se divise en quatre branches qui s'élancent horizontalement à une distance de dix mètres; leur circonférence est de trois mètres; c'est seulement à leur extrémité que commencent les branches portant le feuillage. Pour soutenir les grosses branches dans leur position horizontale, on a placé de distance en distance des colonnes de marbre, et, depuis ce temps, le bois du platane les a tellement englobées, qu'il fait corps avec le marbre. Une fontaine mauresque rafraîchit la terre, et des centaines de tourterelles, vivant constamment dans ce feuillage, animent ce tableau. On ne saurait voir un endroit plus pittoresque.

On voit dans la ville et hors des murs quelques fragments d'architecture, mais aucun monument. J'avais cependant appris qu'à deux lieues de la ville il existait une source qu'on appelait la fontaine d'Hippocrate. Cette source, qui fournit les eaux à la ville, est située à mi-côte d'une montagne élevée; j'y reconnus une construction fort ancienne qui mérite d'être décrite.

La source, qui sortait à une assez grande profondeur, a été mise à découvert par une tranchée dans le roc vif. Un canal de 31 mètres de longueur a été creusé pour donner issue aux eaux; le tout a été revêtu d'une maçonnerie solide de pierres de taille. Le canal est en partie voûté, et en partie recouvert de plates-bandes; la prise d'eau se trouve dans une petite salle ronde voûtée en cône, de $10^m,33$ de hauteur et de $2^m,80$ de large, dont la partie supérieure est percée, et forme par conséquent un puits en dehors.

---

(1) Pline, liv. V, ch. 36.
(2) Thucydide, liv. VIII, ch. 41.
(3) Tibull., IV, 33.

A moitié de la hauteur de la salle est une autre galerie qui n'a que 11 mètres de longueur; elle est voûtée en plate-bande.

La montagne dans laquelle est taillée la fontaine appartient à la formation de craie; les eaux sont portées à la ville par des canaux de poterie à fleur de terre; cette eau est naturelle et de très-bonne qualité. Il faut croire qu'elle jouissait, dans l'antiquité, de quelques vertus thérapeutiques; car on lit près du canal cette inscription :

Remerciment à tous les dieux Sérapis par Alexandre Apollonide, qui a été guéri.

La ville actuelle est située exactement sur l'emplacement de l'ancienne; elle est bien bâtie et défendue par des murailles en bon état. Les jardins qui l'entourent sont bien entretenus et amplement arrosés par des puits et des *norias*; quelques-uns de ces puits sont carrés et paraissent remonter à une époque fort ancienne.

La forteresse est entourée par la mer de trois côtés, et séparée de la ville par un fossé profond. On reconnaît dans cet ouvrage la main des chevaliers chrétiens. Plusieurs bas-reliefs sont encastrés dans le mur extérieur, et paraissent avoir appartenu à un même monument : ce sont des combats d'amazones. Ce fort fut bâti par les chevaliers de Saint-Jean de Jérusalem, au commencement du quatorzième siècle, peu de temps après qu'ils eurent été mis en possession de l'île de Rhodes. Dans la partie nord, il y a une lagune qui peut avoir servi de port du temps des Grecs.

La montagne d'où sort la source d'Hippocrate forme une sorte d'amphithéâtre tourné vers la ville. L'affluence des eaux pluviales dans le même point a causé l'ensablement du port, dont les eaux stagnantes causent annuellement quelques fièvres.

CHAPITRE XVII.

LYCAONIE.— ISAURIE. — GÉOGRAPHIE ANCIENNE.

Il faut croire que les aborigènes de ces contrées, qui obéirent pendant plusieurs siècles aux royautés d'Assyrie et de Perse, ont été complétement envahis par les peuples de sang grec, qui venaient des îles ou du continent s'établir sur les côtes de l'Asie; car il ne reste aucune trace de leur nom primitif. Les premiers historiens les désignent sous la dénomination purement grecque qu'ils ont conservée, et la plus importante de leurs places, Iconium, portait déjà du temps de Xénophon ce nom, que l'on fait dériver d'une fable grecque. Il est possible de rattacher quelques lambeaux de l'histoire ou de la religion de cette contrée à la période phénicienne ou assyrienne; mais les Grecs et les Romains, se taisent sur les temps archaïques de ces provinces, et nous les laissent deviner comme le repaire inaccessible de tribus féroces et avides, qui ne connaissaient d'autre loi que le pillage. Les vastes espaces qui séparaient chaque bourg; les gorges du Taurus, qui offraient une retraite assurée en cas d'attaque, étaient des moyens de défense suffisants contre un pouvoir qui ne devenait actif que lorsque son autorité était mise en question.

Du temps de Strabon, la Lycaonie et l'Isaurie avaient été réunies sous un seul et même gouvernement. Ces deux provinces sont géographiquement constituées de la même manière. Bornées l'une et l'autre au sud par les montagnes du Taurus, elles se fondent au nord dans la Galatie et la Cappadoce par des plaines sans fin.

La première de ces deux provinces, limitrophe de la préfecture de Tyanitis à l'est, s'étend au nord jusqu'aux frontières de la Galatie, et enveloppe au sud l'Isaurie, dont le territoire propre a beaucoup moins d'étendue, mais qui paraît, du temps des empereurs grecs, avoir absorbé une grande partie des provinces voisines.

Le peuple lycaonien n'a pas laissé dans l'histoire une renommée comparable à celle des Isaures. Le pays, dépouillé de végétation, et à peine ondulé par des montagnes de peu de hauteur, n'était pas propre à former un Etat indépendant. La seule occupation possible des Lycaoniens était l'élève du bétail. Les auteurs anciens recherchent en vain l'origine du nom Lycaonie. Les uns pensent que ces peuples l'ont pris du fleuve Lycus; d'autres prétendent qu'ils l'ont reçu de l'Arcadien Lycaon, qui conduisit une colonie dans ces contrées (1). Il suffit de constater que déjà, pour les anciens, le nom de Lycaonien, qui est purement grec, se perdait dans la nuit des temps, et qu'il n'existait pas pour eux la moindre tradition qui mentionnât un peuple aborigène ou sémitique, comme dans la Cappadoce. La première mention qui soit faite de la Lycaonie se trouve dans Xénophon (2); mais rien n'est déterminé sur ses frontières, jusqu'au temps des guerres entre les Romains et les rois grecs.

La Lycaonie fut alors incorporée à la province nommée par les Romains Asie propre, et dont Éphèse fut la métropole. Le traité signé avec Antiochus, qui cédait au peuple romain toutes les provinces situées en deçà du Taurus, depuis ses versants occidentaux jusqu'au fleuve Halys, y comprenait la Lycaonie, qui fut ensuite cédée à Eumène, par suite de la paix signée avec Prusias, roi de Bithynie. Il reçut, en outre, les deux Phrygies, la Mysie, la Lydie, et le Milyas (3). L'Asie en deçà du Taurus, ayant sa limite déterminée par les crêtes des monts, comprenait naturellement tout le versant septentrional, les Lydiens les Cariens et les Lycaoniens. Dans ce cas, il est vrai, on ne fait pas mention de l'Isaurie, et Strabon ajoute à la confusion qui existe dans la détermination des deux territoires, quand il dit (4) : « On y voit « aussi deux lacs; le plus grand est appelé « Coralis, et l'autre Trogitis : » l'un des deux a conservé son nom de Kéréli ; l'autre est le lac de Sidi chéri ; or, ils sont tous les deux au centre de l'Isaurie. La Lycaonie, touche à l'est à la Cappadoce ; au nord et au nord-ouest, à la Galatie et à la Phrygie ; elle ne se trouve limitrophe du Taurus que dans son extrémité orientale, où l'on place les villes de Derbe et Laranda, c'est-à-dire le district appelé aujourd'hui le Sanjak de Karaman. Elle a pour principale ville Iconium, place fort ancienne, mais de fondation grecque, et qui, dans l'antiquité, n'a jamais été qu'une forteresse de peu d'importance. Toutes les autres places mentionnées dans la Notice d'Hiéroclès ont à peine laissé de vestiges. Ce pays était, à la vérité, le plus dénué de ressources pour tout ce qui touchait au culte des arts, et à la construction des monuments. Les Cappadociens avaient trouvé dans les roches tendres de leurs montagnes un vaste champ à exploiter, et ils avaient imaginé d'établir leurs monuments dans la carrière elle-même. Les Lycaoniens n'avaient pas même cette ressource; les roches de leurs montagnes sont composées de calcaire d'une mauvaise qualité, qu'il est impossible de travailler. L'usage d'élever des constructions en terre et en briques fut certainement usité chez eux ; mais il n'acquit une certaine importance, il ne s'éleva au rang d'un art véritable, qu'entre les mains des peuples musulmans, qui avaient étudié sur le sol même de la Perse et de la Babylonie, et qui transportèrent en Asie l'art oriental, tout autre avec ses coupoles élancées, ses riches couleurs et ses émaux merveilleux.

Les laines grossières, mais abondantes, des troupeaux étaient pour les Lycaoniens une source de revenu considérable, et composaient même une part notable des biens du roi Amyntas (1); mais on ne dit pas que l'art de fabriquer des tissus de laine, des tapis et des étoffes, ait jamais prospéré parmi eux. Les témoignages de l'antiquité nous permettent de croire que chez eux la rapine et le brigandage n'étaient pas devenus une habitude générale, et, en cela, ils se distinguent encore de la petite peuplade, leur voisine, dont les rapines tinrent en suspens toutes les forces des royaumes civilisés de l'antiquité ; car depuis l'époque d'Alexandre jusqu'à la prise de Rome, nous voyons les Isauriens résister à toutes les tentatives faites pour les soumettre ; renaître de leurs cendres, pour porter l'effroi dans tout le com-

---

(1) Eustath. ad Dionys. Perieg., v. 857.
(2) *Exped. Cyr.* liv., 2.
(3) Strabon, XII, 568.
(4) D'Anville, *Asie Mineure.*

(1) Strabon, XII, 568.

merce d'Asie; ne souffrir, en un mot, aucune domination que celle des brigands qu'ils se donnaient pour chefs, et qu'ils assassinaient, pour peu que l'intérêt de leur vengeance ou de leur cupidité les portât à une trahison. Le tableau de ce petit peuple ne manque pas d'un certain intérêt dramatique; et quand on parcourt les contrées théâtre de sa résistance opiniâtre, on comprend que Rome même ait été embarrassée pour le soumettre.

Les Lycaoniens et les Isaures se distinguent des Cappadociens, en ce qu'ils ne paraissent pas attacher aux idées religieuses la même importance que ces derniers, qui prouvent, par là, leur parenté avec les peuples de l'Asie orientale. Il est peu de villes importantes en Cappadoce qui n'aient à offrir au peuple la protection de quelque divinité plus ou moins célèbre. Chez les Lycaoniens et les Isaures, on ne voit rien que des châteaux; le pillage, la guerre, voilà la vie des uns; l'agriculture et la soumission aux maîtres qu'on leur donne, voilà le type des autres.

Abstraction faite des idées religieuses, le caractère pillard des peuples isauriens pourrait faire supposer qu'ils appartenaient à cette race leuco-syrienne qui avait envahi le nord de la Cilicie. On doit les regarder comme foncièrement nomades; ils n'avaient des châteaux forts que pour conserver le produit de leurs rapines. Ils étaient pasteurs comme les Arabes, et, comme eux, disposés à souvent changer de chefs, qui étaient choisis par voie d'élection. Les Isaures ont aussi ces traits de ressemblance avec les Arabes, qu'ils ne craignent pas de s'adonner à la navigation; en cela ils diffèrent de tous les peuples, Perses, Mèdes et Assyriens, qui ont toujours montré pour la mer une aversion profonde; caractère encore saillant chez les Arméniens et Persans modernes. Alliés aux pirates ciliciens, les Isaures devinrent le fléau des mers; Rome, à l'apogée de sa puissance, est obligée de leur déclarer une guerre en règle, et leur défaite valut au général Publius Servilius un surnom qui le plaçait à côté des vainqueurs de Carthage et de Numance.

Strabon semble vouloir faire de l'Isaurie une partie de la province de Lycaonie; de son temps, en effet, c'était un parti convenu d'annuler, autant que possible, la province d'Isaurie. Pline répare cette omission géographique, et mentionne en détail toutes les villes et les châteaux de la contrée : *Ciliciæ Pamphyliam omnes junxere neglecta gente Isaurica,* etc (1). Il cite les villes d'Isaure, Clibanum et Lalasis, reprochant aussi aux écrivains de son temps de passer sous silence la nation des Homonadiens, qui confinait à la nation isaurique, et qui avait pour capitale Homona, dans l'intérieur des terres.

Strabon (2) fait de l'Isaurie une annexe de la Lycaonie. « A la Lycaonie appartient encore l'Isaurique, située près du Taurus. »

Ces écrivains nous laissent ignorer l'origine du nom d'Isaurie, qui parait être de souche grecque. Les anciens ont souvent donné aux peuples un nom tiré de leurs habitudes ou de leurs qualités; le nom d'Isaure ne viendrait-il pas de l'habileté que montraient ces montagnards dans le maniement du javelot ἡ Σαυρία, jaculum (3).

Pline cite également une peuplade de Lycaonie, qu'il nomme Pelteni, de l'usage, sans doute, adopté par elle de porter un petit bouclier (pelta), contre l'habitude générale chez les peuples du sud de l'Asie, de porter des boucliers très-grands, ainsi que cela nous est attesté par les bas-reliefs. Une figure incrustée dans les murailles de Konieh, représente peut-être un de ces Pelteni lycaoniens (4). Il tenait en même temps le javelot isaurien. Zozime (5) dit que le peuple des Isaures demeure toujours dans les montagnes escarpées et inaccessibles du Taurus; mais Pline (6) étend leurs frontières jusqu'à la mer

---

(1) Pline, lib. V, chap. 27.
(2) Lib. XII, 568.
(3) Selon M. Kiepert le nom des Isaures est d'origine araméenne, et vient des Ietûri, mot prononcé par les Hébreux Ieschûri et par les Grecs Isauri; il signifie: un peuple qui habite les montagnes. Ritter, *Erdkunde*, t. IX, 422.
(4) Voyez pl. 5, bas-relief à Konieh.
(5) Zozime, liv. V, chap. 25.
(6) Pline, liv. V, chap. 27.

de Cilicie, dans le voisinage d'Anemurium.

Il ne nomme aucun port appartenant à l'Isaurie; c'est, sans doute, ce qui amena ces peuples pillards à faire alliance avec les Ciliciens.

Leur capitale, qui portait le nom d'Isaura, existait antérieurement à l'époque de l'invasion d'Alexandre (1); et déjà ils se signalaient par des actes qui mettaient en évidence leur courage indomptable. La révolte des Pixidiens, réunis aux Isaures, souleva contre ces peuples une réaction terrible de la part des princes grecs. Perdiccas et le roi Philippe résolurent de détruire les deux principales villes. Isaura fut investie. Une défense acharnée repoussa l'armée grecque, après deux jours d'assauts inutiles. Mais la place ne recevant aucun secours du dehors, et les combattants voyant à chaque instant diminuer leurs forces et leur nombre, résolurent de s'ensevelir sous les ruines de leur ville. L'incendie ravagea tout, et les Grecs, en entrant dans les murs d'Isaura, ne trouvèrent qu'un monceau de cadavres et de cendres, sous lesquels ils allèrent chercher les trésors que les Isauriens avaient défendus jusqu'au dernier instant. La ville fut abandonnée; mais la nation ne fut point détruite.

Les longs soulèvements que suscita en Asie la lutte entre les Grecs et les Perses permirent aux Isaures de se livrer à leur instinct. Leur alliance avec les Ciliciens augmenta leur puissance, qui s'accrut encore par la protection tacite que leur accorda Mithridate. Cependant, quand la puissance romaine se fut établie sur ces côtes ; quand les navires d'Ostie, qui venaient commercer avec les ports d'Asie, se virent assaillis par des corsaires, que l'impunité rendait de jour en jour plus redoutables, il fallut entreprendre contre eux une expédition en règle. Servius, à la tête d'une flotte, eut peine à remporter les premiers avantages ; mais il s'en vengea bientôt, en ruinant de fond en comble Phasélis et Olympus, deux grandes villes de la Lycie, et, franchissant le Taurus, il marcha contre la ville d'Isaura, qu'il prit après un siège difficile.

Cette campagne avait duré trois ans, et le trophée le plus important qu'en rapporta le général romain fut la défaite du peuple isaurien : car la piraterie reparut bientôt, et ne fut complétement anéantie qu'après la campagne de Pompée.

CHAPITRE XVIII.

RÉGION PERÆA.

La région Peræa s'étendait sur la côte sud d'Asie, depuis le cap Cynossema au sud de la presqu'île Triopéenne, jusqu'au mont Cragus de Lycie, elle était ainsi nommée parce qu'elle appartenait aux Rhodiens, elle leur fut enlevée par Philippe de Macédoine, mais les Romains forcèrent ce prince à la restituer à leurs alliés. La petite ville de Loryma dont l'emplacement est inconnu était distante de vingt milles de Rhodes et confinait au territoire des Cauniens.

La chaîne de montagnes qui borde la côte forme un golfe profond qui dans l'antiquité était le centre du commerce des Cariens de Mylasa, des Éphésiens et des Rhodiens ; c'est le golfe de Merméridjé ou de Marmarice, dont nous avons tracé les principaux contours (1). Il est divisé en deux parties par une grande île rocheuse. Le port Physcus où avaient lieu les transactions entre les Rhodiens et les Éphésiens est situé à l'est ; c'est encore le mouillage de la ville de Merméridjé (2). On ne saurait dire si elle occupe l'emplacement d'une ville ancienne : on n'y observe aucun reste d'antiquité ; le seul monument un peu important est un caravansérai bâti par le sultan Sélim Ier.

Mais depuis la base de la montagne qui entoure la rade du côté du nord, jusqu'au sommet d'un plateau élevé de huit cents mètres environ au-dessus de la plaine, on remarque une série de constructions qui portent le cachet d'une haute antiquité, et qui forment comme les ouvrages avancés d'une vaste citadelle. Ces murs sont tous bâtis en

---

(1) Diodore de Sicile, liv. XVIII, chap. 22.

(1) Voyez page 33.
(2) Voyez la planche 61, vue de Marmarice.

pierres polygonales qui relient les différents pitons de rochers. On ne trouve dans l'enceinte aucun débris qui ait appartenu à quelqu'édifice romain, aucun morceau de sculpture ou d'ornement ; ces ruines, en un mot, ont appartenu à un système de défense qui commandait et la rade et la vallée voisine. Le plateau supérieur est couronné par une acropole, défendue par des tours carrées. La situation de cet ouvrage peut s'accorder avec celle du fort Phœnix bâti sur la montagne du même nom.

Les ruines de l'ancien château dominent toute la rade; elles couronnent un piton isolé défendu à sa base par de larges murailles bâties en blocs irréguliers, l'acropole est construite en assises réglées; une tour plus moderne a été bâtie sur un versant du mamelon : c'était dans le moyen âge un poste destiné à surveiller les montagnards qui faisaient des descentes dans la plaine.

Les sépultures des habitants étaient disposées autour du piton, elles consistent en sarcophages taillés dans le roc. On ne trouve aux alentours aucun vestige de théâtre ou de stade, preuve que ces constructions n'ont pas appartenu à une ville mais à une forteresse.

Toutes les montagnes environnantes sont composées de marbres de différentes couleurs; les brèches variées, le marbre veiné de rouge et le marbre blanc forment des couches d'une exploitation facile à cause du voisinage de la mer. Il n'est pas douteux que ces riches matières n'aient été employées par les Romains, et le voisinage de ces gisements explique la profusion de monuments de marbre que l'on rencontre dans des villes maritimes où les carrières de ce genre font complètement défaut.

Caunus, une des villes les plus anciennes de ces parages, passait pour être habitée par un peuple différent des Cariens, quoi qu'il se dise aussi originaire de Crète. Hérodote le regardait comme un reste des indigènes de la Chersonèse qui s'était fondu avec les Cariens. On ne pouvait dire cependant lequel des deux peuples avait adopté le langage de l'autre (1) ; les usages des Cauniens différaient de ceux des Cariens ; ils avaient rejeté le culte des dieux étrangers, et adoraient des divinités locales. Caunus était une ville maritime et les flottes grecques trouvèrent souvent un refuge dans son port. Le territoire, malgré sa fertilité, passait pour très-malsain, et l'insalubrité de l'air se manifestait sur le visage même des habitants (2) ; la rivière Calbis, qui coule dans le voisinage, formait des marais pestilentiels. Les ruines de Caunus avaient été reconnues au village de Dalian par plusieurs navigateurs ; mais c'est à M. Hoskyn que l'on doit la découverte d'une inscription qui contient le nom de la ville et qui lève toute incertitude.

Il est probable que l'ancienne ville était beaucoup plus rapprochée de la mer que celle d'aujourd'hui, mais les alluvions du Dolaman tchaï ont changé la forme du terrain.

Le port est en forme de croissant ; il était défendu des vents d'ouest par de hauts rochers. Les ruines de Caunus sont sur la rive gauche du fleuve ; on peut suivre la ligne des murailles dans tout leur parcours depuis le port jusqu'à l'acropole. Le théâtre est situé à mi-côte de la montagne de l'acropole. Le proscenium est détruit; mais on compte encore environ trente rangs de gradins divisés en deux précinctions. Près du théâtre est un grand édifice quadrangulaire avec des fenêtres ; une croix tracée sur la porte indique une destination religieuse. L'enceinte de la ville contient un certain nombre d'édifices antiques, des temples, un bain, un aqueduc, qui sont tous des ouvrages romains. Les tombeaux des Cauniens sont de deux sortes ; les uns sont taillés dans le roc formant des chambres avec des banquettes et très-peu décorés à l'extérieur, les autres sont des sarcophages dans le style romain.

Le port communique avec la petite baie de Keughez, où nous avons mouillé avec *la Mésange*. On ne reconnaît aucun ouvrage de défense antique ; cependant il était disposé de manière à pouvoir être fermé avec une chaîne.

(1) Hérodote, I, 172.
(2) Strabon, XIV, 631.

Le village moderne de Dalian se compose de sept ou huit maisons appartenant à des pêcheurs qui rentrent leurs barques dans la rivière. Il y a une route qui franchit la montagne et qui conduit à Mogla, l'ancienne Alinda.

La baie de Karagatch est l'ancien port Panormus, et la petite île qui se montre à l'embouchure du Dolaman tchaï est la Rhodussa de Pline.

CHAPITRE XIX.

ROYAUME D'AMYNTAS.

Afin de soumettre ce pays à une autorité régulière, les Romains, qui venaient de constituer le royaume de Cappadoce, jetèrent les yeux sur Amyntas, qui avait été secrétaire de Déjotare. Il fut établi prince de Galatie par Marc Antoine. C'est, sans doute, cet Amyntas, fils de Gæsatodiastès, qui est mentionné dans l'inscription de la dédicace du temple d'Ancyre. Marc Antoine annexa à cette principauté une portion de la Lycaonie et de l'Isaurie, et donna au chef le titre de dynaste, que portèrent les princes asiatiques tributaires. Bientôt après, Amyntas reçut le titre de roi (1), et, ayant passé du parti d'Antoine à celui de César, le nouveau dictateur, non-seulement confirma Amyntas dans les possessions qu'il avait reçues d'Antoine, mais encore lui donna une partie de la Cilicie Trachée. Cependant, il fallait prendre cette province qui, depuis longtemps, se trouvait dans un état d'anarchie épouvantable. Plusieurs villes de la côte avaient profité de l'industrie des pirates; Sidé était l'entrepôt principal des esclaves que l'on transportait à Délos, pour, de là, les envoyer en Italie. Les brigands de l'intérieur avaient repris leurs courses, et un certain Antipater, que l'on a appelé le Derbien, pour le distinguer du grand général d'Alexandre, avait pris une forteresse commandant les sommets du Taurus; il fallait le déposter. Amyntas l'attaqua, et le tua; par cette victoire, il se rendit maître des deux places de Derbé et de Laranda (1). Les Romains lui avaient cédé les deux bourgs du nom d'Isaura. Il en détruisit un, et commença la construction d'une ville nouvelle du même nom. Ces travaux n'arrêtaient pas Amyntas dans ses projets de conquête. Sous prétexte de protéger les petits États limitrophes, Amyntas déclara la guerre aux Clites, nation cilicienne qui habitait le Taurus (2), ceux-là même qui, plus tard, se révoltèrent contre Archélaüs, lorsqu'il voulut les soumettre à un recensement comme les citoyens romains. Amyntas s'empara de Cremna, château fort situé dans les montagnes, à une journée de chemin d'Apamée Cibotos, Dinaire, et au nord de Selgé; de là il battit les Homonadiens, tua leur roi, et ravagea tous leurs repaires; mais il périt lui-même, attiré dans une embuscade par la femme du roi des Homonadiens.

Telle fut la fin d'un État créé par la volonté du peuple romain, mais qui n'offrait aucune condition de durée. Formé par des provinces qui avaient des habitudes peu compatibles entre elles, il était impossible de faire naître l'uniformité de principes et de mœurs, nécessaire dans une principauté qui n'a pas plus de soixante lieues dans sa plus grande dimension. Le royaume d'Amyntas se composait de la Galatie, d'une portion de la Pamphylie, de la Lycaonie, de l'Isaurie et de toute la Cilicie Trachée.

Ce royaume avait duré onze ans; il avait commencé l'an de Rome 717. Auguste n'institua pas le fils d'Amyntas héritier de son père. La Cilicie fut donnée à Archélaüs, qui recommença une campagne contre les Clites. Ceux-ci, sous la conduite d'un chef du nom de Trasobar, se retirèrent dans les montagnes, et se constituèrent en bandes, qui attaquaient les marchands, les laboureurs et les matelots (3). Le reste du pays d'Amyntas fut converti en province romaine. Sous Tibère, le gouvernement provincial était également imposé à la Pisidie. La Galatie était soumise à un même officier (ἡγεμών)

---

(1) Appien, Civil., lib. V, 75.

(1) Strabon, XII, 569.
(2) Tacit., Annal., liv. VI, chap. 51.
(3) Tacit., Annal., liv. XII, chap. 65.

romain, qui gouverna tout le pays appartenant autrefois au roi Amyntas (1). Les villes de Pamphylie qui avaient appartenu à ce prince recouvrèrent leur liberté. Ce nouvel état de choses n'adoucit cependant pas le caractère indomptable des Isaures. Leur capitale, non terminée, n'était plus propre à les mettre à l'abri des atteintes des gouverneurs romains ; mais les cavernes et les châteaux perchés sur les rochers leur offraient encore quelques retraites sûres ; aussi n'étaient-ils soumis aux Romains que de nom.

CHAPITRE XX.

VILLES DES ISAURES.

Sous le règne de Gallien, Trébellien, isaure de nation, s'empara de l'autorité suprême, et se fit décerner le titre d'empereur ; attaqué par les généraux de Gallien, il se retira dans les montagnes, et sut s'y maintenir pendant quelque temps. Cerné par les troupes romaines, il fut pris et tué ; mais les Isaures n'en continuèrent pas moins leurs courses. Ils sortaient de leurs repaires, allaient piller les villes sans défense, attaquaient les caravanes, et rentraient chargés de butin. Rien ne pouvait mettre un terme à leurs pirateries, et dès que le gouvernement proconsulaire se trouvait ébranlé par un changement de règne ou par quelque sédition, on les voyait reparaître plus hardis que jamais.

L'empereur Probus ayant pacifié l'Occident, marchait contre les Perses ; il se trouva arrêté dans son passage du Taurus par quelques partis des Isaures. L'empereur, ne voulant pas laisser sur ses derrières une peuplade hostile, résolut de l'anéantir. La ville de Cremna, qui avait été assiégée et prise par Ariarathe, avait été depuis longtemps remise en bon état de défense. Elle était en ce moment commandée par un chef isaurien du nom de Lydius, qui s'y était renfermé avec une armée résolue. Le lieutenant de l'empereur songea d'abord à investir la place. Les Isaures s'étaient ménagé des correspondances avec le dehors, et pendant longtemps le siége ne fit aucun progrès. Les provisions entraient dans la place par une issue secrète. Lorsque cette ressource eut été retirée aux assiégés, la défense devint de plus en plus difficile ; mais les moyens féroces qu'employait Lydius lui permettaient de compter encore sur un secours du dehors. Lorsque la détresse augmenta, les femmes, les vieillards et toutes les bouches inutiles furent impitoyablement livrés aux Romains, ou précipités du haut des rochers qui entouraient Cremna, le dessein de Lydius étant de s'ensevelir sous les ruines de la place. Mais un archer habile, qui avait été cruellement traité par le chef barbare, parvint à gagner le camp des Romains. Instruit des mouvements de Lydius, qui venait observer les ennemis par une fenêtre du rempart, l'archer l'attendit avec patience, et le tua d'un coup de flèche.

Les barbares, sans chef, ne soutinrent pas longtemps le siége. Malgré les avis que leur avait donnés Lydius en mourant, ils se rendirent aux Romains (1). La place ne fut point démolie, et les vainqueurs y établirent une garnison. Par les ordres de l'empereur, les Isaures qui habitaient la montagne furent traqués et dispersés ; mais on ne parvint pas à les anéantir ; et, sous Constantin, ils exerçaient encore leurs déprédations (2). Enfin, nous retrouvons le nom des Isaures mêlé aux derniers jours de Rome. La porte Asinaria confiée à leur garde fut ouverte aux soldats d'Attila, qui se précipitèrent dans la ville, et commencèrent le pillage. Ceci porte à croire que les Romains n'eurent d'autre moyen de pacifier le pays que d'incorporer les Isaures dans les troupes de l'empire.

L'étendue de l'Isaurie varia singulièrement pendant toute la période ancienne ; mais on ne saurait reconnaître comme appartenant à cette province les vingt-quatre villes citées par Hiéroclès, et qui faisaient partie de la Cilicie. Les villes appartenant à l'Isaurie propre sont au nombre de six, et non pas de vingt-quatre : Isaura, la capitale ;

---

(1) Strabon, ibid.
(1) Vopiscus, c. VII.
(2) Ammien Marcellin, XIV.

Cremna, la place forte du Taurus; Selgé et Sagalassus, qui sont aussi dans les montagnes, sur les frontières de la Pisidie, et Lystra; enfin, Derbé, Laranda, Séleucie, Celendera, et toutes les autres villes maritimes citées par Hiéroclès appartiennent à la Cilicie.

La circonscription indiquée par Ammien Marcellin est à peu près la même que celle de Hiéroclès. L'Isaurie, dit-il, est remarquable par la richesse de sa végétation. Elle est traversée par le fleuve Calycadnus, et indépendamment de plusieurs autres villes, elle en a deux qui sont très-remarquables: Séleucie, fondée par le roi Séleucus, et Claudiopolis. L'empereur Claude y établit une colonie. Ses rébellions fréquentes ont attiré sur l'Isaurie de justes vengeances; de sorte que cette province ne peut montrer que des vestiges, assez nombreux, il est vrai, de son ancienne splendeur (1).

Justinien fit commander la province par un préteur, qui avait également autorité sur la Pisidie.

Le costume habituel des Isaures était une chlamyde bordée de rouge. Nous ne connaissons aucun bas-relief qui nous retrace le caractère physique de cette peuplade. On voit, par la multitude d'inscriptions relatives au gouvernement proconsulaire, que les circonscriptions variaient presque à chaque élection. Banduri cite comme ayant été trouvée à Smyrne une inscription qui range sous la juridiction du même préfet toutes les provinces qui ont appartenu à l'Asie centrale.

<small>Publius, proconsul, préfet de l'Ionie, de la Phrygie, de l'Æolide, de la Méonie, de la Lydie, de l'Hellespont, de la Mysie, de la Bithynie, de la province de Tarse, de la Galatie, des Maryandyniens, du Pont, de la Paphlagonie, de la petite et de la grande Cappadoce, de l'Isaurie et de la Lycaonie, et des pays jusqu'aux confins du Taurus et de la petite Arménie.</small>

La frontière naturelle de la Lycaonie est indiquée par la première chaîne de montagnes calcaires que l'on rencontre à l'est de la route, entre Éregli et Caraman. Strabon en a exagéré la hauteur (2); elles dépassent rarement quelques centaines de mètres au-dessus du niveau de la plaine. Mais ce sont des lieux particulièrement froids, à cause de leur hauteur absolue, qui atteint plus de dix-huit cents mètres au-dessus de la mer. La montagne appelée Kara dagh, et qui n'est pas nommée dans les auteurs anciens, surpasse seule cette hauteur; mais c'est un volcan isolé.

Les ruines byzantines que l'on observe dans la montagne du Kara dagh, au nord de Caraman, ont été longtemps considérées comme occupant l'emplacement de l'ancienne Derbé, la forteresse d'Antipater; mais pour la concordance des deux positions, il faudrait retrouver dans le voisinage un lac qui n'existe pas. Strabon dit, en effet: Derbé, forteresse et lac d'Isaurie. Ces conditions se retrouvent dans le village de Divley situé dans une des vallées transversales du Taurus, au sud-ouest d'Érégli. Elle est arrosée par une petite rivière qui sort du lac de Ak gheul; les flancs de la vallée conservent encore quelques unes des grottes mentionnées par Strabon (1). On remarque à Divley les murailles d'un vieux château et une église byzantine encore bien conservée et dont l'intérieur est orné de peintures; la position de ce village, à la naissance d'une vallée, en fait un point stratégique dont l'importance ne peut être méconnue et pouvait convenir à la forteresse d'Antipater; ce prince possédait aussi Laranda: le pays était donc couvert par deux places qui défendaient les passages du Taurus. La ressemblance des noms de Divley et Derbé, que les Grecs prononcent Dervé vient encore ajouter à la présomption d'identité entre les deux places. Les apôtres Paul et Barnabé se réfugièrent à Derbé après avoir été chassés d'Iconium, l'an de notre ère 41; cette ville était la métropole de l'évêché de Derbé (2).

La route de Derbé à Caraman est marécageuse pendant une partie de l'année, parce que les eaux versées par les pentes septentrionales du Taurus ne trouvent qu'un écoulement difficile au milieu des plaines sans pentes bien accusées.

Caraman, ville de trois à quatre mille

---

(1) Ad Notitiam imp. Orient., p. 176.
(2) Strabon, XII, 538.

(1) Strabon, XII, 569.
(2) Ch. de St-Paul, géogr. sacr.

âmes, se trouve au point de réunion des eaux de toute la plaine ; il y a au milieu de la ville un étang qui exhale des miasmes délétères. Cette ville, qui, selon la tradition acceptée par les géographes, occupe l'emplacement de Laranda, s'étant trouvée en butte à la vengeance de Philippe et de Perdiccas, à cause du meurtre commis par les Larandiens sur la personne de Balacris, gouverneur, fut attaquée et prise après une courte résistance ; tous les hommes adultes furent passés au fil de l'épée ; le reste de la population dispersé et la ville ruinée de fond en comble (1). Elle fut rebâtie dans la suite et est souvent citée par les auteurs antérieurs à l'époque byzantine.

Après la chute des sultans d'Iconium, le territoire de Laranda resta au pouvoir de Karaman oglou, qui donna son nom à la province Caramanie, et fut le fondateur de la dynastie des Karaman, qui commença en 1294. Un des descendants de cet émir fit, en 1386, une invasion dans les États du sultan Mourad Ier son beau-père, qui le vainquit et lui accorda son pardon ; une seconde tentative faite sous le règne de Bayazid n'eut pas plus de succès, mais Karaman oglou fut dépossédé ; enfin, en 1464, la Caramanie fut incorporée à l'empire Othoman par Mahomet II.

Le Kara dagh, la montagne noire, à une journée au nord de Caraman est remarquable par un ensemble de ruines connues dans le pays sous le nom de Binbir kilissé : ce sont de nombreux couvents du moyen âge aujourd'hui abandonnés et en ruines, et dont l'architecture ne porte le cachet d'aucune époque déterminée.

Le Kara dagh est un ancien volcan dont les laves trachytiques sont de couleur sombre : c'est de là que les Turcs lui ont donné le nom qu'elle porte aujourd'hui. Le village turc nommé Kilystra, voisin de Caraman, est porté sur la carte grecque avec cette légende Kilystra ou Lystra, où saint Paul a guéri le boiteux, ce qui prouve que l'évêque de Cappadoce regardait Kilystra comme identique avec la ville où saint Paul a prêché.

A l'ouest de Caraman s'étend le pays montagneux de l'Isaurie dont la capitale Isaura fut longtemps ignorée. Les limites occidentales de l'Isaurie sont formées par une chaîne de montagnes calcaires, qui va se rattacher au Taurus ; elle sépare le bassin du lac d'Egdir du bassin des deux lacs de Bey cheri et Sidi cheri ; le dernier est alimenté par les eaux de l'autre lac, et la rivière d'écoulement se dirige vers la plaine de Konieh.

La ville de Bey cheri est située sur la rivière qui joint les deux lacs, elle est la résidence du mutzellim ou gouverneur du district. Un tombeau musulman, un medrécé et quelques mosquées à minarets sont les seuls monuments qui attirent l'attention. Ces deux petites villes, doivent leur fondation aux émirs seldjoukides sous le règne de Ala Eddyn. Le lac Bey cheri représente l'ancien lac Trogitis, et le lac de Sidi cheri le lac Caralitis ; on retrouve ce nom dans le petit bourg de Kereli aujourd'hui presque abandonné ; il est situé à trente six kilomètres au nord de Bey cheri.

A vingt-quatre kilomètres de cette dernière ville, sur la route d'Ilgoun et au village d'Eflatoun, M. Hamilton a observé un monument archaïque qui mérite d'être remarqué. Du pied d'un rocher calcaire sortent plusieurs sources qui se réunissent dans un bassin. Au milieu de l'enceinte des rochers s'élève une stèle d'une grande dimension sur laquelle sont sculptées, dans divers compartiments, des figures dans le style assyrien ou mède ; la stèle a une hauteur d'environ trois mètres. Ce monument paraît avoir quelque analogie avec l'enceinte sacrée de Boghaz keui ; des dessins précis pourront seuls mettre à même de déterminer à quelle époque remonte l'exécution de ce monument, qui depuis 1836 n'a pas encore été dessiné (1).

(1) Voy. *Asie-Mineure*, t. II, p. 139, Karl Ritter, *Erdkunde*, t. IX, 455.

(1) Diod. de Sic., liv. XVIII, ch. 22.

CHAPITRE XXI.

ISAURA. — ZENGHIBAR.

L'antique Isaura, démolie et rebâtie par Amyntas sous le nom d'Isaura nova, est située près du village de Zenghibar.

Les ruines s'élèvent sur une colline qui s'étend dans la direction du nord-nord-ouest au sud-sud-est, ayant au nord la plaine de Konieh, au sud le Taurus, à l'est les montagnes de Kara dagh et d'Ala dagh, et à l'ouest celles qui encaissent le lac de Sidi cheri. Une nécropole, couverte de sépultures de genres variés, précède l'entrée de la ville au sud-sud-est. Les tombeaux du genre *bômos* sont élevés sur quelques marches taillées dans le roc vif. On remarque des hexèdres destinés aux repas funèbres, genre de monuments assez répandus en Lycie. Les pierres qui ont appartenu à ces tombeaux, détruits pour la plupart, sont ornées de griffes de lion, de médaillons et de fleurs. D'autres ruines, situées en dehors de la ville, entourent une magnifique source, dont les eaux limpides font le tour de la ville, et coulent vers le village ; elle a reçu le nom de Bal bounar, la Source de miel. La nécropole s'étend aussi vers le sud, et l'on distingue plusieurs sarcophages dans leur position primitive, mais les couvercles sont jetés brisés à côté. La croix sculptée sur quelques-uns de ces tombeaux atteste que, sous l'empire byzantin, cette ville était encore peuplée. Un Aëtius, évêque d'Isauropolis assistait au concile de Chalcédoine, et Illuaire, autre évêque de ce même siége, se rendit au concile de Constantinople.

On peut suivre la ligne des murailles dans tout le pourtour de la ville excepté le long des collines abruptes qui s'élèvent au nord-ouest et au nord. L'appareil de ces murs indique une époque voisine de l'art grec, et est exécuté avec un soin remarquable. Les tours, qui sont toutes octogones ou hexagones, rappellent, au contraire, les constructions des temps byzantins ; mais il paraît qu'elles sont de la même date que les murailles; celles-ci, bâties en grands blocs de marbre, sont composées d'assises alternativement hautes et basses, avec des parpaings posés en boutisse. Du côté du sud-ouest, où la pente est moins rapide, les tours sont très-multipliées. La porte principale du côté du sud est défendue par deux tours, bâties dans le même style que le rempart. L'arcade formant la porte est supportée sur des pieds-droits en marbre. On a sculpté des boucliers sur l'imposte près de la tour à gauche de l'entrée.

De là on peut suivre plusieurs pentes, qui s'étendent dans différentes directions; celle de droite conduit aux carrières et à l'acropole. En se dirigeant à gauche, à cent mètres de la porte, on aperçoit le soubassement d'un temple bâti dans le même style que les autres édifices, et élevé sur une éminence de rochers dont l'étendue est de quarante-trois mètres sur vingt-six. On reconnaît là une de ces terrasses sacrées, comme celles d'Aïzani ou de Perga, qui supportaient le principal temple de la ville.

Une rue bordée d'un portique de colonnes conduisait de la porte principale à l'Agora, située vers le centre de la ville ; le terrain voisin est couvert de débris de toute espèce de maisons et d'édifices. On y distingue les débris d'un canal qui paraît avoir communiqué au *caldarium* d'un bain. Une inscription indique la construction d'un portique avec des boutiques et une partie voûtée. Cette disposition, dont on pourrait retrouver les principaux traits en faisant dégager le terrain, était particulière aux villes d'Asie. Un grand monument s'élève non loin du Forum, c'est un arc de triomphe encore presque entièrement conservé et qui porte dans l'entablement l'inscription suivante :

A l'empereur César, le divin Hadrien Auguste
Fils du divin Trajan, petit-fils du divin Nerva :
Le sénat et le peuple des Isauriens.

On ne saurait donc plus avoir la moindre incertitude sur l'emplacement de l'ancienne Isaura, qui fut vainement cherchée par plusieurs explorateurs. Cette découverte est due à M. Hamilton.

Du côté du nord le rocher sur lequel la ville est assise offre à peine un sentier praticable; aussi, la ligne de circonvallation est-elle interrompue entre chaque tour ; elles ne sont reliées que par des pierres levées qui marquent le pourtour de la ville. Une tour plus haute que les autres paraît avoir servi à cohoter des gardes; du haut de cet édifice la vue s'étend sur toute la contrée voisine et domine la plaine de Konieh dont on aperçoit les minarets dans le lointain.

CHAPITRE XXII.

ICONIUM — KONIEH.

Le versant des plateaux qui s'appuient sur le contre-fort septentrional des montagnes de l'Isaurie est dirigé vers la grande plaine de Konieh, dont la disposition en bassin sans issue n'offre aucun écoulement aux eaux hivernales. En reprenant la route de Cassaba, et se dirigeant vers Ismil, on traverse plusieurs ruisseaux dont le plus considérable porte, le nom de Perchembeh sou (1). La plupart de ces petits torrents sont à sec pendant l'été; mais, à l'époque de la fonte des neiges, ils roulent un volume d'eau considérable, qui se réunit au fond de la plaine, et forme un lac que tous les voyageurs désignent sous le nom de lac de Konieh, mais dont l'étendue, selon eux, varie, depuis une lagune de peu d'importance, jusqu'à un lac de plusieurs lieues carrées de surface.

C'est qu'en effet, selon la saison, la plaine de Konieh est complétement inondée, ou seulement humectée par un petit marais où un troupeau de buffles trouve à peine l'espace suffisant pour se vautrer.

Les bourgs d'Ismil et de Schoumra, entourés de grands arbres, ont conservé quelques habitants fixes; mais toute la plaine ne présente au loin qu'une prairie sans fin, où le mirage manifeste ses phénomènes trompeurs.

On comprend que, dans cette vaste étendue de pays, les anciens aient choisi, pour y établir une ville, le seul point où s'élèvent des collines qui donnent naissance à quelques sources. Elles forment un ruisseau qui va se perdre dans les steppes, et qui coule à proximité de la ville. On pouvait, en cas de siége, s'en servir pour remplir les fossés.

Le nom d'Iconium, qui s'est conservé presque sans altération, remonte aux temps fabuleux de la fondation de cette ville. Les Grecs racontent que Persée, étant venu en Lycaonie, suspendit à une colonne la tête de Méduse; le bourg fut appelé dans la suite la *ville de l'image*. Il acquit bientôt une étendue considérable, et devint célèbre plus tard par le passage des Dix Mille (1). Strabon (2) en fait mention comme d'une ville petite, mais bien habitée, située dans une contrée fertile, au nord de la Lycaonie, elle devint sous Tibère la propriété de Polémon (3).

Les titres honorifiques de l'ancienne Iconium sont relatés dans l'inscription suivante encastrée dans la muraille du château:

Les habitants de la ville claudienne d'Iconium ont honoré Lucius Pupiüs, fils de Lucius Sabatinus Présens, chiliarque commandant la cavalerie de l'aile vicentine, commissaire impérial pour les quais du Tibre, proconsul de Tibère Claude César Auguste Germanicus, et de Claude Néron César Auguste, dans la province de Galatie; leur bienfaiteur et restaurateur de leur ville.

Sous Trajan, la ville d'Iconium avait acquis une grande importance; elle était, en effet, la résidence d'une multitude de Juifs et de Grecs: aussi, lorsque saint Paul vint répandre le christianisme dans la Cappadoce, il s'arrêta à Iconium, où il prêcha les Gentils. Les Actes des apôtres (4) nous apprennent que saint Paul et Barnabé, chassés par un soulèvement des Juifs de la ville d'Antioche de Pisidie, se retirèrent à Iconium. Là, ils prêchèrent dans la synagogue, et s'exprimèrent dans le langage du pays. Ce passage prouve que la langue indigène n'avait pas été complétement remplacée par la langue grecque. Obligés de se retirer, ils continuèrent leur mission dans les autres villes de la Lycaonie. Ces faits, importants pour l'histoire de la primitive Église, attirèrent bientôt dans les murs d'Iconium un grand nombre de néophytes. Érigée en patriarcat, elle commandait aux quatorze principales villes de la Lycaonie. Néanmoins on trouve peu de monuments de cette époque glorieuse pour l'Église chrétienne, et la ville actuelle n'appelle l'attention de l'anti-

---

(1) L'eau du jeudi.

(1) *Cyrop.*, liv. I.
(2) XII, 568.
(3) Pline, liv. V, chap. 37.
(4) XIV, 1.

quaire que par les mosquées élevées sous le règne du sultan Ala-Eddyn dans le douzième siècle.

Depuis l'établissement de la dynastie ottomane, on vit successivement décroître la richesse et le luxe des édifices de Konieh. Le sultan Sélim Ier y fit élever une mosquée avec un couvent, où il installa le cheik des derviches Mélveléwi ou tourneurs, lequel commande à tous les couvents ou *Téké* de l'empire ottoman; c'est lui qui a le privilége de ceindre aux sultans le sabre d'Osman, et de leur donner ainsi l'investiture.

Quant à la ville elle-même, réduite au rang de simple chef-lieu de pachalick, elle a été peu à peu oubliée des historiens, et l'on ne cite pas un fait mémorable qui lui soit particulier, dans toute la période qui s'est écoulée depuis le règne de Soliman le Grand jusqu'à nos jours. L'établissement de l'autorité musulmane ne parvint pas à détruire complétement le christianisme; cette ville fut de tout temps la résidence d'un archevêque grec; les chrétiens et les Arméniens y sont encore nombreux.

Les murailles bâties par Ala-Eddyn sont encore conservées dans leur intégrité; elles sont défendues par cent huit tours carrées, éloignées l'une de l'autre de quarante pas, et défendues par un fossé qui est comblé dans une partie du pourtour de la ville. Chaque tour a dix mètres environ de front, sur huit mètres d'épaisseur; la face est ornée d'un grand tableau terminé en ogive, et qui a de sept à huit mètres de hauteur; le champ de ce tableau est en marbre blanc, et contient une inscription en relief et en caractères semblables à ceux qui sont gravés sur les autres monuments de cette époque.

La construction des tours et des murailles est faite en belle pierre de taille, et renferme d'innombrables fragments de monuments plus anciens, comme des inscriptions byzantines, des fûts ou des chapiteaux de colonnes.

Ce qui distingue les Seldjoukides des Osmanlis, c'est qu'ils ne professaient pas, comme ces derniers, l'horreur de la représentation des figures humaines. Tous les fragments de sculpture ancienne qui ont été découverts par eux, ont été soigneusement encadrés dans les murailles; on remarque dans une des tours du sud un magnifique sarcophage, qui a fait l'admiration de plus d'un voyageur européen. La face est divisée en huit compartiments en forme d'arcades, et représente l'épisode d'Achille à Scyros.

Le plan de la ville est un rectangle, dont les angles sont arrondis. La face sud est défendue par un petit château que l'on appelle *Inch-Kalé* (le château intérieur); il forme, en effet, dans l'intérieur de la ville, une enceinte particulière, défendue par huit tours ou donjons. Il est habité aujourd'hui par quelques familles auxquelles la garde en est confiée. Le faucon, symbole des sultans Seldjoukides est sculpté au-dessus de la grande porte, cet emblème fut ensuite empreint sur les médailles des sultans Orthokides.

Il est difficile de dire quel était le but des anciens, en fabriquant cette innombrable quantité de figures de lions de marbre que l'on retrouve encore dans presque toutes les villes de la Galatie, de la Phrygie et de la Cappadoce. A Konieh, on en compte encore plus de vingt; elles ont été pour la plupart encastrées dans quelques murailles. Du côté de l'occident, trois statues colossales de lions surmontent des consoles qui sont ajustées dans une des tours. L'une d'elles est d'un travail tellement barbare, qu'on serait tenté de la regarder comme un ouvrage musulman. Au-dessus de la porte du palais du pacha, on en voit une autre dans la même pose, c'est-à-dire assise, et tenant entre ses griffes une statuette dont l'ajustement est tout à fait égyptien (1).

Jusqu'ici nous avons examiné les dehors de la ville; il nous reste à parcourir les faubourgs, la partie la plus peuplée et la plus commerçante de la moderne Iconium.

En effet, l'habitude constante où sont les musulmans de laisser les ruines s'accumuler sur les ruines, sans jamais songer à réparer un édifice, a converti la ville en un monceau de décombres, où l'on ne trouve plus que quelques

---

(1) Voyez la planche 57. Lions et Faucons dans le château de Konieh.

pauvres familles d'Arméniens et de Grecs : encore ces derniers ont-ils leurs maisons de campagne dans un bourg distant de deux lieues, et appelé Zillé.

Konieh, se trouvant sur la ligne des caravanes qui vont de la Mésopotamie à Smyrne, devrait offrir un assez grand commerce de transit ; mais les caravansérails bâtis par le sultan Mourad s'écroulent, comme tout le reste, et le pays ne fabriquant rien, ne peut manquer de tomber de jour en jour dans une misère plus profonde.

Le milieu de la ville est occupé par une colline, sur laquelle s'élevait autrefois le brillant palais des princes d'Iconium (1). Pendant longtemps les Turcs en ont fait une carrière, où ils allaient chercher les matériaux de toute espèce pour réparer les casernes et les habitations des pachas. Ce qui reste aujourd'hui peut cependant laisser apercevoir quelques traces de l'art qui a présidé à sa décoration.

La colline est entourée par un mur de briques, et la porte s'ouvre du côté du sud. A droite et à gauche, à une hauteur de sept ou huit mètres au-dessus du sol, se prolonge une grande galerie, dont les arcades sont soutenues par des colonnes de marbre accouplées.

Les décombres que l'on trouve en entrant étaient sans doute les casernes, les cuisines et les habitations des serviteurs ; à gauche on voit encore une chapelle couverte d'un toit conique, dans le genre de l'architecture de Césarée.

(1) Voy. pl. 32. Ruines d'un palais des sultans Seldjoukides à Konieh.

LIVRE X.

LYCIE. — PAMPHYLIE. — CILICIE.

CHAPITRE PREMIER.

LYCIE.

L'histoire de Lycie commence avec celle du monde grec. Nous avons vu les Lyciens alliés aux Troyens dès les premiers temps de la civilisation asiatique (1). Nous allons retrouver en Lycie les mêmes noms de héros, de fleuves et de villes ; Thèbes et Lyrnesus ont existé en Lycie comme en Troade. Tlos ou Tros fonde une ville de son nom et les eaux jaunes du Xanthus arrosent les plaines de la Lycie comme l'autre Xanthe les campagnes d'Ilion. Sarpédon, Pandarus, Bellérophon, les héros honorés des Lyciens, ont combattu dans les armées de Priam ; c'est le sang des Léleges, des Crétois et des Cariens qui coule dans leurs veines, aucun historien ne mentionne en Lycie un peuple aborigène antérieur à ces peuples. Les Phéniciens pénétrant dans l'intérieur de la Lycie y introduisent une population qui garde son type particulier et sa langue nationale, ce sont les Solymes, le seul peuple de l'occident que les Grecs regardent comme d'origine sémitique. La Troade et la Lycie sont deux pays liés par une commune origine ; ils honorent les mêmes dieux, comme Jupiter et Apollon ; les mêmes héros, comme Pandarus ; ils ont les mêmes fleuves et les mêmes noms de montagnes. Une partie de la Troade portait le nom de Lycie d'après celui de ses habitants ; de même les Lyciens se donnaient le nom Troyens, Troës. L'un et l'autre pays se prêtent un mutuel secours dans la bonne comme dans la mauvaise fortune. Les Lyciens, les Crétois et les Cariens se rencontrent sur la côte occidentale jusqu'aux bouches du Méandre et dans la Troade. On ne saurait mettre de l'ordre dans le mouvement des antiques populations de ces côtes, si l'on ne cherche le point de départ dans les relations qui se sont établies entre la Crète et le continent, et les historiens comme les poëtes se conforment à cette tradition (1). Ainsi les anciens ne connaissaient dans ces pays aucune population pure de tout mélange étranger. Les Phéniciens s'étaient emparés du Taurus aussi bien que de la Cilicie, et les peuples d'origine sémitique venus en Lycie s'établirent dans ce pays, et formèrent les peuplades de Cabalès et des Solymes. Les Crétois débarqués aux bouches du Xanthus, se répandirent dans le pays et se mêlèrent aux tribus qui habitaient ces montagnes ; il en est résulté une population qui, par ses mœurs, ses arts et son langage diffère essentiellement des autres habitants de la presqu'île. On ne peut dire cependant qu'elle était complétement étrangère à la race grecque ou pélasgique ; car dès le temps de la guerre de Troie, nous voyons la langue grecque comprise par les chefs lyciens, et les hymnes qui étaient chantées aux fêtes de Délos avaient été composées par Olen, poëte lycien (2).

CHAPITRE II.

POPULATIONS LYCIENNES. — MONUMENTS.

Sous le nom général de Lycie, les historiens comprennent trois provinces distinctes ; au nord la Cabalie, au centre les Solymes qui occupaient les plateaux du Milyas ; ces deux peuplades parlaient la même langue phénicienne, et au sud les Termiles, qui avaient pris le nom de leur chef Trémilus. C'étaient des tribus crétoises qui

---

(1) Voy. livre III, p. 84.

(1) Curtius, *Greschische Gesichte*, t. I, 63.
(2) Hérodote, liv. IV, ch. 35.

avaient passé de l'île de Rhodes en Asie; d'autres rameaux de ces tribus, conduits par les fils de Trémilus, Tloüs, Xanthus et Pinarus, bâtirent des villes du même nom et formèrent des populations distinctes (1). Ne semble-t-il pas qu'on assiste à la formation des tribus arabes qui, avec le titre de (2) Oured ou de Béni, se groupent sous le nom d'un chef qui distingue la tribu. Les Termiles conservèrent leur nom jusqu'au règne de Sarpédon. Lorsque Lycus, fils de Pandion fut chassé d'Athènes par son frère Égée, il alla se réfugier près du roi des Termiles; il leur fit adopter des lois empruntées en partie aux Crétois, en partie aux Cariens (3), et depuis ce temps ces peuples prirent le nom de Lyciens.

La Lycie était la patrie du dieu Apollon, et l'existence du sanctuaire de Patare est antérieure à tous les temples du même dieu élevés dans le reste du monde grec : la diversité des fables relatives à Latone et à la naissance de Diane, montrent bien que ce mythe a été apporté chez les Grecs par des peuples d'outre-mer.

La constitution civile des Lyciens diffère aussi de celles des autres peuplades d'Asie; la femme était honorée plus qu'en aucun autre pays grec, et les Lyciens ne connaissaient d'autre généalogie que celle qui les rattachait au lien maternel.

Les Lyciens se montrèrent toujours guerriers intrépides et jaloux de leur liberté. Lorsque les rois de Lydie eurent soumis tout l'occident de l'Asie Mineure, les Lyciens avaient su conserver leur indépendance; mais ils ne purent résister aux attaques de Cyrus qui envoya contre eux une armée nombreuse. Lorsque Harpagus se présenta dans les campagnes du Xanthus, les Lyciens marchèrent à sa rencontre et quoique inférieurs en nombre ils combattirent avec une grande valeur. Les habitants de Xanthus s'enfermèrent dans leur citadelle et refusèrent unanimement de se rendre. La ville ayant été prise d'assaut tous les habitants furent massacrés, il n'y eut de sauvées que quelques familles qui étaient alors absentes. Cependant malgré tant d'efforts la Lycie fut soumise au joug des Perses jusqu'au jour où Alexandre lui rendit sa liberté en dirigeant en personne son armée à travers la province. Darius dans l'organisation de son empire avait rangé la Lycie dans la première satrapie; néanmoins le pouvoir intermédiaire des rois de Carie s'étendit jusque sur cette province, qui eut à souffrir des tributs et des exactions imposés par les généraux du roi Mausole, dans le but de satisfaire aux dépenses faites par ce prince aux embellissements de la ville d'Halicarnasse.

Après l'expulsion des Perses, la Lycie fut pendant un temps soumise au pouvoir des Rhodiens; mais elle prit peu de part à la guerre du Péloponnèse. Les trois nations de la Lycie formaient une confédération, gouvernée par une assemblée qui prenait le nom de Corps Lyciaque; il était composé des députés envoyés par les vingt-trois villes de la confédération, qui décidaient en assemblée publique dans quelle ville le congrès serait tenu. Les principales villes, Xanthus, Patara, Pinara, Olympus, Myra et Tlos, avaient chacune trois voix, les moyennes deux et les autres une seule voix; elles contribuaient dans la même proportions aux dépenses et aux charges publiques.

Le premier soin des Lyciens fut de choisir pour assiette de leurs villes les lieux les plus inaccessibles. L'âpreté de leurs montagnes est déjà leur première ligne de défense, les murs sont construits avec une solidité qui est encore pour les hommes de notre temps un sujet d'étonnement. Les blocs les plus énormes sont transportés par les chemins les plus abrupts, pour construire les murs de l'acropole; les maisons des habitants, bâties en pierres et couvertes en terrasses, s'abritent derrière ces remparts que de vaillants guerriers sont décidés à défendre.

Après avoir songé au salut des vivants, les Lyciens n'oubliaient pas le culte des morts; des tombeaux aussi variés de forme que de structure, sont bâtis, sculptés, creusés dans les rochers autour de la ville : on cherche en vain à quel art se rattachent ces singuliers ouvra-

---

(1) Ét. Byz., voc. Tremile.
(2) Fils de...
(3) Hérodote, liv. I, 173.

ges. Sur le flanc des rochers on observe des tombeaux dont la façade représente une frêle construction de bois; les poutres, les poteaux et les branches rondes, juxta-posées pour former le toit, sont sculptées dans la pierre. Des sarcophages monolithes représentent une caisse de bois couverte par une autre pierre imitant une chaloupe renversée avec sa carène en l'air, ou bien une voûte ogivale dont l'exemple ne se retrouve pas ailleurs.

CHAPITRE III.

LANGUE LYCIENNE.

Ce n'est pas le seul problème que ces monuments présentent à l'observateur, si nous ne pouvons nier le fait d'imitation d'ouvrages en bois, il nous serait possible de répondre que c'est un caprice de l'art.

Mais quelle est cette langue inscrite sur ces tombeaux en caractères qui ressemblent pourtant aux caractères grecs, mais dont le sens est rebelle à toute explication ? d'où vient que nul entre les historiens qui nous ont parlé de la Lycie n'a insisté sur cette particularité, tandis que nous trouvons dans les auteurs un grand nombre de mots de la langue carienne qui sont tout à fait étrangers à la langue grecque. Hérodote ne fait aucune mention de cette diversité de langage usité en Lycie, et jusqu'à ce jour aucun texte ne nous met sur la voie de son origine probable. Les tentatives faites pour expliquer les inscriptions lyciennes n'ont amené aucun résultat bien satisfaisant (1); les philologues ne sont pas même d'accord sur la souche d'où cette langue est sortie. Dans la pensée de M. Forbes (2), aucune des inscriptions en langue différente du grec n'est antérieure à l'invasion perse dans la Lycie. Toute la nation des Xanthiens ayant été détruite, à l'exception de quelques familles qui étaient absentes, fut remplacée par des étrangers qui occupèrent les villes des vrais Lyciens d'origine, et ces étrangers ne seraient autres que les Mèdes et les Perses. Cette opinion s'est confirmée chez l'auteur par l'inspection des monuments de Xanthus, qui, selon lui, ont tout le caractère des sculptures des Perses.

Sans entrer dans le fond de cette controverse philologique, il nous semble qu'il s'élève une objection au sujet de l'alphabet de ces inscriptions si elles sont réellement écrites en langue perse. En effet, du temps de Cyrus et de Darius les Perses faisaient usage de l'écriture en caractères cunéiformes, l'inscription de Pasargade, qui date du règne de Cyrus en fait foi, et les savants anglais qui ont opéré des fouilles sur l'emplacement du tombeau de Mausole ont découvert un vase portant une inscription en caractères cunéiformes qui est attribuée au roi Artaxerxe.

Il faudrait donc supposer que les Perses, abandonnant leur système d'écriture nationale, ont inventé un nouvel alphabet pour écrire en Lycie les actes du gouvernement dans une langue qui n'était pas comprise par le peuple indigène.

Nous ignorons complétement à quelle époque la langue dite lycienne a cessé d'être en usage. On voit à Telmissus un tombeau dans le style lycien qui porte le nom de Tibérius Claudius; à Antiphellus, un autre tombeau, sur lequel est gravée une longue inscription lycienne, est consacré à une femme romaine du nom de Claudia Regelia Herennia. On peut bien dire que ces personnages ont été ensevelis dans d'anciens tombeaux lyciens, mais ce n'est qu'une conjecture ; les lois qui protégeaient les sépultures, les malédictions et les amendes dont étaient menacés ceux qui s'emparaient d'un tombeau qui ne leur appartenait pas étaient alors en vigueur. Toutes ces questions sont loin d'être résolues, il est raisonnable d'attendre de nouveaux éclaircissements à ce sujet.

Si le territoire de la Lycie est resté jusqu'à nos jours complétement inexploré, on doit dire que l'étude des documents laissés par les anciens auteurs avait mis les géographes modernes à même de fixer d'une manière satisfaisante la position de la plupart des grandes villes. L'expédition du capitaine Beaufort sur la côte de Caramanie en

---

(1) Voy. C. Ritter, *Erkunde*, t. IX, pages 1038, 1040.

(2) *Travels in Lycia* by Spratt and Forbes, t. II, p. 37.

1812 avait révélé l'existence de ruines nombreuses et remarquables dans les anciennes villes maritimes ; le comte de Choiseul avait publié les monuments de Telmissus, mais aucune des villes de l'intérieur n'avait encore été étudiée, lorsqu'en 1834 je traversai le Taurus lycien pour me rendre d'Isbarta à Adalia. Deux autres expéditions furent entreprises avec le secours des bâtiments de l'État en 1835 et 1836, et dans les excursions que je fis dans l'intérieur je pus me convaincre que les explorateurs qui me suivraient trouveraient chez les habitants l'accueil le plus hospitalier. Le premier voyage en Lycie de M. Ch. Fellows, en 1838, provoqua de la part du gouvernement anglais l'envoi d'une mission scientifique pour rapporter au Musée britannique les monuments de Xanthus; une carte de la Lycie fut levée par M. Spratt. Les voyages de M. Schœnborn ont fait connaître plusieurs villes du Milyas et de la Pisidie encore ignorées.

Il reste aujourd'hui peu de lacunes à combler, et la connaissance de la Lycie ancienne est entrée dans le domaine de l'archéologie. Carl Ritter donne la liste suivante des explorateurs de la Lycie depuis le commencement du siècle (1) :

1812 Beaufort.
1836 Texier.
1837 Broke.
1838 Fellows-Graves.
1840 Hoskyn-Forbes.
1841 Schœnborn.
1842 Daniel-Spratt.
1846 Tchihatcheff.

CHAPITRE IV.

TELMISSUS. — MACRI.

Telmissus est une des plus anciennes villes de la Lycie. Dès la plus haute antiquité elle était déjà célèbre par un collége de devins, qui furent souvent pris pour arbitres dans les plus solennelles occasions. Crésus, au moment de déclarer la guerre à Cyrus envoya en Lycie une députation pour consulter les devins (2) ; les rois de Phrygie eurent aussi recours à leur science occulte, et Alexandre le Grand, arrivant à Telmissus après le siége d'Halicarnasse, se confiait, pour connaître le secret de son avenir, aux jongleries du devin Aristandre (1). Il ne paraît pas cependant que le culte d'aucune divinité locale ait été pratiqué par les habitants.

C'est à Telmissus qu'on observe les premiers monuments de cette architecture monolithe qui fut pratiquée dans plusieurs villes de la Lycie, on en retrouve des vestiges, à l'est jusqu'au fleuve Arycandus près de Myra, au nord jusqu'au plateau du Milyas. La nature et la forme des rochers du Taurus composés d'un calcaire compacte et formant des falaises de plusieurs centaines de mètres de hauteur provoquaient le génie des artistes lyciens ; l'art grec et l'art indigène étaient pratiqués simultanément ; il n'est pas facile de dire quel est celui qui subsista le dernier ; les tombeaux couverts en nacelle ont été imités par les Romains (2), mais jamais ils n'ont été transportés en dehors des limites de la Lycie.

L'ancienne Telmissus était bâtie dans la partie la plus reculée du Glaucus Sinus, aujourd'hui golfe de Macri (3), qui recevait les eaux d'une petite rivière du même nom le Glaucus amnis (4), elle était resserrée entre la côte et les versants occidentaux de l'Anti-Cragus, de sorte qu'elle s'étendait toute en longueur ; un mamelon isolé servait d'assiette à l'acropole, qui existe encore, entourée de fortes murailles, mais qui datent des temps modernes ; elles ont été relevées par les chevaliers de Rhodes et par les Génois. On y trouve quelques inscriptions encastrées dans la maçonnerie. Cette acropole devait occuper le centre de la ville ancienne : on observe, sur la côte, les ruines d'un castrum. Le théâtre est construit au sud-ouest à l'extrémité de la ville, à l'issue d'une vallée étroite ; l'ensemble du monument présente un imposant aspect, tous les murs de soutènement et les gradins

(1) Erkunde, IX, 937.
(2) Hérodote, liv. I, 78.

(1) Arrien, Exp. Al. Liv. 1, 26.
(2) Voyez planche 26, fig. 11. Tombeau de Ptolémée à Antiphellus.
(3) Strabon, XIV, 651.
(4) Pline, V, 29.

sont construits en pierres de grand appareil et sont entièrement conservés. La scène seule, qui était construite en murs moins solides est presque détruite, mais les portes avec leurs linteaux monolithes, les piédestaux des colonnes existent encore ; cette partie de l'édifice offre une particularité qui ne peut être observée dans d'autres théâtres, c'est la disposition inférieure de la scène, l'hyposcenium, qu'il est rare de retrouver, parce qu'elle est ordinairement enterrée sous les décombres. On voit les traces des corridors souterrains et les amorces des solives de la scène qui montrent clairement que chez les anciens, la scène était en bois et disposée de manière à pouvoir faire jouer les machines.

La cavea ou salle, avait vingt-huit rangs de gradins divisés par le balteus ou précinction ; les petits escaliers taillés dans le mur du podium servaient de communication entre les deux précinctions ; les gradins étaient desservis par neuf escaliers formant huit cunéi ou divisions. Il n'y a pas de vestiges du portique supérieur. Deux vomitoires latéraux communiquaient directement à la première précinction, et le mur de soutènement des gradins était oblique à la scène comme dans tous les théâtres grecs ; on n'a pas encore bien défini l'avantage que présentait cette disposition, qui n'a jamais été adoptée par les Romains.

La mer vient presque baigner le pied du mur d'avant-scène ; on voit au fond des eaux plusieurs murailles qui appartenaient aux dépendances de cet édifice. A droite et à gauche les rochers sont coupés verticalement et sont creusés pour former des grottes et des chambres qui selon le Dr Clarke, étaient habitées par la corporation des devins. Quelques-unes de ces chambres sont en maçonnerie ; elles communiquent entre elles par des portes à chambranles décorés de crossettes ; on voit dans la roche des conduits avec des tuyaux de terre cuite qui permettent de supposer que ces grottes faisaient partie d'un ancien bain.

CHAPITRE V.

TOMBEAUX.

La ville lycienne s'étendait jusqu'à ces rochers près desquels on remarque plusieurs sarcophages du style lycien. L'abaissement du sol dans cette partie du territoire de la ville est tellement évident, qu'il a frappé la plupart des navigateurs qui ont abordé sur cette côte (1). On observe au nord-est un grand sarcophage orné de sculptures ; il est complétement entouré d'eau, et on ne peut l'approcher qu'au moyen d'une nacelle.

Du pied de ces rochers sort une source limpide et abondante, mais dont les eaux sont saumâtres ; cependant les animaux en boivent volontiers. La ville moderne de Macri est au nord ; la montagne forme une enceinte de rochers dans laquelle s'élèvent plusieurs pitons isolés, c'est là que fut établie la Nécropole avec ses grands tombeaux taillés dans le roc, les plus remarquables de toute la contrée. Ils sont muets pour nous, car ils ne portent aucune inscription qui nous mette à même de conjecturer à quelle époque ils furent construits. Les grands tombeaux sont au nombre de trois ; ils sont faits sur le même plan et paraissent être de la même époque ; la description de l'un peut s'appliquer aux deux autres.

Le plus grand et le mieux conservé de ces monuments est taillé dans la face occidentale de la montagne.

Il se compose d'un portique d'ordre ionique formé de deux colonnes et de deux antes supportant un entablement orné de denticules, et un fronton décoré de palmettes (2).

La porte du monument est dans le style grec avec des consoles, et les vantaux simulent une porte véritable avec ses clous et ses serrures. Chacun des pilastres est orné de trois patères ; sur celui de gauche on lit l'inscription : ΑΜΥΝΤΟΥ ΕΡΜΑΠΙΟΥ. (tombeau) d'Amyntas fils d'Hermapius. La porte est divisée en quatre panneaux simulés ; un

---

(1) Voy. C. Ritter, *Erdkunde*, t. IX, p. 945.
(2) Voyez pl. 25. Tombeau d'Amyntas à Telmissus.

seul est ouvert; il était jadis fermé par une dalle; il donne accès dans une chambre sépulcrale dans laquelle sont disposées des banquettes pour déposer les corps. C'est une règle invariable dans tous les tombeaux de la Lycie, taillés dans le roc. Aucun ne contient de sarcophage, les corps étaient déposés sur des banquettes qui sont ordinairement sculptées en forme de lits funèbres : en cela ils sont semblables à ceux des Étrusques, qui étaient aussi un peuple asiatique.

Les deux autres tombeaux sont d'un travail moins fini que celui dont nous donnons la description, mais ils sont en tout point semblables. Nous ne pouvons que par comparaison arriver à déterminer l'époque approximative de la construction de ces monuments et nous croyons qu'elle remonte à la fin du quatrième siècle avant notre ère, c'est-à-dire au temps d'Alexandre. Ces monuments sont certainement de l'école grecque, mais dans les rochers voisins on a creusé une autre nécropole dans le style lycien, c'est-à-dire imitant parfaitement la construction en charpente; on y voit les solives, les liernes, les poutres qui couronnent la porte et la toiture imitant des bois ronds non travaillés. Ces monuments qui sont nombreux en Lycie ne diffèrent entre eux que par les détails, nous nous contenterons de les mentionner sous le nom de tombeaux lyciens. Les portes de ces tombeaux sculptées sur les rochers représentent toutes les armatures dont on peut garnir une porte, les clous, les serrures, les heurtoirs pour frapper, et à côté du tombeau on voit quelquefois la représentation d'un chien couché ; il faut remarquer que sur les peintures des vases grecs de l'ancienne école, dans les sujets funèbres qu'on appelle Conclamation, la figure d'un chien est souvent représentée sous le lit du mort.

Le groupe des tombeaux lyciens qui se trouve au pied de l'acropole donne une idée la plus parfaite de ces monuments singuliers, qui n'ont d'analogue dans aucune autre partie du monde ancien (1). Les ornements et les palmettes qui couronnent quelques-uns de ces tombeaux sont tout à fait dans le style grec : sur l'un d'eux on lit l'inscription (Tombeau) de Tibérius Claudius Pergamus. Ce personnage était évidemment un Romain. Faut-il penser qu'il a été inhumé dans un tombeau plus ancien? ou le monument a-t-il été creusé et sculpté pour lui ? Questions encore indécises sur l'âge des monuments dits lyciens.

CHAPITRE VI.

MACRI.

La ville moderne de Macri a pris son nom de l'île qui se trouve à l'entrée du golfe et qui dans l'antiquité s'appelait Macris. Les portulans de la Méditerranée ont traduit ce nom par Isola Longa : on l'appelle aujourd'hui l'Ile des Chevaliers. Macris, le nom grec, est resté au Glaucus sinus et à la ville qui a remplacé l'ancienne Telmissus. Cernée à l'est par les pentes abruptes de l'Anti-Cragus, Macri n'a de communication facile avec le continent que du côté du nord, elle n'a pas de murailles ni de forteresse, une petite mosquée couverte par une coupole est entourée de maisons de pierre couvertes en terrasse, c'est là toute la ville. En 1856, elle a été fort endommagée par un tremblement de terre qui a encore dispersé une partie de la population : aujourd'hui on y compte à peine mille âmes. L'extrême fertilité du pays ne suffit pas pour attirer de nouveaux habitants, les marais environnants exhalent au printemps des miasmes délétères; mais comme tableau il est impossible de voir un lieu plus attrayant, car les beautés de la nature se réunissent à celles de l'art pour captiver l'attention. Il est triste de penser que ce petit pays est destiné à devenir un désert. Vers le milieu de juin les habitants abandonnent la ville pour aller demeurer dans les hautes régions de l'Anti-Cragus. Il ne reste à Macri qu'un douanier, un boulanger et le cafédji, le premier et le dernier citoyen d'une ville turque.

Derrière le rocher de l'acropole de

---

(1) Voy. pl. 14, Nécropole de Telmissus. La plante d'Euphorbe mise sur le premier plan est beaucoup trop haute eu proportion des figures qui ont été ajoutées au tableau.

Telmissus s'ouvre une vallée étroite et bien boisée qui s'étend jusqu'à la mer; c'est à l'entrée de cette vallée qu'était située la ville de Carmylessus dont l'emplacement n'est pas encore retrouvé : elle était bâtie dans un enfoncement de la montagne (1).

La ville moderne de Levissi est à quarante kilomètres de Macri sur la côte; elle se compose de cinq cents maisons environ habitées principalement par des Grecs. C'est le plus grand centre de la population de ces parages ; il dépend du pachalik de Mogla. Le cap voisin, appelé aujourd'hui Cavo Anghistro, est l'ancien cap Carmylessus. La petite île San-Nicolo, qui appartenait aux chevaliers, est à l'entrée de la baie de Levissi.

CHAPITRE VII.

VILLES DE LA LYCIE DANS LA VALLÉE DU XANTHUS.

Le Xanthus, Ak tchaï des indigènes, prend sa source dans les hauts plateaux de la Cibyratis, au pied du mont Cragus ou Ak dagh; il coule ainsi vers l'ouest jusqu'à la rencontre de la grande vallée formée par le versant occidental du mont Massiscytus; là il reçoit un affluent venant de l'ouest dans le Pernas dagh. Le fleuve prend alors le nom de Khodja tchaï, la maîtresse rivière. Les habitants placent la vraie source du Khodja tchaï aux environs d'Orhan, l'ancienne Araxa. M. Spratt décrit en ces termes ce lieu remarquable. Nous suivîmes le pied des montagnes qui s'élèvent au-dessus de la plaine à une hauteur de huit mille pieds. Notre but était de visiter un énorme précipice au pied duquel les habitants placent les sources du Xanthus. Nous reconnûmes en effet une source abondante sortant de terre au pied d'un vieil arbre, et tout à l'entour l'eau sortait de terre par jets au milieu des fleurs et du gazon. Le Xanthus à sa naissance est déjà une forte rivière ou plutôt un torrent infranchissable ; il reçoit bientôt après un cours d'eau venant d'une gorge voisine qui s'ouvre dans la montagne. A sa source,

l'eau du Xanthus est claire et pure; elle ne prend que dans la plaine cette couleur jaune et boueuse qui lui a valu son nom (1); dans la partie inférieure de son parcours, les habitants appellent ce fleuve Etchen tchaï. Du temps de Strabon les barques pouvaient mouiller à son embouchure : aujourd'hui une barre de sable la rend impraticable.

La vallée du Xanthus est le premier territoire où aient abordé les colons crétois, c'est là qu'ils ont fondé leurs principales villes : Tlos, Pinara, Xanthus, et dans les vallées supérieures Balbura, Araxa et Bubo. La vallée du Xanthus résume l'histoire et la mythologie des Lyciens. Latone après avoir enfanté Apollon et Diane vint se baigner dans le fleuve, escortée par des loups, un temple nommé le Latoum lui fut élevé près de la ville.

Le fleuve reçut son nom de la couleur jaune de ses eaux, comme le fleuve de la Troade. Dans la langue lycienne on l'appelait Sirbé, mot qui a la même signification. Aujourd'hui, la plaine où s'épanchent les eaux du Xanthus avant d'arriver à la mer, est peuplée par quelques pauvres villages dont le plus important est Fournas, résidence du chef du district. Kounik est le village le plus voisin des ruines de Xanthus; on n'y trouve aucune ressource.

CHAPITRE VIII.

XANTHUS. — ARNA. — TLOS. — DEUWAR.

La ville de Xanthus capitale de la Lycie est située sur la rive orientale du fleuve à deux lieues environ de son embouchure. L'acropole s'élève sur un rocher de forme carrée, dont la hauteur est d'environ soixante-dix mètres. La ville basse s'étend autour de l'acropole, mais les monuments qu'elle renferme sont tous de l'époque romaine : on a donc lieu de penser que la ville lycienne occupait seulement le sommet de la montagne.

Pendant son voyage sur les côtes de Caramanie le capitaine Beaufort avait recueilli divers renseignements sur le

---

(1) Strabon, XIV, 665.

(1) *Travels in Lycia*, t. I, 39.

site et les monuments de Xanthus, mais ces ruines étaient restées inexplorées lorsque M. Fellows les visita pour la première fois le 20 avril 1838. Le nombre et l'importance des monuments qu'il observa excitèrent au plus haut degré l'intérêt du monde savant, et l'année suivante le gouvernement anglais chargea une mission scientifique d'aller recueillir les principaux monuments de sculpture de Xanthus pour les transporter au British muséum. MM. Spratt et Forbes ont rendu compte de cette expédition, pendant laquelle ils déterminèrent le site de plusieurs autres villes encore inconnues (1).

La route de Macri à Xanthus se dirige au nord-est en suivant le rivage marécageux du golfe; on commence après une heure de marche à monter les pentes de l'Anti-Cragus, et du sommet de la première colline on découvre la grande chaîne du Massiscytus dont les nombreux sommets sont couverts de forêts de pins. On descend ensuite dans la vallée de Xanthus entrecoupée par des collines argileuses dont le sommet est couvert de dépôts de calcaire d'eau douce, restes d'un lac qui a dû occuper une partie de la vallée, et l'on fait halte au village de Minara. Le lendemain on continue de descendre la vallée, peuplée de plusieurs villages et entrecoupée de collines boisées. Bientôt on découvre la plaine de Xanthus, qui s'étend jusqu'à la mer; le fleuve est extrêmement rapide et ses eaux sont chargées d'argile jaunâtre.

Le rocher de l'Acropolis ne manque pas de caractère, mais il est loin d'offrir l'aspect étrange et pittoresque des autres citadelles lyciennes. La plaine en cet endroit est marécageuse, le fleuve roule ses eaux au pied de la seconde acropole sur le revers de laquelle est construit le théâtre et d'autres monuments, principalement l'Héroum à pilastres carrés, orné de bas-reliefs représentant l'histoire de la fille de Pindarus. Près de là est une seconde colline sur laquelle est construite l'acropole supérieure, dont l'enceinte est occupée par les ruines d'un monastère byzantin.

(1) Travels in Lycia Milyas and Cibyratis by Spratt and Forbes-London, 1847.

Les principaux sarcophages sont situés sur la pente sud-ouest; ils sont de style lycien avec des couvercles de forme ogivale : le plus remarquable de ces monuments, orné de sculptures représentant une course en char, a été brisé lorsqu'on a voulu le déplacer.

Une plate-forme de roc immédiatement au-dessus de la plaine était couronnée par un groupe de temples dont les frises ont été emportées en Angleterre.

Les monuments de Xanthus sont en calcaire blanc compacte, qui abonde sur les côtes de Lycie ; mais les bas-reliefs et les autres sculptures sont en marbre blanc cristallin.

Un des monuments les plus remarquables de l'ancienne Xanthus est désigné sous le nom de monument des Harpies ; il était situé près des rochers de l'acropole et non loin de l'obélisque portant les inscriptions lyciennes. Il se composait d'un soubassement carré contenant une chambre sépulcrale, et au-dessus un édicule dans le genre du tombeau de Mylasa. Les sculptures qui décorent ce tombeau représentent la fable des Harpies et sont regardées comme un des plus magnifiques produits de l'école lycienne antérieurs à la prise de l'acropole par Harpagus. Non loin de ce monument s'élève un obélisque carré dont les quatre faces sont couvertes par des inscriptions en caractères lyciens, on croit y reconnaître quelques noms des villes de Lycie et notamment celui de Arna, nom lycien de la ville de Xanthus.

Tous les monuments archaïques sont autour de l'acropole et dans son enceinte ; on en conclut que c'était le véritable emplacement de l'ancienne Arna, et que la ville basse a été bâtie quand les Romains ont été maîtres du pays.

A quatre milles au nord de la ville, M. Hoskyn a reconnu une longue muraille qui coupe toute la vallée; elle a sept ou huit pieds d'épaisseur sans tours, et construite en pierres non taillées, assemblées à joints irréguliers, elle a tous les caractères d'une haute antiquité, et l'on ne peut douter qu'elle n'ait été construite par les Xanthiens pour se mettre à l'abri des incursions des habitants des montagnes, peut-être les

Tloës où les Solymes. C'était un de ces murs de défense, *fines* ou *closuræ* comme on en rencontre dans quelques autres provinces. La construction de ce mur ne peut être postérieure à la conquête perse, puisque depuis ce temps toute la Lycie a été réunie sous le même gouvernement.

Après la conquête de la Lycie par les Perses, la population de Xanthus se composa moins de Lyciens que de Cariens et de Grecs amenés par les nouveaux maîtres. La citadelle paraît avoir été conservée uniquement comme poste militaire et la nouvelle Xanthus fut construite dans la plaine au pied du rocher.

La plupart des tombeaux, taillés dans le roc, paraissent antérieurs à cette époque; mais pour les sarcophages et pour les sculptures représentant des faits de guerre, des prises de villes et d'autres sujets qui se rattachent au séjour des Perses en Asie Mineure, il y a dans la composition de ces œuvres une influence orientale bien marquée qui fut modifiée par les œuvres de l'école grecque pendant la période macédonienne.

Les Perses avaient complétement évacué le pays, et avaient été remplacés par des Grecs. La population de race lycienne était de plus en plus clairsemée; mais les modernes Xanthiens ne répudiaient pas le souvenir de leurs prédécesseurs, et pendant la guerre civile qui suivit la mort de César, les Xanthiens refusèrent d'ouvrir leurs portes à l'armée romaine commandée par Brutus. La ville fut investie, et les habitants, repoussant toute proposition de capitulation, préférèrent s'ensevelir avec leurs femmes et leurs enfants sous les ruines de leur ville en flammes (1).

Les Romains ne traitèrent pas les Lyciens avec trop de rigueur, et admirent sous le contrôle proconsulaire la confédération des villes lyciennes. C'est pendant cette période romaine que furent construits presque tous les monuments publics dont on observe encore les ruines en Lycie, comme les théâtres, les stades et plusieurs temples qui ont été ruinés moins par la main des hommes que par les secousses des tremblements de terre.

La religion chrétienne, sous l'influence de la parole de saint Paul, se répandit de bonne heure dans les villes de Lycie, et de grands monastères furent fondés; il n'est pas de ville où l'on ne retrouve les vestiges d'anciennes églises byzantines.

Il ne paraît pas que les musulmans se soient jamais établis à demeure dans la ville de Xanthus. Les alluvions formées par le fleuve ont depuis bien des années rendu ces parages presque inhabitables; les populations rurales descendent dans la plaine pour faire leurs semailles, et quand viennent les chaleurs remontent dans les hautes vallées du Taurus. A partir du mois d'août ce pays devient complétement désert, c'est dans cet état que nous l'avons trouvé en août 1836. Nous projetions un nouveau voyage en 1837, mais cette expédition n'eut pas lieu (1).

L'antique cité de Tlos, bâtie par le héros fils de Trémilus, était une des principales villes de la Lycie (2). On savait qu'elle était située sur la route de Cibyra dans la vallée supérieure du Xanthus; sa position a été déterminée par M. Fellows au village de Deuwar, nom turc qui signifie, les murailles. Il est situé à six heures de marche au nord de Xanthus et à une journée au nord-est de Macri, sur une montagne dépendant du Massiscytus; c'est le chef-lieu d'un aghalik appartenant au pachalik de Mogla.

Deuwar est situé dans une admirable position au milieu de l'ancienne acropole élevée à trois cents mètres au-dessus de la vallée voisine, entourée de profonds précipices dont les flancs forment des murailles inaccessibles. La vue domine toute la vallée du Xanthus jusqu'à la mer et de l'autre côté les sommets du Cragus et du Massiscytus terminent l'horizon.

Les rochers de l'acropole du côté du nord sont criblés de centaines de tombeaux creusés au ciseau, et qui pour la plupart sont inaccessibles. Les plus an-

(1) Appien, *Bell. civ.* IV, 18.

(1) Voy. *Descr. de l'Asie Mineure*, t. III, documents officiels.
(2) Strabon, XIV, 665.

ciens sont semblables à ceux de Telmissus, quelques-uns portent des inscriptions grecques parmi lesquelles on lit les noms du sénat, du peuple et de la gérousie des Tloéens. Le plus remarquable de ces tombeaux a la forme d'un temple avec un fronton supporté par des colonnes de style égyptien et des chapiteaux massifs, dont le fût est beaucoup plus large à la base qu'au sommet, ce monument paraît être resté inachevé.

Sous le portique est sculptée l'imitation d'une porte avec ses clous et sa serrure, et sur le côté on voit un bas-relief représentant Bellérophon monté sur Pégase au galop sur une montagne rocheuse qui représente le mont Cragus. Le héros attaque un énorme léopard sculpté sur une des entrées du tombeau à droite de la porte. Un ornement de rinceaux décore un des côtés de la porte près du léopard et est répété sur le panneau correspondant. Sur le panneau près du tombeau sont sculptées des figures de chiens. Ce bas-relief, qui mériterait une description plus étendue, paraît avoir été peint (1); près de ce monument est gravée sur le roc une inscription en caractères lyciens d'une grande dimension.

Dans la plaine, à quelque distance, M. Spratt a découvert un piédestal sur lequel est sculptée la représentation du siége de Tlos; on reconnaît le rocher de l'acropole, les murailles et les tombeaux taillés dans le rocher; on voit à l'entour des guerriers dans différentes positions.

Le théâtre est appuyé sur le flanc de la colline; on y compte trente-quatre rangs de siéges, et les angles des *cunei* sont ornés de griffes de lions. Près du théâtre est un groupe de grands édifices romains, sans doute le gymnase et la gérousie, dont les fenêtres ceintrées commandent la perspective de toute la vallée.

L'hôte chez lequel demeurèrent les voyageurs anglais les reçut avec une extrême politesse; son habitation présentait l'aspect d'une maison patriarcale; les étables sont installées dans un chalet qui « paraît avoir été transporté d'Interlaken. »

(1) Spratt and Forbes, *Travels in Lycia*, t. 1er, 33.

Les anciens habitants de Tlos avaient conservé précieusement les souvenirs de l'âge héroïque. Le personnage de Bellérophon est resté populaire; c'est à lui que les Termiles, fils de Tlos, doivent la sécurité de leurs vallées; il repousse dans les montagnes inaccessibles les féroces Solymes, regardés par Homère comme les plus anciens habitants de la Lycie; il détruit les bêtes féroces, et va combattre la Chimère, cause incessante d'effroi pour les populations; il règne enfin sur les Termiles, qui allèrent, conduits par Sarpedon, au secours de Troie: la Tlos de Lycie donne la main à la Tlos d'Ilion; mais plus tard l'histoire devient muette sur les destinées de Tlos. Les nombreux monuments de l'âge romain prouvent qu'elle continua à tenir un rang distingué parmi les villes de Lycie, et les somptueux tombeaux qui subsistent encore montrent assez que cette population fut riche et nombreuse; mais, depuis l'établissement de l'empire byzantin, la vie se retirait peu à peu de ces provinces d'un accès si difficile. Le commerce était nul dans ces parages, et les voyageurs redoutaient de traverser un pays que l'on disait habité par une race indocile et sauvage; aussi, dans toutes les relations des campagnes des Vénitiens, des Génois ou des Francs, il n'est pas une fois question des villes anciennes de la Lycie. Le nom du village actuel, Deuwar, lui a été donné à cause des nombreuses murailles en ruine qui entourent l'acropole.

CHAPITRE IX.

PINARA—MINARA.

Les anciens écrivains ne sont pas d'accord sur l'origine du nom de Pinara; cette ville passait pour avoir été fondée par Pinarus, un des fils de Trémilus, qui débarqua avec les premiers Crétois. C'est toujours l'habitude des Grecs de donner aux villes comme aux peuples le nom d'un héros fondateur, il paraît plus naturel de s'en rapporter à la tradition conservée par Étienne de Byzance, qui fait dériver le nom de cette ville de sa position près d'une montagne élevée et extraordinaire; le mot Pinara en langue lycienne signifiait montagne. En effet, le site de l'antique Pinara est tout à fait conforme à cette interprétation. M. Fellows a retrouvé au village de Minara, situé à cinquante-quatre kilomètres (au sud-est) de Telmissus cette même montagne d'une forme particulière qui a donné le nom à la ville. Ce nom s'est conservé avec très-peu d'altération chez les indigènes, le mot turc Minara, Minareh, tour, clocher, ayant une signification qui s'appliquait également à la situation du village.

L'histoire de Pinara est des plus brèves; elle était au nombre des six principales villes de la confédération lycienne, et ses habitants rendaient un culte au héros Pandarus, peut-être le même dont Homère vante les exploits. Si l'on s'en rapporte à une autre tradition, le premier nom de cette ville était Artymnessus ; elle fut colonisée par les Xanthiens (1). Dans toute la période hellénique il n'est pas fait mention de cette ville, et elle paraît être restée tout à fait en dehors des affaires politiques sous l'empire romain. Oubliée de la sorte, ses ruines se sont conservées presque intactes au milieu d'un peuple qui est peu destructeur, et représentent encore aux yeux du voyageur le tableau d'une grande cité lycienne avec ses monuments publics entourés de tous côtés par les tombeaux des générations passées. Les esquisses de cette ville, publiées par les membres de l'expédition anglaise, donnent le désir de connaître plus en détail cette cité remarquable dont M. Spratt fait le plus intéressant tableau. Malgré les rapports pompeux qui lui avaient été faits des ruines de cette ville, la réalité surpassa encore son attente.

Les ruines de l'ancienne ville sont situées à une petite demi-lieue du moderne village, où les voyageurs anglais trouvèrent le meilleur accueil. Cette population vivant loin de toute relation avec le monde moderne a conservé dans ses mœurs et dans ses costumes plus d'une empreinte de l'antiquité; le vêtement des femmes, leur fière tournure et la grâce de leurs mouvements en accomplissant les actes les plus simples de la vie domestique, rappelaient aux voyageurs les figures sculptées sur les bas-reliefs. Bien que musulmane, il est bien probable que toute cette population de la Lycie n'est pas de race turque, les conquérants de l'Asie Mineure se sont très-peu répandus dans ces montagnes et l'ancienne population indigène du massif montagneux de la Lycie et de la Pisidie a dû se perpétuer avec peu de mélange. Ceux qui ont visité ces régions, y compris l'auteur de ce livre, parlaient trop superficiellement la langue turque pour distinguer s'il y a dans ce pays quelque variété de dialecte dans lequel on pourrait retrouver quelques lambeaux de l'ancienne langue du pays. Ce sont des observations qui, jointes à tant d'autres, devront appeler l'attention des futurs explorateurs.

Une roche colossale ayant la forme d'une pyramide tronquée domine un profond précipice, elle est couronnée de fortifications et percée de milliers de tombeaux. Dans le fond du ravin on aperçoit les monuments de la ville et de nombreux sarcophages; les sommets ombreux du Cragus se découpant en lignes accentuées, occupent le fond du tableau; les ruines de la ville s'étendent sur les pentes des deux autres collines rocheuses sur lesquelles s'élevaient les monuments grandioses de différents styles. Aussi loin que la vue peut s'étendre, les rochers environnants sont perforés d'une innombrable quantité de tombeaux ; en un mot, tout concourt à prouver que l'ancienne Pinara était une des villes les plus populeuses, les plus puissantes de la Lycie.

Le théâtre est le premier édifice qui attire les regards; ses substructions sont construites en pierres polygonales et portent le caractère d'une haute antiquité ; il est situé sur la pente d'une colline boisée qui fait face à la ville. Aujourd'hui l'on jouit du haut de l'édifice d'une admirable perspective, qui s'étend jusqu'à la mer; mais nous ne saurions trop répéter que les anciens spectateurs n'avaient pas cet avantage (1) : voiles ou murailles fermaient les anciennes salles de spectacle comme les nôtres; le proscénium s'élevait en face de la salle. Que seraient devenues les voix des acteurs

---

(1) *Menecrate* ap. Ritter, t. IX, 965.

(1) Spratt, *Travels in Lycia*, t. I, page 8.

parlant ainsi au milieu de l'immensité de l'espace.

Près du théâtre est une construction moins ancienne, avec des colonnes ioniques dont quelques-unes sont accouplées et cannelées; plus loin sont de beaux sarcophages avec leurs couvercles en ogive; ils sont situés au pied de l'acropole inférieure, qui elle-même est couverte d'une masse de constructions dans le genre cyclopéen. On y trouve un petit théâtre ou odéum et un grand portique renversé, sans doute par un tremblement de terre. Sur le chemin qui conduit à l'acropole supérieure on rencontre un groupe remarquable de sarcophages disposés autour d'un énorme tombeau bâti en forme d'héroum, c'est-à-dire avec un soubassement supportant un monument carré ; la chambre sépulcrale contient des banquettes pour déposer les corps.

Les inscriptions sont rares à Pinara, parce que les monuments sont construits avec cette brèche lycienne (1) peu propre à être gravée : aussi les anciens habitants avaient-ils l'habitude de revêtir de stuc les monuments qu'ils voulaient décorer finement.

On remarque cependant un tombeau taillé dans le roc dont la façade est décorée de mascarons, et dans l'intérieur du portique on voit un bas-relief représentant une ville avec ses monuments, ses murailles garnies de créneaux. Les sarcophages à couvercle en ogive sont souvent décorés de scènes de combat, comme on en voit un à Telmissus. Ritter remarque avec raison que ces sujets représentent des jeux funèbres exécutés en mémoire du défunt.

La plupart des tombeaux taillés dans le roc sont inaccessibles; ils présentent l'aspect de simples grottes dont le sommet est ceintré. Il est certain que pour les creuser on suspendait les ouvriers à un système de cordages, comme le dit Pline (2).

Le caractère des monuments de Pinara présente cette singularité qu'ils paraissent tous construits dans la période qui précéda l'établissement des Romains en Lycie. Cette ville, par sa position au centre des montagnes et loin des routes suivies par les armées a échappé aux révolutions qui bouleversaient les populations plus accessibles. Cependant la religion chrétienne y fut pratiquée.

Les ruines d'une église s'élèvent au pied de la seconde acropole, à l'entrée d'un profond ravin dont les flancs recèlent de nombreux et remarquables tombeaux de style lycien.

Les causes de l'abandon de cette ville sont faciles à déduire de sa position même; elle n'a jamais été une place forte et comme telle son existence dans les temps modernes n'avait aucune importance; son territoire rocheux était improductif, le commerce et l'industrie de ses habitants étaient nuls; elle était donc fatalement vouée à la décadence et à l'oubli.

CHAPITRE X.

SIDYMA. — CRAGUS. — CADYANDA.

La ville de Sidyma, citée par Pline (1) comme étant voisine de Patare, est située sur la rive droite du Xanthus, dans cette partie de l'Anti-Cragus appelée aujourd'hui Yédi bouroun, à quarante-deux kilomètres au sud de Minara au village de Dourdourkar.

De Minara la route suit une succession de vallées et de collines boisées jusqu'à Déré keui, où l'on observe les restes d'un monument antique consistant en huit colonnes debout au milieu des arbres. Ce village est distant de trente-six kilomètres de Minara. Six kilomètres plus au sud, se trouve le village de Dourdourkar, où M. Schœnborn recueillit une inscription tumulaire gravée en mémoire d'un habitant de Sidyma ; il retrouva aux environs les traces d'une ville peu étendue avec plusieurs tombeaux de marbre blanc et quelques sculptures.

Le nom de Sidyma est inconnu dans la numismatique, mais les géographes anciens placent dans ces parages la ville de Cragus, qui est aussi connue par ses médailles. Il n'est pas improbable

(1) Voyez chap. XI. p. 27.
(2) Voy. page 619, col. 2.

(1) Pline, V, 28

que ce ne soit qu'une seule et même ville. Le colonel Leake remarque avec juste raison que plusieurs villes de la Lycie portaient au moins deux noms : Xanthus et Arna, Patara et Sataros, Pinara et Artymnessus. Le nom de Sidyma serait de l'époque romaine.

Cadyanda, ville lycienne d'une origine inconnue, est située sur la pente occidentale du mont Cragus, au village de Ouzoumlou (des raisins), à une journée de marche au nord-nord-est de Macri. M. Fellows, à qui l'on doit la découverte de cette ville, a observé un certain nombre de tombeaux remarquables les uns en sarcophages ornés de sculptures, les autres taillés dans le roc et portant des inscriptions lyciennes. Les ruines de la ville occupent le sommet d'un plateau qui commande la plaine et d'où l'on jouit d'un admirable panorama. Une grande rue bordée de temples et d'édifices publics traverse la cité de part en part; le théâtre, encore en bon état de conservation, est situé sur la pente de la colline. Il a dix-huit rangs de gradins; mais le proscénium, la seule partie intéressante dans ces sortes d'édifices, n'est plus qu'un amas de décombres; cependant les portes latérales sont encore debout.

Le stade paraît être d'un style primitif; il est sans siéges à l'entour. L'agora est rempli de ruines de tout genre, piédestaux et portiques gisent les uns sur les autres renversés par une secousse subite. Le gymnase est sans doute ce grand édifice voûté dont parle M. Hoskyn, et que les habitants désignent sous le nom de Yédi kapou, les sept portes. La ville est entourée d'une ligne de murailles de construction polygonale; on observe cependant quelques réparations faites par les Romains en assises réglées.

La nécropole renferme des tombeaux de trois styles différents, les sarcophages lyciens qui sont ornés de sculptures remarquables, les tombeaux grecs en forme de bômos supportant un piédestal, et les tombeaux romains. De nombreuses inscriptions en langue grecque subsistent encore; quelques-unes portent le nom de la ville des Cadyandiens plusieurs fois répété.

Un doute s'est cependant élevé sur l'identité de cette ville presque inconnue. Hérodote (1) rapporte que Caunus était voisine des montagnes des Calyndiens. Pline (2) nomme Calynda comme une ville de Carie voisine du golfe de Telmissus; or, Cadyanda est peu éloignée du territoire de Caunus; il s'ensuit que les géographes sont disposés à identifier la ville lycienne avec celle de Calynda, c'est-à-dire qu'on trouverait là un double nom comme dans presque toutes les villes de la Lycie. A quelque distance du village d'Ouzoumlou, on remarque une stèle quadrilatère dans le genre de celle qui existe à Xanthus; elle a trois mètres vingt-cinq centimètres de haut et un mètre vingt centimètres sur chacune de ses faces; elle repose sur un socle d'un mètre de hauteur. On rencontre plusieurs monuments du même genre dans d'autres villes de la Lycie; celui-ci paraît avoir été couvert de caractères qui sont tout à fait effacés. Le village d'Ouzoumlou est assez considérable; il y a quatre mosquées; on y trouve quelques provisions. Le retour d'Ouzoumlou à Macri s'effectue en une journée, en suivant la rive d'un ruisseau qui descend dans la plaine. Avant d'arriver à Macri, on passe près d'un cimetière où se trouvent quelques inscriptions portant le nom de Cadyanda.

Le village d'Orhan situé à une journée au nord-est d'Ouzoumlou occupe l'emplacement de l'ancienne Araxa; ce lieu a été déterminé par M. Spratt d'après une inscription qui contient le nom d'Araxa (3).

CHAPITRE XI.

PATARE. — PHŒNICUS PORTUS. — KALAMAKI.

En quittant le golfe de Macri, le 7 août 1836, nous fîmes route vers le sud, doublant le cap montagneux qui forme le contrefort occidental de l'Anti-Cragus. Le lendemain, *la Mésange* se trouvait en travers du cap Yédi bouroun, les sept caps, qui forment en effet sept pointes rocheuses très-avancées dans la mer. Mais bientôt la côte devient plate et

---

(1) I, 172.
(2) Pline, V, 29.
(3) *Travels in Lycia*, t. I, p. 40.

sablonneuse : c'est la vallée du Xanthus dont la largeur n'est pas moindre de trente kilomètres ; on voit clairement qu'en des temps plus anciens il a dû exister là un golfe dont la montagne de Patara formait la corne orientale ; la ville de Xanthus était alors plus rapprochée de la mer.

Il est impossible aux navires de mouiller sur cette côte, toujours exposée aux vents d'ouest et constamment battue par la houle : dans l'antiquité, les navires trouvaient un refuge dans le port de Patara, aujourd'hui inabordable. Mais le cap de Patara forme à l'est un petit golfe profond et bien abrité, qui a été souvent fréquenté par les flottes romaines et par les pirates Ciliciens. On l'appelle aujourd'hui la baie de Kalamaki.

L'entrée est signalée par deux petites îles rocheuses, portées sur les cartes sous le nom de Volo et Okendra ; elles correspondent aux îles Xenagoræ marquées sur le *Stadiasmus mari magni*. La baie de Kalamaki est le Phœnicus portus mentionné par Tite-Live (1), où la flotte romaine alla mouiller avant d'attaquer Patara. Les Phéniciens avaient peut-être choisi cette calanque pour abriter leurs navires quand ils venaient trafiquer avec les Lyciens ; nous y observâmes en effet des traces de monuments d'une haute antiquité.

La baie de Kalamaki est entourée de tous côtés de hautes montagnes couvertes de buissons ; la mer a vingt brasses de fond, et l'on mouille presque à toucher terre derrière la roche qui marque l'entrée, de sorte qu'on se croirait dans un lac ; ce lieu est d'un très-difficile accès par terre, attendu que du côté du nord les montagnes sont presque impraticables à cause des broussailles.

A peine arrivés au mouillage nous songions aux moyens de nous rendre à Patara, en cherchant un chemin sur la montagne. Nous reconnûmes alors que tout le sommet était couronné par une longue muraille en appareil pélasgique, et nous nous mîmes en route pour la visiter. La montagne est composée d'un calcaire blanc laiteux, compacte et sonore, qui a été employé par les anciens dans un grand nombre de monuments. Ces roches compactes et homogènes les invitaient à travailler la masse même de la montagne ; aussi l'art de sculpter des monuments monolithes est-il devenu le caractère distinctif des Lyciens, qui surpassaient infiniment sous ce rapport les habitants de la Cappadoce.

Pendant notre ascension à la muraille, nous trouvions au milieu des buissons de larges morceaux de poterie très-épaisse, ouvrage évidemment antique dont nous ne pouvions comprendre ni l'origine ni l'usage.

Nous arrivâmes enfin au pied de la muraille ; elle est fondée sur le col qui divise les deux versants de la montagne ; sa longueur est de deux cent trente et un mètres, son épaisseur de trois mètres. La hauteur est de neuf mètres soixante centimètres dans sa plus grande dimension ; elle est bâtie en blocs irréguliers de grande dimension, et percée de deux portes dont les pierres se réunissent en encorbeillement et sont couronnées par une plate-bande : c'est le cachet d'une haute antiquité. Le couronnement du mur est complet ; il est formé par une assise de pierres équarries et réunies par des joints très-serrés.

En examinant une partie détruite nous reconnûmes que cette assise était percée par un canal circulaire dans lequel étaient encastrés des tuyaux de terre cuite soigneusement réunis les uns aux autres, en un mot que ce monument n'est autre chose qu'un aqueduc fondé sans doute par les premiers colons de Patara ; on peut le regarder comme le plus ancien aqueduc qui existe. Ce monument offre cette particularité remarquable, c'est qu'à cette époque reculée les lois de l'hydraulique étaient déjà connues ; on savait que l'eau introduite dans des tuyaux fermés reprend son premier niveau. Ce conduit est un véritable siphon, qui prend les eaux sur la montagne, descend en formant un angle de cent soixante degrés avec l'horizon, et remonte sur la montagne en face en faisant un angle de cent cinquante degrés : le travail du siphon, consistant en un canal de pierre dans lequel on avait introduit des tuyaux de terre cuite, est très-remarquable. Au-delà de cette vallée l'aqueduc est

(1) Tite-Live, XXXVII, 16.

formé par un canal à fleur de terre que nous suivîmes pendant plusieurs kilomètres et que nous perdîmes dans les buissons, il est presque certain qu'il portait ses eaux à Patara dont les ruines ne sont distantes que de trois ou quatre milles. La prise d'eau nous est aussi restée inconnue ; ne serait-ce pas cette source appelée Fons Telephi, qui était à sept stades de Patara, selon Étienne de Byzance. En revenant à bord nous apprîmes qu'à l'est du mouillage on avait trouvé un ruisseau de bonne eau ; il est possible que ce ruisseau ait servi à alimenter l'aqueduc.

CHAPITRE XII.

PATARE.

La fondation de Patare remonte aux premiers temps de la civilisation hellénique ; le culte d'Apollon y fut transporté de Crète avec les premiers colons, et l'oracle qui s'établit acquit une célébrité qui ne le cédait qu'à l'oracle de Delphes (1). Le dieu reçut le nom d'Apollon pataréen et les peuples de l'Asie le consultaient sous le nom d'Apollon lycien ; son culte fut transporté jusqu'en Troade. Selon le mythe lycien, Apollon serait né sur ce rivage ; Latone, conduite par des loups, vint se réfugier en Lycie pour y enfanter ses deux jumeaux ; ils furent baignés dans le fleuve Xanthus et abrités dans la chaumière de la vieille Suessa.

Latone était honorée à Xanthus et son fils Apollon à Patare, voisine de l'embouchure du fleuve. Cette ville passe pour avoir été fondée par Patarus, fils d'Apollon et de la nymphe Lycia (2), tradition commode qui n'explique rien. Les ruines de Patare ne présentent pas la physionomie archaïque des autres villes de Lycie, c'était un port trop fréquenté du temps des Romains pour qu'on ait laissé subsister les monuments des premiers colons ; ils ont été remplacés par des édifices plus en rapport avec les besoins du temps.

Lorsque Alexandre traversa la Lycie pour aller attaquer Darius, les principales villes se soumirent à lui sans résistance. La dure punition infligée à la ville d'Halicarnasse fut une leçon pour les peuples de la contrée, et la marche victorieuse du roi macédonien ne trouva plus d'obstacles que dans les montagnes de la Pisidie. Après la mort d'Alexandre, la côte d'Asie devint le théâtre de la guerre entre ses principaux successeurs (1).

Patare finit par rester au pouvoir de Ptolémée, qui la répara, lui donna le nom d'Arsinoë sa femme ; mais le premier nom subsista toujours. Dans la dernière lutte que soutint la puissance grecque en Asie, et qui se termina par la chute d'Antiochus, Patare était le principal arsenal du roi grec, quoique dans le voisinage il y eût une grande baie propre à contenir un certain nombre de vaisseaux ; mais elle se trouve entourée de montagnes et sans communication avec l'intérieur ; c'est la baie de Kalamaki.

La ville est située dans une large vallée séparée de la côte par une colline élevée. Le port, qui s'avançait jusqu'à deux milles dans l'intérieur, est au nord-est de cette colline, sur le flanc de laquelle est placé le théâtre. La vallée du port se prolonge jusqu'au delà des montagnes qui entourent la ville, et devient marécageuse au point que le passage est impraticable. Il serait possible qu'une branche du Xanthus fût venue déboucher dans le port de Patare, et ait contribué à l'ensabler.

Les vents d'ouest, qui règnent presque constamment, ont formé, à l'entrée du port, une barre fort large qui s'étend tous les jours, en même temps que les ruisseaux de la montagne, qui ne trouvent plus d'issue, alimentent les eaux des marais et submergent les ruines qui restent.

CHAPITRE XIII.

LE THÉÂTRE. — LE TEMPLE.

Le théâtre est composé de deux précinctions, chacune de quinze rangs de gradins (2). Le proscénium est presque

---

(1) P. Mela, liv. I, 15.
(2) Pline, V, 29 ; Strabon, XIV, 666.

(1) Diodore, liv. XIX, ch. 74.
(2) Voy. pl. 24, théâtre à Patare.

entier; la façade extérieure, dont les deux étages sont complets, est d'un goût simple et charmant; un entablement très-orné couronne le rez-de-chaussée, qui est d'ordre dorique. Le premier étage est percé de fenêtres ceintrées, et terminé par un entablement plus simple. Les pierres de cet édifice, exposées à la friction continuelle des sables marins, sont blanches comme le jour où elles furent posées.

La salle des mimes est encore entière; mais les divisions, qui étaient de bois, ne sont plus indiquées que par les évidements des solives. On entrait sur la scène par cinq portes, comme dans tous les théâtres anciens. Au-dessous de chaque porte de la scène il en existe une correspondante pour le service des machines; au dehors, ces portes sont au niveau du soubassement de l'édifice.

Sur la partie orientale, on lit une longue inscription grecque, qui nous apprend que cet édifice a été bâti par Quintus Vélius Titianus dans la quatrième année du consulat de l'empereur Antonin. Sa fille Vélia Procla a fait présent d'une véla, y a fait placer des statues et d'autres ornements.

Les murs de soutènement des gradins sont conservés. Le bandeau oblique qui les soutient est encore en place, la scène était entièrement détachée de la salle.

Ce théâtre est bâti avec un grand luxe de matériaux. Les gradins sont soutenus par une triple muraille fort épaisse, et qui n'est apparente que parce que le parement est démoli dans un endroit.

Le mur extérieur est en grandes assises réglées, à bossage; le second est en gros quartiers de libage, aussi en assises réglées; enfin le mur intérieur qui soutient le massif des gradins est en pierres sèches et à joints irréguliers. Le diamètre est de soixante-dix mètres.

Les broussailles ont crû sur les gradins et autour du proscénium, de sorte que la circulation est très-difficile; mais c'est le seul obstacle qu'on rencontre dans les villes de Lycie, aujourd'hui absolument désertes.

Dans la colline qui domine le théâtre, on remarque un puits circulaire d'une solide construction au centre duquel est un pilastre carré dont les assises ont été déplacées par quelque tremblement de terre, un escalier en ruine conduit jusqu'au fond. Une statue était peut-être placée sur ce pilastre. Les conjectures les plus probables s'accordent pour regarder ce puits comme le siège de l'oracle d'Apollon. Ce monument a été d'abord signalé par le capitaine Beaufort et visité ensuite par M. Spratt; l'un et l'autre observateurs sont du même avis.

CHAPITRE XIV.

PETIT TEMPLE.

Dans l'axe du théâtre, et à trois cents mètres environ à gauche de l'édifice, on aperçoit au milieu d'un épais massif de roseaux et de broussailles le sommet d'un édifice de marbre blanc dont l'accès est des plus difficiles; mais nous nous trouvâmes bien dédommagés de la peine que nous prîmes pour y arriver.

Nous reconnûmes que ce monument était un temple *in antis*, c'est-à-dire n'ayant de colonnes que sur la façade entre les antes; la porte, entièrement conservée, est un des plus beaux exemples d'architecture gréco-romaine, elle rivalise avec celle du temple d'Ancyre, à laquelle elle ressemble. Deux belles consoles soutiennent la corniche, et les chambranles sont ornés d'oves et de palmettes.

La cella de l'édifice est intacte, les chapiteaux des antes sont ornés de feuilles d'acanthe, mais ne sont pas d'ordre corinthien; c'est un composite campaniforme dont on retrouve plusieurs exemples en Carie. L'entablement de l'édifice était sans ornements, la frise était bombée, c'est un caractère que l'on remarque dans presque tous les monuments romains de la Lycie et même des autres villes d'Asie. On est certain d'après des inscriptions de date certaine que ce genre de décoration fut en usage pendant toute la période des Antonins.

Les antes portent sur des piédestaux dont la base n'est qu'un talus sans moulures; ceci n'est pas en harmonie avec la richesse de la porte. Les pilastres du posticum ont des chapiteaux d'une espèce de dorique qui ne ressemblent pas à ceux des antes. Tout le temple est composé de blocs de pierres de taille ; il est assis sur un soubassement baigné par les eaux du marais.

La porte monumentale de Patare consiste dans une sorte d'arc triomphal, avec trois portes ceintrées. Au-dessus sont trois fenêtres carrées ; chaque pied-droit est orné de deux grosses consoles en saillie, qui paraissent destinées à supporter des bustes. L'entablement est dorique avec triglyphes ; l'architecture est lisse et la corniche sans mutules. Ce mélange de tous les ordres indique assez un monument d'une décadence avancée ; cependant l'inscription mentionne encore la confédération lycienne et fait connaître que cette porte a été construite par le peuple en l'honneur de la ville de Patare, métropole de la Lycie (1).

CHAPITRE XV.

NÉCROPOLE.

La nécropole était située hors de la ville dont les nombreux sépulcres sont encore en place : on en remarque quelques-uns du même style que ceux de Telmissus ; le plus grand nombre des autres est de la forme grecque ordinaire. Cette nécropole est fort étendue ; elle suit la rive orientale du port. Nous voyons plusieurs soubassements de mausolées ornés de pilastres et d'entablements. Un peu plus loin, au milieu du feuillage, s'élève un petit temple presque entier ; il se compose d'un soubassement avec deux acrotères et six marches, d'une grande porte carrée entre deux antes doriques, et d'une cella au milieu de laquelle est encore le piédestal de la statue. La cella est voûtée ; l'entablement est à denticules et frise bombée. On trouve par terre les deux angles extrêmes du fronton, et plusieurs morceaux de colonnes. L'enceinte de ce petit temple est à joints irréguliers.

Sous le soubassement il existe un caveau. Peut-être cet édifice n'est-il autre chose qu'un tombeau. Sa position au milieu de la nécropole pourrait le faire supposer ; mais il remplit toutes les conditions d'un temple.

En continuant de marcher au nord, on arrive à l'extrémité du port. Nous remarquons une grande prairie, où sont plusieurs campements de Youroucks abandonnés. Les nomades ne viennent dans ce pays que dans le printemps ; ils le quittent du moment qu'ils ont fait la récolte, les sources commençant à se tarir dès les premières chaleurs de l'été ; en effet, ce n'est pas la saison pour visiter ces contrées. La végétation a pris son plus grand développement ; les buissons deviennent impénétrables, les lianes sont de véritables lacets dans lesquels il est inutile de s'engager ; enfin tous les animaux immondes et dangereux pullulent avec la chaleur brûlante d'un terrain humide. Les maladies menacent incessamment les voyageurs ; l'infection des marais, les eaux croupies au milieu desquelles il faut vivre, font toujours quelques victimes.

Nous nous engageâmes cependant sous un massif d'arbustes où la lumière pénétrait à peine ; mais après plus d'une heure d'efforts, pendant laquelle nous avions peu avancé, nous revînmes sur nos pas, bien heureux de rencontrer quelques grappes de raisin sauvage qui calmèrent pour un moment notre soif.

Nous avions aperçu, en montant sur un rocher, un défilé marécageux entre deux montagnes à pic, qui communiquait avec la vaste plaine de Xanthus. Quelques bœufs paissant au milieu des joncs étaient l'indice du voisinage des maisons ; mais nous fîmes de vains efforts pour franchir le défilé. Nous allâmes tomber de fatigue sous quelques caroubiers, dont les fruits, pendant en longues grappes, représentent les palmettes des ornements grecs.

De l'autre côté du port, qui forme un marais pestilentiel, nous aperçûmes les ruines de grands édifices dont l'un a tout l'aspect d'un palais ; mais il nous fut impossible d'y parvenir. Il est difficile de dire quelle saison serait la plus favorable pour visiter les ruines de Patare ; dans l'hiver, les jours courts et les hautes eaux, les pluies tropicales doivent compenser en inconvénients les lianes, les miasmes et les moustiques de l'été. D'après le caractère tout romain des

(1) Voy. *Asie Mineure*, t. III, Patare.

monuments, nous ne pensons pas que de nouvelles recherches faites dans cette ville puissent donner des résultats bien satisfaisants.

CHAPITRE XVI.

PORT SÉVÉDO. — CASTELLORIZO.

Toute la région du Cragus qui s'étend entre Patare et Antiphellus est la plus abrupte et la plus impraticable de toute la contrée. La montagne vient plonger à pic dans la mer; c'est un avantage pour les navires, qui peuvent ranger la côte de très-près, mais les voyages par terre sont des plus pénibles, le pays n'offrant aucune ressource. En 1834 et 1836 nous avons fait l'un et l'autre trajet : la voie de mer est infiniment préférable. Il est toujours facile de trouver soit à Lévissi soit à Castellorizo des bombardes grecques qui, moyennant un prix raisonnable, parcourent la côte depuis Macri jusqu'à Tarsous, profitent du vent de terre pour marcher de nuit, et le jour mouillent dans les ports anciens. Un pareil voyage offre toutes les variétés de plaisir et d'étude; l'on n'est pas exposé à la maigre chère des nomades et au danger de rouler dans les précipices. Ces moyens de transport deviennent d'autant plus nombreux et plus faciles que la côte de Caramanie tend à changer de physionomie : la population y revient, au grand avantage du pays et au grand détriment des monuments antiques ; ce sont toujours ces vénérables restes du passé que les nouveaux débarqués attaquent pour se bâtir des demeures : ce n'est pas seulement sur la côte d'Asie que nous avons vu ce triste spectacle.

Le trajet par terre de Lévissi à Xanthus se fait en trois jours de marche; de Xanthus à Fournas, petit chef-lieu de district, la route est marécageuse et complétement déserte ; en été on va coucher à Bazirian keui (le village des marchands), situé sur le revers de la baie de Kalamaki : on y trouve quelques provisions. De Bazirian keui à Sedek, route très-difficile, à plus de cinquante mètres au-dessus du niveau de la mer ; Isna, misérable gîte de quelques maisons. On descend ensuite dans la petite crique d'Antiphilo ou port Vathy. Toutes ces montagnes sont de nature calcaire; c'est ce genre de roche qui compose les plus belles falaises. C'est ici que commence cette découpure extraordinaire de la côte de Lycie, dont la formation paraît être le résultat d'un chaos inextricable, tant il a engendré de ports, d'îles et de caps qui n'ont entre eux aucune connexion. Un voyage de circumnavigation dans ces parages, depuis Antiphilo jusqu'au golfe d'Adalia sera toujours d'un extrême intérêt, même pour ceux qui ne s'occupent pas d'études spéciales de monuments.

L'entrée de la baie d'Antiphellus, appelée généralement port Sévédo, est signalée par l'île de Castellorizo, que les anciens appelaient Mégiste, parce qu'en effet elle est la plus grande de ce groupe d'îles qui forment la ceinture de la Lycie.

Castellorizo, capitale et unique ville de l'île, est habitée par de nombreuses familles de Grecs qui se livrent à la pêche et au commerce de cabotage. Ils font les transports entre Rhodes et le continent. Ces rapports entre les deux îles datent de loin; car dans l'antiquité Mégiste, que l'on appelait aussi Cystène, appartenait aux Rhodiens. On dit qu'il y a quelques antiquités dans l'île, restes de la ville de Mégiste, qui déjà du temps de Pline n'existait plus, mais les récits qu'en ont faits ceux qui les ont visitées se bornent à la description de quelques murailles sans forme. Au temps où ces mers n'étaient pas encore abandonnées des navigateurs, sous les républiques de Gênes et de Venise, les chevaliers de Rhodes avaient fait de ces îles des points de relâche et de ravitaillement, ils avaient bâti une forteresse à Castellorizo.

Le 21 avril 1836 nous sommes venus, avec le brick de l'État *le Dupetit-Thouars*, mouiller au port Sévédo, qui fait face à l'île, et à l'entrée duquel se trouvent les ruines de l'ancienne Antiphellus; ce lieu porte encore le nom d'Antiphilo. Ce n'est pas même un village, c'est tout simplement un poste de douane pour l'embarquement des planches et du bois. Il y a un café et cinq ou six familles grecques ou turques qui sont venues de Castellorizo. Le bétail est abondant; on trouve du lait, des œufs, des poules et de la farine. C'est un endroit de ressource en comparaison des villages de l'intérieur.

Ce petit hameau, qui naissait en 1836, est devenu plus considérable; il occupe l'entrée de la ville d'Antiphellus à la naissance de l'ancien môle.

Le continent décrit en cet endroit de la côte une courbe demi-circulaire coupée en deux par un cap très-étroit qui forme deux ports; celui de l'est, le plus grand des deux, s'appelle port Sévédo, il est bien abrité, c'est un excellent mouillage; celui de l'ouest n'est qu'un canal long et étroit entre le cap et le continent, on l'appelle port Vathy, profond. Il y a bon fond, mais il est tellement étroit qu'un navire ne peut y virer de bord; il reste désert et inutile.

L'ancienne Antiphellus occupait tout le terrain qui s'étend entre les deux baies, et les monuments qui subsistent encore méritent un examen détaillé.

CHAPITRE XVII.

ANTIPHELLUS.

L'ancienne histoire d'Antiphellus est des plus brèves : Strabon et Pline se contentent de nommer cette ville (1); le dernier nous apprend qu'elle s'appelait d'abord Habessus. Elle se nomma Antiphellus parce qu'elle est en effet en avant de la ville de Phellus, située dans la montagne. Les inscriptions sont nombreuses, mais elles sont toutes sépulcrales; on n'a pas trouvé une seule inscription honorifique en mémoire d'un empereur ou de quelque magistrat. Antiphellus paraît avoir été seulement une place de commerce et d'entrepôt, surtout pour les grains. Les habitants suivant l'usage du peuple Lycien, mettaient un grand luxe dans leurs sépultures, on comptait dans la vallée de Vathy plus de cent tombeaux la plupart remarquables.

La ville, dont l'origine remonte à la Lycie indépendante, est bâtie en amphithéâtre sur une longue colline regardant la mer. Les murailles partent du port, suivent les sinuosités du rivage, remontent ensuite vers le point culminant où est située l'acropole du côté du nord-ouest, et reviennent vers l'est rejoindre le rivage. La ville forme ainsi un triangle très-allongé dont la pointe est à l'est.

Les murailles sont fondées sur le roc; elles sont bâties en assises réglées formées de blocs de grande dimension; du côté de la mer elles ont six à sept mètres de hauteur. Toutes les portes sont détruites; la pente du terrain, dans l'intérieur de la ville, est rachetée par la construction de plusieurs terrasses sur lesquelles s'élevaient les principaux édifices, qui, vus de la mer, devaient produire un effet grandiose avec les sommets sourcilleux du Taurus dans le fond du tableau.

L'acropole est presque entièrement détruite; on voit encore dans l'enceinte une grande salle qui était taillée dans le roc. La montagne descend à pic dans les eaux du port Vathy.

Le théâtre est assis sur la pente de l'acropole faisant face à la mer; il est de petite dimension et tout le proscénium, qui était peut-être bâti en bois, n'a laissé aucune trace. La cavéa est entièrement conservée, il y a vingt-six rangs de gradins, en une seule précinction. Les murailles de soutènement sont lisses et d'un beau travail, la partie circulaire de l'édifice est à bossages très-saillants.

L'agora s'étend sur une terrasse au pied de la colline de l'acropole; les murs d'enceinte sont en appareil polygonal; les colonnes des portiques sont çà et là couchées par terre. Au centre s'élève un piédestal rectangulaire supporté sur trois marches en pierre de taille, la face supérieure est percée de quatre trous qui retenaient une statue de bronze. On observe au nord de l'agora plusieurs salles taillées dans le roc, qui dépendaient des magasins souterrains; en avant de ces chambres sont six silos creusés dans le sol, ce sont des greniers de forme ovoïde, de sept mètres de haut sur cinq de large : c'est une preuve que cette ville faisait un grand commerce de grains.

Sur la terrasse inférieure on voit un grand édifice circulaire dont le mur

---

(1) Strab., XIV, 666; Pline, V, 32.

extérieur est soutenu par des contreforts. Ce monument rappelle l'église de Saint-Étienne-le-Rond à Rome; il avait dans l'intérieur un rang de colonnes. Nous le regardons comme une de ces anciennes églises circulaires qui furent construites sous le règne de Constantin, et dont Eusèbe a laissé la description; le plus beau modèle de ce genre existe encore à Thessalonique.

Enfin, en revenant près du port, on arrive à un édifice dont la destination n'est pas très-précise; il est bâti tout en marbre blanc; il forme une vaste salle presque carrée de dix mètres sur onze; la muraille extérieure est en assises réglées, qui ont 0,60° de hauteur et dans l'intérieur de l'édifice cette même muraille est en appareil polygonal. Le remplissage entre les deux faces est un béton de sable et de cailloux.

La grande salle est sans fenêtres; elle est précédée d'un vestibule qui n'a pas de porte centrale, mais deux petites portes latérales. La façade se composait de deux antes et de deux colonnes cannelées. On voit que ce plan ne se rapporte nullement à celui d'un temple : ce pouvait être la salle d'assemblée des marchands ou des magistrats.

LA NÉCROPOLE.

Les tombeaux d'Antiphellus sont sans contredit les monuments qui méritent la plus sérieuse attention, car ils soulèvent un problème qui n'est pas encore résolu, sur l'époque où la langue lycienne fut en usage, et sur celle où on a cessé de la parler. Ces tombeaux se composent de deux classes : les sarcophages et les monuments taillés dans le roc. Les uns et les autres imitent des constructions de bois; où donc les Lyciens ont-ils imaginé ce genre d'ornement pour l'appliquer à quoi? à des rochers. Il est probable qu'ils voulaient rappeler le souvenir de leurs demeures terrestres : on voit encore dans les villages modernes des maisons bâties en bois non équarris qui ressemblent à ces tombeaux (1). Un de ces monuments, si-

tué près du port Vathy, porte une inscription en langue grecque et en lycien; mais jusqu'ici cette circonstance a été d'un faible secours pour interpréter cette dernière langue. J'avais, dès 1836, levé par empreinte cette inscription qui était très-bien conservée; je l'avais, de plus, collationnée sur place, elle a été envoyée à plusieurs savants qui s'occupent de ces recherches, mais cette langue lycienne est restée impénétrable (1). Un autre tombeau d'un style un peu différent est sculpté dans la partie nord de la ville; l'entrée de la chambre sépulcrale représente une décoration en bois avec ses poteaux, ses solives et la pièce horizontale nommée sablière par les charpentiers. Ce soubassement est surmonté d'une décoration en ogive dans l'intérieur de laquelle sont simulés des panneaux (2). La plate-bande supérieure porte une inscription de cinq lignes en caractères lyciens, et sur le filet au-dessous (3), l'inscription latine : « Claudia Regelia Herennia à sa sœur aînée, monument de piété et de souvenir. » Les caractères sont de la fin de la république, c'est-à-dire du temps que Cicéron était gouverneur de Cilicie. Un grand nombre de familles romaines étaient déjà installées dans le pays, et en même temps les lois qui protégeaient les sépultures étaient exécutées dans toute leur étendue. Peut-on imaginer que cette dame romaine se fût emparée d'un ancien monument? ce n'était pas un acte d'une si haute piété que de déposer le corps de sa sœur dans un tombeau usurpé, dans un tombeau d'occasion. D'après ce simple énoncé, il n'est pas possible de décider que les deux inscriptions lycienne et latine sont contemporaines, mais c'est une question qui mérite examen (4).

Au-dessus de la maison de l'agha d'Antiphilo, on voit s'élever un sarcophage colossal avec un couvercle ogival

---

(1) Voyez planche 10, maisons de la vallée du Xanthus; Planche 11, tombeaux lyciens taillés dans le roc.

(1) Spratt. and Forbes, *Travels in Lycia*, t. II, 232, 235.
(2) Voy. Planche 26, Tombeau de Claudia Regelia.
(3) Claudia Regelia Herennia sorori suæ primigenitæ pietatis et memoriæ causa.
(4) Voy. *Desc. de l'Asie Mineure*, in-fol., t. III, où ces inscriptions sont publiées.

décoré de chaque côté de deux avant-corps de lions. Le soubassement est surmonté d'une corniche ornée d'oves; il porte une très-longue inscription en caractères lyciens, que j'ai aussi relevée par empreinte, il n'y manque que quelques lettres (1).

La vallée du port Vathy contient des centaines de sarcophages du même style, qui ont été imités par les Romains; nous donnons pour exemple le tombeau de Ptolémée (2), monument de marbre blanc, qui ne serait pas déplacé dans un musée. Enfin nous devons aussi signaler un tombeau de style grec formé d'un seul bloc de rocher équarri et séparé du reste de la colline par une petite aréa. Ce monument plus remarquable à lui seul que tous les monuments royaux d'Amasie, est du plus pur dorique; la frise est ornée de triglyphes, la porte à crossettes est entourée d'un chambranle architravé, la chambre sépulcrale contient trois banquettes sculptées en lits funèbres, et à la hauteur du plafond est une frise composée de danseuses qui se donnent la main : tel est l'ensemble des ruines de l'obscure cité d'Antiphellus; nous passons encore sous silence bien des monuments qui mériteraient d'être décrits.

CHAPITRE XVIII..

PHELLUS.

Dans la partie la plus reculée du port Sévédo, et sur la côte nord, on aperçoit au milieu des buissons plusieurs pans de murailles en appareil pélasgique, qui paraissent avoir appartenu à un fort, ou à un arsenal. On peut suivre pendant deux ou trois cents mètres la ligne des murailles, qui va rejoindre dans la partie haute un réduit fortifié; quelques sarcophages dans le style lycien se trouvent aux alentours, les uns encore en place, les autres brisés. Cette place, qui n'est pas à plus de quatre kilomètres d'Antiphellus, doit avoir appartenu à la ville. A défaut d'un emplacement plus satisfaisant sur la côte, on est disposé à y reconnaître le site d'Acrotérium, marqué sur le stadiasmus à cinquante stades d'Antiphellus. Nous avons reconnu, après avoir effectué notre ascension à Phellus, en marchant droit au nord par des chemins impraticables, que la route ancienne qui reliait les deux villes venait aboutir en ce lieu, qui ne serait alors qu'un entrepôt maritime dépendant de la ville de Phellus. Nous n'y avons observé aucun vestige de l'époque romaine.

Les premières questions que nous adressâmes aux indigènes sur la situation des ruines de Phellus reçurent immédiatement une réponse satisfaisante : plusieurs d'entre eux connaissaient ces ruines sous le nom de Philo, et nous proposèrent de nous y conduire; je pense que les voyageurs qui ont visité ces parages depuis 1836 n'ont pas dû éprouver plus de difficulté que nous, ce qui ne les a pas empêchés de se donner l'innocent plaisir « d'une découverte » (1).

Le 26 avril 1836, l'agha d'Antiphilo nous fit préparer des chevaux et nous donna des guides pour pénétrer dans l'intérieur du pays, où jusqu'alors aucun européen ne s'était aventuré. L'accueil que nous avions reçu sur toutes les parties de la côte où nous avions débarqué, la compagnie des gens de l'agha, et la teneur de nos Fermans, tout nous promettait une excursion sans difficulté, et en effet, nous trouvâmes partout une réception amicale. Le mutzellim de Cassaba, sachant que nous avions à bord un docteur, envoya plusieurs des gens de sa maison pour le prier de lui faire une visite; il s'établit, en un mot, entre les habitants et l'équipage du brick, des relations tout amicales. L'agha vendait au commis aux vivres pour la somme de vingt à trente francs les bœufs dont il avait besoin pour l'équipage, mais il fallait aller les tuer dans la montagne, où ces bestiaux restent presque à l'état sauvage. Il s'organi-

---

(1) *Asie Mineure*, l. c.
(2) Pl. 26, fig. 2.

(1) Et in recessu Phellus, ne veut pas dire « et dans un golfe Phellus; mais : en arrière d'Antiphellus (dans la montagne) est Phellus, ce contre-sens du traducteur de Pline a mis en défaut plus d'un explorateur (cf. Pline, liv. V, ch. 28. Ed. Panckoucke).

sait alors une chasse qui n'était pas sans danger. Un seul incident se manifesta : les matelots avaient tué un énorme sanglier, qu'ils ne pouvaient transporter à bord ; non-seulement les indigènes refusèrent leur concours, mais ils refusèrent même de prêter un âne pour porter la bête immonde ; on fût obligé de la dépêcer sur place : les Turcs ne font aucune distinction entre le sanglier et le cochon, proscrit par Mahomet.

Nous partîmes du port d'Antiphellus, attaquant la montagne droit au nord. C'était le chemin des piétons, mais il était atroce pour les chevaux.

Nous franchîmes la montagne qui borde la baie de Sévédo. Au bout d'une demi-heure, nous descendîmes au fond d'une profonde vallée, pour remonter immédiatement sur le flanc opposé. Nous nous trouvâmes bientôt sur la crête d'une chaîne nord-sud, que nous parcourûmes dans une assez grande étendue. Nous commençâmes dès lors à jouir du coup d'œil général de la Lycie : un vaste horizon de montagnes, couronné par les sommets couverts de neige du Cragus, se développait à nos regards. Nous voyions çà et là, sous nos pieds, des plaines couvertes de verdure ; mais aucune habitation ne s'offrait à nos yeux. Nous avions repris la direction de l'est pour contourner une haute montagne sur le penchant de laquelle sont trois vastes citernes où se désaltèrent les caravanes. Nous arrivons au village d'Agli, composé de cinq maisons. Au bout d'une heure, nous commençons à nous diriger au nord, et après une demi-heure de route, nous nous trouvons dans une vallée étendue, formant un plateau bien cultivé. C'est là qu'est situé le village de Tchoukourba, appelé aussi Orta keui, le village du milieu, parce qu'il est le centre d'une communauté de cinq hameaux tous du même nom : nous insistons sur ce détail, parce que nous retrouverons bientôt l'ancienne communauté lycienne de Cyaneæ divisée en différents groupes.

Nous nous reposons un moment dans ce village, et nous prenons des guides pour nous rendre aux ruines de Phellus sur la montagne qui domine ; il y a une heure de route.

Nous montons au milieu des roches les plus arides : le temps est couvert ; les nuages sont descendus jusque sur le sommet de la montagne. Longtemps avant d'arriver au sommet, nous voyions des traces de constructions gigantesques : ce sont des murs de soutènement des terrasses qui aplanissaient la pente. La route est encore tracée au milieu des rochers. Le brouillard est épais ; on n'aperçoit les objets qu'à travers une petite pluie fine et pénétrante. Enfin nous entrons dans la ville. Ce n'est qu'un chaos de murailles et de rochers éboulés, du milieu desquels sortent des restes de monuments pélasgiques et grecs. La ville de Phellus s'étend nord-sud sur toute la crête d'une montagne fort élevée. Nous arrivons à la nécropole. Nous sommes dans l'admiration en entrant dans une enceinte carrée toute taillée dans le roc, au milieu de laquelle s'élèvent deux édifices monolithes taillés dans la masse même du rocher. Ce ne sont plus des colonnes et des frontons ; c'est un art tout à fait en dehors de ce que nous connaissons de l'antiquité, car il est aussi éloigné de l'égyptien que du grec. Un de ces grands tombeaux a trois portes ; son entablement ressemble à des charpentes posées de front, et sur les faces latérales, ce sont d'énormes solives recourbées représentant des becs d'ancre ; tout cela taillé dans le rocher. Deux autres tombeaux du même style s'élèvent près du premier ; quoique d'une dimension moindre, ils ne sont pas dessinés avec moins de recherche. L'un d'eux s'est écroulé sous l'influence des gelées et des neiges ; l'autre, encore debout, est composé de deux chambres contenant des banquettes ou lits funèbres.

Pendant que nous étions occupés à examiner cette architecture si bizarre, le brouillard se dissipait ; le soleil laissa tomber quelques rayons à travers la rosée humide ; nous jouîmes alors d'un des plus beaux spectacles qu'il soit possible d'imaginer : sur le premier plan, la nécropole avec ses tombeaux toujours plongés dans les nuages, et qui ont contracté une couleur verdâtre ; sous nos pieds, un précipice sans fond. Les sommets des plus grands arbres formaient comme un tapis de verdure, et en dernier plan l'admirable chaîne du Cragus, avec ses forêts, sa neige et ses nuages. Autour de nous, un désert immense et un absolu silence. A mesure que les nuages se dissipaient, nous osions nous aventurer plus bas sur les flancs à pic du précipice : des arbres de toute espèce y forment des barrières impénétrables, et sur sa pente, nous voyons avec surprise un tombeau d'un seul bloc cubant plus de 75 mètres, qui s'est détaché de la montagne et chemine insensiblement dans l'abîme, entraîné par les pluies et la fonte des neiges.

Les murailles de la ville, du côté de cette vallée, sont bâties avec des pierres énormes, assemblées à joints irréguliers dits pélasgiques ; elles cubent chacune plusieurs mètres ; le sommet de la montagne est de craie assez dure.

Nous observons plusieurs de ces sarcophages couverts en ogive, et quelques-uns taillés dans le roc, du style de ceux de Macri. En descendant plus bas dans la vallée, j'arrivai à un ravin profond, intercepté par une masse de tombeaux, de sarcophages et de débris accumulés par les eaux sans être rompus. Les lianes se sont fait jour au milieu de ces monuments entassés, et de vieux arbres les couvrent de leur ombre.

Nous redescendons vers le nord pour gagner le village de Bounar bachi, où nous arrivons au bout d'une heure. Nous passons au milieu d'une masse d'arbres sans apercevoir une seule maison. Ce village se trouve sur la ligne directe de Phellus à Cassaba, chef-lieu de ce canton et la demeure de l'agha. A Bounar bachi, la tête des sources, existent plusieurs sources très-abondantes formant un ruisseau qui prend son cours vers le nord : c'est une des sources de la rivière de Myra.

Nous descendons en suivant le cours de la rivière dans une large vallée dirigée nord et sud au centre de laquelle s'élève le bourg de Cassaba, demeure du mutzellim qui commande le canton ; il nous fait installer dans le caravansérai.

La rivière change de nom, selon la mode turque, à chaque village qu'elle traverse ; de Bounar bachi elle coule droit au nord et vient recevoir bout à bout un autre cours d'eau coulant du nord au sud et qu'on appelle la rivière d'Irnési ; à partir de ce point, la rivière tourne subitement à angle droit, se précipite dans une gorge étroite près d'une montagne conique, et entre dans une grande vallée qui va jusqu'à Myra, appelé par les Turcs, Déméri ; on la nomme alors Déméri déré tchaï, la rivière de la vallée de Myra.

L'agha de Cassaba, connaissant le but de notre voyage, s'empressa de réunir les notables pour nous faire donner les renseignements que nous désirions.

CHAPITRE XIX.

CANDYBA. — CYANEÆ. — ARNÆA.

Du balcon de la maison de l'agha on nous montra plusieurs villages qui renfermaient des ruines antiques *Eski kalma* : à peine eut-on prononcé le nom de Kandyva, que nous reconnûmes le nom de Candyba, ville lycienne citée par Pline et voisine de la forêt OEnium. Ce village est sur la pente orientale de la montagne sur la route de Bounar bachi ; il s'ensuit que cette forêt qui du haut des ruines de Phellus nous paraissait impénétrable est la même forêt OEnium qui s'étend jusqu'à Cassaba. Aux ruines de Kandyva nous observâmes quelques restes de tombeaux lyciens mal conservés ; mais les savants Anglais qui ont parcouru, en 1840, cette contrée inexplorée ont retrouvé sur un sarcophage le nom de Candyba.

L'ancienne Cyaneæ paraît avoir été composée de plusieurs centres de population qui occupaient cette région depuis la vallée de Cassaba jusqu'à la mer, c'est-à-dire le groupe montagneux dont la base forme la baie Hassar, le port Tristomo, jusqu'à l'île de Kakava. On a du moins retrouvé dans l'intérieur et sur la côte quatre anciennes villes portant toutes le nom de Cyaneæ.

Nous reconnûmes, en 1836, le premier centre du nom de Cyaneæ au village de Teussa, où existent des tombes lyciennes et une inscription grecque portant le nom de Cyaneæ.

En 1840, M. Spratt détermina au village de Yarvou un autre centre de population antique avec plusieurs inscriptions du nom de Cyaneæ, Yarvou paraît avoir été le chef-lieu de tous ces bourgs, que les Grecs appelaient Κωμή. On y voit en effet les ruines d'édifices publics dont il ne reste pas de traces dans les autres, comme un théâtre, une citadelle et des tombeaux plus ornés.

Le troisième bourg du même nom a été observé à Giaouristanlik, le petit séjour des infidèles; il y a quelques ruines de tombeaux avec inscriptions.

Enfin, en 1812, M. Cockerell avait dessiné au bord de la mer, près du port Tristomo, des tombeaux que nous avons retrouvés en bon état, il y avait copié des inscriptions relatives aux Cyanéens. Les auteurs anciens sont si concis sur cette partie de la Lycie, que nous ne pouvons avoir plus de renseignements sur l'ancien état municipal de ces bourgs.

L'habitant de la vallée supérieure du Demeri déré nous apprit que son village s'appelait Irnési, qu'il était voisin de vastes ruines avec des palais et d'autres monuments. Le jour suivant, 27 avril, nous partîmes pour Irnési en remontant la rivière du même nom. Après une heure de marche nous faisons halte près d'une montagne conique dont la rivière baigne le pied. C'est là qu'elle prend son cours à l'est dans la vallée de Myra; on appelle ce défilé, Déré aghazi (peut-être variante de Boghazi, le défilé de la vallée).

Cette montagne est couronnée d'une enceinte fortifiée, en très-bon état de conservation. On voit aux alentours quelques tombeaux lyciens; mais les fortifications sont plus modernes : elles ont dû appartenir à une ville chrétienne. Aucune conjecture satisfaisante n'a encore été émise sur le nom de cette place. A l'entrée de la vallée s'élève une vaste église byzantine presque entièrement conservée et dont nous avons levé le plan. Le tranceps est couvert par une coupole de huit mètres soixante de diamètre; tout l'intérieur était revêtu de marbre; les corniches seules existent encore. La nef est précédée d'un narthex et d'un exonarthex. Le caractère de cette architecture est du huitième siècle; nous en jugeons par sa ressemblance avec des églises du même genre portant leur date.

A droite et à gauche de l'église sont deux édifices circulaires qui ont certainement servi l'un de baptistère, l'autre de scævophylacion : sacristie pour déposer les vases sacrés; en cela le plan ressemble beaucoup à l'église d'Alexis Comnène à Trébizonde.

A partir de cette jonction des deux rivières, nous remontons le cours de l'eau, tout en suivant la même direction. Nous atteignons la région boisée, et la marche du convoi devient de plus en plus difficile. Quoique nous soyons à la fin d'avril, le temps est toujours pluvieux, des orages éclatent et rendent la route presque impraticable : c'est l'alternative que présentent les voyages dans ces régions, ou une chaleur intense et le manque d'eau partout, ou des déluges de pluie.

Nous arrivons enfin au sommet; nous avons devant les yeux l'enceinte d'une ville grecque. Les murailles ont des tours disposées à intervalles irréguliers; elles sont bâties à assises réglées et à bossages; mais une partie a été restaurée sous l'empire byzantin. Des buissons touffus ont crû au milieu des édifices, et ne permettent pas de les examiner à loisir. Des tombeaux lyciens sont les indices d'une ancienne cité; mais cette ville fut habitée par des chrétiens et contient entre autres édifices une grande église en forme de basilique.

Les tombeaux ne portent pas d'inscription; la pierre s'est délitée sous l'influence du climat. Les ruines d'Irnési sont à mille deux cents mètres au-dessus de la mer.

Nous ne trouvons rien dans les monuments d'Irnési qui mérite une reproduction spéciale; les travaux de cent graveurs ne suffiraient pas pour faire connaître cette contrée singulière, restée pendant tant d'années fermée aux investigations des savants, qui s'en éloignaient, chassés par la mauvaise réputation qu'on avait faite aux habitants.

Il n'est pas difficile de déterminer le nom de l'ancienne Irnési, dont la ressemblance avec le nom d'Arnæa frappe au premier abord. Arnæa petite ville de Lycie, dit Étienne de Byzance. C'est tout ce qu'on sait de son histoire; elle est assez étendue pour avoir contenu douze mille habitants.

Du village d'Irnési une route conduit dans les hauts plateaux, où se trouve la ville moderne d'Almalu, la vraie Lycie archaïque s'arrête à ces régions.

Le retour à la côte peut s'effectuer de deux manières, ou par la route déjà indiquée : on y rencontre quelques villages; ou par la vallée de Démeri : on suit le cours de la rivière jusqu'à Myra; six heures de route.

Dans le triangle formé par ces deux routes, on laisse sur la côte deux villes anciennes et une île qui méritent d'être visitées. Nous ignorons comment on peut les atteindre par terre : le pays étant complétement rocheux et désert.

CHAPITRE XX.

APERLÆ. — CYANEÆ. — ILE DOLICHISTE.

Les difficultés que présente la conformation du massif montagneux de la Lycie, entre la rivière de Myra et le port Sévédo, nous décida à nous rendre par mer aux ruines d'Aperlæ et de la Cyaneæ maritime, qu'on appelle aujourd'hui Cacamo.

Le 30 avril 1836, nous quittâmes le port Sévédo à neuf heures du matin, avec une brise d'ouest; le soir, le navire mit en travers, c'est-à-dire stationna en pleine mer sans faire de route; nous étions au sud de la grande baie Hassar : c'est ainsi que la nommait notre pilote, dans laquelle il y a un mouillage à l'abri de tout vent, mais qui est complétement déserte. Cette baie doit être celle d'Acroterium, qui était à cinquante stades d'Antiphellus. Le lendemain, nous jettions l'ancre sous le château de Cacamo, entre l'île et le continent. Ce port est le plus beau et le plus sûr de toute la côte de Caramanie mais il manque d'eau douce.

Une île longue et rocheuse s'étend de l'est à l'ouest parallèlement à la côte; c'est l'ancienne Dolichiste, appelée aujourd'hui Kakava ada si, l'île des perdrix ; ce sont en effet les seules êtres vivants que nous y rencontrâmes.

Dolichiste fut cependant le siége d'un centre de population assez considérable ; les insulaires se plaisaient, comme leurs voisins les Lyciens, à tailler les rochers pour y établir des habitations. On a peine à comprendre que dans un lieu où la pierre de taille abonde, où le sol est encore vierge de toute habitation , ces populations aient imaginé le genre le plus difficile et le plus dispendieux d'installer leurs demeures.

Les constructions de l'île Dolichiste sont presque toutes des bâtiments civils ; ceux qui sont au bord de la mer, paraissent avoir servi de remises de galères, *Néosiki* des Grecs, et *Kaïk hané* chez les Turcs. Aujourd'hui encore les eaux de la mer entrent dans de grandes salles où l'on pourrait rentrer des canots. J'avais douté, dans une première exploration, que cette partie de l'île et du continent voisin eussent subi un mouvement de dépression ; mais dans un second examen du terrain que je fis en 1842, je me range du côté des observateurs qui m'ont précédé, et je reconnais que plusieurs de ces monuments ont dû être des habitations avant d'être envahies par les eaux.

Les innombrables maisons de l'île, bien que construites en pierres assemblées à joints irréguliers, dits pélasgiques, ne paraissent pas remonter à une haute antiquité. On remarque des voûtes en béton; le mortier est généralement employé, et l'appareil des pierres est peu soigné, on voit dans le voisinage de ces maisons d'autres constructions évidemment byzantines ; mais il y a absence complète d'inscriptions, de signes ou de caractères quelconques, comme si les gens qui ont bâti ces édifices avaient ignoré l'usage de l'écriture.

Les constructions que nous venons de mentionner s'étendent tout le long du port, c'est-à-dire du canal qui sépare l'île du continent; nous n'y avons pas vu de tombeaux, la nécropole était sur la terre ferme.

Le canal qui sépare l'île du continent a cinq cents mètres environ de large; le fond est de roche, et l'ancrage très-solide. Il n'y a pas de port mieux abrité; il a une sortie à l'est et l'autre à l'ouest (1).

(1) Voyez la planche 59, constructions dans l'île de Kakava.

Sur le continent s'élèvent les fortifications modernes qui ont appartenu à la petite ville turque de Cacamo, presque aussi déserte aujourd'hui qu'une ville antique. Si l'on en juge par ce qui subsiste encore, cette forteresse a dû être d'une certaine importance dans le moyen âge; elle défendait en même temps la côte et le mouillage, et d'après l'appareil très-soigné de certaines murailles (1), il est à croire qu'elle s'élève sur l'emplacement d'une ancienne acropole.

Nous donnons (2) une vue de ce château et des tombeaux lyciens qui subsistent encore. Ce lieu réunit tous les genres d'intérêt, la beauté des lignes du paysage maritime, les souvenirs de l'antiquité, et ceux du moyen âge.

De nombreux tombeaux lyciens s'élèvent de toutes parts sur les aspérités des rochers. Sur les pentes du terrain, on voit çà et là des restes d'édifices antiques parmi lesquels il faut remarquer des maisons d'habitation construites en appareil irrégulier, des tombeaux avec hexèdre, et au pied du château un petit théâtre ou odeum entièrement taillé dans le roc; tous les sièges subsistent encore. Ce singulier monument est au milieu des rochers; on est frappé du contraste de cette nature sauvage et d'un monument qui atteste une civilisation raffinée (3).

La mosquée s'est installée dans un petit temple antique; ici comme ailleurs, le culte appelle le culte, une inscription en caractères archaïques mentionne des donations en argent faites par divers citoyens, le sol de la mosquée est une mosaïque antique.

Nous devons maintenant rechercher à quelle ville appartiennent les ruines que nous venons de parcourir: un monument isolé sur le rivage doit nous l'apprendre. Cet édifice est carré; il est composé à l'intérieur de plusieurs salles. Sa construction, selon les partisans de ce qu'on a appelé l'école pélasgique, devrait dater des temps héroïques, car il est bâti en blocs à joints irréguliers réunis sans ciment: c'est en tout point la définition de ce système de construction; cependant les fondateurs de cet édifice vivaient du temps de Vespasien, et pour éviter toute incertitude à la postérité, ils ont eu soin de dire dans l'inscription qui existe encore au-dessus de la porte, que cet édifice avait été bâti depuis les fondements ΕΚ ΒΑΘΡΩΝ: il n'y a pas moyen de discuter. Nous avons publié in extenso le texte de cette inscription, qui n'a pas été assez remarquée: elle est ainsi conçue:

« Le sénat et le peuple des Aperlitains ont construit ce bain (βαλανέιον) depuis les fondements, et l'ont dédié à l'empereur Titus Ælius Vespasien (1). » Une salle de cet édifice se termine en hémicycle couronné par une partie de sphère, tout cet appareil est à voussoirs, indice d'un travail romain (2).

La même inscription nous apprend donc que cette ville est l'ancienne Aperlæ et non pas Aperræ, ni Apyræ comme l'ont écrit Hiéroclès et Étienne de Byzance, et de plus, que dans le second siècle on bâtissait encore à joints irréguliers.

A l'ouest de l'île Kakava s'étend un vaste estuaire ou une crique marécageuse que les paysans grecs nomment port Tristomo, nom tiré de l'italien, dont nous ignorons l'origine. Tout, aux alentours, est désert et sauvage; l'air est empesté pendant l'été, et les habitants se sauvent à la montagne; ceux qui restent pour garder les demeures se font des échafaudages qu'ils couvrent en roseaux, et couchent à l'abri des émanations du sol. Un rocher isolé, qui s'élève au nord du port Tristomo, est couronné par une acropole antique bâtie en assises réglées et à bossage. Dans l'angle ouest, qui forme une petite presqu'île, s'élèvent d'autres rochers dans lesquels sont creusés des tombeaux de style lycien; nous en avons remarqué un dont la façade est ornée d'un bas-relief représentant un homme nu, sans doute le défunt, armé d'une fronde. Le même tombeau contient une inscription qui apprend que ce monument appartient à un habitant

---

(1) Pl. 23.
(2) Pl. 58.
(3) Voyez planche 23, odeum taillé dans le roc à Aperlæ.

(1) Voyez *Description de l'Asie mineure*, in-fol., t. III, Lycie, explication des planches.
(2) Voyez page 642, col. 1.

de Cyaneæ : on doit en conclure qu'en ce lieu était une ville du même nom. On sait si peu de chose touchant la constitution des communautés lyciennes, qu'on doit se borner à constater les faits que l'on observe : cette Cyanæ maritime ne peut-elle pas être le port ou l'échelle des Cyanéens comme Antiphellus était celle des Phellitains.

CHAPITRE XXI.

ANDRIACE. — SURA. — MYRA.

Derrière l'acropolis de Tristomo nous allâmes examiner les ruines très-considérables d'une ville du moyen âge dont nous n'avons pu retrouver le nom. Il y a plusieurs églises, des bains, des citernes ; mais tout cela est d'une construction grossière, en petits moellons reliés par un mauvais ciment : Simena, citée par Pline et par Étienne de Byzance, étant placée, dans le stadiusmus, à soixante stades d'Aperlæ, la position de cette ville inconnue ne peut lui convenir ; ces ruines sont cependant antérieures à toute invasion musulmane, et ne peuvent avoir été habitées que par des Grecs.

Pour donner une idée de la difficulté que présente le parcours de cette région, soit à cause des solitudes, soit à cause de sa conformation compliquée, un jeune officier de marine partit du bord pour nous rejoindre par terre à Myra, qui n'est éloignée que de vingt-quatre kilomètres ; il perdit sa route dans les montagnes, erra pendant deux jours sans nourriture et sans eau, et dans la matinée du troisième il atteignit un campement de Youroucks qui le conduisirent à Myra. Nous devons ajouter à ces difficultés l'extrême confusion des noms entendus de diverses manières par les voyageurs européens. Ainsi, les Anglais écrivent tous Cassabar, chef-lieu de la Lycie inférieure, tandis que le vrai nom est Cassaba, dérivé du mot arabe bien connu des Algériens Casbah, château ; ils écrivent Guendever au lieu de Kandiva, Dembra au lieu Demeri : tout n'est pas facile à débrouiller pour les géographes.

Le 2 mai le commandant du brick *le Dupetit-Thouars* m'ayant fait préparer une chaloupe avec douze hommes et des provisions, nous partîmes avec le commissaire et un officier du brick, pour continuer notre exploration de la côte. Nous prîmes un pilote à Aperlæ pour aller mouiller au port Andraki, l'ancienne Andriace, à quatre lieues marines à l'est de Kakava. Il faut pour aller à Andraki faire l'est-nord-est jusqu'à la baie Yali ; là on découvre l'entrée du port Andraki indiquée par une tour hellénique. la Pointe Pyrgo des *portulans*. Il faut ranger la côte à droite pour entrer dans la rivière, à cause de la barre qui existe à l'embouchure. Les canots mouillent dans une crique où se jette un cours d'eau abondant, petite rivière qui n'a qu'un mille et demi de parcours, alimentée par des eaux sulfureuses froides et légèrement salées qui sortent des rochers. Ce cours d'eau est noté par les anciens géographes comme la rivière d'Andraki ; c'est là que mouilla la flotte de Brutus et de Lentulus dans leur campagne contre la Lycie. La rivière d'Andraki est fréquentée par d'énormes poissons qui paraissent attirés par la saveur des eaux. L'antique Sura, célèbre par un oracle qui se rendait au moyen des poissons, était à peu de distance du golfe d'Andraki : cette ville est mentionnée par Pline (1) à Myra en Lycie ; les « poissons de la fontaine d'Apollon Curien arrivent après trois appels donnés au son de la flûte, et disent l'avenir. Se jeter sur les viandes qu'on leur donne, c'est de bon augure ; le contraire arrive s'ils les repoussent avec la queue ». Comme il n'y a pas de fontaine dans les ruines de Sura, on doit regarder les sources saumâtres que j'ai mentionnées comme la fontaine d'Apollon Curien. On doit noter que Pline place cette fontaine à Myra et non pas à Sura (2).

Les ruines de Sura ont été reconnues par M. Spratt à une heure et demie de marche à l'ouest du monastère de Myra. Sur l'indication des moines du monastère, il remonta la plaine de Myra

(1) Pline, XXXII, 8.
(2) La correction de *Curium* en *Surium*, Pline Sillig., édit. 1851, n'est nullement motivée. Cf. Plutarch, *de Solert. animal*, ch. 23. Ét. Byz., v. *Soura*.

jusqu'à une colline rocheuse, en passant devant un tombeau d'ordre corinthien (1); il entra ensuite dans la petite plaine de Sura, qui s'étend jusqu'à la mer; elle est séparée de la barre d'Andraki par des collines basses (2) descendant jusqu'à la mer. Une éminence de quarante pieds environ au-dessus de la plaine est couronnée par une petite forteresse au sud de laquelle se trouve un beau sarcophage portant une inscription lycienne. D'autres sarcophages sont ornés de cartouches qui contiennent le nom de Sura. On voit un peu plus loin un piédestal avec une inscription dont les premières lignes sont relatives au culte d'Apollon; le reste est illisible. Les ruines de Sura ne paraissent pas dépendre d'une ville considérable : c'était sans doute un centre religieux qui vivait de ses oracles.

Sura est marquée comme étant distante de sept kilomètres d'Andraki, cette position paraît exacte.

MYRA.

La chaloupe ayant franchi la barre, nous fîmes encore un mille et demi en remontant la rivière d'Andraki avec deux brasses d'eau.

Nos matelots s'installèrent dans une ruine sur le rivage, et établirent leur tente avec des avirons. Un nègre que nous trouvâmes en débarquant nous amena un chameau pour charger nos bagages, et nous allâmes au monastère de Myra, situé à trois quarts d'heure du mouillage, dans une belle plaine bien cultivée. Ce couvent occupe les environs de l'église de Saint-Nicolas, probablement la basilique construite par Théodose II sous le nom d'église de Syon, lorsque Myra fut déclarée capitale de la Lycie. C'est un grand édifice carré, sans fenêtres à l'extérieur, occupé par plusieurs familles grecques.

La petite vérole ravageait la population grecque : le matin même, on avait enterré un habitant du monastère. Sa veuve était sur la porte, chantant sa chanson de mort, et s'arrachant les cheveux par un mouvement cadencé; elle s'arrêtait à certains moments, et poussait des cris aigus; après quoi elle recommençait une sorte de danse saccadée, s'accompagnant d'un chant traînant et monotone. Nous fûmes installés dans une des cellules. Les caloyers, au nombre de trois ou quatre, qui desservent ce couvent sont de pauvres moines sales et ignorants; ils n'avaient pas vu d'Européens depuis plus d'un an. Ils assurent que saint Nicolas était évêque dans cette même église, et que son corps est déposé dans un caveau. La cathédrale est dans le même style que celle que nous avons vue à Déré agazi, mais le plan en est moins grand. Les chapelles latérales sont voûtées en pendentifs et décorées de mauvaises peintures; l'une d'elles représente la Passion.

Il est avéré, par les documents qui suivent, que depuis plusieurs siècles le corps de saint Nicolas ne repose plus dans cette église; c'est une erreur des caloyers, qui du reste paraît s'être modifiée depuis mon passage, car ils prétendent aujourd'hui que le corps de l'évêque a été récemment transporté en Russie (1).

Saint Nicolas de Myra est regardé comme un des plus grands saints de la légende. Il est né à Patare de Lycie, dans le troisième siècle; il fut ordonné prêtre par l'évêque de Myra, du même nom que lui, et devint évêque à son tour sous l'empereur Dioclétien.

D'autres légendaires pensent que la naissance de Nicolas n'est pas antérieure au cinquième siècle, attendu qu'il n'est pas nommé dans le dénombrement des évêques depuis l'an 420 jusqu'en 350. Il ne paraît pas dans le concile de Chalcédoine.

Le culte de saint Nicolas fut établi publiquement en Orient dès le commencement du sixième siècle. L'empereur Justinien lui consacra une église à

---

(1) Publié dans les planches de Myra, *Asie Mineure*, in-fol., t. III.

(2) *Travels in Lycia*, t. Ier, 636.

(1) We were informed, by the priest, that this precious treasure (the shrine of the relics) was taken to St-Petersburg by a russian frigate, during the greek revolution. The emperor sent a gaudy picture as a substitute, and it is now an object of great adoration... etc. *Travels in Lycia*, by Spratt and Forbes, tom. I, p. 166.

Constantinople, dans le quartier des Blachernes. Il fut honoré en France, au neuvième siècle, avant même que ses reliques fussent transportées en Italie.

La légende raconte de la manière suivante l'enlèvement clandestin des reliques du saint par des marchands italiens; ce récit sert à fixer d'une manière certaine la date de la construction de diverses églises.

Le tombeau de Myra était le but de nombreux pèlerinages, et les Osmanlis ne se faisaient pas faute de l'invoquer. Or, la ville de Myra fut prise, la sixième année du règne de l'empereur Nicéphore, par Achmet, général du calife Haroun. Il voulut détruire le tombeau de saint Nicolas; mais les chrétiens, pour conserver leurs reliques, trompèrent l'Arabe par une fausse indication, et un tombeau voisin fut saccagé.

Depuis cet événement, le tombeau de saint Nicolas resta encore à Myra l'espace de deux cent quatre-vingts ans, pendant lequel on fit diverses tentatives pour l'enlever.

Enfin, par une manœuvre dont les légendaires ne paraissent pas avoir compris toute la déloyauté, les reliques tombèrent entre les mains des Latins.

Quarante bourgeois et marchands de Bari, en Pouille, se rendaient en Syrie dans le dessein d'aller commercer à Antioche. Se trouvant dans les parages de Myra, ils conçurent le projet d'enlever les célèbres reliques; ils envoyèrent secrètement reconnaître les lieux, pour prendre les mesures et sûretés nécessaires, et remirent à leur retour l'exécution de leur projet.

Étant à Antioche, quelques-uns d'entre eux ne purent s'empêcher de s'en ouvrir à quelques Vénitiens de leur connaissance, qui déclarèrent avoir conçu, de leur côté, un semblable dessein et y persister.

Il n'en fallut pas davantage aux gens de Bari pour leur faire expédier promptement leurs affaires dans la crainte de se voir devancés.

S'étant remis en mer, ils s'arrêtèrent à la rade de Lycie et surent de leurs espions que la ville de Myra était toute déserte, et qu'on ne trouvait presque personne ni dans le monastère, ni dans l'église de Syon, où était déposé le corps de saint Nicolas. Il n'y avait, en effet, que trois religieux qui gardaient ce saint dépôt; tous étaient d'ailleurs dans la désolation par suite des hostilités des Musulmans.

Les gens de Bari firent accroire à ces religieux qu'ils étaient envoyés du pape de l'ancienne Rome, pour pourvoir à la sûreté et à l'honneur de ces saintes reliques, en leur procurant un asile en Italie; ils achevèrent de les gagner en leur donnant cent écus d'or à chacun, par vaisseau.

Après diverses prières, ils rompirent le tombeau de marbre à grands coups de marteau; ils y trouvèrent une urne de même matière, et crurent d'abord que c'était un grand vase de parfums; ils remarquèrent qu'elle était à demi pleine d'une liqueur admirable qui ressemblait à une huile très-pure, qui, selon les religieux, sortait du corps même du saint et transpirait à travers le marbre. Il parut à ces pèlerins qu'on avait déjà touché au corps du saint pour en prendre quelque partie, car les os étaient pêle-mêle hors de leur situation naturelle, et la tête était à part. Ayant tout rassemblé dans une caisse très-propre, ils enlevèrent ces reliques le 20 avril de l'an 1087.

Les navires revinrent à Bari en dix-huit jours. L'arrivée de ces reliques causa une grande sensation dans toute la chrétienté. L'huile miraculeuse fut distribuée à différents monastères. En 1100, l'évêque d'Amiens se rendit à Bari pour en obtenir une fiole. En 1660, elle attirait un concours immense de pèlerins à Worms; en Palatinat.

Dès l'année 1089, des processions et des fêtes avaient été instituées en l'honneur du nouveau saint, et les fidèles avaient jeté les fondements d'une église qui existe encore à Bari. Les Normands s'étaient emparés de cette ville en 1073; ils concoururent, avec les habitants, à la construction de la nouvelle cathédrale. Enfin, en 1103; c'est-à-dire, seize ans après l'arrivée des reliques, l'église de Bari fut inaugurée par le duc d'Apulie, premier roi normand de Sicile. L'église est sans transept, mais n'est pas complétement en forme de basilique; elle tient plutôt du style latin que du style byzantin.

Les Vénitiens, qui avaient été devancés par les gens de Bari, ne se tinrent pas pour battus, et ils trouvèrent moyen de transporter, eux aussi, à Venise, les reliques de saint Nicolas. Les légendaires, pour accommoder tous ces hauts faits de dévots peu scrupuleux, prétendent que le saint Nicolas de Venise est l'oncle du précédent, et qu'il est honoré avec saint Théodore (1).

Mais les reliques de ces bienheureux ne tardèrent pas à se multiplier dans le monde chrétien. On comptait à Paris plusieurs églises sous cette invocation : la collégiale de Saint-Nicolas du Louvre, l'église abbatiale de Saint-Nicolas des Champs; enfin, Saint-Nicolas du Palais, que saint Louis fit abattre pour bâtir la Sainte-Chapelle. Le chef de saint Nicolas fut déplacé, et on ne peut dire avec certitude ce qu'il devint.

Nous fûmes rendre une première visite aux antiquités de Myra.

Il paraît que dans le moyen âge la ville de Myra s'étendait dans la plaine, car on rencontre d'abord une vaste enceinte carrée, entourée de murailles de marbre, qui a sans doute appartenu à la ville byzantine. Toutes ces murailles sont faites de débris d'anciens monuments. On apercevait la nécropole de loin dans les rochers, et nous savions qu'il avait existé un théâtre : un caloyer nous y conduisit, et nous trouvâmes un des plus beaux monuments de ce genre que j'aie encore vus. Toute la scène était décorée de colonnes de granit, d'ordre composite; il en reste une encore en place avec le pilastre voisin; les autres sont gisant devant la muraille du proscénium.

Les portes sont d'un très-beau travail, et dans la salle des mimes on voit accumulé un monceau de chapiteaux, de masques tragiques et d'ornements de toute espèce. Ce théâtre est bâti en pierre calcaire blanche, compacte, aussi belle que le marbre; la scène est tournée vers le sud; la galerie de l'est est double, et conduit à la seconde précinction. On avait accès à la première par le théâtre et par la galerie circulaire de la seconde précinction. Toutes ces galeries sont d'une magnifique construction, sans mortier. Il y a vingt-sept rangs de gradins à la première précinction, et il devait y en avoir vingt à la seconde. Nous abandonnâmes le couvent dans la soirée, pour venir nous loger dans un grand *konac*, ou maison de campagne, appartenant à l'agha de Cassaba. Le vieux Turc, qui est son beau-frère, fit quelque difficulté de nous admettre, craignant que nous n'apportassions avec nous l'épidémie du couvent; mais quand il sut combien nous étions liés avec l'agha de Cassaba, il nous reçut à bras ouverts.

Nous occupâmes sur-le-champ les matelots de la chaloupe à faire des fouilles pour retrouver le podium de la première précinction du théâtre; les habitants vinrent nous aider à mettre le feu aux broussailles qui encombraient la salle des mimes.

Le gibier abonde dans la plaine de Myra; les geais bleus, les sirènes, les tourterelles venaient jusque dans notre galerie. Un bœuf coûte 22 fr. 50 cent., un mouton, 4 fr.; tous les produits sont en proportion, car la plaine de Myra n'est habitée que par une tribu yuruque qui fait peu de commerce.

Les tombeaux de Myra méritent une attention particulière entre tous ceux de la Lycie. Ils sont au nombre de trente, tous taillés dans le flanc de la montagne; les uns sont entièrement détachés du rocher et forment une sorte de portique imitant une construction de bois et portent des inscriptions lyciennes, l'un d'eux cependant contient une courte inscription grecque : « Arsace de Myndus ». Généralement l'épigraphie lycienne est très-brève.

La plus intéressante de ces inscriptions est une idylle en trois mots, une déclaration d'amour gravée sur la porte d'un tombeau par un jeune berger de Myra : « Moschus aime Philiota la fille de Dé-« métrius. » Les caractères sont tracés avec une pointe, peut-être avec le fer de sa houlette.

Un certain nombre de bas-reliefs d'un bon style sont exécutés à une

---

(1) Orderic Vital, publié par M. A. Leprévost, t. III. — Surius, *Vitæ Sanct.* 2 vol. in-fol. — Angeli, *Vie des Saints*, en italien. — Gally Knight, *Ecclesiastical architecture of Italy*.

grande hauteur dans le rocher; ils représentent cette cérémonie funèbre qu'on appelait Conclamation.

La montagne de Myra s'élève à l'angle de deux vallées; la ville faisait face au sud. La vallée de l'est, où coule la rivière de Myra, est celle dont nous avons reconnu l'origine dans la vallée de Cassaba.

Sur le flanc oriental de la montagne se trouve une seconde nécropole toute taillée dans le roc, dont les tombeaux ont un aspect plus grandiose encore (1). Le rocher des tombeaux s'élève à pic au-dessus de la plaine; il est dominé par la montagne de l'acropole citée par Strabon (2). Ceux qui ont été à même de comparer la nécropole de Petra avec celle de Myra donnent la préférence à cette dernière pour la majesté des lignes.

Un des tombeaux est décoré d'un fronton de six mètres de base, dans le tympan duquel est sculpté le combat d'un lion et d'un taureau. Deux colonnes d'ordre ionique et deux pilastres supportant des têtes de lion en haut-relief soutiennent le portique. Un grand bas-relief de neuf figures est placé au-dessus de la porte.

Un autre tombeau non moins important est orné de bas-reliefs presque grands comme nature, représentant la vie du mort; on le voit d'abord enfant, il est nu et tient à la main un *prefericulum*, cuiller pour les sacrifices; on le voit ensuite adulte à côté de sa mère; dans un troisième tableau il est présenté par son père à une matrone qui tient par la main une jeune fille : c'est son mariage; enfin il est couché sur son lit funèbre, il tient à la main un rhyton vide, il a épuisé la coupe de la vie.

La plupart de ces tombeaux sont d'un accès très-difficile; nous fûmes obligés de faire venir un câble de la chaloupe pour en atteindre quelques uns.

Dans la plaine du sud on voit plusieurs cénotaphes de l'époque romaine; l'un deux est en forme de petit temple. Il est une remarque à faire avant de quitter les ruines de Myra, c'est qu'on n'y rencontre pas un seul sarcophage avec le couvercle en ogive, genre de monument si multiplié dans les autres villes de Lycie.

A notre retour à Andraki, je fis faire une reconnaissance aux abords du grand édifice décrit par le capitaine Beaufort, mais le marais qui l'entoure était impraticable.

D'après l'inscription placée sur le frontispcie, ce monument était un grenier bâti par ordre de l'empereur Hadrien; il est d'une conservation parfaite et divisé en sept chambres ayant chacune une porte : celle du milieu est surmontée de deux bustes.

CHAPITRE XXII.

CAP PHINEKA. — LIMYRA.

Le massif montagneux, dont la ville d'Arnæa occupe le point culminant, vient s'amortir dans la mer au cap Phineka et sépare la vallée de Myra de celle du fleuve Arycandus, qui prend sa source dans le mont Solyma. Une autre rivière, dont le nom ancien est resté inconnu, coule du nord au sud parallèlement au fleuve Arycandus.

Plusieurs villes appartenant à la confédération lycienne possédaient les vallées inférieures; on retrouve dans les ruines de nombreuses inscriptions dans la langue des Lyciens, et les monuments sont du même caractère que ceux des villes de l'ouest.

La population moderne de ces vallées est généralement adonnée à la vie nomade; les chefs ou aghas possèdent des fermes autour desquelles se groupent les tentes de leurs administrés; les rares villages qui peuplent ces montagnes se composent de quelques maisons de terre ou de bois.

La seule industrie des indigènes est l'exploitation des forêts de pins et de sapins qui couvrent les montagnes; aussi l'ancien mont Climax est-il désigné par eux sous le nom de Taktalu dagh, la montagne des planches. Les autres industries sont nulles, les habitants vivent du produit de leur sol et de leurs troupeaux. Cette partie de la Lycie est infiniment plus pauvre que la région de l'ouest, mais on retrouve chez les indigènes le même caractère pacifique et hospitalier.

---

(1) Voyez planche 60, Nécropole à Myra.
(2) Strabon, XIV, 665.

MM. Spratt et Fellows, qui ont exploré la contrée et déterminé la situation des villes anciennes de ces régions alors inconnues, ont trouvé partout chez les habitants le meilleur accueil; ils se sont spontanément offerts pour servir de guide aux voyageurs étrangers.

Pour ceux qui veulent visiter cette région, la plus grande difficulté est d'y arriver. Le chemin par terre, de Myra au village de Phineka, est des plus pénibles pour franchir la montagne qui forme le cap. Toujours entre cette double difficulté, en été le manque d'eau, et une chaleur intense au milieu des rochers, en hiver des torrents débordés et des journées trop courtes. Le mieux est de faire ce trajet par mer et d'envoyer ses chevaux par la montagne, car on ne saurait songer à s'en procurer dans les villages de l'est.

Le nom de Phineka, bien que moderne, est peut-être, comme celui de Phœnicus portus, un vague souvenir des établissements créés sur cette côte par les Phœniciens; il est certain du moins qu'ils y avaient un comptoir, car au milieu des tombeaux lyciens on lit encore une inscription phénicienne. La ville d'Olympus, sur la côte est, s'appelait aussi Phœnicus. On ne peut dire que ces noms viennent de plantations de palmiers, car ces arbres n'ont jamais prospéré sur la côte d'Asie, ils ne s'y trouvent qu'accidentellement.

Le village de Phineka ressemble à celui d'Antiphilo : on y trouve trois maisons, celle du douanier, celle du cafédji et celle du boulanger; c'est littéralement ce qu'on appelle ici une échelle. Les bateaux viennent charger du bois et des planches pour les îles; ils apportent quelques marchandises, qui sont transportées à Almalu, la plus grande ville de la Lycie, à une distance de douze heures de marche.

Les ruines de Limyra sont à six kilomètres environ à l'est de Phineka, séparées du village par un grand marais et par la petite rivière de Phineka tchaï, que l'on passe sur un pont de bois.

La ville lycienne est construite sur la pente d'une montagne qui longe la vallée d'Arycanda à l'est, et la sépare d'une large vallée beaucoup plus étendue.

Le grand sarcophage sur lequel se trouve la double inscription en langue grecque et lycienne, le premier monument de ce genre dont la copie fut apportée en Europe par M. Cockerell en 1814, s'élève encore intact près du moulin à eau. Deux forteresses défendaient la ville; la première domine la colline de la nécropole. C'est un ouvrage grec encore bien conservé; quelques vestiges de monuments sont épars dans l'intérieur. La seconde consiste en une enceinte carrée flanquée de tours et bâtie en moellons mêlés de briques, indice certain d'une époque de décadence.

Le théâtre est bâti au pied de ce château; il est envahi par une forêt de broussailles qui rendent impossible toute étude du monument; on voit cependant qu'il doit être compté au nombre des plus grands théâtres anciens.

De nombreuses sources sortant du pied de la montagne, se réunissent pour former un cours d'eau qui n'est pas inférieur en volume au Phineka tchaï, c'est sans aucun doute le fleuve Limyrus cité par Pline comme un des affluents de l'Arycandus.

La nécropole de Limyra comme celle de toutes les autres villes de Lycie mérite une étude particulière; elle n'a pas l'imposant aspect de la nécropole de Myra; les tombeaux sont dispersés sur la surface du rocher, dont les couches sont obliques à l'horizon. Plusieurs monuments portent des inscriptions lyciennes, quelques autres en langue grecque. On remarque des façades ornées de pilastres ioniques.

Les bas-reliefs qui décorent ces monuments représentent des combattants ou des scènes mythologiques, et les noms des héros sont inscrits dans le champ du tableau; plusieurs de ces bas-reliefs portent encore des traces de couleurs. En un mot les tombeaux de cette ville des morts paraissent avoir été destinés à une population riche et nombreuse; cependant Strabon ne place pas Limyra parmi les villes importantes de la Lycie. Deux petits hameaux sont les seuls lieux habités dans cette vallée : le premier, Aladja keui, porte le nom de la montagne voisine; le second Démirdji keui est habité par cinq ou six familles de Tchingheneh ou Bohémiens qui exercent le métier de forgeron ; on retrouve ces gens-là errants dans presque tous les villages de l'Asie.

CHAPITRE XXIII.

ARYCANDA. — VALLÉE D'ALLAGHIR.

La ville d'Arycanda était située dans la vallée supérieure du fleuve, dans le voisinage du village moderne de Arouf, à cinquante-six kilomètres environ de la mer. Les ruines lyciennes consistent en tombeaux de différents styles, un théâtre et d'autres édifices construits en pierres polygonales.

Quelques bâtiments qui peuvent avoir appartenu à une église ou à un monastère prouvent que l'ancienne Arycandas fut habitée jusqu'aux derniers temps de l'empire byzantin. On ignore l'époque de son abandon ; jamais les musulmans ne l'ont occupée.

La grande vallée de l'Allaghir tchaï, qui est restée sans nom chez les écrivains anciens, prend naissance dans le mont Solyma, et s'étend directement jusqu'à la côte, où se réunissent, dans une plaine basse et marécageuse toutes les rivières de ces parages, la rivière de Limyra, l'Allaghir tchaï, le Gœuk sou et la rivière de Hadji Vella. Les Lyciens avaient fondé plusieurs villes dans ces régions d'une défense facile et qui encore aujourd'hui sont ombragées par des forêts séculaires ; les ruines de leurs monuments attestent un état de civilisation avancée, et les inscriptions qui subsistent encore mettent à même de suppléer aux trop brèves indications que nous ont laissées les écrivains romains.

Édebessus est située dans la vallée supérieure du fleuve, au pied du mont Solyma, au lieu dit Kosa agatch, près du Yaéla du village de Karditch.

Il est impossible, dit M. Spratt (1), de choisir un site plus imposant. La ville s'élève sur le penchant d'un précipice infranchissable, et les montagnes d'alentour sont couvertes de forêts dont les cimes forment une mer de verdure

(1) *Travels in Lycia*, t. 1er, 168.

jusqu'au cap Chélidonia. Les ruines d'Édebessus s'étendent sur une terrasse naturelle détachée de la montagne Bev dagh ; elles consistent en un théâtre de petite dimension, qui conserve encore quelques rangs de sièges, et dont le proscénium faisait face à un précipice. Une église chrétienne s'élève à côté d'autres ruines, et la nécropole offre encore de nombreux monuments, des sarcophages et des tombeaux ornés de couronnes, de boucliers et de têtes de taureaux. Quelques inscriptions portant le nom de Édebessus mettent à même de constater l'identité de cette ancienne ville.

Acalissus est située à peu de distance au sud-ouest de Édebessus, près du village Yourouk de Giaouristan ; les ruines ne consistent qu'en deux ou trois sarcophages qui contiennent le nom de la ville et en deux églises chrétiennes.

Les ruines de Rhodiapolis, aujourd'hui Eski hissar, sont entourées d'une forêt presque impénétrable, où M. Spratt espérait peu découvrir les vestiges d'une ville. Mais bientôt au milieu d'une éclaircie de la forêt, il reconnaît des tours et des murailles : un théâtre antique, une vieille église chrétienne et des sarcophages sculptés, restes d'une ville importante. Plusieurs piédestaux portant des inscriptions lui révélèrent le nom de Rhodiapolis.

Corydalla, autre ville presque ignorée, a laissé quelques vestiges au village de Hadji Vella, les rochers manquent pour y creuser des tombeaux ; on y observe cependant un sarcophage dont l'inscription fait connaître le nom de la ville.

Les ruines de Gagæ, au lieu dit Ak tasch, la pierre blanche, sont à l'extrémité orientale de la plaine de Limyra, près du village de Yenidjé, à un demi-mille du rivage de la mer. L'acropolis s'élève sur un rocher ; une roche blanche, Ak tasch s'élève entre l'acropole et la mer. Les ruines dans la plaine sont très-étendues ; mais elles paraissent être toutes de l'époque romaine. On voit cependant à la pointe est quelques constructions helléniques. En descendant sur une esplanade inférieure on rejoint la seconde citadelle, défendue par un précipice et des murailles épaisses. L'étymologie du nom de Gagæ vient de ce qu'on trouvait aux environs une pierre d'une nature particulière appelée gagatès. Selon M. Spratt, les roches de Gagæ sont composées de serpentines et de trapps, il n'est pas impossible qu'elles aient fourni des agathes et des chalcédoines.

CHAPITRE XXIV.

PHASELIS. — OLYMPUS. — MONT CHIMÆRA.

Le cap Chelidonia est relié au continent par un isthme montagneux qui offre cependant le seul passage praticable pour arriver sur la côte orientale; partout ailleurs la chaîne du mont Solyma s'élève comme une barrière infranchissable. Une vallée qui prend naissance dans la partie supérieure de l'isthme descend à l'est jusqu'à la baie d'Adratchan, qui est l'ancien Portus Sidérus; le mont Olympus ou Phœnix domine la baie du côté du nord et descend dans la mer en formant un cap allongé qui abrite la baie d'Adratchan. Au nord de ce cap est un autre petit port que les indigènes nomment Porto génovése : un château génois s'élève en effet sur le revers de la montagne qui regarde la mer. Les ruines d'Olympus s'étendent autour d'un mamelon et dans la vallée, qui s'ouvre sur la mer.

Olympus était comptée au nombre des six principales villes de la Lycie; cependant, si l'on en juge par le caractère des ruines qui subsistent encore, elle fut principalement habitée par une population grecque : les monuments et surtout les tombeaux de style lycien ne se rencontrent nulle part sur cette côte; les villes de l'est ont en effet été occupées depuis l'an 650 de Rome jusqu'à la fin de la guerre des pirates par des chefs Pisidiens, parmi lesquels le corsaire Zenicétus est le plus célèbre. Olympus fut prise par Servilius Isauricus, et depuis ce temps resta au pouvoir de Rome. Un mot de Cicéron (1), nous donne une idée de la richesse et de la beauté des monuments d'Olympus « ville ancienne et florissante ». Servilius a fait transporter à Rome et porter devant son char triomphal les statues et les trésors qu'il avait enlevés après la prise de la ville. Aujourd'hui on retrouve encore le théâtre et les vestiges de plusieurs temples et de portiques. Un piédestal sur lequel est inscrit le nom d'Olympus a servi à constater l'identité de cette ville.

Alexandre dans sa campagne de Lycie remonta cette côte du sud au nord, et son armée pour éviter les roches qui descendaient jusque dans la mer fut souvent obligée de marcher dans l'eau. Toute la description que fait Arrien des obstacles que rencontra l'armée macédonienne est d'accord avec la nature du pays.

A l'entrée d'une gorge étroite, dans laquelle coule une rivière, s'élève un grand rocher formant un arc naturel, la seule communication entre l'ancienne ville et la côte, au nord de la rivière, il est assez large pour que les piétons puissent y passer, mais les cavaliers ont l'habitude de faire le tour du rocher et de passer dans la mer. Les indigènes appellent cet endroit Delik tasch, la pierre percée ; c'est aussi le nom qu'ils donnent aux ruines d'Olympus, aujourd'hui désertes : il n'y a sur la côte d'autre maison que celle de l'officier des douanes.

Dans la montagne, au-dessus d'Olympus, on observe encore un phénomène qui a tenu une place importante dans les mythes dont le peuple Lycien était si prodigue.

Le capitaine Beaufort est le premier qui ait signalé dans le mont Tactalu, l'ancien mont Chimæra, une éruption perpétuelle d'une flamme sortant du flanc des rochers. Les indigènes connaissaient de tout temps ce phénomène, et lui donnaient le nom de Yanar tasch, la pierre qui brûle; non-seulement ils ne le redoutent pas, mais ils lui attribuent des vertus curatives et ramassent les résidus qui entourent le jet de flammes pour en faire des remèdes. L'éruption se manifeste tantôt par un jet de flamme unique tantôt par de nombreux jets sortant des fissures de la roche; mais il ne paraît pas que jamais ce feu se soit éteint. Les phénomènes de ce genre ne sont pas rares en Asie; sans parler du grand feu de Bakou, sur les bords de la mer Caspienne, qui est

(1) In Verrem I, 21.

pour les Guèbres un feu sacré, nous avons observé dans la Mésopotamie et surtout à Kerkouk, non loin d'Arbèles, des éruptions semblables; mais celle d'Olympus paraît tout à fait privée de force explosive; c'est un feu qui brûle lentement et uniformément. Les rochers d'alentour ne portent aucune trace d'épanchement de lave, ce sont des schistes et des serpentines.

Cette éruption paraît remonter à l'origine des temps : les plus anciennes traditions la signalent ; elle était pour les Lyciens un sujet d'effroi. Aussi leur plus vaillant héros, Bellérophon fut-il chargé d'aller combattre la Chimère, qu'il parvint à vaincre (1). La flamme qui existait toujours fut consacrée à Vulcain ; un temple de ce dieu fut construit dans le voisinage, et l'endroit fut appelé Héphestion.

Les poëtes et les historiens ont décrit la Chimère les uns comme un monstre indomptable, les autres comme un phénomène naturel. Ils le placent entre les villes d'Olympus et de Phaselis, ce qui est exact. La description de Sénèque (2) est la plus rationnelle.

« Dans la Lycie on voit l'Héphestion ainsi appelé par les habitants, où le sol perforé en plusieurs endroits, laisse échapper une flamme sans aucun danger pour ceux qui l'approchent. » Scylax (3) fait aussi mention de la Chimère : « Au-dessus du port Sidérus s'élève sur la montagne un temple de Vulcain où l'on voit brûler un feu naturel qui ne s'éteint jamais. »

Le monstre de la Chimère, représenté comme vomissant des flammes est expliqué plus simplement par Servius (4); C'est, dit-il, une montagne qui a du feu au sommet, dont le milieu est fréquenté par les lions, et dont la base est infectée de serpents. Jusqu'à ce jour on n'a vu aucun lion dans cette partie de l'Asie.

Pour se rendre de Delik tasch au Yanar, on traverse une petite plaine d'environ trois kilomètres de large; on entre dans une vallée boisée et l'on arrive après une courte ascension au bâtiment ruiné près duquel sortent les flammes.

Le mont Solyma, au pied duquel passe la route qui conduit à Phaselis, offre des sites d'une grande beauté; la partie est, qui portait spécialement le nom de Climax, échelle, est composée de plusieurs plans de montagnes superposées dans lesquelles croissent de belles forêts exploitées par les indigènes : aussi donnent ils à cette montagne le nom de Taktalu, la montagne des planches.

Les roches qui descendent jusqu'au bord de la mer rendent presque impraticable la route d'Olympus à Phaselis en suivant les contours de la côte ; il est préférable de remonter la vallée d'Oulou bounar tchaï, qui, dans son parcours, offre des tableaux d'une admirable nature, des montagnes couvertes de pins séculaires et de profonds précipices où la rivière d'Oulou bounar serpente en mugissant. Les habitants de cette montagne sont des Yourouk, dont l'industrie consiste à débiter les arbres de ces forêts. On remonte la rivière d'Oulou bounar jusqu'à sa source, et l'on descend au village de Tekrova, près des ruines de l'ancienne Phaselis. Ce voyage exige une journée de huit heures de marche.

Phaselis, colonie dorienne, ne faisait pas partie de la confédération des villes de Lycie. Située sur un isthme qui séparait deux ports elle dut à son heureuse position de devenir le centre d'un commerce considérable entre l'Asie, l'Égypte et la Phénicie. On lui donnait aussi le nom de Pityussa, c'est-à-dire ombragée par des pins : ces essences abondent encore dans le mont Taktalu. Les nombreuses criques de la côte est de Lycie étaient on ne peut mieux disposées pour servir de retraites aux navires des pirates ; outre les petits ports que nous avons cités, il faut mentionner Corycus, abrité par les rochers de Tria Nisia, qui sont les îles Cypriæ; est-ce Corycus qui donna le nom aux corsaires corycéens, ou vinrent-ils de la ville de Corycus de Cilicie? Les auteurs ne le disent pas, mais ils attestent que le nom de Corycus se retrouve dans tous les lieux qui étaient infestés de pirates (1). Pha-

---

(1) Homère, *Il.*, VI, 180.
(2) Sénéq., *Ep.* 79.
(3) Scyl. Peripl. p. 39.
(4) Virg., *Æn.* VI, 288.

(1) Voy. page 366.

selis se gouverna d'abord par ses propres lois. Cicéron (1) en fait une colonie non de Doriens, mais de Grecs ycens. Ce n'était pas dans l'origine un repaire de pirates; mais telle est sa position sur un promontoire fort avancé dans la mer, que les pirates de Cilicie, dans leurs courses, étaient obligés d'y relâcher. En conséquence, ils se l'attachèrent d'abord par des affaires commerciales, ensuite par un traité. Après la prise d'Olympus, P. Servilius vint attaquer Phaselis, qui était défendue par Zenicetus en personne. Lorsque le chef des corsaires vit l'armée romaine maîtresse des abords de la ville, il fit mettre le feu aux principaux édifices, et se précipita dans les flammes avec tous ses compagnons. Phaselis se releva cependant de ces désastres, et Strabon la cite comme une des villes les plus florissantes (2) de cette région. Les édifices dont les ruines subsistent encore appartiennent tous à l'époque romaine. la ville s'élevait sur un plateau entouré de rochers, le grand port était au sud-ouest et l'on aperçoit encore sous les eaux un môle qui a environ cinquante mètres de longueur. Le théâtre avait vingt rangs de siéges, il ne se distingue en rien des autres édifices du même genre. Pausanias cite comme un monument célèbre à Phaselis le temple de Minerve, où l'on conservait la lance d'Achille (3). On reconnaît aussi un long portique de quatre cents pas d'étendue, tout pavé de marbre blanc, qui conduisait au petit port. Des siéges étaient disposés de chaque côté pour l'usage des promeneurs.

Déjà du temps des Romains le petit port était devenu un marais exhalant des miasmes délétères ; cet état de choses n'a fait qu'augmenter, et a été la principale cause de l'abandon de la ville. Les ports de la côte de Lycie, bons pour les petits navires des anciens, ne sont plus d'ailleurs d'aucune utilité pour la marine moderne, ils ne pourraient recevoir des bâtiments de trois ou quatre cents tonneaux.

Au nord de Phaselis, un des contreforts du mont Climax descend jusqu'à la mer, et va former le cap Avova ou Egder. Vient ensuite la plaine de Kemer arrosée par une petite rivière. Au delà, le chemin pour entrer en Pamphylie par la côte est impraticable. La rivière de Kemer descend du Seghir dagh, la montagne du bœuf, en formant un torrent écumeux au milieu d'une vallée qui s'élève rapidement jusqu'à six cents mètres au dessus de la plaine. D'antiques forêts de pins couvrent les pentes, et sont l'objet d'exploitations données en concessions aux Yourouk.

Pendant que je naviguais dans le golfe d'Adalia en 1836, je fus témoin d'un spectacle trop fréquent en Asie. Un incendie allumé par les nomades dévorait les forêts du mont Climax; le relèvement pris par un officier du brick donnait plus de huit kilomètres de longueur pour le terrain incendié.

Ces vallées ont été franchies par l'armée d'Alexandre; c'est ce que Plutarque appelle les Échelles. Derrière le Taktalu s'ouvre une grande vallée qui descend jusqu'à l'Allaghir tchaï; une autre vallée passe au-dessous des ruines de Seraïdjik, que l'on aperçoit du petit hameau de Kosaracy. Le nom de cette ancienne ville est resté indéterminé entre les explorateurs qui ont visité ces ruines. M. Spratt pense que c'est l'ancienne Apollonia ; M. Schœnborn y voit l'emplacement de Marmora, ville qui s'est opposée au passage d'Alexandre, et qui a été ruinée par son ordre.

Apollonia de Lycie était une colonie de Thraces restée fidèle à Alexandre et lui fournit des guides pour traverser ces montagnes. Ces ruines sont intéressantes au point de vue géographique; les monuments qui subsistent encore sont des tombeaux et quelques restes de murailles.

En franchissant la crête de la montagne vers le nord, on arrive à la naissance d'une vallée qui conduit dans la plaine d'Adalia; c'est par cette route qu'Alexandre est entré en Pamphylie.

(1) In Verrem II, liv. IV, X.
(2) Strabon, XIV, 666.
(3) Lacon. ch. 3. Les souvenirs de la guerre de Troie sont populaires dans toute la Lycie.

CHAPITRE XXV.

LA TÉTRAPOLE DE CIBYRATIS.

Au nord de la Lycie habitaient les Solymes et les Cabalès, deux peuples d'une origine étrangère à l'Asie Mineure. Les premiers, qui occupaient les régions maritimes, furent repoussés vers le nord par l'invasion crétoise; les Cabalès s'unirent avec les Lydiens, et formèrent cette race de Cabalès Lasoniens sujets de Crésus. Avant cette migration, le plateau du Milyas était occupé par les Lélèges, qui se mêlèrent en partie avec les Cariens. Le reste de la nation se retira vers l'est, et se fondit avec les Pisidiens ; aussi toutes ces villes conservèrent-elles un gouvernement analogue : elles étaient soumises à l'autorité de princes ou de chefs électifs.

Cibyra devint le chef-lieu d'une confédération de quatre villes; son gouvernement était une monarchie absolue. Il est fait mention de Cibyra pour la première fois dans la campagne de Manlius. A cette époque, la province était sous l'autorité d'un dynaste nommé Moagète, qui fut rançonné par Manlius. Cibyra paraît avoir été dans le principe une ville de peu d'importance ; mais elle s'agrandit par l'adjonction d'une colonie de Pisidiens, et acquit un développement tel, que du temps de Strabon, son périmètre avait jusqu'à cent stades. Elle était renommée par l'excellence de ses lois et par l'industrie de ses habitants, qui avaient acquis une grande renommée dans l'art de travailler le fer. Cibyra pouvait mettre sur pied trente mille fantassins et deux mille cavaliers; son pouvoir s'étendait au delà des limites de la province sur les villes de Pisidie, du Milyas et de la Lycie.

Lorsque le dernier prince du nom de Moagète fut soumis par Murena, la tétrapole fut divisée; Cibyra fut annexée à la Phrygie et les trois autres villes Bubo, Balbura et OEnoanda, furent incorporées à la Lycie. Cibyra paraît avoir supporté impatiemment le joug de Rome; elle devint cependant le chef-lieu d'un Conventus juridicus et celui d'un Thème, mais Constantin Porphyrogénète signale ses habitants comme les plus indomptables de la contrée.

La Tétrapole est arrosée par le Gherenis tchaï, et fait aujourd'hui partie du pachalik de Mogla; elle s'étend au sud jusqu'au sources du Xanthus.

Cibyra était située sur la pente orientale d'une montagne qui domine la grande vallée du fleuve Indus, le Gherenis tchaï. Les ruines de cette ville ont été reconnues par M. Spratt près du village de Hourzoum, sur la route qui conduit d'Adalia à Smyrne. Ces ruines, éparses au milieu d'une plaine, ne présentent pas l'imposant aspect des anciennes villes de Lycie, mais conservent encore plusieurs monuments remarquables.

Il faut citer en première ligne le théâtre, qui a quatre-vingt-dix mètres environ de diamètre. La première précinction a quinze rangs de gradins, et la seconde vingt et un. Le rang supérieur de la première précinction porte des dossiers pour les spectateurs. Quelques inscriptions d'un grand intérêt existent encore ; elles mentionnent plusieurs fois le nom de la ville.

Un autre édifice s'élève à cent mètres au sud du théâtre. C'est un grand bâtiment carré et sans ornement; la façade est percée de cinq portes ceintrées, et dans l'intérieur on voit treize rangs de sièges formant un segment de cercle; le plan de cet édifice diffère, comme on voit, de tous les autres monuments connus. Le stade est à l'extremité de la plaine; il n'a de gradins que d'un côté.

Les trois autres villes de la Cibyratis étaient des places de peu d'importance; les ruines de Bubo sont à deux milles au sud d'Ebadjik, village d'une douzaine de maisons au sud d'Hourzoum. On y remarque un théâtre et des vestiges de temples ou d'autres monuments qui s'élevaient sur une terrasse.

Balbura est dans la vallée supérieure du Xanthus près du petit village de Katara. Les ruines indiquent une ville d'une certaine importance; le théâtre est situé sur la pente de l'acropole; il a cela de particulier que les gradins suivent les irrégularités du rocher, et au centre est une excavation comme un grand siège ou un trône. Un second théâtre est placé dans un enfoncement de la montagne au sud de la rivière. Un grand nombre d'autres monuments sont épars aux environs, quelques-uns présentent le caractère d'une haute antiquité.

OEnoanda était à une demi-journée au sud de Balbura; on retrouve ses ruines au village de Ouloudja, sur la rive gauche du Xanthus. Les monuments sont presque entièrement détruits; ils avaient le même caractère que ceux des autres villes de la Tétrapole.

CHAPITRE XXVI.

PAMPHYLIE.

CONSTITUTION DU SOL. — ÉTABLISSEMENT DES COLONS GRECS.

Les Grecs ont donné le nom de Pamphylie à cette province formée d'une bande étroite de territoire, resserrée entre la chaîne du Taurus et la mer, et presque entièrement formée de terrains d'alluvions. Si les documents historiques nous font défaut pour connaître les populations qui ont occupé cette contrée avant l'arrivée des premiers Grecs, nous pouvons être assurés, d'après la nature du pays, que les régions montagneuses voisines de la Pamphylie, la Cilicie, la Lycie et la Pisidie étaient déjà peuplées quand le territoire de la Pamphylie, composé de terrains marécageux qui recevaient les eaux des versants du Taurus, était encore impraticable. Plusieurs fleuves et de nombreux torrents la traversent dans toute sa largeur, et forment des alluvions dont nous pouvons nous rendre compte en comparant l'état actuel du pays et les récits des historiens anciens, on peut voir quels changements notables se sont opérés depuis l'âge romain : les embouchures des fleuves obstruées par les sables et le grand lac Capria presque comblé sont des témoignages suffisants des transformations incessantes auxquelles est soumis le sol de la Pamphylie.

Ces alluvions ont comblé et assaini les marais formés par les eaux stagnantes et créé un pays d'une incomparable fertilité, qui alors seulement a dû attirer une nombreuse population. Les Solymes, les Termiles, les Lasoniens, les Milyens qui étaient des Thraces, avaient déjà formé une confédération de tribus et de villes.

Les hautes vallées du Taurus leur offraient des terres assainies, d'une culture et surtout d'une défense facile. Si jamais pays mérita le nom de Pamphylie, ce fut cette région dans laquelle on parlait quatre langues. Ils possédaient le pays depuis le Taurus jusqu'à la côte opposée à l'île de Rhodes, dit Strabon (1). Quelques-unes de ces tribus descendirent dans le pays plat, et choisirent les éminences naturelles pour y établir des châteaux. La défense comme la salubrité commandaient cette précaution, et nous retrouvons, entre les mains des Grecs ces mêmes bourgades devenues des villes florissantes, embellies de monuments groupés dans la plaine au pied de la colline qui fut le berceau de la ville. Perga, Syllæum, Aspendus en sont des exemples.

La dispersion des peuples grecs confédérés contre le royaume de Priam fut aux yeux des historiens anciens la première cause de l'expansion de la race hellénique sur toutes les côtes de l'Asie. Les compagnons d'Agamemnon, égarés sur la vaste mer dont l'étendue leur paraissait infranchissable, s'en allèrent côtoyant l'Asie et fondant des villes dans ces parages inconnus (2).

Chalcas et Amphiloque se dirigèrent vers le sud, et donnèrent au pays où ils abordèrent le nom de Pamphylie, pays de toutes les tribus, qui rappelait la manière dont il fut peuplé (3).

On est disposé à accepter cette étymologie donnée par Hérodote, puisqu'elle présente un sens précis ; Étienne de Byzance fait dériver ce nom de celui de Pamphyle, fille de Rhacius et de Manto.

Au nombre des peuples qui se sont établis dans la contrée, Strabon cite les Ciliciens de la Troade, qui fondèrent les villes de Thebé et de Lyrnessus; pour n'omettre aucun des noms des premiers colons de la Cilicie, il faut citer encore

(1) Strabon, XIII, 631.
(2) Strabon, XIV, 669.
(3) Hérodote, VII, 92.

Mopsus le Devin, qui mourut à Claros (1), la contrée aurait alors été appelée Mopsuestia (2). Il n'est pas surprenant que la Pamphylie accessible de toutes parts, ait toujours suivi le sort des provinces voisines; lorsque les rois de Lydie s'emparèrent de la Cilicie, la Pamphylie leur fut bientôt soumise. Cette province, sous le gouvernement des Perses, faisait partie de la première satrapie; elle est citée en dernier : les Ioniens, les Magnètes d'Asie, les Æoliens, les Cariens, les Lyciens, les Milyens, les Pamphyliens (3). Il n'y a pas lieu de s'étonner si les historiens sont si sobres de détails sur cette contrée : les événements qui s'y passent ont tous leur point de départ dans d'autres provinces. Le sort des Pamphyliens était de servir d'auxiliaires à tous les conquérants qui se présentaient. Dans la guerre de Xerxès contre les Grecs, leur contingent naval fut de trente vaisseaux tandis que les Lyciens en fournirent cinquante et les Ciliciens cent (4). Les habitants de Phasélis, quoique d'origine grecque refusèrent de se joindre à l'armée de Cimon, qui allait combattre les Perses, et ne consentirent qu'après que le chef des Athéniens eut commencé à investir leur ville pour en faire le siége. (5) Les Perses avaient, il est vrai, garanti leur liberté aux deux principales villes, Aspendus et Perga.

La Lycie s'était soumise volontairement à la domination d'Alexandre; les villes de Pamphylie qui étaient demeurées libres firent plus de difficulté, mais n'en furent pas moins incorporées dans le nouvel empire. A la mort d'Alexandre, ces villes passèrent sous le gouvernement des rois de Syrie, et restèrent en leur pouvoir jusqu'à la mort d'Antiochus (6).

Les rois de Pergame héritèrent des possessions de ce prince en Asie Mineure, et les conservèrent jusqu'a ce que le royaume des Attales fut absorbé par les Romains. C'est durant cette période qu'Attale Philadelphe fonda la ville d'Attalia aujourd'hui Adalia, la ville grande ou plutôt la seule ville de la province moderne.

Les limites de la Pamphylie varièrent comme celles de toutes les autres provinces; au nord, elle absorba la Pisidie, et s'adjoignit une partie de la Cilicie Trachée. Cet état de choses dura jusqu'à la nouvelle division sous Constantin. La Pamphylie avait été divisée en deux provinces; la Pamphylie première était à l'est du fleuve Eurymedon, la Pamphylie seconde était comprise depuis cette limite jusqu'à la Lycie. Sous Constantin, la Pamphylie fut réunie en une seule province, administrée par un consulaire; Hiéroclès la résume en un seul chapitre. Dans la liste des Pères du concile de Nicée, il n'y a qu'une seule Pamphylie, dont la capitale est Perga. Dans les actes du concile d'Éphèse, on nomme Berenianus évêque de Perga, Amphiloque de Sidé. Au concile de Chalcédoine, on nomme Amphiloque de Sidé, Épiphane de Perga.

Théodose le jeune opéra une nouvelle démarcation et divisa la Pamphylie en deux provinces : Perga conserva le titre d'évêché, et Syllæum fut créée métropole de la seconde. Elles furent ensuite en un temps inconnu réunies sous une même juridiction ecclésiastique; Syllæum devient la seule métropole et les évêques de Perga disparaissent.

CHAPITRE XXVII.

CICÉRON EN CILICIE.

Dans les dernières années de la république romaine, les provinces du sud furent réunies en un seul gouvernement, et mises sous la juridiction du proconsul de Cilicie, dont le siége était à Laodicée. Cicéron occupa cette charge pendant une année; il entra en fonctions le 31 juillet de l'an de Rome 702, il y a aujourd'hui 31 juillet 1862, dix-neuf cent quatorze ans. Le nouveau proconsul fait de ces provinces un tableau peu flatteur; on doit convenir que depuis vingt siècles le progrès dans ce pays n'a pas suivi une marche ascendante.

Cicéron arrive en Asie désespéré de l'honneur qui lui est fait, et malgré

---

(1) Pline, V, 26.
(2) P. Mela, XIV., Strabon, XIV, 668.
(3) Hérodote, II, 90.
(4) Hérodote, VII, 13.
(5) Plutarque, *vie de Cimon*.
(6) Polyb, XIII, 17.

l'accueil empressé qu'il reçoit des citoyens d'Éphèse, la première préoccupation du proconsul est de prendre ses mesures pour ne pas rester en Asie plus d'une année. Il ne demeure qu'un jour à Éphèse, part de cette ville le 22 juillet, met une journée pour aller d'Éphèse à Tralles, et se plaint beaucoup de la poussière et de la chaleur. Cicéron arrive à Tralles le 27 juillet et à Laodicée le 31. Les démonstrations de joie et d'affection qui lui sont prodiguées ne le touchent guère, et dès le premier jour de son entrée en charge il écrit (1).: « Vous ne sauriez croire combien je suis déjà las du métier que je fais ; le bel honneur pour moi de juger les affaires de Laodicée et de commander dans mon exil une armée de deux légions. Je ne suis point ici à ma place ; faites en sorte que j'en sois quitte au bout d'une année ».

Cicéron est surtout frappé de l'état déplorable des villes de son gouvernement ; les députés lui exposent qu'elles ne sont pas en mesure de payer les taxes qui leur sont imposées: plusieurs des habitants étaient obligés de vendre leurs fonds. Il ajoute : « Ces pauvres villes sont bien à plaindre. » La loi Julia accordait au gouverneur et à sa suite le droit de prélever sur les habitants les vivres et les fourrages nécessaires ; Cicéron ne profite pas de cette faculté : il payait jusqu'au bois ; il accepte quelquefois un gîte chez les habitants, mais le plus souvent il couchait sous sa tente. Il n'y a rien de changé aujourd'hui dans la manière de voyager dans ce pays, le ferman de voyage est une émanation de la loi Julia.

Cicéron passe trois jours à Synnada ; il est trop préoccupé pour donner à son ami Atticus aucun détail géographique ; on voit même qu'il connaît très-peu le pays. De Synnada, il se rend à Iconium, en passant par Philomelium (Ak cheher). Le 31 d'août (2), il part d'Iconium pour se rendre de la Cilicie dans la Cappadoce, et va camper à Cibystra, « ville de Cappadoce au pied du Taurus » ; c'est là que le proconsul établit son quartier général pour protéger la Cappadoce contre les Arméniens qui tenaient pour les Parthes, et pouvoir en même temps s'opposer à un coup de main sur la Cilicie, dans le cas où les Parthes attaqueraient cette province. Cicéron resta quinze jours au camp de Cibystra. Les avis qu'il recevait du sud lui faisaient craindre une attaque de la part du roi des Parthes, il s'avança vers le Taurus avec son armée : la Cilicie même ne paraissait pas très-soumise, et les alliés, écrasés par la dureté et les injustices du gouvernement romain (1), étaient tout prêts à faire défection. Malgré ses tristes prévisions, Cicéron marche en avant, et déploie, avec ses faibles contingents, toutes les qualités d'un général consommé ; il soumet les peuplades du mont Amanus, brûle leurs châteaux, et reçoit sur les bords de l'Issus le titre d'Imperator, aux lieux mêmes où Alexandre avait triomphé.

L'année de son commandement s'avançait, mais les campagnes de Cicéron n'étaient pas encore closes ; il restait sur ses derrières une population aguerrie, dans les montagnes les plus inaccessibles de la Cilicie, *ad infestissimam Ciliciæ partem* (2). Il est à noter que dans tout le cours de sa correspondance, Cicéron ne prononce pas une seule fois le nom de la Pisidie ; il donne aux habitants de ces montagnes le nom d'Eleuthérociliciens. Toute cette campagne de Cicéron en Pisidie est décrite en peu de mots et a été, ce semble, trop peu remarquée. Cicéron, du reste ne paraît pas trop savoir ni quelle ville il a prise, ni quel peuple il a combattu ; il altère le nom de la ville, et ignore le nom du peuple qu'il a vaincu.

Après sa victoire contre les peuples de l'Amanus, il ajoute : « J'ai conduit mes troupes chez les peuples les plus indociles de la Cilicie ; là j'ai mis le siège devant Pindénissus, ville très-bien fortifiée (3); depuis vingt cinq jours nous avons fait des terrassements, avancé des mantelets, élevé des tours avec tant de fatigues et tant de génie, qu'il ne manque à ma gloire que le nom d'une

---

(1) Ad Att., 207.
(2) Ad Fam., CCXIII.

(1) Ibid., Epist. CCXXI.
(2) Ibid., CCXXVI.
(3) Ibid., CCXXVI.

ville plus célèbre; nous la prendrons bientôt, je l'espère. » Il devait encore s'écouler vingt-deux jours avant que les Romains entrassent dans la place. Enfin le 21 décembre 702, Cicéron annonce sa victoire à son ami Atticus (1) : « La ville de Pindenissus s'est rendue à moi le jour des Saturnales, après quarante-sept jours de siége. Qu'est-ce que c'est que ce Pindenissus? je ne savais pas qu'il y eut au monde une ville de ce nom. »

Cette ville que Cicéron n'avait jamais entendu nommer, et dont il altère le nom, ne manque cependant pas d'une certaine célébrité : c'est l'ancienne Pednelissus, une des principales villes des Pisidiens, la rivale de Selgé, dans la vallée supérieure de l'Eurymédon. Elle est citée par Strabon (2), d'après Artémidore, qui la met au nombre des villes de Pisidie, par Étienne de Byzance et par Ptolémée. Hiéroclès étend les frontières de la Pisidie jusqu'au milieu du Taurus, et met Pednelissus (3) dans la Pamphylie. Des ruines encore fort importantes ont été découvertes dans une des parties les plus inaccessibles du Taurus, près du village de Baoulo. Cicéron dans la même lettre rend compte des événements qui ont suivi la prise de la ville. « J'attaquai ensuite Pindénissus (Pednelissus), ville très-forte de la Cilicie indépendante, qui, de mémoire d'homme, fut toujours en armes, gens rudes et féroces prêts à se défendre par tous les moyens. J'entourai la ville d'un fossé et d'un retranchement, et j'établis un grand terrassement; je fis construire des *Vinea* ou berceaux, une tour très-haute et une quantité de machines; je lançai en outre une nuée d'archers. Nous sommes arrivés à notre but après de rudes fatigues et en employant de grands moyens; un certain nombre des nôtres ont été blessés, mais l'armée est sauve. Je lui ai abandonné le butin, excepté les chevaux. Je fais vendre les esclaves aujourd'hui 21 décembre, le prix en monte déjà à douze millions de sesterces (2,400,000 fr.). Voilà tout le détail de mes exploits militaires. Cicéron demeure encore en Asie jusqu'au milieu de l'année suivante, il s'occupe uniquement des affaires de son gouvernement.

Pour ceux qui s'intéressent à la question de savoir si l'on trouve des panthères en Asie Mineure, les passages de quelques lettres de Cicéron prouvent que du temps des Romains, on croyait que la Pamphylie en nourrissait à profusion. M. Cœlius écrit, en effet, à Cicéron pour le prier de lui en faire passer un certain nombre. « Vous n'avez pas reçu une seule lettre où je ne vous aie parlé des panthères; il serait bien honteux que Patiscus en eût envoyé dix à Curion, et que je n'en obtinsse pas un plus grand nombre de vous, qui pouvez en tirer d'une quantité d'endroits. Pour vous, si vous avez la bonté de vous souvenir de ma prière et de donner des ordres aux Cibyrates et en Pamphylie, où l'on dit qu'il s'en prend beaucoup, vous m'en procurerez autant qu'il vous plaira (1) ».

Cicéron ne paraît pas avoir fait grande attention à la lettre de Cœlius; il ne lui répond pas, et se contente d'écrire, le 13 février suivant, à son ami Atticus (2) : « Il n'y avait rien de nouveau pour moi dans cette lettre, hors ce qui regarde les panthères de Cibyre; vous avez fort bien fait de dire à Octavius que vous ne croyiez pas que j'en envoyasse à son collègue. »

Cicéron aurait eu beaucoup de peine à satisfaire son ami; il est probable qu'à cette époque les panthères étaient en Asie Mineure un animal aussi inconnu qu'aujourd'hui : il devait se trouver en effet d'autant moins répandu que le pays était plus peuplé.

CHAPITRE XXVIII.

OLBIA. — ATTALIA.

Le territoire de la Pamphylie commençait à Phasélis et se terminait à Ptolémaïs; la longueur de la côte, était estimée à six cent quarante stades, 118 kilomètres (3). Elle est divisée en trois parties par les fleuves qui descendent du Taurus : le Catarrhactès, le Cestrus et

---

(1) Ad att., CCXXVIII.
(2) XIV, 667.
(3) Voy. plus bas Pednelissus.

(1) Ad fam. Ep. CCXI, 2 sept. 720.
(2) Ibid., CCL.
(3) Strabon, XIV, 667.

l'Eurymédon. Le fleuve Mélas forme la limite orientale de la province.

Après Phasélis, dit Strabon (1), vient Olbia ville forte, ensuite le Catarrhactès, puis la ville d'Attalia construite par Attale Philadelphe, le même prince qui fonda la colonie de Corycus.

Ce passage a beaucoup embarrassé les commentateurs jusqu'à ce jour où les ruines d'Olbia ont été retrouvées. Aujourd'hui il reste bien encore la difficulté d'expliquer comment le Catarrhactès se trouve à l'est et non à l'ouest d'Attalia, mais avec les variations qu'a subies le cours de ce fleuve, il n'est pas impossible qu'à une certaine époque il se soit jeté dans la mer à l'ouest d'Adalia.

Les anciens comptaient en Pamphylie six villes principales, Olbia et Attalia à l'ouest, Perga et Syllæum au centre, et à l'est Aspendus et Sidé. Les ruines d'Olbia ont été retrouvées dans la vallée de Arab tchaï, à huit kilomètres à l'est d'Adalia; elles occupent un plateau isolé de trois côtés de manière à former une sorte de promontoire; le quatrième côté est défendu par une muraille de deux cents mètres de long et d'une épaisseur de trois mètres, construite en grosses pierres réunies sans ciment. La petite rivière Arab tchaï coule au nord du plateau qui n'est pas éloigné du rivage. Cette position peut très-bien avoir convenu à une forteresse qui défendait l'entrée de la Pamphylie contre les incursions des Solymes.

Dans les rochers qui forment les flancs du plateau sont creusés quelques tombeaux sans ornements. Cette petite ville paraît avoir été habitée même dans les temps chrétiens; on y reconnaît quelques vestiges d'édifices qui datent des byzantins.

CHAPITRE XXIX.

ATTALIA. — ADALIA.

La construction d'Attalia par le prince Attale, 158 ans avant notre ère, paraît avoir été la cause de la ruine d'Olbia. La position de la nouvelle ville,

(1) XIV, 667.

au point de vue du commerce et des relations d'outre-mer, était bien préférable. Un cap élevé formait le port, qui était vaste, pour les flottes grecques. Il est arrivé pour Attalia le même fait que nous avons tant de fois remarqué pour d'autres villes grecques, elle a été sauvée par ses relations commerciales; toutes les autres villes de Pamphylie sont aujourd'hui dépeuplées. Elles n'avaient d'autre port que l'embouchure des fleuves; celui d'Adalia pouvait en tout temps offrir un abri à une flotte. Paul et Barnabé s'embarquèrent à Adalia quand ils quittèrent la Pamphylie.

Dès que les Seldjoukides furent maîtres de la Caramanie, Adalia devint leur principal arsenal maritime, et la ville acquit un nouvel accroissement. Les fortifications de la ville grecque furent reconstruites suivant le système de défense d'alors; on répara les anciens môles et une grosse tour antique voisine du port fut convertie en bastion.

Les Seldjoukides se bornèrent à ces travaux de défense; les monuments consacrés au culte n'ont pas la grandeur que les émirs avaient coutume d'imprimer à leurs œuvres; deux ou trois mosquées plus modernes, bâties sans doute par le sultan Mourad Ier, sont d'assez belle apparence.

On trouve à chaque pas, encastrés dans les murailles, des fragments de monuments antiques, mais qui sont tous de l'époque romaine. Les maisons sont bâties en pierres, blanchies à la chaux et très-propres; la plupart ont de grandes cours intérieures plantées d'arbres. J'ai demeuré à Adalia pendant un mois, chez une famille grecque à laquelle j'avais été adressé par le pacha, et j'en ai reçu tous les soins imaginables jusqu'au jour où ma santé m'a permis de m'embarquer pour Smyrne.

La ville est entourée de jardins, où les eaux du Douden entretiennent une fraîcheur continuelle; pendant l'été, les habitants se construisent des gourbis ou cabanes de branchages, et passent la saison chaude sans rentrer en ville. Tous les fruits réussiraient sur ce sol fertile, si une bonne administration facilitait la production au lieu de l'entraver. La ville est on ne peut plus mal approvisionnée : on ne mange que de la viande de chèvre.

Adalia s'élève sur un coteau qui regarde la mer ; presque toutes les maisons jouissent de la perspective du golfe. La population est estimée de quinze à dix-huit mille habitants ; le commerce du cabotage est entre les mains des Grecs, qui sont presque tous à leur aise.

Lorsque le capit. Beaufort visita pour la première fois cette ville, il observa plusieurs restes d'antiquités : un arc de triomphe et des colonnes corinthiennes; une frise où était inscrit le nom d'Hadrien. J'ai remarqué dans les murailles un certain nombre d'écussons de chevaliers, probablement du temps que la ville était entre les mains des Francs.

Le pachalik d'Adalia est un des plus étendus de la côte; bien qu'il ait peu de villes dans son ressort, il renferme un grand nombre de villages, et surtout une population de Yourouk ou nomades assez considérable. Il s'étend à l'ouest jusqu'au pachalik de Mogla, au nord de celui de Konieh. Il produit du bois, des céréales, du tabac et des peaux. La fameuse huile de rose qui se fabriquait à Phasélis pour l'usage des dames athéniennes, le storax de Selgé, qui fournissait en même temps un parfum et des hampes de lance ; tous ces produits de l'ancienne industrie des Grecs sont aujourd'hui parfaitement oubliés : c'est Andrinople qui fabrique aujourd'hui les essences de rose et de jasmin.

CHAPITRE XXX.

LE CATARRHACTÈS. — DOUDEN.

Les sources du Douden n'ont pas encore été parfaitement reconnues ; une branche supérieure du fleuve prend naissance dans le plateau de Padam agatch au sud d'Istenas. Le cours de cette rivière suit une vallée qui descend directement dans la plaine d'Adalia. Les montagnes de ces vallées sont composées de roches tendres et poreuses dans lesquelles existent des cavernes. Le Douden s'engouffre dans une de ces profondeurs du sol, et vient ressortir à une certaine distance pour couler dans la plaine d'Adalia.

Les eaux du Douden ont une propriété incrustante qui les distingue des autres rivières de l'Asie. Chargées d'une grande quantité de sels calcaires, elles forment en roulant sur le sol des dépôts considérables qui recouvrent tous les objets qu'elles touchent. Les pierres comme les plantes sont bientôt recouvertes d'une croûte calcaire et le terrain est lui-même transformé en une roche tendre et poreuse dans laquelle sont enveloppés les détritus végétaux qu'il contenait ; il prend l'aspect d'une agglomération de coraux. Comme cette propriété incrustante se développe par le contact de l'air, les dépôts deviennent plus abondants à mesure que le fleuve approche de son embouchure. Les moindres obstacles qu'il rencontre dans son parcours sont devenus des espèces de digues, qui arrêtent le courant; alors les eaux s'épanchent en tous sens, et forment des marais sans que pour cela leur limpidité en soit troublée. L'exhaussement du sol à l'embouchure a formé une cascade tombant directement dans la mer ; c'est de cette circonstance que le fleuve a reçu le nom de catarrhacte.

Le Douden passe à huit kilomètres d'Adalia ; mais les nombreux jardins de la ville sont arrosés par des canaux dérivés du fleuve qui servent en même temps à faire tourner des moulins et vont tomber dans la mer en formant des cascades.

La plaine du Douden, à l'est de la ville, est stérile et marécageuse ; le cours inférieur de la rivière n'étant pas encaissé couvre une grande étendue de terrain où croît une véritable forêt de joncs et de glayeuls, ce marais est traversé par la route qui conduit à Perga. Une chaussée de pierre qui a toute l'apparence d'un ouvrage antique traverse le marais ; on arrive ensuite, après une heure et demie de marche, au principal cours du fleuve, que l'on traverse sur un pont de cinq arches. L'eau est d'une limpidité remarquable, tout est désert aux environs, aussi les familles d'oiseaux aquatiques vivent-elles là dans une sécurité profonde ; le pélican, le cormoran, l'avocette ne s'effrayent pas de la présence de l'homme. Le bassin du Douden est séparé de celui du Cestrus (Ak sou) par une ondulation de terrain qui commence à douze kilomètres de la rive du fleuve. Les collines sont presque entièrement composées d'aglomerats sablonneux et de roches d'eau douce de la nature du travertin, que l'on retrouve employées comme blocage dans les constructions antiques de la contrée. Après avoir franchi ces collines, dont la largeur est de quatre kilomètres, on arrive dans la vallée du Cestrus, où est située la ville de Perga.

CHAPITRE XXXI.

LAGON. — TERMESSUS.

La grande route des caravanes qui relie Adalia avec les villes de l'intérieur suit encore la direction de l'ancienne voie romaine tracée à travers le Taurus ; on en reconnaît les traces à partir d'Isbarta en passant par Aglasoun, et sur le flanc de la vallée de Sousouse, qui débouche dans la plaine ; elle est encore conservée dans une longueur de plusieurs kilomètres avec son pavement en grandes pierres calcaires. Les étapes sont à peu de choses près les mêmes, et les anciens sultans ont fait construire des caravanseraï sur l'emplacement des villes anciennes qui étaient ruinées. Le grand caravanseraï d'Evdir, bâti dans la plaine d'Adalia par le sultan Sélim Ier, et celui de Goulik khan, remplacent les villes de Lagon et de Termessus.

Tite Live rapporte que Manlius, dans sa marche à travers la Pisidie, arriva devant la ville de Lagon, qu'il trouva déserte ; mais dans leur fuite précipitée les habitants avaient abandonné leurs biens et leurs provisions, qui furent mis au pillage et servirent à ravitailler l'armée romaine ; depuis ce temps, aucun auteur ancien n'avait parlé de Lagon, dont les ruines ont été reconnues par M. Spratt au voisinage du khan d'Evdir, dans la plaine d'Adalia, à dix-huit kilomètres environ vers les montagnes.

Lagon paraît avoir conservé jusqu'à un temps assez moderne une population considérable, si l'on en juge par l'étendue qu'elle occupe ; on reconnaît les ruines de plusieurs églises ; mais tous les monuments sont bâtis en petits moellons réunis par du mortier, un certain nombre de sarcophages portent des inscriptions antérieures au christianisme. Plusieurs lignes d'aqueducs dérivés sans doute du Catarrhactès circulent en tout sens ; on remarque surtout un canal de deux ou trois cents mètres de longueur construit en larges dalles de pierre qui traverse la ville de part en part. Les rebords sont ornés de figures grossières de poissons et d'autres animaux ; on avait placé des bancs de pierre de distance en distance. Aux angles du canal s'élèvent encore des piédestaux sur l'un desquels on lit : Le fleuve des Lagoniens : inscription qui prouve que ces ruines sont celles de la ville de Lagon.

Les vestiges des bâtiments publics et des maisons particulières couvrent une très-grande surface de terrain, mais toutes ces ruines sont d'un construction très-peu soignée.

CHAPITRE XXXII.

TERMESSUS.

Termessus, une des places les plus importantes de la Pisidie, commandait le passage entre la Cibyratis et le Milyas, dans la Pamphylie. Alexandre, dans sa marche sur Issus, et Manlius pendant sa campagne de Galatie, vinrent tour à tour attaquer Termessus. Les historiens nous ont laissé des détails circonstanciés sur ces expéditions. Depuis le commencement du premier siècle avant notre ère, Termessus rentre dans une nuit de quinze siècles. Nous savons seulement qu'elle fut le siége d'un évêché, mais il n'est plus question de cette ville pendant toute la période byzantine. On n'en parle pas davantage à l'époque de l'invasion seldjoukide ni au moment du passage des croisés dans les montagnes du Taurus ; nous ignorons les causes de son accroissement, de sa prospérité et de son abandon. Timour, qui a détruit tant de villes, n'en a pas approché ; d'ailleurs elle était déjà déserte de son temps. Son enceinte n'est pas même occupée par un village turc : un simple caravanseraï suffit aux rares voyageurs qui s'aventurent dans la montagne.

Cependant les ruines de Termessus, retrouvées par M. Spratt et presque en même temps par M. Schœnborn, couvrent une étendue considérable de terrain; les monuments qui subsistent encore surpassent en nombre et en importance ceux de bien d'autres villes d'Asie; ils annoncent une place forte du premier ordre, qui dut subsister jusqu'aux derniers temps de l'âge romain. Les monuments chrétiens y sont rares, on doit croire qu'elle fut abandonnée au commencement du moyen âge, c'est-à-dire du neuvième au dixième siècle. Tant de ténèbres sur le passé d'une seule ville prouvent combien de lacunes présente l'histoire de ces populations moitié romaines, moitié asiatiques.

Alexandre, assuré de la soumission de la Lycie et de la Pamphylie, dirigea sa marche vers la Phrygie. Il devait traverser les défilés de Termessus, ville des Pisidiens située sur une montagne élevée, qui défendait le passage. Les Termessiens, comme tous les autres peuples de la Pisidie, s'étaient déclarés hostiles à Alexandre. Ils occupèrent, en dehors de la ville, les crêtes du défilé; Alexandre ordonna à ses troupes de dresser leur camp, sachant que les Pisidiens n'auraient pas la patience de rester longtemps en observation. En effet à la tombée de la nuit, la plus grande partie des troupes rentra en ville; Alexandre envoya des hommes armés à la légère pour déposter ceux qui restaient; mais une fois en face des fortifications de Termessus qui lui parurent formidables, il jugea prudent de ne pas tenter une attaque de vive force, et après avoir reçu une députation des Termessiens, il se mit en route pour Selgé.

La topographie moderne est tout à fait d'accord avec les faits rapportés par Arrien, et le système de défense est encore assez complet pour qu'on puisse suivre pas à pas toutes les phases des opérations d'Alexandre.

La position de Termessus avait été vaguement indiquée par M. de Corancez et le général Kæhler sur la route qui conduit d'Adalia à Smyrne, dans la vallée inférieure du Taurus, au pied de Gulik dagh, à vingt-quatre kilomètres environ à l'ouest d'Adalia et à neuf kilomètres de l'entrée de la vallée, au lieu nommé Gulik khan, le caravansérai des roses; il se compose de trois bâtiments de pierre et d'un café. La route de Termessus est indiquée par M. Spratt de la manière suivante : 1° d'Adalia au caravansérai d'Evdir. 2° en face d'Evdir khan s'ouvrent deux profondes vallées qui descendent des montagnes des Solymes dans la plaine d'Adalia; elles sont séparées par un pic rocheux appelé Gulik dagh, dont le sommet est de seize cents mètres environ au-dessus de la mer.

En entrant dans la vallée de Gulik, qui monte en se rétrécissant de plus en plus, on remarque des ouvrages avancés de construction grecque, fortifiés par des tours, c'est dans ce passage qu'Alexandre s'arrêta avant d'être en vue de Termessus. Il faut faire encore deux kilomètres, toujours en montant, dans un défilé commandé par deux pics rocheux, avant d'arriver aux ruines de la ville. Après avoir franchi un long mur on arrive à une vaste esplanade entre deux rochers, entourée de précipices inaccessibles; alors se développe aux regards un magnifique ensemble de monuments presque tous de l'époque romaine; une porte de ville monumentale, un temple et plusieurs édifices publics. Un grand mur d'une conservation parfaite ferme la partie la plus étroite de la vallée, et dans cette enceinte s'élèvent encore des édifices d'un beau style et d'une conservation remarquable, notamment un grand palais, avec de nombreuses fenêtres, dont les murs intacts s'élèvent jusqu'au comble; il est bâti en grands blocs de pierre unis sans ciment. Tous ces monuments indiquent seulement le faubourg; une troisième muraille défendait l'accès de la ville même, qui est bâtie sur le sommet du plateau entouré de tous côtés d'affreux précipices. Après une ascension pénible au milieu des buissons et des blocs éboulés, on se trouve au milieu d'un amas confus de monuments divers qui mériteraient tous un examen détaillé. Un grand portique, dont les piédestaux sont encore en place traverse la ville;

l'un d'eux porte en grandes lettres le nom de Termessus. Plus loin est le quartier des habitations particulières; l'Agora est au centre; sur la face nord est une ligne de salles souterraines qui ont pu servir de citernes ou plutôt de silos, pour conserver les grains; on retrouve la même disposition à Antiphellus et à Aspendus. Un rocher qui s'élève dans l'angle de l'Agora est couronné par un sarcophage; à l'angle opposé est un grand édifice d'ordre dorique, et un peu plus loin s'élèvent deux petits temples. Un grand bâtiment qui a pu appartenir à un monastère et une église attenante sont les seuls monuments chrétiens que l'on observe à Termessus. Le théâtre est construit à l'angle de l'Agora, auquel il était réuni par un portique; il a dix-huit rangs de sièges à la première précinction et neuf à la seconde. Le proscénium est en partie conservé; l'architecture en est simple et sans sculptures; il domine un profond ravin en communication avec le bas de la ville par un chemin tortueux. Tous ces monuments sont de l'époque romaine, mais les fortifications sont généralement des ouvrages grecs. Les tours sont au nombre de dix; elles ont environ six mètres de front; dans l'intérieur on retrouve les escaliers de service, une des tours s'élève à la hauteur de huit mètres.

Ces deux longs murs qui coupent la vallée paraissent avoir été faits dans le but de défendre la ville, du côté du sud contre les Pamphyliens et du côté de l'ouest contre les Cibyrates. On ne voit aucune construction faite avec les débris antiques, ainsi qu'on le remarque dans les autres villes, vestiges d'une population plus pauvre qui aurait occupé les ruines de Termessus. L'obscurité la plus complète règne sur l'abandon de cette ville, qui n'a plus même de nom chez les indigènes d'aujourd'hui.

CHAPITRE XXXIII.

PERGA. — LE CESTRUS.

Le Cestrus prend sa source dans les plateaux élevés du Taurus; son cours supérieur est formé par deux petites rivières, l'une qui vient de l'ouest et qui passe au-dessous des ruines de Sagalassus : on l'appelle Aglasoun tchaï; l'autre rivière, Isbarta tchaï, vient des environs d'Isbarta, l'ancienne Baris; elle traverse la plaine de Pambouk ova si, qui appartient à la Pisidie, et coule droit au sud, à travers la grande plaine de Pamphylie, sans rencontrer aucun obstacle. Dans son bassin inférieur le Cestrus reçoit une autre petite rivière venant de l'ouest dont le nom ancien est inconnu, on l'appelle aujourd'hui Sari sou, l'eau jaune ou rivière de Mourtana, c'est cette rivière qui arrose les murs de Perga et non pas le Cestrus qui en passe à plus de trois kilomètres; le Cestrus n'a pas d'affluent venant de l'est, les indigènes lui donnent le nom de Ak sou, l'eau blanche, parce que souvent ses eaux ont une couleur laiteuse à cause de l'argile qu'elles tiennent en dissolution.

Le bassin de l'Ak sou est séparé de celui du Douden par une ligne de collines basses qui ont environ quatre kilomètres de large et qui se prolongent jusqu'à la mer, au lieu dit Laara. On y voit les vestiges d'un port artificiel formé de deux jetées; l'une est encore en assez bon état, l'autre est aujourd'hui sous l'eau. D'après les mesures du Stadiasmus M. M., ces ruines peuvent être celles de l'ancienne Magidus. A la hauteur de Perga le Cestrus n'est plus guéable; on le passe dans un bac; il va se jeter à la mer à douze kilomètres au sud de ce point. Tout le pays qu'il traverse est une plaine marécageuse en hiver.

Quand on a franchi la ligne des collines, la grande plaine de Pamphylie se développe aux regards jusqu'aux limites de l'horizon. On voit à ses pieds une grande ville avec ses murailles, ses tours et ses jardins. Mais cette ville est déserte; ce sont les ruines de l'antique Perga. Le petit village de Mourtana, bâti sur la pente de la colline, au nord de la ville, est le seul lieu habité. Les ruines de Perga sont dominées, au nord, par un monticule de forme carrée dont le sommet est uni comme une table; c'est l'ancienne acropole, et probablement le berceau de la ville; les habitants ne sont descendus dans la plaine que quand le pays a été assaini et pacifié.

Du haut de ce monticule on aperçoit à l'est une autre montagne presque semblable; c'est le site de Syllœum, que l'on apercevait de Perga (1). Aspendus est également située sur une montagne aux limites de la plaine.

PERGA.

Les Grecs disent Pergé, Πέργη; Pline (2) et Cicéron (3) disent Perga. Le nom de Perga, Πέργη, vient, comme ceux de Pergame et du Pergama, de la racine indo-germanique Perg, lieu élevé d'où les Allemands ont fait Burg et Berg et les Grecs Πύργος (4).

Perga était une des plus célèbres villes de Pamphylie; l'époque de sa fondation est inconnue; elle était célèbre par son temple de Diane Pergéenne, qui attirait tous les ans un grand concours de peuples à ses fêtes ou panégyries. Le peu de mots que dit Strabon à ce sujet donne à croire que le service de ce temple était organisé comme ceux des autres temples de Diane à Comana, où l'on faisait aussi des processions en portant la statue de la déesse; son culte était assimilé à celui de Diane Éphésienne, d'Anaïtis et d'Aphrodite. Les médailles de Perga représentent le temple de Diane Pergéenne ayant au centre, le symbole de la déesse sous la forme d'un cône ou d'une borne avec deux sphinx ailés de chaque côté et la legende ΜΑΝΑΨΑΣ ΠΡΙΙΝΑΣ, Manapsa Pergéenne dans le dialecte du pays. Il est à croire cependant que le temple renfermait une statue de la déesse avec les attributs que lui donnaient les Grecs.

En effet, dans son action contre Verrès Cicéron s'écrie : Dans Perga, Diane, comme vous le savez, a un temple très-ancien et très-respecté; je dis, Verrès qu'il a été entièrement pillé et dépouillé par vous : vous avez même détaché de Diane elle-même tout l'or qui la couvrait (5). Il semble que Cicéron ne se serait pas servi de cette expression si la figure de la déesse eût été un grossier simulacre.

Aujourd'hui le temple de Diane est entièrement détruit, quelques restes de chapiteaux de style grec semblent indiquer qu'il était bâti sur la montagne. On ne peut pas oublier que saint Paul est venu prêcher à Perga; que cette ville a été une métropole ecclésiastique, où tous les temples du paganisme ont été détruits. Cicéron ne manque pas de rappeler que Perga et Aspendus étaient des villes alliées et amies du peuple romain; cette condition, jointe à la qualité de ville religieuse, a dû valoir à Perga une période assez longue de tranquillité. On peut imaginer quelle affluence d'étrangers y arrivait au moment des panégyries. Les murailles existent encore; nous avons relevé le plan de la ville et des monuments, qui sont encore d'une conservation parfaite; il ressort de cette comparaison que la ville occupait trente-six hectares, dont il faut détalquer les rues et les monuments publies. Le théâtre contenait treize mille spectateurs, et le cirque attenant au théâtre dix mille spectateurs.

Alexandre et Manlius, qui se sont suivis à cent quarante-trois ans de distance, ont paru devant Perga pour la rançonner un peu; mais les habitants ont su se faire des amis de l'un et de l'autre, ils servirent de guide à Alexandre pour le conduire à Aspendus (1). Garsyeris, général d'Achæus, vint aussi se ravitailler à Perga après avoir soutenu Pednelissus contre Selge. Saint Paul et Barnabé débarquèrent à Perga en arrivant de Chypre (2), ils n'y séjournèrent pas et se rendirent à Antioche de Pisidie et de là à Iconium, répandant partout la doctrine de l'Évangile; ce fut à leur retour qu'ils s'arrêtèrent à Perga et commencèrent leurs prédications. L'effet de la parole de saint Paul avait été tel dans toute la Cappadoce, que plusieurs églises furent fondées, notamment à Lystra et à Derbé. Si nous ne connaissons pas l'effet direct des prédications de saint Paul à Perga, nous pouvons supposer qu'elles n'eurent pas moins de retentis-

---

(1) Strabon, XIV, 667-668.
(2) Pline, V, 29.
(3) In Verrem, II, liv. I, 20.
(4) Πύργος indè Burg Schrevelius lex. Un éditeur de Pline remarquait il y a cent ans que Perga devait se trouver sur une montagne; sa conjecture s'est vérifiée. Poinsinet de Sevry, *Pline, liv.* V, 29, 1771, in-4°.
(5) Cic. v. *id. ib.*
Ex ipsa Diana, quod habet auri, detractum atque ablatum.

(1) Polyb. v. 72, XII, 25.
(2) Act. XII, 13.

sement, car dès les premiers siècles du christianisme, Perga fut élevée au rang de métropole de la Pamphylie, et comme nous n'y retrouvons, au milieu de tant de monuments, aucun vestige de temple, nous devons admettre qu'ils furent démolis pour être remplacés par des églises.

L'obscurité règne sur l'abandon de Perga par sa population; on ne reconnaît aucune cause immédiate de désertion : les édifices antiques étaient dans leur intégrité lorsqu'ils ont été abandonnés, et leur destruction n'est due qu'à une cause accidentelle, comme pourrait l'être un tremblement de terre : la preuve en est que le stade, qui est peu élevé au-dessus du sol, est encore intact, et que demain on pourrait y donner des courses.

CHAPITRE XXXIV.

LA VILLE ANTIQUE.

La montagne de Perga, où était l'acropole, forme la défense de la ville du côté du nord; les murs partent du pied de cette montagne, et forment un grand quadrilatère presque régulier; c'est l'enceinte de la ville. Ils sont flanqués de distance en distance de tours carrées ou circulaires; mais ces dernières sont évidemment d'une époque plus récente. Les tours antiques, c'est-à-dire de style grec sont bâties en grands blocs de pierre calcaire; au premier étage sont de hautes fenêtres étroites, sortes de barbacanes pour le jeu des machines; les portes de la ville sont sans décoration; il n'y a pas de fossé.

De la porte voisine de l'acropole part une grande rue qui traverse toute la ville de l'est à l'ouest; à gauche s'élèvent de grands bâtiments à un étage ornés de pilastres corinthiens.

A droite est un grand édifice composé de plusieurs salles, qui sont éclairées par de larges fenêtres. L'intérieur des chambres porte des traces de stucs avec des peintures.

Du même côté de la ville, c'est-à-dire à l'ouest, on voit les ruines d'un petit édifice d'ordre dorique grec avec un portique; c'était peut-être la lesché ou salle d'assemblée. Au milieu du portique il y a un grand hémicycle; plus loin est un autre grand édifice carré composé de plusieurs salles qui étaient voûtées en berceau. La destination de cet édifice n'est pas bien précise.

Un troisième édifice est situé dans la perpendiculaire de la rue des portiques; il était décoré de sculptures et de revêtements de marbre. La nef se termine par un hémicycle; un ordre de colonnes corinthiennes décorait l'intérieur. Le plan de ce monument est celui d'une basilique.

Nous passons sous silence de nombreuses ruines qui jonchent le sol de la ville, et dans lesquelles on découvre des frises de marbre, des colonnes de granit et des chapiteaux.

Derrière la basilique est un grand édifice demi-circulaire flanqué de deux hautes tours rondes. Son plan ne ressemble à aucun monument connu; il était dans son intérieur décoré d'un ordre de colonnes; il est difficile de comprendre comment il était couvert. Aucun indice ne peut faire connaître sa destination; il est à trois cents mètres environ de la basilique et dans le sud de la ville.

Du côté de l'ouest est un faubourg attenant à la voie des tombeaux; là encore on retrouve les traces d'un long portique ou d'une rue dans l'axe de laquelle est construit à fleur de terre un canal dont les margelles sont ornées de têtes de lion qui épanchaient dans la rue le trop plein du bassin.

Les eaux étaient apportées à Perga par un aqueduc dont la prise d'eau est dans les collines de l'ouest; elles étaient, comme celles du Douden, chargées de sels calcaires qui ont formé des masses énormes de stalactites.

LE THÉÂTRE, LE STADE. — Les deux édifices publics les plus importants et les mieux conservés sont le théâtre et le stade.

Le théâtre est bâti sur la pente de la colline de l'ouest; il doit être classé, par sa conservation et par le luxe de sa construction, parmi les monuments de ce genre les plus remarquables.

La façade du proscénium est ornée de cinq grandes niches de dix à onze mètres de hauteur; à droite et à gauche sont deux portes qui conduisaient dans l'orchestre.

La grande salle des mimes, sur laquelle ouvraient les cinq portes de la scène, est une longue galerie voûtée en berceau et divisée en trois travées correspondant aux scènes tragique, satirique et comique; des escaliers en pierre de tailles placés à chaque extrémité conduisent à l'étage supérieur. La scène était ornée, au rez-de-chaussée, d'un rang de pilastres carrés en marbre blanc; chacun de ces pilastres est couvert de sculptures représentant des divinités au milieu de rinceaux de feuillage. L'entablement, également en marbre, est orné d'une frise dans laquelle se jouent des génies et de jeunes enfants. Le second ordre était de style corinthien.

Les combles de la scène correspondaient avec la galerie supérieure.

Le Thymélé était devant l'orchestre, on y arrivait de plain-pied.

Enfin la cavea ou salle n'est pas moins richement construite; le Diazoma est orné d'un petit ordre de pilastres; il y a deux rangs de gradins en haut et dix-huit en bas. Des petits escaliers ou *parodi* sont ménagés pour qu'il n'y eût pas encombrement; enfin deux grands vomitoires latéraux conduisaient directement à la première précinction.

La galerie supérieure est de plain pied avec la colline; elle était décorée d'un portique d'ordre ionique. Sur le troisième gradin de la seconde précinction on lit l'inscription Ἱερείας Ἀρτέμιδος; c'était la place de la grande prêtresse de Diane.

La décoration extérieure consiste en grands pilastres d'ordre dorique supportant un magnifique entablement.

Une partie du proscénium est écroulée; mais pas un morceau n'a été enlevé. La salle des mimes est entière. Il est inutile d'ajouter un mot pour faire comprendre toute l'importance de cet édifice, au point de vue de l'intelligence des représentations dramatiques chez les anciens. Ce monument et le théâtre de la ville voisine Aspendus ne laissent rien à désirer sous ce rapport. Quant à l'époque où il fut construit, des indices certains nous prouvent qu'il est postérieur au règne de Titus, nous avons relevé et mesuré avec soin cet important édifice.

L'arène du stade n'est pas même couverte de buissons; toute la construction est parfaitement intacte.

Les rangs de sièges reposent sur une longue série d'arcades dont les voûtes sont inclinées pour recevoir les gradins qui sont au nombre de dix-sept, séparés de dix mètres en dix mètres par de petits escaliers. J'ai dit combien le théâtre et le stade pouvaient contenir de spectateurs. La partie circulaire du stade est intacte, mais l'entrée est écroulée; les arcades et les chapiteaux gisent sur le sol. Nous n'avons pas trouvé de traces de l'épine; peut-être ne servait-il que pour les courses à pied. Le petit village de Mourtana est tout voisin des ruines; l'agha s'est fait bâtir une jolie maison dans laquelle les chapiteaux antiques servent de bases à des colonnes de bois.

On passe le Sari sou sur un pont romain d'une seule arche; il ne sert plus guère aujourd'hui que pour les bergers et pour les chèvres qui vont paître dans les ruines.

CHAPITRE XXXV.

SYLLÆUM. — HASSAR.

Du haut de l'acropole de Perga on aperçoit à l'est une montagne conique, sur laquelle s'élèvent quelques constructions. La position de Syllæum est si bien déterminée par Strabon (1), « ville élevée qui s'aperçoit de Perga », que je pus sans craindre de me tromper marcher droit sur cette montagne et reconnaître l'emplacement de Syllæum (avril 1836) au bourg moderne de Hassar. Depuis ce temps les ruines de cette ville ont été visitées par plusieurs explorateurs qui ont confirmé l'exactitude des indications de Strabon.

On passe le Cestrus en deux endroits, à trois kilomètres à l'est de Perga : au nord, sur un pont turc presque ruiné, et un peu plus au sud dans un bac. Cette dernière route est la meilleure; elle est presque entièrement dégagée de buissons.

De la rive du Cestrus les ruines de Perga se présentent dans leur plus entier développement; les murailles de

(1) Strabon, XIV, 667.

l'est encore conservées dans toute leur étendue, les hautes tours carrées bâties en pierres blanches, donnent à ces ruines l'aspect d'une ville vivante et populeuse. Les monts Solyma et le Taurus terminent l'horizon et composent un tableau d'une rare beauté quand il est éclairé par le soleil du soir.

Au delà du Cestrus on remonte vers le nord-est, et l'on arrive en deux heures de route à Hassar keui, village d'une cinquantaine de maisons où réside un agha ; c'est l'ancienne Syllæum.

Ici ce ne sont plus, comme à Perga, des colonnades ni de riches portiques : Syllæum paraît être restée ce que ces villes étaient dans l'origine, une place de guerre sérieusement fortifiée; on remarque peu de vestiges de monuments dans la plaine. Un mur en appareil pélasgique forme la première enceinte. La plupart des édifices sont aujourd'hui détruits ; mais ils ont laissé sur le roc l'empreinte de leurs fondations. Partout la montagne a été tranchée au vif pour former de grands emmarchements et creuser de vastes citernes, le seul moyen d'approvisionner la ville en cas de siége. Une grande esplanade toute taillée dans le roc paraît avoir été l'emplacement de l'agora. Près de là est un ancien palais dont il reste encore une porte en partie engagée dans une construction du moyen âge. M. Daniell a reconnu sur le pied-droit une inscription qu'il n'a pu copier; elle est écrite dans une langue barbare et inintelligible.

Au nord-ouest de la ville s'élève une haute tour bâtie en grands blocs de pierre unis sans mortier, et du côté du sud la montagne forme une défense naturelle rendue encore plus forte par des travaux exécutés dans le rocher. L'entrée de la ville paraît avoir été du côté du sud-est par une route en lacet taillée dans le roc ; l'acropole est un peu plus élevée que celle de Perga ; du côté du sud, la vue s'étend jusqu'à la mer à dix ou douze kilomètres de distance : ce sont les soixante stades marqués par Strabon.

Les habitants de Syllæum se sentaient assez forts derrière leurs murailles pour avoir la pensée de résister à l'armée d'Alexandre, qui ne s'arrêta pas devant la ville, et marcha droit sur Aspendus guidé par les habitants de Perga. Plus tard ils fournirent un contingent de troupes à Achæus pour aller faire le siége de Selgé, et lorsque Manlius parut sur les frontières de Pamphylie, ils lui envoyèrent des députés en contribuant au ravitaillement de son armée, qui ne vivait que du pillage des villes. Syllæum parvint ainsi à conserver son autonomie non-seulement sous le gouvernement d'Achæus, mais aussi sous le gouvernement romain ; toutes ces villes jouissaient du titre d'alliées de Rome (1).

Sous l'empire byzantin Syllæum fut élevée au rang d'évêché, et semble avoir été la dernière ville chrétienne de Pamphylie. Perga et Aspendus étaient déjà désertes quand l'évêque de Syllæum paraît encore dans les notices ecclésiastiques.

Au nord de Syllæum s'ouvre une vallée d'un parcours difficile ; c'est la vallée de Kirk ghetchid (des quarante gués) ; elle conduit dans la plaine de Pambouk ova si ; de là on remonte par une suite de plateaux et de vallées inextricables jusqu'au village de Baoulo où sont les ruines de Pednelissus ; on peut y arriver aussi en descendant les hautes vallées du Cestrus par Isbarta.

CHAPITRE XXXVI.

PEDNELISSUS. — KARA BAOULO.

L'emplacement de Pednelissus était vaguement indiqué par les géographes dans les pentes méridionales du Taurus qui regardent la Pamphylie, c'est-à-dire dans le Taurus Pisidien ; c'est cette région que Cicéron attribuait aux Éleuthérociliciens, et qu'il alla soumettre avec ses deux légions. On savait aussi que Pednelissus n'était pas éloignée de Selgé, puisque les deux peuples étaient toujours en guerre. M. Schœnborn a déterminé l'emplacement de l'une et de l'autre cité et a comblé la lacune qui existait dans la connaissance des villes de Pisidie.

En partant d'Egdir et en se dirigeant vers les sources du Cestrus par une route qui tend au sud-ouest, on arrive aux sources de la rivière Kutchuk sou, petit

(1) Cic., in Ver. supra.

ruisseau; le pays est désert et d'un parcours très-difficile; des forêts de pins et de genévriers, où s'enlacent d'inextricables broussailles, entravent constamment la route; le second jour de marche, on arrive à Baoulo, gros village avec une mosquée, entouré de jardins et caché au milieu de la forêt. Ce lieu est à mille mètres environ au-dessus du niveau de la mer.

A quinze kilomètres au nord de Baoulo sont des ruines antiques connues dans le pays sous le nom de Kara Baoulo (le Baoulo noir). Ces ruines sont celles de l'ancienne Pednelissus. Elles s'étendent sur la pente d'un plateau borné au sud par une montagne rocheuse couronnée par une forêt.

Au nord court une ligne de collines peu élevées, et à l'est une croupe en pente douce. Les ruines de la ville s'étendent en grande partie dans la plaine; le reste s'enfonce dans un ravin rocheux. A l'ouest on aperçoit un château construit en grands blocs de pierre de taille, flanqué de tours reliées par des murailles entièrement ruinées. Une seconde citadelle aussi en ruine s'élève en face. La plaine qui les sépare est couverte d'une masse de ruines où l'on voit des fûts de colonnes, des sarcophages et des blocs de pierre provenant de murailles démolies.

A l'entrée d'un défilé qui s'ouvre dans la plaine s'élèvent les ruines d'un grand temple de Jupiter, qui peut avoir trente pas de long et dix-sept de large; il est bâti en grandes pierres de taille. Ce monument est à demi détruit; le terrain d'alentour est couvert de fûts et de fragments de colonnes. On n'aperçoit pas de chapiteaux; mais il reste de longues pièces de corniches et d'architraves qui ne mesurent pas moins de trois mètres de long, un mètre de haut et cinquante centimètres de large. L'entrée du temple est à l'est. Une grande muraille de cinquante pas de long, encore debout, faisait partie de l'enceinte.

Sur l'une des pierres est sculpté cet ornement ou cet emblème si répandu chez les Lyciens et les Pisidiens, généralement connu sous le nom de Triquetrum et qui est reproduit sur un grand nombre de médailles de ces villes. Le Triquetrum de Pednelissus représente trois jambes d'homme partant d'un centre commun et s'étendant comme des rayons. Cette figure est aussi représentée sur beaucoup de médailles de Sicile; plusieurs pieds-droits de portes sont aussi ornés de moulures.

A l'entrée du défilé et non loin du temple se trouve un escalier de dix-neuf marches et de dix mètres de large, qui conduit à un grand bâtiment de pierres de taille attenant à une tour de même construction; à l'entour sont les restes de plusieurs autres édifices antiques. Devant la seconde montagne dans la plaine sont disséminés des édifices de différents styles mais sans ornements; en arrière s'élève un second temple de la même dimension que celui de Jupiter et dont les murailles sont entières; il paraît avoir fait partie de l'agora. Les ruines du nord sont moins étendues que celles du sud, mais leur état de destruction empêche tout examen détaillé. On reconnaît seulement un petit temple qui, d'après l'inscription, était consacré à Jupiter Sérapis; plusieurs colonnes gisent autour. On remarque un très-petit nombre de sarcophages; la nécropole se trouvait peut-être plus éloignée de la ville.

Les Yourouk viennent prendre dans ces ruines les matériaux pour faire les enceintes destinées à leurs troupeaux; on en porte aussi à Baoulo pour les cimetières. Le lendemain du jour où M. Schœnborn visitait ces ruines, un immense incendie éclata dans la forêt et coupa court à toute autre investigation.

Pednelessus est marquée par Strabon dans la vallée de l'Eurymédon, au-dessus d'Aspendus; il la compte au nombre des villes de Pisidie; mais Hiéroclès, qui donne plus d'extension à la Pamphylie, la met, avec Selgé, dans cette dernière province (1). Il ne faut pas s'étonner si le nom de cette ville a été altéré par Cicéron, qui la nomme Pendenissus; ces erreurs sont fréquentes chez les anciens. Arrien donne constamment à Termessus le nom de Telmissus, ville de Lycie. Sous l'empire byzantin, et surtout dans la notice de Hiéroclès, les noms des villes de cette contrée sont presque méconnaissables.

(1) Strabon, XII, 570. Et. Byz., *Pednelissus*.

Selgé devient Serpé et Pednelissus devient Pastorelissus ; aujourd'hui on l'appelle Kara Baoulo.

On conçoit combien il serait intéressant d'avoir un plan topographique de cette ville pour se rendre compte des opérations que Cicéron décrit brièvement. Celui qui voudra rendre ce service aux études historiques devra bien choisir le temps où les habitants de Baoulo ne sont pas encore au yaela, c'est-à-dire le commencement de mai, à moins qu'il n'emporte avec lui une installation pour camper quelques jours dans ces lieux déserts (1).

CHAPITRE XXXVII.

BASSIN SUPÉRIEUR DU CESTRUS.
ISBARTA — SAGALASSUS.

Isbarta, chef-lieu du Pachalik de Hamid, est située au pied de l'Aglasoun dagh, sur l'affluent oriental du Cestrus, c'est la plus grande et la plus agréable ville de ces provinces; mais c'est uniquement au point de vue de son activité commerciale et de sa situation pittoresque, car elle ne renferme aucun débris d'antiquité, aucun monument moderne digne d'attention. A l'entrée de la ville s'élève une grande mosquée dont le dôme fut jadis doré, et un minaret dans le style de ceux de Constantinople. Les autres mosquées, moins remarquables, sont construites dans différents quartiers ; on en compte plus de trente : elles sont pour la plupart entourées de beaux arbres. Les jardins et les plantations d'Isbarta donnent à la ville un aspect des plus agréables et plusieurs voyageurs l'ont comparée à celle de Broussa. La population grecque d'Isbarta a tout à fait oublié sa propre langue et ne parle que la langue turque, il en est de même dans toutes les villes de la côte. Au moment de leur invasion, les Turcs avaient détruit toutes les écoles, et le gouvernement mettait tous les obstacles possibles à l'éducation chrétienne des enfants des Grecs; aujourd'hui l'opposition à la création d'écoles grecques n'est plus si manifeste,

mais il y a encore bien à faire pour l'instruction des enfants chrétiens. Les Grecs ont quatre églises très-misérables. Isbarta est le siège de l'évêché de Pisidie ; mais tout cela est presque nominal, car l'évêque n'a aucun moyen d'étendre son influence au dehors.

Paul Lucas a visité Isbarta en 1706 : c'était à cette époque une ville populeuse et riche; elle avait un assez grand commerce de drogueries et de matières premières, comme des laines, des peaux et des gommes. Les habitants signalent dans la contrée quelques ruines encore inexplorées ; ce sont sans doute de ces châteaux forts qui étaient très-nombreux du temps de la Pisidie indépendante, et que les Romains ont détruits l'un après l'autre.

SAGALASSUS. — CREMNA.

A une journée de trente-six kilomètres au sud d'Isbarta, au village d'Aglasoun, se trouvent les ruines de l'antique Sagalassus dont Paul Lucas fit une si magnifique description. Dans son enthousiasme de voyageur, il manque d'expressions pour peindre sa surprise, et pour lui les ruines de la ville qu'il vient de découvrir appartiennent plutôt « au pays des fées qu'à des villes véritablement existantes. »

La route d'Isbarta à Aglasoun traverse d'abord une plaine peu étendue : au bout d'une heure, on entre dans la montagne, et l'on se trouve à la naissance d'une vallée au fond de laquelle coule une petite rivière : c'est la branche orientale du Cestrus, que les indigènes nomment Aglasoun tchaï. Le village d'Aglasoun, composé d'une trentaine de maisons, est bâti sur la pente d'un côteau dominé par les sommets déchirés d'une montagne rocheuse, les environs sont couverts de ruines et de sarcophages appartenant à l'ancienne ville.

Le plateau de Sagalassus est composé de roches volcaniques et surtout de collines à base de ponce qui s'élèvent au milieu des trapps. Les montagnes des environs sont calcaires; il semble qu'il y a eu en cet endroit une fissure de la roche qui a donné lieu à un épanchement volcanique de peu d'étendue; les trapps ont formé des collines ou des

(1) Schœnborn ap. Ritter Erdkunde, t. IX, 575.

dômes semblables à ceux qui entourent l'Argée, mais nulle part on ne trouve de trace de cratère. Toute cette région a été le théâtre de mouvements géologiques encore inexpliqués. Les ruines de Sagalassus méritent l'attention plutôt par leur immense étendue que par la perfection des monuments qui sont tous postérieurs au second siècle de notre ère.

Au sud du village, Arundell a trouvé quelques fragments sculptés. Les ruines de la ville s'étendent sur une longue terrasse dominant la vallée, la plupart des monuments paraissent avoir souffert des effets d'un tremblement de terre; mais tous les fragments d'architecture sont restés sur l'emplacement qu'ils occupaient, et les principales murailles sont encore debout.

A l'extrémité de la terrasse s'élève un grand bâtiment dont la longueur est d'environ quarante-deux mètres et la largeur de vingt; le mur de la terrasse est bâti en grands blocs de pierre et a plus de cent mètres de longueur. Au milieu de toutes ces pierres écroulées on retrouve de nombreux fragments de sculpture, quelques bas-reliefs d'un style médiocre, d'innombrables piédestaux et des fûts de colonnes; et un peu plus loin un portique de plus de cent mètres de long. Sur l'un des piédestaux on lit le nom de « Sagalassus, ville de Pisidie ». Les colonnes du portique sont d'ordre corinthien; il conduit à un vaste bâtiment qui paraît avoir été le Gymnase. A peu de distance de cet édifice le terrain forme une pente abrupte sur le flanc de laquelle sont dispersés des tombeaux et des sarcophages.

Le théâtre s'élève à l'est; c'est le monument le mieux conservé : la masse de sa construction a résisté à toutes les secousses. La décoration du proscénium consistait en un rang de colonnes supportant un entablement dont les fragments sont répandus dans l'orchestre. La salle des mimes est encore debout avec la grande porte du milieu et les deux portes latérales; les deux portes extrêmes du proscénium sont écroulées. Le pulpitum, quoique couvert de décombres, est encore en place; on retrouve les traces des escaliers qui du pulpitum conduisaient dans l'orchestre, et qui servaient pour les évolutions du chœur. Ceci semblerait prouver que les représentations scéniques à Sagalassus avaient lieu selon la mise en scène des Grecs. La cavéa conserve dans toute leur intégrité ses quarante rangs de gradins avec les escaliers ou parodi qui y donnaient accès. L'orchestre est presque libre, sauf quelques buissons et une plantation d'arbres fruitiers qui occupent la place des danseurs. Le portique supérieur n'a pas laissé de traces; mais il est probable qu'il existait : cette partie de la salle est plus nécessaire encore dans les villes du midi que dans celles du nord. L'acropolis est entourée d'une muraille en appareil polygonal; on retrouve quelques débris d'un temple qui en occupait le centre. Il faut ajouter aux édifices de l'époque romaine plusieurs églises et d'autres monuments d'une destination toute chrétienne. Sagalassus a été longtemps le premier siège épiscopal de la Pisidie.

La situation de Sagalassus sur la pente d'une montagne, les monuments élevés sur des terrasses superposées, ce magnifique ensemble de temples, de palais, de portiques, de théâtres et de gymnases, devait donner à cette ville un aspect grandiose; mais quelle différence entre la rudesse presque barbare de ces monuments et le goût, la finesse et la perfection des monuments de l'Ionie.

Sagalassus était la seconde ville de Pisidie, Strabon la nomme Selgessus : elle était située, dit-il, du côté du Milyas et entourée de hautes montagnes. Les médailles de cette ville portent le nom du Cestrus.

Le pays, quoique montagneux, était d'une grande fertilité, et les Sagalassiens passaient pour le peuple le plus aguerri de toute la Pisidie. Alexandre, après avoir traversé les défilés de Termessus, marcha contre Sagalassus, les habitants occupèrent, en avant de la ville, une colline qui formait une défense naturelle, et attendirent l'ennemi. Alexandre parvint à les déposter de cette position, et prit la ville d'assaut : le reste de la Pisidie se soumit à ses armes.

Manlius n'attaqua pas Sagalassus mais ravagea son territoire, et força les habitants à lui payer une contribution de cinquante talents et vingt mille médimnes de blé. Selon Strabon Sagalassus n'était qu'à une journée de marche d'Apamée Cibotos.

Cremna, autre place forte, était au nord de Sagalassus, à une distance de trente stades, cinq kilomètres et demi, de cette ville ; elle a longtemps passé pour être imprenable, mais Amyntas s'en empara dans sa campagne contre les Pisidiens. Le village moderne de Ghirmé occupe aujourd'hui l'emplacement de l'ancienne Cremna. On y reconnaît encore l'Acropole entourée de fortes murailles en appareil irrégulier, les ruines d'un temple et de nombreux vestiges de monuments épigraphiques.

Le grand lac d'Egdir occupe le centre du plateau supérieur de la Pisidie. Les eaux s'écoulent vers le sud, et forment des courants qui, au dire des indigènes, passent sous le sol. Les turcs appellent ces fleuves souterrains des Douden, et les Grecs Katabathra. La petite ville d'Egdir ou Eguerdir est située sur la rive sud-ouest du lac, on n'y trouve aucun monument ancien : Ritter la regarde comme l'ancienne Seleucia Sidera. Dans l'une des îles du lac il y a un monastère et une église grecque où l'on remarque des peintures de très-ancien style.

Antioche de Pisidie, célèbre par le séjour, et les prédications de saint Paul, était située dans le bassin nord du lac au village de Yalobatch ; elle avait le titre de Colonia Cæsaræa ; elle a été fondée par les Magnètes de Magnésie du Méandre.

CHAPITRE XXXVIII.

BAL KIZ SERAÏ. — ASPENDUS.

De Syllæum aux rives de l'Eurymédon, toute la grande plaine de Pamphylie paraît avoir été uniquement occupée par des cultures. Peut-être le grand lac Capria rendait-il le pays trop malsain pour qu'on pût y établir des habitations fixes. Mais aujourd'hui il ne reste aucun ancien vestige dans cette vaste plaine, quelques pauvres villages sont habités par des familles de bergers.

Une heure après avoir quitté Syllæum, on entre dans une forêt d'arbres de haute futaie dont les éclaircies sont remplies d'inextricables buissons d'agnus castus. Un peu au nord de la route on rencontre le village de Pinalar, et six kilomètres plus à l'est, celui de Couchlar (des oiseaux), sur une colline. La route se prolonge à perte de vue sous un berceau de verdure ; malgré la beauté de cette forêt vierge, il est dangereux d'y passer la nuit ; c'est là que le voyageur anglais Daniell a contracté la fièvre pernicieuse qui l'a enlevé.

Le mont Sardemisus est indiqué par Pline entre Perga et Aspendus, Étienne de Byzance fait aussi mention d'une ville de Sardessus où le culte de Jupiter Sardessius était pratiqué. Nous n'avons rencontré que la montagne de Hassar ou Syllæum et celle du village de Couchlar qui pouvaient avoir servi d'assiette à une ville antique ; c'est en ce dernier lieu qu'il convient de placer Sardemissus ; P. Mela nomme cette ville Sardemisus.

Dans tout le parcours que nous avons fait pour arriver au bord de l'Eurymédon, nous avons vainement demandé s'il existait aux environs quelque lac (Gheul) ; les indigènes nous ont toujours répondu qu'ils n'en connaissaient pas. On peut bien regarder comme tel des terres basses qui sont sans doute marécageuses en hiver, mais au mois de juin tous ces terrains sont parfaitement secs ; c'est ce qui nous autorise à dire que le lac Capria est desséché. Strabon n'aurait pas mentionné comme un lac une lagune marécageuse.

D'autres voyageurs ont bien fait mention d'un *Capri* et du Capri sou, nom qui frappait l'oreille comme une réminiscence du lac Capria ; c'est une erreur de mots faite par quelque interprète. Le cours inférieur de l'Eurymédon s'appelle Keupri sou, et le petit bourg à l'embouchure, Keupri bazar ; l'un signifie : la rivière du Pont, à cause d'un ancien pont romain jeté sur le fleuve, et l'autre : le marché du Pont, parceque chaque semaine les villages voisins se réunissent pour un marché : c'est là tout le souvenir qui reste du lac Capria. Tout paysan à qui l'on demandera s'il existe aux environs quelque lieu nommé Keupri ou Capri, ne manquera pas de répondre affirmativement.

ASPENDUS.

La ville d'Aspendus était située à l'extrémité de la plaine de Perga, sur une montagne isolée et à soixante stades de la mer (1). Conduit par un Turcoman de la plaine, nous avons retrouvé ces ruines au village de Bal Kiz seraï. Chemin faisant, il nous racontait une de ces histoires qui charment les orientaux et dont le fond est toujours le même : une princesse enlevée par un amant qu'elle dédaigne. Ilamlaren padicha, le roi des serpents, aimait la reine des abeilles, qui demeurait dans la forêt voisine ; une demande en mariage ayant été repoussée, le roi des serpents résolut d'enlever la reine ; mais pour parvenir à son but il fallait traverser la vallée ; c'est alors qu'il fit construire un pont gigantesque dont vous voyez encore les ruines. Au bout de l'année la reine mourut en laissant une fille qu'on nomma Bal Kiz, la fille du miel ; et le roi des serpents lui fit construire un vaste palais au sommet duquel il fit graver le portrait de Bal Kiz, et à l'appui de son récit, le vieux Turcoman nous montrait un aqueduc partant du pied du Taurus et aboutissant à la montagne. Le palais de Bal Kiz n'est autre chose qu'un immense théâtre romain merveilleusement conservé et bien propre à inspirer aux sauvages habitants de ces montagnes des légendes féeriques.

Les ruines d'Aspendus sont éparses sur la montagne ; on y retrouve l'ensemble de tous les édifices qui ornaient les villes grecques, mais elles sont effacées par le splendide théâtre dont la conservation a lieu de surprendre.

Il n'y manque en effet que les ouvrages qui étaient en bois : les portes et la couverture, et encore retrouve-t-on les amorces de toute la charpente dans les trous de scellement qui restent sur les murs.

La façade du proscénium est bâtie en grandes pierres de taille à bossage, on entre dans l'intérieur par trois grandes portes.

Au premier étage est un rang de fenêtres ceintrées et le mur est couronné par un rang de consoles perforées qui servaient à soutenir les mâts de la vela. On voit qu'il a beaucoup de rapport avec le théâtre d'Orange. De chaque côté de la grande façade, qui fait saillie sur l'ensemble, sont deux grandes portes qui conduisaient dans l'orchestre.

Une double inscription en grec et en latin est répétée sur chaque porte, elle est ainsi conçue :

« Aux dieux de la patrie et à la maison des augustes. »

« Acurtius Crispinus Arruntianus et Acurtius Auspicatus Titinnianus ont fait élever cet édifice conformément au testament d'Acurtius Crispinus. »

Ces mots, Domui augustorum, indiquent suffisamment que ce théâtre fut construit sous le règne d'Antonin et de Lucius Vérus.

Une autre inscription placée dans l'intérieur nous dit le nom de l'auteur de cet ouvrage.

« Le sénat et le peuple ont honoré Zénon l'architecte du théâtre et des travaux de la ville ; l'ont honoré d'une statue dans le théâtre, et lui ont fait présent d'un jardin près de l'hippodrome. »

La grande salle des mimes s'étend dans toute la largeur de la scène ; au-dessus étaient deux autres galeries : celle du premier étage et la salle de service des machines.

Aux deux extrémités de la salle des mimes sont deux escaliers qui desservent les trois étages, dans les ailes sont des chambres destinées sans doute aux chefs des jeux.

On entre sur la scène par cinq portes : celle du milieu, la porte royale, est la plus haute.

La façade du proscénium était ornée de deux ordres de colonnes accouplées et portées sur des piédestaux, deux entre chaque porte.

L'ordre du rez-de-chaussée est ionique, l'entablement est en marbre blanc orné de têtes de victimes et de masques tragiques.

L'ordre supérieur est corinthien, porte une frise ornée de rinceaux ; la corniche est ornée de modillons, les caissons représentent des masques tragiques.

Chaque couple de colonnes est sur-

---

(1) Strabon, XIV, 667.

monté d'un fronton alternativement arrondi et angulaire.

Le centre de la colonnade est surmonté d'un grand fronton dans le Tympan duquel est sculptée une figure de femme nue, les cheveux tombant; elle sort du calice d'une fleur et tient dans ses deux mains des rinceaux de feuillage, c'est cette figure que les habitants regardent comme le portrait de Bal Kiz.

Les gradins de la salle sont tous en place; il y a vingt et un rangs à la première précinction et dix-huit à la seconde. Des escaliers desservent tous les étages, et deux grands vomitoires conduisent du dehors à la première précinction.

Le portique supérieur est absolument intact, il est composé de cinquante trois arcades; les colonnes engagées ont dans la partie supérieure une console qui portait sans doute un buste.

De chaque côté de l'orchestre est une loge pour les personnages consulaires.

Le pulpitum est massif, on ne peut en reconnaître les dispositions intérieures; mais sur les ailes en retour et au-dessus de la colonnade on reconnaît les amorces de la charpente qui couvrait la scène, elle formait un appentis d'environ huit mètres de largeur, la partie supérieure communiquait avec la galerie des combles. Après avoir vu cet édifice il ne reste aucun doute sur la manière dont la scène des anciens théâtres était disposée, le jeu des machines. La hausse et la baisse de cette grande toile qu'on appelait le Catablema se faisait par le comble. Toutes les machines décrites par Pollux trouvent leur place dans cet édifice. L'orchestre est vide aujourd'hui, nous ignorons s'il contenait des sièges selon la mode romaine ou s'il servait pour les évolutions du chœur selon la mode grecque.

Il est certain qu'on a donné des représentations dans ce théâtre jusqu'à une époque assez avancée de la décadence, les peintures barbares et les figures incorrectes qui existent encore sur le proscénium en font foi.

Le mur de soutènement des gradins est parallèle à la scène, ce qui n'a pas lieu dans les théâtres grecs. A côté du théâtre, au nord, est l'hippodrome, bâti aussi par Zénon, cet édifice est envahi par les lianes et dans un état de destruction avancée.

Sur le sommet de la montagne on retrouve les ruines de l'agora, de la basilique et d'autres édifices que nous n'avons pas déterminés.

L'aqueduc traverse la plaine, supporté par un double rang d'arcades en pierres de taille; en approchant de la montagne d'Aspendus, le canal se relève, c'est un véritable siphon comme celui que nous avons vu à Kalamaki; il va se déverser dans un château d'eau au niveau de la montagne.

Aspendus colonie d'Argos était une des plus anciennes villes de la Pamphylie, il en est fait mention au cinquième siècle avant notre ère. En 391 Thrasibule ayant été chargé de faire rentrer les villes grecques sous le pouvoir d'Athènes, débarqua près d'Aspendus pour aller lever les contributions; ses soldats s'étaient dirigés vers la ville et avaient pillé quelques habitants; les Aspendiens firent une sortie nocturne et tuèrent Thrasibule dans sa tente.

Lorsque Alexandre se présenta devant Aspendus les habitants avaient consenti à lui payer cinquante talents et à lui livrer les chevaux qu'ils élevaient pour le roi de Perse; plus tard ils refusèrent d'accomplir leurs engagements. Alexandre fit entourer la ville et s'apprêtait à en faire le siège, lorsqu'ils consentirent à se soumettre. Si l'on en juge par l'état des ruines, Aspendus ne fut jamais une place très-forte, toutes les murailles sont écroulées, et nous n'avons pas reconnu l'emplacement de l'acropole, mais nous savons que les arts étaient cultivés dans cette ville grecque avec plus de succès que dans aucune autre, les nombreux objets précieux qui la décoraient avaient tenté Verrès, ce qui fit dire à Cicéron (1): Aspendus est, comme vous le savez, une ancienne ville de Pamphylie; elle était remplie de statues très-estimées, je ne dirai pas telle ou telle statue fut enlevée : je dirai Verrès vous les avez enlevées toutes des temples et des lieux publics; elles furent entassées sur des chariots et emportées hors de la ville.

(1) In Verrem ac. II, lib I, XX.

Cicéron rappelle le Joueur de luth d'Aspendus, statue célèbre que Verrès fit mettre dans ses appartements. Pillées de la sorte les villes grecques n'avaient plus sous les Byzantins que des édifices vides. Après les statues on pilla les tombeaux et peu à peu les populations désertèrent.

L'embouchure de l'Eurymédon paraît avoir subi de notables changements depuis l'antiquité; les alluvions ont fait reculer la mer; quand nous voyons la puissance des atterrissements à l'embouchure du Tibre nous ne devons pas nous étonner que depuis le cinquième siècle avant notre ère, la physionomie de cette côte ait été aussi modifiée. Du temps de Pomponius Mela (1), « du haut d'une colline très-élevée Aspendus, colonie des Argiens, jouissait de la vue de la mer »; aujourd'hui le rivage est éloigné de quinze à dix-huit kilomètres, ce qui est un peu plus des soixante stades de Strabon.

L'embouchure de l'Eurymédon fut le théâtre d'une des plus importantes victoires remportées par les Athéniens sur les Perses en 469 avant notre ère. Les vaisseaux des Perses étaient au nombre de trois cent cinquante, d'autres disent six cents, lorsque l'Athénien Cimon arriva avec sa flotte, les Perses tentèrent vainement de prendre la fuite, ils perdirent tous leurs navires. Cimon ayant débarqué avec ses troupes acheva sur terre la destruction de l'armée perse. Aujourd'hui l'embouchure du fleuve est obstruée par des barres de sable, à peine si les barques peuvent les franchir dans les hautes eaux.

Le pont sur l'Eurymédon est bâti sur des fondations antiques; on le traverse pour se rendre à Sidé, le port le plus oriental de la Pamphylie; mais avant d'arriver à cette ville nous remonterons le fleuve jusque dans la montagne pour visiter les ruines de Selgé.

CHAPITRE XXXIX.

SELGÉ. — SERGHÉ.

Selgé, ville grecque, colonie de Lacédémone, était située dans la vallée supérieure de l'Eurymédon, sur le versant méridional du Taurus. D'après de vagues récits des indigènes, Arundell avait déjà marqué la place de cette ville au village de Serghé au sud de Bullasan, et à une journée de marche au nord d'Aspendus, en suivant la vallée de l'Eurymédon. M. Schœnborn a déterminé l'emplacement, de Selgé au pied de la montagne de Bouz bouroun, a une hauteur de 1250 mètres au-dessus de la mer, au village de Serghé ou Surk. En partant de Bullasan il descend dans la vallée de l'Eurymédon et par une route très-difficile, il monte en serpentant jusqu'au plateau ou s'élèvent les ruines de Selgé au milieu desquelles sont bâties les maisons du village.

Les Selgiens, dit Strabon, comptaient au nombre des peuples les plus puissants de la Pisidie; il nomme ensuite les Pednilessiens, qui en étaient limitrophes; leur pays était soumis à différents tyrans comme les deux Cilicies. La vie des Pisidiens se passait dans la maraude et le pillage. D'après une ancienne tradition, les Léléges étaient venus se joindre à eux, et s'étaient installés dans leurs montagnes : leurs mœurs de peuples vagabonds s'accordaient ensemble (1). Les Pisidiens entourés à l'est et au nord par des peuples qui menaient une vie régulière, s'étaient plus rapprochés des Ciliciens qui étaient portés aux expéditions de piraterie.

Selon Strabon, Chalcas fut le fondateur de Selgé; cette ville était renommée par la sagesse de son gouvernement et sut conserver jusqu'à la fin de l'empire sa liberté et son autonomie, elle pouvait mettre sous les armes jusqu'à vingt mille combattants. Les montagnes produisaient toutes sortes de fruits; l'arbre du Styrax dont les branches servaient à faire des hampes de lance et le suc un parfum très-recherché, y croissait abondamment.

Les routes, pour arriver à Selgé étaient des plus difficiles; la ville, située entre le Cestrus et l'Eurymédon, était défendue par des précipices infranchissables. Aussi lorsqu'Alexandre traversa la Pisidie, il se contenta d'une ambassade des Selgiens, qui vinrent l'assurer de leur amitié

---

(1) Méla, I, 14.

(1) Strabon, XII, 570.

Achæus, grand-oncle, d'Antiochus, s'empara du pouvoir suprême dans le sud de l'Asie Mineure, il fut souverain sans conteste comme Crésus, de la Lydie et des pays limitrophes. Les Selgiens ayant déclaré la guerre à Pednilessus, cette dernière ville envoya demander du secours à Achæus, qui envoya sur-le-champ un corps de six mille hommes et cinq cents chevaux, sous le commandement de Garsyeris.

Les Selgiens gardaient les défilés, et Garsyeris, ne se trouvant pas en force pour les enlever, se rappela la ruse d'Alexandre devant Termessus; il feignit de battre en retraite, et les Selgiens rentrèrent dans leur ville. Garsyeris ayant laissé un officier nommé Phayllus pour garder les défilés, descendit rapidement en Pamphylie et réclama des villes de Perga, Aspendus et Sidé des renforts qu'on n'osa pas lui refuser de crainte de déplaire à Achæus. Pendant ce temps, les Selgiens continuaient le siége de Pednilessus. Ils avaient dirigé avec succès une attaque contre le camp de Garsyeris; mais les Pednilessiens ayant fait une sortie opportune, l'armée grecque reprit l'avantage et les Selgiens furent repoussés dans leur ville, après avoir éprouvé de grandes pertes. Ils songèrent alors à traiter, et chargèrent de leurs propositions Logbasis, un de leurs premiers citoyens. Il avait déjà brigué l'autorité suprême, et conçut l'espérance d'en être investi par Achæus. Logbasis, trahissant ses concitoyens, se proposait d'introduire Garsyeris dans la place. Le général grec devait diriger ses troupes vers le Cesbédium, ou temple de Jupiter, qui était dans l'acropole, tandis qu'Achæus lui-même devait marcher sur la ville. Les Selgiens, avertis à temps, par un berger, de la trahison de Logbasis, entrèrent dans sa maison, qui étaient pleine de conjurés, les massacrèrent tous, et envoyèrent ensuite des renforts au Cesbédium. Garsyeris, voyant ses plans découverts, n'osa pas tenter une attaque. Les Selgiens envoyèrent néanmoins des députés à Achæus, et conclurent la paix aux conditions suivantes : les prisonniers Pednilessiens seraient rendus, la ville payerait immédiatement quatre cents talents et trois cents un peu plus tard, à ces conditions Selgé conserva sa liberté.

Les ruines de l'ancienne Selgé sont tout à fait conformes au récit de Polybe; il faut franchir pour arriver à la ville plusieurs défilés. La ville était construite sur la pente d'une colline dominée par le haut sommet du Bouz bouroun. Sur une esplanade de rochers s'élève un grand temple dont la longueur est d'environ trente-deux mètres et la largeur de seize. L'Area est encore couverte d'un dallage; on reconnaît de grandes substructions avec des passages voûtés, et quatre colonnes corinthiennes cannelées s'élèvent sur la façade; elles ont un mètre de diamètre. On reconnaît dans cet édifice le temple de Jupiter ou Cesbedium mentionné par Polybe; non loin du temple, sur l'acropole, on voit les ruines d'une église : Selgé fut en effet un siége épiscopal de la Pamphylie.

La partie la mieux fortifiée de la ville est du côté de l'ouest : c'est aussi celle qui a le plus souffert; le théâtre est bâti en grands blocs de poudingue comme celui d'Aspendus, près de là sont les ruines du stade dont l'arène est envahie par les cultures, les maisons du village sont appuyées sur les colonnes d'un grand portique, et la nécropole que l'on retrouve à l'extrémité renferme encore plusieurs sarcophages; au sud de la ville est une profonde vallée au fond de laquelle coule l'Eurymédon.

CHAPITRE XL.

SIDÉ. — ESKI ADALIA.

Le fleuve Mélas formait la limite naturelle de la Pamphylie, du côté de l'est; mais Strabon l'étend jusqu'au cap Coracesium. Il ne compte sur la côte que deux villes, Ptolemaïs et Sidé.

Sidé, port de mer et place forte renommée, était une colonie des Cyméens d'Æolide, population maritime qui ne tarda pas à se créer une puissance navale formidable; les nouveaux habitants de Sidé paraissent avoir conservé peu de relations avec leur métropole; ils oublièrent la langue grecque et adoptèrent la langue barbare des indigènes qui n'é-

(1) Polyb, V, 72-77.

taient qu'un peuple de pirates de Cilicie, c'est-à-dire une agglomération de tout ce que la marine des Phéniciens et des Syriens pouvait compter d'avanturiers prêts à tout entreprendre. Une communauté d'intérêts lia bientôt les uns et les autres ; Sidé finit par devenir le grand entrepôt des prises faites sur les villes maritimes du continent et des îles, et ces prises consistaient principalement en esclaves. Sidé fut pendant de longues années le principal marché aux esclaves dans le monde romain. On avait établi des bazars où les prisonniers étaient vendus à l'enchère. Les habitants de Sidé étaient ennemis déclarés des Aspendiens ; les mœurs des deux peuples étaient trop disparates pour qu'ils aient jamais pu s'entendre. Les Aspendiens étaient portés au culte des arts, et les Sidétains au commerce et à la guerre. Leur ville était sous la protection de Minerve, dont le temple s'élevait dans l'acropole. Après la destruction de la piraterie, Sidé n'en continua pas moins le même commerce (1), elle devint le principal port de la Pamphylie, et ses habitants acquirent de grandes richesses. Dans le dixième siècle elle conservait sa mauvaise réputation, Constantin Porphyrogénète la nomme l'officine des pirates : Piratarum officina.

Les ruines de Sidé, aujourd'hui complétement désertes, sont connues dans le pays sous le nom de l'ancienne Adalia Eski Adalia.

La ville était située sur une presqu'île ; les murailles du côté de la terre sont encore entièrement conservées, elles sont construites en pierres de grand appareil et flanquées de tours. Du côté de la ville elles présentent une série d'ouvrages voûtés espèces de casemates pour loger les machines. Les tours sont espacées de dix à douze mètres, c'est une demi-portée de trait ; un chemin de ronde fortifié formait une double enceinte.

Quatre portes donnaient accès dans la place deux à l'est, et les deux autres au nord et à l'ouest ; la dernière était la porte de la marine. Le grand port est situé entre la presqu'île et le continent ; on distingue encore sous les eaux les pierres du grand môle qui le fermait ;

(1) Strabon, XIV, 664.

le second môle existe encore ; le petit port est du côté du sud. Une grande rue encore pavée aboutissait à la principale porte ; au milieu s'élève un piédestal destiné à supporter une statue colossale. De chaque côté de la rue se voient encore les ruines de temples et d'édifices publics.

Près de la porte de la marine s'élève un grand théâtre qui a passé pour le plus complet de la Pamphylie tant qu'on n'a pas connu ceux de Perga et d'Aspendus. Son diamètre dépasse cent mètres : c'est la mesure des plus grands édifices de ce genre ; on compte quarante-neuf rangs de gradins, formant deux précinctions ; il contenait treize mille spectateurs. Le proscénium est complétement écroulé ; on retrouve çà et là plusieurs fûts de colonnes. Dans le moyen âge, ce théâtre fut converti en forteresse.

Ces ruines ne sont pas les seules qui couvrent le sol de l'ancienne ville ; près de la porte de terre on retrouve les ruines d'un aqueduc et celles d'un édifice qui était orné de nombreuses sculptures ; on peut conjecturer que ce sont d'anciens bains. Les environs ne sont pas encore bien étudiés ; Corançez a vu autour de la ville des fortifications qu'il n'a fait qu'indiquer, et de nombreuses inscriptions qui n'ont pas été copiées. Le séjour à Sidé est très-difficile à cause du manque total de ressources.

A l'exception des murailles qui paraissent être un ouvrage grec, les ruines de Sidé sont toutes de l'époque romaine, et l'on peut ajouter d'un style assez médiocre. Les restes de sculpture et les bas-reliefs que l'on rencontre çà et là dans ces ruines sont du troisième ou quatrième siècle ; c'était en effet l'époque de la plus grande prospérité de cette ville.

Les causes de la dépopulation de Sidé sont faciles à résumer ; Adalia dans le moyen âge a absorbé tout le commerce de la contrée. Les communications faciles avec l'intérieur par la grande vallée de Sousouse en firent le grand entrepôt du commerce entre les îles, la Syrie et la Karamanie ; Sidé, au contraire, est cernée par les montagnes abruptes et presque infranchissables de la Pisidie ; de plus elle n'était approvisionnée d'eau que par le moyen d'un aqueduc ; aucune rivière, aucune source ne coule dans son voisinage ; du moment que le gouvernement du pays a cessé d'entretenir les eaux, la population s'est vue forcée d'abandonner la ville, les Turcs ne s'y sont jamais établis, on ne voit aucun vestige d'ouvrages musulmans.

CHAPITRE XLI.

CILICIE.

A peine a-t-on franchi le fleuve Manavghat, l'ancien Mélas, qu'on se trouve dans une contrée aride et sans bois, différente en tout point de la fertile Pamphylie. Les villes de la côte n'ont jamais été que des châteaux entourés de quelques maisons, véritables repaires de pirates, toujours exposés aux attaques des gouvernements réguliers qui se sont succédé dans ces parages, et l'on peut ajouter que depuis trois mille ans, la Cilicie n'a pas changé d'aspect. Le gouvernement de la Porte n'a jamais exercé sur ces montagnes qu'un pouvoir contesté ; dans aucune autre partie de ses domaines on ne trouve autant de beys indépendants. La race turcomane y a fondé des dynasties dont le nom est à peine connu en Europe ; les tribus de Rhamadan oglou, de Utch ok y ont vécu pendant de longues années dans un état de liberté parfaite. La première possédait les districts d'Adana et de Tarsous. De nos jours le bey Samour, était maître d'une partie de l'Anti-Taurus, Méhémet Ali a possédé pendant sept ans les districts de Tarsous, d'Adana et d'Orfa, et son fils les posséderait encore si l'Europe ne se fût mêlée de ses affaires.

Les rapports les plus récents publiés sur la Cilicie, peignent cette province sous les couleurs les plus tristes ; les anciennes villes ne présentent plus que « l'image d'une complète destruction lentement accomplie par le temps » ; le sol est envahi par les hautes herbes, les ronces et les broussailles, qui ont effacé jusqu'aux traces des routes (1). L'étude de la Cilicie n'est plus profitable qu'au point de vue géographique ; l'état des villes du littoral se résume toujours par ces mots : un château du moyen âge en ruine entouré de huttes de terre.

L'ancienne Cilicie était divisée en deux régions ; la Cicilie rocheuse ou la Tracheotis à l'ouest, et la Cilicie champêtre à l'est ; c'est celle qui renferme les districts de Tarsous et d'Adana ; le fleuve Pyramus en détermine la limite orientale.

Les anciens étaient d'accord pour regarder la population de la Cilicie comme originaire de Phénicie, ils résumaient ce fait en disant que la Cilicie fut peuplée par le héros Cilix fils d'Agénor, Phénicien (1), la langue parlée dans le pays était différente du grec, et les médailles les plus anciennes contiennent des légendes et des symboles qui se rattachent aux mythes et aux divinités des Phéniciens. C'est aux relations constantes avec ce dernier peuple que les Ciliciens doivent cette aptitude aux expéditions maritimes qui finit par en faire une nation de redoutables corsaires. Le gouvernement de la Cilicie paraît avoir été monarchique dès le principe, il était conforme en ce point aux gouvernements de l'Assyrie et de Babylone, avec lesquels les rois de Cilicie étaient en rapports politiques très-étroits.

La Cilicie, conquise par Alexandre sur les Perses, suivit le sort des autres provinces de son vaste empire ; elle tomba sous le gouvernement des rois de Syrie, sous celui d'Achæus ensuite, et fit partie du royaume que les Romains consentirent à laisser, au delà du Taurus, au roi Antiochus vaincu.

La Cilicie Trachée commençait au cap Coracésium, montagne isolée, au sommet de laquelle Diodote Tryphon avait bâti une forteresse où il cachait le butin ramassé dans ses expéditions maritimes. Son exemple fut bientôt suivi par les autres chefs de bande dont les châteaux étaient dispersés sur le littoral, c'est à partir de ce moment que les Ciliciens devinrent un peuple de pirates. Leur principal bénéfice consistait

(1) Vict. Langlois, Rapport au ministre de l'Instruction publique, p. 54, 55 ; 1854, in-8°.

(1) Hérodote, VI, 91.

dans l'enlèvement des esclaves qui étaient entreposés à Sidé et de là conduits à Délos pour être vendus jusqu'en Italie. Tryphon, après une vie aventureuse, fut pris et tué par Antiochus, fils de Démétrius, 144, avant notre ère; mais la piraterie prit d'autant plus d'extension que les gouverneurs romains étaient soupçonnés d'y prendre part (1).

Le cap Coracésium, aujourd'hui cap Alaya, est relié au continent par un isthme sablonneux; il a été comparé à Gibraltar, et l'isthme représente le *Neutral ground*, qui sépare de l'Espagne la plus formidable forteresse de l'Angleterre dans la Méditerranée.

On trouve autour de la montagne quelques vestiges de murs pélasgiques, restes du château de Tryphon, qui fut démoli par Pompée.

Le port était sûr pour les bâtiments grecs, et la principale exportation consistait en bois de cèdre. Marc-Antoine fit présent de ce district à Cléopâtre, qui exploitait les forêts du Taurus pour la construction de ses flottes.

La petite ville d'Alaya est bâtie au pied de la montagne, à l'est du mouillage. On y compte environ deux mille habitants; les maisons s'élèvent en amphithéâtre et sont couvertes en terrasses. Cette ville est bien déchue depuis le moyen âge, quand la marine des Seldjoukides était florissante. Strabon nomme ensuite Hamaxia, la ville des transports; c'est là qu'on embarquait les bois (2). Hamaxia était à cent stades, 18 kilomètres, à l'est de Coracésium.

A l'est d'Alaya, la côte de Cilicie est dominée par les sommets déchirés du mont Imbarus, qui s'élèvent à seize et dix huit cents mètres, et les pics les plus élevés atteignent jusqu'à trois mille mètres selon l'estimation du capitaine Beaufort (3). Ces régions font partie de l'Isaurie, et appartenaient au pays des Homonadiens.

Le petit fleuve Sélinus vient se jeter dans la mer près d'un promontoire élevé qui marque l'emplacement de l'ancienne Sélinus, mentionnée par Pline comme une ville importante.

Elle acquit une nouvelle célébrité par la mort de Trajan, qui vint expirer dans ses murs au moment où il allait réduire une révolte des Juifs, en l'an 117 de notre ère. La ville reçut alors le nom de Trajanopolis, qu'elle ne conserva pas; elle reprit plus tard son ancien nom. Cette partie de la Cilicie était aussi connue sous le nom de Sélénitis.

Les ruines de Sélinus ont conservé le nom de Sélenti; elles consistent en quelques débris de monuments encore indéterminés, un portique avec des fûts de colonnes et d'autres édifices, tous de l'âge romain.

Vient ensuite le cap Anemurium, le plus sud de cette côte. Il forme la division entre le golfe d'Adalia et celui de Tarsous.

Les ruines d'Anemurium consistent en murailles flanquées de tours, un théâtre, des aqueducs et des tombeaux, tous édifices qui ne sont pas antérieurs au second siècle.

Célenderis passe pour avoir été fondée par les Phéniciens; elle reçut ensuite une colonie de Samos. On n'y observe aucun vestige archaïque, les ruines les plus antiques sont de l'âge romain, les plus nombreuses sont byzantines; cette ville paraît avoir été très-populeuse dans le moyen âge, quand les Vénitiens et les Rhodiens tenaient cette côte.

CHAPITRE XLII.

SÉLEUCIE.

La ville d'Holmi a été abandonnée par les habitants lorsqu'ils eurent construit Séleucie, mieux située sur le bord du Calycadnus, petit fleuve qui était navigable jusqu'à la nouvelle ville. On reconnaît les ruines d'Holmi dans une anse au sud de Sélefké; elles consistent en débris accumulés de monuments qui ne paraissent pas remonter à une haute antiquité. Les ruines d'Holmi sont connues des indigènes sous le nom de Viran cheher, la ville détruite; il paraît qu'il y eut dans cet endroit un établissement byzantin.

La petite baie d'Holmi s'appelle au-

---

(1) Strabon, XIV, 668; Plutarch., *Vie de Marc-Ant.*
(2) Strabon, XIV, 669.
(3) Caram., p. 179.

jourd'hui Agha liman, le port de l'Agha; elle est défendue par un château du moyen âge. Il y a autour quelques maisons; c'est l'échelle de Sélefké. L'ancienne Séleucie, qui est située à cent vingt stades, 22 kilom., au nord de la baie, sur la rive du Gœuk sou, le Calycadnus, que l'on traverse sur un pont de six arches.

Séleucie, construite par Séleucus Nicanor vers 300 avant notre ère, se distinguait des autres villes du même nom par l'épithète de Trachæa, la rocheuse. Les ruines de l'ancienne ville sont situées au pied d'une montagne, dans la vallée du Calycadnus, et couvrent une étendue de terrain considérable, mais la plupart des monuments sont méconnaissables, et ne consistent qu'en amas de décombres : on peut reconnaître cependant qu'ils appartiennent tous à l'époque romaine. Le village moderne de Sélefké est bâti sur la pente de la montagne de l'acropole; il consiste en une douzaine de pauvres cabanes; celle de l'agha ne se distingue pas des autres. Le château qui couronne la montagne est encore assez bien conservé, il est défendu par plusieurs tours; mais c'est un ouvrage byzantin qui n'est pas antérieur au onzième siècle : l'intérieur est rempli de maisons écroulées.

Il est difficile de reconnaître l'enceinte de l'ancienne ville, les murailles étant détruites. On remarque sur la pente de la montagne un théâtre dont le proscénium était tourné vers le sud, les ruines de plusieurs portiques et une église byzantine bâtie avec d'anciens matériaux qui ont été enlevés de quelque temple dont elle occupe l'emplacement. L'ouvrage le plus remarquable est une grande citerne taillée dans le roc, et dans laquelle on descendait par un escalier; l'aqueduc aujourd'hui détruit y déversait ses eaux. On peut citer encore la nécropole qui se compose d'un grand nombre de sarcophages et de tombeaux taillés dans le roc, mais le style de tous ces monuments ne présente aucune originalité. Dans le parcours de la côte sud de l'Asie, nous avons mentionné la plupart des lieux notables comme le Pœcile, les caps, et les îles voisines de la côte : tous ces lieux n'offrent plus que des ruines informes (1).

A la pointe du promontoire s'élève une tour de marbre avec quatre tribunes ouvertes, ornées de pilastres corinthiens; elle paraît avoir été couverte par un toit pyramidal. Les autres ruines sont éparses à l'entour de la baie.

En se rendant de Karaman à la côte, le colonel Leake retrouva dans un des plateaux élevés du Taurus, près de la petite ville de Mout, composée de deux cents maisons, les restes d'une ville antique dont les vestiges couvrent une vaste étendue de terrain. Il y reconnut jusqu'aux traces des rues et des portiques, mais tous ces édifices étaient écroulés. Un château couronne l'éminence voisine. Il semble que sous les Seljoukides la ville de Mout jouissait d'une certaine prospérité; on voit encore plusieurs mosquées, des bains et un khan, tous édifices bâtis avec d'anciens matériaux; on remarque, entre autres édifices, le tombeau de Karaman Oglou, émir, qui a donné son nom à la Karamanie. Ces ruines ont été regardées comme celles de Claudiopolis, colonie de l'empereur Claude, citée par Ammien Marcellin; vient ensuite Olba (2), ancienne colonie grecque fondée par Ajax fils de Teucer, remarquable par un temple de Jupiter. Les grands prêtres jouissaient d'un pouvoir tel qu'ils furent maîtres pendant un temps de toute la Cilicie Trachée sous la protection de Marc-Antoine. On pense que cette Claudiopolis est la même ville que l'ancienne Olba.

Corycus, aujourd'hui Korghos, s'annonce par un promontoire qui forme deux petites baies entourées de ruines de tous les âges, mais principalement de l'époque byzantine : un château réparé par les rois arméniens s'élève sur un rocher au bord de la mer. Les ruines de plusieurs églises byzantines sont les seuls vestiges de l'ancienne ville des pirates.

A une petite distance de la côte s'élève un rocher isolé sur lequel on a bâti un château; c'est l'île d'Elæussa où le roi Archélaüs avait construit un palais.

(1) Voy. ch. X, p. 22.
(2) Strabon, XIV, 672.

L'antre Corycéen, dont Pomponius Mela a laissé une description si pompeuse, a été reconnu par M. V. Langlois à quinze kilomètres au nord de Korghos, dans la vallée de Cheïtanlik. Cette grotte, par son étendue et les accidents naturels qu'elle présente, peut être comparée à la grotte de La Balme en Dauphiné, de vastes galeries se prolongent fort loin dans le sein de la montagne, et donnent issue à une petite rivière que les habitants nomment Dehli sou, l'eau folle.

CHAPITRE XLIII.

CILICIE CHAMPÊTRE.

La Cilicie champêtre commençait au fleuve Lamus, près duquel était située la ville de Lamus dont il ne reste plus de vestiges.

L'ancienne Soli ayant été presque dépeuplée par une invasion de Tigrane, roi d'Arménie, Pompée y établit une colonie formée des pirates qu'il avait vaincus, et lui donna le nom de Pompeiopolis. On retrouve l'emplacement de cette ville au village de Mezetlu à dix-huit kilomètres à l'ouest de Mersine. Si l'on en juge par le caractère des nombreux monuments qui subsistent encore, Pompeiopolis fut intièrement rebâtie dans une période de décadence. Le port forme un bassin oblong, dont l'entrée était défendue par deux môles demi-circulaires. Il est relié à la ville par un long portique de deux cents colonnes, dont il en reste environ cinquante en place. Elles sont d'ordre corinthien, mais d'un style tellement barbare, qu'on doit les regarder comme des ouvrages du temps de Dioclétien et non pas de la république romaine; on peut suivre encore tout le périmètre des murailles et reconnaître les principales portes; le théâtre est un monceau de ruines : en un mot Pompeiopolis tout en conservant de nombreux monuments n'offre aucun intérêt sous le rapport de l'art.

Les eaux du port ont au plus haut degré les propriétés incrustantes que nous avons déjà observées plusieurs fois dans les eaux de cette côte : tous les sables sont aujourd'hui agglomérés et forment une espèce de grès.

PORTES DE CILICIE.

Le défilé nommé par les anciens, Portes de Cilicie et par les Turcs Kulek boghaz, le défilé du moucheron, est le seul passage par lequel une armée puisse franchir le Taurus, aussi de tout temps la possession de ces montagnes a-t-elle été le prélude de la conquête de l'Asie au delà comme en deçà du Taurus : cela s'est trouvé vrai du temps d'Alexandre comme du temps de Mehemet Ali, la guerrre portée au centre de l'Asie Mineure par le pacha d'Égypte a donné un intérêt momentané aux positions topographiques qu'il occupait successivement. Le résultat de son pouvoir passager a été l'amélioration de cette route, qu'on peut maintenant parcourir sans danger et sans fatigue.

La route d'Eregli aux Portes de Cilicie longe les montagnes qui bordent la plaine de la Tyanitis; il est impossible de franchir le Taurus en marchant droit vers le sud. Alexandre et Cyrus, partant de Cibystra, marchèrent au nord-est. On fait la première halte au caravansérai de Oulou kouchla, la seconde à Tchifté khan, dans le Bulgar dagh, la troisième à Bozanti, l'ancienne Podandus à l'entrée du défilé au nord du Kulek boghaz dans les hautes vallées du Sarus. Podandus fut de tout temps un lieu très-misérable, et saint Basile le compare au Charonium, qui exhalait des vapeurs pestilentielles. Le bourg de Halala devait se trouver dans le Bulgar dagh. C'est là que mourut l'impératrice Faustine, qui, en l'an 174, accompagnait Marc-Aurèle dans son voyage de Syrie; l'empereur fit élever un temple à sa mémoire, et fonda la ville de Faustinopolis, que l'on place au village de Pasmaktchi. De Bozanti à l'entrée du défilé, il y a trente kilomètres; on entre ensuite dans une fente étroite entre deux murs de rochers, passage qu'une poignée d'hommes pourrait défendre; aussi Alexandre, en voyant ces défilés qu'on pouvait rendre impraticables rien qu'en roulant quelques blocs de rochers, n'eut qu'à se féliciter de sa bonne fortune (1) :

(1) Q. Curtius, l. IV, 11.

les Romains firent faire quelques travaux à cette route ; on remarquait aussi plusieurs pans de murailles byzantines qui ont été démolis quand les Égyptiens travaillèrent à cette route dont le parcours est de trente kilomètres ; on fait halte au khan de Mezarlik, du cimetière, à quatorze milles des portes de Cilicie et à douze milles, 18 kilomètres et demi, de Tarsous. Ce lieu concorde avec la position de Mopsucrène, fontaine de Mopsus, où mourut l'empereur Constance (1), au pied du mont Taurus : *sub Tauri radicibus positam*. Les Romains avaient fait de grands travaux pour établir cette voie militaire, la seule qui conduisait de Tarse dans la Cappadoce.

CHAPITRE XLIV.

TARSE. — TARSOUS.

Tarse est aujourd'hui la seule ville de Cilicie qui ait conservé une population active et commerçante, elle doit cet avantage à sa position maritime ; c'est par l'entremise de ses négociants que se font toutes les transactions entre les populations de l'intérieur, la Syrie et les îles ; mais sa situation topographique a éprouvé de tels changements qu'il est impossible de reconnaître dans la Tarsous moderne cette cité célèbre, moins encore par les splendides monuments qui la décoraient que par les grands hommes qu'elle a produits. Il faut citer en première ligne le nom de saint Paul, qui, par la seule puissance de sa parole, devait renouveler la face du monde antique.

Paul était né citoyen libre de Tarse ; il exerçait la profession de fabricant de tentes et de tapis ; néanmoins l'esprit littéraire était si répandu dans cette colonie, que Paul, malgré sa profession industrielle, suivait les écoles et préludait ainsi à ses grandes destinées. Tarse, la seule ville lettrée de la Cilicie (sa voisine Soli n'était distinguée que par l'incorrection de son langage), conserva toujours le premier rang ; c'était la métropole de la confédération cilicienne. César lui conserva le titre de ville libre. En un mot les plus grands ennemis de Tarse dans l'antiquité, ce furent les éléments, qui parurent conjurés pour sa ruine.

Le fleuve Cydnus, renommé par la froideur de ses eaux, était navigable depuis son embouchure jusqu'à la ville, qu'il traversait de part en part, en passant près du gymnase des jeunes gens (1). On vit un jour une galère dorée manœuvrée avec des avirons argentés, déployer ses voiles de pourpre sur les eaux du Cydnus : c'était la reine Cléopâtre, accompagnée de Marc-Antoine, qui arrivait dans la ville de Tarse, reçue par les acclamations enthousiastes des populations qui bordaient le rivage (2).

Pendant le règne de Justinien le Cydnus passait encore dans la ville ; Procope rapporte que de son temps une inondation subite, causée par la fonte des neiges du Taurus, produisit des effets désastreux ; les ponts furent enlevés et plusieurs quartiers furent détruits.

A la nouvelle de cet événement, l'empereur donna l'ordre de creuser un nouveau lit au fleuve. On fit pour le Cydnus ce qu'on fit presqu'à la même époque pour le Scyrtus à Édesse (3).

D'autres travaux furent exécutés dans le lit du Cydnus, au dixième siècle quand les Sarrasins vinrent assiéger Tarse ; c'est depuis cette époque seulement que le fleuve prend son cours à l'est de la ville.

Le Rhegma était à l'embouchure du fleuve à l'est d'Anchiale, c'était une grande lagune autour de laquelle étaient construits les arsenaux ; aujourd'hui les alluvions du fleuve ont complétement changé la forme de ce rivage.

On comptait cinq stades, moins d'un kilomètre, de Tarse au Rhegma ; il était à cent vingt stades, vingt-deux kilomètres, de Zéphyrium, aujourd'hui Mersine ; ce petit village est aujourd'hui le véritable port de Tarse quoiqu'on ne trouve en ce lieu qu'une rade foraine exposée à tous les vents du sud et de l'ouest. En fouillant autour de Mersine

---

(1) Ammien-Marcellin, XXI, 15.

(1) Strabon, XIV, 672.
(2) Plutarch, *vie de M. Antoine*.
(3) Voy. Édesse et ses monuments, Bull. de la Soc. d'ethnographie, t. I, 334, 1859 ; Procop., *de Ædif.*, 320, 13

on trouve de nombreux débris d'antiquités. Il y a un demi-siècle les navires mouillaient à Kasanli, le village des chaudronniers ; mais le fond est devenu mauvais. L'embouchure du fleuve, qui, dans l'antiquité, n'était qu'à un demi kilomètre de la ville, était en 1810, d'après l'estimation du capitaine Beaufort, à douze milles anglais, soit dix-neuf kilomètres.

Les historiens grecs et latins qui ont fait mention de la fondation de Tarse citent une inscription célèbre qui était, croyaient-ils, placée sur le tombeau de Sardanapale :

« Sardanapale, fils d'Anaxyndarax, a bâti Tarse et Anchiale en un jour ; passant, mange, bois, ris, le reste ne vaut rien. »

Il semble que cette inscription indique suffisamment que Tarse et Anchiale sont deux villes distinctes ; tous les écrivains anciens sont d'accord pour dire que le tombeau de Sardanapale était près d'Anchiale (1). Alexandre se rendit en un jour de Tarse à Anchiale, qui était alors une grande ville.

Les Grecs, fidèles à leur coutume d'attribuer à la race hellénique la fondation de toutes les villes qu'ils occupèrent plus tard, prétendent que Tarse fut fondée par quelques Argiens qui étaient débarqués dans le pays à la recherche d'Io. L'histoire de Tarse phénicienne ressort de tous les passages des auteurs aussi bien que de ses médailles et du culte de ses dieux ; mais aujourd'hui on ne saurait s'appuyer sur aucun monument existant encore.

La Tarse des Grecs n'a pas laissé plus de vestiges que celle des Phéniciens ; il est vrai que peu de villes présentent le spectacle d'un si grand bouleversement du sol : nous avons vu des restes d'édifices enterrés jusqu'à l'imposte des voûtes, et des colonnes ensevelies jusqu'à l'astragale ; ceci est-il l'effet d'un tremblement de terre ? c'est ce que disent les habitants. On reconnaît à peine au sud-ouest les vestiges d'un théâtre et un monticule renfermant de nombreux débris de terre cuite ouvrée, sorte de *Monte Testaccio* comme celui de Rome,

(1) Strabon, XIV, 6-2. Arrien. *Exp. Alex.*, II. 5.

où les antiquaires qui entreprennent des fouilles ont la bonne fortune de découvrir des figurines d'un bon style et intactes.

Les monuments modernes sont sans intérêt ; nous en exceptons toutefois la grande mosquée, dont la fondation remonte au quinzième siècle : elle a été bâtie par Rhamadan Oglou, chef Turcoman, qui a exercé dans le pays un pouvoir indépendant. Ce monument est bâti sur le plan des mosquées primitives, c'est-à-dire que sa nef consiste en trois portiques parallèles soutenus par des colonnes. Dans l'intérieur on voit une chaire à prêcher, travail remarquable en marbre blanc ; sur la porte de l'escalier on lit :

« Ce minnber a été fait par Omar fils de Daoud (fini dans) le mois de Rhamazan 987 (de l'hégire). »

LE MONUMENT DE TARSOUS.

Il existe à l'orient de la ville un monument sur lequel l'histoire n'a laissé aucune indication et qui, par ses grandes dimensions et la singularité de sa structure, est devenu le sujet des conjectures les plus diverses de la part des nombreux observateurs qui ont publié leurs opinions.

Ce monument présente l'aspect d'une grande enceinte rectangulaire, orientée de l'est à l'ouest, et formée par de hautes et d'épaisses murailles ; dans l'intérieur de l'enceinte s'élèvent deux masses cubiques de dimensions différentes.

Une muraille extérieure, et complétement détachée du reste, s'élève parallèlement au petit côté de l'est. Ce monument forme aujourd'hui une masse énorme de béton composé de brèche calcaire cassée en petits morceaux et d'un mortier très-dur, il semblerait qu'il a été coulé dans un moule. Mais sur les faces extérieures on voit les arrachements d'un revêtement de pierre, et l'empreinte des dalles de pierre ou de marbre qui les recouvraient. On n'a donc en réalité que le squelette ou l'ossature d'un monument qui ne ressemble par sa forme générale à aucun autre édifice connu. Il est bien difficile sur cette base d'asseoir une opinion tant soit peu plausible ; ce sont surtout les dimensions de cet édifice qui ont frappé les observateurs. Le grand rectangle a quatre-vingt-quatre mètres de long sur quarante-six de large hors-œuvre, les murailles ont sept mètres de hauteur et six mètres soixante d'épaisseur; le revêtement de pierre augmentait cette épaisseur de quatre-vingts centimètres. Les pierres du revêtement étaient en assises réglées et posées alternativement de front et en boutisses; ces dernières étaient noyées dans le béton.

Du côté de l'est le rectangle n'est pas fermé; il forme ainsi une vaste cour, mais on n'y remarque ni porte ni aucune chambre ou réduit quelconque. Les deux massifs cubiques ont été sondés par M. Gillet, consul de France; il a pénétré jusqu'au centre, et n'a trouvé qu'une masse de béton compacte.

Le grand cube a trente-deux mètres quatre-vingts centimètres de face sur quinze mètres d'épaisseur, sa hauteur est la même que celle des murailles. L'autre cube a dix-sept mètres de front et douze d'épaisseur.

Les fouilles faites par le consul ont mis à découvert un doigt de marbre provenant d'une statue colossale trois fois grande comme nature, travail romain de bon style. Mais on n'a pas trouvé avec les nombreux morceaux de marbre extraits des fouilles un seul fragment de moulure ou d'ornement quelconque qui eût pu faire connaître l'âge approximatif du monument.

Nous n'ajouterons qu'une observation: tous ceux qui ont vu les monuments de la Chaldée, de l'Assyrie et de la Perse savent que les Assyriens bâtissaient en pisé et non en béton. Rien n'autorise donc à dire que ce monument est un ouvrage assyrien.

On n'y découvre aucune enceinte, chambre ou réduit quelconque pour déposer les corps. Tous les tombeaux, depuis les Pyramides, en passant par les tombeaux de Cyrus, de Tantale, de Mausole, récemment découverts, offrent un caveau funéraire pour y mettre le corps ou les corps des défunts : rien n'autorise donc à dire que ce monument est un tombeau; sa forme rectangulaire porterait plutôt à regarder cette ruine comme celle d'un grand temple. Mais en lui attribuant une destination religieuse, nous ferions comme ceux dont nous combattons les opinions. Quelle était donc la destination de cet édifice? Carle Ritter seul l'a dit : après avoir résumé les opinions de tous les écrivains qui en ont parlé, *Bleibt noch ein Raethsel für die Antiquäre*, il reste encore une énigme pour les antiquaires (1).

CHAPITRE XLV.

LES PORTES SYRIENNES.

Le comte de Lesseps fit en 1826 un voyage direct d'Alep à Constantinople, en traversant toute l'Asie Mineure; l'itinéraire qu'il a écrit, et qui est resté inédit, contient des détails peu connus sur les mœurs des tribus turcomanes et sur leur chef Kutchuk Ali, qui dans le même temps avait exercé un pouvoir sans limite dans les montagnes au delà du Pyramus. Il avait un gouvernement à lui, et ne craignait pas d'attaquer les villes de la plaine; il fit sauter le pont de Missis, qui n'a pas été réparé depuis. Le commerce lui payait tribut, et nulle caravane ne pouvait sans sa permission traverser le mont Amanus. Pendant plusieurs années les pachas voisins firent de vains efforts pour le soumettre; la Porte lançait contre lui des fermans sans effet. Il habitait un château situé dans les montagnes du Beylan, au milieu de défilés faciles à défendre. Le pacha d'Adana réussit enfin à cerner le bey rebelle, le château fut pris d'assaut, Kutchuk Ali et tous les siens furent massacrés, et l'on voit aujourd'hui à peu de distance de Beylan, au sommet d'une montagne couverte de forêts, le château en ruine de l'ancien bey des Turcomans.

La petite ville de Beylan est bâtie sur la pente de la montagne du même nom. Les maisons s'élèvent en amphithéâtre, et sont couvertes en tuiles; elles sont bâties par groupes séparés; des sources abondantes circulent dans la ville; l'air du pays est aussi sain que celui de la plaine est impur; c'est au Beylan que se retirent les nombreux malades d'Alexandrette.

On fait neuf heures de route jusqu'à Ayas, l'ancienne Ægée, bâtie au bord

(1) *Erdkunde*, t. IX, page 206.

de la mer dans un enfoncement du golfe d'Alexandrette, ce n'est plus aujourd'hui qu'un village avec un poste de douanes ; les grands édifices ruinés qui s'élèvent à l'entour témoignent de l'ancienne importance de cette ville. On met sept heures de marche pour arriver aux montagnes qui bordent la plaine au nord d'Ayas ; c'est un embranchement du mont Amanus ; on entre bientôt dans un défilé célèbre dans l'antiquité sous le nom de Portes Syriennes, Syriæ pylæ ; deux montants de pierre solidement construits indiquent encore l'emplacement de cette porte connue aujourd'hui sous le nom de Karanlik kapousou, la porte noire.

Myriandrus, ville phénicienne, était située près de ce lieu ; son emplacement reste indéterminé (1). Les Portes Syriennes marquent l'entrée de la Cilicie, ce défilé conduit à la station de Kourd kala, distante de neuf heures de marche d'Ayas.

Kourd kala est un ancien caravansérai fortifié, situé sur le penchant d'une montagne qui domine tous les environs, il a été bâti par Rhamadan oglou, qui, au milieu du seizième siècle, posséda les villes d'Adana et de Tarsous.

L'enceinte du caravansérai renfermait une caserne, une mosquée et de vastes écuries pour les caravanes, aujourd'hui il y a toujours un poste de soldats pour garder ce passage ; mais l'ensemble de ces utiles édifices ne sera bientôt plus qu'un amas de décombres.

En descendant de Kourd kala, on entre dans une plaine ondulée et déserte, bornée au sud par de grandes lagunes ; une suite de collines sépare cette plaine de la vallée du Pyramus ou Gihoun, encaissée entre deux pentes élevées et boisées.

Mallus, fondée par Mopsus et Amphiloque après le siége de Troie, était à l'embouchure du Pyramus, la ville était bâtie sur une colline ; sur laquelle on ne trouve plus que des ruines éparses ; cependant Mallus a été dans le moyen âge une ville assez importante, défendue par une forteresse dont on voit encore les ruines sur le cap Kara tasch bouroun, la pierre noire.

(1) Xénophon, Anab., I, 4.

Mégarse, où se trouvait le tombeau d'Amphiloque, a laissé moins de vestiges encore. Toute cette plaine est envahie par des marécages.

Alexandre partant de Soli pour marcher sur Issus suivit le long de la côte jusqu'à Mégarse, où il fit un sacrifice à Minerve Mégarsis et des libations sur le tombeau d'Amphiloque ; de là il se dirigea sur Mallus, à travers la plaine aléienne. Mégarsis était comme Mallus bâtie sur une colline.

CHAPITRE XLVI.

MOPSUESTIA. — MISSIS. — ADANA.

Missis l'ancienne Mopsuestia est bâtie sur une colline sur la rive droite du Pyramus ; un pont de pierre de taille jeté sur le fleuve a été rompu par Kutchuk Ali et est maintenant réparé avec quelques poutres. Missis fut une ville importante dans le moyen âge ; on l'appelait Mamistra. Il ne reste aucun édifice antique ; des débris épars et quelques inscriptions témoignent seulement que l'ancienne Mopsuestia avait conservé les priviléges d'une ville libre ; le pont était un ouvrage romain. L'empereur Justinien le fit réparer. Les Arabes firent une première invasion en Cilicie en 950 de notre ère ; ils s'emparèrent de Missis, qui resta quatorze ans entre leurs mains et fut reprise par les Byzantins en 964. En 1097, les croisés, sous la conduite de Godefroid, s'emparèrent de Missis, et la mirent en bon état de défense ; elle fut annexée aux possessions des rois de la petite Arménie, et après la chute de cette dynastie elle resta définitivement entre les mains des Musulmans. Depuis cette époque, cette ville n'a fait que déchoir, et sa population ne s'élève pas aujourd'hui à mille habitants.

Missis est éloignée de sept heures de marche d'Adana ; la route est toujours en plaine. On aperçoit au loin plusieurs monticules sur lesquels s'élèvent d'anciens châteaux ; les indigènes les nomment Chamirâm kalé si, le château de Sémiramis, et Ilan kalé si, le château des serpents ; ce sont des forteresses du moyen âge qui ont été bâties par les Croisés.

La route de Tarsous à Adana traverse la même plaine, dans la direction de l'ouest à l'est ; on compte neuf heures de marche entre ces deux villes. La chaleur est si intense pendant l'été, que les caravanes ne s'aventurent jamais à marcher que la nuit; les nomades se retirent à la montagne, la plaine reste livrée aux reptiles et aux insectes, qui pullulent.

Adana est bâtie sur la rive droite du Sarus ou Sihoun; l'histoire de sa fondation se confond avec la fable. Étienne de Byzance dit que deux frères, Adanus et Sarus, fils d'Uranus, firent la guerre aux habitants de Tarse, et fondèrent une ville : l'un donna son nom au fleuve Sarus et l'autre à la ville d'Adana. Pendant toute la durée de l'empire romain il est rarement fait mention de cette ville. Pompée y établit une colonie de pirates en même temps qu'à Soli.

L'empereur Justinien fit construire sur le Sarus un pont qui existe encore. Les ingénieurs employèrent la même méthode qu'au pont sur le Sangarius : ils détournèrent le lit du fleuve et lui rendirent son cours naturel quand le pont fut bâti.

Une petite éminence sur laquelle s'élève l'ancien château byzantin domine la ville, qui est bâtie toute en plaine; c'est le plus ancien édifice. On voyait encore en 1836 toute l'enceinte flanquée de tours. Méhémet Ali avait donné l'ordre de le démolir.

Dans un des souterrains on avait déposé l'ancienne grille, ouvrage curieux de serrurerie du septième siècle : les gonds et la serrure étaient ornés de figures de lions et de léopards en relief et curieusement ciselés; il est probable que cet ouvrage n'existe plus. Le château commandait le cours du fleuve à l'ouest de la ville.

Adana est une ville toute commerçante; on n'y retrouve aucun vestige de l'antiquité : le seul monument remarquable est la mosquée Oulou Djami, bâtie par Rhamadan oglou, un peu après celle de Tarsous et dans le même style, c'est-à-dire formée d'un double portique sans coupole.

La porte et le minaret sont bâtis en assises de marbre alternativement blanc et noir; le minaret octogone est imité des minarets de la Perse. L'aspect de la ville est plus triste encore que celui des autres villes turques; les maisons n'ont aucun jour sur la rue; on se promène entre deux longs murs de brique. On compte environ huit mille maisons, dont mille arméniennes. Pendant l'été les habitants couchent sur leurs terrasses. Du temps de Mehemet-Ali, Adana était le quartier général de l'armée égyptienne, ce qui donnait un peu d'animation; mais les chrétiens osaient à peine sortir de leurs maisons. En 1825 Adana était gouvernée par le Kaïmakan, lieutenant du sultan, Karadja, le vainqueur de Kutchuk Ali; aujourd'hui Adana est le chef-lieu du pachalik du même nom.

Les régions en amont des fleuves Sarus et Pyramus appartiennent à la seconde Arménie, que nous avons déjà parcourue.

Nous terminons ici la description de l'Asie Mineure, sans nous faire illusion sur les lacunes qui restent à combler. Nous avons relevé dans les auteurs anciens deux mille neuf cents noms de villes et de lieux célèbres : on voit combien nous sommes loin d'avoir accompli notre tâche. Il reste encore bien des découvertes à faire, bien des incertitudes à éclaircir ; c'est un vaste champ d'études toujours ouvert aux futurs explorateurs.

FIN.

TABLE DES PLANCHES.

(Le Relieur devra placer les planches dans le volume de la manière suivante.)

Planche		En regard de la page
1	Bas-relief taillé dans le roc à Nymphi...	261
2	Bas-reliefs taillés dans le roc à Ptérium...	612
3	Bas-relief taillé dans le roc à Ptérium...	614
4	Bas-reliefs taillés dans le roc à Ptérium...	610
5	Bas-relief à Konieh, guerrier...	652
6	Temple d'Anaïtis à Ptérium...	608
7	Le hiéron de Cnide...	642
8	Porte à Ptérium. — Acropole à Ptérium...	610
9	Fortifications des Léléges...	636
10	Maisons de la vallée de Xanthus...	682
11	Tombeaux lyciens taillés dans le roc...	682
12	Tombeau de Midas à Nacoléia...	416
13	Tombeau de Tantale...	230
14	Nécropole de Telmissus...	668
15	Temple à Assos...	202
16	Bas-reliefs du temple d'Assos...	204
17	Porte d'Assos...	202
18	Temple d'Apollon Didyme aux Branchides...	3 6
19	Temple de Vénus à Aphrodisias...	644
20	Temple de Téos...	364
21	Temple à Aizani...	400
22	Temple de Jupiter à Labranda...	648
23	Odéum taillé dans le roc à Aperlæ...	688
24	Théâtre à Patare...	678
25	Tombeau d'Amyntas à Telmissus...	668
26	Tombeau de Claudia Régélia. — Tombeau de Ptolémée à Antiphellus...	684
27	Tombeau près de Mylasa...	648
28	Temple d'Auguste à Ancyre...	482
29	Sarcophage de marbre, des ruines d'Aphrodisias...	646
30	Ruines d'une basilique à Pergame.	216
31	Église à Trébizonde...	596
32	Palais des sultans seldjoukides à Konieh...	662
33	Château de Boudroum...	632
34	Mosquée du sultan Mourad Ier à Broussa...	128
35	La grande mosquée à Broussa...	126
36	Médrécé à Broussa, école du sultan Mourad Ier...	150
37	Tombeau de Houen à Césarée...	542
38	Fortifications de Nicée; porte du Nord...	104
39	Fortifications de Nicée; porte de Yéni cheher...	104
40	Fortifications de Nicée; porte de Lefké...	102
41	Pont couvert à Broussa...	131
42	Grande rue de Nicomédie...	67
43	Restes du palais de Justinien à Palatia, île de Marmara...	162
44	Tombeau de Seid el ghazi...	424
45	Vue de Kara hissar...	428
46	Vue de Kutayah...	394
47	Mosquée de Hadji Bairam à Angora...	484
48	Citadelle d'Assos...	200
49	Vue de Smyrne...	308
50	Danse des Zingari à Boullada...	282
51	Restes du palais d'Andronic à Nymphi...	260
52	Tralles. — Aïdin guzel hissar...	278
53	Mosquée du sultan Sélim à Éphèse.	312
54	Césarée et le mont Argée...	540
55	Urgub...	552
56	Costumes à In-Eughi...	564
57	Lions et faucon dans le château de Konieh...	662
58	Cacamo ou Kacava...	688
59	Constructions dans l'île de Kacava.	688
60	Nécropole de Myra...	694
61	Marmarice...	654
62	Huîtres fossiles du mont Taurus...	31
63	Trébizonde...	594
64	Peintures byzantines à Trébizonde.	596

Cartes à la fin du volume.

1 Asie Mineure sous les Perses.
2 Asie Mineure au temps d'Alexandre le Grand.
3 Asie Mineure sous la domination romaine, d'Auguste à Dioclétien.
4 Asie Mineure au temps d'Héraclius.
5 Asie Mineure moderne.

TABLE DES CHAPITRES.

LIVRE PREMIER.

Chapitres.		Pages.
I.	Travaux des voyageurs modernes.	1
II.	Hygiène.	4
III.	Division de l'ouvrage.	6
	Le nom d'Asie.	7
IV.	Divisions de l'Asie à différentes époques.	8
V.	Juridictions romaines.	10
VI.	Asie divisée en thèmes.	11
VII.	Coup d'œil sur la forme générale de la presqu'île.	15
	Alluvions des fleuves.	16
VIII.	Périple de l'Asie Mineure. Côte septentrionale.	19
IX.	Côte occidentale.	21
X.	Côte méridionale.	22
XI.	Mont Taurus.	25
	Montagnes de la Lycie. Cragus, Ak dagh.	27
	Taurus de Pamphylie et de Cilicie.	29
XII.	Montagnes de la Pamphylie et de la Cilicie.	30
	Mont Amanus et mont Rhosus.	32
XIII.	Chaînes de l'intérieur.	33
	Mont Phœnix.	33
	Mont Latmus.	35
	Mont Messogis.	35
	Mont Mycale.	36
	Mont Prion.	36
XIV.	Mont Tmolus.	37
XV.	Mont Mimas.	38
XVI.	Mont Sipylus et ses embranchements.	39
XVII.	Mont Ida.	40
	Chaînes du centre.	44

LIVRE II.

BITHYNIE.

Chapitres.		Pages.
I.	Premiers colons de la Bithynie. — Limites de la contrée.	47
II.	Rois de Bithynie.	51
	Les Gaulois passent en Asie.	52
	Ziélas. — Prusias Ier.	53
	Prusias II.	54
	Nicomède II-III.	
	La Bithynie réduite en province romaine.	55
	Domination musulmane.	56
III.	Frontières de la Bithynie.	57
	Honoriade. — Parages du Bosphore.	58
	Cap Posidium.	58
	Golfe d'Astacus. — Port Heræus.	
	Port Calpé.	59
IV.	Astacus.	60
	Olbia. — Nicomédie.	61
	Constitution du sol aux environs de Nicomédie.	68
V.	Périple du golfe de Nicomédie.	69
	Taouchandil. — Côtes du golfe.	70
VI.	Chalcédoine.	72
	La fontaine Zaréta.	75
VII.	Chrysopolis. — Scutari. — Uscudar.	76
	Les courriers en Orient.	76
	Télégraphie chez les Byzantins.	78
	Mosquée du sultan Soliman.	79
	La tour de Léandre.	80
VIII.	Les Iles des Princes.	80
	Proté. — Antigone.	81
	Chalcitis. — Prinkipo.	82
IX.	Parages de la mer Noire. — Le mont Géant.	83
	Temple de Jupiter Urius.	83
X.	Honoriade. — Dusæ pros Olympum.	
	Dustché.	85
XI.	Itinéraire de Nicomédie au lac de Sabandja.	86
	Le lac de Sophon.	87
XII.	Pont de Justinien sur le Sangarius.	88
XIII.	Itinéraire de Sabandja à Geïveh, Tottœum, et à Nicée.	89
	Leucæ.	90
XIV.	Nicée.	91
	Église de Sainte-Sophie.	99

TABLE DES CHAPITRES.

Chapitres.		Pages.
XV.	Les murs.	100
XVI.	Les portes.	103
	Porte de Constantinople, — de Yeni-cheher.	105
	Intérieur de la ville.	106
	Monuments musulmans.	106
	Église grecque.	107
	Voie romaine.	108
XVII.	La pyramide de Cassius Asclépiodotus.	109
XVIII.	Route de Nicée à Cius. — Ghio.	110
	Le lac Ascanius.	110
	Pythopolis.	111
XIX.	Cius. — Ghio.	112
	Route de Ghio à Broussa.	113
	Route de Moudania à Broussa. — Apamea.	113
XX.	Broussa-Prusa ad Olympum.	115
	Pythia.	116
	Broussa byzantine.	117
XXI.	Invasion musulmane.	117
XXII.	Broussa, musulmane.	119
XXIII.	État moderne. — Industrie. — Commerce.	121
XXIV.	Les eaux.	122
XXV.	Les eaux chaudes.	123
XXVI.	Caractère de la mosquée turque.	125
	Oulou Djami.	127
XXVII.	Mosquée du sultan Bayazid.	128
	Mosquée du sultan Mourad à Tchékirgué.	128
	Mosquée de Mourad 1er.	128
XXVIII.	Tombeaux des sultans.	129
	Tombeau d'Osman.	
XXIX.	L'Olympe de Mysie.	130
XXX.	Les nomades de l'Olympe.	
XXXI	L'île de Besbicus.	135
XXXII.	La ville de Dascylium et le lac Dascylitis.	136
XXXIII.	La ville et le lac d'Apollonias. — Le Rhyndacus.	138
	Le Macestus. — Sou sougherlé tchaï.	140
	Apollonias.	141
XXXIV.	Loupadium.	
	Hadriani. — Édrenos.	142
	Yéni cheher. — Sughud.	144
XXXV.	Les Turcs s'établissent en Asie.	145
XXXVI.	Boli. — Claudiopolis Modrenæ. — Cratia.	147
	Syncedème de Hiéroclès.	150

LIVRE III.

MYSIE.

Chapitres.		Pages.
I.	Arrivée des Mysiens en Asie. — Limites de la province.	152
II.	Topographie ancienne.	154
	Montagnes et fleuves.	154
	Le Granique, Démotico, Kodja tchaï.	155
III.	Itinéraire de Miletopolis à Cyzique. — Muhalitch.	156
	Lac Manyas. — Fleuve Tarsius. — Pæmaninus.	157
	Les sources chaudes.	158
IV.	L'île de Proconnèse.	158
V.	Les carrières de marbre.	161
VI.	Itinéraire de Muhalitch à Cyzique.	162
VII.	Artace. — Cyzique.	164
VIII.	Ruines de Cyzique.	165
IX.	État actuel des ruines.	169
X.	Ruines de Cyzique d'après d'anciennes descriptions.	171
XI.	Côtes de l'Hellespont.	173
	Lampsaque. — Abydos.	174
XII.	Troade. — Éléments des populations primitives.	178
XIII.	Phéniciens.	180
XIV.	Cariens. — Léléges. — Lyciens.	182
XV.	Troade. — Topographie ancienne et moderne.	187
XVI.	Plaine de Troie.	189
XVII.	Topographie ancienne de la Troade.	192
XVIII.	Itinéraire de la plaine de Troie.	192
XIX.	Alexandria Troas. — Eski Stamboul.	194
XX.	Intérieur de la ville.	195
XXI.	Le golfe d'Adramyttium.	198
XXII.	Assos.	200
XXIII.	Les murs.	201
XXIV.	Les portes.	202
	Acropolis.	203
XXV.	Adramyttium.	204
XXVI.	Hécatonnèse. — Pitane.	206
	Teuthranie, Caïque.	207
XXVII.	Pergame.	208
XXVIII.	Origine du royaume de Pergame. — Philétère.	
	Eumène.	208
	Attale 1er.	209
	Eumène II.	210

TABLE DES CHAPITRES.

Chapitres.		Pages.	Chapitres.		Pages.
	Attale II.	211	XXIX.	Volcan de Kara Devlit.	273
XXIX.	Intérieur de la ville, les murs, l'acropole.	213	XXX.	Koula.	275
	La basilique.	216	XXXI.	Villes de Lydie au nord de l'Hermus.	276
XXX.	L'amphithéâtre.	217	XXXII.	Mæonia.	
	Le cratère de marbre.	219		Blaundus, — Saïttæ.	277
			XXXIII.	Saïttæ.	
	LIVRE IV.			Fleuve Hyllus.	278
	ÆOLIDE.		XXXIV.	Tralles. — Aïdin Guzel Hissar.	279
I.	Établissement des Æoliens sur la côte d'Asie.	221	XXXV.	Populations musulmanes, usages, superstitions des montagnards.	281
II.	Élée. — Villes de l'Æolide.	222	XXXVI.	Villes de Lydie au sud du Caystre.	285
III.	Cymé.	224	XXXVII.	Nozli. — Sultan Hissar. — Nysa.	286
IV.	Sipylus. — Tantalis.	227			
V.	Topographie de Sipylus.	229			
VI.	Tombeau de Tantale.	230		LIVRE V.	
VII.	Lydie. — Mæonie. — Migrations des Lydiens en Asie, tribus mæoniennes.	232		IONIE.	
			I.	Premières migrations ioniennes.	289
VIII.	Dynasties lydiennes.	233	II.	Second âge des migrations ioniennes.	290
IX.	Frontières du royaume de Lydie, montagnes, fleuves.	235	III.	Leurs rapports avec les rois de Lydie.	291
X.	Monuments.	236	IV.	Créations des douze villes ioniennes.	292
XI.	Chute des rois héraclides de Lydie. — Avénement des Mermnades.	238	V.	Confédération ionienne.	292
			VI.	L'Ionie sous les Perses.	293
XII.	Invasion des Cimmériens.	240	VII.	Règnes de Cambyse et de Darius.	295
XIII.	Règne de Crésus.	242			
XIV.	Fin de l'empire de Lydie.	245	VIII.	L'Ionie sous Xerxès.	296
XV.	Route à travers le Tmolus. — Hypæpa — Tapoè. — Sources du Pactole.	246	IX.	Règne d'Artaxerxe.	297
			X.	Agésilas en Ionie.	298
XVI.	Hypæpa.	248	XI.	L'Ionie après la paix d'Antalcidas.	299
XVII.	Passage du mont Tmolus.	250	XII.	L'art ionien.	299
XVIII.	Sardes.	252	XIII.	L'Ionie sous les rois grecs.	301
XIX.	Le temple de Cybèle.		XIV.	Sous les empereurs romains.	302
XX.	Résumé de l'histoire de Sardes.	254	XV.	Smyrne.	303
XXI.	Tombeaux des rois de Lydie.	257	XVI.	Smyrne byzantine.	305
			XVII.	Smyrne musulmane.	306
XXII.	Itinéraire de Smyrne à Sardes. — Village de Nymphi. — Stèle de Sésostris.	260	XVIII.	Smyrne moderne.	307
			XIX.	Route de Smyrne à Aiasalouk.	309
XXIII.	Villes de Lydie au nord du Caystre.	263	XX.	Aiasalouk.	310
			XXI.	Éphèse.	312
XXIV.	Plaine hyrcanienne.	265	XXII.	Les murs de la ville. — Monuments antiques. Éphèse romaine.	314
XXV.	Route de Sardes à Pergame par Thyatire et Nacrasa.	265			
	Thyatire.	266	XXIII.	Le stade. — Le théâtre.	
XXVI.	Route de Thyatire à Pergame par Nacrasa.	268	XXIV.	Les thermes, le gymnase.	316
			XXV.	Le Temple.	317
XXVII.	Philadelphie.	269	XXVI.	Saint Paul à Éphèse.	319
XXVIII.	La Catacécauméne.	272	XXVII.	Destruction du Temple.	322

Chapitres.		Pages.	Chapitres.		Pages.
XXVIII.	Les Turcs à Éphèse.	323	LV.	Erythræ. — Rhitri.	367
XXIX.	Ruines de Pygèle.	324	LVI.	Golfe de Smyrne. — Clazomène.	369
XXX.	Ortygie et quelques lieux antéhelléniques de la côte d'Ionie.	325	LVII.	Phocée.	371
			LVIII.	Fondation de Marseille.	372
XXXI.	Château de Tchakir-Ali.	326	LIX.	Siège de Phocée.	374
XXXII.	Panionium. — Les bains de sable.	327	LX.	Fondation de Phocée la Neuve.	374
	Ancienne ville des Lélèges. — Site du Panionium.	328		Leucæ.	375

LIVRE VI.

PHRYGIE. — GALATIE.

XXXIII.	Tremblements de terre en Asie. — Destruction des villes d'Ionie.	329			
XXXIV.	Principaux tremblements de terre en Asie.	330	I.	Migrations phrygiennes.	377
			II.	Invasion de Sésostris. — Culte.	378
XXXV.	Fondation de Milet.	331	III.	Influence orientale. Mythe de Midas.	380
	Milet sous les rois de Lydie.	332			
XXXVI.	Règne de Darius.	333	IV.	Dynasties phrygiennes.	382
XXXVII.	Milet sous les Grecs.	334	V.	Domination étrangère.	383
XXXVIII.	Milet sous les Turcs.	335	VI.	Révolte de Procope.	384
XXXIX.	Temple des Branchydes.	337	VII.	Divisions géographiques.	386
XL.	Construction du temple.	338	VII.	Monuments primitifs.	388
XLI.	État actuel du temple.	340	IX.	Sangarius. — Sakkaria.	390
XLII.	Priène.	342	X.	Itinéraire de Broussa à Kutayah. — Cotyæum.	391
XLIII.	Ruines de Priène.	343			
	Les ruines de Priène d'après Mannert.	345	XI.	Itinéraire de Broussa à Aizani par Taouchanli.	392
XLIV.	Magnésie du Méandre. — Temple de Diane Leucophryne. — Route de Scala Nova à Magnésie du Méandre.	346	XII.	Cotyæum. — Kutayah.	394
			XIII.	De Kutayah à Aizani.	396
			XIV.	Aizani.	387
			XV.	Le temple.	399
	Traduction d'un ferman de route.	347	XVI.	Les ponts et la voie des tombeaux.	404
XLV.	Magnésie du Méandre.	349	XVII.	Le stade.	405
	Villes d'Ionie au sud du Méandre.	353	XVIII.	Cadi. — Kediz. — Itinéraire d'Aizani à Cadi.	406
	Ruines d'Héraclée du Latmus.	354	XIX.	Sinaus. — Ancyre.	407
			XX.	Villes à l'ouest du Thymbrius. — Dorylæum.	
XLVI.	Le Latmicus sinus, Oufa Bafi.	355		Eski cheher.	408
XLVII.	Villes de la presqu'île Érythrée. — Colophon. — Claros. — Téos.	356	XXI.	Exploitation de l'écume de mer.	409
				Route de Sevri hissar à Eski cheher par Muhalitch.	411
XLVIII.	Route de Smyrne à Claros par Métropolis.	358	XXII.	Nacoléia. — Midœum.	411
XLIX.	Ruines de Claros.	359	XXIII.	Midœum.	412
	Grotte de Mopsus.		XXIV.	La Grande Phrygie.	413
L.	Lébédus.	360	XXV.	Vallée de Nacoléia.	
LI.	Téos. — Arrivée de la colonie grecque.	361		Tombeaux des rois de Phrygie.	415
LII.	Soulèvement des Téiens contre Athènes.	362		Tombeau de Midas.	416
				Monuments phrygiens.	418
LIII.	Ruines de Téos. — Sevri hissar. — Sigadjik.	363		Gherdek kaïa si.	419
			XXVI.	Pismich kalé si.	420
LIV.	La presqu'île Érythrée.	366	XXVII.	Tombeaux de Yapul dagh. — Combett.	421
	Érythræ.	366			

TABLE DES CHAPITRES.

Chapitres.		Pages.	Chapitres.		Pages.
XXVIII.	Itinéraire de Kédiz à Kara hissar.	422		L'Augustéum.	481
XXIX.	Seïd el Ghazi. — Prymnésia.	424	LVI.	Le château.	489
XXX.	Ouschak. — Acmonia.	425	LVII.	La ville moderne et les habitants.	490
XXXI.	Ilesler kaïa si. — Nécropole.	427	LVIII.	Villes des Galates dans le bassin supérieur du Sangarius.	492
XXXII.	Ahat keui. — Trajanopolis.	428	LIX.	Istanos. — Les Oppida des Galates. — Les grottes habitables.	493
	Aphioum Kara hissar.	429			
XXXIII.	Synnada.	430	LX.	D'Ancyre au pays des Trocmiens.	496
XXXIV.	Les carrières de marbre.	432			
XXXV.	Beudos vetus. — Anabura.	434	LXI.	Tavium. — Nefes keui.	497
	Philomélium. — Ak cheher.	435			

LIVRE VII

CAPPADOCE.

Chapitres.		Pages.
XXXVI.	Euménia. — Ichekli.	435
XXXVII.	Laodicée sur le Lycus. — Eski hissar.	436
	Denizli. — Le Lycus.	438
I.	Origine du royaume de Cappadoce.	500
XXXVIII.	Hiérapolis. — Pambouk kalé si.	439
II.	Domination assyrienne.	501
XXXIX.	Les thermes.	442
III.	Population de la Cappadoce.	503
XL.	Le théâtre.	443
	Église. — Agora.	444
IV.	Rois de Cappadoce.	505
XLI.	Thémisonium. — Téfené.	444
V.	Influence de Rome.	510
XLII.	Celænæ. — Apamée Cibotos. — Dinaire.	445
	Religion.	510
VI.	La Cappadoce sous l'empire romain.	512
XLIII.	Lac Anava. — Tchardak gheul.	448
VII.	Règne de Constantin.	516
XLIV.	Quelques villes de la Phrygie parorée.	448
VIII.	Schisme d'Arius.	517
IX.	Invasion des Seldjoukides.	518
	Apollonia de Phrygie. — Oulou bourlou.	449
	Expédition des croisés.	519
X.	Sultans seldjoukides d'Iconium.	522
XLV.	Marche du jeune Cyrus de Sardes à Tarse.	450
XI.	La Cappadoce chrétienne.	524
XII.	Les anachorètes.	525
	Précis de la marche d'Alexandre le Grand à travers l'Asie Mineure.	452
	Les demeures des anachorètes.	
XIII.	Voyage de sainte Hélène.	527
XIV.	Les sépultures chrétiennes.	528

GALATIE.

Chapitres.		Pages.
XV.	Cérémonies des funérailles.	529
XLVI.	Arrivée des Gaulois.	453
XLVII.	État de l'agriculture.	457
XLVIII.	Les chèvres d'Angora.	
XVI.	Modes des sépultures.	530
XVII.	Itinéraire de Tavium à Césarée.	532
XLIX.	Races bovine et chevaline.	463
	Territoire. — Frontières.	464
XVIII.	Vallée de l'Halys.	533
L.	Marche de Manlius pendant la campagne de Galatie.	465
XIX.	Monastère de Surp Garabed. — Églises taillées dans le roc.	534
LI.	Villes de la Galatie salutaire.	469
XX.	Église taillée dans le roc près de Surp Garabed.	535
LII.	Yerma. — Germa.	470
	Amorium.	471
XXI.	Chambres sépulcrales et Martyrium.	536
LIII.	Pessinunte.	473
LIV.	Sevri hissar.	476
XXII.	Les préfectures de la Cappadoce. — Divisions du pays dans l'antiquité.	537
	Ruines de Bala hissar. — Pessinunte.	476
	Le temple.	477
LV.	Ancyre.	479
	Le fleuve Halys.	538

Chapitres.		Pages.	Chapitres.		Pages.
XXIII.	Césarée.	538	XV.	Turkal, Gazioura, Zéla.	602
XXIV.	Monuments religieux.	543	XVI.	Amasie.	603
XXV.	Mosquée et tombeau de Houen.	543	XVII.	L'acropole et les tombeaux des rois.	605
XXVI.	Le mont Argée. — Éruptions volcaniques.	544	XVIII.	Villes du Pont galatique. — Ptérium, Boghaz keui. — Euyuk.	607
XXVII.	Ingé sou. — Le Mélas.	547	XIX.	Le temple.	608
XXVIII.	Urgub.	549	XX.	Acropoles. — Palais.	609
XXIX.	La vallée d'Urgub.	553	XXI.	Yasili kaïa.	611
XXX.	La vallée de Keurémé.	554	XXII.	Euyuk. — Palais mède.	616
XXXI.	Village de Martchianne.	556		Villes des Galates.	617
XXXII.	Dikili tasch. — Monument sépulcral.	557	XXIII.	Périple du Pont-Euxin.	618
XXXIII.	Nemcheher.	558	XXIV.	Paphlagonie.	621
XXIV.	Le lac Tatta. — Touz gheul	560			
XXXV.	Préfecture de Garsauritis. — Soatra. — Soandus.	561		LIVRE IX.	
	Soanli déré.	562		CARIE. — LYCAONIE. — ISAURIE.	
XXXVI.	In-Eughi. — Singulier costume des femmes.	564	I.	Origine des Cariens	625
XXXVII.	Viran cheher. — Ak seraï.	565	II.	Rois et dynastes de Carie.	627
XXXVIII.	Préfecture de Tyanitis.	567	III.	Halicarnasse.	628
XXXIX.	Nigdé.	569	IV.	Tombeau de Mausole.	630
XL.	Tyane.	570	V.	Iassus.	632
LXI.	État moderne.	573	VI.	Les murailles. — La ville.	633
XLII.	Érégli.	574	VII.	Nécropole.	635
XLIII.	Table des préfectures de Cappadoce.	575	VIII.	La grande muraille.	636
			IX.	Baryglia. — Cyndia. — Myndus.	637
	LIVRE VIII.		X.	Cnide.	639
			XI	Aphrodisias.	642
	ARMÉNIE. — PONT. — PAPHLAGONIE.		XII.	La ville. — Les murs.	643
			XIII.	Le temple.	644
I.	Arménie.	577	XIV.	Les édifices publics.	646
II.	Les Pauliciens.	579	XV.	Villes de l'intérieur de la Carie.	647
III.	Itinéraire de l'Arménie.	580			
IV.	Anazarba.	580	XVI.	L'île de Cos.	649
	Sis. — Flaviopolis.	583	XVII.	Lycaonie. — Isaurie. — géographie ancienne.	651
V.	Itinéraire de Sis à Marasch.	583	XVIII.	Région Peræa.	654
	Marasch.	586	XIX.	Royaume d'Amyntas.	656
VI.	Bassin de l'Euphrate. — La Mélitène.	586	XX.	Villes des Isaures.	657
	Malatia.	587	XXI.	Isaura. — Zenghibar.	660
VII.	Éguine. — La vallée de l'Euphrate.	590	XXII.	Iconium. — Konieh.	661
VIII.	Royaume de Pont.	592		LIVRE X.	
IX.	Trébizonde. — Trapézus.	594		LYCIE. — PAMPHILIE. — CILICIE.	
X.	Royaume de Trébizonde.	595			
XI.	Kizlar Monastiri.	597	I.	Lycie.	664
XII.	Les grands sanctuaires d'Anaïtis dans le royaume de Pont. — Comana. — Zéla. — Ptérium.	598	II.	Populations lyciennes.	664
			III.	Langue lycienne.	666
			IV.	Telmissus. — Macri.	667
XIII.	Le culte d'Anaïtis.	598	V.	Tombeaux.	668
XIV.	Villes de Pont polémoniaque.	600	VI.	Macri.	669
			VII.	Villes de la Lycie dans la vallée du Xanthus.	670
	Tocat. — Gumenek. — Comana.	600	VIII.	Xanthus. — Arna. — Tlos. — Deuwar.	670

TABLE DES CHAPITRES.

Chapitres.		Pages.	Chapitres.		Pages.
IX.	Pinara. — Minara.	673		Établissement des colons grecs.	701
X.	Sidyma. — Cragus. — Cadyanda.	675	XXVII.	Cicéron en Cilicie.	702
			XXVIII.	Olbia. — Attalia.	704
XI.	Patare. — Phœnicus Portus. — Kalamaki.	676	XXIX.	Attalia. — Adalia.	705
XII.	Patare.	678	XXX.	Le Catarrhactès. — Douden.	706
XIII.	Le théâtre. — Le temple.	678			
XIV.	Petit temple.	679	XXXI.	Lagon. — Termessus.	707
XV.	Nécropole.	680	XXXII.	Termessus.	708
XVI.	Port Sevedo. — Castellorizo.	681	XXXIII.	Perga. — Le Cestrus.	709
			XXXIV.	La ville antique.	711
XVII.	Antiphellus.	682	XXXV.	Syllæum. — Hassar.	712
XVIII.	Phellus.	684	XXXVI.	Pednelissus. — Kara Baoulo.	713
XIX.	Candyba. — Cyaneæ. — Arnæa.	686			
			XXXVII.	Bassin supérieur du Cestrus; Isbarta. — Sagalassus.	715
XX.	Aperlæ. — Cyaneæ. — Ile Dolichiste.	688			
			XXXVIII.	Bal kiz seraï. — Aspendus.	717
XXI.	Andriace. — Sura. — Myra.	690	XXXIX.	Selgé. — Serghé.	720
XXII.	Cap Phyneca. — Limyra.	694	XL.	Sidé. — Eski Adalia.	721
XXIII.	Arycanda. — Vallée d'Allaghir.	696	XLI.	Cilicie.	723
			XLII.	Séleucie.	724
XXIV.	Phaselis. — Olympus. — Mont Chimœra.	697	XLIII.	Cilicie champêtre.	726
			XLIV.	Tarse. — Tarsous.	727
XXV.	La tétrapole de la Cibyratis.	700	XLV.	Les Portes syriennes.	
			XLVI.	Mopsuestia. — Missis. — Adana.	729 730
	Pamphylie.				
XXVI.	Constitution du sol. —				

FIN DE LA TABLE DES CHAPITRES.

TABLE GÉNÉRALE DES MATIÈRES.

(Le 1ᵉʳ chiffre indique la page, le second (1, 2) la colonne.)

A

Abassus, 468, 1.
Aboni Teichos, 73, 1.
Aboni Teichos, 622, 2.
Aboullonia, 141, 1.
Abrostola, 470, 1.
Abydos, 176, 2.
Acalissus, 696, 2.
Acaridos Comé, 468, 1.
Acha bounar, 163, 1.
Acharaca, 288, 1.
Achilleum, ville, 188, 2.
Achmetji, 262, 2.
Acilicène, 578, 1.
Acmonia, 382, 2.
Acmonia, 425, 1.
Acritas, cap, 61, 2, 75, 1.
Adala, 277, 2.
Adalia, alluvions, côtes, 23, 2.
Adalia, 705, 1.
Adana, 520, 1.
Adana, 731, 1.
Ad Aras, 589, 1.
Adramyttium (juridiction), 10, 2.
Adramyttium, golfe, 198, 1.
Adramyttium, 204, 2.
Adrastée, mont, 167, 2.
Adrastée, plaine, 155, 2.
Adratchan, 697, 1.
Æga, 227, 1.
Ægée, 729, 2.
Æoliennes (Villes), 222, 1.
Æolide, 221, 1.
Æsepus, rivière, 155, 1.
Agamemnon (Bains d'), 370, 2.
Agdistis, 379, 2.
Aglasoun, 467, 2.
Aglasoun, 715, 2.
Agli, 685, 1.
Agron, 234, 2.
Ahat keui, 428, 1.
Aiasalouk, 310, 2.
Aïdin guzel hissar, 279, 1.

Aïdindjik, 163, 1, 2.
Aineh gheul, 91, 1.
Aineh gheul, 391, 2.
Aïvali, 207, 1.
Aizani, 396, 2.
Aizanitis, 388, 1.
Ak cheher, 435, 1.
Ak cheher, 449, 1.
Ak dagh, 392, 1.
Akdja tasch, 496, 1.
Ak gheul, 574, 2.
Ak hissar, 267, 2.
Ak kaia, 411, 2.
Ak kilissia, 416, 2.
Ak kilissia, 435, 1.
Ak sou, fleuve, 391, 2.
Ak séraï, 90, 2.
Ak séraï, 509, 2.
Ak séraï, 560, 2.
Ak séraï, 565, 1.
Ak sou, 438, 2.
Ak sou, 709, 2.
Ak tchaï, 670, 1.
Alabanda (juridiction), 10, 2.
Alabanda, 465, 2.
Alabanda, 649, 1.
Ala cheher, 270, 2.
Alalia, 372, 2.
Alaya, 724, 1.
Alectiane, 251, 2.
Alekian, 471, 1.
Aléus, fleuve, 367, 2.
Alexandre (Route d') 452, 1.
Alexandrette, golfe, 17, 1.
Alexandria Troas, 194, 2.
Alexandria Troas (Carrières d'), 195, 2.
Alexandria Troas (Port d'), 196, 1.
Alexandria Troas, 454, 1.
Ali dagh, 543, 2.
Ali dagh, 546, 1.
Alimna, 466, 2.
Al Khatoun, 495, 1.
Allaghir, vallée, 696, 1.
Alluvions des fleuves 16, 1.
Amanus, mont, 32, 2.

Amasbéen (Lac), 573, 2.
Amasie, 603, 2.
Amasserah, 623, 1.
Amastris, 622, 2.
Amazones, 312, 2.
Amazones, 503, 1.
Amisus, 620, 1.
Amnius, fleuve, 593, 1.
Amorium, 471, 2.
Ampé, 334, 1.
Amyntas (Royaume d'), 656, 1.
Anabænon, 336, 2.
Anabura, 434, 2.
Anaïtis (Temple d'), 598, 1.
Anava, lac, 448, 1.
Anazarba, 518, 1.
Anazarba, 580, 2.
Anchiale, 728, 2.
Ancora, 92, 1.
Anæa, 349, 1.
Ancyre de Phrygie, 407, 2.
Ancyre, 479, 2.
Ancyron, 69, 1.
Andabilis, 566, 1.
Andaval, 568, 2.
Andira, 200, 1.
Andriace, 690, 1.
Androclus, son tombeau, 314, 1.
Andromaque (Tombeau d'), 208, 1.
Anémurium, 724, 2.
Angora (Chèvres d'), 458, 2.
Angora, 490, 1, 2.
Antalcidas (Paix d'), 299, 1.
Antandros, 198, 2.
Anti-Cragüs, mont, 28, 1.
Antigone, île, 81, 2.
Antigonia, 92, 1.
Antigonia Nicée, 92, 1.
Antioche du Méandre, 465, 2.
Antioche de Cilicie, 586, 1.
Antioche de Pisidie, 717, 1.
Antiphellus, 682, 2.
Anti-Taurus, 520, 2.
Antre Corcyréen, 726, 1.
Apamée, 446, 2.
Apamée Myrléa, 113, 2.
Apamée Cibotos, 445, 2.
Apaméenne (Juridiction), 10, 2.
Aperlæ, 689, 2.
Aphioum kara hissar, 429, 1.
Aphnéens, 137, 1.
Aphrodisias, 642, 2.
Apollon Smynthien, 191, 2.
Apollonia de Phrygie, 449, 2.
Apollonia de Lycie, 699, 2.
Apollonias, ville; lac, 138, 1.
Apollonias, 141, 1.
Apollonis, 266, 2.
Arab hissar, 465, 2.
Arabissus, 585, 1.

Arabkir, 589, 2.
Arabyza, 474, 1.
Archélaïs, 560, 2.
Arétias, île, 619, 1.
Arganthonius, mont, 112, 2.
Argée, mont, 539, 2.
Argée, mont, 544, 2.
Arginuses (Combat des), 298, 1.
Ariarathia, 576, 2.
Arisbé, 176, 2.
Arménie (Rois d'), 502, 1.
Arménie (Seconde), 514, 2.
Arménie, 577, 1.
Arna, 670, 1.
Arnæa, 687, 2.
Artace, 164, 1.
Artaki, golfe, 164, 2.
Artaki, ville, 171, 1.
Arthynia, lac, 139, 2.
Arycanda, 696, 1.
Ascanius, rivière; Ascanius, lac, 110, 1.
Ascanius, 110, 2.
Asie (Le nom d'), 7, 2.
Asie Mineure, description, 6, 1.
Asie Mineure (Le nom d'), 8, 2.
Asie Mineure, limites, 16, 1.
Asie Mineure; côte septentrionale, 19, 2.
— côte occidentale, 21, 1.
— côte méridionale, 22, 2.
Asie proconsulaire, 11, 1.
Asie propre, 9, 2.
Asie (Provinces d'), 9, 2.
Asie (Province d'), 212, 2.
Asie, sous la domination ottomane, 15, 1.
Asopus, 437, 1.
Aspanéus, port, 199, 1.
Assar keui, 472, 1.
Assarli keui, 495, 1.
Aspendus, 467, 2.
Aspendus, 718, 1.
Assos, mont, 200, 1.
Assos (Ville d'), 200, 2.
Assos (Murs d'), 200, 2.
Assos (Portes d'), 202, 2.
Assos (Acropole d'), 203, 2.
Assyriens, 501, 2.
Assyriens, 592, 2.
Astacus (Golfe d'), 59, 1.
Astron, fleuve, 206, 1.
Astyra, 205, 2.
Astyra (Mines d'), 199, 2.
Astyra (Mines d'), 242, 2.
Atarnée, 354, 1.
Atchiova, 348, 1.
Attale Ier, 269, 2.
Attalia, 705, 1.
Atys, 233, 2.
Atys, 414, 2.
Aulocrène, 336, 1.
Aulocrène, 446, 1.

DES MATIÈRES.   745

Auxent, mont, 78, 2.
Avaness, 555, 2.
Ayas (Baie d'), 25, 1.
Ayas, 729, 2.
Ayasch, 493, 1.

B

Baba, cap, 20, 2.
Backchich, 6, 1.
Bala hissar, 476, 2.
Baindir, 247, 1.
Bakir, 207, 2.
Bakir, 268, 2.
Balbura, 700, 2.
Bal kiz, 166, 1.
Bal kiz, 169, 2.
Bal kiz séraï, 197, 1.
Bal kiz séraï, 467, 2.
Bal kiz séraï, 717, 1.
Banas tchaï, 436, 1.
Baoulo, 714, 1.
Bargylia, 637, 2.
Bathys, fleuve, 409, 1.
Bayat, 391, 1.
Bayat, 416, 1.
Bazar khan, 466, 2.
Bazars, 237, 2.
Bazirian keui, 681, 1.
Bebrices, 47, 1.
Beias sou, fleuve, 560, 2.
Belouadoun, 414, 2.
Belouadoun, 448, 2.
Beudos vetus, 434, 2.
Beudos vetus, 468, 1.
Besbicos, île, 135, 2.
Bey bazar, 492, 2.
Bey chéri, 659, 2.
Beylan, 729, 2.
Beyrham keui, 201, 2.
Biga, 156, 1.
Billis, fleuve, 147, 2.
Birghé, 250, 1.
Bithynie, 47, 1.
— byzantine, 56, 1.
— musulmane, 56, 2.
Bithynie (Frontières de la), 57, 2.
Bithynie (Rois de), 51, 1.
Bithynie (Dynastie des rois de), 55, 2.
Blaundus, 277, 2.
Blaundus, 408, 1.
Bloucium, 617, 2.
Boghaz keui, 607, 2.
Boiens, 454, 2.
Boli, 147, 2.
Bosci, 526, 2.
Bosphore, 20, 42, 43, 1.
Bosphore (Parages du), 58, 2.
Boudroum, 629, 2.

Boulgourlou, mont, 80, 1.
Bounar bachi, 123, 1.
Bounar bachi, 189, 1.
Bounar bachi, 193, 1.
Bounar bachi, 568, 2.
Bounar sou, 310, 1.
Bourgas, 436, 1.
Bouyjourdi, 2, 2.
Branchydes (Temple des), 337, 1.
Broussa (Route de), 113, 2.
Broussa, 115, 1.
Broussa (Eaux de), 123, 2.
Brygès, 377, 2.
Bubo, 700, 2.
Bullana, 268, 1.
Bullasan, 720, 2.

C

Cabalès, 232, 2.
Cabalie, 233, 1.
Cabira, 512, 2.
Cabira, 593, 2.
Cabires, 379, 2.
Cacamo, 689, 1.
Cadi, 388, 1.
Cadi, 406, 1.
Cadmé, 342, 1.
Cadmus, mont, 438, 2.
Cadmus, fleuve, 439, 1.
Cadyanda, 676, 1.
Cæcorum urbs, 72, 2.
Caïque, fleuve, 207, 2.
Calamines (Iles), 259, 2.
Callatebus, 271, 2.
Callies, 167, 2.
Caloë, 247, 2.
Calpé, port, 59, 2.
Campus metropolitanus, 424, 1.
Campus metropolitanus, 468, 1.
Candyba, 686, 2.
Cappadoce (Royaume de), 500, 1.
Cappadoce (Population de la), 503, 1.
Cappadoce (Grottes de la), 504, 1.
Cappadoce (Rois de), 505, 1.
Cappadoce (Moutons de), 506, 1.
Cappadoce (Préfectures de), 537, 2.
Cappadoce (Préfectures), 575.
Cappadociens, barbares, 504, 1.
Capria, lac, 717, 2.
Caprus, 439, 1.
Caragamous, 492, 1.
Caralitique, marais, 467, 1.
Caralitis, lac, 659, 2.
Carambis, 622, 2.
Caravansérai, 236, 1.
Cariens, 182, 2.
Cariens, 238, 2.
Cariens, 291, 1.

Cariens, 625, 1.
Carmalus, 206, 1.
Caroura, 234, 1.
Cassaba, 262, 2.
Cassaba, 684, 2.
Castabala, 599, 2.
Castamouni, 617, 1.
Castellorizo, île, 681, 2.
Catacécaumène, 236, 1.
Catacécaumène, 272, 1.
Cataonie, 511, 1.
Cataonie, 568, 1.
Catarrhactès, fleuve, 446, 1.
Catarrhactès, 706, 1.
Caucones, 49, 2.
Caularès, fleuve, 466, 2.
Caunus, 655, 1.
Cœnochorion, 618, 1.
Cavourla, 392, 2.
Cawass, 3, 2.
Caystre, 247, 1.
Caystre, 318, 1.
Caystre (Pêche du), 313, 2.
Caystre (Embouchure du), 324, 1.
Caystropedium, 451, 1.
Cébrène, 225, 1.
Cébrénie, 193, 2.
Cébrénie, 194, 1.
Celænæ, 237, 2.
Celænæ détruite, 383, 1.
Celænæ, 445, 2.
Celænæ, 450, 2.
Celenderis, 724, 2.
Cenchreæ, 193, 1.
Cenchrius, fleuve, 326, 2.
Ceramorum Agora, 394, 1.
Ceramorum Agora, 450, 2.
Cerasus, 618, 2.
Cerasus, 619, 1.
Cercaphus, fleuve, 358, 1.
Cesarée, 538, 2.
Cestrus, fleuve, 709, 1.
Cétius, fleuve, 207, 2.
Chaïram, 591, 2.
Chaldæi, 578, 1.
Chalybes, 592, 1.
Châteaux d'Europe, d'Asie, 175, 1.
Chalcédoine, 72, 1.
Chalcédon, fleuve, 72, 1.
Chalcitis, île, 82, 1.
Chechich dagh, Olympe, 134, 1.
Chelæ, port, 84, 2.
Chelidonia, cap, 697, 1.
Chersonnèse d'Asie, 8, 2.
Chert kalé si, 511, 2.
Chert kalé si, 584, 2.
Chimæra, 697, 2.
Chréophylacion, 528, 1.
Chonæ, 448, 2.
Chrysa, 191, 2.

Chrysa, 206, 1.
Chrysaoris, 625, 1.
Chrysopolis, 76, 1.
Chrysorrhoas, 287, 2.
Cibyra, 466, 1.
Cibyra, 700, 1.
Cibyratique (Juridiction), 10, 2.
Cilbienne (Plaine), 265, 2.
Cilicie (Fleuves de), 16, 1.
Cilicie, 723, 1.
Cilicie champêtre, 726, 1.
Cilicie (Portes de), 521, 2.
Cilicie (Préfecture de), 537, 2.
Cilla, 206, 1.
Cimiata 593, 1.
Cimmériens, 240, 1.
Cimméris, 199, 1.
Cius, 53, 2.
Cius, 112, 1.
Clanudda, 276, 1.
Claros, 356, 2.
Clisuræ, 113, 2.
Claudiopolis, 147, 2.
Claudiopolis, 725, 2.
Clazomène, 370, 1.
Climax, mont, 452, 2.
Cnide (Processions à), 420, 2.
Cnide, 639, 1.
Cogamus, fleuve, 271, 2.
Colpusa, 72, 1.
Colonia, 579, 1.
Colons égyptiens, 380, 1.
Colophon, 356, 1.
Colossæ, 448, 1.
Colossæ, 438, 2.
Comana, 511, 2.
Comana (César à), 512, 1.
Comana de Cappadoce, 512, 2.
Comana de Pont, 513, 1.
Comana, 591, 2.
Comana de Pont, 598, 1.
Comana, 600, 2.
Combett, 421, 1.
Coracésium, 723, 2.
Cormasa, 467, 2.
Corissus, mont, 313, 2.
Corycus, mont, 366, 1.
Corycus, 698, 2.
Corycus, 725, 2.
Corydalla, 696, 2.
Cos (Tremblement de terre à), 330, 1.
Cos, île et ville, 649, 2.
Cosmoudja, 393, 1.
Cotyœum, 388, 1.
Cotyœum, 394, 1.
Cotyore, 619, 2.
Couch ada si, 324, 2.
Couchlar, 717, 2.
Courchoum maden, 568, 2.
Courriers anciens 76, 2.

DES MATIÈRES.

Couzou tchai, 271, 2.
Couzou tchai, 450, 1.
Cozourdja, 393, 1.
Cragus, mont, 27, 2.
Cratères d'or, 238, 1.
Cratia, 147, 2.
Cremna, 656, 2.
Cremna, 717, 1.
Crésus passe l'Halys, 243, 2.
Croissant des Turcs, 522, 2.
Cryos, fleuve, 260, 1.
Cuballum, 468, 2.
Cucusus, 579, 1.
Cucusus, 585, 1.
Cuisinier, 3, 2.
Culte du feu, 500, 2.
Cyanées (Ile), 84, 2.
Cyaneæ, 686, 2.
Cyaneæ, 690, 1.
Cybèle (Statue de), 265, 1.
Cybistra, 568, 1.
Cybistra, 573, 1.
Cydnus, fleuve, 727, 2.
Cymé, alluvions, 18, 2.
Cymé, 224, 2.
Cyrille (Carte de), 552, 2.
Cyrnos île, 372, 2.
Cyrus (Route de), 452, 1.
Cyzique, 164, 1.
Cyzique (Ruines de), 165, 2.
Cyzique assiégée, 386, 2.

D

Dadastana, 147, 2.
Dalamon, fleuve, 466, 1.
Dalar, 584, 2.
Dalian, 656, 1.
Dana, 568, 2.
Damatrys, mont, 78, 1.
Dana, 451, 1.
Daouas, 466, 1.
Daphnus, 228, 1.
Dardanelles (Batailles des), 175, 2.
Dascylium, ville et lac, 136, 2.
Dardanelles (Les côtes des), 20, 2.
Daridjé, 71, 2.
Debreut, 262, 2.
Delidjé irmak, 538, 2.
Delik tasch, 698, 1.
Demich, 247, 2.
Demirdji sou, 584, 2.
Démir kapou, 157, 2.
Démir kapou, 451, 2.
Dénizli, 437, 1.
Derbé, 658, 2.
Déré tchai, 392, 2.
Dermen déré si, 325, 2.
Denwar, 672, 2.

Devrighi, 591, 1.
Diane Coloënne, 256, 1.
Dighour, 544, 1.
Dikili tasch, 552, 1.
Dikili tasch, 557, 1.
Dinaire, 447, 1.
Dindymène, mont, 388, 1.
Dindymum, mont, 475, 2.
Diocèse d'Asie, 11, 1.
Divley, 658, 2.
Djihoun, 582, 2.
Djoulfa, 509, 2.
Djumaha ova si, 358, 2.
Doara, 576, 2.
Docimia, 430, 2.
Doghanlou déré si, 414, 1.
Dolichiste, île, 688, 1.
Dombai, 446, 2.
Dorsa, 467, 2.
Dorylæum, 408, 2.
Douden, 706, 1.
Doughan hissar, 163, 1.
Dourdourkar, 675, 2.
Draco, fleuve, 69, 2.
Drépanou, 69, 1.
Drys, faubourg, 75, 2.
Dusæ pros Olympum, 85, 1.
Dustché, 85, 1.
Dynasties phrygiennes, 382, 2.

E

Éclipse de soleil, 241, 1.
Écume de mer, 409, 2.
Edebessus, 696, 1.
Edonis, 199, 1.
Édrénos, 142, 2.
Eflatoun, 659, 2.
Egdir, 717, 1.
Eguine, 590, 2.
Elæussa, île, 506, 1.
Elæussa, île, 515, 2.
Elæussa, île, 725, 2.
Élaïtique (Golfe), 206, 1.
Elaphonnésus, 159, 1.
El Bostan, 511, 2.
Élée, 222, 2.
Éleuthérociliciens, 713, 2.
Emblèmes chrétiens, 525, 2.
Émir hammam, 276, 1.
Emmiler, 534, 1.
Énaï, village, 193, 1.
Énaï, 197, 2.
Enguri sou, 391, 1.
Enguri sou, 496, 1.
Éphèse (juridiction), 10, 2.
Éphèse, alluvions, 21, 2.
Éphèse prise par Crésus, 242, 2.
Éphèse, 312, 1.

Éphèse (Temple d'), 317, 1.
Erdjisch dagh, 546, 1.
Erégli, 521, 2.
Erégli, 574, 2.
Erégli, 624, 1.
Eribæa, Eribotou, 70, 1.
Eriza, 466, 1.
Ermeni keui, 163, 2.
Eruptions volcaniques, 545, 1.
Erythræ, 366, 1.
Eski Adalia, 725, 2.
Eski cheher, 408, 2.
Eski hissar, 436, 2.
Eski kaisarieh, 542, 1.
Eski kara hissar, 431, 1.
Eski Stamboul, 194, 2.
Euhippa, 167, 1.
Eumenia, 427, 2.
Eumenia, 435, 2.
Eupatoria, 618, 1.
Euphrate (Bassin de l'), 586, 2.
Euromus, 648, 2.
Eurymédon, fleuve, 720, 1.
Eusebia, 539, 2.
Euyuk (Colosses d'), 481, 1.
Euyuk, 616, 1,
Evdir, 467, 1.
Evereck, 546, 2.

F

Ferman, 2, 2.
Ferman (Traduction d'un), 3, 1.
Ferman, 347, 1.
Fêtes dionysiaques, 361, 2.
Flaviopolis, 149, 2.
Flaviopolis, 583, 1.
Fons Cupidinis, 171, 2.
Fons Telephi, 678, 1.
Fortouna, 246, 2.
Forum Synnadense, 430, 2.

G

Gagæ, 696, 2.
Gærosticus, port, 364, 1.
Gæssus, fleuve, 345, 1.
Garsauritis, préfecture, 561, 2.
Geuverginlik, 638, 1.
Ghœuk bounar, 439, 1.
Gæuk dagh, 494, 1.
Gæuksunn, 585, 2.
Galatie, 453, 1.
Galatie (Chevaux de), 463, 2.
Galatie (Frontières de la), 464, 1.
Galatie salutaire, 469, 1,
Galatie (Combustible en), 471, 1.
Galimi, 160, 2.

Galles, 379, 2.
Gallus, fleuve, 91, 1.
Gallus, fleuve, 472, 2.
Gangra, 617, 1.
Gargara, mont, 42, 2.
Gargara, mont, 163, 1.
Gargara, mont, 199, 2.
Gaulois (Arrivée des), 453, 1.
Gazioura, 602, 1.
Gazocleu, 251, 1.
Géant, mont, 83, 2.
Geïveh, 89, 2.
Gelon, fontaine, 446, 2.
Gergitha, 176, 1.
Germa, 470, 1.
Germanicopolis, 521, 1.
Geunek keui, 468, 1.
Geumenek, 600, 2.
Ghédiz, 391, 2.
Gheiben, 586, 1.
Gherdek kaïa si, 419, 2.
Ghermech kalé, 494, 2.
Gheyra, 643, 2.
Ghio, 112, 1.
Ghirmé, 717, 1.
Glaucia, 356, 1.
Glaucus, fleuve, 436, 2.
Gordium, 384, 1.
Gordium, 468, 2.
Gozdouk sou, 589, 2.
Granique, fleuve, 155, 2.
Grotte de Mopsus, 360, 1.
Grynium, 224, 1.
Guébizé, 71, 1.
Gulik khan, 467, 2.
Gulik dagh, 708, 2.
Gumuch, 349, 2.
Gumuch hané, 592, 1.
Gunesch dagh, 473, 1.
Guzel hissar, 227, 1.
Gygée, lac, 258, 1.

H

Haba, 504, 1.
Hadji gheul, 448, 1.
Hadjinn, 584, 1.
Hadriani, 142, 2.
Haïmanah, 459, 2.
Haïmanah, 469, 1.
Halesus, fleuve, 352, 2.
Halesus, fleuve, 359, 2.
Halicarnasse (Juridiction d'), 10, 2.
Halicarnasse, 628, 2.
Halvar déré, 565, 1.
Halys, fleuve, 497, 1.
Halys, 538, 1.
Hammamli, 172, 2.
Harab euren, 413, 1.

DES MATIÈRES.

Harméue, 622, 2.
Harpagus, son stratagème, 244, 2.
Harpasa, 465, 2.
Harpasus, fleuve, 465, 2.
Hassandji, 532, 1.
Hassar keui, 712, 2.
Hécatonnèse, 206, 2.
Héléuopolis, 69, 1.
Hélice en Achaïe, 330, 1.
Hellespont, 159, 1.
Hellespont (Côtes de l'), 173, 2.
Héraclée du Latmus, 354, 2.
Héraclée, 520, 1.
Héraclée, 623, 1.
Héraclides de Lydie, 234, 2.
Hérœon, cap, 74, 1; 75, 1.
Herœus Portus, 59, 1.
Herculis vicus, 574, 2.
Héréké, 69, 1.
Hergan kalé, 472, 1.
Herkilet, 534, 1.
Hermésia, 228, 1.
Hermonassa, 618, 2.
Hermus, ses alluvions, 18, 2.
Hermus, 257, 2.
Hermus (Golfe de l',) 378, 1.
Hiekbass, 497, 1.
Hiéracomé, 465, 2.
Hiërapolis, 439, 1.
Hiérocésarée, 279, 1.
Hiéron Jovis Urii, 83, 2.
Hiéronda, 340, 1.
Holmi, 724, 2.
Honoriade, 58, 2.
Hordeuz, 589, 1.
Horzoum, 466, 2.
Huns, 517, 2.
Hyda, 252, 1.
Hygiène, 4, 2.
Hylæ, 349, 2.
Hylas, rivière, 112, 2.
Hyllus, fleuve, 266, 1.
Hyllus, fleuve, 278, 1.
Hypæpa, 246, 1.
Hypæpa, 248, 2.
Hyparna, 452, 2.
Hypelæ, fontaine, 313, 1.
Hypius, fleuve, 85, 2.
Hypoplacie, 206, 1.
Hypsili hissar, 360, 2.
Hyrcanienne (Plaine), 265, 2.

I

Ichékli, 427, 2.
Ichékli, 435, 2.
Iconium, 451, 1.
Iconium, 661, 1.
Ida, mont, 40, 2.

Ida, mont, 154, 2.
Ida, ment, 193, 2.
Ida (Golfe de l'), 198, 2.
Iki seraï, 428, 1.
Iles des Princes, 80, 2.
Ilesler kaïa si, 389, 1.
Ilesler kaïa si, 427, 1.
Ilgoun, 149, 1.
Ilium recens, 190, 2.
Imbarus, mont, 31, 1.
In Æughi, 414, 2.
Indus, fleuve, 466, 1.
Inek bazar, 346, 2.
In Eughi, 410, 2.
In Eughi, 564, 1.
Ingé sou, 531, 1.
Ingé sou, 547, 2.
Injicler, 278, 2.
Inn bazardjik, 434, 2.
Inn æuni, 392, 1.
Invasion musulmane, 117, 1.
Interprète, 3, 2.
Ionie, 289, 1.
Ionie (Villes d'), 302, 1.
Ioniens, leurs migrations, 289, 1.
Ionique (Colonne), 300, 1.
Iphtyankas, 571, 1.
Iris, fleuve, 620, 1.
Irnesi, 687, 2.
Isaura, 654, 1.
Isaura, 660, 1.
Isaures, 524, 2.
Isaurie, 653, 1.
Isbarta, 715, 1.
Ischakli, 448, 2.
Iskelib, 617, 2.
Isnikmid, 67, 1.
Isoglou, 581, 1.
Istanos, 493, 2.

J

Jardanus, 234, 2.
Jassus, 632, 2.
Juliopolis, 427, 2.
Juridictions romaines, 10, 1.

K

Kahé, 411, 2.
Kaiabachi, 569, 1.
Kaïdjik, 532, 2.
Kaladjik, 496, 2.
Kala keui, 602, 2.
Kalamaki, 677, 1.
Kalé keui, 619, 2.
Kaplidja, 124, 2.
Kara Baoulo, 714, 1.

Kara bell, 260, 2,
Kara bournou, 369, 2.
Kara dagh, 524, 2.
Kara dagh, 658, 2.
Kara devlit, 2, 273.
Kara hissar, 562, 2.
Kara keui, 163, 1.
Kara keui, 424, 1.
Karaman, 523, 2.
Karaman, 658, 2.
Kara moursal, 70, 1.
Kara sou, 227, 2.
Kara sou, 547, 2.
Kara viran, 495, 2.
Kassa keui, 560, 1.
Katavathron, 522, 1.
Katergi, 4, 1.
Kavakli déré, 262, 1.
Kaz dagh, 42, 2.
Kaz dagh tchaï, 194, 1.
Kediz, 406, 1.
Keimaze, 470, 1.
Kelibesch, 345, 1.
Kerasunt, 619, 1.
Kerbetchenek, 495, 2.
Kereli kale, 618, 2.
Kermian (Plaine de), 451, 1.
Kermian, 394, 1.
Kestel gheul, 467, 2.
Keughez, 655, 2.
Keupri bazar, 717, 2.
Keurémé, 551, 1.
Keurémé (Vallée de), 554, 2.
Ketch hissar, 571, 1.
Keurkudli, 125, 1.
Kharpouz, 588, 2.
Khonos, 438, 2.
Khonos, 448, 1.
Khosrew Pacha Khan, 416, 2.
Kiangari, 617, 1.
Kidonia, 207, 1.
Kilisse keui, 408, 1.
Kirk inn, 416, 1.
Kirk inn, 434, 2.
Kirk gheul, 467, 1.
Kirk agatch, 236, 1.
Kirk, agatch, 268, 2.
Kirk ghetchid, 69, 2; 713, 2.
Kirsiz, maghara si, 4, 1, 1.
Kitché keui, 223, 2.
Kizil irmak, 538, 1.
Kiz kalé si, 310, 1.
Kizlar monastiri, 597, 1.
Klæon, fontaine, 446, 2.
Koch hissar, 560, 2.
Kondoura tchaï, 223, 2.
Kondoura tchaï, 226, 2.
Konieh, 661, 1.
Korghos, 725, 2.
Kosak keui, 139, 2.

Kosaques, 240, 2.
Koula, 275, 1.
Koum kalé, 175, 2.
Kourchounlou tépé, 193, **2.**
Kourd kala, 730, 1.
Kourou tchaï, 561, 1.
Kourou tchaï, 591, 2.
Kouzé dagh, 638, 1.
Kulek boghaz, 31, 1.
Kulek boghaz, 451, **2.**
Kulek boghaz, 726, 2.
Kumydoura, 358, **2.**
Kutayah, 392, 2.
Kutayah, 394, 1.
Kutchuk sou, 713, **2.**

L

Laara, 709, 2.
Labranda, 648, 2.
Lac de Bafi, 355, 2.
Lac des Quarante-Martyrs, 435, **2.**
Ladé, île, 333, 2.
Ladik Yorgan, 449, 1.
Lagina, 649, 1.
Lagon, 467, 1.
Lagon, 707, 1.
Lampsaque, 174, 2.
Lampter, 372, 1.
Laodicée sur le Lycus, 436, 2.
Laodicæa Combusta, 449, 1.
Larissa, 226, 2.
Larissa, 247, 1.
Latmus, mont, 35, 1.
Latmus, mont, 355, 1.
Latros, mont, 355, 1.
Lebedus, 358, 1.
Lebedus, 360, 2.
Lefke, 375, 2.
Lélégéis, 332, 1.
Léléges, 182, 2.
Lélèges, 198, 1,
Léléges, 291, 1.
Lélèges, 312, 2.
Lélèges, leurs villes, 328, 1.
Lethæus, fleuve, 348, 1.
Leucæ, 90, 2.
Leucæ, 375, 1.
Leucophrys, 350, 1,
Leucosyri, 592, 1.
Leucosyriens, 379, 1.
Leuco Syriens, 501, 1.
Levissi, 670, 1.
Libyssa, 71, 1.
Limyra, 695, 2.
Lions de marbre, 394, 2.
Loupadium, 142, 1.
Ludi, 236, 2.
Lyaconie, juridiction, 10, **2.**

DES MATIÈRES.   751

Lycaonie, 651, 1.
Lycie, 664, 1.
Lyciens, 182, 2.
Lyciens, 502, 2.
Lycus, fleuve, 438, 2.
Lydie, 232, 1.
Lydie, ses frontières, 235, 2.
Lydie musulmane, 245, 1.
Lydiens, 237, 1.
Lyrnessus, 206, 1.
Lysimachie, 454, 1.
Lysis, fleuve, 467, 1.
Lystra, 524, 2.

M

Macédoniens caduéni, 407, 2.
Macestus, fleuve, 140, 2.
Macri (Golfe de), 22, 2.
Macri, 669, 2.
Macrine (Sainte), 516, 1.
Mæon, 233, 2.
Mœonia, 277, 1.
Mœonie, 232, 1.
Mœonie, 233, 2.
Magaba, mont, 469, 1.
Maghara sou, 584, 2.
Magidus, 709, 2.
Magnètes, 263, 1.
Magnésie du Méandre, 297, 1.
Magnésie du Méandre, 346, 1.
Magnésie du Méandre; temple de Diane, 351, 1.
Magnésie du Sipyle, 263, 1.
Mahaladji, 358, 2.
Maigné, 277, 1.
Malatia, 520, 2.
Malatia, 587, 1.
Mallus, 356, 2.
Mallus, 730, 1.
Maltépé, 71, 1.
Manavghat, fleuve, 723, 1.
Mandropolis, 467, 1.
Manlius (Marche de), 465, 1.
Manyas, 157, 2.
Manyas, lac, 157, 1.
Marabouts, 282, 2.
Marasch, 586, 1.
Margium, 449, 2.
Marmara, île, 159, 1.
Marmara (Carrières de), 161, 2.
Marmarice, 654, 2.
Marmora, 266, 2.
Maryandiniens, 49, 1.
Mastaura, 288, 1.
Marseille, 372, 2.
Marsyas, 387, 1.
Marsyas, fleuve, 446, 1.
Martchiane, 551, 2.

Martchianne, 556, 1.
Martyrium, 536, 2.
Massissa, 424, 2.
Mausole (Tombeau de), 159, 2.
Mausole (Tombeau de), 630, 2.
Mazaca, 509, 2.
Mazaca (César à), 512, 1.
Mazaca, 539, 1.
Méandre, ses détours, 18, 1.
Méandre, fleuve, 336, 1.
Méandre (Sources du), 387, 1.
Méandre (Sources du), 446, 2.
Méandre, 465, 2.
Mèdes, 241, 1.
Mèdes, 502, 1.
Médice, abbaye au mont Olympe, 133, 2.
Mégabyze, 299, 1.
Mégarse, 730, 2.
Mélas, fleuve, 547, 2.
Melehubi, 516, 1.
Melehubi, 559, 2.
Melehubi (Puits de), 561, 2.
Mélite, 358, 2.
Mélitène, 501, 2.
Mélitène, 518, 1.
Mélitène, 586, 2.
Memnon (Oiseaux de), 173, 2.
Memnon (Tombeau de), 173, 2.
Mendalia, 648, 2.
Mensil hané, 77, 2.
Mersine, 727, 2.
Mesotmolus, 246, 2.
Messogis, mont, 35, 2.
Métropolis, 359, 1.
Métropolis, 468, 1.
Mezarlik, 727, 1.
Mezetlu, 726, 1.
Midas, roi, 379, 1.
Midas (Mythe de), 380, 2.
Midas Ier, 415, 1.
Midas (Tombeau de), 416, 2.
Midas (Fontaine de), 448, 2.
Midœum, 383, 1.
Midœum, 412, 2.
Migrations phrygiennes, 377, 1.
Milet, 331, 2.
Milet assiégée par Alexandre, 335, 1.
Miletopolis, 156, 1.
Mille et une Eglises, 517, 1.
Mimas, mont, 38, 2.
Mimi sou, 559, S.
Minara, 673, 2.
Missis, 730, 2.
Misthi, 568, 1.
Mocissus, 576, 2.
Mohimoul, 393, 1.
Momouasson, 559, 1.
Montagnes de Pamphilie et de Cilicie, 30, 2.
Mopsucrène, 727, 1.
Mopsuestia, 451, 2.

Mopsuestia, **730**, 2.
Mosco nisi, 207, 1.
Mosquée turque, 125, 2.
Mosteni, 266, 1.
Moudania, 113, 2.
Mourad dagh, mont, 45, 2.
Mourad dagh, 388, 1.
Mourad dagh, 398, 1.
Mourad dagh, 423, 1.
Mout, 725, 2.
Muhalitch, 156, 1.
Muhalitch, 162, 2.
Muhalitch, 410, 1.
Muhalitch, 492, 2.
Mudurlu, 148, 1.
Mycale, mont, 36, 1.
Mycale, 292, 2.
Mycale (Bataille de), 296, 1.
Mycale (Châteaux du), 329, 1.
Mygdon, 378, 2.
Mygdon (Tombeau de), 413, 1.
Mygdonie, 385, 2.
Mygdonie, 432, 2.
Mylasa, 648, 1.
Myndus, 638, 1.
Myonnèse, cap, 358, 1.
Myonnesus, 360, 2.
Myra, 691, 1.
Myriandrus, 730, 1.
Myrina, 224, 2.
Mysie abbaïtis, 407, 2.
Mysie abrettène, 143, 1.
Mysie, 152, 1.
Mysie (Limites de la), 152, 2.
Mysie (Topographie de la), 153, 1.
Mysiens, 50, 1.
Mysiens, 152, 1.
Myus, 364, 1.

N

Nacoléia, 386, 2.
Nacoleia, 411, 2.
Nacrasa, 268, 1.
Nadjar, 586, 2.
Nally khan, 468, 2.
Nar, 558, 2.
Naziance, 665, 1.
Néandria, 193, 1.
Néapolis, 324, 1.
Nefes keui, 497, 2.
Nefes keui, 532, 1.
Nemcheher, 558, 1.
Néocésarée, 617, 2.
Néontychos, 226, 2.
Nicée, 91, 2.
Nicomède Ier, 52, 1.
Nicomède II;
Nicomède III, 55, 1.

Nicomédie (Juridiction de), 10, 2.
Nicomédie, 60, 1.
Nicomédie, tremblement de terre, 65, 2.
Nicomédie (Commerce de), 67, 2.
Nicomédie (Géologie de), 68, 2.
Nicomédie (Periple du golfe de), 69, 1.
Nicopolis, 578, 1.
Nif dagh, 260, 1.
Nigdé, 569, 1.
Niksar, 617, 2.
Nil (La barre du), 19, 1.
Niloufer, fleuve, 114, 2.
Nisæi, chevaux, 577, 2.
Nomades, 152, 2.
Notium, 357, 2.
Nozli, 286, 2.
Nymphæum, 260, 1.
Nymphio, 260, 1.
Nysa, 287, 1.
Nyssa, 502, 2.
Nyssa, 558, 2.

O

Obrimas, fleuve, 447, 1.
Obrimas, 468, 1.
Odrysses, fleuve, 114, 2.
OEnium, forêt, 686, 2.
OEnoanda, 701, 1.
Olba, 725, 2.
Olbia, 61, 1.
Olbia, 705, 1.
Olgassus, mont, 538, 1.
Olou bounard derbend, 448, 2.
Olympe de Mysie, 130, 2.
Olympus, 667, 1.
Opium, 430, 1.
Oppida galates, 493, 2.
Orandjik, 393, 1.
Orcistus, 471, 1.
Orgas, fleuve, 447, 1.
Oroanda, 468, 2.
Ortygie, 325, 1.
Osiana, 552, 2.
Osman keui, 423, 2.
Oufa Bafi, 355, 2.
Oulou agatch, 568, 2.
Oulou bounar tchaï, 698, 2
Oulou bourlou, 449, 2.
Oulou kouchla, 726, 2.
Ourlac, 370, 2.
Ouschak, 389, 1.
Ouschak, 425, 2.
Ouschak (Rivière d'), 423, **2.**
Ouschak (Tapis d'), 425, 2.
Ouzoumlou, 676, 1.

DES MATIÈRES.

P

Pacha liman, 159, 2.
Pactole, 246, 1.
Pactole, 250, 2.
Pactyas, mont, 349, 2.
Pagus, mont, 358, 2.
Pæmanituus, 157, 2.
Pæsus, 174, 2.
Pæsus, 176, 1.
Palatcha, 335, 2.
Palæscepsis, 194, 1.
Palatia, 161, 2.
Pambouk kalé si, 439, 1.
Pampalus, 504, 1.
Pampalus (Villa de), 568, 2.
Pamphylie, 701, 1.
Pandichium, 71, 2.
Panionium, 327, 1.
Panormo, 163, 2.
Paphlagonie, 621, 1.
Paradis, 503, 2.
Parasange, 450, 1.
Parium, 174, 2.
Parnassus, 576, 2.
Pasmaktchi, 573, 1.
Patare, 678, 1.
Patriarcat, 149, 2.
Pauliciens, 579, 1.
Pedasus, 198, 2.
Pedasus, 647, 2.
Pednelissus, 704, 1.
Pednelissus, 713, 2.
Pélasges, 179, 1.
Pélasges, 291, 1.
Pelekanon, 72, 1.
Peltæ, 450, 2.
Pelteni, 653, 2.
Pelvereh, 586, 2.
Peræa, 654, 2.
Percote, 176, 2.
Perga, 524, 1.
Perga, 710, 1.
Pergame, juridiction, 10, 2.
Pergame, 208, 1.
Pergame (Royaume de), 208, 2.
Pergame (Ville de), 213, 2.
Pergame (Basilique de), 216, 1.
Pergame (Amphithéâtre de), 217, 2.
Pergame cratère de marbre, 219, 2.
Péristérides (Îles), 370, 2.
Perré, 586, 2.
Pessinunte, 468, 2.
Pessinunte (Pierre de), 475, 1.
Peste, 5, 2.
Phanaræa, 593, 2.
Phanaræa, plaine, 617, 2.
Pharnacie, 619, 1.
Phasélis, 698, 2.

Phatisane, 619, 2.
Phœnix, mont, 33, 2.
Phœnix, fort, 855, 1.
Phellus, 684, 1.
Phéniciens, 180, 2.
Philadelphie, 269, 1.
Phineka, 695, 1.
Phiniminis, 520, 2.
Phocée, 292, 2.
Phocée, 371, 1.
Phocée la Neuve, 374, 2.
Phokia, 371, 1.
Phokia, 375, 1.
Philomélium, 435, 1.
Philomélium, 449, 1.
Phrygie, 377, 1.
Phrygie Épictète, 387, 1.
Phrygie hellespontique, 387, 1.
Phrygie pacatiana, 387, 1.
Phrygie parorée, 387, 2.
Phrygie salutaire, 387, 1.
Phrygie (Grande), 413, 2.
Phrygiens, 183, 2.
Phyrat, mont, 31, 2.
Pinara, 673, 2.
Pindénissus, 704, 1.
Pinia, 591, 1.
Pismich kalé si, 412, 1.
Pismich kalé si, 420, 1.
Pithopolis, 111, 2.
Pityæssa, 174, 2.
Pityussa, 332, 1.
Plarasa, 642, 2.
Platée, île, 83, 1.
Podandus, 726, 2.
Polémon, 619, 2.
Polium, 190, 2.
Polybotum, 448, 2.
Pompéiopolis, 726, 1.
Pont sur le Sangarius, 88, 1.
Pont (Royaume de), 592, 1.
Pont cappadocien ; galatique, 594, 1.
Pontico nisi, 361, 1.
Portes de Cilicie, 726, 2.
Portes syriennes, 730, 1.
Portus Achivorum, 224, 2.
Posidium, cap, 58, 2.
Postes (Service des), 4, 1.
Poursak, fleuve, 392, 2.
Poursac, fleuve, 409, 2.
Priam (Royaume de), 185, 1.
Priapus, 173, 2.
Priène, 342, 1.
Prinkipo, île, 82, 2.
Prion, mont, 36, 2.
Prion, mont, 314, 2.
Prion (Carrières du), 316, 2.
Prymnesia, 424, 2.
Prison de saint Paul, 314, 1.
Procerastis, 72, 1.

Proconnèse (Ile de), 153, 2.
Proconnèse (Ville de), 160, 1.
Pronectus, 182, 1.
Proté, île, 81, 2.
Prusa ad Hypium, 85, 1.
Prusa ad Olympum, 115, 1.
Prusias 1er, 53, 2.
Prusias II, 54, 1.
Ptérie, région, 244, 1.
Ptérie, 592, 2.
Ptérium, 244, 1.
Ptérium, 607, 1.
Pygèle, 324, 1.
Pyramide de Cassius, 109, 1.
Pyramus, fleuve, 24, 2.
Pyramus, 582, 2.
Pyrées, 255, 2.
Pyrées, 500, 2.
Pyrées, 511, 1.
Pyrrha, cap, 205, 2.
Pyrrha, 354, 1.
Pythia bains, 116, 2.

R

Races (Divisions des), 7, 1.
Rhebas, fleuve, 84, 2.
Rhegma, 727, 2.
Rhitri, 367, 2.
Rhodiapolis, 696, 2.
Roha, 437, 1.
Rhosus, mont, 32, 2.
Rhyndacus, fleuve, 138, 1.
Rhyndacus, fleuve, 388, 1.

S

Sabandja, 86, 2.
Saccacæna, 502, 2.
Sacæna, 502, 1.
Saces, 382, 2.
Saces, 502, 2.
Sagalassus, 467, 2.
Sagalassus, 715, 2.
Sagaris, 391, 1.
Sahat, heure de marche, 2, 2.
Saïttæ, 278, 1.
Sakkaria, 476, 1.
Sakkaria, fleuve, 492, 2.
Salé, lac, 228, 2.
Saloë, lac, 228, 2.
Saloë, étang, 231, 1.
Salone, 149, 1.
Salzik, marais, 548, 2.
Samour Bey (yaëla de).
Samsoun kalé si, 343, 2.
Samsoun, 620, 1.
Sandal, 274, 2.

Sandjak, 15, 1.
Sandoukli tchaï, 468, 1.
Sangarius, fleuve, 390, 1.
Sangia, bourg, 391, 1.
Santabaris, 413, 1.
Santabaris, 424, 2.
Sapra, lac, 205, 2.
Sarcophage, pierre, 199, 2.
Sardemisus, 717, 2.
Sardes, 236, 2.
Sardes, sa chute, 245, 1.
Sardes, 252, 1.
Sardique (Juridiction), 10, 2.
Sarimsac, 547, 2.
Sari sou, 712, 2.
Sarmoussac, fleuve, 534, 2.
Sart, 257, 1.
Sasimes, 515, 1.
Sasimes, 559, 2.
Satrapies, 293, 2.
Scala nova, 324, 2.
Scamandre (Source du), 193, 2.
Scamandre, 189, 1.
Scamandria, 197, 2.
Schott, 560, 1.
Scopas, fleuve, 384, 2.
Scutari, 76, 1.
Scyppium, 358, 1.
Sinda, 466, 2.
Singherli, ville, 158, 1.
Sinope (Golfe de), 19, 2.
Sinope, 622, 1.
Sipylus, mont, 39, 2.
Sipylus, 227, 2.
Sipylus (Topographie de), 229, 2.
Sipylus, mont, 264, 2.
Sis, 583, 1.
Sitchanli, 424, 1.
Sivas, 518, 2.
Sivas, 590, 2.
Sivridji liman, 199, 1.
Smyrne, 2, 2.
Smyrne, juridiction, 10, 2.
Smyrne (Golfe de), 21, 1.
Smyrne, 293, 1.
Smyrne, 303, 1.
Smyrne (Monuments de), 304, 2.
Smyrne (Golfe de), 369, 2.
Soandus, 507, 2.
Soandus, 562, 2.
Soanli (Vallée de), 562, 1.
Soatra, 561, 2.
Soli, 726, 1.
Solmissus, mont, 326, 1.
Soloïs, fleuve, 111, 2.
Solon (Tombeau de), 422, 1.
Songourlou, 497, 1.
Sophon, lac, 87, 1.
Soteropolis, 117, 1.
Souma, 268, 2.

Sou Sougherlé, 140, 2.
Sou Sougherlé, ville, 157, 1.
Sourt gheul, 467, 1.
Sou ver mess, 562, 1.
Steunos (Antre de), 388, 1; 444, 2.
Steunos, 397, 2.
Stratonicée, 649, 1.
Sughud, 144, 1.
Sultan Hissar, 287, 2.
Sunon, lac, 87, 2.
Sura, 690, 2.
Surp Garabed (Couvent de), 534, 2.
Surutgi, 4, 1.
Syagéla, 648, 1.
Syllæum, 466, 2.
Syllæum, 712, 2.
Synecdème, 150, 2.
Scyppium, 370, 1.
Scythes, 152, 1.
Scythes soumis par Sésostris, 378, 2.
Scythes, 502, 1.
Scythes, 593, 1.
Sebasta, 576, 2.
Sebaste, 578, 2.
Sebaste, 436, 1.
Sebaste, 511, 2.
Sebka, 560, 1.
Sedjikler, 436, 1.
Seïd el Ghazi, 388, 2.
Seïd el Ghazi, 424, 2.
Seïd el Ghazi (Tombeau de), 425, 1.
Seïd el Ar, 416, 1.
Seïd el Ar, 434, 1.
Sélefké.
Seleucia Sidera, 717, 1.
Séleucie, 724, 2.
Selgé, 720, 1.
Sélinus, fleuve, 215, 1.
Sélinus (Tunnel du), 215, 2.
Sélinus, 724, 1.
Sélinusiens (Étangs), 313, 2.
Sémentra, 568, 2.
Sémiramis, 501, 2.
Sémiramis (Chaussée de), 570, 2.
Serghé, 720, 1.
Sertchinn, 355, 2.
Sésostris en Asie, 378, 2.
Sésostris, 260, 2.
Sésostris (Expédition de), 501, 1.
Senkié, 348, 1.
Sévédo, port, 681, 2.
Sévri hissar, 363, 2.
Sévri hissar, 411, 1.
Sévri hissar, 476, 1.
Sidas kalé si, 278, 2.
Sidé, 721, 1.
Sidyma, 675, 2.
Sigadjik, 363, 2.
Sigée, 188, 1.
Siguia, mont, 117, 1.

Sihoun Sarus, 584, 1.
Siki, 114, 1.
Silandus, 276, 2.
Simaul, 408, 1.
Simoïs (Embouchure du), 188, 2.
Simoïs, fleuve, 197, 2.
Sinason, 559, 2.
Synnada, 430, 2.
Synnada, 468, 1.
Synnaüs, 407, 2.
Synnadique (Juridiction), 10, 2.
Syriens, 500, 1.
Syrus, 503, 1.

T

Tabala, 277, 2.
Tabæ, 466, 1.
Tantale (Port de), 228, 1.
Taouchandil, (Bains de), 70, 1.
Taouchanli, 393, 1.
Tapoë, 246, 1.
Tarrodia, port, 164, 2.
Tarse, 451, 2.
Tarse, 727, 1.
Tarse (De) à Trébizonde, 580, 2.
Tarsius, fleuve, 157, 1.
Tartessus, 371, 2.
Tasch odjaha, 410 2.
Tatta, lac, 260, 1.
Tatta, lac, 389, 2.
Tatta palus, 464, 2.
Taurus, mont, 25, 1.
Taurus de Pamphylie et de Cilicie, 29, 2.
Taurus (Chaîne du), 32, 1.
Tavium, 456, 2.
Tavium, 497, 2.
Taxiarque, 527, 2.
Tchaïder hissar, 397, 1.
Tchakeu, 424, 2.
Tchanak kalé, 192, 2.
Tchanderli, golfe, 207, 1.
Tchangli, 328, 2.
Tchardak gheul, 448, 1.
Tcharchembeh, 620, 1.
Tchar sou, fleuve, 494, 1.
Tchechmé, 367, 2.
Tchékirgué, ville, 116, 2.
Tchiblac, village, 193, 1.
Tchinchin kalé, 585, 2.
Tchok gheuze (Pont de), 533, 2.
Tchorek keui, 428, 1.
Tchourouk sou, 438, 2.
Tchonkourba, 185, 1.
Tchoukourba, 685, 1.
Tchoukourdji, 392, 1.
Tchukur agha, 413 2.
Téfénè, 444, 2.
Téké, 550, 2.

Tékir dagh, 393, 1.
Télégraphie, 78, 1.
Telmissus, 667, 1.
Temnos, 227, 1.
Tenghir, 566, 2.
Téos, 295, 1.
Téos, 361, 1.
Téos (Port de), 363, 1 ; 365, 2.
Tephrice, 579, 2.
Termessus, 467, 1.
Térias, fleuve, 473, 1.
Termessus, 737, 2.
Teskéré, 3, 1.
Teussa, 686, 2.
Teuthranie, 207, 2.
Thabusion, 466, 1.
Thébé, 206, 1.
Théchès, mont, 594, 2.
Thèmes d'Asie, 11, 2.
Thème anatolique, 11, 2.
— arméniaque.
— des Thraciens, 12, 1.
— obséquium, 12, 2.
— optimatum.
— des Bucellaires, 13, .
— de Paphlagonie.
— Chaldia.
— de Sébaste, 13, 2.
— de Lycandus, 14, 1.
— de Séleucie.
— de Cibyrra, 14, 2.
Thémiscyre, 620, 1.
Thémisonium, 444, 2.
Thermæ, 576, 1.
Thermodon, 620, 1.
Thieum, 624, 1.
Thorax, mont, 349, 2.
Thraces, 152, 1.
Thyatire, 2662.
Thymbrium, 451, 1.
Thymbrius, 391, 1.
Thyniens, 50, 1.
Thyniens, 59, 1.
Thyrréniens, 234, 1.
Tibre, fleuve, 474, 2.
Tichakir Ali (Château de), 326, 2.
Tireboli, 618, 2.
Tlos, 672, 2.
Tmolus, mont, 37, 1.
Tmolus, mont, 250, 1.
Tmolus, 235, 1.
Tocat, 600, 2.
Tokma sou, 535, 1.
Tokma sou, 589, 2.
Tolistoboïens, 454, 2.
Tombeau d'Alyatte, 257, 1.
Tombeaux des rois de Phrygie, 415, 2.
Tombeaux des sultans, 129, 1.
Tombeau de Tantale, 230, 2.
Tottœum, 89, 1.

Toumandji, mont, 44, 1.
Toumandji dagh, 392, 1.
Toumandji sou, 393, 1.
Tourbali, 859, 1.
Tour de Léandre, 80, 1.
Touzesar, 558, 1.
Touz gheul, 560, 1.
Touzla kazleu, 223, 1.
Touzla tchaï, 197, 2.
Trachéotis, 723, 2.
Trachia, porte, 170, 2.
Tralles, 279, 1.
Tralles détruite, 330, 2.
Tragasées, salines, 197, 2.
Trajanopolis, 428, 1.
Trapézus, 594, 2.
Tratsa, 358, 2.
Trébizonde, sa position, 19, 2.
Trébizonde, 594, 1.
Trébizonde (Royaume de), 595, 2.
Tremblement de terre, 375, 2.
Trianta, 309, 2.
Tricomia, 470, 1.
Tripolis, 285, 2.
Tripolis, 618, 2.
Triquetrum, 714, 1.
Tristomo, 689, 2.
Troade, 178, 1.
Troade (Topographie de la), 187, 1.
Troade, topographie ancienne, 192, 1.
Troas, 194, 2.
Trocmiens, 451, 2.
Trogilia, cap, 345, 1.
Trogilium, 356, 1.
Trogitis, lac, 659, 2.
Troie (Plaine de), 189, 1.
Troie (Ruines de), 189, 2.
Troie (Itinéraire de la plaine de), 192, 2.
Troyens Phrygiens, 378, 2.
Tumulus, 259, 1.
Turkal, 602, 1.
Turkali, 494, 2.
Tyane, 451, 1.
Tyane, 570, 2.
Tyanitis, préfecture, 567, 1.
Tychiusa, île, 355, 2.
Tyriah, 359, 2.
Tyriæum, 449, 1.

U

Udjek keui, 190, 1.
Unieh, 619, 2.
Urgub (Caves d'), 430, 2.
Urgub, 549, 2.
Urgub (Ville de), 553, 1.
Uskubi, 86, 1.
Uskudar, 76, 1.

V

Vagnitis, 136, 1.
Val Sainte-Anne, 309, 1.
Varénus, fleuve, 155, 1.
Vedette des Perses, 246, 2.
Veredarii, 76, 1.
Venasi, 511, 1.
Viran cheher, 565, 1.
Vourla, 369, 2.

X

Xanthus, (Sources du), 223, 2.
Xanthus, (Sources du), 670, 1.
Xanthus, ville, 670, 2.
Xilino Comé, 467, 2.

Y

Yalobatch, 717, 1.
Yalovatch (Bains d'), 69, 1.
Yanar tasch, 697, 2.
Yapal keui, 436, 1.
Yapoul dagh (Tombeaux d'), 421, 1.

Yarvon, 687, 1.
Yasili kaïa, 416, 2.
Yasili kaïa, 611, 1.
Yéni cheher, 144, 1.
Yéni cheher, 465, 2.
Yénidjé, 286, 1.
Yerma, 470, 5.
Yourouks, 182, 1.
Youzgatt, 463, 2.
Youzgatt, 532, 2.

Z

Zalécus, 621, 2.
Zagora, 621, 2.
Zareta, fontaine à Chalcédoine, 75, 2.
Zeibek, 281, 2.
Zéla, 602, 2.
Zeffreh houroun, 619, 1.
Zenghibar, 660, 1.
Zéphyrium, 619, 1.
Ziélas roi, 53, 1.
Zillé, 359, 2.
Zileh, 602, 2.
Zipœtès, 51, 1.
Zipœtium, 51, 2.

ASIE MINEURE

ASIE MINEURE

Bas reliefs subsistants dans le roc à Pterium.

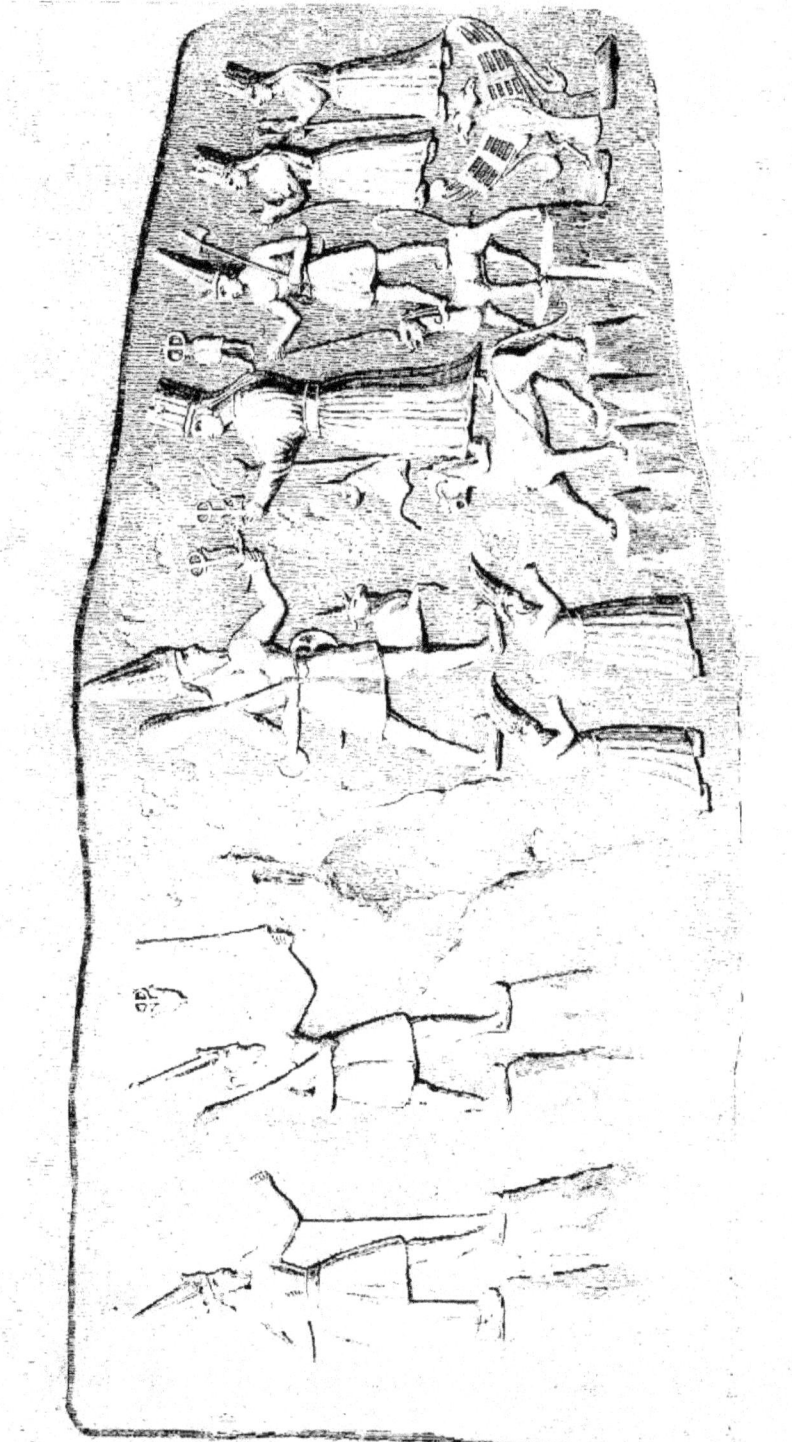

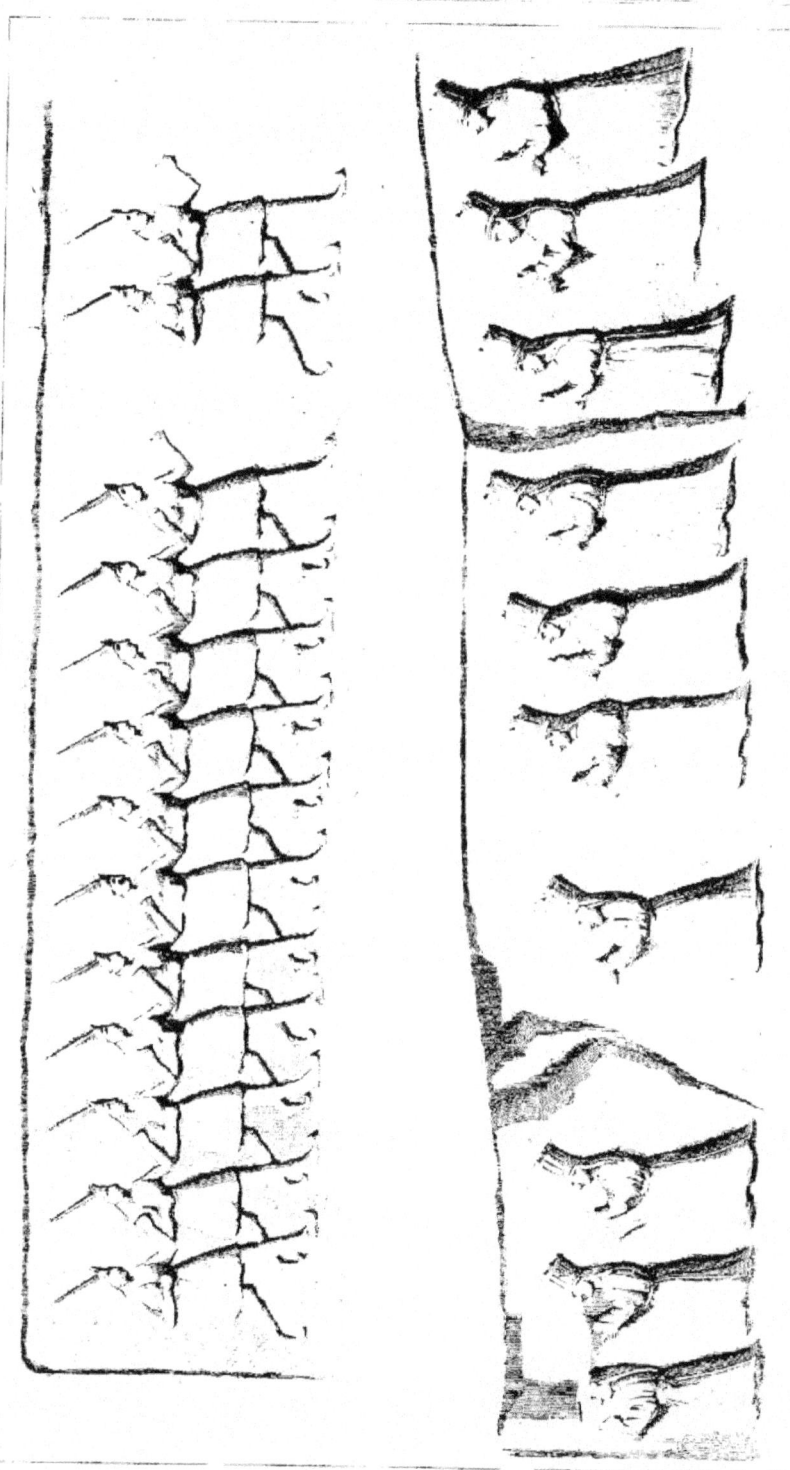

ASIE MINEURE

Bas reliefs trouvés dans le vase à Pœnium

ASIE MINEURE

ASIE MINEURE

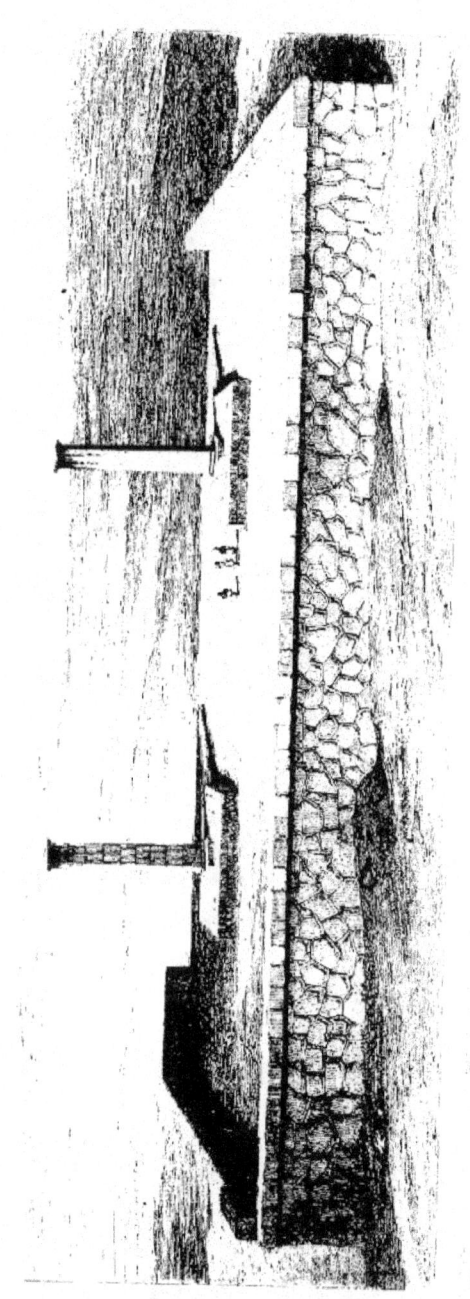

ASIE MINEURE

ASIE MINEURE.

ASIE MINEURE

Monuments de la Vallée de Xanthos

ASIE MINEURE

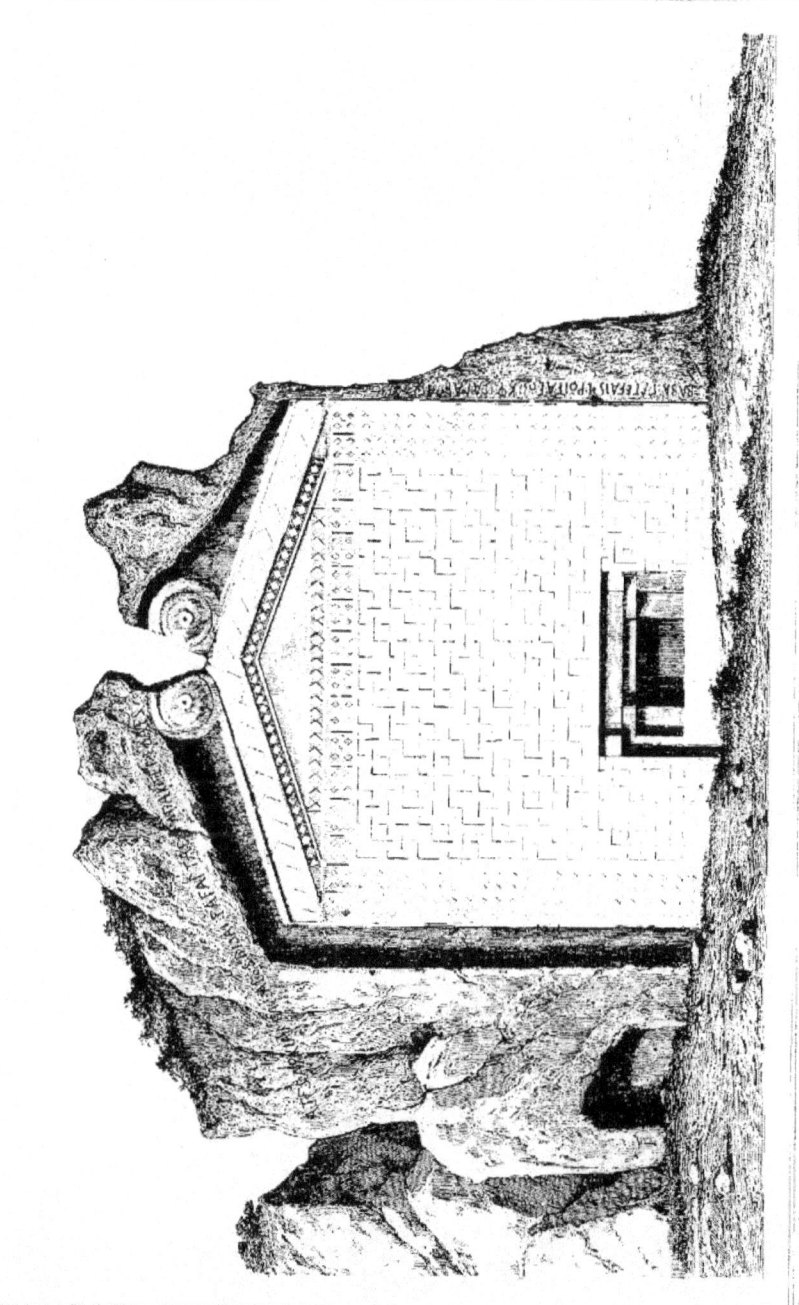

Tombeau des Midas à Ioxilou

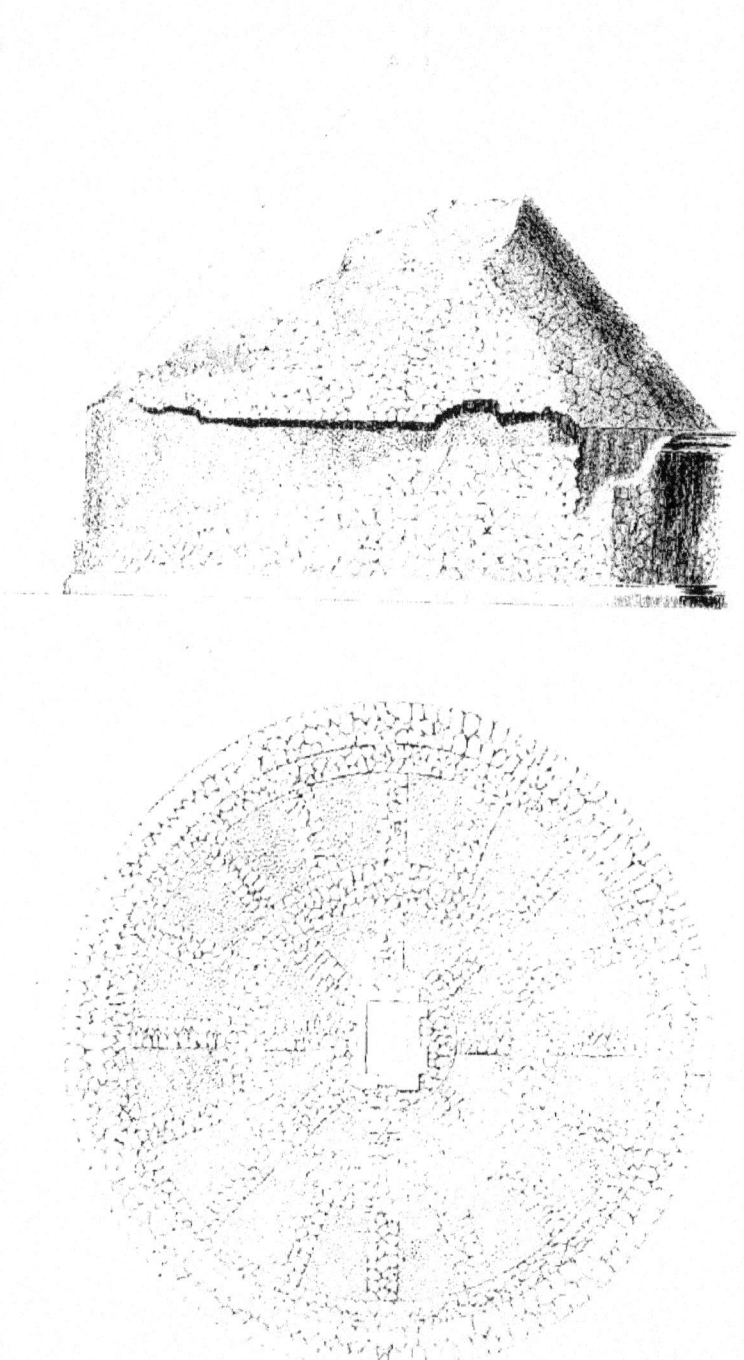

ASIE MINEURE

Acropole de Assassus.

ASIE MINEURE

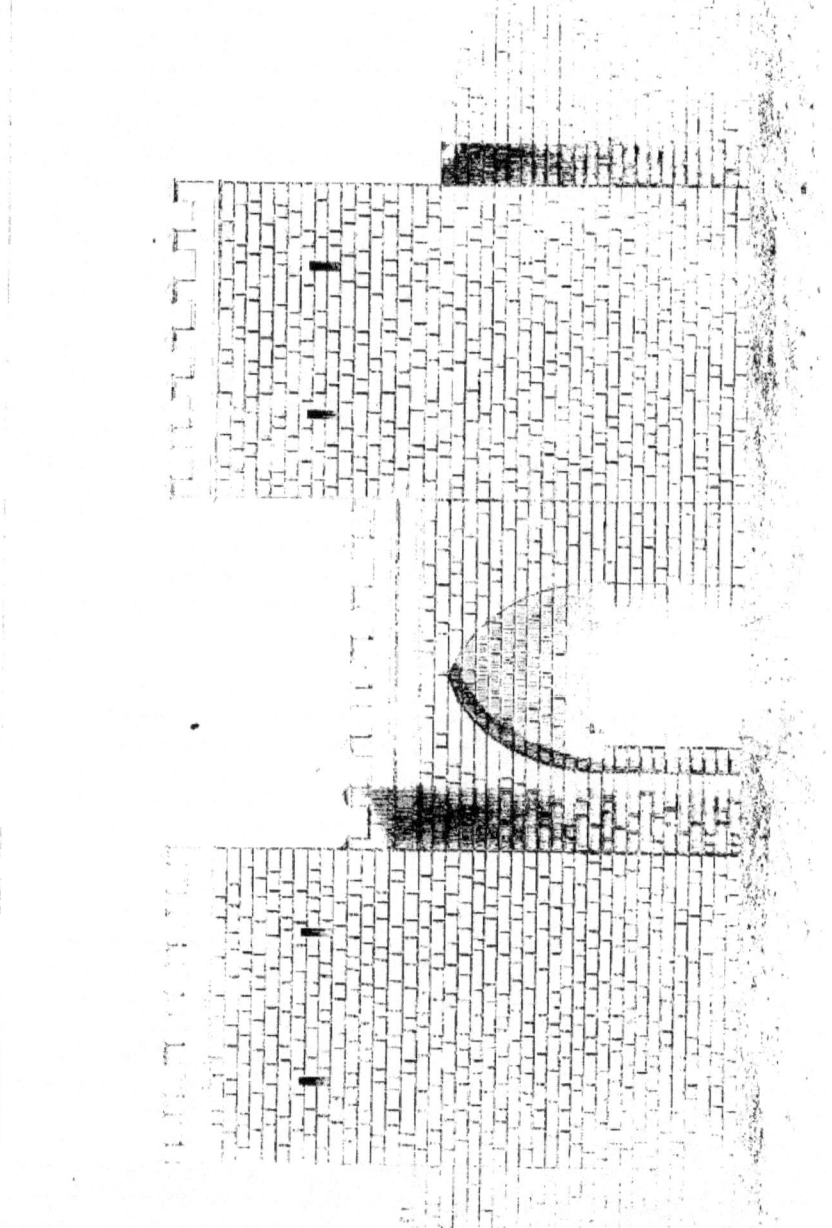

ASIE MINEURE.

Temple d'Apollon Didyme
aux environs

ASIE MINEURE

Temple de Vénus à Aphrodisias

Temple de Jupiter à Salicuela.

Colonne basaltique dans le vase à voir à Spezzia.

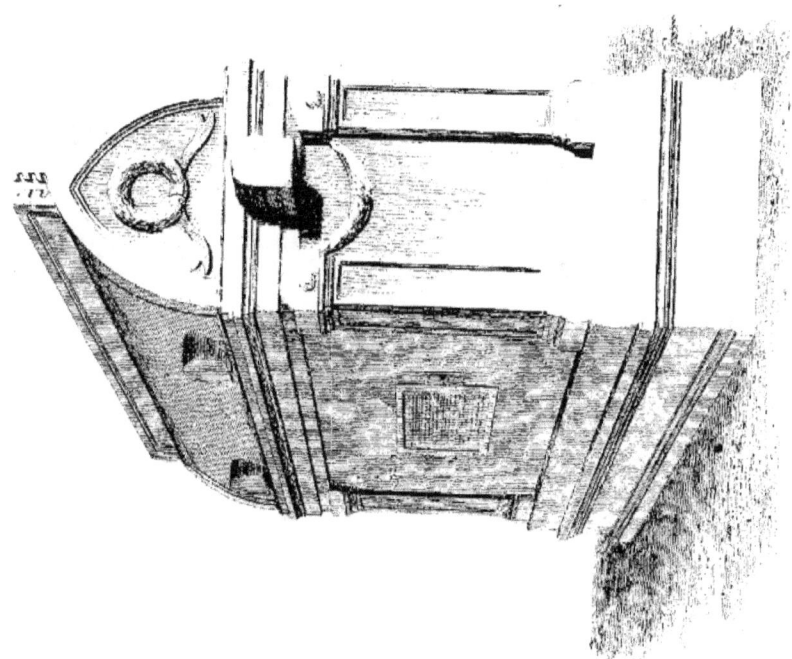

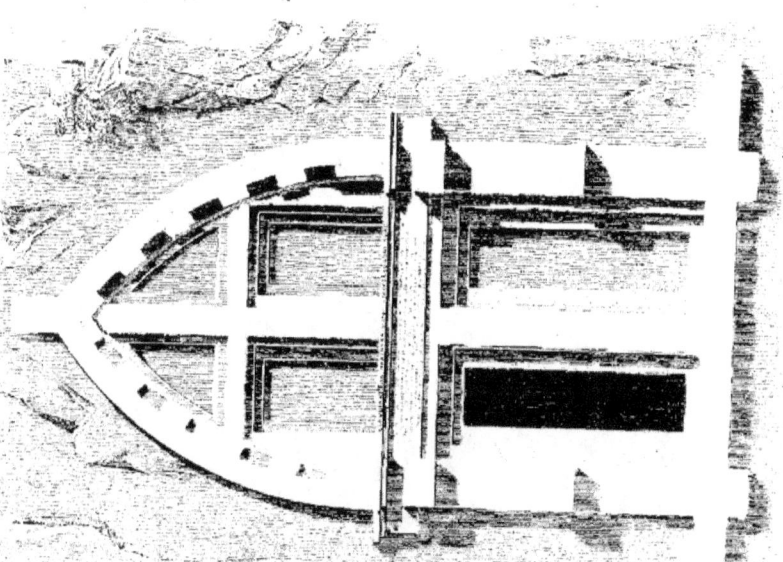

Tombeau près Myluisa.

ASIE-MINEURE.

Temple d'Auguste à Ancyre

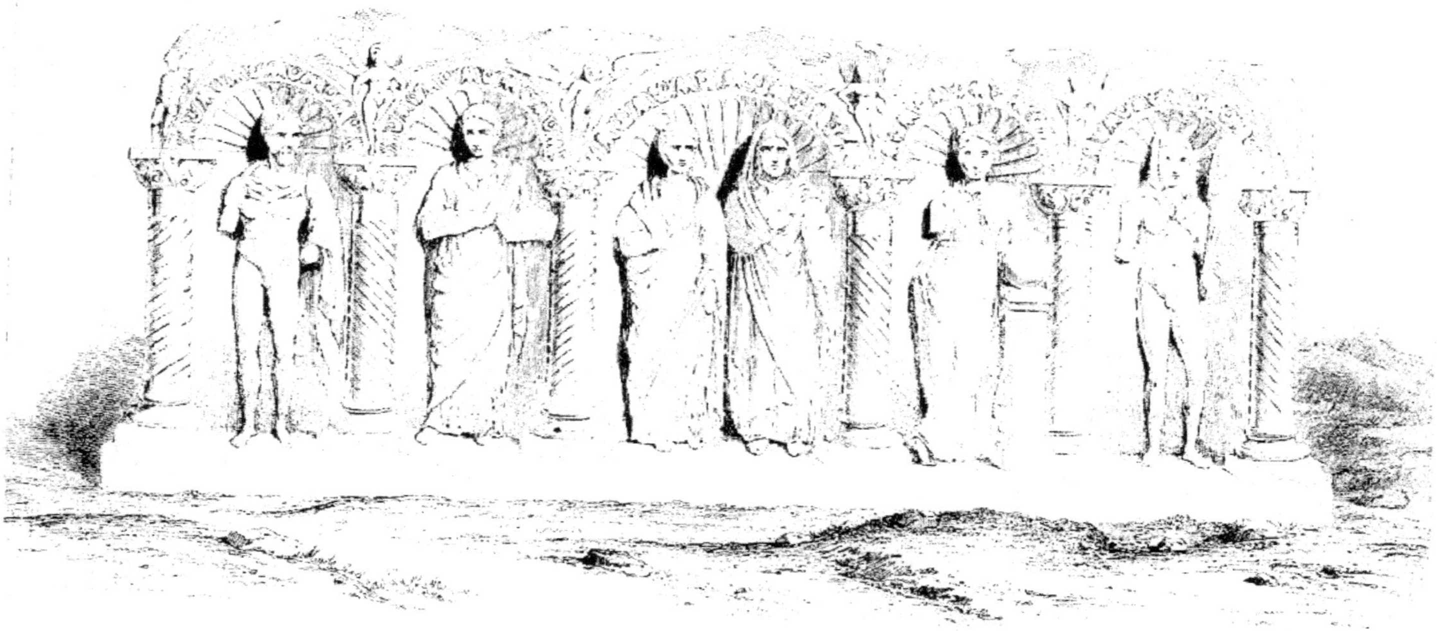

Sarcophage de Marbre des Ruines d'Aphrodisias.

Ruines d'une Boutique à Pompei

Église de Contigouls

Château de Boucheau

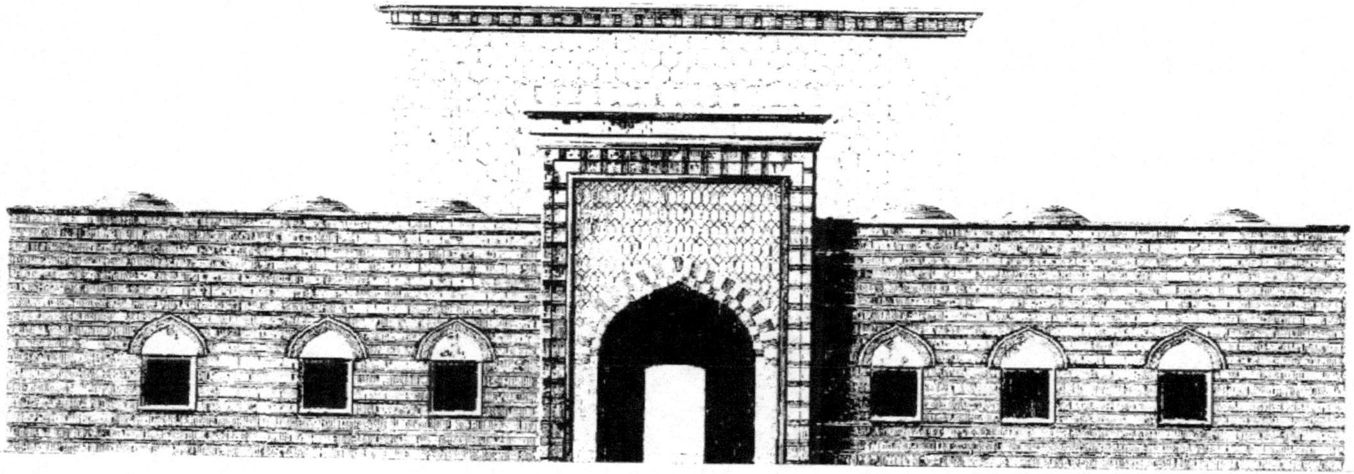

Medrecé à Brousse École du Sultan Mourad Ier

Campements des Arabes Poste de Hour Chebir

BITHYNIE.

Grande rue de Nicomédie.

Restes du temple de Jupiter à Labdha

ASIE MINEURE. Phrygie

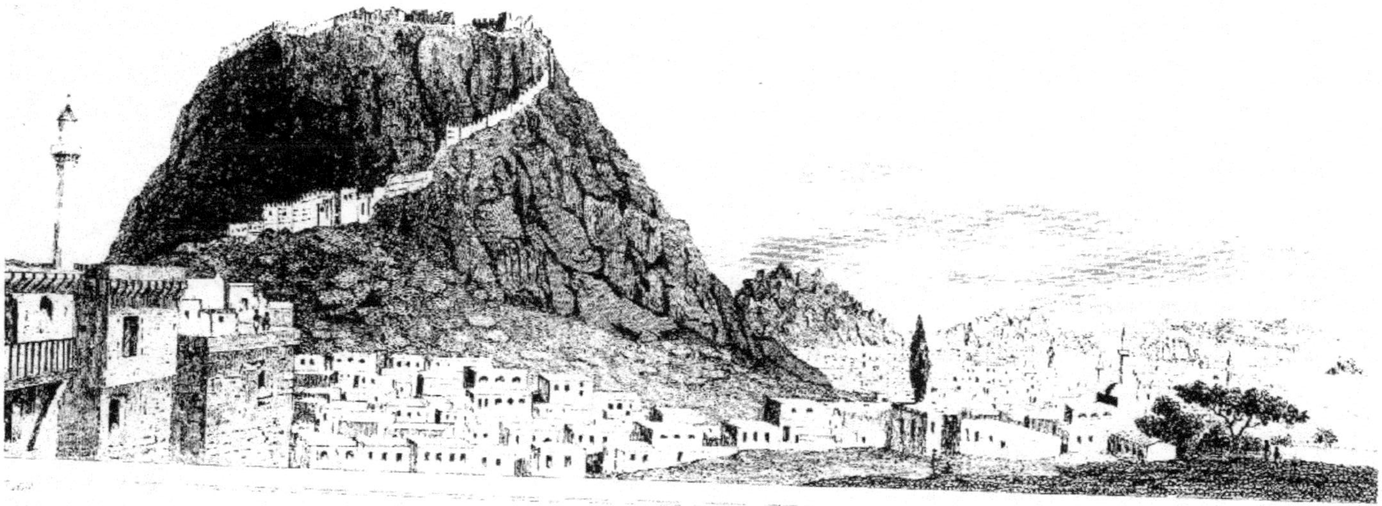

Afioum-Kara-Hissar

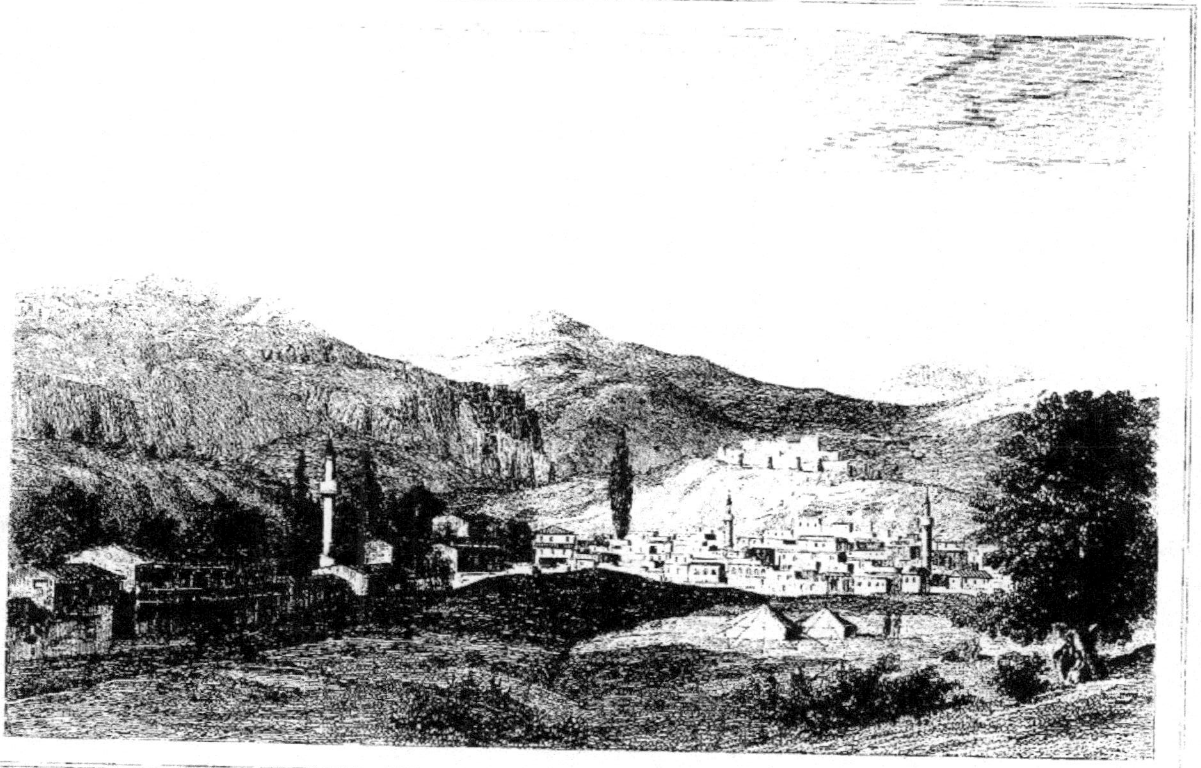

Kutayah

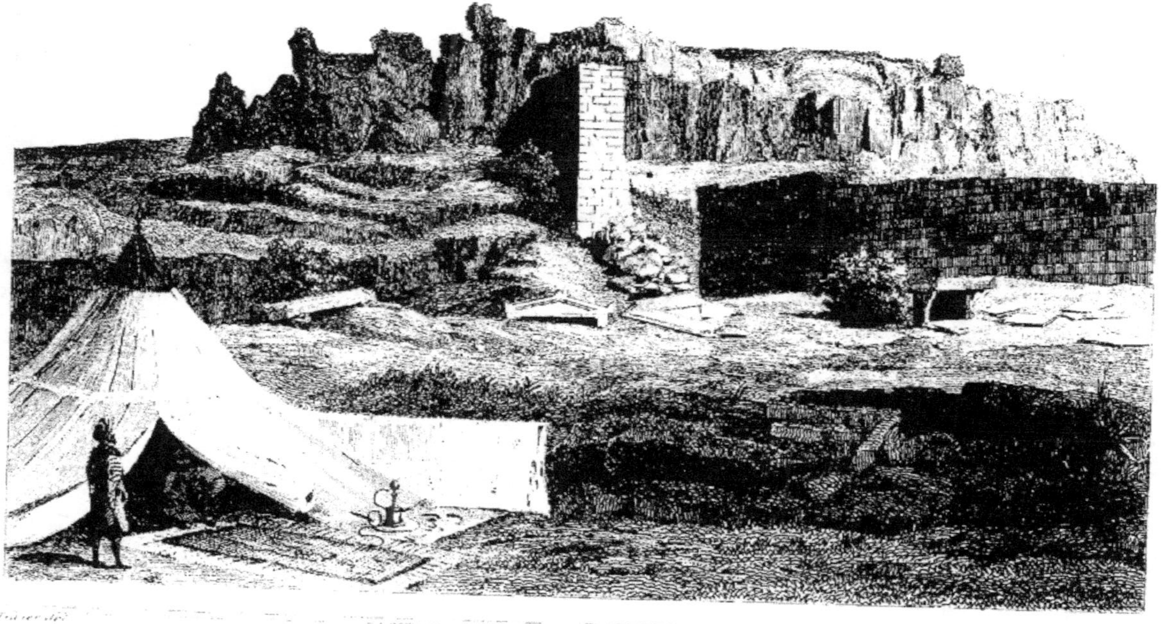

Citadelle d'Assos

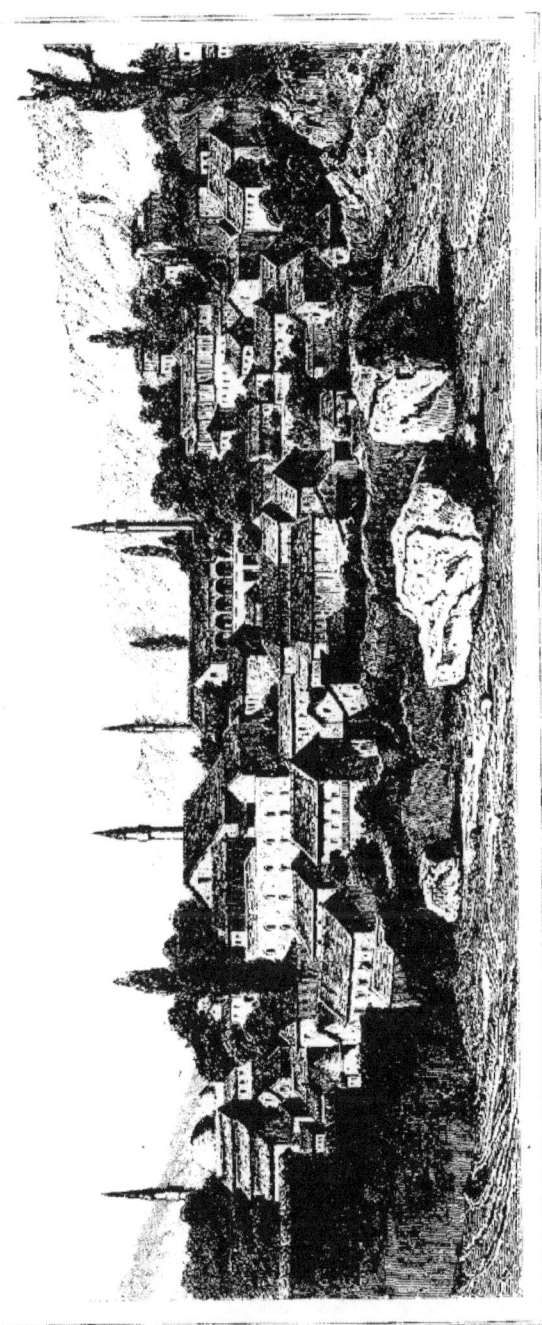

Mosquée du Sultan Selim, à Éphèse.

ASIE MINEURE.—Cappadoce

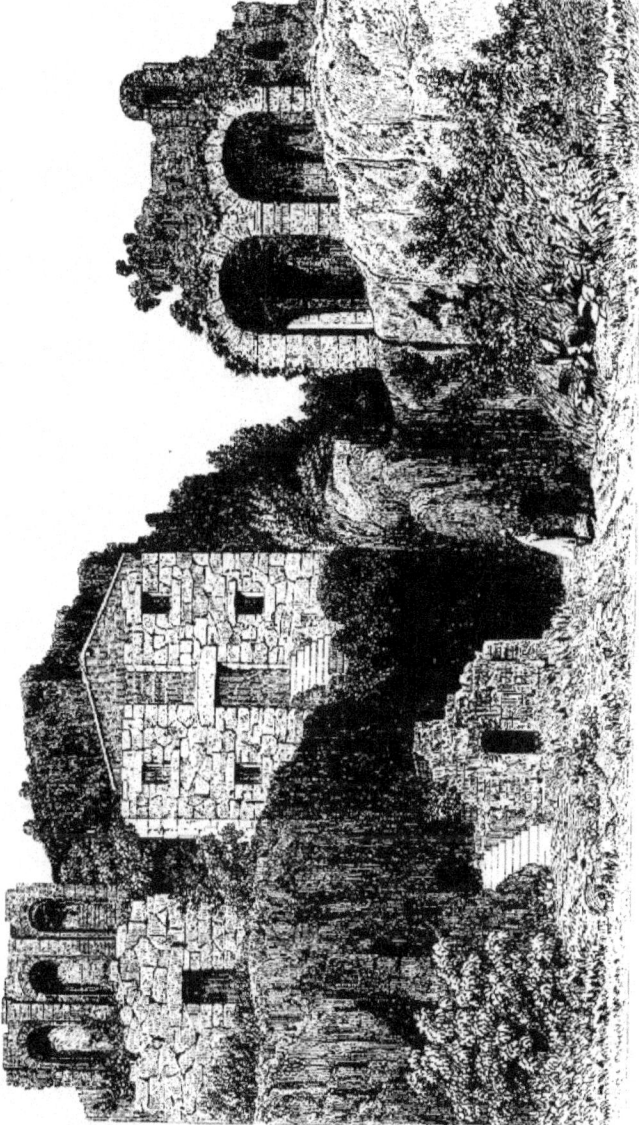

Constructions dans l'ile de Lucagne.

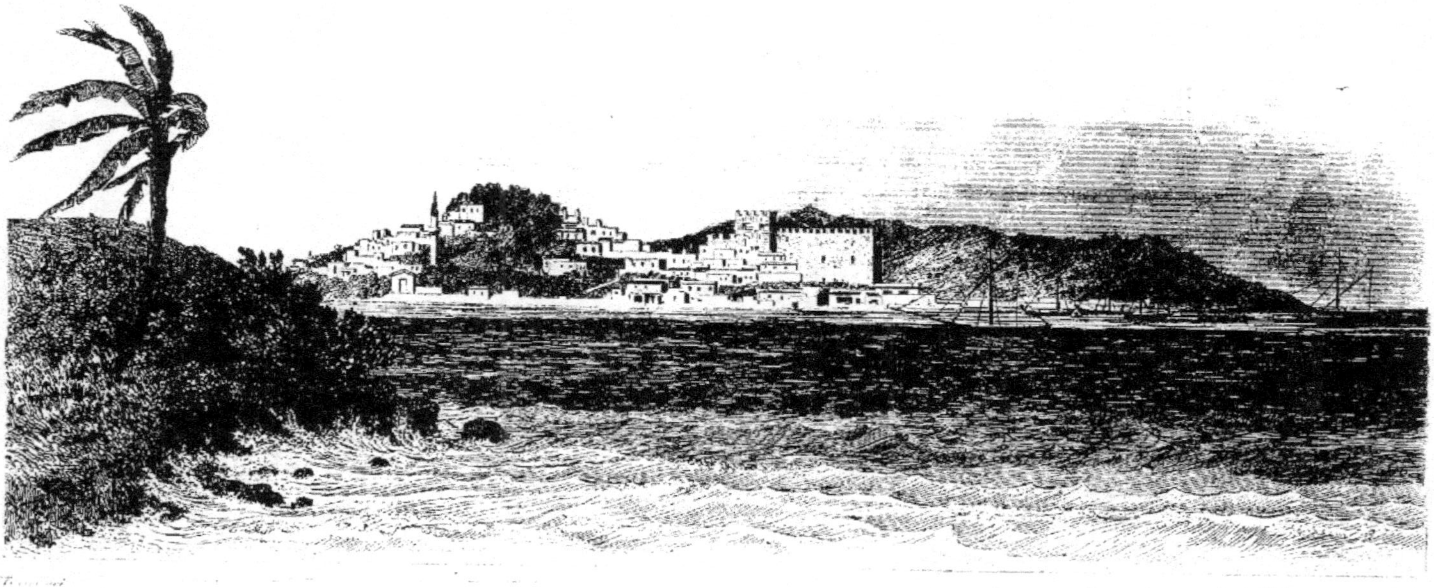

ASTER DRIACUS

Huitres fossiles du Mont-Cassin

ASIE MINEURE. — Royaume de Pont.

Castagnah

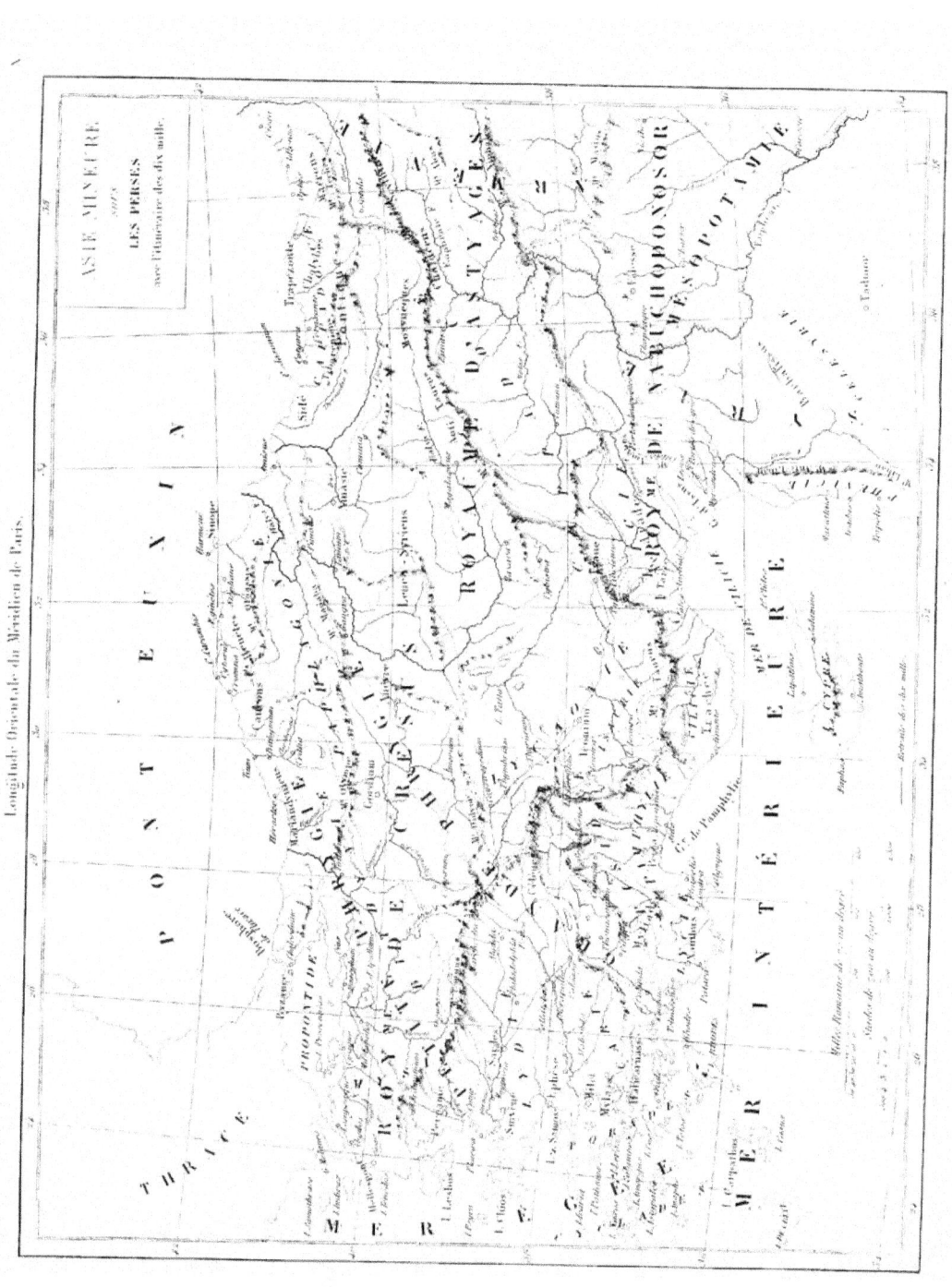

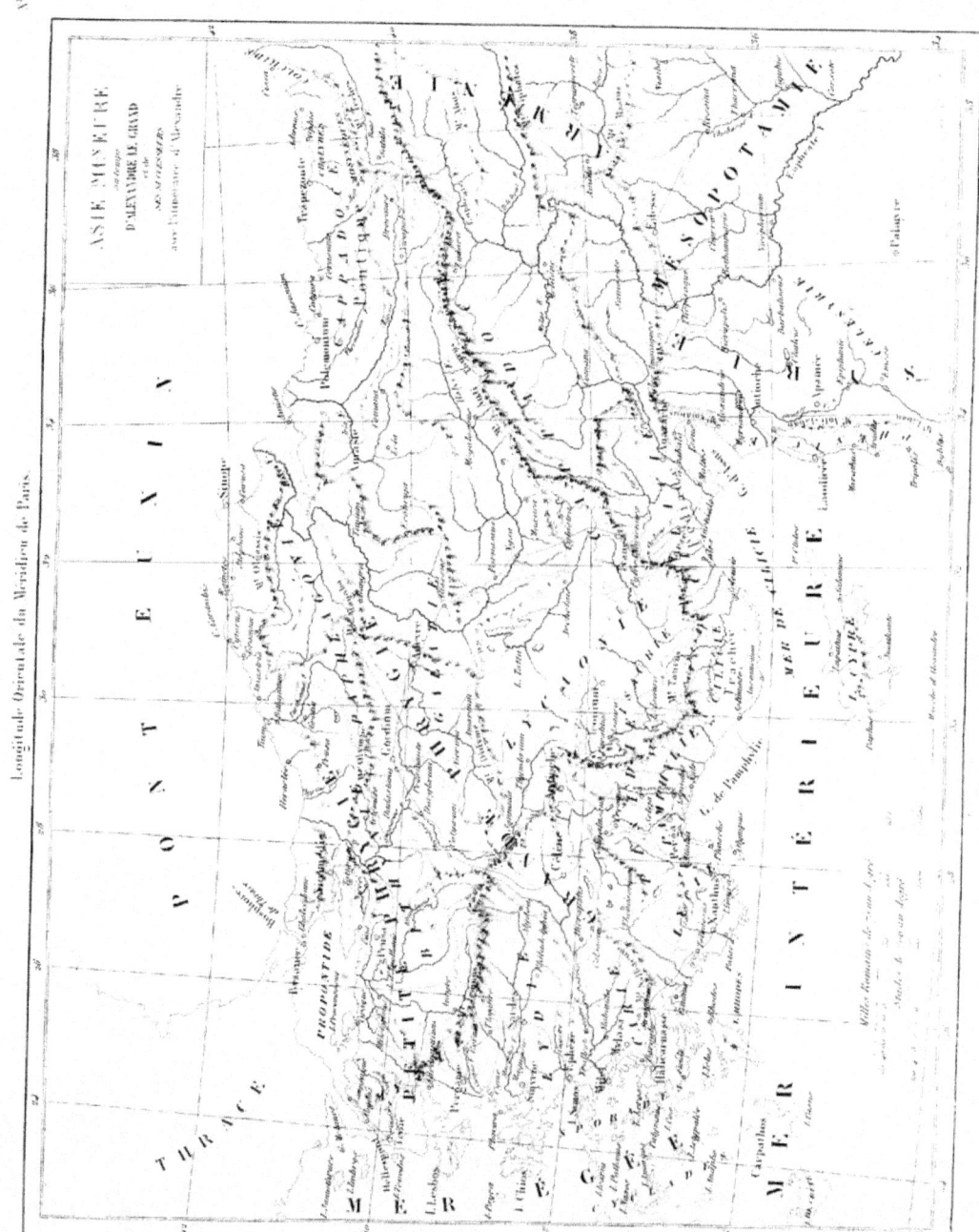

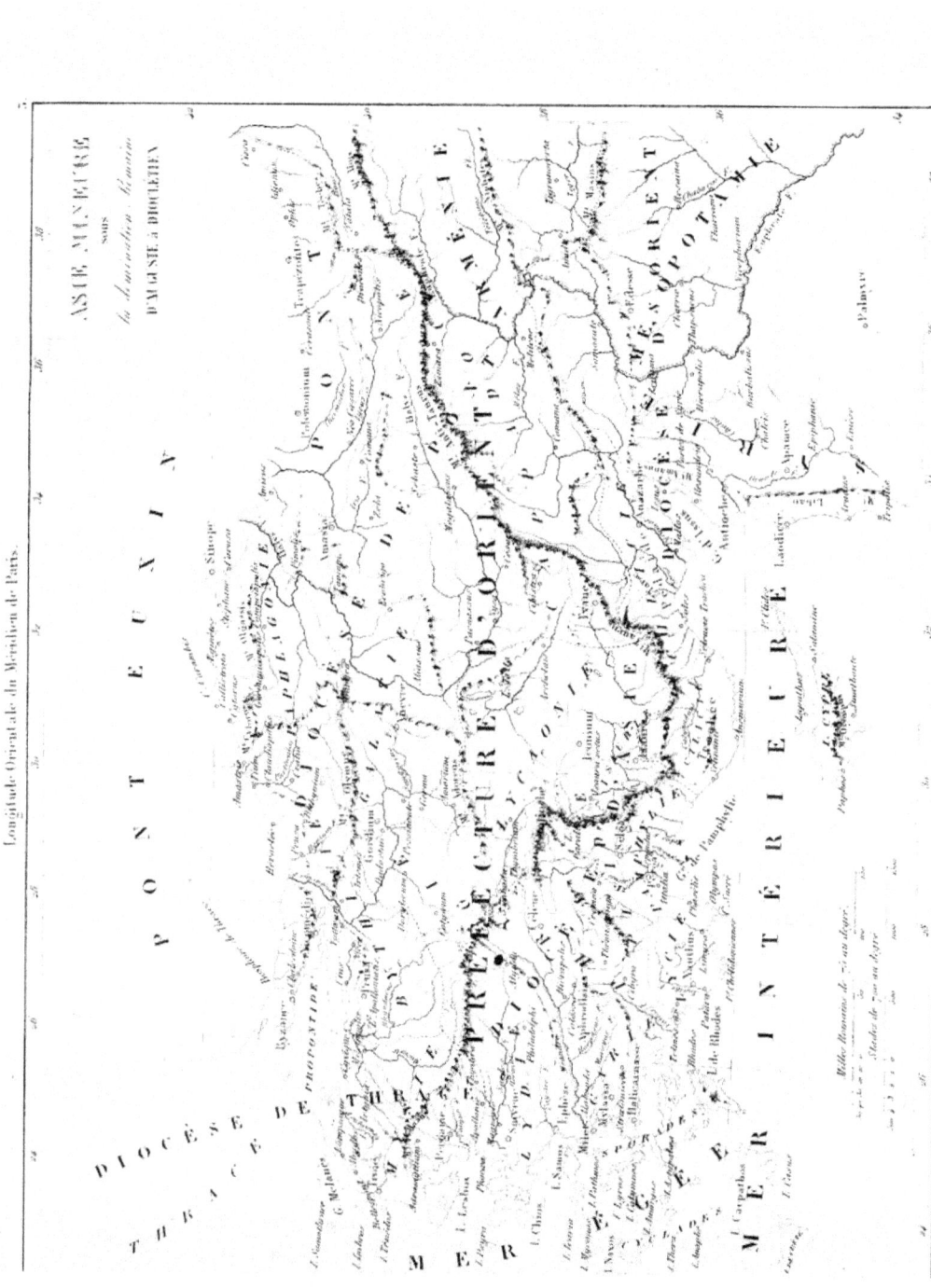

Longitude Orientale du Méridien de Paris.

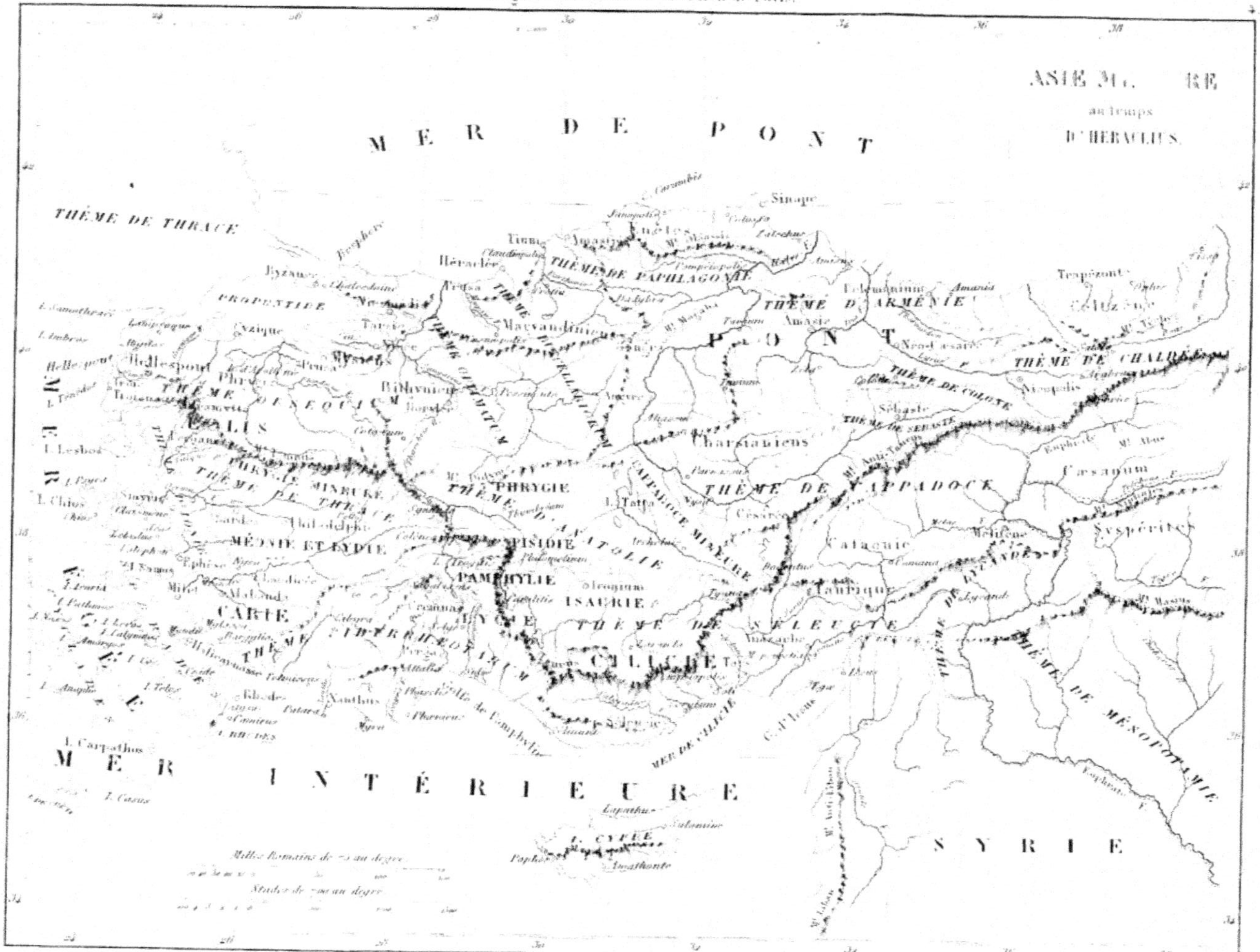

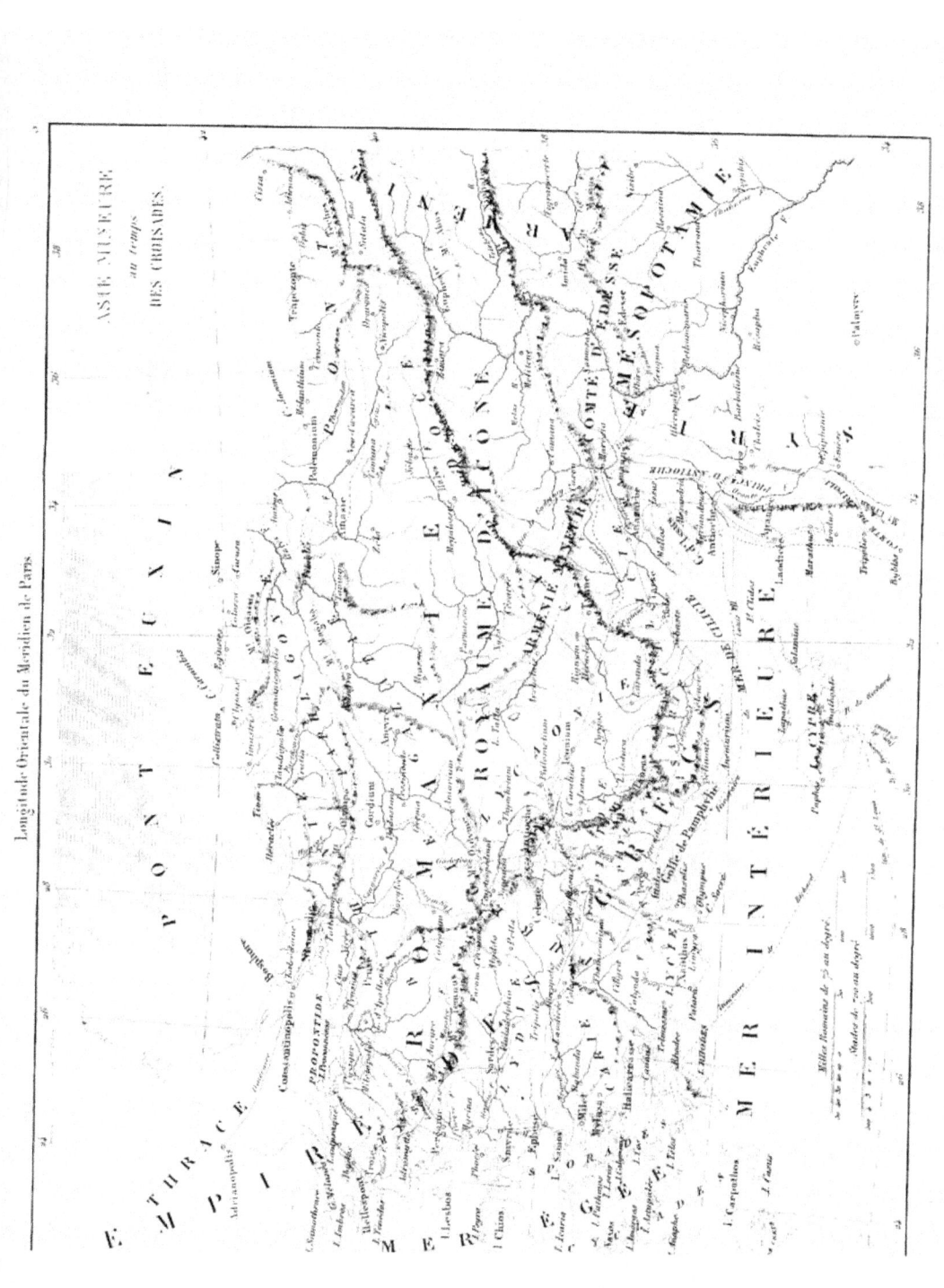

Longitude Orientale du Méridien de Paris.

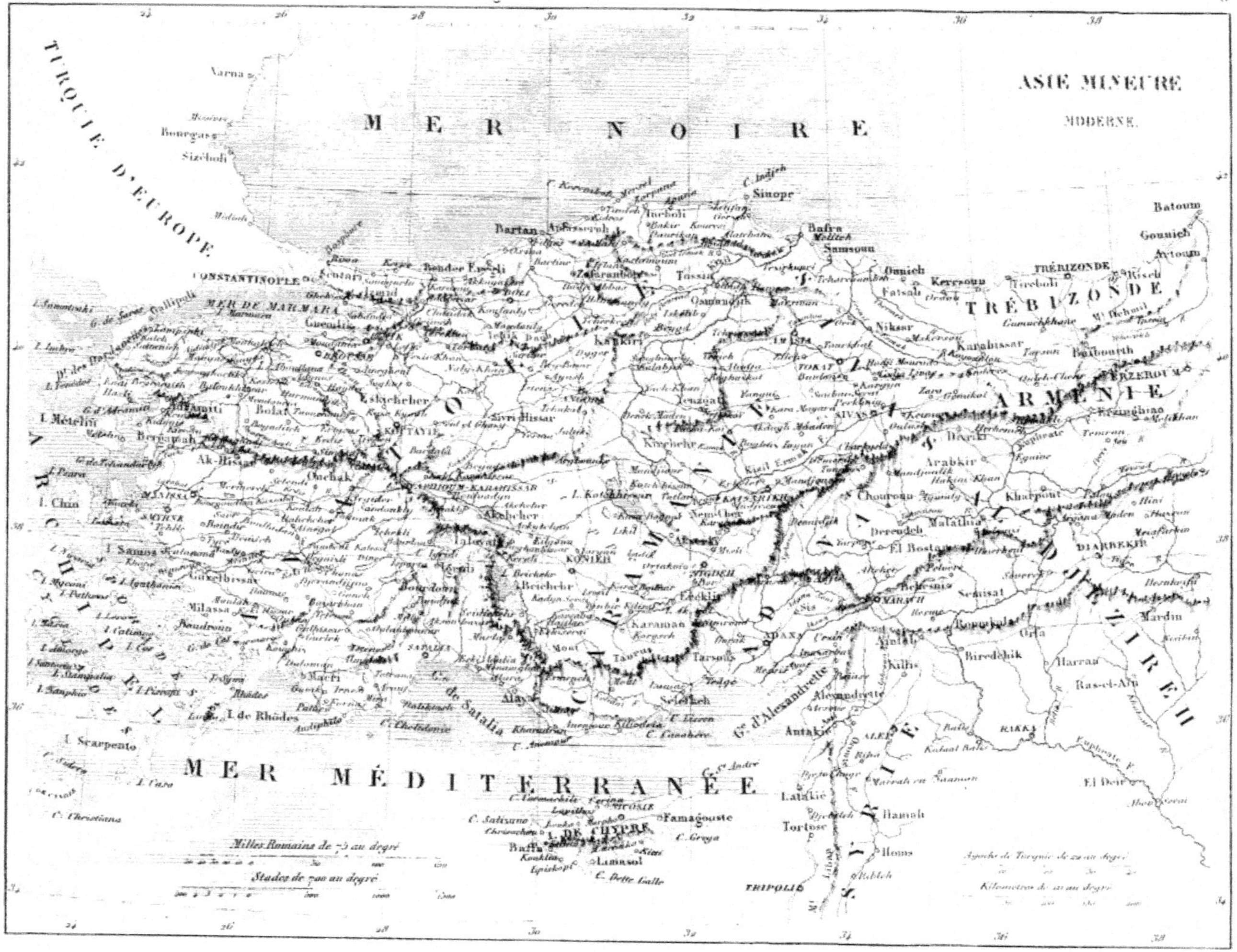

www.ingramcontent.com/pod-product-compliance
Lightning Source LLC
Chambersburg PA
CBHW070854300426
44113CB00008B/829